广东省地方志丛书

广东省志

（1979—2000）

8

财政税务卷

《广东省志》编纂委员会　编

方志出版社
Publishing House of Local Records

图书在版编目（CIP）数据

广东省志：1979—2000. 8，财政税务卷 /《广东省志》编纂委员会编. -- 北京：方志出版社，2014.4
ISBN 978-7-5144-1154-6

Ⅰ. ①广… Ⅱ. ①广… Ⅲ. ①广东省—地方志 ②财政工作—概况—广东省—1979—2000 ③税务工作—概况—广东省—1979—2000 Ⅳ. ① K296.5

中国版本图书馆 CIP 数据核字（2013）第 317438 号

广东省志（1979—2000） 8 财政税务卷

编　　者：《广东省志》编纂委员会
责任编辑：刘方圆
出 版 者：方志出版社
（北京市东城区夕照寺 14 号院富瑞苑公寓 6 层）
邮编 100061
网址 http://www.fzph.org
发　　行：方志出版社发行中心
（010）67110500
经　　销：各地新华书店
法律顾问：北京高文律师事务所
印　　刷：深圳中华商务安全印务股份有限公司
开　　本：889 × 1194　　1/16
印　　张：40.25
字　　数：948 千字
版　　次：2014 年 4 月第 1 版　　2014 年 4 月第 1 次印刷
印　　数：0001～2000册
ISBN 978-7-5144-1154-6/K · 937　　定价：268.00元

ISBN 978-7-5144-1154-6
9 787514 411546

1984年4月，省委书记林若（前左四）等到中央党校财政学习班看望广东学员

1984年7月，全省财贸工作会议在广州召开，省委书记、省长梁灵光在会上讲话，部署全省第二步“利改税”工作

1988年9月，省委副书记、省长叶选平（前左二）到粤北贫困地区考察财政扶贫工作

●1994年9月，省委副书记、省长朱森林（前左三）到财税扶持的德庆康蓝公司视察

●1996年6月，省委常委、副省长卢钟鹤（左三）参加防伪税控机技术鉴定会

●1996年7月12日，省地税局在珠海市举行“广东省1995年度地方税模范纳税人和广东省地方税务系统税收征管能手表彰大会”暨“地税之光”电视文艺晚会。省委常委、副省长欧广源（前左四）等领导出席

1997年1月，省委副书记黄华华（前右三）到省财政厅调研

1997年5月，国家税务总局党组书记、副局长项怀诚（中）到粤调研，调研期间与省地税局领导合影

1999年12月，副省长汤炳权（右三）到省国税局调研

●1985年4月6日，省政府召开全省贯彻执行《中华人民共和国会计法》大会。副省长杨德元（右二）出席大会并讲话

●1986年11月，省财政厅在广州召开全省预决算工作会议，并表彰预算先进单位

●1992年3月，省财政厅在广州举行世界银行贷款广东农业综合开发项目省、市转贷协议签字仪式

●1994年8月，省公安厅、省检察院、省法院和税务四部门联合召开“部分地级以上市发票打假案件汇报会”

●1994年12月，全省国有资产管理暨清产核资工作会议在广州召开

●1995年4月，广东省税收财务大检查工作总结和经验交流会在梅州市召开

●1995年9月，省财政厅在中山召开广东省基金和收费管理工作会议，部署加强预算外资金管理工作

●1995年12月，省国税局举行国税征管现代化与经济发展座谈会

1996年8月21日至23日，全省地税征管改革工作会议在广州召开

1996年上半年，省财政厅分片召开落实广东省分税制财政管理体制会议

1998年7月2日至3日，全省地税局长座谈会在珠海市召开，会议研究如何开展全省地税工作新局面问题

1998年8月，省财政厅在广州召开全省社会保障财务工作会议，落实省委、省政府关于做好国有企业下岗职工基本生活保障和再就业工作的决定

●1998年10月28日，省财政厅和建设银行广东省分行举行省级行政事业性收费、政府性基金委托建行代收签字仪式

●1998年10月，省国税局在广州召开全省加油机安装税控装置工作会议

●2000年11月24日，省委、省政府召开广东省打击骗取出口退税工作会议

●荣获1995年度全国文明财政所的广东财政系统代表和优秀乡镇财政干部与省财政厅领导合影

●1998年8月5日，省地税局领导与省局机关各部门、市局负责人签约《廉政责任制》

●1999年，省国税局聘请第二批特邀监察员

●2000年7月，省财政厅领导率全厅党员干部参观在广州举办的省党风廉政建设和反腐败斗争历程和成果大型展览

●1992年11月，省财政学会举办县级财政发展研讨会

●1998年10月，由省财政厅承办的全国部分地区公共支出管理工作研讨会在汕头举行，来自全国30个省、自治区、直辖市、计划单列市财政厅（局）的代表对公共支出的课题进行深入探讨

●1998年1月，由省财政厅承办的中国财政学会1997年年会暨第13次全国财政理论讨论会在广州举行

●1999年1月，全国税收科学研究工作会议在广东召开

●2000年10月26日，省地方税收研究会邀请广东、广西、湖南、海南、福建、江西六省区地税局，共同围绕地方税收重点、热点问题进行研讨

●1989年4月，省税务局和团省委联合开展个体工商户税法宣传普及教育活动。图为该活动的新闻发布会

●1994年4月，全省统一组织税法宣传咨询活动

●1996年4月，汕头市国税局举行大型税收咨询活动

●1997年3月22日，省地税局与广州市地税局联合举办“地方税收知识与税法”咨询活动

●1998年7月，省国税局举行银行储蓄存款利息所得征收个人所得税记者招待会

1994年5月至8月，全省举办财税法规知识竞赛活动

1995年度广东地方税收百名模范纳税人合影

1994—1996年度广东国税模范纳税户表彰大会

1994年10月，广州市召开“打击伪造倒卖发票违法犯罪分子宣判处理大会”

●1997年12月5日，省地税局与美国赛贝斯（SYBASE）公司签署引进大型数据库系统协议

●1999年6月，省国税局领导到佛山检查防伪税控系统运行情况

●1999年7月19日至20日，省地税局与中国科学院计算技术研究所、联想集团合作开发的“广东地方税收征管信息系统”在中山市通过验收

1995年2月，意大利财政部友好访问团到粤进行业务交流

1999年7月19日，省地税局接待参加“两岸税务与关务研讨会”的台北市会计师公会两岸关系委员会代表

●1994年5月25日，省委、省政府决定组建广东省国有资产管理局（副厅级），归省财政厅管理。1995年1月12日，在省财政厅办公大楼前举行挂牌仪式

●1994年全国实行分税制，省税务局分设为省国税局和省地税局。7月28日，两个税务局在广州市东风中路701号之一正式挂牌

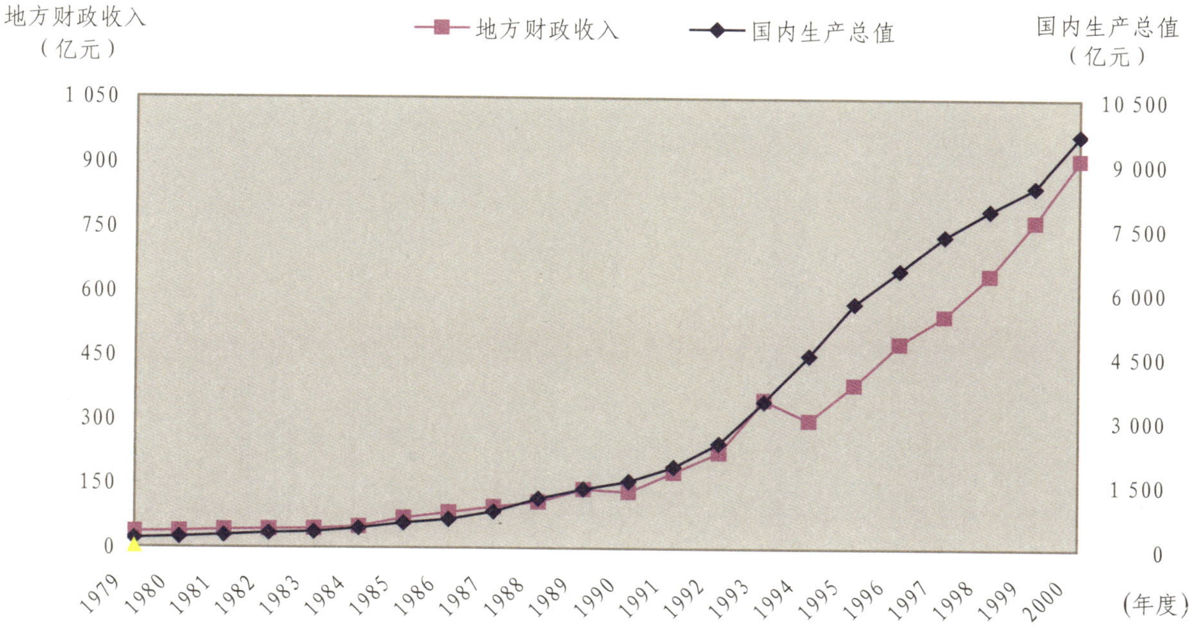

●1979—2000年广东省地方财政收入与国内生产总值同步增长示意图

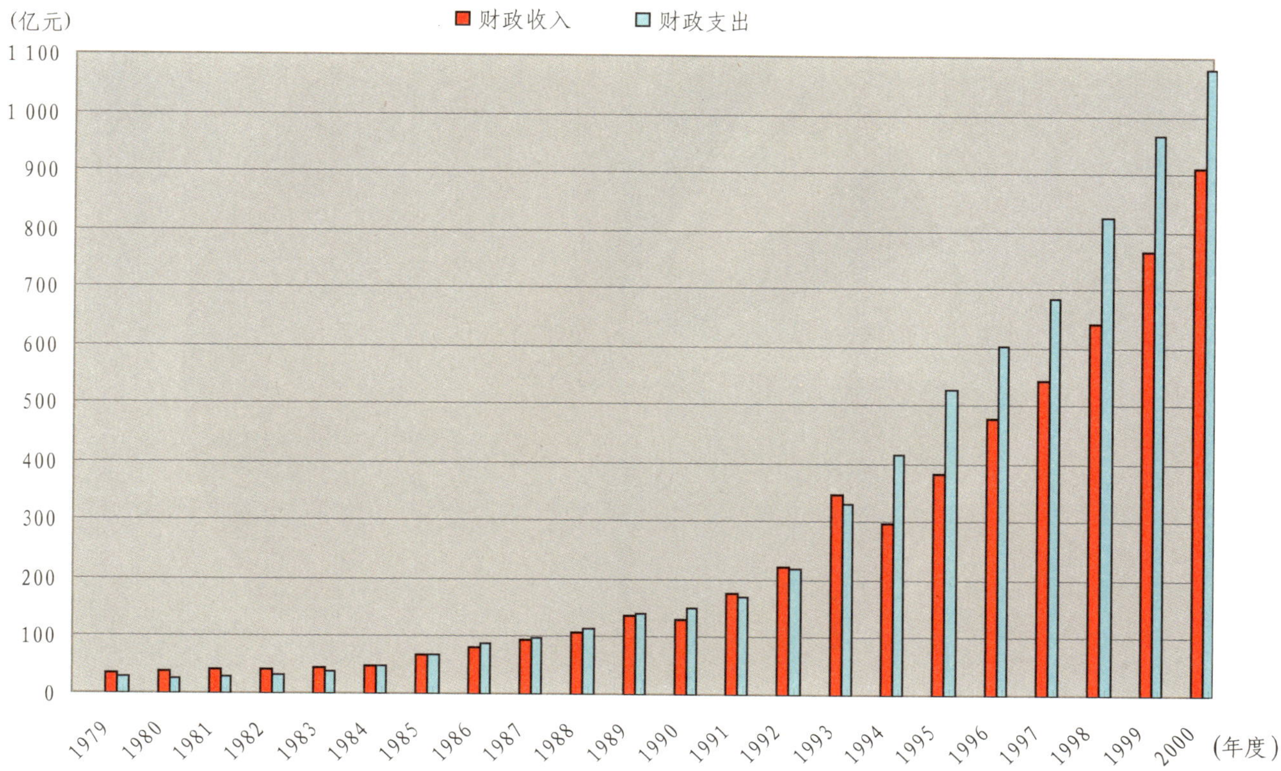

●1979—2000年广东省地方财政收支增长示意图

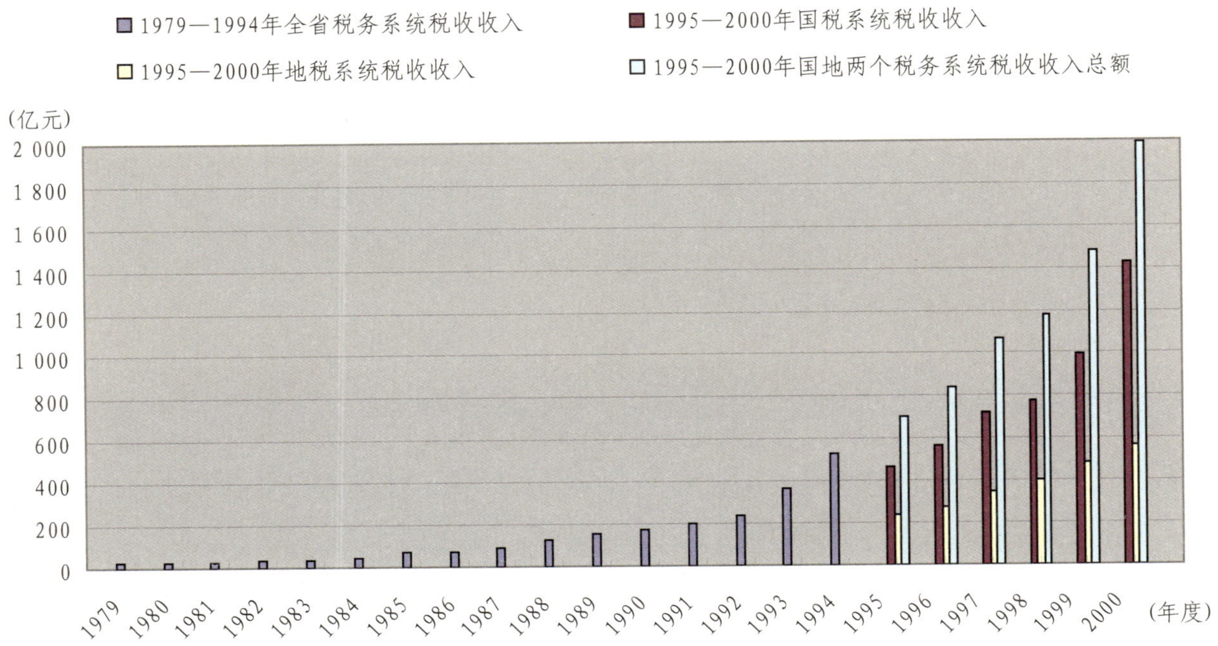

●1979—2000年广东省税收收入增长示意图

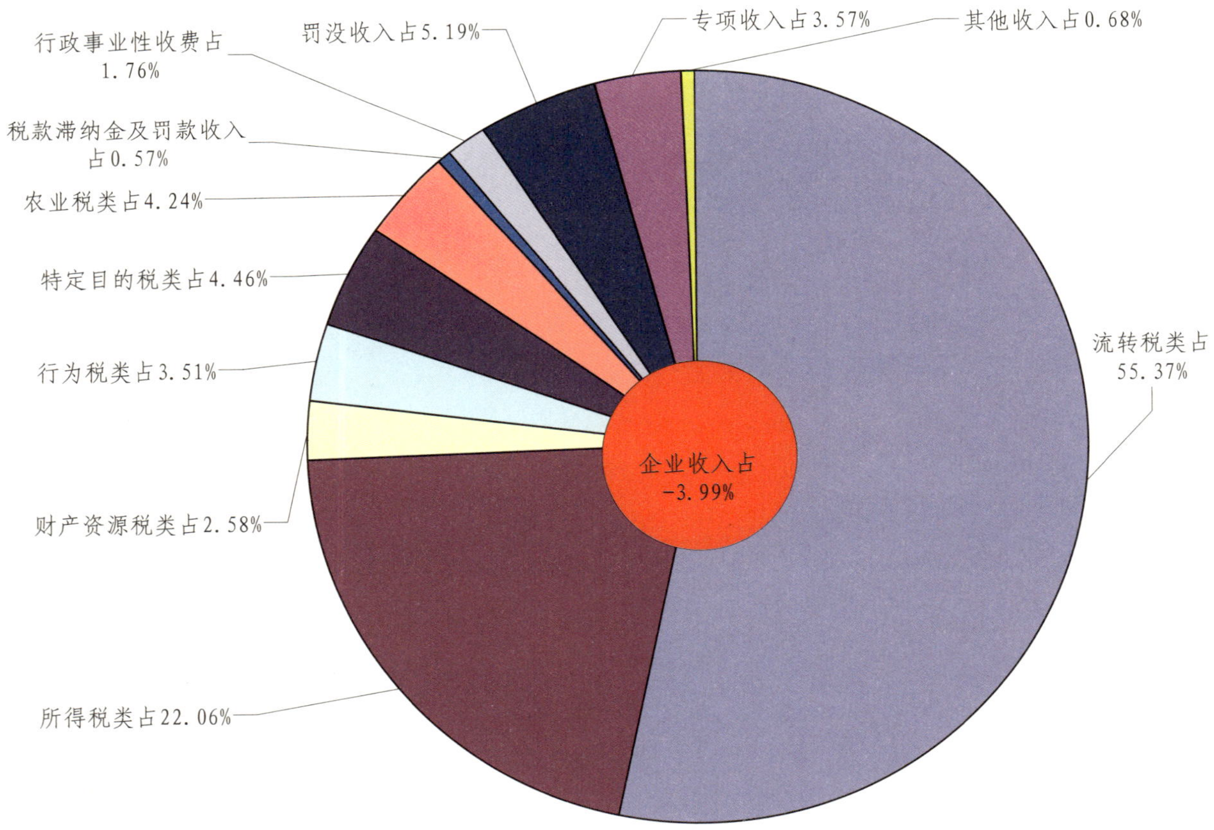

（说明：企业收入不含企业缴纳企业所得税和国营企业调节税）

●1979—2000年广东省地方财政收入构成示意图

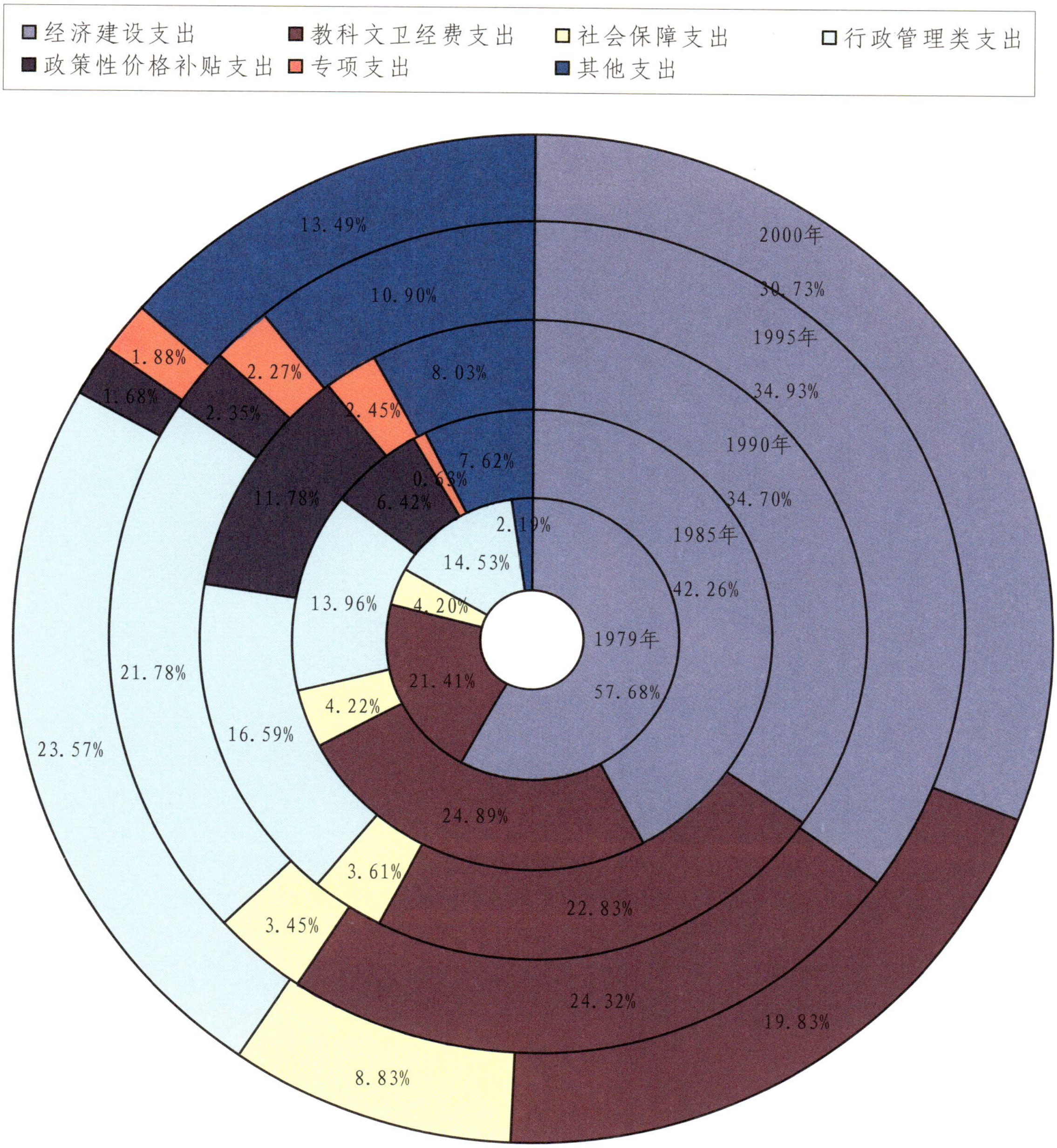

1979—2000年部分年度广东省地方财政支出结构图

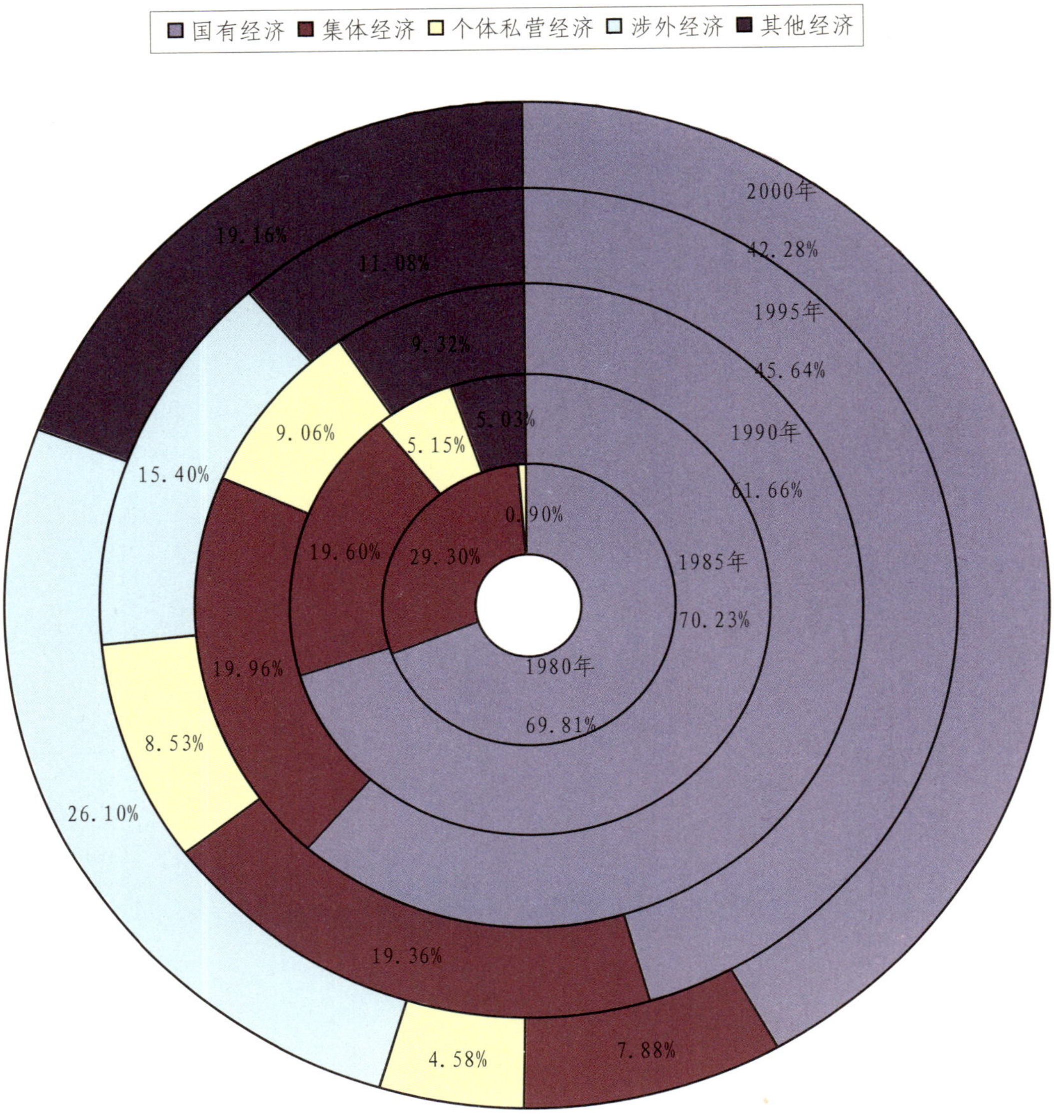

（说明：资料来源于广东省国家税务局2004年1月编写的《税收统计资料》，涉外经济类型1980—1992年含于其他经济类型）

●1980—2000年部分年度广东省税收收入来源于不同经济类型所占比重图

《广东省志》编纂委员会

蒋乐仪	方健宏	刘树祥	吴茂芹	黄功绵	罗坚生	罗伟其
廖兆龙	罗木生	郑人豪	蓝佛安	何锦胜	许荣东	黄德发
陈承旗	彭　平	黄庆良	潘嘉念	黄永智	黄　飞	张　枫
田新德	欧卫东	文　斌	曾维炳	吕伟雄	林迪夫	黄庆勇
梁桂全	谭云龙	侯月祥	邵智宝	向晋成	倪治安	匡国建
刘良法						

（以上委员任职时间为2005.12—2010.5）

刘少荣	顾作义	朱穗生	陈文学	黄功绵	吴　锋	文传道
廖兆龙	温卫平	骆招群	戴运龙	李长峰	邢建江	杜　挺
刘　敏	谢悦新	黄永智	黄　飞	江效东	谢昌晶	朱遂文
屈家树	梅其洁	林　琳	王世彤	陈圣河	李新家	谭云龙
马建和	王克光	匡国建	张宗武	向晋成	唐金华	

（以上委员任职时间为2010.5—　）

《广东省志》主编、执行主编、副主编

主　　编： 钟启权（2002.4—2003.12）
谢强华（2003.12—2008.9）
肖志恒（2008.9—2013.1）
徐少华（2013.1—　）

执行主编： 陈　强

副 主 编： 侯月祥　谭云龙　马建和

《广东省志·财政税务卷》顾问组

总 顾 问： 蒋月明　曾炳生　陈流明

成　　员（以姓氏笔画为序）：

邓万成　毛景莶　冯任贤　孙亚余　杨国焕　李森盛　吴荣芳
余荣渊　邹欣祥　林文铎　林汉枢　罗妹珠　黄炎光　曹凤檀
曾　建　熊展瑜

《广东省志·财政税务卷》编纂委员会

主　　任： 刘　昆（2002.12—2010.7）
曾志权（2010.7—　）

副 主 任： 胡金木（2011.11—　）
吴昇文（2002.12—2011.4）
王南健（2010.6—　）

委　　员（以姓氏笔画为序）：

王中福　邓桂明　宁旭平　朱江涛　刘小涛　许振嘉　杨荣华
杨朝峰　杨楚潮　苏振钿　李　贵　李华东　李朝明　沈梅红
宋爱勤　张连春　陈胜生　陈家记　林京华　林楚欣　欧　斌
罗与洪　罗惠全　罗维佳　周高雄　周家喜　郑振涛　郑贤操
赵　军　揭　晔　鲁兰桂　曾志权（2003.5—2010.7）　蓝佛安
廖建生　潘伟景　戴运龙

主　　编： 刘　昆（2002.12—2010.7）
曾志权（2010.7—　）

副 主 编： 胡金木（2011.11—　）
吴昇文（2002.12—2011.4）
王南健（2010.6—　）

《广东省志·财政税务卷》编纂人员

编辑室主任：黎旭东

编辑室副主任：唐晓冰　钟文锋　李山金

总　　纂：欧阳飞

编辑室工作人员

省财政厅：张晓军　欧阳飞　杜婷婷

省国税局：池少蓉　温春红　吴洁燕　高　涛　冯伟智

省地税局：熊小刚　郭惠敏　周义莲

主要撰稿人：欧阳飞

撰写初稿人员（个人以姓氏笔画为序）

省财政厅：王康丰　龙文标　卢小娟　冯家廉　刘付杰　杜婷婷　李山金　杨新枝　肖建华　邱立新　张文蔚　陈　彤　陈周华　林　翔　林树发　周　文　周高雄　郑定标　钟秉盛　施映民　袁　庆　袁　明　黄史臣　黄林水　黄腾达　曾　力　曾小红　谢　峰　综合处（集体）

省国税局：马维胜　王启惠　毛景苌　冯　超　冯伟智　李建宇　李树波　吴卫红　吴洁燕　何　燕　余荣渊　宋润生　陈庆雄　邵　顺　林　晓　周　毅　赵明文　袁金荣　高　含　徐烈涛　黄睿斌　梁品荣　温春红　蔡少镇

省地税局：王明方　邓晓炜　叶友法　卢红秋　冯任贤　刘青文　江国煌　杨　冬　杨　皓　李友乔　何　凡　林华儿　林建华　胡泽民　赵永清　唐雪峰　赖竹华　熊小刚　二处（集体）

图片收集：《广东省志·财政税务卷》编辑室

《广东省志·财政税务卷》审查验收人员

预审小组

组　　长：沈梅红

副 组 长：周家喜　杨朝峰

成　　员（以姓氏笔画为序）：

邓万成　毛景茋　冯任贤　孙亚余　杨卫华　杨国焕　李森盛　吴荣芳　余荣渊　陈流明　邹欣祥　林文铎　林汉枢　罗妹珠　钟文锋　唐晓冰　黄炎光　曹凤檀　彭成洪　蒋月明　曾　建　曾炳生　熊展瑜　黎旭东

初审小组

组　　长：戴运龙

副 组 长：宁旭平　揭　晔

成　　员（以姓氏笔画为序）：

王学礼　邓万成　毛景茋　冯任贤　孙亚余　杨卫华　杨国焕　李森盛　吴荣芳　余荣渊　陈流明　邹欣祥　林文铎　林汉枢　罗妹珠　赵云旗　钟文锋　郭小东　唐晓冰　黄炎光　曹凤檀　彭成洪　蒋月明　曾　建　曾炳生　熊展瑜　黎旭东

复审小组

组　　长：马建和

成　　员：侯月祥　曾　新　王　涛　陈雪琼　田　亮

广东省地方志书审查委员会

主　　任：杨绍森

副 主 任：黄　卓　陈　强

委　　员（以姓氏笔画为序）：

马建和　卢　荻　许卓云　李关水　张　磊　张中华　陈春生　侯月祥　钟淑冰　彭新云　翟锦云　潘叙迭

凡　例

一、本志以马克思列宁主义、毛泽东思想、邓小平理论、“三个代表”重要思想和科学发展观为指导，坚持辩证唯物主义和历史唯物主义的原则，全面、客观、系统地记述1979—2000年间广东省自然、政治、经济、文化、社会等方面的情况。

二、本志记述的地域范围为2000年的广东省行政区域；时间上限为1979年，下限为2000年。个别重大事物视记述完整的需要，适当上溯或下延。

三、本志为多卷综合体，设43卷，各卷名称为《广东省志（1979—2000）·××卷》（简称《××卷》）。其中，《专记卷》含珠江三角洲经济、海洋经济、粤港澳台经济文化交往和精神文明建设4篇。方言、风俗等内容，首轮《广东省志》已作详细记述，本志只在《总述卷》中作简要概括，不单独设卷记述。

四、本志以“存真求实，确保质量”为编纂原则，记述符合宪法、法律、法规和政策要求。行文严谨、朴实、简洁、流畅，寓观点于记述中，一般不作评论。

五、本志采用述、记、志、传、图、表、录等体裁，以志为主。各卷因事制宜设专记。各卷一般设章、节、目3个层次，个别卷根据实际需要设篇。

六、本志除《人物卷》外各卷坚持以事系人、人随事出的原则，不设人物录或人物简介，所涉人物直书其名，不冠褒贬词语。有关副厅级以上负责人（含副厅级以上党组成员）任职在各卷列表记述。

七、本志采用具有代表性、权威性的资料，资料力求真实、准确、全面、系统，主要来源于档案。有歧义的重要资料，采用多说并存。本志采用统计数据以省统计部门公布的法定数据为准，省统计部门未统计的，采用业务主管部门的统计数据。重要地理信息数据，采用测绘部门公布的法定数据。

八、本志述及组织、机构、法律法规、文件、会议等专有名称使用全称。使用简称的，在适当地方括注于全称之后。不同时期的国家、团体、机构、职务、地名等名称，均用当时名称。今地名使用各级政府审定的标准地名。各类译名以新华通讯社译名为准。生物、矿物名称，使用学名，首次出现时，括注本地俗名。

九、本志语言文字、标点符号、计量单位等规范执行国家相关规定。

十、本志所用地图均以省测绘部门和有关部门绘制或审定的为准。

十一、各卷需要特别说明的事项，在其“出版说明”中列出。

册 序

第 1 册　《总述卷》
　　　　《大事记卷》

第 2 册　《资源·环境卷》

第 3 册　《人口卷》
　　　　《民族宗教卷》

第 4 册　《行政区划·地名卷》
　　　　《民政·残疾人事业卷》

第 5 册　《水利卷》
　　　　《城乡建设卷》
　　　　《人民生活卷》

第 6 册　《经济体制改革卷》
　　　　《经济特区与开发区卷》

第 7 册　《经济管理卷》

第 8 册　《财政税务卷》

第 9 册　《农业卷》

第10册　《工业卷》

第11册　《交通卷》

第12册　《信息产业卷》
　　　　《邮政·电信卷》

第13册　《银行·证券·保险卷》

第14册　《对外经济贸易卷》

第15册　《海关·检验检疫卷》

第16册　《国内贸易卷》
　　　　《专卖卷》

第17册　《旅游卷》

第18册　《教育卷》

第19册　《科学技术卷》

第20册　《社会科学卷》

第21册　《文化卷》

第22册　《新闻·传播卷》

第23册　《卫生·医药卷》

第24册　《体育卷》

第25册　《党派·群众团体卷》

第26册　《政权卷》

第27册　《纪检·监察卷》

第28册　《政法卷》

第29册　《军事卷》

第30册　《侨务卷》
　　　　《外事与港澳事务卷》

第31册　《劳动·社会保障卷》
　　　　《人事卷》

第32册　《人物卷》

第33册　《专记卷》

出版说明

一、地方财政收支、政府性基金、社会保险基金、来源于广东的财政收入和预算外收支数据由省财政厅提供；税收收入的数据，1979—1994年由省国税局提供，1995年起，数据分别由省国税局和省地税局提供；来源于广东的财政收入含海关代征税，不含关税。上述数据由于不同时期的统计口径不同，本卷的增长率均以自然增长率计算。

二、1979—1987年，财政、税务的数据均含海南，不含的均在内文、表注中说明。

三、本卷有关国内生产总值、社会固定资产投资总额、社会消费品零售总额、实际利用外资总额、外贸进出口总额、国内生产总值产业构成、工商登记企业户数和从业人员统计等均摘自《广东统计年鉴》。

四、财政收支、税收收入、国内生产总值、社会固定资产投资总额、社会消费品零售总额、实际利用外资总额、外贸进出口总额等有关数据的年均递增率，1978年已有的政府预算收支科目、税种，《广东统计年鉴》已有统计的项目，均以1978年为基数年计算。1979年起及往后才有的政府预算收支科目、《广东统计年鉴》统计项目，以起始年度（份）为基数年计算；年中开征的税种，以翌年为基数年。

五、本卷记载的涉外企业包括外商投资企业和外国企业，外商投资企业包括中外合资经营企业、中外合作经营企业、外资企业和外商投资股份有限公司。

六、本卷记载的外汇，是指中华人民共和国法定流通货币人民币以外的币种，包括回归前的香港港元和澳门葡元，回归后的中华人民共和国香港特别行政区的港元和中华人民共和国澳门特别行政区的澳门元。除有特别说明外，货币单位均为人民币。

七、由于行政区域的变化，各市1979年的数据是由2000年该市所涵盖的行政区划统计而成。按照90年代财政统计习惯，珠江三角洲7个市指广州、深圳、珠海、佛山、东莞、中山和江门；东西两翼7个市指潮州、汕头、揭阳、汕尾、阳江、茂名和湛江；粤北和山区7个市指梅州、惠州、河源、韶关、清远、肇庆和云浮。

八、内文“市、地区、县”中的“市”，1983年以前指广州、深圳、珠海、韶关4个市；往后除指上述4个市外，还指地、市合并后市管县的地级建制市；内文“市、县（市、区）”中的“（市、区）”指县级市和市辖区。内文“县、市”中的“市”指没有实行地、市合并和没有升格为地级建制市之前的汕头、佛山、江门、肇庆、湛江、潮州、茂名、惠州、梅州、中山、东莞等省辖中等城市和县级建制市。

九、本卷记载的资产评估机构，仅指纳入省内各级国有资产管理部门统一管理的机构。

十、1979年1月至1983年2月，中共广东省委设第一书记、第二书记、常务书记、书记、常委；1983年2月至1985年7月设第一书记、书记、常委；1985年7月起设书记、副书记、常委。

十一、本卷的照片是财税系统工作人员的职务作品。

十二、本卷内文涉及的50年代、60年代、70年代、80年代和90年代，均指20世纪内的年代。

目 录

概 述

1979年7月15日，中共中央、国务院批转《广东省委、福建省委关于对外经济活动实行特殊政策和灵活措施的两个报告》，从此，广东在全国的改革开放中先走一步。在省委、省政府的正确领导下，全省财税部门以解放思想、实事求是和敢为人先的精神，紧紧围绕经济建设这一中心，在经济体制中率先改革、勇于改革，不断加快财税改革发展步伐，财税面貌发生显著变化，推动全省国民经济和社会各项事业的发展。

一

1979—2000年，广东的财税收入快速增长，来源于广东的财政收入从1979年的36.25亿元增长到2000年的1 998.65亿元，年均递增19.22%；地方财政收入从1979年的36.25亿元增长到2000年的910.56亿元，年均递增15.03%；地方可支配财力[①]从1979年的28.24亿元增长到2000年的1 103.27亿元，年均递增17.71%。广东地方财政收入1979年居全国各省、自治区、直辖市第九位，1991年跃居第一位，至2000年，仍然保持连续十年稳坐第一地位。全省先后涌现出一批收入过亿元、10亿元的县（市）和收入达1 000万元、超亿元的乡镇。地方财政支出从1979年的29.88亿元增长到2000年的1 080.32亿元，年均递增17.93%。

1979年，全省工商税收收入为25.86亿元，1993年达到363.08亿元，年均递增19.43%。1997年，广东省国家税务系统（简称“省国税系统”）和广东省地方税务系统（简称“省地税系统”）共组织各税（不含农业税类和外贸企业出口退税，下同）收入总额达1 070.90亿元，成为全国第一个突破1 000亿元大关的省份。2000年，省国税系统和省地税系统分别组织各税收入1 423.18亿元和564.26亿元。1979年，广东工商税税收收入居全国各省、自治区、直辖市的第五位，1992年跃居第一位，至2000年连续九年位居全国第一。

在全省财政收入持续稳定增长的同时，广东对中央财政的贡献也越来越大。1953—1978年，广东净上解中央财政205.51亿元，年均净上解不足8亿元；1980—1993年，中央对广东实行定额包干和递增包干的财政管理体制，这期间广东净上解中央财政227.07亿元，年均净上解16.22亿元（包括体制内上解、中央向广东借款后转为体制内固定上解；上缴中央财政的国家能源交通重点建设基金和国家预算调节基金）。从1990年起，海关代征税收全额上划中央财政，中央财政以1984年的基数5.57亿元（含深圳市，不含海南建省后划转部分）每年返还广东（1983—2000年，广东上划中央财政海关代征税1 484.98亿元）。1994年起全国实行分税制，1994—2000年，广东上划中央75%增值税和100%消费税（简称“两

① 地方可支配财力=地方财政收入+中央补助和结算收入-上解中央支出。

税”）共2 115.36亿元，年均递增15.73%，而同期广东地方财政收入年均递增14.80%，上划中央“两税”的增长率高于广东地方财政收入增长率。2000年，来源于广东的财政收入近一半上缴中央财政。广东对中央财政的贡献越来越大。

广东财税取得巨大的成就，是广东坚决贯彻执行中央改革开放的正确决策，在改革开放中勇于实践、先行一步的结果。

1979年7月15日，中共中央、国务院批转《广东省委、福建省委关于对外经济活动实行特殊政策和灵活措施的两个报告》，决定广东在对外经济活动中实行特殊政策，灵活措施；赋予广东更多的自主权，发挥广东独特的优势，在改革开放中先走一步，尽快把经济搞上去。并确定从1980年起对广东财政体制实行大包干，可以自主支配自己的财力和在对外贸易上实行外汇留成。1981年7月19日，中共中央、国务院在批转《广东、福建两省和经济特区工作会议纪要》中，充分肯定广东的做法，要求广东继续推进经济体制改革，对广东进一步放权，给予广东在税收方面，在国家统一税法、税种、税目的原则下，“除烟、酒、糖、手表4种产品以外，某些行业或企业的减免税照顾，地方各种税收的减免、开征和停征，可自行确定”的特殊政策。

广东充分运用中央赋予的特殊政策和灵活措施，特别是用好各项财税政策。1981—1990年，广东利用特殊减免税政策共减免税71.28亿元，1994年分税制改革后，广东仍用地方分成部分，对制约广东经济发展的瓶颈企业实行先征后退的优惠政策；用好国家规定的涉外税收优惠和出口退税政策。1980年8月，财政部制定“以税还贷”政策，广东积极执行。1985年7月，广东对不属于财政部“以税还贷”规定的项目，出台以减税还贷加以照顾的政策，1981—1990年，广东用减免税还贷的金额达35.43亿元；广东根据国家对经济特区、沿海开放城市、珠江三角洲开放区、山区等不同开放层次的税收优惠政策，对广东企业进口机械设备、原材料等，作出多层次的税收优惠。此外，广东还在财政比较困难的条件下，设立各种专项资金和财政周转金，支持经济发展。

广东综合运用上述财税政策，支持企业进行技术改造，采用新技术，开发新产品，推进横向经济联合；发展“三来一补”等外向型经济，支持中外合资经营企业、中外合作经营企业和外资企业以及外国企业发展，扩大对外贸易；支持科技事业，大力发展能源、交通、通信；扶持山区经济发展。特别是在80年代，用上述政策发展适销对路、市场短缺的轻纺工业，压缩基建规模，调整产业结构，大力发展外向型经济，增加出口创汇；80年代中期进行技术改造，引进和采用新技术，开发新产品；80年代中期至90年代大力发展能源、交通、通信，解决广东经济发展的瓶颈；90年代发展支柱产业，改造传统产业，扶持有发展潜力的产业，培植高新技术产业。

经过1979—2000年的努力，广东经济快速发展，产业结构发生了巨大变化，在财税收入迅速增长的同时，作为财政收入主要来源的税收收入向多元化发展，税收结构也发生了根本变化。1979年，来源于国营经济的税收收入19.21亿元，占全省税收收入的70.65%；集体经济7.98亿元，占29.35%。至2000年，来源于国有经济的税收收入增加到814.18亿元，占全省税收收入却下降到40.49%；集体经济纳税额162.50亿元，所占比例却下降到8.08%；个体和私营经济纳税额127.42亿元，所占比例为6.34%；涉外经济纳税额520.07亿元，所占比例为25.86%；其他经济纳税额388.39亿元，所占比例为19.31%。

在经济大发展、财税大增收的同时，广东的财政支出方式和支出结构发生一系列的变化。首先是打破财政统揽支出的格局，财政投资逐步退出竞争性领域。实行企业投资多元化，主要靠银行贷款、利用外资、自筹资金、企业直接融资以及其他渠道解决资金来源；对办其他事业、搞基本建设，也鼓励多渠道、多层次、多形式筹集资金。其次，改无偿拨款为有偿使用。1980年以前，财政供给企业、事业单位的资金全部采用无偿拨给的方式，资金的使用与单位的经济效益脱钩，造成不应有的损失。1980年后，在部分建设项目进行基建投资“拨改贷”的试点；将部分预算安排的生产经营性资金以及一些能产生经济效益的事业费，改为借款周转的形式，增强企事业单位使用资金的责任感，增强财政资金的使用效益。第三，发展财政信用和建立各项基金，用活财政资金。从1987年起，为扶持属于政府鼓励发展的行业或区域或基本建设项目，通过政府财政信用，企业或项目建设单位向银行贷款，由财政贴息的方式，帮助企业和项目建设单位筹集资金；1988年起，建立各项基金，用以解决事业发展所需经费的开支和支持改革的需要，如自然科学基金、科技发展基金、教育费附加、电力建设基金、水利建设基金、粮食风险基金等。

财政支出的预算安排按照“量力而行，量入为出”“保证重点，兼顾一般”的原则，不断调整财政支出范围，优化财政支出结构，逐渐突出公共财政职能。改革开放初期，主要增加对农业、科技、教育等公共领域以及公检法等的支出，确保重点建设事业的发展和国家政权建设的需要。从90年代中后期起，除继续对上述领域加大投入外，更加注重提高卫生、社会保障、环境保护、救灾和灾后重建、企业改革后职工安置等民生问题等的支出比重，促进社会经济和各项事业的协调发展。同时，广东还运用财政杠杆，进行专项补助，支持各项事业的改革。

在财政资金的有力支持下，广东的经济、政权建设和教育、文化、科学、卫生、社会救助等各项事业得以迅速发展；经济的发展又培育了充足的财源，进而促进改革的顺利进行和各项事业的进一步发展，形成两者的良性循环。

二

1979—2000年，广东财政改革是沿着财政体制、国家和企业的关系（包括国有资产及产权制度）、部门的预算体制、财政与人民群众的关系四条主线展开的。从1998年开始探索以公共财政为导向的改革，逐步强化公共财政职能。

财政体制改革，主要是进行“财政大包干”和“分税制”两项改革。

1980年开始，中央决定对广东实行“大包干”的财政体制。1980—1987年，中央对广东实行“定额上缴”；1988—1993年改为“上解额递增包干”。省对市、地区、县的财政体制，在1980—1984年基本采取分成的办法。1985—1990年，省对市、地区，市、地区对县实行“划分税种、核定收支、分级包干”的层层包干财政体制。包干体制延伸到乡镇一级，形成一级对一级包干格局。1991—1993年，省对市继续采取包干办法，但调整上缴市的递增比例和基数。实行财政包干后地方财政自行负担诸如调整工资、理顺价格、增加补贴等改革和发展支出。财政包干纠正了原来高度集中的统收统支体制的弊端，使地方有了较大的自主权，地方能够因地制宜地发展生产和搞活经济，较好地实现了责、权、利三者的统一；调动各级地方政府当家理财、增收节支的积极性，促进全省财政经济的快速发展和改革开放的顺利进行。

1994年，中央对各省、自治区、直辖市实行“分税制”财政体制。但省对市仍实行财政包干体制，省集中一部分财力主要用于全省公共开支，支持山区和困难地区以及一些重点项目建设。从1996年起，省对市、县实行分税分成的财政管理体制，进一步理顺各级政府的事权和财权，规范省与市、县的财政分配关系。与之相配套，广东于1996年实施省对市、县的过渡期转移支付制度。经过上述改革，广东实现了由包干制到“分税制”的平稳过渡，初步形成适应社会主义市场经济要求的财政体制。“分税制”财政体制改革，一定程度上促进生产要素的合理流动和统一市场的形成，将各级政府的财政分配体制基本固化下来，形成收入增长的内在机制，既增强了省级调控能力，支持了重点事业和重点项目的发展，又加强省级财政对下级财政的指导与协调能力。

国有企业的改革，从理顺国家和企业的分配关系、政府对企业放权开始，逐步向投资体制、融资体制、管理体制等纵深方向发展，使企业由行政机关的附属物逐步变成面向市场、自主经营的经济实体。

1978年11月开始，广东改革国家与企业的分配关系，实行企业基金制度，扩大企业自主权。1979年试行利润留成；1980年扩大利润留成试点和“利改税”试点。留成资金用于生产发展基金、职工福利基金和职工奖金基金。1983年6月，广东实行第一步“利改税”；1984年10月起，实施第二步“利改税”。在推行“利改税”的同时，1984年，广东开始实行以“两权分离”（企业所有权与经营权）和政企分开为特征的多种经营，推行各种承包经营责任制、租赁经营等方式，使国家和企业的责、权、利得到明确的规定和有机结合。1985年起，广东试行企业工资总额同经济效益挂钩的办法，使企业职工工资由过去取决于国家分配，转变为主要取决于企业的经济效益。随着改革深入发展，放权让利的范围不断扩大。

1990年，广东开始“税利分流，税后还贷，税后承包”的试点，降低所得税率，税后以分利形式上缴财政。取消企业用所得税前的利润归还固定资产投资借款和提取职工福利基金和奖励基金的规定，企业的固定资产投资贷款，用企业税后留利归还，将企业所得税从承包内容中分离出来，依法纳税，税后承包。至1993年，全省企业均实行“税利分流”。

1992年12月，省政府颁发《广东省贯彻〈全民所有制工业企业转换经营机制条例〉实施办法》，1993年财政部颁布《企业财务通则》和《企业会计准则》，规定企业应对亏损承担一定的责任，直至实行破产。

随后全面推行产权制度的深层次改革，不断调整国家与企业的分配关系。财务管理体制也从分配体制改革拓展到投资体制、筹资体制等全方位的改革，使企业在筹资上成为市场主体，初步建立起适应社会主义市场经济需要的自主经营、自负盈亏、照章纳税的法人实体。1993年，随着企业财务制度改革的实施，财政部门转变职能，主要是制定企业财务政策及对重大财务事项进行审批；对扶持企业的专项资金实行监督、跟踪管理；指导、帮助企业建立健全内部财务管理制度，推进企业财务决算由中介机构审计的工作，加强和完善外部监督机制；执行《中华人民共和国会计法》，加强会计基础工作，保证会计工作质量，提高会计工作水平，逐步实行会计工作的规范化、科学化、现代化，充分发挥会计工作在社会主义市场经济建设中的作用。

中华人民共和国成立后至改革开放初期，国有资产的所有权、行政权、经营权合一，企业执行由国家制订的产供销计划。改革开放后，广东先后将小型国营工业、商业、粮食、外贸企业下放属地的各市、县管理。1986年起，全省开展产权制度改革，出现国营企业拍卖、破产、转让、兼并、合并、股份制改造等形式的产权制度改革。但作为出资者的政府在经营管理上仍存在缺位问题。1994年起，广东按照“产权清晰，债权分明，政企分开，科学管理”的原则，稳步推进授权经营试点工作，积极培育和发展国有资产投资主体。至2000年，全省组建了一批“国家所有，分级管理，授权经营，分工监督”的资产经营公司和授权经营企业集团。

为做好国有企业产权制度改革，防止国有资产流失，全省各级国有资产管理部门规范了国有资产管理的基础性工作。首先，做好国有资产产权登记和统计等基础性工作；全面铺开广东清产核资工作，加强对清产核资工作的监督核查；进行国有资产产权界定，防止以各种方式侵占国有资产；规范和加强资产评估管理，同时防止企业在产权转让过程中压价处置国有资产等行为。其次，加强股份制公司中国有股权管理；努力推进国有资产管理、监督、营运体制建设；配合结构调整，推动存量资产流动和重组，促进国有资产的优化配置，确保国有资产的保值增值。

行政事业单位的预算改革，主要是将改革开放前的“统收统支”改为“预算包干”体制。

1980年以前，行政事业单位经费预算管理，根据行政事业单位的性质分为全额预算、差额预算、事业单位企业化管理、自收自支和民办事业国家补助几种管理形式。前两者实行“统收统支”的预算管理体制，年底结余的经费，全部或部分上缴同级财政。事业单位企业化管理的财政拨款和实行的利润年终结余同样上缴同级财政。

从1980年起实行各级行政事业单位预算定额管理办法，对党政机关的行政经费实行综合预算包干的管理办法，年终经费结余留用，超支不补，从而调动单位理财积极性，促进单位勤俭办事业，提高资金使用效益；对事业单位从全额预算管理向差额预算管理再向自收自支管理过渡，或实行自负盈亏的企业化管理，减轻财政支出压力。

预算包干后，广东预算外资金来源渠道多，数额大，增长快，而管理与监督工作没有相应跟上，有些单位自收自支，私设小金库，用于单位福利开支和滥发奖金等，在收支方面存在不少问题，经济效益差。1984年1月起，将部分预算外资金和基金实行财政专户统一管理；国营企业基本折旧基金（包括企业主管部门集中部分）由基层企业或企业主管部门在开户银行设立专户存储，接受财政部门的监督。

1987年1月起，预算外资金管理根据“区别对待、宽严结合”的原则，在资金所有权不变的前提下，对行政事业单位的重点收费项目，由财政部门专户储存；对国营企业及其主管部门的预算外资金采取“计划管理、政策引导”的方式。通过财政专户储存管理，初步扭转了预算外资金长期游离于财政管理之外的状况。1991年11月22日，省第七届人民代表大会常务委员会第二十三次会议通过《广东省行政事业性收费管理条例》后，加大预算外资金纳入地方总财政预算收入。1993年起，行政事业单位不论实行何种预算形式，取得的各项收入由财政部门核定其与财政挂钩的办法，给予一定的留成，其余作为抵支收入。1997年起实行预算外资金“收支两条线”管理。1998年1月起，行政事业性收费和政府性基金（资金、附加）实行委托银行代收款，对一些收费零星、分散的仍委托执收单位代收。

1998年，广东开始全面推行政府采购。1999年起，广东省级财政选择部分省直单位进行细化预算的试点。2000年起，广东财政供养人员个人经费实行国库集中支付制度。2000年，广东财政着手整顿行政事业单位在银行拥有多头账户问题，开始规范国库单一账户体系。

改革开放以后，广东不断调整财政支出结构。改革开放初期，广东在全国率先进行价格改革，放开蔬菜、猪肉、粮油等与人们生活密切相关的消费品价格，尽管其间财政比较困难，仍运用财政补贴，减轻一些改革对人民群众生活水平的影响；1988年起先后建立主副食品价格调节基金、粮食风险基金、副食品风险基金等，用以尽量平抑和调节物价；1985年、1993年和1999年进行3次较大规模的工资改革和工资调整，全省各级财政安排大量资金，逐步解决工资制度不合理的状况，普遍提高干部职工特别是教师和专业人员的生活待遇；80年代中期开始的企业职工退休保障和城镇职工基本医疗保险制度改革，财政补助社会保险基金和医疗保险基金，使广东的社会保障体系在改革中不断探索前进；1988年下半年开始进行住房制度改革，财政投入大量的资金，实行住房补贴，支持建立住房公积金制度；90年代后期，广东国有企业进行3次较大的产业结构调整、企业重组和国有劣势企业退出市场，财政安排各项资金，妥善处理分流下岗人员的遗留问题；2000年，支持在徐闻、四会、兴宁3个县（市）进行农村税费改革试点，促进农民增收。

随着政府管理职能和财政职能的转变，财政机构也不断进行改革。1983年以前，财政部门的内设机构只设立与收支预算、行政事业单位和企业财务管理有关的内设机构。为加强预算外资金的管理，增设预算外资金管理的内设机构。1993年起，企业财务制度进行了改革，对企业财务管理的内设机构转变管理职能并改变称谓。1995年后，财政资金逐步加大对公共事业和社会保障的投入，增设加强对这方面管理的内设机构。为加大财政对内、对外的监督力度，也相应设立了检查监督和监察的内设机构。

三

1979—2000年，广东按中央的统一部署，对税收制度和征收管理模式进行一系列的改革。

改革开放前，国家税制总体上以简单化为目的进行变革，税种越来越少，税制越来越简单，税收在国家经济运行中的作用被削弱。1979年以后，随着经济体制改革的推行，税收制度经历3次变革和逐步完善的过程。

改革开放初期，广东财税部门全面贯彻中共十一届三中全会所制定的路线方针，落实从国情、省情出发，按经济规律办事，扩大税收在财政收入中的比重。税制改革以适应对外开放，适应经济体制从计划经济向有计划的商品经济变革的需要，建立涉外税收制度和国营企业“利改税”为突破口的工商税制改革。1980年和1981年，广东分别开征中外合资企业所得税、个人所得税和外国企业所得税。1980年起，广东开始国营企业“利改税”试点，将上缴利润改为缴纳税金。1982年对国营工业企业和商业企业开征国营企业所得税。1982年7月1日，开征烧油特别税。

1983年，广东加快“利改税”步伐，对省、地区、市属企业和大中型赢利企业实行第一步税利并存的“利改税”，企业由过去全额上缴利润改为按比例税率征收国营企业所得税。第一步“利改税”改革取得成功之后，广东在试行第二步“利改税”的同时，对工商税制进行全面改革。从1984年10月1日起，在广东境内的内资企业、单位和纳税人，按其不同的生产、经营项目，按新颁布的产品税、增值税、盐税、营业税、资源税、国营企业所得税条例，缴纳有关税款。国营企业应当上缴国家的财政收入分别按照11个税种向国家缴税，就是由“税利并存”逐步过渡到完全的“以税代利”，税后利润留给企业使用。这11个税种的设置原则是：恢复过去的老税种营业税、盐税和车船使用税；在老税种的基础上改进形成产品税、房产税、土地使用税；根据经济的调整和改革的要求新设置增值税、资源税、城市维护建设税、国营企业所得税、国营企业调节税。对外贸企业和生产企业出口产品，实行出口产品退还已征的产品税和增值税。除此之外还陆续开征集体企业、私营企业、城乡个体工商业户所得税，调节税、奖金税以及建筑税、固定资产投资方向调节税等。这一时期税制改革的特点是：调整国家、企业、个人三者的分配关系，调整产业政策和投资方向，鼓励外向型经济发展。但存在税种多，过于繁复；企业所得税税率不一，税负不公平；调节个人收入的所得税，税法不规范；产品税则重复征税等弊端。

1994年，根据建立和发展社会主义市场经济的要求，国家再次对工商税制进行全面改革。此次工商税制改革的主要内容包括统一内资企业、外商投资企业以及外国企业流转税：实行统一的增值税、消费税和营业税，取消工商统一税；统一内资企业所得税，统一外商投资企业和外国企业所得税；改革个人所得税；或取消或合并、适度调整其他税种，由广东税务部门征收的税种从原来的29种减少到17种；实行分税制，将税种分别划分为中央收入、地方收入、中央与地方共享收入。此次税制改革，调整中央和地方的分配关系，加强了国家宏观调控能力；体现国有企业、集体企业和私营企业公平税负和国家产业政策；初步实现与国际税制的接轨，建立起符合社会主义市场经济发展要求的税制框架。

伴随经济体制改革的深入和税收制度的改革，广东全省纳税户数逐年大幅度上升。1979年，全省纳税户仅为13.40万家，至2000年，省国税系统和省地税系统管理的纳税户数分别为110.21万家和107.4万家。鉴于此，广东进行了税收征收管理（简称“征管”）制度的改革。

1986年，根据国务院颁布的《中华人民共和国税收征收管理暂行条例》，广东省制定《广东省税收征收管理实施办法》，理顺税收各项征管程序，改进不适应形势要求的征管办法，进一步落实税务登记、纳税鉴定、纳税申报、税款征收、账户与票证管理、税务检查、违章处理等征管制度。1987年起，广东税务部门结合税收实践进行征管模式的大胆改革，推行“征收、管理，检查三分离”或“征管、检查两分离”征管模式，逐步改变过去税收专管员“一人进厂、各税统管”的传统征管办法。

1993年，随着《中华人民共和国税收征收管理法》的颁布实施，税收征管全面步入法制化、规范化轨道。1994年，广东推行现代化税收征管模式，全面推行由纳税人自行计税、自行申报、自行缴税的“三自”纳税办法，自觉履行纳税义务。税务机关逐步取消税务专管员制度，税收管理实现由管纳税户向管事的转变，形成一个“以纳税申报和优质服务为基础、计算机监控网络为依托，集中征收、重点稽查”为特征的征管格局。1995年，广东省国家税务局（简称“省国税局”）编制《“九五”时期广东国税发展纲要》，提出“科技兴税”战略，全面规划并实施“粤税工程”，重点研制和推广防伪税控机。通过现代化的科技手段，辅以建设一大批办税服务厅，提高征管水平和监管力度，并方便纳税人。至2000年年底，省国税系统基本实现纳税人自行申报纳税，邮寄申报、电话申报、电子申报等纳税申报方式以及分色纳税申报表制度逐步全面推行，全部固定工商业户取消现金缴税方式，银行划缴和委托代收等缴税方式得到广泛应用。

广东省地方税务局（简称“省地税局”）1994年7月成立。原税务系统的计算机管理机构、人员、设备等大部分划给省国税系统，省地税系统的计算机信息管理几乎空白。1995年1月，省地税局长会议要求各地创造条件应用信息技术。经过三年的努力，省地税系统信息化建设和应用都有较快的发展。1998年，省地税局广泛应用“广东地税信息系统”（GDLTIS）；2000年，省地税系统广域网主干网开通，为全省统一的征管信息系统实行大集中模式打下基础。

改革开放后，虽然依法治税工作不断推进。但少数纳税人依法纳税观念淡薄，漏欠税现象依然存在，偷、逃、抗税的大案、要案时有出现，导致国家税收收入流失，损害依法纳税者的合法权益，扰乱市场秩序。1981年起，广东每年都组织一次税收财务大检查。1988年，省政府批准在全省县级以上税务机关设立税务稽查队，部分市、县试行派驻助理检察员、书记员。省税务局与司法、交通、工商等10个部门联合发文，提出支持税收工作的具体措施，加强对偷漏税的综合治理。通过加强税收法制建设，在有限范围内完善地方税收法规和具体实施办法，强化税收执法监督，全省各市、县基本设立副局级稽查局，在基层分局设立稽核稽查组，定期开展增值税、消费税、中央企业和涉外企业所得税和出口退税执法检查，及时纠正制止各种擅自变通税法和越权减免税的违反税法的行为，保证税法统一和政令畅通。针对新税制实施以后不法分子利用增值税专用发票违法犯罪活动比较严重的现象，广东税务部门加强与公检法和海关等部门配合，共同协作，深入开展反偷骗税专项斗争，有效地遏制各种税收违法犯罪行为，保障新税制在广东的顺利实施。

在加强征管工作的同时，全省各级税务部们每年集中开展“税收宣传月”活动，表彰纳税户，曝光偷骗税典型案例，通过正面引导和反面教育相结合，形成“依法纳税光荣，偷税逃税违法”的社会舆论氛围。

1979—2000年，广东税务机构适应经济形势的发展需要，经历升格、分设和加强的过程，职能不断强化。1980年8月，省政府批准各市、地区、县单独设置税务局，属同级政府的工作部门。1983年8月，省税务局升格为副厅级，内部机构改科设处，省政府再次指示各市、地区、县政府，必须单独设置税务机构，充实税务干部，税务机构和队伍建设得到有效加强。1989年，全省税务系统实行由上级税务机关和当地本级政府的双重领导，以上级税务机关垂直领导为主的管理体制。1994年7月28日，根据国务院关于实施分税制管理体制，并在省级以下组建国家税务局和地方税务局两套机构的决定，省税务局分设为省国税局和省地税局，均为正厅级机构。与此同时，各市、县（市、区）税务机构相继分设组建国家税务局和地方税务局。国税系统、地税系统均实行垂直领导为主的双重管理体制。随着政府职能、征收管理制度、税务监察和税种的改革，税务部门的内设机构也不断完善。

四

1979—2000年，广东财税取得巨大成就，主要经验是做到四个坚持。

坚持改革开放和发展是硬道理的方针。1979年，中央决定在深圳、珠海、汕头设立“出口特区”（后改称“经济特区”），广东充分利用毗邻港澳、华侨众多的优势，通过相关财税措施的推行，大力发展“三来一补”等外向型经济，吸引利用大量外资、支持外商投资企业和外国企业投资；扩大对外贸易，使得广东的外向型经济在国内遥遥领先；积极抓住国际市场变化提供的机会，充分利用财税政策的扶持，为整个广东经济迅速做大、做强发挥积极作用。

广东的改革开放以商品经济、市场机制为导向，率先突破计划经济的格局，在市场、物价、流通3个方面闯关，逐步放开生活资料和生产资料市场，合理调整物价，搞活流通环节。1980年9月，省政府颁发《关于疏通商品流通渠道，促进商品生产，搞活市场的十二条措施》，随后，省财政厅于1981年4月印发《关于支持生产、疏导流通、搞活经济的意见》，各级财税部门对3个方面的闯关都给予大力的支持和配合。这些政策措施使广东的改革开放从起步阶段就摆脱计划经济体制的制约，为其他领域率先改革奠定基础，为以后培育和发展社会主义市场经济创造条件。

广东财税部门在配合省委、省政府做好商品流通改革的同时，对国有企业技术升级改造、产业结构调整、高新技术产业培植，着力发展第三产业，发展山区经济等方面，给予大力支持。

改革开放初期，广东国民经济存在着农业劳动力的潜在过剩与农副产品的短缺并存的问题，财税系统配合省委、省政府坚定推行家庭联产承包责任制并对农业产业政策进行相关的调整，改变农业“以粮为纲”和农村“以农唯一”的经济格局和产业结构，大力发展乡镇企业，发展完善农业社会化服务体系，使得农村生产力终于挣脱旧体制的束缚，农民“洗脚上田”办实业，形成一大批著名的乡镇企业和民营企业。

经过1979—2000年的发展，全省国内生产总值由1979年的209.34亿元猛增至2000年的10 741.25亿元，按当年价格计算年均递增20.25%，按可比价格计算，年均递增13.85%；社会消费品零售总额由92.69亿元增加至4 379.81亿元，年均递增19.96%；全社会固定资产投资总额由28.29亿元增加至3 233.70亿元，年均递增24.25%。外向型经济迅速发展，1979年全省进出口总额为19.45亿美元，2000年增至1 701.06亿美元，年均递增23.66%；实际利用外资总额1979年为0.91亿美元，增加至2000年的145.75亿美元，年均递增27.34%。国内生产总值三次产业构成由1979年的31.8∶43.8∶24.4，发展到2000年为9.2∶46.5∶44.3。经济的快速和多元化发展，奠定了作为财政收入主要来源的税源基础。

坚持用足、用活、用好中央给予广东的特殊政策。1979年7月，中共中央、国务院批转《广东省委、福建省委关于对外经济活动实行特殊政策和灵活措施的两个报告》，中央原则同意两省对外经济活动实行特殊政策和灵活措施，给地方以更多的主动权。

抓住这一机遇，广东财税部门在保证财税收入不断增长的前提下，采取“放水养鱼、养鸡下蛋”的灵活变通措施，对经济特区、沿海开放城市、珠江三角洲开放区、山区等不同开放层次的税收优惠政策，制定配套的地方政策措施，支持经济发展，培植财源税源。在全省推广县级工业体制改革比较成功的清远经验，国营企业进行扩大自主权试点，给予企业前所未有的灵活性，调动了增收的积极性；在国营企业技术改造方面，实行“以税还贷”“税前还贷”，让利于企业，同时鼓励企业多渠道、多层次投融资，帮助企业“练好内功”，增强竞争力。此外，广东财税部门还从执行政策、规章制度、资金分配和管理等方面，采取一系列灵活措施，积极支持生产，扩大流通，帮助企业提高经济效益。如对一些短期内可以扭转亏损的企业，采取预拨亏损补贴的办法，帮助企业利用财力集中进行技术改造，加速改善生产条件，实现扭亏增盈；对新产品在利润分配和税收上实行鼓励政策；对公用事业实行优惠政策等。在80年代末的治理整顿、压缩规模问题上，广东没有采取“一刀切”的办法，而是从实际出发采取灵活措施，将楼堂馆所等非生产性的项目坚决停下来，重点保障生产性建设项目。同时利用广东外向型经济的优势吸引外资投资项目，缓解了广东的压力，保证经济的正常发展。这些优惠政策和措施使得广东逐渐形成以公有制为主体，多种经济成分和经营方式共同发展的多层次所有制结构，为社会经济发展注入活力。

80年代，广东交通、能源、通信基础设施落后的状况成为制约经济发展的“瓶颈”，在这种情况下，广东采用“以税还贷”“收费还贷”等新模式，打破高度集中的投资管理体制，在全国率先推出“以桥养桥”“以路养路”“以电养电”“以通信养通信”等多种筹集资金的形式，加快交通、能源、通信等基础设施建设，改善投资环境。

适宜的财税政策给经济实体注入更多的活力，反过来，有活力的经济实体为财政收入提供税源保证。

坚持处理好国家、集体、个人三者的关系，调动各方面的积极性。广东坚决贯彻中央改革开放的大政方针，对下放权，为企业松绑。财政与国有企业之间的分配关系的改革，由1978年实行企业基金，1979年实行企业收入留成改革开始，经历第一步、第二步“利改税”和“税利分流”。1993年7月起，对企业财务和会计管理实行《企业财务通则》和《企业会计准则》，到1998年实行公共财政，财政逐步退出一般竞争性领域，逐步减少对企业资本金投资、注资和亏损补贴，使企业成为自主经营的经济实体；通过以税还贷，减轻企业负担等“放水养鱼”的财税措施，增强企业活力，促进企事业高速发展。结果，企业发展了，壮大了，干部职工也增收了，财税收入不仅没有减少，反而大幅度增长。

随着中央对广东实行财政大包干，广东也对各市、地区、县直至乡镇层层实行财政包干体制，大幅度调整政府不同级次之间的分配关系，极大调动了各级政府征税理财的积极性；以1994年开始的分税制为标志，确定中央与广东的财政分配关系，延伸到1996年的省对市、县实行“水涨船高”的分税分成财政体制，既将省、市、县的财政分配体制基本固化下来，又保护各级政府征税理财的积极性。

90年代中期之前，广东财税的特征主要表现在努力通过公共投资改善基础设施，为鼓励民资引进外资提供良好的投资环境、大胆为企业松绑、大力支持个体经济的发展等与经济发展直接相关的方面。90年代中期之后，为配合公共财政建设，在财政资金大幅退出竞争性经济领域的同时，广东财税越来越多地把施政重心向服务社会、改善民生的方向转移。不断增加教育、医疗、治安等领域的投放，促进了社会事业的发展，促进了社会保障体系的构建和发展。

以上举措在推进公共财政，让利于民，推动社会建设，改善民生状态，提高人民生活水平，促进社会安定等方面发挥积极作用，为经济发展提供健康的社会环境。

坚持依法理财、依法治税，逐步使财税管理科学化、规范化、制度化。改革开放后，广东财税既注意放权、搞活，又注意加强管理，不断提升财税法治化的水平。

在财政预算管理方面，1979—1991年，一直按照政务院1951年《预算决算暂行条例》和财政部有关规定执行；1992年，开始执行国务院《国家预算管理条例》；1995年，《中华人民共和国预算法》在全国施行，财政预算步入法制轨道。

1984年后，全省各级政府、各地区、各部门和各企事业单位的预算外资金和政府性基金逐年增加。对此，全省各级政府和财政部门不断出台一系列政策措施，逐步加强对预算外资金和政府性基金的管理、监督和引导，逐步将预算外资金和政府性基金纳入规范化管理。

在财政财务管理方面，随着改革的不断深入，财政部门的管理由直接管理为主向间接管理为主转变，为适应这种变化，广东制定相应的规章、规定和实施办法，使变革规范有序地进行。

在税收制度方面，改革开放以前，一直按国务院发布的工商税收单项条例进行征管。1980年，随着外商投资企业和外国企业在中国设立，国家开始进行涉外税收立法，并逐步形成涉外税收法律体系；随着多种经济成分的发展，1984年，中央决定进行税制改革，国务院颁布实施各种不同经济类型的税收征管条例，以适应对不同经济类型进行不同税收征管的需要；1993年，随着国有企业改革的深入，中央决定再次进行税制改革，国家对内资企业税收制度进行立法，统一内资企业的税收制度。

在税收征管制度方面，广东根据自身的实际情况，于1981年制定《广东省税务征收管理暂行办法》；1986年，国务院颁布实施《中华人民共和国税收征收管理暂行条例》；1993年，《中华人民共和国税收征收管理法》颁布实施，税收征管走上法制化的轨道。1994年起，广东推行现代化税收征管模式，全面推行纳税人自行计税、自行申报、自行缴税的“三自”纳税办法，自觉履行纳税义务。1998年省国税系统和省地税系统计算机网络系统的建成并投入税收征管，逐步形成一个“以纳税申报和优质服务为基础、计算机监控网络为依托，集中征收、重点稽查”为特征的征管新格局。

改革开放以后，广东财税工作虽取得巨大成就，但由于社会处于改革艰难时期和经济体制转轨时期，经济生活中的一些深层次矛盾有待进一步根本解决，广东财政仍面临许多困难和问题。

地区间财税收入不平衡的矛盾日益突出。珠江三角洲范围（后称“珠江三角洲七市”）地方财政收入的比重，从1979年占全省的56.03%增至2000年的63.17%；从1979年占市、地区本级、县级的63.23%增至83.61%。东西两翼、粤北和山区14个市所占比重却呈逐年下降的趋势。省级财税曾采取一系列措施加大对东西两翼、粤北和山区的扶持。但是，东西两翼、粤北和山区与珠江三角洲的差距不仅没有缩小，还有不断加剧的趋势。1996年，省财政厅制定激励型转移支付制度，在一定程度上起到缓解作用，但解决这一问题，还需各方面的努力和政府的引导，在保障欠发达地区公共管理基本经费和基本公共服务均等化的基础上，对产业政策应制定激励机制，从而帮助贫困地区尽快走上共同富裕道路。

在预算内资金分配方面，各部门、各单位仍按多年形成的基数加增长和按需分配的方式分配资金，造成各部门、各单位之间资金分配不均衡；由于所分配的财政资金由各部门、各单位自行掌握，对资金管理制度执行不力，资金挪作他用时有发生。有些基本建设项目和市政工程缺乏科学规划，浪费纳税人的钱也时有发生。

在预算外资金管理方面，行政事业单位实行预算包干后，各政府部门、各单位纷纷利用本部门、单位掌握的资源投资办企业或出租属于政府的物业，有些收入没有上缴财政，逃避财政部门的监控，私设“小金库”，为单位和本单位职工谋利益，人为造成部门、单位之间的收入差距，苦乐不均。至2000年，尚有一部分预算外资金没有按规定纳入财政专户管理。

虽经多次改革，但党政机构臃肿、人浮于事的状况仍然没有得到根本改观，且呈不断发展之势。行政级次多，造成行政管理成本增加，用于人员的经费占行政事业经费的较大比重。

公共财政的改革，是要使财政职能回归到社会公共管理和社会公共服务职能上来，要让经济建设和发展的成果惠及全体人民，这就意味着财政改革和发展要按照“依法理财、科学理财、民主理财”的改革目标方向进行努力。只有建立管理规范的阳光财政和保障基本公共服务均等化的民生财政，才能缓解社会矛盾，实现社会的长治久安。

大事记

1979年

1月10日起　全省逐步在交通运输企业、国营农场以及商业、粮食、供销社试行企业基金制度。

7月15日　中共中央、国务院决定：广东、福建两省在对外经济活动中实行特殊政策和灵活措施，给地方以更多主动权。广东财政从1980年开始实行大包干体制。

8月11日　省财政局召开全省财政工作会议。会议主要任务是：贯彻中央批转的财政部党组《全国财政工作会议汇报提纲》的通知精神，交流全党工作重点转移后财政工作的经验，研究财政工作如何贯彻调整、改革、整顿、提高的方针，更好地完成当年财政工作任务。此后，全省财政工作会议每年召开一次。

9月18日　省经济委员会（简称“省经委”）、省财政局根据省委决定，在省属和广州、韶关两市选定100家国营企业扩大自主权，实行利润留成试点。

1980年

2月起　省财政局等单位先后发出通知，相继对全省劳改企业、文教科卫事业、水产企业、物资企业、水利工程管理单位、国营商业企业、农林水事业单位等，从1980年起实行财务包干办法。对地方国营工、交企业分别实行“利润留成”“利润包干上缴”“减亏分成”等包干办法。

4月1日　省财政局改称为省财政厅。

5月5日　省政府确定，1980年起省对各地、市的财政管理体制试行“收支挂钩，增收分成”办法。对深圳、珠海两特区市，实行“收入全留，支出按基数拨给”的特殊财政体制。对粤北3个民族自治县实行“收支包干，定额补贴，一定五年”的办法。

7月1日　经省政府批准，广东在广州、韶关、佛山、江门4个市选定8家工业企业和7家商业企业以及顺德、高州两县全县地方国营工业企业进行“利改税”试点，实行“独立核算，国家征税，自负盈亏”的体制。

8月1日　省政府确定对广州市的财政体制，1980年起试行“划分收支，分级包干”办法。

8月21日　省政府根据财政部关于分设税务机构恢复“文化大革命”前建制的要求，批准各市、地区、县单独设置税务局，与财政局平级，同属政府工作部门。

8月26日　第五届全国人民代表大会常务委员会第十五次会议批准公布《广东省经济特区条例》。对特区的合资企业实行更优惠的税收政策。

9月10日　第五届全国人民代表大会第三次会议通过《中华人民共和国个人所得税法》

和《中华人民共和国中外合资经营企业所得税法》。前者广东自即日起执行。

10月1日　根据《中华人民共和国中外合资经营企业所得税法》，广东开始对在粤境内的中外合资经营企业征收中外合资经营企业所得税。

是年，省财政对行政、事业单位实行“预算包干，结余留用”办法。

1981年

2月14日　省政府决定，自1981年起，省对市、县实行“划分收支、分级包干”的财政管理体制。

4月25日　省财政厅通知，全省各军工企业实行计划亏损包干，减亏留用，超亏不补的办法，试行两年。

5月29日　省政府颁布《广东省税务征收管理暂行办法》，自1981年6月1日起执行。

7月16日至10月31日　省政府相继决定：从1981年起，对省冶金工业厅实行“利润包干上缴，逐年递增，超收留用、一定五年”的办法；对省电子工业局、省出版事业管理局、省物资局、省航运厅实行“利润包干上缴、超收分成、一定三年”的办法；对省文化局所属电影公司实行全额利润分成办法，45%上缴省财政，55%留给企业。

7月19日　中共中央、国务院规定，广东在“税收方面，凡属国家税法的制定、颁布和实施，税种的开征和停征，税目的增减和税率的调整，以及涉及国与国之间的税收规定，都应由中央统一决定。在上述原则下，除烟、酒、糖、手表4种产品外，对其他产品、某些行业或企业的减免税照顾，地方各种税收的减免、开征或停征，可自行确定”。

1982年

1月1日　广东执行1981年12月31日第五届全国人民代表大会第四次会议通过并公布的《中华人民共和国外国企业所得税法》及财政部制定的《外国企业所得税法施行细则》。自是日起对在粤境内设立机构、独立经营或同中国企业合作生产、合作经营的外国企业和其他经济组织征收外国企业所得税。

1月3日　省财政厅税务局颁布《广东省统一发货票管理细则》，并布置继续清理整顿发票工作。

2月28日　省财政厅厅长艾宏恭受省政府委托，代表省政府在省第五届人民代表大会第四次会议上作《关于广东省1980年决算、1981年预算情况和1982年预算案》报告，并经大会审查通过。省财政厅长的决算、预算报告及人大的审查每年一次。

4月9日　省财政厅发出修订后的《广东省省级水产企业财务包干试行办法》。从1982年1月1日起，对省水产厅所属企业实行“独立核算，利润包干上缴，亏损定额补贴，超盈减亏和超亏减盈分成，一年一定”的财务包干办法。

6月25日　省政府决定贯彻国务院批转国家计划委员会（简称“国家计委”）、财政部《关于征收烧油特别税的试行规定》。自1982年7月1日起实施。

6月26日至7月3日　省财政厅税务局在佛山召开全省税务工作会议，传达全国税务会议精神，贯彻国务院《关于加强税收工作的通知》。研究健全税务机构，强化税收工作的措施，调整农村社、队企业税收负担。此后，全省税务工作会议每年召开一次。

7月7日　省政府颁布《广东省征收排污费实施办法》。

1983年

1月1日　广东执行国务院颁布的《国家能源交通重点建设基金征集办法》和财政部颁布的《国家能源交通重点建设基金征集办法实施细则》，从即日起在全省开征国家能源交通重点建设基金。

2月22日　省政府决定，深圳、珠海两特区的正常经费支出，改为由省拨给50%。

6月2日　省政府召开中华人民共和国成立后第一次财务会计先进集体和先进工作者代表大会，出席会议的有先进集体代表266个人，先进工作者529人。

6月4日　省政府贯彻财政部《关于国营企业利改税试行办法》。对全省大、中型国营企业实行利改税，按55%的比例税率征收所得税；国营小型企业按8级超额累进税率征收所得税。

7月1日　省政府根据国务院《牲畜交易税暂行条例》，制定公布《广东省牲畜交易税施行细则》。

7月　成立中国海洋石油税务局湛江分局。

8月26日　省政府印发《关于切实加强税收工作的通知》，要求各级政府要指定一位领导分管税收工作；根据国务院指示，广东省税务局升格为副厅级单位，地、市、县税务机构必须单独设置，县（市）以下的乡镇或公社，要按照经济区域设置税务所；开展税收政策大检查；各部门要支持、配合税收工作；税务部门要正确贯彻税收政策，努力做好征管工作。

8月　成立中国海洋石油税务局广州分局，省税务局将有关勘探海洋石油税务移交广州海洋石油税务分局管理。

9月10日　省政府转发财政部通知，停止执行农业税起征点办法，从1983年起全省一律按农业税征收办法征收农业税。

10月1日　广东执行9月国务院颁布的《建筑税征收暂行办法》和财政部《建筑税征收暂行办法实施细则》，在全省范围内开征建筑税。

10月18日　国家经济委员会（简称“国家经委”）批复，将广州石油化工厂、茂名石油工业公司及瑶岭钨矿、韶关地区冶金局等广东省24家有色金属企业、事业单位上划为中央企业。

11月3日　经省政府同意，对定额补贴县（不包地、市）实行定额补贴款递增办法。1983—1985年，每年递增5%。粤北3个民族自治县从1982年起每年递增10%。

1984年

1月7日　省政府贯彻国务院《关于做好调整农村社、队企业和基层供销社缴纳工商所得税税率工作的通知》。从1984年1月1日起执行。

2月25日　省人民检察院（简称“省检察院”）、省税务局、省司法厅、省公安厅、省高级人民法院（简称“省法院”）联合印发《维护税法、严肃处理税务违章案件，惩办违法犯罪分子的通知》。

3月1日　中央及省外单位在广东举办中外合作经营企业，中方所得利润开始实行与广东分成。

7月　全省财贸工作会议在广州召开，省长梁灵光在会上讲话，部署全省第二步“利改税”工作。

8月10日　省委、省政府转发省编制委员会（简称“省编委”）制订的《省级机关人员编制方案》，核定省财政厅行政编制118人；省税务局行政编制80人，事业编制47人。

9月11日　省政府颁布《广东省个体工商业户税务征收管理办法》，自10月1日起施行。

9月28日　省政府通知，贯彻执行国务院颁布的《中华人民共和国营业税条例（草案）》《中华人民共和国产品税条例（草案）》《中华人民共和国增值税条例（草案）》《中华人民共和国资源税条例（草案）》《中华人民共和国盐税条例（草案）》《中华人民共和国国营企业所得税条例（草案）》《国营企业调节税征收办法》和财政部颁布的《中华人民共和国营业税条例（草案）实施细则》《中华人民共和国产品税条例（草案）实施细则》《中华人民共和国增值税条例（草案）实施细则》《中华人民共和国盐税条例（草案）实施细则》和财政部制定的《资源税若干问题的规定》。从1984年10月1日施行。同时停止执行省革命委员会1972年12月18日颁布的《广东省工商税征收办法（草案）》。

10月1日　全省开始对国营企业全面实行第二步“利改税”。

12月3日　根据国务院关于经济特区和沿海开放14个港口城市减征、免征企业所得税和工商统一税的规定，广东对深圳、珠海、汕头3个经济特区的中外合资企业的减免税期限，作进一步的明确规定。

1985年

1月1日　广东执行《中华人民共和国政府和日本国政府关于对所得避免双重征税和防止偷漏的协定》，此后，执行的税收协定逐年增多，先后执行的有中国与英国、法国、新加坡、联邦德国、马来西亚、美国、加拿大、丹麦、瑞典、泰国、新西兰、挪威等。至2000年，国家正式对外签订63个税收协定（不含单独签订的认定书和换函）。

3月11日　省计划委员会（简称“省计委”）、省财政厅、中国人民建设银行广东省分行（简称“省建行”）转发国家计委、财政部、中国人民建设银行1984年12月制定的《关于国家预算内基本建设投资全部由拨款改为贷款的暂行规定》。从1985年起，全省执行国家预算内基本建设投资改拨款为建设银行贷款。

3月29日　省政府根据国务院颁布的《中华人民共和国城市维护建设税暂行条例》规定，制定并颁布《广东省城市维护建设税实施细则》。自1985年1月1日起实施。

4月1日　省税务局贯彻执行财政部关于对进口产品实行征税，出口产品进行退税的规定。

4月19日　省政府颁发《关于我省财政管理体制改革的实施方案》，对市（地区）、县实行“划分税种，核定收支，分级包干”财政管理体制。广州市实行“定额上缴，增收分成”。

5月22日　经省政府同意，省财政厅颁布《农林特产农业税征收规定》。凡从事农林特产品生产取得的收入的单位和个人均应按规定缴纳农业税。

8月20日　省政府转发国务院颁布的《国营企业工资调节税暂行规定》。从1985年起施行。

8月24日　广东贯彻国务院颁布的《集体企业奖金税暂行规定》。从1985年起施行。

9月20日　广东贯彻国务院颁布的《事业单位奖金税暂行规定》。从1985年起施行。

12月23日　省政府重新颁布《广东省统一发票管理办法》。从发布之日起施行。原《广东省统一发货票管理试行办法》同时废止。

12月30日　省政府批准省税务局设立直属分局，负责省级预算收入。

1986年

1月1日　广东贯彻执行国务院颁布的《中华人民共和国集体企业所得税暂行条例》、财政部颁布的《中华人民共和国集体企业所得税暂行条例施行细则》和《集体企业所得税的若干政策规定》。同时停止征收所得税附加。

1月6日　省财政厅制定《广东省注册会计师工作守则》和《广东省注册会计师考试试行办法》。

1月28日　省税务局制定《广东省统一发票管理办法实施细则》。

3月3日　省政府贯彻国务院颁布的《中华人民共和国城乡个体工商业户所得税暂行条例》，并颁布《广东省城乡个体工商业户所得税施行细则》。从1月1日起实施。

5月14日　省政府同意在撤区建乡（镇）政府的同时，建立乡（镇）财政所，为同级政府的职能部门。

7月7日　省政府根据国务院4月21日颁布的《中华人民共和国税收征收管理暂行条例》，制定并颁布《广东省税收征收管理实施办法》，从7月7日起施行。

8月9日　根据国务院规定，省政府颁布《关于我省城市、农村征收教育费附加的有关规定》。农村自1986年1月1日起执行，城市自1986年7月1日起执行。

10月18日　省财政厅制定《广东省农业税征解会计制度实施细则》，从1987年1月1日起施行。

12月25日　省政府颁发《广东省乡（镇）财政管理实施办法》。

12月31日　省政府贯彻国务院颁布的《中华人民共和国房产税暂行条例》和《中华人民共和国车船使用税暂行条例》。并颁布两个暂行条例的施行细则。全省从1987年1月1日起施行。

1987年

1月1日　广东贯彻执行国务院颁布的《中华人民共和国个人收入调节税暂行条例》。

3月20日　省政府规定，对省电力局直属企业免征四年供电环节产品税、所得税、调节税，免缴的税款转作电力建设专用资金。

5月30日　省政府决定，对大中型地方国营企业实行经营承包责任制。

6月25日　国务院颁布《中华人民共和国建筑税暂行条例》，广东从7月1日起施行。

9月8日　省政府颁布《广东省耕地占用税征收管理实施办法》，从1987年4月1日起施行。

12月9日　省税务局、省政府侨务办公室根据国务院《关于华侨投资优惠的暂行规定》，联合印发《关于执行华侨投资企业享受优惠待遇的认可和有关税收问题的通知》。

1988年

1月1日　从当年起，中央对广东实行递增包干财政管理体制。

3月30日　世界银行行长科纳布尔一行，考察广东利用世界银行贷款项目情况。

6月27日　经省政府办公厅批复同意，省税务局印发《关于停征牲畜交易税的通知》，从7月1日起全省范围内停征牲畜交易税。

9月27日　省政府印发《关于对进口卷烟征收专项调节基金的通知》，从10月1日起对进口卷烟征收专项调节基金。

10月1日　广东执行国务院颁布的《中华人民共和国印花税暂行条例》和财政部颁布的《中华人民共和国印花税暂行条例施行细则》，全省印花税开始单独征收。

12月30日　省政府颁布《广东省货物运销税务管理规定》，从1989年1月1日起实行。

1989年

3月16日　毛里求斯副总理兼财政部长西塔纳·拉什米柄雷杜一行在财政部副部长刘积斌陪同下到广东访问、考察。

3月18日　苏联爱沙尼亚部长会议主席顾问伊·卡列别列一行到粤考察广东财政改革情况。

3月25日　省政府根据1988年9月27日国务院颁布的《中华人民共和国城镇土地使用税暂行条例》，制定并颁布《广东省城镇土地使用税实施细则》，从当年1月1日起施行。

4月26日　省财政厅制定《广东省农业发展基金管理、使用暂行办法》。另，自从设立各项基金、专项资金或专款，省财政厅都制定相应的使用管理办法。

4月27日　世界银行副行长稻萨邦彦到粤考察广东利用世界银行贷款情况。

8月2日　省政府颁发《广东省中外合资、合作经营企业中方投资者分得利润分配和管理实施办法》。

1990年

1月1日　国务院决定深圳市在国家计划中实行单列，享受省一级经济管理权限。从是日起，由深圳市直接承担国家下达的各项财政收支计划任务，并直接与财政部进行财政收支结算，在国家预算中实行计划单列。

2月24日　省财政厅制定《广东省全民所有制公司财务管理若干规定》。

3月9日　省税务局转发国家税务局《关于全国税收征管改革的意见》，成立税收征管改革领导小组，负责全省税收征管改革的组织领导。

7月23日　经省政府批准，省税务局制定《广东省税务违章处罚试行办法》和《广东省群众检举偷漏税及其他税务违章案件的提奖暂行办法》，并于9月1日起实施。

9月3日　省政府颁布《广东省征收超标排污费实施办法》，《广东省征收排污费实施办法》同时废止。

9月18日　经省编委同意，省财政厅设立国有资产管理办公室（简称“省国资办”），增加行政编制15名。1991年3月4日，正式挂牌办公。

1991年

2月3日　世界银行执行董事顾问祝宪一行访粤，就广东工业技改项目利用世界银行贷款问题进行意向性会谈。

3月20日　省政府转发国务院办公厅《关于实行出口产品退税，由中央财政和地方财政共同负担的通知》，从1月1日起，广东出口产品退税由中央财政和广东财政分别负担90%和10%。

4月16日　国务院颁布《中华人民共和国固定资产投资方向调节税暂行条例》；6月18日，国家税务局颁布《中华人民共和国固定资产投资方向调节税暂行条例实施细则》。广东自1991年起施行，《中华人民共和国建筑税暂行条例》同时废止。

5月7日　省国资办、省财政厅、省工商行政管理局转发国家国有资产管局（简称“国家国资局”）、财政部、国家工商行政管理局《企业国有资产所有权界定暂行规定》和《国有资产产权登记管理办法》。

5月25日　国务委员兼财政部部长王丙乾、副部长项怀诚到粤视察。

7月1日　全省执行4月9日第七届全国人民代表大会第四次会议通过的《中华人民共和国外商投资企业和外国企业所得税法》和6月30日国务院颁布的《中华人民共和国外商投资企业和外国企业所得税法实施细则》。

7月1日　全省新开办的国有企业都要到国有资产管理部门进行产权登记，明确产权关系和资金来源；下半年，选择部分在7月1日之前成立的全民所有制企业及实行企业化管理的事业单位试点产权登记。

9月23日　省财政厅转发财政部、国家经济体制改革委员会（简称“国家体改委”）《关于国营企业实行“利税分流、税后还贷、税后承包”的试点办法的通知》。

11月22日　省第七届人民代表大会常务委员会第二十三次会议通过《广东省行政事业性收费管理条例》，1986年7月起实施的《广东省行政事业性收费管理暂行办法》同时废止。

12月21日　省税务局向全省发出通告，规定从1992年1月1日起，全省启用套印“全国统一发票监制章”的新版发票。

12月21日　省政府召开全省第一次清产核资工作会议，部署全省清产核资工作。1992年选择佛山市9家企业试点；1993年扩大试点企业96家，至1995年全省全面铺开。

1992年

1月1日　广东外贸企业出口退税由中央财政负担80%，广东财政负担20%。

1月27日　国际货币基金组织中亚部高级顾问堀口一行7人到粤了解广东财政工作。

3月20日　省政府颁布《广东省罚没财物管理条例》，从4月1日起施行。1997年12月，省政府决定修订，修订后从1998年1月1日起施行。

3月30日　世界银行农业项目监测代表团到粤检查农业利用世界银行贷款综合开发项目进展情况。

4月30日　新加坡共和国财政部长胡赐道一行，在财政部副部长刘积斌陪同下访粤，就有关财政问题进行交流。

6月8日　省税务局转发国家税务局《关于停止实行对彩色电视机专营管理及有关问题的批复的通知》，从1992年4月24日起，停止征收特别消费税。

7月27日　省国资办、省财政厅、省工商行政管理局联合制定《广东省国有资产产权登记管理试行实施办法》。

9月24日　亚洲开发银行考察团一行到粤考察财政经济政策情况。

1993年

1月29日　省政府决定成立省行政事业单位财产清查登记工作领导小组，成员由省清产核资领导小组成员兼任，并上报国务院清产核资领导小组。

3月28日　泰王国财政税收考察团到粤访问。

3月　国务院副总理朱镕基带领69名工作人员到广东调研，一连数天召开座谈会，就推行分税制问题进行讨论。

5月11日　省政府重新制定《广东省农业税收征解会计制度实施细则》，从当年起施行。

5月17日　美国前财政部长米勒夫妇一行应财政部邀请到粤访问。

7月1日　全省企业全面实施财政部制定的《企业财务通则》和《企业会计准则》以及新的企业分行业财务会计制度，进行新旧会计制度衔接；财政部门对企业的财务管理从直接具体管理开始转变为宏观管理。

8月20日　丹麦王国财政大臣索克托夫一行访问广东。

9月　省税务局从省财政厅分出，为省政府直属工作部门。

1994年

1月1日　是日起全国统一实行分税制的财政体制。中央停止执行对广东“递增包干”的财政体制。全省执行新的增值税暂行条例、营业税暂行条例和个人所得税法以及消费税暂行条例、企业所得税暂行条例、资源税暂行条例。

2月2日　省政府颁发《广东省财政管理体制改革实施方案》，省对市仍实行调整后的财政包干体制，从1994年1月1日起执行。

2月18日　省税务局转发国家税务总局《出口货物退（免）税管理办法》。

3月1日　省政府转发国务院关于取消集市交易税、牲畜交易税、烧油特别税、奖金税、工资调节税，将屠宰税、筵席税下放给地方管理的通知。

3月18日　广东省财政税务专科学校在广州市白云区黄婆洞校址举行奠基典礼。

3月21日　省税务局转发国家税务总局《关于城建税有关问题的通知》。城建税按原税率以新颁布的增值税、消费税、营业税为依据计算征收。

4月9日　省财政厅转发财政部关于《全民所有制企业政策亏损定额补贴管理办法》。

5月12日　省国资办制定《广东省国有资产产权登记（投资立案登记）暂行规定》和《广东省国有资产产权登记（产权变动立案登记）暂行规定》。

5月25日　省委、省政府决定组建省国有资产管理局（副厅级，简称“省国资局”），归省财政厅管理。翌年1月12日，省国资局正式挂牌成立。

6月10日　国家税务总局批复同意关于广东省税务局组建两个税务机构实施方案。

6月10日　省税务局转发最高人民法院、最高人民检察院《关于办理伪造、倒卖、盗窃发票刑事案件适用法律的规定》。

7月1日　按照国务院决定，广东统一使用由中国人民银行印钞造币总公司印制的新版增值税专用发票。

7月15日　省政府颁布《广东省对农业特产收入征收农业税实施办法》《广东省屠宰税征收办法》，前者从即日起施行，后者从1995年1月1日起施行。

7月26日　广东组建中央和地方两个税务机构筹备组向国家税务总局、省政府呈报《关于更改广东省国家税务局职能配置、机构设置、人员编制方案的报告》。

7月28日　省税务局召开全体干部职工大会，宣布省国税局、省地税局正式挂牌办公。原省税务局干部职工296人中，166人到省国税局机关工作，130人到省地税局机关工作。

11月5日　省政府办公厅印发《关于加强国有企业产权转让管理的通知》。

12月22日　省财政厅与省国资局、中国人民银行广东省分行（简称“人行省分行”）联合转发财政部、国家国资局、中国人民银行颁发的《国有资产收益收缴管理办法》。

1995年

1月1日起　广东执行1994年3月22日第八届全国人民代表大会第二次会议通过的《中华人民共和国预算法》。

1月10日　省国税局、省地税局就两局征管的有关问题召开局长联席会议，会后联合转发国家税务总局《关于中央、地方两套税务机构建立后税收征管有关问题处理意见的通知》，并就全省纳税人登记管理、发票管理、税务稽查等问题作明确规定。

2月14日　省政府决定，在全省各市、县统一组建国有资产管理局。

3月6日　省政府批准省财政厅和省国资局的职能配置、内设机构和人员编制。

3月30日　省财政厅、省国税局、省地税局联合转发财政部、国家税务总局《关于取消集贸市场税收分成问题的通知》，从1995年1月1日起，取消城乡集贸市场税收分成，所收税款全部缴入国库。

5月5日　省财政厅制定《广东省行政事业性收费财务管理办法》，从1月1日起施行，1988年11月8日制定的《广东省行政事业性收费财务管理暂行办法》同时废止。

5月8日　省政府决定，由省清产核资领导小组办公室（简称“省清产办”）、省对外经济贸易委员会（简称“省外经贸委”）、省经委、省财政厅、省国资局以及省财政厅派驻南粤、粤海两公司企管部的负责干部组成境外企业机构清产核资工作协调小组，负责境外企业清产核资的有关政策及工作协调。这是广东首次组织对国有境外企业进行清产核资。

7月21日　省政府颁布《广东省矿产资源补偿费征收管理实施办法》，从即日起施行，矿产资源补偿费由省地质矿产局会同省财政厅征收。

8月14日　省政府颁布《广东省土地增值税征收管理办法》，从8月1日起施行。

10月19日　省政府颁发《广东省地方预算执行情况审计监督实施办法》，从10月1日起施行。

12月4日　世界银行驻华首席代表鲍泰利一行访粤，考察财政、金融、国有企业改革等情况和世界银行在广东贷款项目的基本情况。

12月4日　省国税局与海关总署广东分署举行《加强出口退税管理工作合作备忘录》签字仪式。

12月18日　省政府颁发《广东省分税制财政管理体制实施方案》，从1996年1月1日起执行。

1996年

1月1日　中共中央政治局委员、省委书记谢非在省地税局《关于对广东省国家税务局〈关于我省部分地区擅自改变国、地税现行征管范围情况的紧急报告〉意见的报告》上批示：广东省应坚决执行国务院规定的各收各税，不能执行部门的规定。如有必要可正式书面报国务院。

2月4日　省财政厅制定《广东省财政周转金管理暂行办法》，压缩财政周转金的规模，变无偿拨款为有偿使用。

2月14日　省财政厅印发《关于财政周转金清理整顿工作若干问题的通知》，从10月起对全省财政周转金进行全面清理。

2月15日　省国税局向全省各市、县、区国税局发出《关于明确〈城市信用合作社财务管理实施办法〉有关问题的通知》。

3月底　全省X·25数据分组交换网全部开通并与国家税务总局联网，实现全省国税系统信息网络的基本建设。

4月1日　省政府颁发《广东省推广使用增值税专用发票防伪税控机试行办法》，从1月1日起施行。

4月5日　省财政厅制定《广东省财政转移支付实施方案》，以较为科学的因素法，建立省对市县的转移支付制度，终极目标是实现全省市县公共服务均等化和促进县域经济发展。

4月12日　省国税局转发国家税务总局《关于调整国家税务局、地方税务局税收征管范围若干具体问题的通知》。

4月25日　省政府印发《关于坚决打击骗取出口退税严厉惩治金融和财税领域违法乱纪行为的通知》。

5月30日　省政府颁布《广东省扶贫基金管理办法》，扶贫基金由省财政厅设立专户存储、专账管理，并负责发放和回收。

8月21日至23日　全省地税征管改革工作会议在广州召开，研究部署全省地方税收征管改革。

8月26日　省国资局颁布《广东省国有资产产权纠纷调处工作规则（试行）》，规定产权纠纷调处机构、程序和法律责任。

8月　省政府召开全省整顿会计工作秩序电视动员大会，并由省财政厅、省审计厅、省国税局、省地税局和省工商行政管理局共同组织全省会计工作秩序的整顿工作。同时成立广东省整顿会计工作秩序办公室，办公室设在省财政厅。

10月8日　广东财税高等专科学校召开成立大会。

11月6日　省政府印发《关于认真贯彻执行国务院〈关于加强预算外资金管理的决定〉的通知》。

11月19日　省国税局发布普通发票换版公告，决定从1997年1月1日起全省使用有全国统一防伪措施的新版普通发票。

12月9日　省地税局与省国税局建立相关的税收信息交换制度，并发出《关于建立信息交换制度切实加强个体税收征管的通知》，要求各级国税、地税机关定期交换税务登记底册，“双定”共管户情况和私营企业、个体大户征管资料及相互通告偷、骗对方税收情况等。

12月25日　省地税局印发《关于建制镇城市维护建设税征收税率问题的通知》，规定全省所有建制镇从1997年起恢复按5%征收城市维护建设税。

12月　根据国务院《关于加强预算外资金管理的决定》，全省财政部门对养路费等13项政府性基金（附加）进行清理，结转1997年并纳入预算管理。

1997年

1月1日　是日起，广东开征文化事业建设费。

1月23日　国务院办公厅批转国家税务总局《关于深化税收征管改革的方案》，广东从即日起执行。

2月25日　国务院决定自1997年1月1日起对生产企业自营出口或委托代理出口货物实行“免、抵、退”税办法，广东依照执行。

5月20日　国家税务总局等5个部门印发《关于在商业服务业娱乐业推行使用税控收款机的通知》，江门市被确定为试点城市。

5月29日　省地税局和中国科学院计算机技术研究所正式签约，合作开发“广东地方税收征管信息系统”。1999年7月19日至20日通过验收。

6月2日　省政府办公厅转发省地税局《关于深化税收征管改革实施方案》。

7月17日　省政府印发《关于建立省级重要产业专项资金的通知》，产业专项资金用于增强省政府对全省经济的宏观调控能力，优化经济结构和产业结构。

9月25日　为贯彻执行国家国资局关于实行《重大资产评估项目专家评审制度（试行）》，广东成立重大资产评估项目专家评审委员会。

10月　广东省新型防伪税控机软件通过中国软件评试中心的确认测试，获得国内软件最高评测机构授予的确认产品荣誉证书。

12月1日 省第八届人民代表大会常务委员会第三十二次会议审议并通过由省国资局起草的《广东省资产评估管理条例》。

是年 深圳市探索开展政府采购工作；翌年成立全省第一个政府采购机构。

1998年

2月20日 省国资局对《广东省国有资产产权登记（投资立案登记）暂行规定》进行修订，并更名为《广东省国有资产投资立案暂行办法》，即日起施行，同时停止执行《广东省国有资产产权登记（产权变动立案登记）暂行规定》。

3月17日 省财政厅制定《广东省级行政事业性收费、政府性基金委托银行代收款的暂行办法》。

3月20日 越南财政部代表团访粤，并就广东财政预算制度、预算草案的主要内容等问题进行交流。

4月2日 财政部全国财政干部培训中心增列广东财税高等专科学校为财政部定点培训基地。

4月11日 省政府转发国务院《关于加强依法治税严格税收管理权限的通知》，并决定由省财政厅牵头，会同省国税局、省地税局、省审计厅等有关部门，对全省税收政策执行情况进行检查清理。

5月13日 省政府印发《关于建立各级防范化解金融风险准备金的通知》，要求省、市、县三级财政按支出预算安排3%的比例压缩财政支出，用于建立各级防范化解金融风险准备金。8月4日，省财政厅制定《广东省财政防范化解金融风险准备金管理办法》，从1月1日起施行。

7月1日 广东开始执行经省政府批准的，由省财政厅、省社会保险管理局、省劳动厅、人行省分行和省地税局等5个部门制定的《广东省社会保险基金实行“收支两条线”管理暂行办法》。

7月 全省石油系统企业上划中央，纳入中央财政预算管理。

9月4日 国家税务总局批复同意省国税局所拟《广东省国税系统IP地址编码方案》。该方案根据省计算机网络建设的具体情况，明确各级IP地址编码原则和市局、县（县级市、区）局地址编码，作为省国税计算机网络建设的IP地址标准。

10月28日 省财政厅与省建行在广州广东大厦举行省级行政事业性收费、政府性基金委托银行代收协议签字仪式。

1999年

1月29日起 省政府制定《广东省地方税务系统经费管理暂行办法》，建立“统一办法，分级负担，垂直管理”的经费管理体制，从1月1日执行。

3月24日 省财政厅、中国人民银行广州分行（简称“人行广州分行”）根据国家税务总局《农业税收会计制度》，制定《广东省农业税收会计制度实施办法》，从1月1日起施行。

4月2日　省地税局制定《偶然所得个人所得税征收管理办法》和《广东省行政事业单位个人所得税征收管理办法》，统一规范全省对偶然所得个人所得税和行政事业单位个人所得税的征管，从1月1日起执行。

6月15日　省政府颁布《广东省预算外资金管理办法》，从7月1日起施行，过去颁布的有关预算外资金管理方面的规定废止。

第二季度　省国税局再次修订《广东省增值税一般纳税人纳税申报办法》；制定《广东省国税系统计算机软件开发应用管理办法》和《广东省国家税务局税务违法案件举报奖励暂行规定》。

7月8日　省财政厅制定《行政事业性收费和罚没收入实行"收支两条线"管理的若干规定》。

9月中旬　省国税局制定《广东省国家税务局外商投资企业审核评税操作规程（试行）》《广东省外商投资企业出口货物退税管理办法（试行）》《广东省外商投资企业出口货物退税操作规程（试行）》。

至10月底　根据国家税务总局制定的《税务登记管理办法》，省地税局对全省（不含深圳）共换发、核发税务登记证户782 943家，清理清查出漏征管户28 205家，税额达441.819万元，加收滞纳金22.299万元，罚款212.285万元。

11月1日　根据8月30日第九届全国人民代表大会常务委员会第十一次会议决定，全省开征个人存款利息所得个人所得税。

11月10日　省财政厅、省人事厅、省机构编制委员会办公室（简称"省编办"）联合制定《广东省财政供养人员个人经费统一支付实施方案》。从2000年起，省直财政供养人员由财政委托银行统一发放在职人员工资和离退休人员的离退休金，同时选择10个市县进行试点。

11月15日　省政府印发《关于我省各级社会保险费统一由地方税务机关征收的通知》，从2000年1月1日起执行。

2000年

1月1日　从是日起，原由省地税局征收的省级固定税收交由企业所在地地方税务部门负责征收，直属分局仍保留省级固定税收收入征收管理、检查权。

2月17日　中共中央、国务院批准《广东省政府机构改革方案》。方案明确："保留财政厅。不再保留国有资产管理局，其职能并入财政厅。"

第一季度　为落实国家税务总局有关文件精神，加强潮汕地区出口货物税收管理，广东成立省国税局派驻潮汕地区工作组。随后印发《关于加强潮汕地区供应的出口货物退（免）税管理的通知》。

4月4日　省财政厅制定《广东省农业税收票证管理实施办法》，从7月1日起，全省实施并启用新的农业税收票证。

5月11日　省地税局在珠海市举办全省"广东地税税收统一征管软件"升级改造版本

（GDLTIS3.0）现场会，进行GDLTIS3.0版本的现场演示。

5月底　省国税局对各地上传的异地专用发票进行稽核对碰，标志着广东省交叉稽核系统由局部试点转向全面启动。

6月22日　教育部批准广东省财政学校升级为国家级重点中等专业学校。

8月22日　国务院打击骗取出口退税工作组在广州召开动员大会。随后，省国税局成立协调工作组，随国务院工作组赴汕头、揭阳两市协助开展工作。至此，一场以普宁、潮阳两个县级市为试点的打击骗取出口退税的工作全面展开。

8月24日　省国税局制定《广东省增值税一般纳税人资格认定管理暂行办法》。25日，制定《广东省增值税一般纳税人分类管理办法（试行）》。

9月至11月　省地税局与省财政厅、省劳动和社会保障厅（简称“省劳动保障厅”）、省社会保险基金管理局（简称“省社保局”）和省政府法制办公室（简称“省政府法制办”）组成7个调查组，分赴全省13个市、18个县（区）对社会保险费改革问题进行调查。

10月底至11月上旬　省地税局向国家税务总局申请对“粤金税”工程进行立项，并得到批准。省地税局信息中心成立征管数据“大集中”方案专门小组，集中技术力量研究“大集中”的实施方案。

11月24日　省委、省政府召开全省打击骗取出口退税工作会议，决定在全省开展打击骗取出口退税工作。同时，成立广东省打击骗取出口退税工作领导小组，负责指导、督促和协调全省打击骗取出口退税工作，领导小组办公室设在省国税局。随后派出赴汕尾市的重点检查工作组。

第一章　机构与队伍

第一节　财政机构与队伍

一、省级财政机构

省级财政机构为省政府组成部门。至1979年1月，省级财政机构称省财政局革命委员会；1979年2月，称省财政局；1980年4月，省财政局改称省财政厅，内设机构也随之几经变动。

改革开放前至改革开放初期，省财政厅（局）的职能为编制全省年度收支预算草案和长期财政计划；编制全省年度财政决算，办理市、地区、县各部门的预算追加和调整；组织工商税和农业税收入，进行税务征管工作，组织国营企业上缴利润；管理基本建设预算、用款计划安排和调整；拟订全省行政、企事业单位统一的财务管理制度，负责社会集团购买力的管理和审批；管理国营工、交、商、农企业财务、成本（费用）、固定资产、流动资金以及更新改造等各种专项资金；审查和监督各地财政收支以及各部门、各单位的财务活动。

至1978年年底，省财政局下设办公室、政治处、预算处、行政财务处、企业财务处、农业财务处、省税务局、基建财务处（对外称中国人民建设银行广东省分行）。1979年3月，成立财政监察室。

1980年1月，省财政局设立财政研究室。3月，中国人民建设银行广东省分行从省财政局分出，直属中国人民建设银行领导。4月，企业财务处分设为工业交通企业财务处和贸易企业财务处。9月，撤销政治处，设立人事处。10月，设立对外经济财务管理处。

1981年10月，成立广州会计师事务所，属省财政厅主管的事业单位，编制20名，往后逐年增加编制。1993年3月挂广东资产评估公司牌子，两个牌子一套人马，列为自定编制事业单位，省编委收回原定55名编制。1998年12月和1999年11月，广州会计师事务所和广东资产评估公司分别实施改制，改为有限责任事务所，成为社会中介机构。

1982年1月，省政府批准成立广东业余财经学院，由省财政厅主管，事业编制55名；1993年3月，经省政府批准易名为广东成人财经学院，编制130名。9月，经省政府批准成立广东省信贷投资公司，隶属于省财政厅，企业编制20名，负责对企业小型技术组织措施贷款工作，1986年撤销。

1983年6月，省财政厅内部机构进行调整，撤销财政监察室，成建制移交省审计局；人事处改为人事教育处；撤销贸易企业财务处，其业务并入工业交通企业财务处，并改称为企业财务处；行政财务处和农业财务处分别改称行政事业财务处和农业企业事业财务处；

增设预算外资金管理处。8月，省税务局由正处级升格为副厅级机构，仍隶属省财政厅。

1984年12月，经省政府批准成立广东省财务发展公司，行政关系隶属于省财政厅，属地方金融企业，企业编制25名，1987年2月增加到50名；1990年年底更名为广东粤财信托投资公司。8月10日，省编委核定省财政厅行政编制118名；省税务局行政编制80名，事业编制47名。

1985年1月，经省委批准，成立中共广东省财政厅党组纪律检查组。4月，预算处改称预算一处，预算外资金管理处改称预算二处。7月，在省财政研究室的基础上成立广东省财政科学研究所，核定事业编制17名。同年，省政府成立税收财务大检查办公室，为临时机构，设在省财政厅办公。

1986年4月，设立会计事务管理处。8月，成立中央企业财务处，同时挂外贸企业驻厂员处牌子，两个牌子一套人马，该处为财政部派出机构，委托省财政厅代管，正副处长由省财政厅任免。财政部、劳动人事部下达广东编制163名（不含当时海南名额）。1987年1月，在中央企业较多的广州、深圳两市设置中央企业财政驻厂员处（副处级），在其他各市、地区财政局（处）设置中央企业财政驻厂员组，负责所在地的中央企业单位的财务管理和财政监督。1989年1月，财政部增加广东编制33名；6月，在新设的河源、阳江、东莞、汕尾、清远、中山6个市设置中央企业财政驻厂员组。1991年1月，财政部增加广东编制10名，广东的总编制达到206名。1994年7月，中央企业财务处、驻厂员机构转变职能，全面履行中央财政的监督职责，为财政部直属机构，由财政部监督司负责管理，易名为财政部驻广东省财政监察专员办公室。

1987年2月，省编委同意省财政厅恢复财政监察室；成立广东省注册会计师协会，不列入国家的行政或事业单位，不定级别，不配备编制；1989年12月，省民政厅批复同意广东省注册会计师协会为社团组织；1992年12月，省民政厅同意省注册会计师协会社会团体编制8名。12月，成立广东省会计函授学校；1989年3月易名为广东省会计函授成人中等专业学校。

1988年5月，设立农业税征收管理处，核定编制8名；设立广东省财税信息中心，核定事业编制20名。10月，省编委同意，将税收财务大检查临时机构改为常设机构，成立广东省税收财务大检查办公室，办公室设在省财政厅，承担省财务税收检查的日常工作，编制从省税务编制总额中调剂。

1989年11月，设立法制处。

1990年9月，设立国有资产管理办公室，增加行政编制15名。

1992年1月，省政府决定原由省农委管理的省农业利用世界银行贷款项目办公室划归省财政厅管理，2月，省农业利用世界银行贷款项目办公室增挂省世界银行贷款业务办公室，一套人马两块牌子。4月，省政府批准，省财政厅成立香港飞龙国际投资有限公司，属独立法人企业单位；1994年6月，划归广东粤财信托投资公司领导和管理。

1993年9月，省税务局从省财政厅分出，成为省政府直属部门。

1994年5月，在国有资产管理办公室的基础上组建广东省国有资产管理局（副厅级），归省财政厅管理。

1995年3月，根据省委、省政府《广东省省级党政机构改革方案》的精神，省政府批准《广东省财政厅职能配置、内设机构和人员编制方案》，管理职能为协调制定地方税收分配政策，强化财政在组织收入和平衡预算方面的作用；理顺分配关系，加强省级调控能力，执行分税制财政管理体制，规范国有企业利润分配制度；拓宽理财领域，建立新的国有资产管理体制，确保国有资产的保值增值，防止国有资产流失；强化财政监督，对社会经济活动和企业经营活动实行法制化管理，做到依法理财和依法治税。

根据以上职能的调整，明确省财政厅的主要职责为：（1）贯彻执行国家财政、税收的方针、政策，拟订财政、预算、税收、财务、会计方面的地方性法规。（2）拟订财政发展战略、中长期财政计划和年度预算草案，执行省人大批准的年度预算，组织和监督预算的执行，编制年度决算。（3）参与宏观经济的决策和管理，参与基本建设投资、劳动工资、物价、商业、经贸、外汇、科技、教育、住房、社会保险等改革；会同有关部门制定职工待业保险和职工退休保险金的财务制度；参与对国民经济的运行和国民收入分配进行调控。（4）组织拟订地方税收政策、税收制度、税收收入计划，协调审批地方税收减免。管理和监督各项财政收入，组织国有企业收入。执行中央与地方、国家与企业的分配政策和财务制度。（5）管理和监督各项财政支出，制定全省统一的开支标准。管理基本建设的财务制度，管理监督财政有偿资金和省政府的其他各项资金。（6）管理和指导会计工作。指导、监督注册会计师和会计师事务所的业务。（7）管理利用世界银行贷款业务，并按省政府授权签订贷款协定。（8）检查监督各市、县财政收支，各部门的财务活动和财政税收政策、法令和财务会计制度的执行情况，对违犯财经纪律的事项进行处理。（9）制订财政教育规划，组织财政干部专业知识培训，负责财政宣传和财政信息工作。

根据上述职责，省政府批准省财政厅设置14个职能处室：办公室、财税法规处、预算处、基本建设处、农业处、文教行政处（挂省控制社会集团购买力办公室牌子，为临时机构）、工交内贸处、对外经济处、会计处、社会保障处、基金与收费处、财政监察处（与省纪委、省监察厅派驻省财政厅纪检组、监察室合署，挂省税收财务大检查办公室牌子）、人事教育处、直属机关党委办公室，省利用世界银行贷款项目领导小组下设世界银行贷款业务办公室，挂靠省财政厅。核定行政编制200名。另设立厅机关服务中心，为后勤机构，核定事业编制30名。省国资局设立5个副处级职能处室：办公室、政策法规处、资产管理一处、资产管理二处、评估管理处。核定行政编制60名；后勤服务人员9名，为事业编制。

1995年3月，经省政府第八届第二十七次常务会议决定，组建广东产权交易中心；1996年挂靠广东粤财信托投资公司统一管理。5月，组建广东粤财房地产评估事务所，1996年划归广东粤财信托投资公司。12月，成立广东省资产评估协会，与省国资局评估管理处一套人马两块牌子。

1996年4月，成立广东财税高等专科学校，广东成人财经学院撤销独立建制，并入广东财税高等专科学校，增加事业编制58名。5月，省政府成立广东省粮食自给工程领导小组，办公室设在省财政厅，编制3名；1997年4月，该办公室的日常工作由农业处承办。

1997年10月，省纪委派驻省财政厅纪检组和省监察厅派驻省财政厅监察室从财政监察处划出，设省监察厅驻省财政厅监察室，与省纪委派驻省财政厅纪检组合署办公。原财政监察处改称财政监督处（挂省税收财务大检查办公室牌子）。

1999年5月，设立广东省省级政府招标采购中心。6月，设立省财政厅投资审核中心。

2000年6月，省政府批准《广东省财政厅职能配置、内设机构和人员编制规定》，将国有企业所得税征管的职能，交由地方税务局承担。不再保留省国资局，将其承担的国有资源实行资产化管理的有关职能，分别交由省国土资源厅和省林业局承担。将原国有资产管理局承担的企业国有资产监督管理、制定政府公共财产管理规章制度、统一管理资产评估行业的职能；原外经委承担的外国政府贷款项目评估和转贷的职能；原由省审计厅承担的指导和管理社会审计的职能；人行广州分行承担的彩票监督管理的职能，划入省财政厅。同时增加对行政事业单位实行国库集中支付；对政府采购实行管理和监督；向省属资产经营公司、授权经营的集团公司、财政拨款的基本建设重点项目和重点行政事业单位委派财务总监的职能。

根据宏观管理和逐步实施公共财政的需要，省财政厅职能转变为：（1）改进预算管理，强化预算约束，编制部门预算，逐步建立起政府公共预算、国有资产经营预算和社会保障预算制度。（2）根据建立现代企业制度的要求，不再承担审批国有企业具体财务事项、下达财务计划和考核指标的职能，扩大企业理财自主权。（3）改革国有事业单位财务管理制度，减少具体审批事务，扩大事业单位财务管理自主权。（4）实行转移支付制度，规范对市、县财政的专项补贴。（5）取消财政周转金制度，不再审批与之相关的生产经营项目。（6）不再审批对省级行政事业单位社会集团消费的专项控制商品。（7）取消每年一次的税收财务大检查，相应取消税收财务大检查办公室的牌子。

根据以上职能的调整，其主要职责为：（1）贯彻执行国家财政、税收、国有资产监督管理的法规、制度和方针政策；组织拟订财政、国有资产、资产评估、财务会计等方面的地方性法规和制度，并监督实施；参与有关税收法规和制度的拟订。（2）拟订财政发展战略、中长期财政规划，参与制定各项宏观经济政策；执行中央与地方、国家与企业的分配政策；提出运用财税政策实施宏观调控和综合平衡社会财力的建议。（3）编制年度省级预决算草案并组织执行，受省政府委托，向省人民代表大会报告省级和全省预算及其执行情况，向省人大常委会报告决算。（4）制订财政和预算收入计划；管理和监督各项财政收入，监缴国有资产收益；负责组织农业税、农业特产税、耕地占用税、契税的征收和管理。（5）管理和监督各项财政支出；管理省级预算外财政专户及各项政府性基金；管理和监督彩票发行与彩票市场；管理政府贷款业务；管理财政预算内行政机构、事业单位和社会团体的非贸易外汇。（6）拟订和执行需要全省统一规定的开支标准，政府采购政策、制度；负责建立和实施国库集中支付制度；贯彻执行《企业财务通则》及分行业企业财务制度、《事业单位财务规则》、《行政单位财务规则》；管理省级财政社会保障支出，组织实施对社会保障资金使用的财政监督；执行社会保障资金财务制度、基本建设财务制度和涉外企业财务制度。（7）会同有关部门组织实施国有企业和行政事业单位的清产核资、国有产权界定和登记、转让、授权经营等工作；组织编制国有资产经营预算；负责国有企业和行政事业单位资产（财务会计报表）的统计、分析和评价。（8）会同有关部门制定对省属单位委派财务总监的管理规章、制度和办法；负责向省属资产经营公司、授权经营的集团公司、财政拨款的基本建设重点项目和重点行政事业性单位委派财务总监的工作。（9）贯彻执行会计法规和制度；指导和监督注册会计师和会计师事务所的业务；管理和指导社会审计工作。（10）统一管理资产评估行业；指导和监督评估机构和注册评估师的业务，办理涉及国家和集体产权权益的资产评估项目立项确认。（11）监督财税方针政策、法规和财会制度的执行情况；检查、反映财政收支管理中的重大问题，提出加强财政管理的政策建议。（12）编制财政教育规划；组织财政人员培训；负责财政宣传和信息工作。

根据上述职责，省政府批准省财政厅设立16个职能处室：办公室、法规处、预算处、综合规划处、行政政法处、教科文处、企业处、农业处、经济建设处、社会保障处、外经金融处、会计处、统计评价处（挂清产核资办公室牌子）、财务总监办公室（主任由副厅长兼任）、监督检查办公室、人事教育处。另监察厅派驻省财政厅监察专员办公室，与省纪委派驻省财政厅纪检组、厅机关党委办公室合署。厅机关行政编制146名，事业编制34名。7月，省编办同意省财政厅增设离退休人员管理处，核定编制7名。

2000年5月，省编办批复同意省财政厅设立所属事业单位，保留省财政厅机关服务中心，核定事业编制32名；广东省省级政府招标采购中心（8月更名为广东省政府采购中心），核定事业编制10名；省财政厅投资审核中心，核定事业编制20名；省世界银行贷款业务办公室，核定事业编制20名；省财政科学研究所，核定事业编制17名；省财政学校，核定事业编制126名；省会计函授成人中等专业学校，核定事业编制8名。省财税信息中心更名为省财政信息中心，核定事业编制20名。设立省财政厅票据监管中心，核定事业编制8名。省注册会计师协会为社会团体组织，8月，省编办同意省资产评估协会与省注册会计师协会合署办公，增加自筹经费事业编制8名，共有自筹经费事业编制28名。同月，省编委批准广东财税高等专科学校为省财政厅管理的副厅级事业单位，事业编制185名。

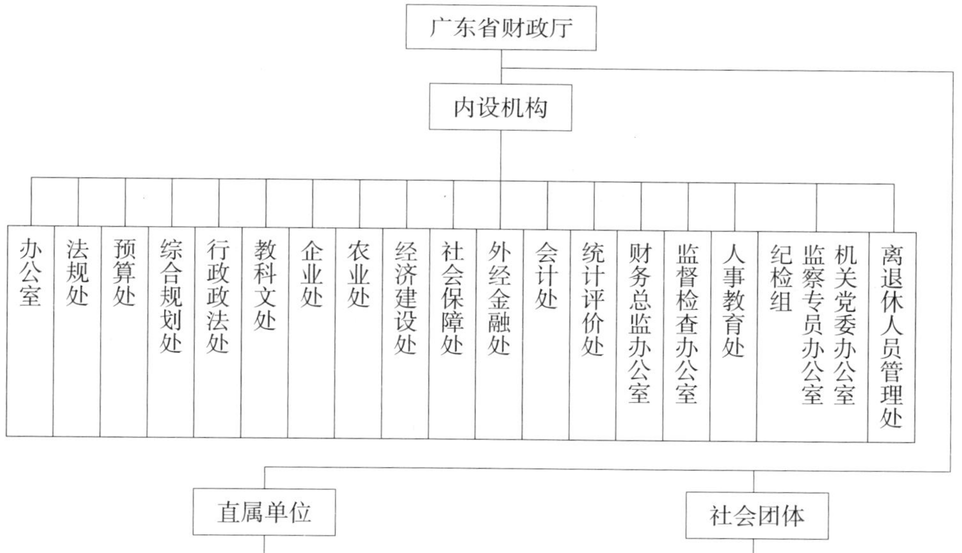

图1-1-1　2000年年底广东省财政厅机构设置示意图

1979—2000年广东省财政厅（局）负责人任职表

表1-1-1

姓　名	性别	籍　贯	党　派	职　　务	任职时间	备　注
艾宏恭	男	北京市	中共党员	局革命委员会主任	1973.10—1979.2	1965.12起任副厅长
				局长、党组书记	1979.2—1980.3	
				厅长、党组书记	1980.4—1983.5	
邸长云	男	吉林永吉	中共党员	局革命委员会副主任	1969.3—1979.2	1966.1起任副厅长
				副局长、党组副书记	1979.2—1980.3	
				副厅长、党组副书记	1980.4—1983.5	
				厅长、党组书记	1983.5—1986.1	
孟庆民	男	河北磁县	中共党员	局革命委员会副主任	1973.1—1979.2	—
				副局长、党组成员	1979.2—1980.3	
				副厅长、党组成员	1980.4—1980.5	
司马鲁	男	山东黄县	中共党员	局革命委员会副主任	1973.5—1979.2	—
				副局长	1979.2—1980.3	
				副厅长	1980.4—1985.5	
				纪检组长	1985.5—1987.6	
张文龙	男	河北安国	中共党员	局革命委员会副主任	1975.5—1979.2	—
				副局长、党组成员	1979.2—1980.3	
				副厅长、党组成员	1980.4—1983.7	
蒋月明	男	江苏靖江	中共党员	局革命委员会副主任	1976.1—1979.2	—
				副局长、党组成员	1979.2—1980.3	
				副厅长、党组成员	1980.4—1986.1	
				副厅长、党组副书记	1986.1—1988.6	
严　省	男	广东大埔	中共党员	副厅长、党组成员	1981.3—1983.9	—
林登云	男	广东梅县	中共党员	副厅长、党组副书记	1983.3—1986.1	1983.10—1986.1 兼任省税务局局长
				厅长、党组书记	1986.1—1992.9	
曾炳生	男	广东兴宁	中共党员	副厅长、党组成员	1985.5—1992.9	1995.9—1998.6 兼任省地方税务局局长
				厅长、党组书记	1992.9—1998.3	
陈流明	男	广东紫金	中共党员	党组成员、 税务局党组书记	1986.1—1993.9	1986.1—1994.7 兼任省税务局局长
林汉枢	男	广东广州	中共党员	副厅长、党组成员	1986.10—1998.8	—
				党组成员	1998.8—1998.9	
张仲良	男	广东普宁	中共党员	纪检组长、党组成员	1987.6—1991.4	—
李森盛	男	广东梅县	中共党员	副厅长、党组成员	1988.10—1995.1	—
曾　建	男	广东五华	中共党员	纪检组长、党组成员	1991.4—1995.1	—
陈继兴	男	广东增城	中共党员	副厅长、党组成员	1992.12—1998.3	—
				厅长、党组书记	1998.3—	

续表1-1-1

姓　名	性别	籍　贯	党　派	职　　务	任职时间	备　注
孙亚余	男	上海市	中共党员	副厅长、党组成员	1992.12—1994.6	—
				党组成员	1994.6—2000.12	
罗妹珠	男	广东南海	中共党员	副厅长、党组成员	1994.7—2000.2	1994.7—2000.2兼任省国有资产管理局局长
				党组成员	2000.2—	
曾寿喜	男	海南海口	中共党员	副厅长、纪检组长、党组成员	1995.1—1998.4	—
刘　棠	男	湖南慈利	中共党员	副厅长、党组成员	1995.1—2000.2	—
熊展瑜	男	广东梅州梅江区	中共党员	纪检组长、监察专员、党组成员	1998.10—	—
郑振涛	男	广东陆丰	中共党员	副厅长、党组成员	1998.11—	—
周高雄	男	海南澄迈	中共党员	副厅长、党组成员	1998.11—	—

二、市（地区）、县及基层财政机构

1979年3月起，汕头、梅县、惠阳、韶关、佛山、肇庆、湛江地区相继撤销地区革命委员会，成立地区行政公署，为省政府派出政权机关，行政公署下设财政处（局）或财税处（局），均为财税合署办公；省辖广州、韶关两市相继撤销市革命委员会，成立市政府，当年又成立深圳市和珠海市，4个市均设立财政局或财政税务局，也是财税合署办公。1980年起，各市、地区财税机关逐渐分设为财政局（处）和税务局（处）。1983年，韶关地区与韶关市（省辖市）合并设韶关市、湛江地区与湛江市合并设湛江市、汕头地区与汕头市合并设汕头市、佛山地区与佛山市合并设佛山市，江门市、茂名市升格为地级市；1988年，肇庆地区与肇庆市合并设肇庆市，撤销梅县地区成立梅州市，撤销惠阳地区成立惠州市，新建河源、汕尾、阳江、清远4个市，中山市升格为地级市，东莞县撤县建地级市；1991年，潮州市升格为地级市，揭阳县撤县建地级市；1994年，云浮市升格为地级市，以上各市和广州、深圳、珠海3个市，均为省直辖一级政权机构，实行市领导县（县级市、区）体制，市政府组成部门设财政局，财政局内设机构为科（处）室，科（处）室的设置与省财政厅内设机构基本对应。

1979年，全省78个县和9个省辖中等城市以及广州市辖区，政府（革命委员会）组成部门的财税机构基本上分为3种形式：财政局、财税局和财政局、税务局一套人马两块牌子，其中设置财税局的居多数。不管何种形式，都是财税合署办公。江门市沿用“文化大革命”期间使用的社会主义经济管理站。1980年起实施财税分家的过程中，恢复建制的个别县，以及1983年广东开始试行市领导县体制，行政区划进行调整后，新设置的市辖区仍有实行财税合署办公的。至1985年，大多数县和县级建制的市各自成立财政局和税务局。1988年全省进行较大的行政区划调整，至1989年，除少数地级市辖区外（如广州市东山区1990年才财税分家），所有的县和省辖中等城市都实行财税分家，独立设置财政局。1990年后行政区划调整后新设置的县以及撤县设市，均单独设置财政局，财政局内设机构为股（科）室，股（科）室设置与上级财政部门内设机构基本对应。至2000年年底，全省21个县级市、43个县、3个民族自治县、45个地级市辖区设立财政局。中山、东莞两市直接管辖乡镇、街道办事处，两市分别设置财政所23个和34个。此外，10个地级市还在开发区和历史形成的特殊区域设财政局或财政分局17个，如广州经济技术开发区财政局、珠海市横琴岛财政分局、惠州市大亚湾区财政局、中山火炬开发区财政局、汕尾红海湾经济开发试验区财政局、阳江市海陵财政分局、揭阳市东山区财政局等。

1979年，广东县以下一级政权机关为政社合一的人民公社，县城所在地、部分较大城镇设镇；1983年3月起，改变政社合一设区，区公所为县政府派出机关；1986年下半年起，改区设乡镇，区公所改设为乡镇政府，为一级政权机关。1979年，公社设财税管理所或财税管理站（组），保留财粮助理（员），均为县财税局派出机构（人员）。

1980—1983年，县级财税局实施分家的县，公社（区）财政管理机构大致分为三种模式。第一种模式：公社财税管理所划归税务机关，改称税务所，隶属县税务局。各公社（区）由县财政局派驻农财员一名，委托公社（区）税务所管理或在税务所内设农财员，执行财政职能。农财员与公社（区）财粮助理（员）一起负责公粮征收、国库券发行、支农资金管理等，如潮阳、澄海、揭阳、揭西、普宁、惠来、陆丰、海丰、博罗、阳山等县。第二种模式：公社（区）财税管理所同时分家，设立公社（区）财政所。有每个公社（区）设1个财政所的，如惠阳、惠东、新会、信宜等县；有几个公社（区）设1个财政所的，如梅县、电白县、连县、连南瑶族自治县。均为县财政局派出股级机构。第三种模式：基层财税所仍合署办公，隶属县财政局和税务局派出机构，如南澳县。除上述三种县级和基层财税分家模式外，还有一部分县，县级和基层财税机构没有分家。

1983年10月，中共中央、国务院发出《关于实行政社分开、建立乡政府的通知》，促进农村经济和各项事业的发展，调动乡镇政权组织财政收入，管好财政支出的积极性，尽快建立乡镇财政。1986年12月，省政府颁布《广东省乡（镇）财政管理实施办法》，全省乡镇一级政府均应建立和管理乡镇财政。乡镇财政的主要职责是：（1）贯彻执行党和国家的方针、政策，严守国家财政、税收法令和各项财务制度，不得越权减免国家税收。（2）负责有关国家预算内、外收入和支出的组织与管理，按照国家规定负责组织、管理属于乡镇政府自筹资金的筹集、分配与使用。支持发展乡镇的商品生产和多种经营，振兴乡村经济。（3）协调、监督乡镇所属企业、行政、事业单位建立和健全各项财务制度，讲究生财、聚财、用财之道，搞好经营管理，提高经济效益。（4）执行国家财政预决算制度。按期编造月（季）度财务收支报表；编制年度财政预算、决算，经乡镇人民代表大会审查，并报市、县政府批准。

1984—1988年，在撤区建乡镇的同时，未建立乡镇财政所的、或几个区设立一个财政所的、或乡镇财税未分家的县，加紧各乡镇相应建立财政所。在建立基层财政所的过程中，县级财税和基层财税分家存在三种情况：第一种情况，大多数同时分家，如斗门、顺德、三水、兴宁、鹤山、化州、四会、广宁、德庆、封开、怀集、英德、连山壮族瑶族自治县等县以及宝安、端州等区。第二种情况，县级先分基层财税迟分，如南海、高明、高要以及上面记述的第一种模式等县。第三种情况，基层财税所先分县级迟分，如龙门、佛冈等县。至2000年，全省除广州、深圳、汕头、佛山等市的市中心区的街道办事处没有设立财政所外，其他市、县基本每个乡镇、街道办事处都设立财政所，共1 648个。

三、队伍

财政人员的编制根据事业的发展、政府职能的转变、内设机构的增减和性质的变化，由各级政府机构编制委员会核定编制人数；比较大规模的招用人员，由省委或省政府核定指标，分配到各市、地区、县财政部门。财政人员分为行政、事业、企业和临时聘用人员四种用工性质，行政、事业编制人员的录用、调动由同级政府人事部门办理，企业编制、临时聘用人员的录用、调动由同级政府劳动部门办理。

“文化大革命”结束后，受冤、假、错案迫害和下放“五七”干校的财政人员陆续归队。1979年，省委批准全省财政部门从上山下乡知识青年、城市待业青年、退伍军人中招收2 000名农财员。1987年2月，全省增加财政所干部编制2 000名，全部分配到乡镇财政所。1989年，全省增加农业税干部、征收人员1 400名。1993年，为加强乡镇财政干部队伍建设，充实县以下农业税征收第一线的干部力量，全省从乡镇财政所及县财政局从事农业税征收工作，仍在岗的工人编制中，招收2 000名乡镇财政干部，另外，从社会上招收500名。其余年份的自然减员，大多数从大中专学校招收，也招收部分军队转业干部补充。

从1996年开始，通过培训、考核、报批、验收等程序，在职行政编制财政干部逐步向公务员过渡，当年，深圳市符合条件的财政人员全部办理完公务员过渡手续。1997年，省财政厅和部分市、县、镇办理公务员过渡手续。至2000年，全省17 847名行政编制财政干部，有9 494名办理公务员过渡手续。

1981—2000年广东省财政系统职工基本情况表

表1-1-2 单位：人

年度	合计	其中		其中公务员	按行政级次					按行政职务						按文化程度							按年龄				
		男	女		省厅局	地市局	县市局	乡镇所	聘用制等人员	厅级	地市局（处）级	县局（科）级	一般干部	职工	聘用制等人员	研究生	大学本科	大学专科	中专	高中	初中	小学	26岁以下	26岁～40岁	41岁～50岁	51岁～60岁	60岁以上
1981	26501	—	—	—	—	—	—	—	—	—	—	—	—	—	—	—	—	481	1091	10047	11395	3487	—	—	—	—	—
1982	29885	—	—	—	—	—	—	—	—	—	—	—	—	—	—	—	—	481	1091	13439	11385	3489	—	—	—	—	—
1983	33351	—	—	—	—	—	—	—	—	—	—	—	—	—	—	2	254	322	1776	15008	12699	3290	—	—	—	—	—
1984	35275	—	—	—	—	—	—	—	—	—	—	—	—	—	—	3	289	538	2164	15968	12975	3338	—	—	—	—	—
1985	38284	—	—	—	—	—	—	—	—	—	—	—	—	—	—	3	370	819	2914	17266	13855	3057	—	—	—	—	—
1986	42417	—	—	—	—	—	—	—	—	17	256	1922	25318	14904	—	4	444	1874	3807	19272	13976	3040	14663	15910	5585	5939	320
1987	43302	—	—	—	—	—	—	—	—	7	303	2001	25284	15707	—	7	471	2770	4826	18634	13892	2702	14419	17521	5483	5694	185
1988	13884	—	—	—	—	—	—	—	—	12	198	1078	8707	3889	—	14	493	1381	2134	5570	3710	582	3611	6261	1947	1988	77
1989	15643	—	—	—	—	—	—	—	—	14	204	1113	9701	4611	—	27	479	1805	2678	6075	3971	608	3808	7462	2204	2112	57
1990	17141	—	—	—	—	—	—	—	—	15	212	1283	10754	4877	—	32	533	2462	3381	6233	3937	563	4183	8393	2414	2102	49
1991	18392	13161	5231	—	1411	2304	5468	8176	1033	18	219	1403	10516	5203	1033	36	656	3014	3899	6285	4004	498	11448	3691	2160	1012	81
1992	19309	13705	5604	—	1461	2450	5853	8400	1145	18	240	1506	10883	5517	1145	54	759	3494	4482	6230	3821	469	12029	4057	2139	1021	63
1993	20126	14044	6082	—	1504	2790	5926	8915	991	22	270	1729	11978	5136	991	58	831	4029	4819	6582	3436	371	12333	4653	2188	897	55
1994	21504	14791	6713	—	1628	3112	6202	9518	1044	23	280	1860	13969	4328	1044	74	1017	4664	5206	7025	3212	306	13036	5230	2325	828	85
1995	22842	15477	7365	—	1821	3359	6633	9938	1091	20	316	2042	14960	4413	1091	91	1197	5335	5659	7277	3283	—	13735	5704	2429	865	109
1996	24063	16151	7912	291	1909	3598	7006	10394	1156	24	325	2038	16878	3642	1156	110	1359	6261	5823	7354	3156	—	14434	6081	2616	813	119
1997	25170	16671	8499	1287	1911	4118	7467	10605	1069	24	378	2371	17536	3792	1069	142	1707	7196	5995	7179	2951	—	15084	6424	2816	767	79
1998	25424	16651	8773	5475	1784	4163	7526	10908	1043	18	393	2467	17647	3856	1043	174	1815	8187	6052	6635	2561	—	14483	7095	3027	767	52
1999	24821	16276	8545	7673	1682	3603	7421	11106	1009	19	415	2494	17067	3817	1009	221	1853	8631	5835	6071	2210	—	13473	7406	3093	793	56
2000	23677	15524	8153	9494	1366	3226	7216	11869	—	15	406	2428	16508	4320	—	228	1899	8710	5439	5506	1895	—	12087	7502	3292	751	45

说明：1. 1988年前数据含税务系统。1986—1993年含中央企业处和驻厂员机构

2. 按编制报表的规定，行政级次中的省厅局含省厅本级和直属单位，以及广州、深圳两市局本级及其直属单位

3. 年龄项目各年度统计口径不同，1991—1994年分别为36岁以下、36岁～45岁、46岁～55岁、56岁～60岁和61岁以上

4. 一般干部包括县局股级干部和乡镇、街道办事处财政所所长

5. 聘用制等人员为各级财政部门聘用或签订合同从事财政（含农业税征收人员）工作一年以上的非正式职工

6. 职工一栏1991年起称工勤人员

1979—2000年广东省财政系统全国、省级劳动模范和先进工作者名单

表1-1-3

姓　名	工作单位	光荣称号	年度
张荣林	梅州市财政局	全国先进工作者	1995
纪　良	肇庆地区行政公署财政处	全国五一劳动奖章	1988
		全国财税系统劳动模范	1988
李初寿	广州市天河区财政局	全国财政系统劳动模范	1989
罗永尤	湛江市财政局	全国财政系统劳动模范	1989
邵广瑶	电白县麻岗镇财政所	全国财政系统劳动模范	1989
罗伟强	五华县河东镇财政所	全国财政系统先进工作者	1993
何　寿	廉江县财政局	全国财政系统先进工作者	1993
林修德	广东省财政学校	全国财政系统优秀教师	1993
曾炳权	广州市财政学校	全国财政系统优秀教师	1993
肖　晓	湛江市财政成人中等专业学校	全国财政系统优秀教师	1993
黎国香	广东业余财经学校	全国财政系统先进教育工作者	1993
赖友方	佛山市财政学校	全国财政系统先进教育工作者	1993
吴显宗	番禺市潭洲镇财政所	全国财政系统优秀乡镇财政干部	1995
徐　孙	阳西县沙扒镇财政所	全国财政系统优秀乡镇财政干部	1995
黎秀忠	电白县霞洞镇财政所	全国财政系统优秀乡镇财政干部	1995
韦承文（瑶族）	连山壮族瑶族自治县三水乡财政所	全国财政系统优秀乡镇财政干部	1995
叶照兴	东莞市财政局	全国财政系统先进工作者	1998
刘文航	阳春市河口镇财政所	全国财政系统先进工作者	1998
武　伟	遂溪县乐民镇财政所	全国财政系统先进工作者	1998
李　邦	怀集县怀城镇财税所	省先进工作者	1982
李初寿	广州市天河区财政局	省先进工作者	1991
谷家镛(女)	湛江市财政局	省先进工作者	1991
刘青连	五华县财政局	省先进工作者	2000

第二节　税务机构与队伍

一、省级税务机构

1983年8月前，省税务局为省财政厅厅属正处级单位；1983年8月后，为副厅级单位。1993年9月，省税务局从省财政厅分出，由省政府直接领导。1993年9月至1994年7月，广东省税务局一方面行使其税务职能，一方面协助国家税务总局和省政府组建广东省国家税务局和广东省地方税务局。1994年7月28日，广东省国家税务局和广东省地方税务局同时成立并各自行使其税务职能，原广东省税务局撤销，其人员分别分流到省国税局和省地税局。

（一）省税务局

至1978年年底，省财政局税务局内设机构有：税政一科、税政二科、综合科、基层科、监交科。1979年撤销综合科、基层科，恢复计划会计科、秘书科，增设涉外税政科。

1983年8月，按照国务院的决定，省财政厅税务局由正处级单位升格为副厅级单位，其名称由广东省财政厅（局）税务局改为广东省税务局，仍隶属省财政厅。局内设科改为处，设工商税、所得税、征收管理、对外税政、计划会计等5个处和办公室，各处室均为副处级建制。

1984年8月，工商税处、所得税处改为税政一处、税政二处，增设税政三处，负责地方税管理。1985年1月，经省委同意，省税务局设立党组。1986年增设监察处、人事教育处和直属分局（正处级）。1988年，增设省税务局税务稽查队（副处级）。

1989年，省税务局内设的税政一处、税政二处、税政三处改为流转税管理处、所得税管理处、地方税管理处，人事教育处分设为人事处、教育处，增设党委办公室、调研处，省税务局机关共有内设机构13个，为副处级建制；直属分局为省税务局直属单位，正处级建制，负责省级预算收入的各项税收及指定的收入项目的管理和部分征收业务。1990年，省税务局内设处室升格为正处级单位。增设进出口税收管理处、税务检察室、省税务学校筹建办，共14个处室、3个直属单位。1991年，省税务学校成立。1993年，增设发票管理处（加挂发票管理所牌子）。

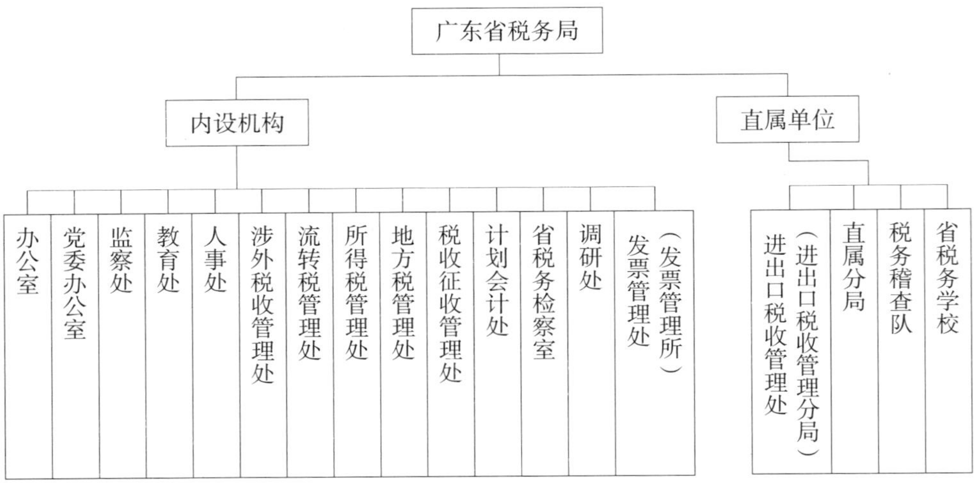

图1-2-1　1994年7月广东省税务局机构设置示意图

1979—1983年广东省财政厅（局）税务局负责人任职表

表1-2-1

姓　名	性别	籍　贯	党　派	职　务	任职时间	备　注
黄永光	男	广东东莞	中共党员	局　长	1973.4—1979.12	—
施　琦	女	广东东莞	中共党员	副局长	1973.4—1983.10	—
陈流明	男	广东紫金	中共党员	副局长	1976.1—1985.12	其间1983.9—1985.12离职学习
吴金泉	男	广东揭阳	中共党员	副局长	1976.6—1983.8	—
刘　磊	男	河北武强	中共党员	副局长	1978.8—1983.10	—
申照普	男	河北魏县	中共党员	副局长	1979.7—1983.10	—
巩兰森	男	山西平定	中共党员	局　长	1979.12—1983.4	—

1983—1994年广东省税务局负责人任职表

表1-2-2

姓　名	性别	籍　贯	党　派	职　　务	任职时间	备　注
林登云	男	广东梅县	中共党员	局长、党组书记	1983.10—1986.1	1985年1月21日，省委批准成立中共广东省税务局党组，林登云任党组书记，温带明任党组副书记，余荣渊、林文铎任党组成员
温带明	男	广东梅县	中共党员	副局长、党组副书记	1983.10—1988.3	
余荣渊	男	广东梅县	中共党员	副局长、党组成员	1983.10—1991.9	
林文铎	男	广东潮州	中共党员	副局长、党组成员	1983.10—1994.7	
陈流明	男	广东紫金	中共党员	副局长	1985.12—1986.1	
				局长、党组书记	1986.1—1994.6	
吴荣芳	男	广东梅县	中共党员	党组成员	1986.4—1988.5	
				副局长、党组成员	1988.5—1992.9	
				党组成员	1992.9—1995.11	
邹欣祥	男	广东梅县	中共党员	副局长、党组成员	1988.5—1992.9	
				党组成员	1992.9—1994.4	
黄炎光	男	广东开平	中共党员	副局长、党组成员	1991.5—1994.7	
曹凤檀	男	广东大埔	中共党员	副局长、党组成员	1993.4—1994.6	
李永恒	男	广东广州	中共党员	副局长、党组成员	1993.4—1994.6	

（二）省国税局

1994年7月28日，成立省国税局。国家税务局系统实行国家税务总局垂直管理的领导体制，在机构、编制、经费、领导干部职务的审批等方面按照下管一级的原则，实行垂直管理。省国税局为正厅级机构。省国税局内设办公室、流转税管理处、所得税管理处、涉外税收管理处、征收管理处、计划财务处、教育处、人事处、监察室、调研处、发票管理处、机关党委办公室、进出口税收管理处（进出口税收管理分局）、税务稽查分局、计算机信息中心、机关服务中心、广东省税务学校、税务咨询事务所（会计师事务所）、省税务检察室和《中国税务报》广东记者站等20个机构。国家税务总局核定省国税局机关行政编制160人，事业编制220人。除设立行政领导外，还设总经济师和总会计师。

1995年，增设南方税务导报社、税务咨询发展公司、信瑞会计师事务所、粤税科技公司。1998年，成立教育培训中心、思想政治工作办公室、广东省注册税务师管理中心。撤销省国税局稽查分局，改设为省国税局稽查局，正处级建制。1999年，成立广东税务师事务所，信瑞会计师事务所脱钩，成为社会中介机构，全省有102个税务代理机构与税务部门脱钩。

2000年，按照国家税务总局机构改革部署和根据国家税务总局批复的《广东省国家税务系统机构改革方案》等4个文件的通知，省国税局机关设置行政处室11个：办公室、政策法规处、流转税管理处、所得税管理处、征收管理处、计划统计处、财务管理处、人事处（内设离退休干部管理办公室）、教育处、调研处、监察室；直属机构3个：稽查局、进出口税收管理分局（进出口税收管理处）、涉外税收管理分局（涉外税收管理处）；直属事业单位4个：信息中心、机关服务中心、办税园地杂志社、教育培训中心（原省税务学校）；设立机关党委办公室、工会，工会挂靠机关党委办公室，负责省局机关、直属单位工会工作。

省国税局机关在原有行政编制的基础上精减35%，精简后行政人员管理编制100人；直属机构征收编制90人；直属事业机构事业编制150人。除设立行政领导外，还设总经济师和总会计师。

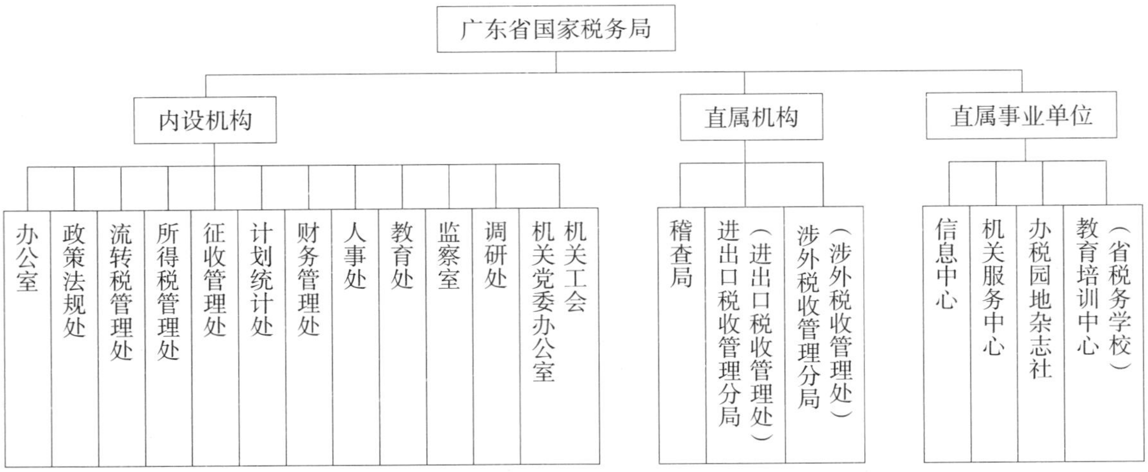

图1-2-2　2000年年底广东省国家税务局机构设置示意图

1994—2000年广东省国家税务局负责人任职表

表1-2-3

姓　名	性别	籍　贯	党　派	职　　务	任职时间	备　注
陈流明	男	广东紫金	中共党员	局长、党组书记	1994.6—	—
李永恒	男	广东广州	中共党员	副局长、党组成员	1994.6—1999.2	兼任深圳市国税局局长
				党组成员	1999.2—	
曹凤檀	男	广东大埔	中共党员	副局长、党组成员	1994.6—2000.8	—
罗维佳	男	广东兴宁	中共党员	副局长、党组成员	1994.6—2000.8	兼任广州市国税局局长
				党组成员	2000.8—	
陈胜生	男	广东惠阳	中共党员	副局长、党组成员	1995.1—	—
宁旭平	男	湖南隆回	中共党员	副局长、党组成员	1997.9—	—
莫坤明	男	广东高要	中共党员	党组成员	1999. 4 —2000.8	—

（三）海洋石油税务管理分局

1983年8月7日，国务院批复财政部同意成立中国海洋石油税务管理局，是财政部所属的一个专门税务机构，下设天津分局、上海分局、广州分局（含深圳征收处，下同）、湛江分局。广州分局和湛江分局在创建初期，干部的调配、编制、经费和税收业务工作，均由财政部垂直管理，局长、副局长由财政部任命。1988年5月，财政部税务总局改为国家税务局，为国务院直属机构，海洋石油税务管理局改为国家税务局所属的专门机构。1994年10月，国家税务总局根据省以下税务机构分设，国家税务局系统实行垂直管理的情况，自

1995年1月1日起，调整国家税务总局海洋石油税务管理局各分局管理体制，划归省市国家税务系统管理。各分局调整后，保持对外名称不变、机构不变、办公地点不变和国务院规定的业务范围不变的“四个不变”。

1. 湛江分局

1983年7月11日，湛江分局正式对外办公，同时启用印章，湛江分局正式成立，机构规格为副厅（局）级，安守春主持湛江分局工作。办公地点暂设在湛江海滨宾馆12号楼。1987年9月，湛江分局办公楼正式落成，建筑面积2 500平方米。9月3日，湛江分局正式从海滨宾馆迁往湛江市赤坎跃进路14号新址办公。湛江分局负责南海东经113° 10′ 以西海域海洋石油税收征收管理工作。

1985年4月，湛江分局编制由25人增加到50人。12月，编制增加到80人。

湛江分局组建初期，只设置办公室和征管处。办公室负责文秘、行政管理、财务经费等工作；征管处统一办理税政和征收管理工作。1984年10月设置税政处。1986年，财政部批准在坡头区和三亚市设立征收处，后由于海洋石油勘探开发工作量不足，总体税收征管工作处于稳定状态，作为下属机构的坡头、三亚市征收处未设立。

1987年2月，财政部党组批准设立人事监察处，负责人事管理、干部教育、税务监察、安全保卫等工作。将征管处分设为征管一处和征管二处。征管一处负责税务审计工作；征管二处负责税款征收、日常管理、纳税辅导、纳税鉴定和税收计划、会计、统计及计算机应用和管理工作。税政处负责税收法规和政策的上传下达、税收宣传和解释、政策问题的调查研究等工作。

1988年10月，湛江分局更名为国家税务局海洋石油税务管理局湛江分局，财政部任命梁维用为局长；1992年8月，国家税务局任命安守春为局长。1993年6月，更名为国家税务总局海洋石油税务管理局湛江分局。

1994年12月，湛江分局划归湛江市国家税务局管理，机构规格为正处级，人事、经费和税收业务实行垂直管理。人事任免按权限规定执行，第一届局长、副局长由省国税局直接任命，以后由湛江市国家税务局考察提名，报省国税局任命；科级干部由湛江分局考察提名，报湛江市国家税务局任命。

2. 广州分局

1983年1月9日，广州分局租用广州警备区司令部招待所作为办公室，并对外办公。机构规格为副厅（局）级，巩兰森为局长。1月28日搬至广州市招待所，2月26日迁至流花宾馆。8月24日，广州分局在流花宾馆召开对外接办业务座谈会，从9月1日起，广州分局对外接办业务。广州分局负责南海东经113° 10′ 以东海域海洋石油税收征收管理工作。

1983年2月28日，人事编制最初为35人。建局初期，只设置办公室和征管处。办公室负责文秘、行政管理、财务经费等工作；征管处统一办理税政和征收管理工作。1983年，财政部批准广州分局在深圳市设立深圳征收处，负责深圳地区的海洋石油税收的征管工作。同年底，由于业务发展需要，广州分局增加到100人（包括深圳征收处）。1984年10月设置税政处。1987年2月，财政部党组批准设立人事监察处，负责人事管理、干部教育、税务监察、安全保卫等工作。将征管处分设为征管一处和征管二处。征管一处负责税务审计工作；征管二处负责税款征收、日常管理、纳税辅导、纳税鉴定和税收计划、会计、统计及计算机应用和管理工作。税政处负责税收法规和政策的上传下达、税收宣传和解释、政策问题的调查研究等工作。

1988年3月，财政部任命温带明接任局长。10月，广州分局更名为国家税务局海洋石油税务管理局广州分局。1992年8月，国家税务局任命梁维用接任广州分局局长。1993年6月，更名为国家税务总局海洋石油税务管理局广州分局。1994年12月列入广州市国家税务局系统，从1995年1月1日起调整为正处级机构，海洋石油税务管理局广州分局更名为广州市国家税务局第三分局，同时继续保留国家税务总局海洋石油税务管理局广州分局的牌子。1998年10月，根据广州市国家税务局的决定，原广州市国家税务局第一分局二、八、九科征管业户调整为由广州市国家税务局第三分局负责征管。

3. 深圳分局

1995年1月1日起，广州分局深圳征收处划归深圳市国家税务局，属深圳市国家税务局内设机构，对外称国家税务总局海洋石油税务管理局深圳分局，处级建制。税收征管按属于广州分局管辖时划分的范围不变。1996年起，机构设在深圳的中外石油公司的各项地方税，包括其雇员个人所得税，统一划转深圳市国家税务局征收管理，上述公司的增值税、企业所得税和矿区费，仍由广州市国家税务局征收。

（四）省地税局

1994年7月，省政府制订的《组建国家税务总局广东直属税务机构和广东省地税局实施方案》规定，省地税局实行省政府和国家税务总局双重领导，以省政府领导为主的管理体制。省地税局为正厅级机构。

1994年7月28日，省地税局正式挂牌成立。根据省政府制订的《广东省地方税务局职能配置、内设机构和人员编制方案》规定，省地税局是省政府主管地方税务工作的职能机构，省地税局的主要职责是：（1）贯彻执行国家税收工作的方针政策和各项税收法律、法规和规章，研究制定营业税、所得税和地方各税的征收管理办法。（2）负责地方各税、国家能源交通重点建设基金、国家预算调节基金、教育费附加和国税系统委托代征各税的征收管理工作。（3）检查监督各部门、各单位和地方税务机关及其工作人员贯彻执行国家税收法律、法规和规章的情况。（4）负责管理各市地方税务机关内设机构和省机构编制部门核定的地方税务专项编制，考核任免和管理各市局领导班子；负责本系统干部教育培训和税收宣传工作。（5）负责汇总、编报地方税务系统的税收计划、会计、统计报表工作。（6）承办省政府和国家税务总局交办的其他事项。

根据上述职责，省地税局内设10个职能处室：办公室、流转税管理处、地方税管理一处、地方税管理二处、所得税管理处、征收管理处、计划财务处、政策法规处、人事教育处、监察室；2个局直属行政单位：税务稽查分局、直属分局（均为正处级）；1个后勤服务机构：机关服务中心。机关行政编制110名；税务稽查分局基层行政编制20名；直属分局基层行政编制30名。

省地税局向省财政厅提出年度税收收入计划，并通报执行情况；有关重大的地方税收政策、决定，要征求省财政厅意见后报省政府。有关全省性的税收政策、措施和专项工作部署，由省国税局和省地税局两局局长办公联席会议共同研究决定。

1995年9月6日，经省编委批复，增设个人所得税管理处；地方税管理一处更名为地方税管理处；地方税管理二处更名为涉外税务管理处；所得税管理处更名为企业所得税管理处。10月23日，省编委批复，同意成立省地税局信息服务中心，为差额拨款事业单位，处级建制，核定事业编制10名；1997年12月30日，省编委同意增加事业编制20名。

根据全国税收征管体制改革的总体部署和省委、省政府关于政府机构改革部署，广东从2000年开始进行省、市、县地方税务系统的机构改革，按照“精简、统一、高效”的原则，合理设置机构，精简机关、充实基层，进一步深化税收征管和税收执法职能。

2000年3月，省政府办公厅制定《广东省地方税务局职能配置、内设机构和人员编制规定》，规定省地税局是省政府主管地方税务工作的直属机构，并对省地税局的职能进行调整：将原社会保险局承担的社会保险费的征收管理职能，国家税务总局、省政府规定的其他规费、基金的征收管理职能，财政部门承担的税收调查研究职能及税收政策、法规和规章的起草和执法过程中的一般性解释工作，划入省地税局职能。将具有社会中介服务性质的工作，转交由依法认定的社会中介机构承担。按照垂直管理的管理体制，加强对全省地方税务系统的直接领导和对机构编制、经费、人员实行垂直管理的职能。

根据职能调整，省地税局的主要职责是：（1）贯彻执行国家税收工作的方针政策、各项税收法律、法规和规章，研究制定地方各税、费的征收管理实施办法。（2）负责地方各税、社会保险费、文化事业建设费和省政府、国家税务总局委托征收的其他规费的征收管理工作。（3）组织实施税收征收管理体制改革，制定征收管理制度并检查监督制度的落实。（4）检查监督各部门、各单位和地方税务机关及其工作人员贯彻执行国家税收法律、法规和规章的情况。（5）管理地方税务系统的人事、劳动工资、机构编制和经费；考核任免和管理市地方税务局的正副局长及相应级别的干部。（6）负责地方税务队伍的思想政治工作、精神文明建设以及教育培训工作。（7）组织税收政策法规宣传和理论研究；组织实施注册税务师的管理；规范税务代理行为。（8）负责汇总、编报地方税务系统的税收计划、会计、统计报表工作。（9）承办省政府和国家税务总局交办的其他事项。

根据上述职责，省地税局设12个职能处室：办公室、政策法规处、税政一处、税政二处、规费管理处、涉外税务管理处、征收管理处、计划统计处、财务管理处、人事处、思想政治工作办公室、监察室；2个局直属行政单位：稽查局、直属分局；1个后勤服务机构：机关服务中心。省地税局机关行政编制93名；稽查局基层行政编制50名；直属分局基层行政编制50名。

2000年4月17日，省编办下发《关于省地税局所属事业单位机构改革方案的批复》，对省地税局的事业单位设置作出以下规定：保留省地税局机关服务中心，正处级事业单位，核定事业单位编制29名，人员经费由财政核拨。保留广东地方税务杂志社，正处级事业单位，核定事业编制10名，人员经费自筹。省地税局信息服务中心更名为省地税局信息中心，正处级事业单位，核定事业编制30名，人员经费由财政核补。设立省地税局教育培训中心，正处级事业单位，核定事业编制10名，人员经费由财政核补。

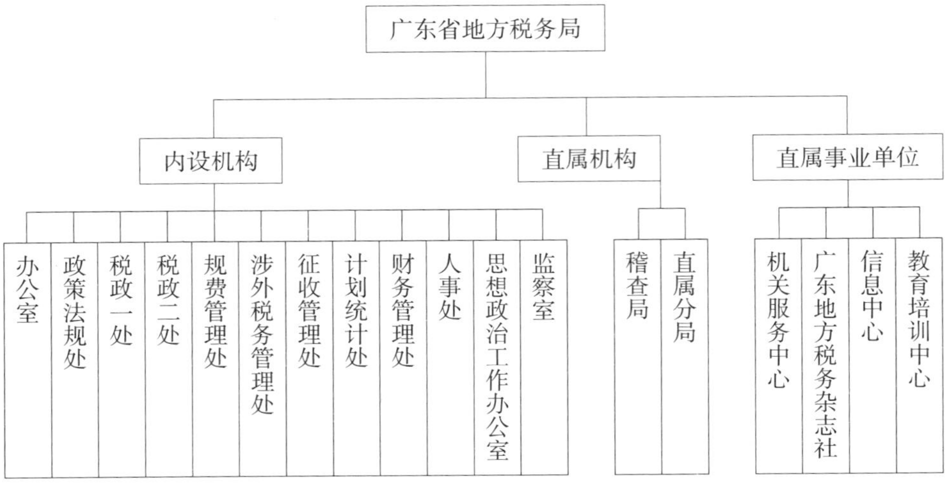

图1-2-3　2000年年底广东省地方税务局机构设置示意图

1994—2000年广东省地方税务局负责人任职表

表1-2-4

姓　名	性别	籍　贯	党　派	职　　务	任职时间
林良孝	男	广东揭西	中共党员	党组书记	1994.5—1995.10
林文铎	男	广东潮州	中共党员	副局长、党组成员	1994.7—1996.6
黄炎光	男	广东开平	中共党员	副局长、党组成员	1994.7—
杨楚潮	男	广东潮州	中共党员	副局长、党组成员	1995.5—
陈家记	男	广东廉江	中共党员	副局长、党组成员	1995.5—
曾炳生	男	广东兴宁	中共党员	局长、党组书记	1995.9—1998.6
鲁兰桂	男	湖南益阳	中共党员	副局长、党组成员	1995.9—
黎宇同	男	广东罗定	中共党员	纪检组长、党组成员	1995.9—
吴昇文	男	广东汕头	中共党员	局长、党组书记	1998.6—

二、市（地区）、县及基层税务机构

（一）税务机构分设前

1980年前，市（地区）县与基层税务机构实行财税合署办公。1980年各地开始分设税务机构。市、地区、县税务局设人秘、税政（或税政一、二、三）、计划会计、征管等科（股）。部分市、县根据业务需要增设涉外税政、监察、盐税等科（股）。1987年4月，广东贯彻国务院《关于严肃税收法纪加强税收工作的决定》，农村税务所改按经济区设置，作为县税务局的派出机构，干部由县税务局统一管理。

1989年，税务系统实行垂直管理，各级税务机构一律单独设置，全省设立省、市、县（市、区）三级税务机构，基层税务所为县（市、区）税务局派出机构。1989年，国务院决定“全国税务系统实行上级税务机关和同级政府双重领导，以税务机关垂直领导为主。地、市、县税务局的机构设置、干部管理、人员编制和经费开支，应立即由省、自治区、直辖市税务局垂直管理”，广东根据国务院精神制定《广东省税务系统实行垂直管理暂行办法》。该"办法"规定：各级税务机构一律单独设置，全省设立省、市、县（区）三级税务机构。全省分设18个市税务局。市税务局（不含深圳市）为正处级单位，局内设办公室、税政一科、税政二科、涉外税务管理科、计划会计科、征收管理科（内设发票管理所）、监察科、调查研究科、人事科、教育科、税务稽查队、进出口税收管理科，以上科室均为正科级机构；县税务局为正科级单位，局内设办公室、税政一股、税政二股、计划会计股、征收管理股（内设发票管理所）、监察股、人事教育股、税务稽查股、涉外税务管理股，其股、室为正股级。市、县局根据行政区划、经济税源等情况，设置税务分局或税务所，为市、县税务局的派出机构。市辖区税务局内部机构比照县税务局设置，区局下不设置直属分局和税务分局。1990年，在年出口退税1 000万元以上的市、县税务局设进出口税收管理科或分局。

1991年，各地税务机构设置已基本调整完毕，除广州、深圳两市外，17个地级市税务人员档案已全部移交税务系统管理。1992年年底，省税务局规范基层税务机关名称，将一些诸如专管股（科）、征收股（科）或稽征组等与《中华人民共和国税收征收管理法》规定不相符合的名称，统一改为税务分局或税务所。1992年，设立肇庆税务培训中心、茂名税务干部培训中心。1993年，设立阳江市税务局培训中心、潮州市税务局培训中心。

1993年，各市税务局内设机构一般为9科1室：办公室、税政一科、税政二科、涉外税收管理科（加挂涉外税务管理分局牌子）、计划会计科、征收管理科（内设发票管理所）、监察科、人事科、教育科、进出口税收管理科；市税务局直属分局和税务稽查队作为市局派出机构。

（二）国税

1994年7月，根据国家税务总局《关于广东省税务局组建两个税务机构实施方案的批复》，广东开始市、县及基层税务机构的分设工作。分设后，市一级国税局设办公室、人事教育科（处）、监察室、计划财务科（处）、所得税管理科（处）、流转税管理科（处）、征收管理科（处）、发票管理科（处，加挂发票管理所牌子）、涉外税收管理科（处）、进出口税收管理分局、税务稽查分局、直属分局、计算机信息中心、机关服务中心等14个内设机构。省国税局依次审批组建河源、汕尾、韶关、阳江、佛山、茂名、湛江、东莞、中山、潮州、惠州、清远、揭阳、梅州、汕头、江门、珠海、云浮、肇庆、深圳、广州等市国家税务局的机构设置。至1995年，县（市、区）一级国家税务部门分设工作完成，全省共有征收机构1 691个。县（市、区）国税局内设机构：办公室、流转税管理股（科）、征收管理股（科，加挂发票管理所牌子）、计划财务股（科）、人事教育股（科）、监察室、税务稽查分局、涉外税收管理分局、进出口税收管理分局、直属分局、计算机信息中心。

1996年，根据国家税务总局征管改革总体要求，广东国税系统由原来按行政区域设置所、站、分局，全面转为按经济区域设置中心税务分局。

1997年，全省国家税务系统基层机构继续改革，省国税局为此制定《广东国税系统设置中心税务分局的试行办法》。至年底，全省有17个市设置的税务分局490个，其中城区中心税务分局138个，乡镇基层分局352个。征收机构减少1 201个。当年，市、县城区中心分局全部挂牌，实行集中征收、重点稽查。

1998年，全省国税系统新设置税务分局8个。组织基层税务分局长竞争上岗，通过竞争任用基层税务分局正、副分局长1 144人。同年，撤销各市、县（市、区）国税局稽查分局，改设为稽查局，市稽查局为副局级建制，县（市、区）稽查局为副科级建制，全省各级税务稽查局内设机构设置也进行调整。

2000年，按照国家税务总局机构改革部署，省国税局向国家税务总局上报《广东省国家税务系统机构改革方案》《广东省国家税务局关于各市、县（市、区）国家税务局职能配置、内设机构和人员编制的规定》。根据方案，国家税务局机关要实现转变职能、调整机构两大目标：调整各级国家税务局职能，实行职能转变。各市国家税务局不再承担跨行政辖区的税务管理和征收职能，实行属地化征收管理，市国家税务局重点是领导和管理所辖区域税收征管工作，组织税收收入；县（市、区）国家税务局的工作重点是加强征收职能，具体组织各项税收的征收管理，完成上级分配的税收计划；各级国家税务局与所办的各类社会中介组织及经济实体彻底脱钩，将一些应由社会自我管理和调节的社会性事务，交由依法认定的社会中介组织承担。

省国税系统仍实行垂直管理体制，市国家税务局由省国税局直接领导，县（市、区）国家税务局隶属于市国家税务局。机构级别与同级政府工作部门一致。市国家税务局除为保证重点税源而设置的直属征收机构外，一般不再跨行政区域设置直属征收机构。各级国家税务稽查局为同级国家税务局的直属机构，其级别与同级国家税务局内设机构相一致。办税服务厅是税务机关为纳税人办理日常纳税事宜和提供税务服务的场所，不能作为一级独立的税务机关。基层分局为县（市、区）国家税务局的派出机构，在机构改革中一步到位。

各市、县（市、区）国家税务局机关内设机构：行政处（科、股）室，副省级市的不超过9个（不含机关党委办公室），地级市的6个～8个（不含机关党委办公室），县（市、区）的3个～5个：办公室、政策法规处（科）、流转税管理处（科、股）、所得税管理处（科、股）、征收管理处（科、股）、计划财务管理处（科、股）、人事处（科、股）、教育培训处（科）、监察室、机关党委办公室。下设直属机构，副省级市的不超过5个，地级市的不超过4个，县（市、区）的不超过3个：稽查局、直属征收分局、进出口税收管理分局（进出口税收管理处、科）、涉外税收管理分局（涉外税收管理处、科）。直属事业机构，地级市的3个（原已设置税务干部培训中心的副省级市、地级市的可增加1个直属事业机构），县（市、区）的2个：信息中心、机关服务中心、票证管理所、税务干部培训中心。

（三）地税

1994年7月，省政府制订《组建国家税务总局广东直属税务机构和广东省地税局实施方案》，规定省以下地方税务系统实行上级税务机关和同级政府双重领导，以税务机关领导为主的管理体制。其机构、编制、经费、领导干部职务的审批等实行垂直管理，按照下管一级的原则进行。

省地税局系统按行政区域设置，即省地税局、市地税局、县（市、区）地税局，税务所（征收分局）为县（市、区）局的派出机构。

根据省政府制订的《组建国家税务总局广东直属税务机构和广东省地税局实施方案》，1994年10月，省组建中央和地方两个税务机构筹备组下发《关于下发制定市级两个税务机构职能配置、内设机构和人员编制方案的意见的通知》和《关于下发制定县级两个税务机构职能配置、内设机构和人员编制方案的意见的通知》。从1994年下半年开始，各市、县税务局陆续分设。1995年1月，国地税两套税务机构开始独立运作。

1994年，国家地方税务机构分设后的市、县及基层地方税务机构，根据两个“通知”和规定，市地税局是市政府主管地方税务工作的职能机构，主要职能是：（1）贯彻执行国家税收工作政策和各项税收法律、法规和规定，研究制定营业税、资源税、所得税和地方各税的征收管理办法。（2）组织各项地方税收收入，运用税收杠杆对本地区经济进行调控监督。（3）负责地方各税、能源交通重点建设基金、预算调节基金、教育费附加和国税系统委托代征各税的征收管理工作。（4）检查监督各部门、各单位和地方税务机关及其工作人员贯彻执行国家税收法律、法规和规章的情况。（5）负责管理所辖县（市、区）地方税务局内设机构设置和省地税局制定的税务专项编制，考核任免和管理各县（市、区）局领导班子；负责本系统干部教育培训和税法宣传工作。（6）负责汇总、编报地方税务系统的税收计划、会计、统计报表工作。（7）承办省地税局和当地政府交办的其他事项。

市地方税务局机关内设科室（广州、深圳设处室）。内设机构分为两类：一类为应设机构，由省地税局确定；一类为因地制宜设置机构，由各市地税局根据实际情况提出意见，报省地税局审批。不设机关党群工作办公室的，有关工作由人事教育科（处）负责；不设机关服务中心的，后勤服务工作由办公室负责。

市地税局内设机构不超过10个：办公室、流转税管理科（处）、地方税管理科（处）、所得税管理科（处）、征收管理科（处）、计划财务科（处）、人事教育科（处）、监察室；直属行政单位2个：税务稽查分局、直属分局。

县（市、区）地税局机构设置为：一级机构，机构名称为广东省某某县（市）地方税务局，某某市某某区地方税务局；非一级财政的区，其名称为某某市地方税务局某某分局。税务所（征收分局）为县（市、区）局的派出机构，其名称为某某县（市）地方税务局某某税务所（征收分局）。

县（市、区）地税局机关内设机构总数不超过9个：办公室、电脑室、流转税管理股（科）、所得税管理股（科）、地方税管理股（科）、计划财务股（科）、人事教育股（科）、监察室。县（市、区）地税局可根据需要设置税务稽查分局、直属分局和有关事业单位。

1997年10月21日，国务院印发《关于地方税务机构管理体制问题的通知》，明确指出对省（自治区、直辖市）以下地方税务局实行上级税务机关和同级政府双重领导、以上级税务机关垂直领导为主的管理体制，即地、市以及县（市）地方税务局的机构设置、干部管理、人员编制和经费开支由所在省（自治区、直辖市）地方税务机构垂直管理。

2000年6月，根据省政府的批复，省地税局制定《广东省地方税务局关于深化城市税收征管改革的意见》和《广东省地方税务局关于深化农村税收征管改革的意见》。9月，根据省委、省政府关于机构改革的有关规定，省编办与省地税局联合制定《关于市、县（市）地方税务局机构改革的意见》，市、县（市）地方税务机关机构改革要结合税收征管体制改革，按照“精简、统一、效能”的原则，合理设置机构，精简机关，充实基层，进一步强化税收征管和税收执法职能，并对市、县（市）地税局的职能进行调整。将具有社会中介服务性质的工作，交由依法认定的社会中介机构承担，转变行政职能。将原社会保险管理部门承担的社会保险费的征收管理职能，原由财政部门承担的国有企业所得税的征收管理职能，省政府指定的其他规费的征收管理职能，划入相关市、县（市）地税局。

市、县（市）地税局的主要职责是：（1）贯彻执行国家税收工作的方针政策及各项税收法律、法规和规章，研究制定地方各税、费在本市、县（市）的具体征收管理实施办法。（2）负责地方各税、教育费附加、社会保险费、文化事业建设费和省政府指定的其他规费的征收管理工作。（3）组织实施税收征收管理体制改革，贯彻执行征收管理制度并检查监督制度的落实。（4）负责地方税务行政复议和行政诉讼工作。（5）检查监督各部门、各单位和地方税务机关及其工作人员贯彻执行国家税收法律、法规和规章的情况。（6）负责汇总、编报地方税务系统的税收计划、会计、统计报表和票证工作。（7）按照授权或权限管理地方税务系统的人事、劳动工资、机构编制和经费。（8）负责地方税务队伍的思想政治工作、精神文明建设以及教育培训工作。（9）组织税收政策法规宣传和理论研究。（10）承办上级地方税务机关和同级政府交办的其他事项。

城市基层地税机构改为：市地方税务局设置一个税务登记分局；一个税务稽查局；只有一个行政区的设置一个税务检查分局，有两个以上行政区的设置两个税务检查分局，涉外税收收入规模较大的地区加设一个涉外税收检查分局；按行政区划设置若个区的征收管理分局。农村基层税务机构改为：县（市）地方税务局设置一个税务登记分局；一个税务稽查局；一个税务检查分局，涉外税收收入规模较大的地区加设一个涉外税收检查分局。农村经济发展较快以及地方税源较大、管户较多且分布较均的地区，可执行原来办法按行政区划设置基层税务所（分局）；山区或年征收税款20万元以下的统一按经济区域设置中心税务所（分局），不再在中心税务所（分局）以外设乡镇分所或征收点。

2000年年底广东省地方税务系统机构情况统计表

表1-2-5　　单位：个

项　目	合计	省	副省级城市	地市级	副省级城市区	地市区	县（市）
合计	2 105	7	106	242	22	217	1 511
行政机关	141	1	2	19	2	24	93
直属行政单位	150	2	35	81	—	2	30
税务所（分局）	1 805	—	65	141	20	191	1 388
直属事业单位	9	4	4	1	—	—	—

2000年年底广东省地方税务系统机构级别情况表

表1-2-6 单位：个

项　目	合计	行政机关			直属行政单位			税务所（分局）	直属事业单位		
		小计	省局	省局以下局	小计	省局	省局以下局		小计	省局	省局以下局
合　计	2 105	141	1	140	150	2	148	1 805	9	4	5
正厅级	1	1	1	—	—	—	—	—	—	—	—
副厅级	2	2	—	2	—	—	—	—	—	—	—
正处级	65	20	—	20	36	2	34	3	6	4	2
副处级	2	2	—	2	—	—	—	—	—	—	—
正科级	276	106	—	106	82	—	82	85	3	—	3
副科级	109	—	—	—	2	—	2	107	—	—	—
股　级	1 650	10	—	10	30	—	30	1 610	—	—	—

三、队伍

1978年后，广东各地、市、县税务机构逐步恢复健全，人员不断充实。1979年，省委批准税务部门从上山下乡知识青年、城市待业青年、退伍军人中招收3 000人。1981年，根据国务院增加税务干部编制的专项指标及经省有关部门批准，全省招收3 600名税务干部。1982年12月20日，省政府批准税务系统招收干部1 000名，其中从税务助征员招收900名，从社会上招收100名。1984年和1985年又分别招收800名和700名，主要从城市待业的高中毕业生、税务职工、助征员中考试录用。此外，还接收一批军队转业干部，大、中专毕业生以及从外单位调进一些干部、职工。税务干部队伍经过充实，改变人员少、年龄大的状况。

至1990年年底，全省税务系统干部职工总人数33 907人，其中干部21 104人。干部中：36岁以下的12 759人，36岁～50岁的4 998人，51岁以上的3 347人。文化结构上，大专以上文化程度的4 415人，其中研究生21人，大学本科439人，大学专科3 955人；中专毕业的5 239人；高中程度的6 202人；初中以下的5 248人。

1994年7月28日，税务机构分设为国家税务和地方税务两个系统，税务系统原有人员分流为两个系统所有。

1996年7月，全省国税系统首次对大中专毕业生、社会选调干部、军转干部统一公开招录，参加考试1 000多人，择优录取622人。同年12月，经省人事厅审核，全省国税系统1.4万多名干部全部过渡为国家公务员。1997年全省录用公务员1 338人。

2000年，按照国家税务总局机构改革部署，省国税局向国家税务总局上报《广东省国家税务系统人员定编定岗实施办法》和《广东省国家税务系统人员分流实施办法》。根据两个“实施办法”，省国税局机关实现精简编制大目标。全省国税系统原有行政编制25 643名（不含国家税务总局海洋石油税收管理局广州分局、湛江分局、深圳分局，下同），其中县以上各级机关管理编制6 411名，分别含省级150名，副省级市200名，地级市1 040名，县级（市、区）5 021名。基层分局征收编制19 232名。按精简计划，计划单列市、副省级市国税局机关精简30%，市国税局机关精简25%，县（市、区）国税局机关精简15%。基层分局在重点清退助征员的基础上精简9%。全省国税系统完成精简行政编制10%的总目标。各市国税局精简的基数以省国税局《关于核定各市国家税务局系统人员编制的通知》文件中的编制数（不含工勤编制）为准。精简后，省国税系统核定行政编制23 079名，其中县以上各级国税局机关5 283名，基层分局17 796名。省国税局核定的行政编制包括管理编制和征收编制。市、县（市、区）国税局领导和机关内设行政处（科、股）室使用管理编制；市、县国家税务局直属机构及基层分局使用征收编制。

至2000年年底，全省国税系统人员（含事业编制）中，大专以上学历有14 602人，占总人数的57.9%。其中本科及以上学历人员有3 076人，占总人数的12.2%。

省地税局系统人员编制报省政府审批，实行垂直管理。1996年，全省地税系统从在岗助征员中招考500名干部。1997年8月28日，省编办、省人事厅和省地税局联合印发《关于核定全省地方税务系统人员编制的通知》，核定全省地税系统机关编制5 596名，其中行政编制4 275名，后勤服务人员编制641名，电脑人员专项编制680名；基层地税机构编制16 752名，其中基层行政编制14 567名，后勤服务人员编制2 185名。另有4 719名基层行政机动编制。1999年7月30日，省地税系统从应届大中专毕业生和在职计算机专业技术人员中公开招考330名公务员。

至2000年年底，全省地税系统共有干部、职工23 249人。其中：中专学历5 487人，大专学历10 633人，本科学历2 666人，硕士研究生学历241人，博士研究生学历5人。

2000年年底广东省地方税务系统税务人员分布情况表

表1-2-7　　单位：人

项　目	人员分布情况							行政管理人员	税收业务人员		信息中心人员
	合计	行政人员			事业人员						
		小计	管理人员	征收人员	小计	管理（技术）人员	工勤人员		小计	其中稽查局人员	
合　计	23 249	21 574	5 691	15 883	1 675	83	1 592	3 584	18 315	2 024	429
省　级	241	177	116	61	64	48	16	61	123	27	17
副省级城市	4 286	4 173	841	3 332	113	11	102	781	3 425	760	109
地级市	3 634	3 444	1 429	2 015	190	—	190	807	2 694	269	126
副省级城市区	372	370	72	298	2	—	2	30	336	16	6
地级市区	2 188	1 952	631	1 321	236	—	236	382	1 764	196	29
县（市）	12 528	11 458	2 602	8 856	1 070	24	1 046	1 523	9 973	756	142

1979—2000年广东省税务系统全国、省级劳动模范和先进工作者名单

表1-2-8

姓　名	工作单位	光荣称号	年度
梁进峰	新会县税务局	全国劳动模范	1989
何清海	惠东县稔山税务所	全国劳动模范	1989
朱丽莲（女）	深圳市地方税务局宝安分局	全国先进工作者	2000

续表1-2-8

姓　名	工作单位	光荣称号	年度
梁保儒	茂名市茂南区税务局金塘税务所	全国五一劳动奖章	1992
孔令有	阳春市国家税务局圭岗税务所	全国五一劳动奖章	1999
郑定秀	东莞县太平镇税务所	省劳动模范	1982
李奕木	潮阳县税务局沙陇税务所	省劳动模范	1988
梁保儒	茂名市茂南区税务局金塘税务所	省劳动模范	1991
黄兰英（女）	惠阳县税务局镇隆税务所	省先进工作者	1988
高祖良	广宁县税务局	省先进工作者	1988
曾树还	连平县税务局	省先进工作者	1991
谭美英（女）	江门市税务局	省先进工作者	1991
徐盛扬	南海县税务局	省先进工作者	1991
叶柏兴	梅州市梅江区税务局长沙税务所	省先进工作者	1994
陈传敏	从化市地方税务局	省先进工作者	1997
许艳燕（女）	东莞市国家税务局莞城分局	省先进工作者	1997
冯汉彬	珠海市国家税务局南湾分局	省先进工作者	2000
蔡湘玲（女）	汕头市龙湖区国家税务局	省先进工作者	2000
郑永木	汕头市升平区地方税务局	省先进工作者	2000
苏惠坤	东莞市国家税务局东坑分局	省先进工作者	2000
雷煜伦	中山市地方税务局	省先进工作者	2000
麦彩虹（女）	顺德市国家税务局大良分局	省先进工作者	2000
许少波	揭东县国家税务局	省先进工作者	2000

第二章　财政体制与税收制度改革

第一节　财政体制改革

一、中央对广东财政体制

1979—2000年，中央对广东的财政体制分为四个阶段。1979年为“收支挂钩，增收分成”体制，确定广东增收分成比例为43%；1980—1987年为大包干；1988—1993年为递增包干；1994—2000年为分税制。

（一）大包干

1979年7月15日，中共中央、国务院批转《广东省委、福建省委关于对外经济活动实行特殊政策和灵活措施的两个报告》中指出：“在中央统一领导下实行大包干的办法，中央和国务院原则同意试行。财政方面，明后两年，广东每年上缴数确定为12亿元……以后年度到时另议。”1980年5月16日，中共中央、国务院发文同意的《广东、福建两省会议纪要》，“重新核定为广东每年上缴10亿元”，一定五年，从1980年起。

在对广东实行财政大包干时，财政部对中央财政和地方财政的收支范围作出明确划分：除铁道、港口等中央直属企业、事业的收入和关税归中央财政外，其余收入均作为广东的财政收入；除中央直属企业、事业单位的支出归中央财政外，其他各项支出均作为广东的财政支出。基本建设方面，除中央直属企业、事业的投资由中央财政安排外，其他基本建设投资由广东财政安排。1983年9月，钟、表、自行车、缝纫机、照相机、电风扇、电冰箱、洗衣机、收录音机、录像机、电视机等17种产品及其零部件的海关代征工商税，归中央财政收入。1983年和1984年建筑税归中央财政收入。1983年起，卷烟和酒的工商税收入以1982年为基数，超基数部分中央与省以6：4分成。1983年和1984年，国家能源交通重点建设基金任务定额部分全额上缴中央财政，超收的部分留给广东地方使用。

在此期间，随着广东国民经济的发展和财政收入的增长，在原定大包干上缴10亿元的基础上，中央要求广东多作贡献，从1981年开始向广东财政借款，当年借款3.8264亿元，1982年借款3亿元。从1983年起，中央向广东财政的借款2.3亿元打入上缴中央财政包干基数。从1983年起上缴财政部定额分配征收的国家能源交通重点建设基金，再加上企、事业单位上、下划的因素，1981—1984年的定额上缴数均有所调整。

1984年10月实行第二步“利改税”后，国务院决定从1985年起，对各省、自治区、直辖市一律实行“划分税种、核定收支、分级包干”的财政管理体制。中央对广东继续实行财政“大包干”，1985—1989年，每年定额上解10亿元。

按照第二步“利改税”后的税种设置和“划分税种、核定收支、分级包干”财政管理体制规定的收支划分范围，财政部核定广东地方财政固定收入为：地方国营企业的所得税、调节税和承包费，集体企业所得税，农业税，车船使用牌照税，城市房地产税，屠宰税，牲畜交易税，集市交易税，建筑税，契税，地方包干企业收入，地方经营的粮食、供销、外贸企业亏损，税款滞纳金、补税罚款收入，城市维护建设税和其他收入。广东上划企业茂名石油工业公司、广州石油化工厂和24家有色金属企业缴纳的产品税、营业税、增值税，30%作为广东财政固定收入。以及1987年开征的房产税、车船使用税。

中央和地方财政共享收入：产品税、营业税、增值税（均不含部属驻粤企业和铁道部以及各银行总行和保险总公司所缴纳部分），资源税，外商投资企业和外国企业缴纳的工商统一税、所得税（海洋石油企业缴纳的部分列入中央财政收入）。中央财政分享资源税主要是陆上和海洋石油资源。海关代征的进口产品税、增值税（不含钟表等17种进口产品）超1984年基数部分，50%上缴中央财政，50%作为广东固定收入。同年，国家能源交通重点建设基金超任务部分中央财政和广东财政按3：7分成；1987年，实行总额分成，任务内70%上缴中央，30%留广东使用，超任务部分中央与广东5：5分成。1985年起，中央下放广东管理的外贸、工贸企业从4月起开征的产品税、增值税作为中央财政收入。当年中央将下放广东的银行、保险公司营业税，由广东征收。

1987年提高烤烟、烟酒产品税，超收部分中央财政与省按4：6分成。同年4月1日起，耕地占用税收入50%上缴中央财政。

中央财政支出和广东地方财政支出，仍按1980年划分范围。对于不宜包干的专项支出，如特大自然灾害救济费、特大抗旱和防汛补助费，支援经济不发达地区的发展资金、边境建设事业补助费等，由中央财政专案拨款，不列入支出包干范围。

1986年和1987年，扣除企业上划归广东30%部分收回中央收入后，承包上缴基数核定为7.7808亿元。1987年，中央采取向广东“压支借款”的办法，以1986年的实际支出数为计算依据（中央追加的补助款、地方安排的价格补贴、抚恤和社会救济费、民兵事业费、排污费、支援不发达地区资金支出等项目除外），压缩10%，作为中央向广东省的借款，上缴中央财政。当年的借款达6.75亿元。

（二）递增包干

1985年3月21日，国务院《关于实行“划分税种、核定收支、分级包干”财政管理体制的通知》规定，中央对广东“大包干”财政管理体制，本应执行到1989年。中央希望广东多作贡献，决定从1988年起，对广东实行递增包干的财政管理体制。

包干基数以1987年包干数7.7808亿元和当年中央财政向广东借款6.35亿元（1987年实际借款为6.75亿元，后中央考虑到广东的财政压力，调整为6.35亿元）合计14.1308亿元为基数，每年递增9%，一定三年。1991年后继续实行递增包干，递增率另议。当年海南建省，广东每年补贴海南行政区和海南黎族苗族自治州的9 967万元按基数专项划转中央财政，不参与递增。

1989年，驻粤中央单位缴纳的国家预算调节基金，全部归中央财政收入；属于省内地方单位缴纳的，50%归中央财政，50%归省财政。深圳市50%归中央财政，50%全留市；1990年起深圳市实行计划单列，定额上缴中央。同年起，耕地占用税收入中央与广东分成比例调整为3：7。10月1日起，城镇土地使用税收入中央与广东分成比例为5：5。

1990年1月起，中央取消海关代征税收超基数部分分成办法，将海关代征税收收入全额上缴中央财政，中央财政只返还1984年基数5.57亿元。7月1日起，证券交易印花税收入中央与广东的分成比例为5：5。当年，中央财政向广东借款3亿元。

1991年7月起，外商投资（包括中外合资、合作经营，外资企业，下同）海上石油企业和外国海上石油企业；外商投资金融保险企业和外国金融保险企业；驻粤中央所属企事业单位与外商合营的中外合资、合作企业（不含海上石油和金融保险）所缴纳的外商投资企业和外国企业所得税为中央财政收入；中央部门所属企业和省内地方企业共同与外商合营的中外合资合作企业（不含海上石油和金融保险）所缴纳的外商投资企业和外国企业所得税按投资比例分成。同年，固定资产投资方向调节税收入中央与广东的分成以1990年广东建筑税收入为基数，超基数部分按7：3比例分成。

1992年，烤烟、烟酒产品税1987年提税后超收部分中央财政与省改按6：4分成。中央下放广东的外贸及工贸企业，其经营商品批发业务的营业税归省级财政收入。

1991—1993年，中央对广东的财政管理体制，继续执行1988年确定的“上解递增包干”办法，递增率仍为9%。

（三）分税制

从1994年1月起，中央对广东实行分税制财政管理体制。在划分中央政府与广东地方政府事权基础上，根据事权与财权相结合的原则，按税种划分中央与广东地方的收入，划分中央财政与广东地方财政支出范围。

中央固定收入。包括关税，海关代征消费税和增值税，消费税，中央企业所得税，地方银行和外资银行及非银行金融企业所得税，铁道部门、各银行总行、各保险总公司等集中缴纳的收入（包括营业税、所得税、利润和城市维护建设税），中央企业上缴利润等。外贸企业出口退税，除1993年地方已经负担的20%部分列入地方上缴基数外，从1994年起发生的出口退税全部由中央财政负担。

广东地方固定收入。包括营业税、地方企业所得税、地方企业上缴利润、个人所得税、城镇土地使用税、固定资产投资方向调节税、城市维护建设税、房产税、车船使用税、印花税、屠宰税、农业税、农业特产税、耕地占用税、契税、土地增值税、国有土地有偿使用收入等。

中央与广东地方共享收入。包括增值税、资源税、证券交易印花税。增值税中央分享75%，广东地方分享25%；资源税按不同的资源品种划分，大部分资源税作为地方收入，海洋石油资源税作为中央收入；证券交易税，中央与地方各分享50%，1997年提高证券交易印花税税率后，中央与广东的分享比例改为88：12。中央与省内企事业单位组成的股份制企业、联营企业按所占的股份或投资比例分享所得税；中央与省内企事业单位组成的金融保险业的股份制、联营企业，所征得的所得税属于中央财政收入；中央所属企事业单位与其他企业或个人组成的股份制企业，企业所缴纳的所得税全部作为中央财政收入。1997年，国家将金融保险业营业税税率从5%提高到8%，提高3%部分归中央财政收入。同年，广东省移动通信总公司和1998年全省石油系统企业上划中央，纳入中央预算。

广东地方财政支出。包括地方行政管理费，公检法司支出，部分武警经费，民兵事业费，地方统筹的基本建设投资，地方企业的技术改造和新产品试制经费，支农支出，城市维护和建设经费，地方文化、教育、卫生等各项事业费，价格补贴支出等政权运转和经济社会事业发展所需资金。

从1994年起，中央财政采取对地方财政税收返还政策。1993年中央从广东净上划的收入数额（消费税+75%增值税–中央下划收入）作为中央对广东税收返还基数，再加上划中央“两税”递增率按全国增值税和消费税的平均增长率的1：0.3系数确定。

1994年实行分税制后，当年中央规定原包干制的地方上解和补助办法基本不变，广东按原规定的办法继续递增上解。原来中央拨给广东的各项专款仍继续下拨。1995年，中央对1994年的上解办法进行调整，从当年起，凡实行递增上解的地区，一律取消递增上解，改为按各地区1994年实际上解额实行定额上解。照此规定，从1995年起，广东每年上解额固定为268 282万元，至2000年不变。

1994—2000年实行分税制执行结果统计表

表2-1-1　　　　单位：亿元

年度	来源于广东的财政收入	中央财政收入						广东地方财政收入
		合计	其中					
			上划中央“两税”	海关代征税收	证券交易印花税	出口退税		
1994	502.98	204.28	190.70	78.00	6.31	－101.80		298.70
1995	668.27	285.93	225.02	97.86	4.02	－136.70		382.34
1996	785.45	306.00	257.20	123.16	34.75	－163.12		479.45
1997	1 036.49	492.54	290.12	143.84	111.65	－98.57		543.95
1998	1 214.60	573.80	328.05	156.86	86.56	－86.41		640.80
1999	1 493.25	727.06	366.27	306.42	97.96	－124.81		766.19
2000	1 998.65	1 088.09	458.00	429.34	205.47	－146.33		910.56
累计	7 699.69	3 677.70	2 115.36	1 335.48	546.72	－857.74		4 021.99

说明：来源于广东的财政收入不含关税

二、省对市（地区）、县财政体制

（一）财政分级管理体制

1979—1982年，广东实行省—县（市）—公社三级地方财政管理体制；广州、韶关、深圳、珠海4个市为省管辖一级财政。在省与县之间的地区行政公署虽设立财政机构，只是省的派出机构，不是一级财政，起组织、协调、汇总和监督财政工作的作用。

1983年，广东开始实行地市合并、市领导县的体制。改革后的省辖地级市明确为一级财政，其所辖（含代管市）县（市、区）财政属市管辖，不再直接由省管辖。至1994年，全省21个地级以上市（1990年起深圳市单列）均为省直辖一级财政，至2000年年底没变动。其间，尚未实行地市合并的地区行政公署仍然没有赋予一级财政权限，但参照地级以上市核定包干基数。1983年，斗门县划归珠海市管辖，至1989年仍为省辖一级财政；1989—1990年由汕头市代管的潮州市受省直接领导，享受一级财政；2000年，佛山市代管的顺德市（县级市）实行由省直管财政体制。

1983—1985年，广东实行政社分开后，保留着设区建乡的建制，以大队建乡，以公社建区，建立的乡级政权，由区公所管辖。全省原有1 892个公社，改设为1 836个区，原有26 583个大队，调整为19 955个乡，设立乡一级财政条件并不具备。而区公所是县政府的派出机构，不是基层一级政权，也不能成为一级财政。

1986年下半年，广东改区建乡镇。将1 767个区（1983—1986年间有所调整）改设为1 456个镇和483个乡（含12个民族乡）。在改区建立乡镇政权的同时，大部分县的乡镇成为一级财政；有的县虽建立乡镇财政所，但还没有实行乡镇一级财政，仍然作为县财政局的派出机构，只实行各种形式的包干制度，如连南瑶族自治县1992年、惠阳市所属县区1998年，乡镇才成为一级财政；连山壮族瑶族自治县的乡镇至2000年仍没有成为一级财政。总体而言，除少数几个县的乡镇外，1986年开始，全省逐步形成省、市、县（市、区）、镇（乡）四级地方财政。这种分级管理的财政体制延续至2000年。

1981年起，随着全国财政体制的改革，省对市（地区）、县的财政体制也经历了较为深入的变革，主要可划分为1981—1995年“分级包干”的财政体制和1996年起的“分税分成”两个阶段。

（二）定收定支，收支挂钩，总额分成

1979年，省对广州市、各地区和中等城市继续实行1976年开始实行的“定收定支，收支挂钩，总额分成”的财政体制。计算分成比例，收入按总额（不包地方税）计算，支出指标按照财政体制规定，剔除六项专款（包括流动资金、小型农田水利和水土保持费、防汛岁修费、支援农村人民公社、城市人口下乡经费、自然灾害救济等）和体制分成计算。地方税的车船使用牌照税、城市房地产税和屠宰税全部留级各级财政，不计收入分成，作为地方固定收入。专款不参与计算分成，其余各项支出一律参与收入分成。各中等城市和县的超收分成比例，由各地区按照“收支挂钩，总额分成”和“自求平衡”的原则分别不同情况自行确定。

（三）收支挂钩，增收分成

1980年，除广州、深圳、珠海3个市外，省对各地区（含韶关市）实行“收支挂钩，增收分成”的财政管理体制。

1. 定收定支，收支挂钩

每年由省根据年度国民经济计划，核定各地的年度财政收入指标与财政支出指标。按照核定的年度财政支出指标，除上述六项专款和原分配各地区的机动财力由省拨给专款

外，其余各项支出，以地区为单位，按照收支挂钩留成比例掌握开支，结余留用；没有完成核定财政收入指标的，则按少收少支的原则相应地紧缩开支，自求平衡。

2. 增收分成

省根据各地区上一年财政收入的实际数（扣除地方税、上缴的企业折旧费、企业隶属关系改变增减数，加不正常退库数和个别一次性因素），核定各地区上年收入基数。对当年实际收入比上年收入基数增加的部分，实行增收分成。收入基数一年一定，增收分成的比例一定两年。各地增收分成的收入，作为地方机动财力，归各级安排使用。年度计划和比例确定后，如遇企事业隶属关系改变，在调整计划的同时，相应调整基数和增收分成比例。原分配给各地的机动财力，仍予保留。县级工业利润留成的办法，仍按原规定执行。当时规定划给各地的地方税，仍留给地方使用。集中上缴的企业折旧费，不参与计算增收分成。

3. 超收分成

收入超过当年财政收入任务的，超过部分不参与收支挂钩比例分成，在增收分成的基础上，再给地方留成20%。

各地区对所属县的财政体制，原则上按上述办法执行。各县的增收分成比例和各市、县的收支挂钩比例，由地区核定。

4. 对广州市的体制

1980年，在对大部分地区实行“收支挂钩，总额分成”的财政体制的同时，为加快改革，省对广州市试行“划分收支，分级包干”的财政管理体制。广州市的固定收入包括市属企业收入（不包括广州石油化工厂）、工商所得税、盐税、农业税、打击投机倒把补税罚款收入和其他收入的82%。工商税收入为省级收入，中央预算的各项收入仍归省和中央。中央各部门按隶属关系拨给广州市各部门经费，省仍照常拨给。

广州市的财政支出范围除特大自然灾害救济费、特大抗旱经费、特大防汛费由省专项拨款，不列入市财政包干范围外，其余各项支出均列入广州市财政支出预算。

原定留给广州市的其他工商税、县办工业利润分成部分，不列入包干范围，仍留给广州市；上缴企业折旧费及其相应安排的挖潜改造经费，不列入广州市财政包干范围，但列入财政收支预算，单独结算。

按照上述收支划分范围，加上省给予广州市的适当照顾，省核定广州市固定收入留成82%，上缴省18%。

（四）划分收支，分级包干

省对广州市试行的“划分收支，分级包干”的财政体制，原定试行两年。试行一年后，就在全省推行这一财政体制。1981—1984年，省对市，地区、市本级，县实行“划分收支，分级包干”的财政管理体制。

1. 划分包干层次

广州市以市为单位，统一对省包干。佛山、汕头、惠阳、梅县、肇庆、湛江、韶关等地区以及韶关市等8个地区、市本级，以及所属的81个县和中等城市，分别直接对省包干。

2. 划分各级财政收入包干范围

各市、县所属企业收入、工商所得税、农业税、打击投机倒把补税罚款收入和其他收入，作为市、县财政的固定收入；工商税和盐税作为省和市、县（市）的调剂收入。地方税不列入包干范围。国家能源交通重点建设基金留给广东地方部分，1983年，省财政与市、地区、县财政5：5分成；1984年改为6：4分成。县级工业利润分成仍予保留，作预算外收入。

3. 划分各级财政支出包干范围

各市、县的简易建筑费，农业、林业、水利、水产、农机等事业费，小型农田水利和水土保持费（不包括小水电补助），防汛岁修费，支援农村人民公社支出（不包括改造低产田补助专款），工交商部门的事业费，城市维护费，人民防空经费，文教卫生科学事业费（不包括中小学重点装备费、重点文物保护费、重点医院改造和烈性病防治等专款补助费），抚恤和社会救济费，行政管理费，其他支出中的各项经费等，归市、县（市）财政支出包干范围。原分配给各地的预备费和体制分成指标列入各级财政支出包干基数内。一些专项支出，如基本建设投资、企业挖潜改造资金、县办"五小"工业技改补助、企业流动资金、科技三项费用、特大自然灾害救济费、特大抗旱和特大防汛费、小型农田水利重点项目补助款、城市人口安置费、专项补助（包括中小学重点装备、重点文物保护、重点医院改造和烈性病防治费）、边境建设补助费等，由省专项拨款，不列入市、县财政支出包干范围。上缴的企业折旧基金及相应安排的挖潜技改经费，不列入收支包干范围。

4. 核定财政收支包干基数

按照上述划分收支的范围，原则上以1980年上级下达的年度财政收支计划为基数。在体制执行过程中，因企事业单位的隶属关系改变和转移，新投产的企业下放市、地区、县（市）管理，或者开征新的税种，相应调整上缴数和补助数额。根据中央、省的决定而采取的重大经济措施，包括调整价格、增加职工工资、调整税率和减免税，除中央和省另有规定者外，都不再调整包干比例或补贴定额。

分配各市、县（市）的中央向广东借财政款任务数，不列入基数，由各市、县（市）专项上缴省，由省统一转交中央。

5. 各市、县不同的包干办法

广州市1981年实行"一边挂"（即支出基数只与固定收入基数和调剂收入基数这两项基数的其中之一挂钩，以计算留成比例，另一项全部上缴或全部留成）的包干办法，固定收入市留成82%，上缴省18%，调剂收入全部上缴省；1982—1984年改为实行"总额分成"的办法，总额收入市留32%，68%上缴省。

佛山等8个地区、市本级及其所属81个县（市）采取以下四种包干办法：（1）"一边挂"。有两种情况，一种是固定收入基数大于支出基数的市、县（市），按照支出基数占固定收入基数的比例进行分成，多余的固定收入按确定的比例上缴省；一种是固定收入基数小于支出基数的市、县（市），除固定收入全留外，支大于收的差额，从调剂收入中按其所占的比例给予留成，多余的调剂收入按确定的比例上缴省。（2）"两边挂"。对于调剂收入全部上缴省，或留成比例不到20%的市、县（市）也可以采取"两边挂钩"的变通办法，即将核定的支出基数分为两半，一半与固定收入基数挂钩，计算出固定收入留成比例；另一半与调剂收入基数挂钩，计算出调剂收入留成比例，按照确定的两个比例核算留成和上缴比例。（3）“全额分成”。即按核定的支出基数占全部收入基数的比重计算出总留成比例和总的上缴比例。（4）“定额补贴”。固定收入基数和调剂收入基数全部留用仍然小于基数的市、县，不足部分由省给予定额补贴。地区行政公署的预算和市、县（市）预算分开，省对地区行署实行“定额补贴”的办法，同时根据省财力可能给予地区行署一定数额的机动财力。综上所述，佛山等8个地区、市所属县（市）和地区本级中，1981年实行“一边挂”包干办法的县（市）共有52个，“两边挂”的市1个，“全额分成”的县（市）9个，“定额补贴”的县和地区本级27个。

凡调剂收入留成比例不到10%的县（市），其调剂收入比上年增长部分，按照10%的比例核算留成，鼓励增收，实行这个办法的有韶关市、南海县、顺德县和茂名市；为鼓励超收，凡是省直接对县（市）实行“划分收支，分级包干”的财政预算管理体制的，其调剂收入、固定收入或全额分成的留成比例在50%以下的，从1982—1984年，每年按省核定的超收分成基数考核，超过基数部分，按50%的比例留成。1983年和1984年超收分成基数按1982年核定数每年递增4%计算核定。实行这一超收分成办法的共有30个县（市）和广州市。1983年佛山、汕头、韶关和江门实行地市合并或升格为地级市，4个市1984年作为一级财政，由省对市实行“定收定支，总额分成，比例包干”的预算管理体制。

（五）划分税种，核定收支，分级包干

根据第二步“利改税”后财政收支等各方面的变化，1985年起，省对市、地区、县（市）改为实行“划分税种，核定收支，分级包干”财政管理体制。这次改革坚持“统一领导，分级管理”的原则，采取分级包干的办法，由省包到市，由市包到所属县（市）；未实行地市合并的地区比照这个办法包干；所属各县的财政体制，由市或地区自行确定。重新划分省和各市（地区）、县（市）财政收支范围，重新核定各级财政的收支基数，根据各地级市的不同情况，采用不同的财政包干办法。

1. 财政收入范围

在1983年原定预算收入范围的基础上进行适当调整。中央下放地方的银行营业税、建筑税，作为省级固定收入；中央收回的石化总公司所属企业缴纳的产品税、营业税和增值税，留地方财政固定收入的30%部分，省决定，广州石油化工总厂和石化总公司广州代办组的收入，省级与广州市按15%：15%比例作为财政固定收入，列入基数；茂名石油工业公司和茂名石油采购调运办事处的收入，省级与茂名市按20%：10%比例作为财政固定收入，列入基数。中央收回的有色金属总公司所属企业缴纳的产品税和营业税，留地方财政固定收入的30%部分，作为企业当地财政固定收入。

1985年起，海关代征的进口产品税、增值税（不含钟表等17种进口产品）超1984年基数部分，50%上缴中央财政，50%留所在市、地区作为固定收入。同年起，中央、省属国营企业奖金税属地征收，省级与广州市为4：6分成，其他各市为5：5分成；各市、地区、县所属企业的奖金税，归同级财政收入。

1985年，国家能源交通重点建设基金广东留用70%中，省级财政分成40%，市、地区、

县财政分成30%。1987年，任务内地方留成30%，超额完成任务部分50%。基数内部分按各市、地区留成比例分3个档次：广州、珠海、韶关等市留成10%，省集中20%；汕头、湛江、茂名等市和梅县地区留成7%，省集中23%；佛山、江门两市和肇庆、惠阳两地区留成3%，省集中27%。超额完成任务部分，省财政集中30%，各地财政留成20%。1988年起，广东对任务内部分省财政与各市的分成比例调整为：河源、汕尾、清远、阳江等市留成15%，省集中15%；广州、珠海、韶关等市留成10%，省集中20%；汕头、湛江、茂名、梅州等市留成7%，省集中23%；佛山、江门、肇庆、惠州、中山、东莞等市留成3%，省集中27%；超任务部分，河源、汕尾、清远、阳江等市留成30%，省集中20%；其余各市留成20%，省集中30%。1989年，超任务部分潮州市留成7%，省集中23%；广州市调整为与省财政5：5分成；其余各市不变。1993年，省对各市实行包干上缴，超收分成，广州、珠海、佛山、东莞、中山、江门等市上缴省20%，自留80%；汕头、韶关、惠州、湛江、茂名、肇庆、潮州等市上缴省15%，自留85%；河源、汕尾、清远、阳江、梅州、揭阳等市上缴省10%，自留90%。

1987年起，中央、省属企事业单位缴纳的房产税，属省级财政收入，其余属地征收。同年4月1日起，耕地占用税地方留成50%部分，省、市（地区）、县按1：1：3比例分成，作为农业发展专项资金；1989年1月1日起，地方留成70%部分，省、市、县的分成比例调整为1：1：5。1987—1989年，盐税实行以县为单位由省财政核定包干基数，超基数部分全留给县安排使用。

1989年起，印花税收入省与市、县分成比例为5：5。同年，属于省内地方单位缴纳的国家预算调节基金地方留成50%部分全归省财政；1990年起修改为：任务内部分地方留成的50%，省与各市的分成比例为35%和15%，超任务部分地方留成70%，省与市按21%：49%比例分成。1993年，国家预算调节基金省与各市的结算办法与国家能源交通重点建设基金一致。同年10月1日起，城镇土地使用税地方留成50%部分，省与市、县按25%：25%比例分成。

1990年起，海关代征进口产品税、增值税，全额作为中央财政收入，中央财政返还1984年基数部分仍作为各市、县（市）预算收入。包括车船使用税、城市房地产税、屠宰税、牲畜交易税、集市交易税等地方税，原规定为地方财力，不参与分成，这次改革按财政部规定，列入基数，作市、县（市）财政固定收入。县办“五小”工业利润分成，按财政部规定，列入基数，作为市、县（市）财政固定收入。城市维护建设税，专项用于城市维护建设，省不参与分成。上、下划企业相应划转预算；实行第二步“利改税”，中央企业、省级企业发生的税利转移，根据转移情况及数额，相应调整收入基数。

1991年，固定资产投资方向调节税省财政与广州市实行以1990年建筑税的基数减去1987年的基数后，以固定数与省财政2：8分成，其余作为省级财政收入。

2. 财政支出范围

在1983年原定支出包干范围的基础上，作适当调整：开征城市维护建设税，按中央规定收回国拨城市维护费和按工商利润提取5%的城建资金指标；中央收回流动资金和人民防空经费、武装警察经费等；省收回防汛岁修费、大专班经费、支援人民公社投资等经费；省原列专款和一次性支出的一部分，如行政事业单位人员调整工资补助款、政法系统增编人员经费、安置1982年和1983年军队转业干部经费等，在这次体制改革中增列各地支出。以上各项相应调整各市、地区支出包干基数。

从1985年1月起，下放各市（地区）、县管理的粮食企业和食品企业，财务收支纳入当地预算。粮食企业亏损按1984年省下达的计划数划转，粮、油价差补贴按1984年省下达的包干指标划转；食品企业在猪肉放开经营后自负盈亏，发给城镇居民的猪肉价差补贴，由省按核定的补贴数专项拨补，列入财政支出。

3. 包干办法的确定

1985年，广州市实行“定额上缴，增收分成”的办法，核定广州市定额上缴126 837万元，增收分成上解40%。为发挥广州中心城市的作用，1988—1990年，省对广州市改为“定额上缴”的包干办法，以1987年18.34亿元为包干基数，每年增加上缴省6 000万元。1991年起，广州市改“定额上缴”为“递增上缴”，递增比例为5%；将中央借款任务合并进上缴基数。

1985年，实行市辖县体制的佛山、江门、韶关、汕头、湛江、茂名等6个市，作为一级财政，由市统一对省包干。佛山、江门、韶关、茂名4个市按核定的上缴数从1985年起，每年递增7%；湛江市每年递增6%；汕头市实行定额补贴851万元。肇庆、惠阳、梅县3个地区，由地区统一对省包干，实行定额补贴；补贴额分别为肇庆地区3 581万元，梅县地区5 609万元，惠阳地区3 337万元。市和地区所属县的财政体制，由市或地区自行确定。

省财政对一些收不抵支的县按定额补贴数每年递增5%的办法继续执行，增加补贴的部分，每年由省财政负责专项拨补；对山区困难县的专项定额上缴款（即中央财政借款与银行利息返还数相抵专项上缴的款）全部免予上缴，共计免缴769万元；为帮助解决市管县由于不平衡产生的困难，省对佛山、江门、汕头、韶关、湛江、茂名6个市和惠阳、肇庆、梅县3个地区，按全市（地区）支出包干基数总额的2%，增加机动财力，共计2 412万元。用于适当调剂解决市（地区）管县的一些困难。

1988年，中山市从佛山市划出升格为地级市，中山市直接对省包干，基数为11 219.7万元，年均递增上缴7%，佛山市仍递增上缴7%。惠阳地区划出并设立东莞、河源、汕尾3个市，从广州市划入龙门县，地市合并后设立惠州市，实行定额补贴3 989.01万元；东莞市实行递增上缴7%；河源市和汕尾市分别实行定额补贴27 875万元和2 024.7万元。从江门市分设出阳江市，江门市实行递增上缴7%，阳江市实行定额上缴923.87万元。实行地市合并的梅州市和新设立的清远市实行定额补贴。

1988—1990年，广州、佛山、中山、东莞、江门、汕头和潮州（1989—1990年）等市，承担中央财政借款任务。

1989年，潮州市归省直接领导，享受市一级经济管理权限，省对汕头市实行定额上缴767.9万元，潮州市实行递增上缴7%。

1991年起，为保证完成上缴中央递增9%的任务，省对递增上缴市（不含广州市）的递增比例提高到9%。

1992年，汕头市分出潮州、揭阳两个地级市，汕头经济特区扩大到整个汕头市区，汕头市改为递增上缴9%，承担中央财政借款任务每年1 000万元；潮州市改为定额上缴1 951万元；揭阳市定额补贴634万元。

广州市、湛江市经济技术开发区范围内的收入，从1985年起，每年比1984年收入基数增加的收入均免予上缴，全部留给开发区用于经济技术开发建设，单独结算。

1991—1993年，省对市继续包干，但调整上缴市的递增比例和基数。上述体制一直实行至1993年。

（五）分税制

1. “双轨制”时期

1994年，中央对省实行分税制，省对市县的体制暂维持不变。但根据中央分税制财政体制的改革，1994—1995年，调整省与市县的收支范围，税收返还基数，上缴和补助数额以及结算方式，并采取省级财政适当集中部分财力措施。省对市县的财政体制实际上是分税制包干制双轨运行的体制。

（1）省与市县财政收入范围

在省与市县原财政收入范围划分的基础上，按照分税制财政管理体制规定的预算级次划分，对属于广东财政收入部分，作相应的调整。

省级固定收入。包括金融、保险、信用合作社营业税，固定资产投资方向调节税，省属企业所得税、上缴利润、计划亏损补贴，中央驻省和省属企业、事业单位缴纳的房产税、车船使用税，省级基本建设“拨改贷”归还的收入，能源交通重点建设基金，国家预算调节基金，省级专项收入（如企业排污费、教育附加费收入），省级其他收入等。同时，1994—1995年省级财政向各市财政集中部分财力，用于支持全省社会公共事业建设。

市县固定收入。包括营业税，市县所属企业所得税、上缴利润、计划亏损补贴，个人所得税，城市维护建设税，房产税，车船使用税（不含中央驻省和省属企业、事业单位缴纳的部分），屠宰税，资源税，国有土地使用权有偿使用收入，农业税，农业特产税，契税，市县专项收入和其他收入等。

省市县共享收入。增值税地方分享25%部分，划为省级收入的有：省级企业批发环节增值税，纳入省电力局总承包方案的电力企业缴纳的增值税，茂名石油工业公司和茂油采购调运办事处缴纳的增值税，广州石化总厂和石化总公司广州代办组缴纳的增值税的12.5%。其他的增值税地方分享25%部分，除广州石化总厂和石化总公司广州代办组缴纳的增值税广州分享12.5%外，全部作为市县共享收入。印花税（含证券交易印花税，下同）、城镇土地使用税从1994年起，市县每年收入超过1993年部分，50%上缴省财政；耕地占用税按市县年终实际收入数的10%和超1993年基数的20%上缴省财政。

（2）省与市县财政支出范围

省级财政支出。包括省级基本建设投资，企业挖潜改造资金，科技三项费用，省级行政、事业单位经费，公检法司支出，价格补贴支出和其他支出等。一些不宜列入市县财政支出范围的，由省作专项拨款支出（如科技教育治安专项补助款，基本建设投资补助款，特大自然灾害救济费、特大抗旱和特大防汛费，小型农田水利重点项目补助款，文教卫生事业费专项补助，边境建设补助等）。

市县财政支出。包括市县基本建设投资，简易建筑费，城市维护费，支援农村生产支出，农林水利气象等部门事业费，工业交通商业等部门事业费，文教卫生科学事业费，其他部门事业费，抚恤和社会福利救济费，行政管理费，公检法司支出，价格补贴支出和其他支出等。

（3）税收返还基数

根据1993年各市财政决算收入以及中央与地方收入划分状况，核定1993年省按中央规定从各市净上划归中央收入的数额，作为省对各市的税收返还基数。从1994年起，税收返还额在1993年基数上逐年递增，递增率按全国增值税和消费税的平均增长率的1：0.3系数确定。每年各市的税收返还数额比1993年税收返还基数按1：0.3系数增加部分，由省级集中1/3。

（4）上缴和补助

财政上缴市以1993年财政体制规定的上缴数，加上省向各市集中财力数之和，作为调整后1993年上缴省财政基数。1994年，汕头、韶关、东莞、中山、江门、佛山、湛江、茂名等市按1993年上缴省财政基数递增9%上缴，广州市递增5%上缴。上述9个市1995年全部改为定额上缴。阳江市和潮州市1994—1995年均实行定额上缴。

1994—1995年，河源、梅州、惠州、汕尾、肇庆、清远、揭阳等市，按原财政包干体制规定的定额补贴基数和实现自给规划的期限，由省财政继续给予补贴。1994年4月5日，云浮市从肇庆市分出，升格为地级市，从1995年起作为一级财政直接对省财政，核定税收返还基数17 254万元，核定1991年定额补贴基数685万元，递减至1994年为110万元。

市对所属各县的财政管理体制，按分税制财政管理体制和省对市的各项规定为前提，由市根据具体情况对所属各县确定实施方案。

2. 实施时期

1995年12月，省政府制订《广东省分税制财政管理体制实施方案》，建立以“核定事权、划分税种、分级管理”为主要特点的分税分成财政体制，理顺各级政府的事权与财权，规范省与市县财政分配关系。方案从1996年1月1日正式实施。

（1）省与市县政府间事权划分

省级财政主要承担省级政权机关运转所需支出，调整全省国民经济结构、协调地区发展、实施宏观调控所必需的支出，以及由省直接管理的事业发展支出。市县财政主要承担本地区政权机关运转所需支出以及本地区经济、事业发展所需支出。省与市县的具体支出项目与“双轨制”时期相同。

（2）省与市县政府间财政收入划分

根据事权与财权相结合的原则，按照中央分税制财政管理体制规定的预算级次划分，对属于广东地方财政收入部分，按税种和行业划分省与市县的收入。将实施宏观调控所必需的税种和税源较为集中的行业税收划为省级固定收入；将与经济发展直接相关、收入规模较大的主要税种划为省与市县共享收入；将适合基层征管的税种划为市县固定收入。

省级固定收入。固定收入项目与“双轨制”时期相比，增加地方铁路和南方航空运输营业税，以及营业税、企业所得税（不含市县国有企业及省属企业所得税）、个人所得税、土地增值税（简称“四税”）等的40%。减少印花税50%，土地使用税和耕地占用税省分成部分，广州石化总厂和石化总公司广州代办组缴纳的增值税12.5%，茂名石油工业公司和茂油采购调运办事处缴纳的增值税25%，省级批发增值税25%，中央驻省和省属企业、事业单位缴纳的房产税、车船使用税，省下放给市县收入。

市县固定收入。与“双轨制”相比，增加省下放的印花税50%，土地使用税和耕地占用税省分成部分，广州石化总厂和石化总公司广州代办组缴纳的增值税12.5%，茂名石油工业公司和茂油采购调运办事处缴纳的增值税25%，省级批发增值税25%，中央驻省和省属企业、事业单位缴纳的房产税、车船使用税。减少营业税、企业所得税（不含市县国有企业及省属企业所得税）、个人所得税、土地增值税等各税的40%，作为省级固定收入。

省与市县共享收入。地方分享25%部分增值税，纳入省电力局总承包方案的电力企业的该项收入划归省级，其余全部作为市县收入。营业税、企业所得税（不含市县国有企业和省属企业）、个人所得税、土地增值税，省分享40%（基数返还市县），市县分享60%。从1996年起，消费税、增值税75%每年增量中央按1：0.3系数返还部分，全部留在省级财政。省级所属企事业单位与市、县所属企事业单位组成的股份制、联营企业缴纳的所得税，按所占股份或投资比例分享。

（3）上解和补助

原体制的上解和补助，以1995年决算数为基数，按各市原体制上解（包括体制上解、定额结算上解和补贴市集中财力专项上解等）与补助（包括定额结算补助、免征供电环节产品税补助等）相抵，核定一个定额上解或定额补助数额。

科技、教育、治安专项基金仍按各市原承担的数额，进入基数。各市原定额上缴省财政的国有土地使用权有偿出让收入，从1996年起，按各市原来承担的上缴数打进基数，增量省不参与分成。从1999年起，省将此项上缴返还市县。

（4）基数和奖励

1996年，省财政根据省与市县收支范围重新划分的情况，对各市分税制财政体制基数重新核定，作为省对各市预算划转补助数。

1996年起，省财政厅从省级财政分享部分提取20%的额度，对共享收入增长幅度高于全省（不含深圳市和省级，下同）平均增长水平的市，在年终决算后给予一次性奖励。

（5）省对市县转移支付制度

1996年，广东建立省对市县财政一般性转移支付制度。开始只将转移支付的目标定位为保证市县政府机构运转所需的必要财力，即保运转、保稳定。转移支付的对象主要是东西两翼、粤北和山区的困难市县。

1996—1999年，省财政主要以财政供养人数为依据，通过设定全省市县人均年支出标准，按照市县支出总额与收入总额的差额确定转移支付额。1999年，省财政对困难地区另行给予调资补助。补助方法为按人均可支配财力大小进行分档，通过设定相应的补助比例，分地级市本级和县（市）分别确定调资补助数额。

2000年，省财政厅制定两项激励措施：按各市、县（市）的地方财政预算收入增长率，对高于、低于全省平均数的市、县（市）实行适量的奖惩；按总人口、山区、非山区等因素，对市、县（市）进行分类分档，针对各地事业编制管理宽松不一的情况，对低于、高于同类同档平均数的市、县（市）实行适量的奖惩。

（6）省对广州市财政体制的特殊优惠政策

广州市作为省会城市的特殊性，省在统一的体制外，给予广州市一系列优惠政策照顾：①对广州市上划省“四税”（即营业税、非国有企业所得税、个人所得税和土地增值税）超1995年基数返还12.5%；②执行分税分成体制后增加上缴省收入超4亿元部分，省分三年返还（1996年为75%、1997年为60%、1998年为50%）；③金融保险营业税超1995年基数返还20%；④南航运输营业税超1995年基数返还70%；⑤免缴科技、教育、治安专项基金；⑥返还国有土地使用权有偿出让收入。其中第二项优惠政策1999年执行到期后，改为对广州市城市建设、白云机场迁建、大学城建设等给予专项补助的办法支持。

三、经济特区财政体制

1979年3月，国务院批准撤宝安县和珠海县，相应设深圳市和珠海市。1980年8月26日，第五届全国人民代表大会常务委员会第十五次会议通过《广东省经济特区条例》，8月设立深圳、珠海经济特区，1981年11月设立汕头经济特区。特区设立初期面临大规模的建设任务，各项事业的建设和政权的正常运作，需要大量的资金予以保障，而刚设立的经济特区经济基础薄弱，地方财政状况窘迫，中央和省都不可能安排大量资金投资，只能在财政体制方面采取特殊政策。1979—1981年，中央财政对深圳市和珠海市外贸基地和市政建设拨款1.5亿元，广东省负责包干建设。

（一）中央、省对深圳市财政体制

深圳经济特区设立于毗邻香港一方，面积395.81平方千米。

1979—1982年，省对深圳市实行“收入全留，支出基数省照拨”的财政体制，省每年给予深圳市下拨支出基数958万元。1981年和1982年，省政府核定深圳市按当年可支配财力17%的指标，上解中央借用广东地方财政款任务1 650万元和1 600万元。

1983年，省对深圳市实行“收入全留，支出按基数减半下拨”的体制（即下拨479万元）。同时，按1983年深圳市地方可支配财力的15%调整上解中央借用广东地方财政款为1 360万元；国家能源交通重点建设基金全留。

1984—1989年，省对深圳市实行“收入全留，支出不拨，国家能源交通重点建设基金全留”的财政管理体制。从1984年起，省不再按基数下拨深圳市，但原定的上解款项，继续上解，而且上解数额逐年递增，当年仍上解中央财政借款1 360万元。1985年，对海关代征的进口产品税、增值税、工商统一税，除国家规定的钟、表等17种产品的进口产品税和增值税全额上缴中央财政外，其余产品的进口产品税、增值税、工商统一税，实行比例分成的办法。分成按1984年实际入库数14 622.5万元为基数，每年超基数部分，50%上缴省财政转缴中央财政，50%深圳市留用。当年，由于财政税收制度变化和企业隶属关系变化引起财政收入转移，省对深圳市财政体制相应作如下三项调整：①省每年增加深圳市体制补助537.4万元；②省专项拨补城镇居民猪肉差价补贴220万元；③省专项拨补下放的粮食企业经营差价和亏损补助641万元，另外，超购粮油加价款由省粮食厅每年直接拨给深圳市粮食局174万元。

1987年，国家能源交通重点建设基金按实际收入，中央财政与深圳市实行2∶8分成。1988年，省财政增加深圳市上解中央款项，海关代征税收超过1984年基数部分，上缴22 019万元；增加上解中央财政2 500万元（1988—1990共增加上解1.4亿元）和上缴省行政经费

10.13万元。1989年起开征国家预算调节基金，驻深圳市的中央单位缴纳的国家预算调节基金，全部归中央财政；深圳市地方单位缴纳的，50%上缴中央财政，50%留归深圳地方财政。1989年上缴省行政经费数40.13万元。

1990年，国务院决定深圳市在国家计划（包括财政计划）中实行单列，享受省一级经济管理权限。当年中央财政、省财政与深圳市财政进行预算收支划转工作，深圳市上缴中央和省的各项任务为31 870.49万元，减除当年单独结算的递增包干上缴7 000万元外，深圳市应上缴数为24 870.49万元。省财政给深圳市应拨补数为1 031.25万元，相抵后，核定深圳市上缴基数为23 839.24万元。另外，从1990年起，深圳市海关代征税收全部收归中央财政，基数14 622.5万元由中央财政直接返还给深圳市财政。

1991年，深圳市地方各类外贸企业出口产品的退税，由中央财政负担90%，地方财政负担10%。按中央规定，1988年起每年上解基数递增9%的办法不变，当年上解中央财政20 717.8万元，包括上解基数和1990年递增9%的上解数额，但向中央新增贡献的6 000万元不算入递增基数之中。1992年起，中央财政免去深圳市向中央新增贡献的6 000万元任务。深圳市地方各类外贸企业出口产品的退税从1992年起中央财政负担80%，地方财政负担20%。从1993年起连续三年，每年上缴省财政教育、科技、治安专项基金3亿元。

1994年1月起，深圳市实行分税制财政体制，不执行全省分税制包干制双轨运行体制。当年中央补助深圳市215 864万元，其中税收返还收入192 083万元，省与深圳市结算补助5 985万元；上解中央支出29 664万元，上解省98 779万元。1995年，省核定深圳市上缴省财政基数34 636万元，从1996年起，每年递增10%上缴省财政；教育、科技、治安专项基金，每年定额上缴省财政3亿元；省财政从1996年起每年专项补助深圳市5 000万元。

1998年，中央财政决定深圳市增加企业所得税专项上解，1998—2000年共上解6亿元。

实行分税制后，随着上划中央财政的税收不断增加，中央级财政收入占深圳全市收入的比重不断提高，上划中央财政收入以1994年为基数年，年均递增50.03%。

1994—2000年实行分税制深圳市上划中央财政收入统计表

表2-1-2　　单位：亿元

项目＼年度	1994年	1995年	1996年	1997年	1998年	1999年	2000年
增值税（75%）	15.23	20.60	25.10	30.50	42.76	46.08	63.76
消费税	1.11	1.40	2.18	2.71	3.59	3.72	5.44
地方金融企业所得税	3.03	4.60	9.34	20.80	15.14	12.30	14.60
金融保险营业税	—	—	—	4.30	9.14	9.36	9.39
证券交易印花税	6.31	4.02	34.75	111.65	86.56	97.96	205.47
海上石油外资企业所得税	—	0.28	0.30	0.28	0.47	1.44	1.22
滞补罚收入	—	—	—	0.54	—	0.02	3.09
海关代征税收	12.70	19.40	28.70	23.65	35.37	76.02	123.88
银行所得税	—	8.80	13.30	13.90	12.50	10.96	10.80
累计	38.38	59.10	113.67	208.33	205.53	257.86	437.65

说明：此表数据不含关税

（二）中央、省对珠海市财政体制

珠海经济特区设立初期面积仅为6.81平方千米，1983年6月经国务院批准扩大为15.16平方千米，1988年再扩大为121平方千米，全部在香洲区辖区范围内。

1979—1982年，省对珠海市实行“收入全留，支出基数省照拨”的财政体制。珠海市的税收和利润不上缴，除归还货款外，用于经济建设和各项事业开支，不再计算分成上缴，每月实现的收入，仍列作预算收入，上报省财政汇总。支出方面，由省财政按年初下达预算数作一般补助款拨补。省财政1979年下拨375万元，1980年下拨533万元，1981年和1982年分别下拨590万元。但从1981年开始，珠海市已向中央财政上解，1981年和1982年分别向中央财政上解748万元和700万元。

1983年，实行收入留用，支出下拨一半的办法。当年珠海市除继续收入留用外，省财政下拨289万元。同年，斗门县并入珠海市，预算仍属省单列，1983—1984年实行“定额上缴，超收留成”的预算管理体制，每年通过珠海市财政定额上缴省财政1 600万元，其余留给县安排使用。

1984年起，实行收入留用，支出自行解决的办法，珠海市的财政体制实质上变成自收自支。

1985年，中央和省对珠海市的财政体制作进一步调整，国务院规定：“为支持经济特区的建设，在1989年以前，珠海市的财政收入仍暂不上缴，但是，由于财政税收制度变化引起的财政收入转移应作相应调整。”省对珠海市的财政体制继续按中央规定执行：①由于企业隶属关系改变，省级企业第二步“利改税”后的税利转移，华侨农场减免税和支出项目划转等原因，影响珠海市财政收入和财政支出的款项，由省财政每年拨补珠海市1 100万元，从1985年起执行到1989年。②海关代征的进口产品税、增值税、工商统一税，除国家规定的钟、表等17种产品的进口产品税和增值税全额上缴中央财政外，其余产品的进口产品税、增值税、工商统一税，实行比例分成的办法。分成按1984年实际入库数8 876.6万元为基数，每年超基数部分，50%上缴省财政转缴中央财政，50%珠海市留用。③建筑税和银行、保险公司的营业税，作为省级财政固定收入。④猪肉放开经营后，发给城镇居民（非农业人口）的猪肉差价补贴，由省财政按核定的补贴数专项拨补，列入各地预算支出。⑤珠海市各年度定额上缴中央财政款为：1983—1988年每年649万元。另外，从1987年起，压支上借中央财政款，1987年1 929万元，1988年2 229万元。⑥斗门县向省财政包干，收入包干基数686.3万元，财政支出包干基数为1 228.1万元，定额补贴数为541.8万元，减除中央财政借款54万元，核定补贴数487.8万元。从1985年起到1989年，一定五年不变，但实际上执行到1988年。

1989年起，省对珠海市继续执行“收入全留，支出自行安排”，一定五年的财政体制，市（含斗门县）作为一级财政统一对省进行包干，上解基数继续执行。

1994—1995年，省对珠海市的财政体制与其他各市（不含深圳市）一样，实施分税制包干制双轨运行的财政体制。1994年，珠海市按1993年上解省财政基数递增9%上缴，上解支出41 679万元。其中，体制上缴3 640万元，向中央多作贡献2 500万元，向省上缴科技、教育、治安基金14 300万元。1996年起正式实施分税制。

（三）省对汕头经济特区财政体制

汕头经济特区创立初期面积1.6平方千米，即龙湖工业区。1984年11月，经国务院批准，扩大为52.6平方千米，其中龙湖区22.6平方千米，广澳区30平方千米。1991年11月，经国务院批准，汕头经济特区扩大到整个汕头市区。

从1982年起，汕头经济特区本身的收入全留外，省财政每年还拨给一笔特区开发建设补助费，其中1983年和1984年分别为640万元和1 640万元。

1985—1991年，汕头经济特区实行“收入全留，支出自行安排”的办法，单独与省财政结算。

1992年，汕头市分出潮州、揭阳两个地级市，汕头经济特区扩大到整个汕头市区，汕头市改为递增上缴9%，承担中央财政借款任务每年1 000万元。1994—1995年，省对汕头市的财政体制与其他各市（不含深圳市）一样，实施分税制包干制双轨运行的财政体制。1994年，按1993年上缴省财政基数递增9%上缴，并承担向中央多作贡献和向省上缴科技教育治安基金。1996年起正式实施分税制。

四、民族自治地区财政体制

中华人民共和国成立后，广东对民族自治地区执行全省统一规定的财政体制外，还根据中央的指示精神和本省实际，给予多方面的优惠政策和特殊照顾。从1988年4月海南建省后，广东民族地区有连南瑶族自治县、连山壮族瑶族自治县和乳源瑶族自治县3个民族自治县。

1979年，3个民族自治县的财政体制与其他地区基本一致，并保留原优惠政策。

1980年，对民族自治县统一实行“收支挂钩，增收分成”的办法。原来财政体制对少数民族地区的优惠照顾仍予保留。

1981年起，对3个民族自治县实行“收支包干，定额补助，一定五年”的体制。包干基数以1980年省或韶关地区下达的预算收支指标计算，确定3个民族自治县1981年的定额补助，并从1982年起按确定的定额补助每年递增10%；省追加给3个民族自治县的特大自然灾害救济费、特大抗旱、特大防汛、支援不发达地区资金等各项一次性的临时支出和从集中上缴折旧安排的挖潜技改资金，由省另拨专款，其余各项经费列入包干范围；基建投资仍列入省级预算；在3个民族自治县的省级企业，由省财政根据各企业实际上缴的利润，给自治县留成15%。

1985年，省对3个民族自治县的预算收支包干范围和包干基数的核定，按全省统一规定执行。省对3个民族自治县实行定额补贴，每年递增10%的办法继续执行至1989年，1990年起不再递增补贴；在3个民族自治县的省级企业给予留成15%的办法执行到1987年。

1994年，中央对广东实行分税制财政体制。1996年，省对市县统一实行分税分成财政体制，3个民族自治县统一执行上述财政体制。与分税分成财政体制相配套，从1996年开始省对市县实施转移支付。3个民族自治县除统一执行省财政转移支付制度外，省另行给予特殊照顾，在1996年、1997年和2000年，省按3个民族自治县的财政供养人数（或人员编制数）给予每人每年一定标准的补助（包含在当年一般性转移支付补助中），三年3个民族自治县新增特殊照顾额分别为227万元、1 634万元和804万元，从2000年起合并进一般性转移支付基数，实行按比例递增。

此外，从2000年起，省财政还安排3个民族自治县发展经济专项资金，2000年安排500万元。

五、公共财政基本框架

1998年，中央明确提出，深化财政改革的目标是逐步建立完整的公共财政体系。1999年12月8日至10日召开的全国财政工作会议，提出财政资金要下决心退出竞争性领域，不能一下子退出的，也要有个时间表，逐步退出，要重点保障公共支出需要，尽快建立起公共财政框架。

1999年12月23日，全省财政工作会议提出，2000年要加大调整财政支出结构的力度，调减对竞争性、经营性领域的投资支出，增加公共项目支出，推进公共财政基本框架的建立。到2000年年底，广东构建公共财政框架的部门预算改革、国库集中支付改革、政府采购等几项基础工作已经启动，或为启动作了准备工作。

部门预算改革。1999年，省财政厅选择省公安厅、省法院、省教育厅和省文化厅等4个部门作为2000年部门细化预算的试点单位；2000年，试点单位扩大到省委办公厅、省政府办公厅、省劳动保障厅、省监狱管理局等4个部门。将预算资金的项目和内容细化，编制到二级单位的目级科目，其中省教育厅和省文化厅分别将预算批复到省属学校和文艺单位。

国库集中收付改革。广东进行预算外资金委托银行代收，国家公务员和离退休人员的工资由银行统一发放，为国库集中收付改革奠定基础。1998年10月28日，省财政厅与省建行签订省级行政事业性收费、政府性基金委托银行代收的协议。2000年1月起，省直财政供养人员工资由省财政厅委托省建行统一发放；同年4月1日起，省级行政、公检法单位离退人员的离退休金开始实施财政委托银行统一发放。10个市县也进行试点。

政府采购。1997年，深圳探索开展政府采购工作，采购范围包括公务用车及其定点加油、维修、保险服务，政府机关的信息化管理工程和城市绿化工程等。1998年，深圳市财政局成立全省第一个政府采购机构——深圳市政府物料供应中心。1998年8月3日，省政府颁布《广东省省直行政事业单位大宗物品招标采购暂行规定》，将省直行政事业单位购买汽车、计算机、空调器、复印机等大宗物品，一律实行招标采购，并对招标采购参加人、招标采购程序、招标采购的分类管理、招标采购的监督检查作出明确规定。1999年，广州、珠海、河源、韶关、佛山、湛江、中山、惠州、揭阳、东莞、顺德、汕尾12个市不同程度地开展政府采购试点工作。2000年，省财政厅在机构改革中组建成立广东省政府采购中心。2000年，广东政府采购规模达到24.28亿元。

第二节　税收制度改革

一、税收制度结构性改革

1979年，国家决定实行对外开放、对内搞活经济的重大决策，广东各地先后呈现多种经济成分、多种经济结构、多样经济组织形式和多种经营方式、多种商品流通渠道的局面。而1973年推行后一直沿用到1979年的简化税制，由于税种简单，覆盖面狭窄；税目、税率设计笼统，既影响税收负担的合理性，也不利于发挥税收调节功能，已不适应经济社会的发展。因此，根据国家统一规定，广东陆续开征了一些新税种。

涉外税收方面。1980年9月10日起和10月1日起，广东分别执行第五届全国人民代表大会第三次会议通过的《中华人民共和国个人所得税法》和《中华人民共和国中外合资经营企业所得税法》，开征中外合资经营企业所得税和个人所得税。同时，根据国务院的决定，广东继续对涉外企业征收工商统一税、城市房地产税和车船使用牌照税。1982年1月1日起，根据第五届全国人民代表大会第四次会议通过的《中华人民共和国外国企业所得税法》，广东对外国企业征收外国企业所得税。至此，广东基本建立起适应对外开放，有利于引进外资和先进技术设备，开展对外经济技术合作的涉外税收制度。

1983年5月1日起，广东按财政部通知精神，对中外合资经营企业、中外合作经营企业、外资企业缴纳工商统一税的税率，凡是高于工商税当时税率的，降低到同工商税税率相同的水平征税。中外合资经营企业所得税法和外国企业所得税法两个税法的税率不同，税收优惠待遇不一致，与进一步扩大对外开放的形势不相适应。为此，1991年4月9日，第七届全国人民代表大会第四次会议将上述两个企业所得税法合并为《中华人民共和国外商投资企业和外国企业所得税法》，统一税率和税收优惠待遇以及税收管辖权。

1984年10月，广东根据国务院颁布的条例，将原征收的工商税按征税对象的性质划分为产品税、增值税、营业税和盐税；涉外企业仍征收工商统一税，形成由产品税、增值税、营业税和工商统一税4个税种组成的流转税制格局（盐税属资源税类）。

流转税方面。流转税制改革初期，产品税的征收范围，一部分是除征增值税以外的各种工业品共260个税目，另一部分是产品税条例列举的农、林、牧、水产品等10个税目。增值税征收范围仅限于增值税条例列举的12个税目，1986年起，将征收范围扩大到纺织品、日用机械、电器、电子产品等产品。之后，逐步扩大增值税的征收范围，至1993年年底，共有174个产品税税目改为征收增值税。营业税主要对商业、交通运输、服务业征收，其中过去没有征税的商业批发也纳入营业税征收范围。同时废除工商税。

所得税方面。1980年7月，经省政府批准，广东在广州、韶关、佛山、江门4个市选定8家工业企业和7家商业企业以及顺德、高州两县地方国营工业企业试点“利改税”。1983年6月，广东进行第一步“利改税”，根据财政部《关于对国营企业征收所得税的暂行规定》，把国营企业的上缴利润改为征收所得税；1984年10月起，广东进行第二步“利改税”，对税后留利较大的大中型国营企业加征国营企业调节税。1986年1月起，对原征收工商所得税的集体企业按国务院颁布的《中华人民共和国集体企业所得税暂行条例》改为征收集体企业所得税。1986年，对城乡个体工商业户改按国务院颁布的《中华人民共和国城乡个体工商业户所得税暂行条例》的规定，征收城乡个体工商业户所得税；1988年，对私营企业改为按国务院颁布的《中华人民共和国私营企业所得税暂行条例》征收私营企业所得税。1986年9月，国务院颁布《中华人民共和国个人收入调节税暂行条例》，从1987年1月1日起，广东对省内居住的中国公民征收个人收入调节税。

辅助税种方面。广东根据国务院颁布的条例和财政部的规定，开征或恢复征收一些辅助税种。1982年7月1日起，开征烧油特别税。1983年7月1日恢复征收牲畜交易税，1988年7月1日省政府决定停征。1983年10月1日起，开征建筑税；1991年停征，改征固定资产投资方向调节税。1984年10月1日，开征资源税。1985年1月1日起，开征城市维护建设税。1984年9月，广东开征国营企业奖金税；1985年8月开征集体企业奖金税，9月开征事业单位奖金税。1985年7月，开征国营企业工资调节税。1987年1月1日起，恢复征收房产税和车船使用税。1988年10月1日起，广东恢复征收印花税；1992年1月1日起，国家增设证券交易印花税。1989年1月1日起，征收城镇土地使用税。1989年起，广东对原征收奖金税的国营企业、集体企业和企业化管理的事业单位改征工资调节税；1993年对非企业化管理的事业单位停征奖金税。对农民和集体伙食单位屠宰生猪、菜牛、菜羊，仍继续征收屠宰税。

1988年9月22日，国务院颁布《中华人民共和国筵席税暂行条例》，广东没有开征；集市交易税自1966年10月停征之后，只保留税种，一直未恢复征收。

从1981年至1993年年底，国家先后颁布的工商税收共32个税种。广东由税务部门征收的税种实为29种，形成以流转税类和所得税类为主，其他税类为辅的多税种、多环节、多层次课征的复合税制。

税收减免权限。1979年后，广东在国家规定的授权范围内，根据社会经济不断发展的具体情况，对引进外资，发展特区经济，扶持企业进行技术改造，开发新产品，支持扩大对外贸易，支持发展科技、能源、交通等事业，支持发展山区经济等方面，分别实行不同的纳税优惠政策，促进了经济的发展。

征收管理。1981年5月29日，省政府颁布《广东省税务征收管理暂行办法》，规范税收征管。1986年7月7日，根据同年4月21日国务院颁布的《中华人民共和国税收征收管理暂行条例》，省政府颁布《广东省税收征收管理实施办法》，同时废除《广东省税务征收管理暂行办法》。凡由税务机关依法征收的各种税收的征收管理，均按《中华人民共和国税收征收管理暂行条例》和《广东省税收征收管理实施办法》执行。1992年9月4日，第七届全国人民代表大会常务委员会第二十七次会议通过，同日，中华人民共和国主席令发布《中华人民共和国税收征收管理法》，广东自1993年1月1日起施行，《中华人民共和国税收征收管理暂行条例》和《广东省税收征收管理实施办法》同时废止。同时设置税政员和专管员制度，税政员负责税政和征收工作，专管员负责纳税户的日常税务管理和检查工作。

二、税收制度全面改革

1994年，国家对工商税制进行全面改革。

流转税方面。1994年税收制度全面改革后的流转税类由增值税、消费税和营业税组成。1993年12月，第八届全国人民代表大会常务委员会第五次会议决定，外商投资企业和外国企业自1994年起适应国务院颁布的增值税条例、营业税条例和消费税条例。在工业生产领域和批发零售商业普遍征收增值税。对少量消费品征收消费税，将特别消费税并入消费税，原来征收产品税的产品改为征收增值税后，有不少产品的税负大幅度降低，为体现基本保持原税负的原则，同时考虑对一些消费品进行特殊调节，国家选择少数消费品在征收增值税的基础上再征收消费税。对不实行增值税的劳务和销售不动产征收营业税。

新的流转税制统一适用于内资企业、外商投资企业和外国企业。取消对外商投资企业和外国企业征收的工商统一税；原来征收产品税的农、林、牧、水产品，改征农业特产税和屠宰税。外商投资企业和外国企业废除工商统一税，统一实行增值税、消费税、营业税后，税收负担发生一些变化。有些企业税负与改革前持平，有些企业税负稍有下降，有些企业税负有所提高。根据国家的规定，省政府采取妥善办法加以解决：按改革后税制计算缴纳的税款比改革前增加的部分，经主管税务机关审核后，采取年终一次或全年分次返还的办法。照顾时间以合同期为限，但最长没有超过1998年。1994年1月1日后新批准的外商投资企业和外国企业，一律按新税法规定的税负纳税。

所得税方面。1994年1月1日起，国家统一国有企业、集体企业、私营企业、联营企业和股份制企业（简称“内资企业”）的企业所得税；内资企业所得税实行33%的比例税率，对部分赢利水平低的企业采取一些过渡性的照顾措施；用税法规范企业所得税前的列支项目和标准，改变原来应纳税所得额的确定从属于企业财务制度的状况，稳定和拓宽税基，硬化企业所得税；取消国营企业调节税和向国有企业征收国家能源交通重点建设基金和国家预算调节基金；《企业财务通则》和《企业会计准则》实施以后，企业贷款利息进入成本，折旧加速，企业实行税后承包。

1994年1月1日起，广东执行1993年10月31日第八届全国人民代表大会常务委员会第四次会议通过修改后的《中华人民共和国个人所得税法》，把原来征收的个人所得税、个人收入调节税、城乡个体工商业户所得税进行统一；按照对基本生活费用不征税的国际惯例核定个人所得税的费用扣除标准；中国公民、中国港澳台同胞、华侨以及外籍人员实行统一的个人所得税法后，对中国港澳台同胞、华侨以及外籍人员规定附加减除标准；增加个体工商业户的生产经营所得、财产转让所得和偶然所得。

其他税种方面。1994年前，资源税只对部分资源产品和部分资源开采企业征收，征税范围窄，税负偏低。1994年起，资源税的征税范围包括所有矿产资源，配合增值税的改革，适当调整税负；将盐税并入资源税。1995年起，广东矿产企业普遍亏损，故对非金属原矿和有色金属矿原矿等实行20%优惠征税。国家要求从1994年起征收土地增值税，广东从1995年8月起才开始征收。城市维护建设税由按流转税额附加征收改为以销售收入为计税依据；改变不合理的税率结构，区分市区、县、镇所承担的不同税率；原来不缴纳城市维护建设税的外商投资企业和外国企业，也成为城建税的纳税人。扩大土地使用税的征收范围。取消集市交易税、牲畜交易税、烧油特别税、奖金税和工资调节税。外商投资企业和外国企业，中国港澳台同胞、华侨以及外籍人员仍适应征收城市房地产税和车船使用牌照税。国家将屠宰税、筵席税下放给地方，广东继续征收屠宰税，没有开征筵席税。

改革后，广东由税务部门征收的工商税收由29个税种减为17个，适应社会主义市场经济体制要求的税制体系初步形成，结构趋向合理和简化。

税收减免权限。税制改革后，税种分为中央税、共享税和地方税，中央税和全国统一实行的地方税立法权集中在中央；除税法规定的减免税项目外，广东各级税务机关、各级政府部门都没有减免税权力。

征收管理。税制改革后，广东仍执行《中华人民共和国税收征收管理法》。税收实行分级征管，为此，广东组建国税和地税两套税务机构，分别负责征收中央税、共享税和地方税。两套税务机构普遍建立纳税申报制度，形成纳税人自我约束的机制，增强公民纳税意识；纳税申报制度建立后，对不按期和不据实申报的，均视为偷税行为，依法进行严惩。按照国际通行做法实行会计师事务所、律师事务所等社会中介机构代理办税，推行税务代理制度。普遍推行纳税申报和税务代理制度后，税务机关的主要力量转向日常的、重点的税务稽查，建立申报、代理、稽查三位一体，以信息化管理为依托的税收征管格局，同时辅之以对偷逃税行为进行重罚的办法。

第三节　税收减免与优惠

一、减免

1980年，广东在全国率先采取用贷款安排建设的新举措，税务部门随即实行减税还贷办法，对于企业进行挖潜、更新、改造、引进先进技术和设备的各项贷款，包括小型技措贷款、轻纺工业技措贷款、出口专项贷款、进口设备短期外汇贷款、进口设备人民币贷款、国内配套建行贷款、地方建材短期贷款、人民银行中短期贷款，国营中小型企业可用贷款项目投产后增加的利润在缴纳所得税前归还到期贷款本息；城镇集体企业在缴纳所得税前允许用贷款项目新增利润归还到期本息的60%，其余40%用税后利润归还；少数企业按此规定还贷仍有较大困难的，经省财政厅税务局批准，可酌情放宽税前还贷比例。同年8月，对企业按规定归还到期贷款本息有困难的，经省财政厅税务局批准，可用贷款项目新增加产品应纳的工商税归还。

1981年7月，中共中央、国务院确定对广东实行特殊政策、灵活措施。省委、省政府决定集中主要力量把农业搞上去，把电力、燃料和交通运输搞上去，大力发展轻工业。广东在执行税收优惠政策方面，采取所得税税前还贷、以税还贷、减税还贷（统称减税还贷）措施，把税收优惠的重点放在政策性扶持的税收减免，支持企业进行挖潜力、革新、改造和新建扩建，引进先进技术设备，扩大产业结构和产品结构的生产规模，提高科技水平，提高产品质量，增强市场竞争力，形成制度化促产培财。1984年，这些优惠措施扩大到其他国营企业和农村集体企业。

1985年3月，广东根据中央授权的精神，省财政预算内基本建设投资全部改“拨改贷”。税收方面进一步扩大减税还贷的项目，并将减征的税款从贷款项目新增税收扩大到贷款企业新增加的税收（产品税、增值税、所得税）。同时，报请国家税务局批准，对卷烟和制糖工业企业也实行减税还贷。1988—1993年，国家对广东实行财政递增包干体制，上缴中央的数额每年递增9%。省税务局规定，减税还贷的企业，需用企业新增加的税收超过9%的部分归还到期贷款本息。

根据中央给予广东实行“特殊政策、灵活措施”，在改革开放中先行一步，广东税务部门大胆运用税收的杠杆作用，明确提出大力扶持生产发展，将税收的困难减免延伸到效益扶持，引导企业投资适销对路的产品，改造生产设备、扩大生产规模。只要“宏观不失控（投资项目、贷款纳入计划内的）、经济有效益（生产的产品有市场、企业有效益）、税收有增长（比投资前）”，归还到期贷款有困难的，可从增收的产品税收中给予减免还贷。对企业经营管理差，市场上滞销、长线产品则从严或不予审批。从1981—1990年，全省各项减免税和减税还贷金额累计106.71亿元，占同期工商税收收入总额的12.75%。对广东经济快速发展起到积极作用，税收收入也随之大幅度增长。

1994年，国家实行分税制财政体制，取消减税还贷政策。

1979年2月，省革命委员会颁发《关于减轻农村税收负担的若干规定》，对新办的农村社队企业免征工商税三年（生产糖、烟、酒、棉纱等产品除外）、免征工商所得税三年（生产糖、烟、酒、棉纱产品除外）；农村社队企业工商所得税起征点由2 400元提高至3 000元。社队拖拉机站和生产队的拖拉机的运输收入，属兼营性质的，免征工商税。1984年1月，广东执行国务院办公厅转发财政部《关于调整农村社队企业和基层供销社缴纳工商所得税税率的规定》，对农村社队企业一律按八级超额累进税率征收工商所得税，并取消3 000元起征点的规定，省政府对社队企业实行一些优惠措施：对农村社队企业改按八级超额累进税率纳税有困难的，超过20%税负部分给予减半征收工商所得税照顾；对社队新办的工业企业和商业企业，分别给予免征工商所得税两年和一年的照顾；对生产电力、煤炭和开采金属矿的社队企业及经批准社队办的土糖寮、盐场等免征工商所得税。1986年1月，广东执行国务院颁布的《中华人民共和国集体企业所得税暂行条例》，对乡镇（社队）企业继续实行所得税负超20%部分减半征收的优惠措施至1993年年底。同年8月，国务院颁布《集体企业奖金税暂行规定》，广东对乡镇集体企业暂不征奖金税。

广东对农村社队企业（1985年后改称“乡镇企业”）实行一系列优惠政策后，促进社队（乡镇）企业和农村经济发展。至1993年，全省乡镇集体企业达19.33万家，从业人数达915.51万人，实现总收入2 438.1亿元，分别是1980年的3.6倍、4.5倍、56.4倍。缴纳税收是1980年的16.7倍。

为适应社会经济发展和对外开放的需要，省政府采取多层次、多形式、多渠道筹集资金的方针，加快交通运输、电力的发展，实行“以路养路”“以桥养桥”“以电养电”政策，税收方面相应采取优惠措施。1979年，广东对交通运输企业在完成国家下达的8项指标后，可按职工全年工资总额提取5%作企业基金，用于职工福利设施和生产技术措施的改造。1981年对交通部门征收的用于养护和改善公路的养路费，免征工商所得税，1984年起不征营业税。对山区县（市）群众集资修建的公路和其他交通设施，免征营业税五年。

为加快能源交通建设，1984年省委规定，凡在1984年1月1日以后利用外资或集资兴建能源（不包括石油、天然气）、交通、港口的，在未还清贷款本息前，能源项目免征产品工商税和所得税，交通、港口项目免征工商税和所得税。用于发展能源或节能引进的先进设备，免征进口工商统一税。凡是自筹或贷款到山区办水电站，一律实行“谁建、谁有、谁管、谁受益”的政策，银行贷款由省给予贴息，在未还清资金本息前，免征一切税收。鼓励群众集资建设公路、桥梁，以收过桥（路）费方式偿还。

同年8月，省政府批准成立省电力开发公司，负责全省集资办电工作的组织协调，以及集资办电项目的建设和投产的经营管理，税收方面对省电力公司集资、引进外资兴建的火电厂、水电站、新投产的发电机组，还本付息期内免征工商税、所得税。同年12月，省政府规定，对山区县个人和联户办的小水电生产销售的电力，免征产品税和工商所得税。

1985—1993年，广东对省电力局直属供电企业实行免征供电环节产品税，免征税款如数转列为省电力建设专用资金。对省电力局直属列明的电力工业企业免征发电环节产品税，对部分发电厂引进外资投产项目所实现的发电环节产品税用于还贷。对非省电力局所属的新建电厂，定期给予减免产品税照顾。

1994年1月起，广东对公路和其他单位收取的过桥（路）费收入，按“服务业—其他服务业”税目征收营业税。2000年10月22日起，凡交通、建设部门贷款或按照国家规定有偿集资修建路桥、隧道、渡口、船闸收取的车辆通行费、船舶过闸费，收费项目由省财政厅会同省物价局、省交通厅和建设部门审核；收费标准由物价部门会同财政部门、交通部门或建设部门审核后，报同级政府审批，收费时按照有关规定到指定的价格主管部门申领收费许可证，使用省财政厅统一印（监）制的收费票据，所收资金全额纳入财政专户，实行“收支两条线”管理，不缴纳营业税。

税收支持多形式、多渠道集资搞建设的优惠措施，对加快广东能源、交通等基础设施建设，起到积极作用。1986—1990年，新建铁路营运里程416千米；新建公路1 012千米；新建、扩建港口码头15个，年吞吐量2 196万吨；新增大中型发电机组容量352.38万千瓦。至1993年，全省发电量比1980年增长4.26倍；公路通车里程57 554千米，是1980年的164.94%，至2000年通车里程达10.26万千米，其中：高速公路1 186千米，一级、二级公路18 186千米。

市场紧俏产品也是减税还贷扶植重点项目。80年代初期，家用电器走俏市场，广东运用减税还贷，支持企业从国外引进电冰箱、电风扇、洗衣机等产品的整机生产线、装备线和设备仪器，用先进技术和新工艺改造家用电器行业，促使产品升级换代，提高质量，赶超国内外同行业先进水平，增强市场竞争能力，收到较好效果。

二、多层次优惠

根据《广东省经济特区条例》，广东在深圳、珠海、汕头3个市分别划出一定区域，设置经济特区（简称“特区”）。1984年11月，国务院颁布《关于经济特区和沿海开放14个港口城市减征、免征企业所得税和工商统一税的暂行规定》（本目简称《暂行规定》），广州、湛江列为对外开放的沿海港口城市，并兴办经济技术开发区（简称“开发区”）。1985年2月，中共中央、国务院批转《长江、珠江三角洲和闽南厦漳泉三角地区座谈会纪要》（简称《座谈会纪要》）。1987年4月，省政府颁布《广东省鼓励外商投资实施办法》，更加放宽包括税收在内的各项政策。广东建成经济特区、沿海开放城市、珠江三角洲沿海经济开发区多层次对外开放地带，实施一系列的税收优惠措施，对山区也有多项优惠政策。同时，随着对外开放、对内搞活经济政策的贯彻落实，广东对外经济贸易蓬勃发展。为鼓励中国产品出口，增强竞争能力，并有利于创收外汇，广东根据国家统一规定，对出口产品实行多种形式的减免税或出口退税政策。

（一）经济特区

根据《广东省经济特区条例》，在特区内开办的中外合资经营、中外合作经营、客商独立经营企业（本目统称“特区企业”），进口生产所需的机器设备、零配件、原材料、运输工具和其他生产资料，免征进口税（包括工商统一税）；特区企业所得税按15%的税率征收；客商将所得利润用于特区再投资为期五年以上者，可减免再投资部分的所得税。

根据《暂行规定》，对从事工业、交通运输业、农业、林业、牧业等生产性特区企业，经营期十年以上的，从开始获利年度起，第一年和第二年免征所得税，第三年至第五年减半征收所得税；从事服务性行业，客商投资超过500万美元，经营期十年以上的，从开始获利年度起，第一年免征所得税，第二年和第三年减半征收所得税。客商在中国境内没有设立机构而有来源于特区的股息、利息、租金、特许权使用费和其他所得，除依法免征所得税的以外，都减按10%的税率征收所得税。特区企业生产的出口产品，除国家限制出口或者另有规定的少数产品外，都免征工商统一税。特区企业生产的产品，在本特区内销售的各种矿物油、烟、酒等，按税法规定的税率减半征收工商统一税；特区政府也可自行确定对少数产品照征或减征工商统一税；其他产品不征工商统一税。

特区企业将减征、免征工商统一税的进口货物或者在特区生产的产品运往内地，应在进入内地时，依照税法规定补征工商统一税。

特区中外合资经营企业的客商从企业分得的利润汇出境外，免征所得税。

1984年12月，深圳市政府规定，特区企业一律免征地方所得税；特区企业以进口原材料生产的出口产品，免征工商统一税；特区企业从事银行、保险业务收入，从开办之日起，五年内免征工商统一税。

1986年5月，深圳市政府实施进一步的税收优惠：（1）设在特区的外资银行，其营业收入在1995年前免征工商统一税。（2）中国港澳地区和国外储户在特区外资银行存款所得利息，在1995年前免征预提所得税。（3）中国港澳地区和外国银行贷款给特区，外资银行所取得的利息，以及外资银行支付给其总行的利息，如不超过国际银行同业拆放利率的，免征预提所得税。（4）1986年1月1日以后，在特区新办的内资工业企业，凡经营期在十年以上的，给予一年免征、两年减半征收所得税照顾。（5）特区内资企业生产并在本特区销售的产品，电力和商品房按章纳税，原油、成品油、烟、酒减半征收产品税，其他产品除另有规定者外，均免征产品税、增值税。（6）特区内资企业生产产品出口，当年外销占企业总销售收入50%以内的，按照规定减征企业所得税期满后，在1990年以前，给予当年减半征收所得税照顾。

1986年10月，广东执行国务院《关于鼓励外商投资的规定》，对产品出口企业和先进技术企业的外国投资者，将其从企业分得的利润汇出境时，免缴汇出额的所得税；特区出口产品企业出口产品产值达到当年企业产品产值70%以上的，企业所得税税率由15%减按10%征收；先进技术企业按照国家规定减免企业所得税期满后，可延长三年减半缴纳企业所得税。港澳台的公司、企业和其他经济组织或者个人投资举办的企业，参照上述规定执行。

1986年10月，珠海市政府发布《珠海市关于为外商投资提供更多优惠的规定》，相应制定了更为优惠的税收减免政策。

（二）开发区

《暂行规定》规定：（1）在开发区内开办的中外合资经营、中外合作经营、客商独立经营的生产性企业（统称“开发区企业”）生产的出口产品，除国家限制出口的产品外，免征工商统一税；内销产品照章征税。（2）开发区企业进口自用的建筑材料、生产设备、原材料、零配件、元器件、交通工具和办公用品，免征工商统一税；开发区企业用进口的免税原材料、零配件、元器件加工的产品转为内销的，对其所用的进口料件，照章补征工商统一税。（3）开发区中外合资经营企业的客商将从企业分得的利润汇出境外，免征所得税。（4）客商在中国境内没有设立机构而有来源于开发区的股息、利息、租金、特许权使用费和其他所得，除依法免征所得税的以外，都减按10%的税率征收所得税。（5）在开发区内设立的生产性开发区企业减按15%税率征收企业所得税。其中经营期在十年以上的，经市税务机关批准，第一年和第二年免征所得税，第三年至第五年减半征收。地方所得税的减免，由所在地的市政府决定。

对开发区所在地的广州、湛江两市的老市区和珠海、汕头经济特区范围以外的市区内（简称“老市区”）开办的中外合资经营、中外合作经营、客商独立经营的生产性企业（统称“老市区企业”）规定：（1）凡属技术密集、知识密集型的项目；或外商投资超过3 000万美元，回收时间长的项目；或属于能源、交通、港口码头建设项目，经税务机关审核、财政部批准，可减按15%税率征收企业所得税；对不具备上述减征条件，但属于机械制造、电子、冶金、化学、建材、轻工、纺织、包装、医疗器械、制药工业、建筑业和农业、林业、牧业、养殖业及其加工业，按税法规定的企业所得税税率打八折征收所得税。（2）客商在中国境内没有设立机构而有来源于老市区的股息、利息、租金、特许权使用费和其他所得，除依法免征所得税的以外，都减按10%的税率征收所得税。（3）老市区企业作为投资进口、追加投资进口的本企业生产用设备、营业用设备、建筑用材料，以及企业自用的交通工具和办公用品，免征工商统一税。（4）老市区企业进口的原材料、零配件、元器件和包装物料，用于生产出口产品部分，免征工商统一税；用于生产内销产品部分，照章征税。（5）老市区企业生产的出口产品，除国家限制出口的产品以外，免征工商统一税；内销产品，照章征税。

1986年6月，广东规定，在老市区内，凡按规定有减半征收企业所得税的老市区企业，在减税期内可按照税法规定的税率打八折的基础上减半征收企业所得税，减税期满后，仍按规定的税率八折计算征收企业所得税。

（三）珠江三角洲经济开放区

根据《座谈会纪要》，省政府对列为沿海经济开放区的佛山、江门、中山、东莞4个市的市区和南海、顺德等12个县的城关区，以及经省政府批准的59个重点工业卫星镇（简称“‘小三角’开放区”）实行多项税收优惠政策：（1）“小三角”开放区内的原有企业，为进行企业技术改造，进口国内暂不能生产或不能保证供应的关键设备、仪器仪表和其他必需器材，1990年以前免征关税和进口产品税、增值税。（2）“小三角”开放区及所属的农村为安排发展出口农业产品加工项目所进口的种子、种苗、种畜、饲料、动植物保护药，耕作、种植、养殖和农产品加工机具及其他必需的技术设备，在1990年以前，一律免征关税和进口产品税、增值税。严禁将批准进口的物质在市场出售或转卖，违者除照章纳税外，情节严重的依法查处。（3）“小三角”开放区因经济建设发展需要，须将所属企业引进的设备布点在城关区和重点工业卫星镇以外的，经省政府批准，可以享受“小三角”开放区免税待遇。（4）“小三角”开放区举办的外商投资企业，属生产性项目和科研项目的，其企业所得税按规定税率打八折征收；在这些市、县所辖农村中以发展出口为目标的，利用外商直接投资举办的农、林、牧、养殖业及这些行业的加工工业项目，也按规定税率打八折征收企业所得税，并按国家其他规定享受优惠待遇。（5）“小三角”开放区的外商投资企业，为生产出口产品而进口的原材料等，以及外商作为投资进口设备等物料，优惠待遇与老市区企业相同。（6）利用外商直接投资举办的能源、交通、港口项目和技术、知识密集型项目，或者投资额在3 000万美元以上，回报投资时间长的生产项目，按15%的税率征收企业所得税；外商分得的合法利润汇出境外时，免征汇出税。

1987年10月，省委、省政府报经中共中央、国务院批准，沿海经济开放区扩大至佛山、江门、中山、东莞、惠州和肇庆等市市区和南海、顺德等22个县（区），以及经省政府批准的中山市黄圃镇等70个重点工业卫星镇（简称“大三角”开放区），均实行上述税收优惠政策。1992年又增加韶关、河源和梅州 3 个市。

（四）山区

广东山多田少，山区经济基础薄弱，为缩小全省区域经济间的差距，全面搞活广东经济，省委、省政府对山区实行减税让利等多种形式的优惠政策。

1979年3月，对地处山区的老革命根据地、民族自治县新办企业，从投产之日起免征所得税五年。

1984年，省委规定，鼓励侨商、港商到山区投资开发，凡是经营农、林、牧等企业，减免税收从宽掌握，工缴费和其他收费标准可低于沿海地区。凡是外地到山区新办生产性企业，不论资金来源和企业大小，可免征两年的企业所得税；对投资大、周期长的开发性项目，报经省税务局批准，还可进一步放宽减免期限。同年12月，省委进一步放宽税收优惠，凡外地到山区联营或独资经营工矿企业、交通运输业和农、林、牧、渔企业，除糖、烟、酒、手表外，在还清基本建设、固定资产投资前，免征工商所得税，产品税也可根据实际情况适当减免。

1986年2月，省政府规定：（1）山区县兴办的中外合资经营、中外合作经营企业，均免征地方所得税；经营期十年以上的免征所得税两年，减半征收所得税三年，还可在以后十年内继续减征所得税30%。（2）在中国境内没设立机构的客商，凡有来源于广东山区县的股息、利息、租金、特许权使用费和其他所得，除其中已有规定免征所得税的以外，其余减按10%征收所得税。（3）在山区县兴办的中外合资经营、中外合作经营企业生产的出口产品，除国家限制出口的产品外免征工商统一税；内销产品凡经营期十年以上的，除糖、烟、酒、手表、电视机、收录机外，其余经税务部门批准，在投产后两年内免征工商统一税，两年后确有困难的，可在一定期限内给予减免。（4）山区县补偿贸易项目生产的产品，除糖、烟、酒、手表外，其余在偿还期内免征工业环节的产品税或增值税。（5）1990年以前，山区县使用地方外汇或中国银行贷款改造老企业，进口的机器设备、仪器仪表和技术改造必需的其他器材，经省税务局批准，免征进口环节的产品税或增值税。（6）山区县国营和集体企业，承接对外加工装备的工缴费收入，按规定免缴税利三年，如还有困难，经税务部门批准，可再延长免税两年。

对地方所得税的减免，广东省规定：（1）外商在经济特区、经济技术开发区和沿海经济开放区的外商投资企业，其地方所得税的减免由当地市政府决定。（2）广东其他地方兴办的外商投资企业，属于生产性和科研项目，全年所得额在25万元以下的，免征地方所得税，全年所得额在25万元以上的，超过部分按规定的税率减征70%。（3）不属于生产性和科研项目的外商投资企业，全年所得额在25万元以下的，免征地方所得税，全年所得额在25万元至100万元以内的，按规定的税率减征70%；全年所得额超过100万元的，按规定的税率征收地方所得税。（4）1992年4月，省政府颁布《广东省关于外商投资企业免征、减征地方所得税的规定》，从当年起外商投资企业在企业所得税减免期间，免征地方所得税，在山区县举办的外商投资企业，免征地方所得税。

从1991年起，广东为促进山区加快脱贫致富步伐，对石灰岩地区、贫困地区、少数民族地区的乡镇集体企业，免征集体企业所得税五年；上述地区乡镇集体企业与其他地区的企业联营，分得的利润，免征集体企业所得税；外地集体企业向山区县（区）投资办企业取得的利润，减半征收集体企业所得税；对山区集体企业生产经营直接服务于农业生产的化肥、农药、农用塑料薄膜、种子、种苗、农机产品及零配件，暂免征所得税；对经营农副产品初加工和深加工的集体企业，免征集体企业所得税；对山区县基层供销社、乡镇集体企业依八级累进税率计算，超过20%的部分，暂免征收所得税；山区县（区）乡镇集体企业生产的电力，以及个人或联户办的小水电，暂免征所得税；科研单位、高等院校同山区县企业联合，以技术转让、技术入股、技术咨询、技术服务、技术培训、技术开发等技术所得收入，免征所得税；为支持山区科技教育发展，对科研机构、院校到老、少、边、穷地区以技术或转让技术成果形式进行联合生产（经营），从获利之日起五年内免集体企业征所得税。

1981—1990年广东省减税还贷和工商税收减免统计表

表2-3-1

年度	减税还贷				工商税收减免		
	减税户数（家）	还贷金额（万元）	其中		减免税额（万元）	其中	
			流转税（万元）	所得税（万元）		财政部税务总局批准（万元）	省、市（地）批准（万元）
1981	290	2 243	1 528	715	26 342	1 114	23 081
1982	683	4 644	3 474	1 170	21 762	4 407	11 725
1983	747	10 032	8 358	1 674	16 489	3 921	7 007
1984	1 150	22 855	12 048	10 807	29 910	2 316	9 474
1985	1 739	40 505	24 926	15 579	52 874	7 508	11 124
1986	1 605	43 542	27 233	16 309	74 688	11 778	17 957
1987	1 830	54 870	31 712	23 158	104 220	8 523	29 028
1988	1 605	58 562	35 622	22 332	147 974	2 499	49 799
1989	1 932	83 977	61 526	20 322	145 557	—	—
1990	—	33 102	—	—	92 971	—	—
累计	—	354 332	206 427	112 066	712 787	42 066	159 195

三、出口退税

广东根据国家统一规定，对出口产品实行多种形式的减免税或出口退税政策。

1979年9月起，改变1973年取消出口产品退税的做法，对高税率的出口产品实行减税政策。出口手表由40%的税率减按20%征收，出口的电风扇和铝质拉链税率由25%和10%减为5%，化妆品税率由40%减为10%。1980年对出口照相机税率由25%减为5%，出口焚化品税率由55%减为5%。

1983年9月1日起，广东对出口的钟、表、自行车、缝纫机、照相机、电风扇、洗衣机、电冰箱、收音机、收录机、录像机、电视机、空调机、袖珍电子计算器、金笔、铱金笔、圆珠笔等产品及其零部件，将其最后生产环节已缴纳的工商税税款，退还给出口单位，实行增值税的缝纫机、自行车、电风扇，则将已征的增值税退还给出口单位。工业企业直接经营出口的上述产品免征工商税，已实行增值税的产品则实行先征后退的办法。所退税款按经营出口企业的隶属关系，分别由中央或地方预算收入退库。

1984年10月1日起，广东对国家鼓励出口的产品，由生产单位直接出口的免税；已缴纳产品税或增值税的，除原油、成品油外，由经营出口者在报关出口后，申请退还已纳税款。

1985年4月1日起，根据国务院批转财政部《关于进出口产品征、退产品税或增值税的报告》，对外贸企业和其他单位出口的已税产品，除原油和成品油外，将所征的产品税或增值税税款退还给出口企业。出口产品退税税款由中央预算收入退付。出口产品退税后，发生退关或国外退货时，出口企业必须补交已退税款。

1988年1月1日起，广东执行财政部《关于出口产品退税若干问题的规定》，对报关离境的出口产品，根据“征多少，退多少，未征不退”和彻底退税的原则，属于增值税征税范围的，按增值税适应税率计算退税；属于产品税征税范围的（原油、成品油除外）按财政部确定的退税率计算退税。出口产品退税后，发生退关和国外退货的，出口企业必须补交已退税款。

1990年4月，省税务局制定《进一步加强出口产品税收管理工作的意见》，由省政府办公厅批转各地贯彻执行，从出口产品税收征收、发票和专用税票及退税审批的管理等各环节把关；同时，加强计算机在出口退税管理中的运用，建立与经贸、海关、外汇管理、银行、检察、公安等部门的联系协作制度，建立起出口退税管理的新模式。当年，省税务局设进出口税收管理处，在年出口退税1 000万元以上的市、县税务局设进出口税收管理科或分局，并制定《广东省地级市进出口税收管理机构工作职责》。

1991年1月，国家税务局、国家经济贸易部、海关总署、财政部、中国人民银行、国家外汇管理局联合下发《关于加强出口产品退税管理的联合通知》，规定出口退税实行与出口创汇任务、上缴中央外汇任务挂钩的办法，进一步加强出口退税管理。从当年起，广东出口产品退税由中央财政和广东财政分别负担90%和10%。从1992年起，广东各类外贸企业计划内出口产品退税由中央财政负担80%，地方财政负担20%。

1993年1月1日起，广东对生产销售出口产品征收产品税、增值税或工商统一税，一律由税务机关填开出口产品税收专用缴款书（简称“专用税票”），出口企业持完税专用税票申报退税。

1994年2月18日，国家税务总局颁布《出口货物退（免）税管理办法》，对出口货物退（免）税的范围、退（免）税种、退税率（与征税率完全一致）、计算方法、管理制度和违章处罚等作出具体规定。根据财政部、国家税务总局的规定，广东对1994年1月1日前成立的外商投资企业出口货物继续免征增值税、消费税；对1994年1月1日以后办理工商登记的外商投资企业生产出口的货物实行退（免）税政策。外贸企业出口退税，除1993年地方已经负担的20%部分列入地方上缴中央财政基数外，出口退税全部由中央财政负担。

1995年2月24日，国家税务总局制定《出口货物税收函调规定》，广东执行该“规定”中明确的必须发函调查的几类出口货物、回函的时限、发函与收函的管理及违章处理等相关条款，完善出口货物的函调工作，加强出口退税的管理。同年5月25日，针对当时出口退税工作中出现退税规模增长过猛、退税增长超过征税和出口额的增长、出口骗税严重，致使大量财政收入流失等问题，国务院下发《关于调低出口退税率加强出口退税管理的通知》。从7月1日起，广东根据该通知调低出口退税率，调整后的出口退税率分别为3%、10%、14%，共3档。退税率调低后仍存在征少退多、退税规模超出财政负担能力等问题，10月6日，国务院再次下发《关于调低出口货物退税率的通知》。从1996年1月1日起，广东根据该通知，进一步调低出口货物退税率，报关离境的出口货物的退税率调整为3%、6%、9%，共3档。

1995年，省国税局制定《广东省出口退税管理工作制度》《广东省出口企业出口退税管理责任》等制度，明确各自的工作范围、管理职责，以加强出口退税的管理。

1996年1月1日起，广东对出口退税全面推进电子化管理。4月1日开始，省国税局通过税务系统计算机广域网络，将征税机关开具的专用税票电子信息传递给退税机关，退税机关据此与出口企业申报的专用税票信息核对，以认证企业申报的专用税票。

1997年起，广东执行国务院《关于对生产企业自营出口或委托代理出口货物实行“免、抵、退”税办法的通知》和财政部、国家税务总局《关于有进出口经营权的生产企业自营（委托）出口货物实行免、抵、退税收管理办法的通知》。开始对有进出口经营权的生产企业自营出口或委托外贸企业代理出口的货物实行“免、抵、退”税的办法。1997年5月，广东根据海关总署、国家税务总局印发的《关于对出境口岸免税店经销国产品试行退税政策有关事宜的通知》，按照国产品退税的经营单位，供应对象，产品品种，产品的收购、调拨、配发销售手续，申报退税的凭证要求等条件办理退税。

1998年3月13日，国家税务总局与外交部联合颁布《外国驻华使（领）馆及其外交代表（领事官员）购买中国产物品退税暂行办法》，对适用该办法的对象、享受退还增值税的物品范围、退税申报手续及所需要的凭证、应退税额计算方法等问题作出明确规定。同年12月，广东执行财政部、对外贸易经济合作部、国家税务总局联合下发的《关于1993年12月31日前批准成立的外商投资企业有关税收政策问题的通知》，对1993年12月31日前批准设立的外商投资企业超税负返还政策执行到1998年年底，不再延长，对其出口货物实行的不征不退政策继续执行到2000年年底。

1999年1月起，广东根据国家税务总局《出口货物退（免）税清算管理办法》，对规定的出口货物清算的时间、范围、方式、核查的重点内容、填表说明、违章处罚等开展出口退税的清算工作。1999年1月1日起，广东按照财政部、国家税务总局的通知精神，提高部分货物的出口退税率，调整后的税率为17%、13%、11%、9%、5%，共5档。7月1日起再次调整退税率，调整后的税率为17%、15%、13%、5%，共4档。

鉴于潮汕地区出现骗取出口退税较为严重的问题，2000年1月17日，国家税务总局下发《关于严格加强广东省潮汕地区购进出口货物退（免）税管理的通知》，加强对广东省潮汕地区购进出口货物的退（免）税管理，严厉打击骗取出口退税的违法犯罪行为。据此，省国税局印发《关于加强潮汕地区供应的出口货物退（免）税管理的通知》，针对当时潮汕地区出口退（免）税管理中存在的问题制定具体的监管核查措施，利用全省国税系统办公自动化电子邮件传输省内出口货物函调文件，确保函调的及时性和安全性。2000年8月，国务院组织国家税务总局、公安部、监察部、财政部等13个部门的力量，组成国务院“807”工作组，赴广东潮汕地区，开展打击骗取出口退税的斗争。

2000年10月26日，国家税务总局颁布《出口加工区税收管理暂行办法》，规定出口加工区由海关监管的特殊封闭区域，区外企业运往出口加工区的货物视同出口。

1985—2000年广东省办理出口退税统计表

表2-3-2　　单位：亿元

年度	金额	年度	金额	年度	金额	年度	金额
1985	2.26	1989	37.56	1993	71.96	1997	98.57
1986	6.12	1990	39.51	1994	101.80	1998	86.41
1987	13.57	1991	44.59	1995	136.70	1999	124.81
1988	31.71	1992	57.54	1996	163.12	2000	146.33

第三章　税收种类

第一节　流转税类

一、工商税

1973年税制改革时，国家根据“合并税种，简化征收”的原则，将工商统一税及其附加、城市房地产税、车船使用牌照税、屠宰税、盐税合并为工商税（盐税按原办法从量计征，只作为工商税一个税目）。工商税制从复税制趋向单一税制。

（一）纳税人和税率

1979年至1984年9月，广东仍按国务院1972年3月颁布的《中华人民共和国工商税条例（草案）》及1972年12月省革命委员会颁布的《广东省工商税征收办法（草案）》的规定，对广东境内一切从事工业生产、交通运输、农产品采购、进口贸易、商业经营、服务性业务的单位和个人，均按其计税金额和适用的税率计算，征收工商税。1984年10月，工商税分解为产品税、增值税、营业税、盐税分别征收，取消工商税。1979年起，对中外合资经营企业、中外合作经营企业、外资企业以及外国企业等外商生产经营者，征收工商统一税，不征工商税（见本章第七节）。

工商税分为按行业设定税目、税率和按产品设定税目、税率两种类型。税目增减和税率的调整，由国务院决定。具体的纳税单位适应的税目、税率，由国务院授权省政府决定。广东按工商税税目税率表的征税范围确定纳税单位适应的税率共82个，不同的税率17个。对支援农业和人民生活必需品采用低税率，如化肥、农药、农机、农具的税率为3%；非人民生活必需品采用高税率，如甲、乙级卷烟税率为66%，粮食酒税率为60%，焚化品税率为55%。

工商税计税金额分为：从事工业生产的，按照产品销售收入和加工业务收入计算；从事交通运输、电讯邮电的，按经营业务收入计算；从事农副产品采购的，按纳税产品的收购金额计算；从事进口贸易的，按进口商品的总值计算；从事商业经营的，按商品零售收入计算；从事服务性业务的，按业务收入计算。

1981年5月，省政府决定对宾馆、招待所收入，包括客房、餐厅、茶座、商品零售、交通及照相、洗染、理发、代办业务等收入征税，饮食按3%的税率，其余项目按工商税税目税率表的规定税率征税。1982年2月，广东对技术转让费收入按3%的税率征收工商税；对企事业单位自有科技力量对外服务收取的技术服务费按5%的征税。同年7月，对金融单位取得的营业收入，包括利息收入、金融业务收入、手续费收入，按5%的税率征收工商税。1983

年1月起，对实行企业化的勘察、设计单位的业务收入，恢复征税。1983年5月，广东对未经工商部门批准而从事商业、服务、交通运输、建筑安装经营的单位和个人，征收临时工商税。同年10月，对集体商业、个体商业户和工业企业从事商品批发业务的收入，以进销差价的收入额为课税依据，按10%的税率征收工商税。1984年5月，广东对保险公司经营的直接保险业务取得的保险业务收入，按5%的税率征税。

（二）减税免税

1. 调整部分产品的适应市场税率

1979年11月，因糖蔗提价导致制糖企业成本增大，将机制糖税率由40%调整为30%，土制糖税率由30%调整为20%。1982年6月，广东执行财政部规定，调高原油和轮胎、轮带的税率，其中汽车轮胎税率由10%上调为15%，其他轮胎轮带税率由10%上调至12%，同时调低肥皂、布面胶鞋、炼乳、奶粉、砂器、瓦器、洗衣粉的税率。1983年4月，配合茶叶调价，将毛茶税率由40%调整为25%，边销茶税率由20%调整为10%，精制茶税率统一定为15%。

2. 支持农业生产

1979年11月，广东对省种子公司经营种子，免征零售环节工商税；1980年2月，对县、市供销社所属公司及门市部经营农业生产用的化肥、农药等10种支农商品，免征零售环节工商税。

3. 支持社会就业

1980年6月，广东对城镇为安置知识青年就业新办的集体企业从事加工服务取得的业务收入，免征工商税三年；对机关、团体、企事业单位等组织待业人员从事临时性工业品生产、商业经营、服务、修理、劳务而新办的集体企业，也免征工商税三年；同年12月，广东进一步放宽安排就业的税收优惠政策，对为安置城镇待业人员而新办的集体企业，其从事加工修理、劳务、服务的业务收入，一律免征工商税三年。

关于省委、省政府为发展广东交通、能源，社队（乡镇）企业而作出的工商税收减免政策，见第二章第三节。

二、产品税

产品税是1984年工商税制改革时，从工商税种划分出来的一个税种。1984年9月18日，国务院颁布《中华人民共和国产品税条例（草案）》（简称“产品税条例（草案）”）；9月28日，财政部颁布《中华人民共和国产品税条例（草案）实施细则》，省政府结合广东实际制定贯彻意见，决定从1984年10月1日起在全省开征产品税。产品税只适用于内资企业单位和个人。

随着经济的发展变化，产品税重复征税的缺陷越来越明显，为解决这一矛盾，国家决定把产品税税目中的工业品逐步改征增值税，缩小产品税征收范围。至1993年年底，产品税中的工业品部分只剩下烟、酒、电力、石化、化工等少数产品，共对12个类别、86个税目征收产品税，对茶叶、烟叶、海参、原木等农、林、牧、水产品10个税目仍然征收产品税。1994年工商税制全面改革时，取消产品税，改为征收增值税。

（一）纳税人和税率

在中国境内从事生产和进口产品税条例（草案）规定的应税产品的单位和个人为产品税的纳税义务人。生产应税的产品，根据其销售收入、采购支付的金额或数量，按规定的税率征收；进口应税的产品，生产应税的产品，根据其数量，按规定的组成计税价格和规定的税率，由海关代征。产品税按产品设置税目，划分为“工业品”和“农、林、牧、水产品”两部分，共设置270个税目。其中：工业产品分24类，设260个税目，并在其中38个税目下设116个子目；农、林、牧、水产品（本目简称“应税农产品”）按列举产品设10个税目。产品税的税率有定额税率和差别比例税率两种形式：定额税率只有大型电力企业发电按每兆瓦时电征收产品税10元1个单位税额；除此以外的其他应税产品均实行差别比例税率，适用3%～60%共27个税率档次。1993年1月1日起，丁苯合成橡胶、顺丁合成橡胶、丁晴合成橡胶、聚苯乙烯、聚乙烯、聚丙烯、尼龙66减按10%的税率征收产品税。

产品税是价内税，其计税依据为产品销售收入的金额或产品的数量，具体的计税价格和纳税环节有：工业企业生产销售的产品和生产应税农产品的生产者直接销售给使用单位和个人的，根据产品销售收入的金额和规定的税率，在产品销售环节向销售者征税；对应税农产品交由国营、集体收购单位（本目简称“收购单位”）收购的，根据收购所支付的金额和规定的税率，在收购环节向收购单位征税；工业企业用于本企业连续生产的自制产品，属于产品税条例（草案）税目税率中规定要纳税的，按照同类产品的销售价格计征，没有同类产品销售价格的，按照组成计税价格征税；委托加工产品，按工厂同类产品销售价格，没有同类产品销售价格的，按照组成计税价格在加工收回环节征税；进口的应税产品，按照组成计税价格在报关进口环节征税。

（二）减税免税

按照产品税条例（草案）规定，凡属国家税法的制定、颁布，税种的停征，税目的增减和税率的调整，由国务院统一规定。广东在国家给予的税收管理权限范围内，针对不同情况，采取相应的减免税措施。

1. 促进资源综合利用

从1985年10月起至企业生产的产品改征增值税前，企业以自筹资金建设的综合利用项目产品属于国家经委、财政部颁布的《资源综合利用目录》范围内的，从销售第一批产品之日起，凡产品销售利润率在3%（含）以下的，给予一年以内减免税照顾。企业利用银行贷款新建设的综合利用项目属于《资源综合利用目录》范围的产品，从销售第一批产品之日起，凡产品销售利润率在3%（含）以下的，给予一年减免税照顾；还贷有困难的，可按规定申请减税还贷。

2. 鼓励开发新产品

从1985年起至企业生产的产品改征增值税前，对申报省级新产品减免税产品，经省经委或省科学技术委员会（简称“省科委”）审查，省税务局批准，符合新产品条件的，列入《省级新产品减免税名单》；对已列入《国家级新产品试产计划》或《国家级新产品试制（鉴定）计划》，但未获得国家税务局同意列入《国家级新产品减免税名单》的项目，按上述有关规定申请经批准后，可享受省级新产品的减免税照顾。从1987年起，广东对科研所经税务部门核定的中试产品、新产品和其他技术产品开发收入，给予四年减免税照顾。1991—1993年，广东对民办集体科研单位中试和研制的新产品，按新产品规定给予减免税照顾。

3. 扶持国营、集体工业企业发展

1985年起，广东对国营、集体工业企业的设备更新技术改造和新建项目，符合国务院制定的产业政策，纳入国家和省固定资产投资计划或技术改造计划的项目，在项目投产后，有社会经济效益、新增产品税效益，企业年度缴纳的产品税比上一年度有一定幅度增长，如归还到期贷款确有困难，区别困难程度给予扶持性减征产品税照顾。为鼓励企业利用外资，引进技术消化吸收，进行设备更新，技术改造，开发新产品，给予以税还贷、扶持性减税、新产品减免税照顾。

4. 支持水利事业

1985年7月1日起，广东对国营水利事业单位开展综合利用经营项目生产除税法明确规定不能减免的产品外，其余产品经市、县税务局批准，三年内免税。国营水利事业单位将综合经营项目发包给本单位职工承包，分成的利润和免税款归发包单位用于发展水利事业的，免征产品税。

5. 扶持校办工厂的发展

1985年起，广东对大、中、小学校所办的校办工厂，除生产烟、酒、糖、钟表、自行车、鞭炮烟花、焚化品等产品外，生产的其他产品，从投产之日起，给予一年免税的照顾。上述校办工厂生产的产品，凡供应本省范围内学校系统，用于教学、科研和生产方面以及本校的基本建设的，免征产品税。

6. 对国营华侨农场、工厂和国营农场的扶持

1985—1989年，广东对国营华侨企业生产的产品除烟、酒等产品外，对国营华侨农场糖厂收购本农场甘蔗生产销售的蔗糖，对将本农场自己种植的甘蔗委托系统外的地方糖厂加工的蔗糖，免征产品税。另外，对国营农场自销本场更新砍伐的橡胶树免税；生产销售给本场职工的粉条、淀粉、豆制品、酱油、醋等副食品以及定量供应本场职工的茶叶也给予免税照顾。

此外，对个别产品由于遭受人力不可抗拒的自然灾害或意外事故，经济损失严重，恢复正常生产经营有困难的，因历史包袱过重，企业无法承受以致生产经营发生困难的，国家政策规定允许的，给予临时性困难减免税照顾。同时，还对商业企业以及矿产、民政福利事业等，采取不同程度的税收优惠措施。对发展交通能源、支持乡镇企业发展的产品税减免，详见第二章第三节。

三、增值税

增值税是1984年工商税制改革时，从工商税种划分出来的一个税种。1994年税制改革时，建立了新的增值税制。增值税的征收范围经历了由小到大，计税办法由繁到简，征收管理由分散多样到统一的过程。

（一）开征

1984年9月18日，国务院颁布《中华人民共和国增值税条例（草案）》（简称“增值税条例（草案）”）；9月28日，财政部颁布《中华人民共和国增值税条例（草案）实施细则》，广东从当年10月1日起在全省开征增值税。

1. 纳税人和税率

增值税以在中国境内从事生产和进口应税产品的国营企业、集体企业、个体经营者以及其他单位和个人为纳税义务人，中外合资经营企业、中外合作经营企业和外资企业以及外国企业当时不适用增值税条例（草案）。增值税按货物或产品类别设置税目，将应税产品分为甲、乙两类产品，其中甲类产品5个税目，分别为机器机械及其零配件、汽车、机动船舶、轴承、农业机具及其零配件；乙类产品7个税目，分别为钢坯、钢材、自行车、缝纫机、电风扇、印染绸缎及其他印染机织丝织品、西药（西药再分为原料药、成剂药两个子目）。设置6%～16%共6档不同的税率，甲、乙两类产品均以“法定增值额”为计税依据分别实行不同的计算方法计征。对甲类产品采用“扣额法”，应纳税额=（产品销售收入额—扣除金额）×税率；对乙类产品采用“扣税法”，应纳税额=产品销售收入额×税率—扣除税额。扣除金额和扣除税额统一按规定扣除项目的实际消耗数计算。

从1986年1月1日起，增值税征收范围逐步扩大。征收产品税的纺织品、日用机械、日用电器、电子产品、搪瓷制品、保温瓶，改为征收增值税，采用“扣税法”计算应纳税额。其中：纺织品适用4%～18%共10档税率，其他产品适用14%～43%共4档税率。从1987年1月1日起，服装、帽、鞋、中成药和兽药从征收产品税改为征收增值税；7月1日起，纸类、文化用品、日用化学品、玻璃制品及玻璃纤维制品、陶瓷、药酒、食品饮料、皮革、皮毛、其他轻工产品、其他工业品，从征收产品税改为征收增值税，适用12%～45%共9档税率。从1988年1月1日起，征收产品税的建筑材料、有色金属矿采选产品、非金属矿采选产品、其他非金属矿采选产品、有色金属和电线、电缆等产品改征增值税，适用12%～21%共6档不同的税率。同年7月1日起，机制蔗糖和土制蔗糖的税率分别从30%和20%统一为23%。从1989年1月1日起，对工业性加工、工业性修理、修配业务，从征收营业税改为征收增值税，适用14%税率。自1993年1月1日起，机械手表、秒表的税率由43%调整30%。同年5月1日起出版业从征收营业税改征增值税。随着增值税征收范围的不断扩大，至1993年年底，征收税目达31个、子目125个，税率共12档，最高税率为化妆品45%，最低税率为钢坯8%。

2. 减税免税

增值税的减税免税，除全国政策性减免外，因增值税实行下环节扣税（上不征下不扣），地方减免税已失去意义。广东工业企业试行增值税后，对平衡税负起到积极作用。1986年，广东5 072家机器机械、日用品、电子产品、西药、棉纺织品、棉型涤纶织品、丝和丝织品、毛纺织品、麻纺织品等行业企业试行增值税后，应纳增值税2.81亿元，比按产品税计征税负减轻5 516.9万元，税负降低16.4%。

3. 征收管理

在增值税的征收管理上，广东最初对应税产品“扣除金额”和“扣除税额”的计算方法，可在“购进扣税法”与“实耗扣税法”中选择，并由当地税务机关根据纳税人的不同情况分别确定采取“分期核定征收方法”“定率征收、年终结算征收方法”“单台（机）定率征收方法”“定期定率征收方法”。1986年，全省统一采用“实耗扣税法”。1987年1月1日起，广东执行财政部《关于完善增值税征收办法的若干规定》，将增值税税目调整简并为13个，税率改为8%～43%共7档，改为统一采用“扣税法”计税方法，并先后经历购进扣税法、投料实耗扣税法、产出实耗扣税法、销售实耗扣税法等扣除税额方法。1988年7月，全省只采用“购进扣税法”计征增值税，并规范扣除税额的计算公式、扣除项目金额的范围及计算依据、资料来源、征收方法、期初库存材料的处理等事项。同时，全省统一规范对采用“定期定率征收方法”的小型业户的增值税征收管理，对县以下集体工业企业财务核算不健全，增值税应税项目的年销售收入在200万元以下的、实行工商统一核算的前店后场生产的增值税产品，商业企业、外贸企业收购农村的土纸、土布、土丝、土糖，按照规定应由其代缴的增值税，按规定在集贸市场销售时征收增值税的产品，采用“定期定率征收方法”征收增值税，执行《广东省增值税产品的核定征收率表》，各地不得自行调低，如果省税务局核定的征收率比各地同行业的实际负担率低的，则由市、县税务局按当地同行业的实际负担率确定征收率。对国营企业和具有一定规模的城乡集体企业，不能采用“定期定率征收方法”。从1989年1月起，按照国家税务局的部署，广东分别在有色金属、自行车、铝制品、搪瓷制品、纺织、建材、医药、机电、保温瓶、地毯、手表、洗衣机、电风扇、肥皂等行业，进行“价税分流购进扣税法”试点。以企业会计核算为基础，在会计科目中增设“应扣税金”科目，探讨简化增值税的计算和有利于征收等方面的作用，为全国统一增值税制提供依据。

（二）改革

1993年12月13日，国务院颁布《中华人民共和国增值税暂行条例》（简称“增值税暂行条例”）；12月25日，财政部颁布《中华人民共和国增值税暂行条例实施细则》，从1994年1月1日起，广东统一实施新的增值税制。新的增值税征收范围从部分工业品延伸到全部动产货物、停征产品税，延伸到商业批发零售，延伸到外商投资企业和外国企业，统一实行购进扣税法，实行凭发票扣税。

1. 纳税人和税率

增值税暂行条例以在中华人民共和国境内所有的货物销售或者加工、修理修配劳务以及进口货物的单位和个人为纳税义务人，内资企业、外商投资企业和外国企业统一适用增值税暂行条例。所有货物（不动产除外）的生产、流通以及货物加工、修理修配劳务均纳入增值税征收范围。增值税税率从原来的12档正税率简并为3档，一般货物实行17%的基本税率；少数货物实行13%的低税率；出口货物实行零税率。小规模纳税人征收率为6%，1998年7月1日起，小规模纳税人商业企业的征收率调减为4%。

1994年起广东省执行的增值税暂行条例税率表

表3-1-1

类　别	货物及应税劳务范围	税率（%）
货　物	粮食、食用植物油；自来水、暖气、冷气、热水、煤气、石油液化气、天然气、沼气、居民用煤炭制品；图书、报纸、杂志；饲料、化肥、农药、农机、农膜；农业产品；金属矿采选产品、非金属矿采选产品；国务院规定的其他货物	13
货　物	除上述列举以外的其他货物	17
应税劳务	加工、修理修配	—
货　物	出口货物，国务院另有规定除外	0

增值税统一税基，计税依据为向购买方收取的不包含增值税税金的全部价款和价外费用，统一采用购进扣税法，实行价外税，凭发票注明税款进行抵扣。按销售额规模和财务健全与否的标准划分一般纳税人和小规模纳税人进行征收管理。进口货物，按照组成计税价格和适用税率计算应征税额，不得抵扣任何税额。

2. 减税免税

增值税取消地方临时性减免税，减免税管理权高度集中在国务院。根据财政部起征点幅度，广东确定全省起征点为：销售货物为月销售额1 000元，销售应税劳务为月销售额800元，按次纳税的为每次（日）营业额50元。纳税人销售额未达到上述规定起征点的，免征增值税。

1995年1月1日起，广东按财政部、国家税务总局《部分资源综合利用产品免征增值税》所列的资源综合利用产品免征增值税。1996年1月1日起，对饲料、农膜、化肥生产企业生产销售的碳酸氢铵等若干化肥免征增值税。

根据省委、省政府1995年7月11日作出《关于加速科学技术进步若干问题的决定》，省经委、省财政厅、省国税局、省地税局制定《广东省新产品税收优惠政策实施办法》，自1996年1月1日起，对列入享受新产品税收优惠政策名单的省内首家生产的发明专利产品和国家级新产品在三年内、实用型专利产品和省级新产品在两年内新增增值税的地方分成部分（25%），先由税务部门征收，后由财政部门按不低于50%的比例返还给企业。1999年1月1日起，改为全额返还新增增值税地方分成部分（25%）。

1998年1月1日起，按照国务院《关于调整进口设备税收政策的通知》的规定，对国家鼓励发展的国内投资项目和外商投资项目进口设备，在规定范围内，免征进口环节增值税。1999年，国务院决定对外商投资企业在投资总额内采购国产设备，如属免税目录范围，可全额退还国产设备增值税。根据国家税务总局制定的《外商投资企业采购国产设备退税管理试行办法》的规定，一是享受退税的设备范围为符合国务院《关于调整进口设备税收政策的通知》中规定的《外商投资产业指导目录》（鼓励类和限制乙类），以及《当前国家重点鼓励发展的产业、产品和技术目录》的投资项目，在国内采购的设备。二是享受退税的设备，必须同时具备以下两个条件：（1）以货币购进的未使用过的国产设备，不包括投资方的实物投资和无形资产投资；（2）税务机关核定的退税投资总额内且在1999年9月1日以后购买的国产设备。三是凡符合退税条件的外商投资企业，在履行每份国产设备采购合同第一次购买国产设备前，应持有关资料到主管退税的税务机关申请办理购买国产设备的登记备案手续。

1999年10月1日起，根据财政部、国家税务总局通知，广东对增值税一般纳税人销售自行开发的计算机软件产品，按17%的法定税率征收后，对实际税负超6%的部分实行即征即退；属生产企业小规模纳税人生产销售计算机软件按6%的征收率缴纳增值税；属商业企业的小规模纳税人销售计算机软件按4%的征收率计算缴纳增值税。对企业为生产《国家高新技术产品目录》的产品而进口所需的自用设备及按合同随设备进口的技术及配套件、备件，除国务院规定的《国内投资项目不予免税的进口商品目录》所列商品外，免征进口关税和进口环节增值税；对企业引进属于《国家高新技术产品目录》所列的先进技术，按合同规定向境外支付的软件费，免征关税和进口环节增值税。

3. 征收管理

广东按照国家税务总局《增值税一般纳税人申请认定办法》对增值税纳税人进行分类，采取不同的征收方法和管理方式。将从事货物生产或提供应税劳务的纳税人，销售货物或应税劳务的年销售额在100万元（含）以下的，以及从事货物批发或零售的纳税人，年销售额在180万元（含）以下的，划分为小规模纳税人，统一实行按销售收入全额依规定的征收率计征增值税的简易征收方法，无权使用增值税专用发票，也没有进项税额抵扣权。超过以上标准的，认定为一般纳税人，实行凭增值税专用发票上注明税款的抵扣制，应纳税额为当期销项税额抵扣当期进项税额后的余额，销项税额为纳税人销售货物或应税劳务，按照销售额及适用税率计算并向购买方收取的增值税额，进项税额为增值税专用发票或增值税规范扣税凭证上注明的增值税额。

1994年起，广东严格执行一般纳税人认定标准和认定程序、手续及年审制度，不断清理整顿一般纳税人的认定状况，从源头上控制和堵塞利用专用发票偷骗税的行为。2000年8月，省国税局制定《广东省增值税一般纳税人资格认定管理暂行办法》和《广东省增值税一般纳税人分类管理办法（试行）》，对已开业的小规模工业企业，具有进出口经营权的企业，盐业批发企业，总分支机构不在同一市、县企业的认定，进行实地考察核实，对注册资本在1 000万元以上的新办工业企业、已开业的小规模企业，经审核并达到标准的，直接认定为一般纳税人。新认定（包括暂认定和正式认定）的一般纳税人，必须通过防伪税控系统开具增值税专用发票，实行按月应税销售额限量限额供应增值税专用发票，并进行重点稽核检查。广东税务部门严禁对一般纳税人实行定率征收或违反增值税统一规定的办法计征增值税。

从1997年1月1日起，对纳税人实际指标超过销售额变动比率、税负率指标正常峰值的，列为纳税情况异常，进行深入稽核检查。

除对纳税人的认定外，广东税务部门还从发票管理、建立防伪税控装置和发票稽核管理等方面，加强征收管理（见第七章第二节）。

四、营业税

营业税也是1984年工商税制改革时，从工商税种划分出来的一个税种，与产品税、增值税共同构成流转税制的主体。1994年税制改革时，重新调整建立新的营业税。

（一）开征

1984年9月18日国务院颁布《中华人民共和国营业税条例（草案）》（简称“营业税条例（草案）”）；9月28日，财政部颁布《中华人民共和国营业税条例（草案）实施细则》。省政府决定从当年10月1日起在全省征收。

1. 纳税人、税目和税率

凡从事商业、物资供销、交通运输、建筑安装、金融保险、邮政电信、公用事业、出版业、娱乐业、加工修理业及其他各种服务业的单位和个人为营业税的纳税义务人。广东征收营业税有14个税目，分别适用3%、5%、10%、15%共4档税率。1993年5月1日起商品零售税率调整为5%。铁道部直属铁路局的铁路运输税率1986年1月起改为5%。1988年5月18日起，取消临时经营税目。1989年12月，增设典当业税目，其中设典当物品的保管费和利息、死当物品销售两个子目，税率分别为5%和3%，1993年5月1日起，死当物品销售的税率提高到5%。1990年9月1日起，增设土地使用权转让及出售建筑物税目，税率5%，在1991年年底之前减按3%；增设经济权益转让税目，税率5%。1993年5月起出版业改征增值税，不再属营业税税目。

1984年起广东省执行的营业税条例（草案）税目税率表

表3-1-2

税　目	征收范围	税率
商品零售	以营业收入税额计税	3%
商品批发	按商品进销货差价计税	10%
交通运输	铁道部直属铁路局的铁路运输	15%
	地方铁路和企业专用铁路运输、装卸搬运及其他运输	3%
	管道运输	15%
建筑安装	—	3%
金融保险	—	5%
邮政电信	—	3%
出版事业	—	3%
公用事业	—	3%
娱乐业	—	3%
	舞场、弹子房	10%
服务业	代购、代销、代理业务	10%
	旅馆、饭店、旅游、西餐厅及包办筵席中餐馆等	5%
	修理修配和其他服务业	3%
临时营业	—	10%

2. 计税依据

营业税的计税依据为纳税人所得的营业收入或服务性业务收入。自1993年5月1日起，调整营业税起征点幅度：经营商品零售业务的起征点为月销售收入额600元～2 000元；经营其他业务的起征点为月营业收入200元～800元；从事临时经营的起征点为每次（日）营业收入额15元～30元。

3. 减税免税

（1）改进对工业企业自销产品征收营业税的办法。1984年10月，广东对工业企业将自产的产品，销售给国营商业批发企业的不征批发环节的营业税；销售给商业零售单位、个体商贩、使用单位和消费者，除生产资料、机器设备、建筑材料以及商业单位一向不经营的某些产品外，销售其他产品及外购原材料均征收营业税。从1987年1月1日起，对工业企业将自产的产品销售给商业零售单位、个体商贩的，停止征收营业税。

（2）对国营建筑安装企业恢复征收营业税。1984年广东对集体和个体建筑安装企业征收营业税，国营建筑安装企业缓征。执行后税负不公平，不利于建筑业招标投标制的推行。1987年1月，对国营建筑安装企业恢复征收营业税。

（3）对一些新兴行业明确征免。1986年1月，广东对经营商品房按3%税率征收营业税。同年2月，广东规定对保安服务公司从事服务性业务，按“其他服务”3%的税率征收营业税，对电台、电视台、报刊报社等广告经营单位的赞助收入，按广告业务征收营业税；对法律顾问处、专利代理机构提供咨询等业务取得的收入在1986年内免征营业税。

（4）支持农业发展生产。1985年11月，广东对全省供销社系统批发、调拨化肥、农药、农牧渔业用盐、种子种苗、农用塑料薄膜、农机产品及其零配件、饲料等业务收入免征批发营业税。1987年4月，对供销社经营中、小农具免征批发和零售环节营业税。

（5）支持邮电事业的发展。1986年10月，广东对邮电部门给用户新装电话所取得的初装费，列入“专用基金”的部分，免征营业税。

此外，广东对农村乡镇企业、山区县（见第二章第三节）、灾区及农民个人和残疾人员，以及科技体制改革等都采取一系列的税收优惠政策，促进全省经济发展。

（二）改革

1993年12月13日，国务院颁布《中华人民共和国营业税暂行条例》；12月25日，财政部颁布《中华人民共和国营业税暂行条例实施细则》，并规定从1994年起施行。营业税条例（草案）及其实施细则同时废止。

1. 纳税人、税目和税率

在中国境内提供应税劳务、转让无形资产或者销售不动产的单位和个人，为营业税的纳税义务人。广东征收的营业税共有9个税目，分别适用3%、5%、10%共3档税率。金融保险业1997年1月1日起税率调整为8%，其中农村信用社适用税率1997年减按5%，1998年起减按6%。娱乐业2000年1月1日起调整为12%，其中电子游戏厅适用税率自2000年7月1日起调整为20%。

1994年起广东省执行的营业税暂行条例税目税率表

表3-1-3

税　目	征收范围	税率
交通运输	陆路运输、水路运输、航空运输、管道运输、装卸搬运	3%
建筑业	建筑、安装、修缮、装饰及其他工程作业	3%
金融保险业	贷款、融资租赁、金融商品转让、金融经纪业及其他金融业务	5%
邮电通信业	邮政、电信	3%
文化体育业	文化业、体育业	3%
娱乐业	歌厅、舞厅、卡拉Ok歌舞厅、音乐茶座、台球、高尔夫球、保龄球、游艺	10%
服务业	代理业、旅店业、饮食业、旅游业、仓储业、租赁业、广告业及其他服务业	5%
转让无形资产	转让土地使用权、专利权、非专利技术、商标权、著作权、商誉	5%
销售不动产	销售建筑物及其他土地附着物	5%

2. 计税依据

营业税的计税依据为营业额。营业额为纳税人提供应税劳务、转让无形资产或者销售不动产，向对方收取的全部价款和价外费用。价外费用包括向对方收取的手续费、基金、集资费、代收款项及其他各种性质的价外收费。广东规定，从1996年1月1日起核定计税价格公式中的成本利润率为10%。

3. 减税免税

（1）确定营业税的起征点。广东营业税的起征点按期纳税的起征点为月营业额800元；按次纳税的起征点为每次（日）营业额50元。

（2）支持科技产业的发展。广东为支持科技产业的发展，1994年1月起，对科研单位取得的技术转让收入免征营业税。1999年5月起对高等学校的技术转让收入免征营业税。10月起，对单位和个人（包括外商投资企业、外商投资设立的研究开发中心、外国企业和外籍个人）从事技术转让、技术开发业务和与之相关的技术咨询、技术服务业务取得的收入，免征营业税。

（3）规范代理业税收。广东对物业管理企业代有关部门收取的水费、电费、燃（煤）气费、维修基金、房租，不计征营业税，对其从事代理业务取得的手续费收入按“服务业—代理业”税目征收营业税。对从事代理运输业务的单位和个人取得的收入，按“服务业—代理业”征收营业税，营业额为其向货主或旅客收取的全部价款和价外费用扣除支付承运方的运费及其他相关费用后的余额。

（4）调整行政事业性收费（基金）税收。1994年起，立法机关、司法机关、行政机关收费，同时具备以下两项条件的，不征收营业税：国务院、省政府或其所属财政、物价部门以正式文件允许收费，而且收费标准符合文件规定的；所收费用由立法机关、司法机关、行政机关直接收取的。1997年起，凡经中央及省财政厅批准纳入预算管理或财政专户管理的行政事业性收费、基金，无论是行政单位收取的，还是由事业单位收取的，均不征收营业税。

此外，广东对民政福利企业、校办企业及下岗职工创业给予一系列营业税税收优惠。

对发展交通事业的营业税优惠见第二章第三节。

五、特别消费税

特别消费税作为对特定的消费品在特定的环节征收的一种税，具有体现国家奖限政策、引导消费方向、调节市场供求、缓解社会成员之间分配不均等方面的作用，能够满足不同历史时期的某些特殊需要。

（一）彩色电视机和小轿车特别消费税

开征彩色电视机、小轿车特别消费税，起到治理和整顿彩电、小轿车生产流通领域混乱状态，增加财政收入，维护国家和消费者利益的作用。

1．彩色电视机特别消费税

1989年1月25日，根据国务院《关于对彩色电视机实行专营管理的通知》，广东从1989年2月1日起，对在境内从事生产和进口彩色电视机的单位和个人，按照规定的税目和税额（应纳税额=单位税额×应税产品数量），计算征收特别消费税。14寸以下（含）的彩色电视机每台征400元；14寸以上彩色电视机每台征600元。

1991年，国家对国产彩色电视机特别消费税和价格进行适当的调整，按不同规格和档次，调低国产彩色电视机特别消费税税额并取消在价外征收的国产化发展基金（外汇价差）。35厘米（14寸）以下（含）的彩色电视机税额由每台400元降低到100元；46厘米、56厘米（18寸、22寸）彩色电视机税额由每台600元降低到300元；51厘米（20寸）彩色电视机税额由600元降低到400元；53厘米（21寸，平面直角）彩色电视机税额由600元降至550元。境内生产的应税彩色电视机，生产者销售时征税；生产企业受托加工的，在受托者交货时征税；生产企业自产自用的，在生产者交付使用时征税。进口的应税彩色电视机由海关代征。彩色电视机特别消费税属于中央财政收入，实行价外征收，除国家明确规定的减免税外，一律不得减税、免税。1989年7月1日起，彩色电视机特别消费税平时缴库全额上缴中央财政，年终时由中央财政每台返还40元给地方财政。1992年4月24日起，广东执行国务院决定，停止征收彩色电视机特别消费税。

2．小轿车特别消费税

根据国家税务局《关于对小轿车征收特别消费税有关问题的规定》，广东从1989年2月1日起，对在境内从事生产和进口小轿车的单位和个人，按照规定的税目和税额（应纳税额=单位税额×应税产品数量），计算征收特别消费税。

（1）小轿车类。进口整车，其中：苏联、东欧地区进口的伏尔加1.5万元/辆，拉达1万元/辆，菲亚特126P 5 000元/辆，其他车辆7 000元/辆；苏联、东欧以外地区进口的4万元/辆。进口散件组装车，其中天津夏利1万元/辆，其他车2万元/辆。国产车1万元/辆。

（2）吉普车（包括变型车）。进口整车，其中：苏联、东欧地区进口的拉达2121车、阿罗244车5 000元/辆，其他进口车辆3.5万元/辆。进口散件组装车1.5万元/辆。国产车5 000元/辆。

（3）面包车（包括工具车）。进口整车3万元/辆；进口散件组装车1万元/辆；国产车5 000元/辆。

境内生产的应税小轿车，在生产者销售时征税；生产企业受托加工的，于受托者交货时征税；生产企业自产自用的，在生产者交付使用时征税；进口的小轿车，于进口报关者进口报关时征税，由海关代征。小轿车特别消费税属中央财政收入，除国家明确规定的减免税外，小轿车特别消费税一律不得减税、免税。1994年1月1日起，取消小轿车特别消费税。

（二）烟酒专项收入

1988年，国务院决定从当年7月28日起，放开13种名烟、13种名酒的价格，适当提高部分高中档卷烟和粮食酿酒的价格，并按甲级卷烟20%、乙级卷烟5%，国优酒30%，省、部优酒和啤酒25%征收专项收入。广东根据国务院和国家税务局规定，开征烟酒专项收入。此专项收入全部作为中央财政收入，任何地区、部门均不得减免，也不能用于归还贷款。1994年实行新税制后，烟酒产品改征增值税和消费税，不再单独征收烟酒专项收入。

六、消费税

1993年12月13日，国务院颁布《中华人民共和国消费税暂行条例》（简称“消费税暂行条例”）；12月25日，财政部颁布《中华人民共和国消费税暂行条例实施细则》；同年12月27日和28日，国家税务总局分别制定《消费税征收范围注释》和《消费税若干具体问题的规定》。广东于1994年1月1日起组织实施。

（一）纳税人和税率

消费税以在中国境内生产、委托加工和进口应税消费品的单位和个人为纳税义务人，就其应税消费品的销售额或销售数量，按照消费税暂行条例所附的《消费税税目税率（税额）表》计算征收消费税。消费税采取从价定率和从量定额两种征收办法，在11个税目中的烟、酒及酒精（不含黄酒和啤酒两个子目）、化妆品、护肤护发品、贵重首饰及珠宝玉石、汽车轮胎、摩托车、小汽车、鞭炮焰火9个税目实行从价定率征税的办法；汽油和柴油两个税目以及黄酒和啤酒两个子目实行从量定额征税办法。消费税实行比例税率与定额税率结合使用，税率（税额）3%～45%（0.1元～240元）共14档，最高为甲类卷烟45%（税额为黄酒240元/吨），最低为小汽车中的3%（税额为柴油0.1元/升）。从1994年1月1日起，对甲类卷烟暂减按40%的税率征收消费税。1998年7月1日起，对卷烟消费税税率进行调整，甲类卷烟（含进口卷烟）为50%，乙类卷烟为40%，丙类卷烟和雪茄烟为25%。

1994年起广东省执行的消费税暂行条例税目税率（税额）表

表3-1-4

税　目	征收范围	计算单位	税率（税额）
1．烟	—	—	—
甲类卷烟	包括各种进口卷烟	—	45%
乙类卷烟	—	—	40%
雪茄烟	—	—	40%
烟丝	—	—	30%
2．酒及酒精	—	—	—
粮食白酒	—	—	25%
薯类白酒	—	—	15%
黄酒	—	吨	240元
啤酒	—	吨	220元
其他酒	—	—	10%
酒精	—	—	15%
3．化妆品	包括成套化妆品	—	30%
4．护肤护发品	—	—	17%
5．贵重首饰及珠宝玉石	包括各种金、银、珠宝首饰及珠宝玉石	—	10%
6．鞭炮、焰火	—	—	15%
7．汽油	—	升	0.2元
8．柴油	—		0.1元
9．汽车轮胎	—	—	10%
10．摩托车	—	—	10%
11．小汽车	—	—	—
小轿车	—	—	—
气缸容量（排气量，下同）在2200毫升以上的（含2200毫升）	—	—	8%
气缸容量在1000毫升～2200毫升	—	—	5%
气缸容量在1000毫升以下的	—	—	3%
越野车（四轮驱动）	—	—	—
气缸容量在2400毫升以上的（含2400毫升）	—	—	5%
气缸容量在2400毫升以下的	—	—	3%
小客车（面包车）	—	—	—
气缸容量在2000毫升以上的（含2000毫升）	—	—	5%
气缸容量在2000毫升以下的	—	—	3%

1994年1月1日起，广东执行财政部、国家税务总局《关于金银首饰消费税减按5%征收的通知》，对金、银和金基、银基合金首饰，以及金、银和金基、银基合金的镶嵌首饰，减按5%税率征收消费税，不在以上范围的应税首饰仍按10%的税率征收消费税。

此外，从1994年1月1日起，广东对香皂减按5%的税率征收消费税。自1999年1月1日起，除对香皂仍按5%的税率征收消费税以外，其他护肤护发品消费税税率统一由17%调整为8%。1998年12月，广东按照国家税务总局《关于修订后的〈汽油、柴油消费税征收范围注释〉的通知》，执行新的汽油、柴油消费税征收范围。1999年1月1日起，对含铅汽油按0.28元/升的税额征收消费税；无铅汽油仍按0.20元/升的税额征收消费税。自2000年1月1日起，对生产销售达到低污染排放限值的小轿车、越野车和小客车减征30%的消费税。

（二）减税免税

消费税归中央财政收入，纳税人出口应税消费品（国家限制出口的应税消费品除外）免征消费税，具体的免税办法由国家税务总局规定。

（三）征收管理

消费税是价内税，从价定率征收的，以含有消费税税金而不含有增值税税金的消费品价格为计税依据。纳税人生产的应税消费品，按照向购买方收取的全部价款和价外费用，于销售时征税。纳税人自产自用的应税消费品，用于连续生产应税消费品的，不征税；用于其他方面的，按纳税人生产的同类消费品的销售价格计算征税；没有同类消费品的销售价格的，按照组成计税价格，于移送使用时征税。委托加工的应税消费品，按照受托方的同类消费品的销售价格计算征税；没有同类消费品的销售价格的，按照组成计税价格计算征税，由受托方向委托方交货时代收代缴税款。进口的应税消费品，按照组成计税价格，于报关进口时计算征税，由海关代征。实行从量定额计征的，以应税消费品的销售数量为计税依据，按照《消费税税目税率（税额）表》计算征税。

从1995年1月1日起，广东按照财政部、国家税务总局《关于调整金银首饰消费税纳税环节有关问题的通知》，对金、银和金基、银基合金首饰，以及金、银和金基、银基合金的镶嵌首饰的消费税由生产环节征税改为零售环节征税。广东金银首饰的消费税由生产环节改为零售环节征税后，全省经营金银首饰企业由原来的28家增加到1995年的550家，消费税收入入库由1994年的950万元增加到1995年的4 059.8万元，收入呈逐年增长态势，但也大大地增加征管难度和征税成本。1995年1月13日，省国税局转发国家税务总局制定的《金银首饰消费税征收管理办法》，对金银首饰消费税征收管理办法进行具体布置，加强对从事生产、加工、批发、零售金银首饰业务的单位和个人进行核查，按规定办理金银首饰消费税纳税人的认定后发给“金银首饰消费税纳税人认定登记证”；省国税局并制定《广东省金银首饰购货（加工）管理证明单的具体管理办法》，加强对金银首饰购货（加工）的管理。

1998年10月12日，根据国家税务总局《关于调整烟叶和卷烟价格及税收政策的补充通知》，在国家税务总局统一卷烟核价办法下达之前，省国税局制定广东地区丙类卷烟计税价格核定办法。1996—2000年，全省对卷烟生产企业实际产量在500箱以上的各个牌号、规格的卷烟经济指标进行调查，提供国家税务总局核定计税价格作依据。2000年，广东按照国家税务总局《卷烟消费税计税价格审核管理办法（试行）》，由有关市选定3个以上价格采集点采集有关价格信息，从2001年起执行。

第二节　所得税类

一、工商所得税

中华人民共和国成立初期，工商所得税属于工商业税中的一部分，与营业税共同组成工商业税。1958年工商税制改革时，将工商业税中的营业税和商品流通税、货物税、印花税合并为工商统一税，工商业税中的所得税部分成为一个单独的税种，称为工商所得税。改革开放初期，仍沿用政务院1950年颁布的《工商业税暂行条例》中有关所得税的法规征税。1985年起，国家陆续对各类经济性质的企业，颁布有关所得税条例。至此，取消工商所得税。

（一）纳税人和税率

凡在广东境内从事工业、商业、服务业、建筑安装业、交通运输业以及其他行业的企业单位和个人，除国家另有规定外，均为工商所得税纳税人。对其生产经营所得和其他所得征收工商所得税。

工商所得税税率在不同时期分别按个体经济和不同行业的集体企业实行不同的税率。1979年1月，个体经济沿用1963年国务院通过的十四级全额累进税率，最低一级税率为7%，最高一级税率为62%。合作商店，按九级超额累进税率，最低一级税率为7%，最高一级税率为60%。手工业合作社和交通运输业合作社，实行八级超额累进税率，最低一级税率为7%，最高一级税率为55%。农村社队企业按20%比例税率。基层供销社按39%比例税率；对其单独核算盈亏的基层供销社经营的饮食、服务、修理行业，改按20%的比例税率征收所得税。当年，全省所得税负担率为36.62%。

1980年10月，广东对合作商店，不分城镇、农村，均改按集体手工业八级超额累进税率计征所得税；对采取定期定额征收的个体经济，均按八级超额累进税率的负担水平，调整所得税定额或所得税带征率。

1981年1月，省政府决定工商所得税全面试行比例税率。农村社队企业、基层供销社仍按原税率计征；所有宾馆、招待所，按30%的比例税率计征；其余集体企业，均按40%的比例税率计征。1981年全省所得税负担税率为28.98%。

1983年9月，国务院规定对农村社队企业和基层供销社征收工商所得税，一律按照八级超额累进税率计征。1984年1月，对机关团体、部队和企事业单位所属宾馆、招待所的所得税，由原按30%比例税率改为15%比例税率征收。1984年，全省所得税负担率升至37.97%。

1979年广东省执行的个体经济工商所得税十四级全额累计税率表

表3-2-1

级数	所得额级距	税率（%）
1	全年所得额未满120元的	7
2	全年所得额在120元以上未满180元的	8
3	全年所得额在180元以上未满240元	10
4	全年所得额在240元以上未满300元的	12
5	全年所得额在300元以上未满360元的	15
6	全年所得额在360元以上未满420元	20
7	全年所得额在420元以上未满480元的	25
8	全年所得额在480元以上未满600元的	30
9	全年所得额在600元以上未满720元	35
10	全年所得额在720元以上未满840元的	40
11	全年所得额在840元以上未满960元的	45
12	全年所得额在960元以上未满1 140元	50
13	全年所得额在1 140元以上未满1 320元的	56
14	全年所得额在1 320元以上的	62

说明：全额累进税额计算公式为应纳所得税额=所得额×适用税率

1979年广东省执行的合作商店工商所得税九级超额累进税率表

表3-2-2

级数	所得额级距	税率（%）	速算扣除数（元）
1	全年所得额在250元以下的	7	0.00
2	全年所得额超过250元～500元的部分	10	7.50
3	全年所得额超过500元～1 000元的部分	20	57.50
4	全年所得额超过1 000元～2 000元的部分	30	157.50
5	全年所得额超过2 000元～3 000元的部分	40	357.50
6	全年所得额超过3 000元～5 000元的部分	45	507.50
7	全年所得额超过5 000元～10 000元的部分	50	757.50
8	全年所得额超过10 000元～20 000元的部分	55	1 257.50
9	全年所得额超过20 000元的部分	60	2 257.50

说明：超额累进税额计算公式为应纳所得税额=应纳税所得额×适用税率-速算扣除数

1979年广东省执行的手工业、交通运输合作社工商所得税八级超额累进税率表

表3-2-3

级数	所得额级距	税率（%）	速算扣除数（元）
1	全年所得额在300元以下的	7	0
2	全年所得额超过300元～600元的部分	10	9
3	全年所得额超过600元～1 000元的部分	20	69
4	全年所得额超过1 000元～2 500元的部分	30	169
5	全年所得额超过2 500元～10 000元的部分	35	294
6	全年所得额超过10 000元～30 000元的部分	40	794
7	全年所得额超过30 000元～80 000元的部分	50	3 794
8	全年所得额超过80 000元的部分	55	7 794

说明：超额累进税额计算公式为应纳所得税额=应纳税所得额×适用税率-速算扣除数

（二）减税免税

工商所得税的减免税，除全国统一规定的外，广东根据税收管理权限，采取一些灵活措施。

1979年，广东对民政部门举办的福利生产单位，凡参加生产的盲、哑、聋、残人员及烈军属占企业生产总人数25%～50%的，给予减半征收所得税照顾。1980年1月起，改按财政部规定，对民政部门新办的福利生产单位，从投产的月份起，给予一年免征所得税；福利生产单位盲、哑、聋、残人员占生产人员总数35%以上的，免征所得税；达到10%以上未达到35%的，减半征收所得税；民政部门举办的为肢体残缺人员生产假肢、假眼、残疾人车、钢背心等产品的工厂，不征所得税。同时，对集体企业使用专项设备贷款增加的生产项目，投产后的新增利润，准予税前还贷。

1981年1月，广东对下列情况给予免征工商所得税的照顾：社会救济户纳税确有困难的；每月所得收入不能维持家庭人口达到当地一般居民生活水平的；遇有火、水、风等灾害及失窃、伤亡造成意外损失的；个体户工商业为企业单位提供劳务，其所得报酬属于工资基金管理范围的；依靠补锅、剪影、擦皮鞋、拉力机、磅体重、挖鸡眼、代写书信、代售邮票、看管自行车、传呼电话的收入。对农村社队（乡镇）企业的减税免税优惠，参见第二章第三节。

（三）征收管理

工商所得税根据所得额按照规定税率计算征收，所得额是指在一定经营期间的收入总额，扣除成本、费用、工资、损失以后的余额。对存货估价，固定资产折旧、工资、费用列支、其他损益处理等按税收规定执行。

1979年，随着经济体制改革，集体企业纳税户逐步增加，会计制度健全程度各有不同，广东各地税务机关按照实际情况，改进征收办法，对部分财务制度不健全的集体企业征收所得税，采取核定带征率，随同工商税按月征收的办法。

1983年1月，企业推行经营承包责任制后，广东对实行经营承包责任制的集体企业，一

般采取查账的征收方法；对没有建立会计账表的，采取企业自报、税务部门核实的征收办法。对个别企业以及农村社队企业没有建立账册，又不能提供合法凭据计算盈亏的，采取定率带征所得税的方法征收。

1984年1月，广东对外出承接施工安装业务的集体建筑单位，实行企业所在地和业务发生地税务机关两头管理的办法，所得税一律在企业所在地税务机关缴纳，对账册健全，能正确按照财务会计制度和税法规定计算盈亏的，实行查账计算。对账册不健全，不能正确按照财务会计制度和税法规定计算盈亏的，采用定所得税带征率或依营业收入核定纯收益率计算所得额的方法征收。

1979年起，广东税务机关配合有关主管部门，分别制定、颁发各类集体企业的财务制度和会计制度。各地税务机关在日常征管工作中，着重协助城乡集体企业建立与健全财务、会计制度，促进集体企业加强经济核算，从而进一步加强工商所得税的管理。

此外，还结合小汇算和年终汇算清缴，每年开展两次全面性政策大检查。

二、城乡个体工商业户所得税

1986年1月7日，国务院颁布《中华人民共和国城乡个体工商业户所得税暂行条例》（简称“城乡个体工商业户所得税暂行条例”）；3月，省政府颁布《广东省城乡个体工商业户所得税施行细则》，从1986年1月1日起执行。

城乡个体工商业户所得税是对从事工业、商业、服务业、建筑安装业、交通运输业以及其他行业，经工商行政部门批准开业的城乡个体工商业户的生产经营所得和其他所得征收的，是国家调节个体工商业户赢利分配的一个税种。

1994年1月1日起，城乡个体工商业户的生产经营所得按经过修改的《中华人民共和国个人所得税法》征收个人所得税。

（一）纳税人和税率

城乡个体工商业户所得税按十级超额累进税率计算征收。全年所得额1 000元以下的为最低一级，税率为7%；全年所得额在3万元以上的为最高一级，税率为60%。

除城乡个体工商业户所得税暂行条例税率表规定外，国家对全年所得额超过5万元以上的城乡个体工商业户，允许各省、自治区、直辖市政府就其超过部分的所得额，加征10%～40%的所得税，以调节大户的收入。广东按照所得额的大小，实行4个档次加征办法，全年所得额超过5万元～10万元的部分，按应纳税额加征10%；全年所得额超过10万元～15万元的部分，按应纳税额加征20%；全年所得额超过15万元～20万元的部分，按应纳税额加征30%；全年所得额超过20万元以上的部分，按应纳税额加征40%。

1986年起广东省执行的城乡个体工商业户所得税十级超额累进税率表

表3-2-4

级距	全年所得额	税率（%）	速算扣除数（元）
1	不超过1 000元	7	0
2	超过1 000元～2 000元的部分	15	80
3	超过2 000元～4 000元的部分	25	280
4	超过4 000元～6 000元的部分	30	480
5	超过6 000元～8 000元的部分	35	780
6	超过8 000元～12 000元的部分	40	1 180
7	超过12 000元～18 000元的部分	45	1 780
8	超过18 000元～24 000元的部分	50	2 680
9	超过24 000元～30 000元的部分	55	3 880
10	超过30 000元以上的部分	60	5 380

说明：超额累进税额计算公式为应纳所得税额=应纳税所得额×适用税率–速算扣除数

（二）减税免税

1987年，广东为扶持乡镇联户、家庭企业发展，规定报经市、县税务机关审查批准后，可给予两年以内的减免所得税照顾；对个体租赁经营国营商业、供销社以及归其管理的合作商店（组）以原有基数为基础，实行“单定”或“双定”的计征办法。如果租赁经营确实有困难的，经税务部门批准，可给予定期减免税照顾。

（三）征收管理

广东对城乡个体工商业户所得税按行业实行不同的起征点，由各县（市）税务局根据具体情况在下列幅度内确定：从事加工修理、服务业的，以每月收入额120元～200元为起征点；从事手工业生产的，以每月销售额200元～400元为起征点；从事饮食业的，以每月营业额300元～500元为起征点；从事商业经营的，以每月营业额400元～600元为起征点。

城乡个体工商业户所得税的计税依据是纳税人的应纳税所得额。征收方法是根据个体工商业户的财务制度健全状况，由当地税务机关确定其查账征收、定率征收、定额定率征收或定额征收。

1986年，全省税务登记的个体工商业户有43.77万家，比1978年增长18.21倍。随着个体经济的不断发展，个体工商业户无账可查或账册不全、财务管理混乱问题日益突出。同年10月，广东执行财政部制定的《关于个体工商业户账簿管理的规定》，要求个体工商业户都必须建立、使用和保管账簿、凭证。

三、个人收入调节税

1986年9月25日，国务院颁布《中华人民共和国个人收入调节税暂行条例》（简称“个人收入调节税暂行条例”）；12月10日，财政部颁布《中华人民共和国个人收入调节税暂行条例施行细则》。广东从1987年1月1日起施行。1994年，个人收入调节税与原有的个人所得税、城乡个体工商业户所得税合并为新的个人所得税，并在1994年1月1日起开征。

（一）纳税人和税率

个人收入调节税的纳税人为在中国境内（不含港澳台）居住，并具有中国国籍、户籍，取得个人收入的中国公民。广东执行个人收入调节税，区别综合所得和分类所得，以不同税率征收。对工资、薪金收入，承包、转包收入，劳务报酬收入，财产租赁收入，按月合并为月综合收入计算征收，税率为五级超倍累进税率，分别为20%、30%、40%、50%和60%；月费用扣除额根据不同的工资类别地区定为400元、420元、440元和460元。对专利权的转让、专利实施许可和非专利技术的提供、转让取得的收入和投稿翻译取得的收入，按单项每次收入额征税。税率为比例税率20%，每次收入额不满4 000元的，费用扣除额为800元；超过4 000元的，扣除20%的费用。对利息、股息、红利收入就每次收入额按比例税率20%征税，没有费用扣除额。

1988年，广东对私营企业投资者分得的税后利润用于个人消费部分，以每次收入按40%的比例税率计算征收。私营企业若撤回生产发展基金或转让企业资产用于个人消费的，则要补征个人收入调节税；用于社会公益事业和教育事业的，则按扣除实际支付后的余额按40%征收。对实行经营承包责任制的集体企业，因财务制度不健全，不能正确计算赢亏而按集体企业所得税办法带征所得税后，承包者和职工个人取得的税后分配收入，须征收个人收入调节税。

1989年，广东开始对个人取得的集资利息收入超过国家银行同期个人存款利息部分的利息收入，征收个人收入调节税。个人投资入股取得的股息收入全额征收个人收入调节税。企业支付给职工的集资股息、利息，包括将股息、利息转为集资股票的，须先代扣代缴个人收入调节税，然后再行发放或办理划转手续。

对承包人将所得的承包、转包收入不论采取何种形式发给职工的，仍按其全部承包、转包收入征税，对职工获得的这部分奖金收入可不征收个人收入调节税。对承包人从承包收入中划转的承包风险金，在划转的同时，均应按承包收入照章征收个人收入调节税。

1992年1月1日起，广东执行国家税务局颁布的《著作权使用征收个人收入调节税的暂行规定》，对享有著作权的中国公民因他人以图书报刊出版方式使用其他作品而取得的收入，按投稿、翻译收入项目征税，对享有著作权的中国公民因他人以《中华人民共和国著作权法》第十条第五款中所述的各种方式（不含图书报刊出版方式）使用其作品而取得的收入，按专利权转让收入项目征税。

同年6月，广东对个人取得有奖销售、有奖集资、有奖债券和有奖竞猜的中奖收入，不论是奖金，还是实物（按发奖单位的账面价格或当地国营商店零售价格计算），给予一次性扣除800元，然后就其余额依20%的税率计征个人收入调节税。

1993年，广东对个人取得有奖储蓄的中奖收入，不论是奖金，还是实物，均允许给予一次性扣除800元后，就其余额依20%的税率计征个人收入调节税。

（二）减税免税

广东在执行个人收入调节税中，对个人取得省政府、国务院部委以上单位颁发的科学技术、文化成果等奖金；国库券利息、国家发行的金融债券利息；在国家银行、信用合作社、邮政储蓄存款利息；福利费、抚恤金和救济金；保险赔款；军队干部和战士的转业费、复员费；个体工商业户已征收城乡个体工商业户所得税和已征临时营业税的；按照国家统一规定发放给干部、职工的安家费、退职费、退休金、离休工资、离休干部生活补助费和经批准免税的其他收入；对社会福利有奖募捐中奖者的奖金收入，均免予征收个人收入调节税。

同时，广东结合本省实际，在执行个人收入调节税中，还对国务院、劳动人事部规定和由主管部门报经国务院、劳动人事部批准而发放各类津贴，均免征个人收入调节税。

1988年1月1日起，广东对私营企业投资者将私营企业税后利润用于生产发展基金的部分，免征个人收入调节税。对个人承包经营企业收入，已按城乡个体工商业户所得税办法带征所得税后的利润暂不征收个人收入调节税。当年，广东决定对个人从基层供销社、农村信用社取得的股金利息、红利收入，暂免征收个人收入调节税。

1990年7月，广东按国家税务局《关于对稿酬收入减征个人收入调节税的通知》，对每部书的稿酬收入不超过2万元的，按个人收入调节税暂行条例规定计算应纳税额，减征30%；每部书稿酬收入超过2万元的，仍按规定征税。

广东决定对扣缴义务人履行代扣代缴税款个人获得的扣缴税款手续费，可不并入个人月综合收入计征个人收入调节税。同时，决定对为维护税法的检举者，税务机关给予的奖励免征个人收入调节税。

（三）征收管理

个人收入调节税采取由支付单位源泉扣缴和纳税人自行申报两种方法征收。

1988年起，广东对不能提供合法凭证、正确计算盈亏的私营企业，投资者的个人收入调节税，由县（市）税务机关采取随私营企业所得税定率带征的方法征收。对实行经营承包责任制的集体企业，因财务制度不健全，不能正确计算盈亏的采取随集体企业所得税带征的办法。同时，广东考虑到个人收入调节税较其他税种税额小，征管工作难度大，决定将个人收入调节税扣缴义务人扣缴税款手续费的提取比例由原来的3%提高到4%。

1992年9月起，广东对从事私人诊所、私人办学、个体出租车等行业的个人取得的应税收入，因账证不健全而无法查实征收的，经市、县税务机关批准，可采取随营业额定率带征或定额的方式征收个人收入调节税。

四、个人所得税

自1979年全国开始实行对外开放以后，中国同其他国家的经济技术合作日益扩大，涉外活动和人员交往频繁，在中国境内从事工作的中国港澳台同胞、华侨以及外籍人员也越来越多。他们通过在中国境内提供各种劳务、进行投资以及从事科学技术研究和学术活动，从中国境内获取较高收入。对于这部分收入所得，按照国际通行的税收管辖权原则，中国政府拥有优先征税权。同时，随着多种经济成分的发展和中国境内公民收入的多元化。国家为更好地维护主权，防止国家正当的经济利益外溢和调节中国境内公民的收入平衡，1980年9月10日，第五届全国人民代表大会第三次会议通过并公布《中华人民共和国个人所得税法》；12月14日，财政部颁布《中华人民共和国个人所得税法施行细则》。同年9月10日起至1986年，广东对在粤境内取得所得的中国公民和中国港澳台同胞、华侨以及外籍人员征收个人所得税。

1986年9月25日，国务院颁布《中华人民共和国个人收入调节税暂行条例》，条例仅适用于在中国关境内居住的中国公民。而《中华人民共和国个人所得税法》仅适用于从中国境内取得个人所得的外籍人员和华侨、中国港澳台同胞。

1993年10月31日，第八届全国人民代表大会常务委员会第四次会议修改并公布新的《中华人民共和国个人所得税法》；1994年1月28日，国务院颁布《中华人民共和国个人所得税法实施条例》，把原有的个人所得税、个人收入调节税、城乡个体工商业户所得税3个税种合并为新的个人所得税，自当年1月1日起施行。征税对象包括中国公民，在中国关境内从事工作的中国港澳台同胞、华侨、外籍人员以及各类个体工商业户，企事业单位的承包经营、承租经营者的个人收入。同时，取消个人收入调节税和城乡个体工商业户所得税。

1999年8月30日，第九届全国人民代表大会常务委员会第十一次会议对《中华人民共和国个人所得税法》作了修改，删去第四条第二项中的“储蓄存款利息”免纳个人所得税的规定，并增加一项，作为第四条第十一项：“对储蓄存款利息所得征收个人所得税的开征时间扣征办法由国务院规定。”1999年9月30日，国务院颁布《对储蓄存款利息所得征收个人所得税的实施办法》，规定自当年11月1日起按20%的比例税率征收个人所得税。

（一）纳税人和税率

纳税人为在中国境内有住所，或者虽无住所但在境内居住满一年，以及无住所又不居住或居住不满一年，但有从中国境内取得所得的个人。

在中国境内有住所，或者无住所而在境内居住满一年但未超过五年的个人，其从中国境内取得的所得以及从国外取得的所得汇到中国境内的部分，要缴纳个人所得税；1994年起，新的个人所得税法修改为个人来源于中国境外的所得，经主管税务机关批准，可以只就由中国境内公司、企业以及其他经济组织或个人支付的部分缴纳个人所得税。居住超过五年的个人，从第六年起，应当就其来源于中国境内外的全部所得，缴纳个人所得税。为避免双重征税，个人所得税实行抵免法。纳税义务人在中国境外的所得，已在国外缴纳的所得税，可持纳税凭证在按照中国税法规定税率计算的应纳所得税额内申请抵免。对来源于中国境内的所得，由中国征税，不得给予抵免。1980年实施的个人所得税法规定，对中外合资经营企业、中外合作经营企业和外资企业，外商在华机构中工作的中国港澳台同胞、华侨以及外籍人员，如果只是为从事业务工作，在中国境内常驻一年以上或者超过五年的，但并不在中国境内定居，其在中国境外取得的不属于来源于中国境内的所得，不论是否汇来中国境内，均可免征个人所得税，1994年恢复征收。

在中国境内无住所又不居住，或者无住所且在中国境内居住不满一年的个人，属于非居民纳税人。非居民纳税人只就其来源于中国境内的所得依法缴纳个人所得税。

个人所得税实行分类税率征收，即分别对不同的个人所得项目规定超额累进税率和比例税率两种形式：（1）1980年的个人所得税法规定工资、薪金所得适用于七级超额累进税率，全月收入额在800元以下的免征；1994年新个人所得税法适用于5%～45%的九级超额累进税率，对在中国境内无住所而在中国境内取得工资、薪金的纳税义务人和在中国境内有住所而在中国境外取得工资、薪金所得的纳税义务人，在每月减除800元费用的基础上，再减除3 200元。（2）个体工商业户的生产、经营所得和对企事业单位的承包经营、承租经营所得适用于5%～35%的五级超额累进税率；个体工商业户的生产、经营所得，以每一纳税年度的收入总额，减除成本、费用以及损失后的余额为应纳税所得额。对企事业单位的承包（承租）经营所得，以每一纳税年度的收入总额，减除必要费用后的余额，为应纳税所得额。（3）稿酬所得，劳务报酬所得，特许权使用费所得，利息、股息、红利所得，财产租赁所得，财产转让所得，偶然所得和其他所得适用于20%的比例税率。劳务报酬所得、稿酬所得、特许权使用费所得和财产租赁所得，每次收入不满4 000元的，减除费用800元；4 000元以上的，减除费用20%以后，就其余额纳税；财产转让所得以个人转让财产的收入额减除财产原值和合理费用后的余额应纳税所得额；利息、股息、红利所得、偶然所得和其他所得以个人每次收入额为应纳税所得额，不扣除任何费用。

个人所得税法为体现国家政策，有效调节收入分配，对有关所得项目规定予以减征或加成征收。1994年的新个人所得税法规定，稿酬所得按其应纳税额减征30%。劳务报酬所得一次收入畸高的，按国务院规定实行加成征收。对应纳税所得额超过2万元～5万元的部分，依照税法规定计算应纳税所得额后再按照应纳税额加征50%；超过5万元的部分，加征100%。

另外，由于国家实行企事业单位承包（承租）的经营形式较多，分配方式也不相同，因此，国家税务总局特发出《关于承包、承租经营取得所得征税的通知》，规定其适用税率分为以下两种情况：（1）承包、承租人对企业经营成果不拥有所有权，仅是按合同（协议）规定取得一定所得的，其所得按工资、薪金所得项目征税，即适用5%～45%的九级超额累进税率。（2）承包、承租人按合同（协议）的规定只向发包出租方缴纳一定费用后，企业经营成果归其所有的，承包、承租人取得的所得，按对企事业单位的承包经营、承租经营所得项目，适用5%～35%的五级超额累进税率。

1980年起广东省执行的个人所得税法工资、薪金适用所得税率表

表3-2-5

级数	级　距	税率（%）	速算扣除数（元）
1	全月收入额在800元以下的	免	0
2	全月收入额在801元～1 500元的部分	5	40
3	全月收入额在1 501元～3 000元的部分	10	115
4	全月收入额在3 001元～6 000元的部分	20	415
5	全月收入额在6 001元～9 000元的部分	30	1 015
6	全月收入额在9 001元～12 000元的部分	40	1 915
7	全月收入额在12 001元以上部分	45	2 515

1994年起广东省执行的个人所得税法工资、薪金适用所得税率表

表3-2-6

级数	全月应纳税所得额	税率（%）
1	不超过500元的	5
2	超过500元～2 000元的部分	10
3	超过2 000元～5 000元的部分	15
4	超过5 000元～20 000元的部分	20
5	超过20 000元～40 000元的部分	25
6	超过40 000元～60 000元的部分	30
7	超过60 000元～80 000元的部分	35
8	超过80 000元～100 000元的部分	40
9	超过100 000元的部分	45

说明：全月应纳税所得额是指以每月收入额减除800元后的余额或者减除附加、减除费用后的余额

1994年起广东省执行的个人所得税法个体工商户的生产、经营所得适用税率表

表3-2-7

级数	全年应纳税所得额	税率（%）
1	不超过5000元的	5
2	超过5 000元～10 000元的部分	10
3	超过10 000元～30 000元的部	20
4	超过30 000元～50 000元的部分	30
5	超过50 000元的部分	35

说明：全年应纳税所得额是指以每一纳税年度的收入总额，减除成本、费用以及损失后的余额

1994年起广东省执行的个人所得税法劳务报酬所得适用税率表

表3-2-8

级数	每次应纳税所得额	税率（%）
1	不超过20 000元的	20
2	超过20 000元～50 000元的部分	30
3	超过50 000元的部分	40

（二）减税免税

根据个人所得税法规定和国家授权省政府的权限，对个人所得项目的减税免税的优惠，分为免税规定、减税规定和暂免税规定。

1. 免税规定

1980年，广东规定对联合国援助项目专家在中国期间取得的工资、生活津贴；中国港澳地区以及外国留学生领取的生活津贴、奖学金；中国血统外籍高级知识分子退休后到中国定居，从中国港澳地区以及外国领取的退休金，均给予免征个人所得税。1994年起取消

该项规定。

1994年起，广东执行个人所得税法规定，省政府、国务院部委和中国人民解放军军以上单位，以及外国组织颁发的科学、教育、技术、文化、卫生、体育、环境保护等方面的奖金；国债和国家发行的金融债券利息；银行存款利息（1999年8月30日，第九届全国人民代表大会常务委员会第十一次会议决定恢复征收，税率为20%）；国务院规定发给的政府特殊津贴和国务院规定免纳个人所得税的补贴、津贴，其中发给中国科学院资深院士和中国工程院资深院士每人1万元的资深院士津贴；福利费、抚恤金、救济金；保险赔款；军人的转业费、复员费；按照国家统一规定发给干部、职工的安家费、退职费、退休工资、离休工资、离休生活补助费；依照国家有关法律规定应予免税的各国驻华使馆、领事馆的外交代表、领事官员和其他人员的所得；中国政府参加的国际公约以及签订的协议中规定免税的所得；对个人取得的教育储蓄存款利息所得以及国务院财政部门确定的其他专项储蓄存款或者储蓄性专项基金存款的利息所得；对乡镇以上政府或经县以上政府主管部门批准成立的有机构、有章程的见义勇为基金或者类似性质组织，奖励见义勇为者的奖金或奖品等等，均免征个人所得税。

2. 减税规定

1987年8月1日起，广东对到粤境内工作的外籍人员和华侨、中国港澳同胞的工资、薪金所得，按其应征税额减半征收个人所得税，1997年起恢复对外籍及中国港澳台人员实行工薪收入征税。残疾、孤老人员和烈属的所得；因严重自然灾害造成重大损失的，可以减征个人所得税，其减征的幅度和期限由省政府批准；以及经国务院财政部门批准的其他减税项目。

3. 暂免征税规定

个人所得税法规定，中国港澳台人员和外籍人员以非现金形式或实报实销形式取得的住房补贴、伙食补贴、搬迁费、洗衣费；中国港澳台人员和外籍人员按合理标准取得的境内、外出差补贴；中国港澳台人员和外籍人员取得的探亲费、语言训练费，子女教育费等，经当地税务机关审核批准为合理的部分；中国港澳台人员和外籍人员从外商投资企业取得的股息、红利所得；个人举报、协查各种违法、犯罪行为而获得的奖金；个人办理代扣代缴税款手续，按规定取得的扣缴手续费；个人转让自用达五年以上，并且是唯一的家庭生活居住用房取得的所得；科研机构、高等学校转化职务科技成果以股份或出资比例等股权形式给予科技人员个人奖励部分等等，经主管税务机关审核后，可暂不征收个人所得税。

（三）征收管理

广东征收个人所得税的纳税办法，一直采取代扣代缴和自行申报纳税两种。

代扣代缴是指按照税法规定负有扣缴义务的扣缴义务人，在向个人支付应纳税所得时，计算应纳税额，从其所得中扣出并缴入国库，同时向税务机关报送个人所得税报告表。扣缴义务人在向个人支付应纳税所得时，不论纳税人是否属于本单位人员，均应代扣代缴其应纳的个人所得税税款。扣缴义务人应扣未扣、应收未收税款的，由扣缴义务人缴纳应扣未扣、应收未收税款以及相应的滞纳金或罚款。

自行申报纳税是由纳税人自行在规定的纳税期限内，向税务机关申报取得的应税所得项目和数额，如实填写个人所得税纳税申报表，并按照税法规定的计算应纳税额。实行自行申报的纳税人包括：从两处或两处以上取得工资、薪金所得；取得应纳税所得，没有扣缴义务人的；分笔取得属于一次劳务报酬所得、稿酬所得、特许权使用费所得、财产租赁所得的；取得应纳税所得，扣缴义务人未按规定扣缴税款的；税务机关规定必须自行申报纳税的。自行申报纳税的方式，纳税人可以由本人或委托他人或采用邮寄方式在规定的申报期限内申报纳税。

1994年，广东各级税务部门抽调大量人员组成宣传组，到企业和行政事业单位进行税法的讲解，辅导计税，讲解扣缴义务人和纳税人的义务、责任和权利。至当年底，广东各企业、事业单位基本都建立代扣代缴户头。同时，针对演出市场容易造成漏管的情况，当年10月，省地税局、省国税局、省文化厅制定《广东省演出市场个人所得税征收管理办法》。

1995年4月1日起和5月1日起，广东分别执行国家税务总局《个人所得税代扣代缴暂行办法》和《个人所得税自行申报纳税暂行办法》。两个“暂行办法”分别对各自的纳税义务人、纳税期限、申报方式及申报地点等作出明确规定。同年6月1日，省政府制定并颁布《广东省个人所得税代扣代缴暂行办法》和《广东省个人所得税自行申报纳税暂行办法》，并同时在全省实施。在两个“办法”中，广东把自行申报纳税的范围扩到个人取得的应税所得，扣缴义务人未按规定扣缴税款的，以及分笔取得属于一次性劳务报酬所得、稿酬、特许权使用费、财产租赁所得的应当自行申报纳税。

1996年，广东各级税务机关与企事业单位逐步建立起扣缴关系，其中深圳、潮州、梅州等市，要求行政事业单位、社会团体等非企业单位专项办理个人所得税代扣代收税务登记，把没有纳税习惯的行政事业单位纳入税务管理，使得工资、薪金所得项目收入增长较快。同年，广东建立税源收集分析制度，对征管薄弱环节进行有效跟踪管理；及时掌握上市公司以及基金公司的分红派息方案，对600多家股份制公司、60家上市公司、11家基金公司进行检查，并对其应缴个人所得税实行追踪入库。此外，还开展对演艺界演员、足球俱乐部等专项检查。

1997年，广东进一步完善代扣代缴制度，全省共有50多万家（个）企业、行政事业单位办理个人所得税代扣代收税务登记。针对1996年个体工商业户的生产、经营所得项目收入下降的现象，广东大力清查个体工商业户的户数，清理漏管户，并完善定额定率的调整办法，加大个体工商业户定额定率调整力度，加强对饮食服务业等重点行业的征管。同时，配合个人所得税专项检查和“税收宣传月”活动，广东在各大媒介及城乡发布《广东省地方税务局关于严厉打击偷逃个人所得税违法行为的通告》，当年查补税款1.57亿元，创下1980年后查补个人所得税款的历史记录。

同年下半年，广州市率先根据《中华人民共和国个人所得税法》和《中华人民共和国税收征收管理法》的规定，采取划分不同国家、地区的办法，参照中国港澳台人员、外籍人员从事职业、担任职务、受雇企业投资规模等因素，分别核定各类人员月收入额，对明显低于这个基数的，或拒不申报的，按核定数额计征个人所得税，有效地堵塞中国港澳台人员、外籍人员所得税的税源流失。至2000年，广东有9个市实施这一做法。

五、国营企业所得税

计划经济时期，国营企业对国家上缴利润，不缴所得税。1980年7月，广东执行国务院规定，先后在广州、韶关、佛山、江门4个市选择部分国营工、商企业和在高州、顺德两县县级工业企业进行“利改税”试点，税后利润采取包干形式核定不同比例固定上缴国家财政。在试行的基础上，1983年4月29日，财政部颁布《关于对国营企业征收所得税的暂行规定》，从6月1日起实行。广东对国营企业实现的利润，实行先征收一定比例的所得税，税后利润再采取多种形式的再分配办法。1984年9月18日，国务院颁布《中华人民共和国国营企业所得税条例（草案）》；10月18日，财政部颁布《中华人民共和国国营企业所得税条例（草案）实施细则》，自当年10月1日起实施，广东依照执行。1994年开征企业所得税后，取消国营企业所税。

（一）纳税人和税率

实行独立经济核算的国营企业，为所得税纳税义务人。广东征收国营企业所得税，区别大、中型和小型企业分别实行比例税率和八级超额累进税率。对赢利的国营大中型企业实行55%的比例税率；对小型企业、饮食服务和营业性的宾馆、饭店、招待所在1983年和1984年适用工商所得税的八级超额累进税率。从1985年起，适用新制定的八级超额累进所得税率。广东对国营大、中、小型工交企业的划分，以1983年为基数。按下列规定划定为小型企业后，从1985年度起执行，一定七年不变：属省直属企业和广州市企业（不包括所属各县），固定资产原值不超过500万元，且年利润不超过50万元的；属各地区直属企业和其他各市企业（不包括所属各县），固定资产原值不超过400万元，且年利润不超过40万元的；属县企业固定资产原值不超过300万元，且年利润不超过30万元的国营工交企业（包括商办、粮食部门办的饲料工业和储运企业）划定为国营小型工交企业。固定资产原值及年利润超过小型企业标准的，划定为大、中型工交企业。

划定为国营小型商业零售企业的标准是以独立核算的商店为单位，广州市（不包括所属各县）年利润不超过20万元，职工人数不超过60人的；其他各市（不包括所属各县）年利润不超过12万元，职工人数不超过60人的；县年利润不超过8万元，职工人数不超过30人的，定为国营小型商业零售企业。年利润和职工人数均超过小型企业标准的，划为大、中型国营商业零售企业。商业批发企业、贸易中心、贸易货栈、侨汇商店、友谊商店、石油商店、自选商店、外轮供应公司、食品购销站、物资企业（不包括划为小型企业的物资企业）和供销企业，不论利润、固定资产和职工人数多少，一律划为大、中型企业。商办农牧业企业一律划为小型企业。

文教企业按“利改税”规定的税率执行，出版企业所得税率35%，新华书店和县、市电影发行公司、电影院、队，税率为20%。

国营大、中型企业应纳所得税＝应纳税所得额×55%的固定比例税率；国营小型企业应纳税所得额＝应纳税所得额×适用税率－速算扣除数。企业年度应纳税所得额包括收入总额（包括营业外收入）、从联营企业先分配所得，再减除以下开支项目：单项留利、归还基建改建、扩建借款项目实现的利润，归还技措性借款项目实现的利润，归还上述借款实现利润提取的职工福利基金和职工奖励基金，抵补以前年度亏损的利润。成本费用开支范围按《国营企业成本管理条例》和财政部制定的国营企业财务会计制度规定执行。

1985年起广东省执行的小型国营企业八级超额累进所得税税率表

表3-2-9

级数	应纳税所得额级距	税率（%）	速算扣除数（元）
1	全年所得额在1 000元以下	10	0
2	全年所得额超过1 000元～3 500元的部分	20	100
3	全年所得额超过3 500元～1万元的部分	28	380
4	全年所得额超过1万元～2.5万元的部分	35	1 080
5	全年所得额超过2.5万元～5万元的部分	42	2 830
6	全年所得额超过5万元～10万元的部分	48	5 830
7	全年所得额超过10万元～20万元的部分	53	10 830
8	全年所得额超过20万元以上的部分	55	14 830

（二）减税免税

广东在执行国营企业所得税政策中，实施一些优惠政策：（1）1983年的微利企业，由于调增税率和开征新税后，留利不合理的，在三年内减征产品税、增值税、营业税。并按减税后的利润作为基数包干，基数内利润留给企业，实际利润达不到包干基数的，国家不再给补贴，超过包干基数的部分，实行国家与企业分成，分成比例一定三年不变。（2）大、中型企业和小型企业缴纳所得税后的余利过少，不足1983年核定合理留利的，减征一定数额的所得税，一定三年不变。（3）机制糖产品的税率调低以后，收购甘蔗每吨补贴8元的价外补贴不再由财政专款拨补，改由糖厂生产成本中列支，相应调整基期利润，以保留企业得到合理的留利。（4）县以下糖油工厂所得税减半征收，税后余利全部留给企业主管部门，财政不再拨付简易建筑费。（5）省直辖建筑安装企业所得税税率减为33%。

（三）征收管理

广东国营企业所得税和税后利润采取包干形式核定不同比例固定上缴国家财政，由财政部门征收和管理。实行按年征收，按期预缴。纳税人预缴本期所得税时，应按适用税率计算，按日、按旬或按月预缴，按月、按季结算，年终汇算清缴，多退少补。具体纳税期限由当地税务机关按户核定。

六、国营企业调节税

国营企业调节税是“利改税”不完善形成的税种。大中型国营企业的利润水平高低悬殊、差距较大，按同一比例征收国营企业所得税后，不少企业还剩有较多的利润，并且剩余的利润也仍然是高低悬殊，差距较大。广东按国务院规定，在开征国营企业所得税的同时，设置国营企业调节税，对国营企业利润进行必要的调节。

1984年9月18日，国务院颁布《国营企业调节税征收办法》。从1984年10月1日起，广东对实行独立经济核算的大、中型国营企业依照规定开征国营企业调节税。调节税以企业年度应纳税所得额为计税依据。企业基期利润扣除按55%计算的所得税和1983年合理留利后的部分，占核定基期利润的比例为调节税税率。税率具体由财税部门商同企业主管部门分户核定，实行一个企业一个税率。

企业当年利润比基期利润增长部分，除物资、供销、金融、保险企业外，其余企业减征70%的调节税。利润增长部分按定比计算，一定七年不变。

国营企业调节税由财政部门征收。1994年开征企业所得税后，取消国营企业调节税。

七、集体企业所得税

1985年4月11日，国务院颁布《中华人民共和国集体企业所得税暂行条例》，对原来征收工商所得税的集体企业改征集体企业所得税；7月22日，财政部颁布《中华人民共和国集体企业所得税暂行条例施行细则》。广东从1986年1月1日起执行。1994年开征企业所得税后，取消集体企业所得税。

（一）纳税人和税率

凡从事工业、商业、服务业、建筑安装业、交通运输业以及其他行业的独立核算的集体企业都是集体企业所得税的纳税人。集体企业所得税按八级超额累进税率计算征收。

1986年起广东省执行的集体企业所得税暂行条例八级超额累进税率表

表3-2-10

级数	应纳税所得额级距	税率（%）	速算扣除数（元）
1	全年所得额在1 000元以下的	10	0
2	全年所得额超过1 000元～3 500元的部分	20	100
3	全年所得额超过3 500元～10 000元的部分	28	380
4	全年所得额超过10 000元～25 000元的部分	35	1 080
5	全年所得额超过25 000元～50 000元的部分	42	2 830
6	全年所得额超过50 000元～100 000元的部分	48	5 830
7	全年所得额超过100 000元～200 000元的部分	53	10 830
8	全年所得额超过200 000元的部分	55	14 830

说明：集体企业应纳所得税额＝应纳税所得额×适用税率–速算扣除数

（二）减税免税

广东在执行集体企业所得税政策中，采取多种减免税措施。

1985—1990年，广东对贫困地区新办的乡镇企业，免征所得税。为促进山区经济发展，对上述规定从1991年起继续延长至1993年。

1986年，省政府规定，对新办的集体企业减征或免征所得税一年后，恢复征税有困难的，再减征或免征所得税一年。1987年改为新办集体企业开办初期有困难的，减征或免征所得税两年，两年期满后仍有困难的，再减征所得税30%。对个别集体企业，因生产、经营造成纳税有困难的，给予减征或免征所得税一年。从1990年起，新办集体企业开办初期纳税有困难的，可给予减免所得税一年的照顾。照顾期满后仍有困难的，可再给予减免所得税一至两年的照顾。

1987年对农村信用社、城市信用社及其他城镇集体金融企业，恢复征收集体企业所得税。同时，对全省48个山区县（市）和3个扶贫县的农村信用社，给予免征所得税两年。对应纳所得税的农村信用社，在1987年度给予减征所得税的40%。

1991—1993年，广东对乡镇集体企业和基层供销社缴纳集体企业所得税有困难的，给予超20%税负部分减半征收的照顾。

广东对集体企业承接外商来料加工、来料装配的加工所得（工缴费所得），从企业取得第一笔工缴费收入的月份起，给予免征集体企业所得税三年；个别企业三年免税期满后按规定纳税仍有困难的，由企业申请，报经市税务局批准，可继续给予一年至两年减免税照顾。

广东对经省科委及有关部门认定的先进技术、高科技企业，可按规定享受免征集体企业所得税两年的优惠。

广东按国家的政策实行安置城镇待业青年就业税收优惠政策：对安置城镇待业青年新办的集体企业或街道企业当年安置待业青年超过职工总数60%的，经税务机关审查批准，可免征集体企业所得税二至三年。从1990年起三年内，对享受上述减免期满后的企业，当年新安置待业青年占企业职工总人数30%以上的，经过当地税务机关审核批准，可减半征收集体企业所得税两年。此外，对安置城镇待业青年达不到规定比例，不符合减免税条件的城镇集体企业、纳税确有困难的，可按当时税收管理体制规定，报经税务机关批准，给予不超过一年的减征或免征所得税照顾。

对山区县乡镇集体企业和基层供销社的优惠政策，参见第二章第三节。

（三）征收管理

广东集体企业所得税由税务部门征收。集体企业所得税的纳税年度是每年1月1日至12月31日，计税依据是纳税年度的所得额，采取按月或按季预征，年终汇算清缴的办法征收。1994年开征企业所得税后，取消集体企业所得税。

八、私营企业所得税

为鼓励引导私营企业健康发展，保障私营企业的合法权利，1988年6月25日，国务院颁布《中华人民共和国私营企业所得税暂行条例》，广东自当年1月1日起施行。

（一）纳税人和税率

私营企业分为独资企业、合伙企业、有限责任公司。凡从事工业、建筑业、交通运输业、商业、饮食业以及其他行业的城乡私营企业都是私营企业所得税的纳税义务人。其他行业包括邮政电信、公用事业、出版业、服务业、娱乐业和科技咨询等经营的私营企业。但私营企业与外商合资、合作经营企业和外商投资单独生产经营的外国企业不属于私营企业所得税的纳税人，不征收私营企业所得税。

私营企业所得税采用35%的固定比例税率。私营企业的征税客体是纳税人每一纳税年度的收入总额，减除成本、费用、国家允许在所得税前列支的税金和营业外支出后的余额。纳税人计算缴纳所得税的列支项目和标准，由税务机关依法规定。应纳税所得额的计算公式是：应纳税所得额＝利润总额－允许扣除项目。允许扣除的项目有：（1）经核准抵补以前年度的亏损；私营企业在纳税年度发生亏损，经税务机关批准，可以从下一年度的所得中提取相应的数额加以弥补，下一年度的所得额不足弥补的，可以递延逐年提取所得继续弥补，但连续弥补不得超过三年。从1993年开始对企业的年度亏损，按照规定，允许在以后五年内给予逐年延续弥补。（2）从其他企业分得已征收所得税后的利润、股息。（3）国务院或财政部、国家税务局规定允许扣除的其他项目。

（二）减税免税

1988年起，广东对从事农业、林业、牧业、渔业生产的私营企业，暂免征收私营企业所得税。对新开办生产型的私营企业，开办初期，纳税确有困难的，报经县（市）税务局批准，可给予一年减免所得税的照顾。对生产电力的私营企业，报经县（市）税务局批准，可免征所得税。对从事科技咨询业务的私营企业，开办初期纳税困难的，报经县（市）税务局批准，可给一年减免所得税照顾。私营企业利用本企业的“废水、废气、废渣”等废弃物为主要原料进行生产的产品所得利润，报经县（市）税务局核准，可免征所得税三年。企业遭受风、火、水、震等灾害，造成企业正常生产经营有困难，需要减免所得税的，可根据企业受灾情况，报市税务局批准，给予定期或一次性的减税或免税照顾。

自1993年1月1日起，广东对经税务机关审核，新办的私营饲料加工企业，从开办之日起免征私营企业所得税三年；原有的私营饲料加工企业，可减半征收私营企业所得税。私营企业向能源、交通设施以及“老、少、边、穷”地区投资分得的利润，在五年内减半征收所得税，以分得的利润再投资于上述行业和地区的，暂免征收所得税。

对在国务院批准的高新技术产业开发区兴办、经有关部门认定的私营高新技术企业，减按15%的税率征收所得税；开发区企业出口产品的产值达到当年总产值70%以上的，经税务机关核定，减按10%的税率征收所得税。新办的开发区企业，经企业申请，税务机关批准，从投产年度起，两年内免征所得税。对内资办的开发区企业，其进行技术转让以及在技术转让过程中发生的与技术转让有关的技术咨询、技术服务、技术培训的所得，年净收入在30万元以下的，可暂免征收所得税；超过30万元的部分，按适用税率征收所得税。对其属于“火炬”计划开发范围的高新技术产品，凡符合新产品减免税条件并按规定减免产品税、增值税的税款，可专项用于技术开发，不计征所得税。

（三）征收管理

私营企业所得税由税务部门征收管理。私营企业所得税按年计算，分月或分季预缴，年终汇算清缴，多退少补，具体纳税期限由市、县税务机关确定。对能提供全部合法凭证、正确计算盈亏的私营企业，采取查账方法征收。能提供销售或营业收入的合法凭证，不能正确计算盈亏的，采取所得税带征率的方法征收，即核定所得税带征率，随同产品税、增值税或营业税按期或按次一并征收，年终不进行汇算。不能提供合法凭证、正确计算盈亏的，采取定额定率方法征收，由纳税人自报，经过民主评议，税务机关每半年（或每季）核定每月的销售额或营业额和所得税带征率，按月征收，年终不进行汇算。采取上述征收方法有困难的，采取核定征收，由纳税人自报，税务机关核定应纳所得税额，按期或按次征收，年终不进行汇算。1994年开征企业所得税后，取消私营企业所得税。

九、企业所得税

企业所得税是内资企业多种所得税合并统一的、适应内资企业的税种。1993年12月14日，国务院颁布《中华人民共和国企业所得税暂行条例》（简称“企业所得税暂行条例”），从1994年1月1日起执行。同时，废止《中华人民共和国国营企业所得税条例（草案）》《国营企业调节税征收办法》《中华人民共和国集体企业所得税暂行条例》《中华人民共和国私营企业所得税暂行条例》。1994年2月4日，财政部颁布《中华人民共和国企业所得税暂行条例实施细则》，同时，废止《中华人民共和国国营企业所得税条例（草案）实施细则》《中华人民共和国集体企业所得税暂行条例实施细则》《中华人民共和国私营企业所得税暂行条例实施细则》。

（一）纳税人和税率

企业所得税暂行条例规定国有企业、集体企业、私营企业、联营企业和股份制企业等内资企业以及有生产、经营所得和其他所得的其他组织，都是企业所得税的纳税义务人，一律执行统一的企业所得税制度。企业所得税暂行条例规范所得税税前扣除项目和标准，改变应纳税所得额的确定从属于企业财务制度的习惯做法；取消国有企业上缴的调节税及能源交通重点建设基金和国家预算调节基金；取消在所得税前归还投资性贷款的优惠政策；对实行利润包干或承包上缴办法的企业和行业，均一律按企业所得税暂行条例的规定征收所得税。以是否独立经济核算作为判定企业所得税纳税人的标准。

企业所得税纳税人应纳税额，按应纳税所得额计算，税率为33%。1994年5月，财政部、国家税务总局颁发《企业所得税若干政策问题的规定》确定两档照顾性税率。对年应纳税所得额在3万元～10万元（含10万元）的企业，暂减按27%的税率征收；年应纳税所得额在3万元（含3万元）以下的企业，暂减按18%的税率征，广东依照执行。

纳税人每一纳税年度的收入总额减去准予扣除项目后的余额为应纳税所得额。纳税人的收入总额包括生产、经营收入，财产转让收入，利息收入，租赁收入，特许权使用费收入，股息收入和其他收入。

计算应纳税所得额时准予扣除的项目是指与纳税人取得收入有关的成本、费用和损失以及纳税人用于公益、社会救济等税法规定准予扣除的项目。准予扣除的项目和范围、标准为：（1）纳税人在生产、经营期间，向金融机构借款的利息支出，按照实际发生数扣除；向非金融机构借款的利息支出，不高于按照金融机构同类、同期贷款利率计算的数额以内的部分，准予扣除。（2）纳税人支付给职工的工资，按照计税工资扣除。计税工资的具体标准，在财政部规定的范围内，由省政府规定，报财政部备案。1994年，广东计税工资人均月扣除最高限额为600元。1996年1月1日起，广东非“工效挂钩”企业计税工资人均月扣除最高限额调整为660元。2000年1月1日起，广东计税工资人均月扣除限额再次调整为960元。（3）纳税人的职工工会经费、职工福利费、职工教育经费，分别按照计税工资总额的2%、14%、1.5%计算扣除。（4）纳税人用于公益、救济性的捐赠，在年度应纳税所得额3%以内（金融、保险企业为1.5%）的部分，准予扣除。

在计算应纳税所得时，下列项目不得扣除：资本性支出；无形资产受让、开发支出；违法经营的罚款和被没收财物的损失；各项税收的滞纳金、罚金和罚款；自然灾害或者意外事故损失有赔偿的部分；超过国家规定允许扣除的公益、救济性的捐赠，以及非公益、救济性的捐赠；各种赞助支出；与取得收入无关的其他各项支出。

企业所得税的成本、费用开支标准等规定以《企业财务通则》和《企业会计准则》及分行业财务会计制度为基础，纳税人在计算应纳税所得额时，其财务、会计处理办法同国家有关税收的规定有抵触的，依照国家有关税收的规定计算纳税。企业所得税沿用私营企业所得税的亏损弥补办法，对纳税人发生年度亏损的，可以用下一纳税年度的所得弥补；下一纳税年度的所得不足弥补的，可以逐年延续弥补，但是延续弥补期最长不得超过五年。

（二）减税免税

1994年6月，广东清理企业所得税的减免税政策，仅保留法定减免。主要有：经国务院批准的高新技术产业开发区内的高新技术企业，减按15%的税率征收；新办的高新技术企业免征所得税两年；为支持和鼓励发展第三产业企业，在一定期限内减征或者免征所得税；企业利用废水、废气、废渣等废弃物为主要原料进行生产的，可在五年内减征或者免征所得税；国家确定的“老、少、边、穷”地区新办的企业，三年内减征或者免征所得税；企业事业单位进行技术转让，以及在技术转让过程中发生的与技术转让有关的技术咨询、技术服务、技术培训的所得，年净收入在30万元以下的，暂免征收所得税；企业遇有风、火、水、震等严重灾害，可在一定期限内减征或者免征所得税；新办的劳动就业服务企业，当年安置城镇待业人员达到规定比例的，可在三年内减征或者免征所得税；新办的城镇劳动就业服务企业，当年安置待业人员超过企业从业人员总数60%的，经主管税务机关审查批准，可免征所得税三年；劳动就业服务企业免税期满后，当年新安置待业人员占企业原从业人员总数30%以上的，经主管税务机关审核批准，可减半征收所得税两年；高等学校和中小学校校办工厂，可减征或者免征所得税；民政部门举办的福利生产企业可减征或者免征所得税；乡镇企业可按应缴税款减征10%，用于补助社会性开支的费用。

1996年，为更好地扶持贫困山区的经济发展，加快脱贫致富的步伐，广东对在确定为山区贫困县的乳源、翁源、封开、郁南、龙门、陆河、饶平、揭西等28个县新办的有关地区企业（不含金融、保险企业），经主管地方税务机关批准，从获利年度起，免征企业所得税三年。

1998年起，企业整体资产置换，则在交易发生时，将其分解为按公允价值销售和按公允价值购买另一方全部资产的经济业务进行所得税处理，并按规定确认资产转让所得或损失。

1999年1月1日起，广东对企业发生的技术开发费（企业在生产经营中发生的用于研究开发新产品、新技术、新工艺的各项费用），允许在缴纳企业所得税前扣除。国有、集体工业企业及国有、集体企业控股并从事工业生产经营的股份制企业，联营企业发生的技术开发费比上年实际增长10%（含10%）以上的，经税务机关审核批准，允许再按技术开发费实际发生额的50%抵扣当年度的应纳税所得额。其技术发展费实际发生额的50%如大于企业当年应纳税所得额的，可准予抵扣其不超过应纳税所得额部分，超过部分当年和以后年度均不再给予抵扣。

广东对科研机构、高等学校服务于各行业的技术成果转让、技术培训、技术咨询、技术服务、技术承包，所取得的技术性收入，免征企业所得税；对软件开发企业允许税前扣除实际发生的工资额；对科研机构转制给予定期减免所得税照顾。

1998—2000年广东省地方企业所得税减免情况表

表3-2-11　　单位：万元

年度	合计	高新技术企业	新办第三产业	老少边穷地区企业	受灾企业	劳动服务企业	校办企业	福利企业	乡镇企业	其他企业
1998	26 350	3 988	10 629	521	253	4 731	1 329	3 109	29	1 761
1999	21 600	5 141	6 509	288	25	3 179	1 202	4 351	5	900
2000	41 175	10 671	16 644	640	28	4 217	1 088	3 359	—	4 528
累计	89 125	19 800	33 782	1 449	306	12 127	3 619	10 819	34	7 189

（三）征收管理

1994年起，企业所得税的纳税年度为公历1月1日起至12月31日止。但纳税人在年度中间开业，或者由于合并、关闭等原因，使该纳税人年度的实际经营期不足12个月的，应换算成全年应纳税所得额后确定适用税率；纳税人在清算时，应以清算期作为一个纳税年度。

1. 国税

省国税系统的征收管理范围为中央各部门、各总公司、各行业协会（总会）、社团组织、基金会所属的企事业单位以及上述企事业单位兴办的预算内、外国有企业的所得税；金融保险企业的所得税；军队（包括武警部队）所办的国有企业的所得税；中央与地方所属企业、事业单位组成的联营企业和股份制企业的所得税。对企业所得税征收管理，广东根据所得税的特点，完善征管制度，加强对汇总纳税企业、重点税源，以及税前扣除和减免税的管理。

1998年，广东贯彻国家税务总局关于“统一计算、分级管理、就地预交、集中清算”的管理新思路，强化汇总合并纳税的管理。对事业单位、社会团体、民办非企业单位的收入，包括财政补助收入、上级补助收入、事业收入、经营收入、附属单位上缴收入和其他收入，除国务院或财政部、国家税务总局规定的免税项目外，均计入其应纳税收入总额，依法计征企业所得税。

对企业股投资所得，凡投资方企业适用的所得税税率高于被投资企业适用的所得税税率的，除国家税法规定的定期减税、免税优惠外，其取得的投资所得，均按规定还原为税前收益，并入投资企业的应纳税所得额，依法补征企业所得税。

同年开始建立重点税源联系制度，按季汇总分析税源变化情况，掌握收入进度。并纳入税收考核计划，对国有企业纳税户和汇总纳税监管户的清理检查工作。坚持开展专项检查，并以查促收。有重点地开展企业所得税专项检查，发现存在问题，研究改进办法。

2. 地税

省地税系统的征收管理范围为地方各级国有企事业单位、集体所有制企业（除金融保险企业外）、私营企业的所得税。

企业所得税按年计算，分月或者分季预缴。纳税人应当在月份或者季度终了后15日内，向其所在地主管税务机关报送会计报表和预缴所得税申报表；年度终了后45日内，向其所在地主管税务机关报送会计决算报表和所得税申报表。以及加强对汇总纳税企业、重点税源，以及税前扣除和减免税的管理。

由于广东经济组织中存在大量的集体、私营性质的小企业，普遍存在财务管理混乱，不如实做账或不公开真账等问题，造成企业查账征收面长期无法提高。据此，1999年12月，省地税局对所得税征收方式作出统一规定：（1）对账务健全，能够独立核算盈亏的纳税人，不论其规模大小，经营收入多少，均实行查账征收。（2）各市按行业制定经营收入标准，报省地税局备案，凡经营规模达到此标准的，税务机关督促其健全账务，实行查账征收。（3）按照当地金额标准执行后，查账征收户仍是空白的征收单位，必须按不少于纳税户20%的比例确定查账征收户。（4）对年初没有列入所得税检查计划的纳税人，统一实行评税办法。广东从1999年度汇缴开始实行评税制度，评税对象是未纳入重点检查和日常检查计划的查账征收企业。评税时由征收单位成立若干个由2人～3人组成的评税小组，根据企业报表资料，当地同行业利润水平以及平时掌握的企业经营状况，对纳税人的应纳税所得进行评定。

1994—2000年部分年度广东省地方税务局汇总纳企业所得税情况表

表3-2-12

年度	负责征管企业（家）	参加汇算清缴企业（家）	其中					汇算清缴查补所得税（万元）
			赢利企业（家）	利润总额（万元）	应纳所得税额（万元）	应纳所得税（万元）	实际负担率（%）	
1994	183 930	99 217	55 813	767 605	724 418	182 306	21	11 072
1996	176 546	84 428	38 958	717 563	661 617	161 161	23	13 177
1998	—	100 030	44 255	1 694 958	1 427 353	342 624	26	12 995
1999	221 295	123 215	49 447	1 290 225	1 247 883	305 106	23	105 720
2000	234 851	141 845	58 366	115 700	—	—	—	—

第三节　财产资源税类

一、城市房地产税

1951年政务院颁布《城市房地产税暂行条例》，1952年6月省财政厅颁布《广东省房地产税稽征办法》，对城市中的房屋、土地向房地产所有人征收城市房地产税。1973年工商税制改革，城市房地产税只对房地产管理部门、个人和外侨征收。1984年10月，工商税制改革时，重新恢复开征房产税，把原来的城市房地产税分为房产税和土地使用税。1986年9月15日，国务院颁布《中华人民共和国房产税暂行条例》，在全国范围内施行，而对外商投资企业、外国企业和外籍个人征收城市房地产税。按照国务院的规定，1994年税制改革后，外商投资企业和外国企业适用1951年8月8日政务院颁布的《城市房地产税暂行条例》。

（一）纳税人和税率

1979—1986年，城市房地产税的纳税人为房地产管理部门、中国公民，中国港澳台同胞、华侨以及外籍个人，外商投资企业、外国企业，其征税对象是经核定开征城市房地产税的城市和工矿区内的纳税人的自有房产，中国港澳台同胞、华侨以及外籍个人用侨汇购买或建造的注册房产。由于城市土地属国家所有，外商投资企业、外国企业和中国港澳台同胞、华侨以及外籍人员使用的土地，由有关部门按照规定征收土地使用费不再征收土地使用税。1987年起，城市房地产税的纳税人只有外商投资企业、外国企业和中国港澳台同胞、华侨以及外籍个人。

城市房地产税由产权所有人缴纳，产权出典者，由承典人缴纳；产权所有人、承典人不在当地或产权未确定及租典纠纷未解决者，均由代管人或使用人代为报缴。在中国境内拥有房产的外籍人员和在内地拥有房产的华侨及港澳台同胞，如果不在中国境内或内地居住，可由其代管人或使用人代为报缴房产税；如果其房产所有权已转让给国内亲友或有关企事业单位的，则应由受让人按规定缴纳房产税。

城市房地产税的征税范围为城市、县城、建制镇和工矿区的房地产，其解释范围与房产税和土地使用税相同。城市房地产税的征收地区由省政府按照实际情况确定。应缴纳城市房地产税的房产包括生产、经营、生活和办公用房及其不可分割的设备。

城市房地产税的计税依据是标准房价和标准房地租价。标准房价，按当地一般买卖价格并参酌当地当时房屋建筑价格分类、分级评定。

按照计税依据的不同，城市房地产税分为从价和从租计征，其适用的税率也相应地分为两种情况：城市房地产税依标准房价按年计征的，年税率为1.2%；标准房价不易求得的，依标准房租计征，年税率为18%。

广东规定，外商投资企业和外国企业，中国港澳台同胞、华侨以及外籍个人的自用房产按照房产原值一次减除30%后的余值，依1.2%的税率计算缴纳城市房地产税；房产出租的，依租金收入的18%计算缴纳城市房地产税。房产原值是指按照税法的规定，在企业账册的固定资产科目中记载的房产原值，没有房产原值或原值不实的，由房产所在地税务机关参照同类房产核定。

（二）减税免税

广东执行国家规定的优惠政策：（1）对外商投资企业利用人防工程中的房屋进行经营活动的，暂不征收城市房地产税。（2）中国港澳台同胞、华侨以及外籍个人购置的非营业用房产，比照《中华人民共和国房产税暂行条例》第五条的有关规定，暂免征城市房地产税。

广东自行制定的减免税规定：（1）对下列房产免征城市房地产税：从事农、林、牧业等利润较低的外商投资企业和外国企业的房产；投资于能源、交通、港口码头、机场项目的外商投资企业和外国企业的房产；经财政部和省税务局（1994年后为省地税局）批准免税的其他外商投资企业和外国企业的房产。（2）对少数民族地区、山区和其他地区新建立的建制镇，凡经省地税局批准暂缓征收房产税的，其所在地外商投资企业和外国企业的自有房产，同样暂缓征收城市房地产税。（3）凡在广东境内的中外合资经营企业、中外合作经营企业、外资企业征收城市房地产税的房屋，自购买或新建落成之月份起，免征城市房地产税三年；1984年1月25日起，中国港澳台同胞、华侨投资在广东的合资经营企业、合作经营企业、独资经营企业应征收城市房地产税的房屋，自购买或新建落成之月份起，免征城市房地产税五年。对按规定免税期满但纳税仍有困难的外商投资企业，经市、县地税局批准，可继续定期给予减免城市房地产税的优惠。

（三）征收管理

城市房地产税按年征收，按季或按半年分期缴纳。广东规定按半年缴纳，每年的5月和11月集中征收。城市房地产税在房产所在地缴纳。房产不在同一地的纳税人，按房产的坐落地点分别向房产所在地的税务机关缴纳城市房地产税。实施分税制后，城市房地产税一律由地方税务局负责征收管理。

二、房产税

1986年9月15日，国务院颁布《中华人民共和国房产税暂行条例》（简称“房产税暂行条例”）；12月31日，省政府颁布《广东省房产税施行细则》，从1987年1月1日起施行。

（一）纳税人和税率

房产税以在征税范围内的房屋产权所有人（不含外商投资企业、外国企业和中国港澳台同胞、华侨以及外籍个人）为纳税人。其中：产权属国家所有的，由经营管理单位纳税；产权属集体或个人所有的，由集体单位或个人纳税。产权出典的，由承典人纳税。产权所有人、承典人不在房屋所住地，或者产权未确定及租典纠纷未解决的，由房产代管人或者使用人纳税。纳税单位和个人无租使用房产管理部门、免税单位及纳税单位的房产，由使用人代为缴纳。

按照房产税暂行条例和《广东省房产税施行细则》，房产税在城市、县城、建制镇和工矿区征收。1987年，全省征收房产税的地区有城市18个、县城镇90个、县城镇以下的建制镇（包括城市郊区的建制镇）145个、工矿区12个，共265个开征地区。少数民族地区、山区和经济欠发达、房屋简陋的地区，暂缓征收房产税的建制镇有1 220个，其中缓征一年的93个，缓征两年的38个，缓征三年的1 089个。1993年2月，根据省政府文件，省税务局明确对经国务院和省政府批准成立的经济技术开发区和高新技术产业开发区均按规定征收城镇土地使用税，不征房产税。从1997年起对全省尚未征收房产税的建制镇一律恢复征税。

房产税税率分两种：依照房产原值计征的，按其原值一次减除30%后的余值计算，税率为1.2%；依照房产租金收入计算征收的，税率为12%，纳税人未按财务会计制度规定记载，房产原值不实和没有原值的房产，由房产所在地税务机关参考同时期的同类房产核定。

（二）减税免税

广东在执行房产税政策中，对国家机关、人民团体、军队自用的房产；由国家财政部门拨付事业经费的单位自用的房产；宗教寺庙、公园、名胜古迹自用的房产；社会举办的学校、图书馆（室）、文化馆（室）、体育馆、医院、幼儿园、托儿所、敬老院等公共、公益事业单位自用的房产；个人自有自用的非营业用的房产；经有关部门核定属危房，不准使用的房产，均免征房产税。

此外，还有经财政部和省税务局批准免税、暂免税的其他房产，这类房产情况特殊，范围较小，是根据实际情况确定的。主要有：（1）损坏不堪使用的房屋和危险房屋，经有关部门鉴定，在停止使用后，可免征房产税。（2）因企业停产、撤销而闲置不用的房产，经省地税局批准可暂不征收房产税。但将这些房产转给其他征税单位使用或者企业恢复生产时，应照章纳税。（3）房产大修停用半年以上的，经纳税人申请，税务机关审核，在大修期间可免征房产税。（4）微利企业和亏损企业的房产，可由地方根据实际情况在一定期限内暂免征收房产税。（5）高校后勤经济实体免征房产税。（6）非营利性医疗机构、疾病控制机构和妇幼保健机构等卫生机构自用的房产，免征房产税。营利性医疗机构自用的房产，自2000年起免征房产税三年。

纳税人纳税确有困难，可向房产所在地税务机关申请，经县（市）税务局（1994年后为地税局）批准，酌情给予定期减税或免税的照顾。

（三）征收管理

房产税按年计算，分期缴纳，具体的缴纳期限，由市、县税务局（1994年后为地税局）确定。纳税人新建房屋纳税期限的规定为：纳税人自建的房屋，自建成之日的次月起征收房产税；纳税人委托施工企业建设的房屋，从办理验收手续之日的次月起征收房产税。纳税人应按《广东省房产税施行细则》规定，将房产的坐落、结构、幢数或间数、面积、原值或租金等情况，据实向所在地主管税务机关申报登记。申报登记后，发生地址变更、新建或购买的房产、产权转移，房屋添建、改建增减原值，免税房产出租或营业，纳税人应在20日内，主动向所在地主管税务机关申报。

房产税的纳税地点为房产所在地。房产不在同一地方的纳税人，按房产的坐落地点分别向房产所在地的税务机关缴纳。房产税由房产所在地的税务机关征收；实施分税制后，房产税一律由地方税务局负责征收管理。

三、盐税

1973年税制改革时，盐税作为工商税的一个税目，但在执行中仍作为一个独立税种。1984年9月18日起，国务院颁布《中华人民共和国盐税条例（草案）》；9月28日，财政部颁布《中华人民共和国盐税条例（草案）实施细则》，盐税再次成为一个独立的税种。广东从当年10月1日起施行。1993年12月25日，国务院颁布《中华人民共和国资源税暂行条例》，该“条例”自1994年1月1日起施行，1984年颁布的《中华人民共和国盐税条例（草案）》同时废止，盐税成为资源税的一个税目，不再作为一个独立的税种，单独统计。

（一）纳税人和税额

1979年，盐税的纳税人为盐场、公营收购单位、工业供销部门（盐业运销办事处）。1984年10月，广东执行盐税条例，一切从事生产、经营和进口盐的单位均为盐税的纳税义务人，包括：经核准直接销售或自销的盐场（厂）；分配销售盐的运销或国家指定的收购单位；改变减、免税盐用途的单位；动用储备盐的单位；进口盐的单位。

1980年5月起，广东为支持原盐生产发展，照顾盐场的亏损和盐民生活上的困难，经财政部批准，食盐每吨税额由144元减为130元。1986年10月起，为解决供销社经营食盐利小或亏损的问题，广东实行每吨减征额7元，用以扩大食盐的批零差价，弥补经营单位的亏损。1987年1月，为减轻盐业运销（批发）单位的负担，广东对食盐在扩大批零差价减征7元的基础上再减23元，税额由过去每吨130元调整每吨100元。另外，广东每年在盐税中拨出1 800万元用于解决盐业生产经营上存在的问题。1990年1月1日起，广东恢复对食盐按每吨130元征税，农牧、渔业用盐与食盐同税。同时，对国营盐场、供销单位分配调拨给产盐区盐业运销企业、供销社及其他商业零售单位的食盐，不再执行每吨减税7元的办法。1991年，广东再次对食盐税额进行调整，食盐税额调低为每吨100元，农牧、渔业用盐与食盐同税。

（二）减税免税

1. 工业用盐

1979年，广东仍沿用1961年7月财政部和轻工业部决定，八类工业用盐采取列举产品名称、确定免税范围的办法，广东原来免税供应的，如CP氯化钠、氟硅酸钠等使用的原盐，改按食盐税额供应。1984年5月，广东执行财政部《关于调整工业用盐免征盐税规定的通知》，对八类工业用盐免税范围又作调整，只保留酸碱、制革用盐改按食盐税额减征90%盐税，核定每吨税额13元。肥皂工业用盐改按食盐税额减征50%盐税，核定每吨税额65元。其他五类工业用盐，恢复按食盐全额征税。同年10月1日，广东执行国务院和财政部规定对原来工业用盐的减税供应范围再作调整，改为只对酸碱工业、制革工业、肥皂工业、饲料工业用盐列举产品减税。增加的饲料工业用盐按食盐税额减征50%，核定每吨为65元，并对使用工业用盐的单位重新核定。

2. 农牧业用盐

1979年，广东仍沿用1964年3月制定的《广东省农牧用盐供应管理办法》，对经营农牧用盐的单位实行农牧用盐与食盐分开设账，不得混淆，按月向当地税务机关申报农牧用盐的进、销、存情况，并按税法规定缴纳盐税。明确农业用盐仅指选种用盐和肥田用盐；畜牧用盐仅指饲养牲畜（猪、牛、马、驴、羊等）所需的用盐。

1984年10月，广东取消对肥田用盐的减税照顾。1986年10月，农业用盐与食盐同税。1987年1月，因广东是非主要牧区，对饲畜用盐取消减税照顾。

3. 渔业用盐

1979年，广东仍沿用1960年8月财政部、轻工部和商业部印发的《调整农畜、渔业盐税额及出场价的安排》，对渔业用盐在原税额的基础上每吨减税6元，即海水渔盐调减为每吨税额14元，淡水渔盐调减为每吨税额36元。1986年9月，广东针对水产政策开放后，水产品取消派购、产销完全实行市场调节的实际，对渔业用盐实行与食盐同税，每吨按100元税额征收。1990年1月1日起，减税办法改为先征后退，销售渔业用盐时，先向当地税务机关缴纳盐税，再由税务机关将减征税额退还盐业生产企业。

4. 储备

1978年4月，广东实行产区税务机关凭省财政局税务局转发的调运指标，审核计税办法，盐场凭批准的计税盐指标放运，并在放运前由产区税务机关在发运单上加盖验戳记后始得放运，不按规定擅自放运储备盐的，一律按私运原盐处理。

（三）征收管理

盐税以吨为单位计算税额，由当地税务局征收。在原盐或加工后调拨出场或对外销售时，一次征收盐税。并采取地区差别税额的办法，按不同产区，分别制定不同的税额。对生产成本费用较高的地区税额低些，对生产成本费用较低的地区税额高些，对销往边远山区和少数民族地区实行减免税照顾。

四、资源税

1984年9月18日，国务院颁布《中华人民共和国资源税条例（草案）》（简称“资源税条例（草案）”）。广东从1984年10月1日起，对从事原油、天然气、煤炭等资源开发的单位和个人，因资源生成和开发条件差异所形成的级差收入，开征资源税。1993年12月25日，国务院颁布《中华人民共和国资源税暂行条例》（简称“资源税暂行条例”）；12月30日，财政部颁布《中华人民共和国资源税暂行条例实施细则》，自1994年1月1日起施行。

（一）纳税人、税率和税额

在中国境内开采资源税条例（草案）规定的矿产品的单位和个人为资源税的纳税义务

人，1994年执行的资源税暂行条例增加生产盐的单位和个人为资源税的纳税义务人。

1984年，广东资源税暂只就原油、天然气、煤炭3种资源产品征收，对县和县以下的煤矿，年产量1 000吨（含1 000吨）以下的小型煤矿给予免税。1992年4月20日起，广东对铁矿石开始征收资源税。1994年，广东资源税的具体征收项目按资源税暂行条例规定，将原油、天然气、煤炭、其他非金属矿原矿、黑色金属矿原矿、有色金属矿原矿和盐7个税目作为资源税征税对象。

1984年，资源税以企业应税产品的销售收入利润率（简称“销售利润率”）为依据，实行超率累进税率征收。销售利润率为12%和12%以下的，不缴纳资源税；销售利润率超过12%～20%的部分，按销售利润率每增加1%，税率增加0.5%累进计算；销售利润率超过20%～25%的部分，按销售利润率每增加1%，税率增加0.6%累进计算；销售利润率超过25%的部分，按销售利润率每增加1%，税率增加0.7%累进计算。1986年1月1日起，广东对原油、天然气、煤炭3种产品，由按应税产品销售利润率累进计算征收资源税的办法，改为按原油的实际产量或天然气、煤的销售量，实行从量定额征收。1987年10月，广东核定非统配煤矿的煤炭资源税税额为每吨0.1元，并对实际负担能力有困难的煤矿，经市、地区税务局批准，给予缓征资源税。1992年7月，广东将国营、集体煤矿税额调整为每吨0.35元，私营和个体为每吨0.5元。

1995年起广东省执行的资源税税额表

表3-3-1

税　目	标准税额（元）	1995年起执行的税额（元）	课税数量单位
1. 非金属原矿	—	—	—
石棉	0.50	0.40	吨
未列举名称的其他非金属原矿	0.50	0.40	吨或立方米
2. 黑色金属矿原矿	—	—	—
铁矿石	—	—	—
露天矿	9.80	9.80	吨
地下矿	7.00	7.00	吨
锰矿石	1.40	1.40	吨
铬矿石	2.10	2.10	吨
3. 有色金属矿原矿	—	—	—
铜矿石	1.20	0.96	吨
铅锌矿石	2.00	1.60	吨
铝土矿	14.00	14.00	吨
钨矿石	0.40	0.32	吨
锡矿石	0.60	0.48	吨
锑矿石	0.60	0.48	吨
钼矿石	0.40	0.32	吨
矿石	9.00	7.20	吨
黄金矿	—	—	—
岩金矿	1.30	1.04	吨
砂金矿	1.20	0.96	50立方米挖出量
稀土矿	0.40	0.32	吨
未列举名称的其他有色金属矿原矿	0.40	0.32	吨

说明：广东的盐适用南方海盐税额标准为每吨12元

1994年，广东按资源税暂行条例列举税目税额征收资源税。1995年，由于广东矿产企业普遍亏损，对未列举名称的其他非金属原矿和其他有色金属原矿，以及未列举名称的纳税人开采或生产的石棉等矿产品，按此标准给予下浮20%计征。

（二）减税免税

资源税暂行条例规定，如下情况减征或免征资源税：开采原油过程中用于加热、修井的原油，免征资源税；纳税人在开采或者生产应税产品过程中，因意外事故、自然灾害等不可抗拒的原因遭受重大损失的，有省政府酌情决定减免税的。此外，经国务院或者财政部、国家税务总局确定的其他减免税项目有：（1）对独立矿山应纳的铁矿石资源税减征40%，按规定税额标准的60%征收。1997年，财政部、国家税务总局在此规定的基础上再减20%，即按规定税额标准的40%征收。（2）1996年7月起，对有色金属矿的资源税减征30%，即按规定税额标准的70%征收。

（三）征收管理

纳税人的纳税期限为1日、3日、5日、10日、15日或者1个月，由主管税务机关根据实际情况具体决定。不能按固定期限计算纳税的，可以按次计算税额。纳税人发生资源税纳税义务后，应在规定的期限内向税务机关申报。

纳税办法由所在地主管税务机关视不同情况，选择自行纳税、审核纳税和定额纳税3种方法中的一种。

1998年4月，国家税务总局制定《中华人民共和国资源税代扣代缴管理办法》，办法规定收购资源税未税矿产品的独立矿山、联合企业以及其他单位为资源税代扣代缴义务人。扣缴义务人代扣代缴的资源税，应当向收购地主管税务机关缴纳。

五、城镇土地使用税

1988年9月27日，国务院颁布《中华人民共和国城镇土地使用税暂行条例》。翌年3月25日，省政府颁布《广东省城镇土地使用税实施细则》，从1989年1月1日起施行。

（一）纳税人和税额

城镇土地使用税由拥有土地使用权的单位和个人缴纳。拥有土地使用权的纳税人不在土地所在地的，由代管人或实际使用人纳税；土地使用权未确定或权属纠纷未解决的，由实际使用人纳税；土地使用权共有的，由共有各方分别纳税。

城镇土地使用税的征税范围为城市、县城、建制镇、工矿区。1990年10月，省政府对《广东省城镇土地使用税实施细则》进行修改，将在城市、县城、建制镇、工矿区范围以外设立的开发区、加工区、工业区、凡符合工矿区条件的，按工矿区征收城镇土地使用税。对原来部分因基础较差、经济发展较慢，暂缓征收城镇土地使用税的建制镇，已具有一定规模，征税的条件已经成熟，为平衡税负，从1997年起对全省尚未征收城镇土地使用税的建制镇一律恢复征税。

按照《广东省城镇土地使用税实施细则》第十九条规定，深圳经济特区的城镇土地使用实施办法，由深圳市政府根据实际情况制定。但实际上深圳市没有征收城镇土地使用税，只对外商投资企业和外国企业征收土地使用费。

城镇土地使用税采用分级差别幅度税额。1989年4月，省税务局根据《广东省城镇土地使用税实施细则》中的税额幅度，将各市、县应税土地平均每平方米的年税额标准作出规定。1997年9月，省地税局调整土地使用税平均年税额标准。

1989年和1997年广东省（不含深圳市区）执行的城镇土地使用税税额标准表

表3-3-2

开始执行年度	执行标准市县	年税额（元/平方米）
1989	广州市（不含所属县）	2.00
	汕头、湛江、韶关、佛山、江门、茂名、珠海7个市（不含所属县）	1.50
	惠州、肇庆、梅州、中山、东莞5个市（不含所属县）	1.00
	清远、阳江、河源、汕尾4个市（不含所属县）和省管的潮州市	0.80
	南海、顺德、三水、开平、新会、台山、恩平、番禺、增城、花县、宝安、斗门12个县（市）	0.80
	从化、揭西、南澳、普宁、饶平、梅县、蕉岭、兴宁、平远、大埔、丰顺、五华、曲江、乳源、仁化、翁源、南雄、始兴、乐昌、紫金、连平、和平、龙川、惠东、龙门、佛冈、英德、阳山、连县、连南、阳春、广宁、德庆、怀集、新兴、封开、云浮、罗定、郁南、高要、高州、信宜、陆河、海丰44个县和清郊区	0.40
	其他各县	0.60
1997	广州市（不含所属县、市）	5.00
	珠海、汕头、东莞、中山、佛山、江门、茂名7个市（不含所属县、市）	4.00
	韶关、河源、梅州、汕尾、惠州、阳江、湛江、肇庆、清远、潮州、揭阳、云浮12个市（不含所属县、市）	3.00
	番禺、顺德、南海3个市	4.00
	花都、从化、增城、台山、开平、恩平、新会、鹤山、三水、高明10个市	2.00
	斗门、潮阳、澄海、曲江、南雄、乐昌、兴宁、惠阳、陆丰、阳春、廉江、雷州、吴川、高州、化州、信宜、电白、四会、高要、英德、连州、普宁、罗定23个县（市）	1.50
	其他各县	1.00

（二）减税免税

根据《广东省城镇土地使用税实施细则》规定，下列土地免缴城镇土地使用税：（1）国家机关、人民团体、军队自用的土地。（2）国家财政部门拨付事业经费的单位自用的土地。（3）宗教寺庙、公园、名胜古迹自用的土地。（4）市政街道、广场、绿化地带等公共用地。（5）直接用于农、林、牧、渔业的生产用地。（6）学校、图书馆（室）、文化馆（室）、体育场（馆）、医院、幼儿园、托儿所、敬老院等公共、公益事业自用的土地。（7）经批准开山填海整治的土地和改造的废弃土地，从使用的月份起免缴城镇土地使用税五至十年。

纳税人缴纳城镇土地使用税确有困难，需要定期减免税照顾的，可向所在地的税务机关申请，按规定程序层报县、市、省税务局审批。

（三）征收管理

城镇土地使用税按年计算，分期缴纳，具体的缴纳期限，由市、县税务机关确定。《广东省城镇土地使用税实施细则》还规定，对纳税人新征用的耕地，自批准征用之日起满一年时开始缴纳城镇土地使用税；对纳税人新征用的非耕地，自批准征用次月起缴纳城镇土地使用税。

纳税人应按《广东省城镇土地使用税实施细则》规定，将使用土地的坐落地址、面积、用途等情况，据实向所在地主管税务机关申报登记。申报登记后，发生地址变更、新征土地、土地权限转移、土地面积增减等事项，纳税人应在20日内，主动向所在地主管税务机关申报。

城镇土地使用税的纳税地点为土地所在地，由土地所在地的税务机关负责征收。实施分税制后，从1996年2月1日起，城镇土地使用税不分纳税人性质，一律由土地所在地的地税局负责征收管理。

第四节　行为税类

一、车船使用牌照税

1951年9月，政务院颁布《车船使用牌照税暂行条例》；1973年简化税制时，车船使用牌照税并入工商税，只保留对个人、外侨的车船征收车船使用牌照税。1979年，外商投资企业和外国企业适用《车船使用牌照税暂行条例》。1984年税制改革时，恢复对内资企业、单位和国内个人的车船征收车船使用牌照税。1986年9月15日，国务院颁布《中华人民共和国车船使用税暂行条例》；12月31日，省政府颁布《广东省车船使用税施行细则》，从1987年1月1日起施行，车船使用牌照税仅对中国港澳台同胞、华侨以及外籍个人，外商投资企业和外国企业的车辆征收。机动船舶由海关征收船舶吨税，因此，从1986年4月起不再征收船舶使用牌照税。1994年税制改革后，中国港澳台同胞、华侨以及外籍人员，外商投资企业和外国企业继续适用《车船使用牌照税暂行条例》。

（一）税额

车船使用牌照税率采用定额税率，分别车辆、船舶的种类、大小，按照不同的计税单位，规定不同的税额。车船使用牌照税实行从量计税的办法。根据车辆、船舶的种类、性能、构造和使用情况不同，分别选择3种单位的计税标准，即辆、净吨位和载重吨位。

1979年起广东省执行的车辆使用牌照税税额表

表3-4-1

类　别	项　目	计税依据	每年税额（元）	备　注
机动车	乘人汽车	10座以下每辆	160.00	
		11座以上每辆	200.00	
	载货汽车	按净吨位每吨	44.00	
	机器脚踏车	两轮车每辆	40.00	
		三轮车每辆	48.00	
非机动车	三轮车	每　辆	8.00	广州、深圳两市的车辆使用牌照税税额当地政府另有规定
	人力黄包车	每　辆	4.00	
	人力大板车	每　辆	8.00	
	人力小板车	每　辆	6.00	
	畜力驾驶车	每　辆	12.00	
	城市马车	每　辆	12.00	
	自行车	每　辆	2.40	

1979—1986年广东省执行的船舶使用牌照税税额表

表3-4-2

类　别	计税标准	每年税额（元）	备　注
机动船	50吨以下	每吨1.2	按净吨位计征
	50吨～150吨	每吨1.4	按净吨位计征
	151吨～300吨	每吨1.6	按净吨位计征
	301吨～500吨	每吨1.8	按净吨位计征
	501吨～1 000吨	每吨2.2	按净吨位计征
	1 001吨～1 500吨	每吨2.6	按净吨位计征
	1 501吨～2 000吨	每吨3.2	按净吨位计征
	2 001吨～3 000吨	每吨3.8	按净吨位计征
	3 00吨以上	每吨4.4	按净吨位计征
非机动船	10吨以下	每吨0.6	按载重吨位计征
	11吨～50吨	每吨0.8	按载重吨位计征
	51吨～150吨	每吨1.0	按载重吨位计征
	151吨～300吨	每吨1.2	按载重吨位计征
	301吨以上	每吨1.4	按载重吨位计征

（二）减税免税

广东省执行下列车船使用牌照税免税优惠：经当地交通管理机关证明报由税务机关核准停驶、拆毁的车；对各国驻华使、领馆公用的车辆和外交官、领事官自用的车辆，但对使领馆中的公务人员以及其他驻华机构如通讯社、民航办事处、贸易团体等单位和这些单位中的人员自用车辆，不论在停征地区或征税地区，都应按规定继续征收车辆使用牌照税；其他经财政部税务总局批准免税的车。

（三）征收管理

车船使用牌照税按季（每年的1月、4月、7月和10月）征收，当地税务机关为便于纳税人缴纳，可改按半年或一年合并征收。1987年起，广东规定，车船使用牌照税实行按年计征、一次缴纳的办法。纳税期限为每年的3月至6月，纳税人可在领取交通牌照的当地税务机关办理纳税。香港、澳门进入广东境内从事运输业务的机动车辆，可以在进出口岸所在地税务机关办理纳税。

应纳车船使用牌照税的车辆使用人，须向所在地税务机关申请登记、纳税，领取车辆使用牌照及完税证。车辆使用牌照及完税证由省、市税务机关制发。

凡已纳税领取牌照之车辆，在牌照有效期间内行驶到另一地区者，不得重征或补征差额。未开征车船使用牌照税地区的车辆，经常往来开征地区时，须向开征城市之税务机关缴纳车船使用牌照税；非经常往来之车辆，经当地乡镇、村以上政府证明者免征。

车船使用牌照不得转卖、赠送、借用或逾期使用；车辆所有权转移时，在有效期间内，可以继续使用，不另纳税，也不退税；车辆使用牌照如有毁损或遗失，应报请原发机关补发牌照，在有效期间内不另纳税。

二、车船使用税

1986年9月15日，国务院颁布《中华人民共和国车船使用税暂行条例》；12月31日，省政府颁布《广东省车船使用税施行细则》，从1987年1月1日起施行。

（一）纳税人和税额

车船使用税的纳税人为凡在中国境内拥有并且使用车船的单位和个人。对租赁使用的车船，其拥有人与使用人不一致，除租赁双方商定由车船拥有人为纳税人外，凡租赁双方未商定和无租使用车船的，其纳税人均为车船使用人。

车船使用税实行从量定额计税的方法。1987年恢复征收车船使用税，重新核定税额，全省统一执行。根据车船的种类、性能、构造和使用情况不同，规定3种计税标准：对乘人汽车、摩托车、非机动车等以辆为计税标准，对载货汽车和机动船以净吨位为计税标准，对载货机动三轮车、营运拖拉机、非机动船以载重吨位为计税标准。

1987年起广东省执行的车船使用税车辆税额表

表3-4-3

类　别	项　目	计税标准	每年税额（元）	备　注
机动车	乘人汽车	12座位以下每辆	240	包括电车
		13座～30座位每辆	280	
		31座位以上每辆	320	
	载重汽车	按净吨位	60	拖卡按70%征收
	乘人机动三轮车	每　辆	60	—
	载货机动三轮车	按载重吨位每吨	60	
	营运拖拉机	按载重吨位每吨	30	
	两轮摩托车	每　辆	48	气缸工作容积50C或2.5匹马力（含）减半征收
	三轮摩托车	每　辆	60	
非机动车	人力驾驶	每　辆	12	包括三轮车及其他人力拖行车辆
	畜力驾驶	每　辆	8	—
	自行车	每　辆	4	

1987年起广东省执行的车船使用税船舶税额表

表3-4-4

类　别	计税标准	每年税额（元）	备　注
机动船	150吨以下	每吨1.2	按净吨位计征
	151吨～500吨	每吨1.6	按净吨位计征
	501吨～1 500吨	每吨2.2	按净吨位计征
	1 501吨～3 000吨	每吨3.2	按净吨位计征
	3 001吨～10 000吨	每吨4.2	按净吨位计征
	10 001吨以上	每吨5.0	按净吨位计征
非机动船	10吨以下	每吨0.6	按载重吨位计征
	11吨～50吨	每吨0.8	按载重吨位计征
	51吨～150吨	每吨1.0	按载重吨位计征
	151吨～300吨	每吨1.2	按载重吨位计征
	301吨以上	每吨1.4	按载重吨位计征

（二）减税免税

《广东省车船使用税施行细则》规定下列车船免征车船使用税：国家机关、人民团体、军队自用的车船；由国家财政部门拨付事业经费的单位自用的车船；社会举办的学校、图书馆、文化馆、体育馆、医院、幼儿园、托儿所、敬老院等公共、公益事业单位自用的车船；农民专用农业生产使用，不作营业运输的自用车船；专供自用不作营业的水上住家船；按有关规定缴纳船舶吨税的船；只在本单位范围内使用，不行驶公共道路、河流、公安或航政管理部门不核发行证照的车船；专供上下客、货及存货用的趸船、浮桥用船；各种消防车船、洒水车、囚车、警车、防疫车、残疾人专用车、救护车船、港作车船、垃圾车船、工程船、殡仪车、粪车船、义渡船；非机动渔船、载重量不超过10吨的机动渔船；载重量不超过5吨的非机动船。对非机动车辆（包括自行车），暂缓征收车船使用税。

（三）征收管理

车船使用税按年征收，一次缴纳，纳税期是每年的6月。为配合车管部门对车辆的年审，后又把纳税期改为每年的3月至6月。2000年，车船使用税的纳税期限改为每年的1月1日至12月31日。

广东统一制定机动车的纳（免）税标志，纳税人必须将纳（免）税标准张贴或悬挂在车辆显眼位置，便于识别。手扶拖拉机的纳税标志由各市制发。车船使用税一律由纳税人所在地税务机关负责征收管理，对外省、市来粤的车辆不得查补税款。

三、印花税

1958年9月，国务院颁布《中华人民共和国工商统一税条例（草案）》，印花税并入工商统一税。1988年8月6日，国务院颁布《中华人民共和国印花税暂行条例》（简称“印花税暂行条例”）；9月29日，财政部颁布《中华人民共和国印花税暂行条例施行细则》（简称“印花税暂行条例施行细则”）。印花税暂行条例和印花税暂行条例施行细则从1988年10月1日起施行，印花税开始单独征收。

（一）纳税人和税率

印花税的纳税义务人为书立领受印花税暂行条例列举凭证的领受单位和个人。印花税的征税范围是根据凭证的性质确定的，在印花税暂行条例中作了列举，未列举的不征税。应纳税凭证的具体范围有五类：购销、加工承揽、建设工程承包、财产租赁、货物运输、仓储保管、借款、财产保险、技术等合同或者具有合同性质的凭证；产权转移书据，包括财产所有权、版权、商标专用权、专利权、专有技术使用权等转移书据；营业账簿，包括单位和个人从事生产经营活动所设立的各种账册；权利许可证照，包括房屋产权证、工商营业执照、商标注册证、专利证、土地使用证；经财政部确定征税的其他凭证。

印花税分别按比例税率和固定税额计算纳税。适用比例税率的按所载金额计算纳税，适用固定税额的按件定额纳税。财产保险合同按保险费、财产租赁合同按租赁金额和仓储保管合同按保管费的1‰比例税率征收，其中财产租赁合同应纳税额超过一角但不足一元的，按一元纳税；加工承揽合同按收入、建设工程勘察设计按收取费用、货物运输合同按运输费用和产权转移数据所载金额的0.5‰比例税率征收；购销合同按购销金额、建筑安装工程承包合同按承包金额和技术合同按所载金额的0.3‰比例税率征收；借款合同按借款金额的0.05‰比例税率征收。按比例税率纳税其应纳税额不足一角的，免纳印花税；应纳税额在一角以上，其税额尾数不满五分的不计，满五分的按一角计算。营业账簿、权利许可证照按固定税额每件定额贴花5元。1990年7月1日起，根据国家税务局的通知，保险合同的计税依据由投保金额改为保险费收入，税率由0.03‰比例税率改为1‰。自1994年起，广东按国家税务总局的通知，记载资金的账簿其计税依据由固定资产原值与自有流动资金总额改为实收资本与资本公积两项的合计金额。

（二）税票

印花税票由国家税务局监制。票面金额以人民币为单位，分为壹角、贰角、伍角、壹元、贰元、伍元、拾元、伍拾元、壹佰元9种。印花税票可以委托单位或个人代售。由税务机关付给代售金额5%的手续费。凡代售印花税票者，应向税务机关提出申请，税务机关核准后，与其签订代售合同，发给代售许可证。代售户所售印花税票取得的税款，须专户存储，并按照规定的期限，向税务机关结报，或者填开专用缴款书直接向银行缴纳。不得逾期不缴或者挪作他用。代售户领存的印花税票及所售印花税票的税款，如有损失，应负责赔偿。

（三）减税免税

1988年，广东执行印花税暂行条例及其施行细则，对已缴纳印花税的凭证的副本或者抄本；财产所有人将财产赠给政府、社会福利单位、学校所立的书据；国家指定的收购部门与村民委员会、农民个人书立的农副产品收购合同；无息、贴息贷款合同；外国政府或者国际金融组织向中国政府及国家金融机构提供优惠贷款所书立的合同免纳印花税。对非金融组织、个人之间的借款合同；家庭财产保险、农业保险合同；供水、供电、供气（汽）合同；土地使用权出让、转让书据合同暂不贴花。2000年，广东按照国家税务总局的规定，对根据国务院的要求进行改制的企业，其新设立的资金账簿在改制前已贴花的资金，不再贴花。

（四）征收管理

印花税的征收方法，实行由纳税人根据规定自行计算应纳税额，购买并一次贴足印花税票的缴纳办法，将等值的印花税票粘贴在凭证上并盖戳注销或画销。对应纳税额较大（一份凭证缴纳税额超过500元的或者贴花次数频繁的），经申请批准，可采用以缴款书代替贴花或者按期汇总缴纳的办法。实行缴款书代替贴花或者汇缴的凭证应逐张加盖完税戳记以示完税。1989年广东对货物运输、仓储保管、银行借款、财产保险等业务执行代征汇总缴纳的办法，对代征汇总缴纳的凭证应逐张加盖印花税完税戳记以示完税。印花税完税戳记由县（市）税务局依样统一刻制，发给代征单位按规定使用。由税务机关付给代征金额5%的手续费。

按照印花税暂行条例的规定，印花税执行轻税重罚的原则。对在应纳税凭证上未贴或少贴印花税票的，除补贴印花税票外，处以应补贴印花税票金额20倍以下的罚款；对不按规定注销已贴用的印花税票的，处以未注销票金额10倍以下的罚款；对把已贴用印花税票或印花税完税戳记式样票揭下重用的，处以重用票金额30倍以下的罚款；对伪造印花税票的，提请司法机关依法追究刑事责任。

国家颁布《中华人民共和国税收征收管理法》后，国家税务总局在1994年10月10日发出通知，对印花税的处罚办法重新明确为：对在应纳税凭证上未贴或少贴印花税票的，除补贴印花税票外，处以应补贴印花税票金额3倍～5倍的罚款；对不按规定注销已贴用的印花税票的，处以未注销票金额1倍～3倍的罚款；对把已贴用的印花税票揭下重用的，处以重用票金额5倍或者2 000元以上10 000元以下的罚款；对伪造印花税票的，由税务机关提请司法机关追究刑事责任；实行缴款书代替贴花、汇缴、代征汇缴的纳税人超过核定的纳税期限，未缴或者少缴印花税款的，除令其限期补缴税款外，并从滞纳之日起，按日加收5‰的滞纳金。

四、证券交易印花税

证券交易印花税是印花税的税目，而非独立的税种，是专门针对股票交易发生额征收的一种印花税。征税对象是企业股权转让书据和股份转让书据，纳税义务人是股份转让双方，并由证券交易所代扣代缴。计税依据是双方持有的成交过户交割单。为加强征收管理和防止税款流失，股份转让书据由证券交易所在办理成交过户交割单时代扣代缴印花税。

1990年7月1日起，深圳市政府试征股票交易印花税，规定对卖方征收6‰的印花税。1990年11月23日起，规定买卖双方各征6‰。开始中国内地双边征收印花税的历史。1991年10月，深圳市将证券交易印花税率调整为3‰。

1992年6月12日，国家税务局和国家体改委联合发布《股份制试点企业有关税收问题的暂行规定》，明确规定股份制试点企业向社会公开发行的股票，因购买、继承、赠与所书立的股权转让书据，均依书立时证券市场即日实际成交价格计算的金额，由立据双方当事人分别按3‰的税率缴纳印花税。

国务院决定从1997年5月10日起，证券交易印花税率从3‰提高到5‰。1998年6月，证券交易印花税率从5‰下调至4‰。1999年6月，B股交易印花税降低为3‰。

深圳市开征证券交易印花税的收入随着证券交易市场的成交额及税率的调整有所变动，1990年是开征证券交易印花的第一年，只征收到700万元，随后几年证券交易印花基本呈逐年上升趋势，1992年达到1.86亿元，1994年达到12.61亿元，1995年受经济等因素影响，收入有所减少，征收到8.05亿元，1996年增长较快，达到69.49亿元，1997年超过100亿元，达到130.87亿元，1998年及1999年受金融危机的影响，分别征收到98.37亿元和111.32亿元，2000年由于经济有所复苏，证券交易成交额激增，证券交易印花税收入也增长较快，达到232.09亿元。

五、屠宰税

屠宰税只对屠宰猪、牛、羊征税。1979年3月，广东停征牛的屠宰税。1985年8月，广东执行财政部改进屠宰税征收办法，对经营生猪、菜牛、菜羊的单位和个人，比照产品税条例，由收购者缴纳产品税，不征屠宰税；农民和集体伙食单位屠宰生猪、菜牛、菜羊，仍按头定额征收屠宰税。1994年，国务院决定屠宰税下放地方管理，省政府决定继续征收，并于1994年7月15日颁布《广东省屠宰税征收办法》，从1995年1月1日起施行。2000年广东在兴宁、徐闻、四会等3个县（市）试点农村税费改革，3个县（市）停征屠宰税。

（一）纳税人和税额

屠宰税实行从量定额办法计算应纳税额。1979年，对集体和个人屠宰猪、牛、羊的屠宰税，实行定额征收，水牛每头定额税款5元，黄牛每头定额税款4元，生猪每头定额税款3.5元，羊每头定额税款0.5元。食品部门收购生猪改按实际收购金额纳3%工商税。从1995年起，按《广东省屠宰税征收办法》规定，生猪每头税额为8元，菜牛每头税额为12元。

1984年工商税制改革，广东对国营、集体收购单位收购食用的生猪、菜牛、菜羊，均由收购单位在收购环节按付给出售者的金额计纳产品税，屠宰时，不再征收屠宰税。1985年广东对个体商贩收购生猪运出本县（市）销售的，运出时就地缴纳屠宰税。宰杀时凭运出地完税证明不再征屠宰税。1995年，对任何单位或个人屠宰应税牲畜，均在屠宰环节征收屠宰税。对向外省购进已在收购环节缴纳屠宰税的牲畜，在广东屠宰环节凭屠宰税完税凭证不再征收屠宰税。从1998年1月1日起，不论应税牲畜的来源如何，一律在屠宰环节征收屠宰税。

（二）减税免税

至1983年，广东对农民"三自"羊和部队"三自"牲畜按1973年4月的规定免征屠宰税。1984年12月，广东对部队自宰、自食牲畜，免征屠宰税；屠宰病、死猪和羊，经检疫部门证明，免征屠宰税；农业和科研单位屠宰专供制造疫苗或试验免疫用的牲畜，免征屠宰税。1986年3月，广东对国营华侨农场的屠宰税从1985年起，五年内免税。1995年起，广东对城乡居民、部队、机关、团体、学校及企业事业单位自养、自食的牲畜，免征屠宰税。

（三）征收管理

1985年前，广东对农村屠宰税实行"自征为主，代征为辅"的原则。1985年1月1日起，广东取消生猪派购，生猪屠宰由原来的"一把刀"变成"多把刀"，点多面广，税源零星分散，漏洞颇多，部分地方屠宰税收入急剧下降。对此，省政府发出《关于加强生猪生产和猪肉市场管理工作的通知》，全省各地普遍成立由工商行政管理、商业、畜牧、卫生防疫和税务部门派员组成的牲畜屠宰领导小组（或办公室），与市场管理部门合署办公，加强对生猪屠宰税的管理。1995年起，广东屠宰税征收主要有三种做法：由税务机关直接对屠宰点实行定额征收；由税务机关委托食品等部门代征；由税务机关临时组织人力上市场征收。广东有许多地区先后建立起大型屠宰场，并实行定点屠宰、集中检疫、统一纳税、分散经营，这一做法有效地堵住屠宰税税源流失的漏洞。

六、牲畜交易税

1979—1983年上半年，广东已停征牲畜交易税。1982年12月，国务院发布《牲畜交易税暂行条例》。1983年7月1日，省政府颁布《广东省牲畜交易税施行细则》，自即日起施行。省政府决定从1988年7月1日起停征牲畜交易税。1994年税制改革时，国务院决定取消牲畜交易税。

按照规定牲畜交易税的征税范围有牛、马、骡、驴、骆驼5种牲畜，实际上广东大牲畜交易只有耕牛。牲畜交易税实行比例税率，由买方按成交金额依税率纳税。税率为5%。1984年8月1日起，牲畜交易税按应征税额减征60%。

牲畜交易税由纳税人在买卖成交的当天向成交地税务机关缴纳。税务机关派员驻场征收，或指定牲畜市场管理所为牲畜交易税的代征代缴义务人，税务机关按规定付给代征代缴义务人一定比例的手续费。

七、筵席税

1988年9月22日，国务院发布《中华人民共和国筵席税暂行条例》。根据筵席税暂行条例中关于“本条例施行日期由各省、自治区、直辖市政府确定”的规定，以及1994年税制改革时，国务院对筵席税下放地方管理，征收与否由省级政府自行决定。省政府决定，广东暂不征收筵席税，并一直未开征。

第五节　特定目的税类

一、烧油特别税

烧油特别税是国家为压缩烧油，对以原油、重油作燃料烧用锅炉及工业窑炉的单位征收的一种特定目的税。1982年4月，国务院批转国家计委、财政部《关于征收烧油特别税的试行规定》，同年7月1日起，广东执行国务院规定，开征烧油特别税。1994年税制改革时，国务院决定从当年1月1日起取消烧油特别税。广东开征烧油特别税后，对推动以煤代油，解决油煤比价不合理的矛盾起到一定作用。

（一）纳税人和税额

凡锅炉及工业窑炉烧用原油、重油的用油单位为烧油特别税的纳税义务人。原油、包括页岩原油、土地池原油（即落地油）等；重油，指除船用重油和内燃机燃料油以外的其他重油。其他油品或不作锅炉和工业窑炉燃料的原油、重油都不在征税之列。

1985年，为提高原油经济效益，降低广东玻璃厂的烧油成本，同时考虑到该企业与茂名石油公司换取的重油是计划内购进并已缴纳了烧油特别税，省税务局同意该企业烧用的重油，不再征收烧油特别税。1986年，省税务局按照财政部税务总局通知，决定对烧油低于国际价格的议价原油和重油，一律征收烧油特别税，对议价油的油价加上应征税额高于国际价格的仍按核定的单位税额征收。

烧油特别税实行价外计税征收。即原油和重油的价格内不包含税金，用于锅炉和工业窑炉烧用的应税油品，在售价之外另加税金，由烧油单位在价外负担。实行这种征收方法，不必变动油品价格，征税界限清楚，限制烧油目的明确。采取从量定额征收。即按征税对象的单位数量规定固定税额。原油每吨征税40元～70元，重油每吨征税70元。页岩原油因售价高于原油，单位税额从低确定，财政部核定广东页岩原油每吨税额20元。供油单位要在销货发票上列明代征代缴税款。油田和炼油厂自用应税油品，按烧用的油品数量及核定的单位税额征税。

（二）减税免税

属于国家计划烧油的集体企业，在规定的炉窑改造期间，因征收烧油特别税减少利润，企业提高福利基金和奖金有困难或发生亏损的，经省税务局批准，可给予适当减税。国营企业因征收烧油特别税而发生亏损的，由当地财政给予定额补贴。

（三）征收管理

烧油特别税实行源泉控制征税。即供应烧用原油、重油的生产单位为烧油特别税代收代缴义务人，在供油环节负责代收代缴税款。对自产原油、重油供本单位烧用的，或将购入未纳烧油特别税的原油、重油改作烧用的，规定由烧用单位自行缴纳税款。

1982年，广东共有供油单位16家（其中广州石油化工厂、茂名石油工业公司两家既是供油单位，又是烧油单位），烧油单位158家。烧油企业虽遍布全省，但有供油企业代收税款的地区只有广州、茂名、佛山3个市。

1983年佛山陶瓷工贸集团公司属下烧油企业的烧油成本虽然增加130万元烧油特别税，但促进企业加强经济核算，减少燃料油耗，当年节省燃料油费用140万元。

二、建筑税

建筑税是国家为加强对自筹基本建设投资的控管而建立的新税种。1983年9月，国务院颁布《建筑税征收暂行办法》。同年10月1日，广东对使用国家预算外资金、地方机动财力、银行贷款、其他自筹资金、企事业单位的各种自有资金进行自筹基本建设投资或更新改造措施项目中的建筑工程投资，以及按规定不纳入国家固定资产投资计划的建筑工程投资的地方政府、机关团体、部队、国营和集体企事业单位及个体工商业户开征建筑税。1987年6月25日，国务院颁布《中华人民共和国建筑税暂行条例》，广东从1987年7月1日起执行。1991年起，广东执行国务院颁布的《中华人民共和国固定资产投资方向调节税暂行条例》，同时停征建筑税。

（一）征收范围和税率

广东征收建筑税区别不同性质的基建投资，实行差别比例税率。对国家计划内安排的自筹基本建设投资和更新改造措施项目中的建筑工程投资，按规定不纳入国家固定资产投资计划的建筑工程投资。城镇集体企、事业单位在城镇或农村的自筹建设投资，乡镇企业、个体工商业户在城市、郊区、县城、县属镇和工矿区的自筹建设投资以及乡镇企业和个体工商业户在农村的自筹建设投资中属于需要控制的项目和调节的项目，税率为10%。

对地方政府、机关、团体、部队、国营企业、事业单位自筹基本建设全年投资额超过国家计划的部分，以及上述单位未按规定向税务机关和代征建筑税的银行抄送固定资产投资计划，或未按规定列明自筹建设项目性质的投资；在国家计划外安排的自筹基本建设投资计划和技术改造项目中的建筑工程投资，税率为20%。对未列入国家计划的宾馆、招待所、疗养院（所）、剧院、礼堂、会堂、办公楼、展销馆（中心）和应当控制的其他非生产性建设项目，以及以维修、翻修为名，新建、扩建楼堂馆所，提高建筑标准的项目，税率为30%。中外合资经营企业、中外合作经营企业和外资企业不纳入建筑税征收范围。

（二）减税免税

广东对开发能源（包括节能）生产性设施、交通设施、学校教育设施、医院医护设施、科研部门科研设施，以及利用国际金融组织贷款，外国政府贷款、赠款和其他国外赠款，中国港澳同胞、华侨赠款安排的项目和相应配套的工程投资等免征建筑税。

1984年6月，为鼓励全社会办教育，对各类职工培训中心的教学设施建筑，免征建筑税。1986年6月，广东对深圳、珠海、汕头3个经济特区，从1986—1990年暂缓征收建筑税；9月，广东为配合国家落实侨房、私房政策，对因搬出原占用的私房侨房需新建的房屋，对不大于原有的建筑面积部分免征建筑税。从1987年起，对科研单位宿舍和其他生活配套设施免征建筑税；同年3月，对山区县乡镇企业和个体工商业户在农村进行的建设投资，暂不征收建筑税。

（三）征收管理

银行是建筑税的法定代征人。建筑税贯彻先税后建的原则，按年度计划投资额预征，年终结算，竣工清算。

三、固定资产投资方向调节税

固定资产投资方向调节税是为配合国家计划管理，控制投资规模，调整投资结构，集中资金保证重点建设而设立的税种。1991年4月16日，国务院颁布《中华人民共和国固定资产投资方向调节税暂行条例》；6月18日，国家税务局颁布《中华人民共和国固定资产投资方向调节税暂行条例实施细则》，广东从1991年起执行。1999年12月，财政部、国家税务总局、国家发展计划委员会印发《关于暂停征收固定资产投资方向调节税的通知》。根据该通知规定，广东从2000年1月1日起停征该税。

（一）纳税人和税率

使用国家预算资金，国内外贷款、借款、赠款，各种自有资金、自筹资金和其他资金，进行固定资产投资的各级政府、机关团体、部队、国营企事业单位、集体企事业单位、私营企业、个体工商业户以及其他单位和个人，均为固定资产投资方向调节税的纳税人。

对中外合资经营企业、中外合作经营企业和外资企业不纳入固定资产投资方向调节税征收范围。由国内企业投资建设、在建期间因利用外资变更为外商投资企业法人投资建设的固定资产投资项目，在投资单位被批准为外商投资企业法人之前进行的固定资产投资，应按变更前工程进度结算并缴纳固定资产投资方向调节税。原由外商投资企业投资建设，在建期间因外资不到位被撤销外商投资企业法人资格，而由国内企业接管的固定资产投资项目，按实际投资总额补缴固定资产投资方向调节税。

固定资产投资方向调节税是根据国家产业政策和项目经济规模实行差别税率。投资固定资产投资项目按其单位工程分别确定适用的税率。国家急需发展的项目，如农林水、能源交通、邮电通信、国防工业和军事工程、科学研究、文教卫生、城市建设、福利事业和国家安全、法制建设等以及上规模、能耗低、国家急需的原材料、机械电子、轻纺工业等，其税率为0%；国家鼓励发展，但是受能源、交通等条件制约的项目，如小规模火力发电，中等规模的炼焦炼钢、石油化工、建筑材料、小型轻型汽车、制糖以及扩大出口的轻纺工业，民用住宅（包括商品房住宅），其税率为5%；一般的其他建设项目，税率为15%；国家限制发展的项目，如燃油燃气发电机组、小规模能耗高的炼焦炼钢、有色金属、石油化工、建筑材料，规划外、定点外的机械电子产品，轻纺工业中的白酒、啤酒等以及楼堂馆所、别墅，其税率为30%。更新改造项目计税额按实际完成投资额计税。国家急需发展的项目投资，其税率与基本建设项目投资相同为0%。其他的更新改造项目投资税率为10%（其中某些民用住宅投资的适用税率为5%）。

固定资产投资方向调节税的计税依据为固定资产投资项目实际完成的投资额，其中更新改造投资项目为建筑工程实际完成的投资项目。国家禁止发展项目的投资，不用征收本税方式调控，由计划部门另行处置。

（二）减税免税

广东对文物保护、风景区保护工程；科研技术、学术交流场所，科研用房；因交通、市政等建设需要拆除重建的房屋；解困房以及对私房、侨房赔偿建设项目不超过原建筑面积的房屋；优抚设施、社会福利设施；治理污染、环境保护、节能项目；因遭受自然灾害进行恢复性建设的项目；教学设施，卫生、防疫、检疫设施，妇幼保健、计划生育设施；小型体育场（馆）及运动员训练用房均适用零税率。对市场建设项目的适用税率比照低档营业网点5%；对集贸市场建设暂按零税率。根据1999年8月23日国家税务总局《关于固定资产投资方向调节税有关政策问题的通知》的规定，广东对1999年7月1日及之后立项开工的建设项目和7月1日以前立项开工的在建项目减半征收。

（三）征收管理

固定资产投资方向调节税实行计划管理和投资许可证相结合的源泉控管的办法，贯彻先税后建的原则，按单位工程年度计划投资额预征，年终结算，竣工清算。广东对纳税人按年度计划投资额一次缴清全年税款确有困难的，申请经审查核准后，可延期分次缴纳。但对适用30%税率的投资项目，不办延期缴纳审批手续。固定资产投资方向调节税由税务机关负责征收管理。银行是法定代扣代缴人。

四、奖金税

奖金税是对企业、单位发放奖金取消封顶后，国家为从宏观上控制消费基金过快增长而建立的税种。1984年6月28日，国务院颁布《国营企业奖金税暂行规定》；1985年8月24日和9月20日分别颁布《集体企业奖金税暂行规定》和《事业单位奖金税暂行规定》。广东依照国务院的规定，分别从1984年起对国营企业和从1985年起对集体企业、事业单位所发放的各种形式的奖金，超过规定限额部分征收奖金税。

开征奖金税对企业滥发奖金，起到一定的制约作用。但自1988年广东奖金税调整后，其征税范围大大缩小，奖金税收入也逐年下降。由于征收奖金税，一方面不利于广东事业单位的发展；另一方面优惠政策较多，征起的税款很少，财政意义不大。因此，省政府决定从1993年起对全省非企业化管理的事业单位停止征收奖金税。

（一）国营企业奖金税

国营企业奖金税向尚未实行工资总额同经济效益挂钩浮动的国营企业征收，以企业当年发放的各种奖金和实物奖励以及国家规定标准的各种奖金性质的工资、津贴、补贴，按规定扣除免税奖金后的数额为计税依据，实行超额累进税率，按年计征，由企业向当地税务机关申报纳税。

国营企业奖金税的分级税率是：全年发放奖金总额人均不超过两个半月标准工资的免征；超过部分分别按30%、100%、300%的税率征税。1985年广东执行国务院修订的《国营企业奖金税暂行规定》，奖金税的免税额由两个半月提高到四个月标准工资。1987年广东执行国务院规定，降低奖金税税率，全年发放奖金总额不超过四个月标准工资的免税；超过四个月至五个月标准工资的部分，税率调整20%；超过五个月至六个月标准工资的部分，税率调整50%；超过六个月至七个月标准工资的部分，税率调整100%；七个月标准工资以上的部分，税率为200%。

1984年，广东实行国营企业全年发放奖金总额扣除地区补贴年人均300元后，再按奖金税规定计征。1985年，国务院提高奖金税的免税额后，广东扣除地区补贴减为年人均210元。同时，广东对发给矿山采掘工人、搬运工人、建筑工人、石油和天然气开采工人的奖金；按照国家规定颁发的创造发明奖、合理化建议和技术改进奖、自然科学奖；经批准试行的特定的燃料、原材料节约奖；外轮速遣奖；获国家质量管理奖、国家一级计量奖和省级先进企业称号的企业，发放人均一个月标准工资额以内的奖金；获部级或省级质量管理奖的企业，发放人均半个月标准额以内的奖金；获国家金质、银质产品奖的企业，发放人均40元（金质奖）、30元（银质奖）的奖金；获部级或省级优质产品奖的企业，发放人均25元（部优）、20元（省优）的奖金，均免征奖金税。此外，广东对实行计件工资和加班生产的企业发放的加班工资，不超过标准工资30%的部分，也免征奖金税。

（二）集体企业奖金税

广东集体企业奖金税的征收和管理，比照《国营企业奖金税暂行规定》执行外，对集体企业每年发给职工的劳动分红，在一个月标准工资金额以内、发给职工集资入股的股金分红，在职工集资入股额的15%以下的部分，免征奖金税。对乡镇集体企业和承包个人经营的集体企业，暂不征奖金税。1986年1月，广东执行国务院颁布的《中华人民共和国集体企业所得税暂行条例》，对乡镇（社队）企业继续实行所得税负超20%部分减半征收的优惠措施至1993年年底。

（三）事业单位奖金税

1985年起，广东对银行单独开设账户的事业单位，发放奖金超过免税限额的部分，比照国营企业奖金税适用税率征收奖金税。

广东根据国家机关、事业单位已按每人每月不超过20元发放增收节支奖的情况，对全省事业单位奖金税的免税限额定为年人均240元，超过部分按规定征收奖金税。对学校、科研、设计、卫生医疗事业单位，利用业余时间进行超额劳动取得的净收入，按30%提取酬金，每月发给每个职工的报酬，学校、科研、设计单位不超过40元，卫生医疗单位不超过30元的，不征奖金税；对参加技术市场交易的单位，从留用的技术交易净收入中提取酬奖费，属技术转让、技术咨询的不超过15%，属技术开发、技术服务、技术培训、技术承包、技术入股的不超过20%的部分，免征奖金税。

1986年，广东实行企业化管理的事业单位的免税限额改为三个月基本工资（包括基础工资、职务工资、工龄津贴、地区工资补贴，下同）。同年，事业单位奖金税的免税限额又调整为四个月基本工资。

奖金税征收的主要对象为非企业化管理的各类学校、科研、医疗卫生等部门。事业单位全年发放的奖金总额（包括增收节支奖），扣除免税限额和其他准予免征奖金税的奖金、补贴、津贴后，超过部分为应纳税奖金额，按税率计征。免税限额改为年人均240元的增收节支奖和三个月基本工资（即年人平均免税限额为540元），对超过其免税限额部分，一律按奖金税超额累进税率征收奖金税。另外，对按省政府有关规定发放的主要副食品价格补贴和粮油价差补贴，免征奖金税。

1989—1992年，为鼓励事业单位创收，广东制定不少税收优惠政策。包括对高等院校、各类专业学校发给教职工的按规定提取的酬金、超工作量酬金、兼课兼职酬金以及中、小学发给教职工从事其他劳务活动取得的酬金，免征奖金税；对于医疗卫生机构开展业余有偿服务的净收入，30%作为福利金和酬金，平均每人每月30元，免征奖金税；科研单位开展业余有偿服务的净收入，30%作为酬金，平均每人每月40元，免征奖金税等等。

1989年起广东省执行的事业单位奖金税税率表

表3-5-1

级次	应纳税奖金额相当月基本工资总额的月数（个）	税率（%）	速算扣除系数
1	相当于1个月基本工资总额以内的部分	20	0
2	相当于1个月以上至2个月基本工资总额的部分	50	0.3
3	相当于2个月以上至3个月基本工资总额的部分	100	1.3
4	相当于3个月基本工资总额以上的部分	200	4.3

说明：计算公式为应纳奖金税额=应纳税奖金额×适用税率-速算扣除系数×月基本工资总额

五、国营企业工资调节税

1985年8月，广东执行国务院颁布的《国营企业工资调节税暂行规定》，自1985年度起对24家实行工资总额同经济效益挂钩浮动的国营企业，就其增发工资超过国家核定工资总额7%以上的部分征收工资调节税。

1988年12月，省政府印发《关于对企业和企业化管理的事业单位征收工资调节税的通知》，从1989年起，广东对企业和企业化管理的事业单位改征工资调节税。调整后，工资调节税的征收范围为预算内外的国营企业、股份制企业、联营企业、集体企业、企业化管理的事业单位。1994年税制改革时，国务院决定取消工资调节税。

（一）税率

广东征收工资调节税按超额累进税率征收，1985年开始征收时的税率为：按企业为单位逐个核定其工资总额基数，当年增发工资总额占核定工资总额7%以下的免税；超过7%～12%的，税率为30%；超过12%～20%的，税率为100%；超过20%以上的税率为300%。

1987年起，税率调整为超过7%～13%的，税率为20%；超过20%～27%的，税率为100%；超过27%的税率为200%。

1988年起，征收工资调节税的企业单位当年实发的工资总额，扣除计税工资总额基数和按规定准予免征工资调节税的工资数额后，超过部分为应纳工资调节税的工资总额。

征收工资调节税的单位，不再逐个核定其工资总额基数，而由省分地区核定统一标准。1988年度计算工资调节税的工资总额基数为珠江三角洲小三角地区核定年人平工资总额基数为2 750元，其他地区核定年人平工资总额基数为2 500元。以后每年根据上年的国民收入，劳动生产率和当年物价指数的增长情况，由省税务局相应进行调整。适用珠江三角洲小三角地区计税工资基数的地区有佛山、江门两市及所属县，中山市、东莞市、番禺县、增城县、宝安县、斗门县、花县新华镇。广州市市区比照珠江三角洲小三角地区计税工资总额基数执行。

不论企业和企业化管理的事业单位采取何种工资分配形式，均按其实际发放的工资总额超过核定的工资总额基数7%以上的部分，征收工资调节税。实发工资总额，按国家统计局规定的组成内容统一计算，包括计时工资，计件工资，基础工资，职务工资，各种奖金，各种津贴、补贴，加班工资和其他根据国家规定支付的工资。以上各项不论属于哪种资金来源渠道，均计算在实发工资总额之内。按省政府有关文件规定发放的主要副食品价格补贴和粮油价差补贴，也应计入实发工资总额内。但征收工资调节税的企业、事业单位发给干部、职工的实物，除按劳保制度规定发放的劳保用品不计入实发工资总额外，发放的其他实物，按规定的折价标准计入实发工资总额内。

1989年，广东根据对本省经济情况的综合分析，调整工资调节税的计税工资总额基数，珠江三角洲小三角地区年人平计税工资总额基数为3 300元，其他地区为3 000元。1990

年及1991年该计税工资总额基数均不作调整。1992年，广东工资调节税的计税工资总额基数再一次作较大幅度的提高，不分地区，全省（深圳、珠海、汕头3个经济特区除外）统一确定为年人均4 800元。

1987年起广东省执行的工资调节税税率表

表3-5-2

级次	应纳税工资总额占计税工资总额基数的	税率（%）	速算扣除数（%）
1	7%以下	0	0
2	7%～13%	20	1.4
3	13%～20%	50	5.3
4	20%～27%	100	15.3
5	27%以上	200	42.3

说明：计算公式为应纳工资调节税额=（应纳工资总额×适用税率）-（速算扣除数×计税工资总额基数）

（二）减税免税

1988年改征工资调节税后，原按省委发文规定免征奖金税的乡镇企业及按财政部规定免征奖金税的理发、浴池、修理、饮食行业的小型企业，改为免征工资调节税。

为鼓励先进，对经济效益好的，当年上缴税利比上年增长7%以上的企业，可按规定增加免征工资调节税工资。上缴税利比上年增长7%～12%的企业，增加年人平50元的免税工资；上缴税利比上年增长12%～17%的企业，增加年人平100元的免税工资；上缴税利比上年增长17%～22%的企业，增加年人平150元的免税工资；上缴税利比上年增长22%以上的企业，增加年人平200元的免税工资。企业、事业单位增加免征工资调节税工资额的上缴税利增长数，按上年和当年实际上缴税利计算。上年没有实际上缴税利的，当年不增加免税工资额。

广东在执行调整后的工资调节税中，对发给矿山采掘工人、搬运工人、建筑安装工人，石油和天然气开采工人，盐田直接从事制盐生产的工人，野外地质勘探、测量等的一线工作人员的工资及各项补贴、津贴、奖金等免征工资调节税；按国家规定发放的创造发明奖、合理化建议奖、技术改进奖、自然科学奖、科学技术进步奖以及计划生育奖和计划生育补贴免征工资调节税；当年发给职工集资入股额15%以内的股金分红免征工资调节税；对民政部门或其他部门举办的福利性质的生产企业和企业化管理事业单位中的盲、聋、哑、残等残疾人员可免征工资调节税。

（三）征收管理

广东征收工资调节税实行由企业按次向当地税务机关申报纳税。工资调节税采用年度中间计征的办法：征收工资调节税的企事业单位，在年度内累计实发的工资总额，扣除计税工资总额基数和按规定准予免征工资调节税的工资数额后，超过规定计税工资总额基数的7%以上时，每次发工资，都要按规定向当地税务机关报送工资调节税纳税申报表和会计报表，税务机关审核后及时填发纳税缴款书，限期入库。

六、城市维护建设税

城市维护建设税是为扩大和稳定城市维护建设资金来源而建立的税种。1985年2月8日，国务院颁布《中华人民共和国城市维护建设税暂行条例》；3月29日，省政府颁布《广东省城市维护建设税实施细则》，决定从1985年1月1日起对缴纳产品税、增值税、营业税（简称“三税”）的国营企业、集体企业、个体经营者以及事业单位、机关、团体、学校、部队等一切单位和个人开征城市维护建设税（简称“城建税”）。1994年税制改革后，城建税按原税率和新颁布实施的增值税、消费税、营业税（简称“新三税”）为依据计算征收，征收范围不包括外商投资企业和外国企业。

1985—1993年，广东征收城建税以实际缴纳的“三税”税额为计税依据，分别与“三税”同时缴纳。自1994年1月1日起，城建税以实际缴纳的“新三税”税额为计税依据。海关对进口产品代征消费税、增值税，不征收城建税。

城建税按纳税人所在地的不同，分别规定不同的比例税率：在城市市区的税率为实际缴纳“三税”的7%；在县城、镇的为5%；不在城市市区、县城、镇的为1%。1986年广东撤区建镇（乡），对撤区并入原县属镇、县城镇的原区乡企业，仍按原来1%的税率征收城建税，1997年1月起恢复按5%的税率征收城建税。

广东城建税的征收管理、纳税环节、纳税期限等事项，1985—1993年比照产品税、增值税、营业税的有关规定执行。1994年起比照增值税、消费税、营业税的有关规定执行。

城建税的税款专用于城市公用事业和公共设施的维护和建设，成为广东维护和建设城市的一项重要资金来源。

七、土地增值税

1993年12月13日，国务院颁布《中华人民共和国土地增值税暂行条例》（简称“土地增值税暂行条例”），1995年1月27日，财政部颁布《中华人民共和国土地增值税暂行条例实施细则》（简称“土地增值税暂行条例实施细则”）。1995年8月14日，省政府颁布《广东省土地增值税征收管理办法》，从1995年8月1日起施行。

（一）纳税人和税率

土地增值税暂行条例、土地增值税暂行条例实施细则和《广东省土地增值税征收管理办法》规定，土地增值税实行凡转让国有土地使用权、地上建筑物及其附着物（简称“转让房地产”）并取得收入的单位和个人为纳税义务人。土地增值税实行四级超率累进税率：增值额未超过扣除项目金额50%的部分，税率为30%；增值额超过扣除项目金额50%，未超过扣除项目金额100%的部分，税率为40%；增值额超过扣除项目金额100%，未超过扣除项目金额200%的部分，税率为50%；增值额超过扣除项目金额200%的部分，税率为60%。

土地增值税的计税依据是纳税人转让房地产取得的增值额。增值额是指纳税人转让房地产所取得的收入减除按税法规定的扣除项目金额后的余额。

（二）减税免税

土地增值税暂行条例、土地增值税暂行条例实施细则和《广东省土地增值税征收管理办法》规定，纳税人建造普通标准住宅出售，增值额未超过扣除项目20%的（含20%）免征土地增值税；因国家建设需要依法征用、收回的房产免征土地增值税；因城市市政规划，国家建设的需要而搬迁，由纳税人自行转让原房地产而取得的收入，免征土地增值税；对个人因工作调动或改善居住条件而转让原自用住房，凡居住满五年或五年以上的，免征土地增值税，居住满三年未满五年的，减半征收土地增值税；1994年1月1日以前已签订的房地产转让合同，不论其房地产在何时转让，均免征土地增值税；1994年1月1日以前已签订的房地产开发合同或已立项，并已按规定投入资金进行开发，其在1994年1月1日以后五年内首次转让房地产的，免征土地增值税。

（三）征收管理

根据《广东省土地增值税征收管理办法》规定，土地增值税由房地产所在地的地方税务机关负责征收，税源零散的，也可委托国土、房地产管理部门或其他部门代征。纳税人应当自转让房地产合同签订之日起七日内向房地产所在地税务机关办理纳税申报，并在规定的期限内缴纳土地增值税。对房地产开发企业的土地增值税，可采用预征的办法，预征率由各市制定。纳税人不论经营、转移的是应税项目或是免税项目，均应凭税务部门出具的土地增值税完税或免税证明，办理土地使用权的权属变更登记。

第六节　农业税类

一、农业税

（一）纳税人、计税依据和税率

1. 纳税人

农业税的征收对象是来源于农业的收入，农业收入主要是指粮食作物、薯类作物和未设立农林特产税之前部分经济作物的收入，从事农业生产并拥有上述收入的农民、国营农场、企事业单位即为农业税纳税人。

1981年7月，省财政厅根据农村实行多种形式生产承包责任制的新情况，提出对农业税征收的意见。农业税的纳税对象以“谁种田，谁纳粮”的原则确定。对于一些地方实行包产、包干到组、到户后，出现弃耕或少耕造成丢荒的土地，其应征的农业税，由包干包产的组或户负担。

2. 计税依据

农业税的计征依据是就其拥有土地的常年应产量，即根据省内土地的自然条件，各地的一般经营条件和种植习惯，在正常年景下前五年所收获的平均产量为计税依据，增产不增税。常年产量一般是按主粮（稻谷）评定的，其他非主粮农产品，按一定标准折算为主粮计征。

1979—1987年，全省处于基本建设恢复和发展初期，基本建设占用土地量逐年增加。这期间，计税面积减少主要是特区建设、工矿企业建设、交通建设、农田水利基本建设占用耕地和水灾后不能复耕。

1988年起，计税面积和计税产量不含计征农林特产税的计税面积和计税产量。1989年由于前几年征地补偿和洪水冲毁覆盖不能复耕，计税土地面积比1988年减少0.87万公顷，计税产量减少1 649万公斤。1990年增加开垦到期计税土地面积0.07万公顷，减少历年征地补偿到期和被洪水冲毁覆盖不能复耕计税土地面积0.75万公顷，全年全省净减少计税土地面积0.67万公顷，减少计税产量1 591万公斤。1993年减少计税土地面积1.73万公顷，其中非农业建设占用耕地1.19万公顷，自然灾害毁地0.2万公顷，农田水利建设占用耕地0.09万公顷，耕地改园地、林地和贫困地区人口迁移弃耕0.26万公顷。1994年减少计税土地面积1.8万公顷，其中非农业建设占用耕地0.93万公顷，自然灾害毁地0.47万公顷，农田水利建设占用耕地0.13万公顷，相应减少计税产量5 508万公斤。1997年计税土地面积减少1.13万公顷，其中自然灾害损毁的计税土地面积0.19万公顷，农田水利建设占用0.08万公顷，相应减少计税产量1 847万公斤。2000年计税土地面积比1999年减少0.69万公顷，其中农村税费改革地区减少计税土地面积0.28万公顷，一部分耕地被占用后仍负担农业税，实际减少0.73万公顷。当年全省对计税产量给予重新认定，结果计税面积减少，计税产量反而增加。

3. 税率

广东征收农业税的税率以稳定税负为前提，1979—2000年仍沿用1961年11月9日省人民委员会颁布的《广东省1961年农业税征收办法》，其间农业税征收税率一直没有大的调整。1979年后出台的规定，都是局部小调整。广东实征平均正税率在12%～13%之间。

由于广东各地经济情况不同，实行地区差别比例税率。每年根据财政部1969年对广东核定的基数和减免农业税应征税额，由省财政厅（局）根据各市（地区）的税率、常年应产量、减免税额分解下达到各市（地区），各市（地区）再下达到各县（市）。各市（地区）实征税率差别较大，80年代实征税率最高的市（地区）有的年份达到17.16%，最低只有7.65%。90年代实征税率最高的市有的年份达到22.11%，最低则只有5.00%。

2000年3月，省委、省政府确定兴宁市、徐闻县、四会市为广东2000年农村税费改革试点地区，其中一项为调整农业税税率，改革农业税的征收办法。农业税的计税产量以统计部门的统计产量为基础，分别不同地区、不同比例进行折算。兴宁、四会两市按照平原、丘陵和山区三类地区单位面积产量的不同，分别以85%、80%和75%的比例核定农业税计税常年产量。农业税税率统一为7%。

除以按计税产量征收农业税的土地外，广东对种植经济作物的土地征收农业税，1979—1980年执行《广东省1961年农业税征收办法》规定，凡没有评产计征农业税的竹林、果类、茶叶、茶籽、桐漆、薯莨、橡胶和香料等收入按6%～10%比例税率计征农业税，同时授权县政府根据上述税率幅度，分不同特产品目定适用税率。

1980年起，农业生产结构发生变化，农林特产有很大发展，地区间、产品间税负不平衡的矛盾日益突出。1981年省政府调整山林特产农业税征收税率，从7月起统一按品目规定税率：果类、香料为7%；橡胶、茶叶为6%；竹林、茶籽、桐漆、薯莨为5%。

1985年5月，省政府授权省财政厅制定并颁布《农林特产农业税征收规定》，从7月1日起施行。凡从事农林特产品生产，取得农林特产收入的单位和个人都应按规定缴纳农业税。征税范围包括园艺收入、林木收入、水产品收入、亚热带作物收入和其他农林特产收入，按粮田评定计税产量计征的农业税，按原办法计征农业税。征收税率统一为：水果、花卉、淡水养殖、亚热带作物为7%；茶叶、橡胶为6%；原竹、生漆、薯莨、木本油料、水生植物、滩涂养殖、药材、松脂为5%。

其他农林特产收入征收税率由各市（地区）、县自定，报省财政厅审批。1979—1986年，农林特产农业税合并在农业税中征收，不单独设立税种和预算科目。

农业税除正税外，还随正税征收地方附加和乡镇（区）自筹，从1979年起，地方附加和乡镇（区）自筹各随正税征收5%。征起的附加归地方政府使用，乡镇（区）自筹归乡镇（区）一级政府使用，使用的范围统一由省政府根据建设需要确定。2000年，试点税费改革的兴宁市、徐闻县农业税附加定为20%，四会市定为18%。

1979—2000年广东省农业税计税面积、产量和实征税率

表3-6-1

项目 年度	计税面积（万公顷）	计税产量（细粮万公斤）	平均税率（%）	项目 年度	计税面积（万公顷）	计税产量（细粮万公斤）	平均税率（%）
1979	283.67	552 095	12.87	1990	246.27	500 597	13.00
1980	280.75	546 237	13.00	1991	245.67	499 874	12.99
1981	282.84	541 719	13.05	1992	245.07	498 311	12.98
1982	281.97	540 171	13.06	1993	243.33	494 311	12.98
1983	281.46	539 771	13.03	1994	241.53	489 253	13.00
1984	280.87	547 503	12.85	1995	240.13	485 960	12.99
1985	279.27	543 496	12.89	1996	238.80	483 461	12.94
1986	279.29	544 345	12.86	1997	237.67	481 614	12.96
1987	278.73	542 978	12.91	1998	236.93	479 727	12.96
1988	247.80	503 837	13.04	1999	236.09	478 001	12.94
1989	246.93	502 188	13.03	2000	235.40	483 407	12.89

说明：计税面积1979—1987年含农林特产税的计税面积，1988年起不含

（二）减税免税

1. 起征点的减免

1979年，省革命委员会根据国务院的批示精神，决定对人均口粮在140公斤（农业税税额、减免和口粮均折算为细粮即大米，下同）以下和分配收入在60元以下的生产队，一律免征农业税。由各地区按国家有关规定，在省下达指标范围内，结合各地区实际情况贯彻

执行，全省不作统一规定。执行结果，全省1979年对低产缺粮生产队减免农业税正税16 637万公斤，占当年全省应征额的34.70%。

在1979年试点的基础上，1980年全省正式实施，规定对那些确属自然条件差，长期低产缺粮，收入分配水平低，维持简单再生产和最低生活有困难，而改变这种状况又需要较长时间的生产队，凡人均口粮在140公斤以下，分配收入在60元以下的，给予免税一定三年的照顾。受益生产队每年在6万～7万个，受益人口每年在800万人左右，四年累计平均每人得益20元左右。农村实行家庭联产承包制后，农民的生产积极性得到提高，粮食连年大幅度增产，1983年国务院规定停止执行农业税起征点办法，对原享受起征点减免税照顾的生产队、联产承包组和承包户恢复征收农业税。省政府根据广东实际情况，仍保留30%的减免指标，对少数口粮和收入水平仍然很低，不能维持基本生活需要，纳税确有困难的生产队或农户，由各市（地区）、县掌握，酌情给予减免照顾。

2. 鼓励发展生产的减免

1979年，广东仍执行《广东省1961年农业税征收办法》规定，对依法开垦荒地或用其他方法扩大耕地面积，从有农业收入之年起，视其收入情况，免征农业税一至三年。其中开荒种植菠萝、香蕉的从有收入的当年或第二年起计征农业税；移民垦荒土地的收入，从有收入之年起免征农业税三至五年；在山地新垦或复垦的桑园、茶园、果园、橡胶和其他经济林木，从有收入之年起免征农业税三至七年；新垦、复垦的油茶林、桐林，从有收入之年起免征农业税五年。1978年起，对沿海地区的围海造田，由所在地区、市、县自定免税期，从有收入之年起最长不得超过五年。2000年4月，省政府规定，从三峡工程库区农村迁到广东的移民开垦荒地所取得的农业收入，免征农业税五年。以上规定一直延续到2000年。

1979年，广东继续执行1958年和1961年的规定，对种植花生和芝麻的农业收入，减征30%农业税；1984年起取消此项减征规定。

1979年，省革命委员会作出规定，生产队每繁殖一头耕牛、菜牛，成活半年后，减免纳税额35公斤，全部奖给饲养员，一年后将牛折价归生产队，把折价款的一部分或大部分奖给饲养员。社队养牛场繁殖一头小牛，减免的35公斤税额和集体折价分成部分，可以奖给饲养员和有关管理人员。国营农牧场繁殖的小牛，农场本身有公粮任务的，其奖励原则与社队养牛场相同；没有公粮任务的，也给饲养员奖励。1983年起，对生产队、社队养牛场、国营农牧场所繁殖耕（菜）牛减征的税额，一律停止发放给饲养员，改按县为单位统一安排使用，作为发展改良耕牛品种的专项资金，1986年停止执行此项规定。

3. 鼓励推广农业科技的减免

1979年，广东仍执行《广东省1961年农业税征收办法》和1968年10月省财政厅、省农业厅规定，农业科学研究机关和农业院校以科学研究为目的进行试验而收入无保证的应税土地，经报请县（市）政府审核批准后，免征农业税，但一般性生产的大面积试验土地，仍应缴纳农业税。对农业系统事业性繁殖农作物良种的示范繁殖场免征农业税，凡是按照省、地区、县农业部门安排的良种繁殖和试验研究面积占繁殖场总耕地面积70%以上的，其余耕地也一律免征农业税；良种繁殖和试验研究计划面积不足70%的，其余部分不繁殖良种的耕地，照征农业税。由于计划面积执行起来界限不清，有的有计划面积但实际没完成，1996年3月将计划面积改为实际面积，这项规定到2000年年底仍在执行。

1985年省财政厅规定，滩涂养殖的经县政府批准，可缓征二至三年农林特产农业税；经省政府批准后列入贫苦地区免征农业税的乡和水库移民村，从1985年起，免征农林特产农业税五年。

4. 社会减免

1979年6月，省财政局规定，免征工商税的知识青年农场、生产队，其应负担的农业税，给予免税照顾。

1984年，广东执行财政部规定，对国营华侨农场的农业收入，从1984年起免征农业税五年。省财政每年核减华侨农场免征税款245万元。

1985年，省委、省政府确定贫困地区以乡为单位，水库移民以村为单位，以1983年度农村合作经济收益分配汇总表为根据，凡人均收入不足120元，口粮不足140公斤的列为贫困县，从1985年起免征农业税五年，共减免正税额7 060万公斤。省财政每年安排700万元，补助免征农业税的贫困地区财政缺口。

1986年起，广东执行财政部1986年6月颁布的《关于农业税征收减免若干问题的通知》，除对已经宣布给予免税三至五年的贫苦地区给予照顾以外，不再搞一定免税几年。对确定贫困的革命老区、少数民族地区和贫瘠山区、石灰岩地区及尚未解决温饱问题的困难户，继续给予社会照顾，减免农业税。

1990年起全面恢复征收农业税，对贫苦农户仍实行减免政策。1993年，省财政厅核减石灰岩地区农业税额649万公斤。清远市受益的有连南瑶族自治县、阳山县、英德县、连州市和清新县共33个乡镇；韶关市受益的有乐昌市和乳源瑶族自治县共14个乡镇。

至1996年年底，广东仍有60万人没有解决温饱问题，省政府授权省财政厅作出规定，由贫困农户提出申请，经当地财政部门审核，按规定程序给予减免农业税。1997年、1998年和2000年受益贫困农户分别为25 615户、199 750户和206 058户，受益人口分别为94万人、89万人和74万人。

5. 灾歉减免

1979年以后，广东仍执行1962年10月省人民委员会颁布的《广东省农业税灾歉减免办法》，对纳税单位、个人因农作物遭受水、旱、风、雹、虫及其他自然灾害而致歉收的，视其农作物歉收情况减征或免征农业税。歉收一成五以下的不减征；歉收一成五以上不够二成五的，按歉收成数减征；歉收二成五以上不够三成五的，按歉收成数加半成减征；歉收三成五以上不够四成五的，按歉收成数加一成减征；歉收四成五以上不够六成的，按歉收成数加两成减征；歉收六成以上的，免征全年农业税。对单造因灾歉收五成以上不够七成的，按歉收成数加二成减征；歉收七成以上的，免征一造农业税。至2000年年底，该规定仍在执行。

6. 征用、占用耕地减免

1979年，广东仍执行1964年9月省人民委员会规定，国家兴建铁路、公路、厂矿、发电工程等征用的应税土地，一律按其计税面积、计税产量扣除税额。原使用土地单位领到土地补偿费或补助费的，由领用补偿费或补助费的单位或个人继续承担农业税，领到的补偿费或补助费相当于几年的产量，就继续负担几年的农业税。国家和公社（乡镇）投资举办的水利工程占用应税土地，可扣除农业税，但在水利受益满三年后，根据受益程度，重估受益土地的计税产量。

1983年4月，省政府颁布《广东省村镇建房用地管理实施办法》，农民个人建房按规定标准并履行批准手续占用土地者，其占用土地的应纳农业税，由建房者负责缴纳。对建设新村和改造旧村腾出用于农业生产的耕地，从有收入之年起，免征农业税三至七年。

1987年4月1日起，广东实施耕地占用税，按耕地占用税规定确属农业税应税土地，并缴纳耕地占用税，对其原来计税面积和计税产量核定的农业税额予以核减。对原使用土地的单位领到土地补偿费或补助费的，领到的补偿费或补助费相当几年的计税产量，应继续负担几年的农业税。以上规定到2000年年底仍在执行。

7. 对少数民族地区的减免

1979年，广东仍执行《广东省1961年农业税征收办法》规定，对少数民族地区的农业税给予照顾。省财政厅据此规定，对连南瑶族自治县、连山壮族瑶族自治县和乳源瑶族自治县等少数民族聚居地的农民，给予减半征收农业税。此项规定至2000年年底仍在执行。

1979—2000年广东省农业税减免分项统计表

表3-6-2　　　　单位：细粮万公斤

年度	合计	起征点减免	花生芝麻地减免	幼畜照顾减免	社会照顾减免	灾歉减免
1979	29 888	16 637	891	1 250	9 777	1 333
1980	25 392	16 811	833	1 185	5 298	1 265
1981	28 330	15 740	668	1 329	6 035	4 558
1982	26 784	15 690	660	1 347	6 500	2 587
1983	15 722	2 339	468	1 241	7 029	4 645
1984	11 343	—	—	1 126	6 402	3 815
1985	14 064	—	—	857	9 013	4 194
1986	16 384	—	—	—	10 224	6 160
1987	13 784	—	—	—	9 940	3 844
1988	13 084	—	—	—	8 169	4 915
1989	12 682	—	—	—	7 607	5 075
1990	11 049	—	—	—	5 823	5 226
1991	10 119	—	—	—	5 375	4 744
1992	10 458	—	—	—	6 312	4 146
1993	12 007	—	—	—	6 668	5 339
1994	12 650	—	—	—	6 872	5 778
1995	13 960	—	—	—	9 183	4 777
1996	11 504	—	—	—	7 331	4 173
1997	7 704	—	—	—	4 477	3 227
1998	6 673	—	—	—	3 661	3 012
1999	6 169	—	—	—	3 011	3 158
2000	5 494	—	—	—	1 219	4 275
累计	315 244	67 217	3 520	8 335	145 926	90 246

（三）征收管理

农业税的征收管理由财政部门负责，乡镇（公社）财政（税）所是直接负责农业税征收管理的基层组织，组织征收和助征人员直接向纳税单位或个人征收农业税。农业税纳税人有送粮入库的义务，由粮食部门接收，并按规定向财政部门及时结算解缴纳税款。缴纳代金的，由财政部门直接征收。

1980年前，缴纳农业税以农村生产队为纳税单位。后来实行联产承包责任制、包产到户的农村改革。1981年，省财政厅规定，凡是以生产队统一核算和分配的，仍以生产队为单位进行征收。对于包产、包干到户并承包缴纳农业税任务的，将原该生产队所征的农业税任务分别落实到户，由生产队负责组织和督促各户送粮入库，年终按队、户进行结算。分配落实到户的农业税计征任务，参照各户实际包干的责任田的自然条件和正常年景产量，合理分担。计征任务落实后，设立表册，分户登记，张榜公布，逐级统计上报。随着农村改革的深入，生产队不复存在。1983年起，全省农业税随之由生产队集中缴纳、结算、减免，改为分户缴纳、结算、减免。

1979年以前，广东农业税的缴纳以实物谷为主，统称“公粮”，分夏秋两造征收。1987年农林特产未作为独立税种之前，经济作物产区可以缴纳代金。

1979年起，取消原来统一按三级稻谷作价办法，改按实际入库公粮的稻谷等级依质论价，征收代金的以每100公斤稻谷按33.58元计算征收。1985年，国务院批转财政部通知，将农业税以征粮为主改为征代金，折征代金统一按粮食“倒三七”比例收购价（比例收购价=原统购价×30%+超统购价即议价×70%）计算。由于广东是缺粮省份，为保证各地粮食供应，广东农业税仍实行征收粮食为主，原来批准缴代金的仍缴代金。粮食部门接收农业税的粮食后，统一按粮食“倒三七”比例收购价与财政部门结算。1985年的比例价为32.26元/（每100公斤三级早籼稻）；1987年为36.40元；1989年全省提高到46.76元。

1992年起粮食价格放开，1993年2月，省财政厅规定，农业税实行征收粮食实物的原则，对经济作物和林业、渔业集中的产区，以及粮食部门接收粮食实物有困难的地方，在储备粮能保证县城纳税者能够接受的情况下，经县政府同意，可以据实采取钱粮兼收，并鼓励纳税者缴优质谷。征收的公粮实行按质按市价结算，公粮结算价以县为单位，可以一年一价，也可以一造一价。1993年实际执行结算价格为每100公斤稻谷63.70元；1994年为114.10元；1995年为138.10元；1996年为146.62元。

1997年5月，省财政厅又规定，农业税计税价格执行随行就市原则，各地不得以坚持征收实物为由向无粮食缴纳而改为缴代金的农户收取额外费用。征收代金与征收实物同价。1997年实际执行结算价格为每100公斤稻谷131.00元；1998年为125.88元。

1999年，省政府再次明确，农业税的缴纳，在尊重农民意愿的前提下，既可征收实物，也可折征代金，粮食收购价以早籼三级稻谷定价，每100公斤为130元，实际执行结算价格为123.20元。2000年起，农业税计税价格统一为早籼三级稻谷每100公斤为90元折价算成货币额，一定三年，实际执行结算价格为89.40元。

由于粮食购销管理体制改革后，农业税征收工作量增大，1993年2月，省政府决定从1993年起，各县可按照农业税征收总额的3%～5%提取征收经费。1993—2000年全省共提取征收经费39 616万元。每年征收人员在1万人～1.3万人，其中省级4人～12人，市级80人～100人，县级700人～850人，镇级10 000人～12 000人，其中临时助征人员1 000人～1 600人。

二、农业（林）特产税

（一）纳税人和税率

农业特产税（1987—1993年称“农林特产税”）是为调节农、林、牧、渔各业的生产收入，国家依法对从事农业特产生产经营，取得的农业特产收入的企业、单位和个人征收的税，广东对农业特产税的征收，不同的时期有不同的规定。

80年代中期，国家相继放开农副产品价格后，各地农业特产发展很快，农林特产收入有更大增长。国务院决定从1987年起，把农林特产税从农业税中分离出来，成为一个独立税种。1987年7月，经报省政府同意，省财政厅决定从1987年起，对原木、苗木产品收入征收农林特产税，税率全省统一为5%，随同正税额征收10%的农林特产税附加。

1989年4月17日，省财政厅根据省政府决定精神，重新对农林特产税的征收作出规定，征收范围除1985年和1987年规定的范围外，增加海水养殖产品和果用瓜两项。税率改按实际收入计征农林特产税，全省统一为：淡水养殖、海水养殖、滩涂养殖为10%，其中水珍品（珠蚌、珍珠、海参、鲍鱼）为15%；水果类中的柑、橘、橙、蕉、荔枝、芒果为15%，其他水果及果用瓜类为10%；花卉、橡胶、亚热带作物为10%；原木、苗木、毛竹、茶叶为8%，对森工企业的原木收入缓征农林特产税；生漆、薯莨、木本油料、水生植物、药材、桑蚕茧、松脂收入为7%。并随正税额征收10%的农林特产税附加。其余部分具体由各市、县自行规定。

在1994年的税制改革中，国务院取消产品税，将农林特产税与部分产品税（如烟叶），对外商投资企业、外国企业征收工商统一税中的农、林、牧、水产品税目归并，统一征收农业特产税。

1994年1月，国务院颁布《关于对农业特产收入征收农业税的规定》；7月15日省政府颁布《广东省对农业特产收入征收农业税实施办法》。

农业特产税的纳税人包括所有从事农业特产品生产的集体组织、合作经济组织、企业（1994年起包括外商投资企业、外国企业）、事业单位、部队、学校、团体、寺庙等以及经济承包户和其他个人（不含生产烟叶、牲畜产品的单位和个人）。征收对象包括烟叶收入、园艺收入、水产品收入、林木收入等以及省政府授权省财政厅批准征收的农林特产税的其他农业特产品收入。

1994年起，农业特产税税率分为生产环节和收购环节两个不同经营类型。生产环节的税率按实际收入分为四档：水果类中的柑、橘、橙、蕉、荔枝、芒果和柚为收入的12%；其他水果、干果，生漆、天然树脂和桂皮为收入的10%；果用瓜、桑蚕茧、花卉、香枫茅、胡椒和剑麻，海淡水养殖、滩涂养殖，海淡水捕捞和水生植物，原木、毛竹、松脂和天然橡胶，黑木耳、香菇和蘑菇，海参、鲍鱼、干贝、鱼胶、鱼唇、鱼翅和燕窝为收入的8%；毛茶、经济林苗木为收入的7%。并随正税额的10%征收地方附加。其他农业特产品的税率，省政府授权省财政厅决定，税率控制在5%～20%。1997年省财政厅规定对生产平菇、长脚菇、鲍鱼菇、猴头菇等其他食用菌者的实际收入征收8%、种植淮山者的实际收入征收5%的生产环节农业特产税，并随正税额征收10%的地方附加。

收购环节的税率按收购所支付的金额分为六档：烟叶产品为31%，1999年4月调整为20%；海参、鲍鱼、干贝、鱼胶、鱼唇、鱼翅和燕窝为25%；毛茶为16%；生漆、天然树脂、桂皮，牛皮、猪皮、兔毛为10%；原木、毛竹、松脂，黑木耳、银耳为8%；海淡水养殖、滩涂养殖、海淡水捕捞、水生植物和木本油料为5%。

2000年，农村税费改革的兴宁、徐闻、四会3个试点县（市），农业特产税除烟叶等个别品种外，其余品种税率统一定为8%。地方附加四会市定为18%；兴宁市、徐闻县定为20%。

（二）减税免税

从1989年起，广东对利用荒山、荒坡、荒滩、荒水等从事开发性生产的，经县政府批准，可缓征农林特产税二至三年。1990年2月，改为从有收入之年起，缓征农林特产税三至五年。农民利用宅旁隙地零星种植的果树、竹木，免征农林特产税。对尚未解决温饱问题的贫困农户，规定减免农业税的，给予减免农林特产税。对贫困林农、石灰岩地区和14个享受亏损补贴的华侨农场，从1991年起免征农林特产税五年，1996年恢复征收。1987—1993年，全省减免税额为5 571万元。

农业科研机构和农业院校进行省、市、县科学委员会立项的科学试验，所取得的农业特产品收入，在试验期间免税；对在新开发的荒山、荒地、滩涂和水面上生产的农业特产品，自有收入之年起免税一至三年；对老革命根据地、少数民族地区、边远地区及其他地区中尚未解决温饱的贫困户，纳税有困难的，准予免税；对因自然灾害造成歉收的，酌情给予减税、免税。1999年，省财政厅规定对伏季休渔期间，缓征海洋捕捞农业特产税。1994—2000年，全省减免农业特产税税额529万元。

（三）征收管理

农业（林）特产税以货币形式缴纳，由财政部门征收。经县（市）财政局决定或批准，可以委托有关单位代征，并发给委托代征证书。委托代征证书由省财政厅统一制定格式。受委托单位按照代征书的要求，依法代征税款，并将税款按规定时间上缴当地财政部门。代征单位有的采取委托收购单位随购代征或村民委员会代征，也有的采取设点征收或到市场征收。

由于农林特产税税源分散，征收难度大，对国营和集体的农、林、茶场采取查账征收。对分散的农户，有的采取定产计征，有的采取定额征收的办法。1989年10月1日，省财政厅统一印制广东省农林特产税外运产品完税证明。纳税人不按规定纳税的，按《中华人民共和国税收征收管理暂行条例》规定处理，1993年起按《中华人民共和国税收征收管理法》规定处理。

1989年，省财政厅规定，代征单位可以从农业（林）特产税实征额中提取征收费用，提取额以县为单位不超过5%。随着农业特产税征收范围越来越广、难度越来越大，征收成本逐年增加，为此，1996年省财政厅决定将征收经费提高到10%。

三、耕地占用税

1987年4月1日，国务院颁布《中华人民共和国耕地占用税暂行条例》（简称“耕地占用税暂行条例”）；9月8日，省政府颁布《广东省耕地占用税征收管理实施办法》（简称“耕地占用税实施办法”），从当年4月1日起施行。

（一）纳税人和税额

耕地占用税暂行条例和耕地占用税实施办法规定，经国土管理部门批准征用或占用耕地（包括鱼塘、园地和菜地），用于建房或从事其他非农业建设的单位（不包括外商投资企业）或个人为耕地占用税的纳税人。

财政部规定，广东每平方米土地征收耕地占用税平均税额为6元。广东根据本省各地耕地的具体情况制定耕地占用税税额征收标准，税额标准以县为单位，以1986年年底国家统计部门统计的总人口和耕地面积计算，人均耕地少于1/30公顷的，每平方米8元；人均耕地1/30公顷以上不足7/150公顷的，每平方米6元；人均耕地7/150公顷以上不足1/15公顷的，每平方米5元；人均耕地1/15公顷以上的，每平方米3元。经济特区、经济开发区，大城市及其郊区，县级市、县城及其郊区和人均耕地特别少的地区，按上述标准提高50%征收。

（二）减税免税

耕地占用税暂行条例和耕地占用税实施办法规定，部队军事设施用地；铁路线路及其按规定两侧留地和沿线附属火车站、装卸货场仓库用地；民用机场飞机跑道、停机坪、机场内必要的空地以及候机楼、指挥塔、雷达设施用地；全日制大、中、小学的教学用房、实验室、操场、图书馆、办公室及师生员工食堂宿舍用地；国家物资储备部门专用炸药库用地；部队、部门、企业和私人的医院、卫生院、医疗站用地；殡仪馆、火葬场用地，均免征耕地占用税。

农村革命烈士家属、革命残疾军人、鳏寡孤独以及革命老根据地、少数民族聚居地区和边远贫困山区生活困难的农户，在规定用地标准以内新建住宅纳税确有困难的，经县（市）政府批准，给予减征或免征耕地占用税。水库移民第一次建房，免征耕地占用税。征用耕地占用税的土地，属农业税计税土地的，对其原来计税常年产量和计征农业税给予核减。

1989年1月，省政府对公路建设占用耕地征收耕地占用税问题作出规定，当年105国道、107国道广东境内改造工程，免征耕地占用税；使用集资、贷款的资金修建公路大桥占用的耕地，免征耕地占用税。其他属于公路建设（中外合资、合作项目和外商投资项目除外）占用耕地，一律按占用每一平方米耕地征收2元低限税额征收，并且只限于公路线路及其两侧边沟，沿线附属设施不属此规定。

1991年，广东执行财政部规定，中外合资、合作经营企业中方以土地作价入股，并由中方出面征地或占地的，应依照规定缴纳耕地占用税。

1998年，国务院规定，在广东境内的中央直属储备粮库建设项目所占用耕地，全额免征耕地占用税。

2000年1月1日起，广东对在高等院校后勤社会化改革中，经批准所建学生公寓占用的耕地，免征耕地占用税。

1987—2000年，全省减免耕地占用税面积9 128.84公顷，折税款49 308万元。其中：国家建设减免耕地占用税中，部队军事设施占169.4公顷，折税款1 101万元；铁路建设占1 652公顷，折税款9 103万元；公路建设占881公顷，折税款2 807万元；农田水利水电基本建设占288.8公顷，折税款1 573万元；学校、幼儿园、医院、敬老院建设占4 110.6公顷，折税款11 185万元。在乡镇集体建设减免耕地占用税中，学校、幼儿园、医院、敬老院建设占1 073公顷，折税款4 767万元。另外批准外商投资企业免征耕地占用税面积共5 418.4公顷。

1987—2000年广东省耕地占用税减免统计表

表3-6-3

年度	减免面积（公顷）					减免税额（万元）				
	合计	国家建设	乡镇集体建设	农村居民建设	其他	合计	国家建设	乡镇集体建设	农村居民建设	其他
1987	176.00	138.40	22.53	4.27	10.80	987	774	138	21	54
1988	2 704.00	2 244.87	245.13	2.07	211.93	15 041	12 150	1 326	8	1 557
1989	820.96	741.23	61.60	10.33	7.80	3 288	2 868	373	27	20
1990	640.61	577.60	45.67	11.94	5.40	2 600	2 258	282	32	28
1991	704.54	580.20	118.73	2.07	3.54	3 309	2 646	638	7	18
1992	488.40	379.00	107.13	2.27	—	2 738	2 121	610	7	—
1993	815.67	695.73	117.47	2.40	0.07	4 406	3 680	719	7	—
1994	318.87	226.07	90.20	2.60	—	1 969	1 427	518	24	—
1995	641.13	536.73	63.20	32.13	9.07	4 356	3 891	339	81	45
1996	481.80	411.00	70.53	0.27	—	2 977	2 608	358	11	—
1997	400.40	366.13	33.60	0.67	—	2 214	1 982	226	6	—
1998	487.00	321.33	88.00	3.00	74.67	2 946	1 966	526	9	445
1999	268.86	154.47	74.33	—	40.06	1 572	993	469	—	110
2000	180.60	93.13	33.00	—	54.47	905	576	215	5	109
累计	9 128.84	7 465.89	1 171.12	74.02	417.81	49 308	39 940	6 737	245	2 386

（三）征收管理

耕地占用税以纳税人实际占用的耕地面积计税，按照规定的税额由耕地所在地财政部门征收，也可以由纳税人按纳税通知书所规定的税额、时间以及缴款书到国土部门缴纳。

农村居民占用耕地的，由乡镇财政所征收，也可由村民委员会征收。广东征收耕地占用税实行税费并存，先税后费的办法。按照《广东省非农业建设占用耕地缴纳垦复基金办法》[①]规定标准，耕地垦复基金征收标准高于耕地占用税征收标准的，先由财政部门征收耕地占用税，高出部分作为耕地复垦基金，由国土管理部门征收。耕地占用税征收标准高于耕地垦复基金标准的，只向财政部门缴纳耕地占用税。

1990年10月，省财政厅根据财政部规定和省政府的授权，规定减免耕地占用税的审批权限，减免应税面积在0.2公顷以下的，由县政府批准；减免应税面积在0.2公顷～2公顷以下的，由地级以上市政府批准；减免应税面积在2公顷～66.67公顷以下的，由省财政厅批准；减免应税面积在66.67公顷以上的，报送省财政厅，由省财政厅上报财政部批准。

开征收耕地占用税时规定，县财政部门可以从实征税款地方留成60%中提取3%作为征收经费。省、市（地区）从实征税款的各20%中提取3%，拨给省、市（地区）国土管理部门，用于国土管理。

1988年3月，省财政厅根据财政部的通知，规定从1988年1月1日起，以县为单位，按耕地占用税实征税款的5%提取征收经费，其中1%（广州市为1.2%）上缴财政部，余下的4%（广州市所属各县为3.8%）留给县，省财政厅不参与提取，留成县使用部分，实行收支挂钩，以调动各地征收耕地占用税的积极性。1987—2000年，全省提取征收经费13 828万元。

四、契税

1981年，广东各市（地区）、县根据政务院1950年4月颁布的《契税暂行条例》和省政府1952年12月制定的《契税暂行条例广东省施行细则》，陆续恢复契税征收工作。《契税暂行条例》和《契税暂行条例广东省施行细则》一直执行至1997年9月。1997年7月7日，国务院颁布《中华人民共和国契税暂行条例》；10月28日，财政部颁布《中华人民共和国契税暂行条例细则》。1998年6月10日，省政府颁布《广东省契税实施办法》，自1997年10月1日起施行。

（一）纳税人和税率

《契税暂行条例广东省施行细则》规定，土地、房屋的买卖、典当、赠与、交换，均应由当事人双方订立契约，由承受人在3个月内向当地财政机关办理投税手续。契税适应税率分为：买契税，按买价的6%征收；典契税，按典价的3%征收；赠与契税，按当时价值的6%征收；交换行为，两方价值相等的，免纳契税，不相等的，超值额按买契税率6%征收。

1991年3月起，广东执行财政部规定，对外国企业和外国人购买住房，取得房屋所有权者，按《契税暂行条例》规定，征收6%契税。

《广东省契税实施办法》规定，国家机关、事业单位、各类企业、军事单位、社会团

① 1986年10月11日，省政府颁布发《广东省非农业建设占用耕地缴纳垦复基金办法》并从当月起实施。对占用耕地进行非农业建设的全民、集体和个人（包括农民占用耕地建房）征收耕地垦复基金；1993年，省政府决定提高农村集体土地垦复基金的征收标准。1995年7月21日，省政府颁布《广东省非农业建设占用耕地缴纳垦复金办法》，从同年8月1日起施行，省政府颁布的《广东省非农业建设占用耕地缴纳垦复基金办法》同时废止，全省垦复金征收标准分为三个等级。

体及其他组织，个体经营者和其他个人，外商投资企业、外国企业、外国驻粤机构，中国港澳台同胞、华侨以及外国公民，在广东境内承受土地使用权、房屋所有权，都是契税的纳税义务人。

契税的征收范围为市、县政府及其国土管理部门出让国有土地使用权，取得国有土地使用权进行转让（不包括农村集体土地承包经营权的转移），包括土地使用权出售、赠与和交换，房屋买卖、房屋赠与和房屋交换。以土地、房屋权属作价投资、入股、抵债的，以获奖方式承受土地、房屋权属的，以预购方式或者预付集资款承受土地、房屋权属的，均为契税征收范围。

《广东省契税实施办法》规定契税税率为3%。国有土地使用权出让、土地使用权出售、房屋买卖，计税依据为成交价；土地使用权赠与、房屋赠与，计税依据由征税部门参照当地土地使用权出售、房屋买卖的市场价格确定；土地使用权交换、房屋交换，计税依据为所交换的土地使用权、房屋价格的差额。以划拨方式取得土地使用权的，经土地管理部门批准转让房地产时，由房地产转让者补缴契税，计税依据为补缴的土地使用权出让费或者土地收益。对于成交价，交换土地使用权、房屋的价格的差额明显不合理并且无正当理由的，由征税部门参照市场价格核定。

（二）减税免税

1981年起，广东对军烈属，生活困难的市民，贫苦工人、农民、孤寡、残疾而无劳动能力者，给予免征契税，但购买新地产者除外。

1988年起，广东执行财政部规定，对华侨、中国港澳台同胞及其家属用侨汇或外汇购买住房者，给予免征契税的照顾；1991年3月起改为减半征收。10月，省财政厅规定，对实施住房制度改革的城市和县、镇，个人购买公有住房的职工，不论单位自管新旧住房和房管部门的新旧住房，享受一次免征契税。对年收入1万元以上的职工，不予免税。非职工住家，购买上述住房的，照章缴纳契税。银行开展有奖储蓄，以及有关部门向社会开展有奖活动，奖给中奖者的房屋，比照赠与契税税率征收契税。

1991年11月起，为支持住房制度改革，鼓励个人购买商品房，广东规定经县以上财政部门审批，对购买商品房者，可给予不超过应税额10%的减免照顾。

1992年8月，广东执行财政部规定，对行政、企事业单位向本单位职工集资建房，房屋产权归出资者所有的，可免征契税。

1988—1996年，广东共减免契税税额10 785万元，其中买卖减免10 783万元，赠与和交换2万元。属个人购房减免的3 708万元，属港澳台同胞和华侨购房的7 077万元。

《广东省契税实施办法》规定，对国家机关、事业单位、社会团体、军事单位承受土地、房屋用于办公、教学、医疗、科研和军事设施的，城镇职工第一次购买公有住房的，免征契税；因不可抗力灭失住房而重新购买住房的，土地、房屋被县级以上政府征用、占用后，重新承受土地、房屋权属，成交价或补偿面积没有超出规定补偿标准的，免征契税，超出部分照章纳税。对经批准减征、免征契税的纳税人改变有关土地、房屋用途，不再属于减征、免征契税范围的，应当补缴减征、免征的税款。

除《广东省契税实施办法》规定外，省政府授权省财政厅，具体审批其他减免项目。1998年8月，广东执行财政部规定，对于在2000年12月31日前，中国农业发展银行各级机构购买房屋用于办公的，免征契税。1999年6月规定，夫妻共有房屋因离婚，房屋产权归属一方的，不征收契税。为减轻个人买卖普通住宅的税收负担，积极启动住房二级市场，加快住房资金周转，消化积压空置的商品房，同年8月，省财政厅、省地税局作出规定，对个人购买自用普通住宅，减半（即为1.5%）征收契税；对个人购买1998年6月30日前建成尚未售出的商品房，在当年8月1日（含即日）签订购房合同的，给予免征契税优惠，优惠期至2000年12月31日。2000年6月，广东规定对军队离退休干部移交地方管理中所移交的住房免征契税。对军队、武警部队和政法机关所办企业无偿移交地方过程中所涉及的契税予以免征。

1997年，省财政厅对企业重组、合并、兼并、破产中，导致土地、厂房、房屋权属发生转移的行为，作出应税、免税、减税的规定。

1997—2000年，减免税额92 805万元。属房产转移部分占91 673万元，其中买卖91 633万元，占99.96%。属土地转移部分占1 142万元。

（三）征收管理

契税的征收部门为土地、房屋所在地的财政部门，经县以上财政部门批准，可以委托土地管理部门、房地产管理部门代征。纳税义务人的纳税义务规定为签订合同的当天。缓纳时间最长为3个月，超过征税部门批准时间的，每天罚滞纳金0.5‰。

代征契税的部门可以提取征收经费，1979年10月，省基本建设委员会（简称“省建委”）、省财政局规定，征收经费按代征税款的20%提取。1992年9月，省财政厅、省建委调整提取征收经费的比例。1994年起，规定为按实征税额的5%提取。1979—2000年，共提取征收经费45 532万元。

第七节　涉外税类与税收

涉外税类与税收是流转税类和所得税税类以及其他税类的一部分，为体现广东改革开放后的时代和地方特色，设专节予以记述。

广东实行全国统一的涉外税收法律、法规及多层次的税收优惠政策。坚持三条基本原则：一是维护国家权益；二是服务于对外开放；三是尊重国际税收惯例。改革开放初期，在流转税方面，暂时沿用1958年9月全国人民代表大会常务委员会第一百零一次会议通过的《中华人民共和国工商统一税条例（草案）》，对涉外企业的销售（营业）收入征税。在所得税方面，暂时沿用1950年政务院颁布的《工商业税暂行条例》中的所得税部分的规定，征收工商所得税。1980年9月10日起和10月1日起，分别执行第五届全国人民代表大会第三次会议通过的《中华人民共和国个人所得税法》《中华人民共和国中外合资经营企业所得税法》。1982年1月起，执行第五届全国人民代表大会第四次会议通过的《中华人民共和国外国企业所得税法》，以及财政部制定的这3个税法的实施细则。在地方税方面，则沿用1951年政务院颁布的《城市房地产税暂行条例》《车船使用牌照税暂行条例》，前已记述，不再赘述。

1991年7月1日起，企业所得税执行第七届全国人民代表大会第四次会议通过的《中华人民共和国外商投资企业和外国企业所得税法》。

1994年1月1日起，广东执行第八届全国人民代表大会常务委员会第五次会议于1993年12月29日通过的《关于外商投资企业和外国企业适用增值税、消费税、营业税等税收暂行条例的决定》，对涉外纳税人征收增值税、消费税、营业税、个人所得税、外商投资企业和外国企业所得税、土地增值税、资源税、城市房地产税、车船使用牌照税、印花税和屠宰税等11个税种。其中：增值税、消费税由国税部门征收；营业税、个人所得税、城市房地产税、车船使用牌照税、资源税、土地增值税、印花税和屠宰税由地税部门征收。根据国务院办公厅的有关规定，外商投资企业和外国企业所得税由国税部门代地方征收。但由于外商投资企业和外国企业所得税属于地方收入的税种，因此，广东的深圳、东莞、珠海3个市把这一税种划归由地税部门征管。

一、工商统一税

1979年起，广东按1958年9月全国人民代表大会常务委员会第一百零一次会议通过、国务院颁布的《中华人民共和国工商统一税条例（草案）》，对从事工业品生产、农产品采购、外货进口、商品零售、交通运输和服务性业务的中外合资经营企业、中外合作经营企业、外资企业和外国企业及从事上述经营活动的中国港澳台同胞、华侨以及外籍人员都按工商统一税条例（草案）的规定征收工商统一税。1994年，国家进行税制改革，取消工商统一税，改征增值税。

（一）纳税人和税率

工商统一税按产品或行业设定税目、税率，分工农业产品部分和商业零售、交通运输及服务性业务部分。工农业产品部分，按产品种类设105个税目、40档税率，最高税率69%（甲级香烟），最低税率1.5%（棉坯布）；商业零售、交通运输及服务性业务部分，设4档税率，分别为2.5%、3%、5%和7%。为鼓励外商到粤投资，从1983年5月1日起，广东根据财政部的规定，对工商统一税率作调整，在应税产品中，其税率凡是高于当时工商税税率的，采用减税办法，减低到同工商税税率相同水平征税。为适应扩大对外开放的需要，1990年起，广东对外商投资企业出售房屋、建筑物取得收入，按3%税率征收工商统一税；对转让土地使用权所取得的转让金，出租厂房、场地、办公楼、宿舍所取得的租金收入，均按5%税率征收工商统一税。

（二）减税免税

广东在执行工商统一税中，采取了一系列优惠政策。

对中外合资经营企业生产内销产品，在开办初期纳税有困难的，可在一定期限内减征或免征工商统一税。从1983年3月起，对企业为进行技术改造而引进的先进技术（包括设计、工艺、诀窍、数据、经验、方法、研究成果等技术资料、蓝图、手册、说明书），以及技术转让合同必须随附的仪器、设备，免征进口工商统一税。对企业为进行技术改造，生产、制造新设备、新产品所必须引进的关键仪器和设备，减半征收进口工商统一税。

1984年，广东对中外合资经营和外资企业，按照合同规定作为资本投资进口或追加投资进口机械设备、零部件和建厂（场）以及安装、加固机械所需的材料，免征进口环节工商统一税。对中外合作企业经营的能源开发、铁路、公路、港口等基本建设，工业、农业、林业、牧业、养殖业、深海渔业捕捞、科学研究、教育以及医疗卫生方面的企业，按照合同规定作为投资或追加投资进口的先进设备、国内不能供应的机械设备以及建厂（场）和安装、加固机械设备所需的材料，免征进口环节工商统一税。对应征税的电动卡车、面包车、小汽车、洗衣机、电视机、地毯等，减按5%税率征收。对外商投资企业专为加工外销产品而从国外进口的原材料、元器件、辅料和包装物件，免征进口环节工商统一税。对外商委托国内企业来料加工装配而进口的原材料、零部件和设备，免征进口环节工商统一税。

同年11月，根据国务院关于经济特区和沿海14个港口城市减征、免征企业所得税和工商统一税暂行规定，在深圳、珠海、汕头经济特区内开办的特区企业生产的产品，在本特区内销售的各种矿物油、烟、酒等，按税法规定的税率减半征收工商统一税；特区政府可自行确定对少数产品照征或减征工商统一税；其他产品不征工商统一税。特区企业从事银行、保险业取得的收入，按3%税率征收工商统一税。

列为全国14个港口城市的广州、湛江两市经济技术开发区内开办的开发区企业，进口自用的建筑材料、生产设备、原材料、零配件、元器件、交通工具、办公用品，免征工商统一税。开发区企业用免税进口的原材料、零配件、元器件加工的产品转为内销的，对其所用的进口料件，照章补征工商统一税。

广州、湛江两市的老市区和汕头、珠海两市市内开办的生产性老市区企业作为投资进口、追加投资进口的本企业生产用设备、营业用设备、建筑用材料，以及企业自用的交通工具和办公用品，免征工商统一税。老市区企业进口的原材料、零配件、元器件、包装物料等，用于生产出口产品部分，免征工商统一税；用于生产内销产品部分，照章征税。

1986年7月，广东对外商投资企业生产出口产品，除对原油、成品油等产品征收工商统一税和国家另有规定外，其余都免征工商统一税；12月，广东对外商投资企业养殖的海参、鲍鱼、干贝等产品减按5%税率征收工商统一税。1987年5月，广东执行中央提出的实现大陆与台湾省“三通”的政策，对“三通”船舶给予免征工商统一税的待遇。1989年5月，广东规定，外商投资企业在生产“以产顶进”产品纳税存在实际困难的，可申请给予适当减征工商统一税照顾。外商投资企业经营的项目，其工商统一税税负高于同行业税负，按规定纳税有困难的，在未改变工商统一税前，可申请给予定期减免工商统一税照顾。1990年2月，对外商投资企业为解决外汇收支平衡申请购买国内产品出口的，可免征工商统一税。

1994年，广东对外商投资企业原征收的工商统一税，改为与内资企业一样征收增值税、消费税和营业税。为保持政策的连续性和稳定性，根据国家税务总局《关于退还外商投资企业改征增值税、消费税后多缴税款若干具体问题的通知》，对1994年以前成立的外商投资企业因实行增值税、消费税和营业税而超过原工商统一税税负的税款在五年内给予返还。从1994年到1998年，全省外商投资企业超税负返还金额达到102亿元。

二、中外合资经营企业所得税

1980年9月10日，第五届全国人民代表大会第三次会议通过并公布《中华人民共和国中外合资经营企业所得税法》；12月14日，财政部颁发《中华人民共和国中外合资经营企业所得税法施行细则》，广东从当年10月1日起执行。1983年9月2日，第六届全国人民代表大会常务委员会第二次会议通过并公布《中华人民共和国中外合资经营企业所得税法》部分条款的修改决定。1991年7月1日起，改按《中华人民共和国外商投资企业和外国企业所得税法》的规定执行。

（一）纳税人和税率

中外合资经营企业所得税的纳税人为在广东境内（包括在中国境内和境外的分支机构）的中外合资经营企业。

中外合资经营企业所得税的税率为30%，另按应纳所得税额附征10%的地方所得税。对中外合资企业的外国合资者，从合营企业分得的利润汇出境外时，按汇出额，由承办汇款单位代扣代缴10%的地方所得税。

（二）税收优惠

从中外合资经营企业所得税法开始实施以后，广东执行国家和省内制定的有关优惠政策。

1980年10月，广东对新办的合资企业，合资期限在十年以上的，经企业申请，税务机关批准，从开始获利年度起，第一年免征企业所得税，第二年和第三年减半征收。1983年10月，上述减免期限放宽为第一年、第二年免征企业所得税，第三年至第五年减半征收。对经营农业、林业等利润较低的合资企业和经济不发达的边远地区开办的合资企业，按规定头五年减免期满后，经税务机关批准，还可在以后十年内继续减征15%～30%的所得税。对合资企业的合营者从合营企业分得的利润在中国境内再投资，经营期不少于五年的，经投资者申请，税务机关批准，可退还其再投资部分已缴纳所得税的40%；该再投资企业如果属于产品出口企业和先进技术企业，则可以全部退还其再投资部分已经缴纳的企业所得税税款；投资不满五年撤出的，追回已退的税款。中外合资企业发生年度经营亏损的，可用下一年度所得中提取相应的数额加以弥补；下一年度的所得不足弥补的，可在五年内继续弥补。

1984年起，根据国务院关于经济特区和沿海14个港口城市减征、免征企业所得税和工商统一税暂行规定，对设在深圳、珠海、汕头经济特区的中外合资企业，及对设在广州、湛江两个沿海港口城市经济技术开发区内的生产性中外合资企业，从事生产、经营的所得和其他所得，减按15%的税率征收所得税。

中外合资企业属于产品出口企业的，按照国家规定减免企业所得税期满后，凡当年企业出口产品产值达到当年企业产品产值70%以上的，可以按照当时税率减半征收企业所得税；中外合资企业属于先进技术企业的，按照国家规定减免企业所得税期满后，可以延长三年减半征收企业所得税；中外合资企业属于产品出口企业和先进技术企业的，其外国投资者从合资企业分得的利润汇出境外时，免缴汇出额的所得税。设在经济特区和港口城市经济技术开发区内的中外合资企业，其外国投资者将从企业分得的利润汇出中国境外时，免缴汇出额的所得税。

1985年，珠江三角洲16个市县列为沿海经济开放区；1988年扩大到28个市、县和1个郊区，即：佛山、江门、中山、东莞、肇庆、惠州、清远等市以及南海、顺德、三水、高明、开平、新会、台山、鹤山、恩平、番禺、增城、花县、从化、宝安、斗门、高要、四会、广宁、惠阳、惠东、博罗等县（市）及珠海市香洲郊区。在沿海经济开放区内的中外合资企业，凡属技术密集、知识密集型的项目，或者外商投资额在3 000万美元以上，回收投资时间长的生产项目，或者属于能源、交通、港口建设的项目，经财政部批准，可以减按15%的税率征收企业所得税。

同年10月，广东执行国务院《关于中外合资建设港口码头优惠待遇的暂行规定》，对在广东兴办港口码头的合营企业，减按15%税率计算征收企业所得税。若合营期在十五年以上的，经省税务局批准，从开始获利年度起，第一年至第五年免征企业所得税，第六年至第十年减半征收企业所得税，在减免企业所得税期间，免征地方所得税。中外合资企业的外方，将从合资企业分得的利润汇出境外时，也免缴汇出额的所得税。

1985年4月，国务院颁布《关于华侨投资优惠的暂行规定》；1987年10月，省政府办公厅印发《关于享受华侨投资优惠待遇企业认可问题的通知》，广东从1987年起执行《关于华侨投资优惠的暂行规定》。对于经营期在十年以上的华侨企业，从开始获利年度起，第一年至第三年免征企业所得税，第四年至第七年减半征收企业所得税，减免期满后，按税法规定的税率减征20%所得税。华侨企业投资兴办国家急需的、缺门短线项目，以及知识密集、技术密集型工业，开发性的项目和在边远地区兴办企业，减免税期满后，经批准，可以减按15%税率征收所得税；华侨投资者从企业分得的利润，继续在国内再投资，经营期限在五年以上的，可退还再投资部分已缴纳所得税税款的50%。

（三）征收管理

中外合资经营企业所得税由税务机关征收。中外合资经营企业所得税按年计征，分季预缴。每季在季度终了后15天内预缴，每年在年度终了后3个月内汇算清缴，1983年9月起，改为年度终了后5个月内汇算清缴，多退少补。中外合资企业逾期不缴纳税款，除限期缴纳外，从滞纳之日起，按日加收5‰的滞纳金；企业偷税、抗税的，除追缴税款外，处以应纳税款5倍以下的罚金，情节严重的，由当地人民法院依法处理。

三、外国企业所得税

1981年12月31日，第五届全国人民代表大会第四次会议通过并公布《中华人民共和国外国企业所得税法》；1982年2月21日，财政部颁布《中华人民共和国外国企业所得税法施行细则》，广东自1982年1月1日起施行。1991年7月1日起，改按《中华人民共和国外商投资企业和外国企业所得税法》的规定执行。

（一）纳税人和税率

外国企业所得税的纳税人为在广东境内设立机构、独立经营或同中国企业合作生产、合作经营的外国企业和其他经济组织，以及不在中国境内设立机构，而有来源于广东的股息、利息、租金、特许使用费等项所得的外国公司、企业和其他经济组织。

外国企业所得税区别不同的情况按超额累进税率和比例税率计算征收。外国企业每一纳税年度的收入总额，减除成本费用及损失后的余额，为应纳税所得额。采用超额累进税率计算，全年所得额不超过25万元的，税率为20%；全年所得额超过25万元～50万元的部分，税率为25%；全年所得额超过50万元～75万元的部分，税率为30%；全年所得额超过75万元～100万元的部分，税率为35%；全年所得额超过100万元以上的部分，税率为40%。同时，外国企业缴纳所得税时，另按应纳税的所得额10%征收地方所得税，但两项合计最高负担率不超过50%。对不在中国境内设立机构的外国企业，有取得来源于广东的股息、利息、租金、特许权使用费和其他经财政部确定征税的所得，以其每次取得的收入额为应纳税所得额，按20%的比例计算缴纳所得税，税额由支付单位在每次支付的款项中代扣缴。

（二）税收优惠

广东执行外国企业所得税法的规定，采取一系列的优惠政策。

广东对设在深圳、珠海、汕头3个经济特区的合作企业和外资企业，从事生产、经营所得和其他所得，减按15%的税率征收外国企业所得税；上述地区产品出口企业按照国家规定减免企业所得税期满后，凡当年企业出口产品产值达到当年企业产品产值70%以上的，减按10%的税率征收所得税；先进技术企业按照国家规定减免企业所得税期满后，还可以延长三年减按10%的税率征收所得税。外商在中国境内没有设立机构而有来源于上述地区和经济技术开发区，广州、湛江两市老市区和珠江三角洲地区的股息、利息、租金、特许权使用费和其他所得，除依法免征所得税的以外，都减按10%征收所得税。

在广州、湛江两个港口城市经济技术开发区内的合作企业和外资企业中的生产性企业，从事生产、经营的所得和其他所得，减按15%的税率征收企业所得税。其中，经营期在十年以上的，从开始获利的年度起，第一年和第二年免征所得税，第三年至第五年减半征收所得税。

在广州、湛江两个城市老市区和珠江三角洲的城镇开办生产性的合作企业和外资企业，凡是属于技术密集、知识密集的项目，或者外商投资额在3 000万美元以上，回收投资时间长的项目，或者属于能源、交通、港口建设的项目，经财政部批准，可以减按15%税率征收所得税。

从事农业、林业、牧业以及深井开采煤矿资源等利润率低的合作企业、外资企业，经营期在十年以上的，经企业申请，可以从开始获利的年度起，第一年免征所得税，第二年和第三年减半征收所得税。免税、减税期满后，经财政部批准，可以在以后的十年内继续减征15%～30%的所得税。

外国企业发生年度亏损，可以从下一年度的所得中提取相应的数额加以弥补，下一年度的所得不足弥补的，可以逐年提取所得继续弥补，但最长不超过五年。

外国公司、企业和其他经济组织在中国境内没有设立机构，而提供在中国境内使用的各项专有技术所取得的使用费，可以减按10%征收所得税，其中技术先进、条件优惠的，可以免征所得税。

国际金融组织贷款给中国政府和中国国家银行的利息所得，免征所得税；外国银行按照优惠利率贷款给中国国家银行的利息所得也免征所得税。

（三）征收管理

外国企业依法开业、停业，须在开业后或停业前30天内，持有关证件向当地税务机关办理开业或停业的税务登记。企业的财务、会计制度须报送当地税务机关备查，其财务、会计处理办法同税法规定有抵触的，按照税法规定计算纳税。外国企业的所得税，以人民币为计算单位，其所得为外国货币的，按照国家外汇管理总局公布的外汇牌价折合人民币缴纳税款。外国企业的财务收支以实行权责发生制为原则。所得税的纳税年度由公历每年1月1日起至12月31日止。外国企业向当地税务机关报送所得税申报表和会计决算报表，应附送在中国境内登记的注册会计师的查账报告。外国企业所得税按年计算，分季预缴。每季在季度终了后15天内预缴，每年在年度终了后5个月内汇算清缴，多退少补。

四、外商投资企业和外国企业所得税

1991年4月9日，第七届全国人民代表大会第四次会议通过《中华人民共和国外商投资企业和外国企业所得税法》（本目简称“新税法”）；6月30日，国务院颁布《中华人民共和国外商投资企业和外国企业所得税法实施细则》（本目简称“新税法实施细则”），广东按国务院统一部署，从1991年7月1日起执行新税法，《中华人民共和国中外合资经营企业所得税法》和《中华人民共和国外国企业所得税法》同时废止。

（一）征税范围和税率

总机构设在广东境内的外商投资企业来源于中国境内、境外的所得；在广东境内设立机构的外国企业来源于中国境内的所得；在中国境内未设立机构的外国企业来源于中国境内的下列所得：利润（股息）、利息、租金、各种特许权使用费、转让财产收益、其他所得；外国企业在中国境内常驻代表机构从事代理业务和提供其他劳务服务所取得的佣金、回扣、手续费等收入。

新税法统一所得税税率，对不同投资方式的企业采用30%的比例税率计算征收企业所得税，再按应纳税的所得额3%计算征收地方所得税。外国企业在广东境内没有设立机构、场所，而有取得来源于中国境内的利润、利息、租金、特许权使用费和其他所得，或者虽设立机构场所，但这些收入与其机构场所没有实际联系的，都按应纳税的所得额20%的税率征收所得税，2000年税率改为10%。

（二）税收优惠

1991年7月1日，《中华人民共和国外商投资企业和外国企业所得税法》施行后，统一外资企业所得税税收优惠。对设立在经济特区的外商投资企业和设立在经济技术开发区的生产性外商投资企业，减按15%税率征收企业所得税；对设立在沿海经济开放区和经济特区、经济技术开发区所在城市的老市区的生产性外商投资企业，减按24%税率征收企业所得税；设在沿海经济开放区和经济特区、经济技术开发区所在城市的老市区或设在国务院规定的其他地区的从事能源、交通、港口码头和知识密集、技术密集型企业、外商投资超过3 000万美元或国家鼓励的其他项目的外商投资企业，经批准可以减按15%税率征收企业所得税。

对生产性外商投资企业，经营期在十年以上的，从开始获利年度起，第一年和第二年免征企业所得税，第三年至第五年减半征收，在减免企业所得税期间，免征地方所得税。对从事农业、林业、牧业的外商投资企业，在头五年减免税期满后，经批准，可在以后十年内继续按应纳税额减征15%～30%的企业所得税。

外商投资企业的外国投资者，将从企业取得的利润直接再投资于本企业，增加注册资本，或投资举办其他外商投资企业，经营期不少于五年的，经投资者申请，税务机关批准，退还其再投资部分已缴纳所得税的40%；外国投资者再投资举办、扩建产品出口型企业或先进技术企业，可以退还其再投资部分已缴纳的全部所得税，在投资不满五年撤出的，缴回已退税款。外商投资企业的外国投资者再投资举办产品出口企业或先进技术企业，应在再投资资金实际投入之日起一年内，持审核确认部门出具的被投资企业为产品出口企业或先进技术企业的证明等资料，到当地税务机关办理退还再投资部分已缴纳的全部企业所得税税款。如果被投资企业在规定的办理再投资退税期限内，因各种原因而尚未得到有关部门确认为产品出口企业或先进技术企业的，税务机关按40%的退税比例办理退税。被投资企业在开始生产、经营之日起或再投资资金投入使用后三年内，经考核达到产品出口企业标准时，或者在开始生产、经营之日起或再投资资金投入使用后的第一年内，经考核确认为先进技术企业的，可再按100%退税率补退其差额部分。

根据新税法第二十七条和新税法实施细则第一百一十一条规定，广东继续执行经济特区，广州、湛江两个沿海港口城市的经济技术开发区，珠江三角洲经济开发区，珠海、汕头、广州、湛江4个市的老市区的外商投资企业所得税优惠政策。1992年又增加韶关、河源和梅州 3 个市。

外商投资企业和外国企业在广东境内设立的从事生产、经营的机构、场所发生年度亏损，可以用下一纳税年度的所得弥补，下一纳税年度的所得不足弥补的，可以逐年延续弥补，但最长不得超过五年，该项弥补应逐年依序连续计算。

1999年，扩大税收优惠范围，凡从事能源、交通项目建设的外商投资企业，经批准也减按15%税率征收企业所得税；从事港口码头建设的外商投资企业，经批准，从获利年度起，第一年至第五年免征企业所得税，第六年至第十年减半征收企业所得税；外商投资举办的产品出口型企业，在依照税法规定免征减征企业所得税期满后，凡当年出口产品产值达到70%以上的，可以按照税法规定的税率减半征收企业所得税，税率低于10%的，按10%计算征收企业所得税；外商投资举办的先进技术企业，在依照新税法规定免征减征企业所得税期满后仍为先进技术企业，可以按照税法规定的税率延长三年减半征收企业所得税；外国投资者从企业分得的税后利润直接再投资于本企业，增加注册资本，或举办其他外商投资企业，经投资者申请，税务机关批准，退还其再投资部分已缴纳所得税的40%，外国投资者再投资举办、扩建产品出口型企业或先进技术企业，退还其再投资部分已缴纳的全部所得税。

为鼓励外商投资，财政部、国家税务总局陆续颁布多项税收优惠。1999年，规定外商投资企业当年的技术开发费比上年增长10%以上的，其实际发生的技术开发费可以享受加计抵扣50%的优惠。1999年，国务院决定对外商投资企业在投资总额内采购的国产设备，如该设备属免税目录范围，可以全额退还该国产设备的增值税。2000年1月，财政部、国家税务总局规定，对外商投资企业从事国家鼓励类投资项目，所购买的国产设备如属外商投资免税目录范围，该设备投资的40%，可以在购置设备当年比上年新增的企业所得税中抵免。

（三）关联企业之间的转让定价

为防范和遏止跨地区的集团公司、联属企业或关联企业之间利用控制或被控制关系，以及其他关联关系，通过转让定价方式转移利润，进行避税。新税法及新税法实施细则明确规定关联企业业务往来的计价原则：关联企业之间的业务往来，按照独立企业之间的业务往来收取或者支付价款、费用。否则，税务机关可以采取可比非受控价格法、再销售价格法和成本加成法等顺序和方法进行调整。

（四）征收管理

新税法统一税收管辖原则。外商投资企业和外国企业须在办理工商登记后30天内向当地税务机关办理税务登记。企业的财务、会计处理办法同国务院有关税收的规定有抵触的，依照国务院有关税收的规定计算纳税。企业所得税和地方所得税按年计算，分季缴纳；季度终了后15天内预缴，年度终了后5个月内汇算清缴，多退少补。纳税义务人未按规定期限缴纳税款的，税务机关除限期缴纳外，从滞纳税款之日起，按日加收滞纳款2‰的滞纳金。外国企业在中国境内有两个或两个以上营业机构的，可以由其选定其中一个营业机构合并申报缴纳所得税。合并申报纳税的各营业机构在广东境内的须报省税务机关批准；合并申报纳税所涉及的营业机构设在两个省的，须报国家税务总局批准。企业偷税或者未按税法规定期限缴税，经税务机关催缴、在规定的期限内的，由税务机关追缴其应纳税款，并处以应纳税款5倍以下的罚款，情节严重的，依照刑法的规定追究其法人和直接责任人的刑事责任。

2000年5月，国家税务总局规定，对外商投资企业发生的财产损失，需经税务机关审核批准后，方可在企业所得税前扣除。

五、海洋石油税收

广东海洋石油税收是随着国家实行对外合作开发海洋石油事业的发展而建立的。1982年1月，国务院常务会议通过《中华人民共和国对外合作开采海洋石油资源条例》，对参与合作开发海洋石油的中国企业和外国企业都依法征税和征收矿区使用费，对企业雇员依法征收个人所得税。国务院对海洋石油作业的各项税收设置专门机构实行统一征收、统一管理，海洋石油税收属中央财政收入。

（一）税费

1. 工商统一税

1983年7月至1993年，广州、湛江两个海洋石油税务分局（简称“广州、湛江两分局”）执行财政部规定，对海洋石油总公司及其所属公司，按照工商统一税条例征税。对所管公司征收的工商统一税有：原油，税率为5%；商业零售，税率为3%；交通运输、电传运输、海事卫星通信，税率为2.5%；服务性业务收入，税率为3%；租赁收入，税率为5%。

2. 中外合资经营企业所得税

1991年7月1日前，广州、湛江两分局对辖区内中外合资企业按30%的比例税率征收中外合资经营企业所得税，另按应纳所得税额附征10%的地方所得税。

3. 外国企业所得税

1991年7月1日前，凡在广州、湛江两分局管辖区内设立办事机构，从事海洋石油勘探开发的外国公司（包括伙伴公司）和为海洋石油勘探开发作业工程服务的承包商，均按照外国企业所得税法依五级超额累进税率征收所得税，另按应纳税所得额征收10%地方所得税。此外，对中国海洋石油总公司及其所属公司，也按照外国企业所得税法征收。

4. 企业所得税

1991年7月1日起，按照《中华人民共和国外商投资企业和外国企业所得税法》征收。

5. 预提所得税

广州、湛江两分局对外商石油公司和承包商支付给境外外国公司的钻井船、机器设备的租金，征收预提所得税。由付款单位按20%的税率扣缴。

6. 个人所得税

广州、湛江两分局按规定对外国石油作业公司、承包商、中外合营公司外籍人员的个人所得收入，征收个人所得税。地区公司按合同规定派往“联管会”（称“对等机构”）的工作人员，参加中外合营公司工作的中方人员，按照不同时期个人所得税法征收个人所得税。

7. 矿区使用费

广州、湛江两分局按规定征收矿区使用费，按原油产量依12.5%的比例征收实物。

8. 其他税费

印花税、城市房地产税、车船使用牌照税、城市维护建设税、固定资产投资方向调节税、城镇土地使用税、教育费附加等，均按国务院（政务院）颁布的相关税收法规执行。

1994—2000年，广州、湛江两分局按国家规定，继续征收外商投资企业和外国企业所得税、城市房地产税、车船使用牌照税和矿区使用费。并按统一适用于内外资企业和个人的税法规定，征收增值税、消费税、营业税、个人所得税、土地增值税、印花税，取消工商统一税。

（二）税收优惠

广州、湛江两分局执行国家为开发海洋石油资源，在维护国家权益原则下，税收上采取“税负从轻，优惠从宽，手续从简”的政策，税费方面实行优惠政策。

1. 工商统一税

1984年5月，广州、湛江两分局执行财政部规定，对外合作开采海洋石油的原油销售收入，不再随其应纳税额征收1%的地方附加。6月，广州、湛江两分局为支持海洋石油总公司、地区公司开展海上经营业务，对直接销售或供应海上油（气）田所需的物资、器材，免征商业经营环节的工商统一税；对外出租船舶、码头、仓库、场地以及代购代销，提供服务等收入的工商统一税，减按3%征收。7月，对南海西部石油公司钻井船、船舶、物探船出租收入，减按1.5%税率征收。1985年9月，对外商承包勘探作业和提供劳务业务收入，符合一定条件的，给予扣除计算纳税。

2. 企业所得税

1983年，广州、湛江两分局组建之后，执行财政部规定，对外国企业从合作开采海洋石油中取得的税后利润，作为投资公司的股息或利润汇往国外，不征收所得税。1983年7月起，广州、湛江两分局对海洋石油总公司及中外合资的企业从开始获利的年度起，第一年和第二年免征所得税，第三年至第五年减半征收。1984年9月起，对外国公司提供服务的收入，给予如下优惠：（1）总机构为按石油合同要求、提供非直接服务所收取的管理费，准许在税务上作成本费用列支，不征收预提所得税；（2）关联公司在中国境外提供技术性和支持服务而收取的费用经税务机关审查，价格合理的，可作费用列支免征工商统一税和企业所得税；（3）在中国境内提供服务所得的收入，经税务机关审核确定是按成本收费的，不征所得税。

中国海洋石油总公司在申报企业所得税方面比照《中华人民共和国外商投资企业和外国企业所得税法》的规定计算缴纳；外国石油公司适应的税种也比其他外商投资企业和外国企业少。

在外商投资企业和外国企业所得税方面：（1）鉴于对外合作开采海洋石油资源的中、外石油公司是资本化投资，不分有形资产和无形资产，因此，在勘探费用摊销、开发投资折旧、放弃费支出等方面都有优惠政策。（2）外国石油公司因合同终止而沉淀勘探费用

（包括合同前费用），经主管税务机关审核并出具证明文件后，该笔勘探费用在合同终止之日起十年内公司又签订新的石油合同的收入中摊销。（3）允许中、外石油公司之间按照石油公司相关条款转让和受让合同权益。（4）外国石油公司在中国境内不同地区或海域拥有合同区块（即营业机构）的，可以选定其中一个地区或海域的营业机构合并申报缴纳企业所得税。

3. 个人所得税

1984年1月起，广州、湛江两分局对外籍人员实报实销和野外作业集体供应的伙食补贴，以及在中国境内出差的每日生活津贴，不征个人所得税。2月起，广州、湛江两分局执行财政部海洋石油税务管理局的规定，对在中国内海、领海、大陆架作业的外国公司人员，轮休假期间的工资不由在华经营公司支付的，不征个人所得税。

4. 增值税

海洋石油税收取消工商统一税后，继续征收实物税，按5%的征收率征收合作油（气）田原油、天然气的增值税，实行原油、天然气出口不退税政策。

5. 资源税

国家为鼓励对外合作开采海洋石油资源，对中外合作油（气）田暂不征收资源税，仍按财政部《开采海洋石油资源缴纳矿区使用费的规定》征收矿区使用费。此外，缴纳矿区使用费的中外合作油（气）田，也暂不缴纳矿区资源补偿费。

（三）征收管理

1. 征收工商统一税和矿区使用费

合作开采的石油，按原油产量依照5%的税率，用原油实物缴纳。矿区使用费也按照规定比例，用原油实物缴纳。中外合资经营企业、外国企业生产经营所得和外籍人员的收入所得为外国货币的，按照税务机关填开纳税凭证的当天的外汇牌价买入价，通过中国银行兑换成人民币缴纳税款。由于外汇牌价不稳定，广州、湛江两分局外汇牌价的兑算，对个人所得采取逐户协商确定，在申报期限内，固定某一天的外汇牌价买入价计算。

2. 征收方法

（1）查账征收。对合同作业公司、中外合营公司是中国法人的企业和南海东部、西部地区石油公司在中国陆上设有常设机构，能计算在华经营所得，在华机构保存完整的账册和合法记账凭证，固定资产的价格必须合理并能提供合法的证明文件的公司，采取查账征收。（2）核定利润征收。1983年7月，广州、湛江两分局执行财政部规定，对作业或提供劳务时间比较短，不能提供准确的成本费用凭证，不能正确计算应纳税所得额，不够查账征收条件的外国承包商，按承包工程或劳务收入额的10%作为应纳税所得额。（3）“三自”纳税办法。即由纳税人自行计算应纳税额，自行填写缴款书，自行向当地银行缴纳税款。（4）按次征收。原油工商统一税和临时承包或短期工程服务承包商，实行按次征收，企业于每次取得收入时申报纳税。（5）代扣代缴。个人所得税、预提所得税，转包价款应缴纳的工商统一税和所得税，采用代扣代缴。

3. 申报方式

由于海上作业具有跨地区、跨海域、流动性大的特点，特别是有的承包商在华不设机构，直接从境外汇款，因此为保证税款及时入库，同时考虑纳税人的实际困难，广州、湛江两分局先后实行上门申报、邮寄申报、电话语音申报、电脑申报等方式，方便纳税人。

4. 申报管理

广州、湛江两分局加强对纳税申报资料的审核，对中外石油公司申报的期限、提供的资料都作出明确和详细的规定，并对逾期申报者加大处罚力度。

5. 印制使用专用发票

为加强征收管理，同时满足海洋石油企业的需要，海洋石油税务局设计印刷了海洋石油税务专用发票，供来华从事海洋石油勘探开发的石油公司和为石油公司提供服务的承包商使用。

6. 预扣纳税保证金

预扣在华无机构的承包商纳税保证金，由出包方每次支付给承包商作业款时，按金额扣缴12%转入主管税务机关纳税保证金银行账户，待其办理纳税申报后，返还余款。在华有纳税担保人的，可向主管税务机关提出申请，经审核同意，免扣纳税保证金。

7. 税务稽查

湛江分局和广州分局推行以纳税申报和优化服务为基础，以计算机网络为依托，集中征收、重点稽查的现代化税收征管模式。

1983—2000年来源于广东海洋石油税收入统计表

表3-7-1　　　　单位：万元

年度	合计	广州分局	湛江分局	深圳分局	年度	合计	广州分局	湛江分局	深圳分局
1983	941	99	842	—	1993	36 851	29 582	4 242	3 027
1984	4 183	2 385	1 478	320	1994	78 884	48 647	23 037	7 200
1985	8 737	5 101	2 626	1 010	1995	32 480	4 434	19 120	8 926
1986	8 440	4 802	2 678	960	1996	165 218	133 837	21 370	10 011
1987	6 904	3 434	2 512	958	1997	212 783	178 028	24 452	10 303
1988	5 058	2 649	1 534	875	1998	153 165	116 472	20 833	15 860
1989	6 208	3 361	1 583	1 264	1999	123 734	87 210	23 471	13 053
1990	10 431	5 075	3 048	2 308	2000	264 364	213 428	36 883	14 053
1991	15 388	9 194	3 370	2 824	—	—	—	—	—
1992	22 475	16 589	2 823	3 063	累计	1 156 244	864 327	195 902	96 015

（四）税务审计

海洋石油税务审计始于1984年，为维护国家权益和税法的尊严，审计工作从简单到完善，从非专业到专业；审计人员经历了培训、勘探、发展、成熟、完善、提高的阶段。

广州、湛江两分局的税务审计分为日常纳税情况审计和年度税务审计。税务审计的重点对象是外国合同作业公司（包括伙伴公司）。审计时，以审计户的专管组或专管员为主，配备懂外语、西方会计、税法和经济法规、电脑运用的业务人员。

为准确了解外国石油公司在境外发生的相关费用的真实性、合理性、合法性，从90年代开始，国家税务总局先后组织广州、湛江两分局等税务审计人员进行各种形式的境外审计，有效地维护国家权益。

通过多年的审计实践，海洋石油各分局在国家税务总局的领导下，制定了《海洋石油税务审计规程》。1996年，国家税务总局组织各分局在《海洋石油税务审计规程》基础上，编写《涉外税务审计规程》，广州分局、湛江分局和深圳分局陆续派人参加“涉外税务审计规程培训班”的学习，运用《涉外税务审计规程》实施税务审计，针对海洋石油企业的特点，选择与确定税务审计对象。并在审计中将《涉外税务审计规程》与《税务稽查工作规程》有机结合，推进税务审计的规范化和科学化。

六、海关代征税收

海关代征是税款征收的一种方式，不是一种税种。

1979年1月，广东对外贸部门所属企业的进口商品暂缓征收进口环节工商税，但外贸部所属企业代理进口货物，则由海关按照规定代征工商税。5月，广东执行财政部、外贸部规定，对外商、侨商进口的商品，恢复征收工商统一税，并把对入境旅客行李物品和个人邮递物品代征的工商统一税合并在进口关税内，一次计征，统称进口税。各海关每次将税款收解国库时，从税款总额中划拨10%作为工商统一税缴库。此后，广东境内海关代征的税收有工商统一税和工商税两种。

1981年，外贸体制改革，广东外贸企业的核算与中央财政脱钩，实行包干核算，广东外贸企业进口的商品随之恢复征收工商税。2月，广东执行财政部规定，对旅客海关限量携带进口的国内差价大、利润高的重点商品，如手表、自行车、电视机、电子计算器、收录音机、缝纫机、照相机、电风扇、电冰箱等，不论工商税税率高低，一律按原税率征收工商税；对一般进口商品，凡工商税在10%或10%以内的，按原税率征收；凡工商税率在12%或12%以上的，均按原规定的税率减半征收。对留成侨汇进口非供应侨户的商品，仍按税法规定的税率征收工商税。

1984年10月，国内企业所征的工商税分解为产品税、增值税和营业税。对外商投资企业仍征收工商统一税。因此，对进口货物由海关代征的税收有产品税、增值税和工商统一税。

1985年9月，广东对进口的技术和进口机器设备及其他器材、仪器，在进口前持有省经委批准的文件、进口订货卡或进口合同，向所在地县（市）税务机关提出申请，经审核后，报省税务局批准。进口单位把省税务局批文正本附在进口货物报关单上办理报关，海关凭批文办理减免税。

1985—1987年，广东进口货物大增，海关代征的税款也随之猛增。1988年，国家决定将产品税税目中有关工业品的进口产品改征增值税。税率与国内征收的增值税一致。

1989年2月起，根据国务院规定，广东对进口小轿车和进口彩色电视机的单位和个人，按照规定的税目和税额，征收特别消费税。

1994年，国家实行全面税制改革，停征工商统一税、产品税和特别消费税，进口产品改征增值税和消费税。进口应税货物征收增值税的税率同样分为0%、13%、17%共3档，适应范围与国内货物相同。进口应税货物准予从销项税额中抵扣的进项税额为从海关取得的完税凭证上注明的增值税额。购进免税农业产品准予抵扣的进项税额，按照买价和10%的扣除率计算。

个人携带或者邮寄进境的自用物品的增值税，连同关税一并计算。外国政府、国际组织无偿援助的进口物资和设备，免征增值税。纳税人进口应税货物，自海关填发税款缴纳证的次日起7日内缴纳税款。进口应税消费品征收消费税有25种税目商品，但主要是进口汽车、香烟、化妆品等。进口应税消费品实行从价定率或从量定额的计税办法。实行从价定率办法计算应纳税额的，按照组成计税价格计算纳税。个人携带或者邮寄进境的应税消费品的消费税，连同关税一并计算。纳税人进口应税消费品，自海关填发税款缴纳证的次日起7日内缴纳税款。

1979—2000年来源于广东海关代征税收收入统计表

表3-7-2　　单位：亿元

年度	税额	年度	税额	年度	税额	年度	税额	年度	税额
1979	0.11	1984	5.83	1989	28.29	1994	78.00	1999	306.34
1980	0.40	1985	19.53	1990	26.89	1995	99.91	2000	425.09
1981	2.44	1986	11.64	1991	35.10	1996	123.16	—	—
1982	2.41	1987	13.98	1992	36.65	1997	145.00	—	—
1983	2.56	1988	25.62	1993	44.33	1998	157.24	累计	1 590.52

七、反避税

1979年后，广东的经济结构逐步向开放型、外向型发展，随着外商投资企业和外国企业的迅速增加，一些跨国企业为追求自身经济利益最大化，利用其掌握国际市场价格信息的优势，采取转让定价等方式逃避税收的现象不断出现。

1987年，在广东设立的5 193家外商投资企业中，有赢利、缴纳所得税的仅1 163家；除一些仍处在免税期的新办企业外，亏损户达62%，其中多数是通过关联交易转让定价等方式转移利润，造成“亏损”或“零利润”，规避纳税。避税的主要方式有抬高进口设备，购进原材料、零部件价格；压低出口产品价格；抬高贷款利率；虚大作为投资的无形资产的金额等。一些国内企业，也出现避税行为，且有日渐增多的趋势，造成国家税收严重流失。

1987年之前，广东进行反避税的法律依据是中国与日本、美国、联邦德国等外国政府签订的税收协定，这些协定对非缔约国家和地区的企业没法律效力。1987年11月，深圳市政府颁发《深圳经济特区外商投资企业与关联公司交易业务税务管理的暂行办法》，省税务局转发该办法，要求全省税务机关加强对关联交易业务的控管措施。1988年1月，财政部税务总局转发该办法，要求各省、市税务机关参照办理。

1992年10月，广东按照国家税务局《关联企业间业务往来税务管理实施办法》，以及国家税务局《关于贯彻〈关联企业间业务往来税务管理实施办法〉几个具体问题的通知》的规定，组织认定关联企业，选择调查审计对象进行税务审计，开展国内异地调查和境外调查，收集价格信息资料，调整应纳税所得额，统计和上报反避税案例。

1993年，广东全面贯彻《中华人民共和国税收征收管理法》及其实施细则的规定，进一步开展反避税工作，从关联企业的认定，关联企业的举证责任，实行预约定价制度，明确关联企业转让定价的认定条件，规范关联企业转让定价的调整方法和关联企业转让定价的调整时效等6个方面加强对关联企业的税务管理。同年，广东将反避税的范围扩展到内资企业。

1998年4月，广东根据国家税务总局《关联企业业务往来税务管理规程》，从关联企业相互间持有股份的比例、相互间借贷资金或为另一个企业担保借款的比例，委派企业高层管理人员的数量、生产经营权限、企业购销受控情况等8个方面认定关联企业，规定凡构成关联企业的均应在纳税年度终了后4个月内向主管税务机关报送“外商投资企业和外国企业与其关联企业业务往来情况年度申报表”，税务机关对其关联业务（包括购销业务、提供劳务、转让财产等）未按独立企业之间业务往来作价，融资利率异常等进行重点审计。

同年，省国税局在内设机构中增设反避税组，专职从事反避税工作。各市国税局结合本地实际，也设置反避税职能机构，配备专职人员，做好转让定价等方面的税收管理。负责征收外商投资企业所得税的深圳、珠海、东莞3个市的地税局也建立专门的反避税机构。当年，省国税局组织工作组对3家经营时间长、亏损额较大的企业进行税收审计，发现外商偷避纳税问题严重。如其中1家企业1989年由港商与内地合资经营，投资额3 800万元，1990年正式开业，直至1998年连续亏损，累计亏损额达2.02亿元，但港商却在1995年和1998年两次增资。经审计核实，该企业于1994年已进入获利年度，审计结果调整该企业应纳税所得额1.6亿元，补征所得税370万元。

省国税系统在对省内外商投资企业筛选避税嫌疑户进行审计的同时，参加国家税务总局组织的反避税嫌疑大户全国联查、协查工作。1998—2000年，避税嫌疑大户全国联查工作，广东涉及广州、佛山、江门、中山、惠州、揭阳等6个市22家企业。

省国税局从选择调查审计户、结案户，调增应纳税所得额和调整应征税额等方面对反避税及工作人员进行考核，从机制上保证反避税工作的开展和提高。

1998—2000年，省国税系统共选择转让定价调查审计228家，审计结案84家，调增应纳税所得额94 184万元，调增应征税款8 080万元。

八、税收协定执行和税收情报交换

（一）国际税收协定的执行

广东执行的税收协定均为中国与有关国家签订的双边税收协定，如1984年4月30日在北京签订的《中华人民共和国和美利坚合众国政府关于对所得避免双重征税和防止偷逃税的协定》，1985年6月10日在波恩签订的《中华人民共和国和德意志联邦共和国关于对所得和财产避免双重征税的协定》。至2000年年底，中国尚未签有多边税收协定。

广东执行的一般税收协定其内容广泛，包括适用范围（人、税种、地理范围）、对营业利润、劳务所得（包括独立、非独立个人劳务，以及其他特殊个人活动）、间接投资所得（股息、利息和特许权使用费），以及财产的税收管辖划分，也包括税收无差别待遇、相互协商程序以及情报交换等内容。专项税收协定的内容仅局限于某一领域或某一方面涉及的税收管辖权划分和协调问题。如1982年3月5日在北京签订的《中华人民共和国政府和美利坚合众国政府关于互免海运、空运企业运输收入税收的协定》和1990年3月28日在北京签订的《中华人民共和国和泰王国政府关于互免国际运输收入间接税的协定》。

此外，随着跨国公司转让定价避税问题严重的局面，各国税务机关都加强国际合作实施有效征管，签订包括情报交换、征管协作、同期检查以及交叉审计等方面内容的协定或协议工作也日渐提到议事日程。中韩两国税务主管当局于1996年9月6日签订关于税收情报交换的协议。

除上述协定和协议外，对于国家之间通过谈判磋商达成的议定书或补充议定书及税务主管当局之间的换函等文件，广东也全面贯彻执行。如《中华人民共和国和美利坚合众国政府关于对所得避免双重征税和防止偷逃税的协定的议定书》，以及作为两国税收协定及其议定书的补充《中华人民共和国和美利坚合众国政府对一九八四年四月三十日签订的关于对所得避免双重征税和防止偷逃税的协定的议定书第七款解释的议定书》，这些文件都经国务院授权的代表，代表中国政府签字，已构成协定的重要组成部分，是必须依照执行的法律文件。

广东执行国家与外国签订的税收协定始于80年代。1981年1月，中国与日本国首开避免双重征税和防止偷漏税协定的谈判，并于1983年9月6日签订税收协定和议定书。中日税收协定在双方政府各自履行生效法律程序以后，从1985年1月1日开始执行。这一时期的税收协定，对象主要是日本、美国和欧洲等发达国家，目的为吸引外资、引进技术。同时尽可能地维护来源地征税权，保护国家税收权益。

从90年代开始，税收协定的对象主要是发展中国家。这一时期中国在继续扩大吸引外资的同时，逐步开展和扩大对外投资，在中亚、非洲和拉美等一些国家开展工程承包，对外输出劳务。1992年9月，经国务院批准，国家税务局制定对外谈签税收协定新文本，此后新文本成为中国同广大发展中国家谈签协定使用的文本。协定开始发挥为国内“走出去”企业和个人服务的作用。

1985年后，在广东执行的税收协定逐年增多，先后执行中国与日本、英国、法国、新加坡、联邦德国、马来西亚、美国、加拿大、瑞典、泰国等国签订的税收协定。至2000年年底，中国对外正式签订63个税收协定（不包括单独签订的认定书和换函），以及中央政府和中国香港特别行政区政府于1998年2月11日正式签署的《内地与香港特别行政区关于对所得避免双重征税的安排》，其中60个协定于2000年12月底前生效执行。

税收协定适用的税种有个人所得税、中外合资经营企业所得税、外国企业所得税、地方所得税，以及协定签订后征收的属于增加或者代替这些税种的相同或者实质相似的税种，如外商投资企业和外国企业所得税。

（二）税收情报交换

中国的税收情报交换的法律依据主要是税收协定文本（《联合国范本》和《经济合作与发展组织范本》都在第二十六条列出相同的条文）和中国与一些缔约国所签订的税收协定中情报交换条款的规定以及中国与其他国家签订的专项合作协议。在税收协定中列入关于情报交换的条款，为缔约国税务当局加强合作，互通情报，共同打击跨国偷漏税活动提供法律依据。

情报交换分为由中方提出的情报交换和由对方提出的情报交换两大类型，每一类型又细分为专项情报交换、自动情报交换、自发情报交换、行业范围情报交换、同期税务检查和授权代表的访问。其内容主要有：（1）交换为实施税收协定的规定所需要的情报。这类情报包括纳税人在居住国或所得来源地的收入情况，关联企业之间的作价，利息和特许权使用费支付人与受益人之间的关系，分公司或子公司的开业、歇业、关闭以及商业活动等。（2）交换与税收协定有关税种的国内法律的情报，其中包括单方面防范偷漏税采取的法律措施。根据这些法律措施进行征税，应与税收协定中的规定不相抵触。（3）交换防止税收欺诈、偷漏税的情报，其主要突出反对国际偷漏税，通过交换防止税收欺诈、偷漏税的情报，解决核实征收和依法处理偷漏税案件中的问题。如对境外所得隐匿不报或申报不实、虚列成本费用、转移利润以及瞒报境外雇主支付的报酬等。

税收协定中规定的情报交换可以不受税收协定只适用于缔约国居民的限制。因为税收情报交换的目的不仅限于避免双重征税，而重点在于制止偷漏税。在查处偷漏税问题上，对居民与非居民同样对待。另一方面，纳税人的商业活动可能不是只在缔约国居民之间进行，对其有关舞弊、偷漏税等违法行为的查核，也就不能仅限于缔约国居民。

广东执行国家签订的有关税收协定，利用税收情报交换作为日常税收征收管理的依据，打击国际间的偷、逃、避税。90年代末，广东在省国税局和各地国税局的涉外机构或相关部门配备一批专职或兼职从事税收情报交换工作人员。1998—2000年，省地税系统共收到并及时转复来自丹麦、德国、日本、韩国的税收情报353份，查补税款893.84万元，通过情报进行延伸稽查，查补税款3 947.21万元。

1979—1994年广东省税收收入分税种统计表

表3-7-3

单位：亿元

年度	合计	工商税	工商统一税	产品税	增值税	消费税	营业税	资源税	工商所得税	中外合资经营企业所得税	中外合作企业所得税	外国企业所得税	涉外所得税	企业所得税	个人所得税	个人收入调节税	车船使用牌照税	车船使用税	城市房地产税	房产税	土地使用税	城镇土地使用税	印花税	特别消费税
1979	25.32	23.20	—	—	—	—	—	—	1.84	—	—	—	—	—	—	—	—	—	—	—	—	—	—	—
1980	26.76	24.57	—	—	—	—	—	—	1.89	—	—	—	—	—	—	—	—	—	—	—	—	—	—	—
1981	29.96	27.43	—	—	—	—	—	—	2.19	—	—	—	—	—	—	—	—	—	—	—	—	—	—	—
1982	33.95	31.11	—	—	—	—	—	—	2.40	0.02	0.05	—	—	—	0.02	—	0.01	—	0.15	—	—	—	—	—
1983	37.56	34.12	—	—	—	—	—	—	2.82	0.03	0.07	0.02	—	—	0.05	—	0.02	—	0.15	—	—	—	—	—
1984	47.52	31.71	—	6.63	0.99	—	1.95	—	3.29	0.01	0.06	0.05	—	—	0.02	—	0.02	—	0.15	—	—	—	—	—
1985	76.32	—	1.98	37.98	8.95	—	14.07	—	4.68	0.06	—	0.30	—	—	0.11	—	0.08	—	0.24	—	—	—	—	—
1986	74.10	—	1.92	28.62	10.38	—	19.26	—	—	0.13	—	0.34	—	—	0.25	—	0.10	—	0.28	—	—	—	—	—
1987	82.06	—	2.85	27.47	10.33	—	24.87	—	—	0.12	—	0.44	—	—	0.38	0.04	—	0.60	—	1.14	—	—	—	—
1988	93.20	—	5.08	19.28	16.71	—	32.96	—	—	—	—	—	1.29	—	—	0.19	—	0.68	—	1.28	—	—	0.14	—
1989	115.47	—	6.01	21.73	15.14	—	44.80	—	—	—	—	—	1.84	—	—	0.61	—	0.82	—	1.53	—	1.20	0.86	1.06
1990	129.77	—	9.77	23.43	13.91	—	49.23	—	—	—	—	—	2.22	—	—	0.84	—	—	—	—	—	—	—	1.96
1991	154.56	—	15.08	28.39	17.43	—	56.51	—	—	—	—	—	4.10	—	—	1.10	—	—	—	—	—	—	—	1.44
1992	237.38	—	20.79	35.61	62.63	—	73.04	—	—	—	—	—	5.21	—	—	1.66	—	—	—	—	—	1.42	2.81	1.76
1993	363.11	—	37.99	44.78	93.86	—	116.62	—	—	—	—	—	8.10	—	—	3.20	—	—	—	—	—	1.40	8.65	1.28
1994	522.08	—	—	—	293.51	27.63	105.89	0.17	—	—	—	—	10.77	26.43	13.40	—	—	1.97	—	5.12	1.45	—	14.30	—
累计	2 049.12	172.14	101.47	273.92	543.84	27.63	539.20	0.17	19.11	0.37	0.18	1.15	33.53	26.43	14.23	7.64	0.23	4.07	0.97	9.07	1.45	4.02	26.76	7.50

续表3-7-3

单位：亿元

年度	屠宰税	牲畜交易税	专项调节税	城乡维护建设税	盐税	烧油特别税	国营企业所得税	集体企业所得税	城乡个体工商业户所得税	股份制企业所得税	国营企业奖金税	国营企业工资调节税	事业单位奖金税	集体企业奖金税	奖金税、工资调节税	建筑税	投资方向调节税	税款纳金补税罚款收入	国家交通能源重点建设基金	国家预算调节基金	烟酒提价专项收入	烟酒专项收入	教育费附加	出口退税
1979	—	—	—	—	—	—	—	—	—	—	—	—	—	—	—	—	—	—	—	—	—	—	—	—
1980	—	—	—	—	—	—	—	—	—	—	—	—	—	—	—	—	—	—	—	—	—	—	—	—
1981	—	—	—	—	—	—	—	—	—	—	—	—	—	—	—	—	—	—	—	—	—	—	—	—
1982	0.18	—	—	—	0.49	0.45	—	—	—	—	—	—	—	—	—	—	—	0.02	—	—	—	—	—	—
1983	0.20	—	0.05	—	0.59	1.09	12.34	—	—	—	—	—	—	—	—	—	—	0.03	3.78	—	—	—	—	—
1984	0.19	0.01	0.31	—	0.54	1.05	15.30	—	—	—	—	—	—	—	—	0.50	—	0.03	4.79	—	—	—	—	—
1985	0.15	0.01	—	2.07	0.50	0.88	15.69	—	—	—	0.30	—	—	—	—	0.90	—	0.13	5.65	—	—	—	—	—
1986	0.16	—	1.43	2.99	0.54	0.82	14.05	5.05	0.30	—	0.21	0.03	0.03	0.05	—	1.07	—	0.15	6.30	—	—	—	—	—
1987	0.20	0.01	1.07	3.65	0.44	0.74	11.18	5.74	0.42	—	0.10	0.10	0.01	0.03	—	1.15	—	0.16	6.37	—	—	—	—	—
1988	0.17	—	1.56	4.53	0.38	0.82	11.76	5.98	0.51	—	—	—	—	—	0.28	1.05	—	—	7.57	—	—	—	—	—
1989	0.17	—	1.48	5.35	0.34	0.77	10.68	7.65	1.09	—	—	—	—	—	0.67	1.43	—	—	9.58	4.45	0.82	—	1.94	—
1990	—	—	1.71	5.64	0.31	0.68	8.93	8.76	1.68	—	—	—	—	—	0.88	2.25	—	—	10.29	6.88	—	1.10	1.98	—
1991	—	—	0.48	6.07	0.35	0.62	8.18	9.34	2.15	—	—	—	—	—	0.96	—	—	—	10.09	7.26	—	1.26	1.77	—
1992	—	—	—	7.37	0.32	—	8.23	10.77	2.87	—	—	—	—	—	1.12	—	2.42	—	10.65	7.81	—	0.46	2.20	57.55
1993	—	—	—	11.06	0.27	—	8.79	17.55	4.85	0.90	—	—	—	—	0.57	—	2.64	—	7.66	5.83	—	0.93	3.40	71.96
1994	0.30	—	0.07	14.43	—	—	8.02	—	—	0.76	—	—	—	—	—	—	2.80	—	3.61	2.64	—	—	6.34	101.81
累计	1.72	0.03	8.16	63.16	5.07	7.92	133.15	70.84	13.87	1.66	0.61	0.13	0.04	0.08	4.48	8.35	7.86	0.52	86.34	34.87	0.82	3.75	17.63	231.32

说明：1. 工商税收合计数与各税种收入差额为其他工商税收收入；1982年起，税款滞纳金补税罚款收入不单独统 计，列入其他工商收入

2. 1986年开始国营企业所得税不统计入工商税收合计，股份制企业所得税、国家能源交通重点建设基金、国家预算调节基金、烟酒提价专项收入、教育费附加均不计入工商税合计

3. 1994年投资方向调节税改为固定资产投资方向调节税

4. 1994年城乡维护建设税改为城市维护建设税

5. 1986年起，工商所得税按所有制性质分设税种；1988年起3项涉外企业所得税合并为涉外所得税，1994年改为外商投资和外国企业所得税，内资各所有制企业所得税合并为企业所得税

6. 1994年数据为两个税务局共同编报

1995—2000年广东省国家税务系统税收收入分税种统计表

表3-7-4　　　　单位：亿元

年度	合计	国内增值税	国内消费税	企业所得税	外商投资企业和外国企业所得税	储蓄存款利息所得个人所得税	金融保险业营业税	海关代征进口税收	出口产品退税
1995	467.74	252.97	35.41	12.09	12.94	—	5.23	99.91	136.70
1996	566.83	297.84	36.17	15.15	17.26	—	—	123.16	163.12
1997	722.53	335.09	44.32	27.42	21.37	—	14.24	145.00	98.57
1998	774.66	386.41	49.88	23.01	31.65	—	24.50	157.24	87.50
1999	998.31	430.95	52.46	27.63	39.51	0.12	26.86	306.34	124.81
2000	1 423.18	546.17	61.91	37.67	67.40	22.46	27.37	425.09	146.33
累计	4 953.25	2 249.43	280.15	142.97	190.13	22.58	98.20	1 256.74	757.03

说明：合计数包括海关代征进口税收，不含出口退税，其与各主要税种收入差额为其他收入

1995—2000年广东省地方税务系统税收收入分税种统计表

表3-7-5　　　　单位：亿元

年度	合计	营业税	企业所得税	外商投资企业和外国企业所得税	个人所得税	资源税	房产税和城市房地产税	城镇土地使用税	车船使用牌照税和车船使用税	印花税	屠宰税	固定资产投资方向调节税	城市维护建设税	土地增值税	税款滞纳金和罚款收入
1995	226.65	129.07	39.17	6.73	11.90	0.38	7.53	1.62	2.19	2.05	0.60	3.29	16.03	0.06	6.03
1996	275.10	156.31	40.83	9.17	25.02	0.43	9.09	1.74	2.58	2.83	0.96	2.91	18.82	0.22	4.19
1997	348.37	181.45	68.65	12.67	34.02	0.48	11.60	2.09	3.11	3.57	1.18	2.89	20.52	0.45	5.69
1998	402.46	212.38	68.92	16.02	45.96	0.72	16.62	3.20	3.53	4.38	1.63	3.74	24.21	1.15	—
1999	481.65	240.94	86.65	18.91	63.65	0.85	21.18	3.94	4.17	5.45	1.89	4.89	27.17	1.96	—
2000	564.27	270.71	105.56	26.89	83.44	0.98	24.78	4.33	4.72	6.30	2.06	2.08	29.75	2.67	—
累计	2 298.50	1 190.86	409.78	90.39	263.99	3.84	90.80	16.92	20.30	24.58	8.32	19.80	136.50	6.51	15.91

说明：1998年起，税款滞纳金和罚款收入归并到具体税种中

第四章 财政收入

第一节 概况

广东财政收入包括地方财政收入、中央财政补助和结算收入两部分。地方财政收入包括财政体制确定列入广东地方财政的税收收入、地方国有（营）企业收入、行政事业性收费、罚没收入、各个时期不同的各种专项收入和其他收入构成。1994年实行分税制后，中央补助和结算收入包括“两税”返还部分。1979—2000年，广东地方财政收入达到5 643.74亿元，年均递增15.03%，其中深圳市为1 233.75亿元，年均递增40.64%。

1979—2000年广东省财政收入分类构成表

表4-1-1　　单位：万元

年度	地方财政收入								中央财政补助和结算收入
	合计		税收收入	企业收入	行政事业性收费	罚没收入	专项收入	其他收入	
		其中深圳市							
1979	362 461	1 721	273 495	88 726	23	159	—	58	14 789
1980	377 910	3 043	289 413	86 563	32	1 790	—	112	6 745
1981	410 138	8 787	320 233	86 756	48	2 987	—	114	12 227
1982	424 985	9 163	366 826	50 989	68	4 351	2 654	97	40 704
1983	446 188	15 605	500 900	－63 447	84	4 444	3 311	896	45 808
1984	495 969	29 435	591 807	－104 548	67	5 370	3 097	176	78 403
1985	697 300	62 894	811 633	－129 927	41	10 522	4 623	408	109 547
1986	824 108	74 160	870 154	－71 817	90	18 749	5 715	1 217	177 058
1987	958 828	87 521	1 018 488	－89 729	169	21 841	7 107	952	199 935
1988	1 075 703	146 521	1 315 334	－305 438	43	31 966	32 665	1 133	327 806
1989	1 368 739	228 668	1 580 463	－347 588	357	58 955	73 068	3 484	325 889
1990	1 310 178	217 037	1 462 444	－337 943	1 095	84 996	94 498	5 088	384 098
1991	1 773 502	283 482	1 694 490	－150 301	1 447	95 795	127 396	4 675	238 783
1992	2 226 431	429 599	2 097 040	－155 276	1 470	109 437	169 553	4 207	262 972
1993	3 465 598	672 507	3 311 372	－183 997	3 258	136 758	190 908	7 299	223 005
1994	2 987 049	743 992	2 745 275	－138 910	8 258	175 230	190 796	6 400	1 776 638
1995	3 823 449	880 174	3 525 558	－153 049	20 538	257 283	162 690	10 429	1 918 359
1996	4 794 470	1 317 490	4 382 336	－146 329	49 221	302 883	172 251	34 108	1 764 050
1997	5 439 453	1 420 557	4 947 528	－97 441	90 673	370 599	58 938	69 156	1 810 305

续表4-1-1

年度	地方财政收入								中央财政补助和结算收入
	合计		税收收入	企业收入	行政事业性收费	罚没收入	专项收入	其他收入	
		其中深圳市							
1998	6 407 547	1 643 884	5 585 971	− 87 392	140 559	466 361	229 788	72 260	1 963 526
1999	7 661 882	1 842 085	6 693 849	− 18 068	265 297	360 538	276 419	83 847	2 085 604
2000	9 105 560	2 219 184	7 986 097	16 799	410 541	407 084	210 183	74 856	2 292 698
累计	56 437 448	12 337 509	52 370 706	−2 251 367	993 379	2 928 098	2 015 660	380 972	16 058 949

说明：企业收入不包括企业上缴的企业所得税和国营企业调节税；1994年实行分税制后，100%的消费税和75%的增值税上划中央财政，广东地方财政收入比1993年少

在财政体制方面。1979年，中央对广东实行“增收分成，收支挂钩”的财政管理体制，当年来源于广东的财政收入36.24亿元，广东能够支配的财力为28.08亿元，占77.47%。1980—1987年，中央对广东实行“划分收支，定额上缴”的大包干财政管理体制，由于包干基数不变，而广东采取财税灵活措施刺激经济发展，地方财政收入增速加快，从留成收入中得到大约100亿元的好处。1988—1993年，中央对广东实行“上解额递增包干”的财政体制，与定额包干时期相比，六年间多上缴中央财政46.30亿元；从留成收入中大约减少200亿元（含海关代征税收体制变化）。由于广东经济和财税收入持续发展，广东地方财政能支配的财力仍呈增长势头。1994年起全国实行分税制后，中央对广东的“两税”返还为1 238.63亿元。广东地方留成比例从1994年的89.06%下降到2000年的55.20%，呈逐年下降趋势。

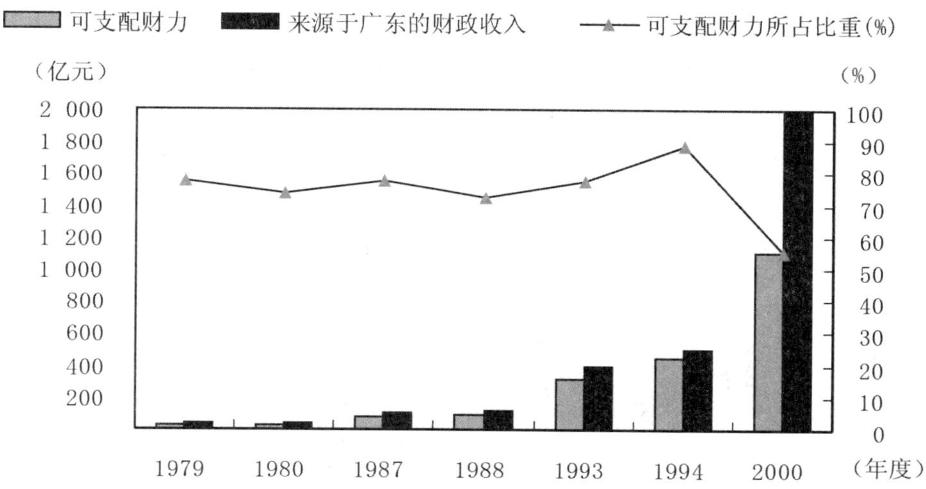

图4-1-1　中央对广东财政体制影响广东财政收入示意图

财政收入结构及其演变。1979—1982年，广东地方财政收入主要由工商税和国营企业上缴利润构成，还有少量的罚没收入和行政事业性收费。1983年国营企业试行第一步“利改税”后，国营企业除将实现的部分利润转为所得税上缴财政外，开始变为纯补贴。1984—1993年，广东地方财政收入主要由营业税、产品税、增值税和企业所得税（含国营

企业调节税）构成，国营企业实现的利润大部分改为上缴企业所得税和国营企业调节税，企业收入–1 876 564万元。罚没收入占地方财政收入的4.05%。

1994—2000年，国有企业除照章纳税外，由于经济效益差，国家扶持国有企业的发展和优化资本结构，允许国营企业少缴或暂不上缴利润和国有资产经营收益，同时仍实行企业计划亏损补贴，企业收入–624 390万元。这一时期地方财政收入仍以税收收入为主导地位，其中营业税、企业所得税和增值税收入占同期地方财政收入的64.86%。1997年正式实行预算外资金“收支两条线”管理后，罚没收入和行政事业性收费大部分纳入地方财政收入，两项分别占同期地方财政收入的5.82%和2.45%。

财政收入来源及其演变。1979—1983年改革开放初期，外商投资企业和个体工商业户处于萌芽阶段，地方财政收入主要来源于全民所有制经济。1984年后，由于多种经济成分的发展，地方财政收入的来源向多元化发展。来源于私营个体经济、涉外经济以及联营经济、股份制经济以及其他经济成分所占比重逐年增加。

1994—2000年，国有企业和国有控股企业等国有经济、集体经济、私营个体经济所占比重逐年下降，但缴纳的所得税逐年增长。1994年后，来源于涉外经济的收入呈逐年增长的趋势，其中2000年所缴纳的企业所得税占企业所得税收入总额的1/3。来源于股份制经济、联营经济以及其他经济成分的收入也呈逐年增长。外商投资企业、股份制企业的蓬勃发展，成为广东财政收入增收的重要来源。

全省在大力发展市场经济的同时，产业结构不断优化，农业科技不断进步，农业产业化规模日益发展，工业、高新技术产业和第三产业迅速崛起。来自交通运输、邮电通信、旅业服务等行业收入不断增加；房地产投资和开发形成热潮，建筑安装和土地使用权转让等营业税收入大幅度增长；1998年后，以电子信息为代表的高新技术产业和电力、原油、成品油工业的高速增长，推动增值税、企业所得税的大幅度增长。

地区收入差异状况。1979年后，以高新技术产业、地缘优势为特点的珠江三角洲的财政收入大幅增长，而东西两翼、粤北和山区受经济基础较差、产业结构因素影响，财政收入增长缓慢，财政收入的差距进一步扩大。

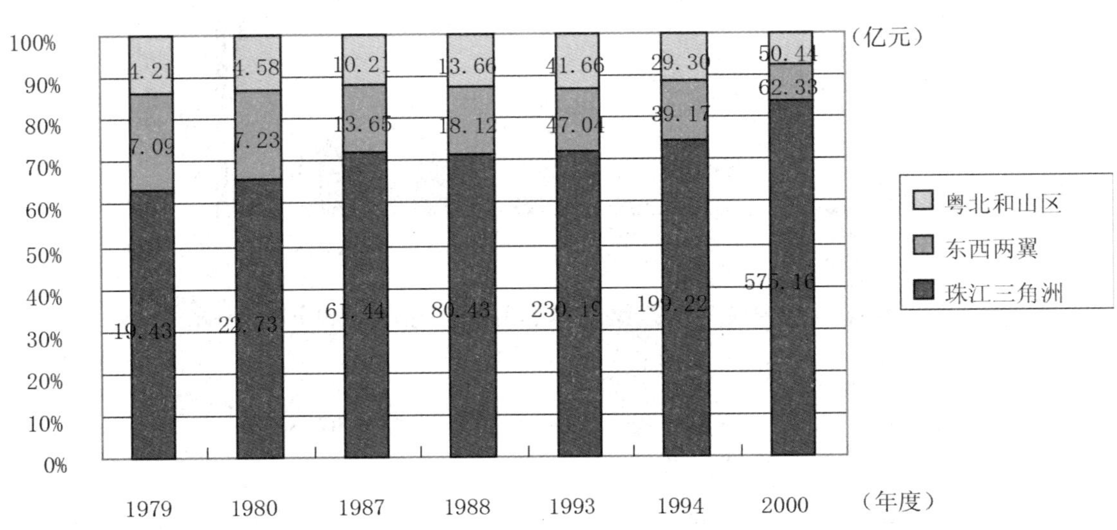

图4–1–2 1979—2000年广东省三大区域地方财政收入比重趋势图

2000年，广州、深圳两市地方财政收入分别为200.55亿元和221.92亿元，占全省的46.40%。1979年广州的地方财政收入是深圳市的76.27倍，1994年深圳市首次超过广州市（1995除外，深圳市为计划单列市，财政体制与广州市不同，广州市上缴中央和省级的要多一些），2000年深圳市是广州市的1.11倍。排名第三的是佛山市（2000年包括顺德市）为59.53亿元。2000年全省市、县（含乡镇）级的收入是1979年（含市、地区、县、公社）的22.38倍，年均递增15.95%，超过此增长率的市有：深圳、珠海、东莞、惠州、佛山等5个市；中山市略低于平均水平，年均递增15.92%。增长率最低的是茂名、韶关、湛江和清远等4个市，1979年的茂名市和韶关市以及韶关地区为工业基地，财政收入基数较大。

1985年，顺德、南海、中山和东莞4个县的地方财政收入首次突破亿元关，成为广东首批地方财政收入超亿元县。1988年中山、东莞两县升格为地级市后，顺德、南海两市一直雄居县级财政收入第一、二位，并且双双在1993年突破10亿元大关。1989年至1992年宝安县位列第三，1988年和1993年至1999年，番禺市一直位列第三，1993年至1999年新会市位列第四，2000年晋位第三。1992年，顺德市桂洲镇成为广东第一个地方财政收入亿元镇。

1985—2000年广东省地方财政收入超亿元的县及县级市

表4-1-2　　　　单位：亿元

县(市)	收入	县(市)	收入	县(市)	收入	县(市)	收入	县(市)	收入	县(市)	收入	县(市)	收入
1985年		新会县	1.54	普宁市	1.81	1995年		鹤山市	1.20	开平市	2.79	揭东县	1.30
顺德县	1.54	台山县	1.26	潮阳市	1.80	顺德市	7.70	博罗县	1.15	花都市	2.70	惠东县	1.25
南海县	1.34	三水县	1.11	斗门县	1.76	南海市	7.59	雷州市	1.10	三水市	2.36	曲江县	1.18
中山县	1.33	开平县	1.01	鹤山市	1.47	番禺市	7.46	高州市	1.05	惠阳市	1.78	罗定市	1.12
东莞县	1.12	小　计	8个	廉江县	1.34	新会市	3.67	高要市	1.03	从化市	1.68	四会市	1.09
小　计	4个	1991年		遂溪县	1.22	台山市	2.83	斗门县	1.03	澄海市	1.62	梅　县	1.05
1986年		顺德市	4.97	惠东县	1.21	开平市	2.52	小　计	20个	鹤山市	1.53	海丰县	1.05
顺德县	2.06	南海县	4.49	南雄县	1.20	花都市	2.42	1997年		博罗县	1.36	陆丰市	1.04
南海县	1.91	宝安县	2.79	海康县	1.20	增城市	2.40	顺德市	9.57	高州市	1.33	高明市	1.01
中山县	1.85	番禺县	2.81	博罗县	1.18	潮阳市	2.37	南海市	9.37	高要市	1.30	小　计	30个
东莞县	1.61	新会县	1.91	恩平县	1.17	普宁市	2.19	番禺市	7.84	斗门县	1.30	2000年	
小　计	4个	台山县	1.50	从化县	1.16	三水市	2.10	新会市	3.51	兴宁市	1.24	顺德市	21.22
1987年		三水县	1.35	电白县	1.09	恩平市	1.62	普宁市	2.81	电白县	1.22	南海市	18.05
顺德县	2.36	开平县	1.24	高要市	1.09	惠阳市	1.61	台山市	2.76	揭东县	1.19	新会市	4.85
南海县	2.08	小　计	8个	兴宁县	1.08	澄海市	1.33	开平市	2.60	曲江县	1.08	普宁市	3.92
中山县	2.07	1992年		高州市	1.05	从化市	1.31	潮阳市	2.56	惠东县	1.07	增城市	3.84
东莞县	2.02	顺德市	6.41	云浮市	1.05	鹤山市	1.18	增城市	2.35	雷州市	1.05	潮阳市	3.67
番禺县	1.06	南海市	6.03	罗定市	1.04	惠东县	1.17	花都市	2.33	梅　县	1.03	三水市	3.52
梅　县	1.02	宝安县	4.90	梅　县	1.02	电白县	1.16	三水市	1.88	小　计	26个	台山市	3.40
小　计	6个	番禺市	3.20	高明县	1.00	雷州市	1.15	澄海市	1.61	1999年		开平市	3.32
1988年		新会市	2.34	小　计	30个	博罗县	1.13	惠阳市	1.53	顺德市	14.62	从化市	2.45
顺德县	2.91	三水县	1.86	1994年		高州市	1.10	从化市	1.33	南海市	14.52	惠阳市	2.21
南海县	2.66	台山市	1.56	顺德市	6.10	高要市	1.06	鹤山市	1.32	番禺市	12.42	澄海市	2.07
番禺县	1.28	开平县	1.47	南海市	6.08	兴宁市	1.03	博罗县	1.16	新会市	4.41	博罗县	1.99
新会县	1.27	惠阳县	1.24	番禺市	4.80	斗门县	1.02	高州市	1.13	普宁市	3.73	鹤山市	1.87
宝安县	1.25	廉江县	1.09	新会市	3.03	小　计	24个	兴宁市	1.12	台山市	3.60	斗门县	1.81
潮州市	1.12	花　县	1.07	台山市	2.39	1996年		高要市	1.11	开平市	3.20	高要市	1.70
小　计	6个	潮阳县	1.02	开平市	2.29	顺德市	8.30	电白县	1.08	潮阳市	3.09	高明市	1.69
1989年		普宁县	1.01	花都市	1.86	南海市	7.77	斗门县	1.07	增城市	3.01	高州市	1.54
顺德县	3.74	小　计	13个	三水市	1.75	番禺市	7.43	揭东县	1.01	花都市	2.98	揭东县	1.45
南海县	3.25	1993年		潮阳市	1.68	新会市	3.40	惠东县	1.00	三水市	2.86	兴宁市	1.36
宝安县	2.02	顺德市	11.18	普宁市	1.67	潮阳市	2.75	小　计	23个	澄海市	2.02	梅　县	1.29
番禺县	1.85	南海市	10.04	增城市	1.61	台山市	2.58	1998年		惠阳市	1.99	四会市	1.19
新会县	1.46	番禺市	5.29	惠阳市	1.59	开平市	2.44	顺德市	11.86	从化市	1.75	惠东县	1.19
台山县	1.14	新会市	3.88	斗门县	1.19	普宁市	2.38	南海市	11.14	鹤山市	1.70	海丰县	1.19
小　计	6个	三水市	3.22	从化市	1.11	花都市	2.04	番禺市	10.06	博罗县	1.55	电白县	1.19
1990年		台山市	2.38	博罗县	1.11	增城市	2.04	新会市	3.89	高州市	1.48	曲江县	1.10
顺德县	4.20	开平市	2.31	惠东县	1.07	三水市	1.81	普宁市	3.28	兴宁市	1.45	罗定市	1.08
南海县	3.68	花都市	2.22	鹤山市	1.05	惠阳市	1.48	潮阳市	3.19	高要市	1.42	陆丰市	1.01
宝安县	2.21	增城市	1.98	澄海市	1.00	澄海市	1.42	台山市	2.91	电白县	1.36	恩平市	1.01
番禺县	2.13	惠阳县	1.95	小　计	18个	从化市	1.21	增城市	2.90	斗门县	1.34	小　计	29个

第二节　税收收入

在历次税制改革前后因为税种的变化，各时期的税收收入统计口径有所不同。1979—2000年，广东地方财政税收收入52 370 706万元，占同期地方财政收入的92.79%，年均递增16.62%。1979—1983年，当时税制简单，税种较少，税收收入主要是工商税、工商所得税和农业税，还有少量的盐税和城市房地产税。1984—1993年，广东地方财政收入主要由营业税、产品税、增值税和企业所得税（含国营企业调节税）构成，占全部税收收入的77.36%，次之为工商统一税、城市维护建设税、农业税、房产税、印花税和城乡个体工商业户所得税等。

1994—2000年，税收收入主要由营业税、企业所得税和增值税构成，营业税、企业所得税和增值税占举足轻重的地位，“三税”占同期地方财政收入的64.86%，形成“三税”鼎立的格局。其他税种的收入从高到低依次为个人所得税、城市维护建设税、印花税（含证券交易印花税）、房产税、契税、农业税、耕地占用税、固定资产投资方向调节税和车船使用税。

1979—2000年广东省地方财政税收收入统计表

表4-2-1　　　　单位：万元

年度	合计	流转税类	所得税类	财产资源税类	行为税类	特定目的税类	农业税类	税款滞纳金及罚款收入
1979	273 495	232 004	18 396	6 407	1 711	—	14 938	39
1980	289 413	245 684	18 917	6 203	1 849	—	16 713	47
1981	320 233	274 345	21 994	6 156	1 795	—	15 744	199
1982	366 826	310 969	30 736	6 350	1 974	—	16 644	153
1983	500 900	341 149	129 141	7 346	2 247	—	20 682	335
1984	591 807	409 555	150 836	6 889	2 209	—	21 986	332
1985	811 633	563 122	177 317	7 417	2 392	32 566	27 562	1 257
1986	870 154	611 023	174 422	8 230	2 847	43 764	28 385	1 483
1987	1 018 488	733 048	176 678	15 834	8 067	50 381	32 838	1 642
1988	1 315 334	994 003	199 328	16 615	9 975	58 655	33 530	3 228
1989	1 580 463	1 180 197	231 927	24 839	18 564	74 670	41 224	9 042
1990	1 462 444	1 037 705	233 714	30 863	18 578	90 006	39 755	11 823
1991	1 694 490	1 204 245	265 354	35 593	23 790	98 080	52 892	14 536
1992	2 097 040	1 487 052	304 638	42 244	42 721	109 701	85 993	24 691
1993	3 311 372	2 381 740	491 249	49 494	104 175	142 745	99 863	42 106
1994	2 745 275	1 610 380	589 996	68 927	101 511	172 858	167 648	33 955
1995	3 525 558	2 089 705	806 934	93 334	93 996	200 185	178 084	63 320
1996	4 382 336	2 320 338	1 041 147	113 298	411 982	224 102	219 728	51 741

续表4-2-1

年度	合计	流转税类	所得税类	财产资源税类	行为税类	特定目的税类	农业税类	税款滞纳金及罚款收入
1997	4 947 528	2 636 960	1 373 913	143 326	271 496	239 806	220 843	61 184
1998	5 585 971	3 067 284	1 524 827	206 182	213 958	291 993	281 727	—
1999	6 693 849	3 473 031	1 964 687	260 320	249 185	341 993	404 633	—
2000	7 986 097	4 045 538	2 522 151	301 093	397 211	347 823	372 281	—
累计	52 370 706	31 249 077	12 448 302	1 456 960	1 982 233	2 519 328	2 393 693	321 113

说明：1998—2000年税款滞纳金及罚款收入包括在有关的具体税种中；1994年实行分税制后，100%的消费税和75%的增值税上划中央财政，广东地方税收收入比1993年少

一、流转税类收入

1979—2000年，全省地方财政征收流转税类税款31 249 077万元，占同期税收收入的59.67%，年均递增14.19%。1979年广东征收的流转税有工商税，以及对外商投资企业和外国企业征收的工商统一税，政府预算收支科目合并统计。1984年10月起，取消征收工商税，将工商税根据产品和行业改征收产品税、增值税和营业税，仍保留工商统一税。1994年起，外商投资企业和外国企业适应营业税、消费税、增值税条例，广东征收的流转税只有增值税25%部分和营业税。

1979—2000年广东省地方财政流转税类收入统计表

表4-2-2　　单位：万元

年度	合计	工商税	工商统一税	产品税	营业税	增值税
1979	232 004	232 004	—	—	—	—
1980	245 684	245 684	—	—	—	—
1981	274 345	274 345	—	—	—	—
1982	310 969	310 969	—	—	—	—
1983	341 149	341 149	—	—	—	—
1984	409 555	316 208	—	64 076	19 106	10 165
1985	563 122	—	20 383	312 947	140 702	89 090
1986	611 023	—	19 186	288 051	192 322	111 464
1987	733 048	—	28 487	313 349	248 267	142 945
1988	994 003	—	50 782	232 313	329 146	381 762
1989	1 180 197	—	60 109	241 380	447 463	431 245
1990	1 037 705	—	64 696	175 397	491 212	306 400
1991	1 204 245	—	105 397	185 788	564 374	348 686
1992	1 487 052	—	153 249	209 303	728 323	396 177
1993	2 381 740	—	308 408	271 248	1 126 327	675 757
1994	1 610 380	—	—	—	1 066 836	543 544
1995	2 089 705	—	—	—	1 458 506	631 199

续表4-2-2

年度	合计	工商税	工商统一税	产品税	营业税	增值税
1996	2 320 338	—	—	—	1 587 394	732 944
1997	2 636 960	—	—	—	1 815 447	821 513
1998	3 067 284	—	—	—	2 139 745	927 539
1999	3 473 031	—	—	—	2 424 269	1 048 762
2000	4 045 538	—	—	—	2 724 229	1 321 309
累计	31 249 077	1 720 359	810 697	2 293 852	17 503 668	8 920 501

说明：工商税1979—1984年含工商统一税

1980年，全省轻纺工业税收比1979年增收13 286万元，增长13.69%（不包括糖税），其中仅来自手表、自行车、逢纽机、卷烟等4个产品的工商税收就比1979年增收3 041万元。

1981年，由于对外经济贸易的发展，海关代征工商税收入增加。广州、深圳、珠海、汕头、佛山、江门、湛江和海口等8个市，全年海关代征工商税24 125万元，比1980年增收20 129万元，增长5倍，占工商各税增收额的63.06%。海关代征工商税收入中，96%来自贸易性进口商品，4%来自旅客自带物品。同年，全省市场购销两旺，商业网点增加，全省城镇新办集体商业5 691家，新增个体商贩14.57万家，全年从商业、交通和饮食服务业征收的工商税49 230万元，比1980年增长13%。1981年工农业生产增幅虽然较大，但由于对外贸出口高亏损商品实行减免税政策，对进口烟叶实行差价补贴，对部分新组建企业实行以税还贷办法，此3项合计减收税款17 089万元，所以来自工农业产品的工商税比1980年下降1.68%。

1982年从工业产品征收的工商税比1981年增收21 210万元。其中：糖税增收2 325万元，增长8.60%；电力税增收2 212万元；卷烟税增收8 697万元，增长22.79%。从农产品征收的工商税增收1 442万元，增长30.36%。全省增设商业网点2 500个，增加个体工商业户5万多家，同时加强对宾馆、招待所、商业、饮食业及非专业的交通运输业户征管，来自商业、交通和饮食服务业税收增长16%。

1983年，从工业环节征收的工商税增收22 646万元，比1982年增长9.69%。其中：电力税增收2 329万元，石油税增收4 935万元，卷烟税增收1 537万元，橡胶税增收1 312万元，日用机械（缝纫机、手表、电风扇）税增收1 357万元。从商业、交通和饮食服务行业征收的工商税增收6 791万元，增长11.85%。进口商品增加，海关代征工商税增长5.80%。

1984年工商税收入比1983年增长19.85%。海关代征工商税（不包括钟表等17种进口产品的代征工商税和专项调节税直接上缴中央部分）增长146.25%。商业、交通和饮食服务行业的工商税增长32.04%。农业环节征收的工商税比上年下降14%。1979年至1984年9月底，全省征收工商税、工商统一税1 720 359万元，年均递增6.39%。

1985年，中央将下放广东的银行、保险公司营业税，由广东征收，使当年银行、保险公司的营业税收入达到13 959万元。

1986年，由于控制外汇收入，进口商品减少，同时国务院批准对珠江三角洲进口先进设备实行免征进口税收的优惠政策，缩小进口商品纳税范围，致使海关代征产品税比1985年下降32.69%。同年新开征的批发环节营业税和农村基层信用社营业税征收32 946万元，有些工业产品改征增值税，产品税税源逐步减少。

1987年1月1日起，广东停止征收工业企业自销产品营业税，同时恢复征收建筑安装企业营业税。同年，对外经济贸易进一步发展，进口商品增多，复出口商品退税减少，海关代征产品税收入相应增加。当年社会商品零售总额比1986年增长23.90%，物价指数比1986年上升19.1%，从商业、饮食服务业、银行保险和交通运输等流通环节征收的营业税比1986年增长29.09%。从当年起，外商投资企业和外国企业得到逐步发展，征收的工商统一税逐年增加。

1988年，全省工业总产值完成1 050.77亿元，比1987年增长35.02%，全年征收的增值税比1987年增长167.07%。全省商品零售总额568.07亿元，比1987年增长40.20%，从流通环节征收的营业税收入比1987年增长38.51%。全省国民经济大幅度增长，从生产环节征收的产品税相应增加。1990年，全省金融保险业营业税增收14 616万元，增长22.8%。

1992年，广东继1984年和1988年之后的第三个投资高潮，全省完成固定资产投资921.75亿元，比1991年增长92.75%，固定资产投资规模扩大，拉动机械、原材料、建筑装饰材料的高速增长，建材产品和机械产品的产品税分别比1991年增长41.5%和30.1%。全省社会消费品零售总额达到1 109.55亿元，从流通环节征收的营业税比1991年增长29.05%。同年，全省资金环境比较宽松，信贷存差扩大，加上中央在贷款规模管理上给予广东灵活措施，实行年终监控的特殊政策，从金融系统征收的营业税比1991年增长17.3%。信贷环境的改善，使房地产投资和开发形成热潮，从建筑安装和土地使用权转让等环节征收的营业税比1991年增长43.5%。到1992年止，部分国营企业与外商合资后国营企业税源转移，使1992年外商投资企业和外国企业工商统一税的征收额达到153 249万元。由于1989年后，食糖的经营体制改变和价格放开，销售渠道不畅，糖价大幅度下跌，出现生产成本高于销售价格的倒挂现象，糖厂亏损严重，糖税1992年比1991年下降37.3%。国家减少对成品油的牌价供应，致使全省牌价油加工量大幅减少，1992年仅茂名石化厂就减收产品税6 200万元，使工业环节的产品税未能与产销同步增长。

1993年，外商投资企业和外国企业上缴的工商统一税为308 408万元，比1992年增长101.25%。全省完成工业总产值5 237.37亿元，比1992年增长50.52%；工业产品销售收入3 920.98亿元，比1992年增长54.50%，从工业环节征收的增值税比1992年增长70.57%。全省加大发展第三产业，建立各种专业市场，兴建一大批规模大、档次较高的饮食、购物、旅游等文娱康乐设施，全年征收的营业税比1992年增长54.65%，1993年5月1日起，提高零售环节和其他饮食业营业税税率两个百分点，当年全省增收2.6亿元。

1994年起，流转环节征收工商统一税的外商投资企业和外国企业改征营业税、消费税、增值税，当年增值税收入大幅度提高，比1993年增长212.71%，剔除上缴中央75%后，相当于1993年的80.43%。全省金融市场保持活跃，建筑安装、邮电通信等持续发展，从金融保险、信用社、建筑安装、邮电通信等行业征收的营业税均比1993年有所增长。

1995年，全省工业部门不断加强技术改造和新产品开发，工业生产保持较快增长，产销衔接较好，全省全年完成工业总产值8 849.90亿元，增值税省内分成25%部分比1994年增长16.13%。全省邮电通信业务量204.90亿元，比1994年增长43.5%。同时实行一周双休日制，带动了城市饮食服务业、娱乐业、旅游业、交通运输等行业的发展，营业税的收入比

1994年增长36.71%。

1996年后，广东加大企业转制力度，先后通过合并、兼并、收购、资产重组等形式，崛起一批成长快速、知名度高、市场占有率高的大型企业。在抓好企业转制的同时抓好产业结构调整，特别是高新技术产业的发展。工业增加值和高新技术产品产值分别年均递增12%和25%以上，为增值税的增收奠定了良好的税源。在流通领域方面，针对国内需求不足的环境，省委、省政府采取一系列措施开拓“广货”市场，多次多地方举办各种博览会、产品展销会和经贸合作洽谈会，扩大“广货”的辐射面。省内各种大型商场、超级市场、连锁店、仓储式商场发展迅速，使流通环节的增值税税源在稳中逐年增加。当年取消集贸市场的税收分成，全额上缴财政，带来营业税的增加。

1997年起，饮食服务行业实行定额发票管理，在一定程度上减少税源流失。

1998年，亚洲发生金融危机，在粤的外商投资企业和外国企业受到影响，这些企业上缴的增值税减少。1999年，随着经济环境的改善，在粤的外商投资企业和外国企业上缴的增值税比1998年增长28.65%。

1998年和1999年，受国家即将取消福利分房政策的影响，房地产市场趋于活跃，商品房预售面积和预售金额大幅度增加。1999年全省从房地产业征收的营业税达42.00亿元，比增幅较大的1998年增收8.40亿元；从建筑安装业征收的营业税46.9亿元，比1998年增收9.00亿元。1999年全省完成邮电通信业务量511.24亿元，从邮电通信行业征收的营业税16.60亿元，比1998年增长23.8%。

2000年，受国际原油市场价格上涨因素影响，广东成品油产销两旺，当年原油增值税收入3.13亿元，比1999年增长115.90%。

二、所得税类收入

所得税类分为向企业和个人征收两部分，不同时期有不同的税种。1979—2000年，全省地方财政征收所得税类税款12 448 302万元，占同期税收收入的23.77%，年均递增23.41%。

向企业征收的有工商所得税、国营企业所得税、国营企业调节税、集体企业所得税、私营企业所得税、企业所得税、中外合资经营企业所得税、外国企业所得税、外商投资企业和外国企业所得税等9个税种，都是调节企业收入所得。前6个税种向内资企业征收，其中前5个俗称“内资企业所得税”，1994年起统一为企业所得税；后3个税种向外商投资企业和外国企业征收，俗称“外资企业所得税”，1991年7月起将中外合资经营企业所得税、外国企业所得税统一为外商投资企业和外国企业所得税。

向个人征收部分有个人所得税、个人收入调节税和城乡个体工商户所得税，都是为调节个人收入所得。为记述方便，本目将3个税种合并在个人所得税中记载。

1979—2000年广东省地方财政所得税类收入统计表

表4-2-3　　　　单位：万元

年度	合计	工商所得税	企业所得税	国营企业调节税	个人所得税	城乡个体工商业户所得税	个人收入调节税
1979	18 396	18 396	—	—	—	—	—
1980	18 917	18 882	35	—	—	—	—
1981	21 994	21 794	98	—	102	—	—
1982	30 736	23 957	6 616	—	163	—	—
1983	129 141	28 156	100 445	—	540	—	—
1984	150 836	33 292	116 346	—	1 198	—	—
1985	177 317	47 049	113 676	12 224	4 368	—	—
1986	174 422	—	154 797	9 196	7 697	2 732	—
1987	176 678	—	155 281	7 742	9 086	4 193	376
1988	199 328	—	175 003	10 238	7 114	5 086	1 887
1989	231 927	—	195 963	12 378	6 419	10 909	6 258
1990	233 714	—	193 140	6 012	9 232	16 771	8 559
1991	265 354	—	210 915	8 328	13 508	21 501	11 102
1992	304 638	—	239 320	4 089	13 796	28 665	18 768
1993	491 249	—	384 334	3 044	23 256	48 429	32 186
1994	589 996	—	439 616	—	150 380	—	—
1995	806 934	—	586 019	—	220 915	—	—
1996	1 041 147	—	765 029	—	276 118	—	—
1997	1 373 913	—	1 016 020	—	357 893	—	—
1998	1 524 827	—	1 047 152	—	477 675	—	—
1999	1 964 687	—	1 313 865	—	650 822	—	—
2000	2 522 151	—	1 674 175	—	847 976	—	—
累计	12 448 302	191 526	8 887 845	73 251	3 078 258	138 286	79 136

（一）内资企业所得税收入

1979年1月起，广东对单独核算盈亏的基层供销合作社经营的饮食、服务、修理行业征收工商所得税。1985年年底取消征收集体企业、基层供销社工商所得税。

1980年7月，广东试行对广州、韶关、佛山、江门等市部分国营工业、商业企业和顺德、高州两县国营工业企业征收国营企业所得税试点。1983年实行“利改税”，对国营企业实现的利润，先征一定比例的国营企业所得税，税后利润再采取多种形式的再分配办法。

1984年10月1日起，广东全面开征国营企业所得税，缴纳所得税后留利超过核定合理留利的企业开征国营企业调节税。1985年起，在深圳市的省属企业征收的国营企业所得税，由深圳市财政局专项上缴省财政。

1986年1月1日起，广东对原来征收工商所得税的集体企业改征集体企业所得税。1988

年1月1日起，广东对私营企业征收私营企业所得税。至此，广东内资企业所得税收入开始向多元发展，除国有独资企业、集体企业、私营企业外，还有股份制企业、联营企业等多种经济成分。

1994年1月1日起，全国实行税制改革，统一内资企业所得税率，国有独资或国有控股企业、集体企业、私营企业、股份制企业等内资企业统一将实现利润的33%上缴所得税。

1996年，国有企业所得税收入比1995年增长55.00%，1997年比1996年又增长45.21%，这两年增长幅度最大。1997年，广东省移动通信总公司和1998年全省石油系统企业上划中央，纳入中央预算。1998年，全省国有企业征起的国有企业所得税比1997年减少。1998年起，广东国有企业开始实现“三年脱困”的政策，往后国有企业经营状况有所好转，上缴所得税逐年增加。但至1998年年底，国有企业累计欠缴企业所得税14.07亿元。至1991年年底，全省私营企业从业人员为19.58万人，至2000年年底为151.73万人，年均递增25.55%，私营经济的快速发展，带来私营企业上缴企业所得税的快速增长。

（二）外资企业所得税收入

1980年10月1日起，广东对在粤的中外合资经营企业征收中外合资经营企业所得税。从1982年1月1日起，广东对在粤境内设立机构、独立经营或同中国企业合作生产、合作经营的外国企业和其他经济组织征收外国企业所得税。1991年7月起，广东对在粤外商投资企业和外国企业统一征收外商投资企业和外国企业所得税（以上三项企业所得税本卷统称“外资企业所得税”）。

1993年后，外商投资企业和外国企业上缴外资企业所得税比1992年增长62.26%。1994年全省利用外资继续增长，实际利用外资总额达113.39亿美元，占全国的1/3，其中外商直接投资达93.97亿美元。投资领域也进一步拓宽，外商投资企业和外国企业发展较快。截至1994年年底，登记注册的外商投资企业达53 206家。从外商投资企业和外国企业征收的外资企业所得税102 208万元，比1993年增长63.84%。1995年，广东继续走外向型经济的路子，全省努力搞好交通、通信、供水、供电基础设施，改善投资环境，全年实际利用外资比1994年增长5.7%，登记注册的外商投资企业增加6 176家，外商投资企业和外国企业上缴的外资企业所得税增长61.25%。

1998年，受亚洲金融危机及国内经济不景气的影响，广东部分地区外商投资企业和外国企业生产经营情况不理想，涉外税收受影响。但广州、东莞两市的外资经济基础比较扎实，仍然保持较好的发展态势，外商投资项目和外商投资企业户数仍继续增加，当年全省征收外资企业所得税仍增长27.93%。1999年一些外商投资企业所得税减免期满恢复征税，恢复征税的外商投资企业达3 519家，当年外资企业所得税增收98 437万元。2000年又比1999年增长30.11%，当年，从外商投资企业和外国企业征收的外资企业所得税573 328万元，首次超过国有独资企业征收的企业所得税。

1980—2000年广东省按企业类型缴纳所得税统计表

表4-2-4　　　　单位：万元

年度	合计	国有独资企业	股份制企业	联营企业	集体企业	私营企业	中外合资合作企业	外资企业和外国企业
1980	35	—	—	—	—	—	35	—
1981	98	—	—	—	—	—	98	—
1982	6 616	5 980	—	—	—	—	613	23
1983	100 445	99 257	—	—	—	—	949	239
1984	116 346	115 297	—	—	—	—	454	595
1985	113 676	110 111	—	—	—	—	632	2 933
1986	154 797	99 301	—	—	50 820	—	1 308	3 368
1987	155 281	92 210	—	—	57 457	—	1 296	4 318
1988	175 003	105 219	—	—	59 828	1	3 209	6 746
1989	195 963	105 261	—	—	76 519	96	5 733	8 354
1990	193 140	89 597	—	—	87 524	566	6 637	8 816
1991	210 915	85 657	—	—	93 582	1 048	10 602	20 026
1992	239 320	91 755	—	—	107 640	1 477	1 646	36 802
1993	384 334	137 144	7 674	—	174 822	2 310	30 013	32 371
1994	439 616	166 860	21 943	3 663	140 266	4 676	55 944	46 264
1995	586 019	221 773	28 467	7 858	152 344	10 759	98 890	65 928
1996	765 029	340 219	38 315	7 783	168 702	15 477	166 682	27 851
1997	1 016 020	493 654	54 846	21 569	157 993	20 460	152 256	115 242
1998	1 047 152	389 079	78 337	46 723	164 934	25 767	249 949	92 363
1999	1 313 865	486 435	102 507	63 905	180 797	39 573	238 242	202 406
2000	1 674 175	494 580	210 618	109 689	217 396	68 564	290 857	282 471
累计	8 887 845	3 729 389	542 707	261 190	1 890 624	190 774	1 316 045	957 116

（三）个人所得税收入

1980年9月10日起，广东对在中国境内取得所得的中国公民、中国港澳台同胞、华侨以及外籍人员征收个人所得税。1980年当年无此款收入。1981—1986年，全省此款收入14 068万元，年均递增137.43%。1986年1月1日起，广东对经工商行政管理部门批准开业从事工业、商业、服务业、建筑业、交通运输业以及其他行业的城乡个体工商业户征收所得税。1986年年底，全省城乡个体劳动者人数33.72万人，到1993年增至103.72万人，增长2.08倍。1989年城镇个体工商业户发展更快，上缴的所得税是1988年的2.15倍，1993年个体工商业户经济效益明显好转，同时开展个体税收专项检查，使当年个体工商业户上缴所得税是1992年的1.69倍。

1987年1月1日起，广东对在境内居住，并具有中国国籍、户籍，取得个人收入的公民开征个人收入调节税。1987年开征个人收入调节税后，深圳、广州两市为此款收入最多的市，佛山市为第三，其余各市收入之和仅占全省总收入的10%左右，有个别县没有这项收入。

征收个人收入调节税后，个人收入所得税仅对中国港澳台同胞、华侨以及外籍人员征收。1987—1993年，广东外商投资企业和外国企业发展加快，中国港澳台同胞、华侨以及外籍人员到粤工作人员增多，特别是高层管理人员工薪收入高，八年间征收个人所得税82 411万元，年均递增14.37%。

1994年1月1日起，广东对原来征收个人所得税、个人收入调节税和城乡个体工商业户所得税的纳税人，统一按新修订的个人收入所得税法征收个人所得税。新修订的个人收入所得税法实施第一年，全省征收个人所得税150 380万元，约占全国该税种收入的1/5，比上面记述3个税种1993年收入总和增长48.45%。1995年起广东各级地方税务部门不断完善征管制度，采取纳税人自觉申报、单位代扣代缴等措施，减少税源流失，1995年比1994年增收90 535万元，增长46.90%。纳税人数达到593万人，纳税人数占全省各类从业人员（即征税面）的25.1%，较上年提高4.3个百分点，其中中国港澳台同胞、华侨以及外籍人员纳税人数为28.81万人。个人所得税主要来源仍然是工资、薪金所得和个体工商户的生产、经营所得项目，两项合计占总收入的85.16%。1996年起，全省地方税务机关对一些高收入和特殊行业实行专项征收管理，尤其是加强对中国港澳台同胞、华侨以及外籍人员个人所得税的征管。1999年下半年提高行政事业单位人员工资水平，加大税基，全省从工资、薪金所得征收的个人所得税42.80亿元，占当年征收个人所得税额的65.77%，比1998年增长46.6%；从利息、股息、红利所得征收的个人所得税2.50亿元，比1998年增长77.4%；从发行社会福利彩票、体育奖券和扶残奖券等偶然所得征收的个人所得税1.50亿元，比1998年增长81.5%。

广州、深圳两市个人所得税的收入，一直位居全省前列；收入最低的市是河源、汕尾、清远等3个市。

三、财产资源税类收入

财产资源税类包括盐税、资源税、城市房地产税、房产税和城镇土地使用税，财产资源税类收入占税收收入比重不大。1979—2000年，全省地方财政征收财产资源税类税款1 456 960万元，占同期税收收入的2.78%，年均递增18.44%。

1979年，广东征收的财产资源税类有盐税和城市房地产税两种。1979—1993年，全省征收盐税66 007万元，占同期税收收入的0.40%。1979—1986年，城市房地产税只对城市房地产管理部门、个人和外侨征收。房地产税收入很少，八年间只征收13 120万元，且主要集中在广州、深圳等几个大中城市。

1984年10月1日起，广东对原油、天然气、煤炭3种资源产品开征资源税。1984年当年和1985年资源税没有收入。1986—1993年共收入667万元。

1987年1月1日起，广东对城市、县城、建制镇和工矿区征收房产税；对中国港澳台同胞、华侨以及外籍人员，外商投资企业和外国企业仍适用城市房地产税。改革开放后，人民生活水平提高，城镇居民建房买房增多，加上税源覆盖面广，起征税款逐年增加。1995年征收房产税74 139万元，比1994年增长41.09%，房产税成为广东税收收入增长较快的主要小税种。1997年后，广东地方税务部门加强对房产税的专项检查和清理欠税，当年征收房产税117 360万元，比1996年增长28.56%，1998年又比1997年增长42.01%。1987—2000年，全省征收城市房地产税和房产税1 119 074万元，占同期税收收入的2.31%，年均递增26.68%。

1989年10月1日起，广东对城市、县城、建制镇和工矿区范围内使用土地的单位和个人征收城镇土地使用税。1994年开始，房地产开发形成热潮，城镇土地占用量激增，当年征收城镇土地使用税14 673万元。1996年后，城镇基本建设和房地产开发占用土地量逐年增加，城镇土地使用税也逐年增收，年均递增25.13%。

1994年1月1日起，广东对原油、天然气、煤炭、金属矿、非金属矿和粤盐征收资源税，盐税并入资源税，作为资源税的一个税目。资源税大部分作为地方市、县财政收入，海洋石油资源税作为中央财政收入。1994—2000年，全省征收资源税40 128万元，占同期税收收入的0.11%，年均递增33.59%。

1979—2000年广东省地方财政财产资源税类收入统计表

表4-2-5　　单位：万元

年度	合计	盐税	资源税	城市房地产税	房产税	城镇土地使用税
1979	6 407	5 318	—	1 089	—	—
1980	6 203	5 072	—	1 131	—	—
1981	6 156	4 937	—	1 219	—	—
1982	6 350	4 892	—	1 458	—	—
1983	7 346	5 847	—	1 499	—	—
1984	6 889	5 366	—	1 523	—	—
1985	7 417	5 012	—	2 405	—	—
1986	8 230	5 431	3	2 796	—	—
1987	15 834	4 366	—	—	11 468	—
1988	16 615	3 756	5	—	12 854	—
1989	24 839	3 466	6	—	15 355	6 012
1990	30 863	3 125	4	—	20 916	6 818
1991	35 593	3 515	18	—	25 355	6 705
1992	42 244	3 192	249	—	31 522	7 281
1993	49 494	2 712	382	—	39 329	7 071
1994	68 927	—	1 707	—	52 547	14 673
1995	93 334	—	3 799	—	74 139	15 396
1996	113 298	—	4 342	—	91 285	17 671
1997	143 326	—	4 842	—	117 360	21 124
1998	206 182	—	7 235	—	166 664	32 283
1999	260 320	—	8 501	—	212 209	39 610
2000	301 093	—	9 702	—	248 071	43 320
累计	1 456 960	66 007	40 795	13 120	1 119 074	217 964

说明：1987年起城市房地产税合并房产税统计

四、行为税类收入

行为税类包括屠宰税、牲畜交易税、车船使用牌照税、车船使用税和印花税（含证券交易印花税）5个税种，在税收收入中所占的比重也不大。1979—2000年，全省征收行为税类税款1 982 233万元，占同期税收收入的3.78%，年均递增25.28%。

1979年，只有屠宰税和车船使用牌照税。1983年7月1日起，广东开征牲畜交易税；1988年省政府决定停征。1994年1月1日起，全省取消对牲畜交易税的征收。

1979年，车船使用牌照税只对中国内地个人、中国港澳台同胞、华侨以及外籍人员，外商投资企业和外国企业的车船征收。1979—1983年，全省车船使用牌照税共征收332万元。1984年，广东对内资企业恢复征收车船使用牌照税，1987年开征车船使用税，为地方税种。1984—1986年，广东共征收车船使用牌照税2 014万元。

1979—2000年广东省地方财政行为税类收入统计表

表4-2-6　　单位：万元

年度	合计	屠宰税	牲畜交易税	车船使用牌照税	车船使用税	印花税	证券交易印花税
1979	1 711	1 701	—	10	—	—	—
1980	1 849	1 833	—	16	—	—	—
1981	1 795	1 765	—	30	—	—	—
1982	1 974	1 848	—	126	—	—	—
1983	2 247	2 047	50	150	—	—	—
1984	2 209	1 929	87	193	—	—	—
1985	2 392	1 479	147	766	—	—	—
1986	2 847	1 632	160	1 055	—	—	—
1987	8 067	1 987	89	—	5 991	—	—
1988	9 975	1 679	42	—	6 830	1 424	—
1989	18 564	1 748	—	—	8 179	8 637	—
1990	18 578	2 033	—	—	8 880	7 665	—
1991	23 790	2 265	—	—	10 482	11 043	—
1992	42 721	2 281	226	—	12 065	28 149	—
1993	104 175	2 331	174	—	15 202	86 468	—
1994	101 511	3 017	—	—	18 440	16 978	63 076
1995	93 996	7 343	—	—	23 544	22 869	40 240
1996	411 982	9 672	—	—	25 831	28 959	347 520
1997	271 496	11 795	—	—	31 191	36 122	192 388
1998	213 958	16 372	—	—	35 324	44 222	118 040
1999	249 185	19 020	—	—	41 698	54 887	133 580
2000	397 211	20 617	—	—	47 176	63 241	266 177
累计	1 982 233	116 394	975	2 346	290 833	410 664	1 161 021

说明：1987年起车船使用牌照税合并车船使用税统计；1990—1993年印花税含证券交易印花税

1987年1月1日起，广东执行1986年9月15日国务院发布的《中华人民共和国车船使用税暂行条例》，义务纳税人为拥有并使用车船的单位和个人（不含外商投资企业和外国企业，中国港澳台同胞、华侨以及外籍人员）。外商投资企业和外国企业，中国港澳台同胞、华侨以及外籍人员仍适用车船使用牌照税。

1988年10月1日起，广东恢复征收印花税，为地方税种。

1994年后，由于经济的发展、人民生活水平的不断提高，以及外商投资企业和外国企业，中国港澳台同胞、华侨以及外籍人员的增加，企事业单位和个人拥有车辆的增多，车船使用牌照税、车船使用税的征收额不断提高。资金、劳务、技术、信息、房地产等交易市场逐步形成壮大，凭证的书立和领受行为日益普遍，为印花税的收入提供广大税源。1994—2000年全省征收印花税267 278万元，年均递增24.50%。

1990年，深圳市政府为稳定初创的股市，适度调节炒股收入，于1990年7月1日起，试征股票交易印花税，当年征收700万元。1993年股票交易十分活跃，成交量大，当年证券交易印花税收入比1992年增长207.18%。单深圳证券交易印花税一项就比1992年增收55 000万元。1988—1993年，全省征收印花税（含证券交易印花税）143 386万元。

1994年，深圳股市实行T+0交易方式，前期低迷，进入8月份后再度兴起交易高潮，创下日交易量超过80亿元记录。加上新股上市和证券交易所会员增加，全年证券交易总额达3 080亿元，证券交易印花税广东分成63 076万元。1996年全年A股、B股总成交12 226.9亿元，证券交易印花税广东分成347 520万元，比低迷的1995年增收307 280万元，增长7.64倍。1997年，深圳股市交易量和证券交易印花税虽都增加，但由于体制的改变，广东分成部分却比1996年减收155 132万元。1998年股市行情不好，深圳A股成交量比1997年下降33.60%，B股下降79.10%，证券交易印花税广东分成部分随之下降38.64%。2000年，深圳A、B股成交量达29 452.80亿元，征收证券印花税达到历史最高水平232.09亿元，广东分成比1999年增长99.26%。

五、特定目的税类收入

特定目的税是根据国家某种政策的需要，对某些特定行为征税。1983年起，广东先后开征的特定目的税有建筑税、固定资产投资方向调节税、奖金税、国营企业工资调节税、城市维护建设税和土地增值税6种。1985—2000年，全省征收特别目的税2 519 328万元，占同期税收收入的5.04%，年均递增17.10%。

为控制固定资产投资规模，调整建筑投资结构，1983年10月1日起，广东对使用国家预算外资金、地方机动财力、银行贷款、其他自筹资金和企事业单位各种自有资金进行自筹基本建设投资或更新改造项目中的建筑工程投资，以及按规定不纳入国家固定资产投资计划的建筑工程投资的地方政府、机关团体、军队、国营和集体企业、事业单位以及个体户开征建筑税。1987年7月1日起，建筑税的征收区别不同的基建投资，实行差别比例税率。1991年开征固定资产投资方向调节税后取消建筑税的征收。

1981年起，省政府批准韶关、佛山、江门、湛江和茂名等5个中等城市，试行从上年工商利润中提取一定比例作为城市维护和建设资金。为加强城市的维护建设，扩大和稳定城市建设资金的来源，省政府决定从1985年1月1日起，在全省征收城市维护建设税。城市维护建设税作为各级政府地方固定收入，全额留当地财政安排使用。1994年1月1日起，城市维护建设税扩大征收范围，将1994年1月1日前不须缴纳城市维护建设税的外商投资企业和外国企业，纳入征税对象。城市维护建设税的税款专用于城市公用事业和公共设施的维护和建设。1985—2000年，全省征收城市维护建设税2 020 045万元，占同期城市维护费支出的56.08%。广州市的城市维护建设税征收额一直位居省内各市首位，其中2000年征收129 075万元，占全省的43.03%；其次是佛山市，其中2000年征收28 182万元，占9.40%。

广东从1984年开始征收国营企业奖金税。1985年，广东比照国营企业奖金税，对集体企业和事业单位征收集体企业奖金税和事业单位奖金税。开征奖金税对企事业单位滥发奖金起到一定的制约作用。1988年，广东停止征收国营企业、集体企业和企业化管理事业单位的奖金税，参照国营企业工资调节税办法改征工资调节税，调整后奖金税征收范围缩小，收入也逐年下降。1985—1993年，全省征收奖金税10 861万元。其中：国营企业奖金税征收7 787万元，集体企业奖金税征收2 265万元，事业单位奖金税征收809万元。1994年起取消征收奖金税。

1985年起，广东对24家实行工资总额与经济效益挂钩浮动的国营企业，就其增发工资超过国家核定工资总额7%以上的部分征收工资调节税。1988年起，将征收国营企业、集体企业和企业化管理的事业单位奖金税的单位改征国营企业工资调节税。1994年起取消征收

1985—2000年广东省地方财政特定目的税类收入统计表

表4-2-7　　　　单位：万元

年度	合计	建筑税	城市维护建设税	奖金税	国营企业工资调节税	固定资产投资方向调节税	土地增值税
1985	32 566	9 001	20 660	2 905	—	—	—
1986	43 764	10 729	29 877	2 887	271	—	—
1987	50 381	11 504	36 479	1 449	949	—	—
1988	58 655	10 564	45 298	1 154	1 639	—	—
1989	74 670	14 499	53 435	548	6 188	—	—
1990	90 006	24 804	56 353	682	8 167	—	—
1991	98 080	14 513	63 632	417	9 230	10 288	—
1992	109 701	1 309	73 675	593	10 583	23 541	—
1993	142 745	17	110 630	226	5 462	26 410	—
1994	172 858	—	144 835	—	—	28 023	—
1995	200 185	—	170 195	—	—	29 498	492
1996	224 102	—	192 765	—	—	29 121	2 216
1997	239 806	—	206 421	—	—	28 930	4 455
1998	291 993	—	243 045	—	—	37 473	11 475
1999	341 993	—	272 772	—	—	49 614	19 607
2000	347 823	—	299 973	—	—	21 122	26 728
累计	2 519 328	96 940	2 020 045	10 861	42 489	284 020	64 973

说明：奖金税包括国营企业奖金税7 787万元，集体企业奖金税2 265万元和事业单位奖金税809万元

该项税收。1985年当年无此项收入。

1991年起，广东对在境内有固定资产投资行为的单位和个人征收固定资产投资方向调节税，但外商投资企业的固定资产投资除外。固定资产投资方向调节税无固定税源，其年度收入呈现时高时低。

为规范土地、房地产交易秩序，合理调节土地增值收益分配，省政府决定从1995年起在全省开征土地增值税。随着土地以及土地附着物转让的增多，土地增值税呈逐年增收的局面。1995年只征收492万元，从1996年起年均递增86.36%。1998年后增速放慢，但收入的绝对数增大。

六、农业税类收入

广东的农业税类包括农业税、农业（林）特产税、耕地占用税和契税4个税种，通俗称为“农业四税”。农业税、农业（林）特产税和耕地占用税都是与农业密切相关的税种，契税虽然与农业关系不大，但与土地密切相关，也列入农业税类范畴。1979—2000年全省征收农业税类税款2 393 693万元，占同期税收收入的4.57%，其中征收的契税增长幅度最快。

1979—2000年广东省地方财政农业税类收入统计表

表4-2-8　　单位：万元

年度	合计	农业税	农业特产税	耕地占用税	契税	年度	合计	农业税	农业特产税	耕地占用税	契税
1979	14 938	14 938	—	—	—	1991	52 892	35 463	6 179	7 100	4 150
1980	16 713	16 713	—	—	—	1992	85 993	44 588	6 969	22 881	11 555
1981	15 744	15 744	—	—	—	1993	99 863	44 200	6 080	30 682	18 901
1982	16 644	16 644	—	—	—	1994	167 648	75 889	16 390	41 004	34 365
1983	20 682	20 667	—	—	15	1995	178 084	88 894	20 076	28 642	40 472
1984	21 986	21 953	—	—	33	1996	219 728	104 425	22 714	29 651	62 938
1985	27 562	27 423	—	—	139	1997	220 843	99 618	26 547	27 082	67 596
1986	28 385	28 248	—	—	137	1998	281 727	96 303	25 987	29 523	129 914
1987	32 838	26 543	4 935	1 144	216	1999	404 633	95 931	31 788	35 048	241 866
1988	33 530	25 344	2 537	5 114	535	2000	372 281	72 941	32 677	36 638	230 025
1989	41 224	28 615	5 689	5 720	1 200	—	—	—	—	—	—
1990	39 755	29 102	4 736	4 229	1 688	累计	2 393 693	1 030 186	213 304	304 458	845 745

（一）农业税

农业税一直为市、地区、县的收入。1985年，农业税按粮食“倒三七”比例价与粮食部门结算，增加收入部分中央与省财政按5∶5的比例分成；1989年起，全部归地方财政，山区县和非山区县分别按增收部分的50%和75%上缴省财政。1990年，恢复对华侨农场征收农业税，所征正税款由有关市全额上缴省级财政。

农业税收入在财政收入中的地位和比重，随着广东改革开放的深入和经济的迅速发展、经济结构和经济成分的变化以及财政收入结构的变化，呈逐步下降的趋势。1979年农业税征收税款占当年地方财政收入的4.12%，80年代占4.42%～2.22%，进入90年代所占比例低于2.00%，至2000年只占0.80%。1979—2000年，全省实征正税额1 202 846万公斤，折税款1 030 186万元，占全省地方财政收入的1.83%，其中全省国营农场实征正税额51 464万公斤，折税款28 048万元。

1979—1982年，实行低于起征点免征农业税的规定，每年实征正税额在4.61亿公斤～4.99亿公斤之间，低于5亿公斤。征起的实物粮占同期计税产量的8.72%，占同期实际产量的4.14%。1979年对人均口粮和收入在起征点以下的生产队免征农业税，对广东广大农民休养生息，促进农业的恢复和发展，起了积极作用，绝大部分农民的温饱问题基本得到解决。同时，农村实行家庭联产承包责任制，调动广大农民种粮的积极性，1982—1984年，全省连续三年粮食大增产，每年粮食实际产量均在120亿公斤以上。1983年起停止执行农业税起征点办法，1983—1986年，每年实征正税额在6.09亿公斤～6.49亿公斤之间，均超过6亿公斤，征起的实物粮占同期计税产量的11.42%，占同期实际产量的4.84%。1988年，全省粮食产量比1987年减产19.86亿公斤，其中计税面积减少造成减产8.20亿公斤，当年减征实物粮1 272万公斤。1989年，粮食产量比1988年增产12.64亿公斤，征起的实物粮与1988年持平，公粮结算价格每100公斤比1988年提高5.92元，税款增收3 271万元。1990年华侨农场恢复征收农业税，当年征收税款264万元；贫困地区减免金额比1989年减少560万元，当年全省农业税征收税款比1989年增收487万元。

1992年，广东率先实行粮食管理体制改革，粮价全面放开，一些地区粮食部门存粮多，顾及经营效益而不愿接收早造稻谷，影响农业税入库进度。当年征起的正税额54 503万公斤，比1991年下降2.13%，但由于单价提高，收入税款相对增加。90年代，广东大力发展农业生产，加大农业投入，农产品大量增加，市场供应充足，农产品价格下降。1997年后，粮食收购价格连年下降，加上计税面积和计税常年产量逐年下降，农业税收入呈逐年下降的趋势。

1979—2000年广东省农业税计税和实征统计表

表4-2-9　　　　单位：细粮万公斤

年度	实征正税额	实征地方附加	年度	实征正税额	实征地方附加	年度	实征正税额	实征地方附加
1979	46 145	4 710	1987	56 707	5 668	1995	49 563	4 928
1980	49 885	5 060	1988	54 382	5 436	1996	51 889	5 131
1981	46 949	4 809	1989	54 116	5 405	1997	55 129	5 276
1982	49 441	5 030	1990	54 998	5 500	1998	55 668	4 735
1983	61 393	6 204	1991	55 687	5 480	1999	56 422	4 786
1984	64 872	6 495	1992	54 503	5 450	2000	58 584	4 532
1985	60 940	6 070	1993	53 001	5 299	—	—	—
1986	61 297	6 106	1994	51 275	5 101	累计	1 202 846	117 211

农业税除正税外，还随正税征收地方附加和乡镇（区）自筹，从1979年起，地方附加和乡镇（区）自筹各随正税征收5%。1979—2000年，全省共征收农业税附加和乡镇（区）自筹117 211万公斤，占农业税正税的9.74%。

（二）农业（林）特产税

1979—1986年，农林特产农业税合并在农业税收入中，不设单独税种和政府预算收支科目。进入80年代中期，国家相继放开农副产品价格后，各地农林特产发展很快，农林特产收入有更大增长，依照国务院规定，从1987年起，把征收农林特产税收从农业税中分离出来，成为一个税种。农林特产税征收的正税额全部纳入预算管理。

1987年起，各市、县征收的农林特产税实行部分专项上缴省财政的办法，其余归各市、县使用。上缴省财政部分的全部和市县留下部分的70%以上用于建立农业发展基金，增加对农业的投入，其余部分主要用于扶持农林特产的生产。从1989年1月1日起，征收的农林特产税10%上缴省财政，设立扶持农林特产周转金。其余由市、县、乡镇分成，分成比例由各市自行确定。

1987—2000年广东省农业特产税实征统计表

表4-2-10　　　　单位：万元

年度	合计	烟叶	水产品	水果类果用瓜	原木	毛竹	茶叶	天然橡胶	桑蚕茧	药材	其他林产品	其他	附加
1987	4 935	—	209	1 116	302	45	107	2 580	—	52	196	328	293
1988	2 372	—	394	1 220	355	31	56	82	—	11	107	116	206
1989	6 572	—	1 822	2 496	985	94	98	365	1	20	300	391	607
1990	5 640	—	819	2 162	1 277	121	63	582	32	14	250	320	500
1991	7 092	—	1 529	3 173	600	173	135	542	51	44	297	548	627
1992	7 290	—	1 871	2 969	812	159	110	419	73	28	314	535	652
1993	6 918	—	1 660	2 292	1 234	163	74	330	85	12	422	646	647
1994	17 456	1 188	5 264	3 513	3 786	532	234	862	217	62	2	1 796	1 263
1995	21 646	1 447	6 199	4 457	5 156	632	273	764	177	21	21	2 499	1 416
1996	25 164	2 687	7 920	4 362	5 292	645	340	1 028	97	32	1 827	934	1 547
1997	8 815	3 371	9 919	4 695	5 746	702	365	881	83	28	1 965	1 060	1 567
1998	28 080	2 389	10 132	4 472	6 200	845	379	790	92	27	982	1 772	1 310
1999	33 761	3 001	11 309	9 308	5 648	653	387	658	77	17	1 254	1 449	1 587
2000	34 822	3 219	12 677	8 105	6 138	687	354	647	90	27	1 475	1 403	1 620
累计	210 563	17 302	71 724	54 340	43 531	5 482	2 975	10 530	1 075	395	9 412	13 797	13 842

说明：此表为实征税款，未扣除征收费用

1987年，农林特产税收入4 935万元，1988年海南设省，从产自海南岛天然橡胶征收的农林特产税减少2 500万元，当年下降为2 537万元。1989年扩大农林特产税征收范围和提高征收税率，当年征收农林特产税5 689万元，比1988年增长124.24%。1993年，全省受自然灾害影响，大宗农产品如香蕉、柑、橘、橙和水产品减收严重，农林特产税收入比1992年下降。

在1994年的税制改革中取消产品税，将农林特产税与部分产品税（如烟叶），对外商投资企业、外国企业征收工商统一税中的农、林、牧、水产品税目归并，统一征收农业特产税，使农业特产税的税源扩大，税收收入增幅较大。1997年，农业特产税比1996年增收3 833万元，增长16.88%，是这一时期增长幅度最高的一年，烟叶、水产品、原木和水果4类特产品征收的农业特产税占全省农业特产税征收额的80%以上。1998年农产品价格下跌和自然灾害造成减产，当年农业特产税的收入比1997年下降2.11%。1994—2000年，全省农业特产税款中，来自生产环节的收入122 303万元，来自收购环节的收入67 441万元。

农业（林）特产税除征收正税外，还征收10%的附加。1987—1993年，征收农林特产税附加占实征正税额的9.51%；1994—2000年，占实征正税额的5.85%。

（三）耕地占用税

从1987年4月1日起，广东开征耕地占用税。耕地占用税收入纳入各级财政预算管理，其中50%上缴中央财政；省、市（地区）、县在上缴中央后余下的50%部分，按1：1：3比例分成，作为农业发展专项资金。农业发展专项资金主要用于支持国营、集体经济单位和职工家庭农场、农户开垦宜耕荒地、滩涂等农用土地后备资源等扩大耕地面积，用于整治、改良中低产田等。1989年1月1日起，耕地占用税收入中央与地方的分成比例调整为3：7；广东规定省、市、县的分成比例调整为1：1：5。1994年，中央财政将耕地占用税全额下划地方收入。1987—2000年，全省征收耕地占用税304 458万元，占同期税收收入的0.63%。应税耕地面积75 505.20公顷，其中属于非法占用耕地的167.53公顷，财政部门未收到批准用地批件的16 329.73公顷。

1994年后征收的耕地占用税呈逐年下降趋势，主要是省政府先后出台控制非农业建设征用耕地的规定，尽量利用荒地，收到一定效果。公路建设占用耕地每平方米征收2元耕地占用税，致使全省实际执行平均税率比财政部规定的6元略低。

1987—2000年广东省耕地占用税实征统计表

表4-2-11

年度	应税面积（公顷）	实际执行平均税额（元/平方米）	合计（万元）	国家建设（万元）	乡镇集体建设（万元）	农村居民建设（万元）	其他（万元）
1987	788.27	6.50	2 267	1 595	430	212	30
1988	3 232.47	5.88	11 123	7 239	2 786	952	146
1989	1 823.13	5.05	8 653	5 765	2 087	596	205
1990	1 534.87	4.55	6 059	4 171	1 251	591	46
1991	2 499.07	4.78	10 493	6 639	3 181	631	42
1992	8 186.07	5.68	34 758	15 625	18 319	779	35
1993	7 811.47	5.34	46 128	26 634	18 355	1 074	65
1994	9 137.13	5.62	43 218	23 077	18 789	1 294	58
1995	6 885.40	5.04	30 113	16 014	11 221	1 341	1 537

续表4-2-11

年度	应税面积（公顷）	实际执行平均税额（元/平方米）	合计（万元）	国家建设（万元）	乡镇集体建设（万元）	农村居民建设（万元）	其他（万元）
1996	6 802.07	4.85	31 200	19 512	9 136	1 098	1 454
1997	5 335.00	5.24	28 455	16 657	9 131	932	1 735
1998	7 651.07	5.40	30 989	13 658	15 362	1 192	777
1999	5 956.67	5.17	36 732	18 622	16 379	1 096	635
2000	7 862.53	5.08	38 267	21 334	15 449	744	740
累计	—	—	358 455	196 542	141 876	12 532	7 505

说明：此表数据为实征税款，未扣除征收费用

（四）契税

1979年以前，国家调整土地、房屋管理政策，规定对公有制单位承受土地、房屋免征契税，城乡房屋买卖很少发生，使契税征收范围大为缩小。1979年后，国家重新调整土地、房屋管理的有关政策，房地产市场逐步得到恢复和发展。1981年，财政部要求各地将契税征收工作恢复起来。广东各市、地区、县陆续恢复契税征收工作，但进展缓慢，每年契税征收收入很少。1990年，国家全面恢复征收契税，加上房地产业发展迅速，房地产成交量日益增长，广东契税征收收入大幅度提高。契税一直为市、地区、县的固定收入。

1979—1987年，全省征收契税540万元。1988—1996年，征收（扣除征收费用）175 804万元，占同期税收收入的0.79%。其中（未扣除征收费用）：买卖182 681万元，占97.01%，赠与5 113万元，交换347万元，典当17万元。属个人购房的占169 352万元，属港澳台同胞和华侨购房的占17 486万元，其余为全民、集体单位和其他单位购房及土地出让、转让。

1997年10月1日起，广东执行新的《中华人民共和国契税暂行条例》，省政府根据该条例制定并颁布《广东省契税实施办法》。

1997—2000年，全省征收契税（扣除征收费用）669 401万元，占同期税收收入的2.65%，年均递增50.41%。属房产转移部分征收592 082万元，其中买卖581 215万元，占98.16%。属土地转移部分征收110 593万元（均未扣除征收费用）。

七、税款滞纳金及罚款收入

省财政厅和省税务局以及1994年实行分税制后的省国家税务局、省地方税务局，每年都组织全省各级财政和税务部门进行税收大检查或专项税收检查。税务部门加强税收征管工作，对漏税、欠税、偷税和抗税进行依法处罚。1979—1997年，全省税款滞纳金及罚款收入达321 113万元。1998年起，税款滞纳金及罚款收入列入具体税种收入中。

第三节　地方国有（营）企业收入

地方国有（营）企业收入包括国有（营）企业缴纳企业所得税和国营企业调节税、国有（营）企业上缴利润、国有资产经营收益、国有企业计划亏损补贴、国营企业上缴基本折旧基金、国营企业缴纳资金占用费和价格补贴。国有（营）企业缴纳企业所得税和国营企业调节税在税收收入中已记述，本节记述的是国有（营）企业（下简称“企业”）除上缴税收以外的收入。

1979年后，经济体制、财政体制和税收体制均发生变化；同时，企业的归属也有很大的变化，有的由中央下放省管，有的原属地方管理又上划中央管理。企业收入的范畴和增减随着国家分配政策的变化和企业生产经营经济效益而相应变化。

企业收入包括工业，交通、邮电通信，建筑施工和房地产开发，农林水企业，外贸、商业、供销合作社和粮食，文教卫生，地方金融和旅游服务企业，其他企业（如城市公用、物资管理、对外承包企业），以及股份制、合资合作企业分红等。

1979—2000年广东省国有企业分行业和国有资产经营收益收入统计表

表4-3-1　　　　单位：万元

年度	合计	国有企业分行业								股份制、合资合营企业分红以及国有资产出售转让收入
		工业企业	交通邮电通信企业	建筑施工房地产开发企业	农口企业	外贸商业供销粮食企业	文教卫生企业	地方金融旅游服务企业	其他企业	
1979	88 726	79 188	8 436	62	11 189	15 338	1 631	－12	－27 106	—
1980	86 563	94 103	6 836	187	－7 644	15 813	1 238	－6	－23 964	—
1981	86 756	73 612	4 666	622	－6 895	21 017	1 067	2	－7 335	—
1982	56 969	70 389	3 228	1 179	－5 943	－724	1 319	8	－12 487	—
1983	35 810	70 147	3 125	2 552	－4 640	－3 541	1 719	24	－33 576	—
1984	10 749	58 244	4 434	1 950	－6 160	－17 203	2 066	6	－32 588	—
1985	－7 592	42 725	2 766	1 981	－5 314	－20 490	1 161	68	－30 489	—
1986	36 680	49 304	900	1 253	－4 702	－9 060	274	93	－1 382	—
1987	10 223	52 695	208	595	－5 175	－36 778	197	－11	－1 508	—
1988	－189 981	38 725	2 819	857	－4 638	－224 490	29	－277	－3 006	—
1989	－229 949	36 557	3 596	763	－5 052	－267 338	992	3 964	－3 431	—
1990	－242 334	30 212	2 954	592	－4 666	－276 022	945	3 905	－254	—
1991	－56 316	15 978	3 735	885	－4 767	－78 349	1 159	3 908	569	566
1992	－59 432	11 963	3 150	1 108	－5 841	－77 451	1 673	4 014	1 911	41
1993	－43 809	－4 620	1 613	1 188	－8 136	－74 470	2 214	34 389	4 013	—
1994	27 950	19 008	－3 199	7 298	－5 131	－57 852	2 989	1 423	54 026	9 388
1995	68 724	13 921	－1 235	10 133	－4 865	－61 137	4 055	2 285	103 897	1 670

续表4-3-1

年度	合 计	国有企业分行业								股份制、合资合营企业分红以及国有资产出售转让收入
		工业企业	交通邮电通信企业	建筑施工房地产开发企业	农口企业	外贸商业供销粮食企业	文教卫生企业	地方金融旅游服务企业	其他企业	
1996	193 890	29 019	7 939	22 288	−6 010	−64 512	18 473	2 010	182 368	2 315
1997	396 213	140 813	18 084	28 657	−5 089	−46 729	25 677	512	210 569	23 719
1998	301 687	77 609	22 071	25 224	−2 072	−24 624	31 708	598	170 803	370
1999	468 367	165 850	9 735	39 574	−965	68 278	27 055	417	131 219	27 204
2000	511 379	192 951	3 586	15 612	−1 022	86 091	94	298	164 271	49 498
累计	1 551 273	1 358 393	109 447	164 560	−93 538	−1 134 233	127 735	57 618	846 520	114 771

说明：1. 国有企业上缴利润及国有资产经营收益，1979—1985年国营企业上缴基本折旧基金，1982—2000年企业上缴（国营）企业所得税，1982—2000年企业上缴（国营）企业所得税退税，1985—1993年企业上缴国业营企调节税，1985—2000年企业计划亏损补贴，1988—1993年企业承包收入退库，均含于各行业项下

2. 工业企业包括冶金、有色金属、煤炭、石油化学、化工、机械、汽车、船舶、电力、电子、建筑材料、轻工、纺织、包装、医药、地质、广播电视企业等企业

3. 农口企业包括农垦、农业、农机（含工业、修造、供销）、林业、森工、水利、水产、华侨和气象企业

4. 1979—1985年国家批准的粮油、副食品、煤炭和棉花差价补贴，1980—1982年企业上缴资金占用费，1979年与1980年、1983年与1984年预留下年和缴回上年企业单位调整工资应补未补数，在其他企业项下列收，其他企业项下还包括城市公用、监狱、劳教、测绘、标准、计量、对外承包、预算外等企业

1979—2000年广东省地方财政国有企业分项目收入统计表

表4-3-2　　　　单位：万元

年度	合计	国有企业上缴企业所得税	国有企业上缴企业调节税	国有企业上缴利润	国有资产经营收益	国营企业上缴基本折旧基金	国营企业上缴资金占用费	国有企业计划亏损补贴	国营企业承包收入退库	粮油副食品煤炭棉花补贴
1979	88 726	—	—	110 198	—	6 163	—	—	—	− 27 635
1980	86 563	—	—	104 948	—	5 080	6	—	—	− 23 471
1981	86 756	—	—	92 719	—	4 333	17 293	—	—	− 27 589
1982	56 969	5 980	—	56 994	—	4 347	17 697	—	—	− 28 049
1983	35 810	99 257	—	− 34 740	—	3 979	—	—	—	− 32 686
1984	10 749	115 297	—	− 77 002	—	3 026	—	—	—	− 30 572
1985	− 7 592	110 111	12 224	16 761	—	—	—	− 114 263	—	− 32 425
1986	36 680	99 301	9 196	15 501	—	—	—	− 87 318	—	—
1987	10 223	92 210	7 742	13 836	—	—	—	− 103 565	—	—
1988	− 189 981	105 219	10 238	9 726	—	—	—	− 295 858	− 19 306	—
1989	− 229 949	105 261	12 378	17 905	—	—	—	− 344 764	− 20 729	—
1990	− 242 334	89 597	6 012	21 337	—	—	—	− 345 886	− 13 394	—
1991	− 56 316	85 657	8 328	23 044	566	—	—	− 165 083	− 8 828	—
1992	− 59 432	91 755	4 089	18 888	41	—	—	− 163 833	− 10 372	—
1993	− 43 809	137 144	3 044	17 793	—	—	—	− 187 769	− 14 021	—
1994	27 950	166 860	—	25 666	9 388	—	—	− 173 964	—	—

续表4-3-2

年度	合计	国有企业上缴企业所得税	国有企业上缴企业调节税	国有企业上缴利润	国有资产经营收益	国营企业上缴基本折旧基金	国营企业上缴资金占用费	国有企业计划亏损补贴	国营企业承包收入退库	粮油副食品煤炭棉花补贴
1995	68 724	221 773	—	20 491	1 670	—	—	－175 210	—	—
1996	193 890	340 219	—	24 939	2 315	—	—	－173 583	—	—
1997	396 213	493 654	—	32 727	23 719	—	—	－153 887	—	—
1998	301 687	389 079	—	—	48 630	—	—	－136 022	—	—
1999	468 367	486 435	—	—	80 729	—	—	－98 797	—	—
2000	511 379	494 580	—	—	76 485	—	—	－59 686	—	—
累计	1 551 273	3 729 389	73 251	511 731	243 543	26 928	34 996	－2 779 488	－86 650	－202 427

说明：粮油副食品煤炭棉花补贴一栏，1979年和1983年包括预留当年调整工资应补未补款1 640万元和2 324万元

一、国有（营）企业上缴利润及国有资产经营收益

（一）国有（营）企业上缴利润

1978年起，广东国营企业自主权扩大，先后试行企业基金、利润留成，改变国家对企业统得过死的状况。

1983年6月1日起，广东的国营企业试行“利改税”，在执行“利改税”时，3个方面比全国放得更宽：一是在核定调节税时，财政让了一部分利润，相应提高企业留利水平；二是中等城市小型企业的划分标准比国家规定更宽；三是根据广东的物价水平，人均留利额比规定略高一些。

1994年1月1日起，广东执行税制改革，赢利的企业上缴企业所得税，同时取消国营企业调节税。企业缴纳企业所得税后的利润，按比例或数额递增承包的办法上缴财政。由于执行上述政策，企业实行的利润部分留给企业扩大生产以及归还贷款，部分利润转为缴纳税收，造成上缴利润下降，甚至亏损需要财政补贴。

1. 国有工交企业

1978年，国有企业开始实行企业基金。1979年，国家提高部分农产品价格、降低汽油和药品等工业品出厂价格，普遍提高企业职工的工资，以及财政对省属、韶关等城市100家大中型工业企业实行利润留成，对小氮肥厂实行定额补贴等措施，企业效益受到影响，上缴利润比1978年下降。

1980年，全省国营工业企业2 587家，实现产值106.83亿元，销售收入100.87亿元。其中亏损788家，亏损额1.94亿元。赢利企业实现利润9.55亿元，全行业留利2.11亿元，留利率22.15%。交通企业实行利润0.80亿元，留利0.19亿元，留利率23.67%。当年，全省在经济调整中压缩亏损严重的小氮肥企业，轻工业有了很大发展，产值占工业总产值的61.81%。上缴利润比1979年增长18.83%，达到95 517万元，为1997年前之最。

1981年4月，中央决定将广东轻工机械厂、汕头轻工机械厂、江门化工机械厂收归轻工业部管理，纳入中央财政预算。当年，全省工业总产值115.44亿元，轻工业产值仍占整个工业总产值的65.24%，重工业生产下降。全省国营工业企业仍实现利润11.27亿元，增长

14.94%；交通企业实行利润0.79亿元。但由于实行新增利润归还贷款，新增企业留利1.46亿元，上缴利润反而降为72 884万元。

1983年以前，全省利润大户为轻工、石油和电力3个行业，煤炭工业一直为亏损大户。1983年实行“利改税”，加上利润大户广州石油化工厂、茂名石油工业公司、有色金属工业上划中央，纳入中央财政预算。当年国营工交企业上缴利润5 357万元，相当于1982年的8.06%。1984年，全省工业总产值153.88亿元，但国营企业实行第二步“利改税”，部分利润转化为上缴所得税，粮油副食品煤炭补贴退库，造成工交企业不但没有上缴利润，反而变成纯退库。

1986年，全省工业总产值达到192.03亿元，但经济效益下降，成本上升，债务负担沉重。此外，由于开征新税种，部分利润转为税收，以利还贷增加到5.22亿元。当年税后利润虽比1985年下降，但亏损退库减少，净上缴利润反比上年增加1 396万元。1987年后，原材料、电价上涨，国营工业企业生产成本上升，全省工业企业以利还贷达到6.85亿元，上缴财政利润占其实现利润总额的25.52%。至1996年交通邮电企业几乎没有上缴利润。

1991年，国营工业企业全年销售收入463.19亿元，比1990年增长18.99%，但由于生产成本、费用上升，“三角债”严重，企业资金大量占压在生产和结算环节上，制约企业上缴财政利润，上缴利润比1990年减少4 807万元，下降48.13%。

1992年，国营工业企业经济效益不高的状况没有改变，亏损补贴前企业实现利润15.82亿元，亏损总额12.17亿元。制糖行业的企业亏损面达95.65%，亏损额7.3亿元。国家为搞活国营大中型企业，增强企业发展后劲，允许企业从销售收入中提取流动资金和技术开发费，直接影响企业上缴利润。

1993年，国营工业亏损补贴前实现税后利润33.37亿元，亏损总额7.18亿元，企业税后留利26.10亿元，上缴利润6 020万元，比上年下降16.63%。

1994年，受国家宏观调控政策的影响，企业运营资金紧张，资金成本上升，原材料、燃料、电力价格上涨，部分行业税负增加，工业企业效益下降，补贴前企业实现利润8.08亿元，亏损总额14.18亿元。至1997年，全省预算内国有工业企业亏损面57.47%，亏损企业亏损总额为45.18亿元，当年上缴利润2 673万元。1994—1996年，电力企业成为上缴利润大户，共上缴利润5 084万元。

2. 国有商品流通企业

1979年，国家提高部分农产品价格以及财政对商业企业实行利润留成，企业实行基金制度，对粮油、肉蛋实行差价补贴等措施，商业企业效益受到影响。

1980年，社会商品零售额增加，国营商业企业实现利润4.33亿元，尽管企业留利1.70亿元，留利率为39.32%，上缴利润仍达到23 289万元，比上年增加837万元。物资、供销企业实行利润全留。

1981年，全省提高蔗糖价格，商业企业实行利润5.38亿元，企业留利1.82亿元，上缴利润29 558万元，为历年之最。物资、供销企业实现利润1.27亿元，留利0.67亿元，上缴利润3 742万元。1982年，银行利率提高，一些商品降价，流通费用增加，企业税前还贷，商业企业实现利润4.78亿元，企业留利19.53亿元，上缴利润比上年下降45.84%。物资、供销企业实行利润和上缴利润与上年持平。

1983年，商业企业全年实现利润5.20亿元，留利2.27亿元。当年补贴农民自食有余糖加价款和国营农场的甘蔗价外补贴及收购土糖价外补贴增加。1984年，商业企业全年实现利润4.46亿元，留利2.27亿元。当年省政府规定收购甘蔗实行给蔗农价外补贴和处理积压商品。1983年和1984年实行第一步和第二步"利改税"，部分利润转为上缴所得税，两年变为纯亏损补贴，其中1984年纯退库18 744万元。

1985年，商业、供销、物资企业实现利润10.04亿元，税后留利5.28亿元，上缴利润5 467万元。1986—1991年，商业、供销、物资企业补贴前实现的利润逐年下降，从1986年的7.73亿元下降到1991年的0.42亿元；赢利企业税后留利分别为4.27亿元和3.99亿元；上缴利润从5 024万元下降到617万元。1991年累计亏损挂账10.69亿元，原因是食糖购销价格倒挂，受拖欠货款增加，贷款利息费用等因素影响；国家实行物资、材料供应双轨制，物资企业经济效益比较稳定。

1992年，商业企业商品销售持续增长，至1993年，全省预算内国营商业企业商品销售收入525.05亿元，补贴前实现利润3.81亿元，赢利企业税后留利7.32亿元（累计亏损挂账16.86亿元），上缴利润10 823万元。此后，销售收入每年均下降，上缴利润不足1 000万元。至1995年，全省预算内国营商业企业亏损挂账23.87亿元。

3. 国有粮食企业

1979年起，广东粮食企业实行提取基金和利润留成，同时粮食流通体制建立"计划经济为主、市场调节为辅"的粮食购销"双轨制"。

1979—1984年，经营平价粮油企业的收购、销售、调运、储存所发生的利息、费用和价差，由财政按国家规定标准给予政策性补贴，经营议价粮油的企业略有赢利。1979—1984年，全省政策性补贴抵赢利企业上缴利润后纯退库110 803万元，1985年起，政策性补贴列企业计划亏损补贴科目。

1985—1991年，粮食购销差价大，国际市场和省外市场粮食价格提高，进口粮食和省间议价转平价粮食的成本费用增加，银行提高贷款利率，经营平价粮油企业亏损增加，至1992年3月底亏损挂账28.16亿元，其中政策性亏损挂账24.75亿元。其间，经营议价粮油赢利企业按财务规定（见第九章第一节）上缴财政利润31 568万元，企业税后留利9.16亿元。

1992年4月后，放开城乡粮食销售价格，政策性亏损仍由财政补贴，经营性亏损由企业自行消化。当年，经营性粮食企业上缴利润3 594万元，此后每年均在几十万元之间。

4. 国有农口企业

1979—1995年，农口企业实现利润总额13.92亿元，其中亏损企业亏损额16.40亿元。1981—1992年，企业财务包干结余12.60亿元。

1978年，省属农场的财务纳入省财政预算。将25家省属农场改为华侨农场，主要为接收安置印度支那的大批难民，至1979年，共安置约20万人。基建费用、生产费用随之大增，收不抵支。1979年起实行财务包干，亏损额有所下降。1980—1984年，省属农场由财政补贴11 020万元。经国务院批准，从1985年起五年内免征工商各税和农业税，地处经济特区内的平沙、光明、红旗等华侨农场，充分利用改革开放的机遇和国家给予的减免税政策、财务包干政策，生产得到很大发展，由亏转盈。1988年后每年上缴利润在500万元左右。但地处偏远山区的华侨农场生产发展仍然缓慢，连年亏损的局面始终无法扭转。直至

2000年，华侨农场连年亏损，需要财政补贴。

1979年起，市、地区、县属农场按省统一安排的亏损指标包干给市、地区，超亏不补，结余留用，一年一定（1981年起改为五年一定）。1980—1984年，由财政补贴6 582万元，以后逐步退出市场。

1979—1984年，农业企业由财政补贴5 578万元。1985年起，赢利企业每年上缴利润几十万元。

1979年，农垦企业（指海南橡胶垦区）下放广东，改列省地方预算，当年上缴利润20 190万元。1980年又重新上划中央管理，纳入中央财政预算。

1979年，为支持农业发展和减轻农民负担，国家降低农机产品出厂价格，农机企业一直亏损，1980年开始压缩亏损的农机修造企业和农机供销企业，逐步减少财政负担。1979—1984年，农机企业由财政补贴9 603万元。1985年后逐渐退出市场。

1978—1980年，水产企业（包括海洋捕捞、水产养殖、供销和渔船修造）连年亏损，共由财政补亏7 442万元。1981年，改为“定额包干，减亏留用，超亏不补”办法后，亏损额比1980年下降74.48%。1982年4月，省财政厅核定省水产厅所属企业从1982年起实行“独立核算，利润包干上缴，亏损定额补贴，超盈减亏和超亏减盈分成，一年一定”的利润留成办法。1985年后，一直由财政进行补贴；1986—1993年赢利的企业上缴利润每年在两三百万元之间，以后再也没有上缴过利润。

1979—1981年，森工企业上缴利润3 024万元；1982—1984年，由财政补贴3 671万元，1985年后，每年上缴利润几十万元到100多万元之间。水利企业、林业企业基本上没有上缴过利润。

（二）国有资产经营收益

1998年，政府预算收支科目将国有企业上缴利润类科改为国有资产经营收益类科，涵盖的范畴更广，增加股份制企业中国有股权分红，国有资产转让、出售收入等。7月，全省石油系统企业上划中央，纳入中央财政预算。当年，全省预算内国有工业企业亏损面为60.94%，亏损企业亏损额为51.11亿元，国有企业国有资产经营收益48 260万元。1999年，省级工业企业增加利润112 33万元，全省国有企业国有资产经营收益比1998年增收5 265万元。1998—2000年，国有企业国有资产经营收益128 772万元。

国家规定，股份制企业国有股应同股同利，但很多股份制企业对于国有股红利的分配没有按政策执行。1994—2000年，股份制企业上缴国有股红利37 300万元，其中1997年广东省电力股份有限公司上缴1994年和1995年国有股红利22 657万元。国有资产在中外合资合作企业投资的收益也不高，1991—2000年，收益共71 139万元。

1989年后，国家规定国有小型企业的产权原则上都可以出售、转让。出售、转让国有小型企业产权，由各级政府的国有资产管理部门负责。出售、转让国有小型企业所得净收入，由国有资产管理部门组织解缴国库，由财政部门组织入库，均作为专项资金，纳入预算管理。1991—2000年，全省国有小型企业出售、转让上缴财政的收入6 332万元。

二、国有企业计划亏损补贴

1985年起，政府预算收支科目设国营企业计划亏损补贴类科，从财政收入中退库拨补企业亏损。工业企业亏损补贴，由财政按包干指标退库；粮食企业的亏损补贴包括平价粮经营亏损和一部分粮油差价政策性亏损；商业企业的亏损补贴包括糖蔗价外补贴、市场肉价补贴和食品企业遗留问题的专项退库。中央下放广东的外贸企业，由财政部核定亏损包干基数和上缴中央财政外汇额度，超亏部分由地方财政负担。1985—2000年，国有企业计划亏损补贴共2 779 488万元，相当于同期国有企业上缴利润和国有资产经营收益的7.17倍。

1985—2000年，工业企业计划亏损补贴472 292万元。其中：煤炭企业159 095万元，1989—1998年，每年亏损补贴在1.2亿元左右，1998年实施煤炭企业转制和退出市场后，至2000年只补贴118万元。1985—2000年，轻工企业计划亏损补贴135 222万元，1985年后轻工企业从原来利润大户变成亏损大户，1991—1995年，连续每年补贴1亿元～2亿元，1996年后补贴数额逐年减少。1985—2000年，其他行业计划亏损补贴情况如下：冶金企业70 235万元，化学企业34 037万元，机械电子企业30 307万元，纺织企业18 580万元，建材企业10 756万元，医药企业7 170万元，石油化工企业2 156万元。1990—2000年，有色金属企业补贴1 350万元；1995—2000年，包装企业补贴1 794万元。

1985—2000年，全省农林水企业计划亏损补贴104 937万元。其中：华侨企业28 909万元，1989—1997年，每年补贴2 000多万元，其余年度在1 000万元上下。农垦企业23 962万元，水产企业20 161万元，森林工业企业17 716万元，农业企业12 556万元，农机企业1 092万元。

1985—2000年，粮食企业计划亏损补贴1 080 710万元，占国有企业计划亏损补贴总额的38.88%；商业企业273 982万元；外贸企业581 128万元。

1985—2000年，全省交通企业补贴17 392万元；包括出版、文化的文教企业10 373万元；旅游企业1 469万元。

1985—2000年，其他企业补贴237 094万元。其中：监狱、劳教企业的亏损，全额由财政补贴，1985—2000年，共补贴近10亿元；城市公用企业亏损补贴48 558万元；物资供销和物质储备企业补贴24 756万元；1993—1996年，预算外企业亏损补贴1 407万元。

三、国营企业承包收入退库

1988年起，国家规定，国营企业承包采取利润全额上缴财政，超承包多得好处再由财政退库方式，控制企业超承包收入的分成，并保证承包合同的兑现。同年政府预算收支科目设国营企业承包收入退库类科。1988—1993年，共退库86 650万元，占同期国营企业上缴利润的79.72%。1994年起企业按章纳税，政府预算收支科目取消国营企业承包收入退库科目。

1988—1993年，国营工业企业超承包收入退库45 091万元。其中：轻工企业9 849万元，医药企业8 114万元，机械电子企业7 312万元，化学企业6 968万元，石油化工企业4 966万元，建材企业2 630万元，纺织企业2 504万元，冶金企业2 419万元。

1988—1993年，交通企业超承包退库3 379万元；商业企业28 730万元；粮食企业346万元；农机企业563万元；文教卫生企业3 205万元；物资企业2 561万元；城市公用企业2 260万元；国有建筑工程企业480万元。

四、国营企业上缴基本折旧基金和资金占用费

（一）国营企业上缴基本折旧基金

改革开放后，国家调整企业折旧基金的分配办法和改革管理制度，上缴折旧基金的办法也发生变化。

固定资产折旧基金分为基本折旧基金和大修折旧基金，上缴财政的为基本折旧基金。1979年起，固定资产原值100万元以下的企业，所提基本折旧基金全部留给企业使用；固定资产原值100万元以上的企业，其基本折旧基金50%留企业，50%上缴财政。1981年，国营企业基本折旧基金的上缴比例改为：省级企业上缴中央财政30%，上缴省财政10%；市、地区级企业上缴中央财政30%，不须上缴省财政。1982年，市、地区级工交企业的基本折旧基金，全部留企业使用；省属企业除核定省电力局每年向省财政上缴1 000万元、省石油化学工业厅上缴500万元外，其余企业均免缴。1985年以后，企业提取的基本折旧基金除上缴企业主管部门30%集中掌握外，其余70%留企业使用。1987年5月起，取消企业主管部门集中部分，全部留企业使用。1979—1984年，企业上缴财政的基本折旧基金共26 928万元。

（二）流动资金占用费

1980年以前，国营企业对国家划拨的流动资金无偿占用，1981年起实行有偿占用，按国家拨给的流动资金账面余额扣除特准准备拨款后以2.1‰计算，按月缴纳资金占用费，1983年起，实行“利改税”的国营企业不再缴纳资金占用费。1981年和1982年两年，企业共缴纳资金占用费34 996万元。

五、价格补贴

1979年，广东按国家统一规定，对粮、油和主要农副产品、畜产品、水产品因提高收购价，但销价不变而形成的价差，从企业收入中退库，补贴给经营这些商品的企业。每年的补贴项目，由国家统一规定，按月由当地财政部门根据省商业主管部门的销售计划和物价部门批准的差价标准从省库退库，年终清算，超计划销售的部分不予补贴。同时也对职工和城镇居民、大中专在校生给予副食品和肉价补贴（所有补贴标准见第五章第六节）。

1980年的补贴项目，增加原煤、棉花两项的专项价差补贴。商业企业经营的肉蛋和其他商品的差价补贴改列政策性亏损，不再从企业收入中退库。补贴额随各项补贴项目市场销量的增减而增减。1985年的补贴额比实行补贴办法第一年的1979年增加24.74%。

1986年起，粮油、棉花、市场用煤和其他商品的价差补贴，政府预算收支科目改列价格补贴支出，不再从企业收入中退库。

1979—1985年，由财政收入退库的补贴共202 427万元。其中：粮油补贴为最大宗，补贴161 855万元，占79.96%；棉花补贴8 521万元，占4.21%；煤炭补贴18 058万元，占8.82%；肉蛋类补贴9 792万元，占4.84%；其他副食品补贴占2.07%。

第四节　收费和罚没收入

一、行政事业性收费

行政事业性收费（也称“政府性收费”）包括行政性收费和事业性收费两部分。它从中华人民共和国成立初期就已经设定，早期称为“规费”。广东征收行政事业性收费的项目和收费标准，均由省政府及其授权部门，依照国家法律、法规和省人大通过的地方性规定制定。由各市、地区、县政府依照统一规定的办法组织征收，或由该项业务主管机关代征。1992年1月1日，全省实施《广东省行政事业性收费管理条例》，1986年7月起实施的《广东省行政事业性收费管理暂行办法》同时废止。同年起，行政事业性收费实行许可证制度，经批准收费单位应到指定的物价部门申请领取广东省行政事业性收费许可证（简称“收费许可证”）。1998年1月起，行政事业性收费实行委托银行代收款，由省财政厅委托省建行及其指定的下属机构承办。

1994年以前，纳入地方财政预算管理的行政事业性收费项目较少，只有民政、房产、公安、交通、工商、卫生、建设等部门的（证照）登记费、证照工本费、许可证费等，行政事业性收费的收入有限。1994年3月，财政部公布改革开放后第一批纳入财政预算管理的行政事业性收费项目，在广东的主要收费项目有：司法部门2项，公安部门4款9项，民政部门4项，工商部门4款二十几项，人事劳动部门8项，海关部门9项，建设部门9项，税务部门2项，外汇管理部门6项，文化、广播电视部门4项，无线电管理委员会3项，卫生医药部门5项，土地管理部门2项，烟草等其他部门28项，其余收费项目纳入预算外资金管理。1979—1996年，行政事业性收费纳入地方财政收入的有86 309万元。

1996年7月，国务院发布《关于加强预算外资金管理的决定》，当年底，广东对纳入地方财政预算收入管理的行政事业性收费项目进行清理并与收费部门清（结）算，余额转入地方财政预算年终结余。1997年起，随着预算外资金“收支两条线”管理的实施，行政事业性收费纳入地方财政预算的收费项目增加，当年收入90 673万元，超过过去的18年。1997—2000年，共收入907 070万元，占同期地方财政收入的3.17%，从1996年起年均递增69.94%。其中：工商部门收入306 251万元，公安部门收入186 501万元。

二、罚没收入

罚没收入是行政机关和法律、法规授权的其他组织依照国家法律、法规、规章的规定对违法、违章者实施行政处罚的罚款、没收非法所得物品折价收入，以及依法追回的赃款、赃物，是国家的一项财政收入。1979—2000年，全省罚没收入2 928 098万元，占同期地方财政收入的5.19%。

1986年以前，罚没财物及罚款收入管理制度不健全，实行分散管理，由执法部门自收自支，一部分上缴财政部门，其办案经费由财政在罚没收入中拨给，罚没票据由执罚单位自行设计和印制使用。由于罚没财物管理制度不健全，一些地区、部门为了解决行政执法机关经费不足的问题，实行罚没收入与财政分成的制度；有的行政执法机关把罚没收入与本部门职工奖金、福利挂钩，私设“小金库”；有的坐支截留、挥霍滥用；有的行政执法机关为“创收”而乱设处罚项目，滥用罚款。1979—1985年，广东罚没收入上缴财政部门29 623万元，年均递增47.28%。

为改变这种不正常的现象，1986年财政部制定《罚没财物和追回赃款赃物管理办法》，7月20日，省政府颁布《广东省罚款管理暂行条例》。省财政厅明确对罚没财物及追回赃款赃物的管理和处理办法，要求各级执法机关加强对罚没财物（包括扣留财物）凭证的管理和会计核算工作。各种罚没财物以及追回的赃款赃物，任何部门、单位和个人，都不得挪用、调换、压价私分或变相私分。执法机关依法收取的罚没款、赃款和没收物资，赃物的变价款一律作为国家“罚没收入”或“追回赃款赃物变价收入”，如数上缴国库。任何机关都不得截留、坐支。对截留、坐支或拖缴的，财政机关有权扣发其机关经费。财政机关不再办理罚没收入退库，由案件主办单位定期编报用款计划，经省财政厅核准，在执罚部门上缴财政部门的罚没收入中，以30%以内的比例拨付“办案费用补助”。各级执法机关执罚使用的罚没票据，按其罚没收入上缴哪一级财政的，就使用哪一级财政部门制发的罚没票据。1986年12月，财政部规定，对海关总署、国家外汇管理局、铁道部等中央机关所属驻粤单位的罚没收入，50%上缴中央财政，50%留广东财政。

1992年3月20日，省政府颁布《广东省罚没财物管理条例》，明确对罚没财物及追回赃款赃物的管理和处理办法，除按照1986年的规定外，重点在于采取“收支两条线”管理和票据管理。对罚没的财物设立专项账册和指定专人负责，建立和健全罚没财物交接、验收、登记、保管、定期结算、清仓和对账制度；由财政部门或执罚单位委托拍卖行公开拍卖，拍卖所得款项全额上缴国库，初步规范了罚没收入的财务管理。

1986—1997年，全省罚没收入1 664 492万元，年均递增34.56%。这一时期罚没收入最多的是：政法机关879 131万元，工商行政管理部门193 599万元，海关部门156 043万元；缉私罚没的80 031万元，追回赃款和赃物变价款14 273万元。

1997年11月，国务院发布《罚款决定与罚款收缴分离实施办法》。广东自1998年开始对全省各级执罚部门的罚没收入，实行统一委托国有商业银行代收代缴办法。采取“单位开票，银行代收，财政统管”，罚款决定与罚款收入分离的管理模式（法律、法规允许当场收缴的除外）。罚款实行委托银行代收代缴后，取消执罚部门原在有关银行开设的罚款收入过渡性账户，并将原收缴的款项全额缴交国库。

在缉私罚没收入方面，1994年前，广东海上缉私罚没收入上缴省打私办掌握使用。1995年7月，省财政厅根据国务院关于罚没收入纳入财政预算，实行“收支两条线”管理的规定和省政府《关于省打私办财务管理及1993年财税检查问题的复函》精神，省财政厅发出《关于海上缉私罚没收入上缴问题的通知》，从1994年起，海关总署广东分署海上缉私罚没收入改为直接上缴省财政厅，纳入省财政预算管理；各海关执行“收支两条线”的管理规定，建立健全各项管理制度。缉私办案经费的安排，在中央核拨安排的缉私经费不足时，可向省财政厅申请增加核拨办案经费。1995年7月，省财政厅与省打私办对1994年1月1日后的海上缉私罚没收入进行清理后上缴省财政。

财政部规定从1999年起，缉私罚没收入全额上缴中央财政。同年7月，省财政厅、海关总署广东分署、省公安厅、省工商行政管理局、省打私办联合转发财政部、海关总署、公安部、国家工商行政管理局《关于加强缉私罚没收入缴库和缉私缉毒办案支出管理的若干规定》，并结合广东实际作出规定：（1）海关、公安和工商行政管理等执法部门的缉私罚没收入，委托国有商业银行代收、代缴。（2）各级海关应按月逐级汇总上报“罚没收入缴库月报表”，由海关总署广东分署汇总后报省财政厅、省打私办，其他缉私部门在每月终了三日内向当地财政部门及打私办上报缴入中央金库的缉私罚没收入报表。（3）经省政府同意，中央返还广东省缉私罚没收入资金，按省级专项资金管理办法管理。省级财政留作调剂的资金，按30%比例提取，具体分配方法由省打私办会省财政厅制定后报省政府审批；中央返还的其余资金由省打私办牵头会省财政厅和海关总署广东分署根据各地的办案情况和上缴的缉私罚没收入情况，制订具体分配计划，报省政府审批后返还案发地财政，主要用于公安、工商行政管理、海关等执法部门的缉私缉毒办案经费。

1998—2000年，全省财政罚没收入共1 233 983万元，年均递增3.18%。其中1998年查获非法光盘生产线变价收入28 725万元。这一时期公安机关罚没收入560 318万元，检察院53 598万元，法院21 994万元，工商行政管理部门106 055万元，海关部门73 913万元，物价部门29 359万元，交通部门42 573万元。

第五节　专项收入

一、国家能源交通重点建设基金

1982年12月1日，中共中央、国务院联合发出《关于征集国家能源交通重点建设基金的通知》，12月15日，国务院颁布《国家能源交通重点建设基金征集办法》。1983年1月17日，财政部颁布《国家能源交通重点建设基金征集办法实施细则》。广东从1983年1月1日起开征国家能源交通重点建设基金（本目简称“国家能交基金”）。1994年，国务院批准对国有企业停止征收国家能交基金；1995年又停止向非国有企业征收；1996年起全面停止征收。

国家能交基金征集范围包括一切国营企事业单位、机关团体、部队和地方财政的预算外资金，国营企业及其主管部门提取的各项专项基金，其他没有纳入预算管理的资金和城镇集体企业缴纳所得税后的利润。计征率按以上资金当年收入的10%计征。1983年7月起提高到15%。

1987年广东执行国务院、财政部规定，扩大国家能交基金的征集范围，对凡未开征国家能交基金的城乡集体企业、个体工商业户和私营企业，按缴纳所得税后利润的7%征集。缴纳所得税后利润不足5 000元的单位予以免缴。

1983年，广东对地方财政的农业税附加；中、小学校学杂费和勤工俭学收入，中专技校、高等学校的学校基金；国营企业的大修理基金；统配煤矿折旧基金和维简费；国营石油企业的油田维护费；林业部门的育林基金；社会福利工厂收入；行政事业单位的经费包干结余等项，免予征集国家能交基金。1984年起，广东停止征集基层供销社的国家能交基金。1985年，广东对国营工业、交通、航运企业，其折旧基金减按7%依率计征。1987年，对企业将减免的产品税、营业税、增值税、所得税税款，如直接转入生产发展基金的，予以免征。同年，广东对中央确定为国家级贫困县的五华、丰顺、大埔、龙川4个县，以及经省政府批准列为贫困地区的乡（村）镇企业、个体工商业户、农村信用合作社，也予免征。

广东省按所得税额带征国家能源交通重点建设基金带征率

表4-5-1

经济性质	累计全年应纳所得税额（元）	带征率（%）	速算增加数（元）	经济性质	累计全年应纳所得税额（元）	带征率（%）	速算增加数（元）
集体企业	1 417～2 420	18.00	95	个体工商户	1 493～2 020	13.00	156
	2 421～7 670	13.00	216		2 021～3 620	10.50	206
	7 671～18 170	9.70	469		3 621～6 320	8.60	275
	18 171～42 170	7.60	847		6 321～9 320	7.00	375
	42 171～95 170	6.20	1 454		9 321～12 620	5.70	496
	95 170以上	5.70	1 913		12 620以上	4.70	623

国家能交基金由税务机关负责征集，实行按月或按季缴纳，年终汇算清缴。对建账的集体企业、个体工商业户实行查账计征；对账目不健全、所得税实行“单定”或“双定”计征的集体企业、个体工商业户，也采用带征的方法征收。同时，统一全省按所得税额带征基金的带征率。对全年应纳所得税额集体企业不足1 417元、个体工商户不足1 493元的，免征国家能交基金。

根据财政部规定，对经国务院批准成立的国营对外承包企业，1986—1988年免征国家能交基金，从1989年起恢复征收。在广东征集国家能交基金的国营对外承包企业有广东国际经济技术合作公司及其所属分公司、广东成套设备进出口公司及其所属中心（站）、广东省建设开发公司。

1989年，省税务局决定对查账征收的私营企业，按其税后利润全额计征国家能交基金；对带征所得税的私营企业，国家能交基金也采用带征方法征集。同时规定，缴纳单位缴纳所得税后年利润不足5 000元（含5 000元）的，免缴国家能交基金，超过5 000元的按税后利润全额计征国家能交基金。

同年，省税务局根据国务院、财政部有关规定，决定从1989年1月1日起，对全省银行统一应缴纳的国家能交基金均以独立核算的分行、支行为单位向当地市、县税务部门缴纳，缴款单位按季预缴，年终汇算清缴多退少补。同时规定，人民银行、工商银行、中国银行由省分行在广州统缴国家能交基金的办法停止执行。

同年，省税务局根据国家税务局规定要求，并结合在执行中的情况，对国家能交基金的缴纳作出补充规定：国营企业在房改中，把职工宿舍卖给职工取得的收入以及系统内职工调动其宿舍的产权随之转移而取得的收入，暂不征收国家能交基金。执行集体企业财务制度的股份制企业，就税后利润征集国家能交基金；执行国营企业财务制度的股份制企业，比照国营企业征集国家能交基金；对由税务部门按征收集体企业所得税办法征收所得税的预算外企业，就其税后利润征集国家能交基金；对按隶属关系分别由同级财政部门按照国营企业所得税、调节税办法核定比例上缴利润的预算外企业，比照国营企业征集国家能交基金；交通部门和海关征收的车辆购置附加费，由交通部集中在北京缴纳国家能交基金。

1990年，按照《国家能源交通重点建设基金征集办法》的规定，省税务局经与省财政厅共同研究决定，一切国营企业及其主管部门，企业化管理的事业单位，城镇集体企业，私营企业和个体工商业户由税务部门负责征收管理。其他行政、事业单位，原则上由税务部门负责征收管理。

同年，广东对国家能交基金的若干政策予以调整，调整对象包括：对企业化管理的事业单位提取的折旧基金不单独缴纳国家能交基金，勘察设计院取得的事业收入属应纳国家能交基金的预算外资金其存在银行所取的利息收入，按事业收入总额缴纳国家能交基金。水利工程的水费收入由水利部门商请同级财政部门核定抵作供水成本和事业费拨款的，视为预算收入，免缴国家能交基金。各市、县外贸（工贸）公司的企业减亏留用基金用于以丰补歉的，经所在市、县税务局批准即可免征国家能交基金。

国家能交基金每年由财政部分配广东任务定额，广东再由省政府负责分配。1983—1998年（含追收尾欠），广东税务部门征集国家能交基金共869 365万元。1983—1995年，国家能交基金上缴中央财政后，每年年终中央财政按规定返回广东一部分，在年终结算收入中体现。广东地方收入部分主要投入兴建两广输变电工程、长塘水电站、广佛高速公路、广州人民路高架路、沙角电厂等重大能源交通重点建设项目。

二、国家预算调节基金

1989年2月17日，国务院颁布《国家预算调节基金征集办法》；4月24日，财政部颁布《国家预算调节基金征集办法实施细则》。广东从1989年1月1日起开征国家预算调节基金（本目简称“调节基金”）。1994年1月1日起，广东对国有企业停征调节基金；1995年，对非国有企业停征；1996年起全面停征。

调节基金对所有国营企事业单位、机关团体、部队和地方财政的各项预算外资金以及其他没有纳入预算管理的资金，所有集体企业、私营企业以及个体工商业户缴纳所得税后的利润征集。调节基金按规定征集范围和项目的当年收入的10%计征，广东按照国务院要求对以下项目免征调节基金：地方财政的农业税附加，中小学校的杂费、勤工俭学收入、高等院校和中专技校学校基金，企业的大修理基金，煤矿维简费和油田维护费，林业部门的育林基金，其他经国务院或者财政部批准免征的项目。

调节基金征集任务，由省政府负责分配，由税务机关负责征集。广东调节基金的征收管理，按照《中华人民共和国税收征收管理暂行条例》的规定执行。实行按月或按季缴纳。缴款单位在月份或季度终了后的十日内，填写缴款书，向所在地开户银行一次缴清。第四季度或者12月份的调节基金在年末以前预缴，年度终了以后，根据有关决算资料进行汇算清缴。

1989—1990年，广东根据国务院、财政部的有关规定，先后对银行系统等企业单位征集调节基金的政策作了补充和调整，征免对象和调整的范围与国家能交基金相同。

1989—1998年（含追收尾欠），广东税务部门共征集调节基金365 897万元。1989—1995年，调节基金上缴中央财政后，每年年终中央财政按规定返回广东一部分，在年终结算收入中体现。

三、排污费

1982年7月7日，省政府根据国务院颁布的《征收排污费暂行办法》的精神，制定《广东省征收排污费实施办法》。对排放超标“三废”（废气、废水、废渣）污染物的企业、事业性单位（统称“排污单位”）征收排污费；对工业炉窑及宾馆、饭店、旅社、酒茶楼、招待所等炉灶的烟尘，按工业及采暖锅炉的标准收取排污费。排污费的收费标准按排污单位排污的种类、数量、浓度等情况，经环境保护部门核定作为收费依据。对缴纳排污费长时间仍未达到排放标准的排污单位，从开征第三年起，每年提高征收标准5%。

排污单位不论其隶属关系和所有制，均由所在地的市、县环境保护部门负责征收。排污费收入纳入地方财政收入，作为环境保护补助资金，按专款资金管理，不参与体制分成。中央部属和省属排污单位的排污费缴入省级财政，省财政对承担中央部属和省属排污单位监测收费任务的环境保护部门，给予不高于其征收排污费总额10%的补助，其他排污单位的排污费缴入当地市、地区、县地方财政。

1985年4月，省政府决定，随着广东经济体制改革逐步深入，部分省属企业下放地方管理，省属下放企业征收排污费改由当地环境保护部门负责征收管理。地方环境保护部门对省属下放企业征收的排污费，10%上缴省财政，10%留给地方环境保护部门作为补助环境保护事业，80%留作补助缴费单位治理污染。

1990年9月3日，省政府颁布《广东省征收超标排污费实施办法》，《广东省征收排污费实施办法》同时废止。排污费的征收工作由各级政府的环境保护部门主管，纳入同级财政预算管理，作为环境保护补助金，不参与体制分成。中央和省属排污单位的排污费，由省环境保护监理机构负责征收管理并委托排污口所在地的市或县的环境保护监理机构代为核定，直接缴款入省环境保护部门在银行开设的省征收排污费专户。1985年及其以后经省政府批准下放市、县管理的中央和省属排污单位，由所在地的环境保护监理机构征收。收费总额10%上缴省财政，作为省级排污费收入，90%留当地财政，作为市或县排污费收入。省内的中外合资经营企业、中外合作经营企业，联营企业中，中央和省的投资或股份超投资总额或股份50%的，以及由省审批管理的中外合资经营企业、中外合作经营企业和外资企业，纳入中央和省属企业管理。

1982—2000年，全省征收排污费459 322万元，其中1997年的50 284万元政府预算收支科目列入政府性基金和附加收入，纳入地方财政收入的为409 038万元，年均递增18.92%。

四、教育费附加

1985年，广东贯彻国务院1984年12月13日发出的《关于筹措农村学校办学经费的通知》，对农业、乡镇企业征收教育事业费附加，附加率和计征办法由乡镇报县（市）政府批准。1986年4月28日，国务院发布《征收教育费附加的暂行规定》，同年8月9日，省政府作出《关于我省城市、农村征收教育费附加的有关规定》，明确农村从1986年1月1日起执行，城市从1986年7月1日起执行。

农村教育费附加征收的范围是农、林、牧、副、渔、盐业及各种专业户，个体工商户；乡镇企业，包括供销、运输、建筑等合作组织。征收率有两种方式：一是按人均纯收入计征，人均纯收入300元以上的按1.2%计征，200元～300元的按1%计征，150元～200元的按0.5%计征，150元以下的免征。二是在农业税附加的基础上附加10%～15%。个体工商业户按营业额收入征收0.5%～2%，乡镇企业按销售收入额征收0.5%～1%。附加率和征收办法由乡镇提出方案报县政府批准，由乡镇负责征收，纳入乡镇自筹统筹资金。县以下基层供销社统一按产品税、增值税、营业税“三税”税额的1%由税务机关征收。1994年税制改革后，农村教育费附加按上年度当地农村人均纯收入1.5%～2%计征，农村人均纯收入低于500元的免征；凡缴纳增值税、营业税、消费税的乡镇、村企业，私营企业及个体工商业户，按实际缴纳税额的3%计征；不缴纳增值税、营业税、消费税的按其销售收入的1%计征。2000年起，实行农村税费改革的兴宁、四会和徐闻等3个县（市）农村取消对农民征收教育费附加。农户、各专业户和承包户缴纳的教育费附加，纳入乡镇统筹费中由乡镇政府征收。

1986年7月1日起，城市教育费附加对缴纳产品税、增值税和营业税的单位和个人征收。1994年，全面税制改革后，城市教育费附加的征收对象由原来缴纳产品税、增值税和营业税的单位和个人调整为缴纳增值税、消费税和营业税“三税”的单位和个人。

根据国务院的规定，广东对城市教育费附加的附加率进行过3次调整。从1986年7月1日起，全省征收城市教育费附加的附加率为1%；从1991年1月1日起，附加率调整为2%。1994年2月，省政府在转发国务院《关于教育费附加征收问题的紧急通知》时规定，从1994年1月1日起，全省城市教育费附加的附加率调整为3%。

广东对征收城市教育费附加实行一定的优惠政策：一是海关对进口产品代征的产品税、消费税和增值税，不征收教育费附加。二是对已缴纳农村教育事业费附加的单位，不再征收教育费附加。三是对从事卷烟和烟叶生产的单位，实行减半征收。1994年10月，广东根据国务院的通知，作出只对从事生产卷烟的单位实行减半征收，对从事烟叶生产的单位仍按3%的附加率征收。同时明确对外商投资企业和外国企业暂不征收教育费附加。

按照规定，城市教育费附加的征收机关为税务机关。从1994年1月1日起，税务机构分设后，城市教育费附加分别由国税局和地税局负责征收。教育费附加的缴纳环节、期限和缴纳地点，与“三税”的缴纳环节、期限、缴纳地点一致。

城市教育费附加的征收管理按照“三税”的有关规定办理，以单位和个人实际缴纳的产品税、增值税、消费税和营业税税额为计征依据，对由于减免产品税、消费税、增值税而发生退税的，同时退还已征的教育费附加。但对出口产品退还产品税、消费税、增值税的，不退还已征的教育费附加。

1986—2000年，广东税务部门共征收教育费附加94.34亿元。

征收的教育费附加由各级教育部门统筹安排，提出分配方案，专款专用，作为教育专项资金列收列支，不得抵顶财政教育经费的拨款。省政府决定对少数经济较富裕、教育费附加较多的市，适当提取一部分数额，统筹用于地区之间的调剂、平衡。提取上缴部分用于支持老区、少数民族地区、贫困地区发展教育事业。1986—1990年，中央和省属驻穗企业单位应征收的教育费附加，按实征额的50%留广州市使用，50%上缴省财政统筹；佛山、江门两市分别按其实征总额的15%和10%上缴省财政统筹。1990年8月1日，省政府决定增加东莞、中山两市按其实征总额的15%上缴省财政统筹；中央驻穗其他单位和省属驻穗企事业单位征收的教育费附加，按实征数额的20%上缴省财政统筹，80%留给广州市使用；其他市全留，一直至2000年。1991年1月起，铁道部系统、人民银行总行、各专业银行总行、保险总公司缴纳的教育费附加，作为中央财政固定收入，其余驻粤单位均就地上缴税务部门。

1986—1989年，全省教育费附加征收20 498万元，这一时期教育费附加列入预算外资金管理。1990年8月1日起，城市教育费附加纳入地方财政预算管理（1997年列政府性基金和附加收入）。1990—1996年，农村教育费附加仍列入预算外资金管理，共征收80 235万元；1997年起列入政府性基金和附加收入，1997—2000年，共征收农村教育费附加39 601万元。

五、国有土地和海域使用有偿出让收入

1987年，深圳、广州两市试点国有土地有偿转让，由过去的指令性划拨无偿使用改为有偿使用。1990年，国家开征国有土地使用权有偿出让费，出让费的收入按预算级次分三级划分。32%为中央预算收入，全部上划中央财政；48%为地方预算收入留归取得收入的市或县财政部门；20%为取得收入的城市预算固定收入，由财政部门安排用于城市土地开发建设。1994年起不再上缴中央财政，全部作为市、县收入。

1993年5月起，广东执行财政部、国家海洋局《关于国家海域使用管理暂行规定》，对有偿转移海域使用权的单位和个人征收海域使用金。海域使用金包括海域出让金、海域转让金和海域租金。海域使用金收入30%上缴中央财政，70%作为省地方财政的预算固定收入，由各级财政统筹安排，用于海域开发建设、保护和管理。

1999年1月起，中央为控制农用耕地的动态平衡，征收新增建设用地土地有偿使用费，专项用于耕地开发。全省新增建设用地缴纳的土地有偿使用费，30%上缴中央财政，作为中央基金收入，20%作为省级（深圳市除外）基金收入，10%作为市级收入，40%作为县（含县级市，不含市辖区）级收入，专项用于耕地开发。

2000年起，国有土地有偿使用费收入改列政府性基金和附加收入，不再在地方财政收入中列收。海域使用金仍作为地方财政收入。

1990—2000年，以上3项收入472 770万元。国有土地使用权有偿出让费收入，深圳、广州两市占的比重最大，1992年两市的收入占全省的97.74%。

六、其他专项收入

（一）矿产资源补偿费

根据国务院颁布的《矿产资源补偿费征收管理规定》，1995年7月，省政府制定《广东省矿产资源补偿费征收管理实施办法》，规定凡在广东境内及管辖海域开采矿产资源的，除法律、行政法规另有规定外，均应缴纳矿产资源补偿费。矿产资源补偿费征收额为矿产品销售收入乘以费率，费率根据不同矿种从1%～4%不等。《广东省矿产资源补偿费征收管理实施办法》施行之后，1995年以前收取“矿产资源开发管理费”的收费办法即行取消。

矿产资源补偿费中央与省分成比例为5：5。省与中央分成所得的矿产资源补偿费再作下列情况分配：征收中央、省属国有矿山企业的矿产资源补偿费，省、市、县的分成比例为3：2：5；征收其他矿山企业和个体采矿户的矿产资源补偿费，省、市、县的分成比例为1：1：8；征收处于少数民族自治县境内的矿山企业和个体采矿户的矿产资源补偿费，省、市、县的分成比例为0：1：9。

1985—1994年，收取的矿产资源开发管理费286万元；1995—2000年，共征收矿产资源补偿费1 777万元（其中1997年的285万元列入政府性基金和附加收入）。

（二）基本建设贷款归还

从1981年起，凡是实行独立核算有还款能力的企事业单位，进行基本建设所需的投资，除尽量利用企业自有资金外，一律改为银行贷款。1982年起，广东原则上对独立核算有还款能力的企业或项目，实行基本建设贷款制度。从1985年起，广东省内凡是由国家预算内安排的基本建设投资，包括省财政安排的基本建设投资，全部由财政拨款改为银行贷款。“拨改贷”的资金分别由中央和省财政预算拨给。建设银行收回的贷款，其中属于中央预算安排的，上缴归还中央财政；属于省财政安排的，上缴归还省财政，广东对列入省的年度基本建设计划，签订总合同有困难的“拨改贷”项目，可先签订年度借款合同，待条件具备后再签订总合同。从1987年开始，贷款和借款企业或项目陆续归还款项，至1999年，总共归还基本建设贷款8 573万元。1993年起，省级财政基建投资“拨改贷”收回本息部分，投入广东省基本建设基金。

（三）粮食调拨经营费和第二次提高口岸中转费

1986年1月1日起，国家调整粮食调拨经营费，所增加的调拨经营费收入纳入地方财政收入。1986—1992年，粮食调拨经营费共收入5 654万元。同年4月1日起，国家第二次提高口岸中转费每吨27元，归中央财政收入。

（四）下放港口以港养港

1987年1月，交通部将黄埔港下放给广州市，实行市与交通部双重领导，以市为主的管理体制。1989年，交通部又将广州港、湛江港、汕头港下放广东，由港口所在市与交通部双重领导。下放港口作为地方财政预算内企业，纳入地方预算管理。

下放港口实行财政包干的财务体制，下放港口的收入，分为用于港口的收入（即以港养港）和定额上缴中央财政两部分，上缴中央财政包括企业所得税、国营企业调节税、国家能源交通重点建设基金、建筑税和核定利润。

从1996年开始，改为下放港口按规定向中央财政上缴33%所得税，就地缴入地方金库，再由地方财政上解中央财政。1988—1996年（含追收尾欠），下放港口以港养港收入61 866万元。1997年起，以港养港收入列入政府性基金和附加收入。

（五）城市水资源费

从1982年起政府预算收支科目就有反映城市水资源费科目，当时主要是由城建部门按规定向企业征收的、用于水资源建设的专项资金，但只有少数地方执行或列预算外资金收入。1997年该项收入列入政府性基金和附加收入；1998年起，才列入地方财政预算管理。1998—2000年，共征收371万元。

1982—2000年广东省地方财政专项收入统计表

表4-5-2　　　　单位：万元

年度	合计	国家能源交通重点建设基金	国家预算调节基金	征收排污费	教育费附加	国有土地和海域使用权有偿出让	矿产资源补偿费	基本建设贷款归还	新增粮食调拨经营费	下放港口以港养港	城市水资源费
1982	2 654	—	—	2 654	—	—	—	—	—	—	—
1983	3 311	—	—	3 311	—	—	—	—	—	—	—
1984	3 097	—	—	3 097	—	—	—	—	—	—	—
1985	4 623	—	—	4 621	—	—	2	—	—	—	—
1986	5 715	—	—	5 707	—	—	8	—	—	—	—
1987	7 107	—	—	6 550	—	—	8	316	233	—	—
1988	32 665	15 947	—	7 928	—	—	10	1 338	25	7 417	—
1989	73 068	33 354	19 867	8 940	—	—	14	955	345	9 593	—
1990	94 498	31 146	26 270	9 504	7 629	9 377	11	130	1 738	8 693	—
1991	127 396	31 021	33 040	14 475	19 190	17 257	11	419	2 312	9 671	—
1992	169 553	33 689	35 050	18 907	23 552	47 286	194	921	1 001	8 953	—
1993	190 908	35 316	29 037	26 398	35 242	56 211	15	699	—	7 990	—
1994	190 796	13 947	13 636	34 326	53 418	67 292	13	601	—	7 563	—
1995	162 690	3 365	7 513	43 816	79 035	27 819	67	—	—	1 075	—
1996	172 251	1 759	1 449	45 667	85 558	36 000	8	899	—	911	—
1997	58 938	1 154	936	—	—	56 456	—	392	—	—	—
1998	229 788	—	—	56 511	110 161	60 549	423	1 894	—	—	250
1999	276 419	—	—	56 584	124 793	94 480	456	9	—	—	97
2000	210 183	—	—	60 042	149 536	43	538	—	—	—	24
累计	2 015 660	200 698	166 798	409 038	688 114	472 770	1 778	8 573	5 654	61 866	371

说明：排污费和教育费附加收入1997年政府预算收支科目列于政府性基金收入

第六节　其他收入和补助、结算收入

一、其他收入

地方财政收入，除上面记述的收入之外还有其他收入，其他收入的项目繁多，不同时期有增有减，收入零星分散，在财政收入中所占的比重小。同时，随着不同时期政府预算科目的变动，其他收入的范围和所含内容也有所变动，故有的科目统计年限不是每年度都有。1979—2000年，其他收入380 972万元，占地方财政收入的0.68%，年均递增31.21%。

事业收入。中央和地方各部门所属事业单位应上缴国家预算的各种事业收入，1986—1997年，该项收入11 413万元。

公产收入。公产是指公有的房地产，由国家对财政投资兴建和户绝归公的地产。公产按其管理权分为省级公产，市、地区、县级公产。公产收入列入省、市、县自筹收入预算，按“以房养房”原则，专款专用，作为公产修缮、保管或市场服务设备添置专款；代管产的租金收入，除按规定提取代管费或该代管产的维修费用外，余款以专户存入银行，待处理该代管产时一并处理。1979—1997年，全省公产收入6 190万元。1998年起列入政府住房基金管理。

外商投资企业中方职工补助收入。由于中国实行低工资、低物价、多补贴的分配制度，在这一分配制度下，国家财政收入中有相当部分用于补贴职工医疗卫生、文化教育、住房、交通、副食品价格等方面的补贴。而外商投资企业不同于国内其他企业，按照国外的高工资、高物价的制度，外商投资企业中方的上述费用是包括在职工工资之中，而国内则是由财政支付的，因此外商投资企业应予以补偿。

1980年，广东开始向外商投资企业收取中方职工各项物价补贴（也称“工资差”）。1986年，省属中外合资、合作经营企业的缴纳标准按工资总额的10%，向省财政厅缴纳国家对中方职工的各项补贴；广州市按工商登记注册资本金的多少，分每人每月50元、40元和30元等3个等级。同年11月，缴纳标准统一改为每月每人30元。1989年以前列入企业费用开支，从1989年起纳入地方财政预算。1997年1月1日以前，省属外商投资企业中方职工各项物价补贴收费标准为工作满3个月的职工（下同）每人每月30元。随着国家对物价逐步放开，财政用于居民副食品、住房、保健等方面的财政支出数额减少，1997年1月1日起，广东酌情调低外商投资企业上缴中方职工各项物价补贴标准，重新核定为每人每月25元。各市属外商投资企业缴交标准由各市财政部门制定。

经省外经贸部门确认批准的先进技术和产品出口外商投资企业，由企业申报，由主管部门批准后可享受免缴中方职工各项物价补贴的优惠政策。1989—2000年，全省该项收入19 884万元。

外商投资企业场地使用费。外商投资企业场地使用费是指外商投资企业为取得中国境内场地使用权而支付的费用。场地使用费的征收标准，根据场地所在的地理位置和偏远程度、地段的繁华程度、基础设施完善程度等因素确定收费标准。征收场地使用费是国家主权和经济利益的体现，是财政收入的组成部分，除法律及国家财政、土地主管部门规定外，地方无权减免场地使用费的征收。1996年和1997年两年，该项收入680万元。1998年起列入专项收支。

有价证券利息收入。有价证券利息收入指由财政部门认购的国库券、国债等有价证券的利息收入，1992—2000年，该项共收入38 314万元。

基本建设收入。基本建设收入是指由财政投资的基本建设项目获取的利润，1979—2000年，该项收入1 560万元。

审计违纪罚没收入。省审计部门对地方财政及企事业单位进行审计，对违纪单位进行罚没处理。1988—1997年，罚没违纪单位收入8 053万元。

其他杂项收入。1979—2000年，其他杂项收入达294 637万元，项目繁多，不予一一罗列。

二、补助和结算收入

补助和结算收入是中央财政按财政体制计算，应拨给广东财政的补助款和在年度预算执行过程中给广东专案追加的收入预算拨款，以及年终省财政与中央财政结算后，按有关规定中央财政返拨给省财政的款项。

体制分成和“两税”返还。1979年，中央对广东实行“核定收入，增收分成”的财政体制，确定分成比例为43%，广东当年增收分成为9 500万元。1994年起实行分税制，“两税”上划中央财政，中央财政按1993年广东净上解中央财政收入为基数，“两税”上划增长率高于全国平均上划“两税”增长率1%，中央财政按增长0.3%的比例返还广东。1994—2000年，中央财政返还广东“两税”12 386 276万元，占广东上划中央“两税”的58.55%。

专项（款）补助。1979—2000年，中央对广东补助款、专案追加和财政返拨共2 289 164万元。

各项结算补助。1979—2000年，广东与中央财政各项结算收入954 620万元，包括1983年以后烧油特别税超额上缴部分返还、国家能源交通重点建设基金和国家预算调节基金超额上缴部分返还、海关代征税基数返还、国有土地出让收入返还；外贸出口退税专项上解中央财政；中央财政向下放省地方管理外贸企业亏损补助、基本建设“拨改贷”补助、进口粮食结算补助等。1997年后海关罚没收入返还等。

中央财政核增核减各项补助。1979—2000年，中央财政向广东核增核减各项补助143 291万元，包括农业税减免补助；企业、事业单位（含高等院校）上划中央、下划广东补助等。

其他补助。1979—2000年，中央向广东其他补助共137 755万元，包括边境口岸建设费、海关口岸遗留问题补助、缉私经费补助；受灾、困难和扶贫地区补助；财政部门自身建设补助、财政院校建设补助；对广州市、深圳市的专项补助等。

增发国债补助。1997年亚洲金融危机波及中国，1998年国务院决定增发国债，并将其中一部分国债转贷地方政府使用，为有偿贷款。在转贷地方政府有偿贷款的同时，中央财政也无偿拨付补助地方政府款项。1998—2000年，财政部拨付广东增发国债补助款138 343万元。

1979—2000年广东省中央补助和结算收入统计表

表4-6-1 单位：万元

年度	合计	体制分成	专项（款）补助	各项结算补助	调整收入任务增加或减少	其他补助	增发国债补助
1979	14 789	9 500	4 700	100	—	489	—
1980	6 745	—	6 740	5	—	—	—
1981	12 227	—	10 987	4	1 236	—	—
1982	40 704	—	26 113	—	14 591	—	—
1983	45 808	—	44 123	—	1 165	520	—
1984	78 403	—	41 587	36 208	608	—	—
1985	109 547	—	71 665	28 430	5 152	4 300	—
1986	177 058	—	139 221	31 032	3 479	3 326	—
1987	199 935	—	162 238	31 825	3 234	2 638	—
1988	327 806	—	137 052	190 441	－172	485	—
1989	325 889	—	137 581	187 713	45	550	—
1990	384 098	—	125 837	257 228	－87	1 120	—
1991	238 783	—	120 423	114 113	－53	4 300	—
1992	262 972	—	124 008	107 678	186	31 100	—
1993	223 005	—	117 885	80 159	661	24 300	—
1994	1 776 638	1 535 068	124 372	97 463	1 106	18 629	—
1995	1 918 359	1 623 193	115 989	176 869	608	1 700	—
1996	1 764 050	1 697 452	147 233	－88 998	663	7 700	—
1997	1 810 305	1 761 454	130 475	－104 544	2 295	20 625	—
1998	1 963 526	1 831 063	153 372	－112 634	52 405	7 423	31 897
1999	2 085 604	1 897 175	181 435	－90 362	52 630	5 800	38 926
2000	2 292 698	2 040 871	166 128	11 890	3 539	2 750	67 520
累计	16 058 949	12 395 776	2 289 164	954 620	143 291	137 755	138 343

说明：体制分成1994年起为“两税”返还

第五章　财政支出

第一节　概况

财政支出包括地方财政支出和根据财政体制的规定上解中央财政两部分。随着地方财政收入的增长，地方财政支出的规模也越来越大。1979—2000年，广东地方财政支出达到6 685.42亿元，年均递增17.93%，其中深圳市1 258.72亿元，年均递增37.12%。

1979年和1980年两年，广东工作重点是调整，首先压缩基本建设投资，基本建设投资占地方财政支出的比重由十年"文化大革命"占36.24%下降到1980年的22.34%。同时调整投资结构，保证轻纺工业、食品工业和交通、能源等重点项目。其次是调整产业政策，对亏损严重的"五小"企业（小化肥、小钢铁、小水泥、小电力和小煤矿）进行调整，卸下沉重的财政弥补亏损的包袱。第三是初步解决长期积累下来的人民生活水平偏低的问题，提高职工工资，提高农副产品价格后对职工进行主副食品价格补贴。

随着社会主义市场经济体制的逐步建立，公共财政观念渐渐地在财政工作的各个方面体现。广东各级财政对支出结构不断优化，保重点、压一般，集中财力保证重点支出需要。行政管理费、公检法司支出等管理类支出，从1979年占地方财政支出的14.53%（1979年包括离退休人员经费，下同）增长到2000年的23.57%（2000年不包括离退休人员经费，下同）；经济建设类支出所占比重从57.68%下降到30.73%；教科文卫的支出绝对数增长，但所占比重从21.41%下降到19.83%，平均所占比重为22.11%，中间年份较高；社会保障类支出从4.20%增长到8.83%。

行业投入方面。1979年起，广东逐渐调整财政对经济发展的扶持方式，从对企业的直接投资转变为提供公平的竞争环境和完善的基础设施，从资本金和流动资金的投入转变为重点扶持技术改造、提高企业竞争力，从财政无偿投入转变为综合利用财政贴息、税费优惠、投融资等手段，有效地保证财政资金在扶持经济发展方面发挥最大的效益。1979年，财政对工业、交通、邮电、建筑施工等行业的投入，包括事业费、基本建设投资、企业挖潜改造资金、科技三项费用、流动资金和简易建筑费（剔除财政拨付本部门举办的中等专业学校和技工学校经费，下同）占地方财政支出的27.21%，2000年下降为4.51%，平均为6.80%。对农业的投入从15.18%下降到7.13%，平均为7.36%。对流通行业的投入从2.49%下降到1.52%，平均为2.94%，中间年度较高。城市建设和环境保护的投入从1.73%增长到5.97%，平均为5.94%。

政权建设和公共事业发展方面。改革开放后，广东财政大力保证政权机关运作和执法办案必需的基本支出，特别是各级党委、人大、政府、政协、纪委等机关的正常运转支出，维护社会安全和稳定的公检法司支出。省级财政对下级财政实行补助和转移支付，确保经济欠发达地区各级政权正常运转和保障社会公共安全。全省政权建设经费从1979年占地方财政支出比重的21.32%增长到2000年的32.80%，平均为29.49%。全省对教育事业的投入从14.61%增长到16.08%，平均为17.20%，呈波浪形曲线，1981—1984年为最高，达到21%以上，1994—1996年达到19%以上。对科学、科技事业的投入从2.20%增长到3.37%，平均为2.50%；对卫生事业的投入从4.28%下降到3.26%，平均为3.84%。对文化、出版事业的投入从0.76%增长到1.42%，平均为1.33%；对文物事业的投入从0.04%增长到0.10%；对体育事业的投入从0.50%增长到1.27%，平均为0.95%；由于电视事业的迅猛发展，对广播电视事业的投入从0.60%下降到0.33%，由单位创收弥补事业经费；对计划生育事业的投入从0.41%增长到0.60%，平均为0.73%，呈两头低中间高的抛物线形态；对党政干部培训、党校建设的投入平均为0.38%。

1979—2000年广东省财政支出分类统计表

表5-1-1　　　　　　　　　　　　　　　　　　　　　　单位：万元

年度	地方财政支出									上解中央财政
	合计		经济建设支出	教科文卫经费支出	社会保障支出	行政管理类支出	政策性价格补贴支出	专项支出	其他支出	
		其中深圳市								
1979	298 798	2 971	172 361	63 962	12 542	43 401	—	—	6 532	96 468
1980	270 382	4 019	129 905	78 819	12 777	41 081	—	—	7 800	108 631
1981	296 007	8 411	135 551	92 002	15 081	46 507	—	—	6 866	148 854
1982	335 028	8 816	150 470	103 522	17 368	53 696	—	1 660	8 312	141 850
1983	376 452	15 026	162 262	118 052	19 041	65 272	—	1 950	9 875	100 067
1984	475 238	27 955	206 839	133 503	22 604	86 534	—	3 455	22 303	108 117
1985	671 666	58 651	283 832	167 169	28 320	93 795	43 126	4 250	51 174	112 021
1986	895 464	68 073	358 590	203 490	32 836	122 155	112 684	5 889	59 820	93 690
1987	965 903	69 688	348 888	226 735	35 701	142 545	135 167	6 056	70 811	176 298
1988	1 151 999	110 992	431 625	257 530	37 269	163 839	141 408	16 289	104 039	248 859
1989	1 411 647	173 007	488 810	326 584	49 004	226 345	175 247	18 261	127 396	258 691
1990	1 506 874	198 073	522 900	343 997	54 456	250 020	177 531	36 941	121 029	234 189
1991	1 708 206	246 281	625 043	390 087	69 926	299 112	119 968	62 412	141 658	314 570
1992	2 196 108	420 035	810 926	509 929	75 765	406 879	71 315	102 462	218 832	376 065
1993	3 312 698	593 327	1 169 492	762 574	109 045	650 117	95 343	105 481	420 646	413 446
1994	4 168 280	746 181	1 445 638	1 045 875	147 630	875 974	117 131	122 653	413 379	280 296
1995	5 256 255	934 041	1 836 143	1 278 300	181 094	1 144 889	123 525	119 413	572 891	349 817
1996	6 012 263	1 380 376	2 099 292	1 448 090	288 709	1 294 662	149 398	139 569	592 543	287 060
1997	6 826 619	1 394 181	2 351 907	1 534 718	497 842	1 553 453	168 152	300	720 247	287 155
1998	8 256 147	1 767 714	2 701 806	1 703 894	643 464	1 706 659	173 633	148 537	1 178 154	290 880
1999	9 658 990	2 108 978	3 216 921	1 825 839	789 371	2 001 486	164 256	177 437	1 483 680	296 369
2000	10 803 189	2 250 441	3 319 636	2 142 106	953 551	2 546 135	181 131	203 150	1 457 480	365 596
累计	66 854 213	12 587 237	22 968 837	14 756 777	4 093 396	13 814 556	2 149 015	1 276 165	7 795 467	5 088 989

社会保障和民生、就业方面。这方面财政投入从1979年的4.20%增长到2000年的8.83%，使抚恤事业、社会福利救济事业得到发展，下乡青年回城就业以及90年代后期国有关闭企业职工安置、国有企业下岗职工生活及再就业补助资金得到保障，有力支持国有企业的重组改制，促进国有经济的结构性调整。行政事业性单位离退休人员的离退休金、医疗基本得到保证。由于物价指数的提高，增加对行政事业单位、离退休人员的物价补贴，改善民生。

财政体制改革方面。从1980年起，中央对广东实行“划分收支，定额上缴”开始，赋予广东一定的财政管理自主权。但国家实施一些重大经济措施而影响广东增支减收，事权与财权没有完全统一，除不定期向广东借款和要求广东向中央财政多作贡献外，广东地方支出范围逐年扩大，绝大部分建设项目由广东自行解决资金，增加广东的财政压力。如沙角电厂第一期工程总投资8.6亿元，其中中央财政只安排2 000万元；衡广铁路复线大瑶山隧道工程，靠广东自筹资金解决。

1979年，省对市（地区）、县实行“增收分成，收支挂钩”财政体制。1980—1984年，实行“划分收支、分级包干”财政管理体制；1985—1987年，实行“划分税种，核定收支，分级包干”财政管理体制；1988—1993年，实行“递增包干”财政管理体制，以上3种包干财政体制俗称“分灶吃饭”财政体制。“分灶吃饭”财政管理体制主要特点是对市、县（市）的预算管理级次为多层次，一级政府赋予一级财政的管理体制，市、县（市）预算收支范围较大，并相对稳定，分级核定财政预算包干基数，在一定时期内固定包干办法，有较明确的责、权、利，形成一个个独立核算，收支包干，有活力、有竞争的财政管理单位，打破年年要指标、争比例、统收统支的旧框框。1994年，中央对各省实行分税制财政体制。分税制改革的基本原则是在界定政府事权的基础上划分财权，从而初步建立政府间事权明晰、财权独立的分级财政管理体制，调动地方财政的积极性，为实现各

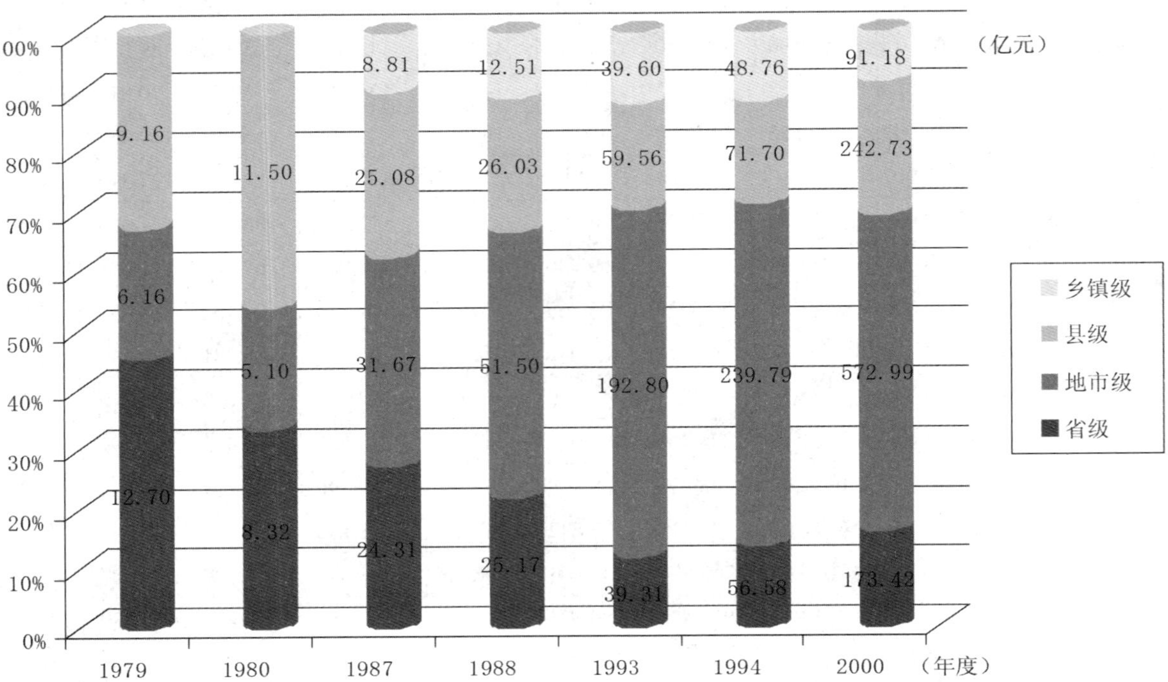

图5-1-1　1979—2000年广东省省级、地市级、县级和乡镇级财政支出比重示意图

级财政收支同步增长奠定基础。

地区分布方面。1979年后，珠江三角洲范围地方财政支出占全省和占市县级的比重不断提高，分别从24.13%和44.13%上升到60.20%和71.72%。东西两翼、粤北和山区受收入增长放慢因素的影响，支出财力明显受到牵制。

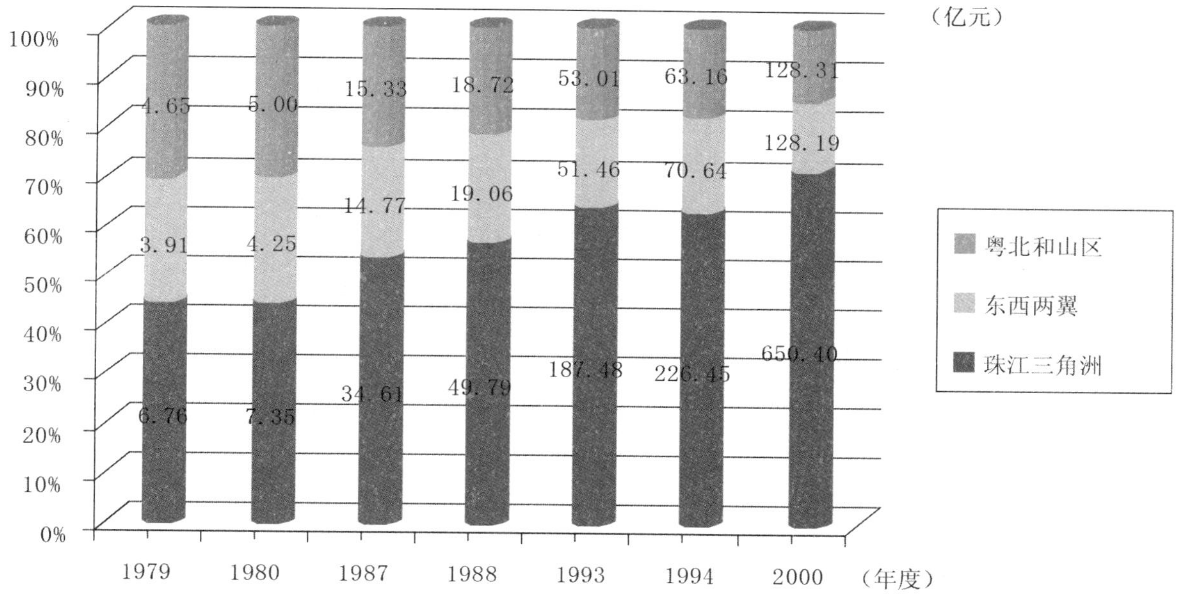

图5-1-2　1979—2000年广东省三大区域地方财政支出比重示意图

第二节　经济建设支出

经济建设支出包括基本建设支出、企业挖潜改造资金、科技三项费用、简易建筑费、地质勘探事业费、流动资金拨款、工交商事业费、农林水利气象等部门事业费、支援农村生产支出、农业综合开发、支援不发达地区支出和城市维护费。1979—2000年，广东地方财政经济建设支出22 968 837万元，年均递增14.19%，低于地方财政支出增长率的3.74个百分点。

一、基本建设支出

基本建设支出是各级财政对国有企业、农林水利、城市建设、教科文卫等事业和行政单位以及按规定列入财政投资的基本建设项目的支出。1979—2000年，广东地方财政基本建设支出9 801 261万元，占同期地方财政支出的14.66%，年均递增13.75%，低于同期地方财政支出4.18个百分点；占同期全社会基本建设投资总额的10.74%；占同期全社会固定资产投资总额的4.22%。其中：行政、公检法司、消防、民政、劳动人事、质检、统计、物价、环保、专利和城市建设（公用）等部门支出4 710 596万元，教科文卫部门支出2 505 316万元，工业部门支出1 056 469万元，农林水企业（主要是华侨企业）17 927万元，施工建筑工程8 489，交通邮电部门支出706 032万元，旅游部门10 247万元，农林水利气象等部门支

1979—2000年广东省地方财政经济建设支出统计表

表5-2-1

单位：万元

年度	合计	基本建设支出	企业挖潜改造资金	科技三项费用	简易建筑费	地质勘探事业费	流动资金拨款	工业交通流通部门事业费	农林水利气象等部门事业费	支援农村生产支出	农业综合开发支出	支援不发达地区支出	城市维护费
1979	172 361	87 737	11 713	2 784	4 150	6 819	16 736	1 916	18 297	16 310	—	725	5 174
1980	129 905	60 406	11 047	2 859	3 318	—	11 123	1 256	18 645	14 493	—	1 109	5 649
1981	135 551	63 793	11 587	2 782	2 977	—	3 728	1 336	19 617	14 920	—	3 568	11 243
1982	150 470	74 765	10 761	3 329	3 045	—	4 508	1 588	21 722	13 985	—	3 377	13 390
1983	162 262	72 207	21 179	3 856	2 662	—	2 966	2 974	20 457	17 338	—	4 647	13 976
1984	206 839	102 274	31 204	5 309	2 765	—	301	2 153	20 270	18 845	—	4 973	18 745
1985	283 832	155 429	32 093	6 007	2 233	—	511	2 909	24 095	23 451	—	4 013	33 091
1986	358 590	173 911	54 159	6 520	2 357	—	1 412	3 153	30 125	34 404	—	6 801	45 748
1987	348 888	151 257	44 957	9 019	2 233	—	135	5 012	33 013	41 202	—	5 649	56 411
1988	431 625	177 765	74 555	9 197	2 605	—	340	5 512	33 527	51 734	—	3 139	73 251
1989	488 810	193 633	60 380	10 390	3 333	—	606	7 221	42 420	66 377	—	6 555	97 895
1990	522 900	199 655	85 939	10 841	3 038	—	100	8 339	43 162	67 958	—	6 909	96 959
1991	625 043	234 593	111 577	15 548	2 989	—	40	10 622	48 323	78 874	—	7 660	114 817
1992	810 926	298 054	165 992	26 871	2 499	—	20	11 376	58 191	99 254	—	10 462	138 207
1993	1 169 492	382 382	277 631	31 545	2 035	—	4 455	21 188	80 054	140 196	—	10 593	219 413
1994	1 445 638	552 457	320 127	30 114	1 511	—	2 645	22 872	110 686	141 359	—	9 816	254 051
1995	1 836 143	722 264	381 365	37 256	1 924	—	3 340	25 354	135 629	149 465	30 442	34 637	314 467
1996	2 099 292	928 276	324 641	47 764	2 497	—	9 798	43 436	155 481	167 233	36 058	61 756	322 352
1997	2 351 907	955 334	477 490	63 064	658	—	6 560	59 595	158 242	196 287	33 006	36 317	365 354
1998	2 701 806	1 242 926	500 320	74 007	1 520	—	3 343	38 146	176 499	178 921	31 295	35 216	419 613
1999	3 216 921	1 438 640	527 027	130 909	212	615	5 961	45 392	338 427	213 502	38 984	30 085	447 167
2000	3 319 636	1 533 503	292 549	214 706	17	12 874	3 398	59 569	333 980	268 853	40 043	25 363	534 781
累计	22 968 837	9 801 261	3 828 293	744 677	50 578	20 308	82 026	380 919	1 920 862	2 014 961	209 828	313 370	3 601 754

说明：1979—1997年企业挖潜改造资金包括县办小钢铁、小化肥、小水泥、小水电和小煤矿等“五小”技术改造补助

出654 492万元，商品流通部门支出105 531万元；专项基建投资贷款财政贴息支出18 191万元，投入基本建设贷款基金7 971万元。1979—2000年，财政对基本建设投入增长率最快的是体育、科学、文化、卫生、教育等5个部门。同时，财政对教科文卫和行政单位的基本建设投资采取无偿拨款。

1979年起，广东贯彻国家“调整、改革、整顿、提高”方针，压缩基本建设投资并在投资结构方面作适当的调整。在地方项目投资中，农业、轻工业、电力、森工、建工、建材、教育、文化、卫生、环保、住宅建设、边境建设等方面的投资均有所增加；钢铁、有色金属、煤炭、化工、机械等方面的投资比上年有较大的压缩，交通投资维持上年水平。1980年，广东进一步压缩基本建设支出。在“五五”期间（1976—1980），广东建成投产的有黄埔电厂、广州石油化工厂等重点项目。其中广州石油化工厂的建成，大大增强广东炼油和生产化肥的能力。

1981—1985年，广东地方财政基本建设支出468 468万元，占同期地方财政支出的21.74%，占同期全省基本建设投资总额的18.98%，占同期全社会固定资产投资总额的8.54%。投入数额较大的前四位是教科文卫部门106 826万元、工业部门104 587万元、农林水气象等部门61 242万元、交通邮电部门18 733万元。在此期间，财政的基本建设投资拨款一部分实行“拨改贷”。同时，企业财权扩大、自我发展能力增强，企业可用税前利润归还银行的基建和专项贷款。1981—1982年，地方财政基本建设支出只略有增加，而部门、企业自筹资金用于基建投资的增幅较大。1983年比1982年略有压缩；1984年和1985年又相继大幅增长，分别比上年增加41.64%和51.97%。其间由于改革开放，引进资金和设备，吸引内外资企业竞相投资家用电器、饮料、化学纤维等轻纺工业，加大对电力需求，促使发电能力方面也增加投资。主要建成投产项目有韶关电厂8号机组、沙角电厂A厂、广州合成纤维厂、新会涤纶丝厂、广州啤酒厂（改扩建）、珠江啤酒厂等项目。此外，还建成一批日榨量500万吨以上的糖厂。

1986—1990年，广东地方财政基本建设支出896 221万元，其中“拨改贷”基本建设支出为57 735万元，占同期地方财政支出的15.11%，占同期全省基本建设投资总额的15.28%，占同期全社会固定资产投资总额的5.78%。投资额占前四位的与1981—1985年相同，分别为220 329万元、162 813万元、67 506万元和61 784万元。其间建设的重点项目有云浮硫铁矿、沙角电厂、广州电厂和东莞糖厂（扩建）等项目。云浮硫铁矿于1987年建成投产，成为当时国家最大的露天开采的硫铁矿，年产原矿300万吨、精矿150万吨，产品供应给中南、华东、西南等地。

1991—1995年，广东地方财政基本建设支出2 189 750万元，其中“拨改贷”支出25 145万元，占同期地方财政支出13.16%，占同期全省基本建设投资总额的7.66%，占同期全社会固定资产投资总额的2.92%。投资额占前四位的是教科文卫部门548 035万元、工业部门302 409万元、交通邮电部门134 117万元、农林水气象等部门127 983万元。其间建设的重点项目有广梅汕铁路、虎门大桥、佛开高速公路、湛江化工厂、广东彩色显像管工程、韶关钢铁厂改造工程、茂名乙烯工程、深圳长城计算机厂等。

1996—2000年，广东地方财政基本建设支出6 098 679万元（其中“拨改贷”支出仅68万元），占同期地方财政支出14.68%，占同期全省基本建设投资总额的11.53%，占同期全社会固定资产投资总额的4.50%。投资额占前四位的与1991—1995年相同，分别为1 624 788万元元、422 000万元、483 704万元和377 226万元。其间，按照公共财政的要求，财政资金投资结构逐步调整，主要加大对教育、文化、卫生、体育、公检法司部门（1996年后，财政加大对拘留所、看守所和戒毒所的修建改造资金的投入）。以及粮库等社会性、公益性项目和基础设施的投入。其间先后建成高校教师新村、广东美术馆、星海音乐厅、“九运会”主场馆、省人民医院东病区门诊住院楼、广东广播中心工程（2001年验收）、10.5亿公斤仓容粮库等；基础设施的项目有飞来峡水利枢纽工程、东深供水改造工程、广州市中心区交通项目、广州地铁一号线、梅坎铁路广东段、粤海通道以及惠州南海石化一期工程等。

从80年代中期起，财政资金对基本建设投资逐步退出竞争性行业，投资主体出现多元化，财政资金起到引导作用，通过投入项目资本金、专项基建投资贷款财政贴息等办法，扶持重点建设项目。政府或建设单位通过财政投入（含预算外资金）、引进外资、出让土地有偿使用等多方筹集建设项目资金，除行政、公检法司单位以及部分教育、文化、卫生、体育等公共设施外，完全由财政投资的项目逐步减少以至消失。上述提到的韶关电厂8号机组、沙角电厂A厂除财政拨款（主要靠征集国家能源交通重点建设基金）外，是最早实行集资办电的典型，有关市、地区、县和一些大型企业与省电力开发公司签订合同，实行用电同集资挂钩。

改革开放后，各市、地区、县也相继建设市、地区办的大专院校、中等专业学校，以及医院、体育设施、文化设施等项目。

二、企业挖潜改造资金

企业挖潜改造资金是财政对企业设备更新、技术改造和技术创新投资的资金，是财政对企业技术进步和固定资产投资的组成部分。它包括设备更新投资、四项费用（企业四项费用包括技术组织措施、新产品试制费、劳动安全保护和零星固定资产购置费）、技术改造资金、技术创新资金和“五小”企业技术改造补助等，属于内涵扩大再生产性投资。

1979—2000年，广东地方财政挖潜改造资金支出3 828 293万元，占同期地方财政支出的5.73%，年均递增13.45%，低于地方财政支出增长率的4.48个百分点；1979—1999年，年均递增达到17.38%，2000年有所下降。其中：用于工业企业1 848 575万元，占48.29%；商品流通企业298 041万元；交通邮电企业417 363万元；农林水气象企业78 404万元；施工、建筑工程、房地产企业42 214万元；县办“五小”企业技术改造补助38 005万元，以及华侨、股份制、联营、中外合资等企业。拨付企业挖潜改造贷款基金的140 037万元，挖潜改造贷款贴息68 715万元。各级政府注重企业技术更新和技术改造，采用新技术、新工艺，以达到充分挖掘企业生产潜力，从而提高企业竞争力。此外，还用于行政、公检法司等行政机关和教育、文体、卫生等事业单位的技术改造。

从1979年起，中央陆续出台一些政策，加大企业技术改造力度，对国营企业除继续给予基本折旧留成外，地方财政又安排挖潜改造资金和县办“五小”技术改造补助，并在经济建设支出中单独反映。

从1980年起，各专业银行对企业先后实行各种专项贷款，支持企业技术改造，财政上允许国有企业从项目实现的利润中归还贷款。至此，国营企业的挖潜改造资金来源包括：基本折旧基金，包括主管部门集中部分和企业留用部分；企业利润留成中用于挖潜、革新、改造部分；银行贷款，包括小型技措贷款和各项专项贷款；国家和地方的补助性拨款；通过资本市场筹集到的资金。

1982年，广东贯彻国务院《关于对现有企业有重点、有步骤地进行技术改造的决定》，根据广东产业结构特点和企业技术改造工作进展情况出台了一些指导性文件，以加快全省企业技术改造和产业结构调整的步伐。

从1984年起，为提高技术改造资金的使用效果，加强企业的经济责任，广东财政将原来对国营企业的挖潜改造资金拨款的一部分改为有偿贷款，试行由财政贴息。当年全省技改拨款有偿使用部分460万元；1985年，仅工业部分增至3 500万元。

从1985年起，国有企业提取的基本折旧基金全部留给企业，主管部门、财政不再集中。1986年起，广东更新改造的重点放在降低能耗、原材料消耗、治理“三废”，提高产品质量、性能，增加品种，增强产品出口创汇能力和增产适销对路的产品上。

1992年7月18日，省政府决定在“八五”期间（1991—1995）选择100家企业进行技术跟踪改造，对技术跟踪改造企业赋予技改投资等方面的自主权和给予财政、税收方面的政策扶持。跟踪改造企业用自筹资金进行设备更新、节能降耗和安全生产的技改项目，企业可以自行审批，报市经济委员会和省主管部门备案，列入省、市技改计划，享受税前还贷的优惠。从1992年起，跟踪改造企业折旧基金应上缴的国家能源交通重点建设基金和国家预算调节基金，可减免并将减免款全部用于企业技术跟踪改造。

同年3月，省政府制定《广东省国家高新技术产业开发区若干政策的实施办法》，开发区内高新技术企业用于高新技术及其产品开发、生产的仪器、设备，其折旧年限在国家规定的固定资产分类折旧年限的基础上再缩短30%～50%，折旧费留给企业作更新改造资金。

1996年10月，省政府作出《关于加速工业交通企业技术进步的决定》，并建立省技术改造投资专项资金，从1997年起省级财政安排的技术改造专项资金增加到1亿元以上，并随着财力的增长，逐步增加财政对企业技术进步的投入，增强政府对企业技术进步工作的引导、调动能力。多元化、多渠道支持和解决企业技术改造项目所需资金，从每年国家下达广东国家统借外债和发行企业债券中，安排一定比例用于技术改造，并逐步提高比重。

1998年，省委、省政府决定设立专项资本金，加大政府对支柱产业的支持力度。采取增加财政拨款，从省属国有资产转让收入中提取10%，从电力、交通、通信发展专项资金中筹集部分资金的办法，用于支柱产业的基本建设和技术改造投资。同年，取消对县办“五小”企业技术改造补助。

1999年起，省财政厅调整企业挖潜改造资金使用方向，集中资金支持技术创新项目，并按照省委、省政府1998年9月作出的《关于依靠科技进步推动产业结构优化升级的决定》，设立省技术创新专项资金，充实技术改造资本金，从省挖潜改造资金、省级重要产业专项资金（该专项资金设立于1997年，至2000年省财政每年安排3亿元）中各划出1亿元，加上历年收回再贷款的省挖潜改造资金，用于支持企业技术改造。同时对技术改造贷款项目采取专项贴息的办法。资金用于省内重点发展电子信息、电器机械和石油化工三大支柱产业；改造纺织服装、食品饮料和建筑材料三大传统产业；扶持汽车、医药、森工造纸等一批有发展潜力的产业；培育微电子、生物技术、海洋技术、新材料、新能源及环保等高新技术产业，鼓励和引导产业加大技术进步投入。同时利用当时国家实行积极的财政政策、扩大内需的时机，省财政厅会同省经委向国家报送248项技改项目，争取到国家重点技术改造项目国债专项资金10 278万元。至此，企业挖潜改造的资金来源增加国债专项资金，“九五”时期（1996—2000），广东争取国债专项资金24 498万元。

三、科技三项费用

科技三项费用是国家为支持科技事业发展而设立的新产品试制费、中间试验费和重大科研项目补助费。科技三项费用是国家财政科技拨款的重要组成部分，是实施中央和地方各级重点科技计划项目的重要资金来源。

1979年起，国家逐步加大对科学研究的投入，科技三项费用的支出规模不断扩大。1979—2000年，广东地方财政科技三项费用支出744 677万元，占同期地方财政支出的1.11%，年均递增21.48%，高于地方财政支出增长率的3.55个百分点。其中：拨付科技部门的科技三项费用25 6267万元，工业企业的199 946万元，农林水利气象等部门31 435万元，教育、文体、卫生等部门28 467万元，交通邮电部门3 876万元，以及华侨、股份制、联营、中外合资等企业。此外，还用于公检法司、民政、劳动、质检、环保、测绘等部门科研机构用于科技改造和研究。

从1978年开始，广东对国营企业采取多种形式扩大企业财权，企业因科学研究和推进新技术所需费用向银行取得的贷款，可用税前利润还贷和按规定列入成本（费用）。

从1984年起，广东将原来对国营企业的科技三项费用资金拨款的一部分改为有偿贷款，试行由财政贴息。当年全省科技三项费用拨款有偿使用部分300万元；1985年增至576万元；1987年企业挖潜改造资金和科技三项费用有偿部分达到1.27亿元。通过这种办法，逐步建立起技术改造和科技开发基金。

1986年，省政府决定，各级财政根据各级政府确定的地方财政收支，按照科技经费拨款的增长高于财政经常性收入增长速度的原则，安排本级财政支出的科技三项费用。凡列入省重点科技项目的，原则上实行招标，并根据项目测定的经济效益和偿还能力确定其有偿或无偿拨给。有偿项目，到期收回资金的80%，由省科委存入省财政“科技三项费用发展基金专户”进行管理和使用，财政部门不予冲抵按计划应拨的经费；20%由主持项目的单位用于安排科技项目，报省科委备案。

1991年7月，省委、省政府作出《关于依靠科技进步推动经济发展的决定》，增加全社会对科技经费的投入。省、市、县（市）每年从地方财政收入中拨出1%～2%的比例作为地方科技三项费用，并纳入年度预算。市、县（市）科技三项费用主要用于科技成果应用开发。

1997年起，广东贯彻财政部等4个部门1996年4月8日制定的《科技三项费用管理办法（试行）》。科技三项费用包括中央财政和地方财政安排的两部分，中央财政安排的科技三项费用主要用于安排国家级重点科技计划项目。省财政厅等4个部门同时补充规定，省级的科技三项费用，由省科委、省计委、省经委等科技计划管理部门、行业主管部门的职能分工，分别提出项目计划并会省财政厅安排使用。省级主管部门安排给市、县的资金，由省财政厅按预算级次追加预算支出指标。科技三项费用使用范围为新产品试制费、中间试验费、重要科研补助费等。科技三项费用原则上实行合同化管理，经费包干，专款专用，按项目进行核算，建立预算和决算管理制度。

同年，中央财政决定对部分国家级重点新产品予以适当的财政专项补助。为此，财政部制定《国家级重点新产品补助经费管理办法（试行）》。省财政厅根据财政部管理办法（试行）的精神，规定由财政部审定下达广东的国家级重点新产品补助经费，按照《科技三项费用管理办法（试行）》和省财政厅等4个部门补充规定执行。项目承担单位按规定将本单位补助经费的使用情况及新产品的开发工作进展情况，及时报告省财政厅和省经委或省科委。

1999年起，省财政厅按照省委、省政府1998年9月作出的《关于依靠科技进步推动产业结构优化升级的决定》，设立省技术创新专项资金，充实技术改造资本金，省财政连续三年每年拨款5 000万元，用于支持企业技术创新；择优扶持省重点发展的大企业或企业集团组建工程技术研究开发中心。工程技术研究开发中心的建设以企业投入为主，省财政对每个中心的支持从1995年的50万元提高到200万元，作为国家注入的资本金，主要作为技术研究开发。省、广州市、深圳市试行建立科技风险投资公司和国家重大科技成果产业化投资风险担保基金，资金由财政拨款、非银行金融机构和企业投资三方组成。省财政逐年增加对科技风险投资基金的资本金注入，在原定拨款的基础上，两年内增拨1亿元。允许风险投资将成功项目的盈利补偿失败项目的亏损和冲减其投资性亏损。

2000年，国家计委会同财政部下发《关于组织国家高技术产业发展项目计划实施意见》，省财政厅根据省政府的指示，建立省高新技术产业发展项目配套投资资金3 000万元，商省经委选择并委托广东投资开发公司对资金进行管理。

此外，从90年代中期起，广东对科技的投入从单纯依靠政府拨款转变为多渠道筹集科技资金，采取政府、企业投入，银行贷款和其他渠道集资。

四、简易建筑费

简易建筑费属于经济建设费，用于在国营商业企业、供销合作社中修建临时性简易货棚和小油罐，在外贸企业中修建简易仓库，在粮食企业中修建小圆仓、简易仓棚、简易输送设备和货场内的小型桥梁、道路等的费用。以及农林水系统的简易建筑。

1979—2000年，广东地方财政简易建筑费支出50 578万元，占同期地方财政支出的0.08%，其中1979—1991年平均每年支出2 900万元；1992年以后，简易建筑费支出呈总体下降趋势。粮食企业的简易建筑费在简易建筑费支出中所占比重为60.07%。1986年起，简易建筑费的安排采取拨款、财政贴息、有偿借用3种形式。拨款是重点扶持经济困难地区和某些社会效益大，企业收益小、无偿还能力的项目。贴息主要用于建设投资较多，经济效益好，投资回收期较长，企业负担银行贷款利息有困难的项目。

1979年起，广东对国营商业企业试行利润留成办法，原列入地方财政支出的简易建筑费停止拨款，改由企业利润留成中开支；1979年已由财政拨出的简易建筑费，由企业提取的利润留成中归还。1983年起，国营商业企业实行“利改税”，简易建筑费在税后留利中开支，财政仅对尚未实行“利改税”的商业企业拨款。1979—1998年，财政对商业企业拨付简易建筑费共3 171万元。

1979年，粮食企业的简易建筑费由省财政拨付省粮食局，由省粮食局统一安排。1985年，粮食企业下放各市、地区管理，省财政安排的简易建筑费仍由省粮食局掌握安排，主要用于补贴各地尚未实行“利改税”的粮食商业经营设施、技术改造。1979—1998年，各级财政拨付给粮食企业的简易建筑费30 381万元。其中：1979—1986年每年在1 800万元以上，1987—1993年在1 690万元～1 500万元之间。随着“九五”时期（1996—2000）全省粮库仓容建设的完善，建立简易粮仓数量逐年减少，财政对粮食企业拨付的简易建筑费也随之逐年减少。

1980年，县以上供销社实行利润留成，但简易建筑费仍由财政拨款。1979—1986年，各级财政安排供销社简易建筑费4 640万元，1987年起停止拨给。

1988年，中央各外贸进出口总公司和中央工业主管部门设在广东的粮油、食品、茶叶、土产、畜产、轻工、文体、工艺、陶瓷等以及工贸公司及其支公司下放广东，由地方管理。外贸系统的简易建筑费纳入地方财政预算，1988—1998年，全省财政安排外贸系统的简易建筑费3 504万元。

财政除对商品流通企业拨付简易建筑费外，对农林水系统也安排部分简易建筑费。1979—1998年，各级财政安排农林水系统的简易建筑费4 283万元，主要对农机公司、农垦、国营农场、华侨农场以及水产和林场。

随着基本建设的逐步完善，简易建筑的数量逐步减少以及企业财务体制的变化，财政对企业拨付的简易建筑费逐渐减少，2000年全省才拨付17万元。

五、地质勘探费

地质勘探费是反映地质勘探单位的勘探工作费用支出，可细分为有色、化学、国防科工委（核工）、国土资源（地矿）等。

1978年，中央将石油部门的地质机构经费纳入地方预算，1979年广东该笔开支6 819万元，从1980年起，地质勘探经费全部由中央财政拨付。

1999年，国家国防科工委与省政府商谈，确定中国核工业总公司华南地质局及所属6个地质勘查队伍（后更名为广东省核工业地质局）的财务管理，从2000年1月1日起划归广东管理，中央财政划转给广东的地质勘探费预算基数3 443万元。

2000年，原属地质矿产部管理的广东地矿局的财务从当年1月1日起划归广东管理，中央财政划转给广东地质勘探费预算基数12 322万元。

从2000年起，中国有色金属工业总公司地质勘查总局所属中国有色金属工业总公司广东地质勘查局下放广东管理，中央财政划转广东地质勘探费预算基数2 137万元。

2000年，广东地方财政地质勘探费支出12 874万元。

六、流动资金拨款

流动资金是经济建设费的一部分，是各级财政用于发展国民经济的生产性支出。在计划经济时期财政统收统支体制下，国营企业的流动资金包括定额流动资金、超定额流动资金和季节性超定额储备资金。广东国营企业的定额流动资金，主要由财政部门核定和拨给，后两种由银行贷款供应。1983年7月起实行由银行统一管理后，财政只负责新投产的企业铺底资金。在社会主义市场经济体制下，流动资金由企业自筹或贷款解决，政府作为国有资本的出资人，根据宏观管理目标和企业发展的需要向国有经济增拨流动资金。

1979—2000年，广东地方财政流动资金拨款82 026万元，占同期地方财政支出的0.12%。1979年，广东财政流动资金拨款16 736万元。1980年国民经济调整，流动资金拨款有所减少。1983年以后，随着流动资金管理体制改变，广东财政流动资金拨款大幅减少，1984—1992年一共只拨出流动资金3 465万元，不及1981年一年的拨出数，其中1991年和1992年的拨出数接近于零。而1991年和1992年全省地方国营工商企业流动资产总额分别达到438.85亿元和542.44亿元，国营企业流动资金的来源实现市场化。

1993年起，为增强国有大中型企业活力，全省财政每年增拨国营企业流动资金，所拨款项共计39 500万元，为1984—1992年的11.40倍。

七、工交商事业费

工交商事业费是财政用于工业、交通，商业等部门所属事业单位的经费，其中工交等部门事业费细分为冶金、有色、国土资源、环保、交通、测绘、物价等；流通部门事业费细分为商贸、物资、粮食、供销社等，分别反映属于工业、交通、商业等范围的各项支出，主要是这些单位的人员经费、公务费、设备购置费、修缮费、业务费等。

1998年以前，工业交通等部门事业费包括勘探设计费、中等专业学校经费、技工学校经费、干部培训费和其他工交事业费（1988年以前还包括科学研究费）；流通部门事业费包括中等专业学校经费、技工学校经费、干部培训费和其他事业费（1988年以前同样包括科学研究费）。1998年起，中等专业学校经费、技工学校经费纳入教育事业费预算。

1980年起，广东工交系统的勘察设计单位，逐步实行企业化管理，财政停止或逐步减少对其拨付事业费。1987年起，广东工业、交通、商业系统的19个科研单位归口省科委管理，改在科学事业费中开支。1979—2000年，工交商事业费用于干部培训费2 671万元，其他机构支出371 783万元。

1979—2000年，广东地方财政工交商事业费支出380 919万元（剔除中等专业学校、技工学校教育经费和科学研究费），占同期地方财政支出的0.57%，年均递增18.00%，与地方财政支出的增长率持平。其中：工业交通事业费占334 729万元，流通部门事业费占46 190万元。

八、农林水利气象等部门事业费

农林水利气象等部门事业费主要是财政用于农林水气象等部门所属事业单位的经费，开支主要包括三部分：各级事业单位的人员工资、补助工资、职工福利费、离退休人员费用（1979—1995）等人员经费；各级事业单的公务费、设备购置费、修缮费等公用经费；各级事业费单位的业务费、事业专项拨款以及差额补助费等专项经费。

1979—2000年，广东地方财政农林水利气象等部门事业费支出1 920 862万元（剔除中等专业学校经费和科学研究费，下同），占同期地方财政支出的2.87%，年均递增17.00%，低于地方财政支出增长率的0.93个百分点。

（一）农垦事业费

农垦事业费是用于农垦系统所属企事业单位的经费，1979年农垦事业费包括荒地勘察设计费、科学研究费和其他农垦事业费。1979年，农垦系统下放广东地方管理，当年农垦事业费开支较大。1980年起又重新上划中央，农垦事业费开支随之减少。1981年增加技术推广费和干部培训费。1985年起，农垦事业费荒地勘察设计费、技术推广费没有开支。1979—2000年，此款支出2 589万元，占同期此类支出的0.13%。

（二）农场事业费

农场事业费是用于国营农场的小型农田水利及水土保持补助费，政策性、社会性支出等，从1978年开始有此项开支，把原来计入农垦企业盈亏的“农田建设支出”和“政策性、社会性支出”改由财政拨款，并作为事业费管理，包括国营农场的小型蓄水、灌溉、治碱、防洪、护田和打井设施，大面积平地改土，以及原由农场负担的中小学经费补助、安置老残干部工资、专职政法人员经费和边防民兵值勤经费等。1995年起，增加救灾补助费。1979—2000年，此款支出40 096万元，占同期此类支出的2.09%。

（三）农业事业费

1979年，农业事业费包括技术推广费、良种推广费、植物保护费、良种示范繁殖场补助费、园艺特产场补助费、科学研究费、社队农科网补助费和其他农业事业费。1980年增加土壤肥料事业费和公社经营管理员经费，公社经营管理员经费作为对公社经营管理员和农村社队财会人员的培训费用。1981年增加干部培训费。1983年起取消社队农科网补助费。1985年，随着人民公社的解体，公社经营管理员经费改称乡区经营管理员经费。1998年起，增加农业环境保护费和农民收入及负担核算经费。1979—2000年，此款支出476 085万元，占同期此类支出的24.78%，列居第二位。

1979—2000年广东省地方财政农林水利气象等部门事业费支出分款统计表

表5-2-2　　单位：万元

年度	合计	农垦事业费	农场事业费	农业事业费	畜牧事业费	农机事业费	林业事业费	森林工业事业费	水利事业费	水产事业费	气象事业费	乡镇企业事业费	农业资源调查和区划费	土地管理事业费	其他农林水事业费
1979	18 297	675	2 529	3 702	1 245	1 540	2 364	—	4 932	752	558	—	—	—	—
1980	18 645	16	730	4 845	1 314	1 181	2 890	—	5 860	1 098	644	49	18	—	—
1981	19 617	27	979	4 749	1 530	1 181	3 105	—	5 952	1 093	683	65	253	—	—
1982	21 722	29	1 066	5 204	1 821	1 206	3 605	—	6 549	1 219	782	52	189	—	—
1983	20 457	23	986	5 396	2 031	1 254	2 052	—	7 609	854	34	51	164	—	3
1984	20 270	15	1 088	6 270	2 121	1 352	2 476	—	5 729	877	53	57	183	—	49
1985	24 095	8	1 358	6 622	2 371	1 377	2 714	—	7 654	1 093	79	76	321	—	422
1986	30 125	8	1 361	9 188	2 938	1 520	3 766	—	8 932	1 694	65	120	322	—	211
1987	33 013	8	1 463	9 921	2 317	1 713	5 188	—	9 004	1 996	125	245	575	195	263
1988	33 527	8	803	10 515	2 372	1 654	5 111	—	9 602	1 693	175	216	324	186	868
1989	42 420	8	1 296	11 214	2 919	1 839	5 407	—	14 125	2 040	356	225	860	252	1 879
1990	43 162	9	1 096	12 203	3 151	1 943	5 740	—	13 747	2 088	334	245	532	304	1 770
1991	48 323	8	1 253	14 087	3 424	2 238	6 928	—	13 855	2 331	649	358	556	363	2 273
1992	58 191	14	1 130	16 783	4 187	2 734	7 870	—	16 808	3 241	825	416	254	452	3 477
1993	80 054	116	1 536	21 269	5 297	3 401	10 958	—	25 290	3 834	1 235	630	259	583	5 646
1994	110 686	162	1 567	35 039	7 944	4 508	12 362	174	34 135	5 166	1 909	702	388	885	5 745
1995	135 629	112	1 648	46 263	9 676	4 639	14 118	203	40 436	5 792	2 199	918	384	993	8 248
1996	155 481	170	2 137	52 334	10 692	5 059	15 840	194	46 258	6 811	2 651	1 371	422	1 231	10 311
1997	158 242	266	2 628	51 468	11 219	6 118	17 938	88	43 928	7 617	3 152	1 367	312	2 040	10 101
1998	176 499	219	3 945	47 734	10 339	6 449	19 161	407	59 529	8 917	3 581	1 837	311	3 146	10 924
1999	338 427	467	4 581	50 349	11 343	7 760	37 650	666	182 112	9 882	4 484	1 694	248	4 736	22 455
2000	333 980	221	4 916	50 930	11 558	6 760	22 927	81	199 762	11 516	4 676	1 639	245	3 783	14 966
累计	1 920 862	2 589	40 096	476 085	111 809	67 426	210 170	1 813	761 808	81 604	29 249	12 333	7 120	19 149	99 611

说明：1. 农业资源调查和区划费1980—1982年称为农委事业费，含其他农委事业费。乡镇企业事业费1985年以前称为社队企业事业费

2. 林业事业费2000年包括天然林保护费10万元和森林警察部队经费146万元

（四）畜牧事业费

1979年，从农业事业费中分出来单独设立畜牧事业费科目，包括畜牧兽医费、良种推广费、畜禽保护费、种畜场补助费、科学研究费和其他畜牧事业费等。1981年增加技术推广费和干部培训费。1984年增加草原保护费。1985年增加飞播牧草补助费支出。

广东对畜禽保护事业比较重视，1978年开始就规定，从征收的屠宰税中上缴50%由省掌握，用于畜禽的防疫和商品基地的建设。1985年规定在原来每头牲畜征收3.5元屠宰税的基础上加征1元，用于牲畜防治。另外，每头牲畜收取技术改进费1元，用于畜牧事业的发展。同年，在粤北乐昌、曲江建立示范牧场；在佛山、顺德、遂溪、郁南等地还建立瘦肉猪基地等。1979—2000年，此款支出111 809万元，占同期此类支出的5.82%

（五）农机事业费

农机事业费是用于农机管理系统的事业费。1979年起，拖拉机站经费和农机事业费合并称为农机事业费。当年农机事业费包括农机站事业费、农机鉴定站经费、科学研究费和其他农机事业费。1981年增加技术推广费和干部培训费。1991年起，随着农机站职能的变化，农机鉴定站经费改称农机鉴定签理费。1979—2000年，此款支出67 426万元，占同期此类支出的3.51%。

（六）林业事业费

林业事业费是国家用于发展林业生产、开发森林资源的事业费。1979年，林业事业费包括营林机构经费、护林防火经费、社队造林补助费（1983年前）、勘探设计费、科学研究费和其他林业事业费等。1981年增加技术推广费和干部培训费。1983年增加森林保护费和飞播造林补助费。1998年起，增加防沙治沙经费、重点造林工程补助费、山区综合开发经费，同时将森林保护费改称森林资源保护费。

1979—1980年，林业事业费支出达5 254万元，占整个“五五”时期（1976—1980）的60.95%，主要是林业机构恢复和增加人员，增加森林保护、科学研究经费等。1985年起，林业事业费中的林业公安员经费预算列入各市、地区预算财政包干基数。1979—2000年，此款支出210 014万元，占同期此类支出的10.93%。

（七）森林工业事业费

1994年起，政府预算收支科目增设森林工业事业费款级科目，反映森工系统技术推广费和管理干部、技术人员的专业培训费，以及森工多种经营贷款贴息等开支，包括技术推广费、干部训练费和其他森林工业事业费。1994—2000年，此款支出1 813万元，占同期此类支出的0.13%。

（八）天然林保护经费

2000年起，政府预算收支科目增设天然林保护经费款级科目，反映各级财政安排的专项用于天然林保护工程的事业性经费。当年，广东安排此款支出10万元。

（九）森林警察部队经费

2000年起，政府预算收支科目增设森林警察部队经费，反映纳入中国人民武装警察部队序列的森林警察部队各项经费开支。当年，广东此款支出146万元。

（十）水利事业费

1979年，水利事业费包括防汛费、岁修费、国营排灌站补贴、勘察设计费、科学研究费、水文事业费以及小型农田水利和水土保持事业费。1980年增加水利设施补助费。1981年增加技术推广费和干部培训费。1983年增加水质监测费。1994年增加水政管理费和水资源保护费。

1981—1984年，小型农田水利和防汛费、岁修费列入各市、地区、县财政包干基数，每年水利事业费预算由各市、地区、县根据财力、劳力、材料、社队自筹能力综合平衡后自行安排。1982年2月18日，省财政厅、省水利电力厅考虑到防汛岁修的特殊性，决定从1982年起对原列入有关市、地区、县财政支出包干基数的防汛费、岁修费收回省统筹安排。1999年起，将部分在预算外支出安排的水利事业建设费改在地方财政支出中安排，致使当年在地方财政水利事业费支出为1998年的3.06倍。

1979—2000年，此款支出761 808万元，占同期此类支出的39.66%，列居首位。1981年后，防汛费、岁修费成为水利事业费的重要支出项目。

（十一）水产事业费

1979年水产事业费包括渔政管理费、技术推广费、资源调查繁殖保护费、科学研究费和其他水产事业费。1980—1982年，增加社队水产养殖补助费。1981年起增加干部培训费。1984年，全省各地渔政站和水产养殖技术推广站下方地方管理。从1985年起，原由省财政直接拨付省水产局，由省水产局直接拨付经费改列地方财政预算，由当地财政供给。1979—2000年，此款支出81 604万元，占同期此类支出的4.25%。

（十二）气象事业费

1979年，气象事业费包括气象台（站）经费、科学研究费和其他气象事业费。1981年增加技术推广费和干部培训费。1983年起，气象事业中央收回垂直管理，其经费同时上划中央预算安排，省财政只安排为地方农业气象监测和为经济建设服务项目所需的部分经费。但深圳、珠海两市仍保留气象站，其气象站经费仍列入本款事业费内。2000年，气象事业费下分设气象机构经费、气象探测费、气象信息传输及加工处理费等项级科目。

1988年起，广东落实财政部等3个部门的精神，由中央财政继续承担全国气象事业主要基本建设投资和事业费，为地方城乡经济建设需要而新增项目的基本建设投资以及事业经费和其他开支，由地方政府酌情解决。据此，广东财政从当年起加大对气象事业的投入。1979—2000年，此款支出29 249万元，占同期此类支出的1.52%。

（十三）乡镇企业事业费

1980年，政府预算收支科目增设社队企业事业费科目，包括技术推广费和干部培训费，反映社队企业管理机构的新技术试验、示范和推广费以及干部和技术人员的专业培训。1985年随着人民公社的解体，社队企业事业费改称乡镇企业事业费。1998年增加财务统计调查费。1980—2000年，此款支出12 333万元，占同期此类支出的0.64%。

（十四）农业资源调查和区划费

1980年，政府预算收支科目增设农委事业费科目，反映各级农委的农业资源调查和区划经费。1983年起，农委事业费改称农业资源调查和区划费。1980—2000年，此款支出7 120万元，占同期此类支出的0.37%。

（十五）土地管理事业费

1987年，政府预算收支科目增设土地管理事业费，反映土地管理部门所属事业机构经费，以及土地管理专业干部培训费等的支出。包括地籍管理事业费、土地利用规划事业费、建设用地管理事业费和技术推广费等。1987—2000年，此款支出19 149万元，占同期此类支出的1.10%。

（十六）其他农林水事业费

反映不属于以上部门开支的农林水利事业费。1983—2000年，此款支出99 611万元，占同期此类支出的5.38%。

九、支援农村生产支出

支援农村生产支出是财政用于支援农村集体经济组织（农户）的生产支出和各项补助款。1979—2000年，广东用于支援农村生产支出为2 014 961万元，占同期地方财政支出的3.01%，年均递增13.80%，低于同期地方财政支出4.13个百分点。

（一）农村人民公社开荒补助费

开荒补助费作为扶持农村人民公社宜农荒地开垦、围海造田的资金，1979—1985年，全省共支出5 496万元。1986年起并入支援农村生产合作组织资金。

（二）支援农村生产合作组织资金

1979年，该款称为支援农村人民公社投资，包括购置农业机械补助费、社队企业设备购置补助费和购置耕畜补助费等。广东对此款资金使用作出几项规定：重点用于年集体分配人均60元以下的地区；主要用于帮助穷队增产增收、改变面貌的关键性开支，不得用于非生产开支或生活救济；对用于发展社队企业的资金，可以试行有偿使用。

1979—2000年广东省地方财政支援农村生产支出分款统计表

表5-2-3　　　　　　　　　　　　　　　　　　　　　　　　单位：万元

年度	合计	农村人民公社开荒补助费	支援农村合作生产组织资金	小型农田水利和水土保持补助费	农村农技推广和植保补助费	农村草场和畜禽保护补助费	农村造林和林木保护补助费	农村水产补助费	农业发展专项资金	粮食自给工程资金
1979	16 310	1 518	2 748	12 044	—	—	—	—	—	—
1980	14 493	806	4 986	8 701	—	—	—	—	—	—
1981	14 920	612	5 111	9 197	—	—	—	—	—	—
1982	13 985	620	4 786	8 579	—	—	—	—	—	—
1983	17 338	601	5 278	8 912	113	46	1 958	430	—	—
1984	18 845	701	5 843	9 673	82	21	2 051	474	—	—
1985	23 451	638	9 338	10 350	83	48	2 344	650	—	—
1986	34 404	—	16 668	13 661	372	70	2 754	879	—	—
1987	41 202	—	19 017	14 794	860	725	4 535	734	537	—
1988	51 734	—	24 186	14 316	608	711	7 581	852	3 480	—
1989	66 377	—	26 183	14 938	508	1 157	8 457	842	9 651	4 641
1990	67 958	—	22 663	17 953	673	1 028	8 864	851	11 476	4 450
1991	78 874	—	28 412	20 581	693	983	10 068	767	12 868	4 502
1992	99 254	—	36 383	23 679	1 051	991	10 332	585	21 685	4 548
1993	140 196	—	60 832	27 562	1 380	1 259	10 819	1 163	32 316	4 865
1994	141 359	—	58 810	32 561	1 460	921	7 873	3 296	31 647	4 791
1995	149 465	—	85 026	39 418	2 548	1 886	9 328	5 461	—	5 798
1996	167 233	—	94 612	42 200	4 634	1 058	7 829	7 494	—	9 406
1997	196 287	—	116 143	48 310	5 437	1 671	8 489	4 970	—	11 267
1998	178 921	—	90 384	49 759	11 221	1 494	9 440	6 094	—	10 529
1999	213 502	—	99 265	73 668	9 879	4 702	10 260	6 021	—	9 707
2000	268 853	—	116 996	78 709	10 193	4 054	44 402	6 194	—	8 305
累计	2 014 961	5 496	933 670	579 565	51 795	22 825	167 384	47 757	123 660	82 809

说明：支援农村合作生产组织资金1979—1984年预算科目为支援农村人民公社投资

1980年，只包括社队企业设备购置补助费和扶持生产队补助费。随着农村人民公社的解体，1985年改为本款称谓，包括扶持乡镇企业投资、扶持生产队（组、农户）资金，同年起，省财政厅将支援农村生产合作组织的资金收回省统一管理，把有限的资金用在“投入少，产出多，周转快”的项目上。1986年将农村人民公社开荒补助费归并入本款，改称农村开荒补助费。

1979—2000年，广东地方财政支援农村人民公社投资和支援农村合作生产组织资金支出933 670万元，占同期支援农村生产支出的46.34%。

（三）小型农田水利和水土保持补助费

本款1979年列为水利事业费中的项级科目，当年开支12 044万元。1980年调整为本类款级科目，包括小型农田水利补助费、水土保持补助费。1981年增加国营排灌站补贴、小水电站补助费两个项级科目。1982年增加抗旱经费。1983年国营排灌站补贴又并入水利事业费。1983年起，财政部门将社队办小水电补助费逐步改为有偿使用和无偿使用相结合，提高资金的使用效率。广东对小水电补助费管理办法进行改革，把过去层层分配指标改由省水利电力厅统一管理，把有偿、贴息和无偿投资统筹安排，重点使用。1979—2000年，本款支出579 565万元，占同期支援农村生产支出的28.76%。

（四）农村农技推广和植保补助费

1983年，支援农村社队生产支出增设社队农技推广和植保补助费款级科目，包括农业技术推广补助费和农作物病虫害防治补助费。1985年改为本款称谓。1983—2000年，本款支出51 795万元，占同期支援农村生产支出的2.57%。

（五）农村草场和畜禽保护补助费

1983年，支援农村社队生产支出增设社队草场和畜禽保护补助费款级科目，包括草场改良保护补助费和畜禽保护补助费。1985年改为本款称谓。1983—2000年，本款支出22 825万元，占同期支援农村生产支出的1.17%。

（六）农村造林和林木保护补助费

1983年，本项从林业事业费中划出，调整为本类的款级科目，称为社队造林和林木保护补助费，包括社队造林补助费和社队林木病虫害防治补助费。1985年改为本款称谓。本款补助费主要用于扶持农村生产合作组织开展植树造林，包括选种、育种、植树、营林和防护的专项补助性资金。1983—2000年，本款支出167 384万元，占同期支援农村生产支出的8.56%。

（七）农村水产补助费

1983年，本项从水产事业费中划出，调整为本类的款级科目，称为社队水产补助费，包括社队淡水养殖场补助费、社队海水养殖场补助费和社队渔业网具改造补助费。1985年改为本款称谓。1983—2000年，本款支出47 757万元，占同期支援农村生产支出的2.44%。

（八）农业发展专项资金

1987年，本类增设农业发展专项资金，反映从当年开征耕地占用税后，用于安排开垦宜耕土地和整治、改良耕地以及造林、种果和水产养殖的专款支出。1995年农业发展专项资金科目被取消，用于农业综合开发的资金单独设立农业综合开发支出类级科目。1987—1994年，本款支出123 660万元，占同期支援农村生产支出的18.00%。

（九）粮食自给工程资金

1986年，广东开始设立发展粮食生产专项资金。1989年，本类增设发展粮食生产专项资金支出款级科目，反映地方财政用于配套中央财政专项用于发展粮食生产的专项资金。1997年改为本款称谓。1989—2000年，本款支出82 809万元，占同期支援农村生产支出的4.68%。

十、农业综合开发支出

农业综合开发支出，1995年以前在支援农村生产支出类中的农业发展专项资金款级科目中反映。1995年，单独设立农业综合开发支出类科目，分中央立项和地方立项，包括土地资源开发治理投资、多种经营及龙头项目开发投资、贷款贴息支出和其他支出。1999年增加农业综合开发事业费，包括项目管理费和其他事业费。地方立项款级科目增加高新科技示范项目。

农业综合开发资金包括中央财政，省、市、县财政配套投入的资金，农业综合开发专项贷款；农村组织和农户自筹的资金，农业企业自身积累投入的资金以及经法定手续筹集的其他资金。财政投入的资金实行有偿使用和无偿使用相结合的办法，有偿使用资金由各级财政部门主管，统借统还。

1992年，国家将广东粤北石灰岩地区的乐昌县、乳源瑶族自治县、清新县、英德县和阳山县列为国家农业综合开发项目区。当年投入上述5个县的农业综合开发资金1 832万元，其中中央财政资金800万元，省、市、县、乡镇财政投入资金800万元，群众自筹资金178万元。开发项目主要是山区种果造林。1993—1994年，曲江县的马坝等11个乡镇和英德县10个乡镇列为国家农业综合开发项目区，总投资资金1 871万元，其中中央财政资金800万元，省、市、县、乡镇财政投入资金800万元，群众自筹资金232万元。综合开发项目有：改造中低产田、种植优质稻、冬种蔬菜、造林；山、水、田、林、路综合治理，集中连片建设；培训农科人员和农户各5万人次。以及省农科院粤北优质稻基地农科技术实施计划。

1995年起，中央财政和广东各级财政加大对农业综合开发的投入。1995—2000年，省、市、县地方财政本类支出209 828万元，占同期地方财政支出的0.45%。还有中央财政投入31 007万元，群众自筹资金28 578万元，专项贷款18 152万元。

1995—2000年，土地资源开发治理新增面积15.53万公顷，新增粮食生产能力34 528万公斤。主要是改造中低产田、改良土壤、农田水利配套设施、营造防护林，涉及的县（市、区）有：曲江、英德、番禺、从化、斗门、增城、台山、鹤山、开平、澄海、仁化、吴川、化州、潮阳、始兴、翁源、兴宁、博罗、新会、高明、雷州、廉江、高州、电白、高要、封开、揭东、云安、新兴、花都、茂名市茂南区、江门市江海区、清远市清城区等以及省监狱管理局、省农业科学研究院水稻研究所。涉及的项目还有实现农业机械化措施，包括购置中小型拖拉机、配套农机具和联合收割机；良种基地建设（含蔗田和糖蔗良种基地建设）、水稻新品种示范推广、建立育秧工厂、水稻高产规范化栽培技术推广、水稻示范推广园区建设、水稻专用有机多元肥推广以及技术培训。省农业科学院水稻研究所水稻新品种示范，省农业科学院作物研究所对优质甘薯、甜玉米、马铃薯新品种引进和技术示范推广。

1995—2000年，先后投资多种经营及龙头项目包括种养业和农副产品加工。发展水产养殖业，涉及的市县（市、区）有广州、珠海、江门、清远，吴川、化州、兴宁、斗门、新会、高要、始兴等。发展畜牧养殖业涉及的县（市、区）有澄海、翁源、增城、四会、鹤山、开平、仁化、新兴、鹤山等以及海陆丰革命老区等25个项目。

发展经济作物方面有种植优质水果、大棚蔬菜和无公害蔬菜基地、花卉盆景、经济林，涉及的县（市、区）有：增城、花都、南雄、曲江、英德、增城、曲江、始兴、廉江、从化、高明、怀集、云安、博罗、高要、封开、兴宁、雷州、阳山以及海陆丰革命老区。同时建立蔬菜北运基地，发展农副产品加工、仓储、批发和展览。

农业综合开发项目除属于国家项目外，还有地方政府主办的开发项目。所有项目的建成，增强广东的粮食自给能力，农副产品在国内、国际市场的竞争力和增加广大农民的收入。

农林水利气象等部门事业费、支援农村生产支出和农业综合开发支出三项资金，统称“支农资金”。从1980年起，广东调整支援农村发展生产的资金分配方向和支农对象，并逐步从安排支农资金各款、项中和其他渠道筹集资金设立各项专项资金和基金，以加大对农业生产的投入。

1981年，省财政首批拨付专款13万元，在电白、南澳两县海域分别进行投放人工渔礁的试验。以后逐步在其他海域投放人工鱼礁以及在近海和西江、珠江、韩江投放鱼苗，增殖和扩大渔业资源。

1983年，广东对支农资金分配方向作出调整：扶持社队发展多种经营的补助资金，重点用于支持不与粮食争地，不破坏水土资源，以开发荒坡、水面、滩涂为主的种植业、养殖业和农副产品加工业；支援农业科研和技术推广事业；省级财政和地区、县安排的农业事业费重点支援杂优水稻推广；支持各地办好各类农业技术服务组织。改革社队造林补助费的分配办法，重点办好第一批9个县和1个林业局集体用材林业基地71.33万公顷，并把拨付补助款与提供商品材结合；对围垦工程、对虾养殖基地补助费、渔业网具改造补助费、改造低产田和社队办小水电补助费，除对革命老区、少数民族地区和贫困落后地区给予投资补助外，其余地区改为“有偿周转，不计利息，逐步收回”的办法。

1985年，支农周转金重点用于沿海地区开发滩涂，发展水产养殖；扶持贫困山区种桑养蚕，种植优质烟叶。推广省水产局“万亩鱼塘连片高产试验”和重点支持省农科院改善生产和科研条件，发展水果保鲜和水稻抛秧等科研项目。支农资金的支援对象从过去只限于社、队放宽到农户。

1986年，支农资金重点保证粮食生产，整治韩江、北江上游水土流失，全省11条江河和五大堤围以及“十年绿化广东”造林补助费用。从当年起，省财政每年增加农村造林和林木保护补助费2 000万元～3 000万元。广东对韩江、北江上游和东江中上游水土流失进行整治及开发利用，1986—1995投入资金22 787万元，其中省级安排专项投资13 053万元（韩江、北江十年投资9 508万元，东江五年投资3 545万元），市、县（市）配套资金1 316万元，群众集资投劳折款8 418万元。1996—2000年继续对上述工程进行整治，五年间投入资金38 222万元，其中省财政专款投资9 430万元，其余款项由受益的市、县（市）、镇配套和群众集资投劳解决。

1991年起，农村造林和林木保护补助费向石灰岩地区倾斜，用于石灰岩地区绿化和改燃节柴，保护林木。至1993年，省财政每年筹集专款1 200万元，用于加大对“十年绿化广东”的投入。继续筹集专款用于改造中低产田。

1993年，省级农业发展基金重点用于农用土地开发高产、高质、高效（简称“三高”）农业基础设施建设等项目、基层技术培训和技术推广等补助费。支农专项资金重点用于农田水利工程、优质稻种植、良种繁育、优质米加工和技术培训。

1993—1995年，广东从粤北石灰岩特困地区的47个乡镇中缺乏生存发展条件的村庄中的农户，迁移出10万人，其中清远市9万人，韶关市1万人。省财政按3种不同的迁移方式分别一次性每家补助5 000元、2 500元和1 000元的标准。补助经费主要用于为安置移民征用土地、建房补助和搬迁费用。

1993—1997年，省财政厅每年预算内拨款1 000万元，省水利厅从东深水费收入中每年安排2 000万元，解决水库移民遗留问题。

1994年，广东着手建设50个商品粮生产基地县，当年和1995年全省建设3个粮食自给项目区覆盖30个项目县。1996年，全省除建设第三批商品粮基地县14个外，其余配套建设项目包括农田水利基础设施，农业技术推广，农业机械化，发展粮食生产服务必需的仪器设备购置，县以下农业、水利、农机技术人员培训，适当开垦宜农荒地，高科技粮食生产示范区建设。省财政还安排1 000万元作为玉米生产的专项资金，至2000年，全省玉米种植面积发展到26.67万公顷。同年6月起，从省发展粮食生产专项资金调剂安排一定款项，用于水稻旱育秧和抛秧栽培技术示范基地建设和技术骨干培训。1997年，全省建设第四批商品粮基地县6个。1998年起，省财政厅对粮食自给工程资金使用进行结构性调整，重点支持优质米生产。

1995年，支农资金安排首批农业龙头企业建设项目4 000万元。当年广东扶持发展“三高”农业，开展“一乡一品”活动，资金向山区和革命老区乡镇倾斜。1996年支农资金仍重点安排发展“三高”农业、农业技术推广、乡镇企业发展基金等专项资金。1997年9月，省政府决定建立省级“三高”农业发展资金。2000年起，省财政每年预算安排1 000万元，有关市、县（市）配套资金各为10%，每年总计投入1 200万元，用于开展“一乡一品”活动。

为落实1996年1月12日省第八届人民代表大会常务委员会第十九次会议通过关于加快农村小水电建设的决议，从1996年起，从省级财政和省电力发展基金、小型农田水利补助费筹措资金，每年投入1.47亿元支持小水电建设。同年6月，省政府作出决定，在十年内使全省水利工程安全达标。省财政每年从预算内安排一定的资金用于水利工程安全达标补助，安排的资金允许水利部门用于贷款贴息；东深供水水费收益除承担飞来峡工程的资金外，大部分投入全省水利工程安全达标建设。同年起，省财政投入资金1.5亿元，有关市、县投入资金2.16亿元，用五年时间整治被高速双体船浪损的堤围险段240千米。

1998年，省政府为落实1997年9月省第八届人民代表大会常务委员会第五次会议人大代表提出《关于解决小型水库安全隐患问题议案》，决定先解决2 337宗小型水库工程，从1998年起省级每年投入7 000万元，省级资金补助对困难地区给予适当倾斜（此项工作2002年完成）。

1999年，为实现农业产业化，省政府决定加快东西两翼和山区50家农业龙头企业建设，从当年起，省财政连续三年每年拨款1 500万元，作为挂牌省农业龙头企业和培育对象的贷款贴息资金。同时，在珠江三角洲建立水稻、蔬菜、果树、花卉、畜牧、水产、科技发展和农产品流通八大类型十大农业现代化示范区。1999年起，省财政连续五年每年安排1 000万元，支持示范区基础设施建设，市、县、镇各级政府也对示范区进行资金投入。

为落实省第九届人民代表大会常务委员会第五次会议议案，从1999年起，省每年投入资金2 754万元，营造生物防火林带93 209千米、面积94 624公顷，并重点扶持山区贫困县和重点林区。

1999年1月1日起，广东贯彻省政府制定的《广东省生态公益林建设管理和效益补偿办法》，省财政对省核定的生态公益林按每年每公顷给予37.5元补偿，2000年起增加到每年每公顷60元。

省政府决定从2000年起，用十年的时间，加强已建成的自然保护区的基础设施建设和管理工作基础上，新建国家级自然保护区7个，省级自然保护区29个，市、县级自然保护区93个，使全省自然保护区总数达到183个。省财政每年预算安排1 643万元，市、县根据省实际补助数额按比例安排资金投入。

省政府决定从2000年起用五年的时间，逐步建立健全省、市、县（市）、镇四级动物防疫网。省财政在预算内一次安排省兽医防疫检疫站建设资金600万元；11个山区市兽医防疫检疫站总投入880万元，其中省财政补助440万元，市配套440万元；50个山区县级兽医防疫检疫站总投入4 000万元，其中省财政补助2 000万元，市配套400万元，县配套1 600万元；14个经济欠发达县级兽医防疫检疫站总投入560万元，其中省财政补助280万元，市配套56万元，县配套224万元；811个乡镇畜牧兽医站建设总投资7 810万元，其中省财政补助3 905万元，市级配套811万元，县级配套3 094万元。

十一、支援不发达地区支出

1979—2000年，广东地方财政支援不发达地区支出313 370万元，占地方财政支出的0.47%，年均递增16.22%，低于地方财政支出递增率的1.17个百分点。

（一）支援不发达地区发展资金

广东从1980年开始设置此款资金，1988年起预算科目增设支援不发达地区支出类，本款置该类下的款级科目。此款属中央财政专款，省负责配套资金，用于支持少数民族地区、边远地区和石灰岩地区发展生产的专项资金，属于扶贫资金的一部分。1980—2000年，该款资金支出259 319万元，占地方财政支出的0.39%。

支援不发达地区发展资金每年由省确定支援的对象和项目，按照受援地区的情况，以县为单位分配指标，下达到市、县使用。1980年，全省有9个山区县共11个公社得到这款专项资金受援；1994年增加到87个项目县（市、区）共675个乡镇，重点是3个国家级贫困县；往后，由于各地经济的发展，受援的县、乡镇逐年渐少，至1998年只有37个县443个乡镇。1980年支援的项目只有社队造林补助、解决人畜饮水困难两个项目。1981年起，支援项目涉及小水库、农田基本建设，茶场、果树建设，养猪、养牛、养羊、长毛兔等畜牧业建设，公路、桥梁等交通建设，小水电站、输电线路等农村电力建设，文化、中小学教育、卫生和广播电视等文教卫生事业建设。1982年支援项目增加淡水养殖；1983年增加支援农村科技事业项目和热带作物建设666.67公顷。1984年起，增加对草地建设的投入；增加帮助乡镇企业和农户发展多种经营投入。1985年起加大对落后地区乡镇企业的支持。1987年起，为实现“十年绿化广东”，改灶节燃，帮助山区沼气建设。1996年是扶贫年，当年省财政在原来每年筹集2亿元的基础上，再增拨2亿元，募集1亿元，共5亿元作为山区扶贫基金。广东财政部门从当年起，加大支援不发达地区发展资金的安排，重点支持16个特困县发展种养业和农副产品加工。1997年，全省各级财政安排造林种果、支持贫困管理区发展经济等专项资金共11.61亿元。1996—1999年，每年投入资金1 800万元，扶持山区和革命老区发展“一乡一品”，支持乡镇发展本地拳头产品。每年安排1 200万元，支持年收入在3万元以下的贫困管理区发展生产。财政部门安排一定资金投入，作为分布在边远山区、石灰岩地区、少数民族地区和水库移民区等生活生产条件比较恶劣的全省60万绝对贫困人口发展生产启动资金。

1979—2000年广东省地方财政支援不发达地区支出统计表

表5-2-4　　单位：万元

年度	合计	支援不发达地区发展资金	边境建设事业补助费	少数民族地区补助	民族工作经费	扶贫贷款贴息
1979	725	—	504	221	—	—
1980	1 109	80	583	446	—	—
1981	3 568	2 464	729	375	—	—
1982	3 377	2 420	541	416	—	—
1983	4 647	3 075	1 045	527	—	—
1984	4 973	3 496	802	675	—	—
1985	4 013	2 324	1 016	673	—	—
1986	6 801	4 937	1 117	747	—	—
1987	5 649	3 925	1 011	713	—	—
1988	3 139	2 222	812	105	—	—
1989	6 555	2 562	3 792	201	—	—
1990	6 909	3 146	3 576	187	—	—
1991	7 660	5 531	1 962	167	—	—
1992	10 462	7 948	2 326	188	—	—
1993	10 593	8 205	2 252	136	—	—
1994	9 816	7 311	2 226	279	—	—
1995	34 637	31 848	2 647	142	—	—
1996	61 756	57 903	3 715	138	—	—
1997	36 317	31 346	4 849	122	—	—
1998	35 216	31 576	2 984	656	—	—

续表5-2-4

年度	合计	支援不发达地区发展资金	边境建设事业补助费	少数民族地区补助	民族工作经费	扶贫贷款贴息
1999	30 085	23 604	5 497	984	—	—
2000	25 363	23 396	1 855	—	107	5
累计	313 370	259 319	45 841	8 098	107	5

1998年，广东安排扶贫资金4 500万元对口支援广西壮族自治区。

2000年起，财政扶贫资金投入山区的山、水、田、路、林综合治理，补助贫困户人均半亩“保命田”。重点扶持公共产品和服务项目，提高贫困地区人员的科技文化素质，加大科技扶贫力度。

为加强对此款资金的管理，1985年省政府成立广东省支援不发达地区发展资金管理小组，具体负责资金的投向、预算指标的分配、审批年度计划、检查资金使用效果等。对有经济收益和有偿还能力的项目，原则上实行有偿使用，有偿使用部分不低于20%，并且逐年提高，到期收回后，全部留在地方继续用于支援不发达地区。1987年，省财政厅规定各县安排给乡镇扶贫的项目，不论是生产项目或非生产项目，不论是有偿或无偿，县财政局在拨付资金，回收资金时，都要通过乡镇财政所，以加强乡镇财政所对此项资金的监督和管理。2000年起，全省财政扶贫资金不再安排有偿使用，全部实行无偿使用，原来作有偿使用的尽快收回，按原资金的使用范围全部作无偿投入。

（二）边境建设事业补助费

边境建设事业补助费是用于促进边境地区工农业生产和各项事业发展，改变边境地区落后状况的专款，主要用于发展工农业生产、商业网点整修、交通道路维修、邮电通信设施补助、文教卫生事业、边境哨所和检查站的事业费及其他的补助费开支。

广东边境地区海岸线长、口岸多、范围广。中央财政从1978年起，对广东边境建设都有专款安排，广东也专项安排此项补助费。1979—2000年，广东共安排此项开支45 841万元，促使广东边境地区、口岸的建设较快发展。

（三）少数民族地区补助费

为照顾少数民族的特点，解决少数民族的特殊需要，体现党的民族政策，促进少数民族地区现代化建设，国家每年在正常经费以外，安排少数民族地区补助费，用于解决少数民族一些特殊开支的专款。重点用于少数民族发展生产、文化教育、医疗卫生以及交通等特殊困难的补助开支。1979—1999年，广东少数民族地区补助费共支出8 098万元。2000年，预算科目取消此款支出，增设民族工作经费，当年支出107万元。

十二、城市维护费支出

城市维护费一直为市、县的财政支出，是城市维护建设资金财政拨款部分。城市维护建设资金除财政拨款外，1980年省政府批准汕头市从工商企业上年利润中提取5%作为城市维护和建设资金。1981年起，省政府批准韶关、佛山、江门、湛江和茂名等5个中等城市，试行从上年工商利润中提取一定比例作为城市维护和建设资金。韶关、佛山、江门和湛江4个市按上年利润的5%提取，茂名市按2%提取，列入各市的支出包干基数。除工商税附加外，还有城市公用事业费附加、城市房租收入、园林收入和环境卫生收入等。1982年增加部分排污费收入。

从1985年1月1日起，全省开征城市维护建设税。开征城市维护建设税后，按工商利润提取的城市维护和建设资金、国拨城市维护费和工商税附加等3项城市维护建设资金同时取消。

1989年1月起，城市维护建设资金的来源由列入财政预算支出的专项拨款，按国家规定征收的城市维护建设税收入、征收的城市公用事业附加收入、收取的市政公用设施有偿使用收入、征收排污费和国有土地有偿出让转让收入。法律、法规、规章允许各级政府筹集的其他用于城市维护建设的资金等构成。

城市维护建设资金的使用范围为市政公用设施的维护，包括对城市道路、桥涵、排水、公共污水处理等市政工程设施，园林、苗圃、公共绿地等园林绿化设施，公共厕所、清运垃圾、街道洒水等公共环境卫生设施，路灯等公共设施，公共环境保护，交通管理设施，公共消防设施的维护以及城市园林界内一般文物的维护补助。房管部门管理的公房维修和中小学校舍维修补助费。城市建设资金在保证上述各项设施得到正常维护的情况下，也可用于有关城市公用设施的小型基本建设。

1997年，财政部对城市维护建设资金的使用范围重新进行界定，市政工程设施增加防洪堤坝，园林绿化设施增加植物园，城市交通管理设施界定为交通标志设施，城市维护建设资金在保证上述各项设施得到正常维护的情况下可用于城市公共设施建设投资。取消对城市房管部门管理的公房维修和城市中小学校舍维修补助费。城市维护建设资金不得用于城市公共交通、供水、煤气、市政工程施工、规划设计等单位的财务开支。当年起，广东按照财政部的要求，城市维护建设资金的收支，实行财政专项预算管理，财政部门将城建预算外收入统一纳入“城建专户”储存并统一编制城建预算内外收支计划。

从1981年起，全省各市、地区、县加大地方财政对城市维护建设资金的投入。每年地方财政预算安排城市维护费都在1亿元至数亿元，1991年起每年高达十几亿元至数十亿元。1979—2000年，全省地方财政城市维护费支出3 601 754万元，占同期地方财政支出的5.39%，年均递增24.39%，高于地方财政支出增长率的6.46个百分点。

随着城市建设维护资金来源的增多和财政资金的加大投入，各地城市的面貌发生巨大变化，但有的城市受到底子薄，基础设施差，财力有限等因素牵制，基础设施建设欠账较大。至2000年，全省城市污水处理率和垃圾无害化处理率还很低。

第三节　教科文卫经费支出

教科文卫经费包括教育事业费、科学事业费、文体广播事业费和卫生经费。1979—2000年，广东地方财政教科文卫经费支出14 756 777万元，占同期地方财政支出的22.11%，年均递增18.09%，高于地方财政支出增长率的0.16个百分点。

1979—2000年广东省地方财政教科文卫经费支出统计表

表5-3-1　　单位：万元

年度	合计	教育事业费		科学事业费	文体广播事业费	卫生经费
		小计	其中			
1979	63 962	41 550	2 573	3 589	6 884	11 939
1980	78 819	51 922	3 146	4 154	8 554	14 189
1981	92 002	60 240	3 178	4 924	10 627	16 211
1982	103 522	67 335	3 345	5 327	12 613	18 247
1983	118 052	73 838	3 574	6 253	18 539	19 422
1984	133 503	84 739	4 086	7 367	20 100	21 297
1985	167 169	111 216	4 563	8 153	23 007	24 793
1986	203 490	131 258	6 522	9 935	31 059	31 238
1987	226 735	145 702	8 145	7 588	39 434	34 011
1988	257 530	168 894	9 715	9 212	42 818	36 606
1989	326 584	212 494	12 375	11 528	56 179	46 383
1990	343 997	226 738	13 307	11 493	59 607	46 159
1991	390 087	255 460	15 331	16 239	65 121	53 267
1992	509 929	319 449	18 942	22 112	92 935	75 433
1993	762 574	506 698	23 521	29 068	114 109	112 699
1994	1 045 875	703 492	33 958	47 314	152 571	142 498
1995	1 278 300	884 918	39 361	61 357	162 457	169 568
1996	1 448 090	984 670	51 680	63 799	183 510	216 111
1997	1 534 718	994 886	51 694	86 120	229 613	224 099
1998	1 703 894	1 091 089	—	98 356	271 063	243 386
1999	1 825 839	1 210 230	—	96 009	262 692	256 908
2000	2 142 106	1 447 466	—	109 580	291 525	293 535
累计	14 756 777	9 774 284	309 016	719 477	2 155 017	2 107 999

说明：教育事业费其中数为非教育部门举办的中等专业学校和技工学校经费

一、教育事业费

教育事业费是财政对高等学校、中等专业学校、中学、小学、幼儿教育、技工学校、职业教育、成人高等教育、普通业余教育、广播电视教育、特殊教育和教师进修及干部培训，以及民办教师补助费等的拨款。1979—2000年，广东地方财政教育事业费支出9 774 284万元，占同期地方财政支出的14.62%，年均递增18.30%，高于地方财政收入增长率的3.27个百分点，高于地方财政支出增长率的0.37个百分点。

“文化大革命”结束后，广东教育事业得到迅速恢复和发展，1978年中山大学、华南工学院、中山医学院、广州中医学院、广州外语学院、华南热带作物学院等6所高校上划中央。虽然高等学校经费大幅下降，但省办的大学和中等专业学校全面恢复；落实政策后部分教师重回教育岗位工作、教工子女顶职，教职工总人数（不包民办教职工人数）比1978年增加；教职员工的附加工资、补助工资和职工福利费补助标准提高，增加人员经费和公用经费。1979年教育事业费支出41 550万元，比1978年增长15.90%。

1980年增加幼儿教育经费；1981年增加科学研究费、职业教育经费和高等业余教育经费；1982年增加特殊教育经费，用于普通学校设立特教班和特殊教育学校费用。1980—1982年，全省新办高等院校4所，增支3 000万元；修复“文化大革命”期间被破坏的校舍和仪器设备，增加修缮费和设备购置费2 300万元。大中专毕业生分配充实到教师队伍和部分民办教师转为公办教师，三年间增加人员经费20 232万元；民办教师补助标准提高，增支3 915万元；教师进修培训、幼儿教育、职业教育增支2 325万元，以及中等专业教育、民办教育和业余教育的发展，增支8 311万元。

1983年，广东新办7所高等院校；电视大学、函授教育、业余大学等成人高等教育和中等专业教育学生人数大幅度增长；教育部门的行政人员和教师进修院校数均增加；全年修复中小学校舍危房183.22万平方米，新置课桌凳52.25万套。1984年又新办3所高等院校。中小学危房修复面积347万平方米，新置课桌凳73.15万套。同年，随着在“文化大革命”前和“文化大革命”中兴办的共产主义劳动大学和“五七”大学退出历史舞台，取消对“共产主义劳动大学”、“五七”大学补助费科目。1985年，全省增加中小学校舍面积427万平方米，修复中小学校危房342万平方米，新制课桌凳54.23万套。为提高教师质量和教师的合格率，1983—1985年，全省复办和新办15所高等师范院校、53所中等师范学校和104所教师进修学校。1983—1985年，教育事业费投入270 44万元，年均递增18.21%，高于1983年3月省委、省政府《关于努力开创我省教育事业新局面的决定》中提出的教育经费支出在1985年前应保证每年增长8%以上的要求。

1986年后，广东教育事业得到全面发展，高等学校、中等专业学校、普通中学和小学在校生逐年增长；函授教育、夜大学、干部专修，职业技术教育得到迅速发展，教育事业费支出年均递增18.68%。

1987年后，教育事业费重点用于改善办学条件，提高教学质量；扩大高等院校招生，高等院校重点学科和重点实验室建设，以及引进专业人才；实施普及九年制义务教育，修复中小学危房，购置课桌凳，民办教师转为公办教师经费安排；发展职业教育、技工教育

1979—2000年广东省地方财政教育经费支出分款统计表

表5-3-2　　　　单位：万元

年度	合计	高等学校经费	中等专业学校经费	技工学校经费	职业教育经费	中学经费	小学经费	幼儿教育经费	成人高等教育经费	普通业余教育经费	教师进修及干部培训经费	特殊教育经费	广播电视教育经费	民办教师补助费	其他教育经费
1979	41 550	3 488	3 306	684	—	11 131	14 508	—	—	192	259	—	—	4 686	3 296
1980	51 922	3 747	4 009	816	—	13 685	19 073	216	—	402	552	—	—	5 911	3 511
1981	60 240	4 241	4 144	749	39	16 232	22 679	295	167	245	1 076	—	—	6 081	4 292
1982	67 335	4 786	4 398	777	108	17 790	26 621	416	277	221	1 664	44	—	5 983	4 250
1983	73 838	5 429	4 646	778	429	19 747	29 191	476	377	241	1 940	42	—	5 740	4 802
1984	84 739	7 194	5 185	722	817	22 319	32 413	655	601	386	2 170	47	—	5 719	6 511
1985	111 216	9 438	5 865	889	1 710	29 592	42 925	924	1 075	628	2 925	77	—	6 995	8 173
1986	131 258	11 283	7 734	1 319	2 453	35 258	49 540	1 133	1 441	525	3 922	104	—	7 739	8 807
1987	145 702	13 009	9 467	1 598	3 321	39 034	52 571	1 402	745	533	3 495	64	1 174	7 270	12 019
1988	168 894	14 171	11 202	1 799	5 057	47 327	59 185	1 546	713	593	4 177	113	1 138	7 344	14 529
1989	212 494	18 981	14 480	2 597	6 704	59 963	75 334	2 135	1 159	668	4 883	222	1 550	8 255	15 563
1990	226 738	17 409	15 555	2 761	7 337	63 643	87 836	2 663	445	746	4 581	315	1 327	8 353	13 767
1991	255 460	21 459	17 950	3 254	8 202	69 225	97 779	3 029	1 302	880	4 656	402	1 668	8 766	16 888
1992	319 449	26 071	21 026	4 758	10 885	90 383	122 133	4 657	869	907	5 007	389	2 108	9 635	20 621
1993	506 698	39 499	29 331	5 749	19 223	147 139	189 267	6 940	1 639	1 271	7 022	940	3 244	11 219	44 215
1994	703 492	53 145	43 003	7 863	25 782	211 964	271 902	10 303	2 449	1 821	10 022	1 654	4 317	14 178	45 089
1995	884 918	86 146	52 831	10 619	33 429	262 700	326 946	14 383	2 911	2 013	11 526	2 331	5 366	13 918	59 799
1996	984 670	100 872	65 027	13 924	32 401	302 791	365 983	17 812	1 910	2 926	12 264	3 502	5 716	11 436	48 106
1997	994 886	108 666	59 699	13 468	31 956	299 355	370 314	18 120	2 686	2 304	12 994	3 342	5 200	10 026	56 756
1998	1 091 089	126 250	47 518	7 339	36 694	330 867	426 485	19 154	9 866	2 746	13 959	3 747	5 896	—	60 568
1999	1 210 230	140 442	52 190	10 411	46 040	354 735	456 733	20 787	11 187	2 224	14 764	5 352	5 876	—	89 489
2000	1 447 466	177 913	82 768	17 095	48 301	440 849	541 139	24 912	14 681	1 735	11 939	5 698	6 809	—	73 627
累计	9 774 284	993 639	561 334	109 969	320 888	2 885 729	3 680 557	151 958	56 500	24 207	135 797	28 385	51 389	159 254	614 678

说明：1．成人高等教育经费1981—1986年包括教育部门举办的广播电视大学，函授、夜大学和各类普通高等学校附设的函授、夜大学经费。1987年起，广播电视教育经费单列

2．其他教育经费1979—1983年包括“共产主义劳动大学”、“五七”大学补助费

和业余培训等；教师评定职称和工资标准的提高，人员经费增长较快。

1993年起，省政府决定每年对部省共建的中山大学、华南理工大学两校的基建投入，相当于国家教育委员会全年拨给两校的基建投资总额，对两校的事业经费也给予适当资助。

1995年，教育事业费按照保证重点，兼顾一般的原则，各级财政从资金上保证教育事业的基本需要，重点支持全省普及九年制义务教育和解决教师工资性支出。当年省财政集中安排4.5亿元，用于帮助部分财政困难市、县解决历史上拖欠教师工资问题。

1996年后省级财政重点支持高等院校部省共建和高等学校“211工程”①建设的投入，其中部省共建院校扶持专项资金4 000万元（中大、华工各1 500万元），用于支持汕头大学进入“211工程”3 000万元；中央下放广东的高等院校和中等专业学校、省属重点高校经费的投入；拨出专款，帮助落后地区中小学校舍的兴建和危房的维修，民办教师转为公办教师的经费开支。各地新建、扩建一批教育设施，加大对“普及九年制义务教育”教育的投入。

1996—2000年，全省用于“普九”专项补助资金达6.5亿元；用于改善教师住房条件的安居工程的专项补助4亿元。1997年开始实施“改造薄弱学校，建设规范化学校”工程，使全省普及九年制义务教育不断巩固和提高。民办教师转为公办教师、接收大中专毕业生及转业军人，财政供养人员不断增加，造成教育经费用于人员的支出比重较大。1998年起，部门举办的中等专业学校和技工学校经费统一划入教育事业费科目，民办教师转为公办教师以及不合格者进行辞退、退养告一段落，预算科目取消民办教师补助费科目。

财政对教育事业的投入，保证广东各类教育迅速发展，教育质量和办学水平稳步提高。1995年全省基本扫除青壮年文盲，1996年全省106个县（市、区）基本实现普及九年义务教育，义务教育人口覆盖率达86.9%，成为全国最早实现“两基”的两个省份之一。2000年，全省有8所大学进入国家“211工程”行列，6所新建本科院校通过全国本科教学工作合格评估；全省有25个国家级重点学科和重点实验室，博士点128个。2000年，全省高等院校在校生29.95万人，为1978年的9.76倍；中等专业学校在校生65.57万人，为1978年的28.02倍；普通中学在校生460.69万人，为1978年的1.17倍；小学在校生929.93万人，为1978年的1.25倍。

二、科学事业费

科学事业费是财政用于自然科学事业、社会科学事业和科协事业的经费，反映各级科技行政管理部门归口管理的事业费以及社会科学院系统的经费。1979年科学事业费包括自然科学研究费、社会科学研究费、科学普及费和其他科学事业费。1980年增设科协事业费，反映地方各级科协机构经费开支情况。1982年增设科委事业费，反映地方科委主管的科学事业费，包括所属的科研机构、科技情报机构经费以及技术论证、学术交流、干部训

① “211工程”是国家为迎接世界新技术革命的挑战，集中中央和地方各方力量，在21世纪前，全国分期分批建成100所在高等教学质量、科学研究和管理达到国际一流大学的水平。

练，同时取消科学普及费，将其并入科协事业费。1987年前，农林水、工交商和文体、教育、卫生等部门的科研经费由财政部门核拨到具体部门。1987年科学研究事业体制改革，将农林水、工交商和文体、教育、卫生等部门科学研究费从部门划出，统列入科学事业费，设自然科学事业费、科协事业费和社会科学事业费3个款级科目，一直沿用到2000年。

1979—2000年，广东地方财政科学事业费支出719 477万元，占同期地方财政支出的1.08%，年均递增17.28%，低于地方财政支出增长率的0.65。其中1979—1986年由财政部门直接核拨到农林水、工交商和文体、教育、卫生等部门的科研经费支出32 019万元。1982—1986年，科委事业费支出7 235万元。

1987年起，自然科学事业费设立技术开发研究费、基础研究经费、社会公益和农业研究经费、行业技术开发基金、自然科学基金、专项奖励经费和科研管理机构经费。1979—2000年，自然科学事业费支出587 886万元。从1987年起用于自然科学基金11 403万元，技术开发研究费73 030万元，社会公益和农业研究经费140 980万元，专项奖励经费3 022万元，科研管理机构经费183 490万元。从1991年起，随着科技兴粤战略的全面实施，财政加大对自然科学事业费的投入，自然科学事业费增长幅度较大。

社会科学事业费反映各级社会科学院机关及其所属研究机构的经费，包括社会科学管理机构经费、社会科学研究机构经费等。1979—2000年，该款支出47 447万元，随着各级政府对社会科学研究的重视，从1991年起，全省社会科学事业费年均递增23.71%。

科协事业费包括学术活动经费、科学普及活动经费、青少年科技活动经费、科技馆站经费和其他科协事业费等。1979—2000年，科协事业费和其他科协事业费支出44 890万元。

此外，从90年代中期起，广东对研究开发经费的投入，从单纯依靠政府拨款转变为多渠道筹集经费，其中1996年广东对研究开发经费投入中，政府投入占28%，企业投入占62%，其他渠道占12%。

1979—2000年广东省地方财政科学事业费支出分款统计表

表5-3-3　　单位：万元

年度	合计	自然科学事业费	社会科学事业费	科协事业费	科委事业费	农林水部门科研费	工交商部门科研费	文体教育卫生部门科研费	其他科学事业费
1979	3 589	961	28	—	—	1 482	782	153	183
1980	4 154	997	44	79	—	1 644	904	258	228
1981	4 924	937	45	127	—	2 174	1 025	251	365
1982	5 327	630	66	245	772	2 144	1 080	390	—
1983	6 253	722	99	285	1 052	2 264	1 303	431	97
1984	7 367	779	188	374	1 176	2 479	1 718	538	115
1985	8 153	517	262	507	1 811	2 645	1 686	638	87
1986	9 935	629	204	497	2 424	2 980	2 179	871	151
1987	7 588	6 274	587	727	—	—	—	—	—
1988	9 212	7 755	661	796	—	—	—	—	—

续表5-3-3

年度	合计	自然科学事业费	社会科学事业费	科协事业费	科委事业费	农林水部门科研费	工交商部门科研费	文体教育卫生部门科研费	其他科学事业费
1989	11 528	9 605	811	1 112	—	—	—	—	—
1990	11 493	9 652	792	1 049	—	—	—	—	—
1991	16 239	13 975	1 112	1 152	—	—	—	—	—
1992	22 112	17 955	2 322	1 835	—	—	—	—	—
1993	29 068	23 721	2 862	2 485	—	—	—	—	—
1994	47 314	40 898	3 263	3 153	—	—	—	—	—
1995	61 357	54 022	4 320	3 015	—	—	—	—	—
1996	63 799	55 327	4 745	3 727	—	—	—	—	—
1997	86 120	76 586	5 203	4 331	—	—	—	—	—
1998	98 356	87 452	5 202	5 702	—	—	—	—	—
1999	96 009	83 254	7 083	5 672	—	—	—	—	—
2000	109 580	95 238	7 548	6 794	—	—	—	—	—
累计	719 477	587 886	47 447	43 664	7 235	17 812	10 677	3 530	1 226

说明：其他科学事业费1979—1981年包括科学普及费

三、文体广播事业费

1979年，文化事业费、文物事业费、体育事业费、通讯和广播事业费、计划生育事业费、地震事业费都是文教科学卫生事业费类中单设的款级科目。1997年起，将文体广播事业费从文教科学卫生事业费类中划出，设置文体广播事业费类。1979—2000年，广东地方财政文体广播事业费支出2 155 017万元（剔除由部门举办的中等专业学校的经费），年均递增18.88%，高于地方财政支出0.95个百分点。

（一）文化事业费

1979年，文化事业费包括文化部门所属的艺术表演团体、艺术表演场所、群众文化馆站、中等专业学校和其他文化事业等项的经费。1980年将图书馆经费从文物事业费中划入文化事业费。1982年起，群众文化馆站经费改称群众文化经费。1979—2000年，全省地方财政文化事业费支出578 486万元（1997—2000年含宣传文化发展专项资金），年均递增20.94%，高于地方财政支出增长率的3.01个百分点。

随着国民经济的恢复和发展，政府不断增加对文化事业的经费投入，且逐年加大力度。省级财政安排山区文化馆（站）建设增多。1987年起每年拨出专款150万元，扶持乡镇文化建设。1993年起，增至每年450万元。至1996年，建成乡镇街道文化馆（站）活动场所470个。1991—2000年，财政给艺术表演团体拨款60 452万元，平均每年拨款6 045万元，是1990年财政拨款的2.7倍。1996—2000年，为落实省政府关于改变山区文化建设落后状况的要求，安排1.35亿元的专款帮助文化单位完善文化设施的建设。1998—2000年，各级政府落实国家对文化事业有关政策规定，加大对文化事业费投入，共投入基本建设经费87.4亿元，

1979—2000年广东省地方财政文体广播事业费支出分款统计表

表5-3-4 单位：万元

年度	合计	文化事业费	文物事业费	出版事业费	体育事业费	档案事业费	广播电影电视事业费	计划生育事业费	地震事业费	党政群干部训练事业费	其他文体广播事业费
1979	6 884	1 997	122	8	1 280	73	1 392	1 188	67	757	—
1980	8 554	2 316	140	—	1 658	73	1 573	1 887	73	834	—
1981	10 627	2 770	289	6	2 086	165	1 722	2 603	78	908	—
1982	12 613	3 030	307	—	2 383	144	2 082	3 537	78	1 052	—
1983	18 539	3 397	464	—	2 680	199	2 611	7 307	81	1 386	414
1984	20 100	4 147	707	—	3 079	218	3 183	6 046	118	1 792	810
1985	23 007	4 919	932	4	4 485	306	3 180	5 027	132	2 970	1 052
1986	31 059	6 150	873	7	5 311	399	4 874	5 206	200	4 195	3 844
1987	39 434	7 867	953	143	8 477	466	5 861	7 537	232	4 465	3 433
1988	42 818	8 394	1 426	168	7 857	690	6 902	7 685	276	3 974	5 446
1989	56 179	10 327	1 434	309	11 006	805	8 666	9 014	524	4 839	9 255
1990	59 607	11 199	1 507	227	12 316	820	8 528	11 876	325	5 188	7 621
1991	65 121	12 821	1 459	235	11 340	1 066	10 423	14 731	362	5 922	6 762
1992	92 935	18 910	4 310	477	17 552	1 281	12 951	17 467	471	7 756	11 760
1993	114 109	21 818	4 400	1 029	21 958	1 657	16 811	21 276	847	10 752	13 561
1994	152 571	29 358	4 650	1 173	28 621	2 269	26 965	24 480	878	17 803	16 374
1995	162 457	34 219	9 448	2 510	28 157	2 619	29 277	30 079	1 106	18 737	6 305
1996	183 510	42 291	8 663	2 368	30 561	3 129	26 174	33 889	1 292	21 613	13 530
1997	229 613	67 527	10 788	2 046	42 682	3 718	25 000	42 923	2 182	21 321	11 426
1998	271 063	99 889	7 815	2 611	45 817	3 875	27 134	47 746	2 726	21 103	12 347
1999	262 692	80 606	8 994	1 619	35 972	3 823	29 806	66 460	2 458	22 835	10 119
2000	291 525	104 534	9 805	1 589	45 469	4 953	26 638	62 910	2 582	25 430	7 615
累计	2 155 017	578 486	79 486	16 529	370 747	32 748	281 753	430 874	17 088	205 632	141 674

说明：文化事业费1997—2000年包括宣传文化发展专项资金；数据均已剔除由部门举办的中等专业学校的教育经费

建成广东美术馆、星海音乐厅、广州艺术博物馆等重点文化设施。

另外，从1997年起，预算科目在其他支出类增设宣传文化发展专项资金，用于文化企业的重大题材影片的摄制、城市专业电影院维修改造和设备更新；宣传、文化系统调控的专项资金等，四年间该专项资金支出82 433万元。

（二）文物事业费

1979年，文物事业费包括博物馆经费、图书馆经费、文物保护费、其他文物事业费。1983年增设文物事业机构经费。1979—2000年，地方财政文物事业费支出79 486万元，年均递增17.64%，与地方财政支出增长率持平。尽管财政对文物事业费投入的增长率较高，但投入资金的总量还是偏少，且主要集中在博物馆经费，修复了一批文物，但文物抢修和保护仍欠账较多。

（三）出版事业费

1980年，单独设立出版事业费，只设科学研究费和中等专业学校经费两项。1981年增设出版经费和其他出版事业费。1979—2000年，本款支出16 529万元，主要用于出版部门的编辑费用和干部培训经费。

（四）体育事业费

1979年，体育事业费包括体育竞赛费、一般体育活动费、军事体育活动费、科学研究费、其他体育事业费。1980年开始有中等专业学校经费支出。1983年起体育事业费改设体育竞赛费、体育训练费、体育场馆补助费、科学研究费、中等专业学校经费和其他体育事业费。1988年取消体育训练费，增设优秀运动队经费、业余训练费两个项级科目。

1979—2000年，广东地方财政体育事业费支出370 747万元，年均递增17.19。除体育事业的经常性经费开支外，1987年广东承办第六届全国运动会，各级政府筹集6 000万元资金，还通过多形式、多渠道筹集资金新建体育场馆22个，全省体育场、馆增加到15 973个，其中广州天河体育中心耗资2亿元。

为备战2001年由广东承办的第九届全国体育运动会，1996—2000年，省级财政共拨出备战“九运会”经费19 000万元，新建运动队经费2 907万元，引进人才经费3 600万元。

（五）档案事业费

1979—1980年，在行政管理费类中设档案馆经费。1981—1985年列科学事业费支出，并从1985年起改称档案事业费。1986年起转入本类，下设档案馆经费一个项级科目。1987年增设其他档案事业费。档案事业费反映各级档案、资料征购费，整理、编纂、保护、修复用品及工本费，档案陈列展览费用等。反映各级档案局所属编辑出版机构的补助费和其他档案事业机构经费等。1979—2000年，本款支出32 748万元。

（六）广播电影电视事业费

1979年称为通讯和广播事业费，包括广播电台经费、电视台经费、县广播站经费、中等专业学校经费和其他广播事业费。1982年改称广播电视事业费，所包含的支出项目与以前相同。1987年改称广播电影电视事业费。1979—2000年，广东地方财政广播电影电视事业费支出281 753万元，年均递增14.83%，低于地方财政支出增长率的3.1个百分点。财政部门对广播电影电视事业予以政策上的支持，除财政拨款外，广播电影电视部门和单位的广告业务和影音事业的收入全留，支出自理。

（七）计划生育事业费

1979年，计划生育事业费包括手术减免经费、避孕药具经费、科学研究费、其他计划生育经费。1980年将公社计划生育专职干部经费纳入本款，当年支出313万元；同年，城镇无业人员的独生子女享受公费医疗或每月发给的奖金，在计划生育经费中开支。1981年，公社计划生育专职干部经费改称基层计划生育专职干部经费，此项经费2000年支出9 019万元，人员经费支出逐年增幅较大。

1983年，增设独生子女保健费，每人每月奖励5元，直至14周岁；1986年6月起提为7元；1992年提高到10元。1988年起增设“宣传服务站经费”。1999年起将宣传服务站经费分为宣传经费和服务站经费两个项级科目，宣传经费反映计划生育部门的宣传费和所属独立的宣传教育中心、宣传指导站的机构经费。服务站经费反映县以及县以下独立设置的计划生育服务站的财政补助经费。这两项1988年支出1 189万元，2000年达到7 702万元。随着广东经济的发展，外来人口日益增多，为做好外来人员计划生育的工作，1999年起增设流动人口计划生育管理费，当年支出540万元。1979—2000年，广东地方财政计划生育事业费支出430 874万元，占同期地方财政支出的0.64%，年均递增20.45%，高于地方财政支出增长率的2.52个百分点。

（八）地震事业费

1979年，地震事业费包括地震机构经费、群测群防补助费。1989年起，增设其他地震事业费。1998年起，增设地震监测预报经费、地震台站经费。1979—2000年，本款支出17 088万元。

（九）党政群干部训练事业费

1982年，本类增设党校事业费，反映省、市、县各级党校经费。1985年起，将党校事业费改称党政群干部训练事业费，下设党校事业费、政府机关干部训练事业费和党派团体干部训练事业费3个项级科目，取消在行政管理费类中行政管理、公检法司的干部训练费科目。1998年起，将公检法部门干部训练经费从政府机关干部训练事业费项级科目中分离出来，设立公检法部门干部训练事业费。

1979—2000年，本款支出205 632万元，年均增长17.19%，低于地方财政支出增长率的

0.74个百分点。其中：1979—1984年，行政机关干部训练费和公检法干部训练费支出3 258万元；1982—2000年，党校事业费支出128 154万元；1985—2000年，政府机关干部训练事业费支出35 224万元，党派团体干部训练事业费24 362万元；1987—2000年，公检法部门干部训练经费14 634万元，且主要为公安部门的干部训练事业费。

（十）其他文体广播事业费

其他文体广播事业费为反映不属于上述记载的其他文体事业支出项目。1979—2000年，本款支出141 674万元。

四、卫生经费

卫生事业费包括财政用于各级卫生部门所属的医院经费、卫生院补助费、防治防疫事业费、药品检验机构经费、妇幼保健经费、中等专业学校经费、干部训练费、合作医疗补助费、其他卫生事业费等。1987—2000年，款项科目随着政府预算收支科目的变化有所调整。1996年卫生事业费改为卫生经费类，其科目相应调整为：医院经费、卫生院补助费、防治防疫事业费、妇幼保健经费、干部训练费、合作医疗补助费及其他卫生事业费等。药品检验机构经费改为药品监督管理事业费单独列款科；中等专业学校经费则并入教育经费中。1979—2000年，广东地方财政卫生经费支出2 107 999万元，占同期地方财政支出的3.15%，年均递增16.85%，低于地方财政支出增长率的1.08个百分点。

改革开放后，广东的卫生事业发展较快，各项卫生事业不断稳步和协调发展，农村三级医疗预防保健网继续巩固和发展，人民健康水平持续提高，卫生资源总量合理增长。至2000年年底，全省共有卫生机构8 984个。其中：县及县以上医院735家（含中医院127家，妇幼保健院93家），乡镇卫生院1 680家（其中中心卫生院250家），防疫防病机构329个，药品检验机构99个，门诊部（所）、教育科研等其他机构6 141个。此外还有城市社区卫生服务站600多个，农村卫生站及村级医疗点2.89万个。全省医院床位总数达到15.72万张，是1978年的1.78倍；医疗机构固定资产214.41亿元，其中专业设备78.62亿元。卫生队伍不断壮大，2000年全省共有从事卫生工作人员32.71万人，为1978年的2.05倍。

（一）卫生事业费

卫生事业费分为医院经费、卫生院补助费、防治防疫事业费、妇幼保健经费、合作医疗补助费和其他卫生事业费。1979—2000年，本款支出1 949 288万元，占卫生经费支出的92.47%。

1. 医院经费

医院经费包括对卫生部门所属综合医院、独立门诊部、教学医院、各种专科医院、疗养院和县医院的补助，以及部队复员的精神病员和麻风病员住院治疗费。1979—2000年，医院经费共支出795 681万元，占卫生事业费的40.82%，是卫生事业费中最大的一项支出，年均递增18.70%，高于地方财政支出增长率的0.77个百分点。1991—2000年，广东实施农村

1979—2000年广东省地方财政卫生经费支出分项统计表

表5-3-5

单位：万元

年度	合计	卫生事业费							中医事业费				药品监督管理事业费
		小计	医院经费	卫生院补助费	防治防疫事业费	妇幼保健经费	合作医疗补助费	其他卫生事业费	小计	医院经费	集体医疗机构补助费	其他中医事业费	
1979	11 939	11 865	3 655	3 309	2 207	188	44	2 462	—	—	—	—	74
1980	14 189	13 651	4 378	3 814	2 374	208	29	2 848	429	429	—	—	109
1981	16 211	15 535	4 705	4 089	2 622	201	22	3 896	518	518	—	—	158
1982	18 247	17 490	5 632	4 575	3 188	290	25	3 780	588	588	—	—	169
1983	19 422	18 417	6 354	4 346	3 193	376	41	4 107	808	808	—	—	197
1984	21 297	20 280	7 427	4 468	3 361	355	51	4 618	807	807	—	—	210
1985	24 793	23 578	8 532	4 651	4 535	415	36	5 409	938	938	—	—	277
1986	31 238	29 295	11 530	5 753	4 820	553	34	6 605	1 589	1 589	—	—	354
1987	34 011	31 907	12 365	6 368	5 244	647	22	7 261	1 767	1 721	23	23	337
1988	36 606	34 150	12 643	6 643	4 801	622	4	9 437	2 132	2 010	24	98	324
1989	46 383	42 885	16 528	8 372	6 332	775	7	10 871	2 989	2 859	33	97	509
1990	46 159	42 847	15 662	8 872	6 004	893	3	11 413	2 878	2 482	79	317	434
1991	53 267	48 753	18 792	10 368	6 822	1 143	3	11 625	3 998	3 569	22	407	516
1992	75 433	68 808	24 594	15 028	9 080	1 478	2	18 626	5 752	5 261	34	457	873
1993	112 699	103 768	35 983	27 109	15 204	2 606	3	22 863	7 540	7 125	75	340	1 391
1994	142 498	132 213	53 789	27 796	18 074	3 842	9	28 703	8 869	8 093	171	605	1 416
1995	169 568	157 470	63 281	34 943	20 099	5 985	11	33 151	10 399	9 444	156	799	1 699
1996	216 111	200 660	80 661	38 153	21 232	6 420	10	54 184	13 188	12 525	164	499	2 263
1997	224 099	205 578	83 336	43 693	23 693	7 164	30	47 662	16 203	14 368	83	1 752	2 318
1998	243 386	223 292	97 469	46 607	25 654	7 313	165	46 084	17 746	16 445	130	1 171	2 348
1999	256 908	238 134	101 830	47 372	28 563	8 966	506	50 897	17 619	15 635	201	1 783	1 155
2000	293 535	268 712	126 535	51 516	29 599	9 072	351	51 639	22 535	20 091	227	2 217	2 288
累计	2 107 999	1 949 288	795 681	407 845	246 701	59 512	1 408	438 141	139 292	127 305	1 422	10 565	19 419

说明：1．1996年和1997年其他卫生事业费包括其他卫生经费2 378万元和6 608万元

2．其他卫生事业费1981—2000年包括干部训练费，1983—2000年包括处理群众医疗欠费基金

3．其他中医事业费1987—2000年包括干部训练费和处理群众医疗欠费基金

卫生三项（县级医疗机构、防疫保健机构以及乡镇卫生院）建设，各级政府都增加对医疗机构的投入；人员增加和工资改革，工资标准和补贴标准的提高。1991—2000年，医院经费支出高达686 270万元，占1979—2000年的86.25%，年均递增23.24%。

2. 卫生院补助经费

1979—2000年，乡镇（公社）卫生院共支出407 845万元，占卫生事业费的20.92%，年均递增14.68%，低于地方财政支出增长率的3.25个百分点。1991—2000年，广东实施乡镇卫生院“一无三配套”（即无危房，房屋、设备、人员三配套）建设，各级政府都增加对卫生院的经费投入，以及人员增加和工资改革，工资标准和补贴标准的提高，1991—2000年支出342 585万元，占1979—2000年卫生院补助经费支出的84.00%，年均递增19.23%。

3. 防治防疫事业费

本科目反映卫生部门所属卫生防疫站、专科防治所（站、组）医疗防疫队、食品检验所等机构经费，防疫药品、器材和生物制品购置费，寄生虫病、急性传染病、慢性病、地方病防治费，预防注射和急救费，以及卫生宣传教育经费、卫生部门的卫生监督业务费等。1979—2000年共支出246 701万元，占卫生事业费的12.66%，年均递增13.60%，低于地方财政支出增长率的4.33个百分点。1991—2000年，广东实施农村卫生三项建设，各级政府都增加对防疫事业机构的投入，共支出198 020万元，占本项1979—2000年支出的80.27%，年均递增17.30%。

4. 妇幼保健经费

本科目反映妇幼保健机构经费、业务费、妇幼医疗减免费等。1979年经费支出188万元。以后随着人员增加、提高工资标准和补贴，以及修缮购置费增加，事业费逐年增加。至2000年支出9 072万元。1979—2000年本项支出59 512万元，占卫生事业费的3.05%，年均递增20.27%。1991—2000年广东实施农村卫生三项建设，各级政府都增加对妇幼保健机构的投入，1991—2000年支出53 989万元，占1979—2000年本项支出的90.72%，年均递增26.09%。

5. 合作医疗补助费

本科目反映培训乡村医生、卫生员的经费，对参加农村合作医疗农民个人的补助，以及扶持穷村办合作医疗的补助费。广东农村合作医疗产生于60年代中期，70年代达到高峰，高峰时参加农村合作医疗农民人数占全省农业人口的比重达到89.2%。1980年以后，由于全省很多地方的合作医疗停办，至1995年参加农村合作医疗农民人数占全省农业人口的比例仅为7.1%，各级财政的支持也大幅度减少。1996年“恩平会议”和1997年“惠州会议”后，各地政府又开始重视农村合作医疗工作。至2000年年底，全省参加农村合作医疗农民占农业人口的比例上升到20.5%。从1998年起，经费有所增多。1979—2000年，本项支出1 408万元。

6. 其他卫生事业费

其他卫生事业费反映所属的血站、急救站和麻风村经费，卫生部门所属医疗机构按规定开支的减免经费，爱国卫生运动业务费，红十字会和其他卫生单位的补助经费，以及卫生部门所属医疗机构（不包括中医）处理群众欠费基金。1979—2000年，本项支出438 141万元。

（二）中医事业费

1980—1986年，在卫生事业费款级科目下设中医医院经费项级科目，反映卫生部门所属中医医院的补助经费。1987年起，中医事业费单独作为款级科目。1980—2000年，广东地方财政中医事业费支出139 292万元，占同期地方财政支出的2.08%。

1. 医院经费

本科目反映中医药管理部门（未划分中医药管理部门以前属于卫生部门）中医、民族医、中西医结合医院、独立门诊部、医学院校和科研机构的附属医院以及各种中医专科医院的补助经费。1980—2000年，该项支出127 305万元，占同期中医事业费支出的91.39%，年均递增21.21%。

2. 集体医疗机构补助费

1987年起，独立设此项，反映城市和农村集体性质的中医和民族医医院以及独立门诊部的补助经费。1987—2000年，本项支出1 422万元，占同期中医事业费支出的1.06%。

3. 其他中医事业费

1987年起，独立设此项，反映中医药管理部门进行国际国内科技交流、宣传和情报资料等有关费用，以及对中医针灸、中西医结合等学术团体的补助费，以及干部训练费、拨给中医药管理部门所属医疗机构的处理群众医疗欠费基金。1987—2000年，本项支出10 565万元。

（三）药品监督管理事业费

1979年，卫生部门所属各级药品检验所经费，从其他卫生事业费中分出，独立设置项级科目药品检验机构经费。1999年，将药品检验机构经费从卫生事业费中分列，单独列款级科目，改称药品监督管理事业费。1979年，本款经费支出74万元，1985年后因工资改革，检测项目和药品制造厂商的增加，增加设备购置费等因素影响，以及监督力度的加大，经费支出逐年增加，2000年支出2 288万元。1979—2000年，本款支出19 419万元，年均递增17.75%。

第四节　社会保障支出

社会保障支出1979年包括抚恤和社会福利救济费类科；公费医疗经费1979年列文教科学卫生事业费类，1996年起列卫生经费类下，统一在此记载。城镇人口下乡经费类随着形势的变化，1982年改称城镇青年就业经费类。1996年，行政事业单位离退休经费和民政部门管理的地方离退休人员经费从行政事业单位经费和离休退休退职费中分离出来，单独设立行政事业单位离退休经费类。1998年，将原在其他支出类中支出的社会保障资金单列为社会保障补助支出类科。1979—1996年，社会保障经费每年支出都有小幅增长。从1997年起，随着国有企业改革重组，下岗职工基本生活保障、失业保险、城镇居民最低生活保障、养老保险制度的逐步完善，以及提高离退休人员的生活待遇，地方财政社会保障经费支出大幅增长。1979—2000年，全省地方财政社会保障经费支出4 093 396万元，占同期地方财政支出的6.12%，年均递增22.70%，高于地方财政支出增长率的4.77个百分点。其中1997—2000年支出2 884 228万元，占同期地方财政支出的10.74%，后四年的支出数为前十八年的2.39倍。

1979—2000年广东省地方财政社会保障支出统计表

表5-4-1　　单位：万元

年度	合计	抚恤和社会福利救济费	公费医疗经费	行政事业单位离退休经费	城镇青年就业经费	社会保障补助支出
1979	12 542	8 856	2 890	—	796	—
1980	12 777	7 546	3 575	—	1 656	—
1981	15 081	8 412	4 397	—	2 272	—
1982	17 368	9 987	5 746	—	1 635	—
1983	19 041	9 377	7 417	—	2 247	—
1984	22 604	11 518	9 024	—	2 062	—
1985	28 320	15 214	11 667	—	1 439	—
1986	32 836	16 606	15 447	—	783	—
1987	35 701	18 641	16 354	—	706	—
1988	37 269	17 212	19 548	—	509	—
1989	49 004	21 522	27 256	—	219	7
1990	54 456	23 053	31 337	—	66	—
1991	69 926	26 875	36 221	—	51	6 779
1992	75 765	32 531	43 162	—	65	7
1993	109 045	45 945	63 051	—	49	—
1994	147 630	63 707	83 850	—	—	73
1995	181 094	75 567	105 443	—	—	84
1996	288 709	77 389	126 494	83 126	—	1 700
1997	497 842	87 051	138 155	267 119	—	5 517
1998	643 464	104 154	149 486	308 982	—	80 842
1999	789 371	118 292	152 747	354 999	—	163 333
2000	953 551	143 037	183 778	429 525	—	197 211
累计	4 093 396	942 492	1 237 045	1 443 751	14 555	455 553

一、抚恤和社会福利救济费

抚恤和社会福利救济费类包括抚恤事业费、社会救济福利事业费、自然灾害救济事业费。1982年，增设离休费款级科目。1984年，增设退职费款级科目。1985年，退休退职两个科目合并，并设立其他民政事业费款级科目。1994年，增设特大自然灾害救济补助费。1996年，地方离退休人员经费独立设置类级科目后，将原在离休费中支出的军队移交地方安置的离退休人员经费单列款级科目。1997年，将自然灾害救济事业费和特大自然灾害救济补助费合并改称救灾支出。1998年，将原在社会救济福利事业费中反映的残疾人经费单独设立残疾人事业费款级科目。1979—2000年，广东地方财政抚恤和社会福利救济费支出942 492万元（剔除民政学校经费），占同期地方财政支出的1.41%，年均递增15.86%，低于同期地方财政支出的2.07个百分点。

1979—2000年广东省地方财政抚恤和社会福利救济费支出统计表

表5-4-2　　单位：万元

年度	合计	抚恤事业费	社会救济福利事业费	残疾人事业费	离休退休退职费		救灾支出		其他民政事业费
					小计	其中	小计	其中	
1979	8 856	1 324	1 813	—	1 571	—	4 148	—	—
1980	7 546	1 630	2 440	—	1 673	—	1 803	—	—
1981	8 412	1 912	2 540	—	1 729	—	2 231	—	—
1982	9 987	1 918	2 617	—	1 756	—	3 696	—	—
1983	9 377	2 242	2 867	—	1 736	—	2 532	—	—
1984	11 518	2 589	3 547	—	1 806	—	3 576	—	—
1985	15 214	3 711	3 147	142	2 554	11	5 411	—	249
1986	16 606	3 662	3 604	164	2 942	35	5 631	—	603
1987	18 641	4 346	4 124	157	3 315	203	5 882	—	817
1988	17 212	4 305	4 533	179	3 655	239	3 344	—	1 196
1989	21 522	5 753	5 760	463	4 808	246	3 520	—	1 218
1990	23 053	6 495	6 909	558	5 123	315	2 695	—	1 273
1991	26 875	7 084	8 158	584	5 385	427	3 719	—	1 945
1992	32 531	8 368	9 340	749	6 641	461	4 207	—	3 226
1993	45 945	11 744	13 402	2 017	8 294	671	5 902	—	4 586
1994	63 707	13 623	16 638	2 161	11 305	1 879	13 007	6 950	6 973
1995	75 567	17 523	20 691	2 600	11 285	2 386	16 005	4 180	7 463
1996	77 389	19 865	25 022	2 892	4 012	4 012	13 792	6 600	11 806
1997	87 051	23 064	30 209	4 792	5 469	5 469	11 747	5 150	11 770
1998	104 154	23 471	39 046	5 810	6 841	6 841	13 160	3 400	15 826
1999	118 292	26 736	49 367	8 392	9 040	9 040	7 914	2 800	16 843
2000	143 037	34 670	63 468	8 510	10 864	10 864	7 566	2 265	17 959
累计	942 492	226 035	319 242	40 170	111 804	43 099	141 488	31 345	103 753

说明：1. 合计数1989—1997年已剔除民政学校经费
2. 离休退休退职费的其中数指军队移交地方安置的离退休人员费用
3. 救灾支出的其中数指特大自然灾害救济补助费和灾后重建补助费

（一）抚恤事业费

抚恤事业费包括牺牲病故抚恤费、伤残抚恤费、烈军属复员退伍军人生活补助费、退伍军人安置费、优抚事业单位经费和烈士纪念建筑物管理维护费以及其他抚恤事业费。

抚恤优待工作由民政部门承担，随着改革开放和社会经济的全面发展，广东各级政府每年大幅度增拨抚恤事业费，抚恤事业费除广东地方财政开支外，中央财政也下达经费，省财政对财政困难的县给予专项追加补助。1979—2000年，此款共支出226 035万元，年均递增17.99%，与地方财政支出增长率持平。抚恤对象由1979年的56 001人增加到2000年的125 383人。

1. 牺牲病故抚恤费

牺牲病故抚恤费是民政部门按规定发给烈士和牺牲、病故的军人（包括武装警察部队）、人民警察、参战牺牲的民兵民工以及党政机关、民主党派、人民团体工作人员病故家属的一次性抚恤金。1979—2000年，牺牲病故抚恤费共支出26 194万元，1979年开支147万元，2000年开支4 223万元。

1979年2月1日前，军人、机关工作人员和参战民兵民工牺牲病故一次性发给家属抚恤金执行1955年国家内务部制定的标准。1979年2月1日起，牺牲抚恤金发放标准为470元～700元6个级别；病故的从370元～600元6个级别。同年5月，广东给对越自卫反击战阵亡的广东籍烈士发放抚恤费，当年发放147万元；1980年每人再增发300元。1980年6月4日，国务院颁布《革命烈士褒扬条例》后，把烈士抚恤标准和一般牺牲病故抚恤标准区别开来，革命烈士一次性抚恤金标准每人增发300元，分为800元～1 000元5个级别；1984年4月起提高到2 000元～2 400元5个级别。1985年10月起，根据民政部、财政部规定：1984年4月1日后，经批准为革命烈士的军人和其他人员，烈士生前有工资收入的按其牺牲时的40个月工资计发；无工资收入或工资低于军队23级正排职干部工资标准的，按其牺牲时军队23级正排职干部的40个月工资计发；被军委或大军区授予英雄模范称号的烈士，增发一次性抚恤金的1/3；荣立二等功以上的军人、参战民兵民工被批准为烈士的，增发一次性抚恤金1/4。

1986年7月起，对军人、志愿兵、机关工作人员的一次性抚恤金改为：因公牺牲的按其牺牲时的20个月工资计发；病故的按照病故时的10个月工资计发，但最高不得超过3 000元；义务兵、参战民兵民工和工资低于所在部队23级正排职干部的，按正排职干部标准计发；被军委或大军区授予英雄模范称号的军人因公牺牲或病故，增发一次性抚恤金的1/3；荣立二等功以上的增发一次性抚恤金1/4。离退休军人、机关工作人员按上述标准执行。省财政厅补充规定：全民所有制事业单位参照上述标准执行；集体所有制的，由单位根据经济情况报主管部门决定，经费自理。

随着军队和地方工资制度的改革，从1993年10月起，一次性抚恤金按月计发的工资标准规定：在职军官、文职干部为职务（专业技术等级）工资、军衔工资、基础工资和军龄工资；在职士官为军衔等级工资、基础工资和军龄工资。1993年9月30日，批准离退休的军队人员，按中央军委、民政部、财政部、人事部、中共中央组织部、总参谋部、总政治部、总后勤部规定的项目和增加的离退休费计发；1993年10月1日起，批准离退休的人员，按确定的离退休时的全额基本工资计发。同年，省人事局、省财政厅作出规定，从1993年8月起，国家机关、事业单位工作人员因公死亡，由工作人员生前所在工作单位发给其家属一次性因公死亡抚恤金，标准为死者生前20个月的基本工资。

1995年1月起，警衔津贴列入人民警察一次性抚恤金计发标准。同时，从1995年1月起和1997年7月1日起，广东分别对作出特殊贡献的牺牲病故公安和司法人民警察家属发给特别抚恤金。

2. 伤残抚恤费

伤残抚恤费是由民政部门发给在乡革命伤残人员的伤残抚恤金和在职革命伤残人员的伤残保健金、副食品价格补贴和伤口复发治疗费、假肢装修费、雇请护理人员的护理费、医疗减免费用。抚恤金和保健金由民政部、财政部制定标准，其他补贴由广东自行制定标准。1979—2000年，本项开支22 751万元；1979年开支140万元，2000年开支3 115万元。

广东省执行民政部、财政部制定的在乡革命伤残人员抚恤金标准表

表5-4-3　　单位：元/年

伤残等级	伤残性质	执行标准								
		1979年	1984年7月	1988年1月	1991年1月	1994年1月	1996年1月	1998年1月	1999年1月	2000年1月
特等	因战	520	570	1 200	1 560	2 240	3 240	3 540	5 340	6 000
	因公	480	518	1 100	1 440	2 100	3 080	3 380	5 180	5 840
一等	因战	460	498	1 020	1 260	1 860	2 460	2 760	4 000	4 600
	因公	430	464	950	1 170	1 740	2 330	2 630	3 870	4 470
	因病	—	—	860	1 060	1 620	2 200	2 500	3 740	4 340
二等甲级	因战	260	390	740	920	1 250	1 430	1 550	2 120	2 480
	因公	240	350	660	830	1 150	1 320	1 440	2 010	2 370
	因病	—	—	600	760	1 070	1 230	1 350	1 920	2 280
二等乙级	因战	196	296	538	656	856	960	1 080	1 320	1 680
	因公	186	268	480	590	780	880	1 000	1 240	1 600
	因病	—	—	450	554	740	840	960	1 200	1 560
三等甲级	因战	100	180	336	416	536	628	748	900	1 050
	因公			322	400	516	608	728	880	1 030
三等乙级	因战	80	140	272	342	442	526	646	780	930
	因公									

说明：因病仅限于按规定评定病残伤残军人

广东省执行民政部、财政部制定的在职革命伤残人员保健金标准表

表5-4-4　　单位：元/年

伤残等级	伤残性质	执行标准						
		1982年1月	1984年7月	1988年1月	1994年1月	1996年7月	1999年1月	2000年1月
特等	因战	90	132	240	450	600	1 000	1 180
	因公	78	120	216	420	570	970	1 150
一等	因战	76	118	204	374	500	800	980
	因公	66	108	184	342	460	760	940
	因病	—	—	—	332	450	750	930

续表5-4-4

伤残等级	伤残性质	执行标准						
		1982年1月	1984年7月	1988年1月	1994年1月	1996年7月	1999年1月	2000年1月
二等甲级	因战	60	96	156	288	380	—	515
	因公	54	86	140	268	360		495
	因病	—	—	—	250	340		475
二等乙级	因战	52	84	135	231	300		420
	因公	46	76	122	214	280		400
	因病	—	—	—	210	270		390
三等甲级	因战	46	70	108	174	220		320
	因公	40	64	98	160	200		300
三等乙级	因战	40	60	90	132	170		265
	因公	36	56	82	122	160		255

说明：因病仅限于按规定评定病残伤残军人

1979年后，随着城乡居民生活水平和物价的提高，在乡伤残人员抚恤金标准和在职伤残人员保健金标准几经调整和提高以及享受人员的增加，经费逐年增长。在发放抚恤金的同时，从1985年7月起，广东对在乡伤残人员还发放生活补贴，特等、一等的每人每月12元，二等的每人每月6元，三等的每人每月4元。经过1989年、1992年、1994年3次调整提高，至1999年7月，特等、一等分三类地区分别为每人每月163元、143元和113元，二等的分别为113元、98元和73元，三等的分别为83元、68元和53元。此外，广东对因公伤残后生活不能自理，起居饮食需人扶助的因公致残人员按月发放护理费，1993年以前发放标准全省没有统一。1993年起，评定为一等伤残等级的人员，护理费标准按本人所在市县社会平均工资的40%计发；评定为特等和伤残情况严重的一等人员，标准提高10%。

3. 烈军属、复员退伍军人生活补助费

此项反映对烈军属、因公牺牲军人家属、病故军人家属（简称“三属”），红军失散人员，在乡复员退伍军人等的定期定量补助费和临时补助费。定期定量补助费是对生活困难的“三属”、老红军、带病回乡退伍军人按月发放的生活补助。临时补助是帮助遭受自然灾害或因丧、病等原因造成生活困难的“三属”解决吃饭、穿衣、住房维修等方面的困难。1980年以前临时补助费占本项支出的大部分，以后因扩大定期定量补助面，临时补助面相对缩小，标准也作相应调整提高。广东发放抚恤补助金的标准分为三类地区，标准比民政部、财政部规定的略高，并鼓励富裕地区的可适当提高标准。1979—2000年，此项支出为119 369万元，1979年开支570万元，2000年增至16 671万元。

1985年前，“三属”实行定期定量补助，补助标准分为农村、城镇和大中城市3个级别。1985年起，改为定期发放抚恤补助金，并对孤老“三属”相应提高抚恤补助标准比例，一般为30%。

1985—1986年，广东对红军失散人员进行调查摸底。从1987年1月1日起，对予以确认的红军失散人员给予定期定量补助。1989年1月1日起，补助标准全省统一为三类地区。在乡复员军人、带病回乡退伍军人定期定量补助标准，也从1989年1月起统一标准，当年三类地区标准分别为不低于40元、30元和25元，以后又经过几次调整和提高，至1999年7月1日起，三类地区的标准分别为112元、97元和82元。

广东省“三属”定期抚恤补助标准表

表5-4-5　　　　单位：元/每人每月

“三属”	居住地	执行标准									
		1985年1月	1989年1月	1992年10月	1993年1月	1994年1月	1995年1月	1996年7月	1998年1月	1999年7月	2000年1月
革命烈士家属、因公牺牲军人家属	一类地区	35～40	不低于60	不低于60	不低于70	125	130	135	143	170	190
	二类地区	30～35	不低于50			105	110	115	123	150	170
	三类地区	22～27	不低于40			85	90	95	103	130	150
病故军人家属	一类地区	30～35	不低于50	不低于55	不低于65	115	120	125	133	160	160
	二类地区	25～30	不低于45			95	100	105	113	140	160
	三类地区	18～22	不低于35			80	85	90	98	125	145

说明：一类地区为大中城市；二类地区为小城市、小城镇和商品经济发达，群众生活消费水平较高的农村；三类地区为老少边穷地区，群众生活消费水平较低的农村

广东省红军失散人员定期抚恤补助标准表

表5-4-6　　　　单位：元/每人每月

居住地	执行标准							
	1989年1月	1993年1月	1994年1月	1995年1月	1996年7月	1998年1月	1999年7月	2000年1月
一类地区	不低于40	不低于50	95	105	120	130	140	160
二类地区			80	90	105	115	125	145
三类地区	不低于30	不低于40	65	75	90	100	110	130

说明：地区类别与表5-4-5相同

4. 退伍军人安置费

本科目反映由民政部门按规定发给无住房或严重缺房，而自身确有困难、无力建造的当年退伍回乡义务兵的一次性建房补助费。1979—1980年，列于其他抚恤事业费。1981年设为独立科目。1981—2000年，此项支出9 101万元，从1981年开支122万元增长到2000年开支2 477万元。另外，从1999年起，转业士官和城镇入伍的复员士官待安置期间，政府按照不低于当地最低生活水平的原则发给生活补助费，从当年起退伍军人安置费支出增幅较大。

5. 优抚事业单位经费

优抚事业单位经费用于县及县以上民政部门举办的军人休养院、复员军人慢性病疗养院、复员退伍军人精神病院和光荣院等优抚事业单位的经费，以及集体优抚事业单位的补助费。1979—1980年，列于其他抚恤事业费，1981年起设为独立科目。1981—2000年，本项支出37 267万元，1981年开支221万元，2000年开支7 600万元。

随着城乡居民生活水平的提高，粮油价格的放开以及副食品价格的上涨，住院的休养

人员生活补助标准也多次调整和提高。从1994年起，中央对此标准不再统一规定，由本省自行制定。

2000年下半年开始，广东接收安置一批滞留军队的广东籍伤病残士兵。特等、一等伤残退役义务兵，实行集中（送省荣誉军人康复医院）和分散供养两种方式。患精神病退役的义务兵，送省内8间复退军人医院以及广州市民政局精神病院、深圳市精神病院治疗和看护。以上经费除中央财政和省级财政补助外，不足部分由各有关市、县解决。

6. 烈士纪念建筑物管理维修费

本项支出用于县以及县以上民政部门管理的烈士纪念建筑物管理维修费。1979—1984年，列于其他抚恤事业费。1985年财政设为独立科目。1985—2000年，本项支出8 416万元。

7. 其他抚恤事业费

1979—1984年，财政设有此预算科目，用于退伍军人安置费、优抚事业单位经费和烈士纪念建筑物管理维修费，以及优抚对象先进代表会议费，民政部门接待优抚对象来访处理费，烈士史料印制费等。1985年起，本项包括的支出范围增设为项级科目或归并入其他民政事业费后被取消。1979—1984年本项支出2 937万元。

（二）社会救济福利事业费

社会救济福利事业费包括农村社会救济事业费、城镇社会救济事业费、精简退职老弱残职工救济费、社会福利事业单位经费、殡葬事业费、假肢事业费、收容遣送费和其他救济福利事业费。社会福利是国家为保障人民生活，促进社会公平、稳定和进步的一项重要制度。主要是为无依无靠、无收入来源、无劳动能力的老年人、儿童、残疾人和其他有需要的群体提供福利性设施、管理和服务。主要内容包括三方面：社会福利事业、社会福利企业和社区福利服务。1979年以后，广东各级政府逐步加大社会福利救助的资金投入。1979—2000年，共支出319 242万元，年均递增17.48%，与地方财政支出增长率持平。在各级政府和社会各界资金的支持下，全省各类社会福利机构从1979年的443个增加到2000年的2 149个，床位从6 639张增加到76 930张。社会福利机构收养人数从1979年的6 287人增加到2000年的52 870人。

1. 农村社会救济费

农村社会救济费是对农村五保户、贫困户的生活救济费和扶持贫困户生产自救资金，以及对麻风病人的生活救济费和农村集体办的敬老院的经费补贴。随着广东社会经济的发展，1995年后对农村救济费的开支增长较快。1979—2000年，广东地方财政本项支出74 464万元，1979年支出750万元，2000年支出12 628万元。

1978年后，广东农村普遍推行联产承包责任制，对农村困难户的生活救济采取扶持困难户劳动致富的方针，以集体帮助为主、国家帮助为辅的办法，分散扶持与兴办经济实体相结合的形式。救济资金的安排由县、乡镇（公社、区）财政和村委会（大队、乡）统筹，各地做法和救济标准均不相同，定期定量救济较少，临时救济较多。

1994年，广东作为全国最早实施低保制度的省份之一，开始对传统的社会救济制度进行改革试点，逐步从临时救济改为实行最低生活保障制度。21个市先后制定城乡最低生活保障线。1997年5月，省政府批转省民政厅、省财政厅《关于建立城乡居（村）民最低生活保障制度的意见》，全省全面建立城乡一体化的低保制度。1998年12月31日，省第九届人民代表大会常务委员会第七次会议通过《广东省社会救济条例》，从1999年3月1日起实施；1999年7月20日，省政府以第52号令发布《广东省城乡居（村）民最低生活保障制度实施办法》，从7月1日起施行。农村无劳动能力，无生活来源，无法定赡养、抚养义务人，或者法定赡养、抚养义务人是没有赡养、抚养能力的老年人、残疾人、未成年人的，实行保吃、保穿、保住、保医和保葬的“五保”供养，对未成年人还保障其接受义务教育，农村“五保”供养标准由乡镇政府规定。农村村民家庭人均收入低于当地农村最低生活保障标准的，按最低生活保障标准实行差额救济。城乡最低生活标准确定为：维持吃、穿、住、医疗等基本生活所需物品、服务的种类和数量，其中未成年人的增加义务教育的费用；基本生活消费物价指数；地区社会经济发展及财政状况。标准由各地县级以上政府根据当地上述情况确定，并视情况变化适时进行调整。享受社会救济的人员，生活发生特别困难度的，实行临时救济。

2. 城镇社会救济费

城镇社会救济费是对城镇居民中无依无靠、无生活来源的孤、老、残、幼和贫困户的生活救济费，归侨、外侨等人员的生活困难救济费，以及扶持贫困户的生产自救资金；实行城镇居民最低生活保障制度后的城镇居民最低生活保障费。1979—2000年，本项支出59 168万元，从1979年的69万元增至2000年的16 296万元。随着城镇社会救济制度的完善和1997年后下岗职工的增多，城镇社会救济费的支出大幅增长。1998—2000年支出占1979—2000年支出的64.74%。

城镇社会救济实行定期定量的多，临时救济的少。1980年后，随着经济得到较快发展，根据当地群众生活水平的提高，相应提高城市孤寡老人的救济标准。1985年，全省城镇救济标准每人每月为25元左右，富裕地区达到40多元，随后进行过多次调整和提高。

《广东省社会救济条例》和《广东省城乡居（村）民最低生活保障制度实施办法》实施后（见农村社会救济费），城镇无劳动能力，无生活来源，无法定赡养、抚养义务人，或者法定赡养、抚养义务人是没有赡养、抚养能力的老年人、残疾人、未成年人的，实行最低生活保障，对未成年人还保障其接受义务教育。领取失业救济期间或失业救济期间仍未重新就业，在职人员、下岗人员、离退休人员，城镇无固定职业、无固定收入的居民，以上3种家庭人均收入低于当地最低生活保障的，按最低生活保障标准实行差额救济。

广东城乡社会救济人数1979年为315.92万人次（含海南），1998年为146.22万人次。全省纳入最低生活保障人数由1999年的33.27万人增加到2000年的37.6万人。发放最低生活保障补助资金由1999年的19 298万元增加到2000年的21 534万元。城乡因吸毒、赌博造成自身生活困难的不予救济。

3. 精简退职老弱残职工救济费

1959—1962年，广东连续三年困难时期，经济困难，国家撤并一批企事业单位。国务院规定对1961年至1965年6月9日期间退职的在1957年以前参加工作的老职工，凡是全部或大部分丧失劳动能力，或年老体弱、长期患病、生活无依无靠的，由民政部门每月发给本人原标准工资40%的救济费、副食品价格补贴、医疗补助费；家庭困难临时救济；死亡后的丧葬补助。不符合享受本人原工资标准40%救济的精简退职人员老弱残职工发给临时生活困难补助。此项工作“文化大革命”期间停顿。1982年民政部、财政部发出通知，要求对符合条件的老职工补办手续予以救济。1983年年底全省补办工作结束，符合条件的老职工4 753人，当年支出55万元。随后由于物价的提高对救济标准有所调整和提高，从1979年支出24万元增长到1999年的807万元，2000年由于享受人员减少，支出减少至692万元，1979—2000年，本项支出8 169万元。

4. 社会福利事业单位经费

1979—1980年，本项在其他福利救济事业费中列支。1981年设为独立科目，包括县级及县级以上民政部门举办的社会福利院、儿童福利院、精神病院；县级以上民政部门举办的假肢厂的专项拨款等社会福利事业单位的经费或补贴，以及对城乡集体办的福利院、敬老院等集体社会福利事业单位的补助费。随着物价的上涨，收养人员的给养标准经过几次调整和提高，从1981年支出891万元增长到2000年的23 101万元。1981—2000年本项支出91 142万元，年均递增18.69%。

1989年6月起，广东对从事民政部门举办的孤儿学校、儿童福利院、残疾儿童康复中心和社会福利院中儿童部的在编教职工，给予基础工资、职务工资之和的15%的特教补贴。

5. 殡葬事业费

本项支出反映对民政部门举办的火葬场等殡葬事业单位的收支差额补贴以及殡葬改革的宣传经费。1979—1981年，本项支出列于其他救济事业费支出。1982年设为独立科目，从1982年支出156万元增长到2000年的7 290万元。1981—2000年，本项支出30 761万元。

1979年3月，省财政局、省劳动局、省民政局制定《火葬场财务管理试行办法》，新建的火葬场、殡仪馆的基本建设投资和运输工具由财政拨款，从社会福利费列支；开业后实行“定收、定支，以收抵支，差额补贴”的办法。1986年2月，省政府颁布《广东省殡葬管理实施办法》，殡葬服务单位的新建、扩建、维修和设备更新等经费，由市、县政府统筹解决，列入地方基本建设计划；殡葬服务单位实行经营承包责任制，扩大服务项目，改善服务条件，提高社会效益和经济效益。1994年9月，省政府重新颁布《广东省殡葬管理办法》，自1994年10月1日起施行。各级政府将殡葬设施（含殡仪馆、火葬场、公墓等）的建设纳入当地经济和社会发展规划，安排用地和资金，以适应殡葬改革的需要。1998年10月，省政府印发《关于加强我省殡葬管理工作的通知》。为贯彻执行《广东省殡葬管理办法》和省政府的通知精神，全省各级政府加大殡葬事业费的安排，1998年的支出为1997年的1.59倍，2000年达到2.68倍。

另外，从1986年起，广东对殡葬事业单位特殊工种进行特殊津贴。

6. 收容遣送费

本项支出反映县及县以上民政部门举办的流浪乞讨人员收容遣送站和劳动教养场所经费以及遣送费；安置流浪乞讨人员的农场按规定的政策性补贴。1979—1985年，在其他支出类设流窜犯收容站经费项级科目。1986年并入公安、安全、司法、检察事业费。1987年起，在社会福利事业费中增设收容遣送费项级科目。1979—2000年本项支出49 723万元，1979年支出117万元，2000年支出3 460万元。

1979年7月，省财政局、省民政局规定收容教养人员的伙食费标准。1980年1月，省政府规定，外逃人员收容遣送经费列入民政事业费，由民政部门负责开支；反偷渡外逃经费预算计划，由省民政厅负责编造，省财政厅统筹安排。1982年后，各地对收容人员的伙食费、交通费和管理费实行收费管理，但各地收费标准差距悬殊，1996年6月，省民政厅规定收费最高限额。

7. 其他救济福利事业费

1979—1984年，预算科目设其他救济福利事业费，反映社会福利事业单位、殡葬事业、残疾人事业经费，以及社会救济对象来访接待处理费，归国华侨救济费，台湾同胞回归定居生活困难补助费，国民党原县团以下人员生活困难补助费等，1979—1984年，本项支出3 815万元。1985年起有的增设为科目，有的归并入其他民政事业费科目。

（三）残疾人事业费

1985年预算科目在社会救济福利事业款下增设社会残疾病人福利事业费项科，1989年改称社会残疾人福利事业费，反映社会盲、聋、哑人团体所组织的宣传、文体活动费、资助费和专用书刊补助费。

随着政府和社会对残疾人事业关注度的提高，1997年将社会残疾人福利事业费细分为残疾人事业单位经费、残疾人康复经费、残疾人就业培训经费及其他残疾人事业费。1998年将上述4个项级科目组成一个款级科目，称为残疾人事业费。残疾人事业单位经费反映各级残疾人联合会所属的事业单位经费，残疾人康复经费反映各级残疾人联合会用于康复、康复功能训练、康复专用设备购置、康复人员培训等补贴经费，残疾人就业培训经费反映各级残疾人联合会用于残疾人职业介绍、培训和服务等补助经费。

1997年7月，省残疾人联合会、省财政厅联合制定《广东省残疾人康复专项经费管理和使用办法》，对各市、县建立社区康复示范区、语训部、视力康复点、学龄前智残儿童康复班等；完成白内障、低视力、肢体残疾、训练聋儿等康复任务和超额完成康复任务的，给予一次性补贴。1985—2000年，本款支出40 170万元，年均递增31.37%。从1997年起增幅较大，1997年比1996年增长65.41%，2000年比1996年增长194.26%。

（四）离休退休退职费

离休费反映由民政部门管理的军队离休干部，地方组织、人事部门管理的离休人员离休金（不包括由原单位开支的离休费），直接管理离休干部的事业编制人员的工资、抚恤福利费、办公费等。退休退职费反映由民政部门管理的退休人员按规定开支的各项费用和归口管理的退职人员退职金以及副食品价格补贴。

1979年，预算科目只设退休退职费，1982年起离休费和退休退职费分开设置两个款级科目反映。1985年起，将离休费分别军队和地方反映。1992年起，直接管理离休干部的事业编制人员的工资、抚恤福利费、办公费等列入有关事业单位预算。1996年起，地方离退休人员经费陆续实行归口管理，由民政部门管理的地方离退休人员的经费，列入行政事业单位离退休经费反映，本款只反映由民政部门管理的军队移交地方安置的离休干部离休金，退休干部、退休志愿兵、军队无军籍退休职工的退休金。1979—1995年，广东地方财政本款支出75 578万元，其中军队移交地方安置离退休干部经费支出6 873万元。1996—2000年，军队移交地方安置离退休干部经费支出36 226万元。

1980年起，国家决定将部分军队的离休干部移交地方安置，由民政部门管理。1984年以前接收异地安置的军队离退休干部、退休志愿兵与无军籍退休职工的各项经费，由安置地的民政部门向同级的财政部门编造支出预算，列入地方包干基数，按分级财政体制负担。1984年起，移交的当年由原单位负责，移交的第二年起，由省财政厅和民政厅根据实际接收人数，编列经费预算上报财政部和民政部，经核准后由财政部下拨经费，列地方预算支出；实际开支超出中央财政预算拨款部分，由省内各级地方财政负担。

1985年5月1日起，移交地方管理的军队离退休人员发生活补贴，参加工资改革的军队离退休人员不再发放。从1987年起，广东按照国务院、中央军委、民政部、财政部、总政治部、总后勤部的规定，保持移交地方管理军队离退休人员生活标准。

（五）救灾支出

救灾资金1979—1980年称为自然灾害救济费，1981—1996称为自然灾害救济事业费，反映解决灾民吃、穿、住等困难户的救济费，发生特大自然灾害时的抢救、转移、安置、治病等费用。1994年增设特大自然灾害救济补助费款级科目，反映发生特大自然灾害时中央财政下拨救济补助费的支出。1996年增设特大自然灾害灾后重建补助费款级科目，反映各级政府预算安排用于特大自然灾害灾后恢复重建的补助支出。1997年起设立救灾支出款级科目，上述3个款级科目列为救灾支出下的项级科目，自然灾害救济事业费增加为抗御特大自然灾害而设立的救灾物资储备资金。

广东是自然灾害多发区，尤以台风、暴雨、洪涝、暴潮、干旱和龙卷风等灾害发生最为频繁，经济损失比较严重。1994—2000年，广东自然灾害损失平均每年在100亿元以上，平均每年受灾人口2 000多万人次，其中缺乏自救能力需要救济的困难灾民近300万人次，自然灾害救济成为社会福利救济费支出的主要部分。1979—2000年，全省自然灾害救济费支出141 488万元，相当于社会福利救济费支出的44.32%，其中1996—2000年特大自然灾害救济补助费和灾后重建补助费支出20 215万元。广东救灾经费除财政拨款外，每当发生自然灾害，特别是特大自然灾害时，社会慈善机构、企事业单位、民营机构和民众都会慷慨解囊，伸出援助之手，捐钱捐物。

（六）其他民政事业费

1985年，预算科目取消其他抚恤事业费和其他救济福利事业费后，增设其他民政事业费款级科目，所包括的开支范围各个时期有所不同。1985—1988年，包括县级和县以上民政部门的接待来访处理费、慰问费、专业会议费、大宗印刷费、事业档案费等；1989年起增加中等专业学校经费、干部训练费；1993年，增加民政部门离退休干部管理机构经费；1998年，增加老龄机构工作经费；2000年起，增加拥军优属慰问经费、勘界经费、民间组织管理经费、行政区划和地名管理费。1985—2000年，本款支出103 753万元。

二、公费医疗经费

1979—1995年，公费医疗经费列文教科学卫生事业费类的款级科目，反映按照国家规定享受公费医疗待遇人员的公费医疗经费。1996年起列卫生经费类款级科目，随着行政事业单位陆续将公费医疗改为基本医疗保险，公费医疗经费内容增加医疗保险试点地区为享受公费医疗待遇人员缴纳医疗保险费的财政拨款。2000年起改称行政事业单位医疗经费，反映未实行医疗保险制度地区的行政事业单位职工公费医疗经费，行政事业单位职工按规定参加职工基本医疗保险的缴费，公务员医疗补助待遇支出，按国家规定享受离休人员、老红军、二等乙级革命伤残军人待遇人员的医疗经费。1979—2000年，广东地方财政公费医疗经费和行政事业单位医疗经费支出1 237 045万元，占同期地方财政支出的1.85%，年均递增21.93%，高于同期地方财政支出增长率的4个百分点。

1979年，全省享受公费医疗全年平均人数为721 266人，当年经费支出2 890万元，人均年支出只有40.06元。1982—1986年，公费医疗享受人数和经费支出增长较快，1986年，全省享受公费医疗全年平均人数为1 151 367人，当年经费支出15 447万元，人均年支出达134.16元。为此，省政府于1987年决定采取“四个制约”的办法（见第九章第三节），当年情况有所好转，支出增幅较小。但是由于干部职工年龄结构老化，医药用品价格上涨、检查项目增加、住院费用提高、医疗消费水平总体提高，特别是一次性耗材的增加，新药、特药和新的医疗设备的广泛应用，人均医疗费用仍持续增加。同时，人们勤俭节约观念淡薄，盲目追求进口药品，高档检查设备进行检查，造成公费医疗经费不合理增长。至2000年年底，全省享受公费医疗和由财政负担缴纳职工基本医疗保险人数为2 256 799人，比1979年增长2.13倍；人均年支出814.33元，比1979年增长19.34倍。同时，至2000年年底，全省公费医疗经费除财政拨款外，单位负担公费医疗的超支数为5.62亿元，其中广州市为1.81亿元，省直单位为1.72亿元。

1998年起，全省各地陆续将公费医疗制度改为基本医疗保险制度，同时为确保国家机关公务员医疗待遇不降低，实施公务员医疗补助政策。

三、行政事业单位离退休经费

1996年以前，行政事业单位离退休经费在各项事业费中反映，没有单独列支。原单位管理的由财政部门核拨到具体单位；组织部门管理的离休人员核拨到管理单位；民政部门管理的核拨到民政部门，由民政部门发放到个人。

从1996年起，广东行政事业单位离退休经费陆续实行归口管理，当年预算科目增设行政事业单位离退休经费类级科目，下分行政单位、公检法司部门和事业单位款级科目。实行归口管理的离退休经费（包括民政部门管理的地方离退休人员的开支）包括人员待遇经费、离休金、退休金、退职人员生活费；生活补贴、离休人员特需费、健康休养费、丧葬费、异地安置费、探亲路费；按规定向社会保险经办机构缴纳的劳动合同制职工基本养老等保险费、公用经费和离退休人员管理机构经费。

1996—2000年，地方财政行政事业单位离退休人员经费支出1 443 751万元，1996年刚开始试行，没有完全列入归口管理，本类反映的支出数较少。随着归口管理工作的逐步完善，至2000年，本类支出429 525万元，离退休人员340 507人。

1978年6月，国务院颁发规定，对1949年9月底前参加工作的退休人员改办离休，工资照发；中华人民共和国成立后参加工作的退休干部，按工龄长短计发退休金；由医院证明，经劳动鉴定委员会确认，完全丧失劳动能力，但达不到退休年龄，不具备退休条件的，属于退职，按月发给相当于本人标准工资40%的生活费。以后随着行政机关、事业单人员工资的调整、工资制度的改革，相应提高离退休、退职人员的生活待遇，以及副食品价格补贴和离休人员特需经费的提高，行政事业单位离退休经费支出增长较快。

四、城镇青年就业经费

城镇青年就业经费包括城镇青年下放安置和回城就业两个方面的经费。1968年开始，广东将广州、佛山、汕头等大中城市的待业青年和闲散劳动力安置到国营农场、生产建设兵团和农村社队，到1980年结束，共安置下乡人员1 021 448人。1979年预算科目称城镇人口下乡经费类，反映对下乡知识青年的生活、安置补助费。

从1979年起，政府改变知识青年上山下乡政策，组织下乡知识青年回城就业，1979—1993年全省共安置100多万人回城就业。1980年预算科目增设城市劳动服务公司补助费，反映劳动部门举办的安置回城知识青年就业的劳动服务公司，扶持经营生产的周转金和培训费。1982—1993年，城镇人口下乡经费类改称城镇青年就业经费类，1984年劳动服务公司补助费并入安置城镇青年就业补助费科目。经费的安排从安置下乡转变为安置就业，主要支出用于城镇青年就业补助费、扶持生产周转金、安置费、就业训练费等。1984—1985年支出最多，每年均在1 500万元～2 000万元。1986年后开始下降，至1993年下降为49万元。1994年下乡知识青年回城安置工作基本结束，不再安排此类支出。1979—1993年，本类共支出14 555万元。

五、社会保障补助支出

90年代后期，随着社会保障体系的逐步建立和完善，以及国有企业改革重组，下岗职工增多。1998年起，政府预算收支科目增设社会保障补助支出类级科目。社会保障补助支出包括财政对社会保险基金的补贴、社会保险经办机构经费、城镇就业补助费、国有企业下岗职工基本生活补助、帮困解困资金和其他社会保障补助支出。

（一）财政对社会保险基金的补贴支出

财政对社会保险基金补贴支出，是指各级财政对养老、失业、医疗、工伤和生育等5类社会保险基金入不敷出时的补助支出。1987年，开始在政府预算收支科目中设立对社会保险基金补助科目，在抚恤和社会福利救济类科目下增设地方财政对国营企业职工待业保险基金补助支出款级科目，当年和1988年广东没有安排此项开支。1989—1997年，财政对社会保险基金补助科目，改在政府预算收支科目其他支出类科目中反映。从1998年开始，社会保险基金的补贴支出在社会保障补助支出类级科目中反映。

1996年以前，社会保险基金处于自收自支状态，各级财政对社会保险基金补贴支出很少，1989—1996年，只安排失业保险基金8 587万元，其中较大笔的是1991年和1996年，分别安排6 779万元和1 665万元。1997年起，财政不断加大对社会保险基金补贴支出。1997—2000年共支出24 004万元，其中养老保险基金安排22 281万元。

（二）社会保险经办机构经费

1998年7月1日以前，社会保险经办机构人员经费和公用经费从社会保险基金中提取。根据省政府的决定，从1998年7月1日起，社会保险经办机构经费不再从社会保险基金中提取，列入财政预算，由同级财政部门根据人事部门或机构编制委员会核定的人数核拨经费，当年下半年支出9 441万元。1999年和2000年分别支出21 920万元和25 978万元。

（三）城镇就业补助费

1994年，在其他支出类设城镇就业补助费，用于扶持城镇青年就业举办各种独立核算的集体企业发展生产；组织城镇失业人员和困难企业下岗职工再就业的技术培训补助费；解决“文化大革命”期间知识青年到农村就业的遗留问题的开支。

1998年起，城镇就业补助费列社会保障补助支出类，包括劳动力市场建设费，就业培训和职业介绍补助费，再就业补助费，以及对劳动就业服务机构的补助费。1994—2000年，本款支出19 075万元，其中劳动力市场建设费4 890万元，就业培训和职业介绍补助费488万元，再就业补助费11 271万元，劳动就业服务机构的补助费及其他费用2 426万元。

（四）国有企业下岗职工基本生活补助

1998年，预算科目设置国有企业下岗职工基本生活补助和帮困解困资金，反映各级财政用于保障进入国有企业再就业服务中心下岗职工的基本生活费的补助和为下岗职工缴纳的养老、医疗、失业等社会保险，以及为困难职工和生产自救开办费进行补贴。1999年起，帮困解困资金并入国有企业下岗职工基本生活补助科目。1998—2000年，本款支130 954万元，平均每年4亿元以上。

1998年7月，省委、省政府要求各地和有下岗职工的企业必须建立再就业服务机构（或中心），负责向下岗职工发放基本生活费；代缴养老、失业、医疗等社会保险；组织下岗职工参加职业指导和再就业培训。下岗职工进入再就业服务机构（或中心）期限不超过三年，实行合同制以后参加工作的，以未满合同期为限，最长同样不超过三年。

下岗职工基本生活费原则上可按略高于当地失业救济的标准安排，并按适当比例逐年递减，但不能低于失业救济水平，具体标准由各市自行确定。基本养老费、失业保险费、医疗保险费以当地上年度职工月平均工资的60%为缴费基数，按月缴纳。基本养老费、医疗保险费个人缴费部分按规定记入个人账户。再就业服务机构（或中心）用于保障下岗职工的基本生活和缴纳社会保险的资金来源，采取“三三”制的办法，即财政预算安排、企业负担、社会筹集各占1/3。

（五）其他社会保障补助

1998—2000年，广东安排其他社会保障补助支出215 594万元，用于安置破产企业职工及其医院、学校等移交地方的费用。其中纺织、制糖、省属煤炭三大行业退出市场和破产的安置费占较大比例。

第五节 管理类支出

管理类支出包括行政管理费、公检法司支出、办案经费补助、税务等部门事业费、地方国防支出、武装警察部队支出、地方外事活动支出等。1979—2000年，广东管理类支出13 814 556万元，占同期地方财政支出的20.66%，年均递增20.62%，高于地方财政支出增长率的2.69个百分点。

1979—2000年广东省地方财政行政管理类支出统计表

表5-5-1　　单位：万元

年度	合计	行政管理费	公检法司支出	办案费用补助	税务等部门事业费	地方国防支出	武装警察部队支出	地方外事经费支出
1979	43 401	27 509	541	—	9 067	6 091	—	193
1980	41 081	33 296	584	—	5 530	1 514	—	157
1981	46 507	31 347	6 888	—	5 145	1 566	1 561	—
1982	53 696	35 959	9 177	—	5 876	1 620	965	99
1983	65 272	40 036	16 419	—	7 004	1 671	—	142
1984	86 534	53 156	22 154	—	9 336	1 616	—	272
1985	93 795	54 917	23 003	—	14 106	1 070	—	699
1986	122 155	69 314	31 295	1 185	18 598	1 074	—	689
1987	142 545	75 977	35 614	3 713	25 236	1 051	—	954
1988	163 839	84 429	38 478	9 374	29 560	852	—	1 146
1989	226 345	103 947	56 664	21 600	41 451	1 165	—	1 518
1990	250 020	108 614	64 208	26 436	48 346	984	—	1 432
1991	299 112	129 273	74 802	29 921	61 864	1 441	—	1 811
1992	406 879	174 001	100 119	41 694	86 423	2 004	—	2 638
1993	650 117	263 359	182 975	60 545	136 681	2 129	—	4 428
1994	875 974	365 685	303 008	40 226	158 352	2 452	—	6 251
1995	1 144 889	431 585	441 488	61 633	202 228	3 230	—	4 725
1996	1 294 662	509 190	534 931	—	237 345	2 611	1 755	8 830
1997	1 553 453	553 980	639 781	—	324 367	7 589	17 679	10 057

续表5-5-1

年度	合计	行政管理费	公检法司支出	办案费用补助	税务等部门事业费	地方国防支出	武装警察部队支出	地方外事经费支出
1998	1 706 659	607 240	700 278	—	355 166	5 606	31 738	6 631
1999	2 001 486	740 539	791 515	—	434 342	7 558	21 013	6 519
2000	2 546 135	1 009 542	944 016	—	550 874	8 349	27 060	6 294
累计	13 814 556	5 502 895	5 017 938	296 327	2 766 897	63 243	101 771	65 485

说明：公检法司支出1979—1980年指原在其他支出类列支的犯人给养和看守所修缮费

一、行政管理费

行政管理费包括各级人大常委会经费、党政机关经费、民主党派和人民团体的经费，以及由国家预算开支的乡镇（公社）党政干部经费。这些经费主要用于人员经费（含工资、福利，1996年前含离退休人员经费，下同）、公务费、设备购置费、修缮费、业务费等开支。

1979—1980年，行政支出款级科目置于行政管理费类下，下设国家机关经费、行政业务费、档案馆经费、干部训练费和其他行政经费等科目，包括公检法司、监狱、劳教支出。1981年公安支出从行政支出中析出。后几经调整，1998年起，直接在行政管理类中设置人大经费、政府机关经费、政协经费、共产党机关经费、民主党派机关经费、社会团体机关经费6个款级科目。

1979—2000年，全省地方财政行政管理费支出5 502 895万元，占地方财政支出的8.23%；从1983年起，年均递增20.91%，低于同期地方财政支出增长率的0.92个百分点。行政管理费除地方财政预算安排外，还在预算外资金中开支。1979—2000年，行政管理费实际支出（含预算外资金，下同）6 980 014万元。

“文化大革命”结束后，国家恢复和重建一些政权机构，1978年开始恢复人民代表大会及其常设机构。1979年开始纠正历次政治运动中的冤假错案，落实各项政策、纠正错案后大部分人员恢复工作，补发被停发的工资；当年部分军队干部转业到行政单位工作。全省国家机关（含党派团体、基层税务所）年末人数为183 725人，比1978年增加18 696人。1979年国家给机关部分工作人员提高工资级别；当年国家提高农副产品价格后，给每位职工发放副食品价格补贴；提高差旅费补助标准等，使当年行政管理费支出比1978年增长11.78%。

1980年，恢复和加强公安、检察、法院、司法机关的建设，从军队复员转业干部、复职人员中充实到政法系统和行政单位，全省国家机关（含党派团体、基层税务所）年末在工资目开支人数为191 989人（含公检法司），增加工资、补助工资和职工福利费开支2 960万元。

1982年起，陆续吸收部分大中专毕业生充实到行政机关。由于军队干部转业、大中专毕业生分配，行政人员增编较多；全省行政区域调整，从而增加行政机构。从1983年年末在工资目开支人数138 203人（不含公检法司），增加到2000年的297 397人，年均递增4.61%；1985年、1989年、1993年和1997年分别进行4次工资改革，提高工资标准；1979—

1995年几次提高离退休人员的生活补贴；1979年后对工作人员进行副食品、粮油价格补贴。以上几项造成人员经费开支大幅上涨。1979—2000年，人员经费实际支出2 844 145万元，其中离退休人员经费206 233万元；从1979年的12 889万元（含公检法司，下同）增长到2000年的562 510万元（不含公检法司，下同）。

公务费包括会议费，差旅费，办公费，电话费，设备、车辆、机动船保养和修理费，机动车辆和机动船燃料费等。差旅费包括交通费、旅馆费、途中伙食补助费、住勤补助费等。从1980年起，由于物价的上涨，提高差旅费的补助标准；临时出国出境考察学习人员增加等因素，差旅费的支出也随着增加。办公费包括公用文具、纸张、账表等购置费，水电、公用书报杂志、公共卫生费、文娱体育活动费以及零星开支等费用；1980年起，广东对国家行政机关实行“预算包干、结余留用”的办法，办公费开支不再制定开支标准。随着电信事业的发展，党政机关等单位座机、移动电话的装机数量增多，公款配备个人住宅电话、移动电话的标准和电话费的报销标准控制不严，造成包括座机费、市区话费、长途话费、移动电话费和无线传呼机费等话费支出增加。1998年通过规范化管理后，这种现象得以抑制。财政部门只对国家行政机关按编制配备的小汽车和经批准配备的运输车船，开支机动车辆和机动船保养和修理费、机动车辆和机动船燃料费。随着车辆的不断增加，此项费用的开支也不断增长。1979—2000年，公务费实际支出302 485万元，从1979年的7 166万元增长到2000年的302 485万元。

设备购置费是行政机关按固定资产管理办法，添置一般的办公设备、交通工具等购置费用。行政机关设备购置管理按控制社会集团购买力办法执行。除新成立的机构外，一般不专列设备购置费预算，而是包括在公用经费的总额内，由各单位自行掌握使用。1979—2000年，设备购置费实际支出313933万元，从1979年的1 138万元增长到2000年的61 227万元。

修缮费是行政机关用于公用建筑及其附属设备的维护费用和支付公房租金，以及不够基本建设投资额度的零星土建工程费用。开支标准按总人数和房屋建筑面积计算，由单位自行掌握，大修理项目另编预算报批。随着压缩行政经费开支，特别在住房制度改革后，财政拨款增长比例下降，但绝对数还是增长，同时很多修缮费在预算外资金中解决。1979—2000年，修缮费实际支出387 898万元，从1979年的3 450万元增长到2000年的83 146万元。

业务费包括各职能部门专业性会议费、资料印刷费、宣传活动费、事业补助费等。此项支出随着行政机关职能活动日益拓展，业务任务增加，费用上升，在公用经费中的比重也逐年增加。1979—2000年，业务费实际支出1 053 050万元，从1979年的1 805万元增长到2000年的216 472万元。

其他支出包括居民委员会补助费、单位职工教育费以及其他未设项目的开支。居民委员会的补助各地自行制定标准，全省各地在不同的时期，其标准都不一样。行政机关职工教育经费，1981年按本单位在编职工工资总额的1%计提，每月按实支报。1982年调整为工资总额的1.5%范围内掌握使用。此外，有关社会公共事业、公益事业的临时摊派等临时性开支，也列入本项开支。1979—2000年，其他支出实际支出758 113万元，从1979年的763万元增长到2000年的252 039万元。

二、公检法司支出

公检法司支出包括公安、安全、检察院、法院、司法等机关以及其所属单位人员经费、公务费、设备购置费、修缮费、业务费等开支。1979—1980年，公检法司支出都在行政支出中列支。从1981年起，公检法司预算科目几经调整。从1998年起，设置公检法司支出类级科目，设立公安支出、国家安全支出、检察院支出、法院支出、司法支出、监狱支出、劳教支出等款级科目，至2000年一直沿用。

1979—2000年广东省地方财政公检法司支出统计表

表5-5-2　　　　单位：万元

<table>
<tr><th>年度</th><th>合　计</th><th>公安
支出</th><th>国家安全
支出</th><th>检察院
支出</th><th>法院
支出</th><th>司法
支出</th><th>监狱
支出</th><th>劳教
支出</th></tr>
<tr><td>1979</td><td>541</td><td colspan="5" rowspan="2">此几项开支政府预算收支科目在行政经费中统计</td><td>541</td><td>—</td></tr>
<tr><td>1980</td><td>584</td><td>584</td><td>—</td></tr>
<tr><td>1981</td><td>6 888</td><td>5 742</td><td colspan="4" rowspan="2"></td><td>648</td><td>498</td></tr>
<tr><td>1982</td><td>9 177</td><td>8 617</td><td>58</td><td>502</td></tr>
<tr><td>1983</td><td>16 419</td><td>10 743</td><td></td><td colspan="3">4 211</td><td>648</td><td>817</td></tr>
<tr><td>1984</td><td>22 154</td><td colspan="2">13 435</td><td colspan="3">5 684</td><td>2 445</td><td>590</td></tr>
<tr><td>1985</td><td>23 003</td><td colspan="2">14 492</td><td colspan="3">5 811</td><td>2 031</td><td>669</td></tr>
<tr><td>1986</td><td>31 295</td><td colspan="2">20 379</td><td colspan="3">8 405</td><td>1 930</td><td>581</td></tr>
<tr><td>1987</td><td>35 614</td><td colspan="2">23 505</td><td colspan="3">8 963</td><td>2 336</td><td>810</td></tr>
<tr><td>1988</td><td>38 478</td><td colspan="2">25 483</td><td colspan="3">10 628</td><td>1 522</td><td>845</td></tr>
<tr><td>1989</td><td>56 664</td><td colspan="2">37 322</td><td colspan="3">15 966</td><td>2 066</td><td>1 310</td></tr>
<tr><td>1990</td><td>64 208</td><td colspan="2">43 180</td><td colspan="3">17 154</td><td>2 298</td><td>1 576</td></tr>
<tr><td>1991</td><td>74 802</td><td colspan="2">49 354</td><td>7 715</td><td>9 380</td><td>3 641</td><td>2 595</td><td>2 117</td></tr>
<tr><td>1992</td><td>100 119</td><td colspan="2">68 298</td><td>9 344</td><td>11 535</td><td>4 296</td><td>4 217</td><td>2 429</td></tr>
<tr><td>1993</td><td>182 975</td><td colspan="2">131 547</td><td>16 152</td><td>19 796</td><td>7 384</td><td>5 071</td><td>3 025</td></tr>
<tr><td>1994</td><td>303 008</td><td colspan="2">224 844</td><td>20 933</td><td>25 669</td><td>9 084</td><td>16 882</td><td>5 596</td></tr>
<tr><td>1995</td><td>441 488</td><td colspan="2">339 747</td><td>28 549</td><td>30 946</td><td>10 538</td><td>22 823</td><td>8 885</td></tr>
<tr><td>1996</td><td>534 931</td><td colspan="2">406 829</td><td>37 451</td><td>33 449</td><td>13 686</td><td>30 266</td><td>13 250</td></tr>
<tr><td>1997</td><td>639 781</td><td>471 225</td><td>17 341</td><td>46 062</td><td>36 499</td><td>14 439</td><td>37 855</td><td>16 360</td></tr>
<tr><td>1998</td><td>700 278</td><td>511 971</td><td>17 761</td><td>50 476</td><td>40 698</td><td>14 892</td><td>44 538</td><td>19 942</td></tr>
<tr><td>1999</td><td>791 515</td><td>564 638</td><td>23 263</td><td>53 970</td><td>46 283</td><td>19 737</td><td>52 096</td><td>31 528</td></tr>
<tr><td>2000</td><td>944 016</td><td>668 620</td><td>20 697</td><td>64 497</td><td>62 187</td><td>24 614</td><td>63 954</td><td>39 447</td></tr>
<tr><td>累计</td><td>5 017 938</td><td colspan="2">3 719 033</td><td colspan="3">850 724</td><td>297 404</td><td>150 777</td></tr>
</table>

说明：1984—1996年公安支出包括国家安全支出；1983—1990年检察院、法院、司法支出没有单独统计

1983—2000年，广东地方财政公检法司支出5 017 938万元，占同期地方财政支出的7.64%，年均递增26.91%，高于同期地方财政支出增长率的5.08个百分点。

公检法司支出除地方财政预算安排外，还在预算外资金中列支。1983—2000年，实际支出5 525 562万元。其中：人员经费1 799 968万元，公用经费3 723 297万元。从1983年的14 592万元增长到2000年的1 272 061万元，年均递增30.06%。

（一）公安和国家安全支出

公安和国家安全支出包括机关经费、公安安全业务费、看守所和拘押收教场所经费、公安特别业务费、居民身份证经费。1983年起，武装警察部队归中央垂直领导，将消防经费列入省内地方公安安全业务费内开支。1996年起，消防部队经费列入武装警察部队支出类。1981—2000年，广东地方财政公安安全支出3 719 033万元，占同期地方财政支出的5.61%，年均递增28.66%，高于地方财政支出增长率的7.82个百分点。

公安安全部门人员经费在管理和标准上与行政机关基本相同，但有其特殊性，人员的补助工资除按一般规定外，还有法医、毒物化验人员的保健津贴和营养补助，交通民警的执勤岗位津贴，刑警侦察、治安保卫干警执行任务的补助等。1995年起，对人民警察实行警衔津贴。1981年，全省财政预算拨款的公安人员（扣除学校、武装警察部队和离退休人员）年末人数为31 728人，增加到2000年的112 189人（含安全部门），增长2.54倍，人员经费大幅增长。

公用经费方面比照行政机关的有关规定执行，但也有其特殊性。公安业务费中有公安特费、公安行政业务费和消防业务费。公安特费包括侦察破案费、特情费、据点费、警卫设施、活动费等。公安行政业务费包括技术建设方面的设备购置、样品和物资消耗以及警犬训练费，枪支、枪装、护具、警械、弹药购置费和武器、警械的修理维护费，追捕或转解案犯以及公安部门动用民兵追捕逃犯车船食宿费，干警服装购置等费用。消防业务费包括消防指战员的工作服、靴、头盔购置，消防车辆购置以及油料耗用，消防训练、灭火演习，营房、营具消防设施等费用。

广东各级财政部门在确保公安、安全部门经费正常需要的前提下，为适应其业务特点还给予优惠照顾。从1979年起，全省加强公安建设，相应增加人员，吸收部分军队复员转业干部和大中专毕业生充实到公安战线，给予编制和经费的保障。从80年代中期起，各种各样的刑事犯罪活动和经济犯罪活动逐渐增多，公安工作日益繁重。全省各地加强社会治安综合治理，开展打击车匪路霸、流窜犯罪，扫除“黄、赌、毒”等专项斗争；各地加大力度打击走私等经济领域犯罪活动，以及交通秩序综合治理。特别对影响大、案情复杂、涉及面广，跨境、跨省追逃、侦办的大要案一般另专项追加预算。1995年公安部门组建巡警和快速反应部队，1997年各地开通“110”报警台，公安经费支出增加。

1999年起，政法部门不再从事经商活动，公安、安全部门的经费预算标准略高于行政单位。

（二）检法司支出

检法司支出包括各级检察院、法院、司法部门的机关经费、业务费及其所属单位的人员经费。1979年恢复检察院、法院、司法部门等政法机关。1979—1982年检法司支出在行政管理费中列支。1983年起，在行政管理费类中设司法检察支出款级科目，分司法检察机关经费、司法检察业务费、司法学校及干训经费和司法检察经费。1991年起，司法检察支出款级科目分设为司法、法院、检察院3个款级科目。1983—2000年，广东地方财政检法司支出850 724万元，占同期地方财政支出的0.17%，年均递增23.45%，高于地方财政支出增长率的1.62个百分点。

“文化大革命”结束后，广东恢复各级检察院、法院、司法厅局等政法机关，加强法制建设，编制人员逐年增加。1983年全省预算拨款检法司年末在编人员（扣除学校和离退休人员）16 049人，增长到2000年的30 424人。法医和毒物化验人员享受保健津贴和营养补助。1995年起，对各级人民法院、人民检察院中评定授予警衔的在职人民警察，按衔级执行人民警察的相应警衔津贴。人员实际开支数从1983年的1 738万元增长到2000年的78 423万元。

公用经费与行政机关、公安安全机关一样划分。司法业务费包括调解费、法制宣传费、短期培训费、业务购置费、专业会议费、业务设备消耗和公证处、律师协会补助费以及法律科学研究费等项目；检察业务费包括检察费、检验费、服装费、业务设备消耗费、专业会议费、宣传教育费等开支；法院业务费包括办案费、服装费、业务设备购置费、专业会议费、冤假错案当事人生活困难补助费等项目。

90年代初期起，各种刑事案件和经济纠纷案件增多，政法机关加大反腐败工作力度，使检察院、法院经办的案件大幅度递增，办案经费随之增多，使公用经费支出明显增加。全省各级财政部门均视财力情况，与保证公安机关的经费一样，优先保证检法司人员的工资和必要的办案经费，以保证大案要案的及时侦破和审判。

（三）监狱劳教支出

监狱劳教支出反映监狱劳教单位所需经费，分为监狱支出和劳教支出。监狱经费包括监狱警察经费、罪犯改造经费、狱政设施维修经费、技术装备费以及其他费用等；劳教经费包括劳教警察经费、劳动教养人员教育经费（包括打击卖淫和查治性病经费等）、所政设施维修经费、技术装备费以及其他费用等。1979—1980年，劳改劳教单位干警执刑执法所需经费，在行政支出中列支；犯人给养和监所修缮费在其他支出类中反映，预算科目几经调整，从1998年起，监狱事业费和劳教事业费分别改称监狱支出和劳教支出，并从其他部门事业费类中划出，归口公检法司支出类，分设监狱支出和劳教支出两个款级科目。1981—2000年，监狱和劳教支出447 056万元，占同期地方财政支出的0.67%，其中监狱支出年均递增27.34%，劳教支出年均递增25.87%，分别高于同期地方财政支出增长率的6.50和5.03个百分点。

1981年起，劳改劳教场所列为特殊事业单位，财政增加维修和更新狱政设施以及少年犯管教所的差额补助。从80年代中期起，刑事犯罪活动日益增加，全省各地开展多次的打击刑事犯罪活动，关押和劳动改造的罪犯逐年增多，所需狱政设施和干警、管教人员随着增加。随着物价指数的提高，干警的人员经费、执刑执法所需经费、罪犯的改造经费均逐年增加。服刑人员的增多和服刑人员的给养标准经过几次提高，均造成监狱支出的增长。

从80年代后期起，随着青少年涉“黄、赌、毒”犯罪比例有增无减，贩黄、卖淫、吸毒、盗窃甚至抢劫时有发生，进入劳教场所的劳教人员和戒毒所的戒毒人员逐年增多，管教人员也随之增多，劳教支出各种经费随之增长。

三、办案费用补助

1986年以前，广东对罚没收入实行分散管理，罚没收入由执罚单位自收后上缴财政，其办案经费由财政在罚没收入中拨给。

1986年财政部制定《罚没财物和追回赃款赃物管理办法》，同时国家预算科目增设办案费用补助科目。该办法规定各级执法机关依法收取的罚没款、赃款和没收物资，赃物的变价款一律如数上缴国库。从当年起，财政机关不再办理罚没收入退库，改为拨付办案费用补助的办法。财政部门根据各执法机关罚没收入决算入库数的30%核拨办案费用补助，包括公安、检察院、法院等政法部门，以及工商行政管理、文化稽查、物价等行政管理部门。1994年起，政法部门的办案经费纳入部门预算管理。1996年起实行“收支两条线”管理，罚款决定与罚款收缴分离，全部执法部门办案经费列入部门预算，当年预算科目取消办案费用补助科目。1986—1995年，办案补助费支出296 327万元，占同期地方财政支出的1.31%，占同期地方财政罚没收入的29.90%。

四、税务等部门事业费

1979—2000年，广东地方财政税务等部门事业费支出2 766 897万元，占同期地方财政支出的4.14%，年均递增19.41%，高于地方财政支出增长率的1.48个百分点。除地方财政预算支出外，税务等部门事业费还在预算外资金行政事业费中列支经费。

（一）税务经费

1979—1999年称税务事业费，2000年改称税务经费。本款反映按规定列入事业编制的税务机构经费、税务部门征收各税的业务费。1979—2000年，本款支出1 132 339万元，占同期地方财政支出的1.69%，占同期税收收入（扣除农业税类）的2.27%，年均递增37.15%。

1979年1月1日起，省辖市、县（市）税务局，市属税务局和税务所的国家正式干部和职工全部列为事业编制，该类人员的经费从行政经费中划出来，作为税务事业费管理。深圳市税务局税务业务经费主要由财政部税务总局（国家税务局）核拨供给，部分由省税务局补充。

税务业务经费的开支主要用于征收管理费、专业设备购置费、票证账册表单印制费、宣传教育费、下乡补助费、业务培训费、房屋修缮费、电脑购置费、服装费用以及经上级批准的其他费用。

税务业务经费除当地财政按核定指标拨款外，还有省、市、地区税务局追加拨款，集

1979—2000年广东省地方财政税务等部门事业费分部门统计表

表5-5-3

单位：万元

年度	合计	税务经费	统计经费	财政事业费	审计经费	工商管理经费	国有资产管理事业费	旅游事业费	华侨事业费	劳动保障事业费	海关经费	对外宣传经费	行政机关事业费	党派团体事业补助费	监察纪检事业费	其他部门事业费
1979	9 067	312	44	35	—	792	—	128	7 498	—	134	—	—	—	—	124
1980	5 530	282	89	34	—	819	—	85	4 100	—	—	—	—	—	—	121
1981	5 145	2 070	147	40	—	793	—	139	1 784	—	—	—	—	—	—	172
1982	5 876	3 100	200	64	—	892	—	78	1 340	—	—	—	—	—	—	202
1983	7 004	3 854	287	126	1	1 024	—	140	1 167	—	—	—	—	—	—	405
1984	9 336	5 407	436	175	180	1 224	—	319	956	—	—	—	—	—	—	639
1985	14 106	8 333	734	367	378	1 717	—	211	1 152	—	—	—	—	—	—	1 214
1986	18 598	10 097	793	681	701	2 006	—	738	1 639	—	—	—	—	—	—	1 943
1987	25 236	12 628	706	959	952	2 204	—	258	2 250	—	—	—	763	—	—	4 516
1988	29 560	11 558	426	2 843	1 331	2 655	—	174	2 816	—	—	—	2 294	972	—	4 491
1989	41 451	16 291	1 024	3 163	2 708	3 637	—	397	1 659	—	—	—	4 335	1 335	511	6 391
1990	48 346	15 631	5 868	3 685	1 292	4 431	—	458	1 521	—	—	—	6 451	1 436	497	7 076
1991	61 864	23 194	1 880	3 792	1 463	5 145	—	1 619	2 221	—	—	—	9 196	2 586	579	10 189
1992	86 423	33 820	2 107	5 713	1 460	6 259	—	1 814	1 721	—	—	81	16 787	3 530	667	12 464
1993	136 681	53 531	3 762	11 079	3 403	8 851	—	2 478	1 866	—	—	950	28 797	4 978	818	16 168
1994	158 352	64 531	4 813	8 624	2 049	14 275	—	1 520	1 286	—	—	315	31 466	6 904	1 363	21 206
1995	202 228	74 932	7 443	14 748	3 650	15 747	—	8 333	1 197	850	—	298	41 958	12 330	1 900	18 842
1996	237 345	80 203	12 045	19 265	3 725	23 041	794	—	1 218	1 183	—	—	62 250	8 271	2 690	22 660
1997	324 367	154 117	11 169	23 274	3 321	30 859	1 141	—	1 163	5 370	—	—	49 943	9 519	3 928	30 563
1998	355 166	147 752	9 039	35 066	6 985	30 387	2 225	1 922	2 034	3 869	—	816	59 334	13 849	4 223	37 665
1999	434 342	171 725	11 509	35 983	34 488	31 652	1 609	—	1 342	1 750	10 638	972	63 418	16 463	2 815	49 978
2000	550 874	238 971	21 020	38 619	9 694	23 801	2 053	6 852	2 453	6 597	38 200	362	73 905	18 578	4 979	64 790
累计	2 766 897	1 132 339	95 541	208 335	77 781	212 211	7 822	27 663	44 383	19 619	48 972	3 794	450 897	100 751	24 970	311 819

说明：1. 所列事业费，在1986—1997年政府预算收支科目中，有的事业费包括中等专业学校和技工学校经费，本表均予剔除，列入教育事业费统计

2. 其他部门事业费包括农业税征收费、村镇规划建设事业费、国土整治事业费、乡镇财政经费、对外经济合作事业费、外资事业费等

贸市场交易税收提留款的补充，代征手续费结余的补充。1981年2月起，广东对城乡集贸市场交易征收的税款试行地方留成办法，以收入的40%留给当地人民公社，作为解决集贸市场税务征管、宣传业务费用、促产周转金和征收奖励金，以20%留给县（市）税务局，用于调剂解决基层税务所房屋修缮、集体福利及业务补助费。1983年7月起广东执行财政部税务总局规定，减少地方留成比例，县（市）集贸市场税收年收入在50万元以下的，以40%留给地方；年收入超过50万元部分，以30%留给地方，其中5%留给乡镇政府，5%上缴省税务局调剂使用，其余30%或20%归县、市税务局掌握使用。1986年7月1日至1994年年底，省税务局对集贸市场税收分成作了调整，凡对城乡集贸市场征税对象征收的税收均可实行分成办法。以税收收入的30%留给地方，在留给地方的30%中，留一定的比例给集贸市场所在地的区、乡镇政府；省税务局集中5%调剂余缺（部分作为促产周转金）；留给市、县税务局掌握使用的部分一般不少于分成部分的2/3。

1995年起，广东各级国税（分）局税务经费由中央财政拨给。

1995年1月1日起，广东按财政部、国家税务总局的规定，取消城乡集贸市场税收分成。取消集贸市场税收分成后，国税系统人员分成经费基数按照1994年税务系统提取的集贸市场税收分成数额和分流到国税系统人员所占的比例上划，属于国税系统的经费，由中央财政负担。

1995年3月，省财政厅、省地税局联合印发《关于取消集贸市场税收分成后有关地方税务经费问题的通知》，规定因取消城乡集贸市场税收分成而影响各级地方税务部门经费部分，由各地地方税务部门提出申请，财政部门在取消集贸市场税收分成而相应增加的地方财政收入中，按月核拨给地方税务部门。

1996年12月16日，省政府办公厅印发《关于省地方税务系统经费问题的通知》，省政府决定增加省级税收补助经费，主要用于市、县地方税务机关的困难补助。该项经费包括两部分：基数部分，以前一年经费收入为基数（1996年基数部分为核定的固定基数）；增量部分，按照比前一年省级税收收入增量部分的5%（1996年为10%）比例核定。

1999年1月29日，省政府制定《广东省地方税务系统经费管理暂行办法》，建立起“统一办法，分级负担，垂直管理”的经费管理体制。办法规定，地税系统经费收入分行政经费、征收经费、基建资金3个部分分别核定。征收经费实行与地税部门当年征收本级税费收入总额挂钩，分类核定比例，分级安排，由各级财政部门按照核定数额列入本级当年财政预算计划作税务事业费安排，按月拨给本级地税部门使用，年终清算。市、县（区）级征收经费分4类地区核定：广州市4%～6%；珠海、汕头、佛山、江门、东莞、中山等市5%～7%；湛江、茂名、惠州等市按7%～10%；韶关、河源、梅州、汕尾、阳江、肇庆、清远、潮州、揭阳、云浮等市8%～12%。各市、县执行的具体比例，由当地地税部门和财政部门在规定的幅度范围内共同商定，原则上不低于上年的经费水平。省级税收征收经费按照《关于省地方税务系统经费问题的通知》确定的省级税收补助经费办法延续执行。

（二）统计经费

1979—1999年称统计事业费，2000年改本款称谓。本款反映统计部门业务费，农村、城市、企业3支抽样调查队的人员经费和业务费，人口普查经费、各种普查专项经费，专业干部的培训经费，统计部门所属事业单位的差额补助费等。1979—2000年，本款支出95 541万元，年均递增34.15%。

（三）财政事业费

1979—1980年，设财务费，反映财政部门财务资料印刷费。1981年起，设财政事业费开支，反映财政部门所属的科研、编辑出版、电子计算机中心等单位的事业费以及大宗的财政、财务资料印刷费和税政、会计干部培训费等。80年代中期，各级财政部门设置科研机构，后来设置信息中心等事业编制的单位，支出增幅较大。1979—2000年，本款支出208 335万元，年均递增36.06%。

（四）审计经费

1983年，各级政府设置审计部门，财政在其他部门的事业费类中设审计事业费科目，2000年改称审计经费，包括审计机构经费、审计业务费、干部训练费、审计专项经费等。反映审计部门所属的科研、培训、计算机技术中心等单位的事业补助经费，审计项目经费，审计电子信息系统维护费，专业审计干部培训费、委托代培费，审计干部培训中心补助费等。1983—2000年，本款支出77 781万元，从1984年起年均递增53.69%。

（五）工商管理经费

1979—1999年，称工商管理事业费，含基层工商管理经费和工商管理业务费；1988—1997年，含中等专业学校经费。2000年，改称工商管理经费。1979年，基层工商行政管理机构改列事业编制，从行政管理费开支改列工商管理事业费开支。本款反映列入事业编制的基层工商行政管理机构经费、各级工商行政管理机构的业务费。1979—2000年，本款支出212 211万元，年均递增17.59%。

（六）国有资产管理事业费

1996年，政府预算收支科目增设国有资产管理事业费，反映国有资产管理部门所属科研、信息中心等单位的事业费以及大宗资料印刷费。1996—2000年，本款支出7 822万元，年均递增26.80%。

（七）旅游事业费

1979—1988年，旅游事业费含旅游局事业费和旅行社事业费。1981年前，旅游局及其单位属于事业单位管理，反映旅游局和中国旅行社系统的事业经费。1981年起，旅游单位实行企业化管理，旅游事业费只用于对外宣传和少量的接待任务。1989年起，旅游事业费只包括对外宣传费、干部训练费和其他旅游事业费，反映旅游宣传、宣传品制作、宣传设施购置，旅游专业人员培训经费。2000年，省财政共投入旅游景点建设资金1 014万元，侧重对旅游景点基础设施建设并重点向东西两翼、粤北和山区等欠发达地区倾斜。1979—2000年，本款支出27 663万元，年均递增17.14%。

（八）华侨事业费

华侨事业费包括接待安置费、归侨生活困难补助费、华侨农场事业费和其他事业费，是用于侨务活动和接待安置归国华侨、华人的事业费。1979—2000年，本款支出44 383万元。

华侨企业1978年开始建立。当年为接收及安置大批印支难民的需要，决定再把省内12家省属国营农场改为华侨农场。1978—1979年，共安置越南难民106 371人（其中海南23 971人），到华侨农场和农垦农场，共开支安置费21 274万元（其中海南为4 794万元）。这两年因接待安置越南难民而华侨事业费开支较大，其中1979年开支7 498万元。随后几年陆续安置较少量的越南难民，开支随之减少，1980年降到4 100万元。1980年，省华侨农场管理局安置印支难民1 188人，均安置在海南文昌、澄迈、东方3个新建华侨农场，拨付新建3个华侨农场安置费400万元。

改革开放以后，广东加强侨务活动，开支较多。同时，越南难民的安置工作完成后，经费主要用于归侨和越南难民的生活困难补助、华侨农场“三项费用”（包括华侨农场中小学经费补贴、难民职工出国探亲补贴和华侨农场难民离退休职工生活困难补助）和重新调整安置难民经费等。

1997年，省政府决定加大对贫困华侨农场扶持的力度，省财政一次性安排4 000万元，专款用于帮助贫困华侨农场职工的养老保险纳入地方管理，以减轻农场的负担。省财政从1997—2000年，每年安排2 000万元，用于有偿支持贫困华侨农场上“造血型”项目，发展经济，提高经济效益。

（九）劳动保障事业费

1995年，增设劳动事业费，含劳动安全监察费及其他劳动事业费。反映劳动部门安全监督系统的业务（事业）经费。1999年起，改称劳动保障事业费，包括劳动监察费、社会保险事业费、干部训练费等，增加反映劳动保障部门的社会保险和基金监督工作等业务经费、各级劳动保障部门培训本系统职工的经费。1995—2000年，本款支出19 619万元。

（十）海关经费

1979年，广东海关关务费支出134万元。1980年起，海关划归中央管理，经费由中央财政负责。1999年，财政部规定，从当年起缉私罚没收入全额上缴中央财政，再由中央财政按上缴额44%返还省级财政；省级财政将收到的罚没资金30%专门用于调剂各地的缉私经费，其余部分用于公安（含公安边防部队）、工商行政管理部门、海关执法部门的缉私办案经费，办案经费按照缉私部门查获移交的罚没收入占缉私罚没收入总额的比例分配。同年预算科目设置海关经费，反映财政从海关上缴的缉私罚没收入中安排的查私办案经费。1999年和2000年，中央财政返还广东71 621万元，广东本款支出48 838万元。

（十一）对外宣传经费

1992—1994年，在文教卫生事业费中设对外宣传事业费款级科目，1995年起并入其他部门的事业费类中。包括电视节目经费、广播节目经费、租台经费等，反映各级对外宣传机构对外电视、广播宣传及节目的制作和传送费用，租用电视台、广播电台的经费。1992—2000年，本款支出3 794万元。

（十二）行政机关事业费

1987年，在其他部门的事业费类中增设行政机关事业费。反映人大机关、政府机关列入事业编制的附属事业机构经费，以及专项事业经费，如行政机关的附属报社、出版社、科研所，以及研究中心、后勤服务中心、活动中心等。1987—2000年，本款支出450 897万元，从1988年起年均递增35.56%。

（十三）党派团体事业补助费

1988年，在其他部门的事业费类中增设党派团体事业补助费。反映中国共产党、民主党派、妇联、共青团机关列入事业编制的附属事业机构补助费，以及经批准由财政拨款的各社会团体附属事业机构的补助费。1988—2000年，本款支出100 751万元，1989年起年均递增27.04%。

（十四）监察纪检事业费

1989年，在其他部门的事业费类中增设监察事业费，1995年改称监察纪检事业费。反映监察纪检机关办案、检查、举报费，设备购置、专业会议经费，以及监察机关附属事业单位经费。1989—2000年，本款支出24 970万元，年均递增20.89%。

（十五）其他部门事业费

除上述14项开支外，还有其他部门事业费，1979年只有农业税征收费，后来逐步增加村镇建设规划事业费、国土整治事业费、乡镇财政经费、对外经济合作事业费、外贸工作经费等，涵盖的支出范围越来越广。1979—2000年，本类其他部门事业费支出311 819万元，年均递增36.68%。

五、地方国防支出

地方国防支出只是民兵建设事业费和人民防空费。1979—2000年，广东地方财政地方国防支出63 243万元，占同期地方财政支出的0.09%，年均递增2.53%。

（一）民兵建设事业费

1979年，民兵建设事业费包括民兵装备购置费、民兵装备管理和维修费、民兵事业费。当年的民兵建设事业费支出3 880万元。1980年前，中央财政每年均有下拨民兵装备专款1 200万元～1 500万元给广东；1980年，在民兵建设事业费款级科目内，将民兵装备购置费、民兵装备管理维修费2个项目撤销，其费用由中央财政安排，中央财政不再拨此项专款给广东，地方开支只保留民兵事业费一个项目，当年支出947万元。1984年，将民兵建设事业费款级科目改称民兵事业费。1999年，增设一个动员预编经费款级科目。1979—2000年，广东地方财政民兵建设事业费支出55 613万元，其中2000年支出8 103万元。

（二）人民防空费

人民防空费是用于防空战备工程建设的材料费、维护管理费、人民通讯警报器材购置费、人民防空宣传费、专职人防通讯警报人员工资以及人防科研经费等。1979年人民防空经费下设工程建设费和人防业务费2个项级科目。70年代广东各大中城市大规模建设人防工程，经费开支较大，1979年支出2 211万元，重要的公共工程由国家拨款补助，其他的人防经费由地方财政拨款和有关单位负责出资，以及广大人民群众参加劳动予以解决。

1980年后，人防工程处于收尾阶段，每年财政支出在五六百万元之间。1985年后转入正常维护管理，人民防空经费改由中央财政支出，预算科目取消工程建设费，地方财政只负担正常维护管理的经费。随着国际国内形势的变化，不少地方将防空洞等设施实行“战平结合”，加以综合利用，收入用于弥补部分维护经费和人员经费，财政开支相应减少，每年财政支出在几十万元至一两百万元之间。1979—2000年，广东人民防空费支出7 630万元。

六、武装警察部队支出

1977年，驻广东武装民警中队从国防编制划入地方行政编制，经费在行政支出中列支。1980年消防民警、边防人员，县、市武装警察中队上划中央。1981年在公安支出中设立武装警察经费。1982年将武装警察部队经费调整为类级科目，实行兵役制的边防、武装、消防干警经费，列入地方财政支出，两年间支出2 526万元。1983年武装警察经费上划中央财政，消防业务费仍由地方财政列支，列入公安业务费。

1996—1997年，预算科目恢复设置武装警察部队支出类，但只设置消防部队经费一个款级科目，两年共支出19 434万元。1998年起武装警察部队支出类增设内卫部队经费、边防部队经费和警卫部队经费3个款级科目，1998—2000年共支出79 811万元。其中：消防部队经费23 454万元，内卫部队经费16 809万元，边防部队经费33 605万元，警卫部队经费5 943万元。广东只是根据自身财力和武装警察部队活动的需要，给予适当的财政补贴，主要用于以上武装警察部队警种的设备购置费、修缮费、业务费等公用经费，人员经费仍由中央财政统筹管理。

七、地方外事经费支出

地方外事经费支出是地方党政机关、民主党派、人民团体接待外宾费用和临时出国费用。

广东是南方重要门户，国际交往外事活动比较活跃，特别是改革开放后，外事活动增加，这项支出增长较快。1979—2000年，地方财政地方外事经费支出65 485万元，占同期地方财政支出的0.09%，年均递增18.17%，从80年代每年几百万元增长到90年代后期的6 000多万元。

广东外事经费的开支标准1985年前按国家统一规定执行。1985年7月，省政府、省外事办公室、省财政厅制定《调整我省接待外宾费用标准》。随着物价的提高，1988年8月和1992年8月，省政府外事办公室、省财政厅修订接待外宾费用开支标准和管理办法。

公费邀请华侨、港澳同胞、台湾同胞、外籍华人的接待标准，基本上按照国务院侨务办公室、财政部的规定执行。接待外国专家费用开支标准，基本上按照国家外国专家局、财政部、国家科委制定的标准执行。

第六节　政策性价格补贴支出

政策性价格补贴包括生活性价格补贴、生产性价格补贴、粮油价格补贴和其他价格补贴。1979—1984年，价格补贴均通过收入退库的办法解决。1985年，除市镇居民的肉价补贴和粮油加价款列作支出外，其余的补贴仍从收入退库。从1986年起，根据财政部的统一规定，所有经国家批准的各项政策性价格补贴改列支出，不再在收入中退库反映，预算科目设价格补贴支出类。1985—2000年，广东地方财政政策性价格补贴支出2 149 015万元，占同期地方财政支出的3.32%。

1985—2000年广东省地方财政政策性价格补贴支出统计表

表5-6-1　　单位：万元

年度	合计	生活性补贴	生产性补贴	粮油补贴	其他价格补贴
1985	43 126	14 926	—	28 200	—
1986	112 684	26 672	2 931	81 575	1 506
1987	135 167	28 628	2 912	100 344	3 283
1988	141 408	28 726	3 091	90 619	18 972
1989	175 247	29 793	5 871	132 988	6 595
1990	177 531	30 385	5 229	127 048	14 869
1991	119 968	30 290	11 035	75 998	2 645
1992	71 315	28 815	3 687	32 751	6 062
1993	95 343	25 597	5 900	61 182	2 664
1994	117 131	27 190	556	84 523	4 862
1995	123 525	34 941	864	77 959	9 761
1996	149 398	32 401	961	103 855	12 181
1997	168 152	48 241	523	100 992	18 396
1998	173 633	45 448	714	112 253	15 218
1999	164 256	35 860	546	120 787	7 063
2000	181 131	30 337	209	129 682	20 903
累计	2 149 015	498 250	45 029	1 460 756	144 980

一、生活性价格补贴支出

生活性价格补贴包括市镇居民肉食（副食品）价格补贴、平抑市价肉食价差补贴、平抑市价蔬菜价差补贴、民用煤销售价差补贴、副食品风险基金和地方煤炭风险基金支出等。

1985—2000年广东省地方财政生活性价格补贴支出统计表

表5-6-2　　　　单位：万元

年度	合计	市镇居民肉食价格补贴	平抑市价肉食价差补贴	平抑蔬菜市价价差补贴	民用煤销售价差补贴	地方煤炭风险基金	副食品风险基金
1985	14 926	14 926	—	—	—	—	—
1986	26 672	17 771	70	1 884	6 947	—	—
1987	28 628	16 657	2 742	1 997	7 232	—	—
1988	28 726	16 263	3 448	2 069	6 946	—	—
1989	29 793	17 112	3 224	2 118	7 339	—	—
1990	30 385	17 544	3 512	2 039	7 290	—	—
1991	30 290	18 015	3 061	1 947	7 267	—	—
1992	28 815	17 924	3 888	1 943	5 060	—	—
1993	25 597	17 990	628	1 987	4 992	—	—
1994	27 190	16 872	3 377	2 346	4 595	—	—
1995	34 941	16 852	7 456	2 184	4 179	—	4 270
1996	32 401	15 510	5 301	3 487	5 302	—	2 801
1997	48 241	28 121	5 813	5 393	5 404	—	3 510
1998	45 448	28 762	6 329	6 433	—	396	3 528
1999	35 860	22 421	5 680	4 872	—	205	2 682
2000	30 337	22 421	3 187	2 579	—	82	2 068
累计	498 250	305 161	57 716	43 278	72 553	683	18 859

（一）市镇居民肉食（副食品）价格补贴

1979年11月，国家大幅提高粮食、棉花、油料、畜产品、水产品等18种主要农产品收购价格，从当年11月起对职工发给这项补贴，全民所有制的职工、临时工，每人每月补贴5元。1983年，停止水产品补贴。1985年以前这些补贴列财政收入退库。

1985年，广东率先放开生猪购销价后，为不降低居民的生活水平，对原来享受平价供应猪肉的居民给予肉价补贴。补贴对象为由国家供应商品粮的城镇居民；供应标准为广州市每人每年19.02元，汕头等12个中等城市每人每年12.04元，其他城镇每人每年8元。大中专在校生除按户口所在地领取居民肉价补贴外，每人每年再补贴12元。

1988年，国务院规定列入补贴范围的定量供应只有食糖、猪肉、鲜蛋和“大路菜”，但广东已经没有定量供应，价格放开。省政府考虑到广东物价水平较高，决定从1988年5月起改为价格补贴，对广州和驻穗省直单位每个职工每月补贴12元，其他中小城市7元～10

元，财政困难的地区可以低于7元。离退休人员、大中专在校生每月按当地职工标准发放，其中大中专在校生每年按10个月计发。在此之前各市以各种名义发放的副食品价格补贴超过上述标准的，不准再增发。补贴资金按当时的财政体制隶属关系解决，行政机关（含离退休人员，下同）、财政全额核拨的事业单位、大中专在校生和城镇优抚对象，由财政拨款；属差额拨款的事业单位，按比例核拨，属于自收自支的自行解决。企业职工的补贴由企业自行消化，在税后利润中解决，个别困难企业由财政适当补助。1985—2000年，此款补贴支出305 161万元。

（二）平抑市价肉食价差补贴

1979年4月1日，国家决定提高猪、牛、羊、蛋的收购和调拨价格，而销价不变。由此产生的政策性亏损，由地方财政从企业收入中退库给予补贴。国营食品公司从省外调进的冻肉、蛋品，在计划内的，财政按实际调进量予以补贴；省内收购生猪按每100公斤补贴10元。1981年增加对驻高山、岛屿部队、飞行员和工矿特需供应的肉、蛋给予单项价外补贴，由食品公司列入亏损，再由财政补贴。

1985年，广东放开生猪购销价，生猪、蛋品实行议购议销。生猪价格放开后，为防止市场肉价上涨过猛，保持价格稳定和保证淡季市场供应，各级食品公司储备了冻肉，用以调节市场。对这项储备的冷冻费、利息、运杂费等，由省财政厅核定退库拨给省食品公司。以上补贴列入财政收入退库处理。

1986年起，设置本款科目，将上述补贴从退库改列财政支出。为保障市场供应，发展猪、禽、蛋生产的专项资金，也列入本款支出，1986—2000年，本款支出57 716万元。

（三）平抑市价蔬菜价差补贴

1986年起，设置本款科目，反映各级政府为调剂蔬菜淡旺季供应，平抑蔬菜市场价格，用于蔬菜公司的包干补贴。但广东副食品价格已经放开，此项支出主要用于菜篮子工程和米袋子工程的建设，重点支持一批基础设施好，有一定的经营规模，管理比较好的猪、菜牛、禽、蛋、蔬菜基地，瘦肉型、良种型种猪繁殖场，水产品养殖场，加工配送基地和农副产品市场及大中型生猪机械化屠宰场建设。支持部队和边防总队后勤供应，米袋子、菜篮子商品信息网络建设以及菜篮子宣传费用。帮助受自然灾害而造成损失的地区财贸部门恢复菜篮子工程的生产和市场供应。1986—2000年，本款支出43 278万元。

（四）民用煤销售价差补贴

1979年5月起，国家规定国家统配煤出厂价每吨提高5元，而市场用煤销售价不变，由此产生的价差，由财政补贴，这一时期补贴范围较大。1985年9月1日起，广东缩小民用煤补贴范围，只对城镇生活用煤（包括农村吃商品粮人口）以及城镇的食品加工企业（不包括饮食服务行业和个体工商业户）生产米面、豆制品用煤等保留补贴，其他用煤取消补贴。1986年前，民用煤销售价差补贴采取退库办法。

1989年3月1日起，由于运价的提高影响到煤炭销售价格的提高，对民用煤仍按原价销售，由财政补贴煤炭经营单位；实行直接补贴到个人的市、县，适当增加补贴标准。1990年5月，财政部决定调整补贴范围，只保留对居民、部队生活用煤价差补贴。1991年8月1日起，广州市提高补贴标准，省驻穗单位的职工和离退休人员也参照广州市的标准提高，其他各市的补贴标准自行制定。1998年起，该项补贴取消，改为建立地方煤炭风险基金。1986—1997年，本款支出72 553万元。

（五）地方煤炭风险基金

1998年，广东建立地方煤炭风险基金，用于平抑民用煤市场价格。本款反映财政资金补贴地方煤炭风险基金的支出情况。由于广东居民用煤气、石油液化气的增多，此款支出不大，1998—2000年财政拨付地方煤炭风险基金683万元。

（六）副食品风险基金

1987年10月，为对放开的主要副食品价格实行间接的干预和调节，避免由于某些突发性和临时性因素造成市场物价的剧烈波动，影响生产和人民生活，省政府制定《主要副食品价格调节基金制度》，建立主要副食品调节基金，从1988年起施行。调节基金的来源为各级财政按照1987年对猪肉、蔬菜、鲜蛋的定额补贴实际支出数，拨入价格调节基金专户；物价、工商行政管理部门上缴财政的各种违纪罚款，扣除30%回拨办案经费后，超出1987年基数部分的50%划入价格调节基金专户。以上资金用于支持合同定购任务的主要副食品生产，解决合同期内由于价格、灾害等突发因素而严重影响生产的临时性补贴；增强国营商业的储备能力，给予利息、仓租以及其他经营费用的补贴；需要控制零售价格水平时，给予购销倒挂差额补贴。此项基金的支出分列于有关补贴的支出科目。

1995年1月起，广东建立省级副食品风险基金。广东副食品风险基金的资金来源由省级财政全额预算安排，实行专户管理，专款专用，年终结余可转入下年度使用。省级副食品风险基金主要用于专项储备猪肉、食糖、蔬菜等副食品发生的费用支出；为平抑副食品销售价格，以低于成本价抛售副食品发生的价差和费用支出；扶持副食品生产发展的支出以及发生严重自然灾害时对部分地方恢复蔬菜生产的补助性支出。1995—2000年，省级财政拨付副食品风险基金18 859万元。

二、生产性价格补贴支出

生产性价格补贴包括农业生产资料价差补贴、猪皮制革价差补贴、制皂用油价差补贴、棉花价差补贴、工矿产品价格补贴等。1986年前在收入退库中反映。1986—2000年，本款支出45 029万元。

农业生产资料价差补贴包括化肥、农药、农用塑料薄膜、农用柴油、农机产品、中小农具等。农机产品、中小农具和农用柴油分别在1984年和1985年停止补贴。1994年起，取消化肥、农药、农用塑料薄膜的价差补贴，其他农业生产资料的补贴很少，每年在几百万元之间，主要用于农资公司储备化肥、农药、农用塑料薄膜的储备费用补贴。1986—2000

年，本款支出23 671万元，其中1986—1993年化肥价差补贴13 260万元。

猪皮制革价差补贴反映计划经济时期皮革公司和皮革加工厂收购猪皮制革的补贴，按完成计划数补贴。1986—1989年，支出10 465万元，平均每年在2 000万元以上。1990年起，根据财政部的规定，猪皮制革财政补贴全部取消。

制皂用油价差补贴反映计划经济时期财政对肥皂生产厂家制皂用油的补贴，广东1986年就取消该项补贴，当年只支出1万元。

棉花价差补贴为棉花收购价格提高以后，财政对民用絮棉和新疆长绒棉销售单位的价差补贴，广东此项补贴不多，1986—1996年补贴1 441万元。1997年起停止此项补贴。

工矿产品价格补贴反映中央财政拨付广东财政用于冶金矿山和有色金属矿山的专项维简费。1989—1993年，支出9 451万元，其他年度没有支出。

三、粮油价格补贴支出

粮油价格补贴由中央财政与地方财政共同负担，中央财政对广东的粮油价格补贴实行包干办法，一直延续至1995粮食年度[①]；1993粮食年度起，中央财政拨付广东的粮食加价款、差价款补贴，与粮食包干方案脱钩。粮油价格补贴占政策性价格补贴支出的最大宗。1985—2000年，广东此款支出1 460 756万元，占同期政策性价格补贴支出总额的67.97%。

1985—2000年广东省地方财政粮油价格补贴支出统计表

表5-6-3　　　　　　　　　　　　　　　　　　　　单位：万元

年度	合计	粮油价差补贴	粮油加价款	地方粮油价外补贴	国家储备粮油费用补贴	国家专项储备粮食差价款补贴	粮食风险基金	进口粮食改代理补贴	国家粮油差价补贴	财务挂账利息补贴	财务挂账消化款
1985	28 200	—	28 200	—	—	—	—	—	—	—	—
1986	81 575	25 875	55 700	—	—	—	—	—	—	—	—
1987	100 344	32 023	68 169	152	—	—	—	—	—	—	—
1988	90 619	24 837	55 953	9 444	385	—	—	—	—	—	—
1989	132 988	23 623	93 241	14 423	1 701	—	—	—	—	—	—
1990	127 048	22 746	87 348	14 475	2 479	—	—	—	—	—	—
1991	75 998	10 280	44 562	15 961	5 195	—	—	—	—	—	—
1992	32 751	—	12 021	15 853	4 198	679	—	—	—	—	—
1993	61 182	—	35 896	16 233	8 134	727	192	—	—	—	—
1994	84 523	6 224	14 011	14 192	13 672	247	36 177	—	—	—	—
1995	77 959	—	535	4 410	21 667	812	42 585	614	6 392	944	—
1996	103 855	—	717	3 873	33 338	2 398	35 060	128	12 528	15 813	—
1997	100 992	—	1 911	18 133	24 628	1 568	32 042	1 054	5 129	16 527	—
1998	112 253	—	2 221	2 956	38 377	—	43 447	268	6 329	8 993	9 662

① 粮食年度为当年的4月1日至翌年的3月31日。

续表5-6-3

年度	合计	粮油价差补贴	粮油加价款	地方粮油价外补贴	国家储备粮油费用补贴	国家专项储备粮食差价款补贴	粮食风险基金	进口粮食改代理补贴	国家粮油差价补贴	财务挂账利息补贴	财务挂账消化款
1999	120 787	—	—	4 897	20 978	—	57 947	—	666	4 519	31 780
2000	129 682	—	—	7 188	22 450	—	56 763	—	302	3 626	39 353
累计	1 460 756	145 608	500 485	142 190	197 202	6 431	304 213	2 064	31 346	50 422	80 795

说明：国家储备粮油费用补贴一栏1997年起包括利息补贴；2000年数据包括处理陈化粮补贴212万元

（一）粮油价差补贴

1986年以前，粮油价差补贴在企业收入中退库。1986年起，列地方财政支出反映。粮油价差补贴是政府为增加农民收入，提高粮油统购价或实行议价收购而按平价销售以及经营费用，造成粮食企业亏损的政策性补贴，由中央财政和地方财政共同负担。“议转平”（议价转为国家规定牌价）的范围除工业用粮外，民用粮有城镇吃商品粮的居民户，还有水库移民、石灰岩地区定销粮和退耕还林地区用粮、各种奖售粮以及“农转非”（农业户口转为非农业户口）新增粮油销量。由于购销倒挂比例越来越大，广东从1984年起陆续压缩平价粮销售范围，当年取消饮料、酒用粮的平价供应。1985年取消工业用粮、非农业饲料用粮（奶牛用粮除外），农村饲料粮、民工口粮、农副产品奖售粮（苎麻、烟叶、木材奖售粮1985年暂予保留）的平价供应，改为议价供应。1986年取消苎麻、烟叶、木材奖售粮平价供应。1987年取消城镇人口定量外的特殊补助粮平价供应。1988年对供应外轮的粮食改为议价供应。其间，取消平价供应的这部分粮食，财政不予粮油价差补贴。

1991年5月1日起，广东取消菜农、渔民、经济作物定销粮，黄烟奖售粮和农村返销粮等的平价供应。对国家机关、事业单位、企业单位的在职职工、离退休人员；国家供应统销价口粮的定期发放生活费的优抚救济对象；国家供应统销价口粮的中小学民办教师；普通高等学校、中等专业学校在校生给予提高补贴标准。水库移民、石灰岩地区定销粮的差价补贴，仍由财政部门拨款解决。

此外，广东属于缺粮省份，需要进口粮食。进口粮食实际成本与调入平价粮的成本的差额，按省下达的进口粮食指标内按实际进口粮食数量，财政给予粮食部门差价补贴。

1992年4月1日起，广东放开粮食价格，取消财政拨给粮食企业的粮油提价补贴、购入粮油提价补贴、大豆补贴款，政府主要通过吞吐粮食来调控市场粮价。1986—1991年，广东地方财政对本项补贴145 608万元（含1994年追补往年的拖欠补贴款）。

（二）粮油加价款和地方粮油价外补贴

粮油加价款和地方粮油价外补贴，都是政府提高粮油的收购价格，以加价款和价外补贴的形式付给农民，提高农民的收入。粮油加价款由中央财政和地方财政共同负担，地方粮油价外补贴由地方财政负担。

从1985粮食年度年起，广东取消粮食统购、超购作价的办法改为统一按“倒三七”比例计价，食用油脂、油料按“倒四六”计价。粮食企业通过合同定购（包括贸易粮和公粮）形式向农民收购粮食，按国家规定的统购、超购（称为“合同定购价”）由粮食部门结算向农民付款。超购价高于统购价的部分称为粮油加价款，由财政补贴粮食部门，当年全省各种粮油品种的平均粮油加价幅度为50%。随后，在1987年度、1989年度、1991年度分别提高粮油合同定购价。

1985粮食年度，佛山市规定农民交售稻谷，除按比例价作价外，另给每100公斤3.74元的价外补贴。1987粮食年度起推广至全省，当年广东对合同定购任务另加价外补贴给农民，三级稻为每100公斤1.92元，玉米为每100公斤2.84元。

同时，广东对贸易粮进行生产资料补贴，1987年度每100公斤贸易粮供应标准化肥6公斤、柴油3公斤，可以供应实物或折算为议平价差现金。平价供应实物的，由农业生产资料部门议价购买国产或进口柴油、化肥，平价供应农民，议平差价由财政补贴；折算为议平价差的以每100公斤贸易粮平均为11.68元付给农民。1989年度贸易粮挂钩标准化肥提高到30公斤。1991年5月1日起，每100公斤贸易粮共奖售平价标准化肥60公斤，柴油6公斤。

1988年，粮食购销价格调整后，省财政核定下达各市的行政事业单位干部职工、大中专学生的粮油差价补贴，从1992年4月1日粮食价格放开后，省财政不再拨专款，由各市、县财政自行解决。原来省财政核定的水库移民困难补助款、石灰岩地区定销粮差价补贴、营林补助粮价差补贴，继续由省财政每年拨给有关市、县包干指标专款1 728.9万元，列地方粮油价外补贴。

1993粮食年度起，广东计划内收购粮食实行指导价和收购价外加价办法，将原供应粮农平价物资（化肥、柴油）改为以货币方式，议平价差连同合同定购价合并为指导性价格，在收购价格之外将议平价差以加价形式付给农民；对计划内粮食收购实行保护价。省财政每年从财政预算安排和省级粮食风险基金中安排1.5亿元，作为地方粮油价外补贴款。

此外，消化1991粮食年度以前的政策性亏损和拖欠农业银行的利息开支的部分资金，也列粮油加价款和地方粮油价外补贴支出。

1985—2000年，广东地方财政对粮油加价款和地方粮油价外补贴资金支出642 675万元。

（三）国家储备粮油费用补贴

1988年起，政府预算收支科目增设本款，反映中央财政拨补的新增储备粮油费用补贴和地方财政拨补的粮食超定额库存费用补贴。国家每年下达广东增加国家储备粮油的，由中央财政补贴；其余由省内各级财政负担。

1992年4月1日起，特种储备“五〇六”、“甲字”、省“662”储备、中央专项储备及省专项储备粮油，均由省粮食储备局负责管理。“五〇六”储备粮油由省粮食储备局和广州军区后勤部共管。国家特种储备粮油“五〇六”“甲字”所有权属中央；省特种“662”所有权属省政府，其动用分别由国家粮食储备局和省政府决定；国家专项储备粮所有权属中央；省专项储备粮所有权属省政府。储备粮油资金及费用补贴按粮权归属，由中央和省、市、县分级负担。各地特种储备粮油（甲字粮、“五〇六”粮、662储备粮）所需的保管轮换费用，省财政给予定额补助，不足部分按当时粮食企业财务体制，由各地财政给予解决。其中“甲字”粮、“五〇六”粮再由省财政与中央财政结算。省建立的储备粮的费用补贴，由省、市、县财政按省政府下达的分级储备数量分别负担。1988—2000年，广东地方财政对国家储备粮油费用补贴支出197 202万元。

（四）国家专项储备粮食差价款补贴

1992年4月1日起，国家专项储备粮食费用，实行中央财政和地方财政分别负担50%，按照下达的收购、调入接收数量，保管和轮换费用全额贴息并给予每100公斤每年8元的费用补贴。

1998年起，中央储备粮与地方储备粮分开，国家专项储备粮由中央财政全额负担。1992—1997年，此款支出6 431万元。

（五）粮食风险基金

1992年粮食购销价格放开后，为有效增强政府对粮食市场的调控能力，解决保护价差的资金来源，省政府决定从1992粮食年度起，广东着手建立各级粮食风险基金。1992—2000年，广东各级财政在预算安排中拨付粮食风险基金的资金达304 213万元。

（六）进口粮食改代理补贴

1995年起，进口粮食的费用和差价补贴不再实行定额补贴，改由财政对代理进口粮食的企业按实际进口数量实行差价和利息补贴。1999年起，政府不再下达进口粮食指标，全面实行市场化行为，财政不再负责此项开支。1995—1998年，此款支出2 064万元。

（七）国家粮油差价补贴

1994年6月1日起，军粮财务一律上收到省财政厅，实行专项、专户、专账管理，与原粮食财务脱钩，不再搞层层包干，财政增设本款科目。军粮“议转平”差价款补贴由中央和省级财政各分担总额的50%，并实行预决算制度。

从1997年起实行军粮改革后，由中央财政和省级财政各负担50%的军粮差价补贴款，改由中央财政统一拨补。各地筹措成本高于中央财政补贴标准部分，以及重大节日供应少量优质大米和食油补助供应的补贴，由省财政负担。市、县政府自行制定拥军政策措施在军粮供应方面增加的费用，由市、县政府负担。1995—2000年，本款支出31 346万元。

（八）财务挂账消化款和财务挂账利息补贴

改革开放后，粮食价格长期倒挂，造成国营粮食企业政策性亏损没有彻底解决，粮食企业亏损挂账和拖欠农业银行贷款数额越滚越多。1995年，国务院规定1991粮食年度以前的政策性亏损和拖欠农业银行的利息实行挂账停息，对非粮食主产区的广东只停息50%，50%由广东自行消化。经省财政厅、省粮食局、中国农业发展银行广东省分行（简称“农发行省分行”）三方共同核实，至1992年3月31日止，全省粮食系统发生财务挂账281 612

万元，其中政策性财务挂账247 565万元，企业应自补消化的财务挂账34 047万元。至1997年消化了大部分，列于粮油加价款、粮油价差补贴支出。至1999年年底，全省消化这其间的财务挂账271 095万元，其中政策性财务挂账消化245 571万元，消化企业应自补财务挂账25 524万元。

1992年4月1日至1998年5月31日，国有粮食企业产生新的政策性亏损，挂账的利息全额由广东自行消化，经省财政厅、省粮食局和农发行省分行三方共同核定，并报经财政部审查批复。1992年4月1日至1998年5月31日，广东新增粮食财务挂账和其他不合理占用贷款402 797万元，分解落实后属于各市、县政府和省直负责统筹资金消化的为264 498万元，其中界定由财政部门负责消化92 990万元，由粮食企业负责消化的171 508万元。1995—2000年，全省各级财政拨付挂账利息补贴（含新老挂账）50 422万元；1998—2000年，拨付消化财务挂账本金（含新老挂账）80 795万元。

四、其他价格补贴支出

其他价格补贴包括国家批准的其他政策性价格补贴、国家储备糖价格补贴、糖库建设补助费和国家储备棉花利息费用补贴。

国家批准的其他政策性价格补贴主要是对新闻纸的价差补贴和学生课本价格补贴，其中新闻纸的价差补贴对象主要是省、市、县三级党政宣传部门办的报纸、刊物。1986—2000年，本款补贴支出103 084万元。

从1979年开始，广东每年都采取一系列价格补贴措施，例如提高收购价格或实行奖售办法，鼓励蔗农多生产、多交售甘蔗。提价、收购超产糖和奖售物资（如化肥），由国营糖厂在利润中支付，如国营糖厂亏损由财政退库解决。土糖寮的价外补贴由国营糖烟酒公司作抵缴利润处理。同时试行国营糖厂利润返还办法，糖厂将制糖的纯利润分别返还25%、40%和50%给生产队或农场。1987年10月，省政府决定，1987年跨1988年榨季，每收购一吨糖蔗支付给蔗农10元，由糖烟酒公司收购食糖时拨付给糖厂兑现给蔗农，另外每吨糖补助糖厂11元，改由财政负担补贴，在价格补贴中列支，当年支出14 980万元。以后年度都是临时性补贴，1992—2000年，补贴3 131万元。同时，国家为储备食糖以平抑市场糖价，对地方建设糖库予以补贴，广东是国家产糖基地之一，该款反映中央财政拨补广东糖库建设补助费安排的支出。1995—1999年，省财政拨付糖库建设补助费21 145万元。

国家储备棉花利息费用补贴是指国家安排广东储备棉花的保管费，棉花储备库按规定开支的保管、维修、保险、工资等费用。1996—2000年，本款支出2 640万元。

第七节　专项支出

根据财政部制定的国家预算收支科目的划分，专项支出不同时期有不同的规定。1982—2000年，广东地方财政专项支出1 276 165万元，占同期地方财政支出的1.93%。

1982—2000年广东省地方财政专项支出统计表

表5-7-1　　　　　　　　　　　　　　　　　　　　　　　　单位：万元

年度	合计	排污费	教育费附加	城市土地开发建设	外商投资企业场地使用费	矿产资源补偿费	新增粮食调拨经营费收入安排	下放港口以港养港资金	城市水资源费
1982	1 660	1 660	—	—	—	—	—	—	—
1983	1 950	1 950	—	—	—	—	—	—	—
1984	3 455	3 455	—	—	—	—	—	—	—
1985	4 250	4 250	—	—	—	—	—	—	—
1986	5 889	5 889	—	—	—	—	—	—	—
1987	6 056	5 618	—	—	—	—	438	—	—
1988	16 289	8 522	—	—	—	—	350	7 417	—
1989	18 261	8 293	—	—	—	—	375	9 593	—
1990	36 941	8 982	7 628	11 315	—	—	323	8 693	—
1991	62 412	12 860	19 190	20 417	—	—	274	9 671	—
1992	102 462	17 013	23 603	52 790	—	—	103	8 953	—
1993	105 481	26 076	32 015	39 400	—	—	—	7 990	—
1994	122 653	33 569	51 065	30 456	—	—	—	7 563	—
1995	119 413	41 160	70 097	7 000	—	—	—	1 156	—
1996	139 569	42 354	80 275	16 029	—	—	—	911	—
1997	300	—	—	300	—	—	—	—	—
1998	148 537	50 477	97 360	75	—	410	—	—	215
1999	177 437	57 183	119 178	232	155	479	—	—	210
2000	203 150	59 587	142 860	—	280	399	—	—	24
累计	1 276 165	388 898	643 271	178 014	435	1 288	1 863	61 947	449

说明：排污费和教育费附加支出1997年政府预算收支科目列于政府性基金收支

一、排污费支出

1982年7月1日，广东开征排污费，作为专项资金管理。该项资金由环境保护部门会同财政部门统筹安排，专款专用，先收后用，量入为出，主要用于重点排污单位治理污染源以及环境污染的综合性治理措施，也可适当用于环境保护监测仪器、设备的购置和开展监测收费业务必需的专用开支，以及安排用于城市环境治理。重点排污单位治理污染源首先利用自有资金，如确有困难的，经制订治理项目计划，可申请环境保护补助资金，报请主管部门审查，经环境保护部门和财政部门审批后，给予一定数额的补助，但一般不高于其所缴纳排污费的80%。

1985年4月，经省政府同意，下放地方管理的省属企业可留应缴排污费的80%作为企业治理污染源。

1990年9月起，各级政府排污费的收入（不含滞纳金、提高征收标准、加倍收费和罚款收入）60%拨入环境保护部门在银行开立的环保补助资金专户，用于补助缴费单位治理污染和开展“三废”综合利用；20%拨入污染源治理专项基金专户，用于建立污染源治理专项基金。省级拨入的污染源治理专项基金专户，用于建立省级污染源治理专项基金。另外20%的支出分配，省级与各市、县有所不同。省级排污费收入的10%和滞纳金、提高征收标准、加倍收费、罚款收入的40%，由省财政厅根据省环境保护部门提出的计划，按季拨给委托代理核定中央和省属排污单位缴费的市或县财政部门转拨同级环境保护部门。另10%和滞纳金、提高征收标准、加倍收费、罚款收入的60%，由省环境保护部门提出用款计划，经省财政厅核准后拨给省环境保护部门，由省环境保护部门掌握使用。市、县20%部分和滞纳金、提高征收标准、加倍收费、罚款收入，由同级环境保护部门提出用款计划，经同级财政部门核准后拨给环境保护部门，由环境保护部门掌握使用。此规定至2000年一直沿用。

1982—2000年，排污费支出436 628万元（其中1997年排污费支出47 730万元，列入政府性基金和附加支出），纳入地方财政支出的为388 898万元，年均递增22.01%，高于排污费收入增长率的3.09个百分点。

二、教育费附加支出

1986年全省开征教育费附加后，根据国务院和省政府的规定，教育费附加按专项资金管理，由教育部门统筹安排，提出分配使用方案商同级财政部门同意后，报当地政府审批后执行，并接受审计部门的监督。教育费附加主要用于普及九年制义务教育，改善中小学教学设施和办学条件；各市、县征收的教育费附加，可以提取征收总额的10%～15%，商同级财政部门后，安排用于市、县属中小学校或补助本市、县困难地区教育经费不足。省级教育费附加的支出重点向“老、少、边、穷、山区”倾斜。至2000年，广东在普及九年制义务教育、改造薄弱中小学、改造中小学校危房、实现“一无两有”等方面，取得显著成绩，教育费附加的投入起到一定作用。

1986年至1990年7月，教育费附加在预算外的行政事业支出中列支；1990年8月至1996年，农村教育费附加仍列预算外支出中的行政事业支出。1990年8月至2000年，城市教育费附加纳入地方财政预算管理，共支出734 300万元（其中1997年列政府性基金和附加支出，当年支出为91 029万元）；1997年起，农村教育费附加纳入政府性基金和附加管理，至2000年四年间支出37 510万元。

三、其他专项支出

（一）城市土地开发建设

1990年开征国有土地有偿使用费后，按规定收入地城市可用20%的额度用于城市土地开发。1990—1999年，此款支出178 014万元。2000年起，国有土地有偿使用费改列政府性基金和附加收入，从国有土地有偿使用费收入中安排用于城市土地开发的资金，同时改列政府性基金和附加支出，当年支出81 989万元。

（二）外商投资企业场地使用费

本款反映从外商投资企业场地使用费收入中，安排用于外商投资企业用地的补偿、拆迁、安置和建设厂外公共设施及相应的土地开发等。1999年和2000年两年，安排支出435万元，占该款总收入的63.97%。

（三）矿产资源补偿费

本款反映从征收矿产资源补偿费收入中，安排用于矿产资源勘查与保护、开发监管、矿山秩序治理整顿及征收矿产资源补偿费的工作经费。1995年和1996年两年，矿产资源补偿费收入只有几十万元，没有安排支出；1997年矿产资源补偿费收支列入政府性基金和附加；1998—2000年，列地方财政专项支出，三年间支出1 288万元，占同期矿产资源费收入的90.90%。

（四）新增粮食调拨经营费收入安排

1986年起，国家提高粮食调拨经营费，本款反映从提高粮食调拨经营费收入中，安排用于补助粮食调入地区净增加的调拨经营费。1987—1992年，本款支出1 863万元，占该款收入的32.95%。1992年，粮食价格放开后，没有此项收支。

（五）下放港口以港养港资金

本款反映原由交通部管理1987年后下放广东管理的港口上缴地方的财政资金，安排用于下放港口进行基本建设项目及其配套设施支出；设备更新和技术改造支出；节能措施、劳动安全保护和环境保护措施支出；建设期利息支出以及国家批准港口审批权限内的其他支出。本款支出根据上缴财政资金的数额安排，1988—1996年支出61 947万元，与收入基本持平。1997年起，下放港口以港养港收支纳入政府性基金和附加管理。

（六）城市水资源费

本款反映由城市城建部门按规定征收的水资源费，用于水资源建设的专项资金。1997年纳入政府性基金和附加管理，当年支出206万元。1998年起纳入地方财政预算，1998—2000年支出449万元。

第八节　其他支出和上解中央支出

一、其他支出

1979—2000年，广东地方财政其他支出类共开支7 795 467万元，占同期地方财政支出的11.66%，年均递增38.74%，高于地方财政支出增长率的20.81个百分点。

兵役征集费。兵役征集费又称征兵经费，该笔经费每年都发生，为新兵入伍的专项经费，即新兵入伍前所发生的身体检查费、征集办公费和差旅费等有关费用。1979—2000年共支出38 199万元。

支前费。支前费用于过往部队的临时接待站的设备购置、雇佣临时接待人员的费用。1979—2000年，此款支出很少，共1 239万元，平均每年只支出几十万元。

财政贴息支出。根据国家和省政府的规定，由财政拨专款支出的财政贴息，各项专项资金（如基本建设贷款贴息、外贸出口贷款贴息）中列支的贴息支出。1987—1997年，本款支出67 954万元。

国家赔偿费用支出。根据1995年1月1日起施行的《中华人民共和国国家赔偿法》，财政部规定国家赔偿费从当年起列入各级财政预算安排，同时增设国家赔偿费用支出预算科目。1998—2000年，广东地方财政支付国家赔偿费用786万元。

住房改革支出。1988年9月，省政府颁布《广东省住房制度改革意见》，从1988年下半年开始，广东试行住房制度改革，改革的内容是使公有住房的租金在三年内达到成本租金并鼓励职工购买公有住房。提高公有住房租金后，党政机关、群众团体和企事业单位职工，租住直管住房和单位住房的，由所在单位发给住房补贴。企业（含企业化管理的事业单位）补贴资金一部分进入成本，一部分在单位住房基金解决；行政机关、群众团体和事业单位按行政事业经费隶属关系由同级财政列入预算。

1995年6月5日，省政府颁发《广东省贯彻国务院〈关于深化城镇住房制度改革的决定〉实施意见》，所有行政、企事业单位及其职工和外商投资企业及其中方职工，均按规定要缴纳住房公积金，建立住房公积金制度。住房公积金由在职职工个人和其所在单位，按职工个人工资和职工工资总额的一定比例逐月缴纳。企业（含企业化管理的事业单位）缴纳的住房公积金从提取的住房折旧以及成本、费用中列支；全额预算的行政事业单位在原有住房资金中列支，不足部分由财政预算拨款；差额预算的事业单位按差额比例在财政预算和单位自有资金中列支。

2000年起，广东对没有享受购买公有住房的职工实行住房补贴，全额预算的行政事业单位职工的补贴款，由财政负担。

1989—2000年，广东地方财政住房改革（含公房出租补贴、住房公积金支出和职工住房补贴）支出32 547万元。

政府特殊津贴。政府特殊津贴是各级政府根据国务院的规定，对在科技、教育、文化、卫生和工农业生产第一线作出突出贡献和取得突出业绩的专家、学者和技术人员进行的津贴。1998—2000年，广东地方财政此笔支出762万元。

其他杂项开支。其他杂项开支主要用于临时性开支或特定时期的特殊性支出，其特点是开支内容杂，数额有大有小，而且开支项目变动大。1979—2000年，广东地方财政其他杂项开支7 653 980万元，占其他支出的98.19%。开支项目较大的有下列几项：

1979年后，对历次政治运动中的冤假错案进行平反，并解决其历史遗留问题。为此财政安排落实政策经费，包括落实侨房政策所需开支。落实侨房的政策省政府提出“统筹安排，分期分批，包干负责，限期完成”的要求，中央财政给予广东大力支持，拨补经费；省财政安排专款，根据省内不同地区的承受能力确定不同的补助标准，不足部分由各级财政和侨房占用者自筹解决。

1986年12月25日，省政府颁发《广东省乡（镇）财政管理实施办法》，乡镇财政管理体制由各市、县政府根据具体情况确定体制的形式，基本形式分为4种：（1）定收定支，收支挂钩，总额分成，一定几年；（2）定收定支，收入上缴，超收分成（或增长分成），支出下拨（超支不补），节余留用，一定几年；（3）定收定支，收支包干，定额上缴（或定额补助），一定几年；（4）定收定支，核定基数，逐年递增上缴（或递减补贴），一定几年。1987—1993年，乡镇财政收入增长较快，超收分成数额较大。兑现乡镇财政收入超收分成列杂项支出，其中1992年兑现乡镇财政超收入分成22 144万元。

1988年起，杂项开支增幅过快，其中原因之一是深圳市和珠海市增加归还历年基础设施的银行贷款本息，列杂项开支。

1998年起，按省政府的规定，财政安排防范化解金融风险准备金，当年全省各级财政安排47.19亿元，其中广州市1亿元，深圳市5.7亿元，佛山市3.68亿元。1999年广州市列支防范化解金融风险准备金4亿元、注资广州商业银行4亿元；深圳市7亿元、注资深圳商业银行3亿元；佛山市8.36亿元。

为支持工业发展、工业技术改造和高新技术产业，部分对上述项目的财政资金投入，也列支杂项开支。1980年，广州市支付小额技术贷款基金5 000万元和市投资公司1 000万元。1995年，省财政安排茂名乙烯工程建设款和广州市列支部分企业解困资金。1998年，广州市列支乙烯项目偿债资金2亿元，深圳市投入地铁建设前期费用2亿元。1999年，广州市拨付金鹏集团与摩托罗拉扩大技术合作项目投资资金1亿元，深圳市注入创新科技投资公司资本金5亿元、注资特发集团公司1亿元、中国国际高新技术成果交易会有关经费1.2亿元。另外，珠海市安排企业还贷资金1亿元和澳门回归专项资金2.3亿元。

各市用于公共交通经营补贴款也列杂项支出。杂项开支支出数额最大的和增幅较大的市为深圳、广州、佛山、东莞4个市。

二、上解中央支出

广东历年按照先中央后地方的原则处理与国家财政的关系，积极为国家多作贡献。1979年实行“增收分成，收支挂钩”财政体制，广东按体制向中央财政上解96 468万元。1980—1985年，广东每年向中央财政包干上解10亿元。1986—1987年，中央财政继续对广东实行“定额上缴”的大包干体制，在1984年体制的基础上，按照“划分税种”（含海关代征税）的统一规定作相应调整，调整后广东每年定额上缴中央财政77 808万元。1988—1993年，中央对广东的财政体制由“定额上缴”改为“上解额递增包干”，以1987年包干数77 808万元和当年中央财政向广东借款63 500万元（1987年原借款为6.75亿元，后中央考虑到地方的财政压力，调整为6.35亿元），合计141 308万元为基数，年递增率为9%。1994年实行分税制后，当年中央规定原包干制的地方上解和补助办法基本不变，广东按原规定的办法继续递增上解。

1980—1994年，广东包干定额上解中央财政1 744 772万元。1988—1994年递增上解427 943万元。其间中央财政不定时向广东借款，1981—1990年，中央财政共向广东借款

234 764万元。1988年4月海南建省后，广东原每年补助海南行政区和海南黎族苗族自治州的9 967万元作为定额上解中央财政，转由中央财政处理，直至1994年。

1995年，中央对1994年的上解办法进行调整，从1995年起，取消对广东实行递增上解，改为按1994年实际上解额实行定额上解。当年起，广东上解额固定为268 282万元。1995—2000年，广东上解中央财政共1 609 692万元。

除财政体制上解外，1979—2000年，广东各项专项上解中央财政款项973 709万元。另外，企事业单位上下划结算上解-68 128万元。

1979—2000年，广东向中央财政共上解5 157 117万元，中央财政向广东补助款项共2 565 262万元，净上解2 591 855万元。

第六章　预算管理与财政信用

第一节　预算管理

广东地方财政预算的编制，实行一级财政一级预算。设立省、市（地区本级）、县（市、区）、乡镇四级预算。但有少部分乡镇成立财政所后，没有确认为一级财政的，便没有实行一级预算编制。省、市（地区本级）、县（市、区）、乡镇各级总预算由本级政府预算和汇总的下一级政府总预算组成，下一级只有本级预算的即为总预算。

一、预算编制

广东的预算编制，1979—1991年，基本按照1951年政务院颁布的《预算决算暂行条例》和财政部有关规定执行。编制时，根据全国计划会议或全国财政工作会议确定的方针、原则和分配指标；广东国民经济和社会发展计划；国家分配的收支指标和财政体制规定留给地方的可支配财力，进行统筹安排，综合平衡。

广东的地方总预算，由各市、县（市、区）总预算和省属各主管部门、各地区的财务收支计划汇编而成。其编制程序，首先由省财政厅根据省政府和财政部关于编制预算的有关规定，发出编制预算草案有关事项的通知，规定编制的原则、依据、项目（包括各种预算表格）、报送期限，及其他相关事项，包括上年结余的使用、预备费和预算周转金的设置等。然后，各市、县政府和地区本级、各主管厅局根据上述规定，或省财政工作会议的部署，组织所属行政事业单位和企业单位编制单位预算草案或年度财务收支计划，汇编为本级预算草案或年度预算收支计划草案，按时报送省财政厅。省财政厅对各市、县的预算草案和各地区本级、各厅局的财务收支计划草案进行汇总、调整、审查，编制全省财政预算（草案），报省政府审核后，提请省人民代表大会或其常务委员会审查批准，并报送财政部备案。

各市、县财政预算的编制与省编制程序基本相同。各市、县根据省编制预算的有关规定，以及下达的各项国民经济计划指标，在预算收支总额控制数内，编制预算草案。其预算收入总额，应力争超过；预算支出总额一般不得突破，力求节约。预算草案提请同级人民代表大会审查通过后报省财政厅备案。省根据上一年的决算调整下一年度的预算收支总额控制指标。

预算通过后，各级财政部门按照同级各主管部门在预算中应承担的任务，分别下达缴款任务和拨款指标。对财税征收部门，下达财政收入任务；对下级财政局，下达年度预算收支指标；对各企业主管部门，下达年度利润指标；对各行政、事业主管部门，下达年度事业经费指标。通过各项指标的下达，以保证预算的实现。上述收支预算的分配和下达，通常是由财政部门按照下属地区和部门的年度预算或财务收支计划，按照所通过的预算分地区、部门划分，经同级政府审查后正式下达。全省各级地方财政的预算，必须接受上级政府的监督。

预算的调整，主要是在预算执行过程中，由于客观情况发生变化，原来安排的预算收支指标、科目、上下级行政关系的变动等，须按一定的程序，对原来的预算进行必要的增减或调整。调整的主要项目有：计算预算收支指标的基数，有关部门追加或追减原核定的收支项目，预算单位隶属关系的改变，某些重大措施对财政收支有较大的影响，预算科目之间需要相互调剂，以及动用预备费使某些支出指标发生增减等。

1992年起，广东执行国务院1991年10月21日颁布的《国家预算管理条例》。根据改革开放的实践，预算编制时，各级政府不再向下级政府下达各项国民经济计划指标和财政收支控制指标，各级预算根据本地国民经济和社会发展计划，按照预算管理职权和收支范围的规定，参考上一年度预算执行情况进行编制。其他做法，与1992年前基本相同。

1995年起，广东执行1994年3月22日第八届全国人民代表大会第二次会议通过的《中华人民共和国预算法》，1995年11月22日国务院颁布的《中华人民共和国预算法实施条例》。各级人民代表大会审查本级总预算草案及本级总预算执行情况的报告，批准本级预算和本级预算执行情况的报告，改变或者撤销本级人大常委会关于预算、决算的不适当的决议，撤销本级政府关于预算、决算不适当的决定和命令。各级人大常委会监督本级总预算的执行，审查和批准本级预算的调整方案，审查和批准本级决算，撤销本级政府和下一级人民代表大会及其常委会关于预算、决算的不适当的决定、命令和决议。

各级政府编制本级预算、决算草案，向本级人民代表大会作关于本级总预算草案的报告，将下一级政府报送的预算汇总后报本级人大常委会备案，组织本级总预算的执行，决定本级预算预备费的动用，编制本级预算的调整方案，监督本级各部门和下级政府的预算执行，改变或者撤销本级各部门和下级政府关于预算、决算的不适当的决定、命令，向本级人民代表大会及其常委会报告本级总预算的执行情况。

1979年，广东年度财政收支预算安排，强调收支平衡，略有结余，不准有赤字预算的原则。同时规定，对省核定的收入任务，可以在项目之间统筹安排；对预算支出，除基本建设、流动资金、城镇人口下乡经费、特大自然灾害救济费等应专款专用外，其他各项支出可以进行调剂。

1980—1985年，广东预算安排按照“瞻前顾后，量力而行，坚持自求平衡，略有结余”的原则，不打赤字预算，不搞平调摊派。

1986—1989年，广东财政收入大幅增长，但财政支出包揽过多，收支矛盾十分突出。预算安排根据“保上缴，保重点，保吃饭”的指导思想和“量力而行，收支平衡”的原则，要求各级财政年初不打赤字预算。首先保证如期完成上缴中央财政和中央向广东借款任务。其次有保有压，保证能源、交通、农业、教育和科技的重点投入；保证行政机关、事业单等公职人员工资的足额发放，保证政权正常运转。1990年的支出预算，首先安排“保吃饭，保安定”，增加公检法支出计划，其他项目一律压缩。

1991—1997年，广东国民经济持续快速发展，财政收入的来源、结构发生明显变化，是从财政包干制向财政分税制转变的重要时期。财政支出政策性增长因素较多（如调整工资），以及物价上涨，财政供养人员增多，财政支出压力加大。广东各级财政部门按照“量力而行，量入为出”的原则，调整财政支出结构，优先保证重点和各项改革的支出需要。继续重点保证能源、交通、通信、农业、教育、科技的支出以及维护社会治安稳定。

1998—2000年，广东贯彻中央积极的财政政策，各级财政部门围绕用三年时间建立公共财政基本框架的目标，调整支出结构，进一步压缩竞争性和经营性领域的支出。坚持“有所为，有所不为”的原则，按照“保工资，保运转，保稳定，促发展”的顺序，将财政资金转移到满足社会公共需要方面。除继续保证上述各项事业需要外，加大教育事业、环保事业投入，支持社会保障、国有企业和粮食流通体制等项改革。1998年起，广东各级财政部门按照省委、省政府的决定，筹措资金建立防范化解金融风险准备金，以应对亚洲金融风险。2000年起，省级财政开始试行细化部门预算。

二、预算执行

1979—2000年，广东的财政预算执行情况一直比较好。除1979年没有完成预算外，其余各年财政收入均超额完成年度预算并比上年有较大幅度增长，财政支出则基本满足生产建设、人民生活和各项改革以及事业发展的需要，年终执行结果，全省财政收支相抵，收大于支，实现财政收支平衡，略有结余。但由于地区间经济发展不平衡，部分经济欠发达地区预算执行结果还是入不敷出。

1979年，全省财政总收入为年度预算的87.01%，比1978年下降13.83%；全省财政支出为地方调整预算的91.66%，比1978年增长4.09%。主要原因是国家提高农副产品价格、提高工资、安排就业、落实政策等，以及部分企业上划中央管理后纳入中央财政预算，致使当年财政收支年终执行结果没有完成计划。全省119个市（地区本级）、县预算单位，年终73个出现财政赤字，赤字额23 618万元。中央财政返回属于广东财政收入的上划企业（广州石油化工厂）地方留成部分，以及给予广东的支持，为广东在1980年实行财政大包干打下基础。

1980年，省对市（地区本级）、县实行“收支挂钩，增收分成”财政体制；1981—1984年实行“划分收支，分级包干”财政体制。当时，省级财政的调控能力有限，其中1982年省级财政还出现赤字4 375万元。1985年起实行“定额上缴”和“递增上缴”财政体制，定额上缴和递增上缴的市、县（市）上缴省级财政呈逐年增长，省级财政总的调控能力得以加强。从1983—1995年预算执行情况年年略有结余。

1980—1995年，尽管实行定额上缴和递增上缴的市、县（市）对省级财政上缴数额逐年增长，但由于财政收入总量大，各市、县（市）的留用数额不但没有降低，绝对数反而增长。1985年广州、佛山、江门、湛江、茂名、韶关等6个市上缴省财政23.42亿元，留用22.78亿元。其中广州市上缴17.74亿元，佛山市上缴3.46亿元。实行定额上缴和递增上缴的市地方财政预算执行情况分为两种。经济发达的县预算执行情况一直良好，每年均收支平衡并略有结余；经济欠发达县有的还要省级财政补贴，如广州的从化、增城，佛山的高明，江门的恩平，韶关的始兴、翁源、乳源，茂名的信宜、化州等县。实行补贴的市（地区）也有预算执行情况良好的县（市），如肇庆的高要，清远的连县等。

1981—1985年，在全省预算执行实现财政收支平衡，略有结余的形势下，47个山区县财政仍出现较大困难。1980年，出现38个赤字县，赤字额2 371万元。1981年，全省94个单位结余，25个赤字县赤字额1 610万元。1983年，全省77个预算单位净结余，39个赤字县赤字额4 066万元。1984年，全省净结余16 949万元，11个市县出现赤字2 441万元。1985年，全省115个预算单位净结余26 394万元，12个市县出现赤字1 034万元。上述赤字是在省级财政补贴后仍出现的。

1986年，省级财政补贴县64个，定额补贴30 013万元，当年补贴后还有一个赤字县，累计赤字县9个，对省级财政造成极大压力。1987年5月25日，省财政厅制订《关于帮助财政补贴县实现自给的方案》，规定从1990年起，定额补贴县的定额补贴款逐年递减20%，1997年后全部实行自给，达到收支平衡的县给予平衡奖。随后，翁源、阳山、阳春、高明、封开、云浮、化州、惠阳、惠东、博罗和信宜等11个县与省财政厅签订提前实现财政自给合同书。这些县分别于1989年和1990年实现财政自给。1988年，又有15个县与省财政厅签订合同书。1987年，全省补贴县65个，补贴后仍有9个赤字县，赤字额1 794万元，累计赤字县13个，赤字额2 630万元。在收支平衡的107个预算单位中，有相当部分县是通过压专款、压补贴和企业亏损挂账实现平衡的。

从1988年起，省财政厅改变过去“赤字补助”“赤字借款”的做法，克服“赤字无害”“平衡吃饭”的思想，实行定额补贴后“平衡有奖、赤字不补”的办法。当年补贴县49个，补贴后赤字县3个。1989年，补贴县48个，补贴后赤字县2个；1990年赤字县1个。1991年，部分市、县财政供需矛盾仍然突出，财政支出压力很大，对一些新出台政策性增支措施难以承受。当年补贴县49个，补贴后赤字县1个。1988—1991年，有少数县年初预算留赤字，在预算执行中又无法通过增收弥补赤字，省级财政也不给予补贴，年终为得到平衡奖而勉强实现平衡，或“寅吃卯粮”，或挂账（该补不补、该拨不拨），结果财政年年在困境中穷于应付，财政工作十分被动。有的县只能保证个人经费和必需的办公费用，无法兑现调整工资款，有的甚至靠借钱发工资。部分县级财政困难成为突出问题。

1991年12月23日，省财政厅制订《财政补贴县分期分批实现自给方案》，该方案将36个收不抵支财政补贴县分为预期到1995年、1997年和2000年3批实现财政自给，从1992年起由省财政按定额补贴款的4倍借给无息预算促产周转金，专项用于支持补贴县发展经济，培植财源，增加财政收入。至1995年，财政补贴县剩下24个。

1995年10月19日，省政府颁布《广东省地方预算执行情况审计监督实施办法》，规定县及县以上政府审计机关，负责对本级地方预算和下级政府地方预算执行情况依法进行审计监督。

1996年起，全省不分档次、统一比例实行“分税分成”之后，对财政收不抵支的市、县特别是山区县，根据省级财政状况给予相应的补助。据此，1996年4月5日，省财政厅制订《广东省财政转移支付实施方案》（见第二章第一节）。10月15日，省财政厅制定《广东省财政预算收支平衡奖励办法》，对实现当年收支平衡的29个山区困难县，一次性奖励100万元；对1994年省政府验收通过的13个小康县奖励50万元；其余37个县奖励80万元。对当年实现收支平衡的地级市和市辖区，分别一次性奖励80万元和30万元。1996—2000年，全省每年收支相抵，收大于支，预算执行情况良好。但少部分县仍没有摆脱财政困境，

1979—2000年广东省地方财政预算执行平衡表

表6-1-1　　　　单位：万元

年度	收入部分						支出部分						
	合　计	地方财政收入	中央补助与结算收入	上年结余	兑付国库券有价证券和国债转贷等收入及结余	调入其他资金	合　计	地方财政支出	上解中央支出	增设预算周转金支出	购买国库券有价证券、国债安排支出和结余以及其他支出等	调出资金	年终滚存结余
1979	425 131	362 461	14 789	42 676	—	5 205	425 131	298 798	96 468	186	105	—	29 574
1980	419 275	377 910	6 745	29 574	—	5 046	419 275	270 382	108 631	2 563	99	—	37 600
1981	480 469	410 138	12 227	37 600	4 700	15 804	480 469	296 007	148 855	956	3 544	—	31 107
1982	522 127	424 985	40 704	31 107	3 000	22 331	522 127	335 028	141 850	446	3 000	—	41 803
1983	549 791	446 189	45 808	41 803	5 000	10 991	549 791	376 452	100 068	3 204	3 000	—	67 067
1984	662 275	495 969	78 403	67 067	4 900	15 936	662 275	475 238	108 117	1 063	11 673	—	66 184
1985	887 107	697 300	109 547	66 184	2 000	12 076	887 107	671 666	112 020	7 335	2 163	—	93 923
1986	1 113 085	824 108	177 058	93 923	142	17 854	1 113 085	895 464	93 690	3 916	1 128	—	118 887
1987	1 307 319	958 828	199 935	118 887	124	29 545	1 307 319	965 903	176 298	7 130	1 950	—	156 038
1988	1 602 500	1 075 703	327 806	154 127	1 098	43 766	1 602 500	1 151 999	248 859	7 072	3 361	3 850	187 359
1989	1 942 374	1 368 739	325 889	187 359	398	59 989	1 942 374	1 411 647	258 691	38 356	4 962	1 123	227 595
1990	1 968 763	1 310 178	384 098	227 595	610	46 282	1 968 763	1 506 874	234 189	14 147	10 525	654	202 374
1991	2 283 667	1 773 502	238 783	202 374	98	68 910	2 283 667	1 708 206	314 570	6 215	2 580	273	251 823
1992	2 875 967	2 226 431	262 972	251 823	853	133 888	2 875 967	2 196 108	376 065	10 014	6 980	—	286 800
1993	4 153 868	3 465 598	223 005	286 800	62	178 403	4 153 868	3 312 698	413 446	32 176	980	—	394 568
1994	5 280 837	2 987 049	1 776 638	394 568	603	121 979	5 280 837	4 168 280	280 296	44 757	—	—	787 504
1995	6 682 961	3 823 449	1 918 359	787 504	99	153 550	6 682 961	5 256 255	349 817	65 891	—	—	1 010 998
1996	7 706 266	4 794 470	1 764 050	1 010 998	5 016	131 732	7 706 266	6 012 263	287 060	96 297	19	—	1 310 627
1997	8 690 418	5 439 453	1 810 305	1 283 330	88	157 242	8 690 418	6 826 619	287 155	62 462	200	—	1 513 982
1998	10 197 684	6 407 547	1 963 526	1 549 135	159 921	117 555	10 197 684	8 256 147	290 880	46 793	159 921	2 036	1 441 907
1999	11 842 591	7 661 882	2 085 604	1 441 907	348 799	304 399	11 842 591	9 658 990	296 369	37 520	348 799	13 739	1 487 174
2000	13 347 182	9 105 560	2 292 698	1 487 174	364 046	97 704	13 347 182	10 803 189	365 596	49 443	364 046	23 840	1 741 068

说明：1. 1988年上年结余数比1987年年终滚存结余数少，是1988年海南建省，剔除原海南行政区、自治州1987年年终滚存结余；1997年上年结余数比1996年滚存结余少，是有些项目转为基金收入，结余数随之转移；1998年上年结余数比1997年滚存结余数多，是有些原预算外收入的项目纳入地方财政预算收入，结余数随之转入地方财政收入结余

2. 上解中央支出包括1981年、1982年和1987年借给中央财政的款项，后改为上解基数

3. 增设预算周转金项目，1989年和1990年包括增设财政专项周转金

4. 其他支出为县办工业超亏县负担部分、拨付化纤棉织品等商品调价库存损失专项资金、外贸补亏和贷款给衡广铁路复线

5. 年终滚存结余=结转下年度的支出+净结余

1999年，全省19个财政困难县拖欠应发公职人员工资5.92亿元。

三、财政决算

广东的年度决算编制和审批程序与年度预算的编报和审批程序基本一致。各级财政部门、各级单位预算机关按照中央规定的财政体制和当年财政部年度决算编报的规定，于年度终了后自下而上逐级编报的。具体为：每年第四季度，财政部发出关于财政决算编审工作的通知，就编制决算草案的原则、要求、方法和报送期限作出规定。省财政厅接到通知后，结合广东的具体情况再作补充规定，并向各市（地区）财政局（处）发出关于财政决算编审工作的通知，向省直单位发出编报省级行政事业单位决算的通知，同时制定《省与各市财政专项结算事项及其结算办法》。翌年的第一季度，各市各级财政部门自下而上汇总到各市（地区）；省财政厅根据各市（地区）、省直各单位的决算情况，调整汇总成全省的财政决算，经省政府审定后，报省人大常委会审查，并报财政部批复。

省财政厅根据各市财政决算作出相应调整，主要有：强化税收征管，按政策、按权限严控税收减免；抓财政收支清理工作；清理省与各市企事业单位划转后的财务划转结算；对预算内、外资金统筹安排，统一平衡；控制结转下年度支出项目；严肃财经纪律，审查单位财务；清理补缴的收入，列入当年决算；严格控制赤字，对各市、县下达赤字限额；按当时的财政体制，各市、县的结余全部留归地方使用；对经过努力增收节支仍无法实现财政收支平衡的县、市，省给予适当补助；对多年平衡工作做得好的，给予适当奖励。省从省财政结余中给各地增设部分预算周转金，并列入各地当年决算补助收入和增设预算周转金。各市经过调整后，再由省财政厅进行批复。

1979年，全省财政收入短收严重，省财政厅批复各地决算规定：各地对1979年违反财政纪律的收入，原则上必须收回50%，并相应增大有关地区当年的收入决算数；由于短收影响地方的收入部分，按中央对广东补助70%的原则，由省给予70%的补助；对个别在自求平衡方面做了不少工作，没有超支，但困难仍然较大的县，省给予适当照顾。

1983年后，广东行政区划进行变动和调整，省对分并和划入、划出的地区的年终清理、结算及决算的编报等问题作出具体规定。

1993年，为配合1994年实行分税制，省财政厅按照财政部关于清理核实1993年以前财政收支的通知要求，结合年终决算编审工作，采取多种形式进行检查和监督，全省共补缴应缴收入1.02亿元，补缴欠中央收入1.18亿元，剔除不应列当年财政收入的产品税、营业税、工商税等收入共1.59亿元，剔除不应列当年财政支出2.93亿元。

1996年11月，省政府印发《关于认真贯彻执行国务院〈关于加强预算外资金管理的决定〉的通知》，将13项政府性基金和附加纳入预算管理。当年，广东年终决算仍按预算外资金的办法编报决算，结余额转入1997年预算管理。从1997年起，纳入预算管理的政府性基金和附加单独编制决算报表。

第二节　基金和预算外资金

一、社会保险基金

（一）收支规模

中华人民共和国成立后，国家建立企业职工的养老保险制度，国营企业和集体企业职工的离退休金和工伤医疗、生活费等，一直由企业负责和发放。

1984年，广东首先试行全民所有制单位退休基金统筹办法；1991年6月起，广东逐步建立起基本养老保险与企业补充养老保险和职工个人储蓄性养老保险相结合的制度，改变养老金完全由国家和企业统包的制度，实行国家、企业、个人三方共同负担的新体制。基本养老保险费费率包括单位缴费率和个人缴费率。单位缴费率由社会保险部门会同财政部门测定，经上级社会保险部门审核后报同级政府批准执行；个人缴费率由省政府根据职工工资收入水平和个人账户积累的情况决定。1994年，广东社会保险制度基本建立。

1986年9月起，广东实施国营企业职工待业保险制度；1996年7月1日起，将职工待业保险范围扩充至所有的企业、企业化管理的事业单位和个体经济组织，并完善职工失业保险制度。失业保险缴费费率包括单位缴费率和个人缴费率。农民合同制工人本人不缴纳失业保险费。

1991年4月起，广东实行企业单位职工社会工伤保险制度。工伤保险费全部由单位负担，工伤保险费率实行差别费率和浮动费率。

1992年5月起，实行企业、事业单位女职工生育保险制度。生育保险费全部由单位负担。

1996年7月，珠海市最先试行城镇职工基本医疗保障制度。1998年后，全省各地先后实行城镇职工基本医疗保障制度。基本医疗保险费包括单位缴费率和个人缴费率。

职工离退休基本养老待遇享受标准根据国务院的精神，省劳动部门与省财政厅测定后，报省政府批准执行。有的市结合本市的具体情况，相应制定本市的标准。

1995年实行社会保障资金归口管理以及1998年社会保险基金实行财政专户管理后，财政部门才逐步接管社会保险基金。

2000年1月1日起，广东的基本养老保险费、失业保险费、基本医疗保险费、工伤保险费和女工生育保险费（简称“五项保险”）统一由地方税务机关征收。当年，全省地税部门共征收社会保险费149.5亿元。其中：基本养老保险费123.1亿元；失业保险费10.7亿元；基本医疗保险费9.3亿元；工伤保险费4.9亿元；女工生育保险费1.5亿元。

至2000年年底，全省基本养老保险基金滚存结余178.35亿元，失业保险基金滚存结余16.73亿元，基本医疗保险基金滚存结余24.13亿元，工伤保险基金滚存结余23.02亿元，女工生育保险基金滚存结余2.35亿元。

1995—2000年广东省社会保险基金收入统计表

表6-2-1

年度	基本养老保险基金			失业保险基金		基本医疗保险基金		工伤保险基金		女工生育保险基金	
	基金收入（亿元）	参保人数（万人）	人均缴费（元/月）	基金收入（亿元）	参保人数（万人）	基金收入（亿元）	参保人数（万人）	基金收入（亿元）	参保人数（万人）	基金收入（亿元）	参保人数（万人）
1995	58.84	471.60	—	2.29	440.35	—	—	—	—	—	—
1996	66.85	566.40	—	2.87	419.40	—	—	4.44	554.52	0.78	160.05
1997	76.69	573.90	—	3.08	457.10	—	—	5.20	581.55	0.98	182.46
1998	92.29	622.70	—	4.41	468.00	0.76	6.80	6.60	597.97	1.21	194.01
1999	104.99	541.60	140.20	7.96	492.60	10.95	108.20	6.51	637.75	1.25	191.73
2000	156.87	874.07	145.90	12.45	748.74	19.51	300.27	12.54	869.45	1.62	226.67
累计	556.53	—	—	33.06	—	31.22	—	35.29	—	5.84	—

说明：基金收入除缴费收入之外，还包括财政补贴、营运增值收入和利息收入等；参保人数为期末累计数

1995—2000年广东省社会保险基金支出统计表

表6-2-2

年度	基本养老保险基金			失业保险基金支出（亿元）	基本医疗保险基金支出（亿元）	工伤保险基金支出（亿元）	女工生育保险基金支出（亿元）
	基金支出（亿元）	离退休人数（万人）	人均待遇（元/月）				
1995	43.10	110.60	—	0.77	—	—	—
1996	51.79	113.40	—	1.87	—	1.86	0.52
1997	56.64	121.10	—	2.09	—	2.80	0.62
1998	67.56	137.90	—	3.03	0.65	2.95	0.78
1999	93.53	139.20	518.30	4.62	4.72	5.73	0.85
2000	106.68	165.84	515.70	7.42	8.67	5.32	1.06
累计	419.30	—	—	19.80	14.04	18.66	3.83

说明：离退休人数为期末累计数

（二）管理

1998年以前，社会保险基金采用预算外资金管理的办法，最初由社会保险经办机构按照国务院的有关规定进行征收和管理。单位和职工按月缴纳养老保险费、职工失业保险费、工伤保险费和女职工生育保险费。单位缴纳的保险费，由开户银行按所在地社会保险事业局（社会保险管理局）按月开具的托收单以工资同等顺序向单位扣缴，转入社会保险事业局在银行开设的养老保险基金账户，实行专项储存，专款专用；职工个人缴纳的养老保险费由所在单位在职工工资中代扣缴。医疗保险费采用同样的征集办法，不过是转入医疗保险局。筹集的养老保险费和医疗保险费分为社会统筹和小部分存入个人账户两部分。失业保险基金以市、县（市）为核算单位，省、市适量调节使用。各市按收缴基金总额的10%提取调剂金，其中70%留本市在市属各县（市）间调剂使用，30%缴省，在各市之间调剂使用。社会保险事业局按所征收社会保险基金总额的2%～5%提取管理费，具体比例由参

保的人数和总额确定，经省社会保险事业局和当地政府批准。

有些政府和政府部门挪用社会保险基金，用于平衡财政，投资房地产，直接投资或委托放贷、兴办经济实体，公款私存或存入非银行机构，借用逾期不归还。1995年起，国务院、财政部和省政府三令五申，各项社会保险基金采取“收支两条线”管理，正常收付与营运增值相分离的管理原则。各级社会保险事业局负责本级社会保险基金的正常收付管理；结存（包括历年滚存结余）的基金除留足2个月的周转金外，全部实行财政专户储存管理。各级社会保险事业局按月将实际结存基金转入同级财政专户，财政部门对存入财政专户的社会保险基金单独设账，专人管理，专项管理，专款专用，不得用于平衡财政预算。

滚存基金用于营运增值，只可用于银行存款和购买国家特种定向债券及其他种类的政府债券；不得用于项目直接投资，从事股票、期货交易；社会养老保险基金中的个人养老专户基金经省、市社会保险委员会批准，用于委托银行、金融投资机构非指定项目放款（简称“委托运用”），省的运用计划由省财政厅执行，市的运用计划和县的委托运用计划由市财政局执行。财政、审计部门依法监督，确保基金的安全。社会保险基金历年滚存结余不敷支出、仍有缺口的，由地方财政给予适当补助。

1997年1月1日起，广东执行财政部颁布的《企业职工养老保险基金财务制度》《企业职工失业保险基金财务制度》《职工医疗保险基金财务管理制度》《社会保险经办机构财务管理办法》。

1998年7月1日起，广东执行经省政府批准的，由省财政厅、省社会保险管理局、省劳动厅、人行省分行和省地税局等5个部门制定的《广东省社会保险基金实行“收支两条线”管理暂行办法》。基本养老保险基金、失业保险基金、工伤保险基金、女工生育保险基金纳入单独的社会保障基金财政专户，实行“收支两条线”管理。医疗保险基金实行预算管理。同时从7月起，社会保险管理局人员经费、公用经费和专项经费，不再从社会保险基金中提取，列入财政预算安排，由同级财政部门根据人事（机构编制）部门核定的编制人数核拨。

1998年12月，省财政厅制定《广东省社会保障基金财政专户财务会计管理办法》，各级财政部门为社会保障基金财政专户的管理机构，各管理机构可在当地国有商业银行或广东发展银行开设一个社会保障基金财政专户，不得多头开户，社会保障基金财政专户按各项保险基金分账核算，并设专人管理专户。至1999年10月，全省除肇庆市外，其余20个市的社会保险基金全部纳入财政专户管理。

1998年后，财政对社会保险基金补助支出，包括专项补助，实行专款专用，规定不得用于平衡财政预算；或与社会保险基金一样，纳入财政专户，实行统一管理，统筹安排，专款专用。

1999年11月15日，省政府印发《关于我省各级社会保险费统一由地方税务机关征收的通知》，决定从2000年1月1日起，广东境内所有企业、国家机关、社会团体以及城镇个体经济组织及其职工应缴纳的五项保险费统一由社会保险经办机构移交地方税务机关，由各级地方税务机关征收；没有单位的自由职业者申请缴纳的五项保险费，也由地方税务机关征收。

2000年1月1日起，广东执行财政部制定的《社会保险基金财政专户管理暂行办法》。税务机关征收的社会保险费，比照税款的双限（限时限额）划解制度，由税务机关分险种及时缴入同级财政部门的社会保险基金财政专户。财政部门在财政和社会保险管理局共同认可的国有商业银行开设社会保险基金财政专户，用于接收由地方税务机关缴入的社会保险费收入，各级社会保险管理局不再设立社会保险基金收入户，但可在经财政部门批准的银行开设异地转入社会保险费收入户，用于暂存异地转入的社会保险费，于月底前缴入同级财政部门，异地转出的社会保险费直接从社会保险基金支出户拨出。财政部门负责社会保险基金财政专户收支核算，负责接收地方税务机关征集的社会保险费，监管社会保险基金征收票据的使用。社会保险费实行统一征收、按险种分账核算。财政部门与社会保险管理局、税务机关以及开户银行建立经常性的对账制度，从此形成财政部门、社会保险管理局和税务机关三方共同对社会保险基金监管。

二、政府性基金

（一）收支规模

政府性基金是依照法律、法规并经有关部门批准设立，凭借行政权力或政府信誉，向单位和个人征收的具有专项用途的资金。设立政府性基金的目的，主要是支持某项特定产业或事业发展。其主要形式包括各种基金、资金、附加和专项收费等。至1995年，广东自身设立以及国家设立在广东征收的、收入归中央财政支配的大小基金有80多项。1997年起，根据国务院1996年7月6日发布的《关于加强预算外资金管理的决定》，将养路费、车辆购置附加费、公路建设基金、铁路建设基金和电力建设基金等13项收入数额较大的政府性基金（附加）以及地方财政部门按国家规定收取的各项税费附加纳入预算管理。其中列入预算管理的车辆购置附加费、铁路建设基金、三峡工程建设基金、民航基础设施建设基金、港口建设费和市话初装费属中央财政收入。

1997年7月7日，财政部、国家税务总局制定《文化事业建设费征收管理暂行办法》；同年11月25日，省政府印发《关于进一步完善文化经济政策的通知》，决定自1997年1月1日起对缴纳娱乐业、广告业营业税的单位和个人征收文化事业建设费。

广东在开征文化事业建设费之前有类似性质的收费，其中包括文化发展专用基金、文化管理费、文化市场管理费、营业性娱乐管理费、游艺性管理费、放映录像管理费等，征收机关为当地文化部门，征收对象是从事饮食业、营业性卡拉OK厅、保龄球、游戏机室等场所。计费依据按营业收入3%或按娱乐管理费经营收入的10%征收。为减轻企业的负担，广东从1998年1月1日起，停征文化事业发展专用资金等类似性质的所有收费项目，同时对1997年度已征收类似性质收费的单位在补征1997年度应征文化事业建设费时给予扣减。

广东对缴纳娱乐业、广告业营业税的单位和个人（含外商投资企业、外国企业和中国港澳台同胞、华侨以及外籍个人）征收文化事业建设费。对娱乐业的范围包括经营歌厅、舞厅、卡拉OK歌舞厅、音乐茶座、台球、高尔夫球、保龄球场等娱乐场所和经营射击、狩猎、跑马、玩游戏机的游艺、游乐活动场所以及上列娱乐场所为顾客进行娱乐活动提供的饮食服务及其他各种服务的业务。广告业的范围包括利用图书、报纸、杂志、广播、电视、电影、幻灯、路牌、招贴、灯箱、橱窗、霓虹灯等形式为介绍商品、经营服务项目、文体节目或通告、声明等事项进行宣传和提供相关服务的业务。广告代理、广告播映业属广告业范围。征收文化事业建设费的计费依据为缴费人应缴纳娱乐业、广告业营业税营业额的3%。

广东征收文化事业建设费由地方税务机关在征收娱乐业、广告业营业税时一并征收。1998年2月，广东决定，经省地税局批准，可指定有关单位为缴纳文化事业建设费的代扣代缴单位，经县及县以上地方税务局批准，基层征收机关可委托有关单位代征代缴文化事业建设费。

文化事业建设费的缴费义务发生时间，为缴费人收讫营业收入款项或者取得索取营业收入款项凭据的当天。缴纳期限，与缴费人缴纳营业税的期限相同。扣缴义务人解缴文化事业建设费的期限，与解缴营业税的期限相同。文化事业建设费的缴纳地点，为缴费人提供娱乐业、广告业劳务的发生地。

广东征收的文化事业建设费主要用于社会主义精神文明建设。征收文化事业建设费对引导和调控广东文化事业的发展，拓宽文化事业资金投入渠道，促进文化事业的健康发展起到很大作用。省属企事业单位缴纳的文化事业建设费，征收后缴入省金库；市、县所属企事业单位缴纳的文化事业建设费，按实征额的70%和30%分别缴入市、县和省金库。文化事业建设费纳入财政预算管理，分别由省、市、县三级建立专项资金。

省级文化事业建设费由省财政厅会同省委宣传部和省精神文明建设委员会办公室管理，用于社会主义精神文明建设，重点对思想道德建设和群众性文明创建活动，组织或者责成有关部门组织的宣传文化事业人才培训和教学设备等方面的经费补助；优秀作品创作建立经费；省级公益性文化事业单位维修购置补助经费；全省山区文化设施建设补助等。市、县的文化事业建设费，由市、县财政局会同市、县党委宣传部和精神文明建设委员会办公室管理，其支出范围由各市、县参照省级文化事业建设费支出范围自行制定。1997—2000年，全省共征收文化事业建设费71 193万元。

1997年起，农村教育费附加纳入政府性基金预算管理；城市教育费附加1998年当年纳入政府基金和附加管理。同年起，地方财政税费附加收入纳入政府性基金预算管理。只有1997年当年纳入政府性基金预算管理的有矿产资源补偿费、排污费、城市水资源费3项。1998年起，地方水利建设基金和新菜地开发基金纳入政府性基金预算管理。2000年起，国有土地使用权有偿使用收入纳入政府性基金预算管理。根据财政部、国土资源部1999年8月颁布的《新增建设用地土地有偿使用费收缴使用管理办法》的精神，省政府决定从2000年起，在全省向经国务院或省政府批准农用地转用、征用土地时，取得出让等有偿使用方式的新增建设用地的市、县政府收取平均土地纯收益，用于耕地开发、信息与监督建设、灾害基本农田垦复等，以平衡耕地的保有量。新增建设用地土地有偿使用费实行中央、省级、市、县4级按3∶2∶1∶4比例分成。

1993年10月1日起，广东省设立政府住房基金，政府住房基金包括各级财政纳入预算用于住房建设、维修和房租补贴的资金；从住房制度改革实施后新增加的房产税；从各级财政拨款给单位所建出租房租金收入中提取；从单位出售由同级财政拨款所建住房回收的资金中提取；县以上承办住房基金存贷款业务的银行利润分成中按规定留作住房基金部分；房管部门出售直管公房回收的资金以及利用政府住房基金经营的收入。各级政府住房基金由同级房改部门负责管理，专款专用。2000年前列预算外资金管理，从2000年起列入政府性基金管理。

1997—2000年，广东纳入预算管理的政府性基金收入4 134 019万元，相当于同期地方财政收入的14.45%，同期预算外资金收入的44.66%。同期，纳入预算管理的政府性基金支出3 881 343万元，相当于同期地方财政支出的10.92%，占同期纳入预算管理的政府性基金收入的93.96%。

1997—2000年广东省政府性基金收入统计表

表6-2-3　　　　单位：万元

项　目	累计	1997年	1998年	1999年	2000年
1. 工业交通部门基金	2 633 159	49 337	635 842	905 359	1 042 621
电力建设基金	245 316	—	152	94 076	151 088
养路费	1 219 588	37 684	361 584	380 030	440 290
公路建设基金	265 396	10 742	67 057	92 511	95 086
下放港口以港养港	2 733	911	911	911	—
邮电附加费	481 532	—	165 111	152 991	163 430
散装水泥专项资金	1 107	—	—	351	756
贴费	417 487	—	41 027	184 489	191 971
2. 商贸部门基金	212	212	—	—	—
3. 文教部门基金	204 643	100 205	26 168	39 639	38 631
农村教育附加费	39 599	4 247	9 065	15 623	10 664
城市教育附加费	93 851	93 849	地方教育费附加		2
文化事业建设费	71 193	2 109	17 103	24 016	27 965
4. 农业部门基金	237 996	—	16 033	91 544	130 419
新菜地开发基金	16 569	—	3 046	5 597	7 926
地方水利建设基金	221 427	—	12 987	85 947	122 493
5. 土地有偿使用	93 521	—	—	—	93 521
国有土地使用权有偿使用	92 109	—	—	—	92 109
新增建设用地土地有偿使用费	1 412	—	—	—	1 412
6. 政府住房基金	3 004	—	—	—	3 004
7. 其他部门基金	50 695	50 695	—	—	—
矿产资源补偿费	285	285	—	—	—
排污费	50 284	50 284	—	—	—
城市水资源费	126	126	—	—	—
8. 地方财政税费附加	910 160	531 932	156 672	105 079	116 477
农业税附加	16 849	4 398	4 410	4 415	3 626
城镇公用事业附加	195 867	48 283	52 981	43 701	50 902
渔业建设附加	8	—	—	—	8
其他附加	697 436	479 251	99 281	56 963	61 941
9. 其他	629	—	618	8	3
合计	4 134 019	732 381	835 333	1 141 629	1 424 676

1997—2000年广东省政府性基金支出统计表

表6-2-4　　　　　　　　　　　　　　　　　　　　　　单位：万元

项　目	累计	1997年	1998年	1999年	2000年
1．工业交通部门基金	2 452 726	45 861	606 241	872 605	928 019
电力建设基金	216 210	—	148	91 034	125 028
养路费	1 140 318	34 250	361 293	352 979	391 796
公路建设基金	253 362	10 700	59 090	93 265	90 307
下放港口以港养港	2 733	911	911	911	—
邮电附加费	449 644	—	145 009	161 894	142 741
散装水泥专项资金	896	—	—	351	545
贴费	389 563	—	39 790	172 171	177 602
2．商贸部门基金	80 677	—	—	18 684	61 993
外贸发展基金	80 104	—	—	18 500	61 604
国家茧丝绸发展风险基金	573		—	184	389
3．文教部门基金	169 305	98 268	13 037	24 726	33 274
农村教育附加费	37 510	5 138	7 630	13 826	10 916
城市教育附加费	91 029	91 029	—	—	—
文化事业建设费	40 766	2 101	5 407	10 900	22 358
4．农业部门基金	197 715	475	5 511	74 689	117 040
新菜地开发基金	9 812	—	138	5 387	4 287
灌溉水源灌排工程补偿费	10	10	—	—	—
地方水利建设基金	187 893	465	5 373	69 302	112 753
5．土地有偿使用	82 104	—	—	—	82 104
城市土地开发建设	81 989	—	—	—	81 989
耕地开发专项	115	—	—	—	115
6．其他部门基金	48 617	48 068	—	130	419
旅游发展基金	549	—	—	130	419
矿产资源补偿费	206	206	—	—	—
排污费	47 730	47 730	—	—	—
城市水资源费	132	132	—	—	—
7．地方财政税费附加	841 578	478 028	142 421	93 864	127 265
基本建设	23 642	23 642	—	—	—
挖潜改造	30	30	—	—	—
城市维护	29 956	29 956	—	—	—
事业行政经费	2 906	2 906	—	—	—
农业税附加	7 799	—	2 796	2 147	2 856
城镇公用事业附加	143 966	—	50 406	40 179	53 381
渔业建设附加	8	—	—	—	8
其他附加	633 271	421 494	89 219	51 538	71 020
8．其他	1 170	—	1 098	32	40
合计	3 873 892	670 700	768 308	1 084 730	1 350 154

（二）管理

1997年前，政府性基金按照预算外资金方式管理。1997年起，广东在加强政府性基金和专项收费的财务管理方面，着重抓好全省交通、公路部门养路费和公路建设基金管理。1997年9月，省财政厅、省交通厅联合制定《广东省公路养路费和公路建设基金纳入财政预算管理实施办法》。该办法明确规定：（1）养路费和公路建设基金的收支纳入省级财政预算管理，由省交通厅集中缴入省金库。摩托车和手扶拖拉机养路费纳入市级财政预算管理。养路费和公路建设基金实行专款专用，不得挪作他用，也不能平衡预算，在预算上单独编列，年终结余转下年度继续使用。（2）省交通厅于每年年末汇总编报下年度养路费和公路建设基金的年度收支计划，分别上报省财政厅和省计委；年度基建计划由省计委审批，工资福利及业务费等支出计划由省财政厅审批，然后由省计委汇总下达一个总年度使用计划。（3）养路费和公路建设基金的征收管理工作，按照《中华人民共和国公路法》《广东省公路养路费征收管理实施细则》《广东省公路建设还贷资金征收实施办法》进行。省交通厅和各级公路局对应缴库的养路费和公路建设基金收入存入省财政厅核准后在国家银行开立待缴款专户，任何单位、部门不得将应缴专户的资金转储蓄存款或混入本单位的经费存款账户，专户的资金每周清缴一次，不得坐支、截留。由省财政厅核定省交通厅3个月的养路费和公路建设基金备用周转金，以保证公路建设、养护的正常开支和抢险救灾急需；各市的养路费备用周转金数额由省交通厅核定。养路费和公路建设基金的支出本着“先收后支”的原则办理。省财政厅根据核定的支出计划和收入入库的进度办理支出的及时拨付。省交通厅按时向省财政厅报送有关养路费和公路建设基金收入、支出情况的报表和文字说明材料。

1998年2月，根据国务院颁布的《水利建设基金筹集和使用管理暂行办法》，省政府制定《广东省实施〈水利建设基金筹集和使用管理暂行办法〉细则》，从1月1日起施行。7月，省财政厅、省计委和省水利厅联合制定《广东省省级水利建设基金预算管理暂行办法》，从1月1日起施行。

同年3月，根据1997年在全省征收文化事业建设费后，为加强文化事业建设费的管理，省财政厅、中共广东省委宣传部、省文明委办公室联合制定《广东省文化事业建设费使用管理办法》。

2000年9月，省财政厅制定《广东省省级政府性基金预算管理办法》，从当月起执行。省级政府性基金的预算编制由省财政厅组织实施。预算的编制由基层会计核算单位编起，由主管部门审核汇总后报省财政厅。省财政厅对预算单位报送的基金预算进行审核，提出部门基金预算的建议数，上报省政府后再上报省人大审批。省级政府性基金遵守“先收后支”的原则；由省级预算单位根据年度基金支出预算、省计委下达的基本建设投资计划以及资金使用进度等向省财政厅申请拨款。省级政府性基金预算执行《中华人民共和国预算法》，省级预算单位按月向省财政厅报送基金预算收支情况表等有关资料，按季报送预算执行情况；省财政厅向省政府和省人大汇报基金预算执行情况。

三、预算外资金

（一）收入

1. 概况

1979—2000年，广东预算外资金收入总额24 845 677万元，相当于地方财政收入的44.02%。其收入的规模、结构及其来源的变化分为3个时期。

1979—1992年，广东预算外资金收入主要由财政部门直接管理的各种税费收入和行政事业单位及其主管部门管理的行政事业性收费，以及国营企业及其主管部门按规定提取或收取的企业基金等收入构成。各级财政部门直接管理的收入主要包括农业税附加、工商税附加和城市公用事业费附加收入以及其他杂项收入。由行政事业单位及其主管部门管理

1979—2000年广东省预算外资金收入统计表

表6-2-5　　单位：万元

年度	合计	财政部门收入	行政事业性收费	国营企业及其主管部门收入	主管部门集中收入	预算外基金和附加收入	乡镇统筹、自筹资金收入	其他收入
1979	182 545	17 200	33 313	132 032	—	—	—	—
1980	207 543	20 214	32 130	155 199	—	—	—	—
1981	271 188	21 654	39 530	210 004	—	—	—	—
1982	290 169	22 263	65 861	202 045	—	—	—	—
1983	317 039	21 772	67 729	227 538	—	—	—	—
1984	368 753	28 366	80 368	260 019	—	—	—	—
1985	453 115	35 262	105 374	312 479	—	—	—	—
1986	510 183	31 926	136 929	341 328	—	—	—	—
1987	662 949	31 700	176 200	455 049	—	—	—	—
1988	889 459	36 733	254 292	598 434	—	—	—	—
1989	951 325	32 019	262 153	657 153	—	—	—	—
1990	1 027 235	42 569	307 821	676 845	—	—	—	—
1991	1 393 958	50 629	416 650	926 679	—	—	—	—
1992	1 593 697	65 325	576 511	951 861	—	—	—	—
1993	861 941	75 410	786 531	—	—	—	—	—
1994	1 218 164	79 707	1 138 457	—	—	—	—	—
1995	1 912 575	117 168	1 795 407	—	—	—	—	—
1996	2 477 557	114 798	2 149 298	—	—	—	213 461	—
1997	1 742 914	—	1 512 216	—	—	—	230 698	—
1998	1 964 841	—	1 106 260	—	43 879	204 537	299 085	311 080
1999	2 430 719	—	1 477 427	—	75 369	198 509	349 528	329 886
2000	3 117 808	—	1 787 181	—	94 470	166 712	548 191	521 254
累计	24 845 677	844 715	14 307 638	6 106 665	213 718	569 758	1 640 963	1 162 220

说明：1979—1984年数据包括原海南行政区和海南黎族苗族自治州

的行政事业性收费收入主要包括养路费收入、房管收入、中小学杂费收入、勤工俭学收入和市场税收的收入分成。国营企业及其主管部门的收入主要包括企业折旧基金、大修理基金、企业基金、新产品试制基金、生产发展基金、职工福利基金、职工奖励基金以及后备基金、调剂基金、固定资产变价收入。十四年间预算外资金收入9 119 158万元，年均递增18.14%，相当于同期地方财政收入的71.51%。

1993—1996年，随着社会主义市场经济体制改革的不断深化，政府对经济的调控职能逐步由过去的直接管理转为以间接管理为主。国家宏观经济管理方式的转变，使预算外资金收入的规模和结构发生变化，1993年实行企业会计制度改革后，国营企业自提、收取的各项企业基金列为所有者权益，不再纳入预算外资金统计范畴，使预算外资金收入所涵盖的资金范围大大缩小。因此，1993年当年全省预算外资金收入比1992年下降45.92%，预算外资金收入相当于地方财政收入的比重由1992年的71.58%下降至1993年的24.87%。但与此同时，行政事业性收费收入增长很快。由行政事业单位及其主管理部门管理的预算外资金收入占90.72%。四年间全省预算外资金收入6 470 237万元，年均递增42.18%，相当于同期地方财政收入的42.93%，比上一时期下降28.58个百分点。

1997—2000年，预算外资金收入规模、结构与1993—1996年相比变化都较大，主要由行政事业性收费、主管部门集中收入、乡镇统筹自筹资金收入等构成。预算外资金收入9 256 282万元，年均递增21.39%，相当于同期地方财政收入的32.35%，比1993—1996年又下降10.58个百分点。

2. 地方财政部门管理的预算外资金

1979—1996年，地方财政部门管理的预算外资金收入844 715万元，占同期预算外资金收入的5.42%。收入的来源各个时期有不同的收入项目，主要是各项附加、集中的企业收入和地方财政部门管理的事业收入。

（1）各项附加收入

农业税附加收入。在征收农业税正税的同时，征收5%的农业税附加。1985年，省财政厅发文，农林特产税允许按正税征收10%的附加，在1987年和1994年两次农业（林）特产税的改革中，规定按正税的10%征收附加。农业税附加和农业（林）特产税附加的收入由县、乡镇财政部门掌握。

工商税收附加收入。1979年继续执行1973年简易税制改革的规定，从工商税和工商统一税收入中按月提取1%的附加收入。1978年1月1日起，有盐税收入的市、地区、县，从盐税收入中提取1%作为地方附加收入。1992年起停止提取工商税和工商统一税附加。

城市公用事业附加收入。1978年，省建委、省财政局发出通知，对符合开征公用事业附加条件的62个县镇，对工业用水、用电征收8%的附加费。

1997年起，农业税附加、城市公用事业附加和其他附加纳入政府性基金收入。

（2）集中的企业收入

预算外企业上缴的收入。1986年以前，被列在预算外的国营企业、事业和基建单位的附属企业收入，企业进行综合利用、多种经营的收入，一律作为财政收入上缴；1985年下半年经过清理整顿，关、停、并、转了一部分预算外企业，同时规定预算外企业凡有赢利者，按章缴纳所得税。

县办工业利润留成。1977年，省财政局决定对县管地方国营工业企业试行利润留成办法，县留成的利润纳入县地方财政。乡镇财政集中乡镇企业利润。

集中企业基本折旧基金。1978年，广东决定除县办工业、农牧企业外，所有国营企业提取的基本折旧基金，50%留给企业，省主管部门和市、地区按企业隶属关系，可在保证留给企业不少于40%的前提下，适当集中不超过10%的基本折旧基金。1985年起，财政部门不再集中企业基本折旧基金。

（3）地方财政部门管理的事业收入

包括房产管理收入，集中集体企业和街道工业的管理费，单位办的招待所、宾馆收入等。此外，还包括其他财政部门管理的杂项收入。

3. 行政事业性收费

行政事业性收费（见第四章第四节）在未纳入地方财政预算收入之前，大部分作为预算外资金管理。

改革开放以后，广东的收费项目越来越多，收费数额也越来越大。1979—2000年全省的收费收入共达14 307 638万元（含教育费附加预算外部分，下同），占同期预算外资金总收入的57.59%，2000年是1979年的53.65倍，年均递增20.88%。收费收入成为广东地方财政预算外收入主要来源。

1979—1995年，养路费收入1 766 561万元；中小学杂费收入421 797万元，中小学勤工俭学收入133 268万元，教育费附加收入101 228万元；市场管理收入228 705万元，集贸市场税收分成收入170 496万元；房管收入32 903万元；政法机关、工商、民政、人事劳动、海关、建设、文化和广播电视、无线电管理委员会、卫生医药、土地管理、森林、交通邮电等部门收入3 420 298万元，占54.50%。

1996年，将公安、工商等收费数额较大的收费项目列入地方财政预算；中小学杂费和中小学勤工俭学收入作为学校财务统一管理。将养路费、公路建设基金等13项数额较大的政府性基金和附加（含专项收费）纳入预算管理。当年各级财政部门对纳入地方财政预算管理和政府性基金管理的收费项目进行清理，将余额转入1997年的上年结余。并从当年起，预算外资金行政事业性收费取消明细科目。

1996—2000年，行政事业性收费收入8 032 382万元，占同期预算外资金收入的68.45%。全省行政事业性收费收入主要集中在交通、城建、教育、卫生、公检法等部门。这些相当可观的财力，在促进广东地方经济建设和社会事业发展，支持一些重点产业和行业的建设发挥重要的作用。

4. 国营企业及其主管部门管理的预算外资金

国营企业及其主管部门管理的预算外资金，包括企业折旧基金、大修理基金、企业基金、生产发展基金、新产品试制基金、后备基金、职工福利基金、职工奖励基金、调剂基金以及固定资产变价收入。1985年，省经委、省财政厅对企业基金重新核定，取消企业基金，生产发展基金、新产品试制基金、后备基金、职工福利基金、职工奖励基金从企业留利中按一定的比例提取，生产发展基金、新产品试制基金、后备基金只能用于发展生产和技术进步。1979—1992年，本项收入6 106 665万元，占同期预算外资金收入的比重较大，达到66.97%，年均递增16.41%。

（1）折旧基金和大修理基金

固定资产折旧分为基本折旧基金和大修理基金，除基本折旧基金部分上缴财政外，根据财务体制部分留给企业，大修理基金全部留给企业。留给企业的部分有些由企业主管部门管理。1979—1992年，该两项收入分别为1 400 941万元和795 383万元，

（2）企业基金

1978年12月，省革命委员会贯彻国务院批转财政部关于国营企业试行企业基金的规定，赢利企业按经济指标完成情况，在不高于工资总额5%内提取企业基金。政策性亏损企业，比照赢利企业提取企业基金。其他亏损企业，全面完成计划的，按3%提取；没有全面完成计划的，少提或不提。计划外亏损企业不提取企业基金。各级企业主管部门，按其直属企业汇总计算，盈亏相抵后的利润，根据行业的不同，可以提取5%～15%的企业基金（详见第九章第一节工交企业财务管理）。1979—1984年，企业基金收入72 509万元。

（3）生产发展基金、新产品试制基金和后备基金

从1979年起，广东根据国务院规定企业留成的增长利润，必须建立生产发展基金和后备基金。从1980年起，对有新产品试制任务的企业，按利润总额的1%～2%（机械工业为3%）提取新产品试制费，作为新产品试制基金。1979—1992年上述3项基金收入分别为984 370万元、59 142万元和108 156万元。

（4）职工福利基金和职工奖励基金

从1979年起，广东根据国务院的规定，企业从留利中按一定的比例提取职工福利基金和职工奖励基金，用于职工福利和奖励职工。1979—1992年，这两项基金分别收入844 860万元和690 514万元。

此外，调剂基金以及固定资产变价收入分别为59 275万元和77 206万元。1993年实行企业会计制度改革，各项企业基金列为所有者权益，不再纳入预算外资金统计范畴。

5. 主管部门集中收入

主管部门集中收入，主要是主管部门按照国家规定从所属企事业单位和社会团体集中的管理费及其他资金收入，不包括从所属企事业单位取得的行政事业性收费和政府性基金。1998—2000年，该项收入213 718万元。

6. 乡镇统筹自筹资金

由乡镇政府组织和管理的统筹自筹资金，1996年起才纳入财政统计报表范围。乡镇统筹资金是乡镇政府为乡镇、村两级办学、计划生育、优抚、民兵训练、修建乡村道路等民办公助事业而向个人筹集的资金；乡镇自筹资金是由乡镇办的企业上缴利润、乡镇事业单位和私营企业上缴的管理费，随农业税征收5%乡镇自筹，乡镇所属物业的租赁收入等。各市、县所属各乡镇收入的范畴也各不相同。1996—2000年，该项收入1 640 963万元。

7. 预算外管理的政府性基金

随着财政管理的逐步规范化，除数额较大的政府性基金纳入预算管理外，列在预算外收入的较小的基金，如散装水泥专项资金、育林基金、粤盐基金等，从1998年起从行政事业性收费中分离出来，仍作为预算外资金管理，此后逐步列为政府性基金管理。1998—2000年，收入规模较小的政府性基金共收入569 758万元。

8. 预算外资金其他收入

预算外资金其他收入是行政事业单位其他未纳入财政预算管理的政府性资金，包括以政府名义获得的捐赠款、有偿使用回收资金中未纳入财政预算管理的部分、财政专户利息收入等。1996—2000年，该项收入1 162 220万元。

（二）支出

1. 概况

1979年，预算外资金支出只统计财政部门掌握的预算外资金，1980—2000年，预算外资金支出22 902 747万元，相当于同期地方财政支出的34.23%，占同期预算外资金收入的91.98%，年均递增13.83%。

1979年7月，中央决定广东在对外经济活动中实行特殊政策和灵活措施，改革先走一步。据此，省委、省政府立足于“发展生产、保障供给”方针，不断加强政府的经济调控职能，以改革促发展。全省各级财政部门在预算外资金运用方面，加大管理力度，坚持“管好、用活”的准则，充分发挥地方财政预算外资金在弥补地方财政预算资金不足，确保预算资金的收支平衡，支持广东社会经济建设事业的积极作用。

1979年，财政部门掌握的预算外资金主要用于基本建设投资，次之用于弥补行政管理和文教科学经费。

1980—1992年，预算外资金主要用于国营企业设备更新改造、大修理费支出、固定资产投资、科技三项费用、弥补盈亏包干不足和弥补流动资金不足以及职工福利；次之投入基本建设、养路费支出以及城市维护建设，补充行政经费、公检法司支出、文教科学事业经费以及行政事业单位人员福利补贴。1982年起，部分预算外资金用于购买国库券；1983年和1989年，国家分别开征国家能源交通重点建设基金和预算调节基金，预算外资金部分用于上缴上述“两金”。这一时期，预算外资金的支出相当于同期地方财政支出的68.87%。

1993年起，企业会计制度改革后，国有企业自提、收取的各项企业基金列为所有者权益，企业的设备更新改造、大修理费支出等由企业自行决定，预算外资金便没有这项开支。预算外资金主要安排于基本建设投资、城市维护支出和补充行政经费、公检法司支出、文教科学事业经费以及行政事业单位人员福利补贴。从1993年起，预算外资金的支出结构由以前投入生产、更新改造和基本建设支出为主，转为行政事业费支出为主。这一时期，预算外资金支出相当于同期地方财政支出的33.14%。

1997年起，随着预算外资金收入的变化，支出也产生变化。13项数额较大的政府性基金纳入财政预算管理，预算外资金收入规模减少，支出也随之减少，支出的范围与1993—1996这一时期基本相同。乡镇统筹自筹资金纳入预算外资金管理，同时就有了这笔开支。这一时期，预算外资金支出相当于同期地方财政支出的23.20%。

2. 基本建设和固定资产投资支出

1984年前，预算外资金用于基本建设和固定资产投资，纳入当地基本建设投资规划，经同级财政部门和建设银行会签。

1979—2000年广东省预算外资金支出统计表

表6-2-6　　　　单位：万元

年度	合计	基本建设和固定资产投资支出	更新改造支出	大修理支出	增补流动资金	福利奖励支出	养路费支出	城市维护支出	行政事业费支出	上缴国家能源交通重点建设基金	上缴国家预算调节基金	乡镇统筹自筹资金支出	其他支出	购买国库券
1979	16 119	13 629	—	—	—	—	—	—	2 047	—	—	—	443	—
1980	203 392	31 105	62 271	16 399	1 791	35 497	13 323	5 143	21 381	—	—	—	16 482	—
1981	265 764	37 149	74 371	19 585	2 139	42 395	15 912	6 142	25 536	—	—	—	19 689	22 846
1982	353 080	52 389	104 881	27 620	3 016	59 787	22 440	8 662	36 012	—	—	—	27 766	10 507
1983	331 136	50 164	69 484	23 233	1 767	71 879	20 993	10 028	19 744	32 459	—	—	21 773	9 612
1984	376 824	44 426	76 311	28 864	1 749	82 567	39 056	20 355	22 437	41 562	—	—	10 960	8 537
1985	441 548	61 470	82 015	30 730	5 645	101 733	41 669	16 783	29 918	45 410	—	—	17 423	8 752
1986	493 543	59 141	90 344	36 894	8 699	104 292	43 800	18 813	47 105	49 440	—	—	25 362	9 653
1987	609 176	58 503	123 214	48 237	15 831	125 511	54 949	26 995	53 462	48 984	—	—	44 221	9 269
1988	799 263	79 419	143 412	57 256	17 683	178 608	72 556	37 506	66 371	52 904	—	—	77 769	15 779
1989	895 495	81 866	146 806	64 438	28 284	193 270	80 054	8 526	78 165	52 008	27 356	—	107 488	27 234
1990	980 160	102 402	162 929	67 724	24 517	177 322	91 303	11 619	98 704	54 493	35 235	—	137 159	16 753
1991	1 251 603	355 509	—	83 906	—	225 344	126 190	19 654	111 478	59 925	39 693	—	229 904	—
1992	1 443 159	428 106	—	96 335	—	238 180	190 526	19 986	142 236	55 165	36 687	—	235 938	—
1993	812 880	115 210	—	—	—	48 150	199 291	39 643	216 348	8 014	5 368	—	180 856	—
1994	1 095 750	249 852	—	—	—	59 935	—	58 593	341 529	7 308	4 739	—	373 794	—
1995	1 817 431	846 728	—	—	—	71 394	—	78 824	422 724	1 173	4 826	—	391 762	—
1996	2 487 003	881 268	—	—	—	—	—	94 572	1 078 847	—	—	34 327	397 989	—
1997	1 552 365	365 495	—	—	—	—	—	—	731 329	—	—	52 387	403 154	—
1998	1 802 441	211 904	—	—	—	—	—	—	970 686	—	—	283 175	336 676	—
1999	2 179 742	261 997	—	—	—	—	—	64 583	1 265 236	—	—	325 022	262 904	—
2000	2 710 992	43 522	—	—	—	—	—	103 825	1 892 756	—	—	407 823	263 066	—
累计	22 918 866	4 431 254	1 136 038	601 221	111 121	1 815 864	1 012 062	650 252	7 674 051	508 845	153 904	1 102 734	3 582 578	138 942

说明：1. 1979—1984年包括海南行政区和海南黎族苗族自治州

2. 1979年的支出只统计财政部门掌握的预算外资金支出，企业和行政事业单位掌握的预算外资金支出没有统计资料

3. 其他支出1980—1985年包括简易建筑费、科技三项费用；1989年和1990年分别包括弥补盈亏包干不足4 747万元和11 930万元；1996年包括挖潜改造支出11 497万元；1997年和1998年分别包括专项支出206 723万元和143 695万元

4. 购买国库券各年数据均为当年数，为反映预算外资金使用内容，将购买国库券支出列出，实际每年决算的国库券数反映在年终滚存结余中

1984年1月1日起，广东控制预算外资金用于基本建设和固定资产投资，用于基本建设投资的，按照基本建设程序办理。首先编制基本建设计划，送交财政部门审核，落实资金有正当确实的来源之后，报同级计划部门审批。属于财政部门管理的预算外资金用于自筹基本建设的，报经批准后，财政部门根据计划部门批准的计划，在部门或单位缴纳的资金中分期划账到开户的建设银行监督拨款。

1984年和1985年，广东某些企业以及省直机关、企业主管部门利用企业自身和挪用企业上缴的生产发展基金、更新改造基金、大修理基金、后备基金，以及航道维护费、公路养路费建综合楼、宿舍，以及用于自筹基本建设投资。1986年4月，省政府决定，从当月起，机关团体、全民所有制（含预算外）企事业单位，用预算外资金安排的新建、扩建、改建的自筹基建项目，投资规模超过300万元或建筑面积超过5 000平方米的非生产建设项目要报计划任务书，经主管部门、财政部门、建设银行批准后，按财务隶属关系，报同级审计部门核实资金来源，审核资金来源的起点为：省直单位建设项目总投资额在100万元以上，市、地区管的项目在50万元以上，县（市、区）管的项目在20万元以上，均须进行审计。

1997年起，预算外资金用于固定资产投资的支出，先报财政部门审核资金来源，再报计划部门立项，纳入投资计划，再由财政部门按计划分期拨付资金。同年起，预算外资金收入部分纳入地方财政预算管理，安排用于基本建设和固定资产投资的数额逐年减少。1979—2000年，广东用预算外资金投入基本建行设和固定资产投资4 431 254万元。

3. 更新改造支出

企业提取的固定资产基本折旧，除按财务制度规定上缴财政部门部分外，留给企业和企业主管部门的折旧基金，用于企业固定资产更新和技术改造。更新和技术改造的范围包括设备更新和房屋建筑物等固定资产的重建；在原有固定资产基础上进行技术改造和技术措施；综合利用原材料，处理“三废”措施；试制新产品措施；劳动安全保护措施；添置零星固定资产等。不得用于新建、扩建附属企业、独立车间等基本建设项目。

1984年5月，省政府批转省财政厅的报告，企业进行技术改造、开发新产品和引进技术设备，可以将更新改造资金，大修理基金、生产发展基金、新产品试制基金、后备基金等项资金统筹使用。1980—1990年，预算外资金用于更新改造支出1 136 038万元，占同期预算外资金支出的19.78%。1991年和1992年列入预算外其他项目支出。1993年7月起，企业提留的各种专项基金纳入所有者权益，不列入预算外资金管理。

4. 大修理费支出

企业固定资产除提取基本折旧外，还提取大修理基金，用于企业的固定资产大修理。1993年7月实行新的企业财务制度后，大修理基金结余转作预提费用，由企业掌握，用于支付企业新发生的修理费用。1980—1992年，大修理费支出601 221万元，占同期预算外资金支出的7.12%。

5. 增补流动资金

1978年起，国家扩大企业自主权，企业可以从自己的积累中提取一定的比例补充流动资金。国拨流动资金与企业自有流动资金之和如果达不到核定的流动资金计划占有额，可以用生产发展基金补充。1991年7月起，企业按规定从留利中提取不少于10%的资金，用于补充流动资金，预算外资金不再安排用于补充企业流动资金。1980—1990年，预算外资金用于增补流动资金111 121万元，占同期预算外资金支出的1.93%。

6. 福利奖励支出

1978年，国家恢复企业奖励制度。1979年起，广东试行企业利润留成办法，留成利润用于建立生产发展基金、职工福利基金和职工奖励基金。职工福利基金和职工奖励基金由企业和企业主管部门掌握，用于职工福利和奖励职工的支出。1980年4月，省财政厅决定，企业提取的职工福利基金，一律不能用于发放奖金，首先用于弥补医药补助金的不足，还有结余的，可用于集体福利开支；职工福利基金和职工奖励基金可用于建职工宿舍。1985年起，按国务院规定发给国营企业职工的各种副食品价格补贴，其中有一部分也在福利费中开支，1993年起全部改列企业成本开支。1993年7月企业实行新的财务制度后，企业奖励基金余额转作流动负债。

1980年起，行政事业单位实行预算包干，单位增收节支部分可以提取一定的比例作为奖励金，奖励金用于集体福利和奖励个人。1997年起，行政事业单位预算外资金实行“收支两条线”管理，1996年对纳入预算管理的预算外资金进行清理结转，行政事业单位不再从预算外资金中列支职工福利费。1980—1995年，预算外资金用于福利奖励支出1 815 864万元，占同期预算外资金支出的14.92%。

7. 养路费支出

养路费收支由省交通厅编列年度收支计划，按规定分别上报省财政厅和省计委。1980—1993年，养路费支出1 012 062万元，占同期养路费收入的95.83%。1997年起，养路费收支纳入政府性基金和附加管理。1996年财政部门与交通部门共同对1994—1996年的养路费支出进行清算，列行政事业费支出。

8. 城市维护支出

预算外城市维护支出资金来源为征收的城市公用事业附加收入、收取的市政公用设施有偿使用收入和城市水资源费收入。1997年起增加国有土地使用权有偿使用收入安排的资金。1980—2000年（其中1997年列政府性基金支出），城市维护支出650 252万元。

9. 行政事业费支出

行政事业费支出包括全额预算单位、差额预算单位和自收自支单位收取的行政事业性收费，按规定用于补充行政事业经费不足的支出；列预算外收入部分，在预算外支出安排使用的教育费附加；未纳入预算管理的政府性基金支出等。1979—2000年，预算外资金安排用于补充行政事业费支出7 674 051万元，占同期预算外资金支出的33.48%，相当于同期地方财政行政事业费支出的24.86%。

10. 上缴国家能源交通重点建设基金

1983年1月1日起，广东按照国务院规定，预算外资金按当年收入的10%征收国家能源交通重点建设基金。1983—1995年，预算外资金用于上缴国家能源交通重点建设基金508 845万元，占同期预算外资金支出的4.48%。

11. 上缴国家国家预算调节基金

1988年9月，省政府决定从当年10月1日起对预算外资金征收专项调节基金，征收对象和费率与征收国家能源交通重点建设基金相同。征集的专项调节基金省财政集中50%，由省财政掌握使用；50%留给上缴的市、县。国务院决定从1989年1月1日起征收国家预算调节基金，广东取消征收专项调节基金，按照国务院规定征收国家预算调节基金。国家预算调节基金的征收对象和费率与征收国家能源交通重点建设基金相同。1989—1995年，预算外资金用于上缴国家预算调节基金153 904万元，占同期预算外资金支出的1.86%。

12. 乡镇统筹自筹资金支出

乡镇统筹自筹资金从1996年贯彻国务院关于预算外资金实行“收支两条线”管理以后，才纳入财政报表统计范围。乡镇统筹自筹资金支出主要用于乡镇的经济建设、事业发展、社会福利、公共设施建设与维护以及弥补地方财政预算财力不足。1996—2000年，乡镇统筹自筹资金支出1 102 734万元，占同期乡镇统筹自筹资金收入的67.21%，占同期预算外资金支出的10.27%。

13. 预算外资金其他支出

预算外资金其他支出不同的年度有不同的支出项目，除一些零碎项目外，主要大的项目有：1980—1985年包括简易建筑费、科技三项费用；1989年和1990年分别包括弥补企业盈亏包干不足4 747万元和11 930万元；1996年包括挖潜改造支出11 497万元；1997年和1998年分别包括专项支出206 723万元和143 695万元。1979—2000年，预算外资金其他支出3 582 578万元，占同期预算外资金支出的15.63%。

14. 购买国库券

1981年起，国家发行国库券，主要向国营企业、集体所有制企业，企业主管部门和地方政府分配发行，属于派购性质，当年广东购买国库券的资金全部安排在预算外资金支出。1989年起，对单位改发行特种国债。1991年起，国库券和特种国债的发行采取承购包销的形式，取消分配任务派购的形式。1981—1990年，广东全省国营企业、集体所有制企业，企业主管部门和财政部门安排预算外资金，用于购买国库券和特种国债共138 942万元。

（三）管理

改革开放以后，广东在全国首先实行简政放权，特别是各部门大办预算外企业。预算外资金来源渠道多、增长快、数额大，而管理与监督工作没有相应跟上，特别是缺乏宏观的计划指导，收支存在不少问题。为此，广东从两方面加强管理：一是加强预算外资金管理；二是整顿预算外企业。

1983年，省财政厅通过调查研究，在总结广州市对预算外资金管理经验的基础上，制定《广东省预算外资金管理实施办法》，经报请省政府批准，于1984年1月1日起施行，并着手对预算外资金进行整顿。凡是地方自行设立的预算外资金收入项目，都要进行清理；属合情合理，确需保留的，要由清理整顿机构（或财政部门）进行审查，报经省政府同意后，向财政部补报批准手续，并切实加强管理；不符合规定的收费，要坚决纠正，未经国务院或其授权的机关批准擅自设立的项目和乱收费要取缔。清理后属合理的项目有四大类70项以及未列入预算管理的其他收入。

根据《广东省预算外资金管理实施办法》，预算外资金全面纳入计划，加强管理，建立报表制度、存款制度和支出拨款制度。重点项目由财政专户储存，按隶属关系分级管理。初步确定的重点项目为养路费、育林基金、房产管理收入、市场管理收入以及全民所有制预算外企业收入等5项。市、地区、县如需扩大由财政专户储存管理范围的，由市、地区、县政府根据当地实际情况决定，报省财政厅备案。

1985年4月，省政府下发清理整顿预算外企业的通知，全面清理整顿预算外企业，先后关、停、并、转700多家预算外企业。1986年以后，各地区又逐步发展一些生产性的企业，如山区县办的小铁矿、小萤（石）矿、小稀土矿和小型的结晶硅厂、钛白粉厂、炼钛厂，沿海地区办的小型"三来一补"和外向型的工厂等，全省预算外企业的结构向比较合理的方面转变。

省政府规定，凡有经营收入的预算外企业，均应照章纳税或上缴利润；区分预算内、外的界限，凡是按规定应纳入财政预算内管理的企业不得划到预算外；所有预算外企业，必须执行《国营企业成本管理条例》，贯彻《中华人民共和国会计法》，建立健全财会制度，定期编制财务收支计划和会计报表，接受财政部门的管理和监督；预算外企业的留利和提留的各项专用基金，除缴纳能源交通重点建设基金之外，都要按照国家的规定用途使用。

1986年7月，省政府颁布《广东省行政事业性收费管理暂行条例》，规定行政事业性收费和项目，除国家明文规定外，必须在全省范围内收取的，由有关业务主管部门提出，经省物价局审查，报省政府审批。行政事业性收费，必须坚持"取之有度、用之得当"的原则。属管理性的，必须有管理的事实；属服务性的，必须有服务行为；属补偿性的，必须有公共设施提供使用。收取行政事业性收费的单位，必须持有物价管理部门核发的广东省行政事业性收费许可证和同级财政部门统一印制的收费票据。行政事业性收入纳入财政管理，设立收费的专项账册。规定上缴的收费款项应按期足额上缴，不得隐瞒、截留、坐支、挪用。允许留用的，按照规定的开支范围使用，并定期向同级财政部门和上级业务主管部门报告收支计划和执行情况。

1986年12月，省政府颁布《广东省预算外资金管理实施办法》，从1987年1月1日起施行。省财政厅与人行省分行、中国工商银行广东省分行（简称"工行省分行"）、中国农业银行广东省分行（简称"农行省分行"）、省建行联合印发《关于预算外资金实行财政专户储存管理有关问题的通知》，对专户储存的有关事宜作若干规定，凡事业、行政单位的预算外资金和1984年施行的《广东省预算外资金管理实施办法》实施前已实行专户储存管理的国营企业及其主管部门的预算外资金一律由财政专户储存管理；各单位在把资金缴入（或转入）财政部门代管预算外资金专户时，到银行领取和填制委托付款凭证，单位用款时，财政部门根据审定的预算外资金用款计划和存款余额，填制委托付款凭证拨款到单位在银行的账户，由单位按计划使用。

经过努力，全省预算外资金专户储存项目和专户储存金额逐年增加。至1990年，专户储存额达到84亿元。通过财政专户储存管理，初步扭转了预算外资金长期游离于财政管理之外的状况，合理引导预算外资金的流向和流量，在一定程度上抑制了固定资产投资和消费基金膨胀。

1991年11月22日，省第七届人民代表大会常务委员会第二十三次会议通过《广东省行政事业性收费管理条例》，对收费项目和收费标准的审批，收费的许可，收费的财务监督和审计，违法违规的处罚等作出规定。行政事业性收费的财务管理监督由各级财政部门实施。

1993年企业会计制度改革后，国有企业自有资金不再作为预算外资金管理，行政事业单位预算外资金成为预算外收入的主要来源，其主要的组成部分为行政事业性收费和政府性基金，相应成为广东预算外资金管理的重点。

根据《广东省行政事业性收费管理条例》，省财政厅制定《广东省行政事业性收费财务管理办法》，经省政府批准，1995年1月起施行。《广东省行政事业性收费财务管理办法》规定，收费单位必须自领取收费许可证之日起15日内，向同级财政部门办理财务注册登记，经财政部门审核符合规定的，给予办理财务注册登记并发给票据领购手册，收费一律使用财政部门统一印制的收费票据。行政事业性收费的收支应根据分级管理原则分别纳入预算管理或财政专户管理。属同级的行政性收费的收入，纳入同级预算管理，收入全额上缴同级国库，所需经费支出由同级财政核拨；未纳入预算管理的行政事业性收费和专项收费收入，纳入财政专户管理，由同级财政部门开立财政专户储存，收入上缴财政专户，支出由收费单位编制用款计划，经财政部门审核后按计划拨付；经同级财政部门批准实行收支计划管理的事业单位由同级财政部门核定收费单位全年的收支计划，按核定的收支计划执行。各行政事业性收费单位必须按不同的收费项目设立账册，及时逐项登记入账，按月向同级财政部门报送收支报表，并按季抄报有关物价部门及其业务主管部门；按规定应上缴国库和财政专户的收入，必须按月结算，于每月终了后5日内，将款项及时上缴；财政拨付和实行计划管理的收费收入，按照规定的开支范围开支。至1995年收费项目684项。

1996年7月起，广东贯彻国务院颁布的《关于加强预算外资金管理的决定》，重新明确预算外资金的概念、范围和性质，强调预算外资金属于财政性资金，不是部门和单位自有资金，必须纳入财政管理，上缴财政专户，实行“收支两条线”管理办法。同时，省政府决定从1997年起将养路费、公路建设基金等13项数额较大的政府性基金和专项收费纳入财政预算管理，控制预算外资金规模。至1996年年底，全省纳入财政专户管理的单位3 251家，专户率达到64.20%。

1998年3月，省财政厅制定《广东省行政事业性收费、政府性基金委托银行代收款的暂行办法》，试行行政事业性收费、政府性基金委托银行代收款的办法，委托银行代收款工作由各级财政部门负责，承办银行按照财政部门的要求组织下属网点收款，将代收资金划入国库或财政专户，按时与财政部门和收费单位对账，建立对账制度及经费的核拨关系；财政部门根据执收单位收费收入的入库情况和单位的收支计划及时核拨业务经费。委托银行代收款的工作采取分步进行的办法，对收费额大，交费集中的先实行，对一些收费零星、分散的仍按原办法委托执收单位代收。

1998年9月，省委、省政府首先加强公、检、法、工商行政管理部门行政事业性收费和罚没收入“收支两条线”管理工作。1999年2月，全面实行行政事业性收费和罚没收入的“收支两条线”管理。部分地区的财政专户管理范围由行政事业性收费、政府性基金项目扩展到部分代行政府职能和具有垄断性的经营服务性收费收入，以及部分由财政负担人员工资和日常开支的事业单位收取的经营服务性项目等。根据建立公共财政框架要求，财政部门推行财政综合预算改革，逐步建立预算内外资金统筹安排使用的财政管理机制。

四、财政票据管理

财政票据分为行政事业性收费票据（简称“收费票据”）和罚没财物票据（简称“罚没票据”）两种。收费票据的种类包括：定额收费收据、证（照）费收据、市场管理费收据、统一收据、管理费收据。罚没票据的种类包括：罚没收据、罚没财物收据、暂时扣留（或冻结）财物收据、定额罚款收据、违反交通（治安、出入境）管理罚款收据、违反治安（出入境）没收财物收据、治安管理当场处罚书、交通管理当场处罚决定书（兼作罚款定额收据）。

1986年前，行政事业性收费票据和罚没款物的票据，由收费单位和执法部门自行印制使用。为统一行政事业性收费的管理，1986年7月，省政府颁布《广东省行政事业性收费管理暂行条例》，省财政厅根据该条例印发《关于我省行政事业性收费票据注册工作的通知》，对各项行政事业性收费票据实行“分级注册，分级印发，分级管理”。属于全省统一规定的养路费、航道养护费、边境管理区通行证费、边防禁区特许通行证费等专用票据，省直单位本身使用的行政事业性收费票据，由省级业务主管部门按照广东省行政事业性收费许可证所规定的收费项目制定格式，送省财政厅办理注册后自行印发使用。属于各市、县收费单位使用的票据，由各收费单位制定格式，报送同级财政部门办理注册后自行印发使用。同年起，罚没款物的票据，一律由各市、县财政部门按省财政厅规定的格式统一印制使用。

1989年1月1日起，行政事业性收费票据实行“统一管理，分级印发”的原则，经物价部门批准收取行政事业性收费的单位，向同级财政部门办理注册登记。各市、县财政局负责本市、县范围内使用的收费票据，按省财政厅统一制定的格式印发；省级单位使用的收费票据由省财政厅负责印发；专用票据由省业务主管部门制定格式、确定印刷数量，根据物价部门核发的收费许可证和省财政厅批回的注册登记表，向省财政厅办理专用收费票据的印制申报，经批准后执行印发。承印收费票据的印刷厂由财政部门和票据主管部门指定，其他单位或个人不得印刷收费票据。收费票据由各收费单位凭同级财政部门批回的注册登记表，根据实际需要向当地财政部门领用，收费单位领用的收费票据由专人负责保管。

1991年4月17日，省财政厅制定《广东省罚没财物收据和行政事业性收费收据管理办法》，从7月1日起实施。该办法规范票据的种类，增加对票据核销的环节，收费单位在每本票据使用完后，交财政部门对罚没或收费项目、标准，填写金额和票据起讫号码，存根等项进行审核。

2000年6月，省财政厅票据监管中心成立初期，除各市财政局自行印发的票据外，省管财政票据有95类共260种，主要供给省直单位及部分省垂直管理单位和省属医院、学校。各市来省财政厅票据监管中心购领的票据主要有：统一收据、人民法院诉讼费收据、车辆管理费收据、残疾人就业保障金收据、水资源费收据、散装水泥专项资金收据、车辆通行费收据等。车辆通行费的收费分省管站和市管站，属于省管的由省公路局领购后分发各市公路局收费站，属于市管的由各市财政局领购后分发各地收费站。

第三节　国库资金管理与政府债务

一、国库资金管理

1979年至1985年6月，广东执行财政部1977年11月第八次修订的《中央金库条例施行细则》。1985年7月起，广东贯彻执行国务院颁布的《中华人民共和国国家金库条例》。该条例规定各级金库由人民银行代理。国库机构按照国家财政管理体制设立，原则上一级财政设立一级国库。中央设立总库；省、自治区、直辖市设立分库；省辖市设立中心支库；县和相当于县的市、区设立支库。支库以下经收处的业务，由专业银行的基层机构代理。国库的职责为：办理各级预算收入的收纳和报解；按照财政体制的规定，办理各级预算收入的留解手续和比例分成的划分手续；根据各级财政部门的拨款凭证，办理各级库款的拨付；为中央和地方机关开设预算存款户、预算外存款户等。执行收入退库制度等。同时，结合财政总预算会计，通过会计科目、会计凭证和会计账簿的设置，以及会计事务处理等一套措施，实施对国库资金的管理。

1979年起，广东仍执行1978年3月省财政局颁发的《广东省国营企业上缴利润的监督办法》，各级财政机关监督国营企业上缴利润。国营企业按规定向各级财政机关报送会计报表，根据企业隶属关系向各级国库缴纳利润。下级财政机关逐月向上级财政机关报告利润收入进度，缴库、退库、欠缴情况和存在问题。1981年起缴纳固定资金和流动资金占用费，按隶属关系就地缴入省库或地方金库。

1980—1993年，广东先后开征各种税种（如烧油特别税、耕地占用税等）和1984年10月的税制改革，以及征收国家能源交通重点建设基金和国家预算调节基金等，均按照中央财政分成、省财政分成和市县分成比例，分别缴入中央金库、省库和市县金库，市县金库上缴办法由各市自行决定。

1988年，广东实行企业承包利润全额上缴财政，超承包目标多得利润由财政部门退库归还企业。承包企业收入退库按企业隶属关系，分财政预算级次办理退库。

1989年8月1日，省政府办公厅发出通知，各银行省级分行、保险公司省级分公司、省级其他金融营业税及省级企业批发营业税，由省税务局直属分局征管，按规定缴入省金库。1990年中央驻穗18家外贸专业公司下放广东，财务上与省财政挂钩，批发营业税委托广州市税务局征收，税款缴入省级金库。

1993年12月24日，省财政厅、省人行、省税务局联合转发财政部、中国人民银行、国家税务总局《关于实行分税制财政体制后有关预算管理问题的暂行规定》，从1994年1月1日起，属于中央财政固定收入和中央与地方共享收入，由国税系统征收。固定收入缴入中央金库，共享收入按分享比例同时分别划入中央金库和地方金库。省财政厅、省人行、省税务局同时补充规定，下放广东的耕地占用税采用年终清算汇缴，城镇土地使用税按分享比例分别缴入省金库和市县金库。

1994年6月20日，省财政厅、人行省分行、省税务局规定，符合财政部、国家税务总局、中国人民银行规定“先征后退”的税款，民政福利企业、校办工厂和外商投资企业由税务部门办理；属于省级财政收入的，由省财政厅批准，从省金库退库；属于市县固定收入的，由市县自行制定办法。

1995年12月29日，省财政厅、人行省分行、省国税局、省地税局联合印发《关于实行广东省分税制财政管理体制后有关预算管理问题的通知》，针对从1996年1月1日起省对市县实行完全分税制的财政管理体制后，预算收入缴库问题作出规定：属于省级固定收入，税务部门征收后就地缴入省金库后，逐级上划省金库；属于省与市县共享收入，税务部门征收后按省级40%，市县级60%，分别就地缴入省金库和市县金库，属于省级收入再逐级上划省金库；属于市县固定收入，税务部门征收后缴入市县金库。此规定从1996年1月1日起执行。

1996年4月3日，省财政厅、人行省分行制定《广东省地方财政预算收入退库管理办法》。该办法规定：按照预算办理的国有企业亏损补贴；企业按规定预缴预算收入，经年终汇算清缴或结算对超缴部分；由于调整税（费）率需要退还多缴预算收入的；改变企业隶属关系办理财务结算的；由于工作疏忽，发生技术性差错，错缴、多缴预算收入的；1993年7月1日后国务院、财政部、省委、省政府、省财政厅明确规定有效办理退库事项和列支返还的文件的，才可以办理预算收入退库。中央预算收入退库，从中央国库库款中退付；中央与广东地方共享收入退库，按入库比例分别从中央国库和地方国库库款中退付，由财政部或财政部授权的机构审核批准。省级固定收入，从省国库库款中退付；省与市县共享收入的退库，按入库比例分别从省国库和市县国库库款退库，由省财政厅审核批准。市县固定收入的退库，从市县国库库款退库，由市县财政局审核批准。

1998年，广东在省直行政事业单位实行大宗物品政府采购；2000年，广东实行国家公务员工资和行政事业单位离退休人员离退休金由银行统一发放，开始实行国库集中支付改革。

二、国家债券

（一）概况

1981年起，国务院决定向全国企事业单位、机关、团体、部队和个人发行国库券。1989年起，国务院决定将对个人发行的国债仍为国库券，对集体发行的改为特种国债，特种国债发行的对象是：经济条件较好的全民所有制企业，集体所有制企业、私营企业、金融机构、企业主管部门、事业单位和社会团体；全民所有制企业职工退休养老基金管理机构、待业保险基金管理机构、交通部车辆购置附加费管理机构。1989年，为整治已经出现的通货膨胀，实施国家治理整顿和深化改革的方针，缓解国家财政困难，国务院决定发行保值公债和特种国债。发行对象为：城乡职工、居民、个体工商业户、各种基金会组织、保险公司及有条件的某些公司；期限为三年，利率随人民银行规定的三年定期储蓄存款利率浮动，加保值贴补率，外加一个百分点。保值公债只发行了一年。

国债的发行，开始全部由财政部门发行，采取层层下达任务，进行派购。广东在接到财政部分配的任务后，将任务下达给省直和各地市，单位购买任务，按隶属关系，由各级主管部门分配下达；个人购买任务，由当地政府统一分配。

1991年，广东在国债发行过程中，采取分配任务和承购包销相结合的形式进行。即行政分配任务推销一部分，金融机构承购包销一部分。广州、深圳等地大部分由银行承购包销，省财政厅与广东证券公司等金融机构签订包销国库券1.1亿元的协议，探索国债发行的新路子。1992年，改革靠行政手段分配任务的做法，全面推行国债发行承购包销办法。至年底，按期完成全省全年的发行任务。至2000年，广东一直采用由金融机构承购包销办法发行国债，不再层层下达任务。

国债的期限有三年期、五年期。国债的利率，不同年度发行的各有不同，对单位和个人发行的，也有区别，但总体上高于同期限的银行定期存款利率。

广东的国债发行工作，至2000年，除1982年没有完成任务外，其余各年均超额完成任务。

1979—2000年广东省国家债券销售情况统计表

表6-3-1

年度	国库券			特种国债			保值公债			特种定向债券销售（万元）
	任务（万元）	销售（万元）	超额（%）	任务（万元）	销售（万元）	超额（%）	任务（万元）	销售（万元）	超额（%）	
1981	18 000	22 846	27	—	—	—	—	—	—	—
1982	23 040	22 828	-1	—	—	—	—	—	—	—
1983	21 540	23 704	10	—	—	—	—	—	—	—
1984	22 201	23 012	4	—	—	—	—	—	—	—
1985	31 397	33 664	7	—	—	—	—	—	—	—
1986	32 833	34 797	6	—	—	—	—	—	—	—
1987	32 830	34 746	6	—	—	—	—	—	—	—
1988	51 170	53 635	5	—	—	—	—	—	—	—
1989	36 293	38 213	5	30 191	29 823	-1	8 700	88 270	1	—
1990	36 680	39 974	9	26 306	29 569	12	—	—	—	—
1991	53 650	83 361	55	14 940	15 340	3	—	—	—	—
1992	162 000	162 000	—	—	—	—	—	—	—	—
1993	225 400	225 783	—	—	—	—	—	—	—	—
1994	789 400	789 502	—	—	—	—	—	—	—	1 900
1995	889 711	889 711	—	—	—	—	—	—	—	22 500
1996	—	236 490	—	—	—	—	—	—	—	36 200
1997	—	1 151 472	—	—	—	—	—	—	—	32 000
1998	—	2 064 170	—	—	—	—	—	—	—	128 000
1999	—	1 397 160	—	—	—	—	—	—	—	105 290
2000	—	1 020 725	—	—	—	—	—	—	—	64 200

（二）兑付和流通

1981—1984年发行的国库券，还本付息是自发行后的第六年起，分五年作5次偿还，十年还清。国库券不得当作货币流通，不到还本期不得提前兑付，不得自由买卖。1985年起发行的国库券，还本付息期由原来六至十年缩短为五年，即自发行后第六年一次偿还本息。同时，单位购买的，可用国库券作抵押，获得抵押贷款；个人购买的，可以在银行贴现。1988年起发行的国库券，还本付息期由原来的五年缩短为三年，同时还规定，国库券可转让，但不得作为货币流通，可以在银行抵押贷款。

1988年4月21日，全国第一批国库券转让市场试点工作在7个城市进行，广东的广州、深圳名列其中。6月，经人行省分行和省财政厅商议，并报中国人民银行总行和财政部批准，广东省在江门、珠海、汕头、湛江、佛山、惠州、东莞、中山等8个城市试办国库券转让业务。同时，省财政厅开办广东财务发展公司和江门信托投资公司两家国库券转让中介机构。1990年，广东财政部门在部分市、县试办国债服务部18个。1991年，经财政部批准，全省19个国债服务部均开办国债流通转让业务。1993年，新批准 8 个市、县（区）成立国债服务部，全省国债服务部增加到38个。

1996年，省财政厅组织落实全省国债服务部回购业务债务的清理和代保管凭证使用情况的检查工作。1997年，广东贯彻全国财政中介机构国债回购债务清欠会议和中国人民银行、财政部《关于清理规范财政证券机构的通知》精神，省财政厅组织各市对所属国债服务部经营业务进行检查，提出整改意见，督促有关国债服务部落实清欠措施，及时将有关情况上报财政部。1998年，财政部财政信用、国债中介机构清理整顿工作检查组到广东，检查广东国债服务部清理整顿、回购债务清欠等工作。2000年，省财政厅根据国务院办公厅转发财政部《整顿财政国债中介机构方案》和广东的工作实际提出贯彻落实意见，制定《财政国债中介机构整顿方案》，经省政府审批后上报财政部，并发出《关于财政国债中介机构整顿工作有关事项的通知》，向有关市、县、区提出做好这项工作的具体要求。

（三）使用

国债所筹集的资金，由国务院根据国民经济发展和综合平衡的需要，统一安排使用。为鼓励各地的国债发行工作，如果连年超额完成认购任务，中央财政允许地方在国债超购部分中按一定比例向中央财政借款。广东国库券超购部分共向中央借款1.49亿元，主要用于建设衡广复线广东段、沙角电厂以及平衡省级预算。

1998年，中共中央、国务院决定实施积极的财政政策，中央财政增发国债，用于加大基础设施等方面的投资。1998—2000年，广东共利用国债资金798 320万元（不含深圳市及中央直属粮库项目），其中中央国债补助101 280万元，地方转贷国债697 040万元。广东利用国债对全省农村电网进行改造，建设重点高速公路、国防公路和农村公路，城市基础设施建设，水利设施和水土保持及生态环境建设等（第一期工程2000年完成）。

三、政府外债贷款

广东的政府外债贷款，包括世界银行（简称“世行”）贷款、亚洲开发银行（简称“亚行”）贷款和外国政府贷款。

（一）利用贷款项目

1982—2000年，广东共引入政府外债贷款项目216个，使用贷款额21.1亿美元。贷款投向包括交通城建、通信信息、能源、工业、农业、林业、教育、卫生等领域。其中：交通城建7.34亿美元，通信信息7.19亿美元，能源项目2.24亿美元。

1. 利用世行贷款项目

1982—2000年，广东利用世行贷款项目共有22个。其中：农业和林业项目各3个，交通项目6个，教育和卫生项目9个以及环保项目1个。

（1）农业项目

①广东农业开发项目，1991年12月由财政部转贷省政府，贷款额为7 315万个特别提款权[①]，项目包括海洋捕捞、水产养殖、农业种植、围垦、农产品加工、清远扶贫及机构发展7部分，项目分布于全省16个市，近100个项目执行单位，项目实际使用7 143.4万个特别提款权，并于1999年9月通过世行的竣工评估。②中国种子项目，1985年由农业部转贷省农垦总局，转贷总额为162.5万个特别提款权，主要用于培育和种植甘蔗、水果等，项目贷款期20年。③橡胶发展项目，1984年经农业部转贷省农垦总局，项目实际使用2 309万个特别提款权，主要用于种植橡胶防护林和木材加工厂等。

（2）林业项目

①广东林业发展项目，由省林业厅负责实施。1985年签订转贷协议，转贷金额为1 404.41万个特别提款权，用于营造人工林基地、修建林区公路等。②林业科研推广项目，贷款金额182.1万个特别提款权。③国家造林项目，1990年签约，转贷金额2 088.1万个特别提款权。

（3）交通项目

三港项目、黄埔港新沙项目、广东公路项目、第二国道项目、第二内河航运项目和广州城市中心交通项目，6个项目的签约总额为8.32亿美元。至2000年部分项目已经完工。

（4）教育和卫生项目

地方大学发展项目、电视大学·短期大学项目、中学师资培训项目、教材开发项目、职业技术教育项目、师范教育项目、职业教育改革项目、劳动力市场项目、传染病与地方病控制项目。

（5）环保项目

为船舶废弃物处理，共利用世行贷款165万个特别提款权和全球环保基金赠款331万个特别提款权。至2000年实施完毕。

2. 利用亚行贷款项目

1991—2000年，广东利用亚行贷款项目4个，分别是腰茂铁路项目、英德水泥厂工业节能与环境改善项目、广梅汕铁路项目、广州抽水蓄能电厂项目。

（1）腰茂铁路项目

腰茂铁路为三茂铁路的一部分，腰古至茂名段。项目总提款数为6 750万美元。三茂铁路公司为项目债务人，1994年开始还款。

① 特别提款权（SDR）是国际货币基金组织分配给会员国的一种使用资金的权利。具体价值参照美元、欧元、英镑、日元加权平均值。它的定价包括汇率定价和利率定价。

（2）英德水泥厂工业节能与环境改善项目

英德水泥厂是省级企业，主管部门为省建材工业局。项目于1997年9月建成投产，向亚行提款数为1 876.7万美元。该厂于1997年11月12日向亚行偿还首期本息796 134.46美元之后，就再无偿还能力。至1999年5月14日，累计应偿还的三期本息共计2 117 599.74美元，省政府决定由省财政厅代为垫付到期本息。

（3）广梅汕铁路项目

广梅汕铁路于1991年4月开始动工兴建，至1995年12月全线开始运营货运业务。亚行贷款从1993年1月开始提款，至1997年8月累计提取亚行贷款2亿美元。广梅汕铁路公司为亚行贷款的债务人，从1997年开始对亚行的到期贷款本息还款。1998年9月，广梅汕铁路改组为有限责任公司，铁道部和省地方铁路集团分别持有70%和30%的股权。原来项目中亚行还贷担保责任依然由省政府单独承担，作为持股70%的铁道部未按比例承担还贷担保责任。

（4）广州抽水蓄能电厂项目

广州抽水蓄能电厂是合资企业，广东省电力局拥有54%股份，国家开发投资公司及广东核电投资有限责任公司各占有23%股份。亚行贷款用于第二期工程，贷款额为2亿美元项目贷款和0.63亿美元联合融资贷款。项目从1997年年底开始还款。

3. 利用外国政府贷款项目

1982—2000年，广东利用外国政府贷款项目188宗，累计承诺贷款24.5亿美元，生效协议金额21.9亿美元。

广东利用外国政府贷款主要用于基础设施、市政公共工程、资源开发及企业技术改造等领域。如邮电通信使用贷款7.2亿美元引进电话程控交换机，扩大程控电话装机300多万门；使用法国贷款2亿美元，用于广州抽水蓄能电厂第一期工程；使用日本、芬兰、科威特等国政府贷款1.7亿美元，建设深圳蛇口港、珠海九洲港、惠州港、深圳盐田港及深惠高速公路、深圳机场；使用德国政府和美国政府贷款4.88亿美元，建设广州地铁等。

广东使用的国家政府贷款中，瑞典是提供政府贷款最多的国家，其承诺金额5.87亿美元。其他依次为德国4.38亿美元，日本3.79亿美元，法国2.7亿美元，以及奥地利、西班牙、科威特、美国、加拿大、芬兰、挪威、澳大利亚、比利时、意大利、丹麦、荷兰、瑞士等国和北欧投资银行。

4. 其他国际金融组织贷款项目

1987—2000年，广东利用其他国际金融组织贷款项目有两个，分别是综合淡水养鱼项目和欧洲经济共同体援助奶类项目。

广东综合淡水养鱼项目是利用国际农业发展基金会的优惠贷款，开发四会、高要、鼎湖、惠阳4个县（区）的低洼渍水地，修建2 000公顷鱼塘，发展养鱼业。项目协议于1987年1月21日签订，贷款额为1 015万个特别提款权，项目执行期原为1987—1991年，后延至1993年4月30日。共使用国际农业发展基金会贷款979.33万个特别提款权。

欧洲经济共同体（EEC）援助奶类项目，是中国与欧洲经济共同体于1988年3月签订的。1988年五六月间，农牧渔业部与广州市政府签订《关于执行欧洲经济共同体援助20个城市奶类发展项目的协议》。广州市从1988年起五年内，接受第一期欧洲经济共同体3 600吨脱脂奶粉和1 200吨无水黄油的援助，折合人民币3 493.6万元。国内配套资金4 382.3万元。

（二）管理

1. 机构

1982年，广东开始利用世行贷款，直至1991年，仍没有专门的管理机构统一管理世行贷款项目。由各主管部门成立项目管理办公室，专门负责项目管理。1992年年初，省政府决定将管理广东农业开发项目的省农业利用世行贷款项目办公室由省农委移交省财政厅管理，增挂广东省世界银行贷款业务办公室（简称“省世行办”）的牌子，统一负责广东利用世行贷款。随后，按世行贷款业务的要求，广东部分项目市也相继成立世界银行贷款业务办公室，并统一归口财政部门管理。自此，世行贷款项目的管理工作统一划归财政部门。

1982—1998年，广东利用外国政府贷款由省外经贸委管理，省、市各级外经贸委及相关部门设有相应的职能部门或专人负责利用外国政府贷款的工作。计划部门牵头会同外经贸部门编制贷款项目的规划和计划，负责贷款项目立项和可行性报告的审批。外经贸委和计划部门共同负责对贷款工作的管理。项目单位是借、用、还直接责任单位。1999年5月1日，省财政厅正式接管由省外经贸委管理的外国政府贷款业务，各项目市、县同时开始划转工作。

广东利用亚行贷款工作始于1991年。国家对亚行贷款的管理方式是：地方项目由中国人民银行总行与项目单位直接签订转贷款协议，同时与地方政府签署担保协议。中国人民银行总行直接实施对亚行贷款项目的业务管理，各地方人民银行分行没有介入此项业务。省级地方政府也没有专设的部门统一管理亚行贷款业务。1999年前，广东的亚行贷款项目管理工作处于分散状态。1999年8月，省世行办代表省政府接管亚行贷款管理业务。

从此，世行贷款、亚行贷款和外国政府贷款的管理业务均由财政部门统一管理，统一管理后，原有的政策依照执行。

2. 项目转贷

财政部门没有接管政府外债贷款之前，项目转贷有3种模式。第一种模式，主要由国有商业银行及政策性银行作为国内转贷机构负责转贷业务，项目转贷协议中的还款担保要求和手续，由负责转贷的金融机构具体确定。

第二种模式分为三类。第一类是地方财政作为贷款借款人的项目，由省财政厅向财政部推荐代理银行。财政部认可后委托代理银行办理财务代理业务。代理银行不对项目进行评估。在贷款方批准项目后，由财政部与代理银行签署财务代理委托协议，代理银行代表财政部与省财政厅签署项目的转贷协议，并报财政部备案。第二类是由项目单位选择转贷银行，通过省财政厅对转贷银行确认同意后上报财政部。财政部审核确认后委托转贷银行办理转贷业务。省财政厅向转贷银行提供还款保证，并报财政部备案。转贷银行原则上不对项目进行评估。贷款方批准项目后，转贷银行与项目单位签署转贷协议，并报送财政部和省财政厅备案。项目单位负责向转贷银行偿还贷款，省财政厅履行担保责任，直至偿清全部贷款。对于第一、二类项目，如项目单位和省财政厅未能有效履行还款和担保责任而导致不能按期对外还款时，转贷银行必须予以对外垫付。垫付后，转贷银行将垫付的本息、罚息及按国家规定可收取的有关费用上报财政部，并抄送省财政厅。财政部采取中央财政对地方财政预算扣款后拨付转贷银行。第三类项目是由项目单位推荐转贷银行，转贷银行对项目进行独立评估，根据评估情况自主决定是否转贷。转贷银行对确定转贷的项目承担最终对外还款责任。

第三种模式，省财政厅参与项目贷款的谈判工作，并按要求准备和提供完成协议谈判、签署和生效所需的有关文件。在贷款方批准贷款协议和项目协议之后，财政部与省政府签订转贷协议，省财政厅副署。省内的转贷由省财政厅代表省政府办理转贷，方式主要有两种：一是省财政厅与省级主管部门签订转贷协议，由该部门负责管理和还贷，如公路项目，省财政厅将项目转贷给省交通厅，项目具体由省高速公路公司执行；二是省财政厅与各项目市政府签订转贷协议，各市财政局副署。

在财政部门全面接管政府外债贷款工作后，政府外债贷款管理总的原则是“统一领导，归口管理，分工协作，各司其职”。针对不同项目的特点，实施不同的转贷方式。第一类是侧重于经济效益的项目，省财政厅将项目转贷给行业主管部门，项目单位具体负责项目的实施，省世行办重点管理贷款资金的运用及关键环节、程序操作的合法性，技术性的问题由行业主管部门解决，如交通项目。第二类是侧重于社会效益的项目，省财政厅通过财政系统逐级转贷到市、县财政局，省级行业主管部门对项目的实施逐级进行业务指导和管理，省世行办同时对同级行业主管部门的资金使用情况进行监管，如教育、卫生项目。第三类是综合效益的项目，转贷方式及行业主管部门的作用与第二类相同，不同的是，项目由省世行办直接负责管理和实施，财政部门为这类项目提供一定比例的配套资金，如广东农业开发项目。

3. 招标采购

世界银行和亚洲开发银行贷款的招标采购业务，按世界银行的采购指南和财政部、中国人民银行、国家计委国际招标代理机构委托指南进行。外国政府贷款的招标采购业务，由于各贷款方对贷款使用的要求不同，部分对贷款的采购制定采购规定或守则，采购按不同的要求进行。对于没有具体规定的贷款采购业务，则参照国内有关招标采购法规进行招标采购。1999年前，广东大部分贷款项目的采购工作由广东省机械进出口公司负责；1999年后，按财政部制定招标办法，确定采购代理公司。

4. 资金财务

依据国外金融机构制定的支付手册、审计指南以及财政部的有关规定，省财政厅对每个新项目单独制定财务管理办法和会计核算办法，项目单位依上述管理办法办理项目货物、工程、咨询服务或培训考察的报账支付及进行财务管理和会计核算。省财政厅根据中国政府与国外金融机构签署的贷款协定、项目协定及转贷协议、财务管理和会计核算办法进行专用账户管理和核算。此外，每年年末组织项目单位编制项目会计决算报表，进行项目会计信息质量检查和汇总。

1982年后，广东均按财政部制定的有关规定进行项目债务报表统计、还款付息会计核算工作，加强贷款债务的规范化、制度化管理，加强债务催收力度。1999年7月，财政部颁布《国际金融组织贷款转贷会计制度》，广东据此制度进行会计核算，并建立外债定期报送制度，按季度统计提款、还贷、债务余额、新签约等情况并对下季还款进行预测、分析，还定期举行债务通报会。

5. 债务偿还

世行贷款和亚行贷款由省财政厅承担还贷或担保责任；外国政府贷款项目中除由国家开发银行转贷的项目，1999年后生效的一、二类项目和其他极少数项目由省财政厅承担还贷或担保责任外，其余由商业银行自行还贷。

自从地方政府实行政府外债贷款后，广东执行国家制定一系列债务偿还措施，坚持“谁用款谁还款，谁担保谁负责”的原则，除个别项目经国务院批准同意由国家统借统还外，其余项目均应由用款企业和担保单位负责偿还；或外债转内债；对于产权发生变更的，由兼并或接受转让方继续承担；按中国有关法律规定，借用外国政府贷款或转贷款偿还任务尚未落实的国有工业企业，人民法院不予受理破产申请。

1995年，财政部规定，将地方政府违约拖欠的款项纳入中央地方两级年终财政结算中，实施预算扣款。广东执行财政部规定，省财政厅也对拖欠还贷的项目市实施预算扣款。1997年，广东进入外国政府贷款还贷的第四个高峰年。负责外国政府贷款工作的省外经贸委经省政府批准，首次对由财政、计划部门担保的外国政府贷款逾期不还的市、县，实行财政扣款归还贷款的措施，财政扣款额640.85万美元，其中由中国进出口银行转贷的项目占445万美元；广州市利用专项拨款、易地改造、返还上缴收益等方式解决番禺保健品等项目的长期拖欠问题。

根据1997年国务院第136次常务会议决定，原由外经贸部委托中国技术进出口总公司和中国机械进出口总公司承担转贷的丹麦、芬兰、比利时、荷兰和卢森堡政府贷款项目，移交中国进出口银行。广东的广州啤酒厂、华穗陶粒厂两个项目在移交之列。

1998年8月5日，省政府决定，外债综合管理部门及使用世行、亚行、外国政府贷款等外债的有关单位，必须将外债管理工作纳入日常工作业务范围，指定专门的部门和人员负责，确保在短时间内偿还所拖欠的贷款，防止出现新的拖欠。对进入还本付息期，又确实无能力偿还外国政府贷款的企业，省外经贸委会同财政、金融等部门，帮助企业暂时向国家申请特定贷款的办法解决，将对外债权债务关系转为国内债权债务关系。对仍继续存在拖欠和新发生拖欠的地区，省政府采取财政扣款的措施。对能依期建成投产，按时还本付息的市，省优先安排新的贷款项目。当年，经省财政厅与省外经贸委调查核实，确认11个市拖欠外国政府贷款4 753万美元（折合人民币3.9亿元）；省财政共办理划扣有关市财政返还款3.3亿元，用于偿还外国政府贷款，同时为省财政厅接管外国政府贷款业务打下基础。

1999年起，广东向国际金融组织贷款的项目进入还本高峰期，债务风险日益凸现。2000年，省政府决定从2001年起，广东从省级防范化解金融风险准备金中设立国际金融组织贷款还贷准备金专户，专门用于垫付不能按时还贷的国际金融组织贷款到期债务。

2000年8月29日，财政部对拖欠1995年4月1日以前的中国进出口银行转贷的外国政府贷款项目的垫付款项，一律实行财政扣款；对于1995年4月1日至1999年12月31日期间的外国政府贷款项目，由地方政府担保的，采取财政扣款措施；对于2000年1月1日以后的外国政府贷款项目，按三类项目管理办法，对一、二类项目实行财政扣款。当年，财政部第一次向省财政厅直接扣款1 255万美元。广东对各市的拖欠也采取相应的财政扣款措施，当年应还金额1.05亿美元，财政扣款5 900万美元。

至2000年年底，广东的世行贷款债务余额5.3亿美元，亚行贷款债务余额4.68亿美元，外国政府贷款债务余额为9.13亿美元。

第四节 财政信用

一、财政周转金

广东财政最早是在1980年设立支农周转金，重点扶持农林集体经济、农口企事业单位搞好种植业和养殖业，以及支持乡镇企业，特别是外向型乡镇企业的发展。随后在1982年，为恢复和开展中小学勤工俭学活动，省级财政设置勤工俭学周转金。1983年，为支持经济基础薄弱、财政困难的山区县发展生产，培植财源，增加收入，建立预算促产周转金。1984年，为支持国有工、交、商、粮、物资、文化等企业的技术改造和采用新技术、开发新产品，省级财政设立企业周转金。1985年，为支持一些市、县发挥当地优势，帮助预算外企业进行挖潜改造和发展生产，设立预算外促产周转金。1986年设立文教事业发展周转金，主要目的是培养文教事业单位扩展财源，增加事业单位服务项目，促进文教事业发展。1987年又在全国率先设置科普周转金。

广东的财政周转金，经过发展和积累，种类不断增加，规模不断扩大。根据1999年决算反映，全省周转金本金规模达到135亿元，其中省级70.8亿元，市、县级64.4亿元。省级借出资金规模达到68.1亿元，其中发放给省级企业8.6亿元，借出给下级财政部门59.5亿元。资金主要投向全省各级国有企业、事业单位，主要用于帮助各地解决基础设施建设资金缺口；支持工业、商贸企业解决流动资金困难和粮食企业减亏；扶持各市发展农业生产；帮助文教科卫等事业单位增收创收等。

1995年前，财政周转金虽然制定不少的规章制度，但仍存在很多不完善和不规范的地方，如没有形成统一的管理办法和核算制度等。1995年下半年，广东根据财政部《关于地方财政周转金清理整顿工作若干问题的通知》，对财政周转金进行全面的清理整顿，明确各级财政周转金的管理由财政部门负责，按照“五统一”（统一制度、统一计划、统一开户、统一核算、统一管理）的要求，实行集中管理、集体决策、分工负责、互相监督的办法，建立健全内部监督制约机制；做到公开性强、透明度高、监督约束得力、决策民主科学。控制财政周转金规模，财政周转金本金总额不得超过本级当年预算内可用财力的15%，财政出现赤字的地区和工资发放有困难的地区，原则上不再新增本级财政周转金。财政周转金管理、使用要贯彻国家有关方针政策，遵守财经法规和财经纪律，坚持“拾遗补缺、注重社会效益”的方针和统一政策、分级管理的原则。不得借给私营企业，不得直接或间接用于股票、证券、期货、房地产等投机性项目，不得用于修建楼、堂、馆、所，不得用于计划外基本建设。资金占用费的收取，遵循“低率、优惠”的原则，不同行业实行差别费率；业务费开支总额不得超过当年本级占用费收入的5%；不得用于发放奖金、补贴，不得用于职工福利。财政周转金的发放要通过中国人民银行批准的金融机构以委托放款形式办理；项目的投放管理要责任到人，并建立项目跟踪反馈制度；负责管理财政周转金的人员，必须坚持原则，秉公办事，不得以权谋私等。

省财政厅按照“五统一”的要求，从1996年1月起，财政周转金统一归口省财政厅预算处管理，并相继制定《广东省省级财政周转金管理办法》《广东省省级财政周转金委托贷款管理暂行办法》《广东省省级财政周转金信用评级办法》《广东省省级财政周转金呆账处理实施细则》《广东省省级财政周转金业务费收支管理办法》。做到“控制规模，限定投向，健全制度，加强监督”，并规定财政周转金管理的原则；资金来源、运用及使用期限；占用费、利息及业务费的收取和使用以及周转金的管理和监督等。在《广东省省级财政周转金管理办法》中规定，财政周转金的规模要从严控制，当年周转金（不含占用费及利息转入部分）的增长幅度要低于本级可用财力的增长幅度。周转金本金总额不得超过本级当年预算内可支配财力的15%。超过比例则不得再新增周转金本金（占用费及利息转入除外）；业务费的开支标准和范围要从严掌握，开支总额不得超过当年本级占用费收入的5%；财政周转金的项目必须在进行可行性研究的基础上集体确定；对归还本息较好的市县，可采取年终适当返拨占用费的办法予以奖励；执行统一的会计制度等。经过清理整顿后，广东的财政周转金逐步建立起预算部门与其他业务部门及财政监督部门相互配合、相互制约、相互监督的管理体系。

1998年8月起，广东规定各级财政周转金一律只收不贷；对已到期的财政周转金借款，进行清收；对形成呆账的借款，根据财政周转金呆账核销的有关规定，进行妥善处理。回收的财政周转金一律由财政部门统一安排使用，重点用于弥补历年财政赤字、解决财政挂账、增补预算周转金、安排国有企业下岗职工基本生活保障和再就业以及扶贫、教育等方面。为做好财政周转金的呆账核销工作，省财政厅共组织3次财政周转金呆账的核销工作，转发财政部关于《财政周转金呆账处理规定》，制定《广东省省级财政周转金呆账处理实施细则》以及关于省级财政周转金呆账处理中几个原则性意见等规定。

省财政厅规定财政周转金纳入核销范围为：借款人依法宣告破产，以其财产清偿后未能还清的财政周转金；借款人因遭受重大自然灾害或意外事故等不可抗力的影响，不能获得保险补偿，或在保险补偿、抵押财产变价后，仍无力归还的全部或部分财政周转金；受国家宏观经济政策调整等因素的影响，逾期未还须专案报经批准处理的财政周转金。未指定项目的或指定项目未按指定项目使用的不能给予核销。核销程序为：首先由财政厅各有关业务处组织财政周转金呆账核销材料的上报、初审，然后由预算处负责复核，最后报财政厅办公会议集体审定后批准核销。核销的方式可分为冲销财政周转金基金、转作国家资本金、转作投资或基金、借改拨等。

1998年，省财政厅组织第一次呆账的核销工作，申请核销总额16 496.02万元。经过审核并组织专门的工作组进行实地核实后，共核销16 087.85万元。其中：破产类2 177.66万元，自然灾害类1 223.82万元，宏观调控类12 686.37万元。核销的处理方式为：直接冲销基金8 945.19万元，转作投资或资本金5 385.26万元，转作拨款1 757.4万元。1999年，省财政厅组织第二次呆账的核销工作，后由于种种原因，最后未批准核销。2000年，按照省委、省政府的决定，省财政厅组织第三次也是最后一次财政周转金呆账核销工作。首先对借出给省直企事业单位的财政周转金，凡属《广东省省属国有企业资产重组总体方案》范围的3家资产经营公司以及20家企业集团及其所属企业借用的，一律从2001年1月1日起，按2000年年底本金及占用费余额一次性转作国家资本金。对借出给下级财政部门的财政周转金，在审核过程中，按照原有的规定及省财政厅后来补充印发的《关于省级财政周转金呆账处理问题的通知》要求，不仅要求其提供会计师事务所的审计报告，有必要的还进行实地调查核实等。经各业务处初审后，由财政厅预算处组织各有关业务处和监督检查办公室进行复审。经过近4个月的各市上报、业务处初审、集中复审等程序，财政周转金呆账核销的初审和复审工作基本完成。根据汇总后的材料统计（含第二次上报未批准核销部分），全省申请核销的财政周转金呆账共计113 364.6万元。其中：破产类32 934.4万元，自然灾害类26 953.7万元，宏观调控类44 476.5万元。复审后经财政厅办公会议审定核销62 941.9万元。其中：破产类22 824万元，自然灾害类17 574.4万元，宏观调控类22 543.5万元。上述呆账核销后的财政周转金借款余额，经报省委、省政府批准，属省直企事业单位的借款，按原有办法回收。属下级财政部门借用的财政周转金，采取按比例回收的办法进行回收。对少数民族县及1998—2000年享受省转移支付补助的市、县（市、区），本金及占用费余额按30%回收；对一般市、县（市、区），本金及占用费余额按50%回收；对珠江三角洲所属市、县（市、区），本金及占用费余额按80%回收。

二、地方外汇管理

（一）外汇体制改革前

1979年8月，国务院颁发《关于大力发展对外贸易增加外汇收入若干问题的规定》，提出在外汇由国家集中管理、统一平衡、保证重点的同时，实行贸易和非贸易外汇留成办法。根据不同地区、不同部门和不同行业，确定不同的留成比例。

1980年和1981年，省政府分别颁发《广东省地方外汇分成试行办法》和《广东省地方外汇分成试行办法补充规定》，规定贸易外汇和非贸易外汇省、市、县的留成比例。当时国家计委分配广东的年度地方外汇基数为4 000万美元，贸易外汇增收综合分成中央与广东分成比例为3：7。在省内分成的70%中，省分成70%～75%，广州市分成30%（其中企业10%）；其他城市分成25%（其中地区2%、县市13%、企业10%）。来料加工、补偿贸易增收分成为：省分成60%，市（地区）、县、企业分成40%。出口海产品外汇分成30%，全部留给供货县、市水产公司。地产黄金外汇分成，省主管局分成30%，金矿所在地区分成20%，市、县分成20%，矿山企业分成30%。旅游外汇分成，广州地区收入部分，省分成30%，广州市分成50%，省主管局分成10%，省商业局分成10%；其他市（地区）、县收入部分，省分成30%，省主管局分成10%，省商业局分成10%，地区分成10%，市、县分成40%。旅游局直接收入的非贸易外汇，省分成60%，旅游局分成40%。

1984年，省政府决定，非贸易外汇的分配权从省计委移交省财政厅。1986年2月，省政府决定，因公临时出国、出境人员外汇费用，从省计委移交省财政厅管理。自此，省财政厅实施对非贸易和非经营用汇管理。

1986年6月，省财政厅制定《广东省对临时出国、赴港澳人员经费和用汇计划加强财政管理的暂行规定》，全省的临时出国、出境人员用汇计划，由省财政厅编制，经省政府审定后，报送财政部核定，省财政厅根据财政部核定临时出国、出境人员用汇计划和控制指标，会商省政府办公厅、省政府外事办、国家外汇管理局广东分局后，提出分配方案，报省政府批准后下达。财政部下达广东的年度控制指标数，列入外汇支出计划。使用地方统筹等外汇支付出国、出境费用外汇额度的，通过专户划拨，坚持先存后用，由各级财政部门凭省财政厅核定下达的控制用汇计划到当地外汇管理分（支）局开立临时出国人员专用外汇额度账户，由同级计委按计划所列使用本级政府统筹外汇的控制计划数和用汇进度，分季度将外汇额度拨入该账户。用汇单位使用自有留成外汇、贸易外汇支付出国费用的，可不另设专户，由外汇管理分（支）局在其外汇额度账户余额内核拨。使用地方统筹等外汇的临时出国、出境项目，持有权审批机关批转文件到同级财政部门办理用汇审批手续，核批外汇额度，外汇管理局根据批件和财政部门的拨汇通知，在临时出国、出境人员外汇额度账户内供汇。使用单位自有外汇的临时出国、出境人员，持有权审批机关批件到主管部门办理用汇审批手续，外汇管理局根据批件和主管部门的拨汇通知书在单位或企业自有外汇额度（或外币存款）账户内供汇。

1988年3月，省政府办公厅制定《关于临时出国人员用汇管理实施细则》，该细则规定，省财政厅根据财政部下达的指标，提出分配意见，会商国家外汇管理局广东分局并报经省政府批准后，下达省直主管部门和各市财政部门，并抄送国家外汇管理局广东分局、中国银行广州分行。同时规定，省直属单位临时出国人员用汇统一由省财政厅审批；各市临时出国人员用汇，由各市财政局审批。财政部核定广东的指标包括：非贸易外汇临时出国用汇额度，贸易外汇临时出国用汇控制指标，留成外汇临时出国用汇控制指标，其他外汇临时出国用汇控制指标。省级行政事业单位人员出国必须使用非贸易外汇，省级企业的人员出国可使用自有的贸易外汇、留成外汇和其他外汇，但必须在财政部门下达的指标之内。行政事业单位和企业人员使用外汇时需向省财政厅提出申请，省财政厅在核定的指标内给予审批。

1989年5月，省财政厅在转发财政部《关于进一步加强临时出国用汇管理的通知》时补充规定，省财政厅下达给各市和省直各有关单位的出国用汇计划是指令性计划，各地区各部门不得突破。实行出国用汇计划指标和外汇额度双轨控制办法。各市各单位要建立必要的计划控制管理办法，以达到用汇计划指标与外汇额度双轨控制的目的。

1989年9月，广东执行财政部颁发的《非贸易外汇奖励试行办法》，对非贸易创汇单位给予奖励，每向国家上缴1美元，不分基数内外，均奖励人民币5分钱，计提创汇奖励金。获取的奖金50%用于发展生产，50%用于职工福利和奖励。

1992年8月6日，财政部颁发《全国非贸易外汇留成办法》，对原来的留成比例作出较大调整，根据不同的行业，留成比例分别为5%、15%、40%、70%和90%。

1993年3月，省财政厅根据财政部《关于不再对企业控制出国用汇指标的通知》和《关于因公出国人员用汇的审批核销问题的通知》，从当年起，省财政厅除对省直行政事业单位人员的出国用汇实行审批外，对省级企业人员的出国用汇不再执行指标控制和审批。

（二）外汇体制改革后

1994年，国家对外汇管理体制进行改革，取消外汇额度、外汇留成办法。1994年5月，省财政厅根据财政部同年3月颁发的《非贸易非经营用汇财务管理暂行规定》，制定《广东省省级非贸易非经营用汇财务管理的暂行规定》。从1994年起，对预算内单位的非贸易非经营用汇实行限额预算管理（非贸易非经营用汇包括出国用汇、驻外机构用汇、留学生用汇、聘请专家用汇、国际组织会费、救助与捐款用汇、政治业务用汇、对外宣传用汇、股金与基金用汇、个人用汇、境外朝觐用汇和经批准的其他用汇），主要包括以下3个方面。

1. 购汇人民币限额预算管理

全省各市财政系统在中国银行建立人民币限额管理专户，省财政厅在中国银行广东省分行（简称“中行省分行”）设立限额管理专户。财政部每年下达广东的限额指标为1.5亿元左右。每年年底或翌年年初，省财政厅统计、汇总省直预算内单位和各市财政局数据，向财政部报送当年（或上年）广东限额执行情况和一下年度（或当年）限额预算。待财政部批复限额预算后，省财政厅再根据批复的限额预算总数分配给省直预算内单位和各市限额，年终限额如有结余，将限额退给省财政厅在中行省分行设立的限额专户，由其在年底注销，不得结转下年度使用。

2. 用汇管理

《广东省省级非贸易非经营用汇财务管理的暂行规定》，规范全省非贸易非经营用汇的财务管理，节约政府开支。但一些地区和单位仍存在未能按规定执行购汇人民币限额管理的规定。1998年11月23日，省财政厅印发《关于加强预算内非贸易非经营性购汇人民币限额管理的通知》，重申省属预算内单位凡需购汇，在向有权审批机关报批用汇项目之前，必须先到省财政厅进行购汇指标初审，省财政厅根据财政部制定的有关规定和购汇人民币落实情况，对用汇指标进行初步审定。用汇单位持省财政厅的初审意见及有关资料报有权审批机关批准后，凭批准原件到省财政厅办理购汇手续。

1999年5月，针对部分单位和个别地区存在未严格执行有关规定、审批把关不严的现象，省财政厅和中行省分行联合印发《关于进一步加强我省非贸易非经营用汇财务管理的通知》，进一步明确预算内单位的非贸易用汇纳入限额管理，不属于预算内单位的，不得使用人民币限额，并对其他用汇如国际旅费、预算内单位从国外购买用于教学、科研的图书、资料、仪器和办展览、出席国际会议费用等用汇作出规定。

1999年10月，省财政厅规定，由省直预算内单位组织的跨地区、跨部门（简称“双跨团组”）的用汇由省组团单位统一到省财政厅办理，各地和其他部门不再办理出国用汇审批。

2000年12月，省财政厅印发《关于预算内单位因公出访申办外汇人民币现额有关问题的通知》，规定因公出访用汇实行凭册办汇制度。所有省直单位必须凭盖有单位公章和省财政厅印章的非贸易非经营性购汇人民币限额购汇手册到中行省分行办理购汇，购汇手册的领取由省直属厅级单位向省财政厅申请，经省财政厅审核后发给。每项任务批件在2万美元（原规定是1.5万美元，财政部规定出访标准提高后，金额改为2万美元）以内的，由省直预算内单位直接到中行省分行办理购汇，中行省分行在省财政厅授权的范围内按标准核汇和售汇；其他用汇和每个任务批件超过2万美元的出国用汇以及持多次往返港澳通行证人员的用汇，要先在省财政厅办理审批手续后到中行省分行购汇。中行省分行售汇完毕后将有关审批资料送省财政厅备案，并定期向省财政厅报送预算内非贸易性非经营性用汇对账单。省财政厅也定期与中行省分行进行对账，并不定期对中行省分行的审批情况进行监督检查。

3. 购买因公出国机票管理

1998年12月，省财政厅印发《关于加强因公出国机票管理的通知》，明确中国国际航空公司等9个单位为因公出国人员购买机票定点单位。

2000年12月，省财政厅印发《关于预算内行政事业单位因公出访机票有关问题的补充通知》，明确提出对因公出访人员购买国际机票应以人民币结算，核汇时不再审批购票外汇。

三、广东粤财信托投资公司

1980年前，财政供给企业、事业单位的资金，全部采用无偿拨给的方式，资金使用与单位的经济效益脱钩，造成不应有的损失和浪费。1980年起，广东试行将部分财政资金由无偿拨给改为有偿使用，改变财政分配上的供给制。为用活地方财政资金，同时多渠道筹集资金，发挥财政信用和银行信用两种职能，1984年12月19日，省政府批准组建广东财务发展公司。公司成立之初，主要业务是对省财政厅和省属各单位的财政周转金及各项专项资金进行受托理财。

1986年9月，经省政府批准，并经中国人民银行总行核准，广东财务发展公司获准经营金融业务；1987年由国家外汇管理局核准，公司获准经营外汇业务。公司为国有独资非银行金融机构，行政上隶属于省财政厅。

1990年年底，更名为广东粤财信托投资公司。

公司组建后坚持“贯彻对外开放，促进体制改革，锐意竞争创新，竭诚提供服务，致力开拓发展，繁荣广东经济”的宗旨，坚持“符合国家计划，符合国家发展方向，符合资金效益”的原则开展信贷业务。公司成立至2000年，业务辐射面遍及全省90%以上的地区，通过贷款、投资、融资性租赁等形式，支持全省几百家企业的技术改造项目和引进新技术项目。公司重点支持新技术、新设备、新工艺、新产品、高效益和生产型、技术密集型、外汇型的建设项目，通过各种信贷形式，支持引进新技术项目100多个，资金近10亿元；支持国家和省级重点建设项目，如参与三星汽车、广东高速公路发展等大中型项目的部分投资；有选择、有重点地支持山区和贫困地区，促进全省经济的均衡发展。

经过15年的发展，广东粤财信托投资公司成为一家涉及信托业务、委托投资、贷款业务、投资业务、证券业务、实业投资、房地产开发等多种业务的金融企业（2001—2002年清产核资，重新组建成广东粤财投资控股有限公司）。

第七章　税收征管与稽查

第一节　税收征管组织

一、征管组织形式

广东各市、地区、县单独设置税务局后，税收征管组织，按行政区域设税务分局或税务所、站，沿水陆路交通要道设置税务检查站；人员分为税政员、专管员，税政员负责税政和征收工作，专管员负责纳税户的日常税务管理和检查工作。按行业、或按纳税户经济性质、或按行政区域划片，分别设税务专管组，配备一定数量的专管员，负责所管纳税户应纳各税的管理和检查，实行管查合一、各税统管的征管模式，建立健全专管员岗位责任制。1980年12月，省财政厅税务局颁发《税务专管员岗位责任制工作十条》，规范税务专责管理工作。1982年3月，根据全国税务工作会议精神，广东进一步完善税务专责管理，重新制定《专管员岗位责任制》。

1985年9月起，广东执行财政部颁发的《税务专管员守则》。1986年8月，财政部税务总局制定《税务专管员“五要”“十不准”规定》[①]。1990年，省税务局设进出口税收管理处，在年出口退税1 000万元以上的市、县税务局设进出口税收管理科或分局，并制定《广东省地级市进出口税收管理机构工作职责》，加强出口退税的管理。1993年，省税务局又增设发票管理处，市、县税务局设发票管理科、股或发票管理所，加强对发票、特别是增值税专用发票的管理。

1994年，税务机构分设后，各自按照原来的方式设立征管组织；城市仍按行政区域设税务分局或税务所，农村仍按经济区域设税务所、站。人员仍分为税政员、专管员。基层税收征管仍以专责管理为主要载体，继续执行财政部制发的《税务专管员守则》《税务专管员“五要”“十不准”规定》。

1995年4月，省国税局制定《关于税务人员严格管理增值税专用发票的若干规定》，从内部到外部建立增值税专用发票责任制。在税务机关内部，必须由基层征收单位和专管员开始，逐级向上一级签订发票管理责任书，基层征收单位必须与专管员签订增值税专用发票管理的有关责任书，保证内部每一环节都能严格执行增值税政策和专用发票管理规定。

① “五要”是：（1）要努力学习马列主义、毛泽东思想，学习党的路线、方针、政策，不断提高政治觉悟，坚持四项基本原则，树立全心全意为人民服务的思想。（2）要热爱税收工作，努力学习科学文化知识，刻苦钻研业务，不断提高征收管理水平。（3）要坚持原则，秉公执法，依法办事，依率计征，积极宣传和正确贯彻执行税收政策、法令、规定，克服困难，保证完成任务。（4）要着装整齐，举止端正，谦虚谨慎，礼貌待人，文明收税。（5）要廉洁奉公，遵纪守法，勇于同一切违法乱纪的行为作斗争。“十不准”是：（1）不准接受管户的吃请送礼。（2）不准在管户内，以低价购买商品。（3）不准向管户赊欠、借钱借物。（4）不准利用职权索贿受贿。（5）不准收人情税。（6）不准包庇纵容纳税户偷税、漏税和欠税。（7）不准越权擅自减免税款和滞纳金。（8）不准收税不开票，或以欠白条收税，在税票上弄虚作假。（9）不准贪、占、挪用税款。（10）不准随意扣压、没收商贩的现金、商品、工具或乱征乱罚。

1995年1月，省地税局制定《广东省地方税务局发票管理规定》。

1996年，根据国家税务总局征管改革总体要求，广东的税收征管机构由原有的税务所、站、分局的机构设置模式，全面转向按经济区域设置中心税务分局的模式。根据国家税务总局《税收征管业务规程》，省国税系统和省地税系统都从管理服务、征收监控、税务稽查、税收法制、税务执行5个方面，规范税收征管业务运行的规则与程序，以及业务操作行为。同年12月，省国税局、省地税局建立信息交换制度，规定县级以上国税局、地税局要定期交换信息，每半年交换一次税务登记底册，及时通报对“双定”户的定额调整情况，将私营企业、个体工商业大户的征管档案资料通报对方，国税、地税在纳税检查中发现有关对方征管的税收被偷、漏的情况，及时通报对方。

1997年，全省国税系统改设分局征收点或代征点，实行分局统管、以局带点、巡回征收、定期定点征收或委托代征。

2000年，按照国家税务总局机构改革部署，调整各级国税局征管职能，实行属地化征收管理，市国税局重点是领导和管理所辖区域税收征管工作，组织税收收入；县（市、区）国税局的工作重点是加强征收职能，具体组织各项税收的征收管理，完成上级分配的税收计划。全省国税系统形成新的征管架构，打破计划经济时期按行政区划设置基层税务组织机构的架构，对原有的基层征收单位按经济区域进行撤并。

在税收征管改革过程中，各级地方税务局先后设立直属分局，直接管理同级财政收入的税收征管工作。

2000年6月，根据省政府的批复，省地税局制定《广东省地方税务局关于深化城市税收征管改革的意见》和《广东省地方税务局关于深化农村税收征管改革的意见》。9月，省地税局决定结合机构、人事制度改革，加快征管改革的进程，深化征管的组织改革。城市基层地税机构的基本格局改为：市地方税务局设置一个税务登记分局，负责市区（含郊区）范围内的地方税纳税人税务登记管理工作；设置一个税务稽查局，负责全市范围内地方税务（包括内、外税）稽查工作的业务指导和协调，受理涉税案件的举报，负责大要案的查处；只有一个行政区的设置一个税务检查分局，有两个以上行政区的设置两个税务检查分局，涉外税收收入规模较大的地区加设一个涉外税收检查分局，检查分局职责是负责检查辖区范围内纳税人往年度履行纳税义务的情况；按行政区划设置若个区的征收管理分局，负责辖区范围内地方税纳税人应纳地方税、费、基金征收管理以及当年度现税税务检查工作。农村税务机构设置的基本格局改为：县（市）地方税务局设置一个税务登记分局，负责全县（市）范围内的地方税纳税人税务登记管理工作；设置一个税务稽查局，负责全县（市）范围内地方税稽查工作的业务指导和协调，受理涉税案件的举报、分办，大案、要案的专案稽查；设置一个税务检查分局，涉外税收收入规模较大的地区加设一个涉外税收检查分局，负责检查辖区范围内纳税人往年度履行纳税义务的情况；根据税源分布和实际需要设置征收管理分局或基层税务所，负责对辖区范围内纳税人地方各税、费、基金征收管理和当年度现税税务检查工作。

至2000年，全省国税系统和地税系统形成新的征管格局，基本实现新旧征管模式的衔接和转换，取消专管员制度，税务分局按征、管、查系列进行管理，征收、管理从分散转为集中，由办税服务厅各个窗口负责。

二、征管模式

根据1993年12月国务院《关于实行分税制财政管理体制的决定》、国务院批转国家税务总局《工商税制改革实施方案》和国务院办公厅转发国家税务总局《关于组建国家税务总局在各地的直属税务机构和地方税务局有关问题的通知》，随着财政管理体制和工商税制改革的进展，1994年，广东又相应进行征管改革，其主要内容是：（1）建立纳税申报制度；（2）推行税务代理；（3）加速推进税收征管计算机化的进程；（4）建立税务稽查制度；（5）确立税收基本规范；（6）组建中央和地方两套税务机构。省国税局负责征收中央税和共享税，省地税局负责征收地方税。

1995年，全省税务部门深化全省税收征管改革，包括改进申报纳税方式、改善征管手段、规范征管行为、提高征管效率、优化税收服务等多个方面的具体内容。坚持“系统设计、整体推进、重点突破、逐步到位”的方针，先易后难、先城市后农村、先试点后推广，进行征管改革。

同年，省国税局成立全省税收征管改革领导小组，负责确定征管改革的主要内容；审批改革总体方案；批准改革试点计划；批准制定有关改革措施；组织、协调并监督改革规划的实施；负责改革经费的筹措和使用等。市、县国税局也成立相应的领导机构，加强组织领导，负责贯彻执行省局制定的各项改革措施，指导本地区的税收征管改革工作。

1996年，省国税系统建立以纳税申报和优化服务为基础，以计算机网络为依托，集中征收、重点稽查的新征管模式。主要是：改进申报制度，转换征管模式，规范征管行为，改善征管手段，健全监督机制，提高征管效率，优化税收服务；推行税务代理，逐步建立以现代科学技术手段为依托，符合广东实际的科学、严密、高效的税收征管体系。通过改进纳税申报制度，建立和推行以现代通讯手段为载体，纳税人自行申报或社会中介代理的纳税申报方式，明确征纳双方的法律责任，促使纳税人自觉履行纳税申报义务；通过利用计算机和防伪税控机等现代科技管理手段，加强对纳税人纳税情况的全面监控和分析，促使纳税人依时申报纳税；通过加大稽查力度，建立有效防范和严厉打击各种税务违法犯罪行为的监督制约机制，促使纳税人自觉遵守国家税收法规；通过合理设置税务机构和明确岗位职责，强化内部管理，督促税务人员依法办税，提高工作效率，改善税收服务。征管改革分四个阶段进行：准备阶段、试点阶段、推广阶段、完善阶段。1996年为准备阶段。

1997年4月，广东提出税收征管改革的实施方案，主要任务是：建立税收控管严密、纳税申报自觉、征管手段先进、税收服务优良、征管组织科学、税收稽查监控有力的现代征管体系，核心是建立以税务登记、纳税申报和优化服务为基础，以计算机网络为依托、集中征收、重点稽查的新型征管模式。总体目标是：至2000年年底前，全省城市和县城以及珠江三角洲乡镇建立严密的税务登记管理制度、纳税人自行申报纳税制度和税务机关与社会中介组织相结合的服务体系、以计算机为依托的税收监控体系、人机结合的稽查体系、以征管功能设置机构划分职责的组织体系。并以此为基础，根据国民经济和社会发展的进程，逐步向东、西两翼和山区的农村地区推进。改革的主要内容包括：改进纳税申报制度；优化税收征管组织体系；广泛运用现代化征管手段和强化税收稽查监控。

此次税收征管改革按照“先试点，后推广；先城市，后农村”的原则分三步实施。从1997年开始，省国税系统在各市选择一个县局单位作为试点并投入运行，1997年年底前完成试点任务，然后将试点工作逐步向农村地区推开。省地税系统确定21个征管改革的试点单位（每个地级市1个），并把其中的中山市、汕头市龙湖区、台山市和乐昌市地税局等4个单位作为省地税局征管改革的联系点。

至1998年年底，市区、县城和珠江三角洲的乡镇完成5项任务：建立完善的税务登记管理制度；固定业户全面实行自行申报；设置合理的办税服务厅，实现集中征收；取消专管员制度，实现由专管员管户向管事与管户相结合的职能转变。同时健全稽查机构，完善稽查制度；以征管功能为主调整机构、理顺职能。在城市和珠江三角洲的县城50%～60%的基层征收单位试行包括建立计算机网络在内的征管模式转换，1999年年底全面完成；2000年年底完成与工商行政管理和银行等有关部门联网。至1998年年底，东西两翼和山区的县城有30%～40%的基层单位完成包括建立计算机网络在内的征管模式转换；1999年年底达到80%；2000年年底全面实现网络互联，并与有关部门联网。1999年，珠江三角洲的乡镇开始着手改革各项工作，2000年年底全面完成。2000年年底，东西两翼和山区的农村地区，主要建立新的征管运行机制。

至2000年，全省各级国税部门基本实现新旧征管模式的衔接和转换，纳税申报和缴税方式发生根本性变化。城市和县城的固定纳税户自行申报率达到98%，广大农村固定纳税户主动申报率达到94%以上，上门申报、邮寄申报、电话申报、电子申报等多种形式相结合的申报方式，以及银行划缴、委托代收、持卡纳税等缴税方式广泛实行。全省国税系统在组建税务分局的同时配套建设办税服务厅，方便纳税人到办税服务厅一次性办理完毕纳税申报、税务登记、发票领购等各项税收事务，减轻纳税人往返办税的负担。在办税服务厅实行公开办税，规范办税流程，开展文明办税服务厅创建活动。

2000年6月，根据省政府的批复，省地税局研究制定城市和农村税收征管改革的目标是建立“以申报纳税和优化服务为基础，以计算机网络为依托，统一登记，集中征收，属地管理，重点稽查”的征管新模式。撤销原来“征、管、查”为一体的地方税务机构，按专业化和“征、管、查”相分离的要求，设立登记、征收、检查（稽查）等专业税务机构。实行统一登记是广东地税系统征管改革的一大特点。市（县）地税局设一个登记分局，实行全市（县）统一税务登记管理，统一税务登记执法，统一税务登记工作规程，统一税务登记档案管理。从而加强税源管理，漏征漏管户大幅度减少。实行属地管理是广东征管改革的又一大特点，即在一个行政区域的纳税人，不论其财政隶属关系，不论中央企业、省级企业、市级企业、街道企业还是村办企业，不论本地的纳税人还是外来的纳税人，所有地方税收都归该行政区域内的基层地税机关征收管理。

三、群众协税护税组织

70年代后期，农村陆续恢复和改进在“文化大革命”中被撤销的群众协税护税组织，在农村生产大队设立民主理财办税小组，生产队会计按税务机关依照税法作出的纳税鉴定将应纳的工商各税，交大队民主理财办税小组的办税员代征。每月由民主理财小组组织一次财务会审，税务所进行抽查和纳税辅导。1983年，个体经济、农村专业户迅速发展，凡专管员力量不足的地方，在公社、城镇街道办事处或国营集体经济实体组织设立代征点，代征零星分散的税收。代征组织受公社乡镇政府或街道办事处和税务机关双重领导，并由市、县税务局核发委托书和代征查验章。代征手续费按代征单位代征收入多少、工作量大小和当地群众收入水平，由市、县税务局根据实际情况发给。1985年5月，广东对委托代征税款范围不作统一规定，由各市、县从实际出发，自行确定。征收方法一般采用定额定率、自报核缴或按次征收。

1993年1月1日起，广东执行《中华人民共和国税收征收管理法》及其实施细则，广东税务机关根据国家有关规定可以委托有关单位代征少数零星分散的税收，并发给委托代征证书，受托单位按照代征证书的要求，以税务机关的名义依法征收税款。

1996年8月，广东转发国家税务总局《关于加强农村税收征管工作的通知》，要求各级税务机关依法做好委托代征和协税护税工作，严格控制税源，做到应收尽收。1997年，广东税务机关执行国家税务总局制订的《关于深化税收征管改革的方案》，各级税务机关依靠协税护税网络清查漏管户，以增强税源监控力度。转发国家税务总局《关于贯彻国务院批转的加强个体私营经济税收征管强化查账征收工作意见的通知》，要求各级税务机关充分发挥个体劳动者协会和私营企业协会的作用，逐步建立健全协税护税网络。

四、税收服务

（一）公开办税

1988年起，广东建立基层税务部门公开办税制度，实行税法公开、减免公开、征管公开、处罚公开、纪律公开，把有关的税收条例、法规，减税、免税的政策规定，申请减免税的程序、审批权限，各个税种的征收办法，缴纳税款的手续，违章案件处理，税务专管员守则、税务专管员“五要十不准”等规定都公布，使纳税人对应缴纳什么税、缴纳多少税、何时缴纳、能否享受税收优惠、如何办理减免税的申请等都能一目了然。并且设置意见箱、公布监督电话、聘请兼职监督员等接受群众监督，促使公开办税措施的落实，提高税收服务的效果。

1995年后，广东各级国税、地税部门着手建设办税服务厅，把直接面对纳税人受理的业务归口到办税服务厅窗口，推行前台受理、后台流转的业务模式，方便纳税人。

2000年，珠海市地税局税政科的两位工作人员自发将办公电话对内、对外公开为咨询热线，为纳税人提供办税咨询辅导服务，这一做法在单位内部和纳税人中广受欢迎，成为广东地税乃至全国税务系统纳税服务热线的源头。随后，珠海市地税局专门设立热线电话，安排专责人员接受咨询、投诉，成为全国最早开通的纳税服务热线。2000年8月，珠海市地税局成立纳税人服务中心，是广东地税系统第一个专门从事纳税服务的工作机构。之后，全省21个市也先后成立纳税人服务中心。

（二）税务代理

实行改革开放政策后，广东享受中央给予的特殊政策，灵活措施，大量外商拥入，涉税事务日益增多。《中华人民共和国中外合资经营企业所得税法》和《中华人民共和国外国企业所得税法》的实施细则规定：企业在向当地税务机关报送年度所得税申报表和会计决算报表时，应附送在中国登记注册会计师的查账报告。对外经济交往的发展和税法规定带来广东税务代理行业的兴起。80年代，广东提供税务代理服务的中介机构主要是会计师事务所。

90年代初，部分退休税务干部利用熟悉税务业务的专长，纷纷组建税务咨询所（挂靠各级税务机关），开展税务登记、纳税申报、税款缴纳、税务咨询等一般税务代理业务外，还接受税务部门的委托，代售各种税务报表、税务资料，代征农贸市场和税源零散的税收，代办纳税人年检年审，举办企业办税员培训班等。

1993年施行的《中华人民共和国税收征收管理法》及其实施细则，明确所有的纳税人，包括内资企业、个体纳税人都可以委托税务代理人代办各种税务事宜。

1994年9月，国家税务总局制定《税务代理试行办法》和《关于开展税务代理试点工作的通知》。1995年4月和1995年11月，国家税务总局又先后印发《关于从严审批税务师和税务代理机构的通知》和《关于进一步做好税务代理的紧急通知》。进一步明确税务师和执业税务师的考核认定条件；规定各级税务机关都不设立税务代理机构；在职的税务干部一律不准从事税务代理业务；已设立税务代理机构的税务机关，必须立即与代理机构彻底脱钩；已加入税务代理机构的在职税务干部必须撤回或与原单位在人事、工资等方面彻底脱离关系。

根据国家税务总局上述精神，省国税局和省地税局于1996年9月成立广东省税务师资格审查委员会，并向全省各市、县国税局和地税局发出《关于成立广东省税务师资格审查委员会的通知》。明确省税务师资格审查委员会不设具体办事机构，有关日常工作，由省国税局、省地税局按管理两条线分工负责。明确认定为税务师的条件是：（1）取得执业注册会计师、注册审计师、律师资格的；（2）在税务部门连续从事税收业务工作十五年以上的；（3）曾在税务部门连续从事税收业务工作五年以上，已在税务咨询（代理）机构从事税务代理业务的。考核认定的工作程序：对于税务系统的人员，包括离退休人员和所属的税务咨询机构人员，申请税务师和执业税务师资格以及设立税务代理机构的申请，分别由市县国税局、地税局按系统归口两条线进行登记和审核，分别各自造册上报省国税局、省地税局；省国税局和省地税局各自对上报的申请进行复审，对符合条件的转由省税务师资格审查委员会审批；对税务系统以外的人员和单位申请认定税务师、执业税务师以及申请设立税务代理机构的，由申请人根据自愿的原则向当地国税局或地税局申请，由接受申请的国税局和地税局分别进行登记、审核和上报。

至1997年7月17日，经省税务师资格审查委员会考核认定的税务师有20 466人，执业税务师5 183人，审批税务代理机构353个，税务代理从业人数5 718人。其中：国税系统审核上报的税务师10 361人，执业税务师2 034人，税务代理机构138个，税务代理从业人数2 569人；地税系统审核上报的税务师10 105人，执业税务师3 149人，税务代理机构215个，税务代理人数3 149人。税务师资格审查认定工作完成之后，各地之前成立的税务咨询所大多申请改为税务师事务所。

1996年11月22日，人事部和国家税务总局制定《注册税务师资格制度暂行规定》，把税务代理人员纳入国家专业技术人员职业资格制度管理的范围，明确规定必须取得中华人民共和国注册税务师执业资格证书并注册的人员，才能从事税务代理工作。国家税务总局原下发的《关于开展税务代理试点工作的通知》等3个文件同时废止。

省国税局和省地税局商定，于1998年10月成立广东省注册税务师管理工作领导小组和广东省注册税务师管理中心，同时撤销广东省税务师资格审查委员会。1999年1月4日。省国税局和省地税局联合向全省各市、县国税局和地税局发出《关于成立我省注册税务师管理机构及有关问题的通知》，要求各市国税局、地税局要指定专门部门和人员配合协助省注册税务师管理中心管理本地区的税务代理工作。

为保证税务代理工作的连续性，有利于执业税务师向注册税务师资格制度顺利过渡，人事部、国家税务总局于1998年3月5日发出《关于实施注册税务师资格认定考试工作的通知》。1998年6月20日，广东对正在从事税务代理业务的执业税务师进行注册税务师资格认定的一次性考试，全省共有1 625人通过按规定一个科目的考试，取得注册税务师执业资格。1999年起，注册税务师职业资格考试步入常态化，当年全省共有545人通过按规定5个科目的考试，2000年有506人取得注册税务师执业资格，从事税务代理业务。在税务代理试点工作向全面实施注册税务师资格制度的过渡期内，实行执业税务师与注册税务师并存的双轨制，未参加认定考试或参加认定考试未取得注册税务师资格的原执业税务师，其执业资格只保留到2000年。

1999年，根据中央关于党政机关与所办经济实体脱钩的有关规定，广东决定全面清理整顿税务代理行业，彻底脱钩改制，改制为由具有专业执业资格的人员发起设立的有限责任或合伙税务师事务所。经过清理整顿、脱钩改制之后，全省（不含深圳市）符合资格的税务师事务所只有53家。

第二节　税收征管制度

一、税务登记

1979年，广东恢复在“文化大革命”时期被中断的税务登记制度，全省办理税务登记的有13.40万家。其中：全民所有制企业1.09万家，集体所有制企业7.89万家，个体经营户4.42万家。1981年6月，《广东省税务征收管理暂行办法》实施后，强化纳税人开、歇业申报登记和变更登记的规定。11月，银行、税务、工商行政管理部门联合印发《关于建立健全企业“经济户口管理”的通知》，对从事生产、经营、服务的一切单位和个体工商业户均列入登记管理范围。1982年下半年，广东贯彻财政部税务总局《关于办理税务登记管理的通告》，对有营业收入、收益，应依法纳税的单位和个人，全面办理税务登记，由纳税人填报税务登记表，经税务机关审查发给税务登记证。7月至9月，全省办理税务登记的有34.47万家（不包括外资企业137家、中外合资企业260家）。其中：全民所有制企业2.76万家，集体所有制企业9.20万家，联营企业762家，个体经营户22.11万家，其他工商业户3 282家。查出漏管户1.16万家，追补税款257万元。

1986年7月1日起，广东执行《中华人民共和国税收征收管理暂行条例》，凡在广东境内从事生产经营，实行独立核算，并经工商行政管理部门批准开业的纳税人，都要自领取营业执照之日起30日内，向当地税务机关申报办理税务登记；其他有纳税义务的单位和个人，向当地税务机关申报办理税务登记；纳税人所属的跨地区的非独立经济核算的分支机构，自设立起30日内，向该分支机构所在地税务机关申报办理注册登记。对全民所有制、集体所有制及国内各种联营企业，继续核发工商企业税务登记证；对个体工商业户（包括合伙经营户）继续核发个体企业税务登记证。对办理注册登记的纳税人，核发税务登记卡。纳税人发生转业、改组、分设、合并、联营、迁移、歇业、停业破产及其他需要改变税务登记的情形时，必须办理变更登记、重新登记或注销登记。税务登记每年验证（卡）一次，每五年换证（卡）一次。1987年，广东对税务登记制度执行情况进行一次检查，并统一换发税务登记证。纳税人到外地从事生产、经营、提供劳务，必须持其原所在地税务机关填发的税收管理证明，向所到地的税务机关报验登记，接受税务管理。

1993年起，广东执行《中华人民共和国税收征收管理法》及其实施细则，凡在广东境内的企业，企业在外地设立的分支机构和从事生产、经营的场所，个体工商业户和从事生产、经营的事业单位，自领取营业执照之日起30日内，持有关证件，向税务机关申报办理税务登记。税务机关应当自收到申报之日起30日内审核完毕，符合规定的发给税务登记证件。税务登记内容发生变化的，应办理变更登记。纳税人发生解散、破产、撤销以及其他情形的，应当办理注销税务登记。纳税人因住所、经营地点变动，涉及改变税务登记机关的，应当向原税务登记机关申报办理注销税务登记，并向迁达地税务机关申报办理税务登记。纳税人被工商行政管理机关吊销营业执照或者被其他机关予以撤销登记的，应当办理注销税务登记。纳税人在办理注销税务登记前，应当向税务机关结清应纳税款、滞纳金、罚款，缴销发票、税务登记证件和其他税务证件。除按照规定不需要发给税务登记证件的外，纳税人办理申请减税、免税、退税，领购发票，申请开具外出经营活动税收管理证明和其他有关税务事项，必须持税务登记证件。税务机关对税务登记证件实行定期验证和换证制度。纳税人应当在规定的期限内持有关证件到主管税务机关办理验证或者换证手续。纳税人遗失税务登记证件的，应当书面报告主管税务机关，并登报声明作废。从事生产、经营的纳税人到外县（市）临时从事生产、经营活动的，应当持税务登记证副本和所在地税务机关填开的外出经营活动税收管理证明，向营业地税务机关报验登记，接受税务管理。税务登记证件不得转借、涂改、损毁、买卖或者伪造。

1994年，税务机构分设后，广东税务机关继续贯彻执行《中华人民共和国税收征收管理法》，按照国家税务总局关于税务登记管理权限划分标准，凡有缴纳增值税（包括既缴纳增值税又缴纳营业税）义务的纳税人，其税务登记管理一律由国税局负责；其余的纳税人，其税务登记管理一律由地税局负责。

1995年，经省国税局、省地税局局长联席办公会议议定，从1995年1月1日起，新开业的纳税人（不含外商投资企业和外国企业），凡有缴纳增值税（包括既缴纳增值税又缴纳营业税）、消费税义务的，由国税局办理税务登记，税务登记证件代码，由国税局编制后告知同级地税局；其余纳税人由地税局办理税务登记，税务登记证件代码，由地税局编制后告知同级国税局。1995年1月1日起，新开业的外商投资企业和外国企业，由企业所在地国税局负责办理税务登记；由国税局征收管理的个体工商业户由国税局办理税务登记。

1996年4月至10月，广东对全省纳税人的税务登记证件进行更换。国税局的税务登记证采用浅红色标有中国税务与国家税务局税务登记字样的底纹的式样，每一个纳税人都以国标统一代码标识作税务登记证号码。

1998年上半年，广东各级地税机关会同工商部门对全省的无照经营户进行一次全面的清理检查。下半年，又组织全省清理漏征漏管户的工作，共查出漏征漏管户62 502家，查补税款4 633万元，加收滞纳金101万元，罚款474万元。

1998年7月1日起，广东执行国家税务总局制定的《税务登记管理办法》。广东省内凡有法律、法规规定的应税收入、应税财产或应税行为的各类纳税人，均办理税务登记。扣缴义务人在发生扣缴义务时，到税务机关申报登记，领取扣缴税款凭证。税务登记的主管税务机关是县（含县区，下同）以上国税局（分局）、地税局（分局），也可由纳税人所在地的税务所受理并转报县（区）税务局（分局）办理。税务登记由国税局、地税局按照国务院规定的税收征管范围，实行统一代码，分别登记，分别管理。税收征管范围有变动的，依照国务院的规定作相应调整。国税局、地税局定期相互通报税务登记情况，对于在双方均须办理税务登记的纳税人的登记信息，相互及时提供。各类企业，企业在外地设立的分支机构和从事生产、经营的场所，个体工商业户和从事生产、经营的事业单位，自领取营业执照之日起30日内向所在地税务机关申请办理税务登记。其他纳税人自依照税收法律、行政法规成为纳税义务人之日起30日内向所在地税务机关申报办理税务登记。纳税人的税务登记内容发生变化时，应当依法向原税务登记机关申报办理变更税务登记。实行定期定额征收方式的纳税人在营业执照核准的经营期限内需要停业的，应当向税务机关提出停业登记，说明停业的理由、时间、停业前的纳税情况和发票的领、用、存情况，并如实填写申请停业登记表。税务机关经过审核（必要时可实地审查），应当责成申请停业的纳税人结清税款并收回其税务登记证件、发票领购簿和发票，办理停业登记。纳税人的发票不便收回的，税务机关应当就地予以封存。纳税人应当于恢复生产、经营之前，向税务机关提出复业登记申请，经确认后，办理复业登记，领回或启用税务登记证件和发票领购簿及其领购的发票，纳入正常管理。纳税人发生解散、破产、撤销以及其他情形，依法终止纳税义务的，应当在向工商行政管理机关办理注销登记前，向原税务登记管理机关申报办理注销税务登记。按照规定不需要在工商行政管理机关办理注销登记的纳税人，应当自有关机关批准或者宣告终止之日起15日内，向原税务登记机关申报办理注销税务登记。纳税人因生产、经营场所变动而涉及改变税务登记机关的，应当在向工商行政管理机关申请办理变更或注销税务登记前或者生产、经营地点变动前，向原税务登记机关办理注销税务登记，再向迁达地税务机关申报办理税务登记。纳税人被工商行政管理机关吊销营业执照的，应当自营业执照被吊销之日起15日内，向原税务登记机关申报办理注销登记。从事生产、经营的纳税人到外县（市）进行生产经营的，应当向主管税务机关申请开具外出经营活动税收管理证明。税务机关对已核发的税务登记证件，实行定期验证和换证制度。纳税人应当在规定的期限内到税务机关办理验证或者换证手续。凡已办理税务登记的纳税人，无正当理由连续3

个月未向税务机关进行纳税申报的，税务机关应当派员实地检查，查无下落并且无法强制其履行纳税义务的，税务机关应当发出公告，责令限期改正；限期不改正的，可以暂停其税务登记证件、发票领购簿和发票的使用，同时制作非正常户认定书，存入纳税人档案。纳税人被列为非正常户超过一年的，税务机关可以注销其税务登记。但是，其应纳税款的追征仍按《中华人民共和国税收征收管理法》及其实施细则的规定执行。纳税人未按照规定期限办理开业税务登记、变更税务登记和注销税务登记的，税务机关应当自发现之日起3日内发出责令限期改正通知书。逾期不改正的，依照税收征管法第六十条的规定处罚。

1999年，省国税局按照国家税务总局统一要求，在全省换发税务登记证件。对企业在生产经营所在地的县（市、区）以外地方设立的分支机构和从事生产经营的场所，已领取营业执照的，核发税务登记证及其副本；对非独立核算的分支机构，核发注册税务登记证及其副本。按照《税务登记管理办法》的规定应当办理税务登记而未办理的纳税人，到税务机关办理税务登记。凡已发生个人所得税扣缴义务的扣缴义务人，未向税务机关申报登记的，到税务机关申报登记，填写扣缴税款登记表。

至2000年年底，全省国税系统负责征管的纳税户110.21万家。其中：国有经济、集体经济企业15.06万家，个体私营企业75.28万家，涉外经济企业4.34万家，其他经济性质企业15.53万家。地税系统负责征管的纳税户有118.06万家。其中：国有经济、集体经济企业35.86万家，个体私营企业77.07万家，港澳台商投资企业2.18万家，外商投资企业[①]0.75万家，其他经济性质企业2.20万家。

二、纳税鉴定

1977年8月，省财政局税务局结合开展税收政策检查，对所有纳税单位进行一次纳税鉴定。1984年年底，根据税制改革的新情况，对纳税户进行一次纳税鉴定。按照1986年7月1日至1992年12月31日实施的《中华人民共和国税收征收管理暂行条例》的规定，办理税务登记的纳税人，应向主管税务机关申报办理纳税鉴定。根据具体情况，办理税务登记的纳税人应分别就所有制形式、经营方式、经营范围、生产产品的名称、性能、用途，以及收入、所得和其他应税项目，如实填写纳税鉴定申报表。主管税务机关应当依法对纳税人的纳税鉴定申报进行审核，确定其适用的税种、税目、税率（单位税额）和纳税环节、计税依据、纳税期限、征收方式等，发给纳税鉴定书。自《中华人民共和国税收征收管理法》实施后，《中华人民共和国税收征收管理暂行条例》同时废止，纳税鉴定这一税务管理制度不再作为法定的形式要求执行。

三、纳税申报

1979年，广东全面恢复在“文化大革命”中被破坏的纳税申报制度。纳税申报制度的有关规定由各税收实体法规定，如1984年9月国务院颁布《中华人民共和国营业税条例（草案）》规定，纳税人应当按照核定的纳税期限，向当地税务机关办理纳税申报，纳税人

① 1999年起，港澳台商投资企业从外商投资企业中分开统计，此处外商投资企业不包含港澳台商投资企业。

发生营业行为而不按规定申报纳税，当地税务机关有权确定其应纳营业税额。其他如产品税、增值税也有类似的规定。广东一般的做法是，定期纳税的企业在月终汇总申报；“三自”纳税企业无须事前申报，须在纳税的同时，向税务机关报送计税明细表；定额计税的个体工商业户，按季申报实际营业额，其余均按月申报。

1986年7月起，广东执行《中华人民共和国税收征收管理暂行条例》，纳税申报制度进一步完善。从事临时经营的纳税人，也要在发生纳税义务的当天向经营所在地税务机关申报纳税；纳税人发生纳税义务30日或者超过税务机关核定的纳税期限15日，未向税务机关申报纳税，主管税务机关有权确定其应纳税额，并发出限期缴纳通知书，责令纳税人限期缴纳。

1993年起，广东执行《中华人民共和国税收征收管理法》及其实施细则，在广东境内的纳税人必须依照法律、行政法规规定或者税务机关依照法律、行政法规规定的申报期限内办理纳税申报，到主管税务机关报送纳税申报表、财务会计报表以及其他纳税资料。纳税人享受减税、免税待遇的，在减税、免税期间应当按照规定办理纳税申报。扣缴义务人必须依照法律、行政法规规定或者税务机关依照法律、行政法规规定的申报期限内到主管税务机关报送代扣代缴、代收代缴税款报告表以及其他有关资料。纳税人、扣缴义务人按照规定的期限办理纳税申报或者报送代扣代缴、代收代缴税款报告表确有困难，需要延期的，应当在规定的期限内向税务机关提出书面延期申请，经税务机关核准，在核准的期限内办理。纳税人、扣缴义务人因不可抗力，不能按期办理纳税申报或者报送代扣代缴、代收代缴税款报告表的，可以延期办理，但是，应当在不可抗力情形消除后立即向税务机关报告。税务机关应当查明事实，予以核准。

1994年税务机构分设后，广东国税系统和地税系统各自按《中华人民共和国税收征收管理法》负责征管范围内的纳税人及扣缴义务人、代征人的纳税申报及代扣代缴、代收代缴税款报告、委托代征税款报告的管理。

广东国税机关在执行《中华人民共和国税收征收管理法》及其实施细则中，采取多种纳税申报方式。上门申报，邮寄申报，电传申报，现场申报。1995年，省国税局制定《广东省国税系统电话申报缴税实施方案》《关于委托银行划缴税款试行办法》。

四、账簿凭证管理

1979年，广东恢复税收征收管理时，对账簿凭证的管理没有作出规定。1986年7月起实施的《中华人民共和国税收征收管理暂行条例》开始明确账务、票证管理规定，在广东境内的纳税人必须按照国家财务会计法规和税务机关的规定，建立健全财务会计制度，配备人员办理纳税事项，并完整保存账簿、凭证、缴款书、完税凭证等纳税资料。

1993年1月1日起，广东执行《中华人民共和国税收征收管理法》及其实施细则，规定在广东境内从事生产、经营的纳税人应当自领取营业执照之日起15日内按照国务院财政、税务主管部门的规定设置账簿，根据合法、有效凭证记账，进行核算。生产经营规模小又确无建账能力的个体工商业户可以聘请注册会计师或者经税务机关认可的财会人员代为建账和办理账务；聘请注册会计师或者经税务机关认可的财会人员有实际困难的，经县以上税务机关批准，可以按照税务机关的规定，建立收支粘贴账簿、进销货登记簿等。从事生产、经营的纳税人应当自领取税务登记证件之日起15日内，将其财务、会计制度或者财务、会计处理办法，报送税务机关备案。扣缴义务人应当自税收法律、行政法规规定的扣缴义务发生之日起10日内，按照所代扣、代收的税种，分别设置代扣代缴、代收代缴税款账簿。纳税人、扣缴义务人使用计算机记账的，应当在使用前将记账软件、程序和使用说明书及有关资料报送主管税务机关备案。

1994年，税务机构分设后，广东税务机关继续执行《中华人民共和国税收征收管理法》及其实施细则的有关规定，实施账簿凭证管理。

1997年，广东落实国务院、国家税务总局对个体私营经济税收征管的规定，确定实施建账建制的重点业户为私营企业、各类名为国有或集体实为个体或私营的企业、个人租赁承包的业户以及个体工商业大户；对经营规模小又确无建账能力的个体工商业户，建立收支凭证粘贴簿、进货销货登记簿。根据国家税务总局《个体工商户建账管理暂行办法》，广东规定凡在省内建立简易账的个体工商业户应按规定建立经营收入登记簿、商品（材料）购进登记簿、经营费用登记簿。按收付实现制原则，以原始凭证填制记账凭单，并在记账凭单上注明登记簿的类别、摘要以及金额，再分别记入分类的登记簿上。每季（或半年）终了后10天内由业户对存货实地盘点，编制库存商品（材料）盘存表。

五、发票管理

（一）税务机构分设前

1982年1月3日，省财政厅税务局制定《广东省统一发货票管理细则》。明确涉外企业在广东境内从事商事活动，均要按照广东省统一发货票管理办法，使用正式的发票记账和收付款，不得使用其本国或港澳地区的发票，如有违反广东省统一发票管理的行为，均依章处理。发票专用章改由广东省税务局统一制发纸模，交各县、市税务局制章使用。原规定由主管部门自行印制的发票，改为主管部门统一格式，由企业按格式印刷使用。印刷厂须凭税务机关的印刷发票通知书方得承印。购用发票凭营业执照或工商部门核准登记的证明，未办税务登记的单位不予供应。用票单位须设立发票分类登记簿，如有两位以上用票人的，还要设立发票分户登记簿，按月（季）向税务机关报送发票购（印）、用、存情况表。新版发票于当年年末投入使用，旧发票于1984年7月停止使用。1981年5月至1982年10月，广东对发票进行一次全面的检查清理。全省使用发票单位13.84万家，检查清理9.54万家，发现有问题的1.05万家，查破各类发票违章案件1.18万宗。利用发票弄虚作假偷漏税的8 730宗，处理补回税款近1 000万元，罚款41万元。同时，查破经济犯罪案件550宗，784人。其中：拘留的107宗，157人；由司法机关依法判刑的21宗，案犯29人。通过检查还发现税务人员利用发票进行贪污的有113人。

1985年12月23日，省政府颁布《广东省统一发票管理办法》，1986年1月28日，省税务局制定《广东省统一发票管理办法实施细则》，进一步完善发票管理。第一，明确规定税务机关是发票的制定和监督管理机关，统称销售商品与劳务收入的票据为发票。第二，发票分工商企业商品销售发票、个体工商业户商品销售发票、临时经营发票、专用发票（按服务行业分类分别使用专用发票）和特种发票，特种发票由省税务局特案规定，供生产经营某种特殊商品使用。第三，发票专用章改为广东省××县、市统一发票专用章。第四，生产经营正常，发票使用量大，有健全的发票管理制度和有专人管理发票的全民所有制企业，报经税务机关批准后可自印发票使用。第五，对违反发票管理者，税务机关视情节轻重处于5 000元以下罚款；非法买卖、转让或借用发票者，对双方均处于罚款；对违反发票管理或玩忽职守而遗失发票的直接责任人，另处200元以下的罚款。

1986年1月，根据《广东省统一发票管理办法》规定，省税务局制定《税务机关发票管理制度》，该制度规定：第一，每次批准用票单位印制发票，须先经主管的税务专管员和征收单位审核提出意见。批准印制发票的权限集中于县（市）税务局，需要在外县（市）指定印刷厂承印者要先征得当地税务局的同意，并建立联系管理制度。第二，委托其他单位代开发票，必须经县（市）税务局批准，并发给委托书，明确规定代开项目范围，应代征的税种、税率，代征税款的报缴期限和手续等。第三，建立检查制度，每年至少要进行一次全面的检查。

1986年10月，广东开始实施财政部颁布的《全国发票管理暂行办法》。

1987年10月，全省公路客运票据纳入发票管理范围。

1992年1月1日起，全国启用套印全国统一发票监制章和印有全国统一发票底纹的新版发票，套印各省、自治区、直辖市监制章的发票使用到1992年12月31日止。广东省新版发票监制章的中央加刻广东省××市（县），监制章全称为全国统一发票监制章广东省××市（县）税务局监制。发票监制章形状为椭圆形，规格长轴为3厘米，短轴为2厘米，边宽0.1厘米，内环加刻一细线。上环刻制全国统一发票监制章字样，下环刻制税务局监制字样，中间刻制监制税务机关所在省（市、区）、市（县）的全称或简称，字体为正楷，印色为大红色，套印在发票联票头正中央。发票监制章只准套印在发票联，其他联次均不得套印。

1993年12月起，广东执行财政部颁布的《中华人民共和国发票管理办法》及国家税务总局制定的实施细则。

（二）国税

1. 普通发票

1994年，税务机构分设后，全省国税系统继续执行《中华人民共和国发票管理办法》及其实施细则。普通发票的管理按流转税的归属划分。国税局管辖范围的纳税人使用的普通发票，由国税局负责印制、发放和管理。

1995年11月，省国税局制定《广东省国家税务局发票管理实施规定》，明确各级国税机关发票管理的职责，省国税局设立发票管理处，各市、县国税局设立发票管理科（处，挂发票管理所），对发票的印制、发放、领购、开具、取得、保管、缴销、检查和违法违章处罚实行统一管理。国税局负责印制、发放和管理的发票种类有：商品销售发票，收购发票，水、电、气收费发票，加工、修理、修配发票，其他收入发票，统一发票。

1997年8月，省国税局制定《广东省国税系统印制发票企业管理办法》。

1999年，省国税局按照国家税务总局的部署，在全省统一开展发票清理大检查，对150 392家普通发票用户、70 842家增值税专用发票用户进行重点检查，共处罚违法发票管理者13 157家，补税、罚款1.23亿元，并在全省范围内开展声势浩大的“发票知识传万家”宣传活动，有效地加强发票的管理。

2000年，省国税局在汕头、东莞两市国税局试点发票查询、摇奖、举报有奖活动。

2. 增值税专用发票

（1）规范

1994年税务机构分设后，增值税专用发票的发放和管理由国税局负责。同年起，广东按照国家税务总局1993年12月制定的《增值税专用发票使用规定（试行）》及其他有关增值税发票的规定，采取措施加强增值税专用发票使用管理。建立健全增值税专用发票保管、审批、领购、使用各项管理制度；加强对企业用票管理，把好税款征收关、抵扣关，大力加强日常稽核检查国税局负责增值税专用发票的发放和管理。同年9月，省国税局与省地税局联合制定《关于广东省税务人员违反增值税专用发票管理法规行政处分暂行规定》。

1995年1月起，执行国家税务总局1994年12月制定的《增值税专用发票存储运输安全保管暂行办法》。5月，省国税局制定《关于对增值税专用发票实行戳记管理的规定》，在全省范围内对一般纳税人领用增值税专用发票实行先加盖戳记后领购的办法。制定《广东省国税系统增值税专用发票管理责任书》。按照下一级对上一级负责的原则，各级国税机关都签订责任书，基层征收单位与税收管理员签订增值税专用发票管理的有关责任书。同时，省国税局制定《关于税务人员严格管理增值税专用发票的若干规定》。1996年7月起，广东贯彻执行国家税务总局《增值税专用发票内部管理办法》，各级国税机关进一步加强增值税专用发票内部管理制度。

1996年3月，省国税局制定《广东省增值税一般纳税人纳税申报审核和稽查分析办法（试行）》。12月6日，省国税局修订与《广东省增值税一般纳税人纳税申报审核和稽核分析办法（试行）》配套的《广东省增值税一般纳税人纳税申报办法》。从1997年1月1日起，对纳税人实际指标超过销售额变动比率、税负率指标正常峰值的，列为纳税情况异常，进行深入稽核检查。

2000年，省国税局开展增值税专用发票内部管理专项检查。全省国税系统设置的增值税专用发票发售点779个，增值税专用发票仓库685个，仓库安全设施达标率98%，仓库安全管理达标率99%，增值税专用发票收发存管理达标率99%，增值税专用发票限量供应管理达标率95%，增值税专用发票验旧供新制度达标率94%，增值税专用发票票款管理达标率97%。

（2）防伪税控机

1994年，珠海市列为全国3个增值税专用发票防伪税控系统的试点之一，运行国家税务总局监制的防伪税控软件。同年5月，由省国税局在全国率先研制的具有填开、辨认增值税专用发票、计算税款、统计等多种功能的防伪税控机在佛山市税务局一分局所辖的22家企业进行试点，10月扩大到5个分局。1995年9月18日，通过省科委组织的专家鉴定。

1996年4月1日，省政府颁发《广东省推广使用增值税专用发票防伪税控机试行办法》，作为广东行政区域内增值税一般纳税人和制造、使用、维修、管理增值税专用发票防伪税控机的单位和个人的行为准则，凡违反规定的，给予处罚。当年起在全省有计划地推广使用，上半年开始在一般纳税人配备使用防伪税控机，百万元版增值税专用发票全部纳入防伪税控系统，至年底，有7 629家企业配置税控机5 706台。同年11月，根据国家税务总局的规定，广东制定《广东省增值税专用发票防伪税控机业务管理暂行办法》。

1997年5月，全省国税系统贯彻执行国家税务总局、财政部、国内贸易部、电子工业部、国家工商行政管理局《关于在商业服务业娱乐业推行使用税控收款机的通知》，在江门市的商业行业推行使用税控收款机。同年，开展加油站配置税控装置的各项准备工作。对各加油站一律取消定期定额方式征收税款，改按纳税人自行申报，国税机关查账或核定征收。1998年，税控收款机和加油机计税器通过鉴定。

1999年，省国税局在佛山、清远两市进行增值税专用发票防伪税控系统与征管软件的并轨连接，实现利用防伪税控系统生成申报资料的业务需求，拓展防伪税控系统应用功能。同年，全省国税系统按照国家税务总局和国家质量技术监督局《关于加油机安装税控装置和生产使用税控加油机有关问题的通知》的要求，开展加油机安装税控装置的试点工作。

至2000年6月底，汕头、潮州、揭阳和汕尾4个市的增值税一般纳税人全部使用防伪税控机开具增值税专用发票；至年底，全省有25 544家增值税一般纳税人安装使用防伪税控机，配机量达48 304台，覆盖面达到43.5%。同年底，由省经贸委审批的第一批2 360个加油站中，有50%加油站、5 000多条加油枪安装加油机计税器。税控收款机在韶关、江门和佛山等市110多家商业企业试点。12月，省国税局制定《广东省增值税防伪税控系统管理实施办法》，全面规范增值税专用发票防伪税控系统的认定登记、系统发行、发放发售、购票开票、认证报税、技术服务、安全措施及监督管理。

（3）稽核

广东作为全国“金税工程”①（一期）50个城市专用发票计算机稽核的试点率先上马，建立计算机分级负责稽核专用发票的网络。1994年10月1日起，增值税一般纳税人销售货物或应税劳务填开的增值税专用发票和购进货物或应税劳务取得的增值税专用发票，以及税务机关为小规模纳税人代开的增值税专用发票，均按规定录入计算机清分后分别省、市、县级3个层次进行稽核。1998年3月，省国税局制定《广东省增值税专用发票计算机交叉稽核管理工作规程（试行）》和《广东省增值税专用发票计算机交叉稽核业务需求》加强管理。当年，广东实施国家税务总局“金税工程”（二期），运行防伪税控开票子系统、认证子系统、稽核子系统和协查子系统。1999年，省国税局会同有关部门进一步研制交叉稽核的录入软件和稽核软件，同时在佛山、中山、珠海3个市以及顺德市进行试点。2000年4月，省国税局制订《关于2000年全省增值税计算机交叉稽核系统推广工作实施方案》，在广东国税系统全面建立增值税计算机交叉稽核系统，重点建立省和地级以上市两级稽核中心，最终形成省、市、县三级交叉稽核系统网络；将1999年起的专用发票全部纳入系统进行对碰，利用稽核结果，发现并查处一批利用增值税专用发票进行偷骗税的违法案件。

3. 违章处理

全省国税系统根据《中华人民共和国发票管理办法》的规定，对违反发票管理办法的，由税务机关责令限期改正，没收非法所得，可以并处1万元以下的罚款。有两种或者两种以上违反发票管理规定行为的，可以分别处罚。伪造变造、倒买倒卖发票，私自制作发票监制章、发票防伪专用品的，由税务机关依法予以查封、扣押或者销毁，没收非法所得

① 金税工程：以加强对增值税管理为主要目标，通过覆盖全国国税系统的区县局、地市局、省局到国家税务总局四级广域网络和防伪税控开票系统、防伪税控认证系统、计算机稽核系统、发票协查系统组成的信息化工程。1994年3月底开始实施一期工程；2000年6月8日，金税工程二期建设方案得到国务院批准。

和作案工具，可以并处1万元以上5万元以下的罚款，构成犯罪的，依法追究刑事责任。违反《中华人民共和国发票管理办法》，导致其他单位和个人未缴、少缴或者骗取税款，由税务机关没收非法所得，可以并处未缴、少缴或者骗取税款一倍以下的罚款。非法印制发票的，由税务机关销毁非法印制的发票，没收违法所得，并处罚款。

（三）地税

税务机构分设后，省地税系统继续执行《中华人民共和国发票管理办法》及其实施细则。1995年1月，省地税局制定《广东省地方税务局发票管理规定》，这是税务机构分设后，本省制定的第一个综合性发票管理规定，共六章三十一条。该规定对全省地税系统发票管理范围进行明晰的界定，从发票的印制、领购、开具、保管、检查等环节都作出详细的规定，明确发票专用章的大小规格，规定发票的真、伪由市、县以上地税局鉴别，划分申请印制和自行印制的行业专业发票范围等。

1996年12月，省地税局制定《广东省娱乐、服务行业发票及税收征收管理办法》，规定凡在本省境内从事娱乐、服务行业的单位和个人，取得应税收入时一律使用定额发票。

1997年1月1日起，广东省采用统一防伪措施的新版普通发票：一是使用专用水印纸印制发票联，不加印底纹；二是使用专用有色荧光油墨套印发票监制章及发票号码。

1998年1月，省地税局制定《广东省地方税务系统印制发票企业管理暂行办法》，对印制发票企业印制发票的手续、资格、结算、发票防伪专用品的管理等方面进行统一的规定，加强对印制发票企业的监督力度。同年11月，省地税局与公安部门联合开展打击伪造、贩卖、使用假定额发票的专项行动。这次行动共检查10 651家企业，其中使用定额发票的业户8 343家，发现有问题的1 009家，查获假定额发票及不合法凭证共199 243份，金额2 292.99万元，抓获违法分子38人，补税罚款469 215万元。

1999年4月，广东地税部门根据国家税务总局的部署，4月至6月在全省范围内开展发票清理检查，重点行业为饮食娱乐业、旅业、机动车保管业、建筑安装、销售不动产业，清理检查共分三个阶段，分别为宣传发动自查、重点检查和整改建制阶段。自查阶段发动用票户自查138 139家，自查面百分之百，有问题户数3 526家，补税罚款共820.65万元；重点检查用票户64 008家，有问题户数5 317家，补税罚款共7 442.07万元。查获假发票及不合法凭证80 596份，抓获违法分子46人。

1999年4月，电信行业发票统一纳入地方税务部门发票管理范畴，由各市、县地方税务局负责监制。

2000年2月，商业银行及非银行金融机构使用的专业发票统一纳入地税部门发票管理范畴；6月，江门市在全省最早开展发票抽奖的试点工作。7月，省地税局制定《广东省地方税务系统内部发票管理规定》，并开始执行，对地方税务系统内部发票管理的印制、发放、门前开票、内部检查等环节作出规定。

2000年8月至10月，省地税稽查局开展历时3个月的清理检查使用假发票偷逃地方税专项斗争行动。这次行动全省共检查用票户37 255家，有问题户3 671家，查获的假发票涉及总金额为101 343万元，查处不法业户2 281家，查补入库税款7 505万元，罚款977万元，公安机关立案侦查9宗，抓获违法分子19人。

六、税款征收

1986年7月起，实施《中华人民共和国税收征收管理暂行条例》统一纳税税款征收制度之前，税款征收制度是各实体法规定的。如1984年9月国务院颁布的《中华人民共和国营业税条例（草案）》规定，固定业户的营业税，除另有规定者外，在业户所在地缴纳，临时经营者的营业税在营业行为发生地缴纳；纳税人应于开始经营之日起30日内，向当地税务机关办理税务登记；缴纳营业税的期限，由当地税务机关根据应纳税额大小分别核定，最长不得超过1个月；纳税人发生营业行为而不按规定申报纳税，当地税务机关有权确定其应纳营业税额。其他如产品税、增值税也有类似的规定。

1986年7月起，根据《中华人民共和国税收征收管理暂行条例》，广东确定的征收方式有：查账征收、查定征收、定期定额征收，以及代扣、代缴、委托代征。对从事临时经营的纳税人，主管税务机关可以责成其提供纳税保证人或者预缴纳税保证金，限期进行纳税清算。逾期未进行纳税清算的，由其保证人负责缴纳税款，或者以纳税保证金抵缴税款。

1993年1月1日起，依照《中华人民共和国税收征收管理法》及其实施细则，广东进一步完善税款征收制度：各个税种的开征、停征、征多少，均继续按有关税法和行政法规执行，并继续采取查账征收、查定征收、定期定额征收，以及代征、代扣、代缴等形式征收税款，对法律、行政法规没有规定负有代扣、代收税款义务的单位和个人，税务机关不得要求其履行代扣、代收税款义务。纳税人、扣缴义务人按照法律、行政法规规定或者税务机关依照法律、行政法规的规定确定的期限，缴纳或者解缴税款。纳税人因有特殊困难，不能按期缴纳税款的，经县以上税务局（分局）批准，可以延期缴纳税款，但是最长不得超过3个月。纳税人未按照规定期限缴纳税款的，扣缴义务人未按照规定期限解缴税款的，税务机关除责令限期缴纳外，从滞纳税款之日起，按日加收滞纳税款2‰的滞纳金。纳税人可以依照法律、行政法规的规定书面申请减税、免税。

1994年，税务机构分设后，国税系统、地税系统均继续执行《中华人民共和国税收征收管理法》及其实施细则规定实施税款征收。1995年，省国税局制定《关于委托银行划缴税款试行办法》。

1997年，省国税局印发《关于委托农业银行办理税款划缴的联合通知》，省国税局和农行省分行研究决定，各地可根据实际需要，委托农业银行系统办理乡镇中心税务分局的税款划缴业务。凡确定由农业银行系统办理税款划缴的市、县国税局应与农业银行签订税款划缴协议书，并建立健全税款划缴业务的各项规章制度，保证国家税款及时安全入库。同年，省国税局转发国家税务总局、公安部1996年11月制定的《阻止欠税人出境实施办法》和国家税务总局印发的《关于认真贯彻执行阻止欠税人出境实施办法的通知》，规定凡属国家税务机关管辖的欠税人，符合国家税务总局规定的边控标准的，都属于边控对象。其中，对拒不申报办理纳税和欠税金额不详或难以核定的欠税人，各地国税机关在申请边控时，须将欠税人拒不申报纳税的具体情节详报省国税局，由省国税局统一与省公安厅联系办理边控手续，以阻止欠税人出境。要求各级国税部门加强日常征管工作，加强对重点业户的监管。在日常征管工作中注意做好清欠工作，建立欠税档案，尤其是要加强对欠税大户和常欠户的跟踪监控，把欠税压缩到最低限度。对出境的欠税人要抓紧办理清欠，尽量减少控管事项。

1998年6月，省国税局转发国家税务总局《关于加强延期缴纳税款审批管理的通知》，要求各级税务机关领会国家税务总局的通知精神，顾全大局，依法治税，规范延期缴纳税款的审批管理制度，不得擅自越权审批，造成国家税款不能及时入库，影响财政收入。明确广东申请延期缴纳税款数额较大的具体标准由各市国税局确定，但必须报省国税局备案。

七、纳税检查

广东的纳税检查，经历由临时性检查逐步转变为税务机关经常性检查的发展过程。1981年和1982年，广东按照财政部税务总局的通知，临时组织工作组，进行全省税收大检查。

1985年，按照国务院《关于开展税收、财务大检查的通知》，省、市（地区）、县层层成立税收财务大检查领导小组和办事机构，开展纳税单位自查互查，各部门抽调干部组成工作组分赴各地重点检查等形式，进行检查。大检查后，对偷漏税严重的个体工商业户加强管理，实行强制性建账建票。

1986年7月，《中华人民共和国税收征收管理暂行条例》规定，纳税人和代征人必须接受税务机关的监督检查，如实反映情况，提供有关资料，不得隐瞒、阻挠、刁难。税务机关根据需要，报经省政府批准，可以在车站、码头、机场以及交通要道等处会同有关部门设置联合检查站（组）；在未设置检查站（组）的地方，如果确有必要，也可以单独设置税务检查站（组），执行税收稽查任务。工商行政管理、公安、交通、铁路、民航、邮电、金融等部门应当配合、协助。《中华人民共和国税收征收管理暂行条例》明确规定税务机关在检查中的执法权，为税务稽查提供法律保障。1988年下半年，根据省政府决定，各级税务机关相机设置税务稽查队。

1993年1月1日起，广东执行《中华人民共和国税收征收管理法》及其实施细则，税务检查得到进一步规范，税务检查成为税务机关的日常工作。

1994年，税务机构分设后，省国税局按照《中华人民共和国税收征收管理法》及其实施细则，由各级国税机关组织力量开展各类纳税检查自查。纳税人、扣缴义务人结合财务核算过程和生产经营的实际情况，对照现行税收法律、法规检查有无漏报应税收入、多列支出、虚增抵扣税额、漏报或错报代扣（收）税项目、错用税率或计算错误等情况。根据国家税务总局的部署，广东国税系统组织各类税务专项检查，规定在需要对纳税人或其他单位、个人的纳税情况采用录音、录像、照相、复印等方式进行调查取证时，被查人员（包括纳税人）应如实提供情况，出具证据，予以配合，不得拒绝或者隐瞒。纳税人、扣缴义务人及其他公民有权向国家税务机关检举揭发不按规定履行纳税义务和违反税法的行为，为税务检查提供线索，由国税局按规定给予奖励并为其保密。纳税人在车站、码头、机场、邮政企业及其分支机构托运、邮寄应纳税商品、货物或者其他财产，应当配合国家税务机关检查，如实提供其单据、凭证和有关资料。

1995年，根据国家税务总局1994年12月制定的《税务检查证管理暂行办法》（《暂行办法》2000年重新修订）和1994年2月印发的《关于在全国范围内统一税务检查证式样的通知》，省国税系统在全省开展统一税务检查证的工作，全省国税系统15 787名税务干部制作办理新的税务检查证。同年7月，省国税局转发国家税务总局《关于禁止在公路上设立税务检查站的通知》，撤销全省各地的税务检查站。依照规定在道路、车站、码头等地设机构开展税务检查的检查站（包括稽征站、组等），一律由设置或派出该检查机构的税务局（分局、所）按规定作出具体行政行为，即不再以检查站（稽征站、组等）名义作出处理决定。

1996年，广东明确划分国税局、地税局分别负责各自所管理税种的税务检查工作。必要时国税局、地税局可以联合组织检查，但对检查结果分别作出处理决定。各级国税局、地税局在检查中发现属于对方管辖的税收问题时，互相通报，分别查处。各级国税局、地税局采取相互委托代征税收的，其检查工作相应委托对方负责。

1998年9月，根据国家税务总局《关于开展1998年全国税收检查工作的通知》，全省国税系统开展全省税收大检查，全省共清查出漏征漏管户52 305家，查补税款3 321万元。

1994年，税务机构分设后，省地税局继续执行《中华人民共和国税收征收管理法》及其实施细则，进行税务检查。

八、违章处理

（一）税务机构分设前

1986年7月以前，国家在颁布各种税收条例时，均明确规定违反条例的处罚条款。1986年7月起实施《中华人民共和国税收征收管理暂行条例》，1993年起实施《中华人民共和国税收征收管理法》，进一步完善对各种违反税收征收管理的处罚规定，明确税收征收管理中各当事人的法律责任。

1. 欠税处理

对纳税人超过规定的纳税期限，未缴或少缴应纳税款而造成拖欠的，除限期补缴外，并从滞纳之日起至缴纳当天止，按日加收滞纳金。1979年广东执行的滞纳金标准为其应纳税款的1‰，1980年9月以后为5‰。

1986年7月起执行《中华人民共和国税收征收管理暂行条例》，对欠缴税款的加收滞纳金，对拒不缴纳者采取其他一些强制措施：（1）吊销其税务登记，收回由税务机关发给的票证，限期缴纳；（2）提请工商行政管理部门吊销其营业执照，停止其营业，限期缴纳；（3）采取上述措施无效时，提请人民法院强制执行。

1993年1月1日起执行《中华人民共和国税收征收管理法》，纳税人欠缴应纳税款，采取转移或者隐匿财产的手段，致使税务机关无法追缴欠缴的税款，数额在1万元以上的，除由税务机关追缴欠缴的税款外，依照1992年9月4日第七届全国人民代表大会常务委员会第二十七次会议通过，1993年1月1日起施行的《关于惩治偷税、抗税犯罪的补充规定》处罚，构成犯罪的，移交司法机关处理；数额不满1万元的，由税务机关追缴欠缴的税款，处以欠缴税款5倍以下的罚款。

2. 漏税处理

1981年以前，国务院公布的各种税收条例，将偷税、漏税的处理规定合在一起。1981

年6月起施行《广东省税务征收管理暂行办法》，区别漏税与偷税，并分别作出处理，规定："纳税单位和个人无意漏报应收项目、计税数量、或者计税金额者，视为漏税行为。经发现主动申报改正者，只补税，不罚款。"1986年7月起执行《中华人民共和国税收征收管理暂行条例》，对漏税者，税务机关令其限期照章补缴所欠税款；逾期未缴的，从漏税之日起，按日加收所漏税款的5‰滞纳金。

1993年起，广东执行《中华人民共和国税收征收管理法》，取消漏税的概念。

3. 偷税处理

1980年以后实施的个人所得税、中外合资经营企业所得税、外国企业所得税、建筑税、烧油特别税、产品税、增值税、盐税、营业税、城市维护建设税等税收条例，规定罚款为5倍以下。1984年后实施的国营企业所得税、国营企业调节税、国营企业奖金税、事业单位奖金税、集体企业所得税、城乡个体工商业户所得税等规定罚款为一倍以下。1986年7月起执行《中华人民共和国税收征收管理暂行条例》，对偷税者，除令其限期缴纳所偷税款外，并一律处以所偷税款5倍以下的罚款；对直接责任人和指使、授意、怂恿偷税者，处以1 000元以下的罚款。

1993年起执行《中华人民共和国税收征收管理法》，纳税人伪造、变造、隐匿、擅自销毁账簿、记账凭证，或者在账簿上多列支出或者不列、少列收入，或者进行虚假的纳税申报的手段，不缴或者少缴应纳税款的，是偷税。偷税数额占应纳税额的10%以上的并且偷税数额在1万元以上的，或者因偷税被税务机关给予二次行政处罚又偷税的，除由税务机关追缴其偷税款外，依照《关于惩治偷税、抗税犯罪的补充规定》处罚；偷税数额不满1万元或者偷税数额占应纳税额不到10%的，由税务机关追缴其偷税款，处以偷税数额5倍以下的罚款。扣缴义务人采取前款所列手段，不缴或者少缴已扣、已收税款，数额占应缴税额的10%以上的并且偷税数额在1万元以上的，除由税务机关追缴其偷税款外，依照《关于惩治偷税、抗税犯罪的补充规定》处罚；数额不满1万元或者偷税数额占应纳税额不到10%的，由税务机关追缴其不缴或者少缴的税款，处以不缴或者少缴的税款5倍以下的罚款。

4. 抗税处理

1979—1985年，广东对拒不缴税者，除依法补税罚款外，情节严重的，送人民法院处理。

1986年7月起执行《中华人民共和国税收征收管理暂行条例》，对抗税者，除令其按章补缴税款和处以所抗税款5倍以下的罚款外，并根据纳税人的具体情况，加罚5万元以下的罚款；对直接责任人和唆使、包庇、支持抗税者，处以1 000元以下的罚款。情节严重的，送司法机关按《中华人民共和国刑法》处理。

1993年起执行《中华人民共和国税收征收管理法》。以暴力、威胁方法拒不缴纳税款的，是抗税，除由税务机关追缴其拒缴的税款外，依照《关于惩治偷税、抗税犯罪的补充规定》处罚。情节轻微，未构成犯罪的，由税务机关追缴其拒缴的税款，处拒缴税款5倍以下的罚款。

5. 其他税务违法违规行为处理

1979年，对各种经济性质的纳税户违反税务管理规定，处以100元以下的罚金。1981年6月起施行《广东省税务征收管理暂行办法》，对不按规定办理税务登记，不按期申报纳税或违反外销管理者，视情节轻重，处以500元以下的罚金。1986年7月起执行《广东省税收征收管理实施办法》，对违反税收征收管理的行为，处以5 000元以下的罚金。所有税务违章案件的罚金处理，均由主管税务机关报经县（市）税务机关批准后执行；对情节严重，触犯刑律的，由县（市）以上税务机关移送司法机关追究刑事责任。

1993年1月1日起执行《中华人民共和国税收征收管理法》。纳税人有下列行为之一的，由税务机关责令限期改正，逾期不改正的，可以处2 000元以下的罚款；情节严重的，处2 000元以上10 000元以下的罚款：（1）未按照规定的期限申报办理税务登记、变更或者注销登记的；（2）未按照规定设置、保管账簿或者保管记账凭证和有关资料的；（3）未按照规定将财务、会计制度或者财务、会计处理办法报送税务机关备查的。扣缴义务人未按照规定设置、保管代扣代缴、代收代缴税款账簿或者保管代扣代缴、代收代缴税款记账凭证及有关资料的，由税务机关责令限期改正，逾期不改正的，可以处2 000元以下的罚款；情节严重的，处2 000元以上5 000元以下的罚款。纳税人未按照规定的期限办理纳税申报和报送纳税资料的，或者扣缴义务人未按照规定的期限向税务机关报送代扣代缴、代收代缴税款报告表和有关资料的，由税务机关责令限期改正，逾期不改正的，可以处2 000元以下的罚款；情节严重的，可以处2 000元以上10 000元以下的罚款。

6. 税务人员违反法律规定处理

1993年起执行《中华人民共和国税收征收管理法》。税务人员与纳税人、扣缴义务人勾结，唆使或者协助纳税人、扣缴义务人犯《中华人民共和国税收征收管理法》第四十条、第四十一条、第四十二条、第四十四条罪的，按照刑法关于共同犯罪的规定处罚；未构成犯罪的，给予行政处分。

税务人员利用职务上的便利，收受或者索取纳税人、扣缴义务人财物构成犯罪的，按照受贿罪追究刑事责任；未构成犯罪的，给予行政处分。税务人员玩忽职守，不征或者少征应征税款，致使国家税收遭受重大损失的，依照刑法规定追究刑事责任；未构成犯罪的，给予行政处分。税务人员滥用职权，故意刁难纳税人、扣缴义务人的，给予行政处分。

7. 涉税刑事案件处理

1980年1月1日起施行的《中华人民共和国刑法》第一百二十一条规定："违反税法法规，偷税、抗税，情节严重的，除按照税法规定补税并且可以罚款外，对直接责任人员，处三年以下有期徒刑或者拘役。"1993年1月1日起施行的《关于惩治偷税、抗税犯罪的补充规定》，进一步明确对构成犯罪的偷税、抗税、骗取出口退税行为的刑罚规定。

8. 未结清税款处理

1993年1月1日起执行《中华人民共和国税收征收管理法》，规定未结清税款的纳税人或者他的法定代表人需要出境的，应当在出境前向税务机关结清应纳税款或者提供担保。未结清税款，又不提供担保的，税务机关可以通知出境管理机关阻止其出境。

（二）税务机构分设后

1994年，税务机构分设后，省国税局和省地税局都继续依照《中华人民共和国税收征收管理法》及其实施细则等法律、法规处理税收违章行为。

省国税局规定，税务行政处罚，由县以上国税局（分局）决定；对个体工商业户未取得营业执照从事经营的单位、个人罚款在1 000元以下的，由税务所决定。纳税人未按照规定期限缴纳税款的，扣缴义务人未按照规定期限解缴税款的，税务机关除责令限期缴纳外，从滞纳税款之日起，按日加收滞纳税款2‰的滞纳金。

省国税局与公安、检察、法院、工商、海关、外贸等部门建立联席会议制度，密切合作，共同查处涉税违法行为。1995年，全省国税系统依法查处涉税案件23 230宗，查补税款、罚款共24.9亿元。

1994—2000年，全省地税稽查部门共查结案件17.66万宗，查补税款、罚款、滞纳金143.11亿元。

第三节　税务稽查

一、稽查组织

（一）税务机构分设前

1987年12月，省政府印发《关于在县以上税务机关设置税务稽查队伍的通知》。该通知规定，税务稽查队的主要职责和任务是维护税法，加强税务检查，审查账册；查处重大的偷税、漏税、抗税案件；查缉走私物品和查缉私盐，保证税款足额及时征收入库。必要时可在车站、码头、机场等货物集散地对装、卸的货物进行突击税务检查。税务稽查队作为本级机关的直属机构，受同级税务机关直接领导，业务上受上级税务稽查队指导。省税务局税务稽查队于1988年10月12日正式成立。

税务稽查队的案件主要来源于税务稽查工作人员在工作中发现的；上级批办和其他部门移送的；群众反映，检举、揭发的；被查处对象自述或申诉的。

稽查队在办理税务违章案件时，对违章事实简单、事实清楚、情节轻微的一般性税务违章案件，不编制立案报告，将处理结果填报在受理案件登记簿处理栏内；需要转有关部门或下属稽查机构调查的，填写转办通知书；对违章事实较严重，需要调查处理的，进行立案。对需要立案查处的税务违章案件，办案人员填写税务违章案件立案报告，编制税务稽查立案呈批表。正式立案后，组织调查组，制订调查方案，经稽查队领导同意后实施。对于已构成犯罪的案件，移交检察机关查处。

1988年年底，全省县（区）以上税务机关共建立稽查队108个，占全省县（区）以上单位（共141个）的76.6%。其中：省税务局税务稽查队1个，市税务局税务稽查队10个，县（区）税务局税务稽查队97个，共配备稽查人员703人；1991年年底，全省成立税务稽查队153个，配备税务稽查人员1 266人。至1994年6月30日税务机构分设前，全省建立163个税务稽查队。其中：省级1个，市级20个；专职稽查人员1 300名。

1994年，税务机构分设后，省国税系统和地税系统分别设立税务稽查机构。

（二）国税

根据《中华人民共和国税收征收管理法》及其实施细则和有关规定，省国税局规定在县以上国税机关设立税务稽查局。县级以上国税局税务稽查局是各级国税机关查处税务违法案件的行政执法主体，独立行使法律、法规赋予国税机关的行政执法权。县以上国税机关设立税务稽查局作为本级机关的直属机构，受同级国税机关直接领导，业务上受上级国税稽查局指导。县级以上稽查局名称为××（市、县、区）国家税务局稽查局。

各级国税稽查机构有权按照法律、法规规定，行使税务检查权和税务行政处罚权；有权按照法律、法规规定，核定纳税人的应纳税额。县级以上国税机关的稽查局有权按照法律、法规规定，实行纳税保证金制度和采取税收保全措施；有权按照法律、法规规定，采取税收强制执行或者申请人民法院强制执行措施。

上级税务稽查局对下级税务稽查局查处的案件有督办和指导权，对已结案的案件，有权责成下级重审，必要时，经本级国税局局长批准，有权对下级立案检查尚未结案的税务案件上调案卷进行查处。

省国税稽查局负责立案查处或统一组织力量查处下列案件：（1）非法为他人代开、虚开增值税专用发票价税合计金额在亿元以上的特大案件；（2）未按规定取得扣税凭证，其税额在100万元以上的税务案件；（3）群众举报并要求由省国税局查处的税务案件；（4）跨市、县管辖区域的税务案件；（5）国家税务总局或省国税局领导交办要求查处的税务案件；（6）需要由省国税局查处的其他税务案件。

地级以上市国税稽查局负责直接查处或组织力量统一查处下列案件：（1）非法为他人代开、虚开增值税专用发票价税合计金额在1亿元以下，1 000万元以上的重大案件；（2）未按规定取得扣税凭证，其税额在10万元以上的税务案件；（3）群众举报要求由市局查处的税务案件；（4）省或市国税局领导交办要求查处的税务案件；（5）跨县管辖区域的税务案件；（6）需要由市局查处的其他税务案件。

1995年年底，全省设立国税稽查机构156个，稽查人员942人，基本做到县、区都有国税稽查机构。至1997年全省设立国税稽查机构161个，市、县（区）都有国税稽查局。至2000年年底，全省国税稽查人员增加到2 382人，省国税稽查局人员由1995年的14人增加到20人。

（三）地税

1994年9月，省地税局成立稽查分局，主要职责是承担查处税务违法案件和指导全省地方税务稽查工作。1995年，全省地税系统稽查部门正式开始独立运作，组建县以上稽查分局167个。

2000年，随着“以纳税申报和优化服务为基础，以计算机网络为依托，集中征收，重点稽查”的税收征管新模式的全面推行，全省地级以上市税务稽查部门按照省地税局机构改革方案，统一改名为稽查局。在市、县一级基本上形成由稽查局、检查分局以及征收管理分局和登记分局内设检查科（股）组成的“双层”稽查（检查）体制。即是在省、市、县级地税局各设置一个专职稽查的稽查局；市、县级地税局在各自管辖范围内又分别设立若干个检查分局；在市、县级地税局的征收管理机构内部又设立稽查（或检查）科（股）。市级稽查局按“四分离”设置内设机构。

稽查局主要负责专案稽查和群众举报案件的受理、分办、查处以及案件复查工作，检查分局主要负责辖区内纳税人以往年度的纳税情况的检查。征收管理分局主要负责辖区内纳税人当年度的纳税情况的检查。登记分局主要负责辖区内纳税人税务登记情况的检查。由于稽查局、检查分局、征收管理分局及登记分局均为本级地税局的直属机构而且互不隶属，因此，相互间在检查业务发生争议时，由本级地税局进行协调解决。

至2000年年底，全省地税系统共有194个稽查机构。全省地税系统稽查人员由1995年的1 334人增加到2 500人，省地税局稽查局由13人增加到23人。

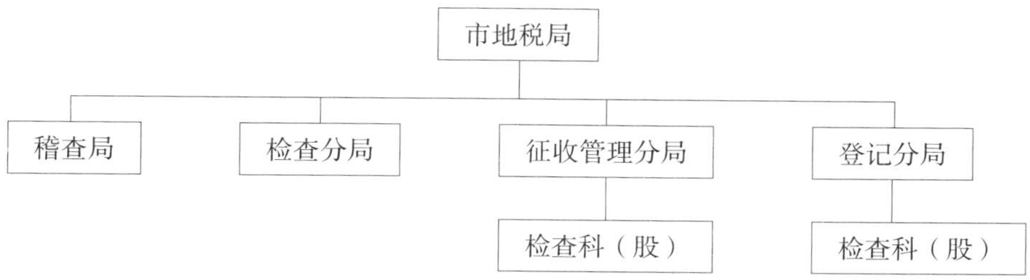

图7-3-1　2000年年底广东省地税系统地级以上市稽查（检查）机构示意图

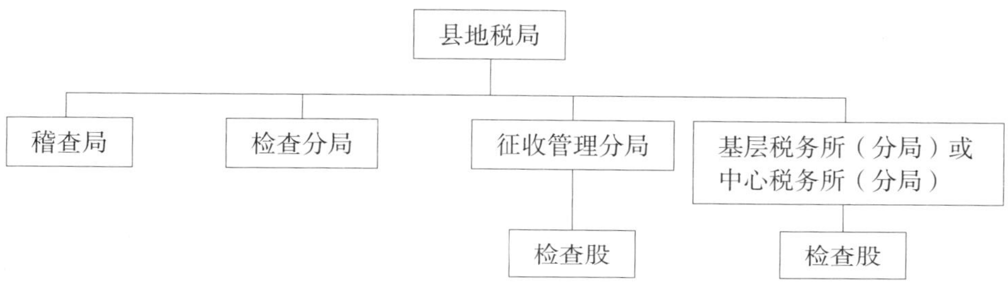

图7-3-2　2000年年底广东省地税系统县级稽查（检查）机构示意图

二、稽查制度

全省各级税务稽查队伍在抓好组织建设工作的同时，抓好稽查制度建设。省税务局稽查队于1989年制定《广东省税务稽查队章程》，1992年重新修订《税务稽查办案程序》，全省各级稽查队也相应制定办案工作、学习、业务培训、办案人员守则、财务管理等制度。

1995年12月，国家税务总局制定《税务稽查工作规程》，全省国税系统和地税系统稽查工作逐渐步入正轨，稽查机构设置以及内部管理机制等初具架构。

同年，省国税局根据《中华人民共和国税收征收管理法》及其实施细则，制定《税务稽查工作规程》；根据国家税务总局《税务稽查工作规程》制定实施办法。省地税局制定《广东省地方税务稽查工作报告制度》《广东省地方税务稽查管理办法》，并印发全省执行。全省国税系统、地税系统根据新税制、征管改革和队伍建设的需要，按照税务稽查选案、查案、审理、执行4个环节，逐步建立健全内设机构，并对税务稽查的工作流程、各个环节的要求、各个岗位的职责都作明确规定，初步理顺稽查工作的上下、内外部关系，保证税务稽查工作有章可循和健康发展。

1996年2月，财政部印发《关于支付税务违章案件告发人奖金问题的通知》，举报奖金发放以文件形式正式确定下来。同年，国家税务总局开发税务稽查管理信息系统软件。8月，印发《关于做好税务稽查管理信息系统推广应用工作的通知》，全省国税稽查系统、地税稽查系统开始运用计算机进行管理、收集稽查信息，提高稽查管理水平。

1997年，省国税系统各级稽查部门在贯彻落实国家税务总局制定的《税务稽查工作规程》的基础上，围绕税务稽查如何高效协调运作和稽查人员廉洁公正执法的问题，建立和完善一系列规章制度：稽查工作报告和信息反馈制度，稽查工作岗位责任制和目标考核办法，税务稽查机构管理办法，税务稽查案件处理制度，廉政建设制度。同年，省地税稽查系统将税务稽查管理信息系统软件推广至县（市、区）一级。

1999年6月，省国税局分别制定《广东省国家税务局税务违法案件公告暂行办法》《广东省国家税务局税务违法案件举报奖励暂行规定》；制定税务稽查收入专户制度操作办法、税务违法案件审理制度、处罚制度、执行制度等。加强稽查工作报告制度。完善岗位责任制，目标考核办法，机构管理办法、廉政措施等。2000年，省国税局根据《中华人民共和国税收征收管理法》和《税务稽查工作规程》的规定，吸收先前分散制定的《强制执行查封、扣押、拍卖财产的操作规程》《稽查执行工作规程》等内部规定，援引或吸纳《税务违法案件举报管理办法》《税务稽查案件监控管理办法》《偷税案件行政处罚标准（试行）》《广东省国家税务局税务违法案件公告暂行办法》及其有关规定，修改、制定《广东省国家税务局实施〈稽查工作规程〉的补充规定》，细化税务稽查工作的各环节，使各项稽查制度逐步整合统一起来。

2000年2月，国家税务总局制定《偷税案件行政处罚标准（试行）》；3月，制定《税务稽查案件复查暂行办法》；7月，重新修订《税务检查证管理暂行办法》；9月，制定《国家税务总局大案要案报告制度（试行）》。省国税局和省地税局转发以上文件，省地税局结合广东稽查工作实际，分别提出实施意见和补充意见。

三、稽查执法

（一）税务机构分设前

1988年10月，省税务局税务稽查队组建后，开展税务稽查执法。1988年，全省各级稽查队共查处税务违章案件6 478宗，补税2 811万元，罚款694万元。

1989年，全省税务稽查队共查处各种税务违章案件32 277宗，补税和罚款金额2.49亿元（年底入库金额1.83亿元）；查缉走私贩私案件495宗，补税及罚没收入905万元；缉获走私物品计有：电视机198部，录像机1 239部，电冰箱12台，进口香烟2 200箱，非法组装汽车101辆，进口手表300块，私盐108吨等。

1990年，全省各级稽查队共查处税务违章和走私贩私案件44 731宗，补税和罚没金额3.54亿元，入库金额2.88亿元，其中查处走私贩私案件2 895宗，补税和罚没金额965万元。缉获的私货计有电视机7 507台，录像机18 288台，私盐60吨，香烟1 487箱，汽车2辆，空调机1 656台，还有布匹、手表、药材等一大批。移送检察机关处理的案件65宗，追究刑事责任97人，其中判刑4人。

各级税务稽查队在工作中采取集中力量、集中时间抓重点，查大案要案的方法。1989—1991年，全省税务稽查队共查处10万元以上的大案要案973宗，应补税款、罚款4.50

亿元，占同期应补税款、罚款的54%。

1993年，全省共查处税务违法案件21 360宗，查补税款9.21亿元，罚款4 709万元，入库9.02亿元。移送司法机关案件25宗，处理案件14宗。

从1988年至1994年上半年，全省共查补税务违章违法和走私贩私案件21.9万宗，补税款和罚款29.4亿元。

（二）国税

1995年上半年，全省国税稽查部门共立案6 627宗，查补税款、滞纳金、罚款共计8.73亿元，入库6.92亿元。1996年查结案22 947宗，查补税款27.96亿元，入库额22.78亿元，入库率82%。1997年共检查纳税户34 289家，发现存在不同程度问题的户数21 861家，查结案户数21 033家，查补税款、滞纳金、罚款、没收非法所得共20.51亿元。1998年共查结案36 960家，移送司法机关处理的案件60件，查结15件。查补罚总额28.01亿元，入库25.47亿元，入库率91%，罚款率12.1%。1999年查补税款、罚款、滞纳金共32.89亿元，入库率97%，罚款率21%。2000年查补税款、罚款、滞纳金共20.35亿元。其中：查补税款16.20亿元，罚款4.02亿元，入库率92%，罚款率25%。并在查办大要案、专项检查、协查工作、举报工作等方面取得一定成效。

1. 查办大要案

1997年，全省国税稽查部门共查处50万元～100万元的大案要案279宗，补税、罚款共1.84亿元，101万元～1 000万元以上的112宗，补税、罚款共2.50亿元。1998年，全省总共查处大案要案2 750宗，补税16.51亿元，占全省查补税额的67%。其中：查处单位偷税10万元～100万元的有2 482家，补税6.67亿元，101万元～1 000万元的202家，补税5.07亿元，1 000万元以上的15家，补税4.62亿元。查处个体工商业户偷税10万元以上的51家，补税1 442万元。1999年，全省共查处补税100万元以上大案要案202宗，补税5.66亿元，占全年查补税款25%。2000年下半年，国务院组织开展打击出口骗税的专项斗争，省政府组织打击骗税工作组，省国税稽查局和全省稽查部门抽调人员参加打击骗税检查工作。国务院“807”打击骗税领导小组办公室先后交办7批“807”专案协查任务，涉及专用发票18 682份，价款52.59亿元，税款9.16亿元；其他个案涉及专用发票964份，金额1.63亿元，税额2 770.14万元；查实广东省受票5 065份，涉及税款2.92亿元，入库税款3 883.58万元，入库罚款1 898.29万元。

2. 专项检查

从1997年开始，省国税系统稽查部门根据国家税务总局部署，先后开展对重点行业和重点税源的专项检查。1997年年底，省国税系统对4 353家商业企业1996年度和4 402家商业企业1997年1月至10月增值税缴纳情况进行检查，分别查补税款5 458万元和2 674万元。1998年开展烟草、电力、石油、石化等行业的专项检查，全省共查补税款、罚款1.4亿元，入库9 000万元。1999年，对全省摩托车行业和出口企业纳税情况进行专项检查，共检查1 944家企业，查补税款1 967万元；稽查部门联合发票管理部门对15万家普通发票用户、7万家增值税发票用户进行专项检查，查出有问题1.7万户，查补税款、罚款共1.2亿元。2000年上半年，国税系统开展对中国农业银行广东所属分行、中国联通公司广东各分公司、广东发展银行各分行等企业的专项检查，共检查企业368家，查增应纳所得税额4 039万元。下半年开展对金融、保险、证券业的专项检查，共检查企业602家，查补营业税税款509.70万元。

3. 协查工作

针对违法犯罪分子利用增值税专用发票作案，案情复杂，全省国税稽查部门协查案件日益增多的情况，各级国税局相继成立协查机构。新的协查模式以有管辖权的税务机关为主体负责组织协查，县以上税务机关按时如实复函，明确有关责任追究制度。全省国税稽查部门推广使用协查信息管理系统软件，从制度、机制上保证落实协查工作。

1997年，全省国税稽查部门共稽核增值税专用发票企业2 756家，查补税款、滞纳金、罚款共13 724万元。其中协查外省案件1 597宗，查补3 666万元，接待外省外调人员1 019批、2 970人次。1998年，全省共协查省内案件1 800件，查结1 200件，补税、罚款7 500万元。协查外省案件1 300宗，查结1 000宗，补税、罚款3 200万元，接待外省外调人员500批、1 600人次。1999年，重点查办宁波益普、广西钦州、海南洋埔、江西弋阳、南源永芳、东莞力宝黏合剂、中山黏合剂等税案，上海松江、青浦虚开增值税专用发票、部分气功组织等涉税案，厦门“4·20”专案等全国大案要案的协查。共办理协查案件2 000多宗，其中外省占40%，查结1 800多宗，补税罚款7.5亿元。接待外调人员900多批、2 800多人。2000年全省国税稽查部门共办理协查5 361宗，查结4 335宗，补税罚款总计45 433万元。其中：来自外省的协查1 692宗，查结1 304宗，补税罚款总计23 620万元。接待外调人员1 397批、4 147人次，其中省内817批、2 488人次，省外580批、1 659人次。

2000年12月，省国税局在全省国税稽查系统内对各级稽查部门主管协查工作的领导和协查工作的经办人员开展金税工程协查子系统运用培训，并按国家税务总局当年12月制定的《协查信息管理系统暂行管理办法》和《协查信息管理系统岗位职责制度》等相关文件的要求，定岗定位、定制度，落实网络的开通。

4. 举报工作

全省国税系统稽查部门设置举报专线电话、举报专用信箱、落实群众举报奖励办法；设置举报中心，由专人负责受理群众举报；实施举报资料与案件查处分离制度，加强对举报人保护；运用电脑举报软件，加强对举报工作的宣传。省国税局为此于1999年6月制定《广东省国家税务局税务违法案件举报奖励暂行规定》。

1997年全省国税稽查部门共受理群众举报案件4 804宗，查处3 768宗，查补金额52 846万元，发放举报人奖励565宗、280万元。1998年全省共受理举报案件6 500宗，查结6 000宗，查补罚总额63 530万元，奖励举报人818宗、327万元。1999年全省共受理群众举报6 500宗，查结5 400宗，查补税款、罚款、滞纳金共7亿多元，共发放举报奖金200多万元。2000年全年国税稽查部门受理举报3 902宗，查结2 500宗，查补税款24 921万元，罚款5 745万元，加收滞纳金138万元；奖励举报者276宗，发放奖励金119万元。

（三）地税

1994—2000年，全省地税稽查部门共查结案件17.66万宗，查补税款、罚款、滞纳金等合计143.11亿元，在全国地税系统中一直名列前茅。

1. 查办大要案

1995—2000年，全省地税稽查部门查处应补缴税额100万元以上的案件1 575宗，其中应补缴税款1 000万元以上的67宗。深圳宝日税案、广州赛马会税案、佛山新领域通信设备有限公司重大偷税案等，在国内外都引起轰动效应。

1996年，深圳市地税局稽查分局查处郑文友中医肿瘤医院个人所得税偷税案，查补税款、罚款、滞纳金共560多万元。1997年，深圳市地税局稽查分局查处深圳宝日税案，查补税款、罚款、滞纳金共计1.45亿元。宝日公司偷税情节恶劣，1997年7月24日，税务机关依法对宝日公司财产进行拍卖，拍卖所得共计2.6亿元。1998年4月，省地税局稽查分局组织广州市地税局稽查局查处广东立信计算有限公司案，追缴企业所得税3 571万元，滞纳金2 760万元。1998年10月，省地税局稽查分局查处广州赛马会案，查补税费共计1 774万元。同年11月至12月，省地税局在《南方日报》、广东电视台、广东电台等新闻媒体上分3批公布全省100家欠税企业，该行动在社会上引起强烈的反响。1998年，全省地税稽查部门共清缴欠税20亿元。2000年7月，省地税局稽查局与省公安厅首次联合侦查广州市某房地产开发公司使用800多套假发票案一宗，查补税款400多万元。

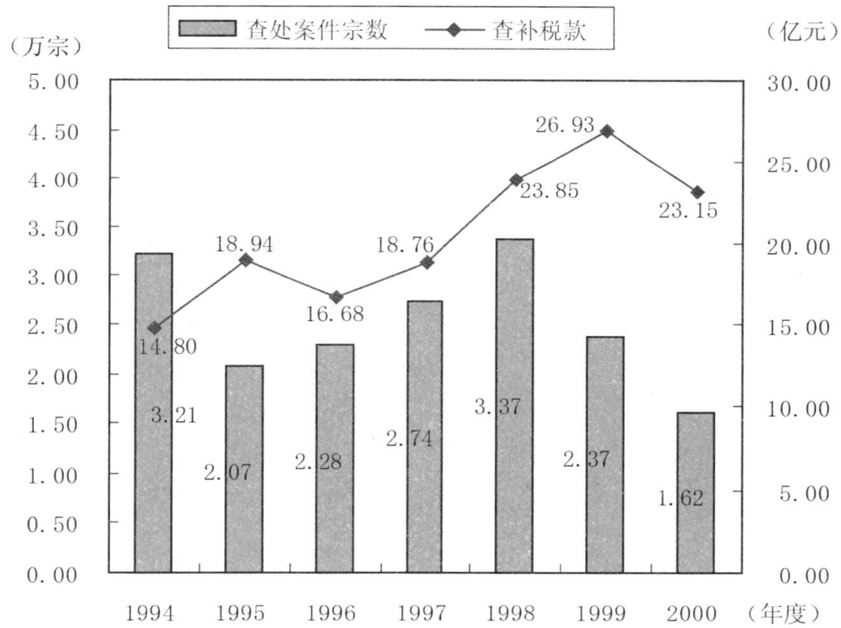

图7-3-3　1994—2000年广东省地税系统稽查执法情况示意图

2. 专项检查

1994年，省地税局稽查分局统一部署对全省邮电系统的纳税情况进行检查清理，共查补税款1 500多万元。自此，行业性检查作为广东地方税务稽查工作的经验被确定下来，得到国家税务总局的认同，作为典型在全国推广。

1995—2000年，全省地税稽查部门每年都统一开展如企业所得税、个人所得税、营业税等各类地方税专项检查，涉及邮电、建筑安装、饮食娱乐、中介服务等多个行业，平均一年整顿3个～4个行业的地方税税收秩序，各地也结合当地实际，开展不同内容、不同形式、不同程度的专项检查，查补税款总额超过8亿元。

第八章　税收计划、统计与票证管理

第一节　税收计划管理

省税务机关税收计划管理的重点是在开展经济税源调查研究的基础上，根据国家税务（总）局和省政府下达的税收计划，编制、分配、检查和考核各市、地区税务机关的税收计划，以此组织、指导和促进税款征收。1994年7月，省国税局和省地税局分别成立并开始独立运作，税收计划工作在原来的基础上，各自重点加强经济税源调查与分析、税收计划预测与调整、重点税源监控与管理等工作。同时从省局到各市、县（市、区）局相应设立计划财务内设机构，基层税务所设专职计划财务人员，负责税收计划、会计、统计、票证和经费财务管理工作。

一、编制与分配

（一）税务机构分设前

1978年和1986年，财政部两次修订《工商税收计划、会计、统计工作制度》。广东都及时贯彻实施并作了补充和改进，明确税收计划是国家财政预算的重要组成部分，是检查和考核税收工作的重要依据，必须保证完成；强调税收计划应当遵循从经济到财政的原则，结合经济的发展，既积极可靠，又适当留有余地；简化年度税收计划的编制程序，1978年由原来的“二上二下”[①]改为“二上一下”，1986年又改为“一上一下”。1984年后，广东对税收计划编制工作由以国民经济计划指标为主要依据转向以国民经济计划为基础，按照商品经济发展变化情况进行调查与测算，由此编制和分配税收计划。测算方法主要是采取直接计算法（即根据各税种的不同特点，通过量、额、价、率4个基本要素分项计算）与间接计算法（即从国民经济整体出发来研究税收与经济发展的弹性关系，从而测算税收增长幅度）相结合，互为补充。

在税收计划的分配上，采取省税务局—市、地区税务局—县（市、区）税务局层层下达的办法。县（市、区）税务局普遍把税收计划落实到股（科）、所、专管员以及各税种、各项目，有的还内部分配到各重点税源企业。对上级分配收入计划大于当地实际税源的，先按上级分配计划下达一个执行数，再按实际税源下达一个确保数；对上级分配收入

① “二上二下”即各地上报计划建议数—省税务局根据上级计划来平衡各地计划，再下发各地调整或征求意见—各地上报调整后的计划—省税务局下达正式计划。“二上一下”即各地上报计划建议数—各地根据上年实际完成数、全省总计划和当地税源变化情况调整上报计划—省税务局根据上级计划和各地调整计划，下达正式计划。“一上一下”即：各地上报计划建议数—省税务局根据上级计划和各地建议数，下达正式计划。

计划小于当地实际税源的，则先按上级分配计划下达一个保证数，再按实际税源下达一个力争数，衡量税收工作的标准更为科学与合理。

1994年，全国实行分税制，但当年两局税收计划的编制、分配没有分开。1995年1月，省国税局、省地税局联合印发《关于明确税务机构分设后税收计会统有关业务问题的通知》，对机构分设后税收计划、会计、统计一系列业务问题进行明确，两个税务系统税收计划按国务院和省政府规定的征管范围，各自分别编制下达，分别进行考核和通报执行情况。两个税务系统的计划、会计、统计报表的反映与任务下达的口径一致；属国税务系统或地税务系统的征管范围征收的税款，分别在国税局或地税局的报表中统计和反映。

由于在具体执行两个税务系统征管范围划分规定的过程中存在着不协调和争论，1996年1月，国务院办公厅转发《国家税务总局关于调整国家税务局、地方税务局税收征管范围意见》，对集贸市场和个体工商业户税收、涉外税收、联营企业和股份制企业所得税等征管归属问题进行调整。1996年4月，国家税务总局下发《关于调整税收征管范围后有关税收计划会计统计处理事项的通知》，对征管范围调整后的税收计划、会计、统计和票证问题进行相应的调整。

（二）国税

1995年，税收计划开始按国税系统税收征管范围单独编制。税收计划的编制方法主要采取“基数法”（收入基数×增长系数±特殊因素）。在基数的选择上，多数年度以上年度税收收入实际完成数为准；在确定增长系数时，主要按照国家税务总局分配的税收计划增长系数和各地上年度税收增长情况及当年实际税源确定，其中充分考虑各地国内生产总值（GDP）增长率。

省国税局编制税收计划的程序是，先由各市依据经济税源变化情况进行预测，然后依此作参考，综合考虑上级下达的税收计划和各地预测情况、上年度完成情况、当年实际税源编制各市税收计划。

税收计划的分配仍主要采取省局—市局—县（区、市）局—基层分局（所）层层下达的方法；县（区、市）局不再将税收收入计划分解到企业；对税政、征管、稽查等内设机构也不下达税收收入计划，其职能主要体现在政策业务和管理上。一些地方对基层分局（所）也不再下达税收计划，主要通过加强税源监控来掌握实际税源情况。

2000年，顺德市国税局在税收计划编制与分配上进行改革试点，全市只进行税收收入的预测，不再编制税收计划，也不对各基层单位下达税收计划，在加强税源监控的基础上，按税源收税，基本上实现依法征税。

（三）地税

1995年后，全省地方税收计划的编制程序分为编制的准备工作、编制计划草案和对计划草案的审核和确定。准备工作包括整理经济、税收的历史资料，总结税收收入的发展规律；搜集国内生产总值（GDP）、投资、价格、商品零售额等国民经济指标；了解经济与税收政策，预测政策变化对税收的影响；对重点地区和重大税收政策变化影响进行调查等。

在此基础上，结合国家税务总局下达的计划建议数和省财政下达的省级收入计划数，对有关资料和数据进行分析计算，综合平衡各方面情况，提出初步的计划草案。草案编制后经过计划统计部门的技术审核和主管领导的把关审核，最后提交省地税局党组集体研究审定，审定后下达各市税务局执行。各市税收计划的编制方法由各地确定，方法与省地税局基本相同。

地方税收计划的分配和落实遵循“积极可靠”和“全额下达”两大原则。根据全省经济发展和各地发展水平及税源的差别，将税收计划全额分配到各市，不留缺口。税收计划根据国家税务总局下达的税收计划和省政府下达的省级收入计划，参考各市地税局上报的计划建议数，由省地税局提出各地区、分级次的计划分配意见，再与各市局进行基数核对和交流意见后，将税收计划在年初全额分配下达。各市、县局也采取同样办法，将税收计划全额、层层落实到各征收单位。计划下达后，各级地税局将本地区的计划落实情况向上一级作专题报告。

二、检查与考核

（一）税务机构分设前

1979年，省财政局税务局开始实施财政部税务总局重新修订的税收计划工作制度，各地税务机关恢复和加强对税收计划执行情况的检查与考核工作。做到月有检查，季有分析；旺征期间，定期公布征收进度；对重点税源定期收集情况。通过检查分析，及时发现和纠正征收中存在的问题。同时，省、市、地区、县税务局均实行按月、季、年度通报税收收入情况，做到抓特点、抓重点、有数据、有情况、有分析、有见解，及时指导和督促征收，促进税收收入任务的完成。

1995年起，税收计划的检查与考核分别在国家税务系统和地方税务系统各自进行。

（二）国税

1997年起，省国税局加强对税收计划执行情况的检查与考核，制定《组织税收收入工作考核办法》，分项对组织收入工作进行打分考核评比，丰富和完善有关考核指标，增强组织收入工作考核的科学性、合理性。坚持按月通报各市组织收入情况，按季度、半年和全年及有特别需要时，对税收报表收入情况进行一次全面分析。

由于税收计划的指导性增强，每年第四季度，省国税局根据全省税收收入进度和各地实际税源情况，对各市税收计划作出适当调整。

（三）地税

1996年起，省地税局按照征收管理范围对各地税务机关进行税收计划分配和考核。其中1996—1999年，纳入省地税局计划考核的单位包括21个地级市地税局和省直属局；2000年，纳入省地税局计划考核的单位包括21个地级市和顺德市地税局。省地税局对纳入计划考核的单位，按月通报收入情况，按季度、半年和全年通报计划进度情况和全面分析税收收入情况。并根据省财政厅的预算安排及调整情况，结合各单位收入进度、实际税源情况和各地财政预算安排，在第四季度对收入计划进行适当调整。

三、税源调查与重点税源监控

（一）税务机构分设前

1978年，广东税务系统自上而下先后建立起经济税源联系网和重点税源观察点。省财政厅税务局与省计委、省经委、省统计局、省外经贸委、省商业厅，烟草、糖业专卖等主管部门建立定期信息交流制度，及时了解全省经济动向。同时在全省税务系统继续实行重点税源报告制度。

1982年10月起，省财政厅税务局规定，凡全年税收收入100万元以上的重点税务所、重点税源企业，由主管税务局按月向省财政厅税务局报送重点税所或企业工商税收收入进度表。当年，省财政厅税务局直接掌握重点税务所460个、重点税源企业410家，其税收收入占当时全省工商税收总收入的50%以上。

1984年后，全省税务系统更加注重经济税源的调查研究，其方式有经常性调查和专题性调查两种。内容主要包括国家的经济政策与税收政策措施对税收税源的影响；工农业生产、交通运输、商品流通、金融保险、进出口贸易等行业的发展变化及企业经营管理，成本升降、利润盈亏变化等对税收的影响；物价变动、利率、汇率调整等对税收的影响；重点税源和季节性税源变化、征收管理措施以及减免税、减税还贷等对税收的影响。省税务局还每年召开两次税源调查汇报会，及时掌握经济税源及其变化情况，为领导决策提供依据，为编制计划、改进征管、组织收入服务。

1995年起，税源调查与重点税源监控由两个税务系统各自进行。

（二）国税

省国税系统对经济税源调查研究逐步实现全面调查与专题调查相结合、经常性调查与一次性调查相结合；加强对珠江三角洲重点税源地区的经济税源调查；各地以税务局领导分片负责的经济税源调查比较普遍，对掌握税源变化情况、促进税收计划完成起到积极作用。

在经济税源调查的基础上，各地开展税源及收入的分析与预测。一些地区还引用数学模型进行收入测算与分析等有益尝试。

重点税源监控与管理方面，大多数基层税务分局指定专人负责重点税源户的管理监控工作，建立定期汇报制度和重点税源档案，全面、准确地掌握当地的税源变化情况。1998年，全省国税系统缴纳增值税和消费税5 000万元以上的20家企业纳入重点税源监控管理范围。至2000年，监控标准改为缴纳增值税和消费税2 000万元以上的企业，监控户数达180家。

同时，改善和加强重点税源的监控手段，开始应用专门计算机软件和防伪税控机等科学手段对重点税源进行监控与管理。多数基层征收单位建立和完善重点税源档案。重点税源管理的逐步强化和规范化，为编制税收计划、组织税收收入提供有利条件。

（三）地税

各级地方税务机关的经济税源调查研究工作，除每年组织定期调查外，还根据不同时期、不同地区的实际情况，采取普查、重点调查和典型调查等多种形式。1996年8月，广东省地方税收研究会成立后，经济税源调查成为每年的重要课题，使税源调查更具有群众性。随着经济发展及分税制财政体制改革，广东的经济税源规模和结构发生较大变化。1997年4月，省地税局印发《关于开展1997年全省经济税源调查的通知》，布置在全省开展一次比较全面的经济税源调查活动。从4月到9月间，通过全省地税的共同努力，基本掌握全省地税税源规模、结构。此外，省地税局还根据组织收入工作需要，不定期开展对重点地区、重点行业的税源调查。

2000年，省地税局根据国家税务总局《重点企业税源监控数据库管理暂行办法》的规定，结合广东经济税源状况，制定《广东省地方税务局重点企业税源监控数据库管理暂行办法》，对年纳营业税500万元的重点企业进行监控，同时对部分经济税源匮乏的地区各行业年纳税额前五名的企业进行监控，各地方税务（分）局按月及时上报监控情况。同年，省地税局集中对年纳营业税500万元以上的企业进行监控，各地根据实际各有侧重，特别加强对成长型行业营业税重点企业的监控，基本上掌握全省50%的营业税税源情况。

第二节　税收统计管理

一、统计指标及分类

1979年，税收统计有按月、按季和年度收入统计；分地区、分部门、分项目统计；分经济类型税收收入统计，经济类型只分国营经济、集体经济、个体经济和其他经济类型；1981年起，对经济类型的划分从原来4种类型改为10种：全民所有制、集体所有制、全民与集体合营、全民与私人合营、集体与私人合营、个体经营、外资经营、中外合营、华侨或港澳工商业者经营和其他经济类型。1984年起，对经济类型的划分简并为5种：全民所有制、集体所有制、合作经营、个体经营和其他各种经济。

1995年后，全省国税、地税税收统计指标是按照国民经济核算要求，国家财政预算管理特征、经济性质、税收管理体制和税收实际工作的需要设置的。按财政预算管理体制划分为中央固定收入、中央与地方共享收入、地方固定收入；地方固定收入分为省级固定收入、省与市县共享收入和市县固定收入。

1999年1月开始，国税系统税收统计报表由原来的分经济类型统计，改为按企业登记注册类型统计。至2000年，税收统计报表统计的企业登记注册类型有三大类12个项目：内资企业包括国有企业、集体企业、股份合作企业、联营企业、有限责任公司、股份有限公司、私营企业和其他企业；港澳台商投资企业包括合资经营企业（港或澳、台资），合作经营企业（港或澳、台资），港澳台商独资经营企业，港澳台商投资股份有限公司；外商投资企业[①]包括中外合资经营企业、中外合作经营企业、外资企业、外商投资股份有限

① 此处外商投资企业不含港澳台商投资企业。

公司。

1995年后，地税系统税收统计分类按税收管理体制分为税收收入和其他收入，税收收入包括营业税、个人所得税、企业所得税、外商投资企业和外国企业所得税、土地增值税、城市维护建设税、车船使用税、房产税、屠宰税、资源税、城镇土地使用税、固定资产投资方向调节税、印花税（不含证券交易印花税）共13个税种。其他收入包括教育费附加、文化事业建设费、税务部门其他罚没收入、社会保险基金、其他专项收入和地方性规费收入。按国民经济核算要求划分为农林牧渔业、制造业、采掘业、电力煤气及水的生产及供应业、建筑业、交通运输仓储及邮电通信业、批发零售贸易与餐饮业、金融保险业、社会服务业、其他行业等指标。按企业经济性质类型分为国有经济、集体经济、联营经济、股份制经济、私营经济、个体经济、港澳台投资经济、外商投资经济[①]等类型。

二、统计报表

（一）税务机构分设前

1978年12月，广东对税收统计报表进行重新修订，除税收会计报表反映税收的征收、解库、提取手续费、退税情况外，另规定各级税务机关编报8种统计报表。

1981年12月，广东增设工商税、盐税分经济类型统计月报表、减免税统计年报表、以税还贷统计年报表、中外合资经营企业、外国企业所得税统计年报表。

1984年起，广东对税务统计报表改用一税一表，各表均以分项目、分经济类型统计。1985年以后，省、市、地区、县税务机关逐步实现以电子计算机代替手工汇编各项报表。

1994年税收统计报表进行相应的简并、增减和规范，报表项目、栏次和品目也相应进行变动。统计报表是国税局和地税局共同编报的，包括税收分经济类型统计月报总表、营业税分经济类型统计月报表、个人所得税分项目统计年报表、外商投资企业和外国企业所得税统计年报表、资源税分经济类型统计月报表、固定资产投资方向调节税统计年报表、农村税收税额统计月报表、企业所得税分项目统计年报表、涉外税收税额统计年报表、减免税统计年报表和纳税登记户数统计年报表共11种报表。1995年起国税系统、地税系统报表各自分开编报。

（二）国税

省国税系统统计报表主要有：税收收入分产业类型统计月报总表、税收收入分企业类型统计月报总表、增值税分企业类型统计月报表、消费税分企业类型统计月报表、金融保险业营业税分企业类型统计月报表、企业所得税分企业类型统计月报表、外商投资企业和外国企业所得税统计月报表、利息所得税统计月报表、税收欠税分项目统计月报表、待清理其他呆账税金分项目统计月报表、纳税登记户统计年报表、县（市）税收收入统计年报表。

1998年10月，国家税务总局对1995年8月制定、1996年起实施的《税收会计核算办法》进行修订和补充，并改名为《税收会计制度》，省国税系统从1999年1月开始实施。税收统

① 此处外商投资企业不含港澳台商投资企业。

计包括分税种、分地区、分经济类型、分产业和税款征收、入库、提退、欠税以及纳税登记户统计等。

至2000年，国税系统的税收统计报表主要有10类月报和2类年报，它们分别是税收收入分产业类型统计月报总表、税收收入分企业类型统计月报总表、增值税分企业类型统计月报表、消费税分企业类型统计月报表、金融保险业营业税分企业类型统计月报表、企业所得税分企业类型统计月报表、待清理其他呆账税金分项目统计月报表、外商投资企业和外国企业所得税统计月报表、利息所得税统计月报表、税收欠税分项目统计月报表和纳税登记户统计年报表、县（市）税收收入统计年报表等。

（三）地税

地税系统的税收统计报表包括税收会计报表、税源统计报表和税政统计报表。1995年是全省地方税务系统独立进行税款征收、核算、对账、产生报表的第一年，各级地税部门按照国家税务总局的有关规定进行编报，并按国家税务总局《关于1995年税收会统报表增设项目的通知》要求，对部分报表和项目进行调整。

1996年起，广东地税系统全面推行国家税务总局制定的《税收会计核算办法》，税收会计、统计报表体系及其指标口径都发生较大的变化和调整。各级地方税务部门按照国家税务总局《关于1996年税收会计、统计报表制度的通知》要求，做好编报工作。

1999年起，广东地税系统执行国家税务总局重新修订并改名的《税收会计制度》。

三、统计资料整理和统计分析

（一）统计资料整理

为弥补“文化大革命”期间对税收统计资料带来的损失，1982年11月，省财政厅税务局对中华人民共和国成立后广东的税务统计资料进行系统地、全面地整理，汇编成《1950—1981年广东省税收税源统计资料》。此后，省税务局均按年汇编税务统计资料专辑，成为完整历史资料。

其间，广东税务统计制度规定，税务所一级的统计资料以统计台账形式进行整理积累，除按税种项目设置外，还分重点企业、重点品目设置，按月、季、年产生各种统计报表，积累第一手统计资料。县级税务局除以台账记录统计资料外，还以表格形式整理积累资料，反映各税务所分税种税源情况，当地工农业生产主要指标，以及税收与国民经济发展的比例关系。

1995年起，统计资料由国税系统和地税系统分别整理。国税系统统一统计资料整理的规范和表式，各市（附所属县、区局报表）所有统计报表均须上报省局；建立和执行审核、复核、审批等系列制度，每年度进行一次会审；指定专人妥善保管，并要求定期交归局机关档案室；每二至三个年度对统计资料进行一次汇编印制，使逐年的税收统计历史资料完整集中保存。

地税系统税收统计资料的整理是按照一定的要求，把搜集到的各种统计资料进行科学的分组归类，成为反映各特定内容的综合性资料的过程。1994年后，各级地方税务（分）局按照系统性、可比性、实用性和以当时资料为依据等原则，对税收统计资料进行分组整理。分组整理方法主要是按税种、地区、企业类型、时期、城乡、行业、重点项目、税目或重点品目进行分组，最后按年度印刷装订成册，便于保存和分析利用。

（二）统计分析

1986年，广东实施新的税收计划、会计、统计工作制度，统计分析成为税务统计的一项基本任务。此后，各市、地区税务局坚持按季向省税务局报送一份专题性或综合性的税务统计分析报告，并成为一项工作制度。

1995年起，统计资料分析由国税系统和地务系统分别进行。1998年起，省国税局按国家税务总局的要求，每年至少上报两篇以上综合或专题统计分析报告。各市国税局按省局的要求，每年同样上报两篇以上统计分析报告，省局每年进行考核和通报。

1995年后，每年年初，省地税局根据国家税务总局的布置，结合广东的经济与税收的重点、热点和难点问题，确定调研专题，下发调研提纲，年终对各级上报的专题报告进行综合考评。还通过培训和制度建设，提高税收统计专题分析的质量水平。1996年，广州市地税局的《工商税收“八五”时期结构变化浅析及“九五”预测》和深圳市地税局的《关于我市对欠税进行统计调查的报告》分别被国家税务总局评为优秀和良好统计分析。1997年，省地税系统专题分析报送数量持续增加，各地上报的分析报告共78篇。1999年，全省地税系统专题统计分析涉及经济与税收关系、经济税收政策的影响、税收资金运动情况分析，以及征收效率、欠税成因和清欠措施等方面。

1979—1993年广东省税收收入分经济类型统计表

表8-2-1

年度	国有经济		集体经济		个体私营经济		涉外经济		其他经济	
	户数（万家）	税收收入（亿元）	户数（万家）	税收收入（亿元）	户数（万家）	税收收入（亿元）	户数（万家）	税收收入（亿元）	户数（万家）	税收收入（亿元）
1979	1.09	—	7.89	—	4.42	—	—	—	—	—
1980	1.18	18.68	8.34	7.26	7.12	0.24	—	—	0.23	—
1981	1.77	21.20	7.89	7.43	13.59	0.61	—	—	0.54	0.15
1982	2.49	24.10	8.92	7.69	19.16	1.40	—	—	0.62	0.50
1983	2.25	27.60	8.08	8.29	24.38	0.30	—	—	0.76	1.60
1984	2.50	31.20	8.78	9.00	30.29	2.70	—	—	0.64	1.80
1985	3.07	52.19	10.13	13.60	34.82	4.10	—	—	0.82	4.00
1986	3.36	53.44	10.29	15.30	39.66	5.00	—	—	0.69	3.80
1987	3.69	61.53	11.70	19.00	45.08	6.70	—	—	0.89	5.40
1988	4.45	80.91	13.80	25.90	49.84	9.30	—	—	1.05	8.80
1989	4.90	95.27	13.90	30.10	54.43	14.20	—	—	1.18	13.50
1990	4.98	99.80	13.82	35.10	57.84	17.30	0.99	—	0.69	17.80
1991	5.41	110.85	14.71	40.50	62.81	21.40	1.33	—	0.64	26.40
1992	6.30	122.78	16.91	50.90	66.61	28.60	1.88	—	0.75	35.10
1993	7.70	173.58	19.98	70.70	73.22	49.30	2.33	49.60	1.02	19.90

说明：表中空缺为资料不全年度或税收统计未加以统计

1995—2000年广东省国家税务系统税收收入分经济类型统计表

表8-2-2

年度	国有经济		集体经济		个体私营经济		涉外经济		其他经济	
	户数（万家）	税收收入（亿元）	户数（万家）	税收收入（亿元）	户数（万家）	税收收入（亿元）	户数（万家）	税收收入（亿元）	户数（万家）	税收收入（亿元）
1995	6.97	220.50	17.95	77.91	66.93	42.80	2.65	113.35	1.94	37.30
1996	5.79	280.58	17.53	81.91	72.36	31.15	3.42	123.21	2.75	50.15
1997	5.40	360.71	17.54	84.28	72.56	35.49	3.20	162.07	4.09	79.98
1998	5.03	367.99	16.48	84.57	79.37	43.99	4.12	211.92	4.72	66.19
1999	4.69	451.90	13.04	82.35	79.16	54.36	4.13	297.00	7.14	112.70
2000	4.12	625.30	10.94	75.19	75.28	54.05	4.34	416.43	15.53	252.22
累计	—	2 306.98	—	486.21	—	261.84	—	1 323.98	—	598.54

1995—2000年广东省地方税务系统税收收入分经济类型统计表

表8-2-3　　单位：亿元

年度	合计	内资企业								港澳台商投资企业	外商投资企业	附列乡镇企业
		小计	国有企业	集体企业	股份制企业	联营企业	私营企业	个体经营	其他企业			
1995	226.66	209.53	114.45	63.68	6.16	2.47	2.84	15.75	4.18	11.04	6.09	—
1996	275.09	236.95	125.34	63.60	11.85	3.46	4.26	24.78	3.66	25.58	12.56	—
1997	348.37	294.48	160.45	67.07	19.98	7.42	5.94	30.31	3.31	29.58	24.31	—
1998	402.46	333.94	168.39	74.12	25.08	17.37	8.25	36.06	4.67	40.34	28.18	37.98
1999	481.67	397.01	189.25	80.59	46.19	25.08	10.93	36.93	8.04	44.57	40.09	36.39
2000	564.26	460.62	184.71	85.77	88.63	25.07	20.08	41.87	14.49	59.31	44.33	42.22
累计	2 298.51	1 932.53	942.59	434.83	197.89	80.87	52.30	185.70	38.35	210.42	155.56	116.59

说明：附列乡镇企业不计入合计数；表中外商投资企业不含港澳台商投资企业，分开列出

第三节　税收票证管理

一、种类和印刷

1979年，广东税收票证、戳记的制发供应权一律集中在省财政局税务局，当时主要有通用完税证、通用缴款书。

1981年1月，财政部税务总局统一制发中外合资经营企业所得税、个人所得税、工商统一税、工商所得税4种税的完税证（代缴款书）。1982年1月，又统一印制外国企业所得税完税证（代缴款书）。同时为适应税制改革的需要，又陆续增印一些专用税收票证，税票种类逐渐增多。至1987年，广东税票种类有：工商统一税完税证、外国企业所得税完税证、中外合资经营企业所得税完税证、个人所得税完税证、外轮运输收入完税证、工商税

收完税证（有普通三联式、小额二联式、涂碳式）、工商所得税完税证、国营企业所得税专用缴款书、国家能源交通重点建设基金专用缴款书、建筑税专用缴款书、工商税收通用缴款书（有五联式、六联式）、工商所得税专用缴款书、增值税资源税缴款书、机动车完税照、工商企业代扣税款专用凭证、烧油特别税纳税凭证、税收罚金收据等。填用后的税收票证，均是纳税人的完税依据，也是税收会计的原始凭证和税收统计的原始资料。

1988年，增加个人收入调节税代扣税款专用凭证。

1991年，停止使用建筑税专用缴款书、外国企业所得税完税证、中外合资经营企业所得税完税证，改用固定资产投资方向调节税专用税票、外商投资企业和外国企业所得税完税证。

1995年，按照征管范围的划分和国家税务总局的有关规定，在全省使用统一票证。国家税务总局于1994年9月对全国税收票证统一式样进行检发。省国税系统和地税系统从分设起按统一式样印制和使用税收票证，原有的票证的使用保留至1995年年底。票证各栏目尺寸大小、字体规格及计税栏下留多少空行等由省局统一制定，国税、地税以字号及表头“国”、“地”两字区别。税收票证字号的编制方法全国统一，票证字号由印制年代、省的名称、机构名称、票证种类及号码组成，号码位数由省地税局根据票证用量制定。所有票证都印有国税、地税机构的区别标志。税收票证监制章样章、各种票证样张、填写说明等，由国家税务总局印发各地。全国税收票证统一式样共21种。

当年全省使用的税票分别由省国税局和省地税局统一印制、统一供应、调剂使用、分别管理。全省各地对1995年上级统一发放的各种税票，由当地国税局和地税局协商合理分配，分别领用。同年，国家税务系统统一刻制使用征税专用章、退库专用章、查验专用章。地方税务机构已经分设的地方，全部启用新刻制的征税专用章和查验专用章。

1995年3月，省国税局、省地税局联合发文规定，1995年1月1日起停止使用工商税收通用缴款书（五联和六联），工商税收通用缴款书（电脑专用），通用缴款书（电脑专用）（4种税票），工商统一税完税证，外商投资企业和外国企业所得税完税证，个人所得税完税证，工商统一税、外商投资企业和外国企业所得税完税证，国有企业所得税专用缴款书（6联），烧油特别税纳税凭证，个人收入调节税代扣款专用凭证等11种税票。同时按照“谁留存谁处理”的原则和票证管理制度进行清理销毁。

从1995年起，国税系统除受地税系统委托代征外，不再使用印花税票、车船使用完税和免税标志、固定资产投资方向调节税专用税票、固定资产投资方向调节税专用税票零税率项目凭证、基金缴款书等票证。同年，对税收完税证、罚款收据、收入退还书和出口产品税收专用缴款书及完税分割单等税收票证进行统一和更新。

省国税系统使用的税收票证种类主要有税收通用缴款书（含手工、电脑版）、出口货物（税收专用）缴款书、出口货物完税分割单、税收通用完税证（含手工、电脑版）、税收定额完税证（有1元、2元、5元、8元、10元5种面额）、税收转账专用完税证、税收罚款收据、税收收入退还书（含手工、电脑版）、代扣代收税款凭证。税收汇总专用缴款书和小额税款退税凭证分别暂由税收通用缴款书和税收收入退还书代替。列入税收票证管理的专用章有征税专用章、退库专用章、查验专用章。税票的印制由各地上报计划，集中省国税局统一印制发放。

1997年，省地税局对全省地方税务系统使用的税收票证印章统一式样进行检发，明确全省地税系统使用的税收票证印章共有15种：税收缴款书、税收完税证、代扣代收税款凭证、固定资产投资方向调节税专用缴款书、固定资产投资方向调节税零税率项目凭证、税收罚款收据、税收收入退还书、印花税票销售凭证、纳税保证金收据、税票调换证、汽车车船使用税完税和免税标志、摩托车完税和免税标志、印花税票、征税专用章、查验专用章。各级地税部门在开展征收业务时统一使用省地税局检发的税收票证印章。除印花税票暂由国家税务总局统一印制发放外，其余14种税收票证印章均由省地税局统一印制下发使用，印制权限不下放。

1998年3月，国家税务总局制定新的《税收票证管理办法》，从7月1日起施行，明确各级税务机关对各种税收票证的设计和印制、领发、保管、填用、结报缴销、作废和停用处理、盘点、损失处理、销毁、核算、审核、检查及违规行为处罚等环节的管理。除当场处罚罚款收据由财政部门制定，税务与国库计算机联网专用缴款书、税收转账专用完税证和税收定额完税证的式样由省级税务机关确定外，其他税票的格式、规格、联次及各联颜色、用途、项目内容和票证字号的编制方法均由国家税务总局统一制定。

同年5月和7月，按照国家税务总局的要求，省国税局先后印发《关于核发税收票证统一式样的通知》和制定《广东省国家税务局税收票证管理办法》；9月，省地税局制定《广东省地方税务局税收票证管理补充规定》，明确视同现金管理的票证种类及管理要求，规定税收票证损失及作废的处理权限及处理程序等。

二、领销和保管

1978年8月和1986年12月，省税务局贯彻财政部修订的税收计会工作制度和《税收票证管理暂行办法》，加强票证管理，健全制度，并把它作为税务系统劳动竞赛和考核的一项内容，定期评比。

（一）领发

专管员、代征员向税务所请领税票，使用票证领销手册，并按规定期限办理结报；税务所向县（市）税务局请领税票，并按期、按月编报票证缴销报告表；县税务局每年一次向市、地区税务局请领税票，并按上、下半年编报票证领、用、存及审核情况报告表。

税务机构分设后，省国税局实行专人专车领取或发送，交接手续齐全严密。用票人员领用、缴销税票，必须填用《票款结报手册》。原则上一次领用同一种税票不能超过100套。分上、下半年编报票证领、用、存及审核情况表。

各级地税机关按照定期编报票证领用计划、专人专车领取或发送、交接手续齐全严密等要求领取税收票证。

（二）保管和缴销

县以上税务局设票证专用库房，税务所设票证专用箱柜，专管员、代征员使用税票专用袋。已填用的票证存根、报查联和回执联，均按规定年限妥为保管，期满销毁时先行造册报批。

税务机构分设后，省国税系统税收票证的保管由专人负责，票证存放要有专门设施，并确保安全，做到防盗、防火、防潮、防虫蛀、防鼠咬和防丢失等“六防”，携票人员票不离身，票清离岗，按规定要求整理和装订已填用、作废、停用及损失上缴的票证。

省地税系统的税收票证保管实行专人负责，票证存放有专门设施，县级以上税务机关设置具有安全条件的票证专用库房，基层税务机关、扣缴义务人和代征代收单位配备票证保险柜，税务人员和代征人员外出使用票证要有专用袋。票证存放要安全，携票人员票不离身，不准带票进行非工作性活动，不得带票回家，做到票清离岗；已填用的票证和作废、停用及损失上缴的票证，按规定整理、装订和归档保存。

（三）库存

县税务局、基层税务机关每季全面盘点一次，填票员每天自行核对；专管员、代征员结存税票，由基层税务机关会计员按期清点核对。

（四）长短、损失处理

票证发生长短、损失，及时追查，并向上一级报告；如属盗窃，即报请当地公安机关协助查缉。完税证发生丢失，除登报声明作废外，并通报有关地区协助查缉。

税务机构分设后，省国税系统在税收票证损失处理方面规定，完税证、罚款收据5套及以下由县（市）局处理，6套～49套由市局处理，50套以上由省局处理；出口专用缴款书、分割单按国家税务总局要求全部由省局处理；一般缴款书由县（市）局处理。征税章、查验章、退库章由县（市）局处理。

省地税系统对票证的损失，依法严肃处理。已填用票证、填用作废票证、印制不合格票证、停用票证、损失残票等按规定程序报批销毁。

三、填用和审核

（一）填用

1978—1993年，广东税收票证的填用以“一税一票”为原则，坚持做到内容完整、字迹清楚、计算正确、盖章齐全。使用税票坚持“十不准”：不准用缴款书收取现金；不准用完税证代替专用缴款书；不准用其他凭证代替税票；不准用税票代替其他收入凭证；不准开白条子收税；不准开票不收税；不准收税不开票；不准几本税票同时使用；不准跳号使用；不准互相借用。票证审核坚持“三审”制度：征收人员填票时自审或互审；税务所会计负责全面初审；县（市）税务局按月全面复审，必要时内外结合进行审票。发现可疑现象，彻底审查清楚。做到正确贯彻政策，纠正多征少征，严肃税收法纪，防止贪污作弊。

1994年，广东明确各级税务部门必须区分中央固定收入、中央与地方共享收入填开税收缴款书，对中央与地方共享收入还必须注明预算级次和分成比例。

税务机构分设后，省国税系统在税收票证填用方面，要求专票专用，顺序填开，分纳税人、分次填开，执行票证填用“十不准”要求。

省地税系统要求，票证的填写专票专用，先领先用，按顺序填写，不得跳本跳号使用或几本同时使用，税收票证分纳税人、分次填开，必须使用规定的笔、复写纸填开或打印。执行票证填写“十不准”要求；各级税务机关和填票员在领发、填用票证时发现印制质量不合格的，应及时清理登记，妥善保管，按规定集中上缴地市级税务机关或印制机关。填用中出现作废的票证，按期与已填用的票证一起办理结报缴销，不得自行销毁；填票员每天对票证进行核对，县级机关每季度至少组织一次全面的盘库和清点。

（二）审核检查

1978年8月，全省税务系统落实《税收计会工作人员岗位责任制》，纠正“文化大革命”期间票审工作未能正常开展的问题，广东的税收票审制度得到恢复和健全。全省各地对前期填用的税票，开展大规模复审、抽审，共组织1 526人次，对213个基层税所票证进行内审、外审，审票共181.3万套，消除了管理混乱、账实不符现象，并严肃处理利用税票贪污、挪用税款的事件。

1998年7月1日起实施的《税收票证管理办法》，省国税局要求县级以下国税机关应对结报缴销的票证进行审核，包括日常审核和专门审核。在税收票证检查方面，要求基层国税机关每季进行一次全面的票证清查；县级和市级国税机关每半年至少组织一次票证抽查；省国税局每年至少组织一次票证抽查（抽查单位数不得少于总数的30%），每三年至少组织一次全面的票证清查。

省地税系统按票证种类、领用单位（人）设置税收票证分类出纳账，依据票证领用单或交接单、票款结报单、票证缴销表、票款结报手册和票证损失报告等原始凭证，对各种税收票证的领发、用存、作废、结报缴销、停用上缴、损失和销毁的数量、号码进行及时的登记和核算，定期结账，据以核对票证结存数；按期编报税收票证用存报表和印花税票用存报表，并将票证的原始凭证和有关报表妥善保管。县级以下税务机关根据税法规定、国家预算、金库制度和票证管理制度，对结报缴销的票证进行审核，对下属基层税务机关结报缴销的票证，由票证主管人员进行复审，此外，通过采取抽审和会审的方式进一步加强对票证结报缴销工作的监督和管理。

各级税务机关根据《税收票证管理办法》规定，定期对税收票证的印制、领发、保管、填用、结报缴销、作废、损失处理和核算等项工作进行清理检查，清理检查的方式方法与国税系统相同。对视同现金管理的票证发生损失的责任人，除按票证管理办法的规定进行赔偿外，可处以罚款，对扣缴义务人每次损失票证的处罚金额不超过1 000元，对代征代收单位（人）损失票证的处罚，按代征代收协议书规定办理。对利用税收票证混库和积压、挪用、贪污税款，及不遵守票证管理办法规定而造成税款损失的，进行严肃查处，并追究有关责任人和单位主管领导的经济和行政责任，对触犯刑律的，移送司法机关查处。

1996年7月，省地税局在全省范围内开展一次税收票证大检查。检查分自查、检查和重点抽查3个阶段进行，县以下单位自查和检查面达100%，市重点面不少30%。共清查各类缴款书3 202 527份、完税证15 673 719份、标志票102 452枚、印花税票18 077 719枚及其他票证4 676 023份。大部分单位能严格执行票证制度，特别是阳江、中山、肇庆、韶关、茂名、梅州等单位成绩突出。但损失票款、利用税票作案贪污、挪用税款案件时有发生，票款结报不及时、部分票管人员业务不熟悉、填票质量较差等问题在一些地方仍不同程度地存在。

第九章 财务管理

第一节 企业财务管理

中华人民共和国成立后，国营企业机构规格一直沿用参照行政机关的级别划定。1986年2月，省政府办公厅转发省编委《关于审定企业机构规格的意见》，重新明确规定省属企业机构规格分为厅（局）级、副厅（局）级、处级、副处级、科级。1988年4月，国家经委、计委、统计局、财政部、劳动人事部联合制定《大、中、小型工业企业划分标准》；1992年7月，国务院贸易办公室、国家计委等6个部门重新作出《〈大、中、小型工业企业划分标准〉的补充标准》。划为大中型企业的，一般定为处级或副处级单位，少数重点骨干大型企业定为厅（局）级或副厅（局）级单位；少数按标准达不到大中型企业，但在省内国民经济中所处的地位比较重要，定为处级或副处级单位；有些企业虽属中型企业，但机械化程度不高，定为科级单位。划为小型企业的，一般定为科级。省政府直属的总公司、公司，一般定为厅（局）级或副厅（局）级单位。

1999年，深圳市在全国率先废除国有企业参照行政级别划分企业机构规格的做法，首创按企业的运营资本金、年销售额、上缴税金等，将企业机构规格分为A、B、C三个等级，并根据年检的结果，做到等级有晋升也有降低。

2000年，根据省委、省政府有关规定，借鉴深圳市的经验，省财政厅制定《广东省省属国有企业分类定级管理办法》。取消国有企业行政级别，以企业资本经营规模大小确定企业的类别，以经济效益水平高低划分企业级别。

1978年起，广东对各类企业分别实行企业基金、利润留成和多种形式的盈亏包干制度，对接受对外加工装配的企业业务收入，实行更多减免税照顾。1980年起，广东对部分国营企业试行“利改税”；1983年实行第一步“利改税”；1984年实行第二步“利改税”；1990年推行“税利分流”。

1993年7月起，全国实施《企业财务通则》和《企业会计准则》，财政部门对企业的财务管理从直接具体的管理转变为宏观管理。企业财务管理分3个层次：财政部门、企业主管部门或资产经营公司、生产经营企业。财政部门主要职能为政策管理——制定企业财务政策及对重大财务事项进行审批；信息管理——根据行业不同收集、编制各行业的企业财务报表进行汇总供上级决策参考；资金管理——对扶持企业的专项资金实行谁拨款谁监督的原则，进行跟踪管理，提高使用效益。

1994年起，降低国营企业并统一内资企业所得税税率。改革国家对国营企业的财务管理制度，调整国家、企业和职工之间的分配关系，扩大企业自主权；支持和促进国营企业技术改造和开发新技术、新产品。1996年，广东试行国有企业授权经营。

一、固定资产管理

（一）划分标准

1979年，工业交通企业的固定资产仍沿用1966年3月国家计委、财政部的规定：使用年限在一年以上；单位价值小型企业在200元以上、中型企业在500元以上、大型企业在800元以上两个条件同时具备的资产定为固定资产，不同时具备两个条件的为低值易耗品。商业企业固定资产划分标准仍沿用1963年6月国家对国营商业企业固定资产的规定：原值在500元以上、使用期在一年以上的；无论价值大小的房屋及征用征购土地所支付的计入建筑物价值的价款，均列为固定资产。1986年将原值提高到800元。

1985年4月，省经委、省财政厅规定，为研究新产品、新技术所必需的单台价值在5万元以下的测试仪器、试验装置、试制用关键设备，不划分为固定资产，其购置费根据数额大小当年摊入成本或分一至三年摊入新产品成本。

以上划分标准一直沿用到1992年6月。1992年7月1日起，国营工交企业固定资产单位价值标准分别提高到1 000元、1 500元和2 000元。国营商业、粮食、外贸企业固定资产单位价值标准由800元提高到1 500元；金融保险企业由500元提高到1 000元。1993年7月起，国家规定不属于生产经营主要设备的物品，单位价值在2 000元以上，使用期限超过两年的，也当作固定资产。

（二）基本折旧率

1979—1983年，广东国营企业固定资产的折旧基本采用平均年限法的方式，每一基层企业的固定资产种类与数目繁多，耐用年限不一，先分别计算各个固定资产的折旧率后，再计算企业总的平均折旧率。1979年，全省国营工业企业执行的固定资产折旧率为3.38%，商业企业为5.3%，粮食企业为4%。1982年，全省核定国营工业企业固定资产折旧率为4.35%。

1984年1月起，广州、深圳、珠海、汕头、湛江等市的市属（不包括所属县级企业）工业、交通、商业企业，全面试行固定资产分类提取折旧的办法，试行折旧率没有统一规定。同年5月，省财政厅决定对重点改造的电子、机械、基础材料工业试行分类提取折旧基金的办法，在不超过1%的范围内提高折旧率。1984年全省国营工业企业核定的固定资产折旧率为4.36%。

1985年4月，广东贯彻国务院颁布的《国营企业固定资产折旧试行条例》，所有独立经济核算的国营企业，应提折旧的固定资产为房屋和建筑物、在用的机器设备、仪器仪表、运输车辆、季节性停用和大修理停用的设备。不提折旧的固定资产为土地、通过局部轮番大修实现整体更新的固定资产、未使用和不需用的固定资产。客货运汽车、大型设备、大型建筑施工机械等专业设备，按工作量法计提折旧。其余固定资产，按平均年限法计提。按月计提，计入当月成本。季节性生产企业全年应提折旧，在生产期内提足，计入生产期成本。同时，规定1985年前已有的固定资产，按统一规定的折旧年限计提；1985年以后新增固定资产的折旧年限按原统一规定的年限缩短20%～30%，具体方案由企业提出，报同级财政部门核定。同年6月，根据省政府转发国务院的通知，部分商业企业实行固定资产分类折旧。当年，全省国营工业企业固定资产核定的折旧率为4.82%。

1986年起，采用分类提取折旧办法的试行范围逐步扩大。同年6月，广东执行财政部的规定，企业通过融资租赁方式租入的机器设备、列入成本的租赁费视同已提取折旧；企业出租和替换使用的固定资产，均按企业固定资产提取折旧基金。

1987年5月，省政府决定，技术密集型企业的折旧率，根据企业自身的承受能力和设备的损耗情况，由当地财政和企业主管部门批准，在原有的基础上提高5%～10%。从1987年7月1日起，全省全面实行固定资产分类折旧的办法，将固定资产分为29类433项，1993年简化为22类。1987年全省国营工业企业固定资产折旧率为4.97%。

1989年1月1日起，省财政厅规定，复印机、传真机、电传机的折旧年限定为八年，电子打字机的折旧年限定为七年。

1991年6月，根据国务院《国营企业固定资产折旧试行条例》，财政部、国家计委、国务院生产委员会决定对896家国营大中型骨干企业产品生产线上使用的机器设备实行加速折旧政策，其折旧年限可在《国营企业固定资产折旧试行条例》规定的折旧年限的基础上加速10%～30%。广东列入缩短折旧年限的企业有云浮硫铁矿企业集团公司、江门甘蔗化工厂等10家企业，加速比例为20%～30%。

1991年9月，经机电部、财政部批准，全省机械行业共有58家重点骨干企业享受优惠折旧政策，其产品生产线上使用的机器设备，自1991年1月1日起，可在国务院发布的《国营企业固定资产分类折旧年限表》规定的折旧年限基础上缩短30%。享受优惠折旧政策的企业分布情况为：广州市25家，佛山市7家，韶关市、江门市、肇庆市各6家，东莞市2家，湛江市、汕头市、惠州市、梅州市、中山市、阳江市各1家。

1992年12月，省政府颁布《广东省贯彻〈全民所有制工业企业转换经营机制条例〉实施办法》，从1993年1月1日起，企业可根据经济效益和承受能力、国家同意制定的有关固定资产折旧的规定，选择具体的折旧办法，确定加速折旧的幅度。

1993年7月起，广东全面贯彻执行《企业财务通则》和《企业会计准则》，固定资产的折旧年限比旧制度的折旧年限加速20%～30%；在国民经济中占有重要地位、技术进步的电子生产企业、船舶工业企业、生产母机的机械企业、汽车制造企业、化工生产企业和医药生产企业，其机器设备采用双倍余额递减法或年数总和法两种快速折旧方法计提折旧。企业可以根据自身的情况进行选择，报同级财政部门备案。

1995年1月起，工业企业按规定进行节能改造的风机、水泵，折旧年限为三至五年，具体折旧年限由企业自行决定。国有农牧渔良种场实行固定资产分类折旧的办法，通用设备折旧年限四至二十二年；农业专用设备折旧年限四至十五年；其他专用设备折旧年限五至三十五年；房屋、建筑物折旧年限十至四十五年；经济林木五至三十年；产役畜按生产周期确定。

1996年3月，财政部规定从1996年1月1日起，根据商品流通企业的实际，并与其他行业相衔接，商品流通企业非经营用房的折旧年限确定为三十五至四十五年。商品流通企业自建的港口码头基础设施的折旧年限为二十五至三十年；厂（库）内道路基础设施的折旧年限为十至十五年。

1997年7月，广东省贯彻财政部、交通部颁发的《高速公路公司财务管理办法》，规定设立在中国内地的所有从事高速公路（含独立的大桥和隧道）经营（含建设）的公司及从事除高速公路以外公路经营活动的公司对固定资产的管理办法。界定了固定资产的定义、内容、分类、计价方法、折旧方法、维修费用处理、转让变卖报废的处理及盘点清查的财务制度。其中折旧年限最长的是房屋，为三十至四十年；路基、桥梁、隧道为二十至三十年；建筑物为十五至二十五年；水泥混凝土路面为十五至三十年，沥青混凝土路面为八至二十年；防护栏、通信线路为十至二十年；道路照明设备、通信设备、监控设施和车辆为五至十年；通用机械设备为十至十四年；专用机械设备为八至十二年。

（三）基本折旧基金和大修理基金

企业固定资产按规定提取基本折旧基金和大修理折旧基金。至1978年，国营工交企业提取的基本折旧基金仍大部分留给企业，用于固定资产更新改造。从当年起，商业部门办的工业企业提取的折旧基金由原来全留企业改为上缴财政50%。1979年起，全部留企业。

1980年，广东对有偿还能力的企业，国家计划安排的基本建设项目试行“拨改贷”。新投产企业（包括新建、扩建的大型生产车间和分厂）的固定资产基本折旧基金，全部用于归还贷款。1982年起，改为在投产后三年内，20%留企业，80%归还贷款；从国外引进的大型建设项目，投产后的三年内，基本折旧基金10%留企业，90%归还贷款；三年以后，所有贷款企业提取的基本折旧基金，一律以50%留企业，50%归还贷款。

1982年4月，根据国务院《关于整顿国内信托投资业务和加强更新改造资金管理的通知》精神，省财政厅规定，企业的更新改造资金只能用于技术改造和设备更新；财政部门、企业主管部门以及建筑施工企业的更新改造资金，全部存由建设银行管理；企业的更新改造资金，凡已确定用于更新改造的，按提取进度存入建设银行，先存后用，未确定用于更新改造的部分，仍存储于人民银行专户，通过该专户管理。

1986年6月，省政府规定商业企业折旧基金的使用范围为：机器设备的更新和房屋建筑物的重建；为提高产品质量、增加产品品种、降低能源和原材料消耗，对原有固定资产进行技术改造；试制新产品措施；综合利用和治理“三废”措施；劳动安全保护措施；零星固定资产购置。企业在保证固定资产大修理的前提下，将大修理基金和折旧基金合并使用。

1987年5月，省政府决定，企业主管部门掌握的30%的折旧基金，从当年起全部留给企业。

1991年1月，省政府在批转省经委《关于推进工业企业技术进步的意见》中规定，企业必须按规定的折旧率提取折旧基金，专户存入银行，用于设备更新改造和危房改造。

1992年，省政府财贸办公室（简称“省财办”）批准大宝山铁矿等47家企业折旧基金免缴国家能源交通重点建设基金和国家预算调节基金。

根据《企业财务通则》和《企业会计准则》，从1993年7月1日起，企业可以将生产发展基金用于购置固定资产，进行技术改造，也可以将折旧费、大修理费用于技术改造或生产性投资。

1996年10月，省政府规定，在清产核资中企业固定资产重估后，应按重估价值计提折旧，企业按国家规定提足技术开发费，并纳入工效挂钩考核范围。企业没有按规定提取折旧和技术开发费，不能享受技术改造和技术开发的各种优惠政策。

（四）挖潜、革新、改造和技术进步

1980年6月21日，广东执行国务院、国家经委等部门的通知，坚持“先生产后基建，先挖潜后新建”的方针。凡符合地方部门规划，利用企业留用资金的技改项目，由企业自己安排。需要征地或统一原材料供应，以及需要贷款或国家补助拨款的技改项目，经企业主管部门（贷款要经银行审核）审核后报各级经济委员会（简称“各级经委”）、计划委员会（简称“各级计委”）和财政部门批准。重大的技改项目，参照基建程序办理。挖潜、革新、改造的资金来源为基本折旧基金；经批准扩大自主权的试点企业，1980年机器设备的折旧率提高0.5%；企业的利润留成；银行提供的小技贷款和专项贷款；政府的补助拨款；合股集资；引进的技术专利、装备的外汇贷款。

1982年，广东对当时国营企业有重点地实行以技术改造作为扩大再生产的主要手段。资金的筹集采取逐步提高固定资产投资中企业技术改造部分的比重；充分利用企业、地方和部门的自有资金（包括折旧基金、大修理基金、企业留利中的生产发展基金）、财政拨款、银行贷款和引进外资；逐步提高折旧率，把企业提取的折旧基金留给企业支配。对于确实难以维持简单再生产的，个别地调整折旧率或留成比例。1984年5月，广东将技术改造拨款、提取的各项基金以及各种专项贷款统筹安排；有步骤地提高重点技改企业的固定资产折旧率；恢复实行由省集中企业折旧基金30%的办法；有归还能力的企业试行有偿使用与企业投资联营，通过试点，逐步扩大有偿使用比例，建立技改专用基金；开发新产品实行企业单项留利和税前扣减；在机械工业原选定的50家重点企业及电子工业全行业，按销售额提取0.5%～1%的技术开发资金。

1985年2月，大型骨干企业技术改造资金筹集，除原规定的技改资金渠道外，还实行生产资料产品的产量递增包干，对超产自销部分免征调节税；对个别产品价格低、利润少的企业，在改造期间减免调节税；逐步提高折旧率；原来缴中央财政30%的折旧基金不再上缴，留给企业主管部门、地区集中调剂使用；引进国外先进技术，技贸结合引进的整套散件、机器设备、仪表、仪器，减免进口关税和产品税。

1986年后，企业挖潜改造资金逐步由企业自筹和财政资金有重点的扶持以及银行贷款由财政贴息。1999年5月，省财政厅、省经委制定《广东省技术改造贷款项目贴息暂行办法》，广东技术改造贷款专项贴息资金，重点发展电子信息、电器机械、石油化工三大支柱产业；改造纺织服装、食品饮料和建筑材料三大传统产业；扶持汽车、医药、森工造纸等一批有发展潜力的产业；培育微电子、生物技术、新材料、新能源及环保等高新技术产业。

（五）租赁、调拨

1979年7月，财政部规定，国营企业的固定资产调拨由以前的无偿改为有偿，所得价款

留给企业使用，调入固定资产所需资金（包括包装费、运杂费、安全费），属于基本建设项目的，由基本建设投资开支；属于企业更新改造需要的，在更新改造中开支。

1982年12月起，专门从事设备出租业务的，承租单位对租赁的设备，设置辅助登记簿进行管理，并参照同类设备的折旧率提取基本折旧和大修理折旧。1985年6月，省财政厅补充规定：对企业通过融资方式租入的机器设备，参照同类固定资产折旧年限确定租赁期限。折旧年限在十年以上的，按该类设备折旧年限的50%～60%；折旧年限在十年以下的，按折旧年限的60%～70%；企业临时租入的少量机器设备的租赁费，直接计入成本。企业出租暂时多余闲置的固定资产，所得收入作为更新改造基金入账。

1990年4月起，广东执行财政部规定，企业因管理体制、组织机构调整；企业合并、分设，经国有资产管理部门批准，固定资产可无偿调拨，此规定一直执行至2000年。

（六）管理

1980年12月27日，省经委和省财政厅决定，从1981年起，工交企业和公用、建安企业试行缴纳固定资产占用费。国防工业、邮电（县话部分）、地方铁路、县办企业免缴。占用率（月率）以1980年年底账面固定资产净值计算：石油开采8‰，石油化工7‰（茂名石油公司6‰）；纺织、轻工、电力5‰，大、中、小型糖厂分别为5‰、4‰、3‰；冶金、化工4‰（化肥、农药2‰）；电子、制盐、机械、城市公用企业3‰；农机、煤炭、矿山开采、建材、森工、交通、航运及其他企业2‰；企业用基建贷款和各种专项贷款增加的固定资产，以提取占用费归还贷款，还清贷款后次月缴纳占用费。1981年以后，企业用专用基金和利润留成添置的固定资产，划为企业的固定基金，免缴占用费，所有权仍属国家。

1988年12月，省财政厅制定《关于国营企业固定资产转让等问题的暂行规定》，企业在兼并、转让（拍卖）、租赁、股份经营等事项中发生的财产处理，先对企业财产进行总体的清查鉴定，由财政、经委、企业主管部门联合对企业财产进行评估，不得简单地以账面原值或净值，作为资产的现值。

1992年6月，省财办、省经济体制改革委员会（简称“省体改委”）制定《关于国合商业企业综合改革试点的意见》，综合改革试点的广东省石油公司等100家（省直企业13家，市属企业87家）商业企业和供销合作社，给予固定资产处置的适当自主权。按照国家有关部门规定，供销合作社和商业企业的固定资产可以转让、租赁、抵押、拍卖国家（集体）授予其经营的固定资产，其收益留给企业，并可以用于抵补历史欠账，或用于企业的更新改造。

1992—1995年，在全省国有企业进行的清产核资工作中，省清产核资领导小组制定清产核资价值重估实施细则。由于1984以后，国家生产资料价格改革和物价上升，造成固定资产账面价值与1993年实际价值背离较大，规定对清产核资企业于1993年年底以前购建形成的固定资产，必须按财政部清产核资办公室制定的《清产核资固定资产价值重估统一标准目录》，对固定资产的价值进行重估。

1998年5月，省政府批复省财政厅制定的《广东省国有企业财务监督办法》，从6月1日起施行，加强省内国有企业、国有独资有限责任公司、国家出资额所占比例超过50%或实质上拥有控制权的公司制企业的内外财务管理监督。规定企业在购建楼、堂、馆、所、宿舍等非生产性设施、设备；购买国家规定的专控商品；固定资产折旧办法、年限和净残值率的变动；财产损失的处置等必须报主管财政机关会同有关部门审批；企业的递延资产的构成项目及摊销计划；固定资产折旧方法、年限和净残值率的选定；固定资产修理费用的待摊或预提办法必须报主管财政机关备案。

二、流动资金管理

1981年起，根据国务院规定，企业流动资金从无偿使用改为有偿占用。企业每月按国家拨给的财政资金与信贷资金、基建资金与流动资金账面余额，扣除特准储备拨款后按月占用费率2.1‰计算占用费，在利润中列支。流动资金占用费列入各级财政的企业收入。

1982年12月，广东采取加强生产的计划管理，搞好产销平衡；禁止计划外布点和重复建设，减少流动资金的占用；减少流通环节，疏通流通渠道，扩大商品销售。建立流动资金考核制度，以财政部、中国人民银行提出流动资金周转指标，作为指令性指标，层层落实到企业，据以执行和考核。由省内各级银行、财政部门会同企业主管部门，对企业核定一个年度的流动资金占用额或经营周转库存限额。企业根据核实的占用额和加速流动资金周转的要求，编制流动资金计划，并落实到有关基层单位。

从1983年6月起，依照国务院批转中国人民银行《关于国营企业流动资金改由人民银行统一管理的报告》，国营工业企业国家拨付流动资金留给企业作为自有流动资金，由银行管理；改变流动资金定额或计划核定的办法，按平均先进的销售资金率（或销售成本率）核定资金定额，每年按销售计划调整一次；根据国家经济政策，对不同行业、企业实行差别利率；超定额贷款加收利息或浮动利率；超额完成加速资金周转指标的降低利率；预算内投资企业需补充的流动资金由银行负责；地方、部门和企业用自筹资金投资的企业，自行补充30%的自有流动资金后，银行才给予贷款；合资和联营企业由联营各方按规定筹集和补充资金。

国营商业企业的一、二级批发企业，根据购销计划核定周转库存额，银行实行“存贷分户”管理。凡关系国计民生的重要产品（如粮食、棉花）需要储备的，经国家批准，给予专项储备贷款，按实际需要供给。企业定额以内的贷款，实行统一利率；超定额贷款，加收利息。新建、扩建企业投产需要的流动资金，原则上哪一级安排基建投资的由哪一级负责解决。按集体企业办法征税的小型商业企业和供销社、饮食服务业，自行补充一定比例的流动资金；实行包干和承包的商业企业，在生产发展基金中提取10%～30%补充自有流动资金；实行“利改税”的商业企业按一定的比例用留利补充自有流动资金的，由银行给予贷款。1984年，在实行第二步“利改税”的同时，对转为国家所有、集体经营、照章纳税、自负盈亏的国营小型零售商业和饮食服务企业，占用国家的流动资金，按银行利率缴纳使用费；由全民所有制转为集体所有制的，国家拨付流动资金有偿转让，分期偿还；转让有困难的，按银行利率缴纳使用费。

1985年6月，中国人民银行、中国工商银行、财政部联合下达广东核销国营工业、交通、物资、供销企业流动资金损失控制指标1亿元，用于核销1979年清产核资经财政部门批准未处理的流动资产损失，1980年以前入库需报废的机电产品和已失去使用价值的其他物资损失。至1985年，实际核销1979年未处理的流动资产损失和削价报废损失2.74亿元。

1991年7月，省政府转发国务院《关于进一步增强国营大中型企业活力的通知》中要求：企业按规定从留利中提取不少于10%的资金，并将大部分超承包所得，用于补充自有流动资金；凡未按合同补充自有流动资金的，视作不完成承包合同，相应扣罚企业承包经营者的个人收入。各级政府要根据地方财力情况，尽可能从预算中安排一定数量的资金，作为新增国拨流动资金。同年11月，省财政厅、省经委、人行省分行规定，企业在完成承包任务的前提下，经财政部门批准可按销售收入的1%以内提取补充流动资金；经中央和省特殊批准，已实行其他办法补充流动资金的企业，不得同时执行按销售收入1%以内提取补充流动资金的办法。

1993年7月1日起，企业统一实行《企业财务通则》和《企业会计准则》及分行业企业会计制度，企业不再划分流动资金、固定资金，企业不再执行按销售收入一定比例提取补充流动资金的规定。企业筹集的资本金，分为国家资本金、法人资本金、个人资本金和外商资本金。企业自有资金由企业根据效益原则和有关规定自主使用。但广东为增强国营大中型企业活力，财政每年仍增拨国营企业流动资金。

1995年，广州、深圳被国务院确定为企业优化资本结构试点城市，财政部决定对实行优化资本结构试点城市的国有工业企业补充流动资金，建立企业自补流动资金制度，在提取盈余公积金之前，将税后利润的一定比例用于补充流动资本。国家对试点城市的国有工业企业实行拨补流动资金办法，由同级财政部门将企业实际上缴所得税收入的15%拨给企业，用于补充企业流动资金。

从1996年12月起，广东对承担粮食、棉花、油料的收购、调拨、储备等政策性业务的企业，所需资金由各级财政、农业发展银行、粮棉油政策性收购企业供应。粮棉油政策性收购资金只用于国家和地方专项储备的粮食、棉花、油料的收购、储备、调拨、销售资金和国家定购粮食、棉花收购资金，包括各级财政开支的直接用于粮棉油收购环节的价格补贴款、银行粮棉油政策性收购贷款和粮棉油政策性收购企业的粮棉油调拨、销售回笼款。

三、成本（费用）管理

（一）成本（费用）开支范围

1979年1月起，全省国营企业统一实行经常性生产（工作）奖、物资节约奖、临时一次性奖励、劳动力节约奖的奖励制度，奖励金在成本（费用）中开支。

1981年2月，企业管理费除职工工资和应提取的职工福利基金、工会经费、折旧费外，一律在1980年实际支出的基础上压缩20%，由企业主管部门下达计划给所属企业。全年实际支出超过计划的，由企业基金或利润留成资金开支，不准列入生产成本或商品流通费，也不得计入销售费或营业外支出。企业职工教育经费，在工资总额1%的范围内开支；工业企业1984年4月起，商业企业1982年1月起改为1.5%，直接列入成本或商品流通费。

1984年3月，广东贯彻国务院颁布的《国营企业成本管理条例》，国营工业企业成本开支范围规定为：生产经营过程中实际消耗的原材料、辅助材料、备品配件、外购半成品、燃料、动力、包装物、低值易耗品的原价和运输、装卸、管理的费用；固定资产折旧费、按产量提取的更新改造资金、租赁费和修理费；进行科学研究、技术开发和新产品试制不构成固定资产的费用以及购置样品、样机和一般仪器的费用；职工工资、福利费、节约奖、技术改造和合理化建议奖；工会经费和职工教育经费；产品包修、包换、包退的费用，废品损失、停工损失、削价损失和坏账损失；财产和运输保险费、合同公证费、鉴证费、咨询费、专有技术使用费及应列入成本的排污费；流动资金贷款的利息；销售费用；管理费用；经财政部批准列入成本的其他费用。

1984年10月起，广东依照财政部《国营商业、外贸企业成本管理实施细则》的规定，商品流通费分为10个方面：（1）购进、储存、销售商品和物资过程中发生的运杂费、广告费和保管、养护、检查、整理、转库费用；改装或组装商品的费用，以及定额内和经过企业主管部门批准的超定额商品损耗的损失。（2）固定资产的折旧费、保养修理费、租赁费和家具用具摊销费。（3）委托代购、代销、代储、代运、代办的手续费。（4）企业为改善商品养护、保管、包装的费用，不构成固定资产的新产品试制费和购置样品、样机、一般测试仪器的费用。（5）按扣除副食品价格补贴以及落实政策补发的工资和生活困难补助费后的企业职工工资总额11%计提的职工福利费。（6）技术改造和合理化建议奖以及理发业的提成工资，按规定继续实行综合奖制度的企业按职工标准工资总额10%～12%提取的综合奖金。（7）按企业职工工资总额扣除副食品价格补贴及落实政策补发的工资和生活困难补助后数额2%提取的工会经费和不超过计划1.5%范围内掌握开支的职工教育经费。（8）支付给银行的流动资金借款利息和代管合作商店、组股金的正常利息冲减存款利息的净额。（9）按实际缴纳的财产保险费和运输保险费、契约、合同公证费和鉴证费、咨询费、专有技术使用费。（10）应由商业企业承担的产品包修、包换、包退费用以及办公费、差旅费、会议费、劳动保护用品费、消防费、商标注册费、展览费等管理费。按以上规定，商品流通费被分为运杂费、保管费、包装费、商品损耗、临时人员工资、职工福利费、修理费、折旧费、家具用具摊销费、工会经费、职工教育经费和企业管理费等项目核算。大中型仓库、商业网点需要配套安装水井、水塔、水池、避雷、报警等设施，从更新改造资金、简易建筑费、企业留成利润等解决不了的，经同级财政部门批准作费用列支，购买一般消防器材等按有关标准列支费用。

1985年4月，省经委、省财政厅规定，企业在对外交往和商品购销过程中，需要开支一些业务经费，工交商企业可在销售费用中列支，最高不超过销售（营业）收入总额1‰。具体控制比例由同级财政部门核定，按实际支出数列入销售费用；对企业供销人员试按超计划销售额和销售利润的一定比例计发奖金。这部分奖金可作为销售费列支（实行工资总额和经济效益挂钩的企业，在工资基金中开支）。

1986年6月起，企业支付的港口建设费同运输费用一并列支。当年超基数糖蔗综合变通差价款工商企业各负担25%部分，按实际数额列作营业外支出。同时，执行财政部规定，对实行“利改税”的企业，不论大、中、小型企业，赢利或亏损企业，职工福利基金一律按工资总额的11%提取，列入成本。

1989年，广东执行财政部规定，国营企业在基本建设过程中破坏的土地，所支付的复垦费和土地损失补偿费在基本建设投资中列支。企业在生产过程中破坏的土地，所支付的复垦费在更新改造资金或生产发展基金中列支，所支付的土地损失补偿费列入或分期列入生产成本。

1992年6月，广东对预算内国营工业企业库存产成品进行清理，查出的产成品报废、毁损、盘盈、盘亏以及库存成本高于销售部分的损失，属于1992年当年发生的，列入当年财务决算；属于1991年年底以前发生的，分别列入待处理流动资产盘盈和待处理流动资产损失账户。从1992年7月1日起，三年内分期列入营业外支出，并在核销期限内实行挂账停息。

1993年1月起，工业企业转换经营机制，实行自主经营。企业定期进行的库存流动资产清查，发生盘盈、盘亏、毁损的净收益或净损失，计入当期损益；企业可根据需要，逐年按年末应收账款余额的3‰～5‰提取坏账准备金，计入当期费用。同时，企业可在销售额中按不同档次的规定提取3‰～10‰的业务活动费，自主使用，在管理费用中列支；国营大中型企业，其新产品在正式投产销售的两年内，按销售收入的5‰提取摊销费。同年7月起企业实行《企业财务通则》和《企业会计准则》，由于提高固定资产划分标准后，原固定资产转为低值易耗品的，其净值部分按照低值易耗品摊销办法一次或分期摊入成本、费用。原低值易耗品达到固定资产标准的，不转作固定资产，按照低值易耗品管理。实行“税利分流”工效挂钩企业的职工奖金全部计入成本、费用，其他企业分三年逐步计入成本、费用。

1995年起，企业按规定向职工发放的住房补贴和住房困难补助，在住房周转金中开支。企业缴纳的住房公积金，在住房周转金中列支，不足部分，在管理费用中列支。企业用于职工住房方面的支出，不得超过企业的住房基金总额。企业住房折旧、住房使用权摊销、公益金以及借入的住房资金不得用于企业费用性开支。企业出售住房使用权和全部及部分产权出售，其净损益计入企业住房周转金。

（二）工资总额同经济效益挂钩

1985年1月，广东试行企业工资总额同经济效益挂钩（简称“工效挂钩”）的办法，使企业工资由过去主要取决于国家分配多少，转变为主要取决于企业的经济效益。在第二步“利改税”的基础上，各市、地区和省直企业主管部门，选择2个～3个不同的企业进行试点，省政府批准江门市以市为单位作为试点市。工资的增长率为利润每增长1%，工资总额增长0.3%。1985年，广东经批准实行工资总额同上缴利税挂钩的试点企业共24家，职工人数20 744人。企业工资总额同经济效益挂钩比例的增长部分，列入成本，不再从留利中提取奖励基金，并相应降低企业留利水平。

1986年6月，企业进行工资改革，对于没有试行工效挂钩的面上企业，内部工资改革所需资金，调整工资标准人均每月7.5元以内的，从1986年1月1日起列入成本（费用）。超过7.5元部分从留利中的奖励基金解决。同年，全省工效挂钩试点企业增加到25家。

1987年5月，省劳动局、省财政厅转发国家劳动人事部、财政部《关于改进企业工资总额同经济效益挂钩办法的意见》，实行工效挂钩要全面反映企业的综合经济效益的各项指标，凡考核达不到要求的，扣减当年新增工资，随着生产的发展，逐步调整工资含量系数，做到工资的增长低于劳动生产率的增长。1987年全省实行工效挂钩的企业有100多家。

1988年9月，省劳动局、省财政厅联合制定《广东省全民所有制企业实行工资总额与经济效益挂钩暂行办法》，上缴利税基本稳定的企业实行工资总额同上缴利税挂钩；确定承包基数或递增比例的企业实行工资总额同实现利税挂钩；生产品种单一或可按标准产品折算产量的企业实行工资总额同实物量挂钩；建筑施工企业采用百元产值工资含量包干；运输企业和港口企业采用工资总额同实际工作量挂钩；商业、服务行业的零售企业在核定进销差的前提下，实行工资总额同上缴利税和销售额双挂钩；出口创汇为主的企业采用工资总额同创汇额和上缴利税双挂钩。挂钩指标每增长1%，工资总额增长0.3%～0.7%。采用工资总额同实物量、工作量和百元产值工资含量包干办法的企业，按上年度核定基数提取工资，超过上年度基数部分，按不超过工资系数的70%计提。至1988年年底，全省实行工效挂钩的国营企业有1 709家。同时试行"总提分挂"的办法，奖金按规定核入工资总额基数进入成本后，相应调整企业的留利水平和企业留利中的4项基金分配比例，企业留利不再含奖励基金。

1989年11月，省劳动局、省财政厅对1988年总挂钩新增效益工资增长过大的市和省直企业，把新增效益工资作出新的调整，分5个档次扣减新增效益工资增长部分。1991改为新增效益工资在挂钩工资总额基数20%以内的部分全部提取；高于20%部分分4个档次按比例调低。同年国营企业职工增加工资，实行工效挂钩的企业，从企业新增效益工资中解决；未实行工效挂钩的企业，在完成承包和上缴任务的前提下，在成本中开支；政策性亏损、其他亏损、微利企业视不同情况处理，有的在企业留利的奖励基金中开支，有的由财政部门及企业主管部门根据财力适当补贴。

1993年1月1日起，广东逐步完善企业工效挂钩的办法，企业职工的工资、奖金、津贴及各种补贴均纳入工资总额，工资总额实行"总挂总提"。经同级劳动部门、财政部门核定基数后，按照"工资总额增长幅度低于本企业经济效益增长幅度、职工实际平均工资增长幅度低于本企业劳动生产率增长幅度"（简称"两低于"）的原则，自主确定工资总额和工资分配形式，自主确定和调整工资标准、工资等级和各类人员的工资关系。企业在保证实现企业资产保值增值的前提下，有权自主决定税后留利中各项基金的比例和用途（职工福利费控制在工资总额的20%以内）。省劳动厅、省财政厅在《广东省全民所有制企业单位工资总额包干试行办法》中要求，凡未实行工效挂钩的全民所有制企业和实行企业管理的事业单位都应实行工资总额包干。同年起，工业企业转换经营机制，实行自主经营。实行工效挂钩"总挂总提"的企业，提取的新增效益工资列入管理费用；非工效挂钩的企业按照有关部门审批的工资计划或者工资包干总额计提奖金，分三年逐步计入成本。

1996年7月，省政府要求所有国有企业一般都应实行工效挂钩，确实不能挂钩的，除批准实行工资总额包干、"两低于"或其他分配办法外，一律对超过计税工资总额部分，在计算应纳税所得额时进行纳税调整。新实行工效挂钩的企业，其经济效益指标基数以上年度实际完成数为基础，剔除不合理部分后核定；经济效益波动较大的企业，其经济效益基数按前两年或三年的平均数核定。实行工效挂钩的企业都要将国有资产的保值增值作为提取新增效益工资的否定指标，并以上年末财务决算中所有者权益数作为本年度初所有者权益数。国有资产未保值的，当年不能提取效益工资。

1998年，工效挂钩的企业，如经济效益下降幅度较大，人均工资水平低于当地职工平均工资80%的企业，按当地职工平均工资的80%确定挂钩工资总额。

1999年4月起，实行工效挂钩的国有独资、国有控股的股份制企业，工资总额使用计划应小于挂钩提取的工资总额；非工效挂钩的，企业的工资总额增长控制在“两低于”幅度。

（三）职工主副食品价格补贴和福利费开支

1983年11月起，商业企业实行“利改税”后，除按工资总额11%计提的职工福利基金仍在商品流通费列支外，原在工资项下列支的职工奖励、提成工资和超过标准工资的计件超额工资改在留利中列支。

1988年前，企业发放给职工的副食品补贴，抵顶企业上缴利润。1988年5月1日起，调整粮食价格，实行对国营企业职工进行粮油和主要副食品价格补贴。企业发放给职工的粮油价差补贴，属生产、管理人员的，由企业生产成本中的工资及福利费、车间经费和企业管理费（流通费）负担（实行工效挂钩的企业相应调整结构工资总额基数，分别列入成本项目）；专业工程技术人员和福利人员的由专用基金负担；工会专职干部的由工会经费负担；离退休人员的由企业营业外支出负担。粮油价差补贴进入成本（费用）后，由企业自行消化，不调整企业的承包基数；有困难的和微利的企业，由财政给予适当补贴。发放给职工的主要副食品补贴，由企业自行消化，在税后留利中的职工福利基金和职工奖励基金中解决（实行工效挂钩的企业，在上浮工资中解决）。职工福利基金和职工奖励基金负担不了的企业，在税后留利中的其他基金中调剂解决。调剂后仍无法解决的，在财政部门批准期限内50%可进入成本。

1989年7月起，广东对企业离退休、退职人员临时生活补贴，补贴所需经费在企业营业外支出中列支；9月，对中华人民共和国成立前参加工作的部分退休老工人实行生活补贴，补贴所需经费，未参加职工退休基金统筹的企业单位，在企业营业外支出中列支。

1992年6月起，全省国营企业发给职工的副食品价格补贴，可以全额列进成本。

1993年起，企业转换经营机制，企业在保证实现企业资产保值增值的前提下，有权自主决定税后留利中各项基金的比例和用途，其中职工福利费控制在工资总额的20%以内。联营企业按14%比例提取。

1998年，省财政厅决定从当年1月1日起，省级企业计提职工福利费的比例统一按国家规定的14%执行。

（四）合理化建议和技术改进奖励

1982年3月起，根据国务院《合理化建议和技术改进奖励条例》的规定，被采用的合理化建议或技术改造的奖励，按年经济效益的大小分为四等，1986年分为五等，给予当事人奖励。合理化建议和技术改造的奖励，由采用单位审批，资金由采用单位支付。生产单位支付的奖金计入生产成本，非生产单位支付的奖金在事业费中开支。

1983年6月起，实行“利改税”的企业，原在生产成本中列支的经常性生产奖，改在企业留利中开支；企业上缴国家税利后所留的利润中用作奖励基金的比例，由各级财政部门会同同级经委、劳动部门按1983年下达的奖金发放基数占合理留利的比例确定。未实行“利改税”的企业，经常性奖金超过17%的部分，以及“利改税”企业实行计件工资人员超额计件工资的部分，改在留利中开支。

1985年起，广东全民与集体所有制企业支付的技术转让费，一次总算的，在企业管理费中列支。数额较大的，可作为待摊费用，分期摊入成本，但不能超过两年。

1986年3月，财政部、劳动人事部、国家经委对《国营工交企业原材料、燃料节约奖试行办法》补充规定，实行原材料、燃料节约奖的企业，须具备生产任务饱满、有准确的检验计量手段、健全的原始记录、产品质量稳定等条件并报企业主管部门、财政部门和劳动部门批准后实行；实行节约奖的范围，除1980年规定的10种原材料、燃料外，可再选择3种～5种大量使用的原材料、燃料实行节约奖。节约奖奖金计入成本，不征收奖金税。具体奖金率由主管部门、财政部门和劳动部门批准核定。

1986年6月17日，财政部规定，企业奖金除按规定开支的原材料节约奖、煤炭企业的吨煤奖、合理化建议奖和技术改造奖列入成本外，其余均在企业留利中开支；原在成本中列支的经常性生产奖和实行计件超额工资的企业（不包括实行吨煤奖的煤矿），根据实行计时加奖励人员标准化工资的10%～12%和实行计件工资制度人员的计件超额工资实际发生数（最高不超过计件人员标准工资的30%），改在企业留利中开支。

1987年11月，省财政厅规定，商办工业企业，为开发新技术、研制新产品购置单个系统5万元以下的微型计算机的费用，在一至三年内摊入成本；商业企业为会计电算化购置单个系统5万元以下的电子计算机所需资金，在企业生产发展基金解决有困难的，经同级财政部门批准，可分次摊入商品流通费；企业培训电子计算机开发应用和使用人员所需费用在企业职工教育经费开支，不足部分列入成本或商品流通费。

1992年7月，省政府决定在“八五”（1991—1996）期间，选择广东仪表厂、广州通信设备厂等100家企业作为技术跟踪改造企业，对单机20万元以下的节能、安全技改项目的投资，可列入成本。从当年起，跟踪改造企业折旧基金应上缴的国家能源交通重点建设基金和国家预算调节基金，可减免并将减免款全部用于企业技术跟踪改造。

1993年1月起，企业原在成本中列支的属于开发新技术、研究新产品的技术培训费用，不得直接进入成本、费用，应在职工教育经费中列支。7月起，企业执行《企业财务通则》和《企业会计准则》，有权决定合理化建议和技术改造奖励的开支。

（五）成本管理监督

1982年10月，省财政厅制定整顿企业财务会计工作验收的统一要求：要求企业有一套健全的经济核算的基础工作和财务会计制度；正确贯彻国家政策、法规，遵守财经纪律；及时足额地上缴税收和利润；有一套保护国家财财产完整无缺的切实可行的措施；建立依靠群众管家理财的制度；有健全的财会机构和工作任务相适应的财会人员。经过整顿，至1985年，全省各级国营企业的财务会计工作，先后按统一规定的标准验收。

1984年3月，广东全面贯彻国务院《国营企业成本管理条例》，根据国家下达的降低成本指标落实到基层企业，各企业据以编制成本计划、费用计划，并按计划控制和管理成本，逐级上报主管部门审批后，从上到下，据以考核企业产品计划成本和可比产品成本降低的水平；企业依照规定，实行在厂长领导下的成本管理经济责任制。企业设置专门财会机构（小型企业指定专业人员负责）负责全厂的成本管理；企业的主管部门配合审计、财政、税务机关对所属企业（或所所辖区内企业）的成本管理进行监督、检查。

1984年10月，广东执行财政部规定，国营商业、外贸企业必须编制商品流通费计划。内容包括商品销售额或粮油经营量、商品流通费总额、商品流通费用水平和商品流通费降低幅度等总计划指标，以及修理费和企业管理费等专项指标。

1985年后，广东贯彻执行《中华人民共和国会计法》。1993年7月后，企业遵照《企业财务通则》和《企业会计准则》及分行业企业财务制度进行企业会计核算，财政部门监督企业对会计法及《企业财务通则》和《企业会计准则》的执行情况。

1996年起，全省贯彻财政部《关于深化企业会计核算制度改革、实施会计准则的意见》。

1998年5月19日，省政府批复省财政厅制定的《广东省国有企业财务监督办法》，企业财务监督分为内部监督、外部监督和法律责任三方面。企业内部监督包括企业内部财务管理制度、内部审计制度，企业厂长（经理）、财务负责人、职工代表大会在财务管理上的权限；公司制企业还要明确董事会、股东会和监事会在财务管理上的权限。企业内部财务管理办法和内部财务监督制度要报主管财政机关批准后公布执行。企业外部财务监督由主管财政机关组织实施。企业违反财政法规，造成国家财产损失的，主管财政机关可提请企业上级主管部门对企业法定代表人和直接责任人给予行政处分；有关部门依据法律、法规和规章制度规定追究其责任。

四、扭亏增盈和改革脱困

（一）扭亏增盈

1979年起，广东对重点亏损大户广州钢铁厂、韶关钢铁厂试行亏损定额补贴办法，对两厂的生铁和商品焦炭实行定额亏损补贴，补贴标准一年一定。1979年，全省工业企业的亏损面和亏损额，比1978年增加15.01%和14.11%，商业企业的亏损额增加99.64%。

1980年8月起，省扭亏增盈领导小组规定，政策性亏损的界限为：工交生产企业经营管理好、原材料消耗低于本行业先进定额，但由于原材料价格高造成的亏损；省食品公司经营的猪蛋两类商品进价大于销价，进销同价或进销差价不足以支付合理的费用和工商税而发生的亏损；粮食商业企业粮油统购价与统销价之间的差价加合理的费用开支所发生的亏损。此外，企业在调整期间，由于生产任务不足暂时发生的亏损，经企业主管部门和财政部门批准，可列入计划亏损。除上述规定之外的亏损，均属经营性亏损。对经营性亏损的企业组织力量进行检查，区别不同情况作出停产整顿、限期扭亏或关停并转的建议，报各级党委和政府批准执行。

1980年，省政府根据企业亏损增加的情况，要求对亏损面较大的“五小”企业的能源消耗、成本和亏损规定最高限额。小氮肥吨耗两煤超过2 800公斤、电耗超过1 600千瓦时，每吨小高炉生铁焦比超过1 000公斤、成本超过350元的坚决停下来。调整对亏损企业的补贴办法：对小氮肥厂、生猪、小生铁等政策性亏损实行定额补贴办法；对其他企业实行减亏分成，减亏分成比例为石油、电力、化工10%，焦炭、农机30%，其他行业20%。扭亏为盈的，不分行业，按全年上缴利润，加上亏损总额，提取30%扭亏分成。企业的减亏分成资金，60%用于生产，用于职工福利和奖金的不能超过40%；实行亏损总额金库控制办法，根据中央核定的亏损限额，逐步落实到基层企业，并下达到各级金库，超过亏损限额指标的金库不办理退库。

从1983年第四季度起，广东对氮肥厂的亏损定额补贴，改为减亏分成、超亏不补、超过扭亏期限财政不再补贴的办法。对赢利的氮肥厂实行“利改税”。从1984年第四季度起，停止实行对小氮肥厂用煤的补贴。经过对小氮肥厂进行调整以及实行亏损补贴控制办法后，亏损逐年下降。至1985年，全省小氮肥厂亏损户由1979年的89家减至57家，亏损总额542万元，比1979年亏损额下降93.2%。

1985年4月起，广东对工业企业实行扭亏为盈责任制，企业把盈亏指标按目标管理办法逐级分解落实到基层甚至个人，把实现扭亏增盈指标与职工的工资、奖金挂钩；对扭亏增盈取得显著成绩的市、地区、县及省级企业主管部门实行奖励；对小型亏损企业推行转让或承包经营等办法。

1986年9月起，亏损企业实行当年扭亏为盈的，当年亏损补贴指标照给，当年赢利全部留用，第二、第三年实现的利润采取利润分成的办法，分成比例由财政部门确定；对生产市场短线产品，因设备落后而发生亏损的企业，经财政部门和经委审查，将第一年至第三年的亏损指标提前预拨给企业用于扭亏性的技术改造，促进企业扭亏为盈。

1987年4月，省经委、省财政厅制定扭亏为盈的奖励办法，在全省实行。1987年预算内国营工业企业全面实现无亏损的市、地区、县和省级企业主管部门；完成省下达扭亏计划的市、地区；省级工交企业主管部门，有直属企业上缴任务的以及62家赢利大户实现利润及上缴利润比上年增长15%以上的；28家亏损80万元以上的亏损大户实现扭亏为盈的，扭亏增盈成绩无论大小，均给予奖励，奖金额最高的1.5万元，最低的0.15万元。

1989年，省经委、省财政厅将扭亏增盈奖励办法修改为：全省（不含深圳市）预算内国营工业企业当年全面实现无亏损的市和县分别奖励1万元；完成当年下达扭亏计划的市奖励0.5万元；从1988年起连续两年完成下达扭亏计划的市奖励0.8万元，从1987年起连续三年完成扭亏计划的市奖励1万元；省级工业主管部门全行业实现预算内企业无亏损的奖励0.5万元；亏损总额减少25%以上的奖励0.3万元。省核定亏损额80万元以上的亏损大户，当年实现扭亏为盈的奖励0.5万元，扭亏25%以上的奖励0.3万元；扭亏大户1989年被其他企业兼并或被承包（租赁）后达到扭亏要求的，按上述标准奖励给兼并方或承包（租赁）方。上述奖金由省财政厅拨付。1989年，全省赢利500万元及以上的国营企业有65家，亏损100万元及以上的国营企业43家。

1990年在1989年的基础上作部分调整，将省核定亏损额80万元以上为亏损大户改为100万元以上的，奖励金额相同。当年，全省预算内国营工业企业实现利润比1989年下降67.81%，亏损企业1 376家，亏损额增加2.93倍，亏损面达62.63%，是1979年后赢利最少，亏损最多的一年。

1991年，省政府决定将1990年赢利500万元以上、亏损300万元以上的省、市、县级国营工业企业作为省的重点盈亏大户。省财政厅选择有代表性的亏损企业作为扭亏增盈的联系点，对影响全局的盈亏大户进行分析，与企业一起制定扭亏增盈规划和确实可行的措施。扭亏增盈的奖励办法，在1989年的基础上适当调高奖励金。同时增设企业扭亏临时奖励办法，1991年比1990年扭亏50%以上的企业，实行按计奖扭亏额及核定比例计提奖金；决定在1991年对积压滞销产品实行推销奖，对积极推销的有功人员给予适当奖励。当年全省预算内国营工业企业经济效益有所好转，实现利润比1990年增长84.26%，亏损企业599家，亏损额下降31.18%。

1992年，省政府决定，在抓好面上扭亏增盈工作的同时，选择广州五羊自行车公司、广州无线电厂等100家预算内国营工业亏损企业作为扭亏重点企业，从政策上多方给予支持，对可行性大的扭亏技改项目，对确有复苏希望的重点企业的流动资金，贷款给予优先支持。同时本着“不是企业消灭亏损，就是消灭亏损企业”的精神，按照政府调整和企业自愿相结合以及少关停、多并转的原则，对扭亏重点企业中不具备复苏条件的企业，果断进行兼（合）并、关闭和拍卖。

1994年6月，省财办、省财政厅联合制定国合商业企业开展扭亏增盈工作和奖励办法。一些亏损国合商业企业通过资产评估，按一定的法律程序向社会或境外出让部分或大部分产权。小型国合商业企业通过职工以基金会形式参股或向社会出让股权，实行国有民营或股份合作经营；或通过承包或租赁的方式，由集体或个人经营。扭亏无望、资不抵债的企业依法破产。对每年赢利500万元以上和亏损100万元以上的企业，作为扭亏增盈的重点监控企业。

省级国合商业企业集团（商业、供销、粮食、物资、食品、石油、省饲料办）1994年度统算实现利润总额比1993年增长10%以上、无亏损单位（独立核算单位）各奖励3万元；统算利润比1993年有所增加，亏损单位个数、亏损单位亏损额比1993年减少50%以上的，各奖励1万元。各市（市属企业统算）商业局、粮食局、供销社、物资系统统算实现利润总额比1993年增长10%以上的、无亏损单位（含基层单位），各奖励2.5万元。省核定的广东省纺织品公司等42家亏损大户，1994年实现扭亏为盈的，奖励企业经营者0.3万元。

1994年12月，省政府批转省经委《关于帮助国有企业解困的若干意见的通知》明确，困难企业通过清产核资所认定的坏账和清理出来的潜亏，属于1993年7月1日以前发生的，经同级财政部门批准，在1995年年底以前摊入成本；按规定仍无法消化的企业潜亏，经各级财政部门、国有资产管理部门审核批准，可在企业公积金、国家资本金中冲销，但应保证资本金数额不得低于法定注册资本金定额。卸减企业办社会的负担，企业自办的学校、幼儿园、托儿所和医院，逐步从企业中分离出去。不符合国家产业政策、长期亏损、资不抵债、复苏无望的困难企业，实行依法破产。

1996年4月，省政府规定对被兼并企业兼并前发生的潜亏和固定资产、流动资产、专项资产损失，经企业主管部门审核，同级财政和国有资产管理部门批准，可冲销被兼并企业的公积金和资本金。如冲销不完，属于1993年7月1日以前发生的，兼并后可经同级财政部门批准，分期摊入兼并企业生产成本。1992年以前基本建设“拨改贷”资金本息余额，属省投资的，一次性转为国家资本金。

同年10月，省政府决定，对复苏有望的企业，银行在贷款上给予适当支持，省经委、省财政厅支持解决落实解困周转金，其他部门也在职能范围内指导、支持企业的扭亏增盈工作。

1997年4月，省经委、省财政厅要求进一步贯彻落实扭亏增盈目标责任制，抓好扭亏重点企业的减亏扭亏和特困行业的解困工作，对亏损企业进行分类排队，指导亏损大户制定减亏、扭亏计划，省财政厅从一类企业中挑选100家作为全省扭亏重点企业；加强对煤炭、制糖、纺织、军工、矿山等特困行业的扶持力度，制定专项扶持措施。建立并用好用活扭亏资金，省级国有工交企业解困周转金的投向重点是省属企业和列入100家扭亏重点企业。向国家经济贸易委员会（简称“国家经贸委”）申请的生产调度专项资金，全部用于国有企业或国有控股企业的生产运行和扭亏增盈工作。加强对扭亏增盈工作的考核监督力度，对亏损企业实行工资总额同减亏、扭亏指标挂钩的收入分配办法。

1998年，省经委重点抓15家年亏损500万元以上亏损大户的扭亏减亏工作，到年底，有13家实现扭亏或减亏，其中4家扭亏为盈，3家大幅度减亏。同年，广州、深圳、东莞、佛山、河源、肇庆、汕头、惠州、潮州、揭阳、江门和云浮等12个市实现利润总额为正数。茂名、韶关和清远3个市净亏损1亿元以上，韶关、梅州、阳江、珠海和茂名5个市比1997年减亏，清远和汕尾2个市比1997年增亏。与1997年相比利润总额由盈变亏的有韶关、湛江和中山3个市，扭亏为盈的有江门和云浮2个市，增利的有汕头、惠州、河源、东莞和潮州5个市。

（二）改革与脱困

1998年12月，省政府颁发《关于全省国有大中型工业企业三年改革与脱困的实施意见》，对全省脱困工作进行全面部署。1999年5月至7月，针对3个特困行业实际情况，省经委、省轻纺工业厅、省重化工业厅、省财政厅、省劳动厅先后联合制订《广东省纺织行业三年改革与脱困实施方案》《广东省省属煤炭行业三年改革与脱困实施方案》《广东省制糖行业三年改革与脱困实施方案》。组织编制《广东省国有及国有控股大中型亏损企业2000年脱困工作计划表》和《广东省2000年计划实现脱困的国有及国有控股大中型亏损企业名单》。

1999年1月25日，省政府成立广东省国有大中型工业企业三年改革与脱困领导小组，由主管工业的副省长任组长、省直19个有关部门的负责人为成员，并在省经委设立企业脱困办公室（简称“省脱困办”），负责脱困工作的组织实施。省脱困办分别在省重化厅和轻纺厅设立煤炭、纺织和制糖3个脱困工作小组，具体负责组织指导3个特困行业的脱困工作。各地区参照省的做法，普遍成立领导小组和工作机构。

省政府把三年脱困的任务按照条块结合的原则具体分解到各市、县和有关部门。还先后举办3期共423家亏损企业经营者培训班，把全省国有大中型亏损企业的主要负责人全部培训一次，并派出9个工作组，由厅级干部带队，分赴全省2/3的市进行督查，对各地的成功经验及时进行总结推广。

1997年，煤炭、纺织、制糖3个特困行业的亏损额占全省国有大中型企业亏损总额的35%以上，省政府把这3个行业的脱困作为全省脱困工作的突破口，分别研究制订实施方案。

1. 纺织行业改革与脱困

从1994年起，全省纺织行业经济效益不断下降，至1997年年底，在162家国有及国有控股企业中，亏损企业82家，亏损额为5.34亿元。1998年，省政府决定从当年起，用三年时间压缩落后棉纺锭18.7万锭，分流安置下岗职工4.24万人。

根据国务院规定，每压缩1万落后棉纺锭中央财政补贴150万元，地方财政补贴150万元及承担200万元银行贷款贴息的规定，省财政及时落实纺织压锭补助资金，支持纺织行业的结构调整。至2000年年底，中央财政安排补贴资金2 805万元，市、县财政安排资金1 920万元，省财政安排补贴资金885万元，累计完成落后棉纺压锭18.32万锭，安置分流职工42 434人，全面完成压缩淘汰落后棉纺锭和分流安置下岗职工任务。

2. 省属煤炭行业改革与脱困

90年代，省属煤矿大多数矿区煤炭资源枯竭，安全条件恶劣，经营亏损严重，历史积累的债务沉重，经营运作异常困难。至1997年年底，省属国有煤炭企业全部亏损，亏损总额12 649.4万元，扣除财政性补贴5 524.2万元，实际亏损7 348.7万元。在册职工总人数42 124人。1997年，省政府第八届第一百一十二次常务会议作出用五至六年时间对省属煤矿实施关闭，用三年时间完成5个生产矿井转制的决定；1998年，省政府第九届第四次常务会议通过省属煤矿关闭转制的原则意见。脱困工作小组首先对曲仁矿务局茶山矿进行关闭试点，确定职工分流安置的有关政策和费用标准；编制和上报《省属煤矿（部分）关闭方案》以及关闭煤矿费用列入1999年度省财政预算。最后关闭一批资源枯竭、安全条件恶劣、亏损严重的省属煤矿13对（个）矿井（单位），转制5个生产矿井，四望嶂矿务局实施破产。1998年起连续六年，省财政安排资金15.95亿元用于省属煤矿的关闭破产，省财政厅同时制定《省属煤矿关闭单位计划关闭处置费会计核算暂行办法》和《广东省省属煤矿关闭费用集中支付办法》，核拨的处置费必须专款专用，按批准的标准和范围控制开支，共分流安置煤矿职工40 806人。另安排专款53 781万元用于省属煤矿31 497名离退休、特养等人员的医疗保险。（此项工作2003年8月底才完成，至此在册职工总人数只有1 318人。）

3. 制糖行业改革与脱困

1991年以后，全省制糖业有4个榨季亏损，共亏损金额28.35亿元，其中大中型企业亏损26.1亿元，主要产糖区湛江市亏损19.24亿元。至1997年年底，全省制糖行业总资产为129.51亿元，总负债109.28亿元。其中湛江市制糖业资产总额为47.32亿元，负债总额为48.68亿元，资产负债率为102.87%。该市是全国制糖生产基地之一，榨季糖产量占全国产糖总量的1/7。从1989/1990年至1997/1998年9个榨季，湛江市虽然每年能为国家提供2亿元的税收，但是累计亏损高达30亿元，欠银行债务23亿元，向农民打“白条”欠收购甘蔗款16亿元，至1998年年底，全行业资不抵债10亿元（总资产53亿元，总债务63亿元）。

1998年，省政府决定用二至三年的时间，对全省制糖工业进行综合改革、结构调整、压减总量和政策扶持，以湛江市为重点。该市确定糖业结构调整总思路，关闭12家劣势糖厂，压缩过剩生产能力，同时把保留的糖厂推向市场。

根据全省糖业结构调整计划，对湛江等14个市、县43家糖厂进行破产关闭。省财政厅制定制糖行业结构调整补贴资金使用管理办法，补贴标准按糖厂破产关闭前的生产能力（日榨）每吨补助2 250元。从1998年起三年间，省财政共拨付补助资金4.19亿元，压减制糖日榨能力5.64万吨，使43家关闭糖厂的17 880名职工得到妥善安置和清欠农民甘蔗补贴，扭转部分地区糖业连年亏损的局面。

4．其他国有企业的脱困

1999年，全省亏损5 000万元以上的国有工业企业14家，虽然户数不多，但亏损额大，亏损总额31.55亿元，占国有企业亏损额的39.47%，而亏损10万元以下的国有企业349家，虽然亏损额不大但户数多，亏损面大，占亏损企业户数的16.7%。省政府要求14家亏损大户明确脱困目标，落实脱困责任制；决定对小额亏损企业，通过实行破产关闭消灭一批，兼并重组消化一批，国有资本退出减少一批，综合治理扶持救活一批的做法。

各级政府为安置退出市场企业的职工给予资金上的扶持，三年间全省共分流安置职工110.1万人。仅1999年省财政就安排7.91亿元用于安置下岗职工和保障职工基本生活。1999年广州市政府安排10亿元，妥善解决6.6万名下岗职工的分流安置。

至2000年年底，全省986家国有及国有控股大中型工业企业中，有582家进行规范化的公司制改革，其中改制为有限责任公司的354家，改制为股份有限公司的94家，初步理顺产权关系。

列入国家脱困考核目标的1997年亏损的490家企业，至2000年年底，有355家脱困。其中：扭亏为盈的152家，采用兼并破产等其他形式脱困的203家，比国家下达的290家的目标超65家。重点脱困的14家亏损额5 000万元的亏损大户，至2000年年底企业盈亏相抵后实现利润3.23亿元，有9家实现大幅减亏或扭亏为盈的目标；全省986家国有及国有控股大中型工业企业，至2000年年底，工业总产值、销售收入、利润总额等都有不同程度的增长，亏损企业亏损额下降。

2000年，根据省委、省政府的决定，对2 319家省属国有企业进行重组，省财政拨付启动资金3 150万元；退出企业380家，安置职工6.52万人，其中在职40 638人、退休23 294人、离休1 033人，省财政补助79 770万元。

五、工交企业财务管理

1978年以前，国家对国营工业企业的财务制度为核定企业流动资金、基本建设资金，税利全额上缴财政的企业收入分配体制。1978年，企业开始试行企业基金制度。

1978年10月开始，清远县在17个县属国营企业中试行超计划利润提成奖，按行业或部门实行上缴利润包干或亏损补贴包干，后称为“清远经验”。1980年省委、省政府发文予以总结推广，取得一定的效果。但是，清远的办法不够完善，主要是提奖以部门为单位计提，不利于调动基层企业的积极性，同时，利润分配不合理，地方、企业留成过高，挤占了国家收入，因而很快就被别的办法代替。9月，广东选择广州市缝纫机工业公司等100家企业为扩大企业经营管理权的试点，实行利润留成制度。经国家经委、财政部批准留成为6.5%（发展生产基金1.69%，职工福利基金2.82%，职工奖励基金1.99%）。

1980年起，广东对100家试点企业的利润留成办法由全额利润留成改为基数利润留成加增长利润留成。基数利润留成比例按下列费用之和占同年利润总额的比重确定：有新产品试制任务的企业按利润总额的1%～2%（机械工业为3%）计算新产品试制费；从成本中列支的职工福利金改在利润留成中开支，按工资总额的11%计算；从成本中开支的职工奖金改在留利中开支，按工资总额的10%～12%计算；企业基金不超过工资总额的5%。企业增长利润的留成比例，按照不同行业分别按10%、20%和30%提取。企业提取的利润留成建立3项基金：生产发展基金；职工福利基金，包括职工福利金和企业基金；职工奖励基金。同时，工业企业按产量、质量、利润和供货合同4项考核指标提取利润留成，每少完成一项，扣减其应提利润留成额的10%。

同年起，广东扩大建筑安装企业的主权：恢复法定利润，按工程预算成本计提2.5%的法定利润，全部留给企业，主要用于发展生产和职工集体福利，不能用于发放奖金；降低成本留成，企业以上年应缴数为基数，超收部分上缴财政20%，留成80%，实际缴库数还不到上缴基数的，按成本降低额5：5分成（经批准的企业仍实行利润包干）。降低成本留成大部分用于发展生产和集体福利，用于奖金部分不超过30%。至1982年，全省建筑安装企业完成建安工作量和实现利润分别比1979年增加129%和619%，上缴利润增加2.63倍。

1980年，省政府决定，从7月1日起，在广州缝纫机工业公司、广州自行车公司、广州绢麻厂、佛山棉纺二厂、佛山无线电一厂、江门塑料厂、江门南方食品厂及顺德、高州两县国营工业企业进行“独立核算、国家征税、自负盈亏”试点，一定三年。对广州市和韶关市试点厂，征收两税两费：工商税、所得税、固定资产占用费和定额流动资金占用费；对佛山市和江门市试点厂，征收四税两费：工商税、房地产税、车船牌照税、所得税、固定资产占用费和定额流动资金占用费。顺德县试行六级超额累进税率；高州县试行40%统一比例税率。企业纳税后所得收入，由企业自行支配，自负盈亏。

1981年7月，省财政厅核定省冶金工业厅1981—1985年，实行“利润包干上缴，逐年递增，超收留用，一定五年”的利润分成办法。省电子工业局实行“利润包干上缴，超收分成，一定三年，超收部分上缴财政60%，自留40%”的分成办法。8月，省财政厅核定省出版事业管理局实行“利润包干上缴，超收分成，一定三年，超收部分上缴财政60%，自留40%”的分成办法。同年10月，核定省航运厅所属企业从1981年开始实行“利润包干上缴，超收分成，一定三年，超收部分上缴财政70%，自留30%”的分成办法。

1982年1月，广东贯彻国务院批转国家经委、国务院体制改革办公室《关于实行工业生产经济责任制若干问题的意见》在工交企业推行经济责任制，按行业或以县（市）经委包干，基数利润留成加增长利润留成；超计划利润留成；全行业利润留成；利润包干；亏损包干；以税代利、自负盈亏。留利比例或盈亏包干数额可一定几年不变，生产变化大的企业一年一定。1982年，国营工业企业实行各种经济责任制的有2 208家，占全省国营工业企业的81.8%，当年全省国营工业企业的留利率为31.6%。对省冶金厅、省机械工业厅、省国防工业办公室等几个省级主管部门以及江门等7个市、20个县，仍按行业按部门实行上缴利润包干或亏损补贴包干。

同时，广东执行财政部《关于经济联合中财务问题的处理意见》规定，企业实行经济联合由主管部门、经委和财政部门批准；联营企业实现的利润按规定提取企业基金或利润留成后，在联营各方合理分配；参加联营的非主体方所分得的联营利润，并入本企业的利润提取企业基金或利润留成后上缴财政。

从1983年起，国营企业（军工、邮电企业暂不试行）试行第一步“利改税”。大中型企业按55%税率缴纳所得税，税后利润一部分上缴国家财政，一部分按照国家核定的留利水平留给企业。上缴国家财政的利润根据企业的不同情况，分别采取递增包干上缴、固定比例上缴、缴纳调节税（比上年增长的利润部分减征60%的调节税）、定额包干上缴（只限于矿山）等形式。企业留利原则上维持1982年的留利水平。企业缴纳所得税后的利润达不到核定的留利水平、差额较大的，在一定期限内减征所得税。小型企业按八级超额累进税率缴纳所得税。利润较多的小型企业税后上缴承包费或一部分利润。政策性亏损企业实行定额补贴或计划补贴，超亏不补，减亏分成。对经营管理不善的企业，限期整顿，超过期限，国家不再给予补贴。企业经过财政部门审查同意，可用缴纳所得税前专项贷款项目新增的利润归还专项贷款。企业税后留利建立新产品试制基金、生产发展基金、后备基金、职工福利基金和职工奖励基金。前3项基金的比例不低于留利额的60%。主管部门集中一部分企业留利，用于重点技术改造。同年6月，省财政厅补充规定：小型企业的税后利润，不超过留利额10%～20%的，不上缴利润或承包费；超过部分，按固定数额上缴；税后留利不足留利10%～20%的，在一定期限内给予减税照顾。建筑安装企业法定利润计入纳税的利润额内，不再单独提取企业基金，税后利润留给企业，经过批准，在一定时期内（最长不超过三年）给予适当减免所得的照顾。当年实行“利改税”的工业企业共1 459家，利润额13.05亿元，占全省工业企业总户数和利润总额的55%和90.9%，上缴利税、企业留利分别占利润总额的49.6%和41.6%，其余用于归还银行基建和各项贷款。

1984年8月起，广东对集体所有制企业按全民所有制管理的，都实行独立核算，自负盈亏；鼓励职工、部门、地区集资入股，按股分红或还本付息，集资部分形成的生产能力所增加的利润经过批准可免征一至三年所得税用于归还本金；县办小型工业企业实行“国家所有、自主经营、依法纳税（或承包）、自负盈亏”的办法。

从1984年10月起，国营企业（军工、邮电企业除外）实行第二步“利改税”，赢利的国营大、中型企业缴纳所得税后缴纳调节税。企业利润增长部分减征70%的调节税（物资、供销企业不减征）；国营小型赢利企业，按新规定的八级超额累进税率缴纳所得税。税后利润人均600元以下的企业，不收承包费，超过600元的，税后余利超过1983年合理留利的部分上缴承包费，一定七年不变。微利企业在三年内减征产品税、增值税、营业税，国家按减税后的利润额对企业实行包干。基数内利润留给企业，短收不补，超收分成；对亏损企业仍按第一步“利改税”办法不变；经过县以上财政部门批准，可用贷款项目新增利润归还基建贷款和专项贷款，还贷利润可提取“两金”（职工福利基金和奖励基金，下同）。1984年，实行第二步“利改税”的国营工业企业共1 477家，利润总额12.85亿元，占全省工业企业户数和利润总额的58%和83.4%。上缴利税和企业留利分别为42.7%和44.2%，其余用于归还基建和专项贷款。

1985年6月，广东对少数先进骨干企业适当减征调节税，即对人均利润不足600元、所得税率35%以上的，减征17%；对税率在30%～35%的，减征12%。1986年7月，省财政厅根据国务院规定精神，考虑到受开征新税种影响较大的企业，调整部分国营企业第二步“利改税”的实施方案，减免部分大中型企业调节税，调整部分国营企业基期利润。经批准试行“工效挂钩”的企业，其基期留利扣除奖金后的部分；丝绸工业和交通企业从1986年起免缴调节税，减免的税款作为生产发展基金；小型工业企业因调整基期利润，影响基期留利增减的部分，调整承包费。至1987年，全省工交企业减免调节税2 434万元，减征比率为30.28%。减免调节税的重点是技改任务重的大中型骨干企业；轻工行业中出口创汇、进口替代、生产优质产品而技改任务重的生产企业；生产新闻纸、凸版纸大企业，制糖企业；对电力企业减征1/3调节税；承担国家安排重点项目的主导企业和生产抗癌药品而技改任务重的企业。

同年10月，省经委、省财政厅、省经济体制改革委员会办公室（简称“省体改办”）、省劳动局联合决定，广州绢麻厂、佛山棉纺二厂、江门南方食品厂、韶关齿轮厂、南方大厦、广州木材总厂等企业进行股份制试点。试点办法规定，股份制试点企业，应作为一个整体，由企业统一纳税，取消在缴税前将利润先分块后纳税的做法。个人股息和红利的总和，年率最高不得超过12%，不计股息只分红的年率最高不得超过15%。个人股份分红后的余额，作为个人股份的追加投资。国家股份不计股息。个人股份的税后利润，先提取奖励基金和福利基金，然后再分红。税后利润三年内不提生产发展基金。

1986年12月，广东根据国务院《关于深化改革，增强企业活力的若干规定》，对国营企业推行多种形式的承包经营责任制，对小型企业试行租赁、承包经营。保证承租人或承包人在遵守国家有关规定的前提下，拥有充分的经营自主权。企业承包以后，仍按第二步“利改税”办法照章纳税。超额完成上缴任务的企业，其应得的超额分成，由财政返还给企业；企业承包后多得的好处，主要用于发展生产（一种不少于90%，另一种不得少于75%）；企业承包经营后，要按照责、权、利相统一的原则，建立企业内部责任制。1987年，工业企业实行承包经营责任制的共1 538家，占总户数的61.3%，其中大中型企业257家，占41.3%。

1990年，全省开始推行“税利分流，税后还贷，税后承包”的试点，降低所得税率，改变大中型企业按55%的比例税率和小型企业按八级超额累进税率的办法缴纳所得税，赢利企业原则上按33%的比例缴纳所得税，税后以分利形式上缴财政。同时取消调节税，取消企业用所得税前的利润归还固定资产投资借款和提取盈余公积金、公益金的规定，企业的固定资产投资贷款，应用企业税后留利归还，将企业所得税从承包内容中分离出来，依法纳税，税后承包。广东考虑到部分企业赢利较少负担较重的实际情况，对年计税所得额在3万元～10万元的，按24%的税率计征；3万元以下的，按15%税率计征。实行“税利分流”的企业，免征国家能源交通重点建设基金和国家预算调节基金。

同年3月，省政府对重点支持发展的产业和项目，继续实行税前还贷；重点支持发展的产业和项目因政策性亏损的企业，以及从事高技术、新产品开发的企业，给予贷款贴息或补贴。支持发展的产业、产品和经批准替代进口产品，企业照章纳税有困难的，给予减免税（国家统一规定不得减免税的产品除外）。

同年8月，省政府对企业新一轮承包经营重新核定承包基数，以1987年、1988年和1989年三年企业实现利润的平均数为准基数，适当考虑确保财政收入稳定增长，企业自筹技术改造资金和归还技改贷款以及国家的产业政策。承包企业原则上都实行“工效挂钩”。1986年7月起对国营工业企业开征的营业税、房产税、车船使用税及教育费附加实行如数抵缴企业所得税的办法，从1990年1月1日起取消。

1991年，省财政厅对试行“税利分流”的大宝山矿、英德水泥厂、大岭冶炼厂等省直企业，允许将减少上缴财政部分利润用于企业的技术改造。对部分新成立的省级企业，参照“税利分流”办法核定企业的财务制度。1992年，对省属新办企业和第一轮承包到期企业原则上实行“税利分流”办法。至1992年年底，批复税利分流省属企业88家，其中工业企业79家。至1993年，全省企业均实行“税利分流”改革。

1991年7月，省委、省政府在《关于依靠科技进步推动经济发展的决定》中规定，赢利的工业企业，税前按当年销售额1%～2%的比例提取技术开发费；亏损企业在不增加财政补贴的前提下，可按不超过1%的比例提取；高新技术企业可按3%提取，其中属于集成电路、程控交换机、软件、计算机行业中经国家批准实行优惠政策的企业，可按10%的比例提取，企业的技术开发资金必须专款专用。企业按国家规定提取的技术开发费，免缴国家能源交通重点建设基金和国家预算调节基金。11月，省委、省政府作出《关于加快山区脱贫致富步伐若干问题的决定》，明确“山区的乡镇政府，要确保乡镇企业利润的合理分配，企业留利不少于60%，以增强企业自我发展的能力。”

1992年12月，省政府颁布《广东省贯彻〈全民所有制工业企业转换经营机制条例〉实施办法》并制定实施细则。企业在保证实现企业资产保值增值的前提下，有权自主决定税后留利中各项基金的比例和用途（职工福利费控制在工资总额的20%以内）。企业的各项专项基金可根据需要统筹使用。为帮助减轻企业负担，增强企业活力，促进企业转换经营机制，对国营预算内工交企业1991年年底以前发生的政策性亏损中属于财政应补未补的部分，在1993年和1994年两年分期拨补；1994年年底以前，企业可用当年实现的利润弥补以前历年的亏损挂账。

1993年7月1日起，联营企业的利润分配一律按“先税后分”的办法执行。企业计提职工福利费，提取比例一般为14%。

1994年1月1日起，所有企业执行分税制改革，凡属赢利企业，不分预算内外企业，以实行独立经济核算的企业为企业所得税的纳税义务人，按33%的比例税率，向国家缴纳所得税，取消调节税，实行税后分利。企业缴纳所得税后的利润，按规定提取盈余公积金、公益金后，向投资者（包括国家和其他投资者）分配利润。国有企业上缴国家的税后利润采取比例或上缴数额递增承包上缴的办法。考虑到部分企业赢利较少，负担较重的实际情况，1995年年底以前对微利企业暂按国家规定的照顾税率（27%和18%）征收。对于国家规定的政策性亏损的企业，由同级财政部门核定定额补贴数额，定期拨付；对于经营性亏损的企业，其亏损额可用以后年度实现的利润抵补，但连续抵补的期限最长不得超过1998年。

1994年9月，财政部、国家国资局、中国人民银行颁发《国有资产收益收缴管理办法》，国有企业的利润、国有股权的股利和红利，国有产权和国有股权转让收入等，均应按照规定上缴国库。广东执行结果是很多企业，包括以后成立的省属3家资产经营公司和20家授权经营企业集团，有些国有控股企业、股份制企业中的国有股红利，少缴或根本没有上缴财政。

1995年，广东试行国有资产授权经营制度，对国有企业的历史债务在企业改制和改组中解决。对清产核资清理出来的公司改制以前发生的企业潜亏和固定资产、流动资产和专项资产损失，经企业主管部门审核，报经同级财政、国有资产管理部门批准，先冲销企业公积金，不够部分冲销国有资本金。改制以前发生的企业亏损挂账，应由财政拨补而未拨补部分先冲销企业公积金，不够部分冲销国有资本金；由基本建设“拨改贷”投资所形成的债务，转为国家投资，相应转增国有资本金。企业改组后仍属国有独资公司和不改组为公司的企业，企业亏损挂账中属于超计划政策性亏损和经营性亏损的，由企业制订补亏计划，在五年内用企业实现利润弥补；对清产核资清理出来的1993年7月1日以前发生的企业潜亏和所认定的坏账，报经同级财税部门审核批准，在1995年年底前摊入成本，所形成的亏损，在五年内用企业实现的利润弥补。同年起，所有国有企业收到的政策性补贴收入及其他补贴收入，除国家规定有指定用途外，一律并入企业利润总额，并按规定缴纳所得税。

1996年4月，省政府规定，经同级政府批准，兼并企业在三年内新增所得税可按一定比例由地方财政返还企业，用于偿还被兼并企业遗留债务。1995年年底前被兼并企业所欠地方税，报同级财政部门批准，作为地方财政返还企业的资金并转增国有资本金。10月，省政府颁发《关于加速工业交通企业技术进步的决定》，国有企业上缴的资产收益，返还50%给企业用于技术改造。企业用税后利润投入进行技术改造的部分，所征相应的所得税由财政部门返还企业；对国家和省重点技术改造和技术开发项目，从投产之日起五年内，其新增效益部分的所得税，由同级财政部门返还企业。

1996年1月，省科委、省财政厅、省国税局、省地税局联合规定，企业开发列入国家级或省级重点新产品税收优惠项目的，可享受税收优惠。国家级新产品可享受三年、省级新产品可享受两年先征后返还新增部分所得税和不低于50%的新增增值税地方分成部分（25%），由财政部门按季度或年度返还给企业。1999年起改为新增增值税地方分成部分（25%）全额返还给企业。1996年享受新产品税收优惠的企业有邮电部广州通讯设备厂、广东轻工业机械集团公司等149家企业，共178个项目，其中国家级32个，省级146个。1997年享受新产品税收优惠的企业有广州广重离心机制造公司、广东省韶关工程机械厂等97家企业，共121个项目，其中国家级25个，省级96个。1998年享受新产品税收优惠的企业有汕头超声仪器研究所等126家企业，共165个项目，其中国家级39个，省级126个。

1997年11月，省经委、省贸易委员会、省财政厅、省国税局和省地税局联合制定《广东省资源综合利用企业（项目）认定管理办法》，对资源综合利用的企业实行企业所得税、增值税、固定资产投资方向调节税的优惠政策。1998年起，享受免征企业所得税五年的企业有汕头市升建轻质墙体材料有限公司等23家企业30个项目；享受免征一年的有5家5个项目。1998年，享受免征增值税的资源综合利用企业8家8个项目；享受增值税先征后返还优惠政策的废旧物资回收企业有广东省金属回收公司等107家。1999年起，享受资源综合利用免征企业所得税五年的企业69家；享受免征一年的1家。1999年，享受增值税先征后返还优惠政策的废旧物资业回收企业74家。2000年起，享受资源综合利用免征企业所得税五年的企业2家，享受免征一年的4家。2000年，享受免征增值税的企业4家；享受增值税先征后返还优惠政策的废旧物资业回收企业3家。

六、商品流通企业财务管理

1978年以前，国营商品流通企业的利润分配制度与国营工交企业一样。1978年1月起，商业企业实行基金制度。

1979年，除县以上供销社仍实行提取企业基金和利润分成制度外，其他商业企业实行全额利润留成制度。财政部核定广东商业企业（不包括饮服企业和民贸企业）的留成比例为17.5%（全国平均19.3%），商办工业为20%。根据财政部核定的比例，省财政厅规定：各地全额利润的留成比例，除珠海按40%、深圳按30%的比例留成外，按财政部核定的总比例和留成额（剔除食品、饲料系统）层层分解落实到缴库单位。各市、地区留成比例为8%～17.5%不等。食品系统和饲料系统是亏损企业，由省财政退库1 295万元，用作简易建筑费和经理基金；民贸企业在原留成比例20%的基础上增提17.5%；饮食服务企业按年度实现的净利润，80%留给企业，20%上缴财政；实行经理（厂长）基金制度，提取的基金在留利中开支，企业完成利润计划（计划亏损单位则为亏损计划）按工资总额15%提取；每超额完成利润计划3%，增提1%，但最高不超过工资总额的25%（民贸企业20%），每少完成利润计划3%，减提1%，但最低不低于5%（民贸企业10%）。1980年，又改为基数利润留成和增长利润留成办法：以县、市公司为单位，实现的利润不超过上年利润部分，仍按1979年核定的留利比例执行。当年利润比上年增长部分，按35%的比例计提增长利润留成，取消超额利润增提经理（厂长）基金的规定；商办工业企业的利润（不分基数内外），以缴库单位计算减除归还各种技措贷款和银行中短期贷款后按37.5%计提留成；少数民族地区和深圳市、珠海市商业企业比上年增长的利润部分增提10%的增长利润留成。对于商业部从1980年起民贸企业留利比例从20%提高到50%的通知，广东规定：是否提高留利比例，由各市、地区、县自行决定。

1981年1月，广东在广州市南方大厦试行“独立核算，以税代利，自负盈亏”试点，在恩平县、佛山市等地进行商业企业“利改税”试点。同时，商业企业（饮食服务、民贸企业、信托贸易企业除外）改以1979年实现利润为基础，按“定率环比”办法计算利润留成。超基数部分按27.5%提留。1982年，恢复全额利润留成办法，全省按22%的总留利率层层下达到基层企业。对计划生育作出显著成绩，经上级主管部门和有关单位组织检查验收并报经县政府授予计划生育先进集体的企业，可增提2‰的利润留成基金用于奖励。突破上级下达的计划生育指标的企业单位，按当年应缴利润额减提2‰上缴财政。8月，省财政厅核定省物资局实行“利润包干上缴，超收分成，一定三年，超收留成27.5%，上缴财政72.5%。包干基数每年1 000万元”的分成办法。

1983年，实行第一步“利改税”时，广东对大中型赢利商业企业税后利润分配，一部分上缴国家，一部分按核定的留利水平留给企业。纯商业企业，除12个商品经济比较发达、留利偏高的县、市留利水平作调整外，其他地区、县、市按1982年实际留利水平进行换算（除按规定标准计提的职工福利基金仍在流通费中列支外，职工奖励基金和企业基金改在税后留利列支，计算留利时按新的列支办法调整计划）。省、地区、市商业企业总的留利水平由省财政厅核定，会同企业主管部门分配到企业。商办工业的留利水平为37.5%。大中型商业企业，扣除归还基建借款、专项借款等项目后的利润，按55%税率缴纳所得税。企业税后利润减除留利后的部分，以调节税形式上缴。基数利润部分按调节税率缴纳，比上年增长利润部分，减征60%。大中城市、工矿区、军队平价供应的肉、蛋、菜、盐等生活用品继续实行定额补贴或计划补贴，超亏不补，减亏分成40%，絮棉的价格补贴由财政部拨给的补贴专款给予补贴。不属于上述范围的亏损，限期扭亏，超过期限的亏损不予补贴；有赢利的小型企业根据实现的利润，按八级超额累进税率缴纳所得税，税后留利较多的，上缴承包费或按固定数额上缴一部分利润，具体办法与小型国营工业企业相同。商办农牧企业税后利润全留。民贸企业继续实行“三项照顾”政策。

1984年1月起，食品企业实行生猪派购、上调、出口计划和财务指标双包干：生猪上调、出口计划与财务计划挂钩，对完不成上调、出口计划的县、市，由省食品公司按当时生猪平议差价核定具体数额缴省财政厅，从地方财政的食品企业专项包干指标中扣除；各地区、市专项盈亏包干指标由省财政厅、省商业厅共同核定下达，并由省财政厅按计划包干指标逐级预拨各地区、市财政。企业减亏增盈由当地财政、企业按6：4分成。

1984年10月，商品流通企业实行第二步“利改税”。大中型赢利企业的留利额，在第一步“利改税”的留利水平基础上核定，税后利润超过合理留利的，缴纳调节税；少于合理留利的，经批准在限期内减征所得税；小型商业企业按新的八级超额累进税率征收所得税；商办工业以独立核算的企业为单位实行“利改税”；对需要扶持的小食品、调料加工等企业，减半征收所得税，税后利润全留。经营牌价粮油调拨的企业和大中城市、工矿区经营肉、蛋、菜、煤炭的计划亏损企业，继续实行定额补贴或计划补贴、总额控制办法，超亏不补，减亏分成。1984年全省商业企业实行“利改税”的有3 903家，其中大中型赢利企业1 043家，小型赢利企业2 704家，亏损企业156家，大中型企业平均调节税税率为12.99%，小型企业所得税税率为37.93%。同年，对小型零售商业和饮食服务业的财务管理体制实行3种形式的改革：国家所有、集体经营、照章纳税、自负盈亏；由全民所有制转为集体所有制，按对集体企业的政策和办法进行管理；采取招标方式，由中标者承包或租赁经营，征收所得税，税后利润多的，向国家缴纳承包费，新增财产和资金归集体所有，占用国家的固定资产提取折旧减半上缴，占用的流动资金按银行利率缴纳使用费，原有财产和资金实行有偿转让、分期偿还，有偿转让有困难的，采取租、借办法，缴纳固定资产占用费和流动资金使用费。对提供劳务为主的小店铺和边远地区职工人数少或长期亏损的门店，以招标方式，由中标者按招标金额签订合同，承包或租赁经营，自负盈亏，一定几年不变。

1985年，广东进一步减免商办工业所得税，大中型商办工业企业征收所得税，税后利润全留；肉制品加工企业减半征收所得税，税后利润全留；新办的饲料工业、食品工业免征所得税三年；经省以上有关部门命名的新试制的优质、名牌产品，免征所得税一年；企业用留成资金、银行贷款和股金进行技术改造、更新设备的项目，投产后所得利润，第一年免征所得税，用于还贷，第二年用于税前还贷。在生猪购销价格放开后，食品企业由原来实行亏损补贴改为实行“独立核算、议价经营、照章纳税、自负盈亏”。

1986年起，由于开征批发营业税、城市维护建设税而调整基期利润，相应调整企业留利。留利达不到1983年水平的大中型企业，经同级财政部门审定，三年内减征所得税；由盈变亏的企业，减征批发营业税，仍不足的，在三年内给予亏损补贴；亏损企业由于开征批发营业税增加的亏损，由财政限期弥补。

1987年1月起，企业用税后留利进行生产性投资所增加的利润，按40%的税率征收所得税。3月，对大中型零售企业调整房产税、车船使用税后，免缴国营企业调节税并推行多种形式的承包经营责任制。其基本精神是：“包死基数，确保上缴，超收多留，歉收自补”。根据企业的发展情况核定企业实现利润和上缴利润，由企业和财政签订承包合同。至1987年年底，全省实行多种承包经营责任制的商业企业1 313家，占总户数的38%。包干形式有上缴利润递增包干，超收全留或分成，歉收自补；上缴利润基数包干，超收分成；亏损递减包干，超亏不补，减亏全留。

1991年后，财政对商品流通企业的利润分配，与国有工业企业的管理办法基本相同。至1991年年底，全省商业、供销社系统亏损挂账32.24亿元，省审计、财政、税务和企业主管部门对亏损挂账进行全面清理，区分政策性亏损和经营性亏损。政策性亏损挂账实行专户挂账，由同级财政列入预算分年拨补。经营性亏损挂账，由企业负责偿还，实行承包的企业，按超收所得部分的30%～50%抵减挂账；企业违纪造成损失或虚增亏损挂账的，用企业的自有资金或者拍卖固定资产予以抵补；确实资不抵债的，按《中华人民共和国企业破产法（试行）》实行破产清盘。

1997年9月，省财政厅等6个部门联合出台关于对供销合作社政策性亏损实行挂账停息的处理办法。1981—1984年部分商品统一降价损失，从1996年1月1日起全额挂账停息，全省挂账停息数额为14 317万元；1991年一次性商品销价损失，在1997年和1998年实行挂账半息两年，全省该项挂账停息数额为1 851万元。

同年10月，省财政厅等7个部门联合出台解决国有商业企业历史亏损挂账办法。从1996年起，按政企分开的原则划清政策性亏损和经营性亏损界限，国有商业食品企业政策性亏损包括计划经济时期由于执行国家收购政策而无法收回的生猪预购定金；执行各级政府制定的购销价和倒挂政策而形成的亏损；增值税应退未退部分；前3项亏损的利息支出。1985—1995年国有商业食品企业历史政策性亏损，由省财政部门拨补；应退未退增值税按先征后退的办法办理；其他政策性亏损按照“谁欠谁补”的原则，在1997—1999年三年内由同级财政部门补给企业。1996年起，新增的政策性亏损，由责任单位拨补给企业。

七、粮食企业财务管理

1979年后，随着人民公社的解体和家庭联产承包责任制的实行，全省开放农村集市贸易，恢复粮食议购议销，实行多渠道经营，缩小统购品种和数量以及范围。粮食流通建立“计划经济为主、市场调节为辅”的粮食购销双轨制。粮食财务管理实行省级垂直管理，统负盈亏体制。国营粮食企业在计划任务数量内按国家规定的统购价、定购价标准收购农民粮食，并执行国家规定统一调拨、供应，在收购、销售、调运、储存所发生的利息、费用和价差由省财政按规定的标准拨补。同年，粮食企业实行提取企业基金。

1980年，全省粮食企业实行减亏分成办法，以省粮食厅为统一计提单位，按全省粮食商业企业亏损抵去粮油工业留利后利润，运输企业、其他企业利润后亏损总额，比省财政厅核定的全年粮食企业亏损指标减少部分，省粮食厅按40%比例分成。同时，在部分县对粮食商业企业试行政策性亏损定额补贴的办法，政策性定额补贴的范围主要是粮食、食用油脂统购价与统销价之间的价差和合理的开支费用以及其他符合政策的营业外支出、亏损等。粮油工业企业实行企业利润留成的办法，以省粮油饲料工业公司为统一计提单位，以实现全额利润的30%为留成比例，各地区的留成比例由省粮油饲料工业公司自定。企业实行利润留成办法后，1979年企业按职工标准工资总额10%～12%提取的职工奖金和超计划利润分成不再另提；按工资总额5%提取的企业基金照提；企业基本建设和简易建筑费由省财政照拨。利润留成资金主要用于技术革新与技术改造、新产品试制、职工集体福利和奖励基金。粮食企业实行“本业为主，多种经营，多元发展”，经营随行就市议价粮油的公司、货栈，仍按1979年的规定，实行单独核算，利润60%上缴省财政，40%留企业，列入企业基金。当年起，国家商业部每年拨给广东42万元，用于1980年后新增国家储备粮油费用，原有的储备部分中央财政没有补贴。

1983年，粮食企业经营平价粮油调拨的企业继续实行定额补贴或计划补贴、总额控制办法，超亏不补，减亏分成；对县以下企业实行多种形式的承包责任制。经营议价粮油的企业利润分成适当降低企业所得税，改为上缴省财政55%，上缴县、市财政5%，粮食企业留成40%。如发生亏损按以上比例分担。当年起，取消涉外单位凭证核销粮食办法，改按涉外价格供应；将平价销售改为议价供应或市场调节，扩大议价粮供应。

1983年11月30日，省政府作出决定，从1984年1月1日起，实行粮油购销、调拨补贴包干指标与地方财政挂钩的办法。粮食征购、超购任务完不成计划的，除自然灾害经省政府批准核减的以外，由地方购议价粮补足；超购加价款按省计划（包括省政府批准的计划外超购）完成实际数拨付。减少征购基数增加超购而多支付的超购款，由当地负责，省财政不予承担。

粮食企业的经营费用补贴把政策性补贴和企业经营分开，其中粮食商业企业牌价经营费用补贴实行分级管理、分级负责的原则。县以上粮食企业实行计划管理、减支（亏）分成40%，超支（亏）扣罚10%。省对广州市试行经营费用定额补贴，节支（亏）分成40%。粮油提价补贴按当年核定销售指标和补贴包干指标，由省财政包给县、市财政，结余归地方，超支由同级财政负担。省核定的粮油提价包干指标内如数由省财政厅预拨到市、地区财政局（处），由市、地区财政局（处）转拨县、市财政局；企业实际发生的粮油提价补贴额，其财务管理和监督、决算审批，拨补清算由当地财政部门负责。

粮油提价补贴的粮油统销价销售量包括：（1）非农业销售定量口粮、流动粮票购粮、侨汇粮，食品业、酿造业粮，事业供应、工业用粮、非农业饲料和其他用粮等。（2）农业销售中的定销、统销口粮，国营农林场统销、民工补贴和其他销售。（3）代省供应的造林补助粮、毛竹抚育粮、酿酒粮、溶剂用粮、医药用粮、华侨农场补助粮、盐民补助粮等专项用粮。（4）按支拨证供应驻军部队的粮食，以及包括正常供应和节日供应的食油。当年起取消饮料用粮的平价供应。

粮食工业企业和粮食行业其他企业实行计划利润超盈减亏分成、减盈超亏扣罚综合奖。超盈减亏超过上级下达指标的，企业按照超盈减亏部分的60%分成；减盈超亏的按照减盈超亏部分占计划指标的百分比扣罚综合性奖金。运输企业实行以县、市粮食局为单位，全额利润留成50%。

粮食商业企业减亏分成以及粮油工业、其他企业超盈减亏分成和运输企业利润留成，由县粮食局按生产发展基金、集体福利基金和职工奖励基金的规定比例统一使用。企业多种经营仍按1980年办法执行，议价经营按1983年的办法执行。

1984年11月，深圳市取消统购统销，改为议价议销，率先实行放开粮食经营试验，省对深圳市的粮食管理体制实行管放结合。1985年1月1日起，粮食企业和粮油差价补贴下放各市、地区（不含深圳市）管理，粮食企业的经营盈亏和粮食价差补贴省财政按1984年包干指标下达各市、地区，按当时的财政体制纳入各市、地区财政预算收入，列入各级财政包干基数。从当年起，各市、地区粮食企业的经营盈亏等财务收支计划和粮油提价补贴指标的核定、盈亏交拨、决算审核等事宜，由当地财政部门负责；省粮食局直属各公司、运转站由省财政厅负责。企业下放后的财务管理、开支标准、企业盈亏和粮油差价补贴的缴退库办法，以及没有实行“利改税”单位的多种经营收入提成、企业基金提取和奖励办法，按1984年的办法执行；属于企业应上缴的利润，上缴当地财政。粮食企业各项设施的建设资金，纳入省级计划安排的一部分大中型仓库、厂房项目由省级财政负担，其余的基本建设、一般修理，分别由地方计划、财政和粮食部门安排。粮食企业下放市、地区管理以后，1985年以前议价经营亏损，由省财政弥补55%，地方财政弥补5%，40%由企业自有资金自行弥补。农村返销粮实行购销同价，提价收入50%留地方财政，50%上缴省财政；省财政厅对1984年结转下年度的大修理开支、基建开支和1984年核实核销的财产、资金损失等财务遗留问题，在批复1986年度财政决算时一次性拨款解决。

1986年，省粮食局直属的省侨汇粮油供应公司、省粮油饲料工业公司、省粮食局物资基建公司实行“利改税”，核定所得税率为55%，企业留利分别为40%、45%和45%；省粮油贸易公司仍实行利润60%上缴省财政，企业留利40%；省粮食局运转站实行超（少）储备粮油费用定额补贴（上缴）后利润分成，60%上缴省财政，40%留企业。实行上述措施后，企业多种经营、议价经营实现的利润全额纳入企业盈亏，不再另行计提分成。当年1月1日起提高省间、省内粮油调拨经营费，粮食企业增加的调拨经营费收入与支出，列入企业的盈亏处理，纳入同级财政预算，各级财政部门相应调整粮食企业亏损补贴标准。农村返销粮1985年实行购销提价后增加收入专项上缴省财政改由各市、地区财政包干专项上缴省财政；收购生油价差补贴和销售大豆价差补贴仍由省财政负担。4月1日起第二次提高港口转运站转运国家进口粮食中转费标准增加的收入，全额转解中央财政。

同年11月15日，省财政厅制定《广东省粮食商业企业政策性亏损定额补贴办法》（本目简称“补贴办法”），从1987年起由各市、地区选择1个～2个县（市）试行。经财政部门批准试行批零差和“利改税”的城市粮店不执行该补贴办法。粮食商业企业政策性亏损定额补贴的范围为按照国家计划经营牌价粮油的商品流通费用，与1979年以前相比粮油购销价格倒挂的价差；营业外支出中的编外和长期病假人员工资、劳动保险、离休干部经费开支等；为国家储备粮油和供应军队粮油发生的费用。政策性亏损补贴定额、补贴方法和补贴后的利润分配办法，由县级财政局根据该补贴办法核定，补贴定额核定后一定几年不变，原提取企业基金的办法停止执行。

1987年4月1日起，国家提高稻谷合同购销价，合同购销价提高部分由省财政和地方财政各负担50%，并相应调高上缴省财政农村返销粮提价收入包干数。

省政府决定，从1988年4月1日起取消食油定购统销，放开价格，全面实行市场调节。当年对供应外轮的粮食改为议价供应。

1988—1991年，省属煤矿职工家属“农转非”粮食供应的差价款，由省财政专款拨补，并核定设有省属煤矿的市、县粮食差价补贴款指标。

1989年，粮食缺口的调入市平议差价及地方进口的粮食由省财政给予定额差价补贴，补贴后不足部分由各市财政自行解决。当年，省政府决定将在各市、县的粮油侨汇食品公司（商场）下放给当地管理，作为各市、县的粮食企业，纳入当地财政预算管理。原上缴省财政的利润，按1988年的包干数划转省财政。

1991年5月1日起，提高粮油销售价格，提价增收部分粮食按26%，食油按23%上缴中央财政，由各市财政包干上缴。

1992年4月1日起，广东按照“计划指导，放开价格，加强调控，搞活经营”的原则，率先于全国放开粮食经营和购销价格，粮食企业实行议价议销，政府建立地方粮食储备制度。国家下达的粮食定购任务，除公粮（农业税）继续征收实物外，其余改为指导性收购计划。实行全省平均收购指导价，各地收购价格可在允许的范围内浮动或随行就市。放开城乡粮食销售价格，取消粮票和凭粮本购买粮油，保留城镇居民粮食关系。原中央财政对省的粮食补贴保留三年，逐年减少，执行至1995粮食年度。中央财政拨付的粮食加价款、差价款补贴，与包干方案脱钩。省财政保留1985年省下放的粮食企业亏损补贴指标归市、县，纳入各级财政预算；省收回1985年下放的粮油差价补贴指标；省不再拨专款补贴1988年粮食购销价格调整后，省核定下达各市的行政事业单位干部职工、大中专学生的粮油价差补贴。省财政核定的水库移民困难补助款，石灰岩地区定销粮差价补贴，营林补助粮价差补贴继续由省财政拨包干专款给有关市、县。国营粮食企业执行政府确定的最低收购保护价和最高销售限价所发生的政策性亏损；公粮结算价提高增加的收入和原平价供应农民的粮食“三挂钩”化肥、柴油改为议价供应后的差价收入，纳入同级财政预算。取消财政拨给粮食企业的粮油加价款、粮油提价补贴、购入粮油提价补贴、价外补贴、大豆补贴款；取消粮食企业1988年以及1991年粮食销价提高应上缴财政的差价款；取消部分地区原保留的农村返销粮提价收入专项上缴同级财政的差价款。

国家库存粮油分别按储备、周转库存的性质和中央、地方的粮权分别核实。储备粮油资金及费用补贴按粮权归属，由中央和省分级负责。国家特种储备粮油和国家专项储备粮食所需的保管轮换费用给予定额补贴，由中央财政通过省财政拨付给省粮食局，省粮食局逐级下拨承储企业。省粮食储备由省专项下达数量及收购价格，委托地方储备部分，储备及轮换费用由省财政拨补；省动用储备粮发生的差价收支，上缴省财政或由省财政拨补。市、县级粮食储备，按照分级管理、分级负责的办法，参照省的办法执行。粮食企业实行“利改税”、利润留成或承包经营的，其多种经营利润并入企业利润总额统一分配。粮食企业的利润分配办法由各市、县自行确定。

根据财政部、审计署、中国农业发展银行等8个部门的规定，粮食购销体制改革后，对1991粮食年度末粮食政策性财务挂账停息，并进行消化挂账，中央给予广东的停息为50%，50%自行消化。经核实的政策性挂账实行专项管理，财政部门根据财力情况制订分期拨补计划。省政府决定，从1992年4月1日起，粮食赢利企业应上缴财政的税利由财政先作抵补政策性亏损挂账处理；减免的营业税、增值税、所得税款用于发展生产和解决政策性亏损挂账。

1994年，根据国务院的要求，省政府决定从1993粮食年度起，省、市、县各级陆续建立粮食风险基金制度，解决保护价差补贴，以增强政府对粮食市场的调控能力。1995年1月3日，省政府颁布《广东省省级粮食风险基金管理办法》，省级粮食风险基金的来源为省财政每年预算安排的省级储备粮食和特种储备粮油费用补贴及其他预算资金，财政部下拨的粮食加价款，中央下拨的进口粮食代理差价补贴或中央调给进口粮食的牌议差价，可转作粮食风险基金的其他粮食专项资金以及销售省级储备粮食的价格高于成本价的价差收入。省级粮食风险基金专项用于本省合同收购计划内经省政府确定的粮食收购保护价与市场价的差价补贴支出，省级储备粮食销售价低于成本价的价差支出，省级储备粮食和特种储备粮油费用支出，垫支广东储存国家专项储备粮实际成本价高于中央规定结算价的差额的利息补贴，弥补经省核定的定点、定仓、定量的省级储备粮遭受不可抗拒的自然灾害所造成的损失。省级粮食风险基金由省财政厅设立专户管理，由省政府调度，省财政厅根据省政府的决定会同省粮食主管部门、省物价部门负责管理，日常财政收支的管理由省财政厅负责。

1995年，广东推行“米袋子”各级政府负责制，进一步明确省、市政府对粮食供求平衡的责任。省政府下达粮食定购、议购计划，实行定购粮价外补贴，补贴款由省、市、县分级承担。同年11月14日，省政府印发《关于粮食部门实施两条线运行改革的通知》，从1996年1月起实施。1996年5月，省财政厅和省粮食管理储备局联合制定《广东省粮食部门两条线运行财政、财务管理暂行办法》。国有粮食企业将其承担的粮油政策性业务与商业性经营的财务分离，单独核算。粮油政策性业务包括：国家定购粮、中央和地方储备粮油的收购、进出口、储存、批发、调运，城镇居民基本口粮和农村需救助人口的粮食供应；部队粮油、救灾救济粮和水库移民口粮的供应；存储粮食平抑市场粮价。除以上业务外的经营活动为商业性经营。粮油政策性业务所需费用，不能通过购销价差解决部分，由财政给予补贴。同时，每年安排适量专项扶持资金，帮助粮食企业改善仓储、网点经营条件。根据承担政策性的业务量和规定的补贴标准，实行按业务量预拨，年终清算。财政部门对粮油政策性业务按核定的补贴标准和业务量补贴后，企业发生的亏损属经营管理不善造成的由企业自行消化。国有粮食企业取得的储备粮油财政性补贴收入免征营业税。

1998年起，广东按照政企分开，中央与地方责任分开，储备与经营分开，新老财务账目分开和完善粮食购销价格机制，促进粮食种植品种结构调整的“四分开一完善”政策和“市场导向、明确职责，加强调控、确保平衡，转换机制、搞活流通”的原则，进一步深化粮食流通体制改革。实行按保护价敞开收购农民余粮、国有粮食企业顺价销售、粮食收购资金封闭运行3项政策和加快国有粮食企业自身改革。从事粮食批发业务实行批发准入制度，进一步放活零售。

1998年8月31日，省财政厅制定《省以下粮食风险基金专户管理办法》。市、县粮食风险基金的配备，要与储备粮食规模和调控粮食市场需要相适应，由同级财政预算安排。市、县粮食风险基金专项用于市、县级储备粮食的利息、费用和轮换抛售差价补贴；粮食企业因按政府定价收购粮食，致使经营周转粮库存增加，又不能及时顺价出售，流转费用提高所增加的补贴；政府为平抑市场粮价抛售储备粮发生的差价补贴。粮食风险基金专户由同级财政部门在同级农业发展银行开设专户；财政部门负责资金安排、拨付、清算、使用管理和监督。

1999年4月1日起，中央财政拨付给省的国家专项储备粮油、临时储备食油利息和费用及差价补贴资金实行资金专户管理。省财政厅、省粮食管理储备局以及市、县粮食主管部门在同级农业发展银行开设国家储备粮油补贴存款专户。

在军粮供应方面，从1994年4月1日起，国家改革军粮供应体制，军粮财务一律上收到省级财政，实行专项、专户、专账管理，与原粮食财务脱钩。军粮平议差价补贴款中央财政和省财政各负担50%，并实行预、决算制度。省财政负担部分由省财政厅拨付到省粮食局军粮财务专户。

1996年12月14日，国务院、中央军委印发《关于深化军粮供应体制改革的通知》，自1997年1月1日起执行。按照新的军粮供应管理办法，加强对军供大米、小麦粉、油、豆、料差价补贴的管理，原由省级财政负担50%的军粮差价补贴款由中央财政负担。品种调剂、串换和提高军粮供应标准而产生差价和费用，由省级财政负担，并设财政专户管理。军粮差价款补贴继续实行预、决算制度，专项管理。1997年6月1日起，省粮食管理储备局、广州军区后勤部军需部、武警广东省总队后勤部在农业发展银行开设“军粮差价补贴”存款专户，接收中央财政和省财政的军粮差价补贴款。全省承担军粮供应企业也在农业发展银行设立“军粮差价补贴”存款专户，分别接收省粮食管理储备局、广州军区后勤部军需部、武警广东省总队后勤部的军粮差价补贴款。省政府决定继续执行重大节日向驻穗部队领导机关、干休所、医院、高干招待所等单位供应特等大米、食油，所增加的费用由省财政负担。当年起，省财政每年安排1.5亿元粮食价外补贴款收归省掌管，不再下拨给市、县。

八、农口企业财务管理

1979年，省财政厅根据国务院批转财政部、国家农垦总局《关于国营农垦企业实行财务包干办法的暂行规定》以及财政部、国家水产总局《关于水产企业试行财务包干的规定》，从1979年开始，对全省农垦、水产企业实行财务包干的管理体制。

1979—1980年，省财政厅参照农垦、水产企业财务包干办法，分别制定华侨企业包干的试行办法，并分别于当年开始执行。财务包干的基本原则是“独立核算，自负盈亏，赢利包干上缴，亏损定额补贴，超盈留用，超亏不补”。在具体做法上，根据企业的不同情况，区别对待。对橡胶农场、各级农垦部门直属的工厂、供销企业和部分利润较大的农场（如平沙农场、珠江农场），实行“利润定额包干上缴，超盈留用，短收不补，一年一定”的包干办法；对县、市农牧场和县、市农工商联合企业等微利企业，实行“独立核算，自负盈亏，盈利留用，亏损不补”的包干办法；对少数自然条件太差，暂时还有亏损的农口企业（主要是农场和华侨农场），实行“亏损定额补贴，减亏留用，超亏不补，一年一定”的办法。

1981年4月，省财政厅制定《关于地、县级农垦、水产企业试行财务包干办法的补充规定》。对地区、县的农垦企业和水产企业的财务包干由过去的“一年一定”改为“一定五年”。即对实行包干上缴利润的企业，按照各企业的不同情况分别核定1981—1985年利润递增比例，按递增比例包干上缴，超盈留用，减亏照缴。对亏损定额补贴的企业，以1980年包干指标为基数，逐年递减，减亏留用，超亏不补。对省级华侨企业，采取由企业主管部门统一包干，继续实行“亏损定额补贴，减亏留用，超亏不补，一年一定”的办法。1982年4月，省财政厅核定省水产厅所属企业从1982年起实行“独立核算，利润包干上缴，亏损定额补贴，超盈减亏和超亏减盈分成，一年一定”的财务包干办法。

1984年起，根据中央指示精神，在农场内部推行各种形式的联产承包责任制，试办家庭农场。对家庭农场实行“单独核算，自主经营，定额上缴各种税、费、利或定额补贴”的办法。改变过去按职工等级工资进行个人收入分配的“大锅饭”体制。同年，广东将省属102家国营林场（局）的92家下放有关市（地区）直接管理。但92家国营林场的财务管理体制一直没有明确，有的作为基建单位管理，有的作为预算外单位管理。1988年，省财政厅、省林业厅制定《广东省国营林场财务管理暂行规定》，明确由省、市两级管理的102家国营林场属事业性单位，分别纳入省、市两级财政预算管理；按照企业经营管理要求，实行独立核算，自负盈亏，赢利不上缴财政，亏损财政不拨补贴。

1986—1990年，在其他企业普遍实行“利改税”的情况下，考虑到农口企业赢利水平低，历史欠账和社会负担较多等原因，省财政厅根据财政部、农牧渔业部《关于“七五”期间国营农垦企业财务包干的几项规定》的通知，决定对本省农口企业继续实行财务包干的办法。对省级水产企业，由省水产局对省财政厅统一承包，实行“核定基数利润，逐年递增6%”的办法。对省级华侨企业，由省财政厅统一对华侨农场管理局实行“核定亏损定额补贴基数，一定三年”的办法。对其他的市、地区、县（市）农垦、水产企业，仍继续执行1981—1985年的财务包干办法。

1988年起，根据省政府的决定，广东将22家华侨农场和其他一些省属企业下放市、县管理，纳入当地财政预算。

1991年5月，省财政厅根据财政部、农业部制定的《关于“八五”期间国营农垦企业财务包干的几项规定》，要求全省国营农口亏损企业在1990年的基础上，每年扭亏20%，生产条件较差的边境亏损场减亏10%；赢利企业每年增盈20%。对赢利的大中型农口企业的财务包干，可以实行定额上缴或核定基数利润上缴，超基数利润分成等办法。对亏损企业限期扭亏，但亏损企业在扭亏期限内可继续实行“亏损定额补贴，超亏不补，减亏全留”，或者实行“亏损递减包干”的办法。对华侨农场1991—1995上缴利润和亏损定额补贴的指标，以1988年省财政厅划转的数额为基数，一定五年不变拨付各市、县财政局。

1994年3月，省财政厅分别印发《关于农口企业财务管理有关问题的通知》和《关于省直农口预算外企业财务管理办法的通知》，对农口企业的财务管理办法规定为：（1）赢利的农垦、水产、华侨、森工企业和预算外企业，从1994年1月1日起，统一实行所得税制的财务管理办法，并执行财政部颁布的《企业财务通则》和《企业会计准则》以及适用的分行业企业财务、会计制度。企业缴纳所得税后的利润，按规定提取盈余公积金、公益金后，向投资者（包括国家和其他投资者）分配利润，属国家投资的分配利润，上缴财政部门。企业实现的利润先按适用税率向同级财政部门缴纳所得税，然后再按规定全部返还给企业（省级劳改企业全部退给省劳改工作局），专项用于弥补财政政策性支出拨款不足及归还部分贷款。（2）农口企业中属于国家规定的政策性亏损企业，由同级财政部门核定定额补贴，定期拨补；属于经营性的亏损企业，原则上财政不再给予亏损补贴，其亏损可用下一年度的实现利润弥补，连续弥补年限最长不得超过五年。五年内不足弥补的，用企业以后年度的税后利润弥补。但考虑到农口企业生产条件差，收入少，债务重，离退休人员多，社会负担重，亏损仍较大的实际情况，为照顾这部分企业的实际困难，1995年前由同级财政部门根据财力情况，给予适当补贴。（3）1987—1993年，考虑到国有林场的实际困难，国有林场属于事业性质企业化管理的单位，实现的利润不上缴财政，全部留给林场，用于“以林养林”和开展以林为主的多种经营以及改善职工生活等方面。从1994年1月1日起，对国有林场统一实行所得税制的财务管理办法，实现的利润按适用税率缴纳所得税，经同级财政部门批准后，可退还一部分所得税给国有林场，用于“以林养林”和归还部分贷款。

1995年4月起，国有森工企业以林区三剩物和次小薪材为原料生产加工的综合利用的产品（如木竹纤维板、木竹刨花板、地板砖等），在一年内由税务部门实行增值税即征即退。

1996年，省财政厅规定，“九五”时期（1996—2000）对森工企业多种经营贷款给予贴息，除中央财政按年利率4%负担贴息外，省级森工企业由省财政按年利率4%予以贴息，市、县级森工企业由市县财政贴息4%，省财政不予贴息，其余的利息，不论银行利率上浮或下降，均由贷款单位承担。1993年以前发放的贷款余额，各级财政从1996年起不再贴息。

1997年9月，省第八届人民代表大会常务委员会第三十一次会议通过《关于扶持贫困华侨农场经济发展的决议》。鉴于当时国营华侨农场自然条件差，产业结构单一，经济基础薄弱，与全省经济发展水平差距较大；包括承担文教、卫生、计划生育、公安司法等社会性、政策性负担越来越重。为落实“决议”，省财政厅决定从1997年起连续四年，省财政每年安排2 000万元，主要用于有偿支持贫困华侨农场上造血型项目，发展经济，提高经济效益。具体工作由省财政厅和省侨办负责组织。

九、外经贸企业财务管理

1979年7月起，广东在对外经济活动中实行特殊政策、灵活措施，以及在对外经济贸易体制改革中先行一步，1980年省政府批准成立广东省驻香港的窗口公司——粤海公司和驻澳门的窗口公司——南粤公司。

（一）对外贸易企业财务管理

根据中央有关规定，广东从1980年起实行外汇包干办法。外贸收入和外汇收入以1978年实绩为基础，1980—1981年增收部分全部留省；1982—1984年增收部分上缴中央财政30%，省留70%；超过基数增加出口的亏损，按外汇分成比例实行换汇率由中央财政和省财政分担的办法。1981—1983年，广东对外贸易经营实行大包干，对外贸易企业实行以出口收汇、出口成本、盈亏总额3项指标为中心的定额管理和增盈减亏分成的改革措施；基层对外贸易企业试行定额承包或单项奖励；对一些连年亏损的公司实行减亏分成、超亏不补的办法。

1980年8月4日，省政府规定，各地区、各单位用地方外汇进口物资，除通过省对外贸易进口公司办理外，也可委托粤海公司办理。由于粤海公司刚成立，资金不足，需进口物资的地区和单位，要先把外汇通过中国银行汇给粤海公司。凡粤海公司办理进出口的物资，享受与省外贸进出口公司同样的待遇。

同年12月23日，省政府根据国家进出口委员会、外经贸部制定的《对外贸易进口管理试行办法》《对外贸易地方进口管理试行办法》《关于出口许可制度的暂行办法》，对广东对外贸易企业的进出口权限作具体规定。在进口方面，要求省外汇管理分局，各地中国银行分、支行，加强对各种外汇使用的监督；各单位（深圳、珠海除外）使用地方外汇进口的物资，原则上应交由省属各进出口公司按经营商品分工范围，归口负责对外订货；凡使用地方外汇进口的小汽车、旅行车、吉普车、工具车（包括旧车）须报国务院批准；进口其他商品除使用省统筹外汇报省计委负责审批外，均须由市、地区对外经济贸易委员会（简称“外经贸委”）或省主管部门有计划地汇总后报省外经贸委批准，才能办理对外订货；属于来料加工、补偿贸易、合资（合作）经营的进口物资，可按已签合同项目进口，不再领取进口许可证；签发进口许可证的收入，除按规定部分留给发证单位外，其余上缴省财政。

凡省属外贸各专业进出口公司有权在经营范围内办理出口业务，海关凭上述公司填写的出口货物报关单验放，不必另行申领出口许可证；凡属省外贸各专业进出口公司超过本公司经营业务范围，须申请出口许可证的，由省外贸局负责审批发证；除上述省属各进出口公司外，其他各有关单位申请出口许可证的，由省外经贸委负责审批，省外贸局发证，签发许可证收入的手续费，除按规定留给发证单位外，其余上缴省财政。属于来料加工、补偿贸易、合资（合作）经营出口的产品，按已签合同项目允许出口，不再领取出口许可证。对港澳市场、客户、配额、价格等问题，由省与外经贸部驻香港的华润公司、驻澳门的南光公司共同研究，统筹安排。

1981年1月16日起，各市、地区、县和省直有关厅、局成立对外经济服务公司之类的进出口机构，一律报省外经贸委审批，在省统一安排下进行对外经济活动。未经省外经贸委审批的，不得对外进行谈判、成交和签订协议、合同。省内各单位除经省政府批准外，各市、地区、县一律不得在港澳设立对外经济业务机构。省内派到港澳进行访问、考察和洽谈生意的人员，必须分别向粤海公司、南粤公司联系和汇报。同年4月15日，省政府印发《关于粤海公司经营进出口业务若干问题的通知》，粤海公司是省政府派驻港澳的机构，粤海公司的财务要接受省财政厅监督管理。粤海公司经批准经营的进出口商品，不必另行申请进（出）口许可证。属于国家规定必须申领许可证的商品，按有关规定办理。同时，粤海公司在省内成立直属企业广东粤海进出口公司，负责粤海公司办理在国内的进出口业务及粤海公司交办的其他工作。广东粤海进出口公司享受与省各进出口公司同等的待遇。同年8月7日，省政府印发《关于广东国际信托投资公司经营进出口贸易问题的通知》，同意该公司在统一对外的原则下经营进出口贸易业务，并享受省内各外贸公司的同等权利。

1982年起，广东外贸企业实行“省统一负责盈亏，分级核算，增盈减亏比例分成”的管理体制。1982年出口收汇计划为23亿美元（其中省外贸总公司为20.30亿美元），换汇成本2.90元，高于结算价2.80元的亏损，由省计委拨给省外贸总公司1亿美元的外汇额度经营补亏商品。外贸企业的盈亏，由省对外贸易总公司统一核算，包干平衡。实现赢利的企业，按财务会计决算报表实现的利润总额计算，省公司分成30%，市、地区分成30%，其余40%由省对外贸易总公司与省财政厅5∶5分成。亏损由省财政厅负担20%。该管理体制实行两年，为国家创收大笔外汇，但由于其他方面改革不配套，出现出口收汇越多、出口亏损额越大的不合理现象，终因省内盈亏无法平衡而终止。

1984年，广东贯彻财政部《关于外贸企业出口业务增盈减亏实行分成的暂行规定》，广东外贸企业实行利润留成和盈亏包干的财务管理体制。主要有全额利润留成；利润（亏损）包干，超收（减亏）分成；收汇收入，换汇成本包干，增盈减亏分成3种形式。

从1988年1月1日起，中央各外贸进出口总公司和中央工业主管部门设在广东的19家粮油、食品、茶叶、土产、畜产、轻工、文体、工艺（抽纱除外）、陶瓷、纺织、丝绸、五矿、化工（石油除外）、医保、机械设备（含农机）、深圳机械设备（含农机）等专业外贸、工贸公司及其支公司、地区县公司和自属生产、加工企业，财务关系与总公司脱钩，下放广东，纳入省财政管理。19家专业外贸、工贸公司经国务院批准并由外经贸部、财政部、国家计委下达的数额内，分别向省承包出口收汇基数、上缴外汇基数和出口补贴基数（赢利的企业承包上缴利润），一定三年不变。其中：出口收汇、上缴外汇实行包死基数，基数内出口收汇人民币补贴实行定额补贴，超亏减盈不补，减亏增盈留用。减亏增盈资金主要用于以丰补歉，建立出口风险基金。出口补贴基数，由省财政厅在中央核定的出口补贴总额内根据各公司承包的出口补贴基数和上缴中央外汇基数完成情况，予以拨付。

1989年5月，省政府进一步明确：中央下放广东的外贸公司与省财政挂钩，纳入省级财政管理，列入省级企业财务会计管理系列。外贸企业计提出口奖励金，按出口收汇基数、上缴中央外汇基数和盈亏总额3项指标进行考核。即完成出口收汇基数的可提取40%，完成上缴中央外汇基数的可提40%，达到盈亏平衡的可提取20%。未完成的则按比例相应扣减，其中出口奖励金只扣减一半。各外贸企业财务体制、利润缴留比例、基数内出口收汇人民币补贴划转、业务经营费的核定、副食品费用列进成本及其他已明确必须报省财政厅审批的，必须报送省财政厅审核批准，其余日常财务管理工作由省外经贸委处理。陶瓷、机械设备（含农机）、深圳机械设备（含农机）的财务会计工作，由省财政厅直接管理。建立外贸、财政两级外贸企业出口风险基金。各外贸企业减亏（增盈）资金从1988—1992年，每年除按规定增加企业自有流动资金外，其余按30%转作出口风险基金。1988年按规定转列的出口风险基金全部留给企业，1989—1992年改为50%上缴省财政，50%上缴省外经贸委，企业不再存留。此项基金由省财政厅、省外经贸委共同安排使用，主要用于解决国际市场变化和国内市场波动及汇率变动造成企业难以克服的重大损失。

1990年1月起，国家下放广东的专业外贸、工贸公司的市、县公司（均指供货公司），继续执行1982年外经贸部制定的地区、县级赢利企业实行全额利润分成的办法，按年度实现利润总额的40%按财务和供货隶属关系上缴省或市承担出口收汇任务的进出口公司，用于弥补出口亏损；60%留给供货企业按规定缴交国家有关专项基金后，50%转作生产发展基金，20%转作职工福利基金，30%转作职工奖励基金。对少数计划亏损的供货企业，实行亏损包干，定额补贴，超亏不补，减亏分成的办法。即按财务和供货隶属关系，由承担出口收汇任务的省或市进出口公司根据供货企业的盈亏情况，按年度核定定额补贴，由供货企业包干，超支（亏）不补。

1991年，广东外贸继续实行承包经营责任制。省将出口承包指标分解下达到省、市、县各类自营出口企业。省下达给各类出口企业和各市的出口计划、出口收汇和低限上缴外汇额度任务均为指令性计划，必须确保完成。所有自营出口企业都实行独立核算、自负盈亏、超亏不补、赢利分成的财务管理体制。根据外贸新体制的要求，对各类出口企业实行

4项指标考核：出口计划指标；自营出口收汇指标；上缴中央（含中央定购）外汇额度指标；企业盈亏指标。一般商品和机电产品出口收汇地方政府留成的外汇，改为留给出口企业，其余外汇分成比例不变。出口退税实行与出口企业的出口创汇、上缴中央外汇额度任务挂钩的办法，由省税务局、省外经贸委根据国家税务局、外经贸部下达的出口退税计划，下达到各市税务、外经贸主管部门，由市下达到县。专业外贸公司完成省下达的出口收汇承包任务后实现的增盈减亏额，原则上按25%作为企业的后备基金，30%用于补充企业流动资金，45%作为专用基金（其中70%用于发展生产，20%用于职工集体福利，10%用于职工奖励基金）。如果该企业在前三年有超亏的，其减亏增盈资金应先用于弥补亏损，有结余再按上述办法进行分配。各类外贸企业的出口奖励金，由省财政厅根据各外贸企业完成其承包的出口总额、出口收汇、上缴中央外汇额度以及企业承包的盈亏4项指标情况兑现，专业外贸公司由省财政厅按户核定后，划拨给省经贸委兑现给企业。

1993年起，1988年中央下放广东的19家专业外贸公司、工贸公司所属的市、县分（支）公司和市、县分（支）公司的自属生产、加工企业，财务关系与省公司脱钩，下放市、县，纳入当地财政管理。市、县专业外贸公司一律实行独立核算、自负盈亏、亏损不补、赢利分成的财务管理体制。下放的专业外贸分（支）公司出口收汇留成按国家规定上缴省部分不再上缴，留给当地政府安排。

1994年起，企业根据企业所得税暂行条例及其实施细则的规定，向国家缴纳所得税。同年8月，省财政厅规定，按照《企业财务通则》和《企业会计准则》的要求，有条件的外贸企业应建立企业内部财务管理办法和内部会计核算制度，并报同级主管财政机关备案。1988年中央下放广东的专业外贸、工贸公司，其固定资产、流动资产以1987年度会计决算为依据下放广东管理。1993年下放地方的市、县专业外贸、工贸公司，其固定资产、流动资产以省财政厅批复的1992年度会计决算为依据，下放地方管理。各级财政部门加强对下放企业国有资产保值增值的管理，维护国家权益，防止资产流失。外贸企业设立的境外机构，属于港澳地区独立核算企业的，纳入“长期投资——港澳投资”专户核算和管理，属于港澳地区以外其他海外独立核算企业的，纳入“长期投资——海外投资”专户核算和管理。同年，经省政府同意，将粤海进出口公司属下的公司（深圳、珠海除外）下放市、县管理。

1995年，广东试行外经贸企业出口收汇美元工资含量分配办法，并确定试点企业。同年，经省政府同意，将省外贸开发公司所属市、县分（支）公司财务体制下放市、县管理，纳入市、县财政预算。

1996年，省财政厅针对当年出口退税率下调、退税款滞后、资金不足、出口成本上升、效益普遍下降的实际状况，对新一轮的挂钩基数作适当调整。

1997年，省财政厅制定《广东省外贸企业内部财务管理办法（范本）》，规范外经贸企业的财务行为。同时，经省政府同意，将省水产进出口公司所属市、县分（支）公司下放市、县管理，纳入市、县财政预算。

1998年，省纺织（集团）公司和省土产（集团）公司进行联合组建，实行企业内部职工持股的试点。根据1997年12月19日省政府印发的《关于加快放开公有小企业的通知》和针对市、县国有外贸企业经营中出现“小、散、乱、亏”等问题，省财政厅制定《关于加快推进我省外贸小企业改革的意见》，鼓励通过注资经营责任制，股份合作制，产权转让、兼并、租赁等方式进行改革，探索外贸企业公有制的多种实现形式。根据1996年6月26日省政府印发的《关于加快发展大型企业集团的通知》，对列入大型企业集团的省属外贸企业（省纺织、机械、轻工、食品等5家企业）按其实际上缴所得税的15%返还，以补充国家资本金的方式，改善企业资产负债结构。

当年，省、市、县设立出口贷款贴息资金，省财政厅与省外经贸委联合制定省属国有外贸、出口生产企业出口贷款贴息资金的实施办法。省财政当年安排3 000万元作为出口贷款贴息资金，对1997年出口创汇200万美元，1998年比1997年出口创汇增长15%以上的企业，给予享受出口贷款贴息。

1999年，省财政继续从省本级预算安排省属企业出口增长奖励资金3 000万元；扩大地方国有进出口企业1999年度所得税的返还范围；增加对高新技术产品、机电产品出口生产企业贷款贴息，加大对重点商品出口的扶持力度，促进全省调整出口商品结构。通过上述财政政策措施，帮助外贸企业克服困难，促进外贸出口稳定健康发展。

（二）工农贸进出口公司和外经企业财务管理

1980年后，广东按产销结合、工贸结合、内外销结合的原则，改革对外贸易经营体制，陆续成立省级工农贸进出口公司以及外经企业。全省先后成立冶金、机械设备、农机、船舶、建材、种子、种畜等14家省属对外贸易公司；成立一批工贸、农贸、技贸结合的进出口公司；各市、地区、县增设对外经济贸易机构；对茂名石油公司、广州绢麻纺织厂、江门无线电三厂、南海藤厂、南方玉雕厂等一批具有一定生产规模的企业给予直接对外经营业务的权限。全省形成一个多层次、多渠道、多形式的对外贸易经营体制。经国务院批准，广东在港澳地区设立一批独资或合营企业和子公司。这些公司和企业均实行利润留成和盈亏包干两种财务体制。

1980年12月23日，省政府根据国家进出口委员会、外经贸部《关于出口许可制度的暂行办法》，规定经省政府批准的省属工贸、农贸结合的进出口公司，有权在经营范围内办理进出口业务（广东国际信托投资公司可以按批准的经营商品范围代办出口业务），海关凭上述公司填写的出口货物报关单验放，不必另行申领出口许可证；凡属省外贸各专业进出口公司和经省政府批准的省属工贸、农贸结合的进出口公司，超过本公司经营业务范围，需申领出口许可证的，由省外贸局负责审批发证。

1981年4月2日，省政府印发《关于进口商品作价问题的通知》，规定贸易外汇内部结算价格改为1美元折合人民币2.8元（非贸易外汇的汇率仍维持1美元折合人民币1.52元左右），省内外用货单位委托广东外贸公司进口物资（商品），一律改为代理进口业务，并规定对进口商品的作价。4月8日，省政府制定《关于进口商品作价和管理问题的若干规定》，进一步明确进口商品作价和管理问题，同时停止执行《关于进口商品作价问题的通知》。11月27日，省财政厅规定，凡属省政府批准成立的省级工贸、农贸进出口公司是实行独立核算的省级企业单位，盈亏纳入省财政预算管理，实行以利润留成和盈亏包干为主要内容的财务管理体制。

1982年4月26日，省政府规定：（1）使用部分地方外汇进口物资，必须以有利于发展国内生产和平衡市场为前提，遵守国家的有关政策法令。进口计划和商品由省统一审批，归口经营。进口商品的重点是生产建设和平衡市场所需要而国内又不能生产和满足供应的原材料、半成品、维修用零配件，少进制成品。严格进口消费品向外省倾销，冲击国内工业。（2）使用部分地方外汇进口物资赢利补亏的任务，主要由省外贸局和省商业厅负责承担，并作适当的经营分工。按广东1982年外贸出口计划核定，外贸出口换汇成本2.90元，省外贸局系统亏损额1.7亿元。由省拨1亿美元外汇额度给省外贸局经营，包干弥补出口亏损。由省统筹外汇计划安排进口的化肥、饲料、粮食、农药、钢材、重油等6种物资，初步核定亏损2亿美元。由省专拨1.5亿美元外汇额度给省商业厅经营，要求结合安排市场，包干赢利2亿美元，缴省财政作进口补亏专款。不属商业部门归口经营的物资，由省计委、省财政厅拨专汇给有关单位经营，核定利润包干上缴省财政。（3）由省计委牵头，省财办、省经委、省外经委、省外贸局、省商业厅共同组成进口联合审批小组，负责研究决定商业厅和外贸局经营进口商品的分工，审批进口计划、商品目录和出省协作串换的货单，并协调外贸、商业、工业等部门有关方面的工作。（4）撤销南方贸易公司，其未了事宜和财务移交省财政厅处理。南方贸易公司的专职人员，回原单位工作。（5）1982年省统筹进口的6种重要物资，在执行中尽量减少亏损。已到货和即将到货的部分，所急需的亏损补贴，由省财政厅在南方贸易公司的入库现金中解决。对使用省统筹外汇进口6种物资的单位，人民银行按省下达的计划相应增拨流动资金贷款。

同年4月28日，省政府颁布《广东省进出口贸易管理办法》。规定凡经营进出口贸易的企业，必须经省政府批准，在省工商行政管理局注册，并按照批准的经营范围办理，不得跨行业经营业务。工农贸进出口公司，在业务上接受省外贸局的指导，并保证完成省下达的进出口计划。未经批准经营进出口贸易的任何单位和个人，均不得与外商进行贸易谈判和签订进出口商品合同、协议。各地海关、中国银行、商品检验、工商行政管理等部门，加强监督，违者按有关规定处理。

1983年，省财政厅对投放的资金使用效益进行检查和清理回收工作，全省11家外经企业赢利大幅度增加。

1984年，广东的进出口公司坚持“统一计划，统一政策，联合对外”的原则，发挥工贸结合、技贸结合、进出口结合的优势，在扩大出口中起了积极作用。从1985年开始，参照“利改税”办法，实行赢利上缴55%、留给企业45%、亏损不补的办法。留成按6：2：2比例划分为生产发展基金、职工奖励基金和职工福利基金。省外经贸委直属的8家企业1985—1988年实现的利润不上缴省财政，集中由省外经贸委用于归还1981—1983年外贸三年包干期间亏损挂账。

1986年，省属工农贸进出口公司，在中央核定出口亏损补贴额的基础上，实行自求平衡、亏损自负、赢利分成的财务管理体制；省属外经企业，参照“利改税”的方法，确定不同等级的留利水平。

1987年，广东选择一批省级地方外贸、工农贸、外经企业试行承包经营责任制，省财政厅明确地方外贸、工农贸、外经企业各自承包的内容、项目、基数、利润分配和使用等问题，以积累经验，为在全省范围内全面推行承包经营责任制做好准备。同时，按照兼顾国家和企业利益的原则，合理调整一批企业的利润缴留比例，为企业创造比较宽松的环境。至1987年年底，与省财政厅挂钩的工农贸进出口公司以及外经企业有25家。这些公司和企业均实行利润留成和盈亏包干两种财务体制。1988年，全省全面推行企业承包经营责任制，对具备条件的省级地方工贸、农贸、技贸和外经企业，以自愿的原则，签订承包合同。

从1989年1月1日起，省外经贸委直属企业财务与省外经贸委脱钩，纳入省财政厅管理，企业应缴财政的利润，不再用于归还外贸三年包干亏损挂账，而直接上缴省财政。省财政厅调整到期的12家工贸公司的财务体制，核定全额利润留成比例，追加3家工贸公司的上缴利润数。同年，省财政厅会同省审计局、省税收财务大检查办公室、中国银行广州分行联合对省外经贸委有关账户进行清理，并提出全面解决全省1981—1983年外贸三年包干期间亏损挂账的意见，报送省府领导审批。至此，三年外贸包干挂账长达六年的问题得到解决。

1990年，省财政厅对原定财务体制到期的企业，清理整顿公司中重新与省财政厅挂钩的企业以及新成立的外经企业，按政策要求核定财务体制；对体制尚未期满，但由于情况变化上缴比例偏低的企业，经协商后采取调增上缴比例或专项追加上缴的办法作出调整。1991年，根据新体制的特点，省财政厅重新核定和调整省属国营外经企业的利润分配办法，对外部经营环境不稳定，不具备继续实行承包经营责任制的企业，改按全额利润留成办法或全额利润分档分成的办法，并保留和完善实行承包经营责任制所建立的各项内部经济责任制措施；对原来上缴比例偏低的企业，适当调高上缴比例，重新核定外贸商场、门市部的利润缴留比例。

1991年后，工农贸进出口公司与外经企业的财务管理，与专业外贸公司的管理基本一样，也实行奖励金和供货出口奖励金制度。

1993年，全省贯彻落实国务院《全民所有制工业企业转换经营机制条例》，把属于企业的财务权限落实到各类外经贸企业。对工贸公司留利部分生产发展基金、职工奖励基金和职工福利基金的分配比例交由企业自主确定；对企业医疗费、差旅费包干方案等属于企业权限以内的财务事项一律由企业自主处理。

1993年，省财政厅对地方工农贸、外贸商场门市部等公司（单位）的应缴财政的利润进行清缴。至1993年年底，专业外贸、地方工农贸、外贸商场门市部共清缴利润7 100多万元，比1992年增长3.24倍。外经企业也上缴利润1 900多万元，比1992年增长21.9%。

1994年起，工农贸进出口公司、外经企业与专业外贸公司统称为外经贸企业，实行统一的财务管理。

十、旅游企业财务管理

1979年1月，广东成立省旅游局。接着，佛山、汕头、深圳、珠海、肇庆、湛江、惠阳、韶关等市、地区先后成立旅游局或旅游总公司。

从1981年起，省旅游局改事业单位管理为企业单位管理，财务上执行“以旅游养旅游”的方针。省旅游局的经费也从旅游企业上缴的利润中核拨。在财务管理体制上，省财政先后对旅游企业实行过两种管理体制。1981—1982年，实行全额利润分成办法，上缴财政比例定为20%，1983年定为30%。但除去专项留给省旅游局的行政经费和专项拨款（抵缴利润）外，1981年、1982年和1983年上缴财政比例实际分别为18.9%、11.7%和17.3%。其他各市、县的旅游企业的财务管理，由各市、县参照省级旅游企业的管理办法，自行制定。

1984年起，省旅游局开始实行定额上缴的办法，规定每年定额上缴财政200万元。1984年省财政全年投放旅游事业资金达1 015万元，其中拨款355万元，贷款660万元，比1983年增长62.24%。1985年，旅游业利润达到2 698万元，比1980年增长2.8倍，但大部分留给了企业。留成利润除生产发展基金、职工福利基金和职工奖励基金分配比例由省财政厅核定外，具体使用以及省旅游局对所属企业的财务体制均由其自行决定。1981—1984年，省财政共支持旅游发展资金5 000多万元，安排旅游开发项目80项次，重点用于全省各地开辟旅游风景区，改善服务设施，提高服务水平，以及合资合作旅游宾馆的国内配套项目和临时性周转。

1988年起，省旅游局直属7家国营旅游企业实行承包经营责任制和经理任期目标制。1988—1990年，各单位承包的各项经济、技术指标的承包基数，确定经营者的职责和奖惩办法，并由承包单位、省旅游局、省财政厅三方签字。同时规定，省级国营旅游企业报送省财政厅的年度会计决算报表必须经过会计师事务所审计。

从1993年起，省财政厅对20多家旅游企业的财务体制进行重新核定。

1994年6月7日，省政府颁布《广东省旅游景点发展专用资金征收使用暂行办法》，从当年7月1日起，年营业额在30万元以上的旅游企业按年度营业额的3‰征收旅游景点发展专用资金，应计征企业所在地在山区县的减半征收。专用资金专款专用，用于省内旅游资源、重点旅游商品、全省旅游景点的建设和维护。

1997年，广东旅游企业执行财政部颁布的《旅行社内部财务管理办法（范本）》和《旅游饭店内部财务管理办法（范本）》，省财政厅和省旅游局要求各企业按文件要求完善本企业的内部财务管理办法；按制度规定处理企业转制改组中的有关财政财务问题。

1998年，省财政厅与省国资局共同印发《关于省旅游集团公司国有资产重组问题的复函》，规范企业在改制中的财务行为；省财政安排技改资金支持企业的技术改造；对旅游局的预算外资金进行清理检查，按照“收支两条线”的原则，责成省旅游局将违规挪用的入境签证费上缴国库。

1999年，根据1995年6月28日和1997年12月29日财政部、国家旅游局制定的《旅行社质量保证金财务管理暂行办法》《旅行社质量保证金财务管理若干问题的补充规定》，省财政厅加强对广东旅行社质量保证金的监督管理。截至1999年年底，全省旅行社质量保证金本金余额1.66亿元。

2000年，广东取消旅游景点发展专用资金和旅游建设发展基金的征收。

十一、驻境外企业财务管理

境外企业建立初期，由于财政财务管理工作未能跟上，管理体制和隶属关系未理顺，出现企业内部财务管理混乱、财务机构不健全、财务人员缺乏、财经纪律观念薄弱、缺乏有效的管理和监督等问题。

1983年，省财政厅与省外经委、省外贸局联合组织财务清理小组赴香港、澳门，对省驻港澳企业逐户进行财务检查和清理。

1986年3月20日，省政府制定《广东省驻港澳地区企业财务管理暂行规定》，驻港澳企业的财务会计工作，由省财政厅委托粤海公司统一管理，省财政厅选派若干财务管理干部组成财务监理小组常驻粤海公司协同工作，负责指导、协调和进行财政监督；驻港澳企业必须健全财务会计机构；驻港澳企业的投资资金，属自筹和银行借款的，由归口主管部门审批，报同级财政部门备案，属应上缴财政和财政下拨的，由归口主管部门提出意见，报同级财政部门审批；驻港澳独资企业和合营企业中方，须按国家和省制定的有关制度并结合各自的具体情况拟订各项财务收支办法，报归口主管部门批准，并报粤海公司、省财政厅备案；折算人民币1 000万元以上的特大项目，须报经省政府批准；驻港澳地区独资企业实现的利润，合营企业中方所得赢利、分红、股息、社会工资结余及其他纯收入，实行留成办法，具体留成比例，由同级财政部门与归口主管部门商定；归口省属主管部门的驻港澳企业按规定应上缴省财政的收入，统一上缴粤海公司代管财政账户，由粤海公司指定专人管理，并按季编制报表报送省外经贸委、省财政厅；驻港澳企业中方派驻人员的工资和其他开支，按财政部、外经贸部和港澳工委制定的有关制度、标准执行；驻港澳企业必须按规定期限向粤海公司、归口主管部门和同级财政部门报送季度、年度会计报表，准确、全面、真实反映企业经济状况和中方资金运用状况。

1986年10月，省财政厅制定《广东省驻港澳地区企业财务管理实施办法》，在资金管理、财产管理、收入和分配、奖励与考核，会计报表的编制、机构设置及财会人员职责等方面作出明确规定。驻港澳地区独资企业和合营企业的中方投资新办企业或购置固定资产，其投资资金属自筹（包括企业留成基金再投资）或银行贷款、单项金额在300万美元以上的，经派出单位送归口主管部门审查，报省政府批准，并报省财政厅、粤海公司备案；单项资金在300万美元以下的，由派出单位报归口主管部门审批，并报粤海公司和同级财政部门备案。投资资金属应上缴财政或财政下拨的单项金额在300万美元以下的，由归口部门提出意见，并征得粤海公司同意后，报同级财政部门审批，并通知粤海公司办理；单项金额在300万美元以上的，逐级上报，由省政府批准。以私人名义投资或参股，命名人须经派出单位转报归口主管部门批准。规定驻境外企业列入分配的收入有：赢利的分配，包括经营利润和其他利润，以及回佣、暗扣等；工资差收入分配。驻境外企业的收入分配比例为，企业实现的赢利、工资差及其他收入，70%留企业、30%上缴粤海公司有关代管账户。

从1986年1月1日起，经批准新办的企业，其开办时是以贷款投资的，在开业头三年内实现的赢利、分红、股息，实行全额留成，用于还贷和扩大经营；三年期满后，其所有收入未能还清投资贷款的，可由派出单位和归口主管部门提出意见，经同级财政部门同意，可适当延长一至二年全额利润留成期限。全额利润留成期间，其工资差收入仍实行3：7比例分成。对上缴部分，独资企业按财政隶属关系上缴。合营企业的分配中方所得的利润和工资差，按中方派出单位隶属关系上缴。对合营各方都是中方又同属省级财政的，可以先缴后分；如中方各方的财政隶属关系不同的，可以先分后缴。省外贸专业公司所属驻港的合资企业中方分成应上缴部分，暂缴入省外经贸委在香港的代管省外经贸委账户，属省财政收入的缴入省财政厅在香港设立的代管财政专户。对留成部分，属于赢利的70%留成，主要用于开拓业务，扩大投资。属于工资差的留成部分，用于建立外派人员的福利基金。企业的派出单位可在企业留成部分的15%以内集中使用（调入省内的，按外汇管理的有关规定办理），并分别在有关账上反映。

1990年，省财政厅对驻港澳企业的财务管理情况又一次进行清理调查，针对清理中所暴露出来的问题，重新修订《广东省省属境外企业财务管理办法》，报经省政府批准后实施。随后，省财政厅派出两名干部赴港，参与组建粤海公司企业管理部（此前省财政厅于1984年派出一名干部参与粤海公司财务部管理）。1991年，根据省政府《关于在南粤（集团）有限公司内设立企业管理部的复函》，省财政厅又派出两名干部赴澳门，参与组建澳门南粤公司企业管理部。两个企业管理部的主要职责是：加强对省属驻港澳企业实施有效的财务管理，执行省政府和省财厅布置的有关任务；办理境外企业财政登记，明确财政体制；对境外企业进行产权、股权清理，确保国有资产安全；收缴应缴财政收入；加强财务管理制度建设等。

1992年，省财政厅对《广东省省属境外企业财务管理办法》再次进行修订，并更名为《广东省境外企业财务管理办法》，经省政府法制局、省政府境外企业工作领导小组审议后实施。该办法在财务管理方面规范6个方面的内容：（1）境外企业财务应纳入同级财政管理，财政部门应派出财政管理人员，对境外企业实施财政登记，要求企业按时向财政部门上报会计报表，定期进行财务监督检查。（2）确保国有资产的安全，办妥各种保障国有资产安全的法律手续。（3）按规定上缴利润和工资差，境外企业实现利润按20%、工资差按30%上缴同级财政部门。（4）境外企业奖励制度与经济效益挂钩，奖金额度控制在实现利润和工资差的5%，个别行业经批准后可放宽至10%。（5）个人实发奖金最高不超过8个月职务工资，有贡献的，经批准后可给予特殊奖励；境外企业外派人员实发工资，可试行取消职务工资制的改革，改革的原则，应兼顾所在地的生活水平和中国国情；各种福利补贴津贴按国家规定执行。（6）健全企业内部管理，包括境外企业财务工作须由中方人员负责主管，财务支付必须实行联签制度；企业不得为外商提供担保，不得随便以个人名义开设账户；对离任的企业负责人应进行离任责任审计等。

由于受1997年亚洲金融危机影响，加上企业本身原有运行机制的弊端，粤海公司资不抵债。经国务院批准，省委、省政府决定重组粤海公司。2000年年底，粤海公司重组成功，成立广东粤港投资控股有限公司，并实行授权经营。同年，根据省政府决定，省财政厅从香港、澳门撤回原外派粤海、南粤企业管理部的有关人员，境外企业的直接财务管理，交由广东粤港投资控股有限公司执行。

十二、外商投资企业财务管理

广东对外商投资企业的财政财务管理工作始于1979年。根据1979年7月1日第五届全国人民代表大会第二次会议通过的《中华人民共和国中外合资经营企业法》，省财政厅先后制定《关于加强中外合资、合作经营企业会计、审计工作的暂行规定》和《关于中外合资经营企业中方投资部分若干财务问题的处理意见》。

1982年，省财政厅又制定和印发《关于省属中外合营企业中方所得利润等收入缴库办法》和《关于中外合资经营企业中方投资及收入汇总表的通知》。这些法规对中外合资经营企业、中外合作经营企业中的中方投资、利润、收入分配等作出具体规定。1983年3月24日，省财政厅制定《中外合资经营企业中方投资及收入会计核算试行办法》，规范相关企业的会计核算。

1986年1月14日，省财政厅制定《广东省中外合资经营企业若干财务管理问题的暂行规定》，中外合资经营企业的财会机构必须设在企业所在地，一切财务活动应遵守中国有关法律、法规，并接受财政部门的指导、检查和监督；会计报表应报送企业主管部门、同级财政部门和当地税务部门。财政部、省财政厅指定的重点合营企业的季度、年度报表应直接抄报财政部和省财政厅。企业的年度会计报表应经财政部或省财政厅批准的会计师事务所查验，并出具查验报告。合营企业税后利润应按国家规定提取储备基金、企业发展基金、职工奖励和福利基金，提取比例由合同规定或董事会决定。省财政厅先后印发《关于省属驻穗中外合资、合作经营企业缴纳国家对中方职工各项补贴的通知》《关于中外合资、合作企业缴纳国家对中方职工各项补贴若干问题解答的通知》《关于省级中外合资、合作企业缴纳国家对中方职工的各项补贴的通知》，规定中外合资经营企业、中外合作经营企业应向财政部门缴纳国家对中方职工各项补贴，同时取消原来缴交中方职工工资差额的办法。各地的缴纳标准由当地财政部门确定。持有省经贸委或有签署权的机关确认的产品出口企业和先进技术企业享受免缴国家对中方职工的各项补贴的优惠。同年8月起，广东贯彻执行财政部制定的《中华人民共和国中外合资经营企业财务管理规定》，省财政厅在贯彻财政部该规定时明确，《广东省中外合资经营企业若干财务管理问题的暂行规定》作为财政部该规定的具体实施意见，一并执行。

1987年，省财政厅制定《广东省中外合作经营企业若干会计核算问题暂行规定》；印发《关于调整省属驻穗中外合资、合作经营企业缴交国家对中方职工各项补贴标准的通知》；转发财政部《关于对〈中外合资经营企业财务管理规定〉的补充规定》等。此外，还制定一些补充规定和实施办法。明确政府对外商投资企业在财务会计上的要求，对合资企业出资方式、劳动工资管理、外汇管理、技术使用费的支付、场地使用权与使用费的计算、利润分配、解散与清算等作相应的规定。同年9月，省财政厅派员参加省经贸委组织的“三资”企业普查小组，对国务院《关于鼓励外商投资的规定》的执行情况进行检查，对符合各类享受优惠政策的企业一一给予应得的优惠，落实政策。同年起，省财政厅经与省劳动局商定，中方职工住房补贴基金按实发中方职工工资的15%～20%提取，交由企业中方用于补贴建造、购置职工住房费用，或交由中方投资单位，并入中方投资单位福利基金，统筹解决中方职工住房福利问题。

1989年8月2日，省政府颁布《广东省中外合资、合作经营企业中方投资者分得利润分配和管理实施办法》，中方投资者的利润按照兼顾国家、企业利益和区别资金来源的原则进行分配。中方投资者分得的利润和其他所得，属于各级财政部门管辖的全民所有制企业，按规定缴纳国营企业所得税后的收入，按同级财政部门对中方核定的留利办法处理；提取的生产发展基金、新产品试制基金和后备基金可用于企业生产经营周转或对合资企业再投资以及合营期满时购买外方股本。属于集体、私营企业或个体工商业户的，其所得的利润由税务机关按有关所得税条例征收所得税。

1990年，省财政厅委托广州市税务局代征省属外商投资企业应缴的国家对中方职工的各项补贴，协调做好清缴和减免审核工作。

1992年7月起，广东贯彻落实当年6月24日财政部制定的《中华人民共和国外商投资企业财务管理规定》（《中华人民共和国中外合资经营企业财务管理规定》同时废止）和《中华人民共和国外商投资企业会计制度》等财务会计工作规范，同时规定中外合资、合作经营企业双方或一方未按合同规定依期缴足资本，使双方出资比例发生变化，按实际出资比例重新确定合理的分配比例。企业实现的所得税后的净利润，首先支付被没收的财务损失及各项税收的滞纳金和罚款；其次弥补以前年度的亏损；再次是提取三项基金；最后向投资者分配。

从1993年7月起，外商投资企业执行《企业财务通则》和《企业会计准则》。1994年起，根据1993年12月财政部制定的《外商投资企业执行新企业财务制度的补充规定》，广东对效益好，无到期债务，按规定预缴所得税后仍有较多利润的企业，经主管财政机关批准，可预分一部分利润。

1995年，省财政厅组织各市财政部门对全省外商投资企业缴交场地使用费情况进行摸底，1996年，省财政厅、省国土厅联合转发财政部、国家土地管理局《关于加强外商投资企业场地使用费征收管理的通知》，规范场地使用费征收工作。当年起按照财政部的统一部署，广东开展对外商投资企业财务报告核查工作（原称为年度会计决算检查工作）。1996年全省共抽查企业1 203家，检查面为10.14%，查出存在问题较多的企业218家，查出违纪金额13 034万元，查补收入4 917万元。至2000年，全省对8 455家外商投资企业实施核查，共计查出违纪金额2.35亿元，催收入库5 445万元。

1996年1月25日，省财政厅制定《广东省外商投资企业财政登记管理办法》。凡经权力机关审批成立、设立在广东境内的所有中外合资经营、中外合作经营（包括中央、部队和外省市所属单位在广东境内与外商举办的合资、合作经营企业）和外资企业（本段统称“企业”），在办理工商登记、领取营业执照后的30天内，必须办理财政登记。企业变更名称、合营者、经营范围、经营期限，或迁移、转产、增减资本、转让资本等，在办理工商登记变更登记手续后的30天内，向财政部门办理变更登记手续。企业若变更利润分配形式或分配比例，先送财政部门加具意见后报原审批机关批准，获批准后的30天内向财政部门办理变更登记手续。企业合同期满或提前终止合同，报工商行政管理局注销前，必须在财政部门办理注销登记手续。省财政厅为财政登记统一管理机关，县一级以上财政部门为登记机关，有条件的地区镇一级财政部门也可设为登记机关。8月，省财政厅、省工商行政管理局联合印发《关于我省外商投资企业办理财政登记有关问题的补充通知》，规定凡未办理财政登记的，工商行政管理部门不予办理年审；规定会计师（审计）事务所必须凭企业财政登记表（证）及财政年检报告书才能受理其审计验资业务。至2000年年底，全省办理财政登记的外商投资企业3.2万家，其中省属企业465家。

1998年，广东执行对外经济贸易合作部、国家经济贸易委员会、财政部、国家工商行政管理局等7个部委局《关于对外商投资企业实行联合年检实施方案》，凡是1998年12月31日前经工商行政管理局核准登记注册的在粤外商投资企业均须参加联合年检；参检企业按所注册的工商行政管理局规定的日期领取联合年检报告书；外商投资企业编报的年度财务报告，应聘请中国注册会计师进行审计，并出具审计报告，方为有效，审计报告应满足外经贸、税务、工商、财政、外汇、经委和海关等联合年检部门的需要。同年6月3日，省财政厅制定《广东省外商投资企业年度会计决算检查实施办法》，全省财政机关依法对外商投资企业报送的会计报表、财务情况说明书、相关会计资料，以及所附中国注册会计师审计报告的真实性、合法性、准确性和完整性，实施经常性监督检查。检查的重点内容为：是否按规定出资和验资；是否按规定制定内部财务管理制度，并报主管财政机关备案；是否按规定提取、使用涉及中方职工权益的各项资金；是否按规定及时、足额上缴国家各项税费；是否按规定建账和进行会计决算，编报会计报表，如实反映财务状况和经营成果；企业真实的财务状况与中国注册会计师审计报告中表述的意见是否相符。规范外商投资企业年度会计决算工作，确保外商投资企业和中国注册会计师贯彻执行国家法律法规，如实反映和审计企业财务状况和经营成果，维护国家利益和投资者合法权益。同年8月6日，省外经贸委重新制定《广东省确认和考核外商投资产品出口和先进技术企业的暂行实施细则》，明确产品出口和先进技术企业标准。

1999年3月起，根据财政部《关于调整我部驻各地财政监察专员办事处管理外商投资企业职能的通知》，广东对中央部委及所属企、事业单位举办的外商投资企业，省财政厅保留对21家实行财政管理职能外，其余按属地原则全部划归相关市财政局管理。

2000年，省财政厅参与国家有关方针、政策的研究，配合财政部做好对广东外商投资企业现行法规的清理工作，并按财政部的精神相应制定出外商投资企业新的财务管理规定，以适应中国加入世界贸易组织（WTO）后，有关利用外资政策的相应调整。

十三、地方金融企业财务管理

1997年后，随着亚洲金融危机的发生及其对广东影响的逐步加深，广东地方金融企业的财务管理逐渐开始单独管理并成为工作重点之一。

1997年3月7日，财政部印发《关于加强金融保险企业财务监管的通知》，明确地方财政部门应建立健全地方投资的金融保险企业和地方投资占50%（含50%）以上的中央和地方共同投资的金融保险企业的财务管理制度。根据财政部的通知精神，省财政厅补充：各市财政部门必须切实加强对地方金融保险企业的财务监管，并协助省对广东发展银行在各市的分支机构实施财务监管；各地方金融保险企业按照1993年财政部制定的《金融保险企业财务制度》和财政部的有关规定要求，自觉接受财政部门的财务监管，建立和完善企业内部财务管理制度，并报主管财政部门备查；各地方金融保险企业必须委托会计师事务所对企业的年度财务报告进行审核并出具查账报告书，年度终了后3个月内连同年度财务报告报同级财政部门和税务机关，并抄送省国资部门一份；建立金融保险企业财政登记制度；各市财政部门和地方金融保险企业以法人为单位汇总上报金融保险企业登记情况表和主要财务指标表上报省财政厅。

1998年，根据省政府《关于防范和化解我省金融风险的通知》精神，省财政厅参与省政府组织的对地方金融企业的专案清理工作，参与对广东国际信托投资公司的关闭清算工作。同时，省政府作出关于解决拖欠外国政府贷款和中外合资融资租赁公司租金的历史遗留问题。对中外合资租赁公司租金历史遗留问题，由债务项目单位申请财政预算专项借款540万美元（折合人民币4 482万元）用于偿还租金，解决全省拖欠中外合资融资租赁公司租金的历史遗留问题（处理拖欠外国政府贷款问题见第六章第三节政府外债贷款条目）。

同年，根据省政府规定，省财政厅参与建立定期外债报告制度，负责定期报送港澳地区企业的外债状况。根据省政府要求建立人民银行金融监管领导责任和风险监测预报制度；对全省信托投资公司、证券公司等机构和部分地区的潜在金融风险等情况进行调查清理。对地方金融企业进行清产核资，逐步核销呆账和坏账；对违规资产和违规负债进行并账，有效地解决账外经营的问题。

1999年起，广东对全省25家信托公司（不含广东国际信托投资公司）、12家信托办事处和1家营业部进行清产核资，对22家信托公司（办事处）进行资产评估。省政府决定对广东粤财信托投资公司和广东华侨信托投资公司，深圳市2家，东莞市、广州各1家进行整顿后予以保留，珠海中业信托投资公司改设为全国性信托投资公司的分支机构，广州另3家信托公司重组为中外合资商业银行，其他信托公司、12家办事处和1家营业部实施停业整顿；各信托公司下属证券营业部由各专业证券公司托管、兼并或改组。同年，省财政厅制订《广东省地方中小金融机构和农金会金融风险处置实施方案》，对城市信用社进行分类处置，资产质量较好的、可继续营业的30家城市信用社，改制为农村信用合作社；对资产质量差的150家城市信用社实施停业整顿。对7家城市商业银行，按“巩固、改革、整顿、扶持”的原则，结合各银行实际，进行以救助、扶持为主的分类处置措施，通过再贷款逐步使其经营正常化，全部保留。对于农村信用社，力保支付；对843家独立核算农村基金会全部撤销，并入农村信用社。同时，省财政厅与省审计厅分别对16个市欠省4家金融公司的债务进行调查和核实。

为解决广东国际信托投资公司、城市信用社和农村基金会的个人债务和合法外债的资金支付缺口的兑付问题，省政府决定，由财政担保借入保蓄专项资金、动用防范金融风险基金、由中国人民银行发放再贷款等措施解决全省金融机构的支付问题。经中国人民银行批准，由省财政厅担保，广东向中国人民银行总行申请贷款额380亿元，并分八年偿还中央的专项再贷款。

2000年，广东国际信托投资公司破产后，地方金融机构存在的问题引起中央和各级地方政府的重视，根据国家和省政府做好防范和化解金融风险的精神，省财政厅制定《广东省地方金融机构财务监管办法》，理顺财政财务监管关系。

亚洲金融危机爆发后，引起广东恩平市金融风险，广东发展银行接手恩平市金融风险处置工作。按照省政府决定，省财政厅将原广东发展银行的营业税（地方5%部分）返还政策调整为财政专项支出，从1998年起连续五年，省财政每年预算列支1.3亿元，用于解决处理恩平市信用社的债务问题。省政府从借入的中国人民银行总行再贷款中安排5.2亿元专门用于解决广东华侨信托投资公司的个人债务和企业债券兑付问题，并由省财政厅牵头，会同人行广州分行、省审计厅、中行省分行组成工作小组，监督广东华侨信托投资公司个人存款的兑付登记工作。

第二节　行政事业经费财务管理

一、经费预算管理

（一）预算管理

行政事业单位预算管理分为行政机关（含民主党派和人民团体机关）、政法机关（下称“公检法司”）为全额预算单位，事业单位分为全额预算、差额预算和自收自支3种管理形式。行政事业单位的经费领报关系，按系统、部门归口管理，事财结合，按预算单位管理级次报领、核拨经费。1979年，行政机关（含公检法司）和事业单位预算经费年终结余收回财政。同年基层工商管理机构和基层税务机构转列事业编制，基层税务所的人员经费从行政支出划出，列入税务事业费；基层工商管理机构人员经费从行政支出划出，列入工商管理事业费。各级总工会编制上划中央。

1980年起，全省行政机关、公检法司和全额预算事业单位试行核定当年预算，包干使用，结余部分结转下年度留用；差额预算事业单位试行定收入、定支出、定补助、结余留用的办法；收大于支的事业单位，实行核定收支，包干使用，定额上缴的办法；同时，上述3种情况都可提取不超过节约部分30%的额度作为集体福利或个人奖金，超支不予报销的办法。实行预算包干之后，能组织收入的单位都开辟财源，扩大服务项目，增加收入。包干单位增加的创收收入，主管部门适当抽提一部分，这部分只限用于补充经费，不得用于增加工资和职工福利，其余归单位支配，单位可提取不超过增收部分25%作为集体福利或个人奖金。节约和创收两项奖金总额一年不能超过本单位平均一个月的工资额。实行自收自支的单位参照上述办法，核定年度收支计划。同年，消防民警、边防人员、海关人员，县、市武装警察中队，人民银行基层单位的经费上划中央。1983年起，武装警察部队归中央垂直领导，将消防经费列入省内地方公安安全业务费内开支。1985年，人民武装部下放地方管理，经费纳入地方财政预算。1987年，县、市武装部经费改归地方管理。

1988年起，广东对行政事业单位经费预算由过去单一的预算包干形式，改为分类预算包干形式。对全额预算单位区分有无收入的不同情况确定预算标准，有收入的单位除国家规定上缴财政作为国家预算收入的规费、罚没收入外，业务收入，生产经营收入，提供劳务、技术收入等纳入单位预算管理，由财政部门核定其收入分成比例，支出包干，一年一定的办法。对差额预算事业单位和不宜经济自立的社会福利事业单位，根据收支情况变化核定收支，调整差额补助，或将补助改为定项补助或有偿补助，一年一定；有条件逐步向自收自支管理过渡的差额预算事业单位，逐年减少事业费补助。对自收自支和企业化管理的事业单位，采取独立核算或自负盈亏的办法，并根据收支情况确定相应的事业发展基金、职工福利基金和职工奖励基金比例和挂钩指标。在解决单位预算经费“包而不干”方面，有的市采取与包干单位签订合同的办法，做到超支不补，结余留用。

同年起，行政机关离退休人员离退休费用从行政费划出，单设科目反映。但预算管理仍按原渠道核拨到有关政府部门和单位。

1993年起，广东的行政事业单位不论实行何种预算形式，取得的各项收入，全部纳入单位预算统一管理，并向其主管部门和财政部门报送财务收支计划和决算报表。行政单位取得的纯收入，由财政部门根据具体情况核定其与财政挂钩的办法；全额预算管理的事业单位取得的纯收入，由其主管部门和财政部门核定一定的留成，其余作为抵支收入，与单位预算包干经费统一使用；差额预算管理的事业单位，其收入全部留单位，纳入抵预算支出，由财政部门会同其主管部门核定差额补助额，予以核拨经费；实行自收自支管理的事业单位，仍采取独立核算，自负盈亏，经济自立的办法。差额预算管理和自收自支管理的事业单位必须建立医疗基金、修理购置（折旧）基金、事业发展基金、职工福利基金、职工奖励基金和后备基金以及周转（流动）资金。

1997年起，广东实施国务院关于预算外资金实行"收支两条线"管理的规定，行政单位（包括政法机关、参照公务员管理的党派和人民团体机关）按规定应上缴财政的罚没收入和行政性收费（包括基金）收入，足额上缴财政，不得列入单位收入预算，用于各项开支；按规定暂未列入财政预算管理的预算外资金收入，除经财政部门批准由单位留用的外，其余上缴财政专户，实行"收支两条线"管理。行政单位实行收支统管，将单位财务统一在单位内的计财部门或财务管理部门，同一单位不能在银行多开设账户，以改变以前有些单位在银行多开账户，单位内部多头核算的现象。行政单位预算由收入预算和支出预算组成。收入预算包括财政预算拨款（正常经费拨款、专项经费拨款和其他一次性经费拨款）和经财政部门核准归单位自行使用的预算外资金等项组成；支出预算包括经常性支出、专项支出和自筹基本建设支出等项组成。

同年，根据财政部制定的《事业单位财务规则》，省财政厅制定《广东省事业单位预算管理若干规定》。从当年起，事业单位取消全额预算、差额预算和自收自支3种预算管理形式，统一实行"核定收支、定额或定项补助、超支不补、结余留用"的预算管理办法。事业单位的事业性收费收入全额上缴财政专户，财政部门根据事业特点、事业发展计划、事业单位收支状况以及国家财政政策和财力可能，确定对不同事业单位的不同补助标准，以优化财政资金支出结构。事业单位各项收入，包括预算拨款和经财政部门核准归单位自行使用的预算外资金统一纳入财务收支计划，在单位预算的编报和审批上全面反映，实行收支统管，并编报预算外资金收支计划。事业单位不属于预算外资金管理的收入，可不上缴财政专户，但必须纳税，并纳入单位预算收支计划，实行统一核算。事业单位需用非财政补助收入（包括预算外资金）安排自筹基本建设的，按规定的程序立项报批。对非财政补助收大于支较多，实行收入上缴办法的事业单位，由其主管部门核定其上缴数额。

1999年，省财政厅选择省公安厅、省法院、省教育厅和省文化厅等4个部门作为2000年部门细化预算的试点单位，将预算资金的项目和内容细化，编制到二级单位的目级科目，其中省教育厅和省文化厅分别将预算批复到省属学校和文艺单位。

2000年，经省政府同意，省财政厅将2001年部门细化预算的试点单位扩大到省委办公厅、省政府办公厅、省劳动保障厅、省监狱管理局等4个部门。试点单位预算采取综合预算形式，全面反映单位的所有收支状况，包括预算收支、政府性基金及预算外资金收支等；预算的编制程序实行"两上两下"的方式。同时，省财政厅在全省范围内组织开展预算单位清产核资工作，全面开展资金清查，对预算单位预算内外财力及支出安排状况，进行清查和登记，为部门预算细化奠定基础。

同年3月，省财政厅制定《广东省文教行政专项补助经费分配使用管理办法》，省级专项补助经费分配使用改变过去分散而效果不理想的做法，实行资金集中投向，主要用于补助县级以上的困难地区或单位，补助的范围包括文化、文物、体育、广播电视和科学事业单位的设施维修改造和设备更新购置；贫困乡镇卫生院补助，计划生育服务站建设；党政群干部业务培训；中小学校普及九年制义务教育、改造薄弱学校和职业技术教育；行政机关的设施维修改造和设备更新购置；政法机关及其派出（派驻）机构的业务装备、办案经费、设施维修等。专项经费实行“专项申报，逐项核定，专款专用，跟踪反馈”的管理办法，并按项目的计划和进度分期分批核拨资金。市级财政局负责本地区使用省级专项经费的财务管理和监督。同年起，广州海事法院移交省法院管辖，经费纳入省级财政预算。

（二）公用经费

行政事业单位公用经费（含专项补助）包括公务费、设备购置费、修缮费、业务费和其他费用。其管理主要是通过制定开支标准，编制预算和逐项审批进行。对行政事业单位的专项经费和特殊费用，实行专项报告，审批核拨，专款专用，包干使用或结余缴回财政的办法。

1979年，省财政局重申严格执行1978年省财政局制定的《广东省国家机关、企业、事业单位会议费开支的暂行办法》。当年，省政府要求各行政事业单位公用经费比1978年压缩20%。

1980年，省委、省政府强调，各单位要大力精简会议，必须召开的会议一定要讲究实效，控制会议人数、天数和工作人员人数；严格会议审批制度。以后每隔几年，省政府办公厅或省财政厅都有发文，规定会议的审批制度、规模、开支标准，禁止到风景区、旅游区召开会议。虽然如此，但会议费用开支仍有增无减。

从1980年起至1989年2月，省财政厅对全省行政机关事业单位工作人员的出差补贴和乘坐的交通工具进行5次调整，调整的内容根据物价指数的提高规定补贴的金额，根据行政职务，技术职称、职务的不同规定可以乘坐的交通工具。1992年8月和1996年4月，省财政厅分别对省级机关事业单位工作人员的出差补贴和乘坐的交通工具作出具体的规定。市、县的规定由当地政府或财政部门作出。

1980年省政府修订接待外宾费用的开支标准。随着物价的上涨，从1982年起至1992年8月，省外事办公室和省财政厅4次对《广东省接待外宾费用开支标准和管理办法》进行修订和提高接待标准。

1980年，省政府和省财政厅修订临时出国出境考察学习人员的补助标准，从1984年至1992年11月，又进行4次修订费用管理办法和调整、提高费用开支标准。

1988年，全省行政事业单位在编人员比1987年增加4.2万多人，每年增加经费开支将近2亿元。省政府要求各级政府机关、团体和事业单位，1988年的会议费、邮电费和差旅费开支比1987年压缩10%。

1989年5月，省财政厅制定《关于行政事业专项资金实行追踪反馈责任制的若干规定》，由各级财政拨付给行政主管部门或事业单位的专项资金或专项补助，上级财政部门安排给下级财政部门的一次性专项资金或专项补助，以及明文指定适用范围或项目的补助款，省级财政拨付单项资金在5万元以上的资金，在支持项目完成后，用款单位应向财政部门或上级财政部门报送专项资金支出决算和使用效果的文字报告，该项规定执行至1996年。1997年，专项资金跟踪反馈的金额放宽到10万元。

1990年11月，根据单位挤占行政事业经费的现象，省财政厅重申行政事业单位共有房屋、设备为国有资产，不得私自转让、转租、分租、调换。利用公有房屋、设备开展创收活动的，所得收入要专款专用，使用时须主管部门审批，报财政部门备案。

1995年，广东贯彻执行财政部制定的《文教行政财务管理和经费使用效益考核办法（试行）》，考核的对象为财政部门、财务主管部门和基层预算单位。按适用范围分为综合考核指标和单项考核指标两大类。1998年12月，财政部进一步完善该考核办法，重新制定《文教行政财务管理和经费使用效益考核办法》，广东从1999年1月起贯彻执行新办法。综合考核的内容为经济发展、财力状况、支出水平和各主要费类之间相互联系的指标。单项考核的内容分为经济效益和社会效益，经济效益的考核内容为经费的筹集、分配、使用和效益的财务指标；社会效益的考核内容为与经费使用有密切联系、体现事业发展成效和工作质量的指标。

至1996年，行政事业经费支出增长过快的势头没有得到有效遏制，有些地区财政收不敷支，会议数量和规模未能得到有效控制，公费旅游等时有发生，在开支标准方面互相攀比，铺张浪费的现象比较严重。当年，省政府要求精简会议，严格执行差旅费开支标准，严禁用公款安排干部、职工在国内外旅游，严禁用财政资金购买高级小汽车。严禁新增编制，压减财政供养人员。

1998年，全省开始取消用公款配备移动电话、无线传呼机及不符合规定的住宅电话，用公款配备的一律作价过户给使用人（包括离退休人员），折价回收款项一律上缴财政。同时对符合规定使用的移动电话、住宅电话费用实行定额补贴，取消过去全额公款报销的做法。

（三）人员经费

人员经费包括工资、补助工资、职工福利费、主副食品价格补贴等。其管理主要是通过控制编制人数与制定统一的工资标准和划分补贴对象与补贴标准。

1984年，广东控制行政机关事业单位人员编制，除中央和省决定分配的军队转业干部、大中专毕业生和落实政策规定安排的人员外，凡属编制外的人员，财政部门一律停止拨款。

1985年1月，普通中学、小学和幼儿园实行以职务工资为主的结构工资制度。7月，行政机关和其他事业单位实行工资改革。行政人员改行以职务工资为主要内容的结构工资制，即将原来的标准工资加上副食品价格补贴、行政经费节支奖金，与改革增加的工资合并在一起，分为基础工资、职务工资、工龄津贴和奖励工资4个部分。经费来源行政机关、没有业务收入或业务收入不足解决增资资金的事业单位，按分级包干的财政体制，分别由各级财政安排解决，对全部负担教师增加工资经费有困难的地区，省财政给予适当补助。

1986年，由于机构编制失控，人员膨胀，全省除接受少量军队转业干部和国家分配的大中专毕业生外，冻结机构编制。

1987年，省政府根据1985年工资改革后，有些单位仍滥发补贴、奖金、实物，以及请客送礼等风气有增无减的情况，明令在工资制度改革后，有关奖金、补贴统一按省的规定和标准执行。同年，广东对全省事业单位的机构重新认定，完成机构的定编定员工作，不予认定的机构财政部门不予拨款。

1989年，广东调整国家机关、事业单位工作人员工资。国家机关和事业单位工作人员普调一级工资，并在普调的基础上，重点解决工作时间长、表现好、工资偏低以及1985年未升过级人员的工资。

1992年3月起，行政事业单位工作人员的奖励工资，由全年不超过人均一个半月的基本工资提高到全年不超过人均3个月基本工资，全额预算单位所需经费按当时财政体制由各级财政负担，差额预算单位和自收自支单位按工资来源渠道解决。

1993年10月，广东对机关和事业单位人员进行工资改革，机关公务员和依照公务员管理的事业单位人员（不含工勤人员）实行职级工资制，分为职务工资、级别工资、基础工资和工龄工资4部分，以职务工资和级别工资为主体。教育、科研、卫生、农业、林业、水利、气象、地震、设计、新闻、出版、广播电影电视、技术监督、商品检验、环境保护以及图书馆、博物馆、档案馆等事业单位实行专业技术职务等级工资制，分为专业技术职务工资和津贴两部分；地质、测绘和交通、海洋、水产等事业单位，实行专业技术职务工资和岗位津贴两部分。全额预算单位，工资构成中固定部分占70%，津贴部分占30%，在核定编制的基础上实行工资总额包干；差额预算单位，工资构成中固定部分占60%，津贴部分占40%，根据经费自立程度实行工资总额包干或其他管理办法；自收自支单位以抵补本单位经常性开支，或实行企业工资制度。

1995年7月，省人事厅、省财政厅印发《关于我省机关、事业单位工作人员福利费掌管使用办法的通知》，办法从当年7月起执行，福利费的提取比例由1965年规定工资总额的2.5%调整为工资总额的2.5%～4%，提取范围包括离退休人员的工资总额。福利费的补助原则为困难大的多补，困难小的少补，不困难的不补。

同年8月起，自收自支或实行企业化管理的事业单位试行工资总额与经济效益指标挂钩，经济效益每增长（减少）1%，工资总额相应增长（减少）0.5%～0.8%。

1997年7月起，广东将1993年机关行政人员基础工资标准由90元提高到110元，延伸职务工资档次，并提高新录用人员试用期工资标准。调整工资标准所需费用，按当时财政体制，由各级财政分别负担。

1999年7月起，全省又进行行政机关工作人员工资调整，基础工资标准由110元提高到180元，级别工资标准由十五级至一级每人每月55元～470元提高到85元～720元。事业单位工作人员也同时调整工资，固定部分提高后，津贴部分相应按比例提高。同样提高新录用人员试用期工资标准，同时增加部分党外人士生活费。提高工资所需经费，按当时财政体制和单位经费渠道解决，对部分财政比较困难的市、县，省政府决定由省财政给予适当补助。

2000年1月1日起，广东省直单位财政供养人员个人经费实行国库集中支付制度，即行政单位、事业单位（含大中小学）职工工资发放由财政部门直接通过银行发放到个人。同年，全省各市、县行政单位和事业单位分别在7月1日和10月1日起，在职人员工资由财政部门直接通过银行发放到个人。

二、社会集团购买力控制

1977年，国务院颁布《社会集团购买力管理办法》，对社会集团购买力实行限额、凭证的管理，即采取凭购货本、定点供应和专用发票等措施，由买卖双方共同控制限额。

1979年11月，省委、省革命委员会对行政机关使用小汽车进行一次查核定编，按定编数发牌照、拨费用、配汽油，超编的不予办理，用外汇进口小汽车由省革命委员会批准。

1980年6月起，广东执行国家计委、财政部等5个部门对32种专项控制商品的规定，并补充规定进口日本工具车纳入小车控制范围；新增列为专项控制商品的空气调节器、录像机、复印机、洗衣机和电影放映机的审批权，由各地区行政公署、各市、县革命委员会（人民政府）或其指定的审批机关审查批准。至年底，全省各地增加的非生产用车过多，使用管理混乱，全省的小汽车比1979年增加74%。1981年7月，省政府印发出《关于认真做好小汽车清理整顿和定编工作的通知》，要求各地对小汽车进行一次清理、整顿、定编，加强对小汽车的管理。从当年10月起，全省按新核定的汽车编制供油。

1980年11月，国务院修订《社会集团购买力管理办法》，从1981年1月起施行，取消购货本、定点供应和专用发票，改为以用款单位控制为主的方法，同时加强专项审批和定额供应。广东社会集团购买力控制指标由省计委、省财政厅下达，限额控制由单位领导负责，财务把关。财务部门设立社会集团购买力辅助账、社会集团购买力执行情况季报表和专项控制商品审批情况统计表，用以考核执行情况。

1985年起，省计委、省财政厅等6个部门决定改革控制社会集团购买力管理办法，省不再下达社会集团购买力控制指标，对各单位也不再实行限额控制；将专项控制商品调整为14种，其余解除专项控制；下放审批权限，省级驻穗直属机关由省控制社会集团购买力办公室（简称“省控购办”）审批，其余分别由各市、地区、县控制社会集团购买力办公室（简称“控购办”）审批。

1987年2月和6月，省政府办公厅根据非生产用车有增无减的状况，再次对各市、地区、县和省直机关事业单位业务用车配备标准进行修订，并重新核发小汽车定编证和行车标志。对调整后多余的小汽车，各市、地区、县（市）可根据当地旅游、接待服务情况，采取不同的方法组织小汽车出租公司。

1988年3月，省政府要求全省1988年社会集团购买力的开支，比1987年压缩20%。同时对国家规定的29种专项控制商品，只批准直接用于生产经营、科研、教学、医疗的，用于其他方面的不批准购买。由于有些单位对省政府的规定执行不力，社会集团购买力的开支不降反升，其中1988全省行政事业单位购置的小汽车，比1987年增加2 100辆，一年增加购车和养车经费超过4亿元。同年10月，省控购办规定从当月起，任何单位一律不准自行购买高价小汽车。

从1989年1月起，社会集团购买国家指定的29种专项控制商品，广州和深圳两市由市政府审批，其余各市一律由省政府审批。实行定点供应和专用发票制度，并征收附加费，其中小汽车、大客车、摩托车按报批购买金额的20%计征，进口的按30%计征。同年7月起减半征收，9月起取消对小轿车的征收。对未经批准擅自购买29种专项控制商品的单位，处以罚款并相应减拨下年度的经费。小汽车、大客车、摩托车的入户，公安交通管理部门凭省控购办（广州市和深圳市凭市控购办）出具的准购证及银行的付款凭证办理入户和发放车辆牌照。

1990年10月起，社会集团购买国内生产的非生产性专项控制商品，免征专项控制商品附加费；购买进口的非生产性专项控制商品从严掌握，继续征收附加费。

1991年起，广东贯彻全国控制社会集团购买力领导小组颁布的《社会集团购买力核算范围暂行规定》，社会集团购买力核算内容分为六大类，警服和经国务院批准统一着装的工商、商检、动植物检疫、港监、船检、税务等部门执行公务的行业标志服装，不列入社会集团购买力核算内容。但省控购办补充规定继续采取记辅助账的办法，以利于核算。省财政厅、省控购办制定《社会集团购买力专用会计科目核算试行办法》，并设置会计科目。各市、县（市）和省直各主管部门选择一个单位，试点社会集团购买力核算纳入会计核算体系。

1992年，国家对专项控制商品目录进行调整，省控购办补充规定新增4种专项控制商品的审批权限，无线移动电话由省控购办负责审批，同年7月下放各市审批；微型电子计算机、办公用印刷系统、无线寻呼机由各市控购办审批，并按15%费率征收附加费。同时对社会集团购买力支出控制指标按指令性、指导性划分进行分类管理。指令性指标按原来办法管理；指导性指标不作硬性指标考核，只作统计数据反映，两种指标不得互相挤占。同年，在公检法、工商、税务、高校等几个装备较大的系统，实行统一归口编造专项计划，统一报批、分批核发专控商品准购证；原由省控购办审批的指标总量内的摩托车及其他专项控制商品（大小汽车除外），改由各市控购办控制。

1993年1月起，广东不再对企业分配社会集团购买力控制指标，可以自行购买，但应到同级控购办备案。为支持轿车工业发展，1994年起，全省取消购买轿车、旅行车、越野车和工具车审批。1995年2月1日起，广州市恢复对社会集团购买小汽车的控购审批；省直驻穗机关团体、企事业单位购买小汽车，须到省控购办办理购车证明手续。

1995年9月，省委办公厅、省政府办公厅联合制定《广东省小汽车配备和使用管理规定》；12月，省政府办公厅制定《广东省小汽车配备和使用管理规定实施细则》，全省从1996年1月起执行。行政业务用车按干部行政级别和单位编制人数配备。省控购办负责省直行政事业单位、社会团体驻广州市（不含4个县级市）单位的专项控制商品的审批工作；各市控购办负责本级、中央、外省、本省驻本地（广州市除外）行政事业单位、社会团体专项控制商品的审批工作，并负责市以下上述单位小汽车、大轿车、摩托车控制商品的审批工作；县控办负责除小汽车、大轿车、摩托车以外本级及乡镇的专项控制商品的审批工作。

1997年7月，省委办公厅、省政府办公厅再次联合制定《广东省小汽车配备和使用管理补充规定》，重新调整全省党政机关、事业单位、国有企业和集体企业小汽车配备标准，凡属定编管理范围的小汽车，其准购车辆类型、厂牌型号和排气量，由省小汽车定编办公室核定。《广东省小汽车配备和使用管理规定实施细则》同时废止。

同年8月起，广东规定各单位购买专项控制商品，除国家专门规定者外，可以不限于到定点商店购买。对采取不正当经营手段、随意收取手续费用、提高价格和个人承包的商店，由各级控购办与商业主管部门商定后取消其经营专项控制商品的资格。

1998年5月30日起，广东各级控购办停止对社会集团购买力行政审批。各级财政部门通过加强对行政、事业单位预算管理，行政事业性收费和罚没收入等预算外资金实行“收支两条线”管理，试行政府招标采购办法规范政府机关购买小汽车以及大宗物品购置的消费行为。

三、行政管理费管理

1979年，省委、省革命委员会根据当时全省经济建设正处于恢复时期，向全省发出《关于在全省开展增产节约运动的通知》，要求行政机关适应新的形势，克服过去供给制留下的弊端，采取坚定的措施，把行政管理费降下来。

1980年，省委、省政府要求行政机关的公用经费比1979年压缩20%，由财政部门从各单位当年预算指标中扣减。严格会议的审批制度，控制会议人数、天数和工作人员人数；控制差旅费，不准借出差、开会、参观学习之机，用公款游山玩水；不准用公款请客送礼。

1981年4月，根据新时期统战工作的需要，省委统战部、省财政厅共同明确统战业务费的开支范围，根据统战工作的实际情况和财力可能，由省直，各市、地区、县财政局核定统战业务费，由统战部门在节约的原则下掌握使用。

1984年，省财政厅要求当年省、地区、市本级行政公用经费开支，比1983年压缩20%；县级压缩10%～15%。

1986年后，由于税务事业的发展，业务量的增大，人员比1979年增长将近一倍，财政部门增加对税务部门经费的投入。

1987年，广东对行政机关整顿编制，严格开支标准。会议费、差旅费、业务费、设备购置费和修缮费支出实行重点控制，并下达控制指标。

从1979年后，全省行政经费支出以每年15%的速度递增，1990年更达到20.7%。到1990年年底，全省党政群机关超编46 294人；人均配车数偏高，达到13人配一辆车。1991年6月，省政府针对上述情况，批转省财政厅制定的《关于严格控制行政费支出问题的意见》和《广东省各级国家机关经费支出考核奖励试行办法》，并从当年1月1日起执行。考核范围包括个人经费和公用经费两部分。同年8月1日，省财政厅、省编委制定《广东省党政群机关实行编制与经费挂钩试行办法》，以各级编制委员会核定的编制数为准，财政部门据此核定人员包干经费，超编不给经费。

1993年1月至7月，全省行政事业经费比1992年同期增长42.56%，其中行政管理费支出增长56.20%，是历年少有的高增长。省政府批转省财政厅发文，要求各市县和省级各部门，控制和加强社会集团购买力管理；控制行政编制和机构，从事机关办经济实体的人员从机关分流出去，与财政脱钩；健全会议审批制度；清理公费装住宅电话和擅自发放补贴；控制出国人员经费支出，节约外汇。党政机关与所办经济实体财务与行政机关财务脱钩，脱钩后的经济实体与主办机关的同级财政挂钩。主办机关以预算资金、预算外资金为经济实体注入资金的，征得同级财政部门同意，将注入的资金转为国家资本金。

1995年1月起，广东贯彻财政部制定的《省、自治区、直辖市和计划单列市行政费考核办法》。1997年2月，财政部对该办法重新修订，扩大考核范围。考核项目具体包括行政费总量增长水平，行政费支出占财政支出的比重，人均支出综合定额，人员控制数，小汽车控制数，财务管理目标等6项。

1996年起，地方税务机关实行垂直管理。1996—1998年省地税局的正常经费和基建经费单列，由省财政厅核拨。同时考虑到全省地方税务系统分设不久，困难较大，省财政增加税务补助经费，主要用于市、县的困难补助。1999年起，广东省执行国务院的规定，地方税务局（不含深圳市）实行上级税务机关和同级政府双重领导，人员编制和经费开支实行垂直管理，地方税务系统经费分行政经费、征收经费和基建资金三部分。行政经费由各地财政、地方税务部门共同核定，全额上划到省财政垂直管理。基建资金实行分级负担，纳入地方政府的基建计划。

1998年1月起，全省行政单位执行财政部制定的《行政单位财务规则》和《行政单位财务分析指标》。

1999年起，全省工商行政管理部门（不含广州、深圳两市）实行垂直管理，经费实行由省“统一管理，分级负责”的财务管理体制，由各地财政、工商管理部门共同核定上划基数到省财政垂直管理。全省工商行政管理部门的行政事业性收费由省财政厅统一委托银行代收，工商罚没（不含缉私罚没）收入缴入省金库。省财政厅对全省工商管理部门的经费预算，根据其业务支出、专项经费支出、办案经费开支和有关装备项目及财力可能，按照各级财政上划的经费和工商行政管理部门的行政事业性收费、罚没收入和其他预算外资金结合使用的原则统筹安排。业务招待费按行政事业单位业务费招待标准。若有结余按各地上缴情况奖励返拨给各地。

四、公检法司经费管理

1982年11月10日，中央政法委、中央组织部、劳动人事部和财政部印发《关于公安、检察、法院、司法行政系统编制和经费若干问题的联合通知》，规定公检法司系统的编制从党政群机关中分离出来，作为专项编制单列，实行统一领导，分级管理。按照中共中央下达的编制经费和当时大包干的财政体制的规定，全省各级财政部门加强对政法经费的管理，落实经费保障，确保政法工作正常运作。

（一）公安和安全机关

1983年8月1日起，广东对交通民警试行岗位津贴。1984年7月1日起，对看守所、拘留所干警试行岗位津贴。1987年1月1日起，取消前两项的津贴，统一实行公安干警（包括国家安全部门，劳教、劳改单位的干警）岗位津贴。1989年10月起和1993年10月起，又分别提高津贴标准。津贴所需经费按当时的财政体制和隶属关系负担。

1995年1月1日起，经国务院批准，人民警察实行警衔津贴，实行警衔津贴的人员为各级公安机关、安全机关、监狱劳教管理部门和各级人民法院、人民检察院中评定授予警衔的人民警察。广东津贴的衔级从二级警员到副总警监共12级，津贴标准从每人每月64元～116元。各级党委政法委员会工作人员采取“评衔不授衔，同等条件相对应”的办法，发给警衔津贴。10月起，广东将强制戒毒所的基本建设投资和日常管理经费，列入同级政府基本建设计划和财政预算。

1997年起，公安机关行政性收费、罚没收入实行“收支两条线”管理。同年起，广东全省提高公安机关（含检察院、法院和安全部门）从事法医、化验、痕迹、照相、文检、X光透视、警犬工作的人员保健津贴。同年6月起，公安机关缉毒罚没收入列入“收支两条线”管理，缉毒、戒毒和禁毒经费由各级禁毒委员会办公室编列预算，报同级财政部门审核后列入预算安排。

1999年起，政法机关不再从事经商活动，政法部门承担的任务又比较繁重，其经费预算标准按略高于一般行政机关的标准供给，财政分级负担，省级财政适当照顾困难地区的原则，建立政法机关经费保障机制。

2000年起，广东对政法机关及其派出（派驻）机构的业务装备补助，办案经费补助，设施维修改造实行专项补助管理办法。除广州、深圳、珠海（不含斗门县）、佛山、江门、中山和东莞等市外，其他经济困难地区的公安装备费、公安特别业务费、编内人员并符合着装范围的服装经费，由省财政安排一定数额予以补助；基础设施纳入当地统一规划和管理；中央交办的案件由中央财政给予适当补助。同时，公安部门办案试行办案备用金制度，财政部门根据公安部门当年办案任务和财力可能，按预算的一定数额预拨给公安部门作为办案备用金，由公安部门在规定范围内使用，然后向财政部门报送办案经费支出决算，经财政部门审核后予以核销。

此外，1979年12月24日起，广东执行公安部、财政部等4个部门制定的《看守所在押人犯伙食费和粮食、副食品供应标准》。1983年6月起，省公安厅、省财政厅调整了看守所、收审所在押人员给养费标准。1988年5月和1995年6月，又进行两次调整。

（二）人民检察院

1979年起，检察机关经费管理与行政机关基本一致。同年11月起，广东执行最高人民检察院、财政部制定的《检察业务费开支范围的规定》。1986年5月，最高人民检察院、财政部修订《检察业务费开支范围的规定》，检察业务费包括办案费、购置费、服装费、会议费和宣传教育费等。

1987年5月起，广东对检察机关的办案经费实行单列户头，单独列支，实报实销；对工作需要的技术装备经费，尽量保证。

1992年1月1日起，广东对人民检察院干警实行岗位津贴。

为适应检察事业的不断发展，1992年9月，最高人民检察院、财政部制定《检察业务费开支范围和管理办法的规定》。广东按当时的财政体制，实施该规定。检察业务费预算科目包括：（1）办案差旅费，侦缉调查费，协助办案费，技术检验、鉴定和翻译费，特情费等办案费。（2）侦查设备费、技术设备费、通信设备费、交通工具费、武装械具费等装备费，共11个目级科目36个节级科目。

1997年起，办案人员再次提高津贴标准，所需经费按当时财政体制和隶属关系分级负担。

（三）人民法院

1980年10月起，广东各级法院执行《关于司法业务费开支范围的规定的联合通知》（见后面司法条目）。1985年10月，省法院、省财政厅根据《最高人民法院、财政部关于法院业务费开支范围的规定》，将人民法院业务费的开支范围规定为办案费、服装费、业务设备购置费、专业会议费和其他费用。

1989年9月，国家实施《人民法院诉讼费收费办法》，明确各级人民法院收取的诉讼费属于国家规费，1984年9月最高人民法院颁布的《民事诉讼收费办法（试行）》同时废止。10月，省法院、省财政厅共同决定，人民法院依法收取的诉讼费暂不上缴财政部门，用于弥补人民法院业务经费的不足。广州、深圳、珠海（不含斗门县法院）、佛山（不含高明县法院）、江门、东莞、中山等市中级人民法院及其所属基层人民法院，以及广州铁路运输各级法院、广州海事法院按收取诉讼费的10%上缴省法院，用于统筹安排。

1992年1月1日起，广东对人民法院干警实行岗位津贴。

1995年8月起，各级人民法院收取的诉讼费仍维持1989年的规定执行，继续由人民法院留用和按一定比例上缴一部分。但财政部门要求各级人民法院必须将诉讼费纳入单位的经费预算统筹安排，编报年度经费预算和决算，接受财政部门的管理监督。

1997年1月起，各级人民法院收取的结案诉讼费，5%由省法院转缴最高人民法院，10%上缴省法院预算外资金过渡户，省政府确定为28个贫困县的人民法院，可免上缴。余下的85%留给各级人民法院使用，扣除办案费用支出后与预算内资金结合使用。省法院集中的诉讼费，全额缴入省财政专户，用于统一购置必需的业务设备，或适当补助贫困地区人民法院的业务建设，由省法院提出使用分配计划，经省财政厅批准后，从省财政专户中拨付。同年起办案人员调整岗位津贴，所需经费按当时财政体制和隶属关系分级负担。

2000年4月起，各级人民法院收取的诉讼费不再上缴最高人民法院。并实行“收支两条线”管理，全额上缴省财政专户，实行分级使用和省级统筹相结合的办法。省级统筹的比例为15%，省政府确定为28个贫困县的人民法院，仍免上缴。省级统筹的诉讼费用，用于购置人民法院系统的业务设备和业务设施建设以及补助贫困地区人民法院业务经费，由省法院提出使用计划，经省财政厅审核批准后下达执行；用于购置设备的采取政府采购的方式。省财政专户返拨各级人民法院所在地财政专户的诉讼费总收入的85%部分，这部分的25%设立备用金，专门用于支付退还的诉讼费用和其他诉讼费用。其余部分作为业务补助经费，由财政部门按规定核拨给人民法院。备用金盈余部分转入业务补助经费，与业务补助经费一起决算。

（四）司法行政机关

1980年10月起，广东执行司法部、财政部《关于司法业务费开支范围的规定的联合通知》，司法业务开支的范围包括审判费，陪审、调节费，勘验、鉴定费，押解、执行费，业务设备购置费，业务设备消耗费，宣教费，专业会议费，短期培训费，科研机构费和其他费用。

1981年开始，全省各级司法行政部门所属的法律顾问处处于恢复筹建，收入不多，经费实行全额管理，差额补助的办法。

由于司法部门的任务发生变化，1985年9月司法部、财政部对1980年10月规定的司法业务费开支范围作了修订，将司法业务费分为司法业务费和人民法院业务费。司法业务费的开支范围规定为调解费，宣传费，短期培训费，业务设备购置费，专业会议费，业务设备消耗费，公证、律师业务补助费和科研经费。

1991年1月起，省财政厅、省司法厅规定，各级司法行政机关所属的公证处、律师事务所按国家物价局、财政部规定收取的公证费、律师费，属于国家规费，本应上缴财政部门，考虑到当时广东司法行政机关业务建设和公证、律师业务建设存在一些实际困难，从1991年至1993年暂免上缴财政（以后实行“收支两条”管理）。同时，司法部门向乡镇法律服务所收取全年业务收费中的10%作为管理费，其中县（市、区）司法局占5%，市司法局占3%，省司法厅占2%。

（五）监狱劳教

1981年1月，省财政厅、省公安厅联合制定《广东省劳教场所财务管理试行办法》，从当年起，广州市属劳教场所财务收支和基建投资按隶属关系归广州市公安局、广州市财政局管理，列入市财政预算。省直三水农场、腊布农场，肇庆地区和韶关、湛江、汕头、佛山、深圳市新建的劳教场所，财务收支和基建投资列入省级预算管理。

1981年起，全省劳教人员的生活费和有关费用，由省统一制定标准。

1992年9月10日，省政府决定改革劳改劳教管理体制。从1993年1月起，将西江锰矿、营顶茶场、石滩农场劳改场所以及设在佛山、江门、湛江、肇庆、梅州、汕头、深圳等市行政区域内的劳教所下放所在市管理。劳改劳教单位下放市管后，其赢利或亏损补贴、支出预算拨款纳入各市财政预算管理，赢利上缴市财政局，亏损补贴和支出拨款由市财政局拨给劳改劳教单位。1992年省财政厅、省劳改局下达的各劳改劳教单位亏损指标，由省财政每年采取专项拨补。劳改事业费、劳教事业费以省财政厅、省劳改局、省劳教局核定的支出预算数，从1993年起，每年由省财政专项追加给各市财政局。当年起，各市劳改劳教单位新增编制的干警经费、新增离退休人员经费和新增犯人、劳教人员的经费，由各市自行安排解决，省财政不再给予追加经费。

1995年起，劳改劳教实行省、市合办，劳改以省为主，劳教以市为主的管理体制，实行“定点投劳、定额补贴”的办法。没有劳改场所的市与省内劳改场所挂钩，并对挂钩场所进行定额补贴。劳改定点补贴的经费，按市1993年财政收入状况和投劳送教人数进行确定。1995年按确定数额拨给并每年递增10%，一定五年，每年分两次拨给。省承担的经费按1994年的拨款项目、基数和渠道拨给，并逐年增加。对劳改劳教场所的补贴经费单独设账，专款专用，主要用于增容扩建劳改劳教场所、教育改造经费的补充和干警住房建设。

从7月起，广东再次提高劳教人员给养标准，由各级财政开支。

1996年9月，省财政厅、省劳教工作管理局联合制定《关于加强省直劳教单位财务管理若干问题的暂行规定》，从1996年起，劳教单位干部经费由财政预算拨款和从劳教企业管理费用列支的用于弥补干部经费财政拨款不足的事业收入两部分构成。财政预算拨款由省财政厅根据核定的预算拨款标准和干部编制人数，收容劳教、妇教、少教、戒毒劳教人员人数，综合考虑上年度决算情况和本年度收支计划，参照所在市、县当地公安机关干警经费标准一年一定，核定各劳教单位干部经费。劳教人员经费标准由财政预算拨款标准和劳动补偿费列支部分组成。

1997年1月起，广东贯彻执行财政部制定的《监狱财务制度》和《监狱会计制度》。1998年8月，省财政厅制定《广东省实施监狱财务会计制度细则》，监狱预算管理根据经费领拨关系和预算管理权限分为主管预算单位、二级预算单位和基层预算单位。监狱预算由收入预算和支出预算组成。收入预算包括财政拨款和其他收入，财政拨款包括经常性经费拨款、专项经费拨款和财政其他拨款。经常性经费拨款包括监狱警察经费拨款、罪犯改造经费拨款。专项经费拨款包括狱政设施维修经费拨款、技术装备经费拨款和其他专项拨款。财政其他拨款包括离退休干警经费拨款、公费医疗经费拨款和市与监狱挂钩收入。其他收入包括劳动补偿收入、劳动净收入、固定资产临时出租补偿性收入、固定资产变价收入、废旧物品变卖收入、利息收入、下级上缴收入等，其他收入作为财政拨款收入的补充，纳入监狱预算管理。监狱支出包括监狱经常性经费支出、监狱专项经费支出和监狱其他支出。监狱警察经费按照“定员定额”“一年一定”的原则。罪犯改造经费按实际关押人数，按照“一年一定”的原则。监狱专项经费按照监狱管理部门和主管预算单位核定的项目、数量合理安排。

除此以外，对公检法司的统一着装、特殊岗位的津贴都有具体的规定。

五、教育经费管理

由财政拨款的教育事业费每年由教育主管部门编制预算，经财政部门批准后执行。

1983年3月，省委、省政府作出《关于努力开创我省教育事业新局面的决定》，指出在1985年以前，全省教育经费支出应保证每年递增8%以上，除国家增加投资外，还要广开财路，发动全民和集体所有制的厂矿企业和社会集体办学，鼓励社会团体办学，允许私人办学，欢迎和支持华侨、港澳同胞捐资办学。

1985年5月，中共中央《关于教育体制改革的决定》指出，“发展教育事业不增加投资是不行的，中央和地方政府教育拨款的增长要高于财政经常性收入的增长，并使按在校学生人数平均的教育费用逐年增长”（简称“两个增长”）。

1993年开始，广东按国民收入扣除第一产业收入部分，以1%的比例向各级政府筹集专项资金，由省集中使用，用于发展全省教育事业。

（一）高等教育经费管理

1. 普通高等教育

1980年以前，教育事业费实行“核定预算，年终结余收回财政”的管理办法。1980年起，改为“基数加增长，包干使用，节余留用”的办法。当年，华南农学院、湛江水产学院上划中央，纳入中央财政预算。

1983年省政府规定，高等教育基建投资应占全省预算内基建投资的4%。1985年，高等教育的基建投资，按国家计划招生人数增加所需的校舍面积，由财政安排经费拨给。

1987年1月1日起，广东贯彻财政部、国家教育委员会（简称“国家教委”）颁布的《高等学校财务管理改革实施办法》，高等学校的教育经费按“综合定额加专项补助”的办法进行核算。综合定额包括教职工工资、补助工资、职工福利费、学生奖学金（人民助学金）、公务费、业务费、设备购置费、修缮费和其他费用；专项补助费包括基本建设费、设备补助费、长期外籍专家经费、离退休人员经费和特殊项目补助费等。专项补助费由财政部门会同教育主管部门商定下拨，实行专款专用。高等学校内部的经费管理，实行“统一管理、一级核算、定额包干、结余留用”的办法。高等学校在完成教学、科研任务的前提下，开展社会服务收入的，一部分作为增加经费拨款处理，一部分纳入学校基金，一部分作为劳务酬金。学校基金不低于60%作为发展教育事业，不高于40%用于教职工奖励和集体福利。

1988年5月11日，省委、省政府作出《关于高等教育体制改革的决定》，扩大高等学校的办学自主权，改变统一招生，统一分配的制度。高等学校在执行国家方针、政策、法令和计划的前提下，有权与各地各部门联合办学，接受委托代培和招收自费生，对自费生收费比国家计划性招生的高些。计划性招收的国防和国家重点建设急需的专业以及师范、农林、地质矿产等专业和老、少、边、穷等困难地区，毕业后定向就业的，学生的培训费由国家负担，其余学生的学杂费由本人缴交，缴交的学杂费由学校安排使用。在政府逐年增加教育经费的同时，学校有权使用国家拨给的经费和自筹资金；有权安排自筹资金的基建项目。政府对校办企业免征企业所得税，酌情减免营业税、产品税、增值税和其他税费，并规范收入的分配管理。同时对省属院校危房、生活设施，分期分批纳入计划，安排专项资金逐步改善省属院校的办学条件。

1989年起，高等教育经费实行定规模、定任务、定编制的预算办法，经费分为人员经费、公用经费和专项资金。

1990年，广东推行省属高等学校对外开放和新型产业人才培养，对培养与广东经济发展急需人才有关的新专业和重点专业的开办费给予专项补助，并采取财政、主管部门、学校三方筹措资金的办法。同年起，省财政统筹的专项资金与高等教育系统的创收资金相结合，重点安排省属高校重点实验室建设和教学仪器装备添置，改善办学条件。

1992年，省财政厅改进专项资金分配办法，专项资金集中投向省属高校部分教学科研、重点学科建设和引进人才方面的经费，确保支持重点。

1993年3月，国家教委与省政府磋商，同意将中山大学、华南理工大学作为部省共建院校。

1995年11月，部属的广州外国语学院、广州外贸学院（两所高校同时组建为广东外语外贸大学）、湛江水产学院移交广东，经费从1996年起纳入省级财政预算。同年，中山医科大学、华南农业大学、暨南大学、广州中医药大学等4所高校列为部省共建院校，广东拨出专项资金对6所共建院校予以支持。

1996年起，广东为培养大批合格的基础教育师资，增加对高等师范院校的财政投入。

1999年，部属广州航海高等专科学校、广东石化高等专科学校、佛山煤田职工地质学院移交广东，经费纳入省级财政预算。

2000年，部省共建的广州中医药大学、华南农业大学、中山医科大学、广州金融专科学校，实行以省管理为主，经费纳入省级财政预算，中央财政划转基数给广东。

2. 广播电视教育和成人教育

1979年起，教育部门举办的广播电视大学，列入教育事业费预算。广播电视大学教学班属于脱产、半脱产的，行政单位办的在行政管理费中开支；事业单位办的在事业费中开支；企业办的在营业外支出列支。

1981年起，各级政府主管部门举办的和委托高等院校或专业学校培训本系统的干部，其培训经费由单位自有资金（包括预算外收入）中安排，不够部分按隶属关系报主管部门批准后，在行政事业费中开支。

1984年后，省和各市、地区先后成立高等教育自学考试办公室，自学考试办公室的经常性费用由各级财政安排。各类成人教育经费由各办学部门自筹和财政补贴。考试的费用从考生报名费中开支。

1987年起，政府预算收支科目增设“成人高等教育经费”项科，普通高等学校承担高等教育自学考试工作支出费用，在上级核定的高等教育经费预算中列支。

（二）中等专业学校教育经费管理

中等专业学校分为教育部门举办的学校和政府其他主管部门举办的学校。省内各级政府教育部门举办的学校的教育经费预算和管理，与高等院校基本一样。政府其他部门举办的学校，由财政部门预算到主管部门，再由主管部门下拨到学校。主管部门在经费允许的情况下，可以补充对办学经费的不足。1998年起，主管部门举办的学校教育经费统一改拨到教育部门，不再拨到主管部门。

1985年起，中等专业学校、教师进修学校的教师，从事实验课的实验教师，电化教学的教师实行教龄津贴。

1989年3月，省政府印发出《关于加快发展中等专业学校、技工学校教育的通知》，中等专业学校、技工学校的建设投资，纳入各级政府和有关政府部门的基本建设计划，逐步增加中等专业学校、技工学校办学经费。政府鼓励和支持中等专业学校、技工学校要发挥自身的优势和有利条件，加强与企业的横向协作，多渠道解决办学经费。鼓励华侨、港澳同胞和社会团体捐资办学兴办中等专业学校、技工学校。华侨、港澳同胞捐赠办学的教学仪器设备、图书和建设用的建筑材料免征关税。

1999年，部属广州轻工业学校、广州有色金属工业学校移交广东。2000年，部属广东省邮电学校、广州航务工程学校、广州潜水学校、湛江气象学校移交广东。上述移交学校的经费纳入省级财政预算。

（三）基础教育（含普通高中）经费管理

基础教育经费包括教育部门举办的中小学、幼儿园、特殊教育和乡村举办的中小学经费以及民办教师的补助费。

1979年，基础教育经费根据需要与可能确定定额与指标进行控制。10月1日起，普通中小学公办教师实行班主任津贴，翌年3月扩大到民办教师，经费由省财政开支。

1980年，幼儿教育事业费开始列入财政预算。同年起，省增加中小学民办教师补助每人每年50元，即小学每人每年达到220元，中学的达到260元。4月起，广东对特级教师实行工资补贴。5月，广东设立中小学勤工俭学周转金，支持勤工俭学活动，中小学勤工俭学活动所得收入，一律不上缴财政，并减免各项税费，取得的收入用于改善办学条件和教职员工的集体福利。（勤工俭学收入见第六章第二节预算外资金条目）

1981年，广东实行财政包干体制，教育事业费除中小学重点装备费外，纳入市、地区、县的包干范围，其中广州市全包。6月，省政府批转省教育厅《关于进一步办好重点中学的意见》，决定在全省（包括当时的海南行政区）办好126所重点中学，其中省重点16所。在教育经费不足的情况下，在人力、财力、物力上给予重点中学支持，教育经费在统筹安排下，首先保证重点中学需要。省重点中学的学费收入不分成上缴，不抵预算拨款，用于改善办学条件。重点中学的基建、教学设备费和其他专款，由省财政拨付，专款专用。

1985年，各级财政开始拨专项资金，加上各种集资办学的资金，重点解决农村中小学的校舍维修和教师住房困难。

1986年9月28日，省第六届人民代表大会常务委员会第二十二次会议通过《广东省普及九年制义务教育实施办法》，普及九年制义务教育，在省政府领导下实行地方负责，分级管理的原则。实施义务教育所需事业费和基本建设投资，由省政府和各级政府筹措，予以保证。接受义务教育的学生免收学费。有条件的地方可以免收杂费，不具备条件的地方，由各市、地区、县政府根据省政府有关规定制定收费标准；家庭经济困难的学生，可减免杂费。鼓励各种社会力量以及个人自愿集资、捐资助学。鼓励华侨、港澳同胞自愿捐资助学。高中阶段和教育部门举办的幼儿园仍收取学费和学杂费。至2000年，全省大多数地方对九年制义务教育的学生仍在收取学杂费，各地的收费标准不同。

1987年10月起，中小学和幼儿园教师的工资提高10%。

1988年5月11日，省委、省政府作出《关于普通教育体制改革的决定》，中小学教育试行分级办学，完全中学按招生行政区域范围一级的政府主办，在乡镇的初级中学合在乡镇所在地的小学全部由乡镇政府主办，其他的由管理区或村民委员会主办。教育经费实行"谁办学，谁管理，谁负责经费"的原则。乡镇管理的学校除财政拨给的包干经费外，由乡镇根据经济条件和征收教育费附加等渠道筹措办学经费；村管理的学校在乡镇拨款的基础上通过自筹、农民集资来解决办学经费。在各级财政"两个增长"的前提下，采取多方集资办学的办法。省、市、县、乡镇建立教育基金，教育基金由财政拨款和发动社会各方面力量筹集，主要用于奖励教书育人作出贡献的优秀教师、补助贫困家庭的教师和扶助贫困地区发展教育事业。在贯彻九年制义务教育的同时仍采取多渠道集资办法和收取杂费，用于补充办学经费来源。学校勤工俭学的收入，免征企业所得税和减免其他税费。华侨、港澳同胞捐赠办学的教学仪器、图书和建校用的建筑材料免征关税。中小学的基建项目免征建筑税及其他税费。省、市两级财政逐年增加的教育经费，重点用于培养师资和扶持老、少、山、边、穷地区实施九年制义务教育。民办教师所需补助费，由乡镇政府统筹解决。

同年，省财政采取省财政出一点、各级地方财政筹集一点、教育部门和学校筹集一点、社会热心办学单位和人士出一点以及向农民筹集一点的“几个一点”的筹资办法，有重点地扶持困难地区，逐步使全省中小学校实现“一无两有”（校校无危房、班班有教室和学生人人有课桌）。同时改进专项资金的分配原则，按财政人平收入、农村人平收入的“两个人平”拉开档次，核定补助，改变过去按人头平均分配带来的不公，调动各级办学的积极性。

1989年，财政设立特殊教育补助费，用于普通学校设立特教班以及特殊教育学校。10月1日起，中小学教师普调一级工资。同时增加民办教师的工资（补贴费），所需经费按办学经费渠道各自负担。同年，省政府要求教育主管部门对民办教师进行调整整顿，坚持“减少数量，提高质量，改善待遇，加强管理”的原则和“关（关闭麻雀学校）、招（招收应届师范大中专毕业生）、转（转正符合资格条件民办教师）、辞（辞掉不合格的民办教师）、退（清退超编的勤杂人员）”的“五字方针”，加速对合格的民办教师逐步转为公办教师，进一步提高民办教师的待遇。

1990年和1991年，省财政投入专项资金，用于全省106所县重点中学配备电脑室所需经费。同时将原分为三年安排中小学危房改造的资金提前为两年安排，并由省政府召开各市长会议，教育、财政部门同时参加，落实任务，确保1992年完成全省中小学校危房改造工作。

1993年7月，省教育厅、省财政厅联合发出《关于普及九年制义务教育专项补助款使用和管理办法的通知》，全省力争在1997年前基本完成普及九年制义务教育的要求，当年省财政筹措一笔专项资金，以发展初中生人数为依据，分类一次性补助各县普及九年制义务教育。第一类为30个贫困山区县（区），每生补助360元；第二类为53个一般山区县（市、区），每生240元；第三类为非山区未普及初中教育的县（市、区），每生160元。资金安排采取“几年任务，一次核定，按进度分期拨款，包干使用”的办法。各县（市、区）安排补助款时，根据各乡镇的经济条件，群众集资能力，以乡镇为单位制定不同补助标准。

同年10月，中小学教职员工进行工资改革，由于各地经济发展和财政收入的差异，津贴部分各地发放标准不一，造成各地教师收入差距拉大。省委、省政府决定从当年起，每年由省财政拨出专款给30个山区贫困县，作为在岗的中小学公民办教师、公办职员岗位津贴，以解决贫困山区教师待遇偏低的问题。同时规定，民办教师月工资收入不得低于本县公办教师月平均工资收入的2/3，较富裕的地区逐步实现与公办教师同工同酬。

鉴于教育经费的投入用于人员经费所占比例增长较快，公用经费偏低，1998年1月，省财政厅、省教育厅、省编办和省人事厅联合下发《关于加强中小学教育人员编制管理，提高教育经费使用效益的通知》。调整学校布局，学生人数过少的学校进行合并，减少教学班。压减教学班配备教职工的比例。同年5月，省教育厅、省计委、省人事厅和省财政厅联合印发《关于进一步做好民办教师工作及有计划地清退代课教师有关问题的通知》。按照1989年制定的"五字方针"，经参加"民转公"考试、考核合格者，尽量转为公办教师；不合格者，作为辞退和退养处理。1993年3月28日以后学校聘任的代课教师，不列入"民转公"范畴，并逐渐予以清退，保证师范毕业生充实到教师队伍。

2000年，广东在3个县（市）试点农村税费改革，取消在农村收取的教育集资和向农民征收教育费附加。根据各地政府财力对农村税费的依赖度和财政困难情况，省财政对农村税费改革地区实行财政转移支付。

（四）职业教育经费管理

1979年起，各级主管部门和劳动部门举办的技工学校，在有关事业费中开支；企业办的技工学校，在营业外支出列支。

1981年起，财政预算增列职业教育经费。技工学校的教育经费按其不同拨款渠道每年有所增长，经费由部门自筹，财政补助，厂矿企业利润留成，收取学费解决。"七五时期"（1986—1990），职业学校和技工学校通过兴办经济实体，走一条以厂养校的路子，全省有十多所学校兴办经济实体，解决办学经费不足的困难。

1985年起，广东对技工学校教师、从事实验课的实验教师实行教龄津贴。

1992年春季入学开始，职业高中收取学费，用于补充学校办学经费不足，实行收学费后财政部门仍执行"两个增长"，不减少教育经费拨款。

1997年11月，省政府作出《关于大力发展职业教育的决定》，省级和各市、县征收的城市、农村教育费附加，每年安排比例不低于20%用于中等职业教育。企业用于承担对本单位职工教育的费用，从原来占工资总额的1.5%提高到2.5%。

1999年，部属广东有色金属工业第一技校、广东有色金属工业第二技校移交广东，经费纳入省级财政预算。

（五）收费管理

1. 高等中等教育

1977年恢复高考制度后，普通高等教育对就读的本专科生实行人民助学金制度，用以保证学生伙食和解决学生的学习、生活的补助；研究生实行生活补助费的办法。1983年秋季新生入学开始，本专科生实行人民助学金和奖学金并存的办法。1985年春季入学开始，中等专业学校也实行人民助学金和奖学金并存的办法。

1985年秋季开学起，高等院校除按国家计划招生计划生外，还可以招收委托代培生、自费生。代培生所需经费由委托代培单位负责，自费生由本人负责。学校收取的经费，90%作为自动增加经费拨款处理，10%纳入学校基金。从1985年9月1日起，各高校举办的函授和夜大学实行收费。

1986年秋季入学开始，广东高等教育试行优秀学生奖学金，报考师范、农林、民族、体育和航海等专业的专业奖学金，毕业后到经济贫困地区和从事煤炭、矿业、地质、水利等艰苦行业工作的定向奖学金等三项奖学金。

1989年秋季入学的新生开始，对住学校宿舍的本专科学生收取住宿费，并收取学杂费。师范院校享受专业奖学金的学生免收上述两项费用；享受专业奖学金和定向奖学金的免收学杂费。高等院校所收上述费用列入预算外资金管理。

1992年1月1日起，普通高等院校在校研究生将发放研究生生活补助费的办法改为奖学金制度。

1994年起，基础教育、高等教育、其他教育和社会力量办学收费，实行许可证制度，没有申领教育收费许可证的单位和个人不得收费。

1995年3月，省政府批转省高等教育局、省计委《关于我省普通高等学校招生制度改革的意见》，除师范院校的学生以及国家重点扶持的专业的学生可减免学杂费外，其余学生缴费入学，属于国家计划招生的学生少交，自费生多交。省、市所属院校的收费项目由省政府制定，收费标准由学校提出，分省属、市属院校报同级教育主管部门批准，报物价、财政部门备案。1994年秋季入学，部分本科院校已实行并轨招生；1995年所有本科层次全面实行计划生、委托代培生、自费生并轨招生；1996年专科层次全部并轨，统一收费标准，学生全部交学费上学。实行招生并轨和收费后，仍实行优秀学生奖学金和对贫苦家庭学生适当补助，原有财政拨款仍按“两个增长”执行。

1999年，广东普通中等专业学校全面实行国家计划生、合同培养生并轨招生，统一收费标准，原来的拨款渠道不变，根据经济的发展逐年有所递增。

2. 基础教育

1980年7月15日，省教育厅、省财政厅、省物价局联合制定《广东省教育部门办中小学、幼儿园杂费收支管理办法》，从1980年起，中小学、幼儿园收取的杂费，不列入预算管理，市、地区、县教育部门和学校分成，分成比例由各地自行决定。中小学、幼儿园收取的杂费主要用于弥补教学行政经费、购置设备和学生公共福利。收费的标准按不同地区经济发展水平由各市、地区、县确定。

1986年，省政府同意，在省财政和地方财政不能全部解决民办教师经费开支的地方，仍可由县或区、乡为单位向中小学学生收取民办教师统筹费。需要集资办学的，必须经县以上政府批准。

80年代中期开始，由于各学校办学条件和教学水平的差异，出现了择校生以及非户籍地的借读生，学校对择校生和借读生收取择校费和借读费，收取的费用由学校和教育主管部门自行支配。

1997年8月，省教育厅、省物价局、省财政厅联合发出《关于中小学校继续收取择校费和民办教师统筹费的通知》，经教育部门批准的借读生、择校生所交的择校费和借读费，由教育主管部门统一收管；民办教师统筹费由各级政府组织收取。以上两费实行“收支两条线”管理，专款专用。择校费和借读费由县以上教育主管部门收取费用后，按50%的比例返还招生学校，其余全部用于扶持和改造本地区薄弱学校。

2000年8月，省财政厅、省教育厅、省监察厅联合制定《省属学校教育收费“收支两条线”管理暂行办法》，纳入“收支两条线”管理范围的教育收费为省属普通高等教育、成人高等教育、中等专业学校、中小学校等单位以及各种捐资助学资金。具体项目包括普通高等教育收取的学费、杂费、住宿费、培养费；成人高等教育、中等专业学校收取的学费、住宿费、实习实验费；中学收取的学费、实习实验费、借读费、择校费；小学收取的杂费、借读费、赞助费。所有收费和捐资助学资金委托银行代收，全部上缴财政专户，实行“收支两条线”管理。省财政按规定时限返拨学校，各学校将教育收费纳入单位年度预算收支，统一核算、统一管理，学校按规定用途管理使用。至2000年年底，有88所省属院校按规定将教育收费上缴省财政专户，占应纳入“收支两条线”管理的省属院校的95%。

六、科学事业费管理

从1980年起，广东科研事业单位试行核定预算包干的办法；有些单位以自己的收入抵一部分财政拨款支出的差额预算，实行定收入、定支出、定补助，结余留用管理办法。

1986年起，各地陆续建立起科学基金会，科学基金主要来自财政拨款，同时，接受国内外单位和个人的捐款。同年9月9日，省政府颁布《广东省科学技术拨款管理办法》，各级财政根据各级地方政府确定的财政收支预算，按照科技经费拨款的增长高于财政经常性支出增长速度的原则，安排本级财政支出的科技三项费用（中间试验、新产品试制、重大科研项目补助费，下同）和科研事业费在年度财政支出预算中的拨款额度。

1987年前，政府有关部门举办的科研单位研究经费，由财政部门直接拨款到部门。1987年起，省、市、地区、县各直属部门、科协和省科学院、省农科院及各类独立科研机构的科学事业费，由各级财政部门拨交同级科学技术委员会（简称“科委”）统一归口管理。省重点科技项目，实行招标制和合同制，根据项目的预测经济效益和偿还能力，分别实施有偿和无偿使用。重点科技项目的经费，由省科委会同省财政厅安排，委托银行监督使用并按合同规定回收应偿还的资金。回收的资金，80%由省科委统一存入省财政科技三项费用发展基金专户，按科技三项费用管理办法使用，财政部门不冲抵按计划应拨的经费；20%由主持项目单位用于安排科技项目，报省科委备案。

主要从事技术开发工作和近期可望取得实用价值的应用研究工作的单位，财政拨给的科研事业费逐年减少（简称“减拨”），直至完全或基本停拨。主要从事基础研究和近期尚不能取得实用价值的应用研究工作的单位，其研究经费逐步做到主要依靠申请基金，财政只拨给一定事业费，保证必要的经常性费用和公共设施费用。从事医疗卫生、劳动保护、计划生育、灾害防治、环境科学等社会公益事业的研究单位；从事情报、标准、计量、观察、测试等技术基础工作的单位和农业科学研究单位，其科研事业费由财政拨给，实行包干。上述单位在完成国家规定的任务外取得的合理收入，农业科学研究单位全部留给本单位；其他单位纯收入不超过本单位当年包干事业费40%的，全部留给本单位；超过40%部分的，50%以冲抵下年度的单位事业费拨款，50%留给单位。单位留用部分，50%以上用于发展基金，其余用于福利基金和奖励基金。从事多种类型研究工作的单位，其经费来源分别具体情况，通过多种渠道解决。各科研单位减下来的科研事业费，1/3分别由主管部门会同科委统一安排；2/3由省科委统一安排用于调整发展科研机构，改善科研条件及支持各类科学技术事业的发展，由省财政厅负责监督。

重点实验室和向社会开放的公用科学实验基地及重大科研设施的建设经费，经省计委批准后，列入省基本建设投资计划。企业委托科研单位和高等院校承担的科技任务，费用由企业承担。

1988年5月30日，省政府颁布《广东省科学技术突出贡献奖试行办法》，在自然科学研究、社会科学研究，工业、农业、教育、医疗卫生，科技管理和生产管理等方面作出突出贡献者，由省政府授予“广东省有突出贡献的专家”称号，并颁发荣誉证书和奖金，奖金由省财政拨出专款支付。

1989年1月起，广东科学研究与技术开发机构试行技术经济承包经营责任制，达到减拨规定指标的单位，可以实行承包指标完成情况与工资总额挂钩，创收留用的纯收入提取一定的比例作为事业发展基金。

1991年8月24日，省科学技术协会、省财政厅联合制定《广东省科协所属省级学会经费管理的暂行办法》，学会经费除财政拨款补助外，可以多渠道开辟经费来源。学会按章程开展技术咨询、技术服务、科技展览、成果转让、各种文化技术培训取得的收入；学会承担有关部门和单位委托的项目论证、项目管理、决策咨询、科研课题、成果鉴定等所取得的经费；收取的会员费以及捐赠和资助等的收入，全部纳入预算，由单位财务部门统一核算和管理，不得坐支或建账外账。各市科协所属学会经费的管理，由各市参照此规定自行制定。

1992年12月29日起，广东科研机构执行省科委、省人事局、省财政厅、省税务局、省工商行政管理局联合制定的《广东省落实科学研究与技术开发机构若干政策问题的试行办法》，扩大科研机构的自主权，科研机构的经费来源可以面向全社会、面向国内外；可以通过融资、合资、集资和外资等方式筹集资金用于研究、开发、生产和经营。科研机构从不同渠道取得的经费，按国家的有关规定，自主安排使用。课题项目或产品开发生产及经营实行独立承包核算、自负盈亏的管理，经费完全自立或科学事业费减拨到位的科研机构，其税后纯利润除建立所长基金外，全留单位自主使用。实行科学事业费减拨但未到位的科研机构，其税后纯利润用于建立科技发展基金、奖励基金和所长基金。属于社会公益事业等社会服务性质的科研机构，其税后纯收入按《广东省科学技术拨款管理办法》执行。科研机构自主使用的资金，纳入单位预算管理，由单位财务部门进行统一核算和管理。

1999年6月18日，省政府制订《广东省深化科技体制改革实施方案》，将69个省直的、独立的全民所有制科研机构划分为技术开发、咨询服务和公益3种类型。广东省农业科学院畜牧研究所等39个科研单位划分为技术开发类型科研机构；广东省测试分析研究所等18个科研单位划分为咨询服务类型科研机构；广东省农业科学院水稻研究所等9个科研单位划分为公益类型科研机构。广东省计量科学研究所等3个单位不列入科学研究序列，作为非营利机构，重新核定编制和经费。除省政府批准设立的科研机构、科研基地以及区域性农业试验中心外，市及以下独立的全民所有制的科研机构一律转向从事技术开发、科技咨询服务、科技成果产业化与商品化，实行企业化运作，自收自支，或转为企业法人，具体实施方案由各市、县政府制定。同时深化科技拨款方式改革，促进科研机构转换运行机制。

同年7月5日，省科委、省财政厅联合制定《广东省科学事业费管理改革办法（试行）》，从1999年1月1日起，按照省政府改革科学事业费拨款方式的要求，调整科学事业费使用方向，将科学事业费由养人改为办事。39个技术开发类型科研机构的经常性事业费从原来无偿划拨改为从1998年起逐年减拨，2000年年底减拨到零，逐步由事业法人转为企业法人。18个咨询服务类型科研机构，从1998年起分三年减拨70%，至2001年保留30%的事业费，用于支持其公益性技术咨询服务基础条件的改善。9个公益类型科研机构的经常性事业费予以保留，重点用于科研任务和维持正常运转的经费。每年高于财政经常性支出新增和逐年减拨两方面构成而增加的科学事业费，主要用于支持科研机构发展高新技术产业化项目，以项目或任务等形式下达。归口省科委管理的科研机构，其经常性事业费的减拨和使用，由省科委负责统筹。调整科学事业费的使用方向，技术开发类型和咨询服务类型的科学研究机构，通过申请承担重大科技项目和研究开发任务等形式获取经费；公益类型科学研究机构，重点作为其承担政府科研任务的配套资金，加强其基础设施建设；适当支持国务院有关部委、省政府所需下达的重大科技项目或任务；划出一定数额的经费作为省级科研基地或重点实验室建设和仪器设备的维护更新。

2000年起，部属中国轻工总会广州机械设计研究所、中国轻工总会甘蔗糖业研究所、广州有色金属研究院移交广东，经费纳入省财政预算。

七、文体广播事业经费管理

（一）文化事业经费管理

1. 艺术表演团体经费管理

艺术表演团体的经费管理，采取差额预算管理的形式，逐步走向企业化管理。

1978年12月，省财政局、省文化局联合制定《广东省文化局直属艺术表演团体财务管理办法》，重申“全额管理，差额补助”的财务管理办法。由省文化局向各剧团下达年度演出场次、演出收入任务，核定全年支出总额以及补贴总额，年终如有盈余留给剧团安排使用，不予上缴。

艺术表演团体的收入包括团体的演（映）出收入或演（映）出分成收入，演员借调拍电影电视的上缴收入，出租服装、道具的收入，举办艺术培训班收入和团体组织的其他收入。所有收入统一由单位财务部门管理。

1985年，广东鼓励文化事业单位在完成本身业务工作的前提下，广开门路，开展多种经营，多种经营的收入用于补充经费和建立事业发展基金。文化事业单位开展有偿服务和经营活动，有利于文化事业单位由过去供给制的单纯服务型，逐步转变为有偿的经营型。艺术表演团体为安置富余人员，可以继续兴办服务业和加工业等企业。

1987年5月，省财政厅、省文化局转发财政部、文化部联合制定的《艺术表演团体财务管理暂行办法》，剧团超额完成核定的全年演出场次和收入计划时，可发给参加演出的演职员“超额补贴”。未参加演出的业务、行政人员的“超额补贴”掌握在参加演出人员平均每人所得的50%以内发放。发放“超额补贴”后，如再有结余，经文化主管部门审核批准，可以从中提取奖励基金、事业发展基金和福利基金。

1988年，广东粤剧院、广东话剧院、广东歌舞剧院和广州乐团开始实行聘任合同或演出合同收入为主的劳动报酬制度，下放管理权，扩大艺术表演团体自主权等为主要内容的体制改革。以上管理办法一直执行到1996年。

1997年1月起，广东执行财政部、文化部制定的《文化事业单位财务制度》。

广东鼓励社会力量资助宣传文化事业，对经国家或省宣传文化主管部门批准的重点歌舞团、话剧团、儿童剧团、音乐剧团、曲艺团、魔术杂技团以及粤剧团、汉剧团、潮剧团、山歌剧团等各种民族艺术表演团体的捐赠；对公益性的音乐厅、剧场、艺术馆、群艺馆、文化馆、文化站、爱国主义教育基地等的捐赠。由国家主办的各种专业艺术表演团体所属的用于民族艺术、高雅艺术演出的音乐厅、剧场、排练场等，由财政核拨资金。

营业性文艺表演团体的演出票价和演出场所的场租收费标准，按照国家有关价格管理规定执行，演员的演出收入依法纳税。募捐义演的演出收入，扣除成本开支外，全部交付受捐单位，主办单位和演（职）员不得从中提取报酬。组织社会福利性募捐演出，须经当地县级以上地方政府部门核准后，报同级文化行政部门审批。

2. 演出场所

1981年起，省财政厅对省文化局所属电影公司实行全额利润分成，45%上缴省财政，55%留企业。1984年起，文化部门主办的演出场所，实行“全额管理、定收定支、专项补助、结余留用”的预算办法。各级演出场所实行四定：定编制，定演出、放映任务，定财务收支，定专项补助。专项补助只是房屋、设备的大型更新和老、少、边地区的剧场收支差额补助。演出场所的收入包括艺术表演团体演出的分成收入、电影录像放映收入、门票收入、出租场地的收入和其他收入。以上管理办法一直执行至2000年。

1991年，鉴于全省各地不少剧场、影剧院、电影院年久失修，省政府按照国务院批转文化部的意见，决定建立影剧院维修专项资金，从出售的每张戏票、电影票中加收5分钱筹集，并由省文化厅统一掌管，用于剧场、影剧院、电影院维修改造。1996年5月1日起，将电影院上缴国家电影事业发展专项资金由每张门票5分钱改为按票房收入的5%提取，国家电影事业发展专项资金管理委员会按不低于40%的比例回拨国家电影事业发展专项资金广东省管理委员会，省管理委员会掌握的专项资金，主要用于城市电影院维修改造的资助和借款。

3. 群众文化馆（站）、图书馆

1979年12月9日，省革命委员会颁布《广东省农村公社文化站工作试行条例》，公社文化站的经费按社办公助的原则，除国家给予一定补助外，主要靠文化站管辖的社办电影队、社办影剧场和其他文化事业的收入中解决，逐步做到自给。其他文化馆的经费由分级财政予以一定补贴；图书馆为事业单位，与文物、博物馆实行同样的预算管理。专项资金主要用于馆（站）的基本建设和图书购置。以上管理办法一直执行至2000年。

1998年9月18日，省政府转发省文化厅关于《广东省山区文化建设工程实施方案》，从1998年起用五年的时间基本实现山区各市、县群众艺术馆、文化馆、图书馆、博物馆、乡镇文化站馆舍达到本省确定的标准；剧团、放映队有排练演出、放映场地，决定新建、扩建一批市级、县级的群众艺术馆、文化馆、图书馆、博物馆、乡镇文化站和专业艺术团队排练场。省财政每年拨出补助资金4 500万元，山区各级政府配套资金每年6 300元。同时鼓励社会力量，中国港澳台资、侨资以及外资捐赠。

（二）文物、博物馆事业经费管理

1979—2000年，文物、博物馆事业单位（简称“文博单位”）纳入财政预算，一般实行全额预算管理，有条件的实行差额预算和自收自支的管理办法。预算资金的来源由财政拨款和各单位自身组织的各项收入组成。财政预算拨款包括正常经费和专项经费拨款两部分。

正常经费实行预算包干形式，任务量和开支定额易于计算、经费全部依靠财政拨款的单位，一年一定；需要发展而较难计算工作量和开支定额的单位，核定基数，比例递增；收入比较稳定的差额预算单位，包死基数，一定几年；收入较多、有条件逐步实现经费自给的单位，核定基数，比例递减。专项经费主要用于文物维修、发掘、征集，房屋、建筑物大型修缮和大型专用设备购置。

自身组织的收入包括业务收入、补文收入、附属经营部门收入、联营项目分成收入；复印、缩微、复制收入；提供信息、咨询服务和其他收入，并纳入预算管理。单位支出包括人员经费和公用经费。公用经费包括公务费、设备购置费、修缮费、业务费和其他费用。文博单位的特许文物销售和非贸易小批量对外销售文物收入，一级馆、所之间有偿调拨文物收入，属于专项收入，全额转入文物保护基金，实行专项管理。

1993年6月23日，省政府颁布《广东省文物商业管理办法》，从1993年7月1日起，文物商业管理所需的经费列入省和各市地方财政预算安排。

1998年起，省财政厅、省文化厅规定，各类文物抢修保护的项目补助经费的申请，其抢修保护实施方案及预算必须经国家文物局批准同意后，由各市文化局会同财政局汇总审核，上报省文化厅和省财政厅办理。

（三）体育事业经费管理

1980年起，广东对于没有条件组织固定收入的体育事业单位，与其他事业单位一样实行预算包干的办法；对于体育场馆，实行差额补助、定收定支的财务管理办法。由各级体育运动委员会（简称“体委”）管理的有条件的体育场、馆、房，游泳池等对外开放，所得收入的分配，省财政厅、省体育运动委员会没有作出统一规定，由各市、地区、县的体委和财政局商定。1981年12月1日起，广东执行国家的规定，对优秀运动员、专职教练员实行津贴，经费由单位体育事业费开支。

1994年1月1日起，广东执行国家体育运动委员会（简称“国家体委”）、财政部制定的《体育事业单位财务管理办法》，没有稳定的经常性业务收入或收入较少的单位，列为全额预算单位。实行“全额预算包干，超支不补，结余留用”的预算管理办法。有一定数量的稳定性收入，收入占单位经常性支出30%以上的单位，实行“核定收支，以收抵支，定额（定项）补助、减收超支不补，增收节支留用”的预算管理办法。预算经费包括正常经费和专项经费，专项经费用于申请大型业务服务费、大型修缮费和大型专用设备更新改造费。部分有条件的体育场馆和其他娱乐性体育场馆，以及单位举办的经营实体实行独立核算、自负盈亏的企业化管理。各级体育部门和单位，发挥自身优势，挖掘内部潜力，积极组织收入，补充事业经费不足。组织收入的项目包括表演、门票、咨询、培训、广告、租赁、赞助、彩票等收入。各部门和单位的收入纳入预算管理，由单位财会部门统一核算，凡纳入预算管理的收入，视同财政拨款。

1996年1月起，广东省贯彻国家体委《关于深化改革加快发展县级体育事业的意见》，县级政府必须将体育事业经费、体运基本建设资金列入本级财政预算和基本建设投资计划；充分发挥社会各方面的积极作用，逐步形成政府拨款、单位投入、社会筹集和个人投资相结合的，多渠道、多层次、多形式的全民健身资金投入体系。

1997年1月起，广东省执行财政部、国家体委制定的《体育事业单位财务制度》，停止执行《体育事业单位财务管理办法》。

（四）广播电视事业费管理

1979年，广东的广播电视事业没有业务收入，其经费全额由财政供给。1980年起，试行“核定当年预算，定额包干，结余留用”的管理办法。其后随着广告业务和影音事业的发展，广播电视厅属下的企事业单位收入不断增加，采用财务大包干的办法，从1985年起，省财政对省广播电视厅实行“收入全留、支出自理、收支包干、一定五年”的财务大包干体制。属下企、事业单位的收入由省广播电视厅统筹，用于补充广播电视事业费。一定五年的财政大包干体制，使广东广播电视系统经费筹集由政府财政全额拨款，向自筹资金、自我积累、自我发展转变。同时实行招标承包、量化管理、成本核算等一系列改革。市、地区、县（市、区）对同级广播事业单位的财务管理，与省级大致相同。

1991年起，广东广播电视事业费实行差额预算加专项经费补贴。

1998年起，省财政厅再行核定省广播电视厅的财务管理体制，实行“核定收支，定额补助，增收比例上缴，超支不补，结余留用”的管理办法。以广播电视厅1996年经营收入42 200万元为基数，从1998年起，超过收入42 200万元部分按5%的比例上缴省财政，用于扶持贫困山区县发展广播电视事业。

此外，1984年8月起，广东对在艰苦广播电视台站工作的人员实行津贴。同时对广播电视播音员试行岗位津贴。1986年11月，对专职从事广播电视天线架设、大修、维护和调试的人员，给予岗位津贴。

（五）计划生育事业经费管理

1980年2月2日，省第五届人民代表大会常务委员会第二次会议通过《广东省计划生育条例》（该条例于1986年5月、1992年11月、1997年12月和1998年9月进行4次修订），对终身只生一个孩子的育龄夫妇，经育龄夫妇申请，由公社、区（后来为乡镇）和相当于县以上机关、企事业单位审查发给独生子女优待证，干部、职工、城镇无业人员每月发给5元奖励，或独生子女本人享受公费医疗，直到14周岁。奖励金后来又提高到7元，1992年提高到10元。属于国家机关、事业单位干部、职工的，所需经费在本单位开支，列入职工福利费；企业单位的在企业基金中开支；城镇无业人员的独生子女享受公费医疗或每月发给的奖金，在计划生育经费中开支。

1988年前，全省计划生育经费只有汕头市实行经费承包责任制，其他市、地区基本上实行供给制，出现了“大锅饭”的现象。1988年5月16日，省计划生育委员会（简称“省计生委”）、省财政厅联合颁发《关于加强计划生育财务管理工作的意见》，各地把计划生育经费纳入乡镇财政计划，实行分级管理，包干使用，超支不补，节余留用。包干的形式可以是计划生育经费与人口计划指标、节育手术任务，由县与乡镇实行“双包干”，也可以是县与乡镇或医疗部门按节育手术费分项例数包干等。经费来源除省、市补助外，市、县在适当增加计划生育经费的同时，从1988年起把收取的超生子女费，用于计划生育事业，实行乡镇统一管理，县提成约10%用于县（市、区）计划生育服务站的建设和设备购置，其余约90%由乡镇与村使用，具体分成比例由县级政府确定；城市街道办事处可以从机关、团体、企事业单位征得的总金额中提成10%。

1989年9月起，流动人口落实节育措施的手术费，由用工单位负责，无用工单位人员和个体工商业户，由所在地政府在收取外来从业人员管理费及超生子女费中统筹解决。

1997年4月21日，省人事厅、省财政厅、省计生委联合印发《关于加强乡镇（街道）计划生育服务所建设有关问题的通知》，加强乡镇（街道）计划生育服务所的建设，乡镇（街道）计划生育服务所属全民所有制事业单位，所需经费列入县（市、区）财政预算，由财政核拨。

1999年1月12日，省计生委、省财政厅等4个部门联合制定《广东省农村独生子女父母和纯生二女结扎夫妇养老保险实施办法》，决定对农村独生子女父母和纯生二女结扎夫妇实施养老保险，为每对夫妇最低缴纳保险费为1 000元。该办法从1999年2月1日起施行，珠江三角洲地区和深圳、珠海、汕头经济特区的各级政府和村民委员会投保资金分别承担的比例为：市财政承担20%，县（市、区）财政和乡镇财政各承担30%，村民委员会承担20%；全省16个贫困山区县投保资金分担比例为：省财政补贴20%，市和县（市、区）财政各承担30%，乡镇承担20%；其他县（市、区）投保资金分担比例为：省财政补贴10%，市财政承担20%，县（市、区）财政和乡镇各承担30%，村民委员会承担10%。各级政府将投保资金列入每年财政预算，专款专用；投保资金不落实的地方政府，省财政取消补贴资金。

八、卫生经费管理

（一）卫生事业单位经费管理

卫生事业单位经费包括卫生和中医部门所属卫生防疫、疾病防治、卫生检验和公共卫生监督、劳动卫生监督等经费；药品检验机构、药品抽查和药品监督等经费。经费包括人员经费和业务经费，实行全额预算管理。

1978年起，全省各地红十字会陆续恢复工作，列入党派和人民团体编制，实行全额预算管理。1979年起，县以上各级爱国卫生运动委员会办公室专职人员列入卫生部门行政编制。

1980年起，卫生事业单位试行“核定当年预算、包干使用、结余留用”的管理办法。各单位可挖掘潜力，开辟财源，扩大服务项目，增加收入。1981年10月起，全省各级结核病防治机构实行全额预算管理，其经费在卫生事业费内统筹；防疫防治机构的有偿收入，纳入预算管理。以上管理体制一直沿用至2000年上半年。

2000年9月，广东卫生监督体制实施改革，将原来分散的卫生监督职能集中，撤销卫生防疫站、公共卫生监督所、劳动监督所，组建卫生监督所和疾病预防控制中心（卫生检验中心）。卫生监督所的经费由同级财政列入预算管理，财政部门根据编制部门核定的编制，核定人员经费、公务费，卫生执法等专项业务费根据工作需要由财政部门安排。疾病预防控制中心（卫生检验中心）其人员经费和基本预防保健业务经费由同级财政和单位上缴的预算外资金统筹安排；从事疾病控制、保健工作所取得的各项收入上缴预算外资金财政专户，实行"收支两条线"管理。

此外，财政拨付的各项公共卫生建设专项经费，实行专款专用的管理办法。对从事或直接接触有毒、有害、有传染危险、有辐射以及在精神病院、麻风病院工作的卫生医疗人员实行岗位津贴。

（二）医疗机构经费管理

本子目记述的医疗机构是由政府举办的非营利性的综合性医院、各种专科医院、教学医院、妇幼保健院和独立门诊部以及疗养院补助经费；精神病员和麻风病员住院生活费。不包括卫生院、乡村医疗机构的补助经费。1960—1980年，全省各类医疗机构实行"全额管理、定项补助、预算包干"的管理办法，医院工作人员的基本工资、福利费和工会费全部由国家预算开支，其余各项开支，除定项补助外，从医院收费中解决。

1981年起，医院实行定任务、定床位、定人员编制、定业务技术指标和定经费补助，并制定相应的定额标准和管理制度。实行"全额管理、定额补助、结余留用"的管理办法。医院在经费补助的基础上，加上收费收入，当年收支相抵确有结余，可以用于发展事业，改善集体福利和个人奖励。当年结余未用完部分，可结转下年继续使用，并实行专项管理。以后，根据社会经济发展和卫生事业发展规划，对医疗机构除定额补助外，还实行专项专款补助，并规定财政核拨的专款必须专用，各种款项必须按照规定的项目开支；1989年起，对卫生专项补助经费实行项目管理，同时规定医疗机构的各项收入，均属于国家预算内资金。医疗机构开展社会办医（办分院、医疗联合体），政府举办的医疗机构在联合办医的地方所投入的仪器设备，提取一定的补偿费，连同取得的纯收入列入医疗机构的收入。

1984年8月，省卫生厅、省物价局调整部分医疗收费项目的收费标准；1991年8月15日起，全省各级各类医疗机构执行省卫生厅、省物价局和省财政厅联合制定的《广东省医疗收费项目》，统一收费的项目和收费标准；经省政府同意，1992年10月28日，省卫生厅、省物价局和省财政厅发出通知，对医疗机构服务收费进行改革，各级各类医疗机构都可以在做好为群众提供基本医疗服务的前提下，根据社会需求提供特种服务。医疗机构特种服务的收费纳入预算管理，接受同级卫生、财政主管部门的监督，并报送财务报表。1997年起，广东医疗服务收费实行调价备案制度，省级、广州市和深圳市医疗服务收费调整方案由省物价局向国家计委备案；其他各市由同级物价、卫生和财政部门审核报经同级政府同意后，报省物价局、省卫生厅和省财政厅备案。

1999年，广东根据财政部、卫生部的规定，对医疗机构预算管理办法规范为"核定收支、定额补助或定项补助、超支不补、结余留用”。2000年10月起，根据财政部、国家计委、卫生部的规定，进一步对政府举办的非营利性医疗机构补助政策和核定方法进行细化，县及县以上非营利性医疗机构以定项补助为主。定项补助项目包括医疗机构开办和发展建设支出，事业单位职工基本养老保险制度建立以前的离退休人员费用，临床重点学科研究，由于政策原因造成的基本医疗服务亏损补贴。对中医、民族医、部分专科医疗机构给予适当照顾。同年7月起，医疗机构的医疗收支、药品收支实行分开核算。

医疗机构内部的财务管理和会计管理，按照卫生部和财政部各个时期制定的医院财务制度和医院会计制度，以及省卫生厅和省财政厅的补充规定执行。

另外，政府鼓励海内外民间慈善机构、慈善家和企业家，向医疗机构捐赠，用于发展医疗事业。

（三）卫生院经费管理

1979年，广东对全民所有制的公社卫生院实行“全额管理、定项补贴、结余留用”的管理办法；对集体所有制卫生院实行“定额管理、定额补助、超支不补、结余留用”的办法。1983年9月，对乡村卫生机构实行民办公助的管理办法。

80年代中期起，全省乡镇卫生院和乡村医疗机构，财政状况好的县、乡镇继续由县、乡镇财政予以适当补助；财政状况不好的采取自收自支，有的由个人整体承包或科室承包。

1991年起，广东实施乡镇卫生院“一无三配套”（见第五章第三节卫生经费条目）建设。1992年，省政府明确，乡镇卫生院为全民所有制事业单位，各级政府要重视乡镇卫生院的建设。从当年起，省财政厅、省卫生厅，市、县（市）、乡镇三级政府增拨资金，专款专用，用于乡镇卫生院，尤其是贫困地区乡镇卫生院的危房改造和医疗设备基本配套建设；生活用房的资金由县（市）、乡镇政府筹集资金解决。财政对卫生院的经费补助，根据卫生院工作任务的完成情况，采取定额补助和定项补助相结合的办法。乡村医疗机构经费主要由村提留、乡镇统筹资金解决。

1999年起，政府举办的社区卫生服务组织以定额补助为主，由同级财政予以安排。主要是根据社区卫生服务组织承担的社区人口预防保健和最基本的医疗服务任务核定补助经费。

（四）农村合作医疗补助费管理

广东农村合作医疗产生于60年代中后期，各生产大队建立卫生站，经费由公社财政补贴一部分，生产大队集体经济收入补贴一部分，以及扣生产队社员劳动工分作为乡村“赤脚医生”的劳动工分收入，此种状况一直持续到80年代初期。后来由于人民公社解体等种种原因，农村合作医疗停办，乡村卫生站有的转为个人向村民委员会承包，有的转变为私人诊所。各级财政的支持也大幅度减少。

1996年和1997年，省政府先后在恩平市和惠州市召开现场会，部署推进农村合作医疗工作。全省有些乡村开始逐步试行新型农村合作医疗。合作医疗的经费采取参加者本人出一部分，乡村集体经济出一部分，财政补助一部分。财政对合作医疗的补助，主要用于培训乡村医生、卫生员和对个人的补助费，以及扶持贫困地区举办合作医疗的补助费。对个人的补助费各市县的标准没有统一。

2000年，省政府将农村合作医疗管理职能从省卫生厅划入省农业厅，并设立专门工作机构。

九、工交商事业费管理

1980年前，工业、交通、商品流通等部门的勘察设计院，由财政全额拨给经费。1980年，根据中央“所有事业单位，凡有条件企业化的都要企业化，不能再搞供给制”的精神，广东开始对勘察设计单位逐步实行企业化探索。同年4月1日起，广东将省航运、石化、冶金、煤炭、机械等勘察设计事业单位作为实行收费试点单位。试点单位在完成主管厅局规定的本系统的勘察设计，编制标准设计、规范，科研及业务建设任务以外，可以承担外地区、行业的勘察设计任务以及与本单位业务有关的经营活动，并实行收费。试点单位收费纯收入的50%上缴主管厅局，50%留试点单位使用。1980年财政部门核拨给试点单位的事业费不减，作为经常性费用开支。同年9月1日起，广东对从事野外工程勘察工作的人员提高野外工作津贴。

1983年下半年开始，原来实行事业费制度的勘察事业设计单位（包括试点单位），不再实行按人均拨给事业费的办法，改为按承担任务的数量、质量和国家规定的收费标准收取勘察设计费。各主管部门根据所属勘察设计单位的具体情况，在事业费中适当拨出一部分给勘察设计单位（不包括试点单位）作为周转金。勘察设计单位留用的盈余，用于建立事业发展基金、职工福利基金、职工奖励基金和后备基金。

1984年起，广东对各级由预算拨款的勘察设计单位原来预算安排的事业费，改作勘察设计单位建设项目前期工作费用等支出。勘察设计单位的全部事业支出采取收费办法解决。勘察设计单位实行收费后，由全额预算管理单位改为自收自支管理单位。同年8月起，广东对从事环境保护监测工作，对身体健康有影响的职工实行津贴。

1987年10月31日起，测绘单位实行测绘产品收费，测绘收费为预算外资金，纳入单位财务管理，用于补充事业经费。收费单位按规定向同级财政部门报送收费财务会计报表和年度决算。

1990年起，广东勘察设计单位的总收入扣除成本后，盈余部分的15%缴纳所得税，其余的15%缴纳国家能源交通重点建设基金，10%缴纳国家预算调节基金（简称“两金”）。再按总收入提取10%技术开发费，在成本中列支，然后按隶属关系上缴少量的技术开发费给省、市建设委员会和主管部门。缴纳税金和“两金”后，余下所得纯利润的50%为事业发展基金，20%为职工福利基金，25%为职工奖励基金，5%为后备基金。1992年起，设计单位的收入不再上缴建设委员会和主管部门，全额留单位使用，基金的分配比例不变。

省建委、省财政厅规定，从1993年1月1日起，实行技术经济责任制的城市规划设计单位，经济上实行独立核算，承担规划设计任务按国家规定收费。各级政府城市规划行政主管部门下达的指令性规划设计任务的规划设计费，在城市维护建设资金中列支，其他规划设计任务由委托单位负责支付。实行技术经济责任制的规划设计单位纯利润的分配与勘察设计单位相同，但要上缴技术开发费的1%给省、市建设委员会。外省规划设计单位进入广东承担规划设计的，按在广东规划设计总收入的1%作为技术开发费上缴省建委。从省内外规划设计单位收取的技术开发费，用于行业管理、技术进步以及评选和奖励优秀城市规划设计、研究成果等。尚未实行技术经济责任制的规划设计单位，不得实行收取规划设计费。

十、农口事业经费管理

农口事业经费包括农口事业单位经费和农口重大项目经费与专项资金。农口事业单位主要包括农业、林业、森工、水利、水产、气象等事业单位。这些单位的财务管理体制与其他事业单位一样，基本上可划分为全额预算管理、差额预算管理、自收自支管理3种管理方式。

（一）经常性经费管理

1979年6月，广东执行财政部、农业部、中国农业银行制定的《农业三场财务管理的几项规定》。农业三场（国营良种、原种繁殖场，种畜、种禽、种蜂场，蚕桑茶果药园艺特产场）是为发展农业生产提供优良种子、种畜和种苗的生产基地，列为事业性质的生产单位，实行企业化管理。经同级财政部门核定后，纳入本级财政预算。根据不同情况采用财务包干，一般实行“独立核算，自负盈亏，盈余留用，亏损不补”的办法；少数盈余较大的三场实行“包干上缴，一年一定，结余留用，短收不补”的办法；自然和生产条件差的三场，在一两年内酌情给予照顾，实行“定额补贴，一年一定，结余留用，超亏不补”的办法。每年的上缴和补贴数额，由主管部门会同财政部门具体核定。

1980年7月，省财政厅制定《农林水事业单位预算包干试行办法》，从当年起，全额预算管理单位试行“支出包干、节余留用、超支不补”的办法；差额预算单位试行“定收入支出包干，增收节余留用，短收超支不补”的办法；收大于支的自收自支事业单位，试行“定收定支，定额上缴，增收节支不增上缴，短收超支不减上缴”的办法。临时性支出如防汛费、森林防火费、农业资源调查费、大宗及专项设备购置、大宗修缮等不列入预算包干范围。专项事业费另报计划经财政部门审定。因机构人员有大的变化，国家下达的事业计划调整，或国家规定的开支标准改变等，影响包干预算较大时，相应调整预算包干指标。预算包干包括各级财政部门对同级主管部门的包干和各主管部门对所属单位的包干；省对市、地区、县各级财政部门，不试行预算包干。

1983年起，广东对农业事业单位专职从事有毒有害的工作人员实行保健津贴，对畜牧兽医工作人员实行卫生津贴。1992年和1997年分别提高上述的补贴标准。

1985年起，省财政厅对省级事业单位主管部门扩大经费包干范围，除了用于补助农村生产性资金和属于一次性安排的专项经费外，把机构经费、修缮费、设备购置费和正常业务费，全部由主管部门统筹安排，包干使用，结余留用超支不补。对于开展咨询服务、技术和资料有偿转让以及组织各项业务收入，原则上留给主管部门，用于补充事业经费不足以及改善业务和工作条件，不抵扣经费拨款。

1987年起，广东财政部门按财政部、农牧渔业部制定的《关于国营农场事业费管理的几项规定》，拨付国营农场事业费只是对国营农场兴办小型农田水利和政策性社会性支出。小型农田水利支出只能用于补助国有农场改善农业生产条件，包括农场内的小型蓄水、灌溉、排涝、治碱、防洪、打井设施，以及植树造林、草场改良、水土保持等所需材料费、机械作业费和小型设备购置费等，不能用于人工工资、基本建设和非生产性开支。政策性社会性支出只能用于国营农场的中小学经费补贴、安置老残干部工资、专职政法人员经费和边防民兵值勤经费。

1992年4月1日起，广东省规定，气象事业单位专业服务收入，扣除成本费用后的纯收入不低于50%用于事业发展基金，不高于20%用于职工福利基金和20%用于职工奖励基金，不低于5%用于后备基金。

1995年10月起，广东贯彻执行财政部重新修订的《关于国有农场事业费管理的几项规定》，原来的政策性社会性支出改为社会事业的补助性经费，补助范围在原有的基础上扩大到集体转业人员的离休工资、补助工资和职工福利费。

1997年7月起，广东贯彻财政部颁布的《林业事业费管理办法》，林业事业费包括林业事业单位机构经费和林业事业专项经费。林业事业单位机构经费包括国有林场、苗圃、林业工作站、林业种苗站、林业技术推广站、林业规划设计院（所）、中等林业专业学校、自然保护区、森林病虫害防治等，纳入预算管理的林业事业单位的人员经费、公用经费、业务费。林业专项经费包括技术和良种推广费、森林资源保护费、防沙治沙经费、重点造林补助费等。同年起，广东执行财政部制定的《农业事业单位财务制度》。

1999年8月起，广东执行财政部制定的《农业事业费管理办法》，农业事业费的收入包括各级财政部门核拨的财政补助收入、从财政专户核拨的以及经财政部门批准留用的预算外资金、农业事业单位开展有偿服务和综合经营取得的收入用于弥补农业事业费不足部分、农业事业单位取得的其他收入。农业事业费支出分为农业事业单位人员机构经费和农业事业专项经费。农业事业专项经费主要用于农业科技推广经费、农业保护经费、监督管理经费和其他专项经费。

2000年3月起，广东贯彻执行财政部制定的《水利事业费管理办法》，同时废止1963年财政部、水利电力部制定的《水利事业计划、财务和物资管理暂行办法》。省财政厅补充规定：（1）水利事业费的预算申报。各级水利主管部门向同级财政部门申报的水利事业费预算包括本单位和所属事业单位全部预算内、外资金的收入和支出的说明，汇总报表单独列明下属单位的预算内、外资金的总的收入和支出、细化列到款、项、目等。（2）水利事业费的管理。对于水利事业费的专项经费支出根据财政资金集中支付制度的改革要求进行管理。（3）市、县财政部门可根据该办法的要求，制定实施细则，重点明确水利事业费具体的支出范围和支出标准，并报省财政厅备查。

（二）专款专项资金管理

在全省性农口重大事业项目上，建立项目目标责任制，资金筹集采取多渠道、多层次，资金使用采取有偿使用和无偿使用相结合以及贷款由财政贴息等措施，省财政厅据此作出各项专款、专项资金的使用规定。

1. 项目目标责任制

从1986年起，广东对韩江、北江上游和东江中上游水土流失严重地区的综合治理和开发，山区县的造林种果，全省11条江河和5条重点堤围的整治，发展粮食生产，防治农林病虫害，土地资源调查以及解决农村人畜饮水困难等，所安排的专项资金试行按照项目目标责任制进行管理。国家、地方配套投资的财政资金，同实现的目标挂钩，并按目标任务完成情况进行结算。

2. 多渠道、多层次筹集资金以及有偿使用和无偿使用相结合

1986—1995年，广东对韩江、北江上游和东江中上游水土流失进行整治及开发利用，在资金方面坚持贯彻民办公助原则，依靠群众集资投劳，多形式、多渠道增加投入。

1990年起，国家建立国家、集体、农户多层次的农业投入机制，改变单一由国家包揽的办法。财政自身也采取多渠道、多层次的资金筹集措施，一般中央财政、省级财政拨出专款，受益的市、县（市）和乡镇三级财政拨出配套资金。这些项目有：发展粮食生产专项资金、建设50个商品粮生产基地县、山区和革命老区乡镇发展“三高”农业、开展“一乡一品”活动、玉米生产专项资金、在珠江三角洲建立十大农业现代化示范区、实施水稻收割机械化建设示范方案、自然保护区的基础设施建设和管理、营造生物防火林带工程建设、生态公益林建设管理和效益补偿、解决水利移民遗留问题、解决小型水库安全隐患问题、加强渔港建设、广东省土地开发资金等。建设以上项目或解决以上问题所用资金，或采取中央、省、市县财政资金的配套，或省、市县财政资金配套；或从财政资金、从东深供水工程水费收入、从各种政府性基金多方筹集；或民办公助群众集资投劳等；或有偿使用或无偿使用；或上述两三种方式同时使用。省财政厅，或省财政厅分别与省农委、省农业厅、省水利厅和省林业厅就各项专项资金（专款）的管理联合制定管理办法或方案。支农各项专项资金种类较多，小而散，设置不够科学，相互之间存在重复交叉，2000年下半年，财政部要求各地规范专项资金的分配和预算管理。（广东从2001年起开始通过“并、转、停、征”的办法，调整和改革专项资金管理。）

3. 贷款贴息制度

贷款贴息有中央财政与地方财政共同负担或单纯由地方财政负担；有财政与贷款单位各分担一部分。1986年，广东对治沙规划区范围内种植丰产林、经济林及多种经营项目，对有偿还能力的县、区实行贷款贴息。1992年4月10日，省财政厅、省农业厅、农行省分行联合制定《广东省山区农业开发贷款财政贴息管理（试行）办法》。

1994年起，原由人民银行和专业银行办理国家扶贫贷款，全部划归农业发展银行统一办理。省政府决定从1994年起，连续三年每年安排扶贫专项贴息贷款5 000万元，用于扶持国务院当年确定的陆河、阳山、乳源3个贫困县和省核定的连南瑶族自治县大麦山镇等40个贫困乡镇发展种养业为主的“三高”农业和小水电以及资源型加工业等。贷款为有偿有息，利息由省级财政负担。

从1996年起，省财政预算内基建投资每年安排100万元和省电力发展基金2 000万元，用于县办小水电贴息补助；省财政每年安排小型农田水利补助费1 000万元，用于镇办小水电

站贴息补助。同年6月，省政府作出决定，在十年内使全省水利工程安全达标。省财政每年从预算内安排一定的资金用于水利工程安全达标补助，安排的资金允许水利部门用于贷款贴息；东深供水水费收益除承担飞来峡工程的资金外，大部分投入全省水利工程安全达标建设。

1999年，省政府决定加快东西两翼和山区50家农业龙头企业建设，省财政从1999年起，连续三年每年拨款1 500万元，作为挂牌省农业龙头企业和培育对象的贷款贴息资金。

4. 基金制度

1989年，省政府决定建立农业发展基金。同年4月26日，省财政厅制定《广东省农业发展基金管理、使用暂行办法》。1991年3月15日，省财政厅对该暂行办法进行修订，更名为《广东省农业发展基金管理使用细则》，农业发展基金的来源为国家预算调节基金地方留成部分10%；乡镇企业、农村个体工商业户和农村私营企业税收比上年增收部分；耕地占用税收入和耕地垦复基金收入的全部；农林特产税收的70%以上。1996年起，农业发展基金的来源为耕地垦复基金收入和地方财政预算安排构成。农业发展基金按当时的财政体制纳入各级财政预算管理，由各级财政部门在农业银行开立专户，专项使用。

1996年，省委、省政府为扶持山区加快经济发展，决定设立广东省扶贫基金（简称“省扶贫基金”），省成立扶贫基金管理委员会，下设办公室，办公室设在省扶贫办公室。省扶贫基金由省财政厅设立专户存储，专账管理，并实行有偿使用、借款自愿、到期归还，滚动使用的原则，借款期限一般为一至三年，重点扶持16个特困县。

1998年1月1日起，广东省实施省政府制定的《广东省实施〈水利建设基金筹集和使用管理暂行办法〉细则》，省水利建设基金从省收取的养路费、公路建设基金、车辆通行费、公路运输管理费、地方交通及公安部门的驾驶员培训费、电力建设基金、市场管理费、个体工商业管理费、征地管理费等政府性基金、收费、附加提取3%。

5. 项目申报制度

1993年7月起，广东实施《中华人民共和国农业技术推广法》，各级财政部门根据财力的可能，不断增加财政对农业科技推广经费的投入，并优化支农资金支出结构。农业技术推广费实行项目目标管理责任制。要求农业技术推广费补助的，实行项目申报制。

1999年9月10日，省财政厅、省政府农业办公室联合制定《广东省良种培育和引进专项经费管理使用试行办法》，良种培育和引进专项经费由省财政纳入省级农口支出预算安排。凡具备农、林、牧、渔各行业种苗培育或引进能力和有条件的省、市农口部门，大专院校，科研单位或其他企事业单位均可申报；各承担单位对良种培育和引进专项资金的管理实行专款专用，不得改变用途，上级主管部门和当地财政部门对专项资金进行检查和监督。

第三节　社会保障资金财务管理

1996年前，社会保障财务管理分散在财政机关的各个不同的职能部门；1996年起，由各级财政部门的社会保障处、科、股统一管理。

一、抚恤和社会福利救济费管理

1979年起，广东仍执行内务部、财政部1962年3月6日制定的《抚恤、救济事业费管理使用办法》（1978年12月民政部、财政部重印该办法），抚恤、救济费由民政部门根据事业发展和实际需要，与财政部门共同协商预算指标，经同级革命委员会审核批准，用于县以下农村民政事业费由农业银行监督拨付。1983年2月15日，省民政厅、省财政厅联合制定《广东省民政事业费管理使用办法实施细则》，民政事业费包括抚恤事业费、社会福利救济事业费、自然灾害救济费等。民政事业费实行专款专用，任何部门和个人不得以任何借口挤占和借用，不得用于平衡预算；民政事业费实行统一管理，分级审批，农业银行监督的办法。1987年修改为县级民政部门为一级预算单位。1998年12月31日，省第九届人民代表大会常务委员会第七次会议通过的《广东省社会救济条例》，从1999年3月1日起施行。该条例明确各级政府应将社会救济纳入国民经济和社会发展规划，设立社会救济专项经费。同时提倡和鼓励国家机关、企事业单位、社会团体、集体经济组织和个人捐赠资金和物资。

（一）抚恤事业费管理

抚恤事业费每年由民政部门根据国家、各级民政部门和财政部门的有关规定，确定优抚对象和抚恤标准，编制烈士和牺牲病故抚恤费，残疾抚恤费，烈军属、复员军人生活补助费和退伍军人安置费预算后报财政部门，然后由民政部门具领、转发和报销，并逐级发放到户或个人。兴建的革命事迹和烈士纪念建筑物纳入当地基本建设规划，由民政部门举办的优抚事业单位经费和纪念建筑物的管理费和维修费，另行编制预算进行管理。

随着经济的发展和物价的提高以及行政事业单位工作人员工资的提高，从1979年2月1日起至2000年，国家和省多次对抚恤金进行调整和提高（见第五章第四节抚恤和社会福利救济费条目）。

1994年后，广东制定抚恤金和补助金的标准比民政部、财政部规定的标准略高。此外，对现役军人死亡，按其死亡性质和死亡时的工资收入发放一次性抚恤金，追认为革命烈士的，抚恤金相对高些。

提高优恤对象的经费，有中央财政和省财政拨款的，有按分级财政负担的，分级财政负担有困难的市、县，省财政给予专款补助或转移支付；在乡老复员退伍军人的补助，一般由所在市县财政负担。

（二）社会福利救济费管理

1. 社会福利事业费管理

社会福利事业费用于县（市）以上民政部门以及城乡集体举办的残疾、老人、儿童福利院和精神病人疗养院等社会福利事业单位的各项开支，以及残疾人福利事业费，收容遣送自由流动人员和收容遣送站的各项开支，还有民政部门举办的火葬场等殡葬事业单位的经费。经费的核拨，由财政部门根据这些机构和单位的不同性质，分别实行全额管理、差额补助或企业化管理。殡仪馆、火葬场等建设的经费由各级财政投入。

2. 社会救济费管理

社会救济费的管理，通过民政部门各个时期掌握的城乡贫困居民和上级的救济标准，经民政部门编制预算并报同级财政部门审查批准后，逐级发放到户或个人。

1994年，广东作为全国最早实施低保制度的省份之一，开始对传统的社会救济制度进行改革试点，逐步从临时救济、定期定量救济改为实行最低生活保障制度。城乡居民最低生活保障资金的筹集由各市、县（市、区）和乡镇政府分级负责。城镇居民最低生活保障资金采取单位（企业）、部门分别负担，财政补助的办法。1997年，广东建立起城乡一体化的居民最低生活保障制度。

1999年7月1日起，全省执行省政府颁布的《广东省城乡居（村）民最低社会保障制度实施办法》。最低生活标准由县级以上民政部门会同财政、统计、物价部门制定，经县级以上政府批准后向社会公布。

1999年起，城乡居民最低生活保障资金过渡到主要由财政负担，城镇居民最低生活保障资金由财政预算安排；农村村民最低生活保障资金由财政和乡镇、村民委员会集体经济共同负担。每年年初，县以上民政部门根据《广东省社会救济条例》和《广东省城乡居（村）民最低社会保障制度实施办法》所规定的社会救济范围和形式、救济标准、救济人数和补差金额编列预算，报同级财政部门审核列入预算安排。财政部门根据需要定期拨给同级民政部门，由民政部门下拨各街道和乡镇发放，民政部门定期向财政部门列报资金使用情况。年终，民政部门向同级财政部门编报决算，列入同级财政社会保障决算，逐级上报。城市居民最低生活保障资金纳入财政社会救济专项资金支出科目，专账管理，专款专用。

2000年1月起，广东对享受城镇最低生活保障人员实施基本医疗救助金，用基本医疗救助金帮助他们缴纳职工基本医疗保险金，基本医疗救助金由各级财政增加预算安排解决。

（三）自然灾害救济费管理

2000年前，自然灾害救济费多由省掌握，市、地区、县（市）适当安排配套资金。对于特大自然灾害的救灾复产，重建家园，中央财政往往拨款支援，省财政拨出专款补贴予以扶持。

2000年起，省政府明确，自然灾害救济费按照分级管理，分级负担的财政体制，市、县、乡镇财政年初预算留有自然灾害救济事业费的支出安排，并根据当地历年灾情和经济发展状况进行调整。地方遭受小灾害由县（市、区）组织救灾；大灾害和中等灾害由市为主组织救灾；特大灾害由省申请中央财政给予补助。

自然灾害救济费实行专款专用，任何单位和部门不得截留和挪用。当灾害发生后，由当地民政部门申报，由财政部门拨出救济款，有关部门拨出救济物资，层层发放到基层。基层发放救灾款时，通过登记造册、张榜公布、公开发放的程序，发放到个人或家庭。

二、公费医疗经费管理

享受公费医疗的对象为各级国家机关、党派、人民团体在编人员；各级文化、教育、科学、卫生、体育、经济建设等事业单位的在职人员，其工资在国家财政预算内开支者以及实行差额预算管理的全民所有制的医院工作人员；离休人员和符合国务院退休办法规定退休，离退休金由财政预算开支的人员；革命伤残军人以及国家正式核准设置的普通高等学校计划内招生的普通本专科在校学生、研究生。公费医疗的开支范围为门诊、住院的医药费，包括床位费、检验检查费、药品费、治疗费、手术费等；计划生育手术的医药费。公费医疗管理通过建立健全公费医疗网点，指定公费医疗医院，定点就医。公费医疗经费通过自费药品与《公费医疗用药报销范围》规定的药品（即公费药品），自费医疗项目与公费医疗项目分开来控制，医院将自费药品和公费药品分开处方，自费药品和自费医疗项目由就诊者自负。《公费医疗用药报销范围》和自费医疗项目按卫生部、财政部和省公费医疗管理委员会办公室拟定。各个时期各级政府及其公费医疗管理委员会、卫生部门和财政部门制定的公费医疗政策或规定，由各级政府的公费医疗管理委员会办公室（简称“公医办”）负责实施和监督。

80年代中期以前，公费医疗按照享受公费医疗的人数和确定的开支标准编制预算，然后据实向财政部门报销，实行统包统付的办法。

80年代中期，广东享受公费医疗人数增长较快；公费医疗管理缺乏监督检查，造成滥用检查项目、贵重药品，处方药量过大；诊断手段和药物的进步，价格和收费标准提高，形成公费医疗经费增幅过猛。1985年，广东公费医疗经费开支数额和增幅均居全国之首，给经济不发达，财政较困难的市、地区、县带来沉重的负担和压力。根据省政府的指示，1986年5月，省财政厅在博罗县召开全省公费医疗经费管理工作会议，就加强公费医疗管理、改革公费医疗制度中的“大锅饭”弊端、控制公费医疗经费增长过猛提出改革措施。依据各地经济条件、财政负担能力和医疗设备条件，不搞一刀切的经费包干办法。实行“定额包干、结余留用、超支不补或按比例分担；同享受者个人经济挂钩”。

1987年起，移交地方管理的军队离退休干部的医疗关系，纳入当地公费医疗管理。医疗费用按财政部、民政部和卫生部的规定标准发放到地方，超支部分由当地财政解决。1994年起，省财政厅对粤东、粤西、粤北和山区14个市以及珠江三角洲的恩平市实行转移支付予以补贴。

1987年5月19日，省政府批转省公费医疗管理委员会、省财政厅、省卫生厅制定的《关于我省公费医疗的情况和改革管理工作的意见》。主要改革意见是在保障干部、职工医疗保健的前提下，采取“四个制约”的办法：（1）门诊医疗费个人负担10%，住院医疗费个人负担5%（不包括手术费，手术费实行公费）。对于精神病人、结核病人、癌症病人、工伤及危重病人，确有实际困难者，经同级公医办批准后，个人负担医疗费可以减免。老红军、二等乙级以上伤残军人医疗费实报实销。离休干部（含符合离休条件的在职干部）门诊自负5%，住院自负1%。退休干部门诊、住院均自负5%。（2）为抵偿在公费医疗标准范围内个人的自负部分，可从单位包干的医疗经费中，按年龄的定额标准倒扣10%给个人自行掌握使用。（3）把经费的90%包给单位（或系统），10%由公费医疗机构掌握调剂。（4）公费医疗经费包干给单位后，如有超支，由财政部门负担30%，卫生医疗机构负担30%，单位负担40%。如有节余，卫生医疗机构得40%，单位得60%，卫生医疗机构所得部分，用于改善医疗条件和添置医疗设备，不得挪作他用，包干单位所得部分转入医疗基金，下年度继续使用。

随后，由于公费医疗负担逐年增加以及存在的弊端，财政困难的市、县不堪重负，各市、县的标准自行制定。有些市、县（市）实行由各单位包干管理，节支全留，超支自补；门诊医疗费给予个人定额补贴，每月随同工资发放；对危重病号的住院治疗及医药费，由公医办和财政部门按分级负担的政策处理，或按具体情况和本单位的经费情况酌情补贴、报销的办法。

1994年1月起，广东省直属单位及广州市公费医疗进行改革：（1）按享受人员级别核定公费医疗定额，根据上年度实际开支水平，逐年合理核定。（2）公费医疗定额经费的80%由公医办管理，用于支付干部职工在定点医疗单位门诊、住院部分的医疗费。这部分经费每季度算一次，年终总清算，如有节余，医院和单位各得节余的50%。医院所得部分用于改善医疗条件和集体福利；单位所得部分结转下年度使用。如果超支，超支部分由财政部门、单位、医院按5：4：1比例分担。（3）公费医疗定额经费的20%由公医办按享受人数拨给单位作为医疗金，由单位掌握，用于支付个人医疗补贴、超过个人自负医疗费保护线部分、特殊病种个人自负部分及按公费医疗规定的零星医疗费报销，不退不补。（4）公费医疗经费包干管理单位，由财政部门通过公医办拨给定额经费，结余留用，超支自理。（5）对个人自负医疗费实行上限保护办法。在职干部门诊医疗费自负20%，住院医疗自负10%，在一年内个人自负医疗费合计超过500元的，所超部分年终由单位核报；退休干部职工门诊医疗费自负10%，住院医疗自负5%，在一年内个人自负医疗费合计超过400元的，所超部分年终由单位核报。（6）离休干部、老红军、二等乙级以上残疾军人不实行个人自负办法，也不发给医疗补贴，医疗费实行定额管理，记账报销。（7）安置在本省市、县及外省的离退休人员的医疗费，按省、市政府和省财政厅、市财政局核定的经费定额，包干给单位管理，不退不补。

1996年7月，珠海市试行基本医疗保险制度。1998年起全省全面铺开，各地陆续将公费医疗制度改为基本医疗保险制度，国家公务员和依照公务员管理的有关人员以及退休人员，其单位应缴纳的基本医疗保险费，由同级财政部门按规定在预算中安排。原享受公费医疗的事业单位职工的基本医疗保险缴费，按应缴纳职工基本医疗保险费的一定比例由同级财政部门在各项事业费预算中适当补助，与单位预算一并下达事业单位，由事业单位按规定的缴费率向社会保险经办机构（税务机关）缴纳职工基本医疗保险。为确保国家机关公务员医疗待遇不降低，实施公务员医疗补助政策。医疗补助经费按财政管理体制，由同级财政部门根据当地国家公务员工资总额的2%筹资，纳入当年财政预算。医疗补助经费主要用于补助符合基本医疗保险药品目录、诊疗项目和服务设施标准但超过基本医疗统筹基金最高支付限额，按规定需要由个人支付的医疗费；补助社会保险年底内享受基本医疗待遇后，累计个人医疗费用负担较重的职工；根据公务员的年龄和职级确定不同比例计入基本医疗保险个人账户。离休人员、老红军、二等乙级以上革命伤残军人个人不缴纳医疗保险费，不设立个人医疗账户，其医疗费用在基本医疗范围内的，原则上实报实销。离休人员和老红军的医疗费用从医疗保险基金中划出，单独管理，专款专用；二等乙级以上革命伤残军人的医疗费用由社会统筹医疗基金支付。

2000年起，广东企业离休干部医疗保障工作由所在企业管理改为社会集中管理，医疗费由社会统一筹措，医疗费实报实销。筹措医疗费由离休干部所在企业按离休干部的实际人数向劳动和社会保障部门缴纳；破产、关闭、停产等无力缴纳统筹医疗费的企业，由同级财政帮助解决；改制企业从国有资产的收益中划出一部分缴劳动和社会保障部门，作为改制企业原离休干部的统筹医疗费；省财政对部分贫困地区企业离休干部医疗费实行财政转移支付专项补助。

至2000年年底，全省保留公费医疗制度的只有省直单位和广州市。

三、行政事业单位离退休经费管理

行政事业单位离退休经费包括行政单位、公检法司和事业单位的离休人员、退休退职人员待遇经费、公用经费、专项经费以及离退休人员管理机构经费。1979年起，广东行政事业单位退休的干部（后符合离休条件的改称“离休干部”）、职工，就地安置的，其待遇（包括工资、生活补贴、粮油副食品补贴和福利费）以及公用经费由原单位负责，由所在单位列入预算。退休、退职后异地安置的，由安置地民政部门管理，其待遇以及经费由接收安置地的县级民政部门编制预算，报当地财政部门审核后纳入预算。1982年起，广东将供给关系在民政部门、由民政部门管理的离休（包括退休改离休的）干部，属于异地安置的一律移交当地党委组织部门管理，移交的同时相应划转经费预算；就地安置的转回原工作单位管理，经费由原单位负责。

1984年后，行政事业单位离退休人员提高退休金、生活补贴和最低工资补贴、特殊困难补助、离休干部的特需经费等，行政事业单位直接管理的本单位离退休人员的，在各部门行政、事业经费列报；民政部门或组织、人事部门统一管理的，在抚恤和社会福利救济费中列支；完全停拨事业费的单位，原属该单位编制的人员的离退休金由财政拨发。

1985年5月1日起，行政机关、事业单位离退休、退职人员每人每月发17元生活补贴。1988年起，离休人员每人每月补贴20元，退休人员每人每月补贴10元。1991年起，行政机关事业单位离退休人员按本人基本离退休费10%增加离退休费。

1988年1月起，行政机关离退休费用从行政费划出，单设科目反映。

1991年10月起，国家提高移交地方管理的军队离退休干部和退休志愿兵离退休费，所需经费按当时财政包干的体制解决。

1992年3月起，行政机关、事业单位离退休人员和按政策退职的人员，按本人月基本离退休费和退职生活费的10%增加离退休费和退职生活费。

1993年10月，行政机关实行职级工资制，离退休人员按其离退休时的职务比照在职人员的职级工资计发离退休费。事业单位的离休人员按其离退休时行政职务或技术职务比照在职人员的职级全额发给；退休人员的按90%发给。

从1996年起，广东行政事业单位离退休经费实行归口管理，统一使用政府预算收支科目行政事业单位离退休经费核算。实行归口管理后，全省行政事业单位离退休经费的人员待遇经费和公用经费在行政事业单位离退休经费科目中支出，而管理机构经费还是在各项事业费中反映。实行归口管理后，以一级预算单位作为拨款单位，由各单位按进度报送离退休经费支出计划，报财政部门审核后予以拨款。

1997年6月起，广东执行财政部制定的《行政单位离退休经费管理办法》。

1999年7月起，离休人员按同职务在职人员的增资额增加离休费，退休人员按行政职务、专业技术职称和工人技术等级增加退休费，退职人员每人每月增加80元退职生活费，所需经费按当时财政体制和单位经费渠道解决，对部分财政比较困难的市、县，由省财政给予适当补助。

2000年8月，省政府部分机构撤销后组建集团公司，原由省财政供给经费的工作人员的工资、补贴、办公费用，三年内继续由省财政供给，从第四年起由公司自行解决。原属机关工作人员且在集团公司组建前办理离退休手续和离岗退养手续的，其工资及其他费用由省财政负责；转入企业后办理手续的，离休人员费用由省财政负责。

2000年1月1日起，广东省直行政事业单位离退休人员的离退休费发放由财政部门直接通过银行发放到个人。10月1日，全省各市县行政事业单位离退休人员的离退休费由财政部门直接通过银行发放到个人。

此外，1983年以前接收异地安置的军队离退休干部、退休志愿兵与无军籍退休职工的各项经费，由安置地的民政部门向同级财政部门编造支出预算，列入地方财政包干基数，按分级财政体制负担。1984年后的，移交的当年由原单位负责，移交的第二年起，由省财政厅和民政厅根据实际接收人数，编列经费预算上报财政部和民政部，经核准后由财政部下拨经费，列地方预算支出；实际开支超出中央财政预算拨款部分，由省内各级地方财政负担。

四、劳动就业和生活补助经费管理

1998年，省政府决定筹集国有企业下岗职工基本生活保障和再就业资金，用于进入国有企业再就业服务中心的国有企业下岗职工发放基本生活费，代缴社会养老、医疗和失业保险费，促进再就业的专项资金。1998年10月14日，省财政厅、省劳动厅联合制定《广东省国有企业下岗职工基本生活保障和再就业资金管理暂行办法》，国有企业下岗职工基本生活保障和再就业资金采取“三三制”的办法筹集，财政部门从地方财政预算和预算外资金筹集1/3，省级企业由省级财政解决，地方企业由地方财政解决，财政负担有困难的粤东、粤西、粤北和山区，省级财政给予一定的补助。企业负担1/3，在企业管理费中列支。社会筹集1/3，包括从失业保险基金中筹集的部分和社会捐赠资金等。财政承担和社会筹集的国有企业下岗职工基本生活保障和再就业资金，存储于各级财政部门开设的财政专户，实行专户管理。

同时，省财政厅、省劳动厅还联合制定《省级财政拨付地方国有企业下岗职工基本生活保障补助费管理办法》等专项资金管理的规定。

第四节　基本建设投资财务管理

一、基本建设财务管理体制

1979年，全省基本建设资金由建设银行管理。

1980年3月，省政府批准改革建设银行管理体制，决定将省建行从省财政局分设出去，作为厅、局一级单位，归口省财贸系统管理，各地区设中心支行，各县、市设支行，均与同级财政局分设，为各市、地区、县局一级单位。根据财政部、中国人民银行1980年2月4日制定的《各省市自治区财政局与建设银行在管理基建支出的分工协作几点规定》，省财政局与省建行对基本建设拨款管理的分工大致范围是：年度基本建设支出预算的追加、追减和年终基本建设结余的处理由省财政局负责；地方统筹基本建设投资，由省财政局根据地方安排的额度，通知省建行；国家追加和追减本省的基本建设支出预算，由建设银行通知地方财政，列为地方基建支出预算；对省用机动财力安排的基本建设支出，由省财政局负责办理；省建行负责办理审批各主管部门的基建财务计划，确定年度基建支出预算，核定主管部门季度用款计划，办理拨款限额的审核和下达，编制季度分月用款计划，报省财政局审批。这一分工一直持续至1994年。

1994年12月，省财政厅、省建行根据财政部、中国人民建设银行《关于财政部收回原委托中国人民建设银行代行的财政职能的通知》，省财政厅经商省建行同意，决定从1995年1月1日起，由省财政厅收回原委托省建行代行的财政职能。

1995年3月，省政府批准省财政厅设立基本建设处，作为省级基本建设的专管机构。同时，省财政厅要求各市财政局尽快设立市级专管基本建设财务管理的工作机构。至1996年，全省21个市财政局均收回原委托建设银行代行的财政职能，并向当地编委申请成立专管机构和人员编制。至1997年，全省21个市财政局都设立基本建设专管机构。至2000年年底，全省21个市、111个县（市、区）的财政（分）局均成立基本建设专管机构，基本建设财务管理人员420人。

至1998年，有11个市财政局成立工程预、结（决）算审核中心。1999年6月，省财政厅成立投资审核中心。至2000年年底，全省有17个市财政局成立工程预、结（决）算审核中心（所），人员定编165人，到位101人。

财政部门收回建设银行代行基本建设财政职能后，全省各地出现了有些政府部门也想拥有财政审核工程预结（决）算职能的现象，1996年5月和11月，省财政厅先后向全省印发《关于审查工程预结（决）算等工作属财政职能的通知》和《关于加强我省基本建设财务管理工作的意见》，明确全省基本建设财务管理工作的目标、范围和要求，支持各地财政部门排除干扰，开展工作。

1998年6月，省政府发布《广东省建设工程造价管理规定》。由于该管理规定对工程结算审核权划分不够明确，有些政府部门以此将本属财政部门管理职能的财政性投资项目工程预结（决）算审核工作自行审核，引起全省审核工程结算工作的混乱。2000年3月，省政府修改《广东省建设工程造价管理规定》有关条款，明确“凡有财政性资金投入的建设项目，其竣工工程结算由建设项目同级财政部门审核”；经财政部门审核的工程结算可作为工程造价纠纷的依据，未按规定报经审核的工程结算文件，不得作为工程决算的依据，理顺财政部门履行工程预结（决）算的审核职能。

二、基本建设投资管理办法

1979年以后，广东开始对以计划经济为特征的基本建设投资管理体制进行改革探索；1993年后，基本建设投资管理体制随着市场经济体制的逐步建立和逐步完善而不断深化，进入建立与社会主义市场经济体制相适应的投资体制时期。

至2000年，广东基本建设投资管理不同时期实行不同的管理办法，主要包括“拨改贷”办法、基本建设基金制、招标投标包干制、工程监理制、项目法人责任制、基建资金直接拨付制度等。

（一）“拨改贷”

1979年，国家决定在部分行业和地区选择少量投资不多、见效较快、利润较高、有偿还能力的基本建设项目，试行基本建设投资由财政预算无偿拨款改为由银行有偿贷款，即“拨改贷”的试点工作。

1980年，广东选择10多个地方基建项目试行“拨改贷”试点。在对试点项目论证和调查的基础上，1980年下半年，省建行开始全面进行贷款管理改革，部分基建贷款实行“统一计划、分级管理、合并运用、余额控制”的管理方法；在全国建设银行系统率先利用存款发放贷款，先是运用建设银行的各种存款开办住宅建设贷款和临时周转贷款，以后又陆续开办小型基本建设贷款、企业挖潜改造贷款等。在实行基本建设“拨改贷”的同时，为加强贷款归还的管理，1980年10月，全省除执行财政部制定的《关于企业使用各种专项措施贷款还款问题的规定》外，省财政厅根据本省的实际情况，补充规定贷款本息只能用贷款项目增加的利润归还，凡是需要用贷款项目新增加的产品工商税收归还本息的，须经省税务局批准。

1980年11月，国务院批转国家计委、国家基本建设委员会（简称“国家建委”）、财政部和中国人民建设银行《关于实行基本建设拨款改贷款的报告》，决定从1981年起，凡是实行独立核算、有还款能力的企事业单位，进行基本建设所需投资，除尽量利用企业自有资金外，一律改为银行贷款。但广东实际上没有全部执行，对还款能力差、确实无法实行贷款的企业，由企业和企业主管部门提出申请，经省建行签证，省计委、省建委审查同意，给予财政拨款；行政、事业单位继续实行财政拨款。

1982年5月，国家计委、国家建委、财政部和中国人民建设银行联合印发《关于进一步实行基本建设拨款改贷款的通知》，重申“对独立核算、有还款能力的项目，实行基本建设贷款制度”，广东对此作进一步部署，决定扩大基本建设投资贷款范围。8月，省建行制定《加强贷款管理工作的意见》，强调加强贷款项目的可行性研究，选准选好贷款项目；认真签订贷款合同，监督贷款资金使用；加强贷款项目的竣工验收和抓紧贷款的回收。12月，省建行又制定《关于加强地（市）级三项贷款管理的意见》。

1984年10月，省政府根据国务院的精神，作出《关于改革建筑业和基本建设管理体制的决定》，确定广东基本建设投资项目管理体制，凡国家及省财政投资的建设项目，都要按照资金有偿使用的原则，由财政无偿拨款改为银行有偿贷款。国家和省将投资包干协议规定的总金额分年度拨给省建行，由总承包单位根据工程进度，按实际需要向省建行贷款建设。在不超过投资总额的前提下，不受年度限制。贷款利息根据不同行业项目和贷款期限实行差别利率，建设期间的利息从建设投资中支付，投产后贷款利息在还款期限由项目投产新增利润归还，延期由企业在自留资金中支付。省财政拨款改贷款的基本建设项目，每年回收的本金和利息属省财政，留作省建行贷款基金，继续用于省安排的基本建设贷款项目。

1984年12月，国家计委、财政部和中国人民建设银行制定《关于国家预算内基本建设投资全部由拨款改为贷款的暂行规定》，决定从1985年1月1日起，凡是由国家预算安排的基本建设投资全部由财政拨款改为银行贷款，取消原来由国家预算直接安排投资的做法，基本建设投资由建设银行依据国家基本建设计划办理。“拨改贷”实行差别利率，根据行业和建设项目的不同，年利率分为3%～12%五个档次。广东从1985年起执行该暂行规定，并结合本省实际作出补充规定：（1）从1985年起，凡是由国家预算内安排的基本建设投资，包括省财政安排的基本建设投资，全部由财政拨款改为银行贷款。各市、地区财政机动财力安排的基建投资，可委托建设银行办理贷款。（2）“拨改贷”的利率按该暂行规定的5个档次执行。（3）实行“拨改贷”的基本建设项目，应签订借款总合同。（4）国防科研项目，各级各类学校、医院、科学研究、行政机关和物资储备项目，水利工程、林业、市政工程，国防边防公路、森工公路和老区公路，少数民族边防地区专项补助投资，边境县以下邮电通信以及省专项规定的补助性投资等项目的贷款不计利息并免于归还全部本金。（5）实行“拨改贷”的项目，原则上不再作年度计划的调整；计划建设项目年度投资（贷款）未用完的，可如数结转下年度继续使用；因建设进度加快而资金不足的，在不改变年度计划工程内容和不突破批准总投资额的原则下，可向建设银行申请临时周转贷款解决。

由于各种原因，有些单位或建设项目的贷款没有及时归还或没有归还，据此，1992年10月，广东对实行“税利分流”企业的“拨改贷”贷款余额进行清理。符合产业政策，社会效益好，还款周期长，企业归还确有困难的，经财政部门批准后转为国家投资，同时实行注册资本金制度；对经济效益较好的项目，维持原办法。

1995年7月，国务院批转国家计委、财政部、国家经贸委《关于将部分企业“拨改贷”资金本息余额转为国家资本金的意见》。9月，国家计委、财政部联合制定《关于将部分企业“拨改贷”资金本息余额转为国家资本金的实施办法》。根据以上精神，1996年4月，省政府决定，被兼并的企业1992年以前基本建设“拨改贷”资金本息余额，属于省级投资的，经批准后可一次性转为国家资本金。1996年，省计委、省财政厅联合制定《关于省级“拨改贷”资金本息余额转增国家资本金的实施办法》，经省政府审定后，1997年9月下发全省各地执行。

1998年，省财政厅与省计委联合批复全省共176家符合条件的企业，将其所使用的省级1985—1992年由省级财政拨款改贷款安排的省级财政预算内基本建设投资中有偿使用部分（扣除已偿还、豁免的本息），从使用贷款之日起至1996年12月31日的资金本息82 468万元转为国家资本金。属省属企业集团公司全资、控股、参股企业的，省政府授权由企业集团核心企业作为出资人；属省行业总公司或行政机关成建制转为经济实体的下属企业，省政府授权由省行业总公司或行政机关成建制转为的经济实体作为出资人；属省属企业集团核心企业或行业总公司、行政机关成建制转为的经济实体本部的，其出资人为省政府；难以明确省级“拨改贷”资金出资人的企业，暂时由省国资局代表省政府作为出资人，委托广东投资开发公司、广东粤财信托投资公司管理。各市、县用机动财力安排的“拨改贷”资金本息余额转为国家资本金的办法，参照省级的办法执行。

（二）基本建设基金制

为使基础工业和基础设施以及一些重大经济社会发展项目的建设资金来源保持稳定，能够按合理工期组织建设，经省政府批准，广东从1993年起设立基本建设基金。同年，省财政厅、省计委、省建行联合制定《广东省基本建设基金管理办法》。基本建设基金的主要来源包括每年省级财政预算内基本建设投资中安排的经营性部分资金，省级财政基建投资“拨改贷”收回本息部分，省每年固定资产投资方向调节税省级收入超过基数按规定比例分成部分，以及其他资金。基本建设基金实行有偿滚动的使用原则，与财政支出分开，专款专用、年终结转、周转使用。基金所有权属省级财政，由省计委根据国家和省的产业政策将其纳入省基本建设投资计划管理，广东投资开发公司负责经营管理。省基本建设基金制至2000年停止执行。1993—2000年，共计由省级财政预算内基本建设投资中安排4.8亿元。

（三）招标投标包干制

1982年，随着基本建设实行“拨改贷”改革的进行，广东对基本建设工程投资管理也同时进行改革，对基本建设投资项目开始采用招标、投标的投资包干管理办法。1983年3月，国家计委、国家经委、劳动人事部和中国人民建设银行联合制定《基本建设项目包干经济责任制试行办法》，确定建设单位对国家实行“包投资、包工期、保质量、包主要材料用量和包形成综合生产能力”的“五包”内容，同时也明确国家对包干单位“保建设资金、保设备材料、保外部配套条件、保生产定员配套、保工业项目投料使用所需的原料和燃料供应”的“五保”责任。根据1984年9月国务院颁布的《关于改革建筑业和基本建设管理体制若干问题的暂行规定》，省政府作出《关于改革建筑业和基本建设管理体制若干问题的决定》，全面推行建筑项目投资包干责任制，推行建设项目工程招标承包制，建筑安装企业普遍推行百元产值工资含量包干。

1982年7月，深圳市首先在国际商业大厦工程进行招投标试点，收到建设时间短、造价低的效果。在此基础上，中国建设银行深圳分行与市建设委员会和项目主管部门共同组成招标小组，制定招标法规，参加各单位的招标、议标、评标等工作。省建行充分肯定深圳市的做法，并向全省推广，使基本建设工程招标、投标承包制从1983年开始迅速推广到全省各地。1985年，广东将工程招投标承包制推广到市政、园林、交通等部门，试行征地、设计、施工一揽子包干承包。1986年10月10日，省政府颁布《广东省建设工程招标投标管理规定》，规范全省基建投资项目招标投标投资包干的管理。

实行百元产值工资含量包干制度也是当时对建筑行业进行综合改革和推行基本建设投资包干的一项重要内容。1983年，省建行协同省建筑工程公司，首先在省直属施工企业中进行百元产值工资含量包干办法。在总结试点的基础上，1984年在全省推广。针对实行百元产值工资含量包干后，多数施工企业利润增长不显著甚至有所下降的情况，1985年，佛山市建设银行协同有关部门对当地国营建筑施工企业采取与产值、利润双挂钩的办法。1986年后，国家有关部委、建设银行和省有关厅局、省建行多次调整百元产值工资含量包干系数和项目。

1993年7月15日，省第八届人民代表大会常务委员会第三次会议通过《广东省建设工程招标投标管理条例》，《广东省建设工程招标投标管理规定》废止。1999年8月30日，第九届全国人民代表大会常务委员会第十一次会议通过《中华人民共和国招标投标法》。根据《中华人民共和国招标投标法》和有关法律、法规，1999年9月24日，省第九届人民代表大会常务委员会第十二次会议对《广东省建设工程招标投标管理条例》进行修订，自2000年1月1日起施行。招标投标成为财政投资项目建设单位选择工程勘查设计、工程施工，设备和材料采购，工程监理的主要方式。

（四）工程监理制

1984年9月起，广东贯彻国务院《关于改革建筑业和基本建设管理体制若干问题的暂行规定》，改革工程质量监督办法，一般民用项目按城市建立有权威的工程质量监督机构，根据有关法规和技术标准，对本地区的工程质量进行监督检查。至1985年年底，全省各地方、各部门普遍建立工程质量监督机构，并开始实行第三方质量认证制度，工程监理开始成为工程质量保证体系的重要组成部分。

1995年12月，建设部和国家计委颁布《工程建设监理规定》，对工程建设监理从建设监理的职责、范围、内容到监理程序、监理单位和监理人员的资质，以及政府对监理市场及监理人员的管理，作出比较全面的规定。1999年3月，省政府办公厅转发国务院办公厅《关于加强基础设施工程质量管理的通知》，对所有基础设施项目和国家投资的项目，提出具体的监理要求。

2000年12月24日，省第九届人民代表大会常务委员会第二十一次会议通过并公布《广东省建设工程监理条例》，2001年1月1日起施行。

全省财政性资金投资项目同样推行工程监理制度，提高建设工程管理水平，保障工程质量，保护建设单位、监理单位和其他相关各方的合法权益，落实财政性资金的投资效益。

（五）项目法人责任制

改革开放以后，广东先后试行各种方式的投资项目责任制度，但是责任主体、责任范围、目标和权益，风险承担方式等都不明确。1996年3月，国家计委颁布《关于实行建设项目法人责任制的暂行规定》，要求国有单位经营性基本建设大中型项目必须组建项目法人，实行项目法人责任制。1999年3月，省政府办公厅转发国务院办公厅《关于加强基础设施工程质量管理的通知》，强调项目法定代表人必须具备相应的政治、业务素质和组织能力，具备项目管理工作的实际经验；项目法人单位的人员素质、内部组织机构，必须满足工程管理和技术上的要求。推行建设项目法人责任制，是建立投资主体地位和自我约束机制的重要举措，通过项目法人对建设项目的筹划、资金筹措、建设实施、生产经营、债务偿还和资产保值增值实行全过程负责，明确责任主体的责权，确保工程质量，控制工程投资。

（六）基建资金直接拨付制度

1997年以前，财政性基建资金拨付实行的均是以拨代支制度，即将财政部门对各部门（单位）年度基建支出预算下达后，全额拨付到其银行账户上，由其自行支配使用。这种拨付制度造成资金拨付中间环节多、滞留时间长，沉淀额大、产生截留和挪用等现象，财政资金使用效益不高等弊病。

1997年起，肇庆市对市直行政、事业和国有单位的基本建设资金（含财政性资金和单位自有及自筹资金）实行集中资金专户管理、封闭式监督拨付的基建资金拨付制度。

2000年7月，省政府制定《广东省省级基本建设项目财政性资金集中支付暂行办法》，规定包括建设项目概（预）算内发生的建筑安装工程投资、设备投资、待摊投资、其他投资以及项目资本金投资，均由省财政厅依照“按年度投资计划、按预算、按合同、按进度”原则办理资金拨付，该办法自2000年10月1日起执行。此后，全省各级财政部门陆续实行基建拨款集中支付制度的改革。

三、基本建设投资宏观管理

“文化大革命”结束后，国民经济得以迅速恢复和发展，但基本建设规模急剧膨胀，投资猛增。针对基本建设投资规模膨胀、管理混乱的情况，1978年5月，国务院批转财政部4月提交的《关于加强基本建设拨款管理工作的报告》，8月8日，省革命委员会印发全省，要求贯彻落实中央和国务院关于“一切基本建设资金必须通过建设银行监督拨付”的规定，强调不论国家用于基本建设的预算拨款，还是各地方、各部门和各单位用于基本建设的各种自筹资金，一律在建设银行专户存储，由建设银行监督拨付。

80年代以后，随着经济体制的改革，广东的基本建设投资发生投资主体多样、投资渠道多种、投资资金多元等重大变化的同时，基本建设投资规模也持续增大。从1983年起，广东的固定资产投资又出现投资增长过猛、基本建设摊子铺得过多、建设规模过大的局面。虽然国务院于1985年4月印发《关于控制固定资产投资规模的通知》，但由于基本建设摊子铺得太大而难以控制，加之有些地方和部门未能引起重视，使得基本建设规模依然过大。1985年，广东固定资产投资规模超过国家计划指标的87%；1986年上半年基本建设完成投资额比上一年同期增长22.4%。1986年8月，省政府转发国务院《关于控制固定资产投资规模的若干规定》，明确全省要严格执行国务院文件的规定外，结合本省实际，限定总投资在300万元以上的基本建设投资项目，均要编报项目计划任务书，报省计委审批或报国家计委审批；各市、地区在权限内自行审批的自筹基本建设项目，按省下达的计划指标控制；中心、大厦、综合楼（简称“楼堂馆所”）、高标准宾馆、游乐场等建设项目，均报省计委审批，但原则上不予批建。同时各地对在建项目进行一次全面清理，砍掉一批可以不上或缓上的项目；各级计划委员会一律不再安排新项目，列入当年度计划的项目，严格办理开工审批手续。

1987年，省财政厅加强自筹基建资金来源的审查，严格控制预算外资金用于自筹基建。8月，省计委、省财政厅、省建行、省审计局联合转发国家计委、财政部、国家审计署、中国人民建设银行《关于进一步加强自筹基本建设资金管理的规定》，要求全省各地在审批自筹基建项目过程中，对资金不落实、自行扩大建筑面积和投资总额、不符合审批手续或不符合有关规定的项目都要严格控制把关，监督和引导好预算外资金的使用。

1988年8月，省政府对自筹基建和技术改造项目审批权限作出规定，地方能源、交通、通信和原材料工业项目，资金能自行筹集，生产配套条件能自平衡的，除大中型项目须报省计委审批外，其余按隶属关系由市计委或省主管部门审批。各类学校（新设置大专院校建校规模先报省高教局核准）、医院、科研、文化和举办社会福利事业，投资规模不超过2 000万元的项目，按隶属关系由市计委或省主管部门审批。其他行业的投资审批权限，广州、深圳、珠海3个市和汕头经济特区以不超出省的审批权限；佛山、江门、湛江和汕头4个市为1 500万元以内，其他市和省直属厅局为1 000万元以内。老企业在原有厂区范围内进行技术改造的，自筹资金和外汇、生产配套条件落实的，固定资产原值在5 000万元以上的企业，决策权为1 000万元以内；固定资产原值在2 000万元以上5 000万元以下的企业，决策权为500万元以内；固定资产原值不足2 000万元的企业，决策权为200万元以内。

1988年10月，省政府贯彻国务院15号令《楼堂馆所建设管理暂行条例》，并印发《关于清理楼堂馆所建设项目的通知》，规定从1989年起，大小楼堂馆所的建设项目，一律由省计委审批。资金来源符合国家的规定并经批准建设的楼堂馆所项目，除按规定缴纳建筑税外，一律按项目的年度投资额的15%～20%缴纳省重点建设费。当年经清理审查停建、缓建一批项目，压缩投资15.20亿元，压缩建筑面积90.1万平方米。

1989年起，根据省政府决定，广东实行固定资产投资项目建设许可证制度。不论所有制性质和资金来源如何，项目总投资额10万元以上的房屋建筑工程和100万元以上的其他建筑物工程（不含单纯设备购置），都要领取建设许可证才能施工，建设许可证只限于同一工地。利用外资建设的项目优先发证，外资企业不须办理申领建设许可证。

1991年，省政府重申当年新开工的项目，除广州、深圳两市按国家规定申报以外，其他各市无论投资额多少，一律报省计委，总投资额在100万元以下的，由省计委或省经委审批；总投资额在100万元及以上的，由省计委或省经委审核后，报省政府审批。楼堂馆所项目原则上不得新开工建设，确需建设的，一律报省计委审核后，报省政府或转报国家计委审批。

1993年，中共十四届三中全会确立建立社会主义市场经济体制的改革总体目标。广东各级财政部门探索与社会主义市场经济相适应的投资体制，通过实行投资主体多元化、投资方式多样化、投资资金来源多渠道化等方式，发挥财政资金“四两拨千斤”的作用，引导和筹措各种资金，重点支持国有企业转换经营机制，加大对教育、科技、农业和公检法等行业建设项目的投入。

1997年，亚洲爆发金融危机，国内需求疲软，广东国民经济受到影响。1998—2000年，广东配合国家实施积极财政政策，运用国债资金发展基础设施建设（见第六章第三节国家债券条目）。

第十章　会计管理

第一节　制度建设

一、总会计师制度

根据国务院1978年9月12日颁布的《会计人员职权条例》，省财政局提出大、中型企业建立总会计师经济责任制；暂时不具备设置总会计师的企业，可以设置副总会计师；小型企业指定一名副厂长行使总会计师的责权。1979年，财政部规定事业单位、行政机关、人民团体和企业主管部门，根据工作需要，设置行政职务的总会计师，总会计师的责权相当于该单位的副职级，主管本单位的经济核算和财务会计工作。

1991年起，全省贯彻执行国务院1990年12月颁布的《总会计师条例》，全民所有制的大、中型企业设置总会计师；暂时没有人选的单位，采取调配、培训等措施配备总会计师，同时取消设置负总责的副总会计师。事业单位和业务主管部门根据需要，经批准可以设置总会计师。

二、会计制度和会计准则

1986年，深圳市财政局率先进行会计制度改革，参照国际通用会计准则拟定深圳特区会计准则；按会计准则规定的会计原则，制定在有计划商品经济条件下各行业通用的会计制度和会计报表。深圳市率先对企业会计制度的改革，对全省会计制度改革产生一定的影响。

1993年7月起，全省实施财政部颁布的《企业财务通则》和《企业会计准则》以及分行业企业财务制度、分行业企业会计制度，进行新旧会计制度衔接。全省各级政府的财政部门利用各种媒体开展宣传工作，并加强对会计人员和单位负责人的培训。8月15日，在全省范围内组织一次“企业会计准则和新企业会计制度”的公开考试，全省共有7 000多人取得财政机关颁发的合格证书。至年底，全省的企业基本完成新旧会计制度的衔接调账工作，实现新旧会计制度的顺利转换。

1996年10月，财政部颁布《事业单位财务规则》，广东按规定，从1997年开始执行。1997年，财政部先后颁布《财政总预算会计制度》《事业单位会计准则（试行）》《事业单位会计制度》《行政单位会计制度》，广东按规定，从1998年起执行。

1997—2000年，财政部根据会计基本准则制定9个会计具体准则，并陆续颁布实施。广东一般企业除执行基本准则外，一般只执行3个具体准则；所有上市公司10个准则全部执行。深圳市市属企业和上市公司全部执行10个准则。

以上举措是继1993年企业会计制度改革之后，国家会计领域的又一次重大改革。

三、会计核算组织

改革开放后，广东在企业财务制度方面进行许多改革，从企业基金、利润分成、“利改税”、承包制到“税利分流”，逐步扩大企业理财的自主权，企业会计核算的内容也随着增加。

会计核算包括会计科目、记账方法、会计凭证、会计账簿和会计报表等内容，形成相互联系、相互补充的会计核算体系。会计科目的核算内容，由财政部根据行业的特点制定，省财政厅可以作出补充；会计报表根据行业特点、企业组织类型的性质，规范填报的内容、报送单位和披露范围。改革开放后，会计科目、会计账簿、会计报表和记账方法等几经变革，逐渐向国际惯例靠拢。

四、会计委派制度试点

1998年，广东开始会计委派制度和委派财务总监试点工作，会计委派制度主要有两种形式：第一，河源市连平县试点向镇一级政府委派会计，经过5个月的试点，当年年底在全市范围的镇政府推广；深圳、湛江、东莞、惠州等市采取镇属行政事业单位会计集中核算。第二，东莞、惠州等市实行向农村基层组织委派会计，也称村账镇记（管），其中东莞市在1998年下半年进行试点，后在全市562个村委会全面实行。至2000年年底，全省有17个市开展会计委派制度试点，被委派单位1 966个，委派人员1 505名，实行村账镇管的行政村648个。

五、代理记账

1994年7月1日起，广东贯彻财政部制定的《代理记账管理暂行办法》。不具备配备专职会计人员条件的小型经济组织及应当建账的个体工商业户，委托代理记账公司、会计师事务所或者其他社会咨询服务机构办理会计业务。广东规定，成立代理记账机构的单位，按隶属关系向县以上财政机关申请代理记账资格，省财政厅负责省属代理记账机构的审批。代理记账实行许可证制度和年检制度，经由县以上财政机批准设立（会计师事务所除外）并取得代理记账许可证的机构，才能从事代理记账业务。

六、会计年度划分

从1950年起，总预算会计、税收会计、社会保险基金会计和企业会计的会计年度采用历年制，自1月1日起至12月31日止。预算收支年度的划分，收入以12月31日前基层库入库者为限，支出以12月31日前各级基层开支机关支出者为限。

第二节 会计基础工作管理

一、会计基础工作规范化

1979年6月15日，省革命委员会批转省财政局关于贯彻国务院颁布的《会计人员职权条例》的报告。省财政局提出，国营企业、事业、机关、社会团体都必须设置财务会计机构，配备精干的财务人员。大、中型企业建立总会计师经济责任制。

1982年7月，省财政厅根据财政部颁布的《国营工业企业会计制度——会计科目和会计报表补充规定》，委托广州会计师事务所设计一套适合借贷记账法使用的会计记账凭证和账簿格式，并统一印制在全省推广使用，使广东工交企业较早恢复借贷记账法。10月25日，省财政厅针对多数企业程度不同地存在财务管理水平低，会计账目不清，财产、资金、成本核算不准确，甚至少数企业财务管理混乱的现象，制定了整顿企业财务会计工作验收的统一要求。企业要有一套健全的经济核算的基础工作和财务会计制度，有健全的财会机构和工作任务相适应的财会人员。

1984年3月，省财政厅根据1983年年底从全省财经纪律大检查中暴露出的问题，印发《关于加强财务会计基础工作的通知》。要求各地各单位健全财会组织机构，充实财会人员；规范会计账簿设置；加强会计原始凭证和记账凭证管理以及加强会计报表审核等整顿事项。7月起，广东执行财政部颁布的《会计人员工作规则》，对建立会计人员岗位责任制、使用会计科目、填制会计凭证、登记会计账簿、编制会计报表、管理会计档案、办理会计交接等事项作出具体规定。经过整顿，至1985年，全省各级国营企业的财务会计工作，先后按统一规定的标准验收，使企业财会工作管理水平得到不同程度的提高。

1986年12月，省财政厅制定《广东省经济特区国营企业外汇收支会计处理的暂行规定》，加强外汇收支的管理和核算，在银行存款、现金科目增设外汇有关原币的明细科目，正确反映不同货币的比值和经营成果。珠海市试行双币制记账法，各种货币的收支日常按原币反映，月终编制会计报表时各种货币按国家外汇牌价折算人民币编制会计报表。

1996年6月17日，财政部颁布《会计基础工作规范》，对会计基础工作的管理、会计机构和会计人员、会计人员职业道德、会计核算、会计监督、单位内部会计管理制度建设等问题作出全面规范。《会计人员工作规则》同时废止。

1997年10月7日，省财政厅根据《中华人民共和国会计法》和财政部《会计基础工作规范》等有关规定，结合广东实际制定《广东省会计基础工作规范化管理办法》。国家机关、社会团体、企事业单位、其他经济组织和应当依法建账的个体工商业户（简称“各单位”）加强会计基础工作，实现会计基础工作规范化。会计基础工作规范化考核标准采取评分的办法，考核评分标准由省财政厅制定。县以上财政机关负责本地区会计基础工作规范化的组织实施和考核确认；省级业务主管部门负责本部门直属单位的考核，报省财政厅确认。会计基础工作规范化申请单位在自查达到条件的基础上，向管辖的考核部门申请，考核部门对申请单位审核合格后，发给由省财政厅统一印制的会计基础规范化单位证书。

取得合格证书的单位，两年复查一次，对复查不合格的单位限期进行整改，整改不合格的取消其会计基础工作规范化资格，收回证书。

1998年5月，深圳市政府制定《深圳市会计基础工作规范管理办法》，市财政局制定《深圳市会计基础工作规范化考核标准》，对会计基础工作各方面设项评分，并区分会计电算化单位和手工记账单位的不同标准。2000年，深圳市财政局根据新的《中华人民共和国会计法》调整会计基础工作规范化考核标准，同年7月1日后被考核单位一律按新评分标准进行自查、考核。

至2000年年底，全省考核确认的会计基础工作规范化单位共有15 733家。

1998年起，国有企业年度会计报表，除个别特殊行业（企业）外，不再实行财政审批制度，其资产负债表、损益表、现金流量表和其他附表以及会计报表附注，在年度终了按规定的时间内委托中国注册会计师审计。

在账簿管理方面，银行存款账和现金出纳账采用订本账，其他各种账簿可用订本账，也可用活页账。各种账簿的账首，要印上经管人员一览表，填写单位名称、开始使用日期、账簿页数和记账人姓名等，加盖公章并由记账人签名；各种账簿的账首设账户目。

1997年年初，深圳市财政局组织20多位专家学者及财会人员组成3个小组，对会计凭证、账簿、报表的格式进行设计，经过半年的修改论证，于6月底向深圳市场推出深圳市统一会计凭证、账簿系列。

1999年1月起，省财政厅统一规定全省常用会计凭证和会计账簿的规范格式，各市财政局按照规范的格式监制标准的记账凭证和会计账簿。

二、会计工作达标升级

1987年3月3日，省财政厅根据国务院《关于加强工交企业管理若干问题的决定》，制定《广东省国营工交企业财务会计管理工作分级标准和定级办法》，将企业财务会计管理分为一级标准、二级标准和三级标准3个等级，从基础工作，机构和人员，会计、成本、资金核算和管理，遵守财经纪律，现代化管理方法，经济效益情况6个方面制定22条43款分级标准和评分标准。企业根据分级标准的要求提出申请，经审查对合格企业发给证书，并定期进行抽查考核，考核达不到原评定标准的，吊销发给的证书。

1988年8月，财政部制定《会计工作达标升级试行办法》，对各单位会计工作的考核分4个标准，从低到高依次为达标、三级、二级、一级。会计工作达标和一级的考核标准由财政部统一制定；二级、三级考核标准由省财政厅制定。当年，会计工作达标考核活动在全省所有国家机关、社会团体、全民所有制企事业单位实行；会计工作升级的考核验收只在企业单位试行。

1989年7月，省财政厅根据财政部《会计工作达标升级试行办法》和二、三级考核标准，对全民所有制企业、事业单位和行政机关进行达标考核评分和全民所有制企业进行升级考核评分。

1990年4月，省财政厅结合有关行业的特点，制定《广东省商业、粮食、供销社系统会计工作达标考核评分标准（试行）》和二、三级考核评分标准。外经贸、交通、发展银行、乡镇企业等业务主管部门也根据本系统的特点制定行业性的达标升级考核标准。

1991年5月11日，省财政厅制定《广东省行政事业单位会计工作达标升级考核评分标准（试行）》。行政事业单位会计工作达标升级活动与企业单位会计工作达标升级活动一样，纳入统一规划。

至1991年年底，全省通过考核验收为会计工作达标单位的有12 456个，会计工作三级单位的有547个，会计工作二级单位的有19个。

1992年，根据国务院有关停止对企业开展评比的规定，单位会计达标升级工作不再开展。

三、会计电算化

1979年以后，在对外交流日益增多的影响下，广东有些企业引进和购置一批微型电子计算机，用于工资核算或材料核算等某一方面的核算。随后，许多单位开发适应于本单位的会计核算软件，并得到程度不同的应用，其中有些单位用计算机替代手工记账；一些专业会计核算软件开发单位相继出现，会计核算软件的商品市场逐步形成。

（一）会计电算化软件管理

1989年12月11日，财政部制定《会计核算软件管理的几项规定（试行）》，省财政厅作出补充规定。在广东省内作为商品销售的会计核算软件和在全省两个行业以上范围推广的会计核算软件，由省财政厅主持组织评审，并报财政部备案；在全省一个行业或一个市范围内推广的会计核算软件，以及单位自行开发自行使用的会计软件，分别由省主管厅、局或市财政局主持组织评审；在一个县范围内推广的会计核算软件和县属单位自行开发自行使用的会计核算软件的评审权限，由各市财政局决定。

1994年6月20日，财政部颁布《会计电算化管理办法》《商品化会计核算软件评审规则》《会计核算软件基本功能规范》等3个规章，广东从7月起执行。

1995年3月13日，省财政厅制定《关于加强会计电算化管理的规定》，提出广东会计电算化发展的总目标。规定在全省范围内销售的商品化会计核算软件，由省财政厅组织评审；在全省一个行业以上推广应用的行业会计核算软件，由省主管厅、局向省财政厅申报或推荐，由省财政厅组织评审；经批准可进行代理记账业务的机构，使用自行开发的会计核算软件进行代理记账业务的，其会计核算软件报省财政厅评审；广州市、深圳市的由该市财政局评审。在一个市范围内推广使用的商品化会计核算软件，由该市财政局评审。单位自行开发自行使用的会计核算软件，省直企业由省主管厅、局组织评审或委托省财政厅评审；市属单位由市财政局评审。

1997年，省财政厅对全省的商品化会计核算软件经销单位进行年审，重新登记软件公司的所在地、开发人员状况、软件模块、软件公司销售和售后服务情况、用户清单等，监督软件公司做好售后服务工作，帮助用户尽早脱离手工记账。至1999年年底，省财政厅共对30多家软件开发企业的商品化会计核算软件进行审批。

2000年7月，根据省政府《关于省人民政府审批制度改革及各部门审批核准事项清理审核有关问题的通知》的精神，广东取消上述评审、审批事项。

（二）计算机替代手工记账管理

1990年2月11日起，广东对使用计算机替代手工记账的单位实行审批制度。申请使用计算机替代手工记账的省直单位，由省主管厅、局或省财政厅审批；市、县属单位由市、县财政局审批。

1998年11月23日，省财政厅制定《广东省计算机替代手工会计核算管理办法》，从1999年起实施。申请使用计算机替代手工会计核算的单位，向审批机关递交计算机替代手工记账的申请报告。审批管理除1990年的规定外，对省主管厅、局行使对其直属企事业单位的审批权限，须向省财政厅申请；对于使用自行开发的和外国的会计核算软件的单位，可由会计师事务所等社会中介机构审查。同年，省财政厅建立计算机替代手工记账审批机关登记制度。同时，省财政厅批准4家会计师事务所，可以在全省范围内从事对使用自行开发的和外国的会计核算软件的单位用计算机替代手工记账的审查工作。至2000年年底，全省经济较为发达的地区，80%以上的大中型企业实现会计电算化，欠发达地区也达到30%，大批中小型企业实现用计算机记账。2000年，广东取消该审批事项。

（三）会计电算化人员培训

1996年3月27日，省财政厅制定《广东省会计电算化培训管理办法》，要求在三年内使基层单位40岁以下的财务人员都轮训一次，使他们初步掌握计算机基本操作技能，学会使用会计核算软件。初级电算化培训，广东实行统一教材、统一教学软件、统一考试内容、统一发放证书。1998年，全省大多数市推行无纸化考试，深圳市还建立试题库。至1999年年底，全省各市以及省直单位完成培训任务的80%～90%；至2000年年底，省财政厅在全省范围内发放的会计电算化初级证书45万本，基本完成会计电算化初级培训任务。

1999年，省财政厅组织有关专家编写《会计电算化中级培训教程》，从2000年起开展会计电算化中级知识培训。

实行会计电算化后，会计科目设有编号，以便于编制会计凭证，登记账簿，查阅账目，各会计机构不得随意改变或打乱重编。在某些会计科目之间留有空号，供增设会计科目之用。

四、会计档案管理

1984年6月前，会计档案管理按财政部、国家档案局1965年印发的《关于〈预算会计账簿、凭证、报表保管销毁暂行办法〉的修订通知》办理；1984年6月，财政部、国家档案局制定《会计档案管理办法》，省财政厅根据该办法和广东的实际情况，制定《广东省会计档案管理制度》；1999年起，按财政部、国家档案局1998年重新制定的《会计档案管理办法》办理。

会计档案包括原始凭证、记账凭证、会计账簿和财务报告等材料。每年由会计机构按照归档要求，负责整理立卷，装订成册，编制会计档案保管清册。采用电子计算机进行会计核算的单位，还保存打印的纸质会计档案。会计档案的保管期限分为永久和定期两类，定期保管期限分为三年、五年、十年、十五年和二十五年5类。各级各单位建立会计档案归档、保管、查阅、复制登记等一系列制度。会计档案的销毁按财政部、国家档案局的规定执行。

单位因撤销、解散、破产或其他原因终止的，在终止和办理注销登记手续之前形成的会计档案，由终止单位的业务主管部门或财产所有者代管或移交地方档案馆代管。

外商投资企业的会计档案还包括验资报告、查账报告、财务会计制度以及与经营管理和投资人权益有关的其他重要文件，如合同、章程、董事会决议和长期经济合同等。会计档案在中国境内的企业所在地妥善保存。会计凭证、会计账簿和月份、季度会计报表，至少保存十五年；年度会计报告（包括清算会计报表）及其他重要会计档案永久保存。

会计档案保存期满销毁时，必须在抄具清单后经企业主管部门同意后销毁。销毁会计档案的清单永久保存。企业清算结束时，企业的会计档案移送原企业主管部门保存，移送会计档案的清单，抄报原主管财政部门。

第三节　预算会计

一、财政总预算会计

根据财政部规定，总预算会计制度适应于省级、市、地区、县（市、区）以及乡镇（公社）等各级财政部门。

（一）会计科目

总预算会计科目的设定、增减、归并、变更，会计科目的核算内容，由财政部《财政机关总预算会计制度》规定，会计科目的名称不得随意变更或增加，不需要的科目可以不用。财政部还根据国家经济、财政、税收、财务管理体制的变化，适时出台会计处理的暂行规定，其中包括会计科目的变更和核算内容的变化。

1979年，核算政府预算的会计科目仍沿用1966年1月1日起执行的会计科目，分为资金来源、资金运用、资金结存三大类。资金来源类设有预算收入、附加收入、借入上级款、借入下级款、预算暂存、其他暂存、预算周转金、预算年终结余；资金运用类设有经费拨款、建设银行拨款、农业银行拨款、附加拨款、预算支出、限额结算支出、附加支出、贷给上级款、贷给下级款、预算暂付、其他暂付；资金结存类设有金库存款、其他存款、在途款，共设22个一级科目。

1981年，国家发行国库券，以及中央向地方借用财政结余的情况出现，在资金来源类科目中增设中央借用地方财政款和地方财政购买国库券两个科目；资金运用类科目中增设地方借给中央财政款科目；资金结存类增设库存国库券和预算外库存国库券科目。

1984年使用的会计科目在1981年的基础上，资金来源类科目增设上级补助收入、下级上解收入、调入资金。将借入上级款、借入下级款合并改为与上级往来。将预算年终结余改为预算结余。资金运用类增设上解支出、补助支出两个科目。将建设银行拨款改为拨存建行款；将农业银行拨款改为拨存农行款。将贷给上级款、贷给下级款合并改为与上下级往来。同年起，增设核算财政预算外资金的会计科目，科目的设置与核算政府预算资金的会计科目同样分为资金来源、资金运用、资金结存三大类。资金来源类设预算外收入、专项基金、预算外暂存、预算外结余和地方政府购买国库券项科；资金运用类设预算外拨款、预算外支出、调出资金、专项基金贷款和预算外暂存项科；资金结存类设预算外存款、预算外库存国库券和预算外在途款项科，共设13个一级科目。在核算政府预算资金的会计科目中取消附加收入、附加支出和预算外库存国库券。

1989年起，将核算政府预算资金的资金来源类地方财政购买国库券科目改为地方政府购买有价证券科目，减少中央借用地方财政款科目。1990年将与上级往来中中央财政预拨地方财政部门办理国债还本付息的专项资金转出，增设预拨地方财政办理国债兑付资金。资金运用类增设补助支出科目，将地方借给中央财政款改为上解支出科目；省财政厅增设财政专项周转金科目，以核算某些财政支出由无偿使用改为有偿使用原在预算暂付挂账的，以及利用本级历年财政结余设周转性质的借垫款。资金结存类的金库存款改为国库存款，库存国库券改为库存有价证券。同时将核算财政预算外资金改称为核算财政预算外资金和专项基金，在资金来源类、资金运用类中分别增设专项基金的会计科目，并比照核算预算资金的会计科目修改其他科目。在资金来源类会计科目中增设国库券利息收入的总账科目，核算兑付国库券的利息收入。

1996年起，财政周转金设置资产类、负债类、基金及结存、收入类和支出类五大类科目。资产类包括银行存款、财政周转金放款、借给下级周转金、待处理周转金、暂付款5个项科目；负债类包括借入上级周转金、占存款2个项级科目；基金及结余包括财政周转基金、待处理基金、占用费及利息结余3个项科目；收入类设置资金占用费收入、利息收入2个项级科目；支出类设置资金占用费支出、手续费支出和业务费支出3个项级科目。

同年起，为加强对粮食风险基金的核算和管理，在资金来源类、资金运用类和资金结余类增设专用基金收入科目，用以核算粮食风险基金收入、支出和使用情况、年终执行结果、财政部门存入当地农业发展银行的粮食风险基金存款。

1997年起，为规范政府性基金会计核算，将核算财政预算外资金和专项基金的会计科目——基金科目中，取消资金来源类中的财政专项周转金和资金运用类中的财政专项周转金贷款科目。将资金来源类中的预算外收入、预算外补助收入、预算外暂存、预算外结余、预算外购入有价证券科目名称改为基金收入、基金补助收入、基金暂存、基金结余、基金购入有价证券。将资金运用类中的预算外拨款、预算外暂付等科目名称改为基金拨款、基金支出、基金补助支出、基金暂付。在资金结存类中取消预算外在途款科目，将预算外存款、预算外库存有价证券科目名称改为基金存款、基金库存有价证券。

1998年起，财政部门管理的预算资金、纳入预算管理的政府性基金、专用基金、财政周转金，都纳入总预算会计核算管理。总预算会计科目作较大调整，共分为资产类、负债类、净资产、收入类和支出类五大类，共设34个一级科目。

资产类设国库存款、其他财政存款、有价证券、在途款、暂付款、与下级往来、预拨经费、基建拨款、财政周转金放款、借出财政周转金、待处理财政周转金科目。负债类设暂存款、与上级往来、借入款和借入财政周转金科目。净资产设预算结余、基金预算结余、专用基金结余、预算周转金和财政周转基金科目。收入类设预算收入、基金预算收入、专用基金收入、补助收入、上解收入、调入资金和财政周转金收入科目。支出类设预算支出、基金预算支出、专用基金支出、补助支出、上解支出、调出资金和财政周转金支出科目。同时为适应会计电算法，每一个会计科目都编有代码。

1999年1月1日起，预算外资金财政专户会计科目设有资产类3个一级科目，负债类2个一级科目，收入类3个一级科目，支出类6个一级科目。

（二）会计凭证

1979年，地方财政机关使用的预算会计原始凭证是1963年的规定，包括预算财务部门的拨款通知、金库固定收入统计表、分成收入统计表、汇总收入统计表、汇总分成收入统计表及其附件、交款书回执联、收入退还书回执联、更正通知书回执联、付款委托书的收款通知联、汇款委托书的收款通知联、电寄贷方补充报单的收款通知联、各种拨款凭证、地方单位预算机关的会计报表、建设银行基本建设拨款的月报表、其他足以证明会计事项发生经过的凭证和文件。

1979年实行1966年以资金活动为主的收付记账法。以人民币为记账本位币，以元为单位，元以下记至角分。

1989年起，总预算会计原始凭证包括国库报的各种预算收入日报表及其附件，如各种缴款书、收入退还书、更正通知书等。各种预算拨款和转账收款凭证，如财政库款支付凭证回单、各种汇款回单等。各行政事业主管部门的支出月报和建设银行的基本建设支出月报等。其他足以证明会计事项发生经过的凭证和文件。填制记账凭单和记账方法与1979年基本相同，以资金活动为主的收付记账法。

1996年起，财政周转金的原始凭证有放（借）款合同、借据；开户银行转来的各种收款、付款回单，资金占用费和利息清单（或入账通知书）；各支付凭证；往来结算凭证；其他可以足以证明会计事项发生的凭证和文件。同年4月，省财政厅、人行省分行联合制定《关于广东省地方财政预算收入退库管理办法》，单位或个人申请退库，应填写退库申请书，并附上依据的文件、缴款书原件和复印件报审批部门审批。审批部门对收入退库申请审核后签发收入退还书送国库，国库审核后办理库款的退付。属于预拨经费转列支出、年终结账和更正错误的记账凭证可不附原始凭证，但应经会计主管人员签章。

1998年起，总预算会计记账方法采用借贷记账法，仍以人民币为记账本位币。有外币收支的，在登记外币金额的同时根据国家银行公布的人民币外汇汇率折算成人民币记账。原始凭证增加主管部门报来的各种非包干专项拨款支出报表和基本建设支出月报表。

记账凭证每月按顺序号整理，连同所附的原始凭证加上封面，装订成册保管。

（三）会计账簿

1979年仍实行1963年省财政厅规定的总会计使用账簿，有序时总账、序时账、总账、地方附加收入明细账、地方附加支出明细账和地方附加经费拨款明细账。

1989年起，总预算会计使用的账簿分总账和明细账两级账簿。总账作为考核资金活动的总括情况、平衡账务、控制和核对各种明细账之用，采用三栏式账簿，按会计科目名称设置账户。明细账作为总账有关会计科目明细核算之用，包括收入明细账、拨款明细账、支出明细账、往来明细账、国库存款和库存有价证券明细账。预算外资金的账簿设置比照预算资金的账簿设置办理。

1996年起，为配合清理整顿财政周转金，财政周转金设置日记账、总账和明细账。

1998年起，总账的设置没有变化，收入明细账包括预算收入明细账、基金预算收入明细账、专用基金收入明细账、上解收入明细账和财政周转金收入明细账。支出明细账包括预算支出明细账、基金预算支出明细账、专用基金支出明细账、补助支出明细账和财政周转金支出明细账。

往来款项明细账包括暂付款明细账、暂存款明细账、与下级往来明细账、财政周转金明细账和借出财政周转金明细账。同时，每一会计科目下面根据需要再分设明细账。有外币收支业务的总预算会计按外币的种类设置外币存款明细账。

（四）会计报表

1979—1997年，财政预算会计报表设有旬报、月报、季报和年度总决算报表4种。旬报、月报比较简单，一般报至政府预算收支科目的类科和主要的款科，下旬免报，以月报代替；季报较详细地反映预算收支执行情况，资金分布状况，加上全面的文字说明；年度总决算报表，汇总所属财政总决算收支各表，包括决算说明书。

1996年起，广东按财政部的统一要求，财政周转金报表设资产负债表，占用费及利息收支结余表，财政周转金放款、借款回收情况表3个报表。1997年增设财政周转金放款投向明细表，财政周转金放款逾期情况分析表，财政周转金分部门、分级表。

1998年起，财政预算会计报表设有资产负债表、预算执行情况表、财政周转金收支情况表、财政周转金投放情况表、财政周转金变动情况表及其他附表，并分为旬报、月报和年度决算报表3种。

1999年起，预算外资金财政专户会计报表设有资产负债表、预算外资金财政专户收支情况表和预算外资金财政专户收支项目表。

会计报表层层汇总编制，上级单位除编制本级会计报表外，还应根据本级会计报表和经审查过的所属单位会计报表，编制汇总会计报表。会计报表必须经会计主管人员和单位负责人审阅签章并加盖公章后上报。县（市、区）财政局报市（地区）财政局，市（地区）财政局报省财政厅，省财政厅报财政部。深圳市的会计报表和年度决算报表在报省财政厅的同时，直接报送财政部。

（五）会计事务处理

1979—2000年，各级财政机关由总预算会计统一在银行开立国库存款和预算外存款两个账户，分别核算地方财政预算资金和预算外资金的收支。各级总预算会计根据国库每天报来的各种预算收入凭证，审核无误后进行会计账务处理。除按会计科目登记总账外，还按照政府预算收支科目登记预算收入明细账；按照财政管理体制规定的收入划分范围审核上下级之间的分成收入；不属于国家规定的退库项目，不得冲退国家预算收入；属于国家规定的退库事项，凭申请退库单位的申请书经过批准后，开给收入退还书办理。预算拨款属于待结算资金，总预算会计不得以拨作支，除登记总账外，还设置经费拨款明细账。预算支出除财政机关经办的直接支出外，均以银行支出数作为核算基础，除按会计科目登记总账外，还按支出性质所要求设置的预算支出明细账登记。所有往来款项，按单位或资金性质设户，用三栏式账簿进行明细核算。每年12月31日为年度决算日期。决算期前对应收、应付、暂收、暂付及一切债权债务进行清理，到年终日如尚有应收未收、应付未付的，一律转到下年继续处理。

财政预算外资金的会计事务处理办法，比照预算资金的有关规定办理，收入划清预算内外界限，支出按规定用途使用，不得随意挪用。

1999年1月1日起，广东执行财政部颁布的《预算外资金财政专户会计核算制度》，该制度适应于各级财政部门预算外资金财政专户的核算和管理工作。财政专户会计的基本任务是核算和反映预算外资金收支活动，监督预算外资金收支计划管理和执行情况。

二、行政单位会计

行政单位会计是预算会计的组成部分，它的组织根据国家建制和经费领报关系划分，向财政机关直接领报经费的为主管会计单位；向主管会计单位或上级会计单位领报经费，下面有所属会计单位的为二级会计单位；向主管会计单位或二级会计单位领报经费，只有本单位开支，下面没有所属会计单位的为基层会计单位；没有所属会计单位的主管单位在执行经费领报制度时，视同基层单位。

行政单位根据本单位的业务规模、人员编制以及负担的会计工作任务，设置相应的会计工作机构，配备会计人员，并建立岗位责任制度和内部稽核制度。所有单位原则上会计、出纳分设，钱账分管，此项规定从1979年一直沿用至2000年。

行政单位各项资金和财产，均纳入会计核算，各项资金包括拨入经费、预算外资金收入、其他收入；指定用途的资金按规定的用途使用，并单独核算反映；行政单位的固定资产不计提折旧。

1979—1984年，广东行政单位会计执行1966年财政部颁布的《行政事业单位会计制度》。会计科目分为资金来源、资金运用和资金结存三大类，共设18个一级科目。1980年，行政单位实行预算包干的办法，在拨入经费科目之后增列经费包干结余科目，下设事业发展基金、集体福利和奖励基金两个明细科目。1979—1997年，会计原始凭证包括存款、取款和拨款单据，借款单据，经费支出报销单据，本单位收款单据，其他能够证明会计事项发生的单据、表册和文件等。行政单位与集体或个人发生的经济事项也要取得集体或个人开出的书面证明。确实无法取得正式发票的零星开支，由经办人出具书面证明，经业务部门负责人批准；数额较大的经单位领导批准后，视同原始单据。记账凭证的规定与总预算会计相同。1979—1997年，会计账簿设总账、各种明细账和各种日记账。总账也称总分类账，作为考核资金平衡，控制各种明细账和日记账之用；各种明细账包括各种预算拨款、各种支出、各种收入、各种往来款项、上下级资金调拨、固定资产等明细账。1979—1988年，会计报表一般分为月报和年度决算报表两种，会计报表层层汇总编制，上级单位除编制本级会计报表外，还应根据本级会计报表和经审查过的所属单位会计报表，编制汇总会计报表。会计报表（包括以后个年度）必须经会计主管人员和单位负责人审阅签章并加盖公章后上报。会计核算以人民币为记账本位币，记账方法采用资金收付记账法。

1984年9月，省财政厅根据《中华人民共和国会计法（草案）》和《会计人员职权条例》以及财政部颁布的《预算会计规则》的规定，制定《广东省行政事业单位会计制度》，从1985年起执行。预算资金和预算外资金分别开户，分设账户，分别核算。核算预算资金设置12个一级科目；核算预算外资金同样设资金来源、资金运用和资金结存三大类11个一级科目。

1989年起，广东执行财政部1988年9月颁布的《事业行政单位预算会计制度》。预算资金与预算外资金仍各自核算，各自平衡。核算预算资金设置15个一级科目；核算预算外资金设置24个一级科目，实行全国统一的会计科目名称编号，以利于适应会计电算化的需要。同年起，会计报表增加季报，具体编报的各种报表，则根据当年预算管理要求的不同而有差异。1992年起，增设住房基金总账科目和二级科目，用于核算单位的各项住房基金收入、支出以及单位住房公积金的缴存情况。

1997年起，行政单位对预算外资金的管理在资金来源类增设预算外资金收入总账科目，用于核算各行政单位收到从财政专户核拨的预算外资金和部分经核准不上缴财政专户管理的预算外资金数额，并在总账科目下设置明细账；增设应缴财政专户款总账科目，用于核算各行政单位按规定收取的应上缴财政专户的预算外资金收入，并在总账科目下按预算外资金的项目或类别设置明细账。在资金运用类增设预算外资金支出总账科目，用于核算全额预算单位用预算外资金收入安排的各项支出，取消预算外支出科目。在资金结存类中取消财政专户存款科目。

1998年起，广东执行财政部当年2月颁布的《行政单位会计制度》，禁止行政单位多头开设银行账户。预算经费由财务部门统一在同级财政部门或上级主管部门指定的国家银行开户，不得自行转移资金。会计科目设置分资产、负债、净资产、收入和支出五大类，共设17个一级科目。会计核算一般采用收付实现制。各行政单位在使用会计科目编号时，应与会计科目名称同时使用。原始凭证包括收款收据，借款凭证，预算拨款凭证，固定资产调拨单，开户银行转来的收款、付款凭证，往来结算凭证，库存材料的出库、入库单，其他足以证明会计事项发生经过的凭证和文件。记账凭证主要包括收款凭证、付款凭证和转账凭证3种。账簿设置仍然分为总账、明细账和日记账。总账作为核算资产、负债、净资产及收入、支出、结余的总括情况，平衡账务，控制和核对各种明细账和日记账，并按照会计科目名称设置账户。明细账是用以对总账有关科目进行明细核算的账簿，包括拨入经费、预算外资金收入及其他收入的收入明细账；拨出经费、经常性支出、专项资金支出的支出明细账；暂付款、暂存款等的往来款项明细账。日记账包括银行存款日记账、现金日记账。会计核算仍以人民币为记账本位币；发生外币收支的，按照中国人民银行公布的即日人民币外汇汇率折算为人民币核算；业务收支以外币为主的，选定某种外币为记账本位币。但编制会计报表时，按照编报日期的人民币外汇汇率折算为人民币反映。会计记账采用借贷记账法。会计报表包括资产负债表、收入支出总表、支出明细表、附表和报表说明书。附表是根据财政部门或主管会计单位的要求编报的补充性报表，如基本数字表。报表按财政部门和上级单位规定的项目列示，分月报、季报和年度会计报表。

三、事业单位会计

事业单位会计也是预算会计的组成部分。事业单位包括教育、科研、卫生、文化、体育、广播电视、地震、农业事业等，属于企业化管理的事业单位执行企业会计制度。事业单位会计管理与行政单位会计管理基本相同，它与行政单位会计的区别在于：事业单位的经济来源主要依赖于财政，但同时可以有自己创收的收入；有经营活动的事业单位，可以进行成本核算；事业单位会计核算一般采用收付实现制，但经营性收支业务核算可以采用权责发生制；事业单位会计核算按事业单位所处的行业不同，又有着较细的分类，如医院、学校等。

1979—1988年，事业单位会计科目的设置与行政单位相同。

1989年起，事业单位的会计核算分为全额预算单位、差额预算单位和自收自支预算单位3种。全额预算单位的会计科目与核算内容与行政单位相同；差额预算单位不设预算内外和经费的核算科目，设有拨入差额补助费科目，会计科目共设28个一级科目；自收自支预算单位设有28个一级科目，与差额预算单位相比，没有拨入差额补助费科目，另设有下级上缴收入和上缴上级支出科目。比照行政单位，事业单位原始凭证增加收料单和发料单。3种不同拨款预算单位明细账簿的设置有所不同。会计报表分为月报、季报和年度决算报表。

1998年起，广东执行财政部1997年颁布的《事业单位会计准则（试行）》和《事业单位会计制度》，取消原来的全额预算、差额预算和自收自支3种预算管理方式的核算办法。同时执行事业单位分行业会计制度，科学事业单位执行财政部、国家科学技术委员会（简称“国家科委”）颁布的《科学事业单位会计制度》；高等学校、中小学校分别执行财政部、教育部颁布的《高等学校会计制度》《中小学校会计制度（试行）》。1999年起，医疗单位执行财政部、卫生部颁布的《医院会计制度》。以上行业同时进行新旧会计制度的衔接。

会计科目采用事业单位通用会计科目，分五大类42个一级科目，不需要的科目可以不用。比照行政单位，增加核算事业收支，经营性收支，附属单位缴款、补助；在资产方面，增加对外投资、无形资产、固定资产折旧等内容。原始凭证比照行政单位的增加各种税票。

账簿设置分为总账、明细账和日记账。明细账包括财政补助收入、事业收入、经营收入、拨入专款、附属单位缴款及其他收入的收入明细账；拨出经费、拨出专款、专项资金、事业支出、经营支出及对所属单位补助等的支出明细账；应收账款、其他应收款、应付账款、其他应付账款等的往来款项明细账。日记账包括银行存款日记账、现金日记账。会计核算以人民币为记账本位币。会计记账采用借贷记账法。

会计报表包括资产负债表、收入支出表、基建投资表、附表及会计报表附注和收支情况说明书。

第四节　税收会计

一、工商税收征解会计

（一）税款报解与入库

1979年，省财政局税务局规定，各级税务机关对存入信用社的税款，只准存入，不准支取，任何单位和个人都无权动用。在办理税款结报时，由信用社以转账方式，将税款划转金库经收处办理入库。对有电信设备的税务所，通过与银行联系，月终税款采用电话划解或信汇自带办法，使税款的入库和报解更为安全、及时。

1986年12月开始，省税务局改进税款报解制度，规定当地有国库经收处的税务所，各项税款由纳税人直接向国库经收处缴纳，少量自收税款在当天填开汇总缴款书缴交经收处，当天来不及或税款零星不足500元的，合并在次日办理汇解。当地无国库经收处的税务所、站、组、专管员自收的税款按照限期、限额（简称“两限”），不能跨月的办理结报解库，具体为税务所限期5天以内，限额2 000元以内；税务站（组）限期10天以内，限额1 000元以内；专管员限期10天以内，限额300元以内；代征代扣单位、代征员限期不超过10天，限额不超过500元。该规定一直执行到1997年年底。

1994年起，税收收入按照中央预算固定收入、地方预算固定收入、中央与地方共享收入规定的级次与比例缴库。设置金库的地区，税款即日报解入库；未设置金库的地区，最迟于次日报解。不得采取税务部门定期调库和汇总划解收入的办法。财政、税务、国库三方对每旬入库数据均进行核对，以便及时发现问题，尽快调库。

1995年起，省国税系统和省地税系统按照财政部、国家税务总局《关于取消城乡集贸市场税收分成问题的通知》，全面取消城乡集贸市场税收分成，所征税款全部缴入国库，不再办理集贸市场税收分成退库。

1998年9月，省国税系统和省地税系统根据中国人民银行、财政部、国家税务总局、海关总署《关于清理预算收入过渡账户的通知》，从当年开始，对原设立的预算收入过渡账户进行清理，全部撤销税款过渡账户。各级地税部门对确实需要并符合条件的税收待解户（如征收机关以现金收纳的零星税款等）补办有关手续，并经中国人民银行广东省有关分行、支行国库部门审批。当年9月，省地税局制定《广东省地方税务局税收票证管理补充规定》，修订税款及票证结报缴销制度。当地没有设立国库经收处，税务征收人员及代征代扣税款的单位（人），票证与税款的结报缴销实行“两限”制度。限期为10个工作日，限额分为税务征收人员及代征个人1 000元，代征单位10 000元。“两限”任一项达到，都必须办理结报缴销手续，且均不能跨月。

1999年，省国税局修订现金税款的“两限”缴库制度，征收员征收现金税款缴库限期最长不得超过5个工作日，金额不得超过3 000元；代征代扣单位和代征员限期最长不得超过10个工作日，金额不得超过3 000元；两者均不得跨月结报。各市局可根据当地实际情况，在上述规定的幅度内自行确定。

（二）会计核算

1987年以前，广东税收会计核算制度仍沿用1963年省财政厅税务局修订的税收会计工作制度，采用收付单式记账法。在税收会计报表编制手段方面，1985年年底，广东大部分县、市税务局开始使用电脑微机编报各种会计报表，代替手工操作。1987年，省税务局对各市、地区税务局实现电脑微机联网。

1987年起，广东各级税务局实施《广东省税收会计核算试行办法》，税收会计核算改用借贷复式记账法。账簿设置有总分类账、收入明细账、解库（汇解）税款明细账、提退税款明细账、税款损失核销明细账、出口产品退税明细账、现金日记账，还有滞欠税款登记簿、票款结报手册等辅助账册。会计报表设有税收旬（月）电报、税收会计月报表、税款入库对账月报表、各项提退明细月报表、出口产品退税明细月报表、代征代扣税款手续费和集贸市场税收季报表、税收资金平衡表。

1994年，税务机构分设后，广东两个税务系统的会计核算办法和方法各自进行。

1. 国税

1996年，省国税局先后制定《广东省国税系统税收会计改革实施办法》《广东省国税系统税收会计核算实施办法》《广东省国税系统税收会计原始凭证传递制度》，全面加强税收会计制度建设。同年，按照国家税务总局的统一部署全面推行税收会计制度改革，纳税人要全面报送纳税申报表；基层征收单位执行《税收会计核算办法》，并按纳税人设置分户明细账；会计核算由单一的入库核算，转向全面、完整、准确、及时反映应征、减免、滞欠、征收、入库、提退等各项税收资金活动。同时，省国税局按照国家税务总局的要求加强欠缴税金核算工作，对欠税进行分类核算，分“死欠”“缓征”“往年陈欠”三大类核算。当年省国税局要求各级国税部门开展税收会计分析工作，重点是分析欠缴税金、在途税款等方面内容，按月写出分析报告。

1997年起，全省国税系统依托统一征管软件，在各级国税部门逐步推行税收会计核算电子化。5月，省国税局开通电子信箱传报税收会计统计数据。同时，税款划缴手段也逐步现代化，佛山、中山两市以及顺德市率先试点税银联网缴税，至2000年，全省先后发展税（务）银（行）、税（务）（国）库银（行）、税（务）银（行）（国）库3种基本缴税方式。

1999年1月开始，广东国税系统按照国家税务总局的要求，实施新的《税收会计制度》，对《广东省国税系统税收会计改革实施办法》进行修订，国税部门税收会计核算单位只分上解单位、入库单位和双重业务单位3种，《税收会计制度》中涉及混合业务单位核算的有关规定广东暂不执行，其核算办法参照上解单位规定执行。

2. 地税

1995年12月，省地税局制定《广东省地方税务系统税收会计改革有关规定》。从1996年开始，扩大税收会计核算范围，延伸核算起点，将原来从征收数开始改为从应征数开始，把税款应征、征收、减免、入库、提退等整个税收资金运动过程列入核算范围；实行分户明细核算，按征管业务不同，把税收会计核算单位分为上解单位、入库单位、双重业务单位以及混合业务单位3种。在明细核算上，由原来分税种、分预算级次核算增加到按纳税人设置明细账；会计核算仍统一运用税收借贷记账法；税收统计报表由原来的征收数改按入库数编报。税收会计核算从入库数改为应征数，在改革初期，有条件的地区核算到全部征收单位的纳税户；条件尚未成熟的试行“一级核算，两级管理”的核算模式，以县（市）、区局为一级核算单位，税务所为报账单位，税务所负责提供应征、征解等凭证汇总单及核算范围确定的重点纳税户核算资料给县（市）局，由县（市）局进行统一核算和分税务所明细核算及对重点纳税户的明细核算，并将核算信息反馈报账单位，报账单位定期与县（市）局进行对账。

1998年，国家税务总局规定，预算收入科目改变原来按工商税收、企业所得税等划分类级科目和按税种设置款级科目的办法，直接将税收收入按税种设置类级科目，又在部分类级科目下增设按经济类型划分款级科目。3月，省地税局对预算科目变更后的税收会计和税收票证等有关处理事项作出明确规定，税收会计的工商税收类总账科目维持不变，核算内容仍按《税收会计核算办法》规定的内容执行。入库类总账科目原则上不按经济类型设明细科目，其明细科目按新的预算收入类级科目和税收入库对账月报表的项目要求设置。在税收会计科目中取消能源交通重点建设基金和国家预算调节基金的总账科目，其清欠收入列入其他收入类科目核算。

1998年10月，国家税务总局对《税收会计核算办法》进行修订和补充，并改名为《税收会计制度》。11月，省地税局根据《税收会计制度》制定《广东省地方税务系统税收会计核算实施细则》。

（三）会计事务处理

1979年，税收会计事务处理只有各项退税、代征手续费提取、群众检举违章案件提奖等。10月起，代征手续费年终如有结余，可用于补充征收业务费，确实不够开支，可在年终前一次性地从实际代征工商税中以不超过5%的范围内提取。1981年2月起，广东试行集贸市场税收地方留成办法，给予县、市税务机关提取一定比例的地方留成。这些款项的提取，均通过会计部门以收入退还书逐月（或年终前）办理退库，提取后实行专款专用，由会计部门统一管理。

1994年，广东两个税务系统根据《中华人民共和国税收征收管理法》和财政部《关于征收机关提取、支付代扣代收手续费具体问题的规定》，对法律、法规规定的代扣代收税款，征收机构可按代扣代收税款的2%提取手续费，由征收机关按代扣代收税款的税种和预算级次，按月办理退库。

1994年起，广东国税系统执行实施财政部、中国人民银行、国家税务总局颁布的《中央预算收入对账办法》，确保中央预算收入及时、准确、足额入库。1998年起，又开始执行《国库与财政、征收机关对账办法》，以确保三方之间预算收入数据一致，真实、准确、及时、完整地反映各级预算收入的执行情况。

1996年起，广东两个税务系统全面开始税收计划、会计、统计资料的移交，相关业务按照“谁征收、谁核算、谁编报表和谁与金库对账”的原则办理。

1996年广东实行分税制体制后，省地税局通过审计检查，发现部分地方存在有违规将省级固定收入作为省市共享收入入库，将省市共享收入作为市县固定收入入库；违规设立税款过渡户，拖延解缴入库进度；随意批准企业逾期交税，造成企业长期拖欠应缴税款；

违规退省级税款，并超范围、超比例计提代征省级收入手续费等情况。为此，1998年10月省政府办公厅印发《关于严格按预算级次组织收入入库的通知》，要求各级地方税务部门取消税款过渡户，杜绝越权批准企业逾期交税，违规退省级税收，并超范围、超比例计提代征省级收入手续费等行为，并要求各级政府、财政局在1998年10月底前将地方国有企业所得税全部移交给地方税务部门征管。

1998年，省国税局规定办理税款缓缴集中到省局对应税政部门审批，以加强缓缴税款审批管理，预防和减少欠税形成。

1999年1月实施《税收会计制度》规定，退税应按征收范围和规定权限审核批准。国税部门征收的税款中，中央预算收入、中央与地方预算共享收入由财政部门授权县级以上税务机关审批；地方预算收入审批办法由省级财政部门规定。对于法院已判决的损失税款核销，新《税收会计制度》规定统一由省国税局掌握处理。

二、农业税类征解会计

农业税类包括农业税、农业特产税、耕地占用税和契税，俗称“农业四税”，由财政机关征收。从1959年起，广东农业税征收年度与国家预算年度相统一，其中农业税划分为两个征收时期，从1月1日至9月30日属夏征期，从10月1日至12月31日属秋征期。

1987年前，农业税类只有农业税和少量的契税。农业税征收实物由粮食部门负责验收、保管和调运，作为该部门的商品，并按国家规定价格向财政机关办理结算，划缴国库；公粮代金和契税由财政机关征收，直接解缴国库。

1986年10月，省财政厅制定《广东省农业税征解会计制度实施细则》，从1987年1月起实施。县（市）财政局、乡镇财政所均为农业税征收机关。农业税征解会计采用资金复式收付记账法，以资金活动作为记账主体，反映资金的收入、付出和结存。一级会计科目由财政部统一规定，二、三级会计科目由省财政厅统一规定。县（市）级征解会计总账科目分为3类。资金来源类设定产计征收入、农林特产征税收入、其他计征收入、尾欠收入和应退税款科目；资金占用类设解库正税、解库附加和下拨待退税款科目；资金结存类设待解农业税存款和待退税存款科目。乡镇征解会计总账科目分设，资金来源类和资金结存类与县级相同，资金占用类只设上解税款一个科目。

会计凭证分原始凭证和记账凭证两类。原始凭证包括征收凭证，结算凭证，解库、退库凭证；记账凭证是对原始凭证审核无误后填制的。

会计账簿设总分类账和明细账。总分类账按一级会计科目设置，明细分类账按二、三级科目设置。县（市）以镇（乡）设分户账，镇（乡）以纳税单位设分户账。

会计报表分设农业税征解月报表及农业税年度结算表。

征解会计事务按不同的征收方法分别处理：（1）乡镇征收机关及乡镇政府组织其他人员直接征起的税款，征收人员收到税款时开给纳税人农业税正式收据，按规定的限期限额，填开农业税汇总缴款书，存入当地农业银行农业税存款专户，并按规定期限，将税款解缴国库。（2）征收机关派人驻粮库（站），或者委托代征单位从纳税人出售粮食或其他农产品的结算价款中征收税款的，当即开给纳税人农业税正式收据。收购单位按规定期限与征收机关办理结算，将税款及时解入当地农业银行农业税存款专户。（3）农业税征收粮食的地方，粮食接收单位收到纳税人的粮食后，开给财政粮入库收据，按规定的期限和价格与征收机关办理结算，将税款及时划转当地农业银行农业税存款专户。（4）有条件的地方，纳税单位用农业税缴款书将税款缴入当地农业银行农业税存款专户，也可由信用社代征税款，按规定的期限与征收机关办理结算。农业税的结算期限和解库的限期限额，在保证完成国家任务的前提下，由各县（市）规定。

1993年5月11日，省财政厅根据财政部1992年9月颁布的《农业税收征解会计制度》第三十一条的规定，结合广东具体情况，重新制定《广东省农业税收征解会计制度实施细则》，从1993年起实施。农业税收类的征收对象增加农林特产税、耕地占用税、契税。农业税收类征解会计按收付实现制原则，核算农业税收类的收入和解缴。会计科目增加农林特产税、耕地占用税和契税。建立金库的乡镇，使用县级征解会计科目。各征收机关根据实际情况在有关科目下设置明细科目，设置的明细科目应与省财政厅协调一致。

账簿设置与本目上面记述的一样，有银行存款科目的增设订本式银行存款日记账。基层征收机关可以根据实际情况设立辅助账。

会计报表分为农业税收征收情况月报表、季度农业税收资金平衡表和年度农业税收决算表3种。

征解会计事务区别于1987年实施的细则的有第一条，征收机关及政府组织其他人员直接征起的税款，即日解缴国库或国库经收处；未设国库经收处的地方，在一日内存入农业银行或信用社农业税收存款专户。

1999年3月，根据国家税务总局1998年12月颁布的《农业税收会计制度》第三十三条的规定，省财政厅联合人行广州分行重新制定《广东省农业税收会计制度实施办法》，由1999年1月1日起施行。1993年制定的《广东省农业税收征解会计制度实施细则》同时废止。

农业税收类会计以收付实现制为记账原则，采用借贷记账法，反映农业税收类资金运动变化情况。会计科目划分为资金来源和资金占用两大类，共设27个科目。各级农业税收类会计按规定设置和使用农业税收会计科目，统一规定的会计科目不需要的可以不用，科目名称、序号、编码不得变更或打乱。

会计凭证、会计账簿和会计报表的设置与1993年的规定基本相同。

农业税收类税款解缴程序：（1）采取自收汇缴方式征收税款的，征收人员在即日将所收税款直接缴入国库或国库经收处，或统一交由农业税收类会计办理税款入库手续。即日来不及办理税款入库手续的，可在次日办理。（2）纳税人在银行开有存款账户的，直接向国库经收处缴纳税款。（3）农业税征收粮食实物的，征收机关按当地中等粮食收购价格和税款结算期限与粮食接收单位结算税款，并将税款及时解缴国库或国库经收处。委托粮食部门代扣代缴农业税的，征收机关事先将纳税人名单及应纳税额清单抄送给粮食收购单位，由粮食收购单位从支付给纳税人的粮食收购价款中扣缴其应纳税款，并开给纳税人完税凭证。征收机关与粮食收购单位按开具的完税凭证结算税款，由征收机关或粮食收购单位将税款及时、足额解缴国库或国库经收处。（4）采取代收代缴、代扣代缴方式征收税款的，由代收代缴、代扣代缴单位按照税法规定向纳税人收取税款或从其支付纳税人的价款中扣取税款，并开给纳税人完税凭证。征收机关与代收代缴单位、代扣代缴单位按开具的完税凭证结算税款，由征收机关或代收代缴单位、代扣代缴单位将所代收、代扣的税款直接解缴国库或国库经收处。（5）未设国库或国库经收处的乡镇，税款不能按以上规定直接解缴国库或国库经收处的，将所收税款缴入征收机关在银行或其他金融机构开设的农业税收存款专用账户，由乡镇征收机关按规定期限汇解到上级征收机关解缴国库或国库经收处。农业税、农业特产税地方附加一律解缴国库。

农业税收类票证由省财政厅统一格式，由县（市）统一印制和编号。同时建立票证领发制度、票证缴销结报制度。

第五节　社会保障基金会计

一、社会保险基金会计

社会保险基金会计是针对社会保险经办机构对5项保险基金进行会计核算而设置的。

1998年以前，社会保险基金收支一直由政府有关部门管理和使用，社会保险经办机构按其上级主管部门规定的会计制度执行，财政部门没有统一规定。

1999年6月，财政部颁布《社会保险基金会计制度》，广东从7月1日起执行。社会保险基金会计机构设置、会计人员配备、会计核算、会计监督、内部会计管理制度的要求，按照财政部制定的《会计基础工作规范》执行。

社会保险基金的会计核算采用收付实现制，会计记账采用借贷记账法。会计科目，编制会计报表，在不影响会计核算要求和会计报表指标汇总，以及对外提供统一的会计报表的前提下，经办机构可以根据实际情况，作必要的补充，并报财政部备案。会计报表应依次编定页数，加具封面，装订成册，加盖公章。封面应注明经办机构名称、地址、成立年份、社会保险基金名称、报表所属年度、月份、送出日期等，并由经办机构领导和会计主管人员签名或盖章。

基本养老保险基金会计科目设资产、负债、基金、收入和支出五大类23个一级科目。2000年1月，省财政厅根据广东的实际情况补充规定，在基金类基本养老保险基金一级科目下设企业养老保险、机关养老保险两个二级科目。明细科目按照财政部的规定设置，其中基本养老保险费收入一级科目设置统筹养老基金收入和个人账户养老基金收入两个明细科目，并在个人账户养老基金收入明细科目下按缴费个人设置明细账进行明细核算；基本养老保险基金支出一级科目设置基础性养老金、个人账户养老金、过渡性养老金、离休金、退休金、退职金和补贴7个明细科目，个人账户养老金核算按缴费个人的个人账户储存额除以120支付给按照统一的企业职工基本养老保险制度计发待遇的退休人员的基本养老金，以及一次性支付给个人的个人账户储存额，并在科目下按缴费个人设置明细账进行明细核算。会计报表设资产负债表和养老保险基金收支表，分为月报和年报。

失业保险基金会计科目设资产、负债、基金、收入和支出五大类24个一级科目。会计报表设资产负债表、失业保险基金收支表，分为月报和年报。

基本医疗保险基金会计科目设资产、负债、基金、收入和支出五大类16个一级科目。其中医疗保险个人账户基金收入和医疗保险个人账户基金支出两个一级科目设有按收入种类、支出去向和参加医疗保险的每一位职工设置个人账户明细账。会计报表设资产负债表、基本医疗保险基金收支表，分为月报和年报。

2000年1月，省财政厅根据《社会保险基金会计制度》和广东的实际情况，规定工伤保险基金和女工生育保险基金会计核算总则部分执行《社会保险基金会计制度》，制定适应于广东的会计科目和会计报表，并报财政部备案。工伤保险基金设资产、负债、基金、收入和支出五大类21个科目；会计报表设工伤保险基金资产负债表，工伤保险基金收支表和工伤保险基金暂收、暂付明细表，均为月报和年报。女工生育保险基金会计科目同样设资产、负债、基金、收入和支出五大类20个科目；会计报表设生育保险基金资产负债表和生育保险基金收支表，均为月报和年报。同时对工伤保险和女工生育保险两项基金的会计事项分录均作出详细规定。

二、社会保障基金财政专户会计

社会保障基金财政专户会计适用于各级财政部门对社会保障基金财政专户（本目简称"财政专户"）的核算和管理。它包括5项保险基金、国有企业下岗职工基本生活保障和再就业资金等。财政专户会计核算的基本任务是核算和反映纳入财政专户管理的社会保障资金的收支活动，监督社会保障资金收支计划和执行情况。财政专户会计机构设置、会计人员配备、会计核算、会计监督、内部会计管理制度的要求，按照财政部制定的《会计基础工作规范》执行。

1998年7月1日起，广东的5项保险基金纳入财政专户管理。1999年1月起，广东执行省财政厅制定的《广东省社会保障基金财政专户财务会计管理办法》，设置资产、负债、收入和基金4个一级会计科目进行核算，一级科目下设明细科目。

1999年8月，财政部颁布《社会保障基金财政专户会计核算暂行办法》。广东从9月1日起执行。

财政专户的会计核算采用收付实现制，会计记账采用借贷记账法。会计科目设资产、负债、净资产、收入和支出五大类18个一级科目。省财政厅根据广东的情况，决定在净资产类增设工伤保险基金结余和女工生育保险基金结余两个一级科目；在收入类增设工伤保险基金收入和女工生育保险基金收入两个一级科目；在支出类增设工伤保险基金支出和女工生育保险基金支出两个一级科目。

财政专户会计使用的会计原始凭证有税务机关（社会保险经办机构）送来的划解清单或汇总缴款书以及拨款单、请款部门或单位的用款申请书、有关银行票据等；记账凭证按照会计事项发生的日期，顺序整理制单记账。

财政专户会计账簿设置总账和明细账。会计报表设财政专户资产负债表和财政专户资金收支表及财务情况说明书。报表分月报和年报两种。

财政专户会计每月结算一次，按《会计基础工作规范》办理；每年进行年终清算一次，核对年度社会保障资金收支计划执行情况，与经办机构、税务机关及开户银行等有关单位核对账目，清理往来款项。

纳入财政专户管理的其他非基金性质的社会保障资金，参照上述规定执行。

第六节　企业会计

1993年7月以前，分行业企业会计制度，由财政部或财政部联合国家有关部委制定；省财政厅或省财政厅联合省直企业主管部门制定国家没有颁布的行业会计制度，或根据广东的行业特点，对国家颁布的会计制度进行补充。

1993年7月起，各企业类型实施财政部或财政部联合国家有关部委制定的分行业会计制度。全民所有制、集体所有制、私营企业、股份制企业等各类经济性质的企业，根据自身独立核算的行业特点适应行业会计制度。由于企业分行业会计制度多，下面只记载具有代表性的行业和改革开放后新生的不同组织形式的企业会计。

一、工交企业会计

中共十一届三中全会后，为适应经济体制改革和对外开放的要求，并解决当时会计领域存在的问题，省财政厅每年都要根据财政部的规定和广东的实际情况，制定国营工交企业年度决算编审工作的规定，根据每年的变化，从利润的分配，收入和开支的项目，开支的渠道，到会计科目的增减、归并、更改名称，记账的方法、会计分录事项及报表的编制，都作出详细具体的规定。对每次税制改革企业缴纳税金以及教育费附加、国家能源交通重点建设基金、国家预算调节基金等税费的会计处理同样有具体的规定。

1981年起，广东执行财政部颁布的《国营工业企业会计制度》，一级会计科目有50个，其中资金占用类科目30个，资金来源类科目20个，会计报表规定为10种，并规定国营工业企业会计记账可用借贷记账法或增减记账法。

1985年1月，广东执行财政部重新制定的《国营工业企业会计制度——会计科目和会计报表》，一级会计科目设置60个，其中资金占用类科目35个，资金来源类科目25个。会计报表分月报7种，季报3种，年报3种。

1985年11月起，实行工资总额与经济效益挂钩的企业，一级会计科目增设工资基金科目，取消原应付工资科目，将原应付工资科目发生额及余额转入工资基金科目。增设工资增长基金计算表并分为月报表和季报表两种，以及工资基金年报表等。

1986年，广东经济特区执行省财政厅制定的《广东省经济特区国营工业企业成本核算施行办法》。1987年，广东贯彻执行财政部制定的《国营工业企业成本核算办法》。

1988年5月，省财政厅制定《广东省国营工业企业内部经济核算的原则要求》，工业企业必须把国家考核的各项经济指标层层分解下达到分厂、车间、班组。分厂、车间以会计核算为主体，根据国务院颁布的《国营企业成本管理条例》的规定，按本企业产品成本的归集、分配计算方法进行产品车间成本核算；班组核算以产品产量、质量、物耗、工时消耗为主。进行内部核算的各核算单位必须设置会计科目和相应的账簿，运用复式记账法进行核算。

1988年12月，省财政厅制定《关于国内联营工业企业会计核算有关问题的补充规定》，规定分为联营投资的核算和利润分配的核算，增加会计核算一级科目和明细科目，规定会计分录事项。该补充规定从1989年起执行。

1989年起，广东执行财政部制定的《全民所有制小型工业企业租赁经营会计处理的暂行规定》；同年11月，执行财政部制定的《关于国营工业企业兼并和出售有关会计处理的暂行规定》。同时，省财政厅作出补充，规范国营工业企业在兼并、出售时，固定资产、流动资产、专项资产清理上的会计处理。其中产权转让企业丧失法人资格的，企业支付产权转让企业的价款大于接收的产权转让企业净资产的价款，其差价作为商誉入账，借（增）记无形资产科目；产权转让后丧失法人资格的，转让企业的成交价大于企业净资产的差价，作为受让产权企业的投资处理，列入其他单位投入资金科目。

1991年起，实行承包责任制的全民所有制企业，增设核算承包风险抵押金和核算承包企业从留利中提取一定比例的资金所建立的承包风险基金等的会计科目。

1991年10月，国营工业企业试行“税利分流、税后还贷、税后承包”，试点企业按33%的比例税率缴纳所得税，取消国营企业调节税。通过利润分配——应缴所得税和应缴税金——应缴所得税科目核算；取消利润分配和应交税金科目下的应交调节税明细科目。

1993年7月起，广东工交企业实施《企业财务通则》和《企业会计准则》，并进行新旧会计制度衔接。根据自身独立核算的行业特点适应《工业企业会计制度》《运输（交通）企业会计制度》《运输（铁路）企业会计制度》《邮电通信企业会计制度》等。

1994年，广东贯彻财政部《关于财税改革、外汇管理体制改革后有关企业财务处理问题的通知》，省财政厅制定具体条款，其中企业1993年12月31日账面待扣税金科目的余额转作1994年的进项税额予以抵扣。1994年1月1日实行新的外汇管理体制后，企业发生外币业务时，将外币金额折合为记账本位币金额记账，同时采用业务发生时的市场汇价作为折合汇率。

1995年起，企业年度决算报表必须经过会计师事务所等社会中介机构审查并出具查账报告，并在规定时间内将企业年度决算报表连同中国注册会计师的查账报告一并报送主管财政部门。各级财政部门对企业年度决算报表和中国注册会计师的查账报告进行审查监督。

1996年起，广东将国有工业企业报表汇总范围由原来的预算内国有工业企业扩大至全社会所有国有工业企业，包括省及省以下国有独资或国有控股25%以上、执行工业企业会计制度的独立核算工业企业；汇总报表分国有工业企业年度基层会计报表和国有工业企业月份主要财务指标快报。同时，工业企业年度会计报表增加年度国有资产保值增值考核情况表，报送同级国有资产管理部门。另外，利润分配表、成本费用表及主要指标表也作出修改。

1997年7月起，广东执行财政部制定的《国有企业试行破产有关会计处理问题暂行规定》和《企业兼并有关会计处理问题暂行规定》。破产企业成立破产清算组，清算组于清算开始日另立新账，并设置资产、负债、清算损益三大类23个一级会计科目。清算组可根据被清算企业的具体情况，增设、减少或合并某些会计科目。企业兼并的会计处理办法与企业破产的会计处理办法相类似，被兼并方企业应对固定资产、流动资产、无形资产、长期投资以及其他资产进行全面登记，编造财产清册等；被兼并方企业丧失法人资格的，采取有偿方式兼并的，借记无形资产——商誉科目，确认各项负债数额，贷记所有负债科目；被兼并企业属于政策性亏损的，其产权转让成交后，兼并企业可以在被兼并企业原核定的政策性亏损范围内，继续享受一定期限的亏损补贴。

二、商品流通企业会计

1983年前，广东商业企业执行1975年8月商业部颁布的《国营商业会计制度》，会计科目按增减记账法分为资金来源及收入、资金占用及支出两大类58个一级科目和1个表外科目，以营业收入和费用科目核算销售收入、销售成本和各项费用。1983年起，广东实行“利改税”的商业企业，都贯彻商业部和财政部制定的《关于利改税后有关商业会计科目、会计报表和账务处理的补充规定》，增报企业留利分配使用情况表、利润分配和亏损拨补情况表。原来规定的资金表、民族贸易企业主要指标表和财务主要指标电讯月报相应增加和修改项目。

1984年，广东供销企业实行第二步“利改税”，省财政厅对供销企业会计科目作调整，同时对利润表、商品产品成本表等也作相应的修改。

1986年12月，国家外贸部、财政部对1982年外贸部制定的《对外贸易企业基本业务统一会计制度》进行修订和补充。1989年11月30日，国家外贸部、财政部对该制度再次进行修订，从1990年1月1日起施行。会计科目设资金占用、资金来源、往来和损益四大类。资金占用类设35个一级科目，资金来源类设24个一级科目，往来类设6个一级科目，损益类设25个一级科目，另设有表外科目8个。

1988年1月起，推行承包责任制的国营商业企业，会计核算在资金来源及收入类中增设会计科目，核算批发、零售企业按规定提取的商品削价损失准备金；核算企业实行承包人财产抵押承包和全员财产抵押承包办法缴纳的抵押金；核算承包企业按规定比例提取的风险基金。在相应的会计报表中增设相应的项目。

1988年，根据省政府制订的《广东省加快和深化对外贸易体制改革方案》的精神，省财政厅对外经贸，工、农、技贸公司的企业会计制度作补充规定，取消盈亏缴拨科目和两个明细科目，扩大利润分配科目核算内容，增设外汇补偿收入等8个科目。

1988年7月起，全省国营商业企业执行商业部、财政部制定的《国营商业企业会计制度》，省财政厅同时作出补充规定，提升部分二级科目为一级科目使用，增设部分科目，核算企业用缴纳所得税前利润归还基建借款、商品削价准备金、企业收取外币现钞和核算亏损企业按规定应以企业自有资金自行弥补的亏损。会计报表分为月报、季报和年报，共设15种。1989年起，为适应新的银行结算办法，增设其他货币资金一级科目，核算企业的银行汇票存款、银行本票存款和外埠存款，并设银行汇票、银行本票和外埠存款等二级科目。

1990年，广东对国营粮食企业会计制度修改补充，增设会计科目，核算实行工资总额与经济效益挂钩的企业，按规定提取的工资基金及工资增长基金；核算实行内部银行或结算中心办法的单位所管辖的企业之间的贷款及其他款项的结算业务；核算企业按照规定发放并应收回的粮油预购定金；核算企业拨给所属报账单位收购商品、开支费用及其他款项所必需的周转金。实行承包经营责任制的企业，增设承包风险抵押金专户。增设应退库的承包利润科目，核算企业超承包任务应由财政退库返还给企业的部分；增设应补交的承包利润科目，核算企业完不成承包任务应由企业承包风险抵押金、风险基金、企业留利及其他自有资金抵补的部分。同时调整有关科目的核算内容。会计报表也作相应的改动。

同年，广东执行国家外经贸部、财政部制定的《对外贸易企业基本业务统一会计制度》，同时取消1987年起执行的制度。统一会计制度将会计科目分为资金占用、资金来源、往来、损益四大类共89个一级科目和8个表外科目。比1987年新增一级科目7个，减少旧科目5个，并入有关科目6个，改变名称7个，7个旧科目分解或合并为5个。1991年对会计科目又作出增减或改变名称，核算内容和会计报表也作出调整。

1991年5月起，广东执行财政部、商业部《〈国营商业会计制度〉有关会计处理补充规定》和《国营商业企业成本核算办法》，增设一级科目待转调进外汇价差，列入资金占用类，核算企业向外汇调剂中心调进外汇额度支付的人民币价款和手续费；补充调整利润分配一级科目下的二级科目，增加和调整核算对外投资利润，技术咨询、技术服务、技术培训业务收入按规定留给企业留成，实行“税利分流”试点企业税后利润归还基建、税后利润归还固定资产投资借款内容。《国营商业企业成本核算办法》规定将大修理基金科目改为修理基金科目。

同年，广东执行商业部、财政部修订后的《供销合作社会计制度》。1992年1月起，省供销合作联社、省财政厅补充规定，供销合作社增设会计科目，核算预提所得税后按规定预留使用的各种基金；核算根据租赁合同或协议规定，收取承租单位缴交的各种款（费）项；核算经批准按商品销售额比例提取的商品削价损失准备金；核算经省政府批准提取的专项商品技术改进费；核算非缴纳所得税单位解缴上级的税前利润；核算汇总缴纳所得税单位拨付所属单位弥补的亏损额；核算汇总缴纳所得税单位收到所属单位缴来的税前利润；核算非缴纳所得税单位收到上级拨补亏损额。原有会计科目所包含的内容和会计报表也相应作出修改和调整。

1992年4月起，广东改革粮食购销管理体制，粮食价格放开。省财政厅、省粮食局决定增设会计科目，核算按国家规定粮油分品种结算价格；核算省、市、县（市）各级建立的储备粮油和各级财政拨入的储备粮费用补贴；建立专户，核算经财政部门核定的1992年4月1日前政策性亏损（补贴）挂账及其挂账增加的利息开支。

1993年7月起，广东商业、粮食、对外贸易、物资、供销企业实施《企业财务通则》《企业会计准则》《商品流通企业财务制度》《商品流通企业会计制度》以及分行业会计制度。

1994年，粮食流通体制进行改革，粮食企业核算应收财政部门的各项补贴，包括1993年3月31日以前清理出的政策性财务挂账，通过应收补贴款科目反映；经营性财务挂账通过利润分配——未分配利润科目核算；尚待处理的其他财务挂账，通过待处理财产损益——待处理流动资产损益科目核算。

从1995年年度决算开始，国有商业企业会计决算报表和国有商业企业财务资料普查报表实行两表合一。同时编制国有商业企业、粮食企业汇总会计报表的财务情况说明书。

2000年9月，粮食企业新增粮食财务挂账和其他不合理占用贷款，省财政厅规定企业在应收补贴款科目中增设新增政策性财务挂账明细科目；在利润分配——未分配利润中增设贴息的行政经营性财务挂账和不贴息的行政经营性财务挂账两个明细科目，核算政府界定由财政给予贴息而由粮食企业消化本金的新增挂账消化、结存情况，以及核算政府界定由粮食企业消化本金、利息的新增挂账消化、结存情况；在长期借款科目中增设贴息的新增挂账借款和不贴息的新增挂账借款两个明细科目，分别核算由财政给予贴息的新增挂账和财政不予贴息的新增挂账占用农业发展银行粮油收购贷款的归还、结存情况。同时，对会计分录事项作出明确的规定。

三、建设单位会计

1978年，财政部制定基建会计制度和简易会计制度。1979年起，由于广东建设单位的基建工程大多采取出包方式，执行简易会计制度的规定。会计科目分资金来源和资金占用两大类共29个一级科目；报表分月报、季报和年报。

1980年12月，财政部对试行基建贷款建设单位的会计处理作出补充。1983年9月和1986年12月两次对基建会计科目和会计报表进行修订。其中，对基建资金分别按预算拨款和基本建设拨款两项进行核算。

1993年8月，财政部根据《企业会计准则》对《国营建设单位会计制度》进行修订，取消、增加相应的会计科目和取消部分会计报表，有的会计科目核算内容进行调整。至此，建设单位会计科目分资金占用和资金来源两大类共46个一级科目，采用借贷记账法，保留6种会计报表。

1998年1月1日起，广东实行独立核算的国有建设单位执行财政部颁发的《国有建设单位会计制度补充规定》；未实行独立核算的经营性建设项目执行《企业基建业务有关会计处理办法》。“补充规定”比照1993年修订的会计科目，将联营拨款科目改为项目资本科目；增设项目资本公积、待核销基建支出科目和转出投资科目；取消基建拨款——本年财政贴息资金拨款科目；有些科目增加核算内容。会计报表设资金平衡表、基建投资表和待摊投资明细表。为适应投融资体制改革，“处理办法”规定将企业会计制度中的在建工程会计科目分设为基建工程支出、更改工程支出、大修理工程支出和工程物资4个一级科目，并变更核算内容；资产负债表的项目相应改变，增加3个明细表核算相关内容。

四、房地产开发企业会计

1989年1月1日起，广东所有从事城市土地开发，商品房建设，代系统、单位进行住宅开发的企业的会计核算，执行财政部颁发的《国营城市建设综合开发企业会计制度——会计科目和会计报表》。10月，为适应银行新的结算办法，增设应收票据和应付票据两个科目。

1993年7月起，广东全省房地产开发企业执行财政部颁布的《房地产开发企业会计制度》，并进行新旧会计制度衔接。

2000年起，广东物业管理企业执行《房地产开发企业会计制度》，物业管理企业的会计核算在《房地产开发企业会计制度》的基础上，再按照财政部颁发的《物业管理企业会计核算补充规定（试行）》办理。《物业管理企业会计核算补充规定（试行）》增加9个核算科目，并规定核算内容。

五、金融保险企业会计

1979年以后，广东相继成立广东国际信托投资公司、广东发展银行，恢复集体所有制的农村信用合作社。广东从1987年4月11日起，执行中国人民银行颁布的《全国银行统一会计基本制度（试行本）》。

1993年7月1日起，广东金融保险企业执行财政部颁布的《金融企业会计制度》和《保险企业会计制度》，并进行新旧会计制度的衔接。

金融企业会计分为银行业会计和金融性公司会计。银行业会计科目设资产、负债、所有者权益和损益四大类72个一级科目；金融性公司设82个一级科目。银行业会计凭证分为基本凭证和特定凭证，特定凭证是根据某项业务的特殊需要而制定的；各种账簿（卡）的种类、格式，由各银行自行规定。银行企业会计报表设资产负债表、损益表、财务状况变动表以及附表利润分配表，会计报表报送同级财政机关、税务机关、开户银行和人民银行，国有金融、保险企业的年度会计报表同时报送同级国有资产管理部门。基本业务会计核算分为存放款业务、投资业务、信托业务、证券业务和投资基金业务。

保险企业会计科目设四大类86个一级科目和两个表外科目。会计报表设资产负债表、损益表、财务状况变动表以及附表利润分配表、非人身险业务损益表和人身险业务损益表3个附表。保险业务核算分为非人身险业务与人身险业务分别建账、分别核算损益。非人身险信用险业务实行三年结算损益的核算办法。

有外汇业务的金融和保险企业，可采用外汇分账制或采用外汇统账制的方法。

六、股份制企业会计

1992年1月1日起，广东执行财政部、国家体改委颁布的《股份制试点企业会计制度》，会计科目分资产、负债、股东权益、成本和损益五大类54个一级科目。会计报表分资产负债表、利润表、财务状况变动表和有关附表，分月报和年报。报表报送同级财政机关、税务机关、主管部门和开户银行；企业进行股份制试点期间还须抄送经济体制改革委员会；有限责任公司的会计报表还须分送各投资单位。股份有限公司的会计报表在股东会议召开20天之前备置于公司办公处所，供股东查阅；向社会公开发行股票的公司按财政部的规定公告有关报表文件。公司的年度会计报表和会计账目，要聘请中国注册会计师查账验证，并出具查账报告。向境外发行股票的股份公司，外国投资者可以聘请中国或外国的注册会计师查账，费用由外国投资者承担；聘请的外国注册会计师的工作机构须系在中国设有常驻代表机构的会计公司。

1993年7月1日起，股份制企业执行《企业财务通则》和《企业会计准则》，股份制企业从事单一经营的，执行相应的分行业会计制度；实行多种经营的，按其主营业务执行相应行业会计制度。

1998年1月1日开始，广东执行财政部制定的《股份有限公司会计制度——会计科目和会计报表》。会计科目设资产、负债、所有者权益、成本和损益5类76个一级科目。公司的财务报告由会计报表和会计报表附注组成。公司对外提供的财务报告的会计报表包括资产负债表、利润表，均为月报、中期报告、年报；现金流量表为年报；以及股东权益增减变动表（年报）、应缴增值税明细表（月报和年报）、利润分配表（年报）和分部营业利润和资产表（年报）等有关附表。会计报表附注主要包括不符合基本会计假设的说明；会计政策的说明，包括合并政策、外币折算（包括汇兑损益的处理）、资产计价政策、租赁、收入的确认、折旧和摊销、坏账损失的处理、所得税会计处理方法等；会计政策和会计估计变更的说明；关联方关系及其交易的披露；或有和承诺事项的说明；资产负债表日后事项的说明；资产负债表上应收、应付、存货、固定资产、在建工程、借款、应缴税金、递延税款等重要项目的说明；盈亏情况及利润分配情况；资金周转情况；其他重大事项的说明。

公司对外提供的财务报告分为月度财务报告、中期财务报告和年度财务报告。公司的财务报告报送当地财政机关、开户银行、税务机关、证券监管部门。需要向股东提供财务报告的，还应按有关规定向股东提供财务报告。

向外提供的会计报表应依次编定页数，加具封面，装订成册，加盖公章。封面上应注明公司名称、地址、开业年份、报表所属年度、月份、送出日期等，并由公司法定代表人、总会计师（或代行总会计师职权的人员）和会计机构负责人签名或盖章。公司内部管理需要的会计报表由公司自行规定。

1997年起，上市公司除执行《企业会计准则——基本准则》外，还执行《企业会计准则——关联方关系及其交易的披露》等9个具体准则。

七、外商投资企业会计

1983年3月24日，省财政厅制定《中外合资经营企业中方投资及收入会计核算试行办法》，从当年1月1日起执行。中方在中外合资经营企业（本目简称“合资企业”）中的投资及收入等各项财务会计制度，单独设账进行会计核算，由合资企业的中方财会人员兼任或专人负责。会计科目的设置，既不与合资企业的账目合并设置，也不与原有国营企业的账目合并设置。会计科目设资金占用和资金来源两大类共17个一级科目。

1983年12月26日，财政部规定，合资企业、侨资企业、外国企业的会计、财务、税务文件，包括出资证明、年度会计报表、清算会计报表、所得税申请表、外汇收支报告表等，须委托中国注册会计师审查验证和出具证明；合资企业清算时须聘请会计师担任清算委员会成员的，以及侨资企业、外国企业清算经司法机关判定须指定会计师担任财产管理人的，都应聘请或指定中国的注册会计师担任。合资企业须委托外国会计师查账时，经企业董事会同意，并由提出委托的外方负担费用，以适应国外需要。

1985年7月起，广东执行财政部颁布的《中华人民共和国中外合资经营企业会计制度》

和《中外合资经营工业企业会计科目和会计报表》，合资企业的会计核算工作必须遵守国家的法律、法规的有关规定；采用借贷复式记账法；自制凭证、账簿、报表必须用中文书写，也可以同时用合资各方商定的一种外文书写；原则上采用人民币为记账本位币，经过合资各方商定，也可采用某一种外国货币作为记账本位币；以人民币为记账本位币的，对外币存款、外币借款和以外币结算的往来款项，除登记实际收付的外币金额外，还按照国家外汇管理局公布的外汇牌价折合为人民币记账；合资企业必须在中国境内的中国银行或经国家外汇管理局及分局批准的其他银行开立账户。

合资企业的会计科目和会计报表在不影响会计核算要求和会计报表指标汇总的前提下，可以根据企业的具体情况按照财政部统一的科目内确定本企业的会计科目和会计报表项目。会计科目一般分为资产、负债、资本和损益四大类，也可以将损益类科目分为收益和费用两类科目。工业企业可以增加成本类科目。

合资企业的会计报表设有资产负债表、利润表、财务状况变动表和有关附表，为满足合资外方合并会计报表的要求，经合资各方同意，可以在会计报表中增加所需的会计资料。会计报表分季报和年报，分别报送合资各方、当地税务机关、合资企业主管部门和同级财政机关，年报还报送原审批机构。

1987年4月，省财政厅制定《广东省中外合作经营企业若干会计核算问题的暂行办法》，中外合作经营企业（本目简称“合作企业”）的会计管理适用《中华人民共和国中外合资经营企业会计制度》，合作企业的会计机构必须设在企业所在地，并进行会计核算。合作企业根据财政部和省财政厅的规定，制定本企业的会计核算规程、方法和适用的会计科目、报表格式以及有关财务会计管理制度，于开业经营6个月内报企业主管部门、同级财政部门和当地税务部门备案。

1992年6月24日，财政部发布《中华人民共和国外商投资企业会计制度》，该会计制度适用于在中国境内设立的外商投资企业，包括合资企业、合作企业和外资企业，自1992年7月1日起施行。财政部1985年颁布的《中华人民共和国中外合资经营企业会计制度》同时废止。

《中华人民共和国外商投资企业会计制度》规定，外商投资企业采用权责发生制的原则记账；记账本位币和文字的规定与1985年相同。外商投资企业设置日记账、总分类账和明细分类账3种主要账簿以及各种必要的辅助性账簿。由合作各方分别纳税的中外合作经营企业，合作各方共有的财产和债务以及共同的收入和费用，设置联合账簿，合作各方还相应设置各自的有关账簿。现金和银行存款设置日记账，有多种货币的（包括外汇兑换券）还按不同的货币分别设账登记。外商投资企业的会计报告包括会计报表和财务情况说明书。会计报表包括资产负债表、利润表、财务状况变动表以及利润分配表等有关附表。需要上报汇总的资产负债表、利润表和利润分配表，按照财政部制定或者由财政部审核同意的行业会计报表格式及项目内容编制；其他报表可以由企业根据需要，参照财政部制定或者由财政部审核同意的行业会计报表格式及项目内容编制。没有规定的行业会计报表，企业可以参照其他行业的会计报表编制。季度会计报表和年度会计报告分别报送主管财政机关、当地税务机关、企业主管部门以及投资人。年度会计报告还报送原审批机关。以外币作为记账本位币的企业，年度外币报表换算为人民币报表。

1993年7月1日起，外商投资企业执行《企业会计准则》，除会计报表增报企业开户银行和几个会计科目按分行业会计制度执行外，仍按《中华人民共和国外商投资企业会计制度》进行会计核算。

1996年起，广东各级财政部门依法对所属外商投资企业报送的会计报表、财务情况说明书、相关会计资料，以及所附中国注册会计师审计报告的真实性、合法性、准确性和完整性进行监督检查。查出有各种违反财经法纪的企业，视其初犯或重放、有意或无意，违法违纪情节轻重和违法违纪金额大小等不同情况，在国家法律法规规定的罚款幅度内予以处罚；查出需要追究单位负责的主管人和其他直接责任人法律责任的，按照《中华人民共和国会计法》和有关法律法规的规定执行。对于查出会计师（审计）事务所、注册会计师违法违纪的，按《中华人民共和国注册会计师法》和《违反注册会计师法处罚暂行办法》等法律法规处罚。

第七节　会计人员管理

一、会计从业资格管理

中华人民共和国成立后至改革开放初期，广东在职会计人员中除少数经过专业院校培训外，大多数是从在职职工和社会青年中选用，造成相当部分在职会计人员的专业知识水平和业务素质与工作要求存在着较大的差距；对于新补充的人员，在进入会计岗位之前，对其专业资格也没有必要的制约；有的单位领导人搞任人唯亲，随意任用或撤换会计人员的行为也缺乏必要的制度约束。

1984年7月起，广东贯彻财政部制定的《会计人员工作规则》，对建立会计人员岗位责任制，提高会计人员的业务水平起促进作用。至1985年年底，全省城镇以上区域的单位有会计人员154 567人，具有大专以上学历的只占2.4%，具有中专学历的只占10.58%，低于全国平均水平。

随着教育事业的发展和通过采取培训措施，广东培养大批财会人才，在职和新补充的会计从业人员的专业知识水平和业务水平有了逐步提高和改善，但对从业资格还是没有统一规定。至1990年年底，全省未经过任何会计专业培训的从业人员12.8万人，占总人数的40%。

1990年5月，财政部制定《会计证管理办法（试行）》，广东于1991年1月1日起实施。该办法规定会计证是会计人员从事会计工作的资格证书，持有会计证的人员才能从事会计工作。申领会计证实行考试制度，取得会计员以上会计专业职务任职资格的会计人员，予以免试，向财政机关直接申领会计证。省财政厅补充规定，未取得会计员任职资格的中专以上财经专业学历、其他达到规定学历（指非财经专业和初高中学历）和工作年限者，经过考核能胜任一个会计工作岗位的，予以颁发会计证，其余人员必须经过考试。会计证实行编号，并设有每年记载事项，记载持证会计人员受奖励、处分，专业职务、行政职务、论著、工作业绩、培训等情况，由持证会计人员所在单位的财会机构填写。

1997年10月，省财政厅制定《广东省会计证管理办法》。会计证的颁发和管理由县以上财政局和省财政厅授权单位负责（本目统称“发证机关”），发证机关负责对本地区、本部门会计证持有人员建立会计档案，系统掌握会计证的申报、注册登记、年检等情况。会计证的颁发对象为国家机关、社会团体、企事业单位和其他组织的会计人员。取得中专以上会计、财务、审计、财政、税收、金融专业毕业证书，参加会计证专业知识培训，取得市以上财政局组织的会计证专业知识统一考试合格证书者即可取得会计证。不具备以上学历的，经过会计专业培训、考试，成绩合格者，也可参加会计证专业知识考试，考试合格者同样可以申请办理会计证。未取得会计证的人员，除国家承认的应届中专以上财务会计专业毕业生外，不得担任会计岗位的工作。会计证实行注册登记制度，注册登记后的持证人员作为正式会计人员管理，依法享有和承担国家赋予会计人员的职责、权利和义务；经注册登记后的会计人员，才能参加会计专业技术资格考试和申请高级会计师资格评审，才能进行会计专业职务的聘任等。会计证实行年检考核制度，每两年进行一次，不按规定参加年检和年检不符合要求者，其会计证自行失效。聘用、任用无会计证人员从事会计工作的单位和未经年检验证的，工商行政管理部门办理企业注册或年检，税务机关办理税务登记以及开户银行办理留存印鉴卡查验会计证时，工商、税务机关和金融部门不予办理相关业务。会计证持证人员违反财经纪律行为的，吊销其会计证，五年内不准重新申请办理发证。

至2000年7月，全省持有会计证会计人员共516 230人，其中男性137 553人，女性378 677人。按行业分，国家机关44 893人，事业单位62 166人，社会团体1 648人，国有企业160 995人，城市集体企业59 108人，乡镇企业19 777人，股份有限公司33 190人，外商投资企业42 510人，农村合作经济组织12 970人，私营企业28 846人，个体工商业户6 429人，其他行业43 698人。此外，有102 852人在岗会计人员由于各种原因没有办理会计证，被吊销会计证的有44人。

2000年7月起，广东执行财政部5月制定的《会计从业资格管理办法》，从事会计工作的人员必须取得会计从业资格，持有会计从业资格证书，用从业资格证书取代会计证。取得中专以上会计类专业学历，自毕业之日起两年内没有违反财经纪律的，无须参加会计从业资格考试，可以直接申请会计从业资格证书。其他情况的会计人员通过参加会计从业资格考试，合格者方能申请会计从业资格证书。在2000年7月1日之前按规定取得会计证的人员，其所持有的会计证经会计从业资格管理机关审核认可后，直接换发会计从业资格证书。发证与管理机关，证书的注册登记、年检、奖罚等与上面记载的会计证的规定基本相同。

二、会计人员继续教育

根据《中华人民共和国会计法》和财政部1998年1月制定的《会计人员继续教育暂行规定》，同年7月，省财政厅制定《广东省会计人员继续教育暂行规定》，自1999年1月1日起实施。该暂行规定要求会计人员每年参加由财政机关组织的会计人员继续教育培训和其他形式的学习以及自学。

会计人员继续教育的内容主要包括会计理论与实务，财务、会计法规制度，会计人员职业道德规范，会计电算化理论知识和实践操作以及其他相关法规制度和相关知识等。每年统一的会计人员继续教育培训具体内容由财政部和省财政厅统一规划，全省县级以上财政机关分级组织开展。同时，鼓励会计人员积极自学。会计人员完成的继续教育学时和内容由财政机关在会计人员持有的会计证（会计从业资格证书）中予以记载；当年或连续两年不接受继续教育或未按规定完成继续教育实践的，不予办理会计证年检，不得参加会计专业技术资格考试等。

广东各级财政机关利用高等院校和会计学术组织等社会教育资源，建立起会计人员继续教育网络。广东对会计人员继续教育培训机构实行市场准入制度，具备与教学相适应的教学场所和设施，有相对稳定的师资队伍和管理力量，能够完成所承担的培训任务，保证培训质量的社会办学单位，由财政机关发给会计人员继续教育培训许可证，由其具体承担会计人员继续教育培训工作。市、县财政局主要依靠地方会计学会承担培训工作；省财政厅委托广东省会计函授成人中等专业学校、广东财经职业学院、广东省财政学校、中山大学管理学院会计学系、暨南大学管理学院会计学系、广东外语外贸大学国际工商管理学院、广东商学院会计学系、广东省经济管理干部学院会计系、广东广播电视大学继续教育学院等9所院校（系）作为省直单位会计人员继续教育培训单位。

三、会计人员职称职务管理

1978年9月，国务院修改颁布《会计人员职权条例》，规定授予会计人员职称的条件和办法；1979年，省财政局结合广东的实际情况，制定《广东省关于授予会计人员技术职称的暂行规定》，规定总会计师、会计师、助理会计师和会计员等技术职称的考核和评定、授予的方法，以及审批程序，其中高级职称由省技术职称评审委员会评审。1980年财政部规定，将《会计人员职权条例》中的总会计师改为高级会计师，之后总会计师不作为技术职称，只作为行政职务。由于职称评定工作中存在论资排辈，在评定范围、评定条件、审批程序等方面掌握不严等现象，1983年9月，中共中央、国务院决定暂停各系列职称的评定工作，部署进行整顿和改革。广东会计人员技术职称评定工作相应暂停，至1983年暂停各系列职称的评定时，全省只评定高级会计师2人、会计师872人、助理会计师2 930人、会计员15 087人。

1986年4月，中共中央职称改革工作领导小组颁布《会计专业职务试行条例》（该条例解释权在财政部），广东据此制定实施细则。会计专业职务聘任制度将原会计技术职称改称会计专业职务，会计专业职务名称仍沿用高级会计师、会计师、助理会计师、会计员。高级会计师的任职资格由省会计人员高级职务评审委员会评审；会计师的任职资格由各市、地区，省主管厅、局的中级会计专业职务评审委员会评审；助理会计师、会计员的任职资格由县（市）及相当于县一级的行政、企事业单位的初级会计专业职务评审委员会评审。

会计专业职务的申请和评审，采取考核或考试的办法。申请者的学历、工作年限与申请的相应任职资格符合规定的，由单位推荐，评审委员会考核评审；如学历、工作年限与申请的相应任职资格有不符合规定的，要参加省、市、地区组织相应学历的会计专业基本知识考试。具有真才实学，成绩显著，贡献突出，符合任职条件的，可以不受规定的学历和工作年限的限制，破格评聘。高级会计师评聘中有考核外语的要求，其他会计专业职务没有外语条件的硬性要求。1983年9月以前取得的会计专业技术职称，通过重审确定。

会计专业职务采取评聘结合的办法，根据工作需要在规定的限额和批准的编制内，确定各单位高级、中级、初级会计专业职务的合理结构比例和限额。通过评审具有任职资格的会计人员，在所在单位聘任或任命后才能取得相应的专业职务，并享受相应职务的待遇。1987年4月，省财政厅制定《会计专业技术职务任职资格计量考评办法》，作为对申请会计专业职务任职资格人员的定量评价标准。

1992年3月，财政部、人事部联合颁发《会计专业技术资格考试暂行规定》及其实施办法，决定从1992年8月1日起，晋升会计专业职务的，除高级会计师仍然实行评审制度外，停止实施会计专业职务评聘，实行全国统一考试制度，考试每年组织一次。具有正规全日制院校财经专业毕业学历的会计人员，首次评聘初级会计专业职务时，采用考核的办法。会计人员按规定报考条件，分别参加相应种类的考试。其间，会计专业技术资格考试经历4次大的改革和调整。

1992—1994年，会计专业技术资格考试设置为会计师、助理会计师、会计员3个档次，其中会计师、助理会计师实行甲、乙两种考试。具备规定学历人员只参加甲种考试；不具备规定学历的人员，先参加乙种考试，取得乙种考试合格后，才能参加甲种考试。

1995年，财政部、人事部调整考试科目，全国停考一年。

1996—1998年，将会计师、助理会计师资格考试的甲、乙两种考试改为A、B两类的考试。A类为具有规定学历人员的考试；B类为不具备规定学历人员的考试，考试科目不同。1999年，国家再次对会计专业技术资格考试进行改革，将会计员和助理会计师资格考试合并为初级资格考试，会计师资格考试改称为中级资格考试，取消B类考试。2000年9月，财政部、人事部对《会计专业技术资格考试暂行规定》及其实施办法进行修订，将资格考试的内容和科目进行调整。规定参加初级资格考试的人员必须在一个考试年度内通过全部科目的考试，才能取得会计专业技术初级资格；参加中级会计专业考试的人员必须在连续的两个考试年度内通过全部科目的考试，才能取得会计专业技术中级资格。

1992年起，广东每年参加会计专业技术资格考试的人数均超过10万人，为全省各系列专业技术资格考试中人数最多、涉及范围最广、组织规模最大，也为全国（港澳台地区除外）各省、自治区、直辖市报考会计专业技术资格人数最多的省份。至2000年，国家共举办8次会计专业技术资格考试，通过考试取得会计专业技术初级资格的人数达124 268人，取得中级资格的达30 827人。

广东自1979年开始实行高级会计师资格评审制度后，基本执行财政部、人事部的规定。1997年，根据省职称改革工作办公室的统一要求，省财政厅组织专家拟订《广东省高级会计师资格条件》，并于2000年2月由省人事厅颁布。广东高级会计师资格评审工作分别由省高级会计师资格第一、第二、第三评审委员会负责。第一评审委员会负责省直及除广州、深圳两市外其他市的企事业单位会计人员的高级会计师资格申报评审工作，其日常工作办公室设在省财政厅；第二和第三评审委员会分别负责广州市和深圳市企事业单位会计人员高级会计师资格申报评审工作，其日常工作办公室分别设在广州市财政局和深圳市财政局。1993—2000年，全省共有642人申报高级会计师资格评审，经评审通过的高级会计师为304人。加上1993年以前通过评审的高级会计师以及从省外引进的人员，至2000年，全省拥有高级会计师资格的会计人员为2 311人。

四、会计人员表彰奖励

1983年，经省政府批准召开中华人民共和国成立后第一次财务会计先进集体和先进工作者代表大会，表彰奖励先进集体266个单位，先进工作者529人。

1987年4月，省财政厅制定《广东省会计工作先进集体、先进会计人员奖励办法》，报经省政府批准后于同月21日颁布执行，该办法规定奖励条件、奖励期限和奖励幅度等。

1988年7月，省财政厅对作出显著成绩的会计工作先进集体和先进会计人员进行表彰奖励，广州市纺织品进出口公司财会部等会计工作先进集体50个，孙文浣等先进会计工作者250名。1989年3月，省政府分别授予上述单位和个人为“广东省会计工作先进集体”和“广东省先进会计工作者”称号。

1988年年底，广东开始对从事财务会计工作累计专业工作满三十年以上的人员，颁发财政部统一印制的会计人员荣誉证书，至2000年一直照此办理。

1990年11月，财政部、人事部在北京召开全国会计工作会议暨全国先进财会工作集体和个人表彰大会，广州啤酒厂财务部等9个单位获得“全国先进财会工作集体”荣誉称号；关婉君（女）等18人获得“全国先进会计工作者”荣誉称号。

1995年9月，省财政厅、省人事厅授予广东轻工业机械集团公司财务处等84个单位为“1990—1994年全省财会工作先进集体”称号；授予陈雪兰（女）等300人为“1990—1994年全省先进会计工作者”称号。同年10月，广东省韶钢集团公司财务处等9个单位被财政部授予“全国先进财会工作集体”荣誉称号；赵刚（女）等18人被授予“全国先进会计工作者”荣誉称号。

1989年4月至1990年4月，广东举办全省会计知识大赛和参加“首届全国会计知识大赛”。广州市代表队获得省团体第一名；获得个人一等奖的有赵刚（女）等3人。广东代表队获得“首届全国会计知识大赛”优秀组织奖。

1999年12月至2000年8月，广东举办全省会计知识大赛和参加“第二届全国会计知识大赛”。全省有40多万名会计人员直接参加第一赛程的比赛，最后广州军区代表队获得省集体一等奖；李欣珏等3人获得个人一等奖。广东代表队获得“第二届全国会计知识大赛”第五名；深圳市代表队在决赛中取得笔试成绩第一名，总成绩第二名。

第八节　注册会计师行业管理

一、注册会计师协会

改革开放初期，广东会计中介服务主要是开展涉外会计咨询，注册会计师行业的管理工作由当时省财政厅主管涉外经济事务的对外经济财务管理处具体负责。1986年4月，省财政厅设置会计事务管理处（后改为会计处）后，由该处具体负责对省注册会计师行业管理工作。

1989年12月，省民政厅批复同意成立广东省注册会计师协会（简称“省注协”），省注协是中国注册会计师协会（简称“中注协”）的地方性组织，行政上受省财政厅的指导和监督。省注协主要负责组织注册会计师考试，会员注册管理、会员培训，事务所业务监管，协调行业内外部关系等行业管理工作，是注册会计师行业自律管理组织。

协会最高权力机构为会员代表大会，会员由团体会员和个人会员共同组成。依法批准设立的省内会计师事务所为团体会员；取得注册会计师资格者为个人会员。在会计师事务所执业的注册会计师应当加入协会成为执业会员，其他的可申请成为非执业会员。1989年12月、1993年7月和1996年11月，协会分别召开第一届、第二届和第三届会员代表大会，选举产生各届理事会及其常务理事会，理事会为会员代表大会的执行机构。秘书处为常设办事机构。

1991年，深圳市成立深圳注册会计师协会。

1995年11月，省政府同意广东省注册会计师协会、广东省审计师协会联合。1996年11月，两协会正式联合，联合后的注册会计师协会受政府委托，行使部分行政管理职能，实现统一的行业管理体制。至1998年年底，广东21个市的会计师协会和审计师协会均联合。2000年，省资产评估协会与省注协合署办公，合并后的协会称广东省注册会计师协会，同时保留广东省资产评估协会的牌子。

二、注册会计师

（一）资格考核考试

1981年，广东恢复注册会计师制度，当时注册会计师从业人员奇缺，与经济发展的需求远远不相适应。1990年以前，注册会计师资格的取得，由从事会计工作多年的从业人员，向省财政厅（省注协）批准设立的申请人从业的事务所申报，再报送省财政厅（省注协），由省财政厅（省注协）对其进行考核，考核合格后，发给其执业证书，此种证书只能在省内执业。至1985年年底，全省批准注册会计师42名。

1991—1993年，注册会计师执业资格的认定采取考试和考核并举的办法。具有或相当于大专学历，从事三年以上会计、审计工作的中国境内公民，均可申请注册会计师全国统一考试。考试采用单科合格的办法，成绩滚动三个年度，在三个年度内4科考试全部合格者为取得注册会计师资格。从事会计工作二十年以上，确有会计业务专长的人员，采取考核的办法，考核的内容包括学历、业务经历、业务专长和有关专家鉴定书。通过考试、考核合格的，由省财政厅批准为注册会计师，并报中注协备案。同时，对注册会计师实行年检制度。

1994年1月起，按照《中华人民共和国注册会计师法》的规定，申报注册会计师的人员都要参加全国统一考试，不再实行考核的办法。1994年，国家开始允许中国港澳台地区居民及外籍公民中符合条件的人士参加国内注册会计师考试，中国港澳台地区居民及外籍公民的考试管理统一由中注协负责。至当年底，全省有注册会计师1 367名。

1995年，注册会计师考试将经济法中的税法部分，单独作为一门科目进行考试，考试难度也有所提高，考试成绩的滚动年限增加到5个年度。1991年开始，广东报考人数逐年增加。历年单科考试合格累计达42 469人次，全科合格5 708人。1998年以前报考人员主要来自行业内的从业人员，中年人报考的比例较大，1998年起，报考人员中相当一部分来自社会各行各业，且年龄结构更趋年轻化。

1997年，开始实行注册会计师证券、期货相关业务资格考试制度。至2000年，共举行4次考试。其中2000年在广州市设立分考场，广东四年累计有1 396人到考，合格人数为202人，与注册会计师考试相似，每年报考人数呈增多趋势，但考试难度逐年增大，考试合格率逐年降低。

1991—2000年广东省参加注册会计师统一考试情况表

表10-8-1　　单位：人

年度	报名人数	合格人数							
		会计	审计	财务管理	经济法	税法	五科合计	全科合格	单科换全科
1991	2 498	224	128	141	267	—	760	35	35
1993	2 890	713	435	547	775	—	2 470	227	227
1994	8 300	1 759	1 908	1 581	728	—	5 976	377	377
1995	19 227	1 156	442	904	1 016	1 010	4 528	50	183
1996	17 944	1 158	536	673	861	942	4 170	10	922
1997	21 372	1 431	1 568	888	969	2 020	6 876	33	919
1998	30 312	1 267	597	1 028	929	933	4 754	13	539
1999	37 104	1 417	704	1 136	1 407	2 242	6 906	12	861
2000	39 846	1 138	1 132	995	1 722	1 042	6 029	13	875
合计	179 493	10 263	7 450	7 893	8 674	8 189	42 469	770	4 938

（二）培训

1992年前，国家对注册会计师后续教育尚未有严格要求，广东针对当时会计师事务所的人员主要来自企事业单位和大专院校，对涉外会计、审计工作和对外经济法规比较陌生的特点，采取以老带新、定期召开业务研讨会、案例分析会、选送人员到香港和国外实习、短期考察等灵活多样的方式进行业务学习和培训，改变注册会计师队伍年龄老化、知识老化的现象。

1992年7月起，广东执行中注协规定，注册会计师每年接受脱产继续教育时间不得少于两周，三年累计脱产继续教育时间不少于两个月。1996年起，注册会计师必须接受后续教育培训，执业会员接受后续教育时间三年累计不得少于180学时，其中每年接受后续教育培训时间不得少于40学时，接受脱产后续教育的时间三年累计不得少于120学时，其中每年接受脱产后续教育培训时间不得少于20学时。

1992—1996年，省注协有针对性地组织事务所所长、注册会计师等分层次培训班以及选派人员参加中注协组织的各种培训，满足注册会计师后续教育中知识更新、解决实际问题的需要。1996年后，广东对注册会计师的后续教育管理基本形成比较完善的培训体系，每年进行培训计划统筹设计和安排，并于每年年初发布培训计划；建立师资队伍专家库，为行业后续教育储备人才；采取分层次培训班、研讨会、出国考察等多种形式对学员进行培训。

三、会计师事务所

（一）恢复与发展

1980年，财政部颁布《关于成立会计顾问处的暂行规定》，要求各省、自治区、直辖市根据需要和现有条件逐步设立会计顾问处，承办会计公证、咨询等业务。1981年10月，广东成立第一家会计师事务所——广州会计师事务所。至1985年年底，广东批准成立会计师事务所10家，批准注册会计师42名，配备其他从业人员128名。

1986年11月，省财政厅转发财政部颁发的《会计师事务所管理暂行办法》，对申请设立、审批、检查事务所等事项作出具体规定。省财政厅、省编委、省工商行政管理局联合印发《关于各地成立会计师事务所审批手续问题的通知》，明确规定各地成立会计师事务所必须先报当地机构编制委员会审查批准、核定编制；省财政厅审查批准执业和注册，当地工商行政管理部门凭省财政厅批准的文件办理工商登记和签发营业执照，明确三方职责。

1986—1989年，省财政厅先后制定《广东省注册会计师工作守则》《广东省会计师事务所业务收费暂行规定》《会计师事务所申报程序的规定》《注册会计师和会计师事务所管理工作的暂行规定》《会计师事务所财务管理若干问题的暂行规定》《会计师事务所会计核算办法》《关于会计师事务所跨地区执业和设立分支机构管理规定》以及有关职业道德方面的规定，初步建立起一套管理制度。在管理体制上，明确省、市财政机关和会计师事务所挂靠单位的职责权限。这一时期，广东会计师事务所得到较快发展，至1989年年底省注协成立时，全省共有会计师事务所43家，注册会计师278名，从业人员764人，全省除阳江、河源、汕尾3个市未设立事务所外，其余各市均设立会计师事务所。

1994年1月起，随着《中华人民共和国注册会计师法》的施行，广东进行会计师事务所体制改革的探索，在全国率先成立第一家合伙会计师事务所——深圳高威联合会计师事务所。省注协根据财政部颁布的《注册会计师注册审批暂行办法》，制定《关于广东省执行财政部〈注册会计师注册审批暂行办法〉的补充规定》，在全国首先对注册会计师转所执业及重新注册恢复执业行为进行规范，形成注册会计师动态管理。至1994年年底，全省有会计师事务所154家，注册会计师1 367名，从业人员4 079人。

1996年11月，广东省注册会计师协会、广东省注册审计师协会联合，注册会计师与注册审计师统一称谓为注册会计师，都遵循《中华人民共和国注册会计师法》，统一由省注协管理。联合时，全省有会计师事务所、审计事务所449家，执业注册会计师3 268人（其中注册审计师转为注册会计师1 281人），从业人员8 208人，业务收入5.77亿元。

1993年2月，财政部、中国证券监督管理委员会（简称“中国证监会”）联合颁发《关于从事证券业务的会计师事务所、注册会计师资格确认的规定》，对从事证券业务的会计师事务所和注册会计师的执业资格进行审核确认。广东对申报会计师事务所执业特殊资格材料进行审核，上报财政部审批。至1997年事务所脱钩改制前，广东共有证券、期货业务执业资格的事务所16家。

1995年，广东对从事非上市股份制企业业务的会计师事务所进行规范管理，省财政厅与广东省证券监督管理委员会（下简称“省证监会”）共同审核26家申请从事非上市股份制企业业务的会计师事务所，其中12家获通过。

2000年，广东共有20多家事务所参与合并重组，形成一批规模较大的事务所，其中有12家获财政部、中国证监会批准具有证券、期货相关审计业务资格，具有证券、期货相关审计业务资格注册会计师290人；经财政部、中国人民银行批准，32家事务所具有金融相关审计业务资格。

（二）整顿与体制改革

改革开放初期，会计师事务所采用挂靠体制模式，主要是挂靠在行政事业单位，这种体制严重影响注册会计师的独立性和公正性，制约注册会计师中介机构功能的有效发挥。

1995年11月，深圳市选择3家会计师事务所作为体制改制试点单位。至1997年年底，深圳市注册会计师行业改制工作结束，共依法设立72家会计师事务所。其中改制为合伙事务所49家，改制为具有法人资格的事务所23家；深圳市800多名注册会计师中的224人通过改制成为合伙人。

1997年7月至1998年，为贯彻落实国家关于整顿会计师行业的指示精神，省注协组织开展对全省注册会计师行业进行清理整顿工作。这次清理整顿，共抽调150人组成7个检查组，从事务所的法定设立条件，注册会计师的执业资格，执业质量，事务所财务管理制度等四方面进行检查。广东共有247家会计师事务所、208家审计事务所，2 612名注册会计师纳入清理整顿对象，抽查3 800份报告。在清理整顿中，先后撤销或合并不符合办所条件的事务所73家，注销不符合条件的注册会计师421人。清理整顿后全省保留389家会计（审计）师事务所，注册会计师2 191人。

1998年3月，省财政厅和省国资局先后制定《会计师事务所、审计事务所与挂靠单位实行财务脱钩的暂行规定》，规范事务所在财务方面脱钩行为。是年，广东16家具有证券、期货执业资格的会计师事务所与原挂靠单位脱钩；至年底剩下11家，5家因不符合条件被取消证券、期货执业资格。

1999年，广东会计师事务所的体制改革工作全面铺开，事务所从人员、财务、业务、名称等四方面与原挂靠单位脱钩，改制为由注册会计师发起设立，自主经营、自负盈亏的社会中介机构。省财政厅分别与省审计厅、省人事厅、省工商行政管理局、省国资局等部门就事务所脱钩改制涉及的人员安置、注册登记、资产界定等事项作出规定，并出具指导意见。至1999年年底，全省（不含深圳市）共有297家事务所参加脱钩改制，占应参加改制的事务所92.8%，批准改制的事务所241家。其中：改为合伙制事务所68家，改为有限责任制事务所173家，撤并42家，审计事务所全部改为会计师事务所。

2000年，省注协对脱钩改制的事务所进行复查验收，对脱钩改制复查合格的323家事务所核发正式执业证书，对2 472名注册会计师重新换发注册会计师证书。至此，会计师事务所成为由注册会计师发起设立，自担风险、自主经营、自我约束、自我发展的社会中介机构。

1985—2000年广东省注册会计师行业机构人员、业务收入情况表

表10-8-2

年度	会计师事务所(家)	执业注册会计师（人）	从业人数（人）	业务收入（万元）	年度	会计师事务所(家)	执业注册会计师（人）	从业人数（人）	业务收入（万元）
1985	10	42	128	—	1993	100	605	2 589	19 857
1986	13	70	124	—	1994	154	1 367	4 079	28 225
1987	25	135	251	722	1995	224	1 857	—	—
1988	35	240	303	1 206	1996	449	3 268	8 208	57 696
1989	43	326	1 014	2 391	1997	452	3 462	9 353	71 691
1990	50	353	1 231	2 964	1998	401	3 861	10 257	73 941
1991	59	431	1 495	4 067	1999	333	3 488	9 658	73 883
1992	67	472	1 900	7 463	2000	319	3 767	10 581	97 392

说明：空白处为找不到历史资料

（三）涉外管理和对外交流

80年代起，广东就逐步开放国内注册会计师服务市场。1993年起，广东按照财政部的有关规定，对境外机构在大陆境内临时执业或设立合作事务所及开办代表处、发展成员所、联系所等进行规范。1994年，广东成立全国第一家以国际所形式设立的会计师事务所——深圳浩华会计师事务所。至2000年年底，有2家国际会计师事务所在广东设分所，有5家国际会计师事务所、1家香港会计师事务所在广东设立代表处。每年有100多家（次）中国港澳台地区会计师事务所在广东省内申请临时执业许可证。

90年代初，广东省注册会计师行业与国（境）外同行就有一定程度的交流。1991—2000年，省注协分别接待德勤、柏德豪、君富、普华等多家境外会计师事务所及香港会计师公会、香港华人会计师公会、台湾会计师公会、高雄会计师公会、澳洲会计师公会香港分会代表的到访；多次组织会计师事务所及管理人员到中国港澳地区，东南亚，美国、英国、澳大利亚等地区和国家进行考察、交流、学习。

四、行业监管

（一）执业管理

1988年12月，财政部颁发《注册会计师检查验证会计报表规则（试行）》；1991年8月、11月和1992年7月，中注协先后制定《注册会计师验资规则（试行）》《注册会计师查账验证工作底稿规则（试行）》《注册会计师查账验证计划规则（试行）》等行业的执业规范，对注册会计师进行执业指导和规范。针对广东外商投资企业发展较快，为加强对外商投资企业资本验证工作的管理，1991年7月和9月，省注协先后制定《广东省外商投资企业资本验证若干问题的暂行规定》和《广东省外商投资企业资本验证若干问题的暂行规定（第二号）》等，规范广东会计师事务所验资行为。1993年6月和7月，省注协又先后印发《关于合资经营企业投资者以外币出资验证有关问题的通知》和《关于外商投资资本验证问题的复函》等文件，对注册会计师业务中遇到的实际问题进行解答和规范。

1994年，省注协与省证监会联合制定《关于会计师事务所和注册会计师从事股份制企业查账验证业务管理的暂行规定》，规范事务所对股份企业的审计、验证行为。

1995年后，财政部、中注协制定的《中国注册会计师独立审计准则》等一系列审计准则、执业规范出台，广东统一执行财政部颁布的执业规范。

（二）业务监管

1. 行业监管制度建设

1999年起，省注协逐步在业内聘请部分经验丰富、执业水平较高的注册会计师参加业务检查，逐步建立一支相对稳定、能胜任监管工作的业务骨干队伍。

2000年8月，省注协制定《广东省注册会计师行业投诉、举报受理暂行办法》以及印发《关于规范事务所业务台账登记工作的通知》等规范性文件，从制度上明确行业自律监管的工作职责和行为规范，是全国较早摸索建立行业自律监管制度的省份之一。

2. 事务所业务检查

1992年起，广东就按规定并结合年检有针对性地组织全省业务检查工作。1993年组织全省88家会计师事务所、注册会计师执业质量、职业道德等方面的全面检查；1994年对承办上市公司业务的7家事务所进行上市公司业务执业质量检查；1995年对新成立的事务所的组织机构建设和业务开展情况进行检查。1996年起，对事务所的业务检查基本形成制度化。

3. 行业处罚和行业自律性惩戒

1998—2000年，省财政厅先后对5家会计师事务所、11名注册会计师违反《中华人民共和国注册会计师法》的行为予以行政处罚。其中：撤销2家，暂停执业并处罚款2家，警告1家；吊销注册会计师证书1名，暂停执业3名，警告7名。1999年，深圳市对违规违纪的7家会计师事务所和23名注册会计师分别给予警告、暂停执业、吊销注册会计师证书、撤销事务所等处罚。

2000年8月，省注协制定《广东省注册会计师行业惩戒暂行办法》，明确规定对会计师事务所、注册会计师违规执业的，由协会予以责令检讨，通报批评，公开谴责等形式的行业惩戒。至当年底，省注协惩戒委员会先后对3名注册会计师违法违规行为予以行业惩戒，其中吊销会员资格1名，通报批评2名。

第十一章　国有资产管理

第一节　管理体制

一、管理机构

80年代中期，广东就开始探索国有资产的专司管理工作。1987年7月，深圳市率先成立全国第一家国有资产专司管理机构——深圳市投资管理公司，受深圳市政府委托管理市属经营性国有资产。随后，珠海市和普宁县也成立专司国有资产管理机构。

1989年，省财政厅提出建立广东省国有资产管理机构的设想，代省政府草拟关于成立广东省国资局的请示报国务院。同年12月，省财政厅在企业财务处内专设国有资产工作小组，负责有关国有资产管理各项工作，重点抓清理整顿公司中撤并公司资产和债权债务的清理工作，并参与省国有资产管理机构的筹建工作。

1990年9月18日，省政府办公厅和省编委批复同意省财政厅设立广东省国有资产管理办公室（简称“省国资办”）。省国资办成立以后，积极促进市、县国有资产管理机构建设。至1991年年底，全省19个市除深圳、珠海两市建立投资管理公司外，其余的市全部建立国资办，77个县（市）中有47个组建国资办，管理干部341人。至1992年年底，全省所有的市、县都成立国有资产管理机构。深圳市政府成立国有资产管理委员会，下设办公室。

1994年5月25日，省委、省政府决定组建广东省国有资产管理局（简称“省国资局”）。1995年1月12日，省国资局正式挂牌成立。

1995年2月14日，省政府第八届第六十三次常务会议决定全省的省、市、县（市、区）各级政府都要组建国有资产管理局。至1995年年底，全省共有国有资产管理机构140多个，国有资产管理干部700多人。

省国资局是省政府专司国有资产管理的行政职能部门，归口省财政厅领导。2000年，省政府进行机构改革，不再保留省国资局，其行政职能并入省财政厅，其中原由省国资局承担的国有资源实行资产化管理的有关职能，分别划归省国土资源厅、省林业局承担。

二、产权制度改革

（一）产权重组

国有资产管理体制变革，是围绕产权改革而发展的。

1985年，广东将江门甘化厂等26家工业企业，全省新华书店、医药二级站、商业二级站、粮食企业下放到各市、县管理。1986年，全省开始进行产权制度的改革，出现企业拍卖、破产、转让、兼并、合并、股份制改造等。

1993年，顺德市采取“赎买”“民营化”和“公有资产办公室持有部分股权”等方式，全面完成该市公有企业的改革。

1996年4月，广州市、深圳市列入国务院优化资本结构试点城市，试点工作以国有大中型企业为重点，以“增资、改造、分流、破产”为主要内容。推动优胜劣汰机制的形成，达到优化企业资本结构和国有经济资本结构的目的。1997年3月，把试点城市扩大到佛山、汕头、韶关和湛江4个市。

（二）股份制改造

1983年7月，深圳宝安集团发行股票，成为中华人民共和国成立后的第一家股份有限公司和发行第一张股票的企业。

1985年10月开始，广东进行全省企业的股份制试点，选择原“以税代利”试点的8家工业企业中的广州市绢麻纺织厂、佛山棉纺织二厂、江门南方食品厂、韶关齿轮厂等企业实行股份制试点。同时，广州市选择南方大厦百货商店、广州木材总厂进行股份制试点。

当时股份制的形式主要有企业间相互参股、持股的股份制和企业内部职工持股的股份制，之后，发展到跨地区、跨行业、跨所有制成分的股份制，并向社会公开发行股票。

在实行股份制企业的试点过程中，出现一些不规范的做法。1991年9月，省政府决定成立省企业股份制试点联审小组，组长由省政府分管副省长担任，成员由省体改办、省财政厅、省国资办等厅局人员组成，联审小组办公室设在省体改办。联审小组的主要职责是拟订企业股份制改革的有关规章，审核全省（不含广州、深圳两市）股份制企业的试点方案，并监督实施。至1992年年底，全省（不含广州、深圳两市）共审批164家股份制企业。

至1996年年底，全省共组建股份有限公司230家。其中：上市公司44家，社会募集公司20家，定向募集公司166家。

1997年10月，省证监会公布《关于公开发行股票工作程序暂行规定》，公开发行股票的股份公司，必经经济效益好，连续三年赢利；在同等条件下，国家和省重点扶持的大型企业集团优先安排上市。同时，省证监会公布《关于加强省内企业境外发行股票上市管理暂行办法》，省内企业直接或间接到境外发行股票及上市，必须报省证监会初审，由省证监会根据不同情况，报省政府审批或经省政府报中国证监会审批。未经批准，任何企业不得擅自到境外直接或间接发行股票上市。

至1997年年底，全省实行产权改革的中小企业2 571家，占全部中小企业的16.99%。其中：实行公司制改造的503家，股份合作制的360家，出售、转让的147家，被兼并的154家，破产的37家，无偿划转的41家，承包和租赁经营的1 329家。实行改革的中小企业国有资产总额102亿元。

（三）授权经营

1994年5月和10月，省政府分别颁发《关于加快建立现代企业制度的意见》和《广东省现代企业制度试点方案》及其配套文件。根据“产权清晰，责权分明，政企分开，科学管理”的原则，在全省范围内着手建立起国家所有、分级管理、分工监督、企业经营的新型国有资产管理体制和经营体系。政府国有资产管理部门与国有资产投资主体的关系是资产授权委托经营的关系，不是行政隶属关系。政府国有资产管理部门，可以代表政府授权给资产经营公司和符合条件的集团公司运营国有资产，由其依法行使国有资本出资者的职责，享有出资者的权益。资产经营机构受托经营国有资产，通过资产纽带与生产经营企业发生关系，不存在行政隶属关系。

1994年10月，省政府决定在全省范围内选择250家企业进行现代企业制度的试点。鉴于试点工作开展以后国家有关政策和企业实际情况发生变化，部分原定试点企业不再具备继续试点的条件，1996年5月重新调整确定为187家。

1995年3月，省政府批转省国资局《关于进行国有资产授权经营试点实施意见的请示》，开始实施国有资产授权经营的试点，明确国有资产投资主体。规定国有资产授权经营企业一般必须具备6个方面的基本条件：已经成为经济实体，没有政府行政管理职能和行业管理职能；有一定数量的直属全资企业、控股企业、参股企业或集团成员企业，净资产量一般不少于3亿元；各项基础管理制度健全，经营状况良好，连续三年赢利，按国家规定缴足税利；领导班子团结，具有开拓精神，还具有一定数量投资、财务、市场分析、技术等专业管理人才。

1996年4月，经省政府批准，授予深圳华强集团公司、韶关钢铁集团公司、广东物资集团公司作为省级第一批授权经营试点单位。同年11月，授予广东省航运总公司、省建筑工程总公司、省商业企业集团公司作为第二批授权经营试点单位。同月，省政府颁发《省属企业国有资产监管体制改革试点方案》，该方案对省属企业国有资产实行分类管理与监督。符合国有资产授权经营条件的企业集团公司、大型企业、原行业主管部门和行政性公司转为经济实体的及其他全省性公司，授权其统一经营管理授权范围内的国有资产，承担国有资产投资主体的职责。

至1997年，全省组建70家大型企业集团，近60%的工业小企业转制放开。

1999年年底，省政府批准成立广晟资产经营公司，接收广州军区、兰州军区、成都军区、北京军区、广东省军区和武警部队移交的351家企业。

2000年5月，省委、省政府决定对2 319家省属国有及国有控股企业进行重组，并颁发《广东省省属国有企业资产重组总体方案》。该方案将分散在政府50多个部门管理以及军队、武警部队、政法机关移交省管的企业，重组为3家资产经营公司和20家实行国有资产授权经营的大企业集团。进入省属国有企业管理及资产重组范围的国有及国有控股企业1 546家；资产总额2 436.62亿元，占59.49%；负债总额1 308.30亿元，占47.13%；净资产1 128.32亿元，占85.49%；国有资产1 052.63亿元，占90.56%。拥有职工330 385人，占82.06%。未纳入重组企业773家，其中撤销144家，改制7家。其余属于文化、高校企业，各有关厅局所办企业暂维持原体制。

这次资产重组的23家资产经营公司和授权经营企业集团（上述1996年授权经营试点的6家集团公司同时参与重组），按照“国家所有、分级管理、授权经营、分工监督”的原则，建立以产权为纽带的政府—国有资产经营公司—国有企业3个层次的新型国有资产管理体制，切实解决出资者缺位问题，实现政企分开。重组方案规定，符合成立国有资产经营公司的，其总资产额必须在100亿元以上，国有净资产在10亿元以上；符合成立国有资产授权经营企业集团的，其总资产额必须在20亿元以上，国有净资产在3亿元以上。

2000年10月，省财政厅在广泛征求和采纳省委组织部、省人事厅、省经贸委、省劳动保障厅的意见后，制定《广东省国有企业效绩评价工作试点实施方案》，并从2000年下半年开始，联合组织对全省国有企业效绩评价进行试点。在省属企业中选择韶关钢铁集团有限公司、广东韶钢松山股份有限公司、广东物资集团公司、广东省外商投资企业物资公司、广东中旅（集团）公司、广东中旅（集团）汽车服务有限公司和广东省高速公路股份有限公司等7家国有企业作为2000年度、2001年度省属绩效评价试点企业，并在佛山市、肇庆市同时开展国有企业绩效评价试点工作。

2000年广东省成立的23家省属资产经营公司和授权经营企业集团

表11-1-1

3家资产经营公司	20家授权经营企业集团公司		
1. 广业资产经营公司	1. 省电力集团公司	8. 省建工集团公司	14. 广东科智机械集团公司
2. 广弘资产经营公司	2. 省交通集团公司	9. 广东国际技术合作实业集团公司	15. 省石化集团公司
3. 广晟资产经营公司	3. 深圳华强集团公司		16. 省通讯集团公司
—	4. 韶关钢铁集团公司	10. 省外贸集团公司	17. 省粤科风险投资集团公司
—	5. 省航运集团公司	11. 省现代农业集团公司	18. 省旅游集团公司
—	6. 广东物资集团公司	12. 省丝绸集团公司	19. 广东中旅（集团）公司
—	7. 省商业企业集团公司	13. 省轻工集团公司	20. 白天鹅企业集团公司

三、派驻财务总监

（一）向国有企业派驻财务总监

1994年，深圳市投资管理公司公开招聘财务总监，委派到市投资管理公司系统大、中型企业。派出的财务总监代表出资者对所投资企业经营状况、资产、产权和财务管理起监督、服务、桥梁三方面的作用。1996年起，深圳市投资管理公司在全国率先以出资人的身份委托社会中介机构对被投资企业进行每年一次的审计活动。

1999年，省委、省政府要求各级财政部门向资产经营公司派驻财务总监，资产经营公司向其独资、控股企业派驻财务总监，代表出资者对所投资企业经营状况进行监督。

2000年下半年，省财政厅财务总监办公室开始着手制定一些财务总监管理暂行办法和操作性文件，并从社会上招聘、培训后聘任以及从财政部门委任两种方式委派财务总监，首批派驻财务总监的单位有广业资产经营公司、广晟资产经营公司、广弘资产经营公司、省粤科风险投资集团公司、省现代农业集团公司、省商业企业集团公司、广东科智机械集团公司、省外贸集团公司等8家资产经营公司和集团公司。派驻的财务总监任公司董事，对政府及委派单位负责，在企业的资本营运管理活动过程中履行财务监督职责；派驻财务总监按规定对企业的大额资金流动、国有资产变动（包括企业改制、改组、兼并、破产、解散、关闭、资产与产权转让、对外投资、发行债券方案和对外担保贷款业务等）与董事长或总经理实行联签制度；对企业进行事前事中的监督；财务总监的工资、补贴、奖金等个人收入部分列入统发工资范围，由省财政集中支付。广州、深圳、肇庆、佛山、梅州、湛江、珠海、阳江、云浮、韶关、茂名、中山、惠州等市政府采取直接向国有独资企业、国有控股公司委派财务总监。广州、深圳、惠州等市的国有企业集团采取内部委派财务总监。

（二）向行政事业单位派驻财务总监

向行政事业单位派驻财务总监主要是监督单位财务管理，列席有关资金管理会议；监督单位年度收支预、决算方案的编制；监督追加预算、基建资金、专项资金（含事业费）的申请及其二次分配方案；监督单位年度预算、追加预算、基建资金、专项资金的二次分配方案的执行情况；监督派驻单位执行国家财经法律、法规、制度的情况和财务会计资料的真实性、合法性；监督单位依法取得、使用、管理行政性收费、基金和罚没收入；监督单位国家财产的占有和使用，确保国家财产的安全和完整；监督国有资产使用费的收取、缴交和管理。同样采用委派制和聘任制。

1998年4月，高要市开始对预算外收入超过10万元的单位，由市行政事业单位财务总监办公室派驻财务总监，是全省最早向行政事业单位派驻财务总监的试点县级市。7月，广宁县成为第二个试点县。1999年，省政府决定在全省范围内扩大向行政事业单位派驻财务总监试点范围，确定佛山市为市级试点单位，其他市自选1个～2个县（市、区）进行试点，从5月10日起实施。省政府第九届二十四次常务会议决定在试点的基础上逐步在全省推行。广州、深圳、肇庆、佛山、梅州、湛江、珠海、阳江、云浮、韶关、茂名、中山、惠州等市政府采取直接向行政事业单位委派财务总监。另外，还有向政府财政性资金基本建设重点项目派驻财务总监。

第二节　产权管理

一、经营性资产产权管理

（一）承包、租赁国有企业国有资产产权管理

1988年2月，国务院颁布《全民所有制工业企业承包经营责任制暂行条例》；1990年8月，省政府印发《关于搞好全民所有制企业新一轮承包经营责任制的通知》；同年10月，国家国资局等4个部门制定《关于加强承包经营责任制企业国有资产管理的试行办法》，规定企业国有资产产权变动时，应进行资产评估，评估结果由财政部门确认；按规定提取和使用各项基金；提高国有资产的经营使用效益；核准承包国有资产基数，按照国家国资局制定的《承包企业国有资产保值增值指标计算考核暂行办法》考核国有资产保值增值指标。

1989年起，省政府对全民所有制小型工业商业企业租赁经营国有资产产权管理作出具体规定。实行租赁经营的全民所有制小型工业商业企业，国有资产产权隶属关系不变；

国有资产产权属于国有资产管理部门，未成立国有资产管理部门的地方，暂由财政部门代管；租赁的对象是企业全部国有资产；企业出租前必须对国有资产进行评估，评估结果经资产管理（财政）部门确认后才能出租；对承租人实行抵押租赁办法。

1991年1月，省财政厅、省国资办制定《广东省国营企业国有资产保值增值考核暂行办法》，从1994年起，国营企业国有资产保值增值考核纳入全省国有资产管理日常工作。从1995年起，实行国有资产年度报告制度，国有资产年度报告内容包括资产年度报表和国有资产经营（使用）情况年度报告。1996年，省国资局确认省民政厅、省商业企业集团等31家总公司、单位下属784家国有企业国有资产保值增值考核结果。

2000年，全省有13个市开展企业国有资产保值增值确认工作，共考核企业2 927家。其中：保值企业527家，增值企业1 098家，减值企业1 302家。

（二）兼并破产国有企业国有资产产权管理

国有企业破产分为两种形式，一种为兼并破产、债转股政策性破产，另一种为依法破产。

国有企业被兼并，由省、市、县财政部门会同企业主管部门报同级政府作出决定。1986年开始试行的企业兼并主要有4种形式。承担债务式，即在资产与债务等价的情况下，兼并方以承担被兼并方债务为条件接收其资产；购买式，即兼并方出资购买被兼并方企业的资产；吸收股份式，即被兼并方企业的净资产作为投资资金投入兼并方，成为兼并方企业的一个股东；控股式，即一个企业通过购买其他企业的股权，达到控股，实现兼并。企业兼并后的产权归属，原则上谁出资归谁所有。

1996年4月，省经委制定《关于鼓励和支持企业兼并的意见》，企业兼并方案按企业隶属关系，报同级经委会同主管部门审批。涉及国有资产变动的，必须征得同级国资局同意；涉及债权债务的，必须征得贷款银行的同意。被兼并企业须按规定进行清产核资、资产评估和清理债权债务，并依法办理产权转让登记。被兼并企业的资产，如双方均是国有企业，可由国有资产管理部门将被兼并企业的资产划拨给兼并企业，同时转增国家资本金。被兼并企业兼并前发生的潜亏和固定资产、流动资产、专项损失，经主管部门审核，同级财政部门和国有资产管理部门批准，可冲销被兼并企业的公积金和资本金。

1996—1999年，全省有173家国有企业实施政策性兼并破产。其中：被兼并企业136家，破产企业37家，核销呆坏账储备金49.2亿元；关闭劣势糖厂43家；关闭资源枯竭、安全条件恶劣、亏损严重的省属煤矿矿井（单位）13对（个）（其中煤矿关闭工作2003年8月底才完成）。全省有20家企业实行债转股，实行债转股后减少利息支付12.7亿元。

企业依法破产，按照《中华人民共和国企业破产法（试行）》执行，成立破产清算组。1997年，省有色金属加工厂实施破产；1999年省四望嶂矿务局实施破产；同年，广东国际信托投资公司实施破产。市、县也有一批企业实行破产。

（三）国有资产出售、产权转让管理

1989年2月开始，广东执行国家体改委、财政部、国家国资局《关于出售国有小型企业

产权的暂行办法》，出售国有企业产权，由企业主管部门会同同级政府、同级财政部门作出决定，出售国有企业所得净收入，由财政部门组织解缴国库，纳入预算管理。1991年，省石油公司油轮实施出售。1996—1999年，经国家国资局、省政府和省国资局批准，有文件记载的出售企业6家。

1994年11月，省政府办公厅印发《关于加强国有企业产权转让管理的通知》，国有企业产权转让事先要办理报批手续，企业不能擅自转让。地方管理的国有企业（不含大型、特大型）产权转让，应按企业隶属关系由其主管部门进行初审，经同级国有资产管理部门会同有关部门审核后，报同级政府审核或批准，其中县属企业的，经县级政府同意后报市政府审批；省和市属企业的，由同级政府审批。大型、特大型国有企业产权转让，必须逐级上报，经省政府同意后转报国务院审批。有中央投资的，要事先征得国家授权的部门和国家国资局同意。向外商出让国有企业产权，经同级国有资产管理部门审核后办理报批手续时，报上一级国有资产管理部门备案，对国民经济有重大影响的企业，产权严格控制向外商出让。国有企业产权转让前，进行资产评估，评估结果经同级国有资产管理部门确认后作为转让底价。没有进行评估的转让行为无效。在资产评估的同时，进行产权界定，明确产权归属。

1996年5月，省政府规定，省属企业国有产权转让金额在1 000万元以下的，由省国资局会同有关部门审核转报省政府批准，由省国资局发文审批；转让产权金额在1 000万元以上或者转让大型、特大型、特殊性国有企业产权和向外商出让产权，由省国资局会同有关部门审核转报省政府审批，或转报国务院审批。其间，全省各地出现经政府或企业主管部门同意，对一些资不抵债的国有企业实行零资产转让，受让方承担出让方的债权债务或人员安置等。

1991年，黄埔电厂1号、2号油机组偿还中央给广东煤机组贷款，产权转让得到7 000多万元补偿。1996—2000年经国家国资局、省政府和省国资局批准，有文件记载的产权转让企业23家，通过划转产权的企业10家。

广州、深圳、珠海、汕头等市，先后制定有关企业产权转让管理办法。

（四）境外企业国有资产产权管理

改革开放后，广东各级政府加强对外往来和促进对外贸易，由各级政府或企业主管部门在境外举办机构或企业。当时企业的国有资产产权管理，基本上由派出机关或企业的主管部门负责。

1999年12月，省国资局、省财政厅等5个部门结合广东境外企业较多的情况，对广东境外企业国有资产产权管理作出规定。

2000年起，全省将不对省属境外企业单位实行授权经营，境外企业的管理，按产权关系由境内的投资者或资产经营公司负责经营和管理，对党政机关脱钩、移交的省属境外企业，由省国资局直接授权给省属资产经营公司进行管理。

境外企业在境外发行公司债券、股票和上市等融资行为，超过企业净资产50%的投资或超过100万美元的投资活动；向外转让国有产权（或持股权）；向外开出信用证明及从事高风险的投资经营行为；其他财政、国资管理部门认为的重大事项，必须按产权关系经其境内投资企业审核后向同级财政、国有资产管理部门报告。

境外企业不超过企业净资产50%的境外投资活动，企业增减资本金，企业分立、合并、重组、解散和申请破产，按产权关系经其境内投资企业向同级财政、国有资产管理部门备案。

（五）整顿公司和脱钩企业国有资产产权管理

1988年，广东全省进行清理整顿公司，列入清理整顿范围的公司有27 704家，到1989年7月，清理26 318家。在清理的公司中，属于政企不分的441家，撤销65家，取消行政职能的197家，取消经营权71家；属于党政机关和群众团体办的公司2 185家，撤销或停办539家，保留1 646家；其他类型的公司23 692家，撤销或停办1 775家，合并185家，降格为非公司企业1 338家，保留20 394家。全省党政机关干部（含离职退休干部）在公司任职3 017人，辞去公司职务或机关职务2 496名。

被撤销、合并全民所有制公司的资产和债权债务，公司在同一主管部门内部并转或者不同主管部门之间并转的，撤并公司的资产经同级财政部门审核后，计价划转。全民所有制公司的资产并入非全民所有制公司的，一律实行有偿转让。省直属单位的撤并公司资产的审核，由省财政厅负责。各市（地区）所属单位由各市（地区）财政局负责。至1991年9月底，全省撤并公司4 362家，债权债务的资产总额12.4亿元，债权9.4亿元，债务17.6亿元。

1994年年底，广东省级党政机构进行改革，在机构改革中因撤、并、改引起的隶属关系改变，省属范围内的全民所有的资产，均作为无偿划拨处理。行政机构建制改为全民所有制经济实体的，也作为无偿划拨处理，作为经济实体的国家投资的国有资本金。

1999年，军队、武警、政法机关所办企业脱钩中的资产划转为无偿划转，统一由省、市、县各级财政部门、国有资产管理部门办理。军队、武警、政法机关移交企业原主办单位在申办资产划转手续时，向原产权登记机关办理注销产权手续，缴回原企业国有资产产权证书。至同年底，广州军区、兰州军区、成都军区、北京军区、广东省军区和武警部队移交广东的企业351家，资产总额101.32亿元，负债总额78.98亿元，净资产22.34亿元。

（六）股份制企业国有资产产权（股权）管理

1991年10月29日，省国资办、省财政厅等5个部门在转发国家国资局、财政部等国家5个部门《关于在股份制试点中加强维护国有资产权益的通知》时，结合广东的实际情况，对股份制试点企业的产权（股权）作出规定。国营企业转为股份经营，包括国有资产参股、入股经营，须经省企业股份制试点联审小组批准，然后进行产权界定和资产评估产权。国家股在股份制企业的份额根据省、市、县同级国资办确认的评估结果确定。在1991年10月以前转为股份经营的国营企业，未对国有资产进行界定和评估的，重新办理相关手续，调整股权；已用国有资产设置企业股或职工集体股的，一律改为国家股。

1992年12月起，广东实施对股份制试点企业国家股股利收缴管理，明确省、市国资办、财政部门负责组织股份制试点企业的国家股股利的收缴工作。

1993年10月，全省统一补发股份制试点企业国家股股权证，股份制试点中凡是国有企业原法人单位整体改组，以及各级政府以资金、实物资产作价入股形成的股权，作为国家股，由国有资产管理部门代表政府持有。无论是国有资产管理部门直接持有还是由国有资产管理部门持有委托其他部门管理的国家股，股份制企业在发放股权证（股票）时，均与其他法人股、职工内部股一样发给股权证（股票）。国有企业改组为定向募集股份有限公司，国有企业资产评估后，按同级国有资产管理部门确认的资产净值设立国家股，需对原有资产进行折股溢价发行的企业，必须向国有资产管理部门提交折股方案及溢价发行测算资料，由同级国有资产管理部门审查后上报省股份制试点企业联审小组（广州市、深圳市上报市联审小组）。推荐上市的股份公司，其折股方案，由企业报同级国有资产管理部门审查批准，报省国资办复审，并转报中国证监会。广州、深圳两市直接报送中国证监会。

1994年10月起，根据国家国资局、国家体改委制定的《股份有限公司国有股权管理暂行办法》和国家国资局制定的《股份制试点企业国有股权管理的实施意见》。国家股股利收益收缴、国家股股权转让收入，由省、市、县国有资产管理部门和财政部门确认后缴入国库，纳入国有资产经营收益预算。同年4月，省政府办公厅转发省体改委《关于企业股份制试点有关工作的意见》，明确股份有限公司必须对国家股与其他股采取同股同权同利。

1996年3月，省国资局重申股份公司在决定分红和送配股时，对国家股、法人股和个人股不得采取同股不同权、不同利的做法。同年，省国资局组织省直有关单位和21个市，对股份公司股权变动作一次清查。至当年底，全省230家股份制公司中，总股本2 829 772万股。其中：国家股914 442万股，法人股1 154 757万股，个人股610 845万股，外资股149 720万股。

至1997年年底，全省600家股份有限公司总股本达600多亿元，上市公司103家，总股本279亿元。其中：发行A股95只，总股本230亿元，流通股本124亿元；发行B股33只，总股本25亿元；发行H股4只，总股本24亿元。对全省100家股份公司的股本、股权进行调整。

1996—2000年，经国家国资局、省政府和省国资局批准，有文件记载的股权转让企业29家。

1998年3月，省国资局转发国家国资局《关于国有股股东认购上市公司配股有关问题的通知》，在上市公司配股时，国有股股东原则上应认购应配股份50%以上，但一个国有股股东持股比例在60%以上或上市公司首次配股或国有股应配股份超过1亿股，可适当降低认购应配股份比例。1996—2000年，经国家国资局、省政府和省国资局批准，有文件记载的配股企业9家。

（七）授权经营企业国有资产产权管理

1994年，广东开始试点组建大型企业集团，在国有资产投资主体尚未确立和没有授权经营之前，试点企业产权（股权）暂由省国资局直接持有，并委托有关部门管理。广东省三茂铁路总公司广东方产权委托省经委管理；省机械发展总公司、广东国营明华机械厂的产权委托省电子机械工业厅管理；新中国船厂、省公路工程总公司、拱北汽车运输公司的产权委托省交通厅管理；广东驳运公司广东方产权委托省航运总公司管理；省大宝山矿的产权委托省冶金总公司管理；广东省轻工业品进出口股份有限公司国家股委托省轻工业品进出口集团管理；广东省纺织品进出口股份有限公司国家股委托省纺织品进出口集团公司管理；广东省机械进出口股份有限公司国家股委托省机械进出口集团公司管理。省轻工业品进出口集团公司、省纺织品进出口集团公司、省机械进出口集团公司、省食品进出口集团公司、省医疗保健品进出口集团公司、省工艺品进出口集团公司、省土产进出口集团公司委托省外经委管理。

2000年，省政府对省属资产经营公司和授权经营企业集团的国有资产产权的管理明确规定，省属资产经营公司和授权经营企业集团是省政府的授权投资机构，与其所投资的独资、控股和参股企业的关系，是以产权为纽带的出资者与经营者的关系，以出资者的身份考核投资企业的资产营运情况，并根据结构调整和资产保值增值的需要，通过公司制，以及兼并、转让、拍卖、破产等方式进行产权运作。

没有纳入重组范围企业的国有资产产权管理，经省党政机关与所办经济实体和管理的直属企业脱钩工作领导小组办公室（简称“省脱钩办”）批准41个部门撤销的144家企业，按规定做好清产核资，到国有资产管理部门办理产权转移和注销手续。经省脱钩办批准省审计厅、省财政厅、省委办公厅、省电子机械工业厅等部门所属7家企业改制，由主管部门按有关规定组织实施，改制后到省工商、财政等部门办理变更、注销手续。

经省脱钩办批准的省级党政机关45个部门所属387家国有企业，以及省清产办批准的省公安厅、省监狱管理局、省劳教局所属55家国有企业，维持原有管理体制，按照“谁管理，谁负责”的原则，由原主管部门管理，承担对这些企业的管理和国有资产的保值增值责任，并督促这些企业按有关规定定期向省财政厅、省经贸委报送报表、资料。

粤海公司以及广东发展银行、广东华侨信托投资公司、南方期货经纪有限公司、广发证券有限公司、广东证券股份有限公司、广东粤财信托投资有限公司等6家省属金融机构，其产权管理办法2000年后才制定。

高校企业维持原体制管理，由企业主管部门提出管理方案，承担对这些企业的管理和国有资产的保值增值责任，并督促企业按规定定期向省财政厅、省经贸委报送报表、资料。根据中共十五届四中全会关于分离企业办社会的职能，切实减轻国有企业的社会负担。位于城市的企业，逐步把所办的学校、医院和其他社会服务机构移交地方政府统筹管理，省属企业各类中专、技校均不划入资产经营公司（集团），暂由归口的部门代管。

省盐业公司、省储备粮管理总公司、省黄金公司等保留原有的行政性职能。这些公司仍按原体制管理，由企业主管部门承担对这些企业的管理和国有资产的保值增值责任，并督促其按有关规定定期向省财政厅、省经贸委报送报表、资料。

农垦集团（总局）、湛江港务局、汕头港务局不划入省属国有企业资产重组范围，按原有体制管理。

二、非经营性国有资产产权管理

行政事业单位国有资产包括国家拨给行政事业单位的资产，行政事业单位按国家政策规定运用国有资产组织收入形成的资产，以及接受捐赠和其他经法律确认为国家所有的资产。

1991年7月，省国资办在转发国家国资局《关于国家事业行政单位在创收活动中加强国有资产管理工作的暂行规定》时，结合广东的实际情况，规定从1991年7月1日起行政事业单位为创收活动利用国有资产创办的经营实体，其国有资产由非经营性向经营性转移，必须首先由单位主管部门提出申请报同级财政部门批准，经同级国有资产管理部门立项评估、办理价值确认和产权登记后，方可到工商行政管理部门注册登记。经营过程中的产权变动要经国有资产管理部门审批。并对国有资产负有保障完整和实现增值的责任。行政事业单位利用国有资产进行创收活动所开办的经营实体，必须与同级财政挂钩，创收活动所取得的纯收入按一定的比例冲减相应的行政事业费支出。

1995年11月，省国资局制定《广东省行政事业单位国有资产处置办法》。行政事业单位的固定资产原则上实行有偿调拨，但有下列6种情况，可无偿调拨：主管部门资产调给直属行政事业单位的；主管部门直属单位内的行政事业单位之间的资产调拨；行政事业单位的隶属关系改变，上划、下划移交固定资产；行政事业单位因撤销、合并、划分移交的固定资产；经国家特殊批准无偿调拨的固定资产；省财政厅、省国资局认可的其他方式。

行政事业单位固定资产处置的审批权限为：资产在本系统、本部门行政事业单位之间的调拨，由主管部门审批，报同级财政部门、国有资产管理部门备案。资产在不同部门、不同系统之间调拨，机构成建制调整引起固定资产占有、使用转移，行政事业单位撤销、合并引起固定资产调出，行政事业单位将资产调拨给所属经济实体，由行政事业单位提出申请，主管部门加具意见，报国有资产管理部门、财政部门审批。固定资产达到或超过规定年限需要进行报废的，由主管部门组织有关人员进行鉴定、审批；对未达到使用年限，需提前报废的，由主管部门审核后报同级财政、国有资产管理部门审批。资产的出售、有偿调拨要进行资产评估，各主管部门向国有资产管理部门办理申报立项，确认手续。

1996年9月，省国资局、省财政厅根据国家国资局、财政部的规定，明确广东事业单位非经营性资产转经营性资产，依据“国有资产产权登记证”确认国有资产产权归属并按照《国有资产评估管理办法》进行资产评估，未经国有资产管理部门依法确认国有资产产权归属并颁发“国有资产产权登记证”的事业单位，法定评估机构、验资机构对事业单位投资的单位实收资本进行评估、验资时，有关单位须先确定产权归属，方可通过资产评估、验证确定其价值。

1997年7月，广东贯彻执行国家国资局、国家科委关于《国有科研机构整建制转型为企业或进入企业过程中国有资产管理的暂行规定》，国家驻粤的科研机构和净资产在1亿元以上的省内科研机构，整建制转型为企业（即企业化）方案，须报国家国资局、国家科委批准，净资产在1亿元以下的省内科研机构企业化方案，由省国资局和省科委批准。

根据有些单位产权意识薄弱，重钱轻物、重购轻管；有些单位账外资产比较多，资产处置随意性大；有的单位非经营性资产转经营性资产时不履行审批手续。为此，省财政厅、省国资局于1997年11月向省政府作出《关于加强行政事业单位国有资产管理的请示》，省政府批转该请示。重申明确进一步加强行政事业单位产权登记工作，完善行政事业单位国有资产处置报批制度，规范非经营性资产转经营性资产管理监督制度，并将管好用好行政事业单位资产作为单位负责人任期经济责任审计的一项内容。

根据该请示精神，1998年3月，省国资局、省财政厅制订《省直行政事业单位非经营性转经营性资产清查方案》，决定对省直行政事业单位非经营性资产转经营性资产进行一次全面清查。清查内容是各行政事业单位1997年12月31日前将非经营性资产转作经营性资产的情况。

三、资源性国有资产产权管理

（一）土地资源产权

1995年5月，省政府印发《关于加强国有企业改革改组改造中原划拨土地管理的通知》，企业在改革、改组、改造中涉及的划拨土地使用权，除法律、法规可以继续保留划拨外，实行有偿使用。

国有企业改造或改组为多元投资的有限责任公司、股份有限公司以及组建企业集团的，国有企业改组为股份合作制的，国有企业租赁经营的，非国有企业兼并国有企业的，土地采取出让或租赁方式处置。国有企业破产或出售、转让产权的，土地采取出让方式处置。租赁、出让土地收入规定全额上缴财政。

矿产资源产权由国土资源管理部门管理。

（二）森林资源产权

1993年6月，省国资办、省林业厅发文规定，拥有国有森林资源（包括林地、林木）的单位，要领取国有林权证或山林权证，国有林权证和山林权证由县级以上政府颁发。

凡占用国有林地致使林地产权发生变更，且林地变为非林地的，必须由原经营单位的主管部门报同级林业主管部门同意后，再由所在地土地主管部门办理土地使用权变更手续，核发国有土地使用证。

1996年10月，广东执行林业部、国家国资局颁布的《国有森林资源资产管理督查的实施办法（试行）》。

（三）水利资源产权

1996年1月起，广东执行国家国资局、水利部颁布的《水利国有资产监督管理暂行办法》，水利国有资产属国家所有，分级管理，分工监督。县级以上水利行政主管部门设置水利国有资产监督管理机构，配备专门管理人员。

水利资产划分为经营性资产、非经营性资产、资源性资产。经营性资产实行承包经营责任制的水利单位，将单位的水利国有资产保值增值指标列入承包体系；实行租赁经营的水利单位，在租赁期间按合同约定，足额缴纳租金，保证经营性水利国有资产的保值增值。

四、产权交易市场管理

1993年2月，深圳市建立产权交易所，是全国产权交易市场起步较早的城市。1995年3月，省财政厅、省国资局、省体改委根据省政府第八届二十七次常务会议精神，批准同意组建广东产权交易中心。产权交易市场由省、市国有资产管理部门负责监督和管理。

至2000年4月，广州、深圳、珠海、汕头、韶关、江门、肇庆、东莞等市和省直相继成立9家产权交易机构，分别采取协议转让、招标和拍卖等方式，开展企业整体或部分产权转让业务。至2000年4月，9家产权交易机构共进行产权交易85亿元。其中：广州市产权交易中心完成交易额25亿元，深圳市产权交易所交易额50.6亿元。

广东产权交易市场虽然起步早，但产权交易法规不健全。至2000年年底，全省还没有一个统一的产权交易市场管理办法，对产权市场的定位、功能、交易程序、交易范围、机构的监管缺乏统一、明确的规定。

五、产权纠纷调处和国有资产流失查处

（一）产权纠纷调处

随着全省产权制度的改革，多种经济成分共存，全民所有制企业、单位之间对国有资产的经营权、使用权等发生争议而产生纠纷；全民所有制企业与非全民所有制企业之间的产权、股权发生争议而产生纠纷，在双方不能协商解决的情况下，依据有关法律、法规规定进行行政调解或裁决。

1993—1996年，全省产权纠纷调处的法律、法规依据是执行国家国资局1993年12月和1994年10月颁布的《国有资产产权界定和产权纠纷处理暂行办法》和《国有资产产权纠纷调处工作试行规则》。产权纠纷调处的管辖机关为省国资局（办）及各市的国有资产管理部门。

1996年5月，省政府批准成立广东省国有资产产权纠纷调处委员会（简称“省产权调处委员会”），省产权调处委员会主任由省财政厅副厅长、省国资局局长担任，委员由省政府办公厅、省政府法制局、省高级法院、省检察院、省经委、省建委、省贸易委、省外经贸委、省财政厅、省国土厅、省农办等单位派员组成。委员会下设办公室，办公室设在省国资局。

1996年7月，省产权调处委员会召开第一次会议并讨论通过《广东省国有资产产权纠纷调处工作规则（试行）》，成为广东产权纠纷调处的规范性文件。

从1993年起，有记载比较大的、省国资局经办过的产权纠纷案有广州市西堤二马路48号楼房产权纠纷案、位于广州市原芳村区葵蓬州的“陶瓷二仓”产权纠纷案、广东省福利南方图书公司产权纠纷案、广州市文明路63号房屋产权纠纷案、广州市北京路229号房屋产权纠纷案、广州市沿江西路153号房屋产权纠纷案等。

（二）国有资产流失查处

省国资局（办）根据经济体制变化的情况，在企业承包经营、企业兼并、中外合资、资产重组、产权出售转让时，结合产权登记、产权界定，在堵住国有资产流失漏洞的同时，也开展对国有资产流失的查处。

1993年第四季度，省国资办对全省国有资产流失情况作一次重点调查，被调查的有11个市和4个省直部门共88个单位。其中企业60家（包括预算内外、中外合资合作等类型），行政事业单位28个。这些单位的国有资产流失总额为29.44亿元。当年，省国资办向国家国资局书面上报《关于我省国有资产流失情况调查的报告》。1998年，省国资局、省财政厅

向省委办公厅书面上报《关于上报我省国有资产流失情况，原因及防范对策的报告》。综合上述两次较大的调查，广东国有资产流失的主要表现形式有：

一是自然资源流失，国有的矿产资源和森林资源被偷运、偷盗、非法开采以及低价承包。二是在企业经营管理中的资产流失，产品、材料积压时间长造成过时报废，待处理财产、各种资金挂账损失；在承包经营过程中，企业的成本核算不实，利润虚增或亏损虚增，分配向个人倾斜，侵犯国家所有者权益。三是在资产处置中的流失，低价出售公房、职工住宅，低价出租厂房。四是在资产产权转让中出现的流失，有些企业无偿、低价转让生产经营设备和国有土地使用权，或将国有资产低价出让给非全民所有制单位或者个人。五是在中外合资中的流失，中方没有将企业的无形资产、商誉、专利和土地使用权等作价计入中方投资中，其所创造的效益被外方无偿分享；中方未考虑通货膨胀因素与国际市场行情进行资产评估，投入的固定资产仅按账面净值作价不按重置价格估价。六是在股份制或公司化改制中的流失，在国有企业股份制改造过程中，企业资产往往以账面原值折股，能给企业带来巨大效益的无形资产、土地使用权被排除在股本之外，或者违反国家规定不将国有资产进行评估就低价折股、低价出售，有的甚至利用股份制改造之机化公为私。七是境外国有资产的流失，随着对外开放的深入发展，越来越多的国有企业加入出境经营的行列，有的盲目决策、盲目上马，致使国家大量资金如泥牛入海；国有企业法人代表利用职权在境外以个人名义将国有资产投资境外并注册成立公司，利用各种手段侵吞国有资产。八是新旧会计制度接轨中国有资产的流失，将固定资产折旧中冲减国家固定基金；将固定资产盘亏、损毁、报废、转让等净损失不在营业外列支而减少国家资本金；将投资损失减少国家资本金。九是国家机构改革过程中国有资产的流失，在机构撤并过程中，账内资金因有明确的规定，尚在控制之内，预算外资金的管理相对失控。十是国有资产流失的其他形式，由于国有产权出资者不到位；国有资产出售后的收益同级政府未能统筹管理，难予回收；经营管理人员失职、渎职；投资失误而造成的资产闲置等，造成国有资产流失。

1999年，省国资局会同财政、监察、法制等部门分赴上海、大连、深圳、珠海等地进行调研，草拟《广东省防止企业国有资产流失暂行规定》上报省政府。随着2000年广东省直政府机构改革，省国资局撤销，此项工作后来移交省政府国有资产监督管理委员会。

第三节　产权登记

一、企业产权登记

从1991年7月1日起，广东新开办的企业都要到国有资产管理部门进行产权登记，明晰产权关系及资金来源，没有登记机关出具的产权登记证明，工商部门不给办理工商注册登记。登记机关由各市、县国有资产管理部门负责；未成立国有资产管理机构的市、县由财政部门负责；省直企业、单位及下属各级企业、单位的产权登记，由省国资办具体负责。下半年，省直各主管部门，各市、县国资办（未成立国资办的由财政部门负责）在所属的

1991年7月1日之前成立的全民所有制企业及实行企业化管理的事业单位中，选择部分单位进行产权登记试点。

1992年7月，省国资办、省财政厅、省工商行政管理局联合制定《广东省国有资产产权登记管理试行实施办法》，对产权登记的原则、范围、时间、程序等作出具体规定。国有资产产权登记实行年度检查制度，企业单位结合财务决算中国有资产的变动情况，每年填报一次国有资产产权登记表，在规定时间内由国有资产管理部门进行检查，并作为企业工商年检的必备材料之一。广东将部分在各市、县的省属外贸专业公司的企业单位国有资产产权登记年度检查工作，委托各市、县办理，中央主管部门所属在粤二级以下企业单位，委托省内驻地县以上国有资产管理部门受理，审定年检产权登记和开办产权登记。

1992年下半年，全省全面铺开国有资产产权登记，包括初始产权登记（即年检登记）、开办产权登记、变动产权登记和注销产权登记。登记范围为全民所有制企业和实行企业化管理的事业单位。当年进行年检登记的企业有14 482家。其中：中央驻粤企业19家，省级企业1 081家，省内地方企业（不包括广州市）13 382家。14 463家省内企业赢利的9 257家，亏损的5 206家。19家中央企业国有资产总额19.36亿元，国有资本金17.36亿元，实有资金9.61亿元；14 463家省内企业国有资产总额565.71亿元，国有资本金362.56亿元，实有资金580.39亿元。进行开办登记的省内企业2 039家，国有资产总额和国有资本金总额均为29.43亿元。进行变动登记的省内企业216家，国有资产总额为16.02亿元。进行注销登记的地方企业9家，确认资产总额评估结果0.9亿元，确认国有资产总额评估结果0.84亿元，处置后国有资产总额为0.84亿元。

1993年，广东执行国家国资局《关于国有资产产权登记中有关土地资产登记工作的通知》。使用国有土地的企业，在向国有资产管理部门申办产权登记和财产登记之前，必须先到土地管理部门办理土地登记。土地管理部门代表政府颁发国有土地使用证及有关土地资产的证明。国有资产使用单位因分立、合并、迁移、撤销及土地使用权转让等原因，引起土地权属、使用面积、用途变化，必须及时到土地管理部门办理变更土地登记，并持变更土地登记后的国有土地使用证或土地管理部门出具的证明文件，向国有资产管理部门申办变动产权登记或注销产权登记。

1993年度，全省进行产权登记的企业16 101家，登记的国有资产总额为450亿元，国有资本金总额397亿元。

1994年5月，省国资办颁布《广东省国有资产产权登记（投资立案登记）暂行规定》和《广东省国有资产产权登记（产权变动立案登记）暂行规定》。规定使用国有资产设立全资附属企业，设立控股企业，参与企业联营（参股），参与中外合资、合作经营，收购其他企业产权以及其他投资行为等，都必须办理投资立案登记。境外投资立案登记，按照国家国资局、财政部、国家外汇管理局联合颁布的《境外国有资产产权登记管理暂行办法》及其实施细则办理。国有资产产权变动立案登记规定，企业合并、分立、终止，出售企业产权（国有股权），出售企业重要资产（如关键设备、成套设备、重要建筑物、无形资产等），国有企业拟改组为股份有限公司或者有限责任公司、国有独资公司，国有资产承包经营、租赁经营，国有资产授权经营，国有资产委托经营以及其他涉及国有资产所有者权益变动的行为等，都必须办理产权变动立案登记。

1995年1月，省国资局、省工商行政管理局联合印发《关于做好国家授权投资机构的认定和产权登记及工商企业登记有关工作的通知》，国家授权投资机构拟设立国有独资有限责任公司，要到同级国有资产管理部门申办国有资产产权登记（投资立案登记和开办登记），工商行政管理部门须凭国有资产管理部门出具的产权登记表（投资立案登记表和开办登记表），才能办理工商注册登记手续；有国有资产参股的有限责任公司、股份有限公司、中外合资合作企业，其国有资产参股部分首先由国有资产参股单位向同级国有资产管理部门申办产权登记（投资立案登记），然后由法定验资机构对国有资产参股单位提供的产权登记表（投资立案登记表）、实际投入的资金及其他投资者的出资进行验证，出具注册资本金验资报告，工商部门凭法定验资机构的验资证明办理工商注册登记手续。

1995年度，全省国有资产产权登记年检的企业16 493家，其中金融企业48家。在登记的13 783家国有独资企业中，赢利企业7 948家，亏损企业5 835家。国有资产总额2 071.27亿元，主要集中在能源、交通、金融、冶金、化工等特大、大中型骨干企业，占1 420.36亿元。广东省电力集团公司、广东省农村电话局、广东省移动电话局、深圳供电局、广州电力局、广东省高速公路公司、湛江电力有限公司、深圳盐田港集团有限公司、广东国际信托投资公司和深圳市南山投资管理公司的国有资产总额依次排在全省的前十名。

1996年度，全省国有资产产权登记年检的企业17 011家，国有资产总额2 706.38亿元。非金融类企业国有资产在区域分布上很不均衡，省直694亿元，广州市627亿元，深圳市315亿元，佛山、湛江、惠州、肇庆、汕头、江门等市超过30亿元，韶关市23亿元，清远、梅州、云浮等市超过15亿元，其他各市拥有量为8亿元左右。

1997年1月起，在全省范围内开展全面企业国有资产产权登记，包括占有、使用国有资产的所有级次的各类企业、企业化管理的事业单位。当年度，全省国有资产产权登记年检的企业18 855家，国有资产总额3 096.91亿元。其中：省直795亿元，广州市637亿元，深圳市364亿元。广东省电力集团公司、广东省农村电话局、广州轻工集团有限公司、深圳盐田港集团有限公司、广东省高速公路公司、湛江电力有限公司、广州市自来水公司、广东韶钢集团有限公司、广东省东江—深圳供水工程管理局和广东省铁路集团总公司的国有资产总额排在全省的前十名。

鉴于国有资产产权登记工作的实际发生变化，1998年2月，省国资局对省国资办1994年制定的《广东省国有资产产权登记（投资立案登记）暂行规定》作了修改补充，更名为《广东省国有资产投资立案暂行办法》，从当年2月20日起施行，同时停止执行《广东省国有资产产权登记（产权变动立案登记）暂行规定》。

1998年4月，省档案局、省国资局等省政府有关部门转发国家档案局、国家国资局制定的《国有企业资产与产权变动档案处置暂行办法》，规定国有企业资产与产权变动中形成的档案，由形成单位承办部门立卷归案后，向本单位或上级主管单位档案部门移交。

1998年度，全省共有30 624家国有企业、行政事业单位参加产权登记年检，国有资产总额为3 954亿元。

1999年10月，省国资局、省工商行政管理局联合印发文《关于脱钩企业办理国有资产产权登记及工商登记手续有关问题的通知》，党政机关与所办经济实体和管理的直属企业，规定企业脱钩后均须办理资产划转、产权登记、工商变更登记手续。

1996年和1997年广东省企业产权登记情况表

表11-3-1

项　　目	1996年度		1997年度	
	参加登记户数（家）	国有资产总额（亿元）	参加登记户数（家）	国有资产总额（亿元）
1. 总户数	17 011	2 706.38	18 855	3 096.91
2. 非金融企业	16 971	2 645.56	18 801	2 923.44
按组织形式划分	—	—	—	—
非公司制企业	15 360	2 028.61	16 938	1 806.22
其中国有企业	14 715	1 962.63	16 301	1 749.95
有限责任公司	993	340.43	1 230	699.63
股份有限公司	184	191.03	224	341.81
中外合资合作公司	434	85.49	409	75.78
按投资方式划分	—	—	—	—
独资企业	15 358	—	16 918	—
控股企业	590	—	848	—
参股企业	378	—	400	—
其他企业	645	—	635	—
按产业划分	—	—	—	—
第一产业	662	30.81	—	—
第二产业	4 994	1 536.12	—	—
第三产业	11 315	1 078.63	—	—
按赢利或亏损划分	—	—	—	—
赢利企业	9 098	—	9 799	—
亏损企业	7 873	—	9 002	—
按管理层次分	—	—	—	—
一级次企业	5 483	1 581.21	6 527	2 123.29
二级次企业	8 443	937.82	10 094	699.00
三级次及以下企业	3 045	126.53	2 180	101.15
3. 金融企业	40	60.82	54	173.47
其中：商业银行	4	—	4	39.91
非银行金融机构	36	—	50	133.56

1999年前，每年除进行国有资产产权登记年检外，财政部门还进行年度汇总会计报表，其中一项为国有资产统计报告。从1999年起，对分行业、行政事业单位等年度汇总会计报表与国有资产产权登记年检报表合并，实施统一的会计报表体系。全省纳入1999年度汇总会计报表统计范围的非金融类企业14 750家，金融类企业80家，行政事业单位13 707家，国有建设单位7 712个项目，境外企业258家。国有资产总额5 560亿元，其中经营性国有资产总额为3 360亿元，非经营性国有资产总额为2 200亿元。

至2000年年底，全省纳入年度汇总会计报表统计范围的非金融企业19 996家，其中国有及国有控股企业13 199家，城镇集体企业6 797家，净资产总额3 509亿元。在国有及国有控股企业中，国有独资公司（企业）10 189家、股份有限公司213家、股份合作制企业99家、合资经营企业389家和企业化管理事业单位833家。根据企业经营规模大小划分为大型及特大型的企业594家、中型企业1 677家、小型及不划型企业10 928家。国有资产总额3 500.64亿元。全省纳入年度汇总会计报表统计范围的金融企业1 443家，其中国有金融企业61家。在国有金融企业中，信托投资公司26家、证券公司15家、财务公司5家和其他金融机构15家；国有资产总额250.83亿元。

二、境外企业产权登记

境外企业产权登记起步较迟，规定与做法基本上与境内企业产权登记一致，区别在于没有土地登记这一项。

1995年，全省各级政府、行政部门和各企事业单位投资到境外设立的机构和一级企业共有243家，其中境外机构8家，境外企业共235家。港澳地区和海外的企业分别为202家和33家。此外，境外一级企业投资设立的二级及以下的企业有266家。境外一级企业多为国有全资和国有控股企业。赢利企业174家，当年实现利润15 320万美元；亏损企业61家，当年亏损额4 759万美元。

1995年度，全省境外国有资产总额（含机构）为117 556万美元。其中港澳地区的占116 033万美元，海外的占1 523万美元。在境外国有资产总额中，经营性国有资产116 748万美元，非经营性国有资产808万美元。在境外企业中实收资本总额为24 506万美元，其中国有实收资本金22 950万美元。

1996年9月起，广东执行国家国资局制定的《境外国有资产产权登记管理暂行办法实施细则》。1996年度境外国有资产产权登记只限于境外一级企业，境外机构不纳入产权登记范围。参加境外企业产权登记的有334家。港澳地区和海外的企业分别为256家和78家。省属的88家，市属的246家。参加产权登记的境外企业国有资产总额188 381万美元，其中省属境外企业114 797万美元。港澳地区的181 386万美元，海外的6 995万美元。

2000年，纳入年度汇总会计报表统计范围的境外企业267家，国有资产总额159 623万美元，国内投资收益1 087万美元。粤海集团因重组，未纳入统计范围。

三、行政事业单位产权登记

根据1990年财务报表统计，全省预算内行政事业单位国有资产拥有额为215亿元。

1994年，省国资办组织全省国有资产存量调查。至1994年年底，行政事业单位国有资产拥有额为567亿元。

1995年9月，省国资局颁布《广东省行政事业单位产权登记实施办法》，凡占有、使用国有资产，具备独立法人资格并实行财务独立核算的省内行政事业单位、党派、社会团体，以及占有、使用国有资产的集体所有制事业单位，都要对应属国家所有的资产向国有资产管理部门申报产权登记。行政事业单位产权登记分为设立产权登记、变动产权登记、撤销产权登记和产权登记年度检查。产权登记按照统一政策、分级管理的原则。省国资局负责组织省属行政事业单位的产权登记；各市、县（市）国有资产管理部门分别负责本级行政事业单位的产权登记。

1995年度，进行产权登记的行政事业单位14 738个，非经营性国有资产787亿元。其中：行政单位6 299个，非经营性国有资产355亿元；事业单位8 098个，占414亿元；社会团体238个，占3亿元；其他单位103个，占15亿元。深圳市拥有113亿元，广州市为93亿元，省直单位为51亿元，最少的是阳江市为12亿元。经营性国有资产16.40亿元。

1996年度，进行产权登记的行政事业单位16 307个，其中行政单位6 668个，非经营性国有资产474亿元；事业单位9 127个，占559亿元；社会团体259个，占3亿元；其他单位74个，占18亿元。省属单位397个，占60亿元；地方单位15 731个，占994亿元。经营性国有资产13.19亿元。

1995年、1996年和1997年广东省行政事业单位产权登记情况表

表11-3-2

项目	1995年度			1996年度			1997年度		
	参加登记单位（个）	非经营性国有资产总额（亿元）	经营性国有资产总额（亿元）	参加登记单位（个）	非经营性国有资产总额（亿元）	经营性国有资产总额（亿元）	参加登记单位（个）	非经营性国有资产总额（亿元）	经营性国有资产总额（亿元）
参加登记	14 738	787.00	16.40	16 307	1054.00	13.19	16 086	1209.00	24.00
其中：年度检查	—	—	—	15 478	—	—	15 475	—	—
设立登记	—	—	—	650	—	—	422	—	—
变更登记	—	—	—	6	—	—	21	—	—
注销登记	—	—	—	173	—	—	168	—	—
其中：	—	—	—	—	—	—	—	—	—
行政管理部门	4 299	191.00	3.00	4 792	270.00	3.00	4 717	293.00	3.00
公检法部门	781	70.00	0.10	808	80.00	0.11	831	101.00	0.30
文教卫生部门	5 837	325.00	6.50	6 535	451.00	4.00	6 428	508.00	13.00
工交建部门	1 064	76.00	3.00	981	79.00	2.00	994	111.00	2.00
商粮贸金融部门	216	5.00	0.50	243	8.00	1.00	238	12.00	1.00
农林水部门	864	35.00	1.00	924	41.00	1.00	892	52.00	2.00
抚恤和社会福利部门	234	12.00	0.60	268	14.00	1.00	263	17.00	0.60
科研部门	400	12.00	0.10	408	14.00	0.08	386	18.00	0.10
其他部门	1 043	61.00	1.60	1 169	97.00	1.00	1 169	97.00	2.00

1997年度，进行产权登记的行政事业单位16 086个，其中行政单位6 376个，非经营性国有资产509亿元；事业单位8 985个，占660亿元；社会团体481个，占20亿元；其他单位76个，占20亿元。省属单位369个，占76亿元；地方单位15 549个，占1 133亿元。经营性国有资产24亿元，其中行政单位5亿元，事业单位19亿元。

至2000年年底，列入年度预算单位决算报表汇编的单位14 282个，其中行政预算单位6 844个、事业预算单位6 658个、经费管理事业单位230个以及其他预算单位550个。按预算管理级次划分，中央预算单位1个、省级预算单位892个、市级预算单位4 073个、县（市、区）级预算单位7 613个、乡镇预算单位1 703个。净资产1 948亿元。

第四节　产权界定

产权界定遵循“谁投资谁拥有产权”的原则进行。按照国有资产分级分工管理的关系，省属单位之间、省属单位与市级单位之间，以及不属以上范围，但在省内有较大影响的国有资产产权界定，由省国资局（办）管辖；市属单位之间、市属单位与县级单位之间的国有资产产权界定，由市一级国资局（办）管辖。各市、县国有资产的产权界定，由各市、县的国有资产管理部门负责，未成立国有资产管理机构的，由各市、县财政部门负责。

一、国有资产产权界定

1991年5月，省国资办、省财政厅转发国家国资局、财政部《企业国有资产所有权界定暂行规定》，广东省将该暂行规定作为当时国营企业国有资产产权界定的法规性文件执行，凡新办的企业先进行产权界定和产权登记，再由国有资产管理部门（财政部门）出具产权登记证明后，才到工商行政管理部门办理工商注册登记。

1993年12月，国家国资局颁布《国有资产产权界定和产权纠纷处理暂行办法》，这是广东进行国有资产产权界定的最基本法规文件，明确全民所有制企业中，有权代表国家投资的部门和机构以货币、实物和所有权属于国家的土地使用权、知识产权等向企业投资，形成的国家资本金；全民所有制企业运用国家资本金及在经营中借入的资金等所形成的税后利润，经财政部门批准留给企业作为增加投资的部分以及从税后利润中提取的盈余公积金、公益金和未分配利润等；以全民所有制企业和行政事业单位担保，完全用国内外借入资金投资创办的或完全由其他单位借款创办的全民所有制企业，其收益积累的净资产，界定为国有资产。

1995年1月，省政府办公厅转发现代企业制度试点工作配套文件《关于现代企业制度试点企业国有资产产权界定与管理的意见》，对省内进行现代企业制度试点工作的企业国有资产的界定，作出详细的规定。

同年1月，省清产办对在清产核资中产权界定也作出明确规定和说明。清产核资产权界定的主要任务是解决全民所有制企业、单位之间财产关系不明确和有争议的问题；明确全民所有制企业、单位对联营、合资、股份制等企业投资的产权及权益；划清全民所有制企业、单位对集体企业的原始投入和增值；规范不同产权主体之间的产权关系，把应属于国家所有的净资产纳入国有资产管理范围。

八九十年代，省内出现有些单位和企业想要回在“文化大革命”中被无偿调拨和划拨的财产，有些事件的纷争僵持的时间还比较长。1995年9月，国家国资局对省国资局《关于要求明确特殊历史阶段产权界定问题的请示》的批复中指出："文化大革命"这一特殊历史时期调拨的财产重新界定而发生的产权纠纷进行调处，本着"尊重历史，照顾现实，处理历史遗留问题宜粗不宜细"的原则进行，如果当时的行政行为内容不清楚，手续不齐全，双方当事人有争议，应照顾各方当事人的利益首先考虑协商解决，协商解决不了的，可进行裁决。各级革命委员会作为当时的行政部门，承担政府的职责，对当时的行政事业单位、企业单位作出的关于机构合并、撤销、财产调拨等有关决定，如果证据确凿，手续齐全且无任何争议的，不予变动，维持"文化大革命"期间的状况。如有争议，则要审查以下几个方面的事实：首先要确定"文化大革命"期间各级革命委员会作出的行政行为的性质与内容，认定该行政行为是机构合并、撤销还是财产调拨；其次要看以上行为的手续是否健全，行为是否完成，特别是涉及财产划拨的，必须财务手续清楚，且符合当时的财务会计规定；再次，审查是一个行政行为还是多个行政行为，如果前后行政行为不一致，以后一个行政行为的内容为准。

1999年1月，省财政厅、省国资局转发财政部《关于会计师事务所改制中产权界定与资产处置问题的通知》，对会计师事务所改制中产权界定作出补充规定。挂靠全民单位并注册为全民所有制性质的会计师事务所，挂靠单位虽没有直接投入开办资本金，但给会计师事务所提供办公场地、工作设施、生活用房及调配人力的，其所有者权益界定为国家所有。挂靠全民单位并注册为全民所有制性质的会计师事务所，其注册开办资本金由个人垫付部分，其垫付的金额及按照同期银行存款利率计算的利息在净资产中扣除，归属垫付人，其余净资产界定为国家所有。

同年11月，省国资局印发《关于脱钩企业在脱钩中产权界定与资产处置问题的通知》，党政机关脱钩企业必须按规定进行清产核资、产权界定、清理债权债务，核实资产状况。党政机关脱钩企业的产权界定工作，按照资产的分级管理关系，由各级国有资产管理部门会同有关部门进行。脱钩企业经清理、界定清楚属于国有资产的部分，按财务隶属关系报同级国有资产管理部门认定。党政机关脱钩企业的产权界定，本着"谁投资谁拥有产权"的原则，按照国家有关国有资产产权界定的规定进行。

二、集体企业中的国有资产产权界定

1994年11月，国家国资局颁布《集体企业国有资产产权界定暂行办法》，规定凡国家作为投资主体，在没有将资产所有权转让之前，仍享有对集体企业中国有资产的所有权。

1997年9月，广东成立由省劳动厅、省国资局、省地税局组成的省劳动企业产权界定联合工作小组，负责省属劳动服务企业的产权界定、产权登记、产权纠纷的调解和裁决工作。并要求各市劳动服务企业产权界定工作与当地集体企业清产核资工作相结合。国有资产被劳动服务企业平调、侵吞、无偿使用或清产核资时被划为国有资产的，界定为国有资产。劳动服务企业完成产权界定后，界定为集体资产的，由当事企业向劳动行政部门申报，经劳动部门核准后给予办理产权登记，并发给劳服企业集体资产确认书。

1996年11月，省科委、省国资局决定成立集体科技企业国有资产产权界定联合工作委员会。联合工作委员会贯彻执行国家科委、国家国资局关于《集体科技企业产权界定若干问题的暂行规定》和《集体科技企业国有资产产权界定和产权纠纷调处工作试行规则》。省以下集体科技企业的产权界定，由各市科技管理部门会同同级国有资产管理部门组织进行；省直属部门直接管理的集体科技企业的产权界定，由省科委和省国资局组织进行。

第五节　资产评估

一、资产评估管理权限

广东的资产评估始于80年代末，是全国较早开展资产评估的省份之一，全省开展资产评估业务较早的是深圳、广州、珠海等市。

1991年11月，国务院颁布《国有资产评估管理办法》，明确全国资产评估管理的政府部门是国有资产管理部门，还将审批评估机构纳入国有资产管理部门的职权范围。1991年开始，广东的资产评估行业的管理工作由省国资办负责。1993年，省政府明确全省资产评估机构由省国资办统一管理。1995年，省国资局成立，是资产评估的行政主管部门，统一负责管理全省资产评估行业。凡属重大的亿元以上资产评估项目和经国家计委批准立项的中外合资、合作项目的资产评估，除省国资局（办）立项审批外，还须报国家国资局立案。

1997年9月25日，广东成立广东省重大资产评估项目专家评审委员会，重大评估项目专家评审会议一般由5名～15名专家组成，专家的组成主要根据资产评估项目涉及的资产类型聘请。评审委员会实施重大评估项目专家评审制度。有关股票上市资产评估项目，总资产价值在3亿元以上的评估项目，需要报国家国资局确认的项目，经省计委批准立项的中外合资、合作项目，评估纠纷调处中较复杂的评估项目等实施专家评审制度。

二、评估实施

1984年后，生产资料价格改革和物价上升，造成资产账面价值与1991年后实际价值背离较大，资产重估价值意义更大。

1991年，全省评估机构共评估607个项目。其中：股份制改造的项目89项，合资、合作经营项目64项，产权转让项目58项，抵押贷款285项，了解资产现值22项，经营性评估16项，联营2项，其他71项。评估前各项资产价值58.9亿元，评估后资产价值102.86亿元，平均升值74.63%。

1992年，全省评估机构评估确认381个项目（不包括资产抵押项目），评估的资产原值219亿元（账面净值121亿元），评估后资产价值210亿元，比资产账面净值升89亿元，平均升值73.55%。评估的对象包括固定资产、流动资产、专项资产、无形资产；评估的目的包括中外合资合作、联营、股份经营、资产转让、出售、企业兼并等。

1993年，全省资产评估机构共承担评估项目3 120项，评估资产的账面原值734.5亿元（账面净值610亿元），评估后资产价值1 059亿元，平均升值73.61%。

1994年，全省（不含深圳市）资产评估立项2 480项，确认项目2 407项，账面净值784.7亿元，评估值1 301.7亿元，平均升值65.89%。其中：中外合资合作279项，账面净值137.5亿元，评估值243.7亿元；股份经营评估174项，账面净值210.7亿元，评估值308.3亿元；抵押担保评估903项，账面净值72.9亿元，评估值243.2亿元；拍卖、出售国有资产评估174项，账面净值53.4亿元，评估值80.9亿元；其他评估立项877项，账面净值310.2亿元，评估值425.6亿元。

1996年，全省评估机构共完成评估项目11 185项，评估值达1 854亿元。1997年年初至1998年8月底，全省183家评估机构共出具评估报告26 887份，其中上市公司53份，非上市公司26 834份；评估后总资产3 930亿元，其中上市公司514亿元，非上市公司3 416亿元。评估范围涉及房产、土地、机器设备、无形资产、资源性资产等单项资产和企业整体资产；评估目的以抵押、转让、改制、合资合作为主，国有资产评估价值量占了大部分。

三、资产评估行业管理

（一）管理机构

1995年12月，广东省资产评估协会（简称“省评协”）成立，会员代表大会通过《广东省资产评估协会章程》。资产评估协会是资产评估行业自我管理、自我约束、自我教育的全省性行业管理组织。具有社团法人资格评估协会成立后，与省国资局评估管理处一套人马，两块牌子办公，管理内容上未明确划分，共同对全省的评估行业进行行政管理和自律管理。

2000年，省评协与省注协合署办公，受省财政厅委托，行使资产评估行业的行政管理职能。

但在实际执行中由于各种原因，资产评估行业一向存在多头管理的现象，其他政府部门自行成立的评估机构一直处于统一管理之外。有些资产评估机构还依仗行政权力承揽并垄断评估业务。

（二）资产评估机构管理

1991年11月，国务院颁布《国有资产评估管理办法》以后，广东按国家规定审批资产评估机构资格。1991年年底，由省国资办授予30家资产评估机构临时评估资格。其中：广州市12家，深圳市8家，省级10家。

1992年，省国资办规定，申报组建的资产评估机构的评估资格证书和临时评估资格，由各市国资办审查提出意见，报省国资办审批。凭批件到当地工商行政管理部门办理工商登记手续。广州、深圳两市的资产评估机构，由省委托两市国有资产管理部门管理，所属评估机构的评估资格证书和临时评估资格，分别报两市国有资产管理部门审批和报省国资办备案。从当年起，省国资办每年对资产评估机构进行一次年检，年检内容包括机构内部管理、财务核算、执业质量等内容。当时资产评估机构和领取临时评估资格证书的资产评估机构，都挂靠在行政部门、行业主管部门、科研所和大专院校，带有行政色彩。资产评估机构实行事业单位企业化管理。

1993年，广东执行国家国资局制定的《资产评估机构管理暂行办法》，规范从事资产评估业务的机构必须具备的条件。至1993年年底，全省建立评估机构80多家。

1994年起，新建独立的社会中介资产评估机构，须向省国资办报送有关申请文件，初组人员名单、章程等，经省国资办组织审批并颁发资格证书，再到工商行政主管部门注册登记。深圳市社会中介机构的资产评估资格，省委托深圳市国有资产管理部门负责审批，有关材料报省国资办备案。

至1995年年底，广东拥有资产评估机构148家，其中具有正式资产评估资格的93家，评估从业人员3 000多人。

1996年，省国资局、省工商行政管理局联合规定，凡未取得省国资局颁发的资产评估资格证书的机构，一律不予办理工商登记，规范评估机构工商登记行为。根据国家国资局4月颁布的《中国资产评估行业评估纠纷调处工作规则》，12月，广东成立广东省资产评估行业评估纠纷调处委员会，初步建立广东省资产评估纠纷调处机构和工作程序，对广东涉及评估资产和权益合理价格产生的纠纷进行调处。

1997年，省国资局制定《广东省资产评估机构财务管理暂行办法》，供各评估机构执行；制定《资产评估分支机构管理暂行办法》，规范在广东范围内设立分支机构的行为。1998年，省国资局印发《关于建立健全资产评估机构内部管理制度的通知》，要求各评估机构必须建立各项内部管理制度并不断补充健全、完善机构内部管理工作。当年初，广东暂停审批资产评估机构，并通过年检对资产评估机构进行全面检查，全省有3家评估机构被取消评估资格。

1997年12月1日，省第八届人民代表大会常务委员会第三十二次会议审议通过《广东省资产评估管理条例》，从1998年1月10日起施行。该条例规定，资产评估机构设立必须经省资产评估行政主管部门审核资质并获得国家有关部门印制的资产评估资格证书，到所在地工商行政管理部门注册登记领取法人营业执照后，方可开业。资产评估机构必须在核定的执业范围内从事资产评估业务。

从1993年3月起，广东执行国家国资局的规定，从事证券业务的资产评估机构资格确认，由省国资办初审，报国家国资局审核同意后，会同中国证监会对申请机构的证券评估资格进行联合确认，并由国家国资局和中国证监会联合颁发证券业务资产评估许可证，同时向社会公告。1999年，对从事证券业务的资产评估机构资格确认，由省国资局初审，由财政部会同中国证监会进行审批，深圳市从事证券业务的资产评估机构资格确认，由深圳市国有资产管理行政部门初审。至1997年，全省（不含深圳市）拥有证券业务的资产评估机构6家。

由于资产评估机构与政府部门的挂靠关系，一定程度上存在管办合一、政企不分、多头审批、部门垄断的问题，背离独立、客观、公正的行业特征。根据国家的规定，社会中介服务机构与政府部门实行彻底脱钩。

1998年8月至1999年，根据财政部开展评估行业清理整顿工作的要求，省国资局对纳入统一管理的评估机构进行清理整顿，规范执业环境。评估机构在完成清产核资、产权界定、资产处置后，具备改制条件的，进行改制；不具备改制条件的机构在完成清产核资和产权界定后，撤销机构，由主管部门负责对其人员安置。在评估机构自查的基础上，组成检查组，重点从办所条件、执业质量、机构内部管理等方面进行实地核查，广东纳入统一管理的有183家（不含深圳市）评估机构、680名注册资产评估师参加清理整顿。在这次清理整顿工作中，有2家机构被撤销，4家机构被暂停执业，4家机构给予警告的处罚；593名符合执业条件的注册资产评估师重新换发证书，57人转为非执业会员。资产评估行业清理整顿工作，为评估机构脱钩改制奠定了基础。

1998年年底，评估机构的清理整顿工作以珠海市作为试点，再逐步推开。1999年，省财政厅转发财政部《关于资产评估机构脱钩改制的通知》，要求资产评估机构必须人员、财务、职能、名称四方面与原挂靠单位脱钩，改制成由注册资产评估师共同出资设立的合伙制或有限责任制形式的资产评估机构。同年，广东资产评估机构的脱钩改制工作全面铺开，由省国资局组织领导，成立全省资产评估机构脱钩改制办公室，负责全省改制工作的组织、实施、验收及监管。同年起，资产评估机构实行等级管理制度，把资产评估机构分为A、B、C三个等级。在年检中按规定资格要求实行等级晋级或降级。资产评估机构所从事评估业务与其机构等级相适应，但不受地区、行业限制。

至1999年年底，全省共有113家资产评估机构完成脱钩改制工作，其中专营机构54家，兼营资产评估业务的会计师事务所59家；2000年7月，全省纳入统一管理的资产评估机构脱钩改制工作全部完成，共有134家资产评估机构完成脱钩改制，全部换发资产评估资格证书，其中拥有证券业务的资产评估机构5家。

（三）注册资产评估师管理

1. 执业资格

80年代末90年代初，资产评估行业刚起步，先是通过社会招聘、培训途径培养人才。

1995年3月，在国家尚未实行注册资产评估师资格制度之前，为规范资产评估从业人员的行为，省国资局、省财政厅制定《广东省资产评估执业人员资格管理暂行办法》和《广东省资产评估人员资格考核暂行办法》，在全国率先对资产评估从业人员实行认证管理制度。同时成立广东省资产评估执业人员资格评审委员会，下设办公室，办公室设在省国资局。从业人员由广东省资产评估执业人员资格评审委员会统一实行考核，考核合格者领取资产评估执业人员资格证书，进行登记，方可依法执业。由广东省资产评估执业人员资格评审委员会考核通过并取得广东省资产评估师资格证书，从事资产评估业务的人员，只能在资产评估机构执业。全省经省资产评估资格评审委员会考核合格，取得广东省资产评估从业资格的人员共有820人。

1995年5月，人事部、国家国资局颁布《注册资产评估师执业资格制度暂行规定》和《注册资产评估师执业资格考试实施办法》。广东执行人事部、国家国资局规定，从1996年起不再单独考核认定资产评估执业人员资格。1996年前经广东省资产评估执业人员资格评审委员会审核确认取得资产评估从业人员资格的评估人员，须在三至五年内通过参加全国统一考试取得资产评估师执业资格，才能执业。1996年，广东全省共有1 115人参加全国第一次注册评估师统一考试，358人合格，持证上岗。

1997年，广东逐步实施评估师注册执业制度，省国资局制定《广东省资产评估师管理暂行办法》，对通过考试并获得注册的中国注册资产评估师发放证书，实行持证执业和签字制度。1997年，在广东持证执业的注册资产评估师255人。

1999年，考试科目从4科改为5科，参加考试人员须连续两个考试年度内，全部考试科目考试合格者，方可获得注册资产评估执业资格。

至2000年年底，全省共有1 194人通过注册评估师统一资格考试，有执业注册资产评估师668人。

2. 培训

1995年开始，广东结合国家实行注册资产评估师执业资格考试制度，组织全省考前培训工作。1995—1996年，组织9期考前培训班。

1998年起，广东执行财政部制定的《注册资产评估师后续培训制度（试行）》，注册资产评估师接受后续培训时间三年累计不得少于200学时，每年接受后续培训时间不得少于50学时。其中，接受脱产性质的后续培训三年累计不得少于140学时，每年接受脱产性质的后续培训时间不能少于30学时。1995—2000年，结合财政部、国家国资局、中评协颁布的各类执业规范和针对年检中发现评估人员存在的问题和评估操作的疑难之处，省评协每年有针对性地举办各种培训班，提高评估人员素质和执业水平，规范资产评估人员的专业技术行为。

第六节　清产核资

1991年10月，省政府成立清产核资领导小组，领导小组下设省清产核资办公室（简称“省清产办”），省清产办设在省财政厅。省清产核资领导小组由省政府分管副省长担任组长，省财政厅、省计委、省经委、人行省分行、省国资办、省建委、省经贸委、省农委、省体改办等26个部门为成员单位。1996年开展城镇集体企业清产核资工作时，省政府调整清产核资领导小组成员，增补省国资局、省地税局、省农业厅有关领导为小组成员。

全省的清产核资工作由省政府统一领导，有关清产核资的重大问题由省政府常务会议决定，组织工作由省清产核资领导小组负责，清产核资的具体事宜由省清产办办理，具体组织方法按企业、单位的财务隶属关系分级分系统进行。各地区各部门也相应成立清产核资组织机构，分别负责本地区本部门所辖企业、单位的清产核资工作，并向省清产办报告情况、报送报表。

在2000年省政府机构改革中，省清产核资领导小组及省清产办撤销，其所承担的清产核资职能由省财政厅统计评价处（挂省清产核资办公室牌子）承担。各市的清产核资机构设置基本与省相同。

一、国有企业清产核资

（一）1979年企业单位清产核资

根据国务院清产核资领导小组颁发的《全国清产核资试行办法（草案）》的工作部

署，从1979年6月起，广东在全省范围内开展企业、单位的清产核资工作。企业、单位的清产核资工作，按隶属关系分级负责，全面进行。8月，国务院清产核资领导小组补充规定，农村社队及社队企事业单位、城市区以下公社办的企事业单位，暂不开展。至1980年年底，全省进行清产核资的工业企业2 708家，清产前固定资产原值为97亿元，清产核资后实有固定资产97.3亿元。清出超储积压物资5.7亿元，占定额流动资产的17.8%；核销财产损失1.63亿元，占流动资产的5.7%。

（二）1992—1995年国有企业清产核资

为适应深化企业改革，建立现代企业制度，弄清国有资产的存量、结构和分布，暴露国有企业存在的问题，提出加强管理和优化国有资产的措施。中共中央、国务院决定在1992—1995年开展中华人民共和国成立后规模最大的国有企业清产核资工作。

1991年10月，省清产核资领导小组派代表参加全国清产核资工作预备会议，并于同年12月召开全省第一次清产核资工作会议，部署全省清产核资工作。

这次清产核资的范围包括各市、县以及各部门所属的各类国有企业和实行企业化管理的事业单位，以及各级国有企业、单位以国有资产为主体投资举办并拥有实际控制权的国内联营、合资等企业、单位。对上述企业、单位投资或参股的中外合资、合作和没有实际控制权的国内联营、合资及股份制、集体等企业、单位，主要由国有企业、单位作为投资参股方清理国有资产的原始投入及增值。各类国有金融企业，含银行机构和各级政府、各业务部门及企业所举办的信托投资公司、投资担保公司、财务公司、租赁公司、证券公司等。各市、县以及各部门和各级国有企业、单位投资举办的境外企业和开设的各类境外机构（这是广东首次组织开展国有境外企业清产核资工作）。各级行政、事业单位投资举办具有企业法人资格的各种经济实体。

1992年，省清产核资领导小组选择佛山市轻工和商业9家企业试点；1993年全省试点企业扩大到96家；1994年在全省部分地区铺开，扩展到1 350家企业；1995年全省全面铺开，参加清产核资的企业达到15 279家。这次全省国有企业清产核资工作至1997年才结束。为做好这次清产核资工作，全省共成立清产核资机构和工作组15 168个，参加清产核资的工作人员70 765人。为规范清产核资的工作，省清产办先后制定《广东省1995年清产核资工作方案》《广东省1995年清产核资办法》《广东省1995年清产核资资产价值重估实施细则》等文件。

通过将近六年的清产核资工作，基本摸清全省国有企业的家底，清查全省国有企业、单位户数，掌握各个企业的资产、负债和权益的真实现状。清产核资企业20 137家，其中国有非金融企业19 658家，金融企业34家，境外企业445家；清产核资企业资产总额9 069.57亿元，负债总额6 476.08元，所有者权益总额2 593.49亿元；全部资产损失总额219.57亿元，全部资金挂账总额286.57亿元。

1992—1995年广东省国有企业清产核资情况表

表11-6-1

项　目	合　计	境内非金融保险企业	占全省比重（%）	境内金融保险企业	占全省比重（%）	境外企业	占全省比重（%）
1. 企业户数（家）	20 137	19 658	97.62	34	0.17	445.00	2.21
2. 资产总额（亿元）	9 069.57	7 306.25	80.56	929.82	10.25	833.50	9.19
其中土地估价（亿元）	681.85	681.36	99.93	0.49	0.07	—	—
3. 负债总额（亿元）	6 476.08	4 912.12	75.85	856.70	13.23	707.26	10.92
4. 所有者权益总额（亿元）	2 593.49	2 394.13	92.31	73.12	2.82	126.24	4.87
其中土地估价（亿元）	681.85	681.36	99.93	0.49	0.07	—	—
5. 全部资产损失总额（亿元）	219.57	154.09	70.18	60.22	27.42	5.26	2.40
6. 全部资金挂账总额（亿元）	286.57	277.06	96.68	1.62	0.57	7.89	2.75
其中：资金挂账（亿元）	229.84	221.29	96.28	1.62	0.70	6.93	3.02
固定资产投资挂账（亿元）	43.64	43.64	100.00	—	—	—	—
有问题的长期投资（亿元）	13.09	12.13	92.67	—	—	0.96	7.33
7. 销售（营业）收入（亿元）	4 443.60	3 974.55	89.44	67.68	1.52	401.37	9.04
8. 利润总额（亿元）	194.24	157.27	80.97	9.85	5.07	27.12	13.96
9. 资产负债率（%）	77.17	74.15	—	92.07	—	84.85	—

说明：1. 表11-6-1至表11-6-5的数据摘自广东省清产核资领导小组办公室编的《广东省国有企业1992—1995年清产核资数据资料汇编》，资产负债率的计算不含土地估价因素

2. 全部资产损失总额=资产损失总额+固定资产盘盈+流动资产盘盈

1992—1995年广东省国有企业清产核资资产结构表

表11-6-2　　单位：万元

项　目	境内非金融保险企业	境内金融保险企业	境外企业
1. 资产总额	7 306.25	929.82	833.50
流动资产	3 707.29	612.59	451.13
长期投资(资产)	586.26	267.09	250.58
固定资产	2 139.75	18.20	124.24
无形资产	77.53	1.39	1.80
递延及其他资产	114.06	30.06	5.75
土地资产（估价）	681.36	0.49	—
2. 负债总额	4 912.12	856.70	707.26
流动负债	3 766.56	643.79	477.81
长期负债	1 145.56	210.59	229.45
其他负债	—	2.32	—
3. 所有者权益总额	2 394.13	73.12	126.24
实收资本（股本）	1 105.68	49.93	35.81
其中：国家资本	930.08	32.54	—

续表11-6-2

项　目	境内非金融保险企业	境内金融保险企业	境外企业
法人资本	126.86	16.13	31.27
其他资本	48.74	—	4.54
资本公积	464.80	12.38	15.28
其中国有资本公积	409.91	—	—
盈余公积	278.81	6.55	6.44
其中国有盈余公积	248.72	—	—
未分配利润（留存收益）	-136.52	3.64	68.87
土地估价	681.36	0.49	—
总准备金	—	0.13	—
外币折算差额	—	—	-0.16

1992—1995年广东省境内非金融保险企业清产核资情况表

表11-6-3

项　目	企业户数（家）	职工人数（万人）	资产总额（亿元）	负债总额（亿元）	所有者权益总额（亿元）	资产损失总额（亿元）	资金挂账总额（亿元）	资产负债率（%）
合　计	19 658	310.14	7 306.25	4 912.12	2 394.13	128.50	221.29	74.15
1. 按产业划分	—	—	—	—	—	—	—	—
第一产业	1 184	18.79	190.27	113.78	76.49	4.36	7.02	71.66
第二产业	4 797	184.35	3 011.87	1 917.75	1 094.12	53.20	84.37	71.97
第三产业	13 677	107.00	4 104.11	2 880.59	1 223.52	70.94	129.90	75.77
2. 按行业划分	—	—	—	—	—	—	—	—
农林牧渔业	1 184	18.79	190.27	113.78	76.49	4.37	7.02	71.64
工业	4 242	160.42	2 526.33	1 539.03	987.30	51.13	82.78	70.02
建筑业	555	23.93	485.53	378.71	106.82	2.07	1.59	81.16
地质勘查及水利业	951	5.50	155.15	29.19	125.96	- 1.55	.81	19.15
交通运输邮电业	526	15.13	672.83	367.91	304.92	2.56	2.19	59.38
贸易及餐饮企业	8 946	60.00	1 636.81	1 319.32	317.49	57.99	106.24	87.78
房地产业	793	6.09	882.66	704.46	178.20	-0.38	5.36	81.50
社会服务业	1 227	12.59	325.37	169.78	155.59	2.92	9.10	64.69
卫生体育业	49	0.26	23.19	6.19	17.00	0.03	0.38	78.16
教育文化广播业	348	2.04	44.36	17.66	26.70	0.96	0.74	47.42
科学研究业	209	0.67	16.39	9.37	7.02	0.22	0.22	60.18
其他	628	4.72	347.36	256.72	90.64	8.18	4.86	75.72
3. 按企业规模划分	—	—	—	—	—	—	—	—
大型企业	424	61.39	2 259.36	1 425.78	833.58	18.97	22.19	69.42
中型企业	1 908	79.49	1 997.66	1 361.64	636.02	41.53	56.65	76.04

续表11-6-3

项　目	企业户数（家）	职工人数（万人）	资产总额（亿元）	负债总额（亿元）	所有者权益总额（亿元）	资产损失总额（亿元）	资金挂账总额（亿元）	资产负债率（%）
小型企业	14 031	144.36	2 003.78	1 485.45	518.33	48.17	113.32	81.53
不划型企业	3 295	24.90	1 045.45	639.25	406.20	19.83	29.13	66.71
4. 按组织形式划分	—	—	—	—	—	—	—	—
国有独资企业	15 437	268.82	5 859.18	4 069.95	1 789.23	125.02	200.89	77.79
中资合资企业	237	1.94	141.59	88.07	53.52	– 1.80	1.16	63.33
股份有限公司	277	9.72	656.27	385.56	270.71	3.02	3.29	59.09
有限责任公司	295	5.39	198.19	134.28	63.91	1.04	2.16	71.39
中外合资合作企业	231	3.97	140.29	88.74	51.55	0.96	5.94	66.82
实行企业管理事业单位	2 046	13.60	326.00	134.00	192.00	–0.84	3.56	43.93
其他企业	1 135	6.70	– 15.27	11.52	– 26.79	1.10	4.29	– 75.44
5. 按隶属关系划分	—	—	—	—	—	—	—	—
省级企业	1 648	71.41	1 571.17	965.55	605.62	21.85	14.98	64.62
地方企业	18 010	238.73	5 735.08	3 946.57	1 788.51	106.65	206.31	76.92
6. 按赢利或亏损划分	—	—	—	—	—	—	—	—
赢利企业	8 870	179.86	5 355.58	3 493.32	1 862.26	65.28	62.46	70.79
亏损企业	10 788	130.28	1 950.67	1 418.80	531.87	63.22	158.83	83.96
7. 按预算管理形式划分	—	—	—	—	—	—	—	—
预算内企业	11 141	246.40	4 842.20	3 157.41	1 684.79	97.54	155.26	73.04
预算外企业	8 517	63.74	2 464.05	1 754.71	709.34	30.96	66.03	76.22

说明：资产总额含土地估价

1992—1995年广东省境内金融保险企业清产核资情况表

表11-6-4

项　目	企业户数（家）	资产总额（亿元）	负债总额（亿元）	所有者权益总额（亿元）	资产损失总额（亿元）	资金挂账总额（亿元）	资产负债率（%）
合　计	34	929.82	856.70	73.12	60.22	1.62	92.07
1. 按行业划分	—	—	—	—	—	—	—
商业银行	1	464.21	434.36	29.85	—	—	93.57
信托投资业	22	420.69	380.23	40.46	—	—	90.38
证券经纪与交易业	5	9.29	7.82	1.47	—	—	84.18
其他非银行金融业	6	40.81	37.99	2.82	—	—	93.09
2. 按组织形式划分	—	—	—	—	—	—	—
国有独资企业	20	427.45	388.52	38.93	—	—	90.89
股份有限公司	4	469.61	438.63	30.98	—	—	93.40
中外合资合作企业	10	37.94	33.25	4.69	—	—	87.64

续表11-6-4

项　目	企业户数（家）	资产总额（亿元）	负债总额（亿元）	所有者权益总额（亿元）	资产损失总额（亿元）	资金挂账总额（亿元）	资产负债率（%）
3. 按赢利或亏损划分	—	—	—	—	—	—	—
赢利企业	32	932.64	858.23	74.41	—	—	92.02
亏损企业	2	2.36	2.17	0.19	—	—	91.95

说明：资产总额含土地估价

1992—1995年广东省境外企业清产核资情况表

表11-6-5

项　目	企业户数（家）	资产总额（亿元）	负债总额（亿元）	所有者权益总额（亿元）	资产损失总额（亿元）	资金挂账总额（亿元）	资产负债率（%）
合　计	445	833.50	707.26	126.24	5.26	6.93	84.85
1. 按行业划分	—	—	—	—	—	—	—
农林牧渔业企业	5	5.47	5.77	-0.30	—	0.04	105.40
工业企业	40	43.50	31.78	11.72	0.12	0.03	73.06
建筑业企业	5	21.58	17.53	4.05	0.01		81.23
地质水利业企业	3	7.47	7.09	.38	0.30	0.01	94.91
交通仓储邮电业企业	25	18.84	12.96	5.88	0.04	0.20	68.79
贸易及餐饮企业	279	367.35	309.85	57.50	2.47	4.16	84.35
房地产业企业	41	174.75	145.00	29.75	0.58	1.01	82.98
社会服务业企业	18	5.52	5.01	.51	—	—	90.76
金融保险企业	16	64.79	57.51	7.28	1.60	1.47	88.76
卫生体育业及其他企业	13	124.23	114.76	9.47	0.14	0.01	92.38
2. 按组织形式划分	—	—	—	—	—	—	—
国有独资企业	218	481.28	412.21	69.07	3.17	3.18	85.65
中资合资企业	55	139.68	106.67	33.01	0.47	1.47	76.37
股份有限公司	28	25.33	22.25	3.08	0.32	0.20	87.84
有限责任公司	92	142.00	124.62	17.38	1.25	2.03	87.76
中外合资合作企业	42	25.34	22.29	3.05	0.01	0.05	87.96
其他企业	10	19.87	19.22	.65	0.04	—	96.73
3. 按隶属关系划分	—	—	—	—	—	—	—
省级企业	93	280.07	227.85	52.22	0.82	2.11	81.35
地方企业	352	553.43	479.41	74.02	4.44	4.82	86.63
4. 按赢利或亏损划分	—	—	—	—	—	—	—
赢利企业	273	770.96	646.92	124.04	4.18	1.56	83.91
亏损企业	172	62.54	60.34	2.20	1.08	5.37	96.48

（三）脱钩移交企业、信托投资公司清产核资

1999年，根据中共中央、国务院整顿金融秩序的要求，军队、武警部队和政法机关不能办企业，当时广东接收广州军区、兰州军区、成都军区、北京军区、广东省军区、武警部队和政法机关移交的企业，以及省直党政机关脱钩的企业划归资产经营公司和授权经营企业集团管理。根据省委、省政府有关做好军队、武警部队和政法机关移交企业，省直党政机关脱钩企业，信托投资公司清产核资工作的批示精神，全省于1999—2000年开展上述几项的清产核资工作。

省级接收军队、武警移交企业351家，政法机关移交企业103家，清产核资结果资产总额121.22亿元，负债总额99.04亿元，所有者权益22.18亿元。

省直党政机关脱钩企业302家（其中2家为事业单位），清产核资结果完成审核确认批复291家，资产总额629.09亿元，负债总额416.04亿元，少数股东权益7 958万元，所有者权益212.25亿元。

参加信托投资公司（不包括广东国际信托投资公司，该公司进入依法破产）清产核资的有25家公司和12个办事处，资产总额864.87亿元，负债总额866.99亿元，少数股东权益13.38亿元，所有者权益-15.50亿元，如剔除待处理资产损失，实际所有者权益-194.80亿元。

（四）省属21家资产经营公司、授权经营企业集团公司清产核资

2000年5月，省委、省政府制订《广东省省属国有企业资产重组总体方案》，批准组建23家资产经营公司和授权经营企业集团公司。从2000年7月起，省财政厅组织实施省属资产重组国有企业的清产核资工作。（这次清产核资实际完成时间为2001年10月）

23家资产经营公司和授权经营企业集团公司中，省通讯集团公司和白天鹅企业集团公司因特殊原因没有进行清产核资，实际纳入清产核资的资产经营公司和授权经营企业集团公司只有21家。

21家资产经营公司和授权经营企业集团公司清产核资工作以1999年12月31日为基准日，范围包括资产经营公司、授权经营企业集团公司本部全部及其属下的各类全资控股企业，以及纳入重组范围的实行企业化管理的各类事业单位和境外企业（机构）。经清产核资清理核实后具有独立法人资格的境内境外国有全资控股企业和实行企业化管理的各类事业单位共有1 716家，其中参加清产核资的1 600家，未参加的116家。未参加清产核资的企业中，省丝绸集团公司48家、省建工集团公司22家、省外贸集团公司14家、省现代农业集团公司13家、广东国际技术合作实业集团公司11家、省旅游集团公司5家和广东中旅（集团）公司3家。上述未参加清产核资的企业，因严重资不抵债停止运作或拟破产、合并处置的48家，资不抵债停业的10家，准备关、停、并、转的7家，有7家境外企业未能提供完整账簿资料，有16家企业因经济纠纷账簿被法院查封，1999年成立的新企业4家，其余的是未办妥移交手续和资金不到位等。

参加清产核资的1 600家企业中，商贸流通业614家，工业企业198家，建筑安装业131家，交通运输业67家，事业单位26个，境外企业（机构）99家，其他企业465家。经清产核

2000年广东省省属国有企业资产重组清产核资情况表

表11-6-6

项　目	企业户数（家）	资产总额（万元）	负债总额（万元）	所有者权益总额（万元）	其中少数股东权益（万元）	资产负债率（万元）	资产损失		潜亏挂账	
							申报数（万元）	批复数（万元）	申报数（万元）	批复数（万元）
合　计	1 600	25 848 178	14 174 714	11 673 464	1 169 123	55	1 102 951	824 030	208 712	165 028
广业资产经营公司	221	874 685	632 205	242 480	452	72	130 593	130 593	85 515	85 515
广弘资产经营公司	121	524 314	512 211	12 103	2 270	98	99 760	77 868	8 564	6 969
广晟资产经营公司	224	716 298	506 658	209 640	9 962	71	61 428	60 749	3 177	2 753
省电力集团公司	74	12 959 539	5 166 741	7 792 798	688 512	40	154 957	61 157	18 441	—
省交通集团公司	143	5 143 524	3 058 795	2 084 729	187 757	59	91 033	80 470	7 228	4 962
深圳华强集团公司	21	418 436	232 343	186 093	127 395	56	5 283	5 025	9 654	9 655
韶关钢铁集团公司	21	548 707	254 546	294 161	54 907	46	42 211	34 719	68	68
省航运集团公司	40	429 659	230 263	199 396	27 116	54	37 592	24 141	418	—
广东物资集团公司	26	407 961	364 202	43 759	131	89	41 350	34 060	1 485	203
省商业企业集团公司	108	356 935	406 472	-49 537	1 024	114	111 109	85 582	27 575	27 602
省建工集团公司	65	1 177 800	1 080 284	97 516	3 703	92	48 112	48 112	12 854	4 681
广东国际技术合作实业集团公司	86	183 219	143 563	39 656	110	78	32 634	31 733	—	—
省外贸集团公司	192	929 209	734 636	194 573	24 096	79	75 895	39 593	1 142	1 142
省现代农业集团公司	68	193 572	160 081	33 491	12 035	83	37 480	36 450	9 074	169
省丝绸集团公司	37	152 931	126 780	26 151	1 400	83	4 843	3 359	—	—
省轻工集团公司	21	80 351	94 841	-14 490	—	118	21 517	13 215	14 772	13 918
广东科智机械集团公司	50	211 474	196 374	15 100	—	93	24 746	4 077	348	198
省石化集团公司	25	158 183	94 726	63 457	—	60	15 282	13 019	474	34
省粤科风险投资集团公司	8	95 686	20 356	75 330	6 765	21	5 395	5 395	192	192
省旅游集团公司	33	220 018	112 902	107 116	20 689	51	56 881	29 937	6 383	6 322
广东中旅(集团)公司	16	65 677	45 735	19 942	799	70	4 850	4 776	1 348	645

说明：数据来源于2001年省财政厅《关于省属资产重组企业清产核资工作情况的报告》

资后，1 600家企业中亏损企业939家，资不抵债企业339家。

21家资产经营公司和授权经营企业集团公司参加清产核资的1 600家企业中，申报资产损失的企业837家，申报资产损失总额110.30亿元，经审核批复的资产损失总额82.40亿元。其中：核减所有者权益45.96亿元，用以后年度利润消化36.44亿元；申报潜亏挂账总额20.87亿元，经审核批复潜亏挂账计入损益总额16.50亿元；核销资产损失后纳入合并报表范围的企业资产总额2 584.82亿元，负债总额1 417.47亿元，所有者权益1 167.35亿元，其中少数股东权益116.91亿元。深圳华强集团少数股东权益占本集团所有者权益总额比例68.46%，在各集团公司排列第一。

（五）两家投资控股有限公司清产核资

2000年，省委、省政府在批准组建23家资产经营公司和授权经营企业集团公司的同时，又批准在广东粤财信托投资公司和粤海公司的基础上，组建成立广东粤财投资控股有限公司和广东粤港投资控股有限公司。为组建做好准备，省财政厅组织实施对两家控股公司进行清产核资。两家控股公司清产核资工作以2000年12月31日为基准日，范围包括控股公司全部所属企业。（实施时间为2001年6月，至2002年12月全面完成。）

广东粤财投资控股有限公司所属企业共有19家参加本次清产核资，有3家公司因没有开展业务，均为空壳公司，没有纳入清产核资范围。19家参加本次清产核资的公司合并报表范围资产总额99.01亿元，负债总额81.41亿元，少数股东权益1.11亿元，合并报表价差-690万元，所有者权益16.56亿元。核销资产损失8 212万元。其中：流动资产损失2 523万元，长期投资损失5 689万元；潜盈、潜亏挂账合并进损益余额1 467万元。

广东粤财投资控股有限公司清产核资资产结构表

表11-6-7　　　　　　　　　　　　　　　　　　　　　　　　　　单位：万元

项　目	账面数	清查数	资产损失处理数		资产核实数	
			申报核实数	同意核实数	申报数	审批数
1．资产总额	895 612	998 315	11 531	8 212	986 783	990 103
流动资产	555 824	578 481	2 641	2 523	575 840	575 958
长期资产	334 036	406 479	8 890	5 689	397 589	400 790
无形、递延及其他资产	5 751	13 355	—	—	13 355	13 355
2．负债总额	720 231	814 076	—	—	814 076	814 076
3．少数股东权益	—	11 100	—	—	11 100	11 100
4．合并价差	—	－690	—	—	—	－690
5．所有者权益	175 380	173 829	11 531	8 212	162 298	165 617
实收资本（股本）	151 309	137 773	—	—	137 773	137 773
国家资本	151 309	137 773	—	—	137 773	137 773
法人资本	—	—	—	—	—	—
其中国有法人资本	—	—	—	—	—	—
资本公积	3 378	13 296	—	—	13 296	13 296

续表11-6-7

项　目	账面数	清查数	资产损失处理数		资产核实数	
			申报核实数	同意核实数	申报数	审批数
其中外币资产折算的差额	—	10 821	—	—	10 821	10 821
盈余公积	20 693	23 778	11 531	8 212	12 247	15 566
其中公益金	—	—	—	—	—	—
未分配利润	—	1 467	—	—	1 467	1 467
未确认投资收益	—	－2 484	—	—	－2 484	－2 484

说明：资料来源于省财政厅清产核资办公室给省政府、省经贸委的报告

广东粤港投资控股有限公司所属企业有402家参加本次清产核资，合并报表范围资产总额539.44亿元，负债总额408.22亿元，所有者权益63.09亿元，少数股东权益68.12亿元。核销资产损失2.04亿元。其中：流动资产损失8 846万元，长期投资损失5 035万元，固定资产损失6 473万元。

广东粤港投资控股有限公司清产核资资产结构表

表11-6-8　　　　单位：万元

项　目	账面数	清查数	资产损失处理数		资产核实数	
			申报核实数	同意核实数	申报数	审批数
1. 资产总额	5 373 188	5 414 717	25 739	20 354	5 388 979	5 394 363
流动资产	1 998 828	1 989 250	9 944	8 846	1 979 307	1 980 404
长期资产	106 045	133 499	5 039	5 035	128 460	128 464
固定资产	1 079 076	1 104 242	10 756	6 473	1 093 485	1 097 769
无形、递延及其他资产	2 189 238	2 187 727	—	—	2 187 727	2 187 727
2. 负债总额	4 066 380	4 082 240	—	—	4 082 240	4 082 240
3. 少数股东权益	680 369	681 347	103	103	681 244	681 244
4. 所有者权益	626 439	651 130	25 635	20 251	625 495	630 879
实收资本（股本）	10 592	10 000	—	—	10 000	10 000
国家资本	10 000	10 000	—	—	10 000	10 000
法人资本	—	—	—	—	—	—
其中国有法人资本	—	—	—	—	—	—
资本公积	765 300	765 865	25 635	20 251	740 229	745 614
其中外币资产折算的差额	—	—	—	—	—	—
盈余公积	—	—	—	—	—	—
其中公益金	—	—	—	—	—	—
未分配利润	－149 453	－124 735	—	—	－124 735	－124 735
本次清产核资损益调整数	—	—	—	—	—	—
其中潜亏挂账调整数	－134 944	—	—	—	—	—

说明：资料来源于省财政厅清产核资办公室给省政府、省经贸委的报告

两家投资控股有限公司和上面记述的省属21家资产经营公司、授权经营企业集团清产核资，全面引入中介机构参与清产核资工作，尝试清产核资招标投标，增加清产核资复查工作环节，组织业务骨干进行会审，改进资产损失的确认批复办法，建立清产核资跟踪检查制度。

二、行政事业单位清产核资

至2000年，全省行政事业单位清产核资工作共进行过两次：第一次是1993—1996年，结合1992—1995年对国有企业进行全面清产核资工作进行；第二次是2000—2003年，结合省政府机构改革进行。

行政事业单位占用的财产，绝大部分是计划经济体制下由国家财政拨款形成的。但不时出现行政事业单位有些非经营性资产向经营性资产转移，私设“小金库”和私分经营收益等情况以及损失浪费的现象也比较严重。为摸清行政事业性单位家底，1993—1996年，广东对全省33 118个行政事业单位进行全面财产清查登记，这是中华人民共和国成立后的第一次。同时，为加强行政事业单位国有资产管理，在清查登记的基础上，省国资局研究制定《广东省行政事业单位国有资产处置办法》等相应的法规制度。

为配合预算管理制度改革和机构改革，2000年下半年，省财政厅选择省政府办公厅等7个部门开展清产核资试点工作。2001年，经省政府同意，省财政厅在全省范围内组织开展预算单位清产核资工作，其中省直单位2001年全面铺开，各市预算单位结合本地机构改革和预算管理改革实际需要逐步推开。省直预算单位清产核资以2000年12月31日为基准日，范围包括与财政有经费缴拨关系的省直行政事业单位。（全省预算单位清产核资工作至2003年才完成）

参加清产核资的省直预算单位共1 274家，其中行政单位489家，事业单位753家，社会团体16家，企业化管理事业单位16家。省直预算单位截至2000年12月31日的资产总额729.12亿元，其中行政单位206.99亿元，事业单位（含社会团体和企业化管理事业单位，下同）522.13亿元。负债总额261.60亿元，其中行政单位53.98亿元，事业单位207.62亿元。净资产总额467.00亿元，其中行政单位153.73亿元，事业单位313.27亿元。省级预算单位定编人数180 693人，其中行政编制（含公检法）71 736人，事业编制107 877人，社会团体编制357人，另列编制386人，为老干部服务的工作人员337人。实有在职人员171 054人，其中行政人员83 909人，事业人员85 796人。

清产核资清理出来的资产盘盈35.95亿元，其中流动资产盘盈0.39亿元，固定资产盘盈35.42亿元，未入账的对外投资0.14亿元。资产损失12.75亿元，其中流动资产损失1.31亿元，固定资产损失11.28亿元，对外投资损失0.16亿元。资金挂账总额13.00亿元，其中住房改革形成的资金挂账11.5亿元，基建超支挂账0.62亿元，医药费超支挂账0.7亿元，经营亏损及潜亏挂账0.18亿元。闲置资产3.22亿元，其中房屋建筑物2.36亿元，交通运输工具0.31亿元，通用及专用设备0.55亿元。

三、城镇集体企业清产核资

继1992—1995年全省对国有企业进行清产核资后，从1996年起，全省开展对城镇集体企业进行清产核资。

1996年下半年，全省选择中山、潮州、茂名、肇庆等4个市的市属城镇企业及省属和各地二轻系统企业进行试点；1997年，全省全面铺开；1998年城镇集体企业清产核资主体工作基本完成；1999年，完成城镇集体企业清产核资后续工作。

第一，组织户数清理与核对，省清产办会同省经委、省地税局、省工商行政管理局成立广东省城镇集体企业户数清理协调小组，指定专人负责、组织开展户数清理工作。第二，抓好资产清查，省清产办制定资产清查的范围、方法、要求；各企业在清查中把实物盘点与账务核查结合。第三，做好资产价值重估，使资产价值重估结果尽量贴近市场价格。第四，做好产权界定，坚持“依法确认、尊重历史、宽严适度、有利监管”组织产权界定，以保障各类投资者和劳动者的合法权益。第五，把好资金核实关，对清出的各项资产盘盈盘亏、财产损失及资金挂账，省清产办、省地税局和企业主管部门组成资金核实小组，按照国家的有关规定审核，有的市采取交叉审核办法。

1996—1999年，通过对城镇集体企业资产清查、价值重估和资金核实，摸清全省城镇集体企业的家底，解决一些企业之间的产权纠纷，理顺产权关系。明确集体企业内部的资本结构，暴露城镇集体企业发展中存在的问题，为城镇集体企业进行运营机制转换提供基础数据。全省共清理80 352家县以上城镇集体企业，清理出挂靠企业49 246家，名存实亡企业10 973家，一个单位多块牌子企业1 193家，其他类型企业1 302家。核实真正集体企业17 638家，其中金融企业1 903家，非金融企业15 735家（其中事业单位65个）。

在1 903家集体金融企业中，农村信用社1 675家，城市信用社及合作银行158家，其他的70家。经核实资产总额为3 639.25亿元，负债总额为3 511.66亿元，所有者权益127.59亿元。其中：实收资本132.93亿元，在实收资本中集体资本85.09亿元，法人资本19.04亿元，国家资本2.20亿元，其他资本30.60亿元；资本公积10.91亿元，盈余公积19.02亿元，未分配利润-35.27亿元。共清理出资产损失净额13.33亿元，资金挂账总额23.70亿元，不良资产达546.19亿元。

在15 735家非金融企业中，经核实资产总额为2 584.06亿元，其中流动资产1 614.98亿元，固定资产619.01亿元，长期投资243.92亿元，无形资产47.07亿元，递延和其他资产58.01亿元。负债总额为2 134.67亿元，其中流动负债1 810.90亿元，长期负债316.40亿元。所有者权益449.25亿元，其中实收资本404.75亿元，在实收资本中集体资本288.59亿元，法人资本49.45亿元，国家资本10.60亿元，外商资本14.55亿元，个人资本32.91亿元，待界定资本8.65亿元；资本公积104.10亿元，盈余公积86.31亿元，未分配利润-145.91亿元。共清理出资产损失净额80.04亿元，资金挂账总额199.49亿元。实现销售（营业、营运）收入1 700.53亿元，实现利润-18.95亿元。

第十二章　财税执法与监督

第一节　财税法制

一、财税法规

（一）财政

1. 省人大通过的法规

1985年12月25日，省第六届人民代表大会常务委员会第十七次会议批准省政府制定的《广东省经济特区涉外企业会计管理规定》，1986年2月14日由省政府颁布，1986年3月1日起施行，1995年11月废止。

1991年11月22日，省第七届人民代表大会常务委员会第二十三次会议审议通过《广东省行政事业性收费管理条例》，1991年12月7日省第七届人大常委会公布，1992年1月1日起施行。

1997年12月1日，省第八届人民代表大会常务委员会第三十二次会议审议通过《广东省资产评估管理条例》，1998年1月10日省第八届人大会常委会公布，1998年1月10日起施行。这是全国第一部规范资产评估管理的地方性法规。

以上法规均由省财政厅起草。

2. 省政府颁发的规章

1982年7月7日，省政府颁布《广东省征收排污费实施办法》。1990年9月3日，省政府颁布《广东省征收超标排污费实施办法》，从公布之日起施行，《广东省征收排污费实施办法》同时废止。

1986年3月，省政府颁布《广东省驻港澳地区企业财务管理暂行规定》。7月，省政府颁布《广东省行政事业性收费管理暂行条例》，从7月1日起实施。8月，省政府颁布《关于我省城市、农村征收教育费附加的有关规定》，城市自1986年7月1日执行，农村自1986年1月1日起执行。9月，省政府颁布《广东省科学技术拨款管理办法》，从1986年1月1日起执行。12月，省政府颁布《广东省乡（镇）财政管理实施办法》。12月，省政府修订省财政厅1983年制定的《广东省预算外资金管理实施办法》，以省政府名义重新颁布。

1987年9月，省政府颁布《广东省耕地占用税征收管理实施办法》，自1987年4月1日起施行。

1989年8月，省政府颁发《广东省中外合资、合作经营企业中方投资者分得利润分配和管理实施办法》，自公布之日起施行。1998年4月14日废止。

1992年3月，省政府颁布《广东省罚没财物管理条例》，1992年4月1日起施行；1986

年7月颁布的《广东省罚款管理暂行条例》同时废止。省政府1997年第33号令决定修改并公布，自1998年1月1日起施行。

1994年7月15日，省政府颁布《广东省对农业特产收入征收农业税实施办法》，自颁布之日起施行，原征收农林特产税和关于农林牧水产品征税的规定同时废止。

1998年6月，省政府颁布《广东省契税实施办法》，自1997年10月1日起施行，1952年12月12日省政府颁布的《契税暂行条例广东省施行细则》和省财政厅过去有关契税的规定同时废止。

1999年6月，省政府颁布《广东省预算外资金管理办法》，自1999年7月1日起施行；过去有关预算外资金管理方面的规定，凡与本办法相抵触的，以本办法为准。

以上规章均由省财政厅起草。

3. 省财政厅制定的规范性文件

1979年，省财政厅分别制定广东工业、交通、商业、供销、粮食等国营企业以及国营农场扩大企业自主权试行企业利润留成方案。

1980年，省财政厅继续完善上年企业利润留成的有关规定。分别选择文教、科学、卫生、水产、水利工程、农林水事业单位等行政事业单位进行预算包干、财务包干试点，制定有关部门的预算包干、财务包干的方案。

1981年1月，省财政厅制定《关于实行“划分收支，分级包干”财政管理体制实施办法》，在全省各级财政中实行包干制。同年分别制订省国防工办、省冶金工业厅、省电子工业局、省出版事业管理局、省航运厅实行利润（亏损）包干方案。

1982年，省财政厅分别制订外贸企业财务管理体制实施方案，完善水产、小磷肥等企业财务承包办法，整顿和加强国营企业、社队企业财务管理等并制定相关制度。

1983年，省财政厅分别制定相关文件，处理“利改税”后相关财务承包等具体安排。3月，省财政厅制定《中外合资经营企业中方投资及收入会计核算试行办法》，从当年1月1日起执行；5月，省财政厅制定《广东省预算外资金管理实施办法》，经报请省政府批准，于1984年1月1日起施行；6月，印发《关于地市机构改革后有关财政管理体制和经费划分等问题的通知》；10月，制定《财政支持山区、困难县发展生产周转金试行办法》等有关规定。

1984年，经省政府同意省财政厅印发《关于下放减免工商税审批权限的通知》，制定第二步“利改税”财务问题相关规定；9月20日，省财政厅颁发《广东省行政事业单位会计制度》，从1985年起执行。

1985年，省财政厅继续制定并完善第二步“利改税”相关规定，核定有关企业赢利、利润上缴、利润留成等具体安排；配合实施《中华人民共和国会计法》，制定相关企业财务管理的有关规定。

1986年1月，省财政厅制定《广东省中外合资经营企业若干财务管理问题的暂行规定》；10月，制定《广东省驻港澳地区企业财务管理实施办法》。

1987年4月，省财政厅制定《广东省中外合作经营企业若干会计核算问题的暂行办法》。

1988年，根据中央对广东财政体制的调整，省财政厅制订本省新一轮财政包干的实施方案，具体处理财政包干体制中随行政区划变动而改变的具体安排；建立乡镇一级财政，制定本省乡镇财政管理试行办法；制定有关预算外资金、财政周转金、会计人员管理等相关管理规定。

1989年4月，省财政厅制定《广东省农业发展基金管理、使用暂行办法》；1991年3月15日，省财政厅进行修订并更名为《广东省农业发展基金管理使用细则》。

1990年，省财政厅编制“八五”时期（1991—1995）的财政立法规划；制定《广东省财政体制财政法规程序的暂行规定》，明确规定各单位起草的财政法规，一律经省财政厅法制处协助修改，进行协调把关，避免政出多门，把法规之间的相互矛盾减少到最低限度，提高财政法规质量。当年修改《广东省省属境外企业财务管理实施细则》《广东省全民所有制公司财务管理若干规定》《边境建设事业资金管理暂行办法》等15个规章和规范性文件。

1991年，省财政厅修改完成14个规章和规范性文件；编制1991—1992年的财政立法规划；制定《支援经济不发达地区发展资金管理办法》等14个实施办法。

1992年，省财政厅修改《广东省财政支农周转金使用管理办法》等19个规章和规范性文件。同年，建立广东财政法规数据库，将1979年1月至1989年12月清理出来的规范性文件共728件输入财政法规数据库。

1993年5月，省财政厅重新制定《广东省农业税收征解会计制度实施细则》，从1993年起实施。

1994年，省财政厅修改《关于加强省级财政支农周转金管理实施细则》《广东省对农业特产收入征收农业税实施办法》等多个规章和规范性文件。其中：5月，省国资办制定《广东省国有资产产权登记（投资立案登记）暂行规定》和《广东省国有资产产权登记（产权变动立案登记）暂行规定》。

1995年5月，省财政厅制定《广东省行政事业性收费财务管理办法》，经省政府批准，1995年1月1日起施行，1988年11月8日省财政厅制定的《广东省行政事业性收费财务管理暂行办法》同时废止。

1996年，省财政厅编制《省财政“九五”期间立法规划》《省财政1996年立法规划》《广东省“九五”财政法制建设发展规划》；完成1977—1996年的部分法规整理工作，其中，5月，省财政厅制定《广东省扶贫基金管理办法》。

1998年，省财政厅向省政府法制局报送《1999年度法规规章立法计划》，提出《广东省省级预算收入监督受理暂行办法》《广东省预算外资金管理办法》等10个立法项目；制定《广东省财政厅财政法规实施情况监督检查制度》《广东省财政厅重大执法事项统计制度》《广东省财政厅财政执法错案责任追究制度》等。其中：2月，省财政厅制定《广东省国有资产投资立案暂行办法》；5月，省政府批复省财政厅制定的《广东省国有企业财务监督办法》；8月，省财政厅制定《广东省实施监狱财务会计制度细则》；10月，省财政厅、省劳动厅联合制定《广东省国有企业下岗职工基本生活保障和再就业资金管理暂行办法》；11月，省财政厅制定《广东省计算机替代手工会计核算管理办法》，并从1999年起实施；12月，省财政厅制定《广东省社会保障基金财政专户财务会计管理办法》。

1999年，省财政厅向省政府法制局报送《2000年法规规章立法计划》，提出《广东省政府采购条例》《广东省省级预算收支监督管理办法》《广东省境外企业财务管理办法》

等3个立法项目。其中：3月，省财政厅联合人行广州分行修订《广东省农业税收会计制度实施办法》，由1999年1月1日起执行，1993年制定的《广东省农业税收征解会计制度实施细则》同时废止；7月，省财政厅制定《行政事业性收费和罚没收入实行“收支两条线”管理的若干规定》。

2000年，根据省政府2000年度立法计划的安排，省财政厅草拟《广东省政府采购条例（送审稿）》，《广东省地方金融机构财务监管办法》，报省政府法制办。其中：3月，省财政厅制定《广东省文教行政专项补助经费分配使用管理办法》；4月，省财政厅制定《广东省农业税收票证管理办法》，从7月1日起，全省实施并启用新的农业税收票证；9月，省财政厅制定《广东省省级政府性基金预算管理办法》，从当月起执行。

（二）税务

1. 省政府批准、颁发的规章

1979年2月，省革命委员会颁发《关于减轻农村税收负担的若干规定》。同年，省革命委员会印发《关于国营商业、供销社开展计划外家庭副产品购销业务的通知》。

1981年5月，省政府颁布《广东省税务征收管理暂行办法》；随后，省财政厅税务局制定《广东省税收征收管理实施办法》。

1982年1月，省财政厅税务局根据《广东省统一发货票管理试行办法》，制定《广东省统一发货票管理细则》。

1983年，省政府颁布《广东省城镇个体工商户试行办法》。7月，颁布《广东省牲畜交易税施行细则》，即日起施行，1994年废止。

1984年9月，省政府授权省税务局制定《广东省个体工商户税务征收管理办法》。

1985年3月，省政府颁布《广东省城市维护建设税实施细则》，从1985年1月1日起施行，1998年1月18日修订，修订后1998年1月1日起施行。12月，省政府颁布《广东省统一发票管理办法》。

1986年3月，省政府颁布《广东省城乡个体工商业户所得税施行细则》，从当年1月1日起施行，1994年1月1日废止。7月，省政府颁布《广东省税收征收管理实施办法》，从7月7日起施行。12月，颁布《广东省房产税施行细则》《广东省车船使用税施行细则》，从1987年1月1日起施行。

1988年6月，经省政府批准，省税务局印发《关于停征牲畜交易税的通知》，自1988年7月1日起，全省停征牲畜交易税。12月，省政府颁布《广东省货物运销税务管理规定》，从1989年1月1日起施行，1998年4月14日废止。

1989年3月，省政府颁布《广东省城镇土地使用税实施细则》，自当年1月1日起施行。

1990年7月，省政府颁布《广东省群众检举偷税漏税及其他税务违章案件的提奖暂行办法》，从9月1日起施行。

1994年7月，省政府颁布《广东省屠宰税征收办法》，自1995年1月1日起施行，此前有关屠宰税征收规定废止。

1995年6月，省政府颁布《广东省个人所得税代扣代缴暂行办法》和《广东省个人所得税自行申报纳税暂行办法》，从6月1日起施行。

1999年1月，省政府根据国家税务总局制定的《税务违法案件举报奖励办法》，颁布《广东省税务违法案件举报奖励暂行规定》，从1月1日起施行，《广东省群众检举偷税漏税及其他税务违章案件的提奖暂行办法》同时废止。

2. 省财政厅、省税务局制定的规范性文件

1980年2月，省财政厅制定《关于对农贸市场征收的税款试行地方留成办法》；12月，省财政厅税务局制定《税务专管员岗位责任制工作十条》，1981年进行修订完善后更名为《税务专管员征管工作要则》，对专管员工作职责作出明确规定。

1981年11月，省财政厅税务局会同人行省分行、省工商行政管理局联合印发《关于建立健全企业“经济户口”管理的通知》，对从事生产、经营、服务的一切单位和个体工商业户均列入“经济户口”的管理范围。

1984年2月，省税务局会同省检察院、省司法厅、省公安厅、省法院联合印发《维护税法、严肃处理税务违章案件、惩办违法犯罪分子的通知》。

1985年，省财政厅印发《继续执行税收任务超收奖励的通知》和《建筑税超收奖励办法》，列为省级财政收入的建筑税，超额完成收入计划部分可提取20%补充税务经费；翌年改为比上年增收部分可提取20%补充税务经费。

1986年1月，省税务局制定《广东省统一发票管理办法实施细则》。同年，省税务局分别制定《广东省各县税务经费管理办法》《税务机关发票管理制度》。

1987年，省税务局分别制定《广东省税收会计核算试行办法》《广东省税务监察工作报告制度》《广东省税务监察部门承办人民来信、来访制度（试行）》《广东省税务监察部门办案工作的若干规定（试行）》；省税务局会同省政府侨务办公室联合印发《关于执行华侨投资企业享受优惠待遇的认可和有关税收问题的通知》。

1989年，省税务局分别制定《广东省税务系统征收单位办税公开与监督试行办法》《广东省税务稽查队章程》《广东省各级税务机关内部机构设置方案》。

1992年，省税务局重新修订《税务稽查办案程序》。

3. 省国税局制定的规范性文件

1994年，省国税局分别制定《广东省演出市场管理暂行办法》《关于进一步深化税收征管改革的总体方案》《广东省国税系统设置中心税务分局的实施意见》《广东省国税系统设置办税大厅的实施意见》，逐步推进征管改革。

1995年，省国税局分别制定《广东省增值税纳税申报稽核管理办法（试行）》《广东省国家税务局关于税务人员严格管理增值税专用发票的若干规定》《广东省增值税专用发票及其计税、扣税凭证稽查检查办法》《广东省增值税专用发票领购、使用、保管责任书》《广东省国家税务局发票管理实施规定》，加强增值税各方面的管理。同年，省国税局制定《广东省出口退税管理工作制度》《广东省出口退税检查工作制度》，加强对出口退税的管理。

1996年，省国税局修订并颁发《广东省增值税一般纳税人纳税申报办法》《广东省增值税一般纳税人纳税申报审核和稽查分析办法（试行）》；制定外商投资的房地产开发企业预售房收入预征所得税办法。

1997年8月，省国税局制定《广东省国税系统印制发票企业管理办法》，从源头上加强发票的管理。

1998年，省国税局再次修订《广东省增值税一般纳税人年审办法》，调整对增值税一般纳税人认定条件。当年，有11 790家商业企业由增值税一般纳税人调整为小规模纳税人。

1999年，省国税局分别制定《广东省国家税务局实施〈稽查工作规程〉的补充规定》《广东省外商投资企业审核评税操作规程（试行）》《广东省外商投资企业出口货物退税管理办法（试行）》《广东省外商投资企业出口货物退税操作规程（试行）》《广东省国家税务局税务违法案件公告暂行办法》《广东省国家税务局税务违法案件举报奖励暂行规定》。

2000年，省国税局分别制定《广东省增值税一般纳税人资格认定管理暂行办法》《广东省增值税一般纳税人分类管理办法（试行）》《广东省国家税局税收征管资料档案管理办法（试行）》。

4. 省地税局制定的规范性文件

1994年税务机构分设后，省地税局每年按时向省政府报送立法计划。

2000年，省地税局、省国税局联合向省政府报送《广东省发票管理办法（草案）》。同年，省地税局向省政府法制办报送广东地税系统“十五”时期（1996—2000）法制工作规划；作出《广东省地方税务局关于大力推进依法治税的决定》。

1994—2000年，除转发上级的各类业务文件外，省地税局制定下发200余份重要的业务性文件，并先后制定涉及执法监督、综合管理、廉政建设和行政事务管理等方面的多项制度。1996年，省地税局补充明确听证会的十项操作程序，规范工作步骤，为基层征管单位更好地执法提供依据。2000年，省地税局制定《广东省地方税务系统税务案件统计报告制度》《广东省地方税务系统执法权监督暂行办法》等制度。

1999—2000年，省地税局先后在全省开展两次大规模的关于先征后返政策文件的清理工作，并将清理意见报给有关部门。

1999—2000年，省地税局列出全省当时有效的法规、规章和规范性文件目录，汇总整理相关法规文件，筹建广东省地方税收法规库，使全省各级地税局能通过计算机对有效的税收法律法规进行查询。

二、财税执法

（一）财政

1. 规范性文件备案

1979—1989年，广东财政部门制定的规范性文件，根据上级的具体要求报上级备案。1990年，省财政厅制定《广东省财政部门规范性文件备案办法》，加强财政规范性文件的监督和管理。

1991年，省财政厅按照财政规范性文件备案制度规定，将《广东省党政群机关实行编制与经费挂钩试行办法》等规范性文件报财政部、省政府备案；审核深圳、韶关两市报备案规范性文件5个。

1992年，省财政厅按规定将《广东省财政支农周转金使用管理办法》等18个规范性文件报财政部、省政府备案。

1993年，省财政厅将《广东省财政厅外经促产培财周转金管理办法》等14个规范性文件报财政部、省政府备案。

1994年，省财政厅将《关于加强省级财政支农周转金管理实施细则》等3个规范性文件报财政部、省政府备案。

2. 执法检查

1989年11月，省财政厅设立法制处。1990年，省财政厅开展对1989年颁发的财政法规执行情况的检查。当年，重点检查农业税、农林特产税、耕地占用税等法规的实施情况。配合《中华人民共和国行政诉讼法》的实施，对全省各种具体财政行政行为进行一次全面清理，清理出7大类共116项。

1991年，省财政厅制定《广东省财政法规监督检查若干规定》，明确财政法规监督检查的主要工作、方法、职责等问题。同时，对1990年颁发的财政法规进行执行情况检查，为法规的修改、补充和完善提供依据。

1993年，省财政厅组织全省性的耕地占用税政策执行情况的清理和检查。

1994年，省财政厅对《中华人民共和国会计法》《中华人民共和国个人所得税法》《中华人民共和国增值税暂行条例》等实施情况进行监督检查，将检查中发现的问题，提出意见和建议上报财政部。

1995年，根据省人民代表大会常务委员会办公厅、省政府办公厅《关于检查执法责任制落实情况的通知》，省财政厅对《中华人民共和国耕地占用税暂行条例》《国有资产评估管理办法》《中华人民共和国国库券条例》等9个财政法规实施情况进行检查，并将有关情况上报省人大财经委。

1996年5月至9月，省财政厅在全省范围开展对《中华人民共和国预算法》《中华人民共和国会计法》《中华人民共和国注册会计师法》《中华人民共和国税收征收管理法》《中华人民共和国增值税暂行条例》《中华人民共和国企业所得税暂行条例》等财税法律、法规进行执法检查。

1997年，广东在全省范围对《中华人民共和国预算法》及其实施条例，国务院《关于加强预算外资金管理的决定》《事业单位财务规则》等实施情况、实施过程中存在问题进行检查。省财政厅组织全省各市财政部门就城市维护建设税、车船使用（牌照）税、房产税、城镇土地使用税及基本财务指标等5项内容向全省3 000多家企事业单位展开调查，将经审核过的1 691家上报财政部，其中1 690家通过财政部审核。组织湛江、汕头、肇庆等8个市，对外贸企业在执行出口货物退税办法过程中存在的问题进行调查。对自营出口货物“免、抵、退”税办法执行情况进行调查。对中央批准设立的行政性收费项目进行一次清理。

1998年，省财政厅与省国税局、省地税局、省审计厅联合印发《关于开展全省税收政策执行情况检查清理工作的通知》，全省各地组织的自查面达百分之百；省财政厅与省国税局、省地税局、省审计厅分别组成检查组于8月底对各地进行重点检查，重点检查面达50%以上，并向省政府上报《关于全省税收政策执行检查情况的报告》。开展《中华人民共和国个人所得税法》《中华人民共和国契税暂行条例》执行情况监督检查，并以《关于广东省1998年财政行政执法检查情况的报告》上报财政部。重点对汕头、潮州、湛江、韶关、清远等5个市的城市维护建设税、房产税、城市房地产税、车船使用（牌照）税、城镇土地使用税及基本财务指标进行调查。对财政担保问题、省级税收返还情况、出口货物退（免）税政策运行情况、外商投资企业税收优惠政策及超税负五年税收返还问题以及广东省股份制企业所得税政策问题进行清理调查。

1999年，省财政厅组织各市财政局和省级有关部门对1994年后省委、省政府出台的各种税收返还规定的执行情况进行清理和检查；先后到交通银行、中国工商银行和中国农业银行驻粤的支行对开征利息税后储户的有关情况进行调查。

2000年，省财政厅先后到工行省分行、农行省分行、中行省分行和省建行以及广州、东莞、佛山和江门4个市对利息税的征收情况进行调查；对全省外商投资企业1998年和1999年的经营和税收缴纳情况进行调查。

3. 行政执法责任制

1998年，按照省人大、省政府的统一要求，省财政厅调整成立厅机关行政执法责任制领导小组，建立厅行政执法工作责任制，同时制定《广东省财政厅财政法规实施情况监督检查制度》《广东省财政厅行政执法人员考评制度》《广东省财政厅重大执法事项统计制度》《广东省财政厅财政执法错案责任追究制度》等配套制度。

1999年，省财政厅制定《1999年度行政执法责任制工作要点》；建立厅执法责任制工作联络员制度；按照建立执法责任制的要求，将执法责任层层分解，落实到岗到人。当年，修订《广东省财政厅行政执法责任工作制度》，制定《委托财政执法备案制度》《财政法制工作联络员制度》《财政行政听证工作规程》等文件。

2000年，依据《广东省行政执法责任制条例》的有关规定，省财政厅重新修订、补充行政执法责任制，并制定各项相关的配套制度，包括《广东省财政厅行政执法责任工作制度》《广东省财政厅执法监督检查制度》《广东省财政厅重大行政处罚登记备案制度》《广东省财政厅行政执法错案责任追究制度》《广东省财政厅规范性文件备案制度》《广东省财政厅行政执法人员考评制度》等。

4. 行政处罚、复议和应诉

1991年，省财政厅制定《广东省财政部门贯彻实施〈行政复议条例〉的若干规定》，制定一整套《财政行政复议文书》，明确财政复议机构职责、复议案件的范围、复议程序和应诉工作。全省14个市、38个县的财政局建立财政行政复议委员会，配备人员。

1992年，省财政厅制定《广东省财政部门行政复议委员会工作规则》；1993年制定《广东财政行政案件统计报告制度》；1996年，省财政厅对厅行政复议委员会成员作了调整。

1999年8月和12月，省财政厅先后制定《广东省财政行政处罚听证程序具体规定》和《广东省财政厅行政复议和应诉工作规程》。按照《中华人民共和国行政处罚法》的规定，省财政厅先后对有关注册会计师违法职业案件举行财政行政处罚听证会。听取调查人员和当事人双方阐述意见及审核其提交的有关证据材料。

2000年起，建立广东省财政行政复议、行政应诉和行政处罚案件统计报告制度，每年统计一次。

（二）税务

1. 税务机构分设前

（1）工作制度

1979年，省财政局税务局对财政部重新修订的《工商税收计划、会计、统计工作制度》作补充规定，自1979年1月1日起施行。自1981年1月1日起全省税务干部外出执行任务时，使用新制发红色塑料面（直式）广东省税务检查证。自1984年1月1日起全省基层税务征收人员正式穿着全国统一规定的税务制服。1985年9月开始，执行财政部制定的《税务专管员守则》，1986年8月财政部税务总局颁布《税务专管员“五要”“十不准”规定》，一并贯彻执行，以制度规范税务人员执法行为。1987年后，取消专管员管理办法，分别制定各类工作人员的岗责制度，进行德、能、勤、绩的考核。

（2）减免税管理

1987年4月，省税务局转发财政部《关于认真执行国务院决定检查纠正超越权限减免税问题的通知》，在全省检查清理超越权限减免税以及违反财政制度、擅自扩大企业开支范围、挤占国家税收的问题。1988年，省税务局规定，各级税务部门按统一税法，集中税权的要求，一切减免税都必须严格按照管理权限办理，按手续报批，坚决杜绝越权擅自减免税，对违反税法规定和越权减免税的，及时制止、纠正和向上反映。1989年，全面组织开展对减免税情况的清理整顿，纠正和处理一些地方和部门越权减免税和减免税政策使用不当、管理不严的问题；对减免税政策进行适当调整，对国家控制的项目和产品在税收的减免政策和减免权力上进行严格限制。1993年，对各地清理出的30多项越权减免税问题，逐项采取措施予以解决和纠正。同时，停止一切临时性、困难性减免税的审批。

（3）整顿税收秩序

1981年5月5日，国务院批准财政部税务总局发布《关于清查偷漏欠税的通告》。清查的时限：偷漏税款从1980年1月1日查起；欠税不论是什么时间都要清缴。清查结果是纳税人自查补报的，只补缴不罚款，如不自查补缴，经税务机关查出的：欠税，自拖欠之日起，依税法规定，除限期补缴外，按日加收滞纳金；偷漏税款的，除限期补缴外，处以偷漏税款的5倍以下的罚款；抗税不缴，情节严重的，移送司法机关追究刑事责任。1982年，广东通过所得税汇算清缴、税收政策检查，补税入库3 447万元，查处漏管户1.16万家；向检察机关、工商行政管理部门移送贪污、受贿、投机倒把等违法案件2 700宗。1985年、1987年和1988年，国务院分别发出《关于开展税收、财务大检查的通知》《关于严肃税收法纪加强税收工作的决定》《关于整顿税收秩序加强税收管理的决定》，广东先后贯彻上述的“通知”和“决定”，每年由省政府抽调干部组织税收、财务大检查（见本章第二节）。1989年，广东开展清理挂国营、集体招牌的个体户；打击暴力抗税案件；打击走私和贩私活动的专项斗争。通过对个体户的清查，全年查补税款（包括罚款和加收的滞纳金）共9 039万元。1992年，对全省流转税、所得税、地方税等政策执行情况进行检查，对构成犯罪的偷税、抗税分子进行起诉审判。同年，首次对本省使用的新版发票专用纸加制防伪水印条纹，并就发票换版、使用规定及版式特征对社会进行广泛宣传，同时有重点地在部分市开展扫除伪造贩卖假发票违法行动，严厉打击不法分子伪造发票和贩卖假发票的行为。1993年为《中华人民共和国税收征收管理法》实施第一年，全省开展“一清、二打、三加强”（清理房地产；打击骗取出口退税，打击利用发票进行违法活动；加强个体和私营企业税收管理，加强外商投资企业税收管理，加强出口产品税收管理）专项活动。

（4）依法治税

1980年，省委、省政府印发《关于认真抓好财政增收节支和管理工作的通知》，税务部门根据该通知精神，把一切该收的税款及时收齐，防止漏欠、挤占税款。同年，省政府贯彻国务院《关于抓好今年后两个月财政收支，控制财政赤字和货币投放的通知》，在全省开展增产节约，实现增收节支，并进行税利检查，纠正超越权限减免税收或违反制度截留和挪用国家收入。1983年，省政府发出《关于切实加强税收工作的通知》，各级政府把税收工作列入重要议事日程，指定一名领导专管税收工作。1985年8月，省政府办公厅转发省税务局《关于税务干部在执行公务中被殴打的情况报告》，要求各级政府切实加强领导，采取有力措施，支持税务干部开展工作，防止类似事件再次发生。

1987年4月和1988年12月，国务院分别作出《关于严肃税收法纪加强税收工作的决定》和《关于整顿税收秩序加强税收管理的决定》，指出：“任何地区和部门自行下达超越自己管理权限的减免税文件，一律无效。”必须“严格执行国家税法……任何地区、部门和个人都无权变更国家税法，不得乱开减免税的口子。”“切实保障税务人员正常履行公务。对冲击税务机关，围攻、殴打、侮辱税务人员，干扰税务人员依法执行公务的，公安机关应依照《中华人民共和国治安管理处罚条例》的规定给予治安处罚；构成犯罪的，依法追究刑事责任。”1987年，全省清理欠税2 480万元；查出漏税1.44亿元，当年入库1.3亿元；查出偷税税款2 370万元，当年追缴入库2 161万元，罚款249万元；由政法机关处理抗税案件108宗，拘留109人，判处有期徒刑6人。1991年，省税务局根据省领导的批示，联合案犯发生地上级机关的党委、政府处理4宗骗取出口退税案，追回税款并对责任人予以处理。

省税务局还加强与各有关管理部门协调依法治税事宜。1982年，省检察院、省财政厅税务局联合召开维护税收法规、做好税收工作的座谈会，交流各地维护国家税收的经验，研究进一步以法律威力维护税收的措施。1985年，省税务局、省检察院在从化县联合召开“维护国家税法，查处偷税抗税案件”工作会议。1987年，省税务局邀请省公安厅、省检察院、省法院等18个单位共同研究，贯彻国务院《关于严肃税收法纪加强税收工作的决定》，进一步加强部门协作。

（5）行政复议应诉

为规范、健全和发展全省税务系统的行政复议应诉制度，督促各级税务机关依法执行公务，维护纳税人合法权益，省税务局根据《中华人民共和国行政诉讼法》，于1990年设立广东省税务局行政复议委员会，做好行政诉讼法施行前的各项准备工作，具体行政复议应诉工作由征管处负责。此后，依照1991年9月国家税务局发布的《税务行政复议规则》执行行政复议工作。

2. 国税

（1）税收执法专项检查

1995年，省国税局开展新税制执法检查工作，重点检查省国税局在转发上级文件时提出的补充规定和意见、自行制定的税收规范性文件以及采取的临时性过渡措施和办法等有无与当时税法相抵触，基层征收单位的具体税收行政行为是否合法，并报请省政府废止在1993年年底前制定颁布的与新税法相抵触的规章，纠正省国税局自行制定的3项规范性文件中与新税制要求不一致的过渡性规定。查处部分基层征收单位不按法定条件认定增值税一般纳税人的行为，共清理、取消不符合一般纳税人资格的企业35 956家。同时查处不按规定抵扣期初已征税款、擅自按预征率征收增值税、收入混库以及未执行税款滞纳金等违反税法的行为。同年，查处肇庆市鼎湖区、佛冈县等地伪造、虚开增值税专用发票案。

1996年，省国税局组织税收执法检查以及对增值税税负偏低企业、消费税政策执行情况的专项检查。查实23 765家纳税异常企业，核补税额3.1亿元。

1997年，省国税局在全省开展增值税执法检查、商业企业增值税专项检查、酒类生产企业消费税检查和增值税一般纳税人清理检查，历时4个月，纠正个别征收机关存在的错用税种、税率，进项发票及运输、废旧物资、农副产品收购等凭证审核不严等问题，并组织对外商投资企业税收专项检查，重点检查外商投资企业超税负返还政策执行情况。

1998年，省国税局清理企业欠税，建立清欠工作责任制，落实定人、定计划、定期限、定金额的“四定”措施，压缩陈欠税款增收8亿元。同年，在打击出口骗税方面，查处一批以虚构企业名称、伪造出口单证、假冒税务机关印鉴等手段骗取出口退税案件。

1999年，省国税局组织发票清理大检查。同年，制定《广东省国家税务局税务违法案件公告暂行办法》，在全省实行税务违法案件公告制度。

2000年3月12日，省国税局在汕头市召开潮汕地区国税系统各市、县（区）国税局和分局局长动员大会，对整顿、规范增值税征收管理秩序和出口退税管理作出具体部署，对潮汕地区税收管理秩序进行重点整顿。7月20日至11月25日，在全省范围内开展出口退税专项检查。国务院部署全面开展打击骗取出口退税专项斗争后，省国税局与纪检、公安等有关部门配合，派出300多人的工作组，对全省打击骗税工作进行督查，并对汕尾市、揭东县实施重点检查。至2000年年底，全省查处（不含国务院807工作组直接查处）涉嫌偷骗税及其他有问题税额33.9亿元（含国务院12个工作组交办协查的14.6亿元）。

（2）责任追究制度

2000年，省国税局依据国家税务总局党组《关于加强对税收执法权和行政管理权监督制约的决定》，制定《广东省国家税务局关于加强对税收执法权和行政管理权监督的实施办法》，明确规定税收执法权监督和税收行政管理权监督的主要内容，全面建立和落实责任制，把每一项执法和管理行为分解落实到岗到人，明确每个岗位的职权、工作程序和应承担的责任，建立健全执法监督和责任追究体系，对违反工作程序的办理有关事务的，对执法检查、行政复议诉讼以及内外部审计监督发现的问题，按责任追究制追究承办人、分管领导，甚至主要领导的责任，依法、依纪予以严惩，最大限度地减少执法随意性。

（3）行政复议应诉

1995年，省国税局建立复议诉讼案件备案制度，凡是各市国税局有行政复议诉讼案件，均上报省国税局备案，以便省国税局及时掌握复议应诉情况，并做好复议、应诉的指导工作。根据国务院1994年修订的《行政复议条例》，1997年，省国税局制定《广东省国家税务局行政复议实施办法补充规定》，规范税务行政复议行为，加强对各级税务机关的执法事后监督，切实维护纳税人的合法权益。

3. 地税

（1）执法检查

从1994年开始，每年9月至11月，省地税局开展为期3个月的全省执法检查，督促各市按期上报机构和人员名单、执行情况和执法总结，对各市提出的疑难问题进行解答。当年，省地税局制定《税收执法检查情况的通报》，将执法检查总体情况和交叉检查考评情况通报全省，对薄弱环节提出整改要求，促进基层征收单位提高税收执法水平。通过几年的检查，不断规范执法，各级地税机关自行下发的涉税违规文件逐年减少，违规批缓税和税务处理不当的情况减少，越权减免税、擅自先征后返税款和混淆入库级次的情况得到有效遏制。

2000年，省地税局制定《广东省地方税务系统税收执法检查考评办法（试行）》，将执法检查的内容用标准化的百分制评分加以规范。为各地提高执法检查质量，比较执法工作的优劣，提供客观的标准和依据。

（2）责任追究制

为严格税收执法程序，落实责任追究，在具体执行中，全省地税系统采取层层签订责任制等形式，将税收执法过程中的责任逐级落实到分局、科室，再落实到股和个人，明确责任。同时，制定和试行执法过错责任追究制度。

1999年11月27日，省第九届人民代表大会常务委员会第十三次会议通过《广东省行政执法责任制条例》，从2000年1月1日起施行。各市地税局按照该条例深入调研，掌握本地税收执法责任制的现状和薄弱环节，相应出台一系列政策和措施。自觉接受外部监督，减少工作失误。全省各级地税部门都建立定期和不定期的汇报和联系制度，接受各级党委、人大、政府和社会对税收执法工作的监督，开展地税机关作风评议工作，做到内部制约和外部监督的有效结合。

（3）行政复议应诉

1998年，省地税局受理建局后首宗海粤房地产公司申请复议案。自1994年7月省地方税务系统组建后，各级地税机关在行政诉讼中败诉率为零，行政复议中原税务处理决定被撤销、变更的比例为40%，均低于全国平均水平。其中：2000年6月，全省地税系统共收到复议申请28件，受理申请24件，撤回申请10件，决定维持6件，决定撤销或变更5件；行政应诉案件2件，判决维持1件，撤回起诉1件。复议案件主要集中在广州、深圳和珠海3市，占全部复议案的64%。决定变更或撤销原处理决定的原因主要在于原处理决定事实不清或适用法律错误。同时做好行政复议、应诉案件的统计工作。1994年后，全省地税系统建立税务行政复议、行政应诉案件统计报告制度，每半年收集一次各市行政复议、应诉情况，进行统计分析并报送国家税务总局和省政府法制局，配合其做好全国和全省的复议统计工作。2000年，省地税局印发《关于报送行政复议、行政应诉等案件统计情况的通知》。

三、宣传教育

（一）财政

1979—1990年，广东的财政法制宣传教育工作，根据上级的统一部署，结合税收财务大检查所发现的问题和工作实际，组织学习，进行宣传。在全国“一五”（1986—1990）普法宣传教育中，重点宣传学习宪法、刑法、刑事诉讼法、民法通则等法律，并结合财政的实际，宣传学习财税法规。

1985年1月21日，第六届全国人民代表大会常务委员会第九次会议通过中华人民共和国成立后第一部《中华人民共和国会计法》，自同年5月1日起施行。广东做大量的宣讲、学习和贯彻工作。

1991年是财政“二五”（1991—1995）普法宣传教育的启动年，省财政厅和全省各市财政局均成立普法领导小组，设立普法联络员，编制《广东省财政法制宣传教育五年规划》，明确普法重点，制定验收标准，提出加强领导的具体要求，确定广州市财政系统为全省“二五”普法宣传教育的试点。

1992年和1993年，组织全省财政系统干部职工学习财政“二五”普法教育活动。1992年，省财政厅组成检查团到全省各市作普法检查。省财政厅与广东人民广播电台在全省范围内举行企业会计准则和新企业会计制度的公开考试年，对7 000多名合格者发放合格证书。

1994年，省财政厅配合财政“二五”普法教育，在全省财政系统范围开展财税法规知识竞赛活动。通过竞赛活动，提高全省财政干部学习财税法规知识的积极性和自觉性，推动全省财政干部学法、懂法、守法、严格执法，加强财政法制建设和财政队伍建设。1993年12月29日，第八届全国人民代表大会常务委员会第五次会议对《中华人民共和国会计法》进行修订。1994年6月至8月，省财政厅与省普及法律办公室联合开展宣传活动。

1995年是财政“二五”普法规划实施最后一年，省财政厅印发《关于开展财政“二五”普法考核验收工作的通知》，对考核验收的指导思想、内容、工作方法、实施步骤等作具体规定。9月，将《广东省财政“二五”普法工作情况报告》上报财政部和省普法办，省财政系统“二五”普法工作分别被财政部、省委、省政府评为先进单位。

1996年是财政“三五”（1996—2000）普法宣传启动年，省财政厅成立财政普法宣传领导小组，并编制《省财政厅关于开展财政法制宣传教育的第三个五年规划》，明确财政“三五”法制宣传教育的总体目标是通过继续深入学习以《中华人民共和国宪法》为核心的基本法律和社会主义市场经济法律知识，增强全体公民的财政法律意识，不断提高广大财政干部和财务会计人员的法律素质和依法管理能力，基本实现依法理财、以法治财。9月，财政普法宣传领导小组对粤东和粤西8市的财政“三五”普法宣传启动工作进行检查。

1998年，按照省政府有关申领行政执法证的要求，2月至3月，省财政厅对全厅干部举办两期申领行政执法证的培训班，系统地学习《中华人民共和国行政处罚法》《行政复议条例》《中华人民共和国行政诉讼法》《中华人民共和国国家赔偿法》。6月至9月，按照财政部《关于开展全国财政法规知识竞赛的通知》的有关要求，广东共有183 772人参加本次竞赛。其中：财政系统干部28 684人、党政机关干部17 285人、企事业单位财会人员105 361人、社会群众32 442人。阮小战等6人获财政部颁发个人奖，姚键雄等123人获省财政厅颁发个人奖；广东被财政部评为全国财政法规知识竞赛优秀组织奖。

1999年，配合《中华人民共和国行政复议法》的实施，开展宣传培训。省财政厅制定《中华人民共和国行政复议法》贯彻意见，特别关注对行政复议法将抽象行政行为有条件地纳入复议审查范围，有重点地选择有关宣传资料进行学习，增强学习效果。当年10月31日，第九届全国人民代表大会常务委员会第十二次会议对《中华人民共和国会计法》进行修订，自2000年7月1日起实施。在修订后的《中华人民共和国会计法》实施前后，省财政厅会同省司法厅、省政府法制局以及各市、县财政局利用电视台、电台、报纸、杂志，户外电子荧屏、网站等媒体，采用各种宣传手段进行《中华人民共和国会计法》宣传。有的市、县举办新会计法知识竞赛。同时，对会计人员和单位负责人进行新会计法培训。

2000年，为实施财政“三五”法制宣传的考核验收，省财政厅制订《广东省财政“三五”法制宣传教育考核验收方案》，于3月至6月间组织全省财政系统对“三五”普法宣传进行考核验收。7月，在总结全省财政“三五”普法考核验收情况的基础上，形成《关于广东省财政“三五”法制宣传教育考核验收情况的报告》上报财政部。8月，广东财政通过全国财政“三五”法制宣传教育考核验收检查，并被财政部评为“先进普法办公室”，被省委、省政府评为“三五”普法先进集体。

（二）税务

1. 税务机构分设前

1979—1994年，广东的税收宣传工作，最大量、经常性的是由税务专管员日常下户进行征管时结合宣传和纳税辅导，尤其是对纳税户的纳税鉴定完成后，都必须对该纳税人适用的税种、税目、税率（或单位税额）和纳税环节、纳税期限、纳税日期、征收方式等对纳税人作详尽的解释。基层税务部门还普遍采用黑板报、墙报、印发纳税指南等形式，有的地方还出动宣传车巡回流动宣传。1990年，省税务局与省检察院联合举行新闻发布会，介绍《广东省税务违章处罚试行办法》和《广东省群众检举偷税漏税及其他税务违章案件的提奖暂行办法》。同年，省税务局与共青团广东省委在广州联合召开全省个体工商业户税法宣传普及教育总结表彰大会。

1992年，省税务局以“税收与发展”主题，首次在全省开展“税收宣传月”活动，并联合有关部门举行新闻发布会和《中华人民共和国税收征收管理法》宣讲会。之后，每年都举办一次“税收宣传月”。

1994年，省税务局利用各种宣传舆论工具和形式，多层次、多渠道地进行新税制的宣传、培训和纳税辅导。

2. 国税

省国税系统在省、市、县税务局办公室内设税收宣传员，建立税收宣传联络员制度，构筑税收宣传纵向网络。同时，联系报刊、电台、电视台等新闻媒介和学校，构建税收宣传横向网络。并制定税收宣传奖励办法。

1994年，省国税系统继续开展“税收宣传月”活动和实行税收专管员下户征税进行税收宣传。当年，省国税局与广东电台联合举办“税收征管法有奖竞猜活动”。

1995年7月，省国税局创办发行以公告税法、宣传税收政策、辅导纳税为主要内容、以服务纳税人和税务人员为宗旨的《南方税务导报》月刊。

1997年，省国税局以“税收与文明”为主题开展“税收宣传月”活动，评选表彰

1994—1996年度模范纳税户486家。

1998年，省国税局围绕“税收管理与依法治国”为主题，授予915家企业1997年度“模范纳税户”称号，并在广东电视台举办大型文艺节目予以表彰。举办全省各级领导干部讲税法活动，提高税收在各级党政工作中的地位。对欠税企业和偷骗税大案进行曝光，震慑税收违法犯罪分子，增强纳税人依法纳税意识。

1999年，省国税局与《南方日报》共同举办“发票知识有奖竞答活动”。在“税收宣传月”期间，统一组织“发票知识咨询日活动”。摄制《遏制发票犯罪的浊流》电视专题片在广东电视台反复播放。配合依法治税，开展送税法、讲税法、学税法系列活动。全省国税部门开展送税法进机关、进企业、进学校、进乡村、进军营活动。

2000年，通过举办各种法制培训班，提高税务人员依法治税意识。当年，宣传工作重点是针对打击骗取出口退税。

3. 地税

1994年，税务机构分设后，省地税局按照国家税务总局的要求，以“税收宣传月”为主要形式，通过开展专题税法宣传活动、编印税收宣传资料等手段，向全社会逐步普及税法知识。

1995年，汕头市地税局率先举办“纳税光荣户”评比表彰活动；每年各级税务部门也对全省的模范纳税户予以表彰，有的地级市甚至设立税收红黑榜，形成诚信纳税光荣、偷逃税款可耻的鲜明对比。

2000年，顺德市地税系统共设咨询点68个，组织巡游1.51万人次，报刊、电台、电视台报道190次，各类税法讲座、税法座谈会、税法培训班和公告会287场（次），印发宣传资料291 321份，举办知识竞赛78场。

第二节　财税监督

一、财政监督

1979年2月，广东恢复在“文化大革命”中撤销的财政部门的监察机构，当时的监察机构负有监督、监察和审计职能；1983年3月，财政监察机构和人员转入审计机关，财政监察的各项任务由审计机关负责；1987年2月重新恢复财政监督机构。

（一）内部监督

全省各级财政部门受同级人大的监督。财政部门内部监督包括对本级和下级财政部门的监督。1998年前，由于财政监督和财政监察机构合署办公，财政内部监督与财政监察一并在本章第三节记载。1998年，财政部查处佛山市石湾区财政局负责人贪污、挪用财政资金案件（简称“‘5·18’案件”），当事人受到法律制裁。全省财政系统以“5·18”案件为借鉴，在全省范围内开展以“清账务、查责任、查管理、查制度”为重点的内部清查工作。全省财政系统共抽调332人组成93个检查组，对246家财政系统所属单位进行检查。当年，省财政厅对厅内各处室及省国资局1996—1997年的财政周转金（含专项有偿资金）进行检查。

1999年，省财政厅查处由财政部交办的南海市政府和财政局隐瞒、截留财政收入，电白县财政局挪用国债转贷资金，连山壮族瑶族自治县财委挪用中央财政专项资金等案件。当年，对内部查处案件做得较好的市有江门、茂名、东莞、韶关等4个市。

2000年7月，省财政厅对在机构改革中换岗的12名处级干部和4名掌握资金分配、从事财务管理的一般干部共16人进行离任审计。根据财政部要求，全省各级财政部门开展自查自纠，查出各市、县（市、区）财政局（个别地方含财政所）1999—2000年上半年白条单、无效凭证列支以及财政性资金存款利息转经费达1 387.95万元。通报批评普宁市财政局违反财经纪律问题，1人受撤职、记过处分，3人受党内警告。

（二）对外监督

1. 经常性检查

1979年，全省检查、纠正、制止一批违反财经纪律的案件，检查几起财务会计人员因坚持财务制度而遭到打击报复的案件，为其中3起中遭受打击报复的有关人员平反、恢复名誉和职务。

1981年，各级财政监察机构组织或参与重点检查经济领域的不正之风案件，查出违纪金额2 592万元，收回1 395万元。佛山地区7个县查出以捐赠为名非法进口和倒卖小汽车664辆，没收、罚款和补税85.8万元。肇庆地区和佛山市检查30家国营企业，查出以“产品展销部”和“职工消费合作社”为名转移企业流动资金、挤占企业生产费用、进行账外经营，并采取股金分红等方式截留和私分企业利润。1982年，全省立案检查468宗严重违反财经纪律的案件。

1987年，全省各级财政监察机构把税收财务大检查工作作为中心任务，各级监察机构牵头组织或参与查处各部门违反财政纪律案件，共查出违纪金额598万元，收回344万元。

1989年，全省一部分市的财政监察部门和税收财务大检查办公室合署办公。当年，全省财政监察部门查处违反财政纪律金额3 125万元，应追缴入库1 703万元。

1991年，全省财政监察部门共查出各类违纪金额1 6145万元，应入库812万元。

1999年，全省各地财政监督机构抽调2 916人组成850个检查组，对4 137家单位进行检查，查出违纪713家，违纪金额9 971万元，应入库金额5517万元。

2000年，全省组织3 374人次组成1 013个检查组，对4 464家单位进行检查，查出违纪金额68 103万元，应入库金额58 830万元。

财政监督检查除结合税收财务大检查和日常监督外，还有各种专项检查和较大的行动项目。

2. 专项监督检查

1992年，全省开展对农业四税及部分支农资金的检查，查出违纪金额1 459万元（其中支农资金违纪23万元），应入库861万元。1992—1994年，全省先后组织363个检查组共

1 628人参加乡镇财政普查工作，共检查资金56.15亿元，查出少征或免征农业四税、截留挪用专项资金、预算外支出转预算内等违纪金额1 359万元，补交入库275万元。

1993年，全省开展对1991年和1992年两年支援不发达地区发展资金的检查，查出违纪金额60万元，应回收金额60万元。全省还有重点地对电费收取情况、行政事业单位经费收支、乱收费、乱罚款、乱摊派开展专项检查。

1994年，全省开展对1992年和1993年发放的财政支农周转金的使用方向、占用费率、项目确立工作程序等方面的检查，自查和重点检查共查出违纪金额128万元，应收回107万元。同年，全省继续有重点地对行政事业性收费、电费收取情况、粮食专项资金、基建拨款、企业挖潜改造资金、预算外资金、罚没收入的征收管理等进行专项检查。部分市县清理和停止部分不合理的收费项目。

1995年5月至7月，对全省1993—1994年的教育费附加的使用情况进行全面检查，查出扩大使用范围违纪资金725万元。

1996年，全省各地对1983—1995年从救灾款中建立、提取、借出、回收的周转金，以及周转金投出后利润分成和资金占用费等数额及使用情况进行清理。

1998年，在1997年的税收财务大检查的基础上，全省组织612个检查组、2 240人，开展扶贫基金、以水养水资金、公费医疗经费、教育费附加、重要商品储备补贴费用、工业发展基金、“三自”企业纳税情况、教职员工工资经费、公路系统财务检查等专项检查。全省共检查2 684家企事业单位，违纪的630家，查处违纪金额9 082万元，应入库金额6 993万元，受经济处罚单位207家。全省开展公款私存专项检查，全年查出公款私存1 680万元，应上缴财政1 220万元。

1999年，全省开展水利专项资金检查，重点检查财政部门对水利专项资金的拨付、管理、使用。全省财政部门抽调176人组成57个检查组对134家单位进行检查，查出由于财政部门监管不到位而未按规范管理、使用的违纪金额237万元。同时，全省财政部门抽调2 361人组成691个检查组，对3 800家单位进行契税、公费医疗经费、城市维护建设费、预算外资金、教育费附加、教育系统财务、企业财务、体育彩票等检查工作，查出违纪单位693家，违纪金额9 482万元。专项检查工作开展较好的有汕头、汕尾、珠海、东莞、江门、佛山、湛江、茂名、肇庆、清远、揭阳和云浮等市。

2000年，全省从财政部门抽调3 256人次组成981个检查组，对4 374家单位进行国有企业下岗职工基本生活保障资金、城乡居民最低生活保障资金、城市建设维护费，企事业单位财务收支，教育、卫生、广播、民政等部门专项经费等专项检查，查出违纪金额16 556万元，应入库8 909万元。同年，抽调55人组成14个检查组对63个单位的中央扶贫资金进行检查，查出违纪16家，违纪金额203万元。10月起，省财政厅对省农村电话局系统进行检查，发现未经国家和省有关部门批准违规收费57 195万元；虚增成本、截留收入、私设“小金库”和漏缴增值税等违纪资金17 393万元。

3. 清理预算外资金和“小金库”

1995年5月至8月，全省开展清理检查“小金库”工作，共抽调3 278人组成784个检查组，对7 656家单位进行重点检查，查出违纪单位741家，违纪金额3 251万元。在重点检查之前有89 198家单位进行自查，自报违纪的3 528家，违纪金额16 808万元。自查和重点检查的违纪金额被支出14 447万元，应上缴财政5 095万元，追回一大笔已经流失的国家财政资金。

1996年，清理预算外资金工作是在省委、省政府直接领导，结合国务院颁发《关于加强预算外资金管理的决定》进行的，从1996年5月开始至1997年4月结束。全省各地从财政、物价、审计、人民银行、监察等部门抽调32 914人组成761个检查组，重点检查5 056家行政事业单位，查出违纪1 367家。自查和重点检查共查出违纪资金91 232万元。其中：违规收取14 657.2万元，违规支用42 509.8万元，不使用规定票据5 193万元，私设“小金库”943.8万元，将预算内资金转作预算外资金1 030.3万元，其他违规（截留预算外资金、偷漏税费等）26 897.9万元。应缴未缴财政预算资金38 399.5万元，应缴未缴财政专户513 010.4万元，检查后缴财政预算和财政专户资金分别为10 540.10万元和41 627.4万元。当年8月至11月，省审计厅、人行省分行、省监察厅对省财政厅本级预算外资金进行清理。

1997年，全省在1996年全面清查的基础上，4月开始部署，6月至9月采取重点抽查与惩治违纪，抓建制与促整改同时并进的方式，在全省范围内继续开展清查预算外资金的工作。重点检查公安、工商、民政系统；预算外资金数额大，未按规定纳入财政管理的单位；1996年没有查过的单位等。全省各有关部门共抽调3 029人，组成764个检查组，对3 393家行政事业单位进行重点抽查。查出违纪单位1 218家；擅自设立基金和收费项目38项，金额1 031万元，隐瞒漏报预算外资金13 948万元。应缴未缴财政预算7 403万元，应缴未缴财政专户62 007万元；违规支用2 358万元；私设“小金库”292万元。擅自提高收费标准或搭车收费；不按规定使用行政事业性收费票据。至1997年8月，全省取消或停止执行收费和基金项目323项；检查后缴财政预算和财政专户资金分别为4 704万元和16 419万元。

4. 对社会保险基金监督

1996年，全省开展对21个市和省社保局的专项财务检查，重点验收检查1993—1995年社会保险机构、劳动部门经办的养老保险基金、失业保险基金的征集、使用、管理、营运情况及其管理费的提取使用情况。

1998年4月至2000年6月30日，全省财政部门对社会保险基金进行专项清查中发现，被挤占、挪用的18.63亿元，挤占挪用较大的是广州、深圳、江门、惠州、汕头、珠海、阳江等市。挪用的社会保险基金用于企业借款、担保抵押和解困等。

5. 对会计师事务所和审计事务所的监督

1996年，根据财政部《关于对会计师事务所、审计事务所开展财政监督检查的通知》，结合广东的实际，省财政厅开始对会计师事务所、审计事务所开展财政监督检查。当年在广州、深圳两市各选两家会计师事务所、审计事务所作为开展财政监督检查试点。

1999年，省财政厅委托26个市、县财政局，对51家审计1998年国有企业年度会计报表的社会审计机构进行核查。

2000年起，广东各级财政部门将会计信息质量抽查作为财政监督的一项经常性工作，并通过聘请有查账经验的离退休人员或会计师事务所人员组成相对固定检查队伍和直接委托会计师事务所的方式充实检查力量。同时，省财政厅委托29个市、县财政局对39家社会审计机构审计的国有企业年度会计报表进行核查。

二、财政投资审核

1995年3月，省财政厅设立基本建设处，财政投资基本建设审核工作由该处负责。当年，省本级财政应安排基建支出预算11.33亿元，实际安排10.6亿元，需要结转到1996年的预算结余资金6 951万元。全年共审批自筹基本建设项目19个，审批资金总额7 780万元。

1996年，全省有17个市49个县（市、区）设立基本建设专管机构。全年核批项目用款申请54宗，经审核查对，核减投资共7 478万元。全年共审批自筹基建项目57个，金额13 763万元。

1997年，全省21个地级市都设立基本建设专管机构，80个县（市、区）设立基本建设财务管理机构。全省全年审查项目5 400多个，审查资金120多亿元，核减金额11多亿元。全年经办审批自筹基建资金项目54个，合计金额1.5亿元。

1998年，全省有11个市成立工程预、结（决）算审核中心，97个县（市、区）财政局设立基本建设专管机构。全年由全省投资审核中心审查的项目以及委托省建行代审的项目1 698个，审核资金68.4亿元，核减9.8亿元，核增0.48亿元。全年共审查基建资金项目61个，合计金额26 852万元。

1999年，全省有15个市成立工程预、结（决）算审核中心（所）。全年共审批自筹基建项目143个，审批金额6.2亿元。全省（不包深圳）财政部门审核工程项目4 818个，金额183.48亿元，审定金额166.04亿元，核增0.28亿元，核减13.29亿元。

同年6月，省编委批复同意省财政厅成立广东省财政厅投资审核中心（简称“省投资审核中心”），在省投资审核中心人员未配备的情况下，由基本建设处暂时负责有关工作。基本建设处1998年和1999年共接受财政部委托审核任务（概算数）95亿元。

2000年，在省投资审核中心运作前，经济建设处抽出专人负责投资审核工作。全年全省财政部门完成审核预（结）算项目2 851个，审查总额721 155万元，核减75 404万元；审核竣工财务决算项目907个，审核金额280 673万元，核减22 020万元。

同年7月，省投资审核中心开始运作。当年，投资审核业务采取直接审核和委托项目所在地的市财政局基建科负责审核两种形式。直接审核的项目有飞来峡水利枢纽工程竣工决算，完成审核额149 640.85万元，占送审额267 216万元的56%；委托有关市财政局基建科负责审核的国债资金建设项目和中央粮库建设项目，完成审核额40 970万元，占送审额82 082万元的49.91%。从10月起，省财政厅经济建处委托省投资审核中心对集中支付资金进行审核。至年底，共接受集中支付资金的审核任务16宗，送审额10 295万元，其中完成审核任务16宗，送审额9 295万元，审定金额8 042万元，核减额1 253万元。当年还完成省人民医院保健楼工程结算审核业务：工程结算送审金额9 727万元（其中两项单项工程合计造价305万元不符合送审要求），实际审核金额9 422万元，工程结算造价审定金额为8 038万元，核减金额为1 338万元。

三、驻粤中央企业财务监督

1986年8月，为改变地方财政部门对中央企业难以进行监督管理的状况，国务院批准财政部在中央企业较多的广东等18个省、直辖市派设中央企业财政驻厂员机构，实行就地监督和管理，并决定在进出口业务较多的7个口岸（包括深圳市），设立外贸企业财政驻厂员机构。省财政厅中央企业财务处（简称“省中企处”）为财政部派出机构，委托省财政厅代管。

依照财政部的有关规定，省中企处履行对驻粤中央企业进行财政监督与服务的职能，财政监督重点是对企业年度会计决算进行初审；参加对驻粤中央企业的财务税收大检查。

1987年，全省中企机构共抽调57名驻厂员，组成13个财务重点检查小组，对51家中央企业进行税收财务大检查，查出违纪金额7 837万元，补缴入库1 548万元。

1988年，全省共抽调108名驻厂员对驻粤110家中央企业进行税收财务大检查，查出违纪金额3 124万元，补缴入库2 485万元。抽调12人参加对驻北京的3家企业的重点检查，查出违纪金额3.29亿元。

1989年，省中企处结合驻粤中央企业的实际，制定企业年度会计决算初审原则：对未经财税重点检查的企业采取普遍审查与重点审查相结合的办法，重点抓大中型企业的盈亏大户；已进行财税重点检查的企业着重审查被查出的违纪问题是否按规定作出处理，账务和决算是否作出调整；审查企业在税收财务大检查中自查出的违纪金额的处理、纠正和入库。当年，全省抽调116名驻厂员组成29个检查组对驻粤161家中央企业进行税收财务大检查，查出违纪金额9 266万元，补缴入库6 632万元。查出100万元以上的违纪大户17家。1987—1989年，对企业年度会计决算进行初审，三年共查出违纪金额3.04亿元。

1990年，全省组成18个检查组对驻各市市区的268家中央企业进行年度会计决算全面初审，查出有问题金额24 534万元。当年的税收财务大检查，查出违纪金额1 610万元，入库150万元。

1991年的税收财务大检查，全省驻粤中央企业应自查户数1 089家，查出违纪金额6 700万元；重点检查195家，应入库2 823万元。

省中企处在进行财政监督的同时，帮助企业开展“双增双节”运动；帮助企业深化改革，完善管理制度，促进增收节支；帮助企业解决资金困难，扶持企业发展生产，增加收入；控制各种非生产性开支，督促企业把有限的资金用到发展生产中去。如1988年帮助韶关冶炼厂建立“厂内银行”核算制度，完善“厂内代用券”管理，节约原材料3 380万元。帮助省茶叶进出口公司、凡口铅锌矿等企业筹集660万元资金，支持企业技术改造。1989年为15家中央企业筹措资金1 850万元。

1990年，省中企处围绕提高企业经济效益开展服务，帮助企业解决资金困难，为驻粤中央机构、企业筹措解决资金3 100多万元；协助企业完善财务经营管理；协助企业疏通商品渠道；督促企业抓好“双增双节”，特别是扭亏增盈工作；协助企业深化改革。

1991年，省中企处参与企业开展“质量、品种、效益年”活动，进一步搞好服务。通过帮助企业推销积压产品、筹措融通资金等手段，解决企业资金困难；帮助企业搞好会计达标升级活动。

1994年7月，省中企处易名为财政部驻广东省财政监察专员办公室，归财政部监督司负责管理。

四、税务监督

1979年3月，省财政厅设置财政监察室，兼管税务监察工作。1986年9月，省税务局增设监察处，随后各市、县税务局相继设监察科（股），负责对广东各级税务机关及其工作人员执行税收公务等行政行为的监督检查。

1989年，根据国家税务局《关于基层税务部门实行开放办税制度的意见》，省税务局制定《广东省税务系统办税公开与监督试行办法》，建立基层税务部门“五公开”办税制度：（1）税法公开。规定基层征收单位都要把有关的税收政策、法规、条例公布，税务干部必须依此办税，群众有权依次监督。（2）征管公开。将各种税的纳税程序、征收办法公布，以便纳税人对号入座，主动缴税。（3）处罚公开。使违章被处罚的纳税人知道为什么受处罚，税务部门依据什么进行处罚及罚多少，增强违章处罚的透明度，避免执法的随意性。（4）减免公开。公布减免税的条件、审批减免税的权限、申请减免税的程序，使纳税人明白能否享受减免优惠，防止税务机关及税务人员擅自减免、越权减免，或者暗中设卡，借此牟利。（5）纪律公开。将《税务专管员守则》《税务专管员“五要”“十不准”规定》等纪律公布，以便群众进行监督。同时，通过走访纳税户、召开座谈会、设置举报箱、公布举报电话、印发公开信、建立接待日制度等形式，为群众对税务机关及其工作人员进行监督提供必要条件。

此外，税务部门的对外监督主要由征管制度、税务稽查和税收财务大检查实施（见第七章第二节和第三节以及本章税收财务大检查）。对内监督主要由税务监察实施（见本章第三节）。

五、税收财务大检查

1979—1984年，对企业单位的财务检查称财经纪律大检查，共进行4次，由省政府部署，从行政机关、企事业单位抽调干部和财务人员参加，由省财政厅（局）和省税务局组织实施。1985年起，对企事业单位的财务检查称税收财务大检查（简称“大检查”），大检查进入常态化，每年进行一次，一般从当年的10月至翌年的3月；省政府成立税收财务物价大检查领导小组，由副省长担任组长，下设税收财务大检查办公室和物价大检查办公室，前者设在省财政厅，由副厅长担任办公室主任。1998年，根据国务院的通知，广东取消一年一度的大检查。

1979年，由省财政厅组织，抽调省直厅局级、处级干部和财务人员共90人到各地进行财经纪律大检查，发现前几年各企业摊派、挤占成本1.33亿元，将国家支配的资金转化为单位可支配的资金7 830万元，挪用企业流动资金和贷款搞计划外基建2.16亿元，截留应上缴财政收入3 100万元，挪用和侵占支农资金4 200万元，检查后追回一部分被截留的国家财政收入。此外，还处理一批严重违反财经纪律和打击报复财务人员的案件。

1980年上半年，全省组织1 278人参加的238个工作组，开展以核实1979年财政收支为内容的财经纪律大检查，查出各级财政部门违反规定截留财政收入、任意减免税利和虚列财政支出等违纪金额19 502万元，收回违规财政资金8 000多万元。检查2 331家企事业单位，查出乱挤成本、截留利润等违纪金额2 074万元，收回违规金额1 122万元。全省滥发奖金10 800万元。

1981年12月起，共用5个月时间，在全省国营企业中重点检查企业截留、挤占和转移国家收入，滥发奖金、贪污公款、投机倒把、走私贩私、行贿受贿以及企业管理不善、损失浪费等。

1983年10月，省政府根据中央“集中财力，保证重点建设”的精神，决定再次在全省范围内开展财经纪律大检查。检查内容包括截留应上缴国家预算内收入和擅自批准减免税收等8项内容。

1985年起，大检查的范围和主要内容是：国营、集体和联营企业以及行政事业单位非法侵占、偷漏、截留、私分应缴国家的税款、能源交通重点建设基金和行政事业性收费、罚没收入；虚报亏损、骗取国家财政补贴；乱挤乱摊企业成本（费用）、多提企业留利和其他专项基金；违反国家物价政策和法规，乱涨价、乱收费，钻“双轨制”价格的空子，高价转手倒卖重要生产资料和紧俏消费品，或以物易物，非法牟取差价收入；随意退库，化预算内为预算外，化全民为集体；私设“小金库”；滥发奖金、补贴、实物，用公款请客送礼，游山玩水；擅自购买专控、禁购商品或超过控购指标购买商品，任意扩大消费基金；截留应缴外汇收入，炒买炒卖外汇；不按国家规定归还基本建设贷款。检查重点单位：中央企业、省属企业和其他大型企业；各类公司；各级经济主管部门和有罚没收入的机关单位。为避免重复检查，凡当年度财务收支经过大检查重点检查的，审计部门不再审计。

1986年，根据国务院通知，当年把清理整顿“小金库”作为专题进行检查。1988年起，市、县两级陆续设立税收财务大检查办公室并核定人数；当年开始，广东建立重大违法违纪案件报告制度，并将私营企业和个体工商业户纳入大检查范围。1990年，大检查期间发现，至当年10月底，全省私人借欠公款长期不还的达4 850万元；增加检查国家预算调节基金。当年，有些市县借助会计师事务所、审计事务所的专业力量投入大检查；至1994年，全省以及省直单位均有安排社会中介机构参加大检查；1996年起停止工作质量不高的社会中介机构参加大检查资格。1991年9月至12月，全省开展对私营企业和个体工商业户税收专项检查。

1993年，检查的重点范围是：金融、保险企业，以及各种非银行金融机构；石油天然气、石化、烟草、电力、有色金属、冶金行业中的大中型企业以及物资供销企业；规模较大的进出口企业、联营企业和股份制企业；房地产开发企业以及各级政府部门举办的各类公司；问题较多、群众反映较大的经济执法部门；各地区、各部门认为需要检查的其他重点单位。检查的重点内容增加有无将国有资产转为集体或个人所有的现象。

1994年，全省重点检查的单位是：缴纳增值税、消费税的税源大户和经营性亏损严重的行业与企业；金融、保险企业和非银行金融机构；房地产开发企业和第三产业中其他管理比较混乱的行业；外贸企业和有外贸经营自主权的企业；假冒民政、福利、校办、集体、联营等骗取国家税收优惠政策的企业；对群众反映乱收费、乱罚款比较突出的部门、行业和单位。

1996年，全省重点检查乘财税改革之机，用加大抵扣、印制和使用假发票或真票假开等各种手段偷漏增值税、消费税和其他工商税；违反国家税法规定，擅自包税、自行改变税率以及随意减免税和骗取出口退税；钻新旧财会制度接轨的空子，乱挤乱摊成本，随意核销费用，擅自冲减资本金，截留国家收入，偷漏企业所得税；侵占、截留应当上缴的财政收入；违反国家规定的开支标准和用途，随意支用各项财政资金。检查的重点除上述的范围外，还包括财会基础工作薄弱的国有企业、集体企业及其兴办的第三产业；政府部门兴办的各类公司及其他经济实体；规模较大、管理混乱的乡镇企业、私营企业和个体工商业户；过去三年大检查从未检查过的企业和有群众举报的单位。当年起取消企事业单位自查环节。

1997年，检查的范围增加粮食部门及其所属企业和单位；财会基础工作薄弱的股份制企业；预算外资金数额较大，问题较多，经过前两年专项检查仍不进行纠正的部门和单位。

1980—1997年广东省税收财务大检查情况表

表12-2-1

年度	检查组（个）	参加检查人数（人）	自查户数（家）		重点检查户数（家）			自查重点检查违纪金额（万元）	应缴国库金额（万元）	实际入库金额（万元）
			小计（家）	其中自报违纪（家）	小计（家）	其中查出违纪（家）	其中违纪100万元以上大户（家）			
1980	238	1 278	—	—	2 331	—	—	32 376	—	9 122
1981	605	3 025	—	—	604	—	—	7 804	—	2 657
1983	—	—	—	—	—	—	—	29 000	—	14 000
1985	5 803	56 000	115 000	—	75 258	—	70	66 000	—	31 800
1986	4 521	20 967	458 000	—	160 000	—	56	54 800	—	—
1987	4 669	20 772	496 000	—	59 700	—	42	58 600	—	21 000
1988	5 899	26 676	502 936	—	132 484	78 425	51	77 540	—	39 392
1989	—	—	—	—	—	—	65	3 125	1 703	1 482
1990	7 261	29 747	573 965	136 234	119 965	72 457	31	65 713	42 502	38 878
1991	—	26 316	744 205	40 039	182 571	29 964	38	62 995	34 798	32 447
1992	6 454	27 340	690 627	151 606	148 004	71 190	11	50 858	32 093	29 101
1993	7 459	33 173	827 039	189 046	285 134	134 516	15	63 545	47 223	45 419
1994	8 620	35 549	855 726	189 524	277 936	120 940	33	106 440	78 032	75 636
1995	9 413	37 124	926 147	174 259	280 048	114 908	103	155 989	146 104	135 436
1996	8 433	32 482	—	—	392 670	180 659	137	181 110	160 216	129 852
1997	8 369	32 559	—	—	403 769	195 381	165	223 806	191 882	150 905

说明：1991年自报违纪户数和重点检查违纪户数没有统计私营企业和个体工商业户

广东在历年大检查中，不但违纪金额连年上升，而且违纪金额在100万元以上的案例也呈逐年增长，甚至违纪金额高达1 000万元、几千万元的也偶有出现。发现违纪的单位和企业，轻则要求清理和整改；违纪严重的单位给予经济处罚，并对责任人给予经济处罚、党纪政纪处分；对有贪污盗窃、行贿受贿等触犯刑律行为的，移交司法机关依法制裁。1985年，受党纪政纪处分的8人，由司法机关拘留、逮捕的8人，送有关部门进一步查处的案件12宗。1986年，交纪检、监察部门立案查处的10宗，受司法部门刑事处分的6人。1988年，全省处理违纪金额100万元以上的大案45宗。1989年，全省受经济处罚的单位4 130个；受经济处罚的责任人386人，其中受党纪政纪处分的6人；移交司法机关立案侦查9人。1990年，全省受经济处罚的单位3 911个；受经济处罚的责任人1 159人，其中受党纪政纪处分的2人；移交司法机关立案侦查19人。1991年，移交司法机关处理案件14宗，其中判刑1宗。1995年，受经济处罚的单位5 083家。1996年，受处罚的违纪单位56 003家，撤销行政职务3人，其中1人由纪检部门立案查处，吊销会计专业技术资格1人。1997年，给予经济处罚的34 602家，受党纪政纪处分的和移交司法机关处理的分别为8人。

第三节　财税监察

一、财政监察

1979年3月，省财政局设财政监察室。1980年，中央纪律检查委员会把破坏财经纪律以及压制批评、打击报复等作为党的纪律检查工作的重点。

1981年，广州市查处13宗财税干部贪污渎职案，给予行政处分6人，送检察院审理1人，劳教1人。

1982年年底，省财政厅监察室撤销，反映违反财经纪律的来信都集中到省财政厅办公室处理。当年，查处财税系统的经济犯罪案件，据4个市（地区）和22个县统计，查出财政干部中有贪污受贿、投机倒把行为的42人，涉及金额24.7万元。税务干部有贪污受贿行为的91人，其中贪污1 000元以上的7人。违法犯罪人员中，有科、局长6人，股长7人。定案后逮捕法办9人，开除留用4人，解雇一批人员。

1987年5月，省财政厅恢复监察机构，全省财政系统继续查处财政干部违纪案件58宗，涉及39人，其中警告处分5人，逮捕判刑1人。接受上级交办案件40件。

1988年，全省财政系统查出违纪人员84人，违纪金额30.41万元，给予党纪处分的12人，政纪处分的48人，刑事处分的6人。

1990年，省财政厅接受上级部门交办案件87件。1991年，全省财政系统检查查处违纪财政干部48人，其中给予党纪处分的13人，党内严重警告1人，留党察看11人，开除党籍1人；给予行政处分45人，其中开除留用察看22人，开除1人，送司法机关处理3人（有些人受双层处分，下同）。1992年，当年全省查处违纪财政干部21人，其中受政纪处分17人。

1993年，全省开展清理财政部门资金、整顿举办各种公司的工作，查出全省预算内各类周转金56.19亿元，违章放贷1.10亿元，兴办各类公司101个，投资总额11.59亿元；全省各级财政部门落实财政机关与所办经济实体脱钩工作，撤并各类公司45家，收回开办公司各类资金3.58亿元，辞去兼职75人。当年，省财政厅监察室配合国家审计署驻广州特派员办事处对1992年和1993年上半年本级财政信用资金活动情况进行审计调查。

1996年，查处党员违纪违法案件1宗，初查核实线索5件。1997年，省财政厅开展内部监督检查，并对广东财税专科学校一期工程基建财务进行检查。这一年，在受理群众来信来访来电中，查处7家企业重大问题，查出违纪金额268.3万元，应入库313.1万元。

1999年，全省财政系统立案查处挪用公款、贪污受贿、违规违纪案件29宗涉及33人（其中处级干部3人）。其中：受党纪处分18人，政纪处分30人，刑事制裁7人。

2000年，全省财政系统立案查处挪用公款、贪污受贿、违规违纪案件17宗涉及22人。其中：受党纪处分9人，政纪处分18人，刑事制裁1人。

二、税务监察

（一）税务机构分设前

1979年3月，省财政厅设置财政监察室，兼管税务监察工作。1986年9月，省税务局增设监察处，随后各市、县税务局相继设监察科（股），负责对广东各级税务机关工作人员的监察。1989年，省税务局设纪检组长，加强税务系统纪检监察工作，并陆续充实纪检监察干部。

1989年8月15日，最高人民法院、最高人民检察院发布《关于贪污、受贿、投机倒把等犯罪分子必须在限期内自首坦白的通告》之后，国家监察部于1989年8月19日发布《关于有贪污贿赂行为的国家行政机关工作人员必须在限期内主动交代问题的通告》。至1989年10月底，全省税务系统共有41人主动自首，交代违纪金额17.87万元。主动退赃38人，退赃16.07万元，彩电、录像机各1台，金器一批。这一年，全省税务系统共立案188宗，给予行政处分241人，移送司法机关刑事处理13人。

1990年8月至9月，省税务局抽调各级干部119人组成19个检查小组，分赴各地对廉政建设情况进行交叉检查。这次检查共查出接受纳税人宴请1 251人次，借款借物56人，收人情税83人，挪用贪污税款56人，其他政纪问题72人，违纪金额113万元，分别作出处理。

1991年，全省税务系统共查处案件187宗，结案150宗，给予政纪处分189人。1992年，省税务局受理违法违纪案件线索138宗，结案93宗，给予政纪处分86人，开除10人，移送司法机关刑事处理6人。1993年，全省税务系统受理各种案件线索218宗，立案101宗，结案82宗，给予政纪处分80人，送司法机关刑事处理4人。

1994年，省税务局在新税制实施过程中，重点查处利用增值税发票犯罪案件，查处肇庆市鼎湖区税务局少数税务人员严重违反国家税收政策，违反增值税专用发票管理规定，执法犯法，勾结社会不法分子代开虚开增值税专用发票，给国家造成巨大经济损失的恶性案件。同年，省税务局对税务机关所办的经济实体进行清理整顿，至同年11月，所有经济实体按有关规定办理脱钩划转手续；对税务机关及其工作人员利用职权无偿占用企业的车辆、电脑、通信设备，以各种名义向企业调用资金、索要赞助、借钱借物、报销票据、接受红包礼品等以税谋私行为进行清退；对用公款出国出境旅游进行清理检查；对在新税制实施和机构分设中的票证管理、税款划库、财产分配等进行监督检查，防止违反税法人为混库、分光吃光、滥发钱物等违法违纪行为的发生。

（二）国税

1994年7月，根据国家税务总局《关于制定省、自治区、直辖市国家税务局职能配置、内设机构和人员编制方案的意见》，监察室为各级国家税务局的内设机构，7月28日省国税局成立监察室，之后，各市、县国家税务局也相继成立监察室。

1994年，全省国税系统共立案查处违纪违法案件113宗，结案91宗，处分违纪违法人员96人，其中受刑事处理14人。1995年，全省国税系统立案86宗，结案75宗，处分违法违纪人员82人。1996年，全省国税系统开展执法监察工作，从中发现案件线索7件，立案查处6件，受党纪政纪处分8人。1997年，全省国税系统立案66宗，结案60宗，处分违纪人员76人，党纪处分17人。1998年，全省国税系统立案9宗，受政纪处分6人，送司法机关刑事处理1人。1999年，全省国税系统立案16宗，受政纪处分22人，送司法机关刑事处理13人。

2000年，省国税局协助上级机关，严肃查处税务人员贪污受贿、挪用税款、公款，以税谋私的违法违纪案件，重点查处潮汕地区部分税务人员与不法分子勾结，参与虚开代开增值税专用发票骗取出口退税案件，共查处206名干部，并逮捕一批社会犯罪分子。当年，全省国税系统查处违法违纪案件立案66宗，结案66宗。受政纪处分70人，受党纪处分19人，其中开除24人，受司法部门惩处4人。

（三）地税

1994年7月起，地税系统在省、市和县局设立纪检组和监察室，两者合署办公。

1995年后，地税系统各级纪检监察部门抓住地税部门中群众普遍关注的热点、难点问题，每年有重点地开展一系列刹风整纪活动。先后3次组织各单位银行账户清理，坚决清掉部门、单位“小金库”，实行“收支两条线”管理；先后开展税务机关和税务干部借用企业小汽车问题清理；税务机关与所办企业、经济实体脱钩清理，全系统16个税务咨询所和22个税务代理中心，全部按规定脱钩改制；组织税务登记费、发票工本费等行政事业性收费的清理，实行收费标准登报公布，接受社会监督；先后查处14例违规违纪典型。

1998年，省地税系统重点清理通信工具，全系统共清理用公款装配电话1 725门，手机1 700部，收回资金489.5万元。1999年抓落实中共中央纪律检查委员会颁发的八项规定，开展清理“红包”、礼金，全系统先后清理上缴“红包”、礼券折合人民币48.95万元，礼品471件折价56.7万元。

1999年和2000年，省地税系统先后对127名处、科级领导干部在人、财、物管理和执行税收政策等情况，逐一进行离任审计和责任界定。通过离任审计，全系统先后追究9名领导干部的纪律责任，责令17名干部限期整改。

2000年，省地税系统继续抓八项规定的落实，纠正领导干部住宅配备电脑及支付上网费和违规占用、借用企业小汽车和住房等问题。全系统先后对138名干部进行信访约谈或发信访通知书，监督当事人讲清有关问题，对当事人进行警醒教育。

1995—2000年，全省地税系统共受理群众举报信访1 070件，立案158件，187人受党纪政纪处分，其中处级干部1人，科级干部17人，受刑事处分的有20人，挽回经济损失355.28万元。

第十三章　教育、科研与信息化建设

第一节　教育

一、学历教育

（一）财政

从1983年起，广东干部教育逐步转移到正规化教育，出现业余大学、函授大学、电视大学、干部专修科、职工中专、函授中专等多种形式、多层次的成人教育。1983—1985年，全省财税系统在职干部职工参加各类高、中等成人学校学习的人数达4 938人，其中大专以上3 124人，中专1 814人。除抓好成人教育外，还注意做好普通教育。从1985年开始，省财政厅委托中山大学举办外经会计专业大专班。至1990年，外经会计专业专科在校生有100人，毕业生200名。1985年委托省财贸管理干部学院举办财政、税务专修科，保持在校生100名。1986年，省财政厅委托中山大学代培财政专业本科生，至1990年在校生有200人，毕业生50名。广东省财政学校、广州市财政学校、佛山市财政学校，1986—1990年共培养毕业生2 913名。1991—1995年，依靠本系统院校为全省培养高、中等财经管理人才6 291人，其中充实到各级财政部门的有2 013人。

1996年4月，成立广东财税高等专科学校。至此，全省财政系统有广东财税高等专科学校（含成人教育）、广东省财政学校、广州市财政学校、佛山市财政学校和广东省会计函授成人中等专业学校。各学校每年正常教育经费达800万元，教学设施和设备比较齐全，先后配备语音室、电教室、模拟实验室、微机室等，在校学生规模达5 298人，教职工总数480人，其中专职教师293人，建立起一支相对稳定和具有一定规模的教职工队伍。

1996年后，财政系统干部教育的特点是提升财政干部队伍学历层次，利用两所省财政厅厅属学校的办学优势，鼓励财政干部争取脱产、半脱产、业余等形式进修学习。

（二）税务

1983年前，广东省财税中专学校只有广东省财政学校和广州市财政学校。1983年年初，湛江市和茂名市税务局首先组建湛茂税务培训中心。1984年汕头市税务局创办税务函授学校。1985年，经省政府批准，正式成立汕头市税务职工中专学校。继而佛山、梅州、韶关、惠州等地也先后成立财税职工中专学校，招收税务职工中专生。1989年成立广东省税务学校。从此形成以国家税务（总）局的施教机构为第一级网络，全省税务系统形成以省税务学校为第二级，以汕头、梅州、韶关3所成人中专学校和各市局培训中心为第三级，以县级局培训点为第四级的施教机构网络体系，为加强税务干部的教育培训提供保障。

除税务系统本身办学外，省国税局还采取多形式、多渠道、多途径举办学历教育：（1）与中央党校成人教育学院合作办学。1997—2000年连续四年在广州、珠海、汕头、东莞、江门等教学点合作举办7个中央党校在职研究生班，全省国税系统共有507人参加学习。（2）委托财政部研究生院和广东商学院举办一期在职研究生进修班，26人参加学习。（3）委托广东商学院、省财贸干部管理学院、中山大学等高等院校培养税收专业大专生、本科生。（4）委托省财政学校、省税务学校以及梅州、汕头、韶关市3所税务成人中专学校培养税务中专生。（5）组织参加在职函授、自学考试形式学习。1994—2000年，全省国税系统共有533人进修研究生，816人参加本科班学习，2 463人参加大专班学习，515人参加大专和本科自学考试，365人参加扬州大学开办的专业证书后大专班学历教育。

1996年，省地税局下达“九五”（1996—2000）教育发展规划，把提高队伍的学历层次作为提高队伍文化素质的重要手段，鼓励干部职工通过多种渠道、多种形式、多种方法提高学历层次，并在时间和资金上给予大力支持。省地税局通过组织大、中专自学考试以及电大、脱产进修、大中专函授班，选送干部职工参加财税专业和其他经济类专业学习，鼓励干部职工自学成才。

二、业务培训

（一）财政

1981年2月，中共中央、国务院发出《关于加强职工教育工作的决定》后，广东财税系统加大干部培训力度。

1981—1985年，教育工作的重要任务是轮训干部队伍，提高基础理论和业务水平，以适应财税工作的需要。除利用财税系统干部训练基地培训干部外，还委托中央财政金融学院、中南财经大学、中山大学、广东民族学院等举办培训班，1981—1983年，全省财税系统共轮训干部51 039人次，其中学习时间两个月以上的有29 092人次。

1986—1990年，干部业余培训教育主要是在岗和短期培训，面向基层，发挥各级财政部门的积极性，开展多层次、多渠道的业余培训工作。至1990年，参加各类学习总人数6 548人，其中参加各类岗位短期培训的4 704人。

1991—1995年，广泛开展财政干部培训工作，逐步实现干部培训工作管理的正规化和制度化。积极开展岗位培训，把培训内容与业务工作紧密结合，将岗前培训、岗位培训、转岗培训、短期业务培训、继续教育等培训形式相结合，使岗位培训工作逐步做到规范化、制度化。这时期，共组织开展财政系统机关工作人员、公务员岗位培训6 900人次。并按财政部的布置，安排学校实施全省乡镇财政人员岗位合格证书的培训工作，并纳入“八五”时期（1991—1995）计划，实际培训2 300人。各级财政部门安排参加部、省一级举办的各类短期培训班学习的人数618人次。

1996—2000年，按照分级分类分工负责的原则，乡（镇）财政所长、县（区）局长、市局科级干部由省财政厅统一组织培训，每三年轮训一遍；其他干部由各市财政部门负责组织，每三年全员轮训一遍。五年间，共组织乡镇财政所所长培训6期，培训所长825人；

县（市、区）财政局长培训4期，培训局长356人；市财政局科级干部培训5期，培训466人。各市财政局也根据工作实际，开展各级各类培训活动。至2000年年底，全省财政系统共培训干部34 223人次，其中处级以上干部512人次，科级干部7 387人次，股所级和一般干部26 324人次。

（二）税务

1979—1993年，广东税务队伍正处于发展壮大阶段。为适应改革开放新形势对税务干部的业务技术要求，广东各级税务机关相继设置人事教育机构。

1978年8月全国税务工作会议制定《关于进一步加强税务专管员工作的意见（草案）》，要求税务专管员要做到“三会四懂五掌握”（会审报表、会查账目、会算税利；懂税收政策法令、懂财务知识、懂生产知识、懂纳税环节；掌握生产、掌握销售、掌握税源、掌握资金、掌握纳税等变化情况）。按照全国税务系统“七五”时期（1986—1990）、“八五”时期（1991—1995）干部教育规划的要求，省税务局分别制定广东省税务系统“七五”时期、“八五”时期教育发展规划、干部岗位培训规划，实行上下结合、长短结合、脱产与业余学习相结合的多形式、多渠道、多层次的培训办法。省、地（市）、县税务局层层办培训班，在工作中则普遍实行师徒合同、岗位练兵、以老带新、边做边学办法。至1993年，由省税务局组织的各类培训班共有：县市税务局长岗位职务培训班7期，共培训342人；税务干部培训班2期，共培训181人；税务稽查培训班5期，共培训893人；岗前培训班5期，共培训826人；涉外税收培训班2期，共培训100人；税收专业职称学习班1期，培训229人；计划会计培训班2期，共培训251人；计算机基础知识与操作培训班9期，共培训900多人；委托湖南省税务专科学校等院校举办税务专业师资班，共培训53人。

1994年，省国税局成立后，各级税务机关根据不同岗位的需要分门别类组织多层次、多类型的业务培训。按照干什么学什么、缺什么补什么的原则，组织全系统开展以适应新形势和税收工作需要的适应性培训；以保证新税制全面贯彻实施的新税制业务培训及考试；以贯彻国家公务员过渡工作为目的的公务员过渡培训；以实行税收与科技结合，强化税收征管为目的的防伪税控机技术培训；以提高全系统干部队伍自觉性、学习积极性为目的的全员业务考试；以培养业务骨干为出发点的“征管能手”竞赛以及税务稽查业务培训和考评、税收法制业务培训和考评、计算机技术应用等专门业务培训。至2000年，省国税系统共有4 604人次参加初任培训；3 361人次参加省、市、县局领导以及分局领导任职培训；41 385人次参加税收专门业务培训；32 694人次参加更新知识培训。全省国税稽查系统还举办稽查业务培训班164期，培训7 568人次。

根据税收工作的要求以及地税人员业务素质情况，各级地税部门坚持以税收需求为导向，加大税收专门业务培训的力度，注重实效，强调学有所为，学以致用。通过采取岗前培训、初任培训、专业培训、任职培训及境外培训等方式，举办各种培训班，提高受训者的税收专业水平和岗位技能。

1996年，省地税局组织全省地税系统的部分业务骨干和有关院校教师共同编写《地方税收实务知识读本》，该书是广东地税系统成立后第一本系统介绍地税知识的普及型教材。1997年7月，全省地税系统举行地方税收业务知识统考，该书被指定为主要参考书。

1994—2000年，省地税局共举办军队转业干部初任培训班5期，培训162人；全省地方税系统县（区）局长培训班6期，共培训374人；所得税业务培训班1期，培训75人；税收票证管理培训班1期，培训70人；税务稽查工作规程与税务行政执法培训班1期，培训60人；全国统一税收征管报表软件培训班1期，培训30人；计算机基础知识培训3期，培训108人。

三、院校简介

（一）广东财税高等专科学校

1980年1月，中国国民党革命委员会广东省委、广东省财政学会联合创办广州业余财经学院。8月，广东省会计学会创办广东业余会计专科学校。1981年7月，经省政府批准成立广东业余财经学院，为大学专科性质、由省财政厅主管，编制55名，按处级建制。1982年1月，经省政府批准，三校合并，更名为广东业余财经学院。1993年5月，经省政府同意，广东业余财经学院易名为广东成人财经学院。1996年4月8日，经省政府批准，成立广东财税高等专科学校，广东成人财经学院撤销独立建制，并入广东财税高等专科学校。

广东财税高等专科学校由省财政厅主管，教学管理归口省高等教育厅，属全日制教学，招生和毕业生就业计划纳入省的统一管理，学校为副厅级建制。学校位于广州市白云区白云大道北丛云路100号，占地面积8.8万平方米。至2000年，学校总建筑面积达到4.48万平方米，其中教学及辅助用房1.54万平方米，生活用房2.94万平方米。有教职工112人，其中专职教师68人，副教授16人，讲师12人。拥有实验室、计算机室、专业模拟实验室等55间，计算机359台、馆藏图书15万册。设有财政与税务、会计、经济贸易、资产投资管理、信息管理等5个系。开设财政与税务、会计学、国际贸易、金融学、计算机应用技术、电子商务技术、经济法等7个专业。成为财政部定点培训基地，广东省公务员继续教育基地，省直会计从业资格考试培训定点单位，广州地区会计专业技术资格考试培训单位，注册会计师考前培训定点单位。1996年招收新生608名，承上在校生总人数1 340人。至2000年，招收新生907人，在校生人数达到1 971人，其中普通专科生932人，成人专科生1 039人。自1980年建校至2000年，累计培养毕业生4 899名，轮训在职干部2万人次。

（二）广东省财政学校

广东省财政学校是隶属于省财政厅的一所财经类国家级重点中专学校，创建于1973年。根据省财贸政治部下达的指标，学校在当年秋季正式招收52名学生。由于学校的地址未能确定，师资、校舍、设备等办学基本条件短期内不具备，这期间暂时委托设在广州市华侨新村的广州市财政学校进行过渡性办学。委托办学期间，学生来源是广州军区生产建设兵团知识青年、地方农场知识青年和全省各地务农知识青年，通过推荐方式录取入学。1979年9月转到四会县省财贸干校上课。

1979年7月，省财政学校校址确定在广州市龙归南岭村竹仔园，面积1.67万平方米。这时期，学校完成校舍建设、道路建设、校园绿化等基建工程，还完成一所完整的全日制中专学校所必需的制度建设、教师队伍和学校领导班子建设。当年，全校教师仅10多人，学校通过各种渠道充实师资力量。1980年，省财政学校建成，开始招收学生并培训在职干部。当年第一次招生100名学生，财政、税务专业各50名。招生范围主要是广东省（含海南），学制两年。学生来源分两类：一类为通过全国高考的应届高中毕业生；另一类为年龄在25岁以下，通过国家成人中专考试录取的在职财政、税务干部。2000年，在校学生2 000多人，分别就读于会计、财税事务、金融事务、电子商务、商务秘书、商务英语、计算机及应用等专业。

1988年，学校占地面积扩大到3.13万平方米。校舍建设的扩建与改造，师资队伍建设、实践教学设施建设、制度建设力度随之加大。1990年，学校科室数扩充至16个。从1989年10月起，学校开始实施教师定岗代职制度，分期分批送青年教师到基层单位代职，从事实际工作。同时继续送大批教师到高等院校进修。至1993年，学校的专职教师人数达79人，其中高级讲师7人，讲师14人，助理讲师44人，教员14人。至2000年，教职工160多人，其中具有中、高级职称的教师人数达71%，硕士研究生占16%，双师型教师人数占专业课教师的70%。

1993年12月30日，广东省财政学校被省高等教育厅授予广东省普通中专学校“文明校园”称号。1994年1月5日，经省政府批准，广东省财政学校被省高等教育厅评定为广东省（部）级重点中专学校。

1995年8月，学校征用校门前1.4万多平方米土地，规划建设教学楼、办公楼和图书馆。2000年7月，新教学楼、图书馆和办公楼陆续建成。

1998年12月，省高等教育厅对学校办学特色、教学水平、实践教学设施、师资力量、行业背景等进行评估后，批准学校会计专业为广东省示范性专业。1999年9月底，学校通过国家级重点中专一级办学水平评估。2000年6月26日，教育部确定广东省财政学校为国家级重点中专学校。

（三）广东省税务学校

1989年，省政府批准成立广东省税务学校，校址位于广州市天河区五山长岗，学校占地4万平方米。经两年筹建，建成一所拥有教学综合楼、图书馆楼、干部宿舍楼、食堂和两栋教工住宅楼，共2.5万平方米建筑，并有电教设施、语音室和篮球、排球、足球场，田径运动场等体育设施，可以同时容纳学生2 000人以上。

1992年8月，广东省税务学校开始首批招生，招收高中起点的二年制国家计划任务生100人，委托代培生53人，设税务和税收计会统两个专业。1993年8月，省税务学校扩大招生规模，除招收高中起点的二年制税收专业考生230人外，还增设涉外税收专业，招收初中起点的四年制考生109人。

1994年，税务机构分设后，广东省税务学校隶属省国税局。1994年和1995年秋季，分别招收高中起点的二年税收专业考生150人和178人，初中起点的四年制涉外税收专业考生140人和140人。

1996年，增设财务会计电算化专业和财务会计专业，招收初中起点的三年制考生273

人，在校学生达到近1 000人。1997年，省税校扩大招生规模，增设税务代理专业，全校共招收初中起点的三年制考生441人，在校生人数达到1 127人。1998年开设税收专业的函授。

1993年4月，广东省税务学校成为广东省税务系统中、短期税收专业教育培训与中专学历教育相结合的培训基地。当年举办4期税务局长（科长）岗位培训班，3期税务稽查干部培训班，1期税务监察干部培训班和1期税务财务干部培训班，1期清远市股所长岗位培训班等，共培训在职干部486人。使学校形成多层次、多专业的税收专业教育与培训。

1994年，校内设立专门负责税务系统内部在职人员培训的干训科，加强对税务干部的培训。1994—1998年，举办培训班的内容包括：县（市）税务局长岗位适应性培训班、国税系统纪检监察干部业务培训班、税务干部电脑防伪税控开票机培训班、劳资业务培训班、自学考试辅导培训班、税务干部税控机培训班、防伪税控机师资班以及涉外税收、计算机报表、出口退税计算机管理软件、稽查信息、公务员任职培训班等。

1999年，广东省税务系统干部中中专学历层次的人员基本饱和，加上广东税收事业的发展，中专毕业生已不能适应税收征管业务的需求，省国税局从着眼于未来出发，停止广东省税务学校招生，而把重心转向系统内部的教育培训，转向更高层次的学历教育。

1993—2000年，广东省税务学校培养税收专业、涉外税收专业、财务会计、会计电算化、税务代理等专业的中专生2 200人，税收函授中专生1 100人，各种短期培训班培训人员3 682人。

（四）广东省会计函授成人中等专业学校

经省政府批准并报财政部同意，1987年12月，省财政厅成立广东省会计函授学校，作为财政部主办的中华会计函授学校在广东的办学单位。

1994年12月15日，广东省会计函授学校更名为广东省会计函授成人中等专业学校。为从事会计在职教育的远程学校，培养实用型会计人才。至2000年，该校共培养财务会计专业中专毕业生20 646人。学校利用省、市、县三级办学网络的教学资源和依托财政部门的有利条件，至2000年，在17个市设立辅导站，在65个县（市、区）设立函授站，会计函授教育网覆盖全省大部分地区，对在职会计人员进行培训，开展会计岗前培训和在岗知识更新培训，共培训会计人员44.34万人次。

至2000年，学校有专职教师103人，78%具有大学本科以上学历，77.6%具有中级以上职称，有普通教室172间，电脑教室42间，多媒体教室15间，电脑1 925台。由于办学成绩显著，学校先后荣获中华会计函授学校颁发的“教学质量奖”和“校务工作奖”。

此外，还有广州市财政学校、深圳市财经学校、佛山市财经学校、梅州市财税学校、肇庆市财贸学校、恩平县财政税务学校（恩平县财政局自办学校）等，均为广东财税系统培养了大批实用型人才。

第二节　科研

一、科研机构

（一）财政

1978年，省财政厅在办公室内设立财政调研组。1980年1月撤销财政调研组，组建省财政厅财政理论研究室。1985年7月，经省编委批准，在财政理论研究室的基础上成立广东省财政科学研究所，作为省财政厅的直属事业单位，核定事业编制17名。

1985年，广州、深圳、湛江等市也先后成立财政科学研究所。随后，江门、汕头、茂名等地也相继成立财政科研机构。至2000年，全省财政科研机构在编和聘请的人员发展到60人，专职从事调研、编辑和资料工作的有40人。

（二）税务

1988年2月，省税务局设立调研处。负责组织开展税收科学研究，从广东实际出发，组织经济、税收专题研究，指导和推动各市、县税务局开展税收科研工作。

1989年2月，省税务局调研处与广东税务学会秘书处合署办公。至1992年，调研处（含学会）配备16名在职干部。同时，全省21个市税务局有17个设立调研科（处），部分县（市）税务局还设立调研组，在职税务调研人员69名，组成在职税务干部、离退休税务人员、高等院校教师三结合的税收科研队伍。

1994年税务机构分设，省国税局由调研处（含学会）承担科学研究工作，大部分市国税局撤并调研科。

1994—2000年，省地税局科研工作由法规处兼管。各市地税系统的调研工作由各市地税局办公室兼管。

二、学术团体

（一）财政

1. 广东省财政学会

该学会是广东省研究财政科学的群众性学术团体，1979年12月成立筹备会。1981年4月成立，挂靠于省财政厅，接受省财政厅和广东省社会科学学会联合会（简称“省社科联”）共同领导，业务上接受中国财政学会指导，办事机构设在广东省财政科学研究所。广东省财政学会会员分为团体会员和个人会员。本省各市（地区）、县财政学会为团体会员。第一届成立时个人会员175人，第二届为250人。

学会的机构包括会员代表大会、理事会、常务理事会。会员代表大会是学会的最高权力机构。学会分别于1981年4月、1984年5月、1987年8月、1993年5月和2000年12月，召开第一届至第五届会员代表大会，选举产生各届理事会和常务理事会。

学会成立后，根据全省各阶段财政中心工作，组织开展调查研究，召开学术研讨会，举办学术报告会，开展对外学术交流活动，组织辅导班，筹办征文比赛等多种形式的活动，活跃全省的研究气氛，为财政决策提供有参考价值的文章，本着“服务财政、宣传财政”的宗旨，创办学会刊物《广东财政》。

2. 广东省会计学会

1979年6月15日，省革命委员会批准同意省财政局成立广东省会计学会（简称“省会计学会”）；同年12月13日，省会计学会在广州正式成立，是全国第一个省级研究财会科学的群众性学术团体；1999年6月18日，经省民政厅批复同意法人社会团体登记。省会计学会在中国会计学会、省民政厅、省社科联和省财政厅的领导和指导下开展工作，是不以营利为目的的地方性社会组织，是中国会计学会的团体会员。

省会计学会会员分为团体会员和个人会员自愿组成。第六届开始有团体会员59个。第一届的个人会员300多人。

省会计学会的机构包括会员代表大会、理事会、常务理事会。会员代表大会是学会的最高权力机构。省会计学会分别于1979年12月、1983年2月、1987年1月、1991年5月、1994年11月和1998年11月，分别召开第一届至第六届会员代表大会，选举产生各届理事会和常务理事会。

省会计学会紧密结合广东会计工作的实际，开展和落实《中华人民共和国会计法》的宣传，开展学术理论研究和交流活动，组织培训会计人员，办好学会会刊《广东财会》等工作。

3. 广东省预算会计研究会

广东省预算会计研究会于1991年1月20日进行社团登记；同年2月12日，省民政厅批复成立；1991年5月20日召开成立大会。该研究会是研究预算会计科学的群众性学术团体，挂靠于省财政厅。该研究会拥有全省7万多名预算会计及国库管理工作者和学者的群众基础，设有团体会员和个人会员。至2000年，有团体会员30个，个人会员1.5万多人。

省预算会计研究会于1991年5月和1995年11月分别产生两届理事会，理事会分别由60人和72人组成。

4. 广东省农村财政研究会

广东省农村财政研究会于1987年8月12日在广州成立，属于广东省财政学会的二级学会；1991年10月14日，经省财政厅和省民政厅正式批准，成为省一级学会。该研究会针对农村财政、税收理论与政策等开展科学研究，是具有法人资格的群众性学术团体，是非营利性的以服务为主的地方性社会组织。该研究会会员只设团体会员，第一届有团体会员47个，第二届有54个。

1987年8月12日和1993年6月12日，省农村财政研究会分别召开第一届和第二届会员代表大会，分别产生两届理事会和常务理事会。1987—2000年，省农村财政研究会理论联系实际，深入基层，围绕农业发展、农村建设、农民收入、财政扶贫等热门话题，开展形式多样的课题调研活动，并根据调研成果结集出版相关刊物；加强与有关部门及其他社会学术团体之间的沟通与交流，组织会员参加各类相关学习、考察、培训等社会、学术活动。

5. 广东省珠算协会

1979年10月，省财政厅筹备成立省珠算协会，并起草章程；报经省科协批准，省珠算协会于1980年4月22日成立；1993年3月，省珠算协会经省民政厅批复，同意办理社团法人登记。省珠算协会是一个专业性、学术性、科普性、非营利性的社会团体，是中国珠算协会的团体会员，挂靠于省财政厅，业务上接受省科技协会的指导和省民间组织管理机关的监督管理。

省珠算协会只设团体会员，并且从第三届开始才有团体会员4个，至1996年第七届，全省21个市的珠算协会为该协会团体会员。省珠算协会分别于1980年4月、1983年3月、1985年5月、1987年6月、1989年12月、1993年12月、1996年11月和2000年7月，召开会员代表大会，选举产生第一届至第八届理事会，理事会由第一届的14人发展到第八届的64人组成。

（二）税务

1. 广东省税务学会

1985年4月，广东税务学会成立，2000年更名为广东省税务学会。1985年6月，省税务学会举行第一届会员代表大会，选举产生第一届理事会，制定《广东税务学会章程》。学会为研究税收科学的非营利性的群众性学术团体，并为省社科联和中国税务学会的团体会员。税务学会接受中国税务学会和省社科联的业务指导，接受省民政厅社团管理机关的管理监督。业务主管单位为省税务局，1994年后，由省国税局主管、省地税局协管。税务学会最高权力机构为会员代表大会。

1990年6月和2000年5月分别召开第二届和第三届会员代表大会，选举产生第二届和第三届理事会。

省税务学会的会员分为团体会员和个人会员。21个市（1988年前含各地区和海南行政区）税务学会，以及中国海洋石油税务管理局广州分局和湛江分局税务学会为团体会员；个人会员为省级税务机关和省级有关单位工作人员，以及有志从事税收科学研究的社会各界人士，1987—1992年，学会理事会分5批共吸收个人会员99人。

省税务学会工作人员由在职税务干部，返聘的离休、退休人员和社会招聘的合同制职工组成。1988年4月，海南建省，海南税务学会不再参加广东税务学会活动。1989年2月，省税务学会办事机构与省税务局调研处合署办公，人员统一调度，工作统一部署。省税务学会首要任务是开展税收学术活动和创办会刊《广东税务》。

2. 广东省地方税收研究会

经省地税局同意、省民政厅批准，广东省地方税收研究会于1996年8月23日成立，召开第一届会员代表大会，选举产生首届理事会。2000年8月15日，召开第二届会员代表大会，选举产生第二届理事会。省地方税收研究会由广东省税务界、财经界、学术界、教育界和企业界有关人士自愿结成的群众性学术团体。其首要任务是开展地方税收研究，服务地方税收工作，促进广东经济和地方税收事业的发展以及创办会刊《广东地方税收》。

1997年，经省编委同意，省地税局成立广东地方税务杂志社，负责《广东地方税务》杂志的编辑、出版和发行工作。

三、科研成果

（一）财政

1. 课题研究

1980年，省财政厅财政理论研究室成立之初受中国财政学会的委托，开展“奖金和经济核算问题”的课题研究。在举办多次座谈会和广泛调查研究的基础上，召开全国8个省、市财政科研人员参加的研讨会，提供10多篇论文，就奖金的性质、奖金发放中存在的问题，以及奖金调控和利益兼顾等对策提供出有益的意见，对指导当时的财政工作起到积极作用。

1981—1985年，省财政厅财政理论研究室开展对全省财政情况调查研究；对全省财政收支情况、财政收入在国民收入中的比重、财政经济效益等问题的调查研究；对深圳、珠海、汕头3个经济特区进行调查研究；根据经济体制改革新形势，加强财政管理的调查研究等，分别撰写研究报告。其中《特区财政管理中的问题和建设》一文，选参全国中青年财政理论讨论会；《关于广东预算外资金问题的探讨》一文，选参全国财政年会。

1986年4月，全省财政科研工作会议召开，会议提出八个方面的研究课题：联系地方经济社会发展战略与“七五”（1986—1990）计划研究资金等筹集问题；控制固定资产投资规模问题；管好用好更新改造资金问题；管好用好预算外资金问题；改革完善财政体制问题；县域财政（包括山区困难县摘掉补贴帽子，富裕地区如何继续提高经济效益，增加新财源）问题；农村财政问题；改革企业财务管理问题等。根据以上任务，在“七五”期间，省财政科学研究所与省财政厅有关处室、市县财政局通过纵向和横向联合进行研究，完成几项较有质量调查研究报告，其中《广东财政发展战略研究》《产业结构调整与财税体制改革》等研究报告被分别收入《广东社会经济发展战略研究资料选编》和《广东产业结构研究》书刊。广州市财政科研所在调查研究之后，提出关于推进价格改革，理顺价格关系，减少财政补贴的建议，对广州市价格改革起到积极作用。

1991—1995年，广东财政科研部门开展财政政策、山区财政问题、加快第三产业发展、提高广东财政收入等问题的调查研究；各级财政科研部门结合当地实际，开展调研活动和各种专题研讨会，如分税制财政管理体制改革研讨会等。其中东莞市财政局1篇论文获全国二等奖。

1996—2000年，广东财政科研工作围绕财政的中心工作，开展各种专题调研活动：针对分税制实施后全省财政面临的问题；围绕财政中心工作，开展相关专题的研究；开展财政业务工作的调查研究；参与中国财政学会全国协作课题研究；借鉴外省财政经济发展经验的调查研究。通过以上调查研究，撰写多篇调查报告，提出意见和建议，对广东的经济发展和科研工作，起到启示作用。为进一步完善广东的财政体制，建立公共财政基本框架提供理论依据。

2. 科研成果

1980—2000年，全省财政科研部门以及学会、协会、研究会等社会团体，根据经济和财税体制、政策的变化，由上级领导机关提出和自选课题，开展调查研究和课题研讨活动后撰写大量研究论文，取得省级以上科研成果奖424篇。80年代共192篇，其中一等奖14篇，二等奖34篇，三等奖以下144篇；90年代共232篇，其中特等奖9篇，一等奖15篇，二等奖37篇，三等奖以下171篇。

（二）税务

1. 国税

（1）课题研究

广东国税系统的税收科研活动，主要有4个方面：

一是完成上级领导机关交办的调研课题。1998年，为贯彻省委、省政府布置和开展“增创广东发展新优势”的系列调研活动的精神，省国税局选定有关欠税现状及清欠措施，国企改组转制的税收问题，工商税收收入增长趋缓问题，个体、私营和股份制超级市场税收流失问题，国税基层分局运作后的管理与协调问题，以及竞争上岗选拔机制的完善和发展等6个课题，作为国税系统“增创广东发展新优势”的调研专题。调研方式采取省局与各市局相结合，上下联动的调研方式，开展调研活动。全省共有28个市县（区）国税局参加“增创广东发展新优势”系列调研活动，共收到调查研究报告和相关论文28篇。向省政府报送有参考价值的研究报告，促进国税工作特别是抓收入这一中心工作的有力开展。

二是参与省政府课题组，与省直其他部门共同调查研究。如省国税局调研处参加省政府调查组。在深入调查研究的基础上，写出《关于广东省生猪产供销存在的问题及对策》的调查报告，提出各级政府加强对生猪生产的引导，发展生猪规模生产综合经营，稳步推进，分步实施，定点屠宰，以及统一税费征收等4条措施，提供省政府参考。

三是承担上级业务领导部门的课题研究任务。完成国家税务总局税收科学研究所分配的税收收入与GDP增长相关分析连续研究课题；中国税务学会分配的所有制转换过程中的税收问题、企业税收负担水平研究和完善增值税研究3个课题；中国国际税收研究会分配的周边国家税制研究与借鉴等课题。先后写出《广东近年税收运行状况的回顾和前瞻》《广东省税收收入及其增长预测》《我国与东南亚新、马、泰、菲四国税制的比较与借鉴》等调研报告或论文，提出意见和建议，对中国的税制改革和税制建设提供有益的借鉴和启发。

四是自拟课题，以课题研究为主线，在全省国税系统内实行课题研究“三定”（定题、定人、定完成时限）的责任管理，使全省的税收科研工作逐步规范化，制度化。自拟课题具有针对性、服务性和前瞻性，有的被省国税局采纳，形成具体政策行为，如《关于湛江、茂名市税务分局运作情况的调查报告》《关于我省工商税收增长趋缓的原因及对策的调查报告》《山区税务机构改革和人事制度改革如何适应税收工作“两个转移”》《关于加快我省国税收入进度近期措施的调查研究报告》《中国入世对税收的影响》等。省国税局每年召开一次全省国税、税务学会税收科研成果汇报会，总结经验，检阅、交流科研成果；部署下一年度的科研工作和课题研究任务，并在会后结集出版年度的税收科研成果汇编。

（2）科研成果

1995—200年省国税系统取得的科研成果主要有两个方面：

一是推广应用。将一些带有普遍性的科研成果，通过会议等形式推广，如《关于湛江、茂名市税务分局运作情况调查报告》，通过省国税局办公室编印的《决策参考》发至全省国税系统。1990年，省税务局采纳湛江市税务局、湛江市税务学会《税务基层建设》专题调研报告，结合全省情况，制订《税务基层建设实施方案》在全省实行。1996年，省国税局采纳《关于各市、县组建中心税务分局调查报告》和《山区县（市）设置中心分局如何过渡的调查报告》，调整工作思路和部署。

二是适时推荐。①向上级领导机关报告或推荐在省以上税务报刊刊登。如1996年8月，将《关于取消“两个提留”对税收工作影响的调查报告》，上报国家税务总局和省政府作决策参考。②推荐优秀成果参加国家税务总局等领导机构举办的优秀科研成果评奖活动。至2000年年底，获奖的成果23项。其中：国家税务总局评为全国优秀税收科研成果一等奖3项、二等奖8项、三等奖3项、集体奖4项（不含广州、深圳两市直接参加评奖活动）；获省社科联评为优秀社会科学研究成果奖6项。

2. 地税

（1）税收体系调研

一是完成国家税务总局、中国税务学会分配的课题任务，撰写出《关于建立和完善广东省地方税收体系》的研究报告，该报告被推荐参加中国税务学会换届年会上进行学术交流。二是完成《新税制对广东经济的影响及对策》《从国情出发，发展有中国特色的税务代理》《中国社会主义税收理论体系探索》等研究报告。三是在全省范围内开展新税制征管、政策、促产、地方税体系以及山区经济与税收等5个课题研究。各课题组在调查研究的基础上，产生研究成果80多篇，并完成观点综述和研究建议报告。四是各市税务部门围绕新税制的运行，开展研究工作。

（2）专题调研

第一，围绕省委、省政府提出的“科教兴粤、外向带动、可持续发展”三大战略和当地的经济发展战略，根据当时税法的有关规定和广东的产业政策，研究制定税收对策，内容涉及加快个体私营经济、高新技术产业与第三产业的发展，扶持下岗职工再就业，促进对外开放和住房制度改革等。第二，为贯彻落实省委、省政府关于全面开展增创广东发展新优势的大规模调研活动的决定，省地税局党组决定从1998年7月至12月，从省地税局机关、各市（县）抽派70多名理论与业务骨干，组成5个调研专题组。对地方税源现状及未来发展趋势、地税系统管理体制问题、依法治税问题、税收征管的现状、问题及对策、队伍建设问题等专题进行调查研究。完成调研任务后，形成近40万字的《调查研究与决策参考——增创广东地税新优势调研报告》，为开创广东地税工作新局面提供决策依据。

（3）专项调研

1998年，省地税局、省地方税收研究会部署关于完善地方税收体系问题的研究、关于社会主义市场经济条件下税收优惠问题的研究、关于国有企业改革与地方税收有关问题的研究和关于征管改革问题研究4个调研课题，在各级地税局、研究会以及部分高等院校专家、学者的努力下，一共撰写出43篇论文，并汇编成《'98广东地税调研成果汇编》一书。

1999年，省地税系统的科研工作重点是对广州市的管理体制和征管质量等问题进行调查。同时，组织5个工作组分别对东莞、中山，番禺、顺德、南海等市的税源、税负情况进行为期两个多月的摸底调查，对广东不同经济类型企业的税负轻重问题也专门组织力量调研，形成两份专题材料上报省委、省政府。同年，省地税局、省地方税收研究会部署以费改税为主要内容的财税制度改革问题研究，深化国企改革与税收关系问题研究，强化税收征管问题研究，提高经济增长质量、扩大国内需求、开拓国内市场等带来的经济税源变化情况研究4个调研课题，在各级地税局、研究会以及部分高等院校专家、学者的努力下，共撰写出32篇论文，并汇编成《’99广东地税调研成果汇编》一书。

2000年，为贯彻落实中共十五届四中全会《关于国有企业改革和发展若干重大问题的决定》精神，组织专门力量做好运用税收经济杠杆支持国有企业改革和费改税、建立地方税收体系等理论和政策调研工作，及时提出改革试验的意见、建议，制定相关的扶持措施。省地税局、省地方税收研究会对深化国有企业改革和发展与税收关系、支持山区经济综合开发和脱贫致富、加快地方税制改革与完善地方税收体系、探讨中国加入世贸组织后税收的策略构想、研究征管改革中若干问题等5个课题进行调研，在各级地税局、研究会以及部分高等院校专家、学者的努力下，一共撰写出48篇论文和调查报告，并汇编成《2000年广东地税调研成果汇编》一书。

四、学术活动

（一）财政

1983年，省会计学会先后召开4次理事会，组织2次报告会。同年7月，邀请香港中文大学讲师欧阳柏与香港会计师公会黄洛华到广州与学会理事进行学术交流。为探索外经财务管理工作的规律性，1984年省会计学会举办广东第一次“财务工作在对外经济活动中的地位和作用”理论研讨会，会上推出论文20篇，对外经济财务管理的方法、建制工作提供理论依据。1981—1985年，省珠算协会组织参加9次珠算技术比赛或邀请赛活动。

1990年，省财政学会开展全省十年财政科研优秀成果评选奖励活动，编印专集、刊载论文36篇，送中国财政学会评选。省农村财政研究会联系工作实际，开展调查研究，取得一批成果，编印论文集，刊载论文34篇。

1991年后，学会、协会、研究会等学术团体学术活动活跃，组织专家学者到各市巡回讲学，邀请财政部科研专家、国内著名财经院校的教授、省内知名学者20人次到东莞、湛江、茂名、江门等市讲学，举办专题学术报告，以提高基层财政干部的理论修养。组织考察团赴省外考察。1995年分别组织赴江苏、山东等省财政部门考察其财政体制，赴吉省林财政部门考察其信息工作，学习经验。组织全省性征文大赛，1994—2000年，省财政科学研究所举办“美雅杯”“潮信杯”“江氮杯”“佛财杯”“韶财杯”“特区财会杯”“汕头杯”等7届有奖征文大赛活动。省会计学会根据中国会计学会“九五”（1996—2000）科研规划的要求，于1997年年初开展会计科研课题申报工作，收到会计科研课题和会计学术论文32（项）篇。经省会计学会论文评审小组评议，评出一等奖2名，二等奖3名，三等奖4

名，表扬奖3名。

（二）税务

省税务学会除办好会刊《广东税务》外，负责按时按质完成国家税务总局、中国税务学会、省政府、省税务局交办的理论研究和工作调查的课题；学会每年均根据经济和税收工作形势发展的要求，提出全省群众性税收学术研究课题，如山区经济与税收、沿海地区经济发展与税收、支持和发展广东民营经济与税收的研究和建立和完善广东电子税务的研究等；组织各团体会员并联系省内高等院校财税专业教师，分别组成课题组，开展调研活动。每年召开一次“税收学术研究成果汇报会”。至2000年年底，共召开汇报会14次，累计收到学术研究论文和调查报告共859篇。

省税务学会发挥社团的优势，先后邀请中国社会科学院、中央财经学院、天津财经学院、上海财经学院、厦门大学、中南财经学院、东北财经大学、广东商学院、中国人民大学的专家、教授作学术报告。联合税务界和省内高等院校财税专业教师共同编写税务专著7本，其中获得中国税务学会、省社科联等单位评为优秀成果奖5本。

省税务学会每隔一定时间进行优秀税收研究成果的评选活动；1987年9月评选出1986年度优秀论文26篇；1990年6月评选出1987—1989年优秀论文48篇；1994年11月评选出1990—1993年优秀税收研究成果130项。为鼓励和促进税收学术研究质量不断提高，省税务学会于1993年6月建立广东省优秀税收研究成果奖励基金，由省、市、县税务局自愿捐赠，共筹得300.46万元。同时，省税务学会推荐优秀研究成果参与中国税务学会、省社科联组织的优秀研究成果评比活动。1988年，获省社科联评定的优秀社会科学研究成果奖4篇。1990年2月，获中国税务学会全国税务十年理论研究成果优秀奖、佳作奖和成果奖共12篇，集体荣誉奖3本。1993年6月，获中国税务学会1990—1992年度优秀税收研究成果5项。1995年获省社科联优秀社会科学研究成果奖2项。1999年1月，获中国税务学会1994—1998年优秀税收研究成果奖3项。

为拓宽工作视野和研究领域，适应国家实行“一国两制”和改革开放方针政策的需要，省税务学会先后与内地24个省、自治区、直辖市税务学会交流工作情况和经验。开展同中国香港、台湾地区税务同行的交流。多次组团赴有关国家进行税务体制考察。

1999年，省地方税收研究会组织力量分赴周边省、自治区进行学习考察，并与省地税局共同发出倡议，得到有关省、自治区的认同，建立起广东、广西、湖南、海南、福建、江西6个省（区，后增加河南、湖北两省）地方税收研讨会制度，围绕税收重点、热点问题每年召开一次研讨会，由各省（区）轮流主办。

至2000年年底，省地方税收研究会共召开20多次课题研讨会，参加研讨的论文和调研报告260篇。举办3次评选优秀科研成果，共奖励184份优秀科研成果。

第三节 信息化建设

一、财政信息化建设

1987年，广东省财税信息系统规划领导小组成立，由省财政厅、省税务局、广州市财政局（税务局）的厅、局长分别担任正副组长，领导广东财税信息化规划建设，这种领导体制延续至2000年。

1987年，省财政厅建立计算机机房。1990年年初通过财政部验收。这是全省财税系统第一个符合国家有关技术标准的计算机房。

1988年，省财政厅联合广州市财政局、佛山市财政局的技术力量，开发完成“中文通用数据报表处理系统”（GCTB）。该报表软件完全兼容财政部GCRS报表处理软件。开发完成用于全省财政旬月报收支数据软件“财政收支综合分析管理系统”（YYBB），并提供数据加密、解密功能，防止旬月报数据在传输过程中失密。

至1989年，全省财政系统配备微机200台。除广州、深圳、佛山、中山等市财政局配备有专业技术人员外，其余各市财政局没有专业技术人员。同年3月29日，省财政厅在佛山市召开部分市财政部门计算机应用工作会议，研究加强微机使用、管理与维护以及计算机应用的发展规划。

1991年3月，省财政厅与香港中联电脑（国际）有限公司（IBM公司代理商）签订《AS/400技术合作协议》。双方在AS/400计算机技术包括应用软件、通讯、网络、培训、更新技术资料等方面达成多项合作协议。省财政厅购买的IBM AS/400-B50中型计算机及外部设备陆续到位，同年6月设备安装完毕启动运行。省财政厅投入人力和物力进行系统软件及存储财政数据的录入工作，结合当时财政业务和中心工作任务，完成编码、建立数据库、信息管理系统等工作：（1）编码工作包括财政收支科目（类、款、项、目）编码、财政收支报表编码、全省及各县财政部门的地区编码。（2）建立财政信息数据库。①财政收支决算数据库。该库存储1978—1993年省、市（地区）、县三级财政收支决算总表、财政收支明细表的数据，总记录16 000多条。②主要国民经济指标数据库。该库存储1985—1993年国民经济指标数据，总记录有1 000条。③国营工业、商业企业财务普查资料数据库。该库存储1987—1989年全省2 094家国营工业企业、1 700家国营商业企业财务普查资料。④财税法规数据库。该库存储财政部、国家税务（总）局等单位自中华人民共和国成立后至1989年颁布的全部有效法规563篇、1 265章，总记录10 000多条。（3）建立财政收支信息管理系统（FSZM）。该系统包括财政决算各类收支报表数据的录入、查询、运算等功能，为更好利用历年财政决算报表数据打下基础。（4）建立AS/400通用数据运算系统（CALS）。该系统主要提供对各类数据库的数据进行运算，对任何数据文件提供数据运算的自定义功能，有效解决IBM AS/400保存的关系型数据库中的数据灵活运算的问题。（5）建立AS/400汉字通用数据报表打印系统（CGRP）。（6）建立PC与AS/400数据转换系统（PADT）。该系统功能是提供AS/400计算机数据转换和传输的接口，解决AS/400计算机利用原微机数据资源的问题。（7）建立财税法规数据查询系统。该系统是在PC与AS/400数据转换系统（PADT）开发成功，并将微机保存的财政部、国家税务（总）局等单位颁布的财税法规共563篇转换到IBM AS/400计算机的基础。它可以多用户同时查询并可将查询的财税法规打印输出。（8）税利分流方案测算。对全省2 094家国营工业企业和1 700家国营商业企业分别用1987—1989年的普查数据资料进行4种不同税利分流方案测算。（9）开通广东财税信息中心到财政部、天津、上海、广州、佛山、深圳等地的X·25通讯专线。

1991—1993年，省财政厅技术人员为香港中联电脑（国际）有限公司在内地及香港承担授课工作。为国内财政系统、金融系统及企业技术人员讲授IBM AS/400计算机相关知识；为省财政厅和各市财政局举办微机使用培训班和报表决算工作。1993年，省财政厅建成10兆（MB）厅长办公网络。

随着计算机技术的不断提高和微机普及率越来越高，以及计算机运行及维护成本较高，IBM AS/400于1996年起逐渐停止开机和使用，信息化建设转向微机、服务器和WINDOWS NT局域网的建设。

1996年，省财政厅对1993年建成的厅长办公网络扩展为全厅内部100兆（MB）局域网。1997年，对厅内部局域网进行主干改造，将主干升级为1 000兆（MB）的光纤主干网，并将信息点拉到每一位在厅内大院办公的工作人员计算机上。至此，省财政厅大院局域网建设完成，省财政厅信息化工作重点由AS/400中型计算机转向微机局域网。同年起，利用LOTUS NOTES平台开发省财政厅办公自动化系统软件，办公自动化软件主要包括日常办公、资料查询、决策分析三个功能。日常办公是其中最重要的功能，包括发文管理、收文管理、电子邮箱、业务信息等。

1998年，为规范广东财政系统和省财政厅内部上网的IP地址和厅办公自动化用户标识符，保证广东财政系统建立广域网有章可循，省财政厅制定《广东省各市县（区）域名IP地址分配表》，为全省财政系统网络现代化建设提供可靠保障。

1995年，深圳市财政局开发办公自动化系统，配置1台服务器和40台电脑。1996年，开发会计人员管理软件。1997年，完成深圳财政大厦（新办公楼）综合布线系统和局域网建设，添置Cisco 5500交换机2台，10千伏安不间断电源（UPS）1台，服务器增至10台。1997—2000年，逐步增加预算拨款管理、基建管理、财政周转金等应用系统，总数达10多套。

1999年，广州市财政局建成内、外两套物理隔离的局域网，信息点基本投入使用。

佛山市财政局从1986年开始陆续添置性能不断升级的计算机设备，至2000年，全局配置130多台586以上电脑。1997年建成以100兆（MB）快速以太网及第三层交换技术为核心的内部网络，通过5台INTEL Express 510T交换机及1台INTEL Express 100Base-TX可堆叠集线器之间的堆叠把全局130多个用户端连接起来。2000年，建立一个与人事部门、中国银行、建设银行联网的局域网络，用于发放全市行政事业单位人员的工资、补贴等。并与电脑公司合作，开发出一套电子商务系统，用于进行网上招标和采购中心内部管理工作。同年，佛山市财政局从单一办公自动化系统向其他业务系统扩展，研发或引进并成功应用的业务系统主要有：部门预算编制管理系统、指标管理系统、总会计2000核算系统、工资统发系统、人事工资管理系统、票据管理系统、国库集中支付管理系统、会计人员信息管理系统等。

中山市财政局从1986年购置3台IBMSP电脑供预算科、企业财务科等业务科室使用，并陆续添置性能不断升级的计算机设备。1999年年底，该局针对办公流程建设办公自动化（OA）系统和OUTLOOK信息交换系统，设置公文传输和内部信息交换等功能。建成以100兆（MB）快速以太网及二层交换技术加三层路由为核心的内部网络，通过4台3COM交换机及一台可堆叠集线器之间的堆叠把全局90多个用户端连接起来。同年建成网上外经系统，主要用于外商投资企业通过互联网上报月度报表；建设拨款系统，该系统包括传统支付模式的制单、审批、打印等步骤。至2000年年底，全市24个镇区财政所全部普及计算机，但部分镇区仍为单机应用，没有实现内部联网。

至2000年，全省多数市、县未开展信息化建设，汕头、江门、肇庆等市进入建设酝酿阶段，或正在为信息化建设作准备，更没有建立全省财政系统广域网。

二、税务信息化建设

1983年，省税务系统就开始使用计算机编制税务会计报表。1989年选择南海县平洲税务所作为基层征管软件开发、试点单位，并于翌年向佛山市税务系统全面推广使用，开始应用于征收、统计等业务环节，成为全省成型的第一套税收征管使用系统。至1993年，全省大部分市税务机关都成立计算机信息管理机构，配备计算机技术人员和设备，一些地方还建立计算机税收征管网络，实现税款征收和部分税收管理工作的计算机化。为加速推进税收征管计算机化的进程，1993年12月25日，省税务局贯彻国务院批转国家税务总局《工商税制改革实施方案》，全面推行计算机征税和管理。

（一）国税

1994年，省税务机构分设后，省国税局在国税系统推行“金税工程”。当年，广东13个城市率先实现与全国其他城市进行计算机交叉稽核，并加强计算机在征管领域的推广应用，开发在局域网环境下运行的全省统一征管软件（CLIPPER版）、增值税专用发票稽核软件和税控开票机（Ⅰ型）。

1995年，省国税局编制全省国税系统“九五”时期（1996—2000）计算机信息中心工作规划。

1996年，省国税局确定在全省国税系统实施“粤税工程”，建成省、市级X·25数据分组交换网；为适应征管改革的要求，省国税局组织全省国税系统统一征管软件的二次开发工作；防伪税控机Ⅰ型（即省国税局研发的税控开票Ⅰ型机，后由国家税务总局统一命名为防伪税控机）试点和推广使用，全省批准使用防伪税控机的一般纳税人共7 629家，配备使用防伪税控机5 706台，在一定程度上加强对增值税专用发票的管理，并组织对第二代防伪税控机的开发。当年，全省国税系统的办公自动化（OA）建设也摆上工作日程。

1997年，“粤税工程”各个项目的投入明显增加，技术装备得到加强，全省国税统一征管软件（SYBASE1.0版）开发定版，在广州、珠海、顺德、台山等市试点运行；基本完成将省、市X·25计算机广域网改造为46KDDN专线的工作；电子邮件推广使用准备工作就绪；办公自动化软件初步定型；继续加强防伪税控机Ⅰ型的推广使用，完成防伪税控机Ⅱ型研制工作，并在各市国税局推广应用。开展商业零售环节的税控收款机的研制和试点工作；电子申报在珠海、佛山、清远等市开始试行。

1998年，省国税局继续实施“粤税工程”，计算机网络建设取得重大进展，省国税投入运行局域网450个，明确各地IP地址编码原则和市国税局、县（市、区）国税局地址编码，全省国税系统计算机高速通讯网全面开通。253个国税基层单位使用统一征管软件，省国税局与各市国税局之间的电子邮件系统全面开通，全系统拥有中小型计算机14台、微机服务器831台、微机10 991台、各类打印机6 488台；防伪税控系统的研制、试点、推广稳步发展；加油机计税器通过国家税务总局组织的安全性检测和专家组鉴定。省国税系统统一征管软件（SYBASE1.1版）在顺德市国税局试用的基础上，针对该软件应用于全省可能出现的问题，对该软件进行完善，形成SYBASE1.2版。

1999年，省国税系统在“科技兴税”方针的指导下，现代化管理已经涉及税收的各项工作。总局—省局—市局—县局广域网全面开通，部分市开通至基层税务分局，有433个分局推广应用全省统一征管软件（SYBASE1.2版），有71.4万名纳税人和450亿元的税收收入纳入统一征管软件的规范管理。完成全省千万元重点税源的数据库建设和征管软件（SYBASE2.0版）的开发；全省实行电子申报的企业有4 941家，电话申报的有1.8万家；累计推广应用防伪税控机32 114台；加油机计税器在汕头市推广720台；在佛山市实行税控、征管、稽核三系统连接报税试点的企业有400多家，在韶关、江门、佛山等市税控收银试点企业有108家；在佛山市成功进行防伪税控机与统一征管软件的并轨连接，税控装置与征管软件系统的综合应用水平得到提高；增值税专用发票计算机交叉稽核系统正式启动，在省局和佛山、珠海、中山等市国税局实现运作；电子邮件开通至县（市、区），办公自动化系统（OA）在部分市、县国税局推广使用，全省共配备计算机15 670台。

2000年，全省国税系统共配备中小型计算机16台、PC服务器1 273台、486型以上计算机16 796台，平均实现1.5人一台。总局—省局—市局—县局四级计算机广域网络全部开通，并延伸至大部分税务分局。自行开发的全省统一征管软件经过3次改版升级，初步建立比较健全的以纳税人为监控对象，以全省统一征管软件为主体的税收征管应用系统。按照国家税务总局的部署，实施“金税工程”建设，建立省局—市局—县局三级增值税专用发票计算机交叉稽核系统，组建省局和23个市局的稽核中心。省局和部分市、县国税局开始运行统一公文处理软件，基本实现公文管理电子化；开通省、市、县国税局之间的电子邮件，实现通过电子邮件在省内国税系统传递公文和出口货物税收函调资料。建成税收法规库、资料库，并在内部网络投入使用。全省国税系统积累了一定的电子信息资源，具有一支近1 200人的信息化管理和技术队伍。

自1996年省国税局规划“粤税工程”，经过四年的研制开发和推广应用，至2000年年初步形成省国税系统现代化管理的基本格局，信息技术对税收管理的技术支撑作用初步体现。

（二）地税

1994年7月，省税务机构分设后，原省税务系统的计算机管理机构、人员、设备等大部分划归省国税系统，省地税系统税收信息化建设需要从头开始。

1995年，省地税局召开全省地税局长会议，要求各地从健全机构、领导重视、人才培训、资金投入和科学管理等五方面落实措施，使税收征管（办公）尽快从手工操作向现代化管理转变。随后，全省各市、县（市、区），特别是珠江三角洲地区的珠海、中山、江门、顺德、南海等市及其下属单位开始进行自主选型、独立开发（引进）的信息化建设历程，先后从办公室或计划统计、征收部门吸收、培训部分电脑软硬件人才，并将计算机技术逐步应用于计划统计、征收等数据处理业务上。

1996年6月，省地税局制订税收征管改革实施方案，并得到省政府的批准。这次征管改革的特点是规范化、信息化和专业化。按照国家税务总局关于地税系统一个省一套软件的开发思路，省地税局组织开发广东地方税收征管信息系统（GDLTIS）。8月，省地税局首次召开征管改革工作会议，专门研究征管改革试点和征管软件涉及开发问题，会议要求省地税局成立领导小组，集中技术力量，统一设计开发征管软件，并要求尚未使用征管系统的市、县（市、区）地税局，暂不要自行开发软件，以免重复浪费。已经组织开发，但与征管改革中计算机系统建设规划不一致的，要尽快停止，或向统一标准靠拢。至同年6月，全省地税用于征管方面购置微机6 762台，上网运行的工作站3 802个，使用计算的基层征收单位486个，纳入计算机管理的纳税人1 641 815家。同年，省地税局信息服务中心组织开发档案管理系统并在该局机关应用。该系统对有关文档进行自动化管理，具有初步的办公自动化管理功能。

1997年，省地税局与中科院计算机技术研究所合作开发广东地税税收征管信息系统（GDLTIS）。广东地税税收征管信息系统（GDLTIS）采用面向对象的系统开发工具Power Buider编程，运行于WINDOWS NT为网络操作系统，以SYBASE为数据库的客户机/服务器体系结构的网络环境。该软件按国家税务总局及广东地税系统统一税收征管业务规程编制，是全省地方税收计算机网络信息系统的基础性工程，适合于税收征管业务的需求和未来业务变化扩展的需求。

1998年，省地税局开始把全省地税系统信息化建设统一起来。6月，省地税局召开全省地税信息化工作会议，确定“九五”时期（1996—2000）后三年地税信息化工作指导思想和发展目标。结合全省地税工作规划和税收征管改革要求，按照“统一领导、统一规划、统一标准、分步实施、讲究实效”的方针，大力推广电子计算机技术、现代通讯技术和其他科学技术在税收管理中的应用，提高广东地税系统税收管理电子化和现代化水平；全省地税系统各单位要建立健全地方税收电子化管理机构，充实计算机管理及技术人员；开发完善全省统一的税收管理信息系统，建成与国民经济各重要部门横向联网的—省局—市局—县局—中心所（分局）四级计算机网络系统，初步形成以现代计算机技术为支持手段的科学严密的税收征管监控体系。会后，省地税局控制各地自行开发新的税收管理软件的做法，并和中山、珠海、韶关等市地税局联合，重点开展广东地税税收征管信息系统（GDLTIS2.0）开发及推广完善工作。同年，省地税局组织广东地税税收征管信息系统开发项目组，在中山市地税局进行软件开发及系统试点应用等工作。

1999年，中山市地税局在全省率先启用GDLTIS2.0系统，在全市范围内全部上线。上半年，东莞市地税局试点运行广东地税税收征管信息系统，通过试点运行进一步完善系统功能。同时，省地税局在中山市召开广东地税税收征管信息系统的验收大会，对征管软件进行验收和总结。7月，全省地税系统统一征管软件（GDLTIS）开发成功。全省统一的征管软件开发运用，为广东省地税征管改革、实行专业化管理提供技术依托。广州、深圳、珠海、中山、江门、佛山等市地税局开始试点运用征管软件。下半年，省地税局组织人员在珠海市地税局进行广东地税税收征管信息系统（GDLTIS3.0）升级改造。

2000年1月，经过升级改造形成广域网版本的GDLTIS3.0在珠海市地税局运行。半年后，第一期的推广工作启动，省地税局印发《广东省地方税务局统一征管软件GDLTIS3.0在八市推广应用工作要点》，要求当年在东莞、惠州、汕头、潮州、佛山、江门、湛江以及顺德等8个市完成统一征管软件GDLTIS3.0的推广应用工作。11月，全省地税系统广域网主干网——省、市地税局互联网络正式开通。同年，省地税局启用京华办公自动化系统，省地税局机关办公开始走向无纸化和信息化。

广东各级地税部门依靠信息技术，还在税款征收、入库方式方面进行许多探索和实践，深圳市地税局在税款入库无纸化方面开全国的先河。利用信息技术，加强发票管理和税源监控。2000年江门、珠海两市成功开展发票抽奖试点工作，建立以信息网络为依托，以消费者查询举报为手段的以票管税新模式。

统计表索引

编后记

根据广东省人民政府地方志办公室（以下简称“省地方志办”）制定的《〈广东省志（1979—2000）〉基本编目设置及编写分工》，本卷由省财政厅牵头，与省国家税务局、省地方税务局共同承修。

2002年12月，副省长刘昆（时任省财政厅厅长）主持召开本卷第一次编修工作会议，成立编委会，编修工作正式启动，此后又多次作出批示，对本卷的编修工作提出指导意见。2010年7月，新任省财政厅厅长曾志权对修志工作十分重视，指示做好复审后的后续工作。省财政厅、省国家税务局和省地方税务局（以下简称“3个厅局”）的领导高度重视编修工作，3个厅局正职任编委会正副主任。主管领导、编委会委员经常过问编修工作进展情况和解决编修过程中遇到的实际问题；省财政厅副厅长蓝佛安、沈梅红、戴运龙、林楚欣，省国家税务局副局长宁旭平，省地方税务局副局长揭晔分别或主持或参加历次审稿会。编委会下设编辑室（编辑室挂靠省财政厅科研所），3个厅局均指派该单位的科研所具体负责组织编写工作。

2003年4月开始，3个厅局按照财政部分为上篇、税务部分为下篇的篇目设计，分工各自动员有关业务处室（单位）进行收集材料、撰写稿件。

上篇由省财政厅编撰人员根据有关处室（单位）提供的稿件或文字资料的情况，再收集大量的资料，对大部分欠缺和不完善的编目进行补写，形成初稿。初稿形成后，先后组织4次财政部分审稿会。顾问蒋月明、曾炳生、林汉枢、李森盛、曾建、孙亚余、罗妹珠、熊展瑜等对送审稿进行认真审阅。在4次审稿中，对整体结构、政治观点、政策法规、历史事实和规范化表述提出宝贵的建议并进行把关；在审稿前，对志稿的内容进行书面修改、补充、批注。编辑部主任黎旭东多次主持召开编撰人员会议，进行业务指导。

下篇由省国家税务局和省地方税务局有关处室（单位）撰写初稿，分别由冯伟智和熊小刚负责编排。省国家税务局顾问陈流明、余荣渊、邹欣祥、吴荣芳、曹凤檀，省地方税务局顾问黄炎光、林文铎、冯任贤、邓万成、杨国焕、毛景苌等对初稿进行审阅，并提出宝贵意见和建议。顾问余荣渊亲自对省国税局分工部分在初稿上进行修改，并补充撰写7 000多字的稿件，顾问邹欣祥书写书面修改意见；顾问邓万成对省地方税务局分工部分进行修改。

3个厅局的科研所所长黎旭东、唐晓冰、钟文锋以及李山金、张晓军、冯伟智、熊小刚、欧阳飞等经常召开联席会议，研究和部署有关编修工作，及时解决相关问题。李山金负责各方协调工作。

2006年12月，编辑室召开统稿工作会议，决定对篇目进行一次比较大的修订，将原财政税务上、下两篇整合为不分篇，而按财税的内在逻辑分成若干章，使全卷形成一个整体。

2007年11月，省地方志办主持召开本卷统稿工作咨询会。2008年12月，成立以3个厅局主管领导为正副组长、由3个厅局的老领导和财税方面的专家学者组成的初审小组。2009年3月，初审小组对预审稿进行预审。预审会后，针对顾问、省地方志办领导、专家学者提出存在的问题，按照3个厅局原各自分工的章节进行修改。

全卷志稿于2010年1月通过初审。同年9月通过省地方志办复审，2011年11月通过省地方志书审查委员会终审。

本卷在编写过程中，始终得到省地方志办的悉心指导，及时提出宝贵意见和修改建议。财政部财政科学研究所赵云旗，中山大学杨卫华、郭小东，广东商学院王学礼，广东外语外贸大学彭成洪等专家学者参加本卷的审查工作并提出修改意见。此外，广州、深圳、珠海和汕头等21个地级以上市财政局、国家税务局和地方税务局，以及省档案馆、省总工会等单位给予提供资料方便。对关心支持本卷编修、审稿工作的单位、领导和个人，在此表示衷心的感谢。

本卷概述由黎旭东策划，组织撰写和统稿，欧阳飞负责全书总纂。

在编修过程中，李山金、张晓军、冯伟智、熊小刚、高涛负责处理编辑室的日常工作，并组织历次审稿会。欧阳飞在资料收集和考证、撰稿统稿、历次审稿后的修改、数据统计、图表制作、电脑编辑、校对等方面做了大量具体工作，付出了辛勤的劳动。

本卷的面世，是3个厅局通力协作，3个厅局有关处室（单位）鼎力支持的结果，也是全体编修人员共同努力的结果，是集体智慧的结晶。

本卷所涉及时间跨度由于处在国家改革开放，经济体制从计划经济逐步向市场经济过渡的转型期，财政体制、税收制度、财务制度和国有资产管理体制变化较大，因此要从纷繁的资料中梳理出清晰脉络，实属不易之事。同时，由于编修人员水平有限，本卷仍有疏漏和不足之处，敬请读者批评指正。

《广东省志·财政税务卷》编辑室

2012年5月